DAS PFENNIG-MAGAZIN
DER GESELLSCHAFT ZUR VERBREITUNG
GEMEINNÜTZIGER KENNTNISSE.
1833/1834.

DELPHI 1011.

9783921568545-1

D1652100

NEU VERLEGT BEI FRANZ GRENO, NÖRDLINGEN 1985.

Herausgegeben von Reinhard Kaiser.

Die Reproduktion erfolgte
nach dem Hand-Exemplar von Arno Schmidt
mit freundlicher Genehmigung
der Arno-Schmidt-Stiftung, Bargfeld.

Reproduktionen G. Mayr, Donauwörth
und G. Bergmann, Frankfurt/Main.
Gedruckt und gebunden bei Wagner GmbH, Nördlingen.
Printed in Germany.

ISBN 3921568544.

Das »Pfennig-Magazin«.
Ein Orbis xylographicus des 19. Jahrhunderts.

»Magazine sind Vorratshäuser
oder größere Aufbewahrungsbehältnisse.«

Meyers Neues Konversationslexikon, 1868.[1]

Zu den noch ungehobenen Schätzen des 19. Jahrhunderts gehört das PFENNIG-MAGAZIN DER GESELLSCHAFT ZUR VERBREITUNG GEMEINNÜTZIGER KENNTNISSE — die erste deutsche Illustrierte. Das PFENNIG-MAGAZIN erschien wöchentlich, an jedem Sonnabend, zum ersten Mal am 4. Mai 1833. Jedes Heft hatte acht Seiten im Quartformat und war mit vier bis sechs Holzstichen illustriert. Der niedrige Abonnementspreis von 2 Thalern im Jahr sollte die Zeitschrift auch denen zugänglich machen, die bisher nicht zur Gruppe der Leser gehört hatten.

»An Jeden« richtete sich der einleitende Artikel in Nr. 1 des PFENNIG-MAGAZINS, und in ihm heißt es: »Die Verbreitung nützlicher Kenntnisse ist das schönste Geschenk, das man seinem Jahrhundert machen kann.« Das war Programm: allgemeine Bildung als Beitrag zur allgemeinen Emanzipation, freilich nicht nach einer langweiligen, didaktischen Systematik, sondern rechnend (und kalkulierend) mit der Neugier, dem Wissensdurst und der Schaulust eines Publikums, das von der Welt nicht viel gesehen hatte — denn Bildung und Bilder waren rar in jener Zeit.

Das »Nützlichste und Neueste«, so heißt es weiter in dem schon zitierten Artikel, solle im PFENNIG-MAGAZIN enthalten sein: »Die wichtigsten Entdeckungen und Erfindungen, merkwürdige Naturerscheinungen, große Begebenheiten, interessante Ereignisse, Lebensbeschreibungen berühmter Männer, treffende Lebensregeln, wichtige Erfahrungen, sollen wechselsweise unsere Aufmerksamkeit beschäftigen, und dem Leser wie in einer freundlichen, würdigen Unterhaltung vorgetragen werden. — Zu besserem Verständnisse werden wir überall, wo es nöthig ist, erklärende, sauber gearbeitete Abbildungen hinzufügen.« Keine erbaulichen Fiktionen also, nicht Poesie und nicht Literatur sollte das PFENNIG-MAGAZIN speichern, sondern »gemeinnützige Kenntnisse«.

Den Titel der Zeitschrift und zugleich ihr Programm erläutert noch einmal ein Aufsatz »Von dem Worte Pfennig« in Nr. 37 vom 11. Januar 1834: »Ein Magazin heißt sie deswegen, weil wie man in einem Magazine keine Modewaaren, die schnell vergehen, sondern nur dauerhafte gute Waaren niederlegt, so auch in diese Schrift kein leichtes loses Geschwätz aufgenommen wird, sondern nur solche Sachen darin beschrieben, erklärt und abgebildet werden, die Jedermann zu wissen nützlich sind und es immer seyn werden; und Pfennig-Magazin deswegen, weil dieses Werk nicht für Fürsten ausgefertigt wird, um sich von denselben ehren zu lassen, noch für Reiche, um sich von ihnen theuer bezahlen zu lassen, noch überhaupt um großen Gewinnes willen, sondern zu Nutz und Frommen Aller, besonders aber derjenigen Stände, welchen sonst dergleichen nicht geboten wird,

---

1 Zit. n. Haacke, Sp. 436.

und welchen neben den Thalern und Groschen auch Pfennige durch die Hände gehen . . .«

Was den niedrigen Preis des Magazins angeht, so darf man seinen Titel allerdings nicht ganz wörtlich nehmen. Bei einem Bezugspreis von zwei Thalern für 52 Hefte im Jahr kostete ein Heft rund 11 Pfennig sächsischer Währung (1 Thaler = 30 Neugroschen; 1 Neugroschen = 10 Pfennig). Extrem niedrig und für wenig bemittelte Interessenten erschwinglich war dieser Preis dennoch — ein Brief von Leipzig nach Dresden, dies zum Vergleich, kostete im Jahre 1850 zwei Neugroschen, so viel wie zwei Nummern des PFENNIG-MAGAZINS. Aber daß die Zeitschrift, wie es in dem zitierten Artikel heißt, nicht »um großen Gewinnes willen« herausgegeben wurde, darf man wohl bezweifeln.

Das ganze Projekt entsprang nämlich einem Erfolgsrezept, das sich anderswo schon bewährt hatte. In den Vereinigten Staaten von Amerika waren zu Beginn das 19. Jahrhunderts bereits sogenannte *Penny-Paper*s entstanden, Zeitungen mit hoher Auflage und niedrigem Preis, die sich an ein breites Publikum richteten. Den Gedanken, solche Zeitungen zu illustrieren, hatte als erster der Engländer Charles Knight mit seinem seit 1832 erschienenen *Penny-Magazine of the Society for the Diffusion of Useful Knowledge* in die Tat umgesetzt, und zwar mit solchem Erfolg, daß er sogleich Nachahmer in anderen europäischen Ländern fand. In Paris gab Martin Bossange seit Januar 1833 das *Magasin pittoresque* heraus, das mit dem englischen *Penny-Magazine* insbesondere bei der Wiederverwendung der kostspieligen Illustrationen eng zusammenarbeitete. Bossange nun besaß eine Zweigniederlassung in Leipzig, die von dem jungen, tatkräftigen Johann Jakob Weber geleitet wurde.[2] Und Weber war es, der, angeregt vom Erfolg der englischen und französischen Vorgänger, in Deutschland das PFENNIG-MAGAZIN auf den Weg brachte — als Chefredakteur, Verfasser der meisten Aufsätze und geschäftlicher Leiter in einer Person.

Der Erfolg des Unternehmens überraschte sogar seinen Urheber. Und es beflügelte ihn. Johann Jakob Weber macht sich schon 1834, ein Jahr nach der Gründung des PFENNIG-MAGAZINS, selbständig und eröffnete einen eigenen Verlag, in dem neben zahlreichen illustrierten Büchern

(z.B. Franz Kuglers *Geschichte Friedrichs des Großen* mit Holzstichen von Adolph Menzel) seit dem 1. Juli 1843 die *Illustrirte Zeitung* erschien — die sich zur größten und bedeutendsten deutschen Illustrierten der zweiten Hälfte des 19. Jahrhunderts entwickeln sollte.[3]

Das PFENNIG-MAGAZIN, das schon im ersten Jahr seines Bestehens eine Auflage von 35 000 Exemplaren erreichte, blieb im Verlag Bossange. 1834 wurde der Verlag F.A. Brockhaus Teilhaber (1847 dann Alleininhaber) der so überaus erfolgreichen Zeitschrift, die schon bald allwöchentlich in 100 000 Exemplaren gedruckt und den Abonnenten in ganz Deutschland pünktlich an jedem Sonnabend zugestellt wurde — für die damalige Zeit eine erstaunliche Leistung.[4] Im April 1834 wurde für die Schnellpressen der Firma Brockhaus, auf denen das PFENNIG-MAGAZIN gedruckt wurde, »eine Dampfmaschine, die sich immer nöthiger gemacht hatte, nach mehrern mislungenen Versuchen in Gang gebracht und bewährte sich bald vortrefflich«.[5] Auch im Versand schlug man neue Wege ein: »Die Expedition mußte, was in Leipzig noch nie dagewesen war, Pferd und Wagen anschaffen, um die Bestellungen an die Kommissionäre befördern zu können; ganze Ballen wurden von Leipzig versandt; das Magazin wurde von Leuten gehalten, die früher überhaupt nicht wußten, was ein Journal sei.«[6]

Der Erfolg motivierte zu weiteren Unternehmungen. Seit 1834 wurden bei Brockhaus das *National-Magazin*, das *Sonntags-Magazin* und (bis 1838) das *Pfennig-Magazin für Kinder* herausgegeben. Der Erfolg rief auch die Konkurrenz auf den Plan. Im September 1833 erschien bei Baumgärtner in Leipzig das *Heller-Magazin*, und im Jahr darauf kamen in Breslau die *Heller-Blätter* heraus. Offenbar um seine Attraktivität gegenüber diesen und anderen Konkurrenten zu

---

2 Zu Johann Jakob Weber vgl. die Biographie, die sein Enkel, Wolfgang Weber verfaßt hat.

3 Zur Leipziger *Illustrirten Zeitung* vgl. Wilke.
4 Außerdem wurde eine besondere Ausgabe für Österreich von der Firma Carl Gerold in Wien in 10 000 Exemplaren gedruckt. Brockhaus, S. 114. — Von den 100 000 Exemplaren des *Pfennig-Magazins* haben sich in den öffentlichen Bibliotheken der Bundesrepublik ganze drei Exemplare der ersten zehn Jahrgänge erhalten (Universitätsbibliotheken Frankfurt und Heidelberg und Staatsbibliothek Berlin). Ein nicht ganz vollständiges Exemplar der von 1843 bis 1855 erschienenen »Neuen Folge« des PFENNIG-MAGAZINS, die auf den Zusatz »der Gesellschaft zur Verbreitung gemeinnütziger Kenntnisse« verzichtet, ist nur in der Staatsbibliothek Berlin nachweisbar.
5 Brockhaus, S. 99.
6 Kapp, Goldfriedrich, Bd. 4, S. 210.

steigern, reagierte das PFENNIG-MAGAZIN mit dem *Gratis-Magazin*, »enthaltend Darstellungen edler Charakterzüge und hochherziger Thaten und Gesinnungen aus der Geschichte aller Zeiten und Völker, besonders der Deutschen«, einem »historischem Beiblatt zum Pfennig-Magazin«, von dem seit Mai 1834 insgesamt 12 jeweils vier Seiten umfassende Nummern erschienen.[7]

Die Bewegung am Zeitschriftenmarkt, die neuartigen industriellen Herstellungs- und Vertriebsformen, die scharfe Konkurrenz zwischen den Zeitschriften und nicht zuletzt die, auf das einzelne Heft bezogen, schmale Verdienstspanne erzwangen ein Geschäfts- und Umsatztempo, das den geruhsamen, gediegenen Buch- und Zeitschriftenhandel irritierte. Mißtrauisch erkannte man die Anzeichen für eine »Industrialisierung der Literatur«.[8] Und schon in der allerersten Nummer des seit 1834 erscheinenden *Börsenblatts für den Deutschen Buchhandel* charakterisiert der Buchhändler Friedrich Christoph Perthes die Lage auf dem Buchmarkt mit dem tadelnden Hinweis, es habe sich hier seit einigen Jahren »eine Unruhe, ein Drängen, Treiben und Jagen« bemerkbar gemacht. Mit fasziniertem Argwohn fährt er fort: »Einige glänzende Unternehmungen, welche deutsche Industrie und richtige Beachtung des augenblicklichen Bedürfnisses auf deutschen Boden verpflanzt hat — wir meinen das Pfennig-Magazin und alle diejenigen periodischen und encyklopädischen Werke, die mit ihm in Concurrenz getreten sind — haben das oben gerügte unruhige Treiben bis zu einer schwindelnden Höhe gesteigert.« Ihr Zweck sei »löblich und wirklich zeitgemäß. . . . Allein eine Klippe droht, die zu bezeichnen die Pflicht gebietet: es ist das Versinken in den Dienst der Seichtigkeit, der Oberflächlichkeit, der Vielwisserei, des Bilderkrames unter der täuschenden Firma der Volksbildung nur um des Gewinnes willen!«[9]

Ein anonymer, höchstwahrscheinlich von Johann Jakob Weber selbst nach seinem Ausscheiden aus dem Verlag Bossange verfaßter Artikel »Über die sogenannte Pfennigliteratur« im *Börsenblatt* Nr. 40 vom 3. Oktober 1834 nimmt das PFENNIG-MAGAZIN, wenn auch nicht unbedingt seine Konkurrenten, gegen solche Vorwürfe in Schutz und formuliert noch einmal die Absichten seines Initiators: »Der Verfasser dieses Aufsatzes hat die Pfennigliteratur unter den Deutschen eingeführt, und das Pfennig-Magazin war in literarischer Hinsicht sein Werk. Er war nicht blos Redacteur desselben, sondern auch vom Anfange an Verfasser der meisten Aufsätze, und was er außerdem noch bei dem ersten Jahrgange dieser Zeitschrift gethan hat, das will er hier nicht erwähnen, aber sein Plan und sein Streben war ein anderes, als man jetzt befolgt; er wollte die Lesebegierde und also Aufklärung und Bildung unter Volksclassen einheimisch machen, welche sich bisher wenig um nützliche Bücher bekümmert hatten. Dies gelang ihm auch gleich anfänglich, und das Pfennig-Magazin fand Leser auf Dörfern und in kleinen Städten, in Gegenden, wohin sonst nichts gedrungen war, was den Geist der Einwohner aufregte und ihre Wißbegierde nährte und vergrößerte. Die Aufsätze mußten daher kurz seyn, den Himmel und die Erde umfassen und die Menschen und die Thiere in ihren bewundernswerthen Eigenschaften darstellen. Nützliche Lehren wollte man geben, durch Beispiele klug machen. . .«[10]

Es waren allerdings nicht politische Artikel, womit das PFENNIG-MAGAZIN den Geist von Dorfbewohnern und Kleinstädtern »aufregte«. Berichte über Politik und Tagesereignisse sucht man im PFENNIG-MAGAZIN vergebens (eine interessante Ausnahme bildet die »außerordentliche Beilage« zu Nr. 125 im Jahrgang 1838 mit drei aktuellen Abbildungen zu einem mißlungen Attentat mittels einer »Höllenmaschine« auf König Louis-Philippe in Paris). Die Gründe für das Fehlen politischer Berichte und Kommentare sind sowohl in der strengen Zensur zu suchen, der die politische Publizistik nach den Karlsbader Beschlüssen von 1819 und noch verstärkt nach der Juli-Revolution von 1830 in Paris unterworfen war, als auch in der wöchentlichen Erscheinungsweise und vor allem dem Herstellungsverfahren des PFENNIG-MAGAZINS, die eine aktuelle Berichterstattung oder gar eine aktuelle Bildberichterstattung nicht zuließen. Die Zeitschrift und ihre Wirkung deshalb als ganz und gar unpolitisch zu bezeichnen, wäre aber wohl auch dann falsch, wenn sich die von Johann Jakob Weber formulierten volksaufkläre-

7 Hanebutt-Benz. Sp. 699.
8 Böker, insbes. S. B 49ff.
9 Zit. n. Kapp, Goldfriedrich, S. 213.

10 Johann Jakob Weber, Sp. 768. Den Hinweis auf diesen Artikel im *Börsenblatt* gibt Eva-Maria Hanebutt-Benz, Sp. 696, Anm. 77. Ihre Arbeit enthält weitere reichhaltige Literaturhinweise.

rischen Absichten nur zu einem Bruchteil realisiert haben.[11]

Zu den entscheidenden technischen Voraussetzungen für den Erfolg des PFENNIG-MAGAZINS wie aller anderen damals erscheinenden illustrierten Zeitschriften mit hoher Auflage gehörte die Möglichkeit, Abbildungen auf einer Schnellpresse zusammen mit den Textteilen in einem einzigen Gang zu drucken. Diese Möglichkeit bot die seit dem Ende des 18. Jahrhunderts immer weiter vervollkommnete Technik des Holzstichs, die zu einer Revolutionierung des Illustrationswesens führte.

Im 17. und 18. Jahrhundert war der Kupferstich die vorherrschende Illustrationstechnik gewesen. Illustrationen in Druckwerken bezeichnete man schlechthin als »Kupfer«. Die Verwendung solcher Kupferstichillustrationen machte allerdings immer einen doppelten Druckgang (oder das Einbinden der auf gesonderten Blättern abgezogenen Stiche in die Druckbogen) erforderlich, wodurch sich die Herstellungskosten natürlich stark erhöhten. Der Kupferstich ließ sich mit dem Buchdruck nicht direkt kombinieren, denn von dem Letternsatz aus Blei druckten die hochliegenden Partien, von der Kupferplatte dagegen die tiefliegenden. Das einzige damals bekannte Hochdruckverfahren, das sich mit dem Buchdruck vereinen ließ und das man in der Frühzeit des Buchdrucks auch zu Illustrationszwecken verwendet hatte, war der Holzschnitt, der aber wegen seiner beschränkten Ausdrucksmöglichkeiten, vor allem bei der Wiedergabe von feinen Linien, von Tonwerten und Schattierungen, vom Kupferstich immer mehr verdrängt worden war. Es war Thomas Bewick (1753–1828), der in England, wo der herkömmliche Holzschnitt nie eine große Rolle gespielt hatte, ein anderes Verfahren zur Herstellung hölzerner Hochdruckstöcke, wenn auch nicht erfand, so doch perfektionierte.[12] Er verwendete nicht das längs zur Faser geschnittene »Langholz«, das die alten Holzschneider mit dem Messer bearbeitet hatten, sondern das quer zur Faser geschnittene, sehr harte »Hirnholz« des Buchsbaumes, das er mit dem Stichel bearbeitete. So gelang es ihm, graphische Wirkungen zu erzielen, die denen des Kupferstichs nicht nachstanden. »Er schuf

in freier Führung des Stichels auf der harten Oberfläche des Hirnholzes außerordentlich differenzierte Strukturen kurzer, bewegter Linien, die in überlegtem Wechsel weiß auf schwarz oder schwarz auf weiß standen und den Eindruck stofflicher Weichheit und Plastizität vermittelten.«[13]

Allerdings blieb der Druck der mit solchen Holzstichen illustrierten Bücher zunächst noch ein Problem, weil das verwendete Papier eine vom Sieb des Schöpfrahmens herrührende Riffelung aufwies, die einen klaren Abdruck der feinen Konturen und Tonwerte der Holzstichplatte nicht zuließ. Erst als ein 1756 von James Whatman erstmals hergestelltes ungeripptes Papier, das sog. Velinpapier, gegen Ende des 18. Jahrhunderts in größeren Mengen preiswert hergestellt werden konnte, ließen sich Drucke von einer Qualität erzielen, die dem Holzstich tatsächlich zum Durchbruch verhalfen.[14] Als »Xylographie« oder ungenauerweise auch als »Holz*schnitt*« bezeichnet, blieb er während des ganzen 19. Jahrhunderts das wichtigste Verfahren zur Illustration von Büchern und Zeitschriften, bis er zu Beginn des 20. Jahrhunderts von den Hochätzverfahren, insbesondere von der Rasterklischeeplatte, abgelöst wurde.

Die Holzstiche wurden allerdings, soweit dies erkennbar ist, nicht direkt von den Buchsbaumplatten gedruckt, die trotz ihrer Härte nicht widerstandsfähig genug waren, um den Druck großer Auflagen von mehreren Zehntausend zu gestatten. Seit Beginn des 19. Jahrhunderts gab es praktikable Stereotypie-Verfahren, die es erlaubten, den Letternsatz zusammen mit den xylographischen Druckstöcken zu vervielfältigen. Es wurden Matern, Abformungen aus Gips oder Papier, abgenommen, die, mit Blei ausgegossen, druckfähige Tafeln ergaben.[15] Auf diese Weise konnte man auch die xylographischen Druckstöcke stereotypieren und haltbar machen. Man konnte außerdem von einem Druck mehrere Abgüsse herstellen, von denen dann parallel auf mehreren Pressen gleichzeitig gedruckt wurde — gerade bei Zeitschriften mit hoher Auflage ein entscheidender Vorteil.

Die Stereotypie hatte aber noch einen anderen Vorzug. Sie ermöglichte den internationalen Austausch von Zeitschriftenillustrationen,

11 Vgl. hierzu Wittmann, S. 149.
12 Kainen, S. 192f.

13 Hanebutt-Benz, Sp. 594.
14 Kainen, S. 193ff.
15 Hanebutt-Benz, Sp. 689f.

worauf gerade das PFENNIG-MAGAZIN vor allem in seiner Anfangszeit sehr stark angewiesen war. Martin Bossange in Paris erwarb für sein *Magasin pittoresque* Klischees der Xylographien des Londoner *Penny-Magazines* von Charles Knight und ließ sie dann in seiner Leipziger Filiale durch Johann Jakob Weber im PFENNIG-MAGAZIN ein weiteres mal verwenden. Wenn man also gerade in den frühen Nummern des PFENNIG-MAGAZINS unverhältnismäßig häufig Illustrationen und, durch sie veranlaßt, auch Texte antrifft, die sich mit England und Frankreich beschäftigen, so ist das weniger auf eine redaktionelle Entscheidung zurückzuführen, dem zweifellos vorhandenen, starken Interesse des Publikums an allem Englischen und Französischen entgegenzukommen. Der eigentliche Grund dürfte vielmehr der wirtschaftlich-technische Vorteil gewesen sein, der darin bestand, die aus England bezogenen und in Paris bereits verwendeten Illustrationen ebenso wie die in Paris selbst hergestellten Illustrationen im Leipziger PFENNIG-MAGAZIN ein weiteres Mal zu benützen. Es kam hinzu, daß in Deutschland ein Stamm fähiger Xylographen erst ausgebildet werden mußte, was nicht zuletzt aufgrund der Initiative der illustrierten Blätter und namentlich Johann Jakob Webers im Laufe der dreißiger Jahre des 19. Jahrhunderts auch geschah.

Kritik an der gleichsam technisch und ökonomisch induzierten Anglophilie des PFENNIG-MAGAZINS blieb nicht aus. Noch 1842 soll Friedrich Harkort über das PFENNIG-MAGAZIN gewettert haben: »Da war zu sehen für den deutschen Knaben: Warwick-Castle, St. Pauls-Kirche, Windsorschloß. Das nennen wir vaterländische Lektüre.«[16] Aber schon früher müssen ähnliche Stimmen laut geworden sein, denn in Nr. 42 vom 15. Februar 1834 reagiert die Redaktion des PFENNIG-MAGAZINS auf »Anzeigen einiger resp. Konkurrenten« mit dem Hinweise, »daß schon seit längerer Zeit das Pfennig-Magazin in seinen meisten — namentlich auch in den zu den Vignetten gehörigen Artikeln — keineswegs nur Übersetzungen aus den englischen und französischen Magazinen gleichen Zweckes, sondern Original-Arbeiten seiner Mitarbeiter, unter denen es die achtbarsten Gelehrten in den meisten deutschen Ländern nennen könnte, seinen Lesern geboten hat ...« Die eigens für die Zeitschrift geschriebenen Artikel würden, um dies

klar zu machen, fortan »mit den Chiffren der Mitarbeiter, die neuen, von den vorzüglichsten Künstlern in Berlin und Paris zunächst für unser Blatt gearbeiteten Abbildungen aber mit * — bezeichnet werden.«

Daß die Redaktion sich den Blick in die Welt aber nicht verstellen lassen wollte und statt dessen um einen Ausgleich zwischen »vaterländischer« Perspektive und Fern-Sehen bemüht war, zeigt eine »An die geehrten Leser!« überschriebene Notiz im letzten Heft des Jahres 1836: »Bei vorzüglicher Beachtung des Vaterländischen aber wird sie [die Zeitschrift] nicht aufhören, ihre Leser in dem weitern Gebiete des Wissenswerthen umherzuführen, das sich in unsern Tagen immer mehr öffnet, immer mehr alle Interessen des wissenschaftlichen wie des gewerblichen Lebens berührt und daher keinem Gebildeten, der den raschen Fortschritten der Zeit folgen will, fremd bleiben darf.« Zu diesem Zweck habe man neben den schon bestehenden Beziehungen zum *Penny-Magazine*, zum *Saturday-Magazine*, zum *Magasin pittoresque* und zum *Neederlandsch Magazijn* nun auch Verbindung zu dem in Paris erscheinenden *Musée des familles* aufgenommen, um die »nach den nächsten Bedürfnissen deutscher Leser« von deutschen Künstlern gefertigten Originalarbeiten durch die besten Bildbeiträge aus dem Ausland zu ergänzen.

In den späteren Jahren allerdings geht die Zahl der Illustrationen in den einzelnen Nummern des PFENNIG-MAGAZINS gegenüber den frühen Jahrgängen zurück. Anscheinend gerieten die hohen Kosten für die Herstellung der Holzstiche in ein Mißverhältnis zu den sinkenden Auflagenzahlen. Absatzschwierigkeiten machten in den vierziger Jahren den nicht unmittelbar politischen Zeitschriften schwer zu schaffen, und viele von ihnen fielen dem großen Zeitschriftensterben der Revolutionsjahre 1848/49 zum Opfer, während andererseits die aktuelle politische Presse einen enormen Aufschwung nahm. Das *Pfennig-Magazin* überlebte diese Krise um einige Jahre. Erst 1855 stellte es sein Erscheinen ein.

Für seine Zeit war das PFENNIG-MAGAZIN ein Fenster zur Welt, eine Quelle, aus der sich das neu erwachte, nicht länger auf die gehobenen Stände beschränkte Streben nach Bildung und optischen Sensationen Stoff und Anregung verschaffte. Heute ist es ein *Orbis xylographicus* des 19. Jahrhunderts, ein unvergleichliches

16 Zit. n. Kapp, Goldfriedrich, Bd. 4, S. 286f.

Archiv der Denk-, Merk- und Sehenswürdig-
keiten eines »jungen Deutschland« und eines
jungen Europa — einer Epoche, die man Bieder-
meier und Vormärz und Industrielle Revolution
genannt hat und die man im PFENNIG-MAGAZIN
neu entdecken kann.

REINHARD KAISER.

Literaturverzeichnis (Seitenzahlen in Klammern bezeichnen jene Stellen, wo die genannten
Arbeiten näher auf das PFENNIG-MAGAZIN eingehen.)

Böker, Uwe, »'Industrialisierung der Literatur'.
Internationale Entwicklungstendenzen des
literarischen Lebens im 18. und frühen 19.
Jahrhundert«, in : *Buchhandelsgeschichte*
1985/2; Beilage zum *Börsenblatt für den
Deutschen Buchhandel*, Nr. 50, 25. Juni
1985.

Brockhaus, Heinrich Eduard, *Die Firma F. A.
Brockhaus von der Begründung bis zum hun-
dertjährigen Jubiläum. 1805–1905*, Leipzig:
F. A. Brockhaus 1905. (S. 94–99, 114).

Drahn, Ernst, *Geschichte des deutschen Buch-
und Zeitschriftenhandels*, Berlin: Central-
Verein Deutscher Buch- und Zeitschriften-
händler 1914.

Haacke, Wilmont, »Das 'Magazin' — ein unent-
deckter Zeitschriftentypus«, in: *Archiv für
Geschichte des Buchwesens*, Frankfurt:
Buchhändler-Vereinigung, Bd. XI, 1971, Sp.
429–448.

Hanebutt-Benz, Eva-Maria, »Studien zum deutschen Holzstich im 19. Jahrhundert«, in: *Archiv für Geschichte des Buchwesens*, Bd.
XXIV, Lieferung 3–6, Frankfurt: Buchhändler-Vereinigung 1983, Sp. 581–1266 (Sp.
690–707).

Kainen, Jacob, »Why Bewick Succeeded: A Note
in the History of Wood Engraving«, in: *Contri-
butions from the Museum of History and
Technology*, Washington, D. C.: Smithsonian
Institution 1959, S. 186–201.

Kapp, Friedrich, Goldfriedrich, Johann, *Geschichte des Deutschen Buchhandels vom
Beginn der Fremdherrschaft bis zur Reform
des Börsenvereins im neuen Deutschen Reiche*, Leipzig: Verlag des Börsenvereins der
Deutschen Buchhändler 1913 (Bd. 4, S.
209–15, 286–289).

Kirchner, Joachim, »Redaktion und Publikum.
Gedanken zur Gestaltung der Massenzeit-
schrift im 19. Jahrhundert«, in: *Publizistik V*,
Konstanz 1960, S. 143–155.

Kirchner, Joachim, *Das deutsche Zeitschriften-
wesen. Seine Geschichte und seine Proble-
me*. Teil II: Vom Wiener Kongreß bis zum
Ausgange des 19. Jahrhunderts, Wiesbaden:
Harrassowitz 1962 (S. 69, 140–143, 401,
412, 426f.).

Lehmann, Ernst Herbert, »Illustrierte«, in: Wal-
ther Heide (Hrsg.), *Handbuch der Zeitungs-
wissenschaft*, Leipzig 1941, 5. Lieferung, be-
arb. v. E. H. Lehmann.

Raabe, Paul, »Die Zeitschriften der ersten Hälfte
des 19. Jahrhunderts«, in: Ernst L. Hauswe-
dell, Christian Voigt (Hrsg.), *Buchkunst und
Literatur in Deutschland, 1750 bis 1850*,
Hamburg: Maximilian Gesellschaft 1977,
Bd. 1. S. 186–195 (S. 190f.).

Unger, Arthur W., *Die Herstellung von Büchern,
Illustrationen, Akzidenzen usw.*, Halle a. S.:
Wilhem Knapp 1906, Kap. »Die Holzschnei-
dekunst (Xylographie)«, S. 114–133.

Weber, Johann Jakob (anonym), »Über die sogenannte Pfennigliteratur«, *Börsenblatt für
den Deutschen Buchhandel*, Nr. 40, 3. Oktober 1834, Sp. 767–770.

Weber, Wolfgang, *Johann Jakob Weber. Ein
Beitrag zur Familiengeschichte*, Leipzig: J. J.
Weber 1928.

Wilke, Karl, »Die Leipziger Illustrirte Zeitung
und ihre Geschichte«, in: *Zeitschrift für
Bücherfreunde*, 5. Jg. 1901/02, Heft 5 August 1901, S. 188–196; Heft 6, September
1901, S. 228–236.

Wittmann, Reinhard, *Buchmarkt und Lektüre
im 18. und 19. Jahrhundert. Beiträge zum literarischen Leben 1750–1880*, Tübingen:
Niemeyer 1982 (S. 149ff.).

Das

Pfennig - Magazin

der

Gesellschaft

zur

Verbreitung gemeinnütziger Kenntnisse.

1ter **Band, 1**te **Abtheilung.**

Leipzig,

In der Expedition des Pfennig-Magazins

Grimmaische Gasse, Auerbachs Hof.

1833.

Vollständiges alphabetisches
Verzeichniß
der im
ersten Jahrgange des Pfennig-Magazins
4. Mai 1833—1834
enthaltenen Artikel.

NB. Zur bequemen Uebersicht der mit Abbildungen versehenen Artikel sind die Titel derselben mit durchschossener Schrift gedruckt.

Das Pfennig-Magazin

der

Gesellschaft zur Verbreitung gemeinnütziger Kenntnisse.

1.]   Erscheint jeden Sonnabend.   [Mai 4, 1833.

An Jeden.

Kenntnisse und das Bewußtseyn, in allen Lagen des Lebens unsere Pflicht erfüllt zu haben, sind die einzigen Reichthümer, welche das Schicksal uns auf keine Weise, in keiner Lage des Lebens zu rauben vermag; sie sind der wahrste Trost im Unglücke, die schönste Freude unseres Alters, der reinste Genuß nach mühevoller Arbeit, nach des Tages Last und Hitze. Jene können wir einander mittheilen, sie uns aneignen aus Büchern und den Lehren Erfahrener und Gebildeter, und die Fortschritte unserer Zeit bieten uns überall dazu Hülfsmittel dar; die Erwerbung des Bewußtseyns aber, seine Pflicht als Mensch und Bürger im vollsten Sinne des Wortes gethan zu haben, muß Jedem selbst überlassen bleiben; doch nur der Pflichtgetreue ist der wirklich Tugendhafte, denn wer, wie so viele Menschen, in selbstbefangener Eitelkeit Tugenden üben will, und seine Pflichten darüber vernachlässigt, gleicht dem leichtsinnigen Vater, der seine Kinder schön kleidet, und sie hungern läßt, oder sie mit kostbaren Leckerbissen nährt, und sich nicht um die Ausbildung ihres Geistes und Herzens kümmert. Unsere Pflichten zerfallen in zwei Klassen, in die Pflichten gegen uns selbst, und die Pflichten gegen Andere. — Vervollkommnung unseres Selbst ist das Ziel und der Zweck unseres irdischen Daseyns, denn in ewigem Weiterschreiten liegt das Geheimniß der Welt. Wie nahe ist uns daher die Pflicht gelegt, uns Kenntnisse zu erwerben, wie nahe denen, die sich solches Erwerbes bereits erfreuen, ihn ihren Brüdern und Nebenmenschen mitzutheilen, denn weder Talente noch Wissen wurden uns gegeben, um uns selbstsüchtig allein solchen Besitzes zu freuen; wir sind Alle gleich vor Gott, sind alle Gäste an der Tafel des Herrn, sollen uns einträchtlich lieben wie Brüder, und Jeder dem Andern mittheilen von seinem Ueberflusse, nach Maaßgabe der Kräfte und der Bedürfnisse des Empfangenden.

Und das eben ist der Zweck unserer Gesellschaft und ihrer von ihr besorgten Zeitschrift. Die Verbreitung nützlicher Kenntnisse ist das schönste Geschenk, das man seinem Jahrhunderte machen kann. Wir wollen, nach unseren besten Kräften, mit prüfender Besonnenheit, mit redlichem Willen dafür das Unsere thun. Unermeßlich ist das Reich des Wissens; es umfaßt die ganze Welt; Vergangenheit und Gegenwart, Himmel und Erde, Land und Meer. Unser Streben soll dahin gehen, aus allen diesen Regionen, aus allen diesen Zweigen des Nützlichste und Neueste auszulesen und es auf eine möglichst gefällige Weise, welche Verstand und Phantasie zugleich angenehm beschäftigt, dem freundlichen Leser vorzuführen. Die wichtigsten Entdeckungen und Erfindungen, merkwürdige Naturerscheinungen, große Begebenheiten, interessante Ereignisse, Lebensbeschreibungen berühmter Männer, treffende Lebensregeln, wichtige Erfahrungen, sollen wechselsweise unsere Aufmerksamkeit beschäftigen, und dem Leser wie in einer freundlichen, würdigen Unterhaltung vorgetragen werden. — Zu besserem Verständnisse werden wir überall, wo es nöthig ist, erklärende, sauber gearbeitete Abbildungen hinzufügen, und uns überhaupt bemühen, auf die äußere Gestalt unserer Zeitschrift eben so viel Sorgfalt, wie auf den Inhalt derselben zu verwenden.

Möge die Theilnahme für dieselbe unserem redlichen und ernsten Willen gleichen, dann ernten wir den schönsten Lohn.

___

Die Moschee des Sultans Achmed zu Konstantinopel.

Die Gotteshäuser der Mahomedaner, in welchen sich dieselben jeden Freitag zum Gebete versammeln, heißen Moscheen. Die hohen Thürme, die an den Seiten des Domes dieser Gebäude emporsteigen, werden Minarets genannt; außen um dieselben laufen Gallerieen, Ringen ähnlich, herum. Hierher begiebt sich täglich fünf Mal der Muezzin, und läßt den feierlichen Ausruf (Ezann) vernehmen, wodurch er die Gläubigen zum Gebete ruft.

Die Moschee Achmed.

Die hier dargestellte Moschee ward im Jahre 1610 durch Sultan Achmed gegründet; dieser Fürst betrieb den Bau derselben mit solchem Eifer, daß er in eigener Person jeden Freitag Theil an den Arbeiten nahm. Sie steht auf der Südseite des Atmeidan (Hippodroms, Rennbahn), und ist unter allen Moscheen Konstantinopels und des ganzen osmanischen Reiches die Einzige, welche sechs Minarets hat, d. h. zwei mehr als die Sophienkirche, die Suleimanie, ja selbst als die Moschee des heiligen Hauses der Kaabe zu Mekka. Auf einer erhöheten Terrasse erbauet, besteht sie bloß aus zwei großen Vierecken, von denen Eines die Moschee selbst, das Andere den Vorhof bildet. Dieser mißt von dem auf den Atmeidan führenden Mittelthore bis zu dem gegenüber befindlichen Haupteingange der Moschee 56 Schritte in der Länge und 77 in der Breite. Die Moschee selbst hat 100 Schritte ins Gevierte. Das Auffallendste an derselben sind vier ungeheure Säulen, von denen jede aus drei Theilen besteht, und die im Vergleiche zu ihrer Länge unverhältnißmäßig dick sind. Der Umfang einer jeden mißt 36 Ellen; sie tragen den Dom und erheben sich von aus an den vier Seiten desselben wie eben so viele Thürmchen. Die Kuppel des großen Domes ist von 4 Hauptkuppeln umgeben, an deren jede zwei kleine ganz runde Kuppeln stoßen, welche gerade hinter den vier ungeheuern Säulen die vier Ecken der Moschee bilden. Diese erscheint also von Außen neunfach gewölbt, gleich dem Dome der neun Himmel nach der Lehre des Koran. Auf beiden Seiten der Moschee rechts und links läuft eine doppelte Gallerie, eine äußere und eine innere, hin, in denen unten Bänke für die Leser des Korans, und oben Schatzgewölbe, zur Bewahrung von Gold und anderen Kostbarkeiten, angebracht sind.

Wegen der schönen Lage am Atmeidan und der überall offenen und freien Verbindungen ist diese Moschee der Schauplatz großer Kirchenfeste und feierlicher Hofaufzüge. Dorthin begiebt sich der Sultan, von seinem ganzen Hofstaate begleitet, an den zwei großen Festen des Beirams (den großen und kleinen Fasten), um das Fastengebet zu verrichten. Von hier aus findet der festliche Auszug der Pilgerkaravane nach Mekka, und die feierliche Versammlung des Hofes und aller Staatsbehörden Statt, um das Mewlud oder den Geburtstag des Propheten Mahomed zu feiern.

In der Mitte des Hofes der Moschee ist ein Springbrunnen von Marmor; die Thüren sind von geschlagenem Kupfer. Im Innern der Moschee sind die Mauern al fresco gemalt; man sieht daselbst vergoldete Tafeln mit arabischen Aufschriften hängen. Die Fenster sind von buntem Glase.

Die Minarets sind sehr hoch; von dem Mare di Marmora aus gesehen, macht die Moschee Achmed's einen bewundernswürdigen Eindruck, und gewährt einen herrlichen Genuß. Man geräth in Entzücken, wenn man die Halbkuppeln betrachtet, welche, sich auf die andere stützend, stufenweise nach den Gesetzen der Perspektive auf einander folgen, und zuletzt einer leichten Kuppel, an deren Seite sechs zarte Spitzen emporsteigen, Ruhepunkte gewähren.

Anwendung der Zeit in unsern Tagen.

Wer glücklich in der Welt sein Fortkommen finden will, der muß einen weisen Gebrauch von der Zeit zu machen verstehen. Sie ist der Stoff, aus dem das menschliche Leben gewebt ist; verständig in ihrem schnellen Fluge benutzt, gewährt sie Mittel zur Ausbildung des Geistes, zur Ergreifung jedes Vortheils, und zur Vermehrung unsers Wohlstandes. Allenthalben hat sich jetzt die Anzahl der Mitbewerber vermehrt; will man nicht unterliegen, so muß man die Zeit mit Einsicht benutzen. Wer früher aufsteht als Andere, der gewinnt an Gesundheit wie an Glück. Eine Stunde früher als sonst das Bette verlassen, heißt jährlich 15 Tage und 5 Stunden gewinnen. Eine Stunde früher als sonst das Bette verlassen, heißt jährlich 15 Tage und 5 Stunden gewinnen. Eine Stunde Arbeitstage, so setzen wir uns vor den Langschläfern in großen Vortheil; denn die Zeit ist zum Arbeiten da; sie soll nützlich zugebracht werden; wer jede Stunde weise benutzt, der gewinnt an Wohlstand, wie an Zufriedenheit. Von Jugend auf muß sich der Mensch an zweckmäßige und nützliche Thätigkeit gewöhnen, und wer dieß thut, dem ist Arbeit Lust und Freude. Wer den Geist gehörig ausbildet, der kann nicht müßig gehen; er schafft und wirkt mit Verstand, und läßt seine Zeit nicht ungebraucht verstreichen.

In unsern Tagen ist Alles auf Schnelligkeit und Arbeitsamkeit berechnet. Der Kaufmann muß jetzt, innerhalb eines Jahres, weit mehr Waaren umsetzen, wenn er dasselbe zu verdienen wünscht, als er vor 20 Jahren zu thun brauchte; der Landmann muß seinen Acker weit besser anbauen, als sonst, wenn er bestehen will; der Gelehrte muß weit mehr und weit umfassendere Kenntnisse besitzen alt vormals, aber sie müssen auch gründlich, klar und gemeinnützig seyn. Der Familienvater muß mehr arbeiten und mehr sparen als ehemals, wenn er vorwärts kommen will, und wie kann man nun diesen Zweck anders erreichen, als durch weise Benutzung der Zeit, durch zweckdienlichere Thätigkeit und durch größere Einschränkung im Genusse? Die Zeit ist der Stoff, aus dem sich Glück und Segen auch für unsere Tage zusammenfügen lassen. Sie gewährt vorzüglich die Mittel zu unserm bessern Fortkommen; man schlafe daher weniger, stehe früher auf, arbeite rüstiger und mit mehr Verstand als sonst, und benutze den flüchtigen Augenblick; dann ist das Menschenleben, obschon ein steter Kampf mit Hindernissen und Schwierigkeiten aller Art, doch eine reiche Quelle der Freude, der Zufriedenheit und des Glücks.

Artesische Brunnen und Feuerbrunnen.

Jedermann weiß, daß man, wenn man an gewissen Stellen eine tiefe Oeffnung in die Erde macht, wo Niemand je eine Spur von einer Quelle bemerkt hat, endlich zu einer Erdschicht gelangt, wo Wasser im Ueberflusse vorhanden ist. Bisweilen dringt dieß Wasser mit solcher Heftigkeit hervor, daß es sich als Springbrunnen mehrere Fuß über den Boden erhebt. Die Natur gewährt also von selbst ein glänzendes Schauspiel, welches manchem verschwenderischen Herrscher Millionen gekostet hat. Seit einigen Jahren vermehren sich in Frankreich und im südlichen Deutschlande die artesischen Brunnen, die ihren Namen von der Provinz Artois in Frankreich haben, wo sie seit langen Zeiten gewöhnlich sind. Die Nützlichkeit der artesischen Brunnen besteht nicht allein darin, daß sie reichlich Wasser geben, sondern da dieses aus großer Tiefe kommt, so ist es immer mittler Temperatur, und wohl jedenfalls brauchbarer, als aus den gewöhnlichen Brunnen.

In China giebt es zwar keine artesischen, aber wohl Feuerbrunnen. In dem Bezirke von Kiating-Tau (250 Stunden NÖstl. von Canton) findet man in einem Raume von ungefähr 10 Stunden in der Länge, und 4 bis 5 Stunden in der Breite mehrere Salzbrunnen. Jeder etwas wohlhabende Privatmann sucht sich einen Theilhaber, und gräbt sich einen oder mehrere Brunnen, wozu gegen 2000 Thaler erforderlich sind. Sie graben diese Brunnen nicht, wie wir, sondern erreichen ihren Zweck mit der Zeit, und durch Geduld; sie bringen wenigstens drei Jahre dabei zu. Diese Brunnen haben gewöhnlich eine Tiefe von 15 bis 1800 franz. Fuß, und sind nur 5 bis 6 Zoll breit. Will man Wasser aus einem solchen Brunnen haben, so steckt man eine Bambusröhre hinein, die 80 Fuß lang ist, und an deren Ende sich ein Ventil befindet; wenn sie unten auf dem Boden angelangt ist, so hält sich ein starker Mann ans Seil, und stößt auf die Röhre; bei jedem Stoße öffnet sich das Ventil, und das Wasser steigt in die Höhe. Bei der Verdunstung liefert das Wasser ein Fünftel und drüber, ja bisweilen ein Viertel Salz, das einen sehr beißenden Geschmack hat, und viel Salpeter enthält. Die Luft, welche aus diesen Brunnen kommt, ist leicht entzündbar. Hält man eine Fackel an die Oeffnung des Brunnens, wenn die Röhre beinahe mit Wasser angefüllt ist, so entzündet sich eine große Feuergarbe, zwanzig bis dreißig Fuß hoch. Bisweilen thun es die Arbeiter entweder aus Unvorsichtigkeit oder aus Bosheit.

Es giebt Brunnen dieser Art, aus denen man kein Salz bekommt, sondern bloß Feuer, und diese nennt man Feuerbrunnen. Man verschließt die Oeffnung des Brunnens mit einem Bambusröhrchen, und leitet die entzündbare Luft wohin man will; man zündet sie mit einem Lichte an, und sie brennt fortwährend. Die Flamme sieht bläulich aus, steigt drei bis vier Zoll hoch, und hat einen Zoll im Durchmesser. Das Gas ist mit Erdpech geschwängert, riecht übel, und giebt einen schwarzen, dicken Rauch; sein Feuer brennt heftiger, als das gewöhnliche Feuer. Die großen Feuerbrunnen befinden sich zu Tsee-lieou-tsing, einem Flecken im Gebirge, an einem kleinen Flusse.

Wozu Ordnung und Pünktlichkeit verhelfen.

Ordnung ist Verstand; wo keine Ordnung in einem Hause herrscht, da ist weder Glück noch Segen, weil es ihm an der erhaltenden und erwerbenden Grundlage gebricht. Unordnung zerstört, was der Fleiß schafft; sie läßt unbenutzt, was die Ordnung Gedeihliches bewirkt. Die Pünktlichkeit ist die Tochter der Ordnung, und gewinnt Vertrauen, weil sie Alles zur rechten Zeit thut. Sie verbindet mit dem Verstande Gewissenhaftigkeit, und beide bringen Wohlstand ins Haus. Der Engländer Scott von Exeter, der beinahe bis in sein 80. Jahr in Geschäften herum reiste, zeichnete sich vorzüglich durch seine Pünktlichkeit und Ordnung aus, und da er mit diesen Tugenden einen emsigen und verständigen Fleiß verband, so erwarb er sich ein großes Vermögen. Wir wollen hier bloß etwas von seiner Pünktlichkeit erwähnen: seit einer langen Reihe von Jahren wußten die Wirthe in Devon und Cornwall, bei denen er einkehrte, genau den Tag, ja selbst die Stunde, wo er bei ihnen eintreffen werde. Kurz vor seinem Tode machte ein Herr in Cornwall eine Reise, und kehrte zu Mittage in einem kleinen Wirthshause zu Port Isaak ein, um da zu essen. Der Aufwärter reichte ihm den Speisezettel, allein es gefiel ihm keines von den Gerichten, welche darauf angeführt waren; da er jedoch sah, daß man eine schöne Ente briet, so wünschte er diese zu haben. Die Ente können Sie nicht bekommen, versetzte der Wirth; sie ist für Hrn. Scott aus Exeter bestimmt. — Ich kenne Hrn. Scott recht wohl, erwiederte der Reisende; er ist nicht in ihrem Hause. — Dieß ist wahr, gab der Wirth zur Antwort, aber vor sechs Monaten war er das letzte Mal hier, und bestellte eine gebratene Ente, die heute Punkt 2 Uhr für ihn bereit stehen sollte. Zu seinem großen Erstaunen sah der Reisende den alten Herrn ins Wirthshaus treten, und zwar ungefähr fünf Minuten vor der bestimmten Zeit.

Die Taucherglocke.

Die Taucherglocke, deren Gebrauch, obschon ziemlich ausgebreitet, doch in Kurzem sicherlich noch mehr zunehmen wird, ist eine neue Eroberung des menschlichen Gewerbfleißes. Schon in frühern Jahrhunderten hat man zahlreiche Versuche angestellt, auf dem Boden des Wassers zu verweilen; allein erst in neuerer Zeit hat die Praxis jene theoretischen Untersuchungen und Versuche, welche man sonst gemacht hatte, anzuwenden verstanden.

Von dieser Taucherglocke hat man bei dem Baue der Brücke von Bordeaux einen glücklichen Gebrauch gemacht, und jetzt sind alle großen französischen Häfen damit versehen. In Cherbourg bedient man sich derselben zur Untersuchung und Beendigung der untern Wände der Becken, welche man zur Aufnahme der Linienschiffe in den Felsen gehauen hat. Mit ihrer Hülfe kann man auf dem Grunde des Wassers fast eben so leicht arbeiten, als auf dem festen Lande unter freiem Himmel; man höhlt Felsen aus, sprengt Minen, nimmt die schwersten Steinblöcke weg und bearbeitet und vermauert sie.

Vor Kurzem wurde die englische Fregatte Thetis, auf der sich mehrere Millionen Piaster befanden, von einem Sturme an die Küste von Brasilien geworfen und zerschmettert. Ihre Trümmer, die während des Sturmes zermalmt, zerstreut und mit Felsenstücken in dem Sande herumgerollt wurden, waren in einer Tiefe von mehr als 30 Fuß begraben. Es trat eine Gesellschaft zusammen, der es gelang, vermittelst der Taucherglocke, aus diesem verworrenen Haufen einen großen Theil des verlorenen Geldes herauf zu holen. Wir wollen hier eine genaue Beschreibung der Taucherglocke mittheilen, welche der Engländer Spalding vervollkommnet hat.

Eine ganz einfache Erfahrung, die Jedermann anstellen kann, wird ihm sogleich eine Einsicht in das Prinzip verschaffen, nach welchem die Taucherglocke eingerichtet ist. Man nehme ein Glas, dessen Inneres trocken ist, tauche es ganz senkrecht ins Wasser und ziehe es so wieder heraus, ohne es so wenig als möglich auf die Seite zu halten. Hier wird man sehen, daß die innern Wände nur in einer gewissen Entfernung von den Rändern des Glases naß geworden sind, und daß sich das Wasser nicht im ganzen Glase ausgebreitet hat; eine Fliege, die man auf dem Boden befestigte, hätte ganz ohne Gefahr untertauchen können. Man denke sich nun das Glas vergrößert, und an die Stelle der Fliege einen Menschen, und man hat die Erklärung der Taucherglocke. Die Luft, welche einen kleinern Raum einnimmt, je tiefer man mit der Glocke hinab kommt, erhält endlich einen so hohen Grad von Springkraft (Elasticität), daß sie das Wasser nicht weiter herein bringen läßt. Jedoch ist es wahr, daß diese verdichtete Luft denjenigen ein höchst unangenehmes Gefühl verursacht, welche noch nicht an diese Spaziergänge unter dem Meere gewöhnt sind, und daß sie bei ihnen Ohrensausen veranlaßt, allein nach kurzer Zeit gewöhnt man sich daran; es giebt Arbeiter, welche es mehrere Stunden lang in einer sehr großen Tiefe aushalten können. Unglücksfälle sind so selten, daß ihre Anzahl nicht die gewöhnlichen Gränzen übersteigt, zwischen denen jedes Menschenleben sich eingeschränkt befindet. Die Furcht kann daher keinen Neugierigen abhalten.

Unsere Abbildung stellt die in England gebräuchliche Taucherglocke vor. ABCD zeigen den Körper der Glocke an, der an vier Seilen aa hängt, welche sich in dem Haken des Hauptschiffseiles E vereinigen; bb sind die beiden Gewichte, die dazu bestimmt sind, die Oeffnung CD der Glocke mit der Oberfläche des Wassers parallel zu halten. Damit die Maschine ins Wasser hinunter gelange, giebt es ein anderes Gewicht F, das man vermittelst eines Klobens nach Belieben auf- und abwinden kann, und das mehrere Zwecke hat. Wenn Eine der Seiten der Glocke beim Hinablassen durch ein Hinderniß aufgehalten würde, so daß das ganze Zubehör umstürzte, so würde das Gewicht F sogleich auf den Grund des Wassers hinabsinken und auf dem Boden ruhen. Das Zubehör, das wieder leichter würde, als die aus ihrer Stelle verdrängte Wassermasse, würde in die Höhe steigen und seinen festen Standort von Neuem einnehmen. Man sieht daher leicht ein, daß dieses Gewicht eine Art von Anker ist, der die Glocke in einer gewünschten Höhe erhält. Oben in der Glocke sind zwei Fenster angebracht, welche mit sehr dicken, flachrunden Gläsern geschlossen sind, die man Linsengläser nennt. G und H sind zwei Luftbehälter, wovon jeder ungefähr 1½ Hektoliter (150 Liters; der Liter ist die Einheit des Faßmaßes) Luft enthält. Vermittelst des Hahns I und der Verbindungsröhren cc kann man nach Belieben die erhitzte und verdorbene Luft herauslassen, und sie durch reine und frische Luft ersetzen. Ist Einer von den Behältern leer, so giebt man dem Fahrzeuge, welches das ganze System unterstützt, durch eine gewisse Anzahl Hammerschläge an die Wände, Nachricht.

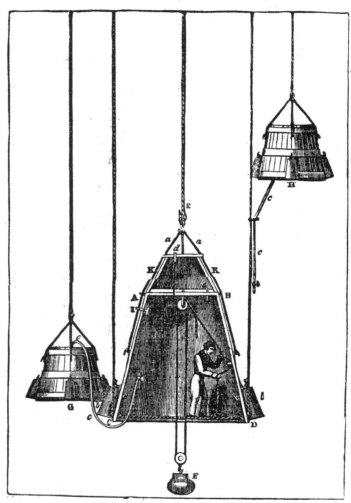

Die Taucherglocke.

Eine sehr sinnreiche Vervollkommnung, die man Hrn. Spalding zu verdanken hat, gestattet den Tauchern, die Glocke nach Belieben bis an die Oberfläche des Wassers selbst zu heben oder sie irgend wo in der Tiefe zu befestigen.

Eine zweite Glocke, kleiner als die erste, ist über dieser befestigt. Vermittelst der beiden Hähne d und e können die Arbeiter beliebig die Luft aus der obern Glocke herauslassen, oder jene aus der untern in sie hinein lassen. Befindet man sich auf dem Grunde des Wassers, so ist der Hahn b auf. Der obere Theil ist voll Wasser, und in diesem Zustande ist das ganze Zubehör ohne das Gewicht F leichter, als eine gleiche Masse Wassers, und wird durch das Hinzuthun dieses Gewichts schwerer. Will man sich empor heben, so drehet man den Hahn e herum. Die Luft der großen Glocke, die sogleich durch jene des Behälters ersetzt wird, dringt in die kleine ein, treibt das Wasser heraus und das ganze Zubehör, nebst dem Gewichte F, wird leichter als eine gleiche Masse Wassers, und fängt an, empor zu steigen.

Man sieht hieraus, daß dieses System gänzlich mit jenem der Fallschirme bei den Luftballons übereinstimmt. Jedoch muß man sich in Acht nehmen, und die Luft nur langsam in die obere Glocke eindringen lassen; denn sonst würde man mit einer solchen Schnelligkeit emporsteigen, daß die Arbeiter von ihren Sitzen geschleudert werden könnten.

Der Laternträger.

Die Laternträger (Fulgora) machen eine besondere Art von Insekten aus, von denen es einige funfzig Arten giebt, und deren am meisten in die Augen fallendes Kennzeichen die außerordentliche Länge des Kopfes ist. Die Gestalt dieses Theils des Körpers ist bei jeder

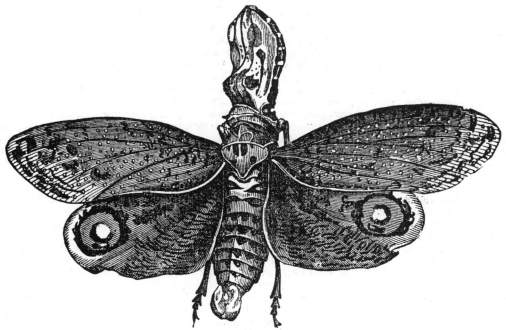

Der Laternträger.

Art verschieden. Einige von diesen zeigen beim Fliegen die Pracht ihrer Farben; jedoch ist die merkwürdigste Art, so zu sagen, sehr bescheiden gekleidet. Ein wenig Grün, etwas Blaßroth, auf einem gräulichen Grunde, zwei große Flecken von einem falben Gelb, dieß ist Alles, was ihre ausgebreiteten Flügel bei Tage zeigen können, aber in der Nacht erhält dieses Insekt einen Vorzug vor allen Andern. Es hat die Quelle eines Lichts in sich, das es nach außen hin in größerer Menge verbreitet, als irgend ein anderer leuchtender Körper von derselben Größe. Jedoch ist man über die Stärke dieses Lichts nicht einig. Einige behaupten, ein einziges Insekt gebe so viel Licht, daß man die kleinste Schrift dabei lesen könne. Ein Augenzeuge, welcher im Anfange des 18. Jahrhunderts den Laternträger von Surinam beschrieben hat, sagt bloß, er halte es nicht für unmöglich, bei dieser Fackel eine holländische Zeitung der damaligen Zeit zu lesen. Endlich fügen unterrichtete Männer, welche sich ziemlich lange in Guiana aufgehalten haben, demjenigen keinen Glauben bei, was man von den leuchtenden Eigenschaften der Fulgora dieses Landes geschrieben hat, weil sie nie etwas dergleichen bemerkt haben. Diese verneinende Behauptung stößt jedoch die Zeugnisse einsichtsvoller Personen nicht um, die das Leuchten dieser Insekten gesehen haben wollen. So z. B. war zu Ende des 17. Jahrhunderts, und zu Anfange des 18. Maria Sibilla Merian, die ausdrücklich nach Surinam reisete, um die Insektenkunde daselbst zu studiren, eine sehr geschickte Zeichnerin; sie sagt von dem Laternträger Folgendes: Die Indianer brachten mir eine Menge von diesen Insekten, welche ich in eine große Schachtel that; diese setzte ich in meine Schlafstube; in der Nacht hörte ich einen außerordentlichen Ton, ich stand auf, verlangte Licht, und als ich dieses erhielt, bemerkte ich, daß der Ton aus der Schachtel mit den Insekten kam, ich machte diese auf und fand, daß die Schachtel ganz in Flammen stand. Vor Schrecken ließ ich dieselbe fallen. Die Gefangenen flogen heraus, und verbreiteten in der ganzen Stube eine lebhafte Helligkeit. Endlich ließ mein Erstaunen nach, die Furcht verschwand,

man machte auf die herumfliegenden Laternen Jagd, und that sie wieder in die Schachtel.

Der Laternträger von Surinam leuchtet weit stärker, als unsere Johanniswürmchen, und lebt hauptsächlich von dem Granatapfelbaume, den Europa der neuen Welt geschenkt hat. Dafür könnte Amerika den Ländern Europa's, in welchen der Granatapfelbaum wächst, den Laternträger zum Geschenke machen. Auch in Europa und China gibt es Laternträger, welche aber dem surinamschen an Glanze nicht gleich kommen.

Der Naturforscher Cuvier.

Dieser berühmte Naturforscher ist, kein Franzose, sondern streng genommen ein Deutscher. Er ward den 23. August 1769 zu Mümpel gard (Montbelliard) im Elsaß geboren, welche Grafschaft vor der französischen Revolution 1789 dem Hause Würtemberg gehörte. Cuvier hatte mit Einigen der größten Männer der neuern Zeit einerlei Geburtsjahr; denn das Jahr 1769 sah Napoleon, Alexander v. Humboldt, den Herzog von Wellington, Chateaubriand, Canning, den Vicekönig von Aegypten Mehemed Aly u. A. geboren werden.

Von Jugend auf bemerkte man zwei Eigenschaften an ihm, die man sonst nicht immer vereinigt findet: er war sehr wißbegierig und hatte auch viel Lust zu praktischen Geschäften. Im 14. Jahre sieht man ihn auf der Schule zu Mümpelgard den Vorsitz in einer Schülerversammlung führen, und zu Stuttgart legte er sich auf der Akademie vorzüglich auf Kameralien; indessen hegte er schon in seinem zwölften Jahre eine begeisternde Vorliebe für Büffon's Naturgeschichte, die er zu seiner Lieblingslektüre machte, und deren Abbildungen er nachzeichnete.

Cuvier war arm, und dieser Umstand gewährte ihm keine großen Aussichten zu einem angesehenen Amte im damaligen Herzogthume Würtemberg. Er war daher genöthigt, Stuttgart zu verlassen, noch ehe er seine akademische Laufbahn daselbst vollendet hatte, um eine Hofmeisterstelle bei einer Familie in der Normandie in Frankreich anzunehmen. In dieser Provinz hielt er sich von 1788 bis 1794 auf, wo er die Gelegenheit benutzte, die Seethiere zu studiren. Er war unermüdet thätig; sein Fleiß war besonnen, er forschte allenthalben den Ursachen nach, und ließ keine wichtige Erscheinung vorübergehen, ohne sich zu fragen, woher sie rühre, und wozu sie nütze. Sein Leben ist eben so reich an politischen Ereignissen, als an naturgeschichtlichen Entdeckungen, und wenige Männer haben sich durch Glück, Fleiß, Ordnung und Genie so hoch empor geschwungen als Cuvier.

Im Jahre 1794 war Cuvier, 25 Jahre alt, noch immer bloßer Hauslehrer in der Normandie, als er durch einen Zufall mit einem damals berühmten Ackerbaukundigen, dem Abbé Tessier, in Bekanntschaft gerieth. Dieser brachte ihn in Verbindung mit mehrern Gelehrten zu Paris, und zwei Jahre darauf war Cuvier im Nationalinstitute schon der College der berühmtesten Männer seiner Zeit. Geoffroy St. Hilaire, der späterhin sein Gegner in der Naturgeschichte ward, trug vorzüglich dazu bei, ihm seine glänzende Laufbahn zu eröffnen. „Ich," sagte dieser berühmte Gelehrte bei einer feierlichen Gelegenheit, „habe zuerst das Glück gehabt, die gelehrte Welt auf ein Genie aufmerksam zu machen, das sich selbst nicht kannte." „Kommen Sie, schrieb ich ihm, kommen Sie und spielen Sie unter uns die Rolle eines andern Linné, eines andern Gesetzgebers der Naturgeschichte."

Cuvier hat diese Voraussagung gerechtfertigt. Die Klasse der Würmer war ein wahres Chaos, und hiermit fing Cuvier seine Reformen an. Bei diesen ersten Arbeiten legte er den Grund zu einer ganz neuen Eintheilung. Seine Vorlesungen über die vergleichende Anatomie haben in den Naturwissenschaften eine vollständige Umänderung bewirkt. Die vergleichende Anatomie kann als Einer der merkwürdigsten Charakterzüge unserer Zeit angesehen werden; sie dringt in die Geheimnisse der Schöpfung ein, weiset den verschiedenen Theilen, aus denen die Geschöpfe bestehen, ihre Verhältnisse und ihre Merkmale an, erklärt ihre Lage und ihre Gestalt, und giebt Gelegenheit, nach dem Anblicke eines Knochens, z. B. eines Fußknochens, zu bestimmen, ob das Thier, von welchem diese Trümmer herrührt, von Gewächsen oder vom Fleische lebte. Durch diese Wissenschaft ist

der Mensch in den Stand gesetzt, nach den kleinsten Bruchstücken die Ordnung, das Geschlecht, die Art und die Größe der Individuen anzugeben. In der Kenntniß fossiler Knochen war Cuvier einheimisch, und entdeckte manche Täuschung auf, der man bisher gehuldigt hatte. Was man für versteinerte Menschenknochen hielt, das wies er als Thierknochen nach.

Cuvier besaß ein ungeheures Gedächtniß; er merkte die trockensten Dinge, und vergaß nichts wieder, was er sich einmal eingeprägt hatte. Unaufhörlich arbeitete er; selbst im Wagen las und schrieb er, und man wird sich nicht wundern, wenn man hört, daß im Staatsrathe allein die Zahl der Sachen, die er zu bearbeiten hatte, jährlich bisweilen auf 10,000 belief.

Aber nicht bloß Naturforscher war Cuvier, sondern er verwaltete auch seit 30 Jahren die wichtigsten Staatsämter. Im Jahre 1807 wurde er zu Einem der sechs Generalinspektoren des öffentlichen Unterrichts ernannt, und hatte die Aufsicht über die Lyceen zu Bordeaux und Marseille. Während seiner Abwesenheit ernannten ihn seine Collegen im Nationalinstitute zum beständigen Sekretär für die Naturwissenschaften. Im Jahre 1808 stattete er dem Kaiser Napoleon den merkwürdigen Bericht über die Fortschritte der Naturgeschichte seit 1789 ab, und wurde von ihm zum Universitätsrathe auf Lebenszeit ernannt. In den Jahren 1808 und 1811 erhielt er den Auftrag, Akademieen in Italien und Holland einzurichten, und ob er schon Protestant war, so wurde er doch 1813 nach Rom geschickt, um daselbst die Universität zu organisiren; hier erhielt er die Nachricht von seiner Ernennung zum Requetenmeister. Nach Napoleon's Sturze blieb er immer in Staatsdiensten. Im Jahre 1819 wurde er Präsident der Abtheilung des Innern im Staatsrathe; im Jahre 1824 Großmeister der Universität in Hinsicht der Fakultäten der protestantischen Theologie; im Jahre 1827 bekam er die Leitung der Angelegenheiten des nicht katholischen Gottesdienstes, und im Jahre 1831 ward er Pair von Frankreich.

Bei Zusammenkünften in Amtsgeschäften schien er oft mit etwas Anderem beschäftigt, und war immer etwas zerstreut. Wenn er den Vorsitz führte, so las er bisweilen ein Buch, das mit den zu verhandelnden Geschäften gar nichts zu thun hatte; er sprach stets erst zuletzt; allein oft hatte er in der Sitzung die Anordnung niedergeschrieben, welche der Erfolg der Erörterung seyn sollte. In vertraulichen Gesellschaften besaß er in seinem Benehmen eine Naivetät, welche einen neuen Reiz über die mannigfaltige und anziehende Unterhaltung verbreitete, worin er einen wahrhaft alles umfassenden Geist entwickelte.

Als den 10. Mai Abends ihn die ersten Zeichen der Krankheit befielen, die ihn hinwegraffte, schloß er sogleich, daß es mit ihm vorbei sey. Er äußerte einiges Bedauern, daß er nicht seine angefangenen Arbeiten beendigen könne, aber bald faßte er sich, traf einige Anordnungen über die Herausgabe seiner Werke und gab den 13. Mai 1832 zu Paris seinen Geist auf. An diesem Manne haben die Naturwissenschaften einen unersetzlichen Verlust erlitten; er war der umfassendste Kenner derselben und ihr eifrigster Beförderer.

Die Wüste und das Meer.
Parallele.

Die Wüsten Barka und Sahara in der Berberei bilden eine so ungeheure, völlig unfruchtbare, aus brennend heißem Sande bestehende Ebene, daß sie in mehrerm Betrachte mit einem Theile des großen Weltmeeres verglichen werden können. So wie es auf diesem an frischem Quellwasser, an allen Nahrungsmitteln fehlt, und der, welcher sich ohne dergleichen auf dasselbe wagt, verhungern und verdursten muß; so ist auch in diesen Wüsten kein Baum, der labende Früchte bietet, kein Tropfen erquickenden Wassers zu finden. Furchtbar treibt der Sturm die Wellen des Oceans, wenn er ihn im tiefsten Grunde bewegt, in die Höhe; und eben so tobt er zu verschiedenen Zeiten des Jahres in diesem Sandmeere, und bewegt es noch schrecklicher für den Wanderer, als dort die Wasserebene. Im Sturme auf dem Meere bleibt noch Hoffnung, sich gerettet zu sehen, beim Sturme in jenen Wüsten schwindet sie aber ganz. Unter ungeheuern Sandbergen, die sich wellenförmig fortbewegen, werden am Ende ganze Karavanen begraben; wo vorher Berge waren, da sieht man nur Ebenen, und wo vorher sich diese ausbreiteten, da sieht man endlich Berge aufgethürmt, die nur eines neuen Orkans warten, um wieder versetzt zu werden. Im Meere giebt es Schlünde und tobende Strudel und Untiefen; auch diese Sandwüsten haben dergleichen, und sie sind dem unvorsichtigen Reisenden oft so gefährlich, als dort dem leichten, zerbrechlichen Fahrzeuge. Nur durch die Magnetnadel, nur durch Hülfe der Gestirne weiß man auf der unermeßlichen Wasserfläche den Weg zum Hafen zu finden; und wie wollte der Wanderer sich aus der Wüste herausarbeiten, wenn ihm nicht diese helfenden Genien vorauseilten? Von Zeit zu Zeit landet der Seefahrer an fruchtbaren Inseln, wo er die Vorräthe ergänzt, für neue Gefahren Muth und Kräfte sammelt und sich von den ausgestandenen Mühseligkeiten erholt. Auch in der Wüste giebt es dergleichen Inseln, Oasen genannt, bewässert von Quellen, die aus kleinen Bergketten entspringen, mit Palmbäumen beschattet, von einem Völkchen bewohnt, das diesen grünen Fleck für die ganze Welt hält. Einige solcher Oasen waren dem grauesten Alterthume bekannt, wie z. B. die, wo Jupiter Ammon verehrt wurde. So wie aber noch jetzt öfters Inseln entdeckt werden, während andere schon von vielen Seefahrern vergeblich aufgesucht wurden, so stößt auch jetzt bisweilen eine Karavane auf eine neue, vorher nie bekannte Oase, oder man sucht umsonst nach solchen, die sonst berühmt waren, je nachdem man vom Wege abkommt, der zur einen oder zur andern führen könnte, und eine neue Richtung einschlagen muß. Die berühmte Oase, wo Jupiter's Hain stand, ist uns z. B. ganz unbekannt geworden.

Gewisse Winde auf dem großen Weltmeere wehen so beständig, daß sie unter dem Namen der Passatwinde die Abfahrt der Flotten sehr regelmäßig machen. In jenem Sandmeere dienen die Winde nicht zur Beschleunigung der Reisen, sie nützen nie; sie sind nur stets gefährlich, aber ebenfalls ziemlich regelmäßig und von dem, der öfters Reisen durch die Wüsten macht, meist sicher im Voraus aus mancherlei Erfahrungen und Vorzeichen zu bestimmen. Dann rastet die Karavane an dem sichern Orte, wo sie ist, bis der Sturm vorüber brauset und sie nun gefahrlos die Reise fortsetzen kann.

Vor mancherlei gefährlichen Raubthieren muß sich der Seefahrer hüten, die ohne Scheu dem Schiffe folgen und den einzelnen Badenden oder aus dem Fahrzeuge Stürzenden nach dem Leben trachten. In den Wüsten, — wer weiß nicht, wie Löwen und Hyänen und Panther brüllend umherirren, und Jeden, der das

Lager der Karavane verlassen wollte, anfallen, ja selbst, vom Hunger gepeinigt, wüthend in die Mitte derselben hineinstürzen und würgen, was und wo sie Beute finden? So sparsam die Kost auf den Schiffen eingetheilt ist, immer wird sie doch gegen die spärliche Provision auf den Reisen in der Wüste das Mahl eines Schwelgers scheinen. Ein wenig Mehl in der hohlen Hand, mit etwas Wasser zusammen gerührt, ein wenig Zwiebel dazu genossen, ist das ganze Abendessen, und muß in der brennendsten Hitze die Kost für den ganzen Tag ausmachen. Wasser auf der See, so kärglich zugemessen, wird doch im Vergleiche mit dem, was hier den Einzelnen zugetheilt wird, eine wahre Verschwendung seyn. Als das französische Heer von St. Acre zurückmarschirte, wurde Jedem eine Feldflasche voll gegeben, die er nun auf einmal leeren, oder für die ganze Reise durch die syrische Wüste aufsparen und eintheilen konnte.

Wie Manches würde sich noch zur Vervollständigung dieser Parallele mittheilen lassen. Schon dieß Wenige zeigt indessen, wie nahe oft Dinge mit einander verwandt sind, welche auf den ersten Anblick fast gar keine Berührungspunkte mit einander zu haben scheinen.

Der Mahagonibaum.

Der Mahagoni (Mahoni, Mahogani) ist ein sehr großer Baum Amerika's und scheint auf den Erdstrich zwischen den Wendekreisen beschränkt zu seyn, ohne jedoch eine Vorliebe für die dem Aequator am nächsten gelegenen Länder zu zeigen. Man findet Mahagonibäume, deren Stamm nicht weniger als 18 Fuß im Umfange hat, die inwendig vollkommen gesund und von dem schönsten Wachsthume sind. Man bewundert die Größe dieses Riesen der Wälder um so mehr, da er vorzüglich in einem ganz unfruchtbaren Boden zu gedeihen scheint. In den Gebirgen mit blätterigen, gespaltenen Felsen, die sich auflösen, findet man den Mahagoni in Menge; seine langen Wurzeln dringen tief in die Ritzen hinein, wo sie sich ausbreiten, und so dick werden, daß sie die Steine, die sie einkerkern, sprengen und Felsenstürze verursachen; man sieht also, daß selbst der Felsen der fortdauernden und verlängerten Thätigkeit des Gewächses nachgeben muß.

Der Mahagonibaum wächst sehr schnell, und wenn man beim Schlagen dieser Bäume sorgfältiger verführe und diejenigen schonte, welche sich zur Fortpflanzung eignen, so würde man nicht über die Seltenheit und die Theurung dieses Holzes zu klagen Ursache haben, das für unsere Künste einen so hohen Werth hat. Allein man verfährt beim Schlagen dieser Bäume ohne alle Vorsicht; schon vor 1789 lieferten die Wälder von St. Domingo und Jamaika kein Mahagoniholz mehr, und ganz Europa mußte sich aus dem spanischen Amerika damit versorgen. Die Holzhauer verfahren damit eben so wenig ökonomisch, als sie vorsichtig sind; sie roden die Bäume nicht mit den Wurzeln aus, sondern lassen diese in der Erde stecken. Daher geht der ästige Stamm und die starken Wurzeln des Mahagoni für die Verarbeitung dieses Holzes verloren, welche großen Gewinn davon ziehen könnte. Man muß also erwarten, daß das Mahagoniholz immer theurer werden wird, wenn die Mode der Mahagonigeräthe fortdauert, was wenigstens höchst wahrscheinlich ist. Um sich eine Vorstellung von der Einfuhr dieses Holzes in Europa zu machen, muß man wissen, daß Großbritannien im Jahre 1829 beinahe 24,000 Kubikmeters,*) die unge-

*) Der Meter beträgt 3 Fuß 11½ Linie Pariser Maaß.

heuere Ladung von 19,335 Tonnen (die Tonne zu 1000 Kilogrammen) erhielt.

Das Schlagen des Mahagoniholzes wird in den Wäldern Amerika's mit sehr großer Geschicklichkeit betrieben. Man schickt einen Kundschafter auf Entdeckung aus; dieser muß den dem Mahagoni eigenthümlichen Boden besonders untersucht haben, und in den Wäldern, in die er dringt, führt ihn der Anblick der Felsen sicherer, als der Kompaß. Hat er eine den Absichten derer, die ihn

Der Mahagonibaum.

aussenden, entsprechende Entdeckung gemacht, so verdoppelt er seine Vorsicht, um sie geheim zu halten; er sucht selbst die Spuren seiner Fußstapfen den Mitbewerbern zu verbergen, die ihm nachspüren könnten, und kehrt auf einem andern Wege zurück, als auf dem, auf welchem er gekommen ist. Wenn die passende Jahreszeit eintritt, so setzen sich die Arbeiter, an Zahl wenigstens 20, bisweilen auch 50 bis 60, in Marsch. Bei ihrer Ankunft an Ort und Stelle beginnen sie damit, daß sie sich Wohnungen machen; ihre Hütten schlagen sie am Ufer eines Stromes auf, und versorgen sich mit allem dem, was ein mehrmonatlicher Aufenthalt erfordert. Hierauf bahnen sie durch Abfälle den Weg, auf welchem sie die geschlagenen Bäume fortschaffen wollen, die sie in ungefähr gleich schwere Blöcke abtheilen. Durch das Feuer schaffen sie Alles aus dem Wege, was diese vorläufige Arbeit ihrer Art darbietet, es müßte denn ein schiffbarer Fluß in der Nähe seyn, auf dem sie einige Holzstücke fortschaffen könnten, die zum Färben und zum Bauen taugen. Auch legt man die Materialien bei Seite, welche zur Anlegung von Wegen, zur Schlagung von Brücken über Flüsse, zur Verfertigung von Gerüsten, erforderlich sind, um das Holz über Abhänge hinwegzubringen. Die geschlagenen Bäume werden von den Sägern in Blöcke abgetheilt, und dann den Zimmerleuten überlassen, welche sie behauen. Ist man hiermit fertig, so nehmen erst die großen Schwierigkeiten ihren Anfang; denn nun muß man die Lasten fortschaffen, welche sehr oft an Gewicht

5000 Kilogramme (ein Kilogramm ist so viel als 2 Pfund 5 Quentchen und 49 Gran) übersteigen; aus der Provinz Honduras in der Republik Guatemala hat man sogar einen Block erhalten, der 15,000 Kilogramme wog. Zum Fortschaffen so schwerer Lasten sind dauerhafte Wagen, ein recht fester und glatter Boden, gutes Gespann und geschickte Führer erforderlich. Zu dieser beschwerlichen Arbeit macht man von Ochsen Gebrauch, mit denen man bloß des Nachts fährt, um diese geduldigen Thiere gegen die außerordentliche Sonnenhitze der heißen Zone zu schützen.

Man hat sehr viele Arten von Mahagoniholz, es giebt gewässertes, marmorirtes, gemasertes und ganz glattes. Frisch bearbeitet ist die Farbe gelbröthlich; mit der Zeit wird sie sehr braun und endlich ganz schwarz.

Aus diesen einzelnen Umständen ergiebt sich, warum das Mahagoniholz in Europa in einem so hohen Preise steht. Zu jedem Holzschlage muß man einen neuen Weg anlegen, und bisweilen hat ein Baum, von welchem man bloß einen Block bekommt, mehr Arbeit gekostet, als in Europa hundert Bäume von derselben Stärke erfordern. Man darf also nicht hoffen, daß das Mahagoniholz in Europa einst viel wohlfeiler werde, als es heut zu Tage ist. Man muß daher für einen wohlfeilen Stellvertreter sorgen, und es giebt mehrere einheimische Hölzer, die diesem Zwecke entsprechen. Die Kunst vermag hier viel und sie weiß Schönheit mit Dauerhaftigkeit zu vereinigen.

Woche.

4. Mai. Am 2. Mai 1813 war die blutige Schlacht bei Lützen geschlagen worden, die Napoleon gewann, ob er schon bereits auf dem Marsche nach Leipzig begriffen, wo er auf den Nachmittag sein Hauptquartier bestellt hatte. Am 3. brach er von Lützen zur Verfolgung seiner Gegner auf, und den 4. rückte der Marschall Ney mit seinem 36,000 Mann starken Corps Nachmittags um 2 Uhr in Leipzig ein, wo man ihn nicht erwartet hatte. Am heutigen Tage Abends trafen der König von Preußen und der Kaiser von Rußland nach der Schlacht von Lützen wieder in Dresden ein.

Am 5. Mai 1789 versammelten sich die französischen Reichsstände (Etats généraux) in Versailles zum ersten Male seit 175 Jahren. Gegen 6 Uhr Abends den 5. Mai 1821 starb der Kaiser Napoleon auf der Insel St. Helena.

Am 6. Mai 1757 fiel die Schlacht bei Prag zwischen dem Könige von Preußen, Friedrich II., und dem Herzoge Karl von Lothringen vor, in welcher der berühmte General Schwerin fiel.

Am 7. Mai 1794 machte Robespierre im französischen Konvente den Antrag, daß die französische Nation das Daseyn Gottes und die Unsterblichkeit der menschlichen Seele anerkennen solle. O der Thorheit!

Am 8. Mai 1800 bombardirte der englische Admiral Keith Genua.

Am 9. Mai 1740 wurde der berühmte Komponist Giovanni Paesiello zu Tarent im Königreiche Neapel geboren; er starb 1816 zu Neapel.

Am 10. Mai 1774 starb Ludwig XV., König von Frankreich, und Ludwig XVI. bestieg den französischen Thron. Am 10. Mai 1813 reisete der König von Sachsen, Friedrich August, von Prag ab, um wieder nach Dresden zurückzukehren.

Verlag von Bossange Vater in Leipzig.

Unter Verantwortlichkeit der Verlagshandlung.

Das Pfennig-Magazin

der

Gesellschaft zur Verbreitung gemeinnütziger Kenntnisse.

2.]   Erscheint jeden Sonnabend.   [Mai 11, 1833

Das Palais Royal und die Galerie d'Orleans zu Paris.

Galerie d'Orleans im Palais Royal.

Das Palais Royal zu Paris ist ein ganz neues Gebäude: als der Kardinal Herzog von Richelieu die Stelle kaufte, welche es einnimmt, sah man daselbst bloß die beiden alten Hotels Mercoeur und Rambouillet. Damals waren die Straßen Richelieu, Montpensier, Beaujolais noch nicht offen und die Mauern des alten ehemaligen Paris liefen noch schräg durch die Gärten. Auf das Geheiß des Kardinals bekam dieser ganze Theil von Paris ein ganz anderes Ansehen; die Hotels wurden abgetragen, die alten Mauern zerstört, die Gräben ausgefüllt, der Boden ward gleich gemacht und die Straße Richelieu durchbrochen. Im Jahre 1629 erhielt der Baumeister Lemercier den Auftrag zu den Bauten.

Damals lief an der Stelle, wo jetzt die Galerie (der Säulengang) d'Orleans steht, eine Terrasse hin, welche von sieben durchbrochenen Bogenhallen getragen ward, bis ans erste Stockwerk reichte und beinahe dieselbe Wirkung machte, die man jetzt bemerkt. Die Würdezeichen des Oberaufsehers der Marine, welches Amt der Kardinal bekleidete, wiederholten sich zwischen jeder Bogenhalle; sie waren in erhabener Arbeit eingegraben und bestanden in einem Vordertheile des Schiffs und in zwei

Ankern nach unten hin. Diese Verzierung wird man jetzt noch bloß am rechten Flügel des Ehrenhofs (cour d'honneur) gewahr.

Wer jeden Abend seine Zeit in der Galerie d'Orleans zubringt, der darf nur einige Schritte thun, um den Anblick dieser Verzierungen zu genießen, welche noch allein bei diesem Denkmale an den Kardinal Richelieu erinnern, der es erbauet hat.

Der ungeheuere Reichthum in seinen Zimmern, und die Verschwendung, welche sich der Kardinal zu Schulden kommen ließ, hätten ihm beinahe die Gunst des Königs entzogen, wenn er nicht der Ursache dieser Ungnade dadurch vorgebeugt hätte, daß er sein Hotel seinem Gebieter durch eine Schenkung unter Lebenden nebst mehrern Geräthschaften und Kostbarkeiten abtrat. Der König nahm dieß Geschenk an, und so kam das jetzige Palais Royal in seinen Besitz.

Im Jahre 1692 erhielt der Bruder Ludwig's XIV., der Herzog von Orleans, unter dem Namen einer Apanage dieß Gebäude, welches bis zum Jahre 1763 keine wichtige Veränderung erlitt, wo eine Feuersbrunst, welche die Façade des Hauptgebäudes verzehrte, die Loosung zu einer wichtigen Erneuerung gab.

Im Jahre 1781 fing für das Palais Royal ein neuer Zeitpunkt an, wo es der thätigste Mittelpunkt von Paris für den Gewerbfleiß ward. Der Herzog von Chartres (späterhin Herzog von Orleans) ließ den geschickten Baumeister Louis zu sich kommen, und nach seinen Entwürfen beschloß man, einen breiten Streifen von dem Umkreise des Gartens wegzunehmen, um daselbst die drei Hauptgebäude aufzuführen, welche man jetzt sieht. Die Pariser waren darüber sehr aufgebracht, weil ihr Spaziergang verkleinert ward; allein ungeachtet dieses Geschreies bauete man fort, und im J. 1787 waren drei Façaden (Vorderseiten) fertig; allein es entstanden Unruhen, als man die Grundlagen zu der vierten legte, welche sich von den drei andern bloß durch eine kleine Kuppel, ähnlich dem Pavillon de l'Horloge der Tuilerien, und durch eine untere durchbrochene Säulenreihe unterscheiden sollte. Da die französische Revolution im Jahre 1789 die Arbeiten unterbrach, so bauete man breterne Schoppen, in denen man zwei Spaziergänge und zwei Reihen Baraken anbrachte. Anfänglich führten sie den Namen Tartarenlager (camps de Tartares), welcher aber bald durch jenen der hölzernen Galerie (Galerie de Bois) ersetzt ward, deren Ruf sich in allen Erdgegenden verbreitete.

Wer diese hölzerne Galerie (Galerie de Bois) mit dem schönen im Jahre 1829 vollendeten Spaziergange zu vergleichen vermag, der wird sich freuen, daß Kloak in eine prächtige Wohnung verwandelt worden ist, allein er wird auch bedauern, daß man dem neuen Gebäude nicht den malerischen Anstrich des alten geben vermocht hat.

Ein Marmorpflaster, das immer von Reinlichkeit glänzt, ist an die Stelle des gewöhnlichen und kothigen Bodens getreten, auf dem man herum ging; eine Kuppel von Krystall vervielfältigt die Sonnenstrahlen da, wo kleine Fenster sie durch ihren Schmutz hindurch ließen; geräumige Vorplätze und große Oeffnungen gestatten den freien Umlauf der Luft, die sonst in den Winkeln verdarb; durchsichtige Magazine, die von polirtem Metalle glänzen, durch große Fenster erleuchtet werden, und die mannichfaltigsten Waaren enthalten, sind an die Stelle der elenden, ganz offenen Baraken gekommen, in welche der Staub eindrang. An jedem Pfeiler sind von oben bis unten Spiegel angebracht. Verzierungen und Schnitzwerk sind in Menge vorhanden, ein durchbrochenes Geländer läuft im ganzen Umfange unter dem gläsernen Dache hin; außen geht eine Säulenreihe um die Galerie; sie ist mit einer Terrasse bekränzt, auf welcher sich gleichmäßig eine Reihe von Cylindern, oben mit vergoldeten Kugeln darauf, erhebt. Eine doppelte Reihe Vasen mit Blumen vollendet die Verzierung des obern Spazierganges, während sich im Innern eine lange Reihe von Krystallkugeln alle Abende mit Licht füllt.

Allein ungeachtet aller dieser Schönheiten hat das Palais Royal doch einen Theil seines ursprünglichen Charakters verloren. Es hat keinen örtlichen Anstrich mehr, es ist ein prächtiger und reicher Bazar geworden, dergleichen Paris alle Tage mehrere erhält.

Die Entstehung des Regens.

So gewöhnlich diese Erscheinung ist, so herrscht doch noch manche Dunkelheit über die Art, wie der Regen entsteht, und warum einige Wolken regnen, andere wieder nicht. Gewöhnlich nimmt man an, daß dieselben Ursachen, die den Nebel erzeugen, auch den Regen

hervorbringen, sobald sie in einem höhern Grade vorhanden sind; denn zuerst entsteht eine Wolke, welche nichts anders als ein Nebel ist; nach und nach vergrößert sie sich, wird immer dunkler und grauer, d. h. der Nebel wird immer dichter, und zuletzt fallen wirkliche Wassertropfen herab. Etwas Aehnliches sehen wir öfters bei dem Nebel auf der Erde: wenn dieser sich verdichtet, so nimmt die Feuchtigkeit in ihm zu, und man wird bald gewahr, daß hier und da kleine Wassertropfen herabfallen, deren Menge allmälig zunimmt. In einem solchen Nebel kann man bis auf die Haut naß werden, wenn man lange genug in ihm verweilt. Hier hat man einen Regen, der sich von dem gewöhnlichen nur dadurch unterscheidet, daß er ganz nahe an der Erde entsteht, und wir uns mitten in den Wolken befinden. Auch macht es die Beschaffenheit des Nebels begreiflich, daß, wenn die Bläschen, aus welchen er besteht, zerplatzen, das Wasser in Tropfen herabfallen muß. So wie also der Nebel aus einer Zersetzung des Wasserdampfes in der Luft entsteht, so entsteht auch der Regen, und wenn jener gleichsam als die erste Stufe, als das erste Erzeugniß der Zersetzung, anzusehen ist, so macht dieser die zweite aus. Die Zersetzung des Wasserdampfes beginnt, wenn derselbe über einen gewissen Grad, der nach seiner verschiedenen Temperatur verschieden seyn kann, verdichtet wird, und dieß geschieht theils durch Anhäufung einer immer größer Menge von Dämpfen, theils durch Erkältung derselben. Die Ursachen also, welche die Entstehung des Regens zur Folge haben, können sich auf mancherlei Weise vereinigen. Wenn sich zwei Luftmassen von verschiedener Temperatur (Wärmebeschaffenheit) vermischen, so wird die eine durch die andere erkältet, und der in ihr enthaltene Wasserdampf kann dadurch zerstört und niedergeschlagen werden. Von der größern oder geringern Menge von Wasserdampf, welche sie enthalten, von dem größern oder geringern Unterschiede ihrer Temperatur hängt es ab, ob ein heftiger oder schwacher, ein anhaltender oder vorübergehender Regen erfolgen soll. Die verschiedenen Abstufungen desselben in Absicht auf Stärke und Dauer lassen sich aus der verschiedenen Beschaffenheit dieser Ursachen wohl begreifen.

Es ist auch nicht nöthig, daß wir jedes Mal eine Mischung zweier Luftmassen annehmen. Die Veränderungen, welche beständig in der Luft vorgehen, und theils auf ihre Temperatur, theils auf ihre Dichtigkeit, ihre Elasticität, ihren elektrischen und magnetischen Zustand, Einfluß haben, können auch unmittelbar Ursache werden, daß der Wasserdampf sich in ihr verdichtet und zersetzt, und in tropfbarer Gestalt zum Vorschein kommt. Alsdann wird ebenfalls die Menge des vorhandenen Wasserdampfs und der Grad, in welchem jene Ursachen auf die Zersetzung desselben wirken, die Stärke und Dauer des Regens bestimmen. Jedoch dürfte es schwer seyn, in einem einzelnen Falle die Ursachen nachzuweisen, welche hier den Regen bewirkt haben, und man muß sich mit einer allgemeinen Angabe derselben begnügen; allein es geht uns bei Erklärung der meisten andern atmosphärischen Erscheinungen nicht besser.

Je mehr sich aber Wasserdampf zersetzt, desto mehr strömt er von allen Seiten wieder herbei; dadurch erhält die Wolke einen neuen Stoff zur Unterhaltung des Regens; überdieß wird sie durch den Wind von einer Stelle zur andern geführt, und trifft dadurch immer auf neue Dunstmassen, welche an die Stelle der zerstörten Dünste treten, und nach kurzer Zeit ebenfalls zerstört werden. Daher kann es kommen, daß aus einer Wolke von mäßigem Umfange nach und nach eine große Menge von Regen herabströmt, wie man es im Sommer oft bei sogenannten Strichregen oder Platzregen bemerkt. In diesem Falle bleibt die Wolke nicht immer dieselbe, wie sie es, von der Erde aus gesehen, zu seyn scheint, sondern erneuert sich beständig; sie bewirkt da, wo sie hinkommt, eine Zerstörung der vorhandenen Wasserdämpfe, und je größer die Menge, und je schneller die Zerstörung derselben ist, desto heftiger wird der Regen. Die Wolke wird dadurch durchaus nicht erschöpft, sie kann vielmehr einen Zuwachs gewinnen, wenn die Menge der Dünste, die sich mit ihr vereinigt, größer wird, als die Menge, die sich in ihrem Innern zersetzt. Der Regen hört auf, nicht, weil es an Wasserdämpfen in der Atmosphäre gebricht, sondern weil entweder die Wolke, welche die Zerstörung derselben bewirkte, vorüber ist, oder weil in der Wolke selbst und der sie umgebenden Luft Veränderungen vorgehen, welche die Zerstörung des Wasserdampfes in ihr hemmen, und nach und nach die Dünste der Wolke selbst zerstreuen und auflösen.

Mäßigkeitsvereine in den nordamerikanischen Freistaaten.

So sehr wir auch die Monarchien unter Monarchen und Ministern verehren, welche sich in der wichtigen Frage, wie ein gegebenes Volk aufs Gemeinnützigste und am wohlfeilsten regiert werden kann, vor firen Ideen und dem Einflusse des persönlichen oder Familieneigennutzes zu bewahren wissen, und an manchen Republiken neuester Stiftung das Streben der Partheiungen hassen, welche sich lieber von Anarchie als von einer vielleicht nicht fehlerlosen Verfassung beherrschen lassen; so möchten wir darum doch nicht gerade den Behauptungen einiger Zeitungen folgen, welche aus den leidenschaftlichen Kämpfen einiger jener Freistaaten mit der Centralregierung in Washington die nahe Auflösung des großen republikanischen Staatenverbandes der jenseitigen Halbkugel folgern; denn die dortigen Mäßigkeitsvereine, um der daselbst überhand nehmenden Trunkliebe und deren traurigen Folgen durch Entsagung aller destillirten hitzigen Getränke vorzubeugen, die keine einzelne Staatenregierung oder die Centralmacht zu verordnen wagte, haben auffallend die Laster der Trunkenheit vermindert, bloß **weil der helle Verstand der Staatsbürger die Nothwendigkeit dieser freiwilligen Entsagung einsieht.**

Allerdings herrschte die leidige Trunkliebe ungesunder hitziger Getränke unter den Nordamerikanern bis 1828 weit ärger, als im Norden Europa's und in den Ländern, wo leider die Wohlfeilheit des Kartoffelbranntweins und die Theurung des Biers uns täglich Scheusale der Trunkenheit zeigt.

Jährlich starben von 13 Millionen Menschen in den nordamerikanischen Freistaaten wenigstens 30,000 an den Folgen der Völlerei, ohne diejenigen zu rechnen, welche unter den 2 Millionen Negersklaven sich diesem Laster ergeben hatten, und von 5000 Verbrechern, welche im Staate New-York mit einer freien Bevölkerung von mehr als 2 Millionen Köpfe jährlich bestraft wurden, waren weit über die Hälfte Personen, welche im trunkenen Muthe Verbrechen und Frevel begangen hatten.

Alle Laster schänden den Menschen, machen ihn jedoch nicht durchaus zum Sklaven eines thierischen Genusses, und weil dieß der Fall ist, so kehrt doch mancher Lasterhafte früher oder später zur sittlichen Regelmäßigkeit und zur Selbstbeherrschung zurück; allein die Trunkenheit raubt dem Säufer den Gebrauch jeder edleren Seelenkraft und läßt die Arbeitsamkeit des thätigsten Mannes lässig werden.

In allen civilisirten Staaten vermag die öffentliche, von der Vernunft unterstützte Meinung gar viel. Wenn daher in solchen verkehrte Gesetze, Sitten und Gewohnheiten die Menschen lange genug geplagt haben, so entsteht aus den Mißbräuchen selbst mit oder ohne Mitwirkung der Regierung ein besserer Zustand. Weil im Staate New-York von der Periode des Freiheitskrieges her die Völlerei besonders in der Hauptstadt gleichen Namens mit 200,000 Einw., also der größten amerikanischen Stadt, überhand genommen hatte, so sammelten sich dort zuerst und hernach überall anfänglich in diesem und hernach in den andern Freistaaten freiwillige Vereine, welche dem Branntweine, Rum und Arrak gänzlich entsagten. Es entstanden 21 Hauptmäßigkeitsgesellschaften mit 4000 Filialen. An diesen Gesellschaften nehmen jetzt Theil 1½ Million Köpfe.

650 Seeschiffe amerikanischer Flagge untersagten sich allen Gebrauch jener Getränke, weil die Rheder keine andern Kapitaine, Steuerleute und Matrosen annahmen, als die sich diesem Vereine anschlossen.

Ueber die Hälfte der Brennereien gingen ein, die Einfuhr destillirter Getränke fiel monatlich immer mehr. Die klugen Jungfrauen beschlossen, nur Jünglinge zu heirathen, welche sich dem Mäßigkeitsvereine anschlossen; die Väter gaben ihre Töchter nur ganz nüchternen Jünglingen. Dieß wirkt um so mehr, da sich junge Männer nirgends früher verheirathen, als in den Freistaaten, wo es jedem fleißigen Familienvater so leicht ist, eine Gattin und Kinder zu ernähren.

Verhältnißmäßig sind die meisten Mitglieder der tugendhaften Gesellschaft junge Personen, aber selbst viele der dem Trunke sehr ergebenen Greise treibt die Schaam der Verachtung, welche die Jugend wider lasterhafte alte Personen ausspricht, vom Laster allmälig zurück zu treten. Am wenigsten schlossen sich ältere unverehlichte Personen beider Geschlechter dem Mäßigkeitsvereine an. Auch trifft man unter diesen Unverehlichten die meisten Verbrecher und Egoisten.

Als davon die Rede war, ob die Geistlichen auch von der Kanzel die Mäßigkeitsvereine empfehlen sollten, beschlossen sie, nicht durch Lehre, sondern durch ihren allgemeinen Beitritt ihren Pfarr- und Synagogengenossen als Vorbild durch die That zu dienen.

Lebte noch der ehrliche Franklin, der so oft seinen Mitbürgern vergebens die Mäßigkeit empfahl, so würde er der feurigste Lobredner der Jugend, von deren künftigem Tugendsinne er den langen Bestand der von ihm begründeten Republik hoffte, in unsern Tagen geworden seyn. Uebrigens beweiset der muthige Entschluß eines freien Volkes, einem anerkannt nachtheiligen Laster zu entsagen, welche Ehrfurcht der Nordamerikaner im Ganzen den weisen Gesetzen und den guten Sitten seines Vaterlandes zollt!

Als Einer der unmäßigen Greise, früher ein beliebter Volksschriftsteller, eine alberne Schrift herausgab, worin er beweisen wollte, daß die Tendenz der Mäßigkeitsvereine in seinem Vaterlande freiheitstörend und antirepublikanisch sey, lachte mit Recht die klügere Jugend über den kindisch gewordenen Greis.

Ich rühme bei dieser Gelegenheit Eines der weisesten Polizeigesetze Norwegens, daß nur Wittwen und Männer von höherem, wenigstens 50jährigem Alter und bekannter Nüchternheit Schenkwirthschaften in den Städten und auf dem Lande treiben dürfen. Der Grund des Gesetzes ist, daß das gemächliche aller Gewerbe dem Alter ausschließungsweise gebühre. Irre ich nicht, so dürfen auch in einem Schenkhause in Norwegen keine ledigen Frauenzimmer auf ihre eigene Hand wohl nen. Der Norwegische Storthing (Ständeversammlung) zeichnet sich durch feste Haltung an seine, als nützlich sich bewährende Verfassung, und seine Deputirten durch kurze Debatten über unbedeutende Staatsverfügungen aus. Er sucht sehr rühmlich die einfachen Sitten seiner Mitbürger zu erhalten.

Die Baumwolle.

Die Baumwolle ist der Flaum, womit die Früchte der Baumwollenstaude zur Zeit der Reife angefüllt sind. Die verschiedenen Arten dieser Pflanze machen Eine der Arten der Familie der Malvaceen aus, weil ihre Befruchtung jener der Malven ähnlich ist. Die Kennzeichen dieses Geschlechts von der Befruchtung entlehnt, sind folgende: Same in gerundeten oder eiförmigen Kapseln, oben spitzig, inwendig in drei bis vier Fächer abgetheilt, worin sich der Flaum (die Wolle) befindet, die Fächer öffnen sich, wenn sie reif sind, durch den bloßen elastischen Druck der Baumwolle. Jedes Fach enthält drei bis sieben Körner, welche von dem Flaum umgeben sind. Die Baumwollenarten, von denen wir nunmehr einige Nachrichten mittheilen wollen, sind wegen des Gebrauchs, den man von ihrem Erzeugnisse macht, die interessantesten.

Die gemeine Baumwollenpflanze, gossypium herbaceum.

Obgleich diese Pflanze unter die Kräuter gerechnet wird, so ist ihr Stengel doch hart und holzartig. Man bauet sie jährlich an, ob sie gleich einige Jahre ausdauern würde, wenn man sie der Natur überließe. Der Stengel ist cylinderförmig, unten röthlich oder braun, am obern Theile haarig und mit schwarzen Spitzchen übersäet, wie die Stiele, welche Blätter mit fünf rundlichen Lappen haben, die sich in einem Spitzchen endigen. Die Blättchen des Kelchs sind breit, kurz und stark gezackt. Die Blüte ist groß und gelb; die Körner sind weiß. Die jährliche Baumwollenart ist am weitesten verbreitet, und wird von den Manufakturisten am meisten verarbeitet. Man hält sie in Persien für einheimisch, von wo aus sie nach Syrien, Kleinasien und in mehrere südliche Gegenden Europa's gekommen seyn soll. Amerika hat sie sich auch angeeignet, ob es ihm schon nicht an einheimischen Arten fehlte. Unter den Letztern führt man eine Art an, deren Frucht viel größer, als die des asiatischen Baumwollenbaumes ist, so daß ihr Anbau einträglicher seyn würde; allein die Baumwollenstaude mit großen Kapseln stammt aus den heißesten Gegenden Südamerika's her, wäh-

rend sich die asiatische sehr gut mit der Wärme von Malta, Sizilien und Andalusien verträgt. Aus diesem Grunde haben ihr die Bewohner der vereinigten Staaten von Nordamerika den Vorzug gegeben und der glückliche Erfolg ihres Anbaues rechtfertigt ihre Wahl vollkommen.

Die baumartige Baumwollenpflanze, gossypium arboreum.

Streng genommen, ist diese Art kein Baum, sondern ein Gesträuch. Die Blätter sind handförmig, in fünf längliche Läppchen abgetheilt; die Blüten sind von einem röthlichen Braun und ziemlich groß. Man findet diese Art auf dem festen Lande der alten und neuen Welt, ohne daß man weiß, ob sie aus der einen in die andere gekommen ist. So viel ist gewiß, daß die höchste Art der Baumwollenpflanze vor der Ankunft der Europäer in Amerika vorhanden war, und daß man sie mit Recht als einheimisch daselbst anführen kann. Allein ihre der Art nach verschiedenen Kennzeichen unterscheiden sich so wenig von jenen der krautartigen Baumwollenpflanze Ostindiens, daß die Kräuterkundigen beide zu Einer Art rechnen.

Der Baumwollenstrauch (gossypium religiosum) ist ursprünglich in Ostindien oder in China einheimisch. Man weiß nicht, ob diese Art in irgend einem Verhältnisse mit der Religion ihres Vaterlandes steht, wodurch sich die Benennung erklären ließe, welche ihr Linné gegeben hat. Sie ist nicht ganz so hoch als die vorige, und führt einen andern Namen in den Sprachen aller der Länder, in welchen sich beide Pflanzen zu gleicher Zeit befinden. Man unterscheidet zwei Spielarten, die Eine, deren Baumwolle weiß ist, und die Andere, welche die gelbbraune Baumwolle liefert, woraus man den Nanking verfertigt. Diese köstliche Spielart ist besonders in China in Menge vorhanden, von wo sie nach den Inseln Frankreich und Bourbon gekommen ist. Auch hat man in Amerika eine sehr kleine Art von Baumwollenstaude gefunden, welche einen gelbbräunlichen Flaum von einer außerordentlichen Feinheit und von einem merkwürdigen Glanze hervorbringt; man macht Strümpfe davon, die man den seidenen vorziehen würde, wenn ihr Preis nicht so hoch wäre.

Der Baumwollenstrauch, gossypium religiosum.

Bis jetzt hat die Baumwollenstaude, die man alle Jahre fäet, die größte Menge von Baumwolle in den Handel geliefert. Diejenige, welche die Engländer am meisten schätzen, kommt aus Georgien, Einem der Staaten der nordamerikanischen Union (Verbindung); die Manufakturisten bezahlen gern den doppelten Preis dafür als für jede andere Baumwollenart; allein man muß wissen, daß die baumartigen Arten einer größern Wärme bedürfen, und daß sie mit keinem glücklichen Erfolge in den gemäßigten Gegenden, z. B. auf dem Gebiete der vereinigten Staaten, angebäuet werden könnten; jedoch ist, nach Humboldt, der mittlere Wärmegrad der Oerter, welche für die großen Baumwollengewächse passen, etwas unter 14° Réaumur, und die Wärme, welche die gemeine Baumwolle erfordert, über 11°, so daß der Unterschied zwischen den beiden Wärmegraden nicht über 2½ betrüge.

Alle Arten von dieser Pflanze, die jährlichen und die ausdauernden, werden durch Erziehung aus Samen fortgepflanzt. Was die jährlichen Arten anbelangt, so verfließen, wenn die Witterung günstig ist, sieben bis acht Monate zwischen der Aussaat und der Ernte. Sobald sich die Kapseln zu öffnen beginnen, eilt man zur Ernte. Die Baumwollenfelder gewähren alsdann einen sehr angenehmen Anblick. Mit Vergnügen verweilt das Auge auf den Blättern von einem dunkeln und glänzenden Grün und der Menge weißer und in Kügelchen bestehender Früchte, womit es übersäet ist. Man rechnet, daß in guten Jahren ein Morgen bis 200 Pfund gereinigte Baumwolle liefern kann. Einige Baumwollenpflanzer nehmen auf dem Stamme den Flaum nebst den darin enthaltenen Körnern heraus und lassen die Hülle der Kapseln an den Stengeln; Andere schneiden alle Früchte ab, um sie insgesammt zusammen fortzuschaffen, und warten, bis sie sich von selbst öffnen, um ihr Ausmachen und Reinigen zu beginnen. Dieß Geschäft wird alsdann beschwerlicher, weil die ausgetrocknete Hülle in sehr kleine Stücke zerbricht, welche sich mit der Baumwolle vermischen. Auf welche Art man aber auch verfahren mag, so darf das Einsammeln doch nicht länger, als die Morgenröthe, dauern, und man muß vor Sonnenaufgang alle Kapseln, welche sich geöffnet, weggenommen haben, weil die Wirkung eines starken Lichtes schnell die Farbe der Baumwolle verändert.

Die Baumwollensträuche tragen bloß fünf bis sechs Jahre. Beginnt sich der Ertrag zu vermindern, so

veranstaltet man eine neue Erziehung aus Samen, um die Pflanzung zu erneuern.

Nach der Ernte reinigt man die Baumwolle, um die Körner davon abzusondern. Diese Arbeit ist langsam und umständlich, wenn man sie mit der Hand verrichtet, weil der Flaum fest an den darin enthaltenen Samenkörnern hängt. Man nimmt daher zu Maschinen seine Zuflucht. Der Ostindier, der noch auf seine beiden Arme beschränkt ist, braucht zum Reinigen eines Pfundes Baumwolle einen ganzen Tag. Mit der Maschine reinigt eine einzige Person an einem Tage 60 bis 65 Pfund Baumwolle; aber in Nordamerika begnügt man sich noch nicht mit diesem Erfolge; man hat da große Reinigungsmaschinen erfunden, welche von Pferden, vom Wasser oder vom Dampfe getrieben werden. Eine solche Maschine, welche von einem Pferde in Bewegung gesetzt und von drei Arbeitern geleitet wird, liefert täglich bis 9 Centner gereinigte Baumwolle.

Blätter, Blüten und Früchte der Baumwollenstaude.

Diese erste Reinigung ist jedoch noch nicht hinreichend; es bleiben noch immer einige Samenkörner und Stückchen von der Hülle des Flaums zurück. Durch ein anderes Verfahren säubert man die Baumwolle von allen diesen Unreinigkeiten. Hierauf schickt man die Baumwolle in die Magazine, wo man sie in Ballen verpackt, wovon ungefähr jeder 3 Centner wiegt.

In Aegypten bauet man seit zehn Jahren die Mako- oder Jumelbaumwolle, wovon man im Jahre 1823 nur 5 Ballen, im Jahre 1824 aber schon 134,416 Ballen ausführte, die einen Ertrag von 4,798,891 spanischen Thalern abwarfen. Diese Baumwolle entdeckte im Jahre 1822 der Franzose Jumel in einem Garten Mako-Bey's, und ihr Anbau hat seit der Zeit stets zugenommen. Die Ausfuhr der Baumwolle aus Aegypten, die in England und Frankreich vielen Beifall gefunden hat, ist sich jedoch nicht gleich geblieben; bald war sie größer, bald kleiner, und ihr Ertrag hing oft von der politischen Lage des Landes ab, dessen Bevölkerung durch die Kriege des Pascha's sehr leidet.

Im Jahre 1828 führte Großbritannien 2,266,260 Centner Baumwolle ein: als 1,517,520

Centner aus den vereinigten Staaten Nordamerika's, 291,430 Centner aus Brasilien, 321,870
Centner aus Ostindien, 64,540 Ctr. aus Aegypten u. s. w. Die Einfuhre Frankreichs betrug
damals ungefähr 450,000 Centner.

Die Gewöhnung des Menschen an Arbeitsamkeit.

Die Arbeit ist fruchtbringend, gewährt Glück den
Einzelnen, und vermehrt den Reichthum der Staaten.
Sie ist die Grundlage alles Wohlstandes. Ihre Erzeugnisse liefern vielfache Tauschmittel und befördern den wohlthätigen Verkehr zwischen den Nationen. Man kann daher nicht genug dahin streben, die Menschen arbeitsam zu
machen, aber diese schaffende Thätigkeit muß verständig
seyn; Alles muß zur rechten Zeit und in gehöriger Ordnung geschehen. So vortheilhaft jedoch eine zweckmäßige
Arbeitsamkeit für Alle ist, so hat doch der Mensch nicht
viel Lust dazu, weil er von Natur zur Trägheit geneigt
ist, die Ruhe liebt und sich im Nichtsthun glücklich preiset.
Jener Bettler, dem man seine Faulheit vorwarf, erwiederte: „ach, mein Herr! wüßten Sie, wie glücklich man
ist, wenn man nicht arbeitet, so würden Sie Ihre Vorwürfe sparen, und mir eine reichliche Gabe spenden."

Da nun der Mensch von Natur einen Hang zur
Faulheit hat, so muß man diesen auszurotten suchen
und ihn vertilgen, weil er der Bestimmung des Menschen widerspricht, die in der Selbstthätigkeit nach ver-
nünftigen Zwecken besteht. Von früher Jugend muß man
den Menschen an Arbeitsamkeit gewöhnen; denn der
Fleiß ist eine Gewohnheit, die man sich durch lange
Uebung zu eigen macht, durch die man viel gewinnt,
weil sie ehrt und nährt. Man gewöhne daher von den
frühesten Jahren an die Kinder an zweckmäßige Thätigkeit, bilde ihren Verstand aus, und lehre sie etwas erwerben; der Vortheil, selbst wenn er gering ist, ist ein
großes Reizmittel zum Arbeiten. Der Gewinn, den man
selbst macht, spornt die Thätigkeit, und der Knabe und
das Mädchen freuen sich, wenn sie etwas verdienen können. Aber diese Thätigkeit sey mit Verstand verbunden;
sie habe einen Zweck, der löblich und gut ist. Wer Kenntnisse sich erwirbt, der erweitert seine An- und Aussichten
und seine Macht, verschafft sich Mittel zu seinem Glücke
und überwindet leicht Schwierigkeiten und Gefahren, die
sich ihm in den Weg werfen. Frühzeitiger Fleiß giebt
eben so viel Muth als Stärke, und erwirbt nicht bloß
Liebe, sondern gewährt auch Ansehen. Man befördere
die Thätigkeit des Geistes und Körpers in dem Knaben
und Mädchen auf die naturgemäße Art. Man fange mit
dem Leichten an, gehe zum Schwereren fort, und endlich
löset man jede noch so schwierige Aufgabe glücklich. Was
der Mensch oft wiederholt, das wird ihm leicht. Durch
die Gewohnheit führt man das aus, was man kaum für
glaublich hält. Aller Anfang ist schwer, alle Kräfte sind
zuerst schwach, aber die Uebung stärkt sie und die Beharrlichkeit erregt Lust, welche stets zu neuer Thätigkeit an-
spornt. Man liebt seine Kinder nicht, wenn man sie nicht
frühzeitig an Thätigkeit gewöhnt; man verscherzt ihr
Glück, wenn man ihren Geist und Körper nicht zeitig ausbildet, beider Kräfte stärkt, und ihnen dadurch Selbstver-
trauen und Muth einflößt. Der Mensch ist nicht zum Müßiggange auf dieser Erde; er soll stark, muthig, entschlossen und verständig werden, um den großen Kampf mit den
Menschen und dem Schicksale zu beginnen, und endlich
glücklich den Sieg über alles Unvernünftige, Unsittliche
und Irreligiöse zu erringen.

Wohlfeilere Versorgung der Waisen und Armen.

Bisher war die Bildung und Gesittung, was
freilich ihre schwache Seite ist, mehr ein Luxus des
reicheren und des Mittelstandes, als ein Segen der
ärmeren Klassen, und unsre Staatsökonomen übergehen diesen Fehler ganz, weil diese Wahrheit der alten
Schule der Nationalökonomie in Großbritannien und
Frankreich nicht einleuchtet.

An zu geringer Vertheilung der Glücksgüter, aber
nicht an Uebervölkerung leidet besonders England, und
schickt als Palliativ (denn an eine Radikalkur denkt man
noch nicht) jetzt viele, besonders weibliche Verbrecher und
Nothleidende nach van Diemensland, nicht weil sie auf
der letzteren Insel sich gerade besser befinden, als in
Neu-Süd-Wales, aber das Klima ist in van Diemensland milder für Europäer, und man ist dort über die
mäßige Zahl der Wilden noch mehr Herr, als in Neu-
Süd-Wales. Am menschenfreundlichsten würde die
englische Regierung für die Armenkassen und das Glück
der von diesen ernährten oder wenigstens unterstützten
Familien handeln, wenn sie alle Armen bis auf alte und
gebrechliche Personen, und alle in Waisenhäusern versorg-
ten Kinder nach Australien und nach dem Vorgebirge der
guten Hoffnung schickte. Wie wohlfeil und zugleich wie
nützlich könnte man dort die Waisen auf vielen von diesen
bearbeiteten Landgütern ernähren, und welche Quellen
des reichlichen Erwerbes eröffnen sich dort der zum eigenen Haushalte herangewachsenen und dazu in den letzten
Jahren gebildeten Jugend?

Auch der Kontinent Europa's sollte alle Waisenhäu-
ser und Hospitäler für zu verpflegende Krieger in die
unbevölkertsten Provinzen des Staats aufs Land versetzen. Auf solchen Landgütern könnte man den Waisen
und den pensionirten Kriegern Gelegenheit verschaffen zu
einer für sie mit Gewinn verbundenen Neben-Arbeit, was
nichts Unedles umfaßt. Wer möchte übrigens seine Tage
im vollen Müßiggange beschließen, und wer sollte nicht
durch Arbeit die Gedanken an zerstörte Hoffnungen zu
zerstreuen suchen? Gewiß kann man auf großen Landgütern die Hospitalarmen der Städte zugleich mit Nahrung, Pflege und mäßiger Arbeit am wohlfeilsten versorgen, und weil dieß möglich und nützlich ist; so muß
man das fernere Erbauen und Erweitern der Armen-
häuser in Städten, wo sie nicht einmal Haus- und Gar-
tenarbeit verrichten und gewöhnlich müßig leben, recht
sehr tadeln; denn diese übelangewandte Menschenliebe vermehrt die Zahl derjenigen, welche sich oft nur
aus Faulheit Versorgung in den Hospitälern wünschen,
und vertheuert die Unterhaltung der Armen.

Das verlorne Kameel.

Ein Derwisch (mahomedanischer Mönch) reisete
allein durch die Wüste, als ihm unerwartet zwei Kaufleute begegneten. „Ihr habt ein Kameel verloren?"
redete er sie an. „Ja!" erwiderten sie. — „War
es nicht auf dem rechten Auge blind und an dem linken Fuße lahm?" — „Ja!" — „Hatte es nicht einen
Vorderzahn verloren?" — „Ja!" versetzten die Kaufleute. „Und war es nicht auf der einen Seite mit
Honig, und auf der andern mit Weizen beladen?"
fragte sie weiter der Derwisch. — „Ja, wahrhaftig,
entgegneten die Kaufleute, und da Ihr es erst vor Kurzem gesehen, und es so genau beobachtet habt, so könnt
Ihr uns aller Wahrscheinlichkeit nach zu ihm verhel-

fen." — „Lieben Freunde! gab der Derwisch zur Antwort, ich habe Euer Kameel weder gesehen, noch etwas von ihm gehört, außer was Ihr mir gesagt habt." — „Eine schöne Geschichte, in der That! riefen die Kaufleute aus. Aber wo sind die Juwelen, welche einen Theil seiner Ladung ausmachten?" — „Ich habe weder Euer Kameel, noch Eure Juwelen gesehen," versetzte der Derwisch. Jetzt faßten sie ihn bei dem Kragen und schleppten ihn vor den Kadi (Richter); hier durchsuchte man ihn genau, fand aber nichts bei ihm, und konnte auch keinen Aufschluß weiter von ihm erhalten; man konnte ihn weder einer falschen Aussage, noch des Diebstahls überführen. Eben war man im Begriffe, gegen den Derwisch als einen Zauberer zu verfahren, als er ganz ruhig den Gerichtshof folgendermaßen anredete: „Euer Erstaunen hat mir viel Vergnügen gemacht, und ich gestehe selbst, daß einiger Grund zu Eurem Verdachte vorhanden ist; allein ich habe lange gelebt, und mein Leben einsam zugebracht, und ich kann reichliche Veranlassung zu Beobachtungen, selbst in der Wüste, finden. Ich hatte die Spur eines Kameeles bemerkt, das seinem Eigenthümer entlaufen seyn mußte, weil ich keine Spur von einem menschlichen Fußstapfen auf dem Wege gewahr ward; ich sah, daß das Kameel auf einem Auge blind war, weil es die Kräuter bloß auf der einen Seite seines Pfades abgefressen hatte, und ich konnte aus dem schwachen Eindrucke schließen, daß es auf einem Fuße lahm sey, weil dieser fast gar nicht den Sand berührt hatte. Daß das Thier einen Zahn verloren hatte, konnte ich daraus abnehmen, daß beim Abbeißen der Pflanze in deren Mitte ein kleiner Theil unberührt geblieben war. Was nun die Ladung des Kameeles betraf, so belehrten mich die geschäftigen Ameisen, daß es auf der einen Seite Getraide, und die Schwärme von Fliegen, daß es auf der andern Honig geladen gehabt habe."

Die Nachtigall (motacilla luscinia).

Man findet die Nachtigall in ganz Europa bis Schweden hinauf, jedoch giebt es Gegenden, wo sie nicht anzutreffen ist. In einem Theile von Frankreich, Holland, Schottland und Irland bemerkt man sie nicht; auch sieht man sie nur selten in den nördlichen und westlichen Grafschaften von England.

Die Nachtigall gehört unter die Zugvögel; sie verläßt Deutschland um den 20. August, und kehrt dahin um den 20. April zurück. Sie überwintert in Afrika und Asien, wo sie aber weder singt noch brütet. Einige Theile von Kleinasien und Persien verläßt sie gar nicht. Sie hält sich am liebsten in solchen Gebüschen auf, in deren Nähe sich Wiesen mit Bächen und Gräben und Getraidefeldern befinden. Sie verweilt meistens ihr ganzes Leben an einem Orte, und kehrt bei ihren Wanderungen jedes Mal dahin wieder zurück, wenn sie nicht besondere Störungen erleidet. Sie duldet keine andere Nachtigall in zu großer Nähe um sich, und das darauf folgende Jahr dürfen sich ihre Jungen auch nicht zu nahe bei dem Standorte der Alten niederlassen, sondern müssen in gehöriger Entfernung bleiben.

Die Nachtigallen leben theils von Insekten, theils von Beeren. Die Ersten machen ihre Hauptnahrung aus. Auch fressen sie Regenwürmer. Im Frühjahre und Herbste lassen sie sich leicht fangen; ihre Neugierde gereicht ihnen oft zum Verderben. Ihr Gang ist hüpfend und geschieht gleichsam mit abgemessenen Schritten; nach einer gewissen Anzahl derselben bleibt sie stehen, richtet den Schwanz hoch auf, bückt sich einige Male, hebt den Schwanz wieder auf, und hüpft nun erst weiter.

Durch ihre Stimme zeichnet sich die Nachtigall vor allen Vögeln aus. Kein anderer Vogel hat so viel Töne in seiner Gewalt, und keiner kann so deutlich die verschiedenen Affekte ausdrücken. Sie giebt ihren Zorn und Unwillen, ihre Eifersucht, ihre Furcht, ihre Zuneigung zu ihrem Gatten durch bedeutungsvolle Töne zu erkennen. Das sogenannte Schlagen der Nachtigall ist bloß dem Männchen eigen, und tönt so hell und stark, daß man mit Recht über die Kraft der Kehle eines so kleinen Vogels erstaunt. So viele Mühe man sich auch gegeben hat, die schöne Harmonie der Töne und die anmuthigen Abwechslungen in den Strophen durch Sylben und Wörter auszudrücken, so ist deren Beschreibung doch nicht gelungen. Bald zieht die Nachtigall zehn Minuten lang eine Strophe einzelner melancholischer und flötender Töne hin, welche leise anfangen, allmälig stärker werden, und wieder leise enden; bald schmettert sie eine Reihe gerader, scharf abgebrochener Töne mit Kraft und Schnelligkeit hervor und schließt dann mit einzelnen Tönen im aufsteigenden Akkorde. Kenner des Nachtigallengesanges unterscheiden wenigstens 24 Strophen in demselben, ohne die vielen kleinen Abwechslungen zu rechnen. Im Ganzen haben jedoch alle Nachtigallen dieselbe Melodie, allein man bemerkt doch unzählige Abänderungen, und man wird häufig gewahr, daß die eine Nachtigall die andere im Gesange übertrifft. Viele Nachtigallen schweigen bei Tage, und singen vor und nach Mitternacht, oft bis zum Morgen. Man nennt diese Nachtsänger; jedoch machen sie keine besondere Art aus; denn man hört sie zu andern Zeiten auch bei Tage fleißig singen. Alle Nachtigallen stimmen nach ihrer Ankunft in den schönen Frühlingsnächten ihr Lied an, um die vorbeiziehenden, einige Tage später ankommenden Weibchen anzulocken.

Der Gesang der Nachtigallen dauert höchstens 9 bis 10 Wochen; und hört um Johannis auf, obschon die Witterung hierbei einigen Einfluß hat. Sobald die Jungen ausgekrochen sind, hört ihr Gesang fast ganz auf, weil sie für dieselben sehr zärtlich sorgen. Da jetzt der Frühling gekommen ist, so wollen wir hier die Töne des Nachtigallengesanges mittheilen, wie sie der bekannte Naturforscher Bechstein in Sylben und Wörtern ausgedrückt hat:

Tiuu, tiuu, tiuu, tiuu,
Schpe tiu tokua,
Tio, tio, tio, tio,
Kuutio, kuutiu, kuutiu, kuutiu,
Tskuo, tskuo, tskuo, tskuo,
Tsii, tsii, tsii, tsii, tsii, tsii, tsii, tsii, tsii, tsii
Kuoror tiu. Tskua pipitskuisi
Tso, tso, tso, tso, tso, tso, tso, tso, tso, tso, tso, tso
tsirrhading!
Tsisi si tosi si si si si si si si
Tsorre tsorre tsorre tsorrebi;
Tsatn, tsatn, tsatn, tsatn, tsatn, tsatn, tsatn, tsi.
Dlo dlo dlo dlo dlo dlo dlo dlo
Kuioo trrrrrrtzt
Lu lu lu ly ly ly li li li li
Kuio didl li lulyli
Ha guur guur kui kuio!
Kuio, kuui kuui kuui kui kui kui kui
Ghi, ghi, ghi,
Gholl ghol gholl gholl ghia hududoi.
Kui kui horr ha dia dia dillhi!
Hets, hets, hets, hets, hets, hets, hets, hets, hets, hets
hets, hets, hets, hets, hets,
Tuarrho hostehoi
Kuia kuia kuia kuia kuia kuia kua kuiau;

Kui kui kui io io io io io io io kui
Lu lyle lolo didi io kuia.
Higuai guay guay guai guai guai guai kuior tsio tsiopi.

Die Nachtigall

Die Bevölkerung von Rom zu verschiedenen Zeiten.

Wo sich die Menschen wohl befinden, da nimmt auch die Bevölkerung in steigenden Fortschritten zu. Zum Beweise hiervon dienen die Freistaaten von Nordamerika, welche beim Friedensschlusse 1783 3 Millionen Einwohner hatten, und jetzt 13 haben. Weise und gerechte Gesetze befördern die Sicherheit der Personen und des Eigenthums; diese giebt Veranlassung zur Ausbreitung des Ackerbaues, des Handels, der Gewerbe, der Wissenschaften und Künste, und wenn die Rechte Aller unter dem Schutze der Gesetze stehen, und das Volk selbst durch seine Abgeordneten zu den letztern beiträgt, so wird vielen Uebeln sogleich im Entstehen abgeholfen; veraltete Mißbräuche hebt man durch zweckmäßige und gerechte Einrichtungen auf, welche der Bevölkerung eben so viel Vorschub thun, als sie das Wohlseyn der Menschen begünstigen. Alle Städte und alle Staaten haben jetzt, trotz den langen blutigen Kriegen, an Einwohnerzahl sehr zugenommen, wozu die Blatterneinimpfung, die verbreitete Aufklärung, die größere Geistes- und Körperthätigkeit und die Geschicklichkeit der Aerzte beigetragen hat.

Die erste Zählung der Einwohner Roms, welche man seit der Zeit des Umsturzes des westlichen römischen Reiches hat, ist vom Jahre 1198 unter Innocenz III., wo die Bevölkerung dieser Stadt bloß 35,000 betrug. Die Verlegung des päpstlichen Stuhles nach Avignon brachte sie auf 17,000 herab. Nach der Rückkehr des päpstlichen Hofes aus dieser Stadt im Jahre 1377 nahm sie zu, und sie war zur Zeit Leo's X. 60.000. Allein die Erstürmung und Plünderung Roms durch Bourbons Armee im Jahre 1527 verminderte sie wieder auf 33,000. Nun nahm sie wiederum zu, besonders unter dem Papste Sixtus V., der das Land von den Banditen säuberte, und mit Recht den Namen des Wiederherstellers des Friedens verdiente.

Seit dieser Zeit vermehrte sich die Bevölkerung Roms bis zum Anfange des letzten Jahrhunderts fortdauernd, wo sie 138,000 betrug und sich also innerhalb 150 Jahren vervierfacht hatte. Im Jahre 1730 belief sie sich auf 145,000; im J. 1750 auf 157,000,

und im Jahre 1775 auf 165,000; dieß war der höchste Punkt, den sie in neuern Zeiten erreichte. Etwa zwei Jahre vor dem ersten Einfalle der Franzosen betrug sie (im Jahre 1795) 164,586. Von dieser Zeit nahm sie immer mehr ab, und im Jahre 1800 war sie 153,000. Da die Kriegsübel fortwährten, so betrug sie im Jahre 1805 bloß 135,000. Im Jahre 1809 wurde der Papst, sein Hof und die höhere Geistlichkeit von Rom mit Gewalt entfernt und die Bevölkerung war im Jahre 1810 auf 123,000 herabgesunken. Nach der Wiederherstellung der päpstlichen Regierung im J. 1814, wo der Papst Pius VII. nach Rom zurückkehrte, stieg die Bevölkerung bald wieder. Im Jahre 1815 belief sie sich über 128,000; im J. 1820 betrug sie 135,000, und im J. 1830, 147,385. Die Zählung vom J. 1831 giebt wiederum eine Vermehrung; sie betrug 150,666, und im J. 1832 153,300, worunter 1419 Priester, 2038 Mönche und 1384 Nonnen sind.

Man sieht hieraus, daß die Bevölkerung Roms und deren verhältnißmäßiges Wohl immer von dem Aufenthalte des päpstlichen Hofes und der Unabhängigkeit seiner Regierung abhängt; es fehlt Rom an Gewerben, die seine Bevölkerung vermehren und an der geregelten und der Vernunft entsprechenden Regierung, welche das Beste der Unterthanen von ihrem Fleiße, ihrer Einsicht und ihrer Freiheit abhängig macht.

Merkwürdigkeiten, durch Vergrößerungsgläser bemerkt.

Der Kopf einer gemeinen Fliege ist mit Federbüschen und Diamanten geschmückt. Die Flügel einer Wassermücke, die, beim ersten Anschauen, einem schlechten, weißlichen Läppchen gleicht, zeigen sich bei genauerer Untersuchung so glatt wie Spiegelglas, und spielen gleich dem Regenbogen in den angenehmsten Farben.

Woche.

11. Mai 1745. Schlacht bei Fontenoy, wo der Marschal von Sachsen gegen den Herzog von Cumberland und Königsegg kämpft.

12. Mai 1809. Uebergabe von Wien durch Kapitulation an die Franzosen.

13. Mai 1777. Don Pedro wird Mitregent von Portugal und Pombal gestürzt. — 1779 (13. Mai) Friede zu Teschen.

14. Mai 1792. General-Konföderationsakte zu Targowize gegen die polnische Konstitution vom 3. Mai 1791.

15. Mai 1776. Der nordamerikanische Kongreß empfiehlt den Provinzialversammlungen, sich Verfassungen zu geben. Die virginische Assembly (Versammlung) zu Williamsburg macht die Rechte der Menschheit bekannt und beschließt einen Antrag zur Unabhängigkeitserklärung.

16. Mai 1811. Schlacht in der Gegend von Badajoz bei Albufera zwischen dem Marschal Soult und dem Herzoge von Wellington.

17. Mai 1756. Großbritannien erklärt Frankreich den Krieg, welcher bis 1763 (Friede, geschlossen zu Paris den 10. Februar) dauerte.

Verlag von Bossange Vater in Leipzig.
Unter Verantwortlichkeit der Verlagshandlung.

Das Pfennig-Magazin

der

Gesellschaft zur Verbreitung gemeinnütziger Kenntnisse.

3.]   Erscheint jeden Sonnabend.   [Mai 18, 1835.

Der Mond.

Der Mond erleuchtet freundlich unsere finstern Nächte, gießt sein mildes Licht über die schweigenden Fluren aus und ist das nächste Gestirn unserer Erde, welche er auf ihrer jährlichen, mehr als hundert und zwanzig Millionen Meilen langen Reise begleitet. Er läuft gleich der Sonne und den andern Gestirnen täglich einmal, aber nur scheinbar, von Osten nach Westen um die Erde, jedoch wird dieser scheinbare Lauf bloß durch die Umwälzung der Erde um ihre Are bewirkt. Die zweite Art seiner Bewegung ist nicht scheinbar, sondern wirklich; sie ist so bedeutend, daß er den ganzen Umfang des Himmels oder den Thierkreis in ungefähr 4 Wochen zu durchlaufen scheint. Er geht daher fast täglich eine Stunde später auf und braucht also zu seinem scheinbaren täglichen Laufe um die Erde ungefähr 25 Stunden. Beobachtet man den Mond zu einer Zeit, wo er sehr nahe bei einem besonders hellen und kenntlichen Firsterne steht, so kann man sein östliches Fortrücken von diesem Sterne schon nach Verlaufe einiger Stunden wahrnehmen. Bei dieser östlichen Fortbewegung durch den Thierkreis bemerkt man übrigens nie, wie bei den Planeten, einen Stillstand in seiner Bahn oder einen Rücklauf, sondern er ist beständig rechtläufig. Während seines vierwöchentlichen Laufes durch den Thierkreis nimmt man an ihm noch eine andere Verschiedenheit in seiner Bewegung wahr: er ändert zu verschiedenen Zeiten seine Höhe am Himmel und steht bald hoch, bald niedrig.

Der Mond weicht auf seiner Bahn von dem Aequator mehr ab, als die Sonne, und ist für die Bewohner der beiden Halbkugeln der Erde äußerst wohlthätig; denn gerade in den langen traurigen Winternächten, sowohl in der nördlichen als in der südlichen Erdhälfte, erreicht er zur Zeit seines Volllichtes seine größte Höhe, und bleibt die ganze Nacht hindurch über dem Horizonte. An den Polen selbst geht er im Winter zu gewissen Zeiten gar nicht unter, und die Polarländer haben ihn also zur Zeit ihrer langen Nacht alle vier

Wochen wenigstens zehn bis zwölf Tage lang über dem Horizonte, und zwar gerade, wenn er am hellsten scheint, vom ersten bis zum letzten Viertel. Bloß vom letzten bis zum ersten Viertel, wo er wenig Licht giebt, ist er dort unsichtbar.

Der Mond ist gleich der Erde eine dunkle Kugel, welche ihr Licht von der Sonne empfängt, und die verschiedenen Stellungen und Abwechslungen des Mondlichts lassen sich bloß dadurch erklären, daß man annimmt, der Mond bewege sich in ungefähr 4 Wochen einmal rund um die Erde. Allein wenn man die Sache genauer erwägt, so muß der Mond etwas mehr, als einen Umlauf um die Erde machen, ehe er wieder Neumond wird; denn während seines Laufes um die Erde ist diese selbst beinahe um den zwölften Theil ihrer Bahn um die Sonne fortgerückt und hat daher ihre Stellung gegen diese geändert. Der Mond muß also dieses Stück (im Durchschnitte ungefähr 27 Grade) noch einbringen; es verfließen deshalb von einem Neumonde zum andern ungefähr 29½ Tage (genau genommen 29 Tage, 12 Stunden, 44 Minuten und 3 Sekunden), während die Umlaufszeit durch seine Bahn nur ungefähr 27⅓ Tage (genau 27 Tage, 7 Stunden, 43 Minuten und 5 Sekunden) beträgt.

Die größte Entfernung des Mondes von der Erde beläuft sich auf ungefähr 54,681, und die kleinste auf 48,020 Meilen. Sein wahrer Durchmesser beträgt 465, und sein Umfang etwa 1460 Meilen.

Der Mond zeigt uns beständig dieselben dunkeln Flecke, und kehrt uns also immer dieselbe Seite zu. Er macht daher während seines Umlaufs um die Erde eine einmalige Umdrehung um seine eigene Axe; wir bekommen also auf der Erde die von uns abgewandte Seite des Mondes niemals zu Gesichte, indessen lassen uns die Schwankungen des Mondes doch etwas an den Rändern von der von uns abgewandten Seite sehen.

Durch die trefflichen Beobachtungen des Oberamtmanns Dr. Schröter zu Lilienthal im Hannöverschen haben wir von der Mondoberfläche besonders eine genauere Kenntniß bekommen, woraus sich ergiebt, sie gleiche darin der Erdoberfläche, daß sich darauf eben die Abwechslungen von Ebenen, Bergen, Bergketten, Thälern, uranfänglichen und angesetzten Bergen befinden, wie auf der Erde, jedoch nicht ohne beträchtliche Unterschiede. In den hellern Theilen des Mondes zeigt sich die Grenzlinie der Beleuchtung allezeit höckerig und auf verschiedene Art gebogen, woraus sich die Unebenheiten durch Berge und Thäler eben so deutlich als aus andern Umständen ergeben. Die großen dunklen Flächen stellen sich, wenn sie von der Grenzlinie der Beleuchtung durchschnitten werden, allemal glatt und ohne hervorragende Theile dar. Man ist daher geneigt, sie für Ebenen anzusehen, deren Materie das Sonnenlicht nicht so stark zurück wirft, sondern mehr in sich zieht. Hevel und Riccioli sahen sie aus diesem Grund für Meere an und legten ihnen Namen derselben bei, allein dieß ist nicht richtig. Huygens nahm in vielen dunkeln Flecken des Mondes mit großen Fernröhren Einsenkungen wahr, die Schröter mit seinem Teleskope noch genauer beobachtet hat. In mehrern derselben bemerkte er deutliche Spuren von mehrern horizontal über einander befindlichen Lagen oder Schichten, welche um die Einsenkungen einen gebirgten Wall bilden. So viel ist gewiß, daß in den Einsenkungen und ihren Wällen wiederum Anhöhen, Thäler, Klüfte und Schichten vorhanden sind, welche aber durch das beste Fernrohr nicht erreicht werden können.

Die Menge der Mondflecken, die sich auf der uns zugekehrten Fläche befinden, ist nicht gering. Schon Riccioli erkannte und benannte 244; durch Schröter aber sind gegen 6000 größere und kleinere bekannt worden.

Einen Ocean oder ein so großes zusammenhängendes Meer, wie die Erde, besitzt der Mond nicht, dagegen aber eine Atmosphäre, die wenigstens 28 Mal feiner ist, als die Erde, und die die Höhe der großen Mondsgebirge nicht merklich übersteigt. Die geringe Morgen- und Abenddämmerung, welche durch diese Atmosphäre erzeugt wird, kann man an den Hörnerspitzen des Mondes, bald vor oder nach dem Neumonde, am besten sehen. Bei dieser feinen Atmosphäre werden die Bewohner des Mondes den Himmel stets in einer Reinheit und Klarheit sehen, von der wir, von der dichten Erdenluft umgeben, uns kaum einen Begriff machen können.

Die Abbildung, welche wir hier von dem Monde liefern, ist so, wie er sich durch ein Fernrohr zeigt, welches die Gegenstände umgekehrt darstellt. Der obere Rand ist gegen Süden, der untere gegen Norden; jener rechts gegen Osten, und der links gegen Westen gerichtet. Man glaubt oft, eine Art von Mann im Monde zu erblicken, allein untersucht man ihn genauer, so bemerkt man keine bestimmte Gestalt.

Der berühmte Cassini hat die Abbildung, die wir hier geben, im Jahre 1692 nach seinen eigenen Beobachtungen stechen lassen. Einige Sternkundige haben den Mondflecken Namen aus der alten Erdkunde gegeben, allein Riccioli hat sie unter den Namen bezeichnet, welche wir hier mittheilen.

1. Grimaldus.	25. Menelaus.
2. Galileus.	26. Hermes.
3. Aristarchus.	27. Posidonius.
4. Keplerus.	28. Dionysius.
5. Gassendus.	29. Plinius.
6. Schikardus.	30. Theophilus.
7. Harpalus.	31. Frakastorius.
8. Heraklides.	32. Censorinus.
9. Lansbergius.	33. Messala.
10. Reinoldus.	34. Promontorium Somnii.
11. Kopernikus.	35. Proklus.
12. Helikon.	36. Kleomedes.
13. Kapuanus.	37. Snellius, Turnerius.
14. Bullialdus.	38. Petavius.
15. Eratosthenes.	39. Langrenus.
16. Timocharis.	40. Taruntius.
17. Plato.	
18. Archimedes.	A. Mare Humorum
19. Insula sinus medii.	B. Mare Nubium.
20. Pilatus.	C. Mare Imbrium.
21. Tycho.	D. Mare Nectaris.
22. Eudorus.	E. Mare Tranquillitatis.
23. Aristoteles.	F. Mare Serenitatis.
24. Manilius.	G. Mare Foecunditatis.
	H. Mare Crisium.

Man sieht also, daß hier die wichtigsten Mondflecken angegeben sind.

Auf dem Monde giebt es nicht Wasser in verhältnißmäßiger Menge. Alle Niederungen (sogenannte Meere) Gruben, Einsenkungen und Rillen zeigen sich trocken. Eben so wenig sieht man Wolken oder wolkenähnliche Gebilde und Nebel. Die Mondsgebirge sind im Fortgange der Zeiten großen Veränderungen unterworfen. Ueberall sieht man bei den großen Niederungen, Einsenkungen, Gruben, und bei den verschiedenen Ringgebirgen eine bestimmte Kreisform vorherrschen; Gebirgsketten schließen sich an die Kreisbogen der Niederungen und selbst Bergkegel stehen in Rundungen geordnet da.

Betrachtet man die Mondfläche, so ergiebt sich, daß sie große Veränderungen erlitten hat; neuere Gebirge sind entstanden, und ältere mehr und mehr der Zerstörung entgegen gegangen.

Wegen seiner Erdnähe hat man dem Monde einen besondern Einfluß auf die Erde zugeschrieben, und es ist nicht zu leugnen, daß es Erscheinungen giebt, an welchen er einen entschiedenen Antheil hat, z. B. Ebbe und Fluth auf dem Meere. Allein man hat ihm auch Vieles beigelegt, womit er entweder gar nichts zu thun hat, oder wobei sein Einfluß zweifelhaft ist. Von dieser Art sind die Wetterveränderungen, welche mit den Neu- oder Vollmonde (eigentl. 3 bis 4 Tage darauf) eintreten sollen. Bisweilen mag dieß wohl der Fall seyn, aber so viel ist gewiß, daß sie noch weit öfter zu anderer Zeit erfolgen; daher läßt sich nicht gewiß behaupten, daß es im ersten Falle der Mond sey, der die Veränderung bewirkt. Manche Leute nehmen beim Säen und Pflanzen auf den Mond Rücksicht, aber Viele sind der Meinung, daß dieß ohne Erfolg sey. Daß er auf den menschlichen Körper im gesunden und kranken Zustande keinen Einfluß habe, behaupten mehrere Aerzte und Philosophen, und man hat ihn noch nicht genug beobachtet, um ein Endurtheil darüber zu fällen.

Wohlthätigkeitsgesellschaften stiften in der niederländischen Provinz Drenthe Armenkolonien und neben ihnen Bettlerversorgungsanstalten mit Arbeit und Beschäftigung.

Die unbevölkertste der niederländischen Provinzen ist Drenthe. Daher konnten diese Gesellschaften dort am wohlfeilsten unangebautes Land ankaufen, dessen schnelle und gelungene Urbarmachung mit mäßigen Kosten eine Lieblingsidee von dem Bruder des Prinzen von Oranien war; und wird dieselbe in Folge der Revolution in Belgien nicht mehr gepflegt,*) so erleichtert doch dieses System die kostbare Armenunterhaltung der großen niederländischen Seestädte, deren Wohlhabenheit durch Napoleon's Reduktion der Nationalschuld auf ein verzinsliches Drittel und durch die Abnahme der Frachtschifffahrt und Magazinirung der Lebensbedürfnisse civilisirter Völker u. s. w. gelitten hat.

Jede Landstelle einer solchen Moor- und Haidekolonie hat 1700 Quadratruthen, wovon höchstens bis 200 den Haus- und Hofplatz mit dem Garten einnehmen, 600 Q.Ruthen zu Kartoffeln, 600 andere zum Futter und der Rest zum Fioringras dienen. Der ehrwürdige General von Bosch leitet das ganze Kolonialwesen persönlich, und hat von dem hohen Werthe eines üppigen Graswuchses nahe beim Hause des Anbauers vor allen übrigen Pflanzen in Hinsicht des frühen Futters der Stall- und Milchviehes eben die Ueberzeugung, als die deutschen Agronomen.

Eine andere richtige Idee der Direktion ist die, daß man sich, je kleiner die Landstelle ist, desto mehr Dünger verschaffen muß, wozu man sich am wohlfeilsten des Kompostes bedient, indem sie mit dem Düngerhofe des Haupthofes jeder besondern Kolonie anfangs die Kolonisten unterstützt.

Dreihundert Quadrat-Ruthen werden abgeplaggt und die Plaggen in mehrere Haufen gesetzt. Mit

*) Diese Armenkolonien sind nach den neuesten Nachrichten fast ganz wieder eingegangen

den Plaggen werden gemischt 10 Fuder Straßenkoth, 6 Fuder Pferdemist, 10 Scheffel ungelöschter Kalk, 1000 Pfund gemahlne Knochen oder Stockfischabfall, endlich 500 Pfund Ruß. Man sieht also, daß die Direktion von der richtigen Idee ausgeht, den Anfang der in der gährenden Fäulniß sich zersetzenden Gastheile nicht weiter gehen zu lassen, damit die die Fruchtbarkeit mehr fördernden Auflösungen der Düngungen nicht in die Atmosphäre, sondern in den Boden für die Gräser und Kulturpflanzen übergehen. Die Haufen werden oft umgestochen, und bei jedem Umstechen empfängt der Haufe eine neue Beigabe von Kalk. Von der übrigen Haide wird der 4te Theil abgeplaggt und nachher abgebrannt. Hat der Boden keinen Torf, so nimmt man auch noch Asche zu Hülfe auf dem Felde, welche die verbrannte Haide düngt, und mischt, wenn er nahe zu haben ist, Thon bei, vermeidet aber sehr, bis man viel Dünger gewonnen hat, viel Ortstein aus dem Untergrunde an die Oberfläche zu bringen.

Jede Arbeit wird dem Kolonisten bezahlt oder gutgeschrieben und jede Lieferung berechnet, bis er zum eigenthümlichen Besitze gelangt ist, nach Erstattung der Vorschüsse.

Jede Kolonie besitzt ihr eignes Haus und, dem Befinden des Kolonisten und der Direktion gemäß, die Versorgung von Waisen oder andern Personen mit Nahrung, Kleidung und Arbeit. Ferner hat jede Kolonie eine gute Schule, und eine Zahl Kolonistengemeinden zusammen eine Kirche. Alles Land ist sorgfältig eingefriedigt und die alten Gemeinden haben schon sehr viel Vieh. Für Alles ist gesorgt, nur noch nicht für hinreichende Baumpflanzung zur Fütterung der Thiere mit Laub, zum Brennstoffe und zur Verbesserung der Luft. Letzteres ist um so nöthiger, da wegen mangelnder Bäume und zu vieler Stockung stillstehenden Wassers seit 1826 das gröninger Marschfieber eine jährliche Plage aller niederländischen Provinzen und Nordwestdeutschlands bis Flensburg im Norden und Peina bei Hildesheim im Süden und Osten geworden ist.

Man rechnet, daß die Regierung an den an Deutschland gränzenden Provinzen auf dem noch als Haide, Moor und Gemeinheit liegenden Lande 60,000 bis 100,000 solcher Familienstellen stiften kann, auch daß alsdann die nördlichen Niederlande so viel Getraide, Hanf und Flachs bauen werden, als sie bedürfen, was bisher nicht der Fall war.

Der Papiernautilus (nautilus argo oder papyraceus).

Dieser Nautilus führt seinen Namen mit Recht; denn seine Schaale ist fast so dünn, wie ein Blatt halbdurchsichtigen Papiers. Er gehört zu dem Geschlechte der Schiffsboote, deren man nur vier Arten kennt. Ihre Gehäuse sind sehr dünn, flach gewunden, und haben bloß eine Kammer. Der Rücken der Schaale heißt der Kiel und ihr Bewohner ist ein sogenannter Dintenwurm, der, so viel man weiß, mit keinem Theile seines Körpers an seiner Wohnung angewachsen ist. Er hat einen dicken Kopf, acht mit einer zarten Haut umgebene Theile, die man für Füße ansehen kann, zwei Augen und einen schwarzen, in dem weichen Fleische verborgen liegenden Schnabel. In ihrer Lebensart haben diese Thiere das mit den Nautilen gemein, daß sie sich, wie diese, oft auf die Oberfläche erheben, indem sie das eingenommene Wasser auspumpen, dadurch ihr Haus erleichtern, und auf dem Meere, wie ein Fahrzeug, umher segeln. Vermittelst der fußähnlichen Theile kriechen sie, wenn sie sich mit umgewandter Schaale unten auf dem Grunde des Meeres befinden, umher. Dieß merkwürdige Geschöpf ist also zugleich der Erbauer und Leiter seiner kleinen Barke, welche in der That ein Meisterstück ist, und vielleicht den Menschen die erste Idee zum Schiffbaue gegeben hat.

Der Papiernautilus.

Die weiße Schaale des Papiernautilus, die bisweilen mit einigen feinen schwärzlichen Linien bezeichnet ist, ist leicht und zerbrechlich und bis einen Fuß lang. Ein französischer Naturforscher hatte auf einer Fahrt auf dem mittelländischen Meere Gelegenheit, mehrere hundert Papiernautilen zu beobachten, welche um sein Schiff herum manoeuvrirten, aber er konnte keinen Einzigen fangen, so aufmerksam sind sie auf Alles, was um sie herum vorgeht und so schnell entwischen sie der Hand, die sie fangen will. Die Naturgeschichte dieses Thieres ist jedoch noch nicht genug bekannt; man hat es immer nur beobachtet, wenn es vollkommen entwickelt und alle seine Fähigkeiten zu gebrauchen im Stande war. Die Individuen, die man beschrieben hat, waren beinahe insgesammt von einerlei Größe. Es ist also noch nöthig, in die Geheimnisse der Erzeugung dieser Thiere und ihres allmäligen Wachsthums einzudringen.

Der Zebra.   Equus Zebra.

Der Zebra hält sich in vielen Gegenden von Südafrika und in dem Innern dieses Festlandes auf und bewohnt das Vorgebirge der guten Hoffnung, Congo, Angola und von da bis nach Habesch hin. Er gehört zum Pferdegeschlechte, und hat ganz das Ansehen und die Bildung eines Pferdes, ist aber kleiner, und ungefähr so groß wie das Maulthier. Sein Kopf hat mehr Aehnlichkeit mit dem Kopfe des Esels, als des Pferdes; das Maul ist etwas dick, die Ohren sind lang; der Schwanz ist nur am Ende mit einem Büschel langer Haare versehen.

Der Zebra ist unstreitig Eines der schönsten Säugethiere. Die regelmäßigen, am Kopfe und Leibe herabwärtslaufenden braunen Streifen auf blaßgelblichweißem Grunde geben ihm ein ungemein zierliches Ansehen. Die Beine und Schenkel sind kreuzweise auf die nämliche Art gezeichnet, wie der übrige Körper gestreift ist. Er ist sehr menschenscheu und hält sich am Liebsten in

unbewohnten Wüsten auf. Sobald er einen Menschen nur in der Ferne erblickt, entflieht er in die Wälder.

Die Zebra's leben in Heerden beisammen und weiden wie die Pferde, welche mit ihnen gleiche Nahrung haben. Sie sind so wild und unbändig, daß man sie nur mit großer Mühe zähmen kann. Vormals glaubte man, sie ließen sich weder zum Ziehen noch zum Reiten brauchen, allein neuere Versuche haben das Gegentheil gelehrt, nur muß man Geduld haben. Der bekannte Reisende Levaillant setzte sich auf einen eben erst gefangenen Zebra; anfänglich geberdete er sich wie ein wildes Pferd, aber nach und nach ging er gut. Ihre Zähmung wird großen Vortheil für die Afrikaner gewähren; sie laufen ungemein schnell, nehmen mit schlechterm Futter vorlieb, als die Pferde und wiehern wie diese. Sie einzufangen, kostet jedoch viele Mühe, gewöhnlich ertappt man die Jungen, die noch unerfahren sind, am Ersten und diese bequemen sich auch eher zur Gefangenschaft.

Der englische Reisende Barrow sah bei dem Landdrosten von Swellendam auf dem Vorgebirge der guten Hoffnung einen weiblichen und männlichen Zebra, welche beide, so lange sie jung gewesen und gewartet worden, sanft und gelehrig gewesen seyn sollen, allein durch Vernachlässigung, und wahrscheinlich auch, weil man sie quälte, sehr falsch geworden waren. Ein englischer Dragoner bestand durchaus darauf, auf dem Weibchen reiten zu wollen. Er setzte sich daher auf dasselbe, allein es schlug hinten aus, stürzte nieder und blieb liegen. Dieß half ihm nichts; der Dragoner blieb sitzen. Endlich wurde es wild, sprang vom hohen Flußufer hinunter und warf ihn ins Wasser; allein da er sich am Zügel fest hielt, so hatte es ihn nicht sobald wieder ans Ufer gezogen, als es ruhig zu ihm hinging, den Kopf nach seinem Gesichte streckte und ihm ein Ohr abbiß.

In Afrika ißt man das Zebrafleisch, und die Felle der Zebra's heißen in Europa bei den Kürschnern Seepferdfelle.

Der Zebra.

Die Hauptkirche zu Rouen in Frankreich.

Rouen ist die Hauptstadt des Departements der Niederseine mit 90,000 Einwohnern, welche einen sehr beträchtlichen Handel treiben, weil die Fluth der Seine bis zur Stadt hinauf steigt, und daher die Schiffe aus dem Meere bis an dieselbe gelangen können. Unter ihren Gebäuden zeichnet sich vorzüglich die sehr alte Hauptkirche aus, von der wir hier eine Abbildung liefern. Gänzlich vollendet wurde dieselbe erst zu Anfange des 13. Jahrhunderts. Seit diesen

Zeit haben Ausbesserungen und Veränderungen, welche man im Innern und Aeußern derselben vorgenommen hat, einen großen Einfluß auf ihre Bauart gehabt, welche zur gemischten, und unter die verschiedenen gothischen Systeme des 13., 14., 15. und 16. Jahrhunderts gehört.

Der St. Romanusthurm, dessen Grundlage in sehr entfernte Zeiten zurückzugehen scheint, ist 230 Fuß hoch. Ihm gegenüber steht ein anderer, ebenfalls hoher Thurm, welcher der Butterthurm (Tour de Beurre) heißt, weil er von dem Gelde erbauet seyn soll, das die Einwohner für die Erlaubniß bezahlen mußten, in den Fasten Butter zu essen. In diesem Thurme befand sich die berühmte Glocke, Georg von Amboise (Georges d'Amboise) genannt, welche nach der Behauptung des Astronomen Lalande 35,000 Pfund wog. Ihr Durchmesser betrug nach dem Pater Mersenne 8 Fuß 3 Zoll und ihr Klöppel wog 1838 Pfund. Sie wurde im Jahre 1501 gegossen. Während der Revolution hat man diese Glocke zerschlagen, eingeschmolzen und in Münze verwandelt.

Im Innern beträgt die Länge der Kirche von der großen Hauptthüre an bis in den Hintergrund der Kapelle der Jungfrau Maria 408 Fuß; diese Kapelle ist 88, der Chor 110 und das Schiff 210 Fuß lang. Die Breite des Schiffs beträgt ohne die Nebenseiten 27, und die Höhe 84 Fuß. Die Nebenseiten haben nebst den Kapellen jede 28 Fuß Breite, und 42 Fuß Höhe. Der Kreuzstock von dem Portal der Buchhändler bis zu jenem der Calande ist 164 Fuß lang. In der Mitte befindet sich unter dem Schlußsteine die 160 Fuß hohe durchbrochene Haube, auf 4 großen Pfeilern ruhend, wovon jeder 38 Fuß im Umfange hat und, aus 30 Säulen bestehend, die bündelartig zusammengestellt sind. Noch giebt es vier und dreißig Hauptpfeiler, nämlich: zehn auf jeder Seite des Schiffs, neun Fuß zehn Zoll von einander entfernt, und vierzehn für den Chor. Diese haben eine runde Gestalt und keinen so großen Durchmesser als die andern, so daß der Chor ungefähr vier Fuß größer als das Schiff ist. Der ganze inwendige Raum der Kirche wird von 131 Fenstern erleuchtet.

Im Jahre 1822 schlug der Blitz in die Kirche, und steckte die Thurmspitze und das Dach in Brand. Dieß geschah am 14. Septbr. um 5 Uhr Morgens, wo der Blitz die Spitze der Pyramide Robert Becquet traf, mit seinem gewöhnlichen Ungestüm schnekkenförmig um sie herumlief, und sich im untern Theile der Säulenreihen zu verlieren schien.

Der Brand zeigte sich anfänglich an der Grundlage der Thurmspitze, und sein scheinbarer Heerd brachte äußerlich kaum die Wirkung einer kleinen Laterne

Die Hauptkirche zu Rouen in Frankreich.

hervor. Wenige Augenblicke nach dem Donnerschlage kam eine zahllose Menge von Nachtvögeln und Dohlen aus dem Thurme in großen Säulen unter einem gewaltigen Geschrei durch alle Oeffnungen heraus. Die Menge der Vögel, welche in dem steinernen Thurme ihren Aufenthalt hatten, war so groß, daß die steinerne Treppe, welche nach der Thurmspitze ging, an ihrem dunkelsten Theile ganz mit ihren Knochen und mit den Gebeinen derer bedeckt war, welche die Sperber und andere Raubvögel zu ihrer Beute gemacht hatten. Das Holzwerk war an mehrern Stellen voller Vogelnester, und allenthalben lagen Strohhalme, Wolle, Baumwolle und andere brennbare Stoffe herum, welche augenblicklich durch den Blitz in Brand gesetzt werden mußten.

Von allen Seiten eilte man zum Löschen herbei, allein die große Höhe und das Sprühen der Funken, so wie die Rauchwirbel machten dieß unmöglich; die Herbeigeeilten mußten müßige Zuschauer bleiben. Um 7 Uhr neigte sich die ganze 108 Fuß hohe Thurmspitze auf die Seite und stürzte endlich auf ein Haus herab, das sie gänzlich zertrümmerte.

Das Feuer gewährte nunmehr das fürchterlichste Schauspiel; es breitete sich jetzt mit der größten Wuth aus, und zwischen acht und neun Uhr blieb oberhalb des steinernen Thurmes nichts weiter übrig, als ein großer Scheiterhaufen, in dessen Mitte Metallströme kochten, welche die steinernen Dachrinnen in glühendheißen Stürzen von sich warfen.

Die Feuersbrunst breitete sich immer weiter aus, und verzehrte das Holzwerk des Dachs mit solcher Schnelligkeit, daß gegen 9 Uhr das ganze Dach des Chors und die Dächer des Kreuzstocks nebst dem dritten Theile des Dachs des Schiffs zusammenstürzten. Erst nach mehrern Tagen wurde man völlig Meister des Feuers, und man konnte die Erhaltung des verstümmelten Hauptgebäudes, Eines der schönsten Denkmäler der gothischen Baukunst, sichern.

Seit diesem Brande war die Stadt Rouen gewissermaßen entstellt, weil sie Eine ihrer schönsten Zierden verloren hatte; allein jetzt sucht man dieses Denkmal der Vorzeit wieder aufzubauen, und man ist mit dieser Arbeit schon weit vorgerückt. Der Baumeister, der dasselbe wiederherstellt, heißt Alavoine.

St. Kilda.

Hat man von Eldorado gehört? von der glücklichen Felseninsel? Gewiß, und mit Unmuth Beide als Mährchen kennen gelernt. Immerhin! Eldorado ward von Abentheuern aller Nationen gesucht, weil sie das Glück in den Besitz vielen Geldes setzten. Da würden sie sich getäuscht haben, wenn sie es auch gefunden hätten. Aber es giebt ein anderes Eldorado. Wenigstens existirte es noch vor etwa 40 Jahren; es giebt eine Insel, wo Genügsamkeit, Zufriedenheit, Gesundheit und alles, was zum Leben schlechterdings nothwendig ist, im reichsten Maaße angetroffen wird und wo man daher das Leben verwirklicht sieht, das so viele Dichter nur in ihrer Phantasie zu finden wußten. Das glückliche Eiland ist

St. Kilda,

Eine der Hebrideninseln, in der Nähe von Schottland. Auf ihr, die nicht größer als fünf englische Meilen, ohne Bäume, ohne Gesträuche, sogar von Basaltfelsen umgeben ist, die, 150—200 Klaftern hoch, eben so viel Bollwerke gegen die Wogen des brüllenden, schäumenden Weltmeeres sind, wohnten vor 40 Jahren, vielleicht noch jetzt, in glücklicher Einfalt 180 Menschen (jetzt soll sie nur 80 haben), denen der Ocean die Gränze der Welt war, von denen nur selten Einer nach einer benachbarten Insel und fast nie hinüber nach Schottland kam. In niedrigen, aus Steinen erbaueten, mit Schilfe gedeckten Hütten, auf Stroh gebettet, in Schaafpelze gehüllt, oder in lederne Jacken gekleidet, leben sie von Vögeln, deren Menge oft die Luft verfinstert, die sie zu Tausenden tödten; von Eiern, die sie zu Hunderttausenden finden, von frischen Kräutern, Gersten- und Haferbrod. Rind- und Schaaffleisch ist ein Leckerbissen; Salz und Gewürze sind ganz unbekannt. Haferbier vertritt die Stelle von Wein und Cyder, Branntwein und allen andern geistigen Getränken; doch das reinste Felsenquellwasser ist das gewöhnlichste, alltägliche Getränk.

Mit Schönheit ausgestattet, blühend roth und blendend weiß, stark, wie keiner der Nachbarn, kannten die Bewohner keine Krankheit. Arbeit hatten sie nicht, doch gruben sie ihr Feld; Fisch- und Vogelfang war ihnen Sache des Vergnügens, der Kunst, der Fertigkeit, der Geschicklichkeit, und keine saure Arbeit.

Steil und senkrecht sind die Felsen, wo die Vögel nisten, schauerlich stehen die Spalten jäh von einander gerissen, und tobend sausen die Wogen des brandenden Meeres umher. Immer mit dem Tode kämpfend, fahren die Einwohner kühn an diesen Wänden mit Hülfe von Säcken herunter, springen von einem Abgrunde zum andern und erklimmen diese, sich mit Händen und Füßen und Knieen und Ellenbogen anhaltend und stützend. Der Jüngling sucht sich wetteifernd vor den Andern auszuzeichnen, und wagt sich von einem Felsen zum andern, wo kaum die Zehe, geschweige der Fuß Platz finden kann.

Eine einzige Felsenschlucht bildet den Landungsplatz zu dieser Insel, welche daher der freieste Staat ist, den man sich denken kann; denn welche Flotte sollte hier vor Anker legen, die den Brandungen Trotz bieten könnte? Altes Herkommen bestimmt, was der Herr der Insel, ein Lord Mac=Leod, fordern darf. Er sendet jährlich einmal einen Voigt dahin, um einen kleinen Tribut zu erheben und empfängt von Zeit zu Zeit einige Deputirte, die ihn für größer, als den ersten Monarchen halten und daheim von nichts zu erzählen wissen, als wie derselbe reiten könne, und wie er Glasfenster und Fernröhre und Bäume und Wälder habe; Dinge, die ihnen das Wunderbarste sind. Menschen von solcher Denkungsart, von so wenig Bedürfnissen, kennen wenig Gesetze, haben keinen zu fürchten. So sicher ist England vor auswärtigen Feinden nicht, als dieß kleine unbekannte Eiland hinter seinen himmelhohen Felsen.

Wie das Alles jetzt ist, wissen wir nicht. Wer reiset wohl nach dieser Insel, wo es nichts zu lernen giebt, als wie man glücklich sey in der Zufriedenheit, wo es nichts zu sehen giebt, als glückliche Menschen? Seit 1782 bis 1790 hat sie Niemand besucht oder wenigstens nichts darüber bekannt gemacht. Wer weiß, ob sich seitdem nicht auch hier die Unzufriedenheit einschlich. Aber es war hier doch ein glückliches Arkadien, das goldne Zeitalter, und nur Eines fehlte den Bewohnern der Insel, um sie zum glücklichsten Volke zu machen: das Bewußtseyn ihres Glücks, der Gedank, daß Gold und Silber nichts gegen Zufriedenheit, Genügsamkeit und Freiheit sind. Sie übten ihn praktisch, ohne ihn mit Worten auszusprechen. Die Gesegneten!

Die Kunst, reich zu werden.

So schwer auch diese Kunst ist, und so Wenige darin Meister sind, so haben doch der berühmte Franklin und einige Andere treffliche Lehren darüber gegeben, die man nicht genug beherzigen kann; allein andere Zeiten erfordern andere Regeln, und mit der Denkart ändert sich der Weg zum Reichthume. Sparsamkeit ist zu allen Zeiten nützlich; wer zweckmäßig spart, der beweiset Verstand und Einsicht, aber mit dem Sparen reicht man in Zeiten nicht aus, wo der Erwerb so mißlich und sauer ist als jetzt. Man muß mehr arbeiten, und dabei mehr Geschicklichkeit beweisen als sonst; wer nicht fleißig ist, und sein Geschäft gründlich versteht, der wird von Andern, die emsiger und geschickter sind, um Arbeit und Brod gebracht. Man muß seine Arbeiten wohlfeil liefern, und diese müssen so geschmackvoll als zweckmäßig seyn, wenn man Käufer anlocken will. Wohlfeilheit veranlaßt einen schnellen Umsatz und gute Waare zaubert Kunden herbei, die man nicht leicht verliert. Man vermeide daher alle unnöthigen Ausgaben, arbeite emsig, verständig und länger, und der erworbene Pfennig wird für den bald zum Groschen, der klug zu sparen versteht. Die Sparsamkeit ist eine Glück und Ansehen fördernde Tugend, und unterscheidet sich eben so sehr von der Knickerei, als von der Verschwendung. Ein Groschen, ein Thaler, zweckdienlich angewandt, bringt Wohlstand und Segen ins Haus.

Mit der Sparsamkeit, der Geschicklichkeit und dem Fleiße verbinde man Ordnungsliebe. Alles zur rechten Zeit und an der rechten Stelle gethan, fördert jede Arbeit, sichert ihr Gelingen, und macht Freunde. Ordnung verräth Verstand, und durch diesen führt man fast jedes reiflich durchdachte Unternehmen glücklich aus. Wer die Ordnung liebt, der gewinnt an Zeit, wie an Zufriedenheit. Sie verhütet viel Ungemach, in das sich der Unordentliche stürzt.

Man bleibe auf seiner Lebensbahn, mag man ein Geschäft betreiben, welches man will, nie still stehen, vermehre stets seine Einsichten, vervollkommne sie, und man liefert Arbeiten, die zugleich nähren, und ehren. Im Menschenleben bleibt nichts dasselbe, Alles schreitet vorwärts zum Besseren. Daher ist es Thorheit, zu wähnen, man habe in seinem Fache den höchsten Gipfel der Vollkommenheit erreicht. Das Bessermachen sey Grundsatz, und wer das Beste liefert, der erhält den meisten Gewinn.

Wer reich werden will, der besuche nicht jeden Tag öffentliche Oerter, wo Müßiggang, Prunk und Genuß schwere Ausgaben verursachen. Man darbe sich nicht das Nothwendige ab, aber man vermeide auch Ueppigkeit und Verschwendung. Man bleibe zu Hause, und arbeite Morgens und Abends eine Stunde länger, als gewöhnlich, und reichlicher Lohn vergilt die aufgewandte Mühe. Luxus stürzt ins Verderben und blendet nur die Kurzsichtigen. Weise Sparsamkeit erwirbt sich die Achtung des Biedermanns und im Nothfalle reicht dieser dem Fleißigen gern seine helfende Hand.

Kaufe, was du nicht nöthig hast und du wirst bald verkaufen müssen, was dir unentbehrlich ist. Viele haben sich durch nichts Anderes zu Grunde gerichtet, als durch ihr wohlfeiles Einkaufen. Die Eitelkeit ist eine Bettlerin, die eben so dringend als die Armuth, aber noch weit unverschämter ist.

Man gewöhne sich frühzeitig an den Gedanken, daß das Leben von der Wiege bis zum Grabe eine Erziehungs- und Prüfungsschule ist, und wer Gott fest vertraut, der läßt in der Noth den Muth nicht sinken. Entschlossen beginnt er sein Werk, setzt es getrost fort und erfüllt gewissenhaft seine Pflicht. Der Mensch ist weder zum Glücke noch zum Unglücke geboren; er soll alle Kräfte seines Körpers und Geistes zweckmäßig ausbilden, verständig brauchen und tugendhaft leben. Wer dieses Ziel immer vor Augen behält, der erwartet nicht vom blinden Geschicke, was er sich durch Fleiß, Einsicht, Muth Gottvertrauen selbst verschaffen kann.

Goldene Lehren.

Nebst Franklin und Montaigne liefert Niemand so treffliche Lehren für das Leben als Kant, der vorzüglich reich daran in seiner erst 1831 erschienenen Menschenkunde ist, aus der wir hier Einiges mittheilen wollen. Jemand fragte: ob die Bauern, wenn sie aufgeklärt würden, wohl zu regieren seyen. „O, ja! Leute, die Vernunft haben, sind besser zu regieren, als die Unwissenden und Rohen, und je klüger die Bauern sind, desto besser werden sie regiert werden können." Reiche Unterthanen sind leichter zu regieren, als Arme; denn die Armen wagen, weil sie nicht viel oder nichts haben, Alles; die Reichen aber leben lieber ruhig und gemächlich. Ueberhaupt macht die Aufklärung des Verstandes die Menschen gut gesinnt.

Der Betrüger scheint klüger zu sein, als der Betrogene, und man hält diesen gewöhnlich für dumm, aber dieß ist falsch; denn der Kluge wird oft vom Dummen betrogen. Der Kluge hat Zutrauen zu dem Dummen und

dieser macht ihm Blendwerke vor, und da jener bloß aus Rechtschaffenheit in Andere kein Mißtrauen setzt, so kann der Klügste hintergangen werden.

Die Sorglosigkeit ist das Glück roher, ungebildeter Menschen, und sie mögen es wirklich besser haben als die, welche auf die Zukunft Vorbereitung treffen die noch ungewiß ist, und sich also das Leben sauer machen, weil sie künftige Plagen in den gegenwärtigen Genuß mischen. Daher ist es eine Hauptmaxime: man muß im Leben nichts Großes weder in Ansehung des Glücks noch des Unglücks erwarten. An beide gewöhnt sich der Mensch, so daß ihm mit der Zeit das Uebel gewohnt und das Glück unschmackhaft wird. Dem Menschengeschlechte ist nicht anders zu helfen, als daß es über Alles urtheilt, und so seine Ideen verbessert.

Der gesunde Menschenverstand ist sehr brauchbar und nützlich, aber man muß auch dafür sorgen, daß der gesunde Verstand immer gesund bleibt. Dieß geschieht durch gute Grundsätze. Der gesunde Verstand ist ohne sie sehr leicht zu verführen; man muß also wissen, ihn vor Verführung zu schützen.

Der Kampf des weißköpfigen Adlers und des Fischaars.

Am Rande des Wasserfalles des Niagara, auf dem Sande und in den Felsenritzen, spähen zahlreiche Raubvögel die Fische auf dem Strome, welche auf dessen Oberfläche spielen, oder die Schaaren von Eichhörnchen, Damhirschen und Bären aus, welche oberhalb des Wasserfalls durch den Fluß zu kommen versuchen, aber, von der Schnelligkeit des Stromes mit fortgerissen, in den Abgrund gezogen werden.

Hier finden alle Raubvögel ohne Mühe eine reichliche Nahrung, allein die geschicktesten und stärksten darunter haben oft einen gewandtern und stärkern Feind, dessen Blick alle ihre Bewegungen beobachtet, und sie in stetem Schrecken erhält. Dieser Feind ist der weißköpfige Adler.

Der weißköpfige Adler lebt unter allen Breitengraden, geht an allen Orten auf Beute aus, ob ihn schon sein Geschmack an Fischen öfters an den Meeresstrand lockt, und erträgt sowohl die strengste Kälte, als die größte Sonnenhitze. Man hat ihn mitten in Wolken schweben sehen, aus denen Blitze schossen. Aus den hohen, ewig kalten Regionen der Atmosphäre überschauet er mit einem Blicke die ungeheure Ausdehnung der Wälder, der Seen, und des Ozeans, wählt für seinen Flug ein Ziel, und stürzt in einem Augenblicke nach Belieben an Einem der Enden der Erdkugel mitten im Sommer oder Winter herab.

Wenn er auf dem Gipfel eines ungeheuer hohen Baumes verweilt, der fernhin die Erde und das Wasser beherrscht, so beobachtet er stolz und ruhig die verschiedenen Bewegungen der Raubvögel der zweiten Ordnung unten, z. B. der Möven, der Strandläufer, der Kraniche, der Raben; allein wenn er den Fischaar (Pandion Haliaetus Savigny) entdeckt, so belebt sich sein Auge, sein Hals verlängert, seine Federn sträuben, seine Flügel breiten sich halb aus, und zittern vor Erwartung.

Das Rauschen, das der Fischaar bei seinem Fluge macht, welcher mit der Schnelligkeit des Pfeils herab steigt, berührt sein Ohr; er sieht, wie er dem Meeresschaum aufregt, bald wieder in die Höhe steigt und mit Freuden- und Siegesgeschrei einen Fisch trägt, der sich vergebens zwischen seinen Krallen sträubt. Dieses

Freudengeschrei ist die Losung, welche der weißköpfige Adler erwartet: er stürzt sich herab, verfolgt und berührt den Fischaar, der voller Schrecken seine Schnelligkeit verdoppelt. Beide steigen in den Lüften in die Höhe, durchkreuzen sie in tausend verschiedenen Wendungen, beschreiben zwischen Erde und Himmel Kreise, Knoten, zahllose Schlangenlinien, bis der ermüdete Fischaar seine Beute mit einem Schrei der Verzweiflung fahren läßt. Einen Augenblick bleibt der Adler unbeweglich, rafft dann alle seine Kräfte zusammen, schießt in gerader Linie vorwärts, und faßt den blutigen Fisch, ehe er noch die Oberfläche des Wassers berührt.

Der Kampf des weißköpfigen Adlers und des Fischaars.

Dieser Kampf des weißköpfigen Adlers und des Fischaars ist nicht bloß an den Ufern des Niagara's ein gewöhnliches Schauspiel, sondern auch an allen steilen oder öden Küsten; er findet von Georgien bis Neuengland Statt. Die Schnelligkeit, die Stärke und die Geschicklichkeit der beiden Gegner erregen jederzeit das größte Interesse, und man fühlt zuletzt eine Art von Unwillen, wenn man den Adler den Sieg davon tragen sieht, der sich in der alten und neuen Welt aufhält.

Die Zeit, welche die Bezahlung der Abgaben in Großbritannien und Irland und in Frankreich durch Arbeit erfordert.

Die englischen Staatswirthschaftslehrer nehmen den Gesammtertrag von Großbritannien und Irland ohne die Kolonien zu 8 Milliarden Fr. (2 Milliarde Thlr.) an. Die Staatsabgaben betragen 1 Milliarde und 600 Millionen; die örtlichen Abgaben mit Einschluß der Armentaxe beläuft sich auf 400 Millionen; die Steuerpflichtigen müssen also jährlich 2 Milliarden zahlen. Nimmt man an, daß Jemand im Durchschnitte wegen Krankheiten und anderer Ursachen täg-

lich nur 8 Stunden arbeiten kann, so braucht er von diesen 8 Stunden 2 Stunden, um die Abgaben zu entrichten; denn von seinem Einkommen muß er den vierten Theil an die Steuereinnehmer abgeben.

Frankreich, dessen Ertrag jährlich 9 Milliarden ausmacht, hat ein jährliches Budget von 1200 Millionen, was nebst 300 Mill. Gemeinde=Abgaben die Summe von 1500 Millionen beträgt. Nimmt man also an, daß ein Franzose täglich auch 8 Stunden arbeitet, so braucht er zur Bezahlung seiner Abgaben täglich nur 1 Stunde und 20 Minuten zu arbeiten; bloß der sechste Theil seiner Zeit ist hierzu erforderlich.

Fester Sinn in Vollziehung seiner Pläne.

Ein englischer Oberster, Chartres, war Einer der abgefeimtesten Schurken, hatte auf manchem unredlichen Wege Reichthum erworben, und pflegte zu sagen: die Tugend hat für mich keinen Werth; aber ich möchte viel darum geben, wenn ich einen so beharrlichen Charakter hätte, um mich durch nichts von dem, was ich einmal beschlossen habe, abwendig machen zu lassen. Wenn also selbst ein Bösewicht einen festen Charakter schätzt, so muß es noch mehr Pflicht der tugendhaften Menschen seyn, sich eine solche Beharrlichkeit in edlen Entschlüssen eigen zu machen zum Besten ihres Selbst, ihrer Mitbürger und der guten, geprüften Absichten.

Woche.

18. Mai 1745. Geheime Uebereinkunft zu Leipzig zwischen der Kaiserin Maria Theresia, Königin von Ungarn und Böhmen, und zwischen Polen und Chursachsen über die eventuelle Theilung Schlesiens und andere Eroberungen von Preußen.

19. Mai 1792. Polen hatte sich im vorigen Jahre eine neue Verfassung gegeben, aber Rußland wollte dieß nicht gestatten; es drang auf Herstellung der vorigen Regierungsform und ließ an diesem Tage seine Truppen bei Mohilew über den Dniester gehen und in Polen einrücken.

20. Mai 1775. Die nordamerikanischen Staaten vereinigen sich zu einem Staatsbunde gegen Großbritannien.

21. Mai 1813. Den 20. Mai eroberten die Franzosen Bautzen und den 21. fiel die Schlacht bei Wurschen vor, wo um 3 Uhr Nachmittags die Preußen und Russen die Schlacht abbrachen, sich vom Schlachtfelde in geordneten Kolonnen zurückzogen, und den Franzosen den Sieg überließen.

22. Mai 1790. Die französische konstituirende Versammlung beschloß, daß das Recht über Krieg und Frieden der Nation zustehe, daß diese aber allen Eroberungen entsage; indessen veränderte sie den 24. Mai diesen Beschluß dahin, daß die Nation keinen Eroberungskrieg führen wolle.

23. Mai 1787. Die Kaiserin von Rußland Katharina II., kommt mit dem deutschen Kaiser Joseph II. zu Cherson in der Krimm zusammen.

24. Mai 1794. Der französische Nationalkonvent beschließt, daß den Engländern und Hannoveranern kein Pardon gegeben werden solle.

Verlag von Bossange Vater in Leipzig.
Unter Verantwortlichkeit der Verlagshandlung.

Das Pfennig-Magazin

der

Gesellschaft zur Verbreitung gemeinnütziger Kenntnisse.

4.]   Erscheint jeden Sonnabend.   [Mai 25, 1833.

Der Herzog Bernhard von Sachsen-Weimar.

Dieser Held, der sich im 30jährigen Kriege so auszeichnete, hat sich vorzüglich große Verdienste um die Menschheit durch den Gewinn der Schlacht bei Lützen (den 6. Nov. 1632) erworben, in welcher er, auf dem Kampfplatze selbst, als der treffliche König von Schweden Gustav Adolph im Gefechte gefallen war, den Oberbefehl übernahm, und den Sieg errang. Der Herzog Bernhard war der jüngste Sohn des Herzogs Johann von Weimar, und den 6. Aug. 1604 geboren. Von Jugend auf zeigte er eine große Vorliebe zum Soldatenstande, und suchte sich eifrig die dazu erforderlichen Kenntnisse zu verschaffen: nachdem er mit den pfälzischen, holländischen und dänischen Truppen gefochten hatte, trat er im Jahre 1631 in die Dienste Gustav Adolph's. Hier that er sich in mehrern Gefechten sehr hervor, zeigte eben so viel Tapferkeit als Gegenwart des Geistes, eroberte das Schloß zu Würzburg, und bemächtigte sich den 29. Dec. 1631 der Stadt Mannheim durch eine Kriegslist, ohne einen Mann zu verlieren. Bei Lützen (den 6. Nov. 1632) befehligte er den linken Flügel, und als Gustav Adolph gefallen war, übernahm, wie bereits oben bemerkt worden, er den Oberbefehl, und erkämpfte gegen Wallenstein Einen der erfolgreichsten Siege. Hierauf übergab ihm der schwedische Regentschaft das Heer, mit welchem er große Eroberungen in Franken und Baiern machte; allein im Jahre 1634 verlor er durch seinen Ungestüm die Schlacht bei Nördlingen. Durch die Verbindung Schwedens mit Frankreich wurde er immer mehr von diesem abhängig, und versetzte den Kriegsschauplatz vorzüglich nach dem Elsasse. Er focht am Rheine, schlug die kaiserliche Armee den 21. Febr. 1637 bei Rheinfelden völlig und machte mehrere feindliche Generale, unter andern den tapfern baierischen General Johann von Werth, zu Gefangenen. Eben so glücklich kämpfte er das folgende Jahr,

aber ein frühzeitiger Tod raffte ihn mitten auf seiner siegreichen Laufbahn den 18. Juli 1639 am Ende seines 35. Jahres hinweg. Er verhehlte nicht die Absicht, sich ein Fürstenthum am Rheine zu erkämpfen, doch eine plötzliche Krankheit störte ihn in seinen Planen und er äußerte selbst die Vermuthung, daß er Gift bekommen habe. Man warf deshalb schweren Verdacht auf den Kardinal Richelieu, der nicht wünschte, daß ein Mann von Bernhard's Entschlossenheit und Geiste das sich aneigne, wornach Frankreich schon längst gestrebt hatte.

Der Herzog Bernhard von Weimar war ein starker, ansehnlicher und gut gebäueter Mann, hatte einen edlen Anstand und ein einnehmendes Betragen Mit diesen Vorzügen seiner Person verband er viel Scharfsinn, eine richtige Beurtheilungskraft, eine große Ruhe und viel Geistesgegenwart. Als Feldherr stand er Gustav Adolph nicht nach, nur verleitete ihn sein rascher und ungestümer Muth bisweilen zu allzu kecken und nicht genug überlegten Unternehmungen und das Glück krönte nicht immer seine Thaten. Allein ein Mann von solchen ausgezeichneten Eigenschaften wird allenthalben Großes erreichen und unsterblicher Ruhm folgt ihm über das Grab hinaus. Solcher Männer bedarf die Menschheit, wenn sie ihre Zwecke auf dieser Erde glücklich verfolgen, und nicht in ihren Bestrebungen irre werden soll.

Einige merkwürdige Träume.

Der menschliche Geist ist in beständiger Thätigkeit, selbst im Schlafe; hier geschieht diese durch Träume, die das Leben erhalten und den Menschen nicht in die Arme des Todes sinken lassen. Ist er sich auch nicht allemal derselben bewußt, so träumt er doch; sie sind nicht immer so lebhaft, daß sie zum Bewußtseyn kommen, aber sie beurkunden doch des Geistes Kraft, die nie rastet, sondern stets wirkt und schafft. Allein von welcher Art sind die Ursachen, daß wir uns der Träume bewußt werden? Sie sind äußere und innere, und werden sie stark und lebhaft, so dringen sie in unser Bewußtseyn ein, und wir wissen, daß und was wir geträumt haben. Die äußern sind die Lage des Körpers im Bette, Geräusch, Töne, Licht, Kitzeln, Lispeln in die Ohren u. s. w.; die innern theils Vorstellungen, Affekte, Leidenschaften des Geistes, theils der innere Zustand des Körpers, z. B. Ueberladung des Magens, Unverdaulichkeiten, Unwohlseyn u. s. w. Wer sich bei Tage mit etwas lebhaft beschäftigt hat, der nimmt es mit in den Schlaf hinüber; was auf uns einen starken Eindruck gemacht hat, das behalten wir vorherrschend im Geiste und träumen davon. Daher sind die Ursachen der Träume sehr zahlreich, und dabei hat jeder seine eigene Welt. Im Traume richtet sich der Geist nach denselben Gesetzen, wie im Wachen, er verbindet das Aehnliche, das Gleichzeitige, das Abstechende, das im Raume beisammen Befindliche, das durch Ursache und Wirkung Verknüpfte, und da die Einbildungskraft im Schlafe ungehinderter und freier wirkt, als im wachenden Zustande, immer veränderte Stoffe herbeiführt und neue

Verbindungen veranlaßt, so sehen wir oft im Traume beisammen was kein menschliches Auge in der Wirklichkeit je erblickt hat. Wer aber genau auf sich acht giebt, vermag oft die Veranlassung seiner Träume bestimmt nachzuweisen; er erkennt ihre Ursache an dem, womit er sich beschäftigt und sieht ein, was sie veranlaßt hat. Indessen giebt es doch einige Träume, die man vorherverkündende (prophetische) nennt, und von denen man nicht sogleich die wahre Ursache anführen kann; allein sollte dieß nicht möglich seyn, wenn man Alles sorgfältig erörterte, was um und in uns vorgeht, und sollte man nicht errathen können, warum Jemand von künftigen Krankheiten und Ereignissen träumt, die ihn befallen können? Alles hat seinen Grund, und wir müssen nicht ruhen, bis wir die Ursache jeder Erscheinung auffinden; wir schließen aus der Aehnlichkeit auf das Verwandte, und die Gegenwart ist der Schlüssel der Zukunft. Wir wollen hier einige solcher Träume mittheilen, welche Dr. Abercombie in seiner trefflichen Philosophie für Aerzte*) erzählt, und welche sich gewiß auch naturgemäß erklären lassen.

Ein Geistlicher, der nicht weit von Edinburgh auf einem Dorfe wohnte, kam nach dieser Stadt und kehrte in einem Gasthofe ein, wo er auch übernachtete. Er träumte, er sehe ein Feuer und Eines seiner Kinder sey mitten darin. Er erwachte, durch diesen Traum geschreckt, verließ sogleich Edinburgh und kehrte nach Hause zurück. Als er so weit gekommen war, daß er sein Haus sehen konnte, fand er dasselbe wirklich in Flammen stehen; er eilte fort und langte gerade noch zur rechten Zeit an, um Eines seiner Kinder zu retten, das man in der Angst und Verwirrung in einer gefährlichen Lage vergessen hatte.

Folgenden noch merkwürdigern Traum erklärt Dr. Abercombie als vollkommen der Wahrheit getreu: eine Dame träumte, eine alte Anverwandte sey von einem schwarzen Bedienten ermordet worden; diesen Traum hatte sie mehr als einmal. Derselbe machte daher einen solchen Eindruck auf sie, daß sie sich nach dem Hause ihrer Anverwandten begab und einen Herrn bewog, in einem daran stoßenden Zimmer die folgende Nacht über zu wachen. Ungefähr um drei Uhr Morgens vernahm der Herr Fußtritte auf der Treppe, verließ sein Zimmer und fand den schwarzen Bedienten, der eine Menge Kohlen trug. Als er ihn fragte, wo er damit hin wolle, erwiederte er auf eine hastige und verworrene Art, er wolle das Feuer bei seiner Gebieterin unterhalten, was um drei Uhr Morgens mitten im Sommer offenbar etwas ganz Unnützes und Unglaubliches war. Er untersuchte daher den Korb und fand unter den Kohlen ein großes Messer versteckt.

Ein Mann zu Edinburgh litt an einer Pulsadergeschwulst am Knie, weshalb er zwei ausgezeichnete Wundärzte zu Rathe zog. Der Tag zur Operation war schon bestimmt. Ungefähr zwei Tage vor derselben träumte seine Frau, daß in der Krankheit eine Veränderung vorgegangen, weshalb keine Operation nothwendig sey. Als der Kranke des Morgens die Geschwulst untersuchte, erstaunte er, findend, daß das Klopfen derselben ganz aufgehört hatte; kurz, die Natur hatte die Heilung selbst bewirkt. Nichtärzte müssen wissen, daß die Heilung einer Pulsadergeschwulst am Knie ohne Operation ein höchst seltener Fall ist, den man fast nie als wahrscheinlich annehmen kann.

*) Dieß sehr lehrreiche Buch erschien unter dem Titel: Inquiries concerning the intellectual Powers and the Investigation of Truth. By John Abercombie, Med. Doct. Edinburgh. 1830

Träume werden oft von lauten Tönen hervorgebracht und man kann sie willkührlich erwecken. Dr. Abercombie führt einen Fall aus einer Handschrift des Dr. Gregory an, wo der nämliche Ton zu gleicher Zeit bei einem Manne und seiner Frau einen Traum von einerlei Art hervorbrachte, nämlich die Franzosen seyn bei Edinburgh gelandet, ein Ereigniß, welches damals ein Gegenstand allgemeiner Angst war. Jedoch das merkwürdigste Beispiel dieser Art von Traum liefert derselbe große Arzt in seiner Handschrift und zwar auf die Aussage eines Augenzeugen. Der Gegenstand desselben war, sagt Dr. Abercombie, ein Offizier von der Expedition nach Ludwigsburg im Jahre 1758, mit dem sich seine Kameraden oft lustig machten, indem sie bei ihm jede Art von Traum hervorbringen konnten. Sie durften ihm nur in's Ohr lispeln, besonders wenn dieß ein Freund that, mit dessen Stimme er genau bekannt war. Bald führte man ihn durch alles das hindurch, was bei einem Zanke vorkommt, der sich mit einem Zweikampfe endigt, und wenn nun die Partheien im Begriffe standen, auf einander loszugehen, so gab man ihm ein Pistol in die Hand, das er abfeuerte und durch den Knall erwachte; bald fand man ihn oben auf einem Schranke der Kajüte liegen und schlafen, wo man ihm weiß machte, er sey über Bord gefallen, und forderte ihn auf, sich durch Schwimmen zu retten. Sogleich machte er alle Bewegungen des Schwimmens; dann sagte man ihm, ein Haifisch verfolge ihn, und bat ihn, unterzutauchen, um sein Leben zu retten. Augenblicklich that er dieß mit solcher Anstrengung, daß er sich von dem Schranke herab in die Kajüte stürzte, wodurch er sich sehr beschädigte und aufwachte. Nach der Landung der Armee zu Ludwigsburg fanden ihn seine Freunde eines Tages in seinem Zelte eingeschlafen, und allem Anscheine nach sehr verdrüßlich über das Kanoniren. Sie machten ihm weiß, er sey im Gefechtbegriffen, worüber er große Furcht äußerte und viel Lust zeigte, davon zu laufen. Hiergegen machten sie ihm Vorstellungen, aber zu gleicher Zeit vermehrten sie seine Furcht dadurch, daß sie das Geächze und Winseln der Verwundeten und Sterbenden nachahmten, und als er fragte, wie er dieß oft that, wer gefallen sey, nannten sie ihm seine besonders guten Freunde. Endlich sagten sie zu ihm, der Mann sey zunächst in die Linie sey gefallen, wo er augenblicklich von seinem Lager auffprang, aus dem Zelte stürzte und aus der Gefahr und von seinem Traume gerettet war, indem er über die Zeltseile hinwegfiel. Ein merkwürdiger Umstand hierbei war, daß er nach solchen Versuchen keine deutliche Erinnerung von seinen Träumen, sondern blos ein dunkles Gefühl von Druck oder Ermüdung hatte und seinen Freunden zu sagen pflegte, sie hätten ihm gewiß einen Streich gespielt.

Der englische Ausfuhrhandel in baumwollenen Waaren, nach Deutschland.

Nach dem Penny-Magazine betrug der Werth dieser nach Deutschland im J. 1829 verschifften Waaren:

	Pf. Sterl.
1) an gewebter Baumwolle in Stücken	1,137,532
2) an Strumpfstrickerwarren und sogenannter kleiner Waare, die ohne fernere Bereitung gebraucht werden kann....	279,355
3) an Twist und Garn........	1,585,979
	3,002,866

Unter der Waare ad 1. ist sehr viele, welche die jüdischen Häuser Hamburgs und Bremens, die diesen Handelszweig fast ohne christliche Konkurrenz betreiben, weit unter dem beim Zolle angegebenen Fabrikpreise ankaufen, weil Geldverlegenheit oder außer der Mode gekommene Artikel den Fabrikanten oder den Kaufmann bewegen, wenn er in Masse solche Waaren losschlagen muß, sie lieber außer Landes als in demselben zu verkaufen, um wenigstens den Rückzoll noch zu gewinnen. Daher hat Deutschland für die Artikel 1. und 2. gewiß nicht über eine Million Pf. Sterling und vielleicht beträchtlich weniger bezahlt.

Was aber die Twiste und Garne betrifft, so geht davon das Meiste nach Oesterreich, das viel baumwollene Zeuche webt, aber die feinsten Twiste und Garne aus England bezieht. In eben dem Falle ist die Schweiz mit Einkäufen über Hamburg, allein ich rechne das nicht, weil Frankfurt am Main doch etwas, wenn auch nicht viel, englische baumwollene Waaren über Belgien und Holland kommen läßt.

Obgleich Norddeutschland fast ganz aufgehört hat, grobes wollenes Tuch à 3 bis 5 Sh. engl. die Yard aus England kommen zu lassen und an Einfuhr feiner Tücher, Casimire und dergleichen aus England nach Deutschland wegen des hohen Ankaufs in England nicht mehr zu denken ist, so ist doch dagegen die englische Einfuhr an Calmucks, Teppichen und allen englischen Weberwaaren aus langer Wolle, welche sich Deutschland ebenfalls verschaffen könnte, vielleicht größer als je, wird aber nur so lange fortdauern, bis Deutschland, wegen abnehmender Ausfuhr der feinen Tuchwolle nach England, sich mehr auch auf die Erzeugung feiner langer Kammwolle legt. Jedoch werden Englands Salz, Zinn, Eisen, Steinkohlen, Blei stets ihren starken Absatz nach Deutschland behaupten. Auch die Produkte der englischen Zuckersiedereien in Hüten werden immer weniger aus England nach Deutschland ausgeführt werden.

Fährt Norddeutschland so fort, wie jetzt, wo es im richtigen Gange seiner einträglichen Landwirthschaft sich befindet, seinen Boden durch die angestrengteste Kultur zu veredeln und in dessen Folge viel Getreide, Klee, Rapps und andere Oelsaaten zu erbauen, ja Manches zu erzielen, was der reiche Britte oder seine Kolonieen an Lebensmitteln bedürfen, und nur die Kultur kleiner Landstellen in der Nähe der Seehäfen gewährt; so wird sich zwar die deutsche Nordküste sehr bemühen, sich dem preuß. Zollsysteme anzuschließen, da sie einen einigermaßen sichern Absatz jenseits des Meeres zu ihrem Wohlstande bedarf, aber gewiß nicht durch die großen Einfuhren der freien Nordamerikaner und der Britten an fremden Produkten verarmen und eben so wenig durch die großen Auswanderungen rüstiger junger Mannschaft nach andern Zonen sich entvölkern. Ohne den unseligen Staatspapierhandel, der allen andern Gewerben und besonders der Landwirthschaft die nöthigen Kapitale zu Verbesserungen, deren man bedarf, entzieht, würde die deutsche Nord- und Ostseeküste, auch ohne Merinoszucht, die Nordwestdeutschland verschmäht, ganz anders als heute blühen. Während man in einigen Kontinental-Ländern durch Wettrennen der Pferde die Pferdezucht verbessern will, hat England durch Künsteleien seine Race zum Zug- Arbeitsviehe dergestalt verschlechtert, daß es über Hamburg, Altona und Bremen monatlich immer mehr Arbeitspferde kommen läßt. Es liegt im Geiste dieser Nation, alles, was sie in ihrer Spekulation ergreift, am Ende zu übertreiben, und diese Uebertreibung fängt bereits an, den Wohlstand dieses Volkes zu untergraben

---

Das Wohlthätige der Gewitter.

So furchtbar die Gewitter sind, so sind sie doch auch sehr wohlthätig und gewähren eine erhabene Erscheinung. Nach langer Trockenheit lechzt die Erde; die Gewächse schmachten und lassen ihre Blätter hängen, die Thiere fühlen sich ermattet und die Menschen beklommen. Jetzt kommt ein Gewitter und erquickt Fluren, Thiere und Menschen. Alles fühlt sich gestärkt, und erwacht zu neuem Leben. Die Luft ist nach einem Gewitter abgekühlt und der Mensch neu belebt. Sein Körper spürt neue Kräfte, und sein Geist arbeitet mit neuer Lust. Die Gewitter geben also allem Lebendigen frisches Leben und Gesundheit, und der Mensch ist aufgelegt zu allen Mühen und zu allem Schwierigen. Die Gewitter sind der heißen Jahreszeit eigen, mäßigen die Wärme und beleben die Natur von Neuem.

Sie kühlen aber nicht nur die Luft ab, sondern sie schaffen auch die schädlichen Dünste weg, welche sich bei anhaltender Hitze in der Natur ansammeln, und verbreiten heilsame Stoffe; denn das Drückende einer schwülen Luft liegt nicht bloß in der Wärme, sondern auch in der Zusammensetzung der Luft selbst. Sie verleihen allen Wesen neue Spannkraft und dem Menschen frischen Muth.

Sie befördern die Fruchtbarkeit; denn wer hat nicht bemerkt, daß nach einem Gewitter Alles üppiger wächst, und daß in den Gärten und auf den Feldern alle Gewächse kräftiger empor schießen? Daher sind gewitterreiche Jahre auch in der Regel fruchtbare Jahre. Wenn der Donner rollt, der Sturmwind brauset, und die ganze Natur in Aufruhr zu seyn scheint, so gewährt dieß einen Anblick, der uns über Staub und Tand erhebt, und die Idee des Großen und Erhabenen in unserm Gemüthe erweckt. Wir sind mehr als alle diese Gewalt, welche uns aller Her Alles zu zerstören droht; wir sind moralische Wesen, über alles Hinfällige erhaben und können sogar jeder noch so großen Macht Trotz bieten. Uns trägt die Idee des Unendlichen und Gewaltigen über Raum und Zeit hinaus und reihet uns an die Gottheit selbst an. Wir erblicken in der Gewalt des Gewitters die Macht der Gottheit, und das Bewußtseyn eines guten Gewissens träufelt Trost und Zuversicht in unser schwaches Herz. Wir sind unsterblich, und alle endliche Macht prallt an diesem Gedanken gefahrlos ab.

elfeitliche

Eine Corvette

Die Abbildung, die wir hier liefern, stellt eine Corvette vor, welche im Range nach der Fregatte kommt und sich von ihr nur durch ihre geringere Größe unterscheidet; sie hat, wie diese, drei Masten und eine innere verdeckte Batterie.

An den Kriegsschiffen streicht man den äußern Umkreis der Batterie weiß an, während man die Pfortluken, eine Art von Läden, womit man die Schießscharten der Kanonen zumacht, schwarz anstreicht. Das lange, weiße und schwarze Band, das dadurch entsteht, macht die Hauptverzierung des Rumpfes des Schiffes aus; es ist ein getüpfelter Gürtel, welcher es gleichsam in der Taille zusammenschnürt und ihm ein ungezwungeneres Ansehen giebt. Die Freibeuter ändern oft ihr sonderbares Farbengemisch, um nicht erkannt zu werden; bisweilen streichen sie ihre beiden Seiten verschieden an, um die Kreuzer desto eher irre zu führen.

Der beinahe wagerechte Mast, der vorne hervor=
ragt, ist der Bogspriet; bei schlechtem Wetter, wenn
man von Welle zu Welle bald aufwärts, bald abwärts
steigt, sinkt er alle Augenblicke ins Meer, und hebt sich
sogleich wieder in die Höhe, indem er rechts und links
breite schäumende Wasserfälle abschüttelt.

Beim Entern spielt der Bogspriet eine Hauptrolle;
auf den ersten Blick erräth man, daß er zur fliegenden
Brücke dient. In der That, wer sein Glück durch einen
Kampf, Mann gegen Mann, versuchen will, der sucht
gewöhnlich den Bogspriet des Feindes in seinen eigenen
großen Mastseilen zu verwickeln. Die Mastseile (hau=
bans) sind die großen Seile, welche von verschiedenen
Punkten des Mastes ausgehen und an den beiden äu=
ßern Rändern des Schiffs befestigt sind; sie dienen zu
Leitern, um hinauf zu kommen, aber ihr wesentlicher
Zweck ist, den Mast seitwärts zu halten.

Wenn das geenterte Schiff seinen Bogspriet auf
diese Art verwickelt hat, so befindet es sich in einer
mißlichen Lage; denn seine Kanonen werden durch die
Richtung der Schußlinie belästigt, während es von vorne
bis hinten in seiner ganzen Länge durch die feindlichen
Kugeln bestrichen wird, welche ihm ganze Reihen von
Menschen hinwegraffen; es wird in voller Lage be=
schossen.

Man fährt vor Schrecken zusammen, wenn man
an die gräßlichen Auftritte denkt, die nunmehr auf
dem Bogspriete, der schmalen Brücke mitten über ei=
nem Abgrunde, vorgehen: Menschen stürzen vorwärts
und greifen einander mit Aexten, Säbeln, Piken und
Pistolen an. Besonders gewähren die Aexte einen schauer=
lichen Anblick; auf der einen Seite schneidend scharf,
dringen sie in den Menschen ein, und hauen ganze Stücke
ab, wie man Holzspäne abschlägt, auf der andern einer
gebogenen langen Hacke gleichend, machen sie Löcher ins
Fleisch und dringen in die Knochen, in den Hirnschä=
del, ein.

Der senkrechte Mast, welchen man hinter dem
Bogspriete erblickt, ist der Fockmast. Der heftige
Wind hat ihn an seinem obern Theile zerbrochen. Hier=
auf kommt der große Mast, welcher sich über alle seine
Nachbarn emporhebt. Der letzte Mast endlich heißt der
Besansmast; er befindet sich in der Offizierwohnung.

Für die Corvette, deren Abbildung man hier sieht,
herrscht übles Wetter; sie fährt beinahe ohne Segel
denn hätte sie ihre Segel vor dem tobenden Winde
aufgezogen, so würden ihre Masten unter der Last zer=
brechen, oder sie würde auch wohl gar umschlagen.
Sie segelt mit dem großen Segel allein und hat die
andern eingerefft, wie man das bei schlechtem Wetter
oder ungünstigen Winden zu thun pflegt

Eine Corvette

Wie man wildes Rindvieh in den Maremmen forttreibt.

Derjenige Theil von Italien, welcher von
den Gebirgen von Genua bis an's äußerste Ende
Calabriens an's mittelländische Meer stößt, und
eine Länge von ungefähr 700 engl. M. beträgt, besteht,
mit Ausnahme weniger Stellen, z. B. Neapels,
wo sich Hügel und Berge zeigen, aus einem breiten
Streifen flachen Landes, der sich von dem Strande
des Meeres bis zur niedrigen Gebirgskette der Apen=
ninen erstreckt. Diese Gegend heißt die Maremma
(Seelandschaft), welche vorzüglich im Sommer, vom
Juni bis zum Oktober, höchst ungesund ist. Alle

Einwohner, die dieß vermögen, begeben sich nach den
Bergen, und die Wenigen, welche zurückbleiben müssen,
sind dem Malariafieber, einem Wechselfieber, aus=
gesetzt, das den Körper abmagert, die Lebenskräfte
erschöpft und mit dem Tode endigt, wenn man nicht
bei Zeiten vorbeugt. Die Pachthöfe in dem grö=
ßern Theile dieses großen Landstriches, besonders in
den römischen und toskanischen Abtheilungen dessel=
ben, sind sehr groß und begreifen oft jeder mehrere
tausend Morgen. Die reichen Pachter derselben hal=
ten sich in den Städten auf und haben Geschäftsfüh=
rer und Dienstleute, welche an Ort und Stelle wenig=
stens bis nach der Ernte leben. Der bei weitem größte
Theil des Landes dient, ob er schon zum Anbaue tauglich

Wilde Ochsen.

ist, zur Weide; nur ungefähr ein Viertel oder ein Sechstel desselben wird jährlich nach der Reihe unter den Pflug gebracht und angebauet. Dörfer bekommt man da nicht zu Gesichte; hier und da aber ist, jedoch in weiten Entfernungen von einander, eine schlechte Pachterwohnung, ein Fleck mitten in der Wüste. Da sich auf diesen Ebenen keine Einwohner mit festen Wohnsitzen aufhalten, so dingt man Arbeitsleute aus dem Innern, vorzüglich aus den Hochländern der Apenninen, wo der unfruchtbare Boden, obgleich unter einem gesunden Himmelsstriche gelegen, den eingebornen Landleuten nicht genug Beschäftigung gewährt. Gewöhnlich kommen sie im Oktober von den Bergen in Zügen zu ungefähr hundert Personen unter der Leitung eines Anführers herab, welcher mit dem Aufseher des Pachthofes wegen ihrer Dienste und ihres Lohns Verabredung trifft. Man hat berechnet, daß alle Jahre ungefähr 20,000 auf diese Art sich in der Campagna di Roma oder den Ebenen von Rom einfinden. Viele davon bleiben bis zum Mai und verrichten auf dem Pachthofe die verschiedenen Arbeiten. Gewöhnlich verdingen sie sich bloß auf die zu Feldarbeiten passende Jahreszeit und erhalten Jeder im Durchschnitte täglich 2 bis 3 Groschen. Ihre Hauptnahrung besteht in Polenta oder in Mehle von indischem Korne, das man mit Salz und Wasser kocht und in eine Art von Pudding verwandelt, wozu gelegentlich noch abgeschäumte Milch oder klar geriebener Käse kommt. Sie schlafen auf der bloßen Erde entweder in dem Pachterhäuschen oder in Hütten, die man auf eine gewisse Zeit von Rohr erbauet, das in diesen Gegenden üppig wächst.

Zur Zeit der Ernte, gegen Ende Juni, wird eine neue Verstärkung von Arbeitern aus den Gebirgen aufgeboten. Dieß ist der mißlichste Zeitpunkt für die armen Leute, die zu Tausenden aus der reinen und gesunden Luft ihrer vaterländischen Bezirke kommen, um die höchst ungesunde Luft der Niederlande einzuathmen, indem sie bei Tage unter einer glühend heißen Sonne arbeiten und des Nachts unter freiem Himmel dem starken Thaue und dem Stiche der Schnaken und anderer Insekten ausgesetzt schlafen. Die Schnitter verdingen sich auf 11 bis 12, ja bisweilen auf 14 Tage, und erhalten täglich Jeder etwa 16 Groschen. Auch bekommen sie während dieser Zeit bessere Kost und werden reichlich mit Wein und Wasser versorgt. Das Getraide wird geschnitten, gedroschen, geworfelt und in der Mitte des Juli auf Kornböden gebracht. Hierauf wagt Niemand mehr, auf den Feldern zu bleiben.

Auf diesen Pachtungen trifft man Vieh in Menge an. Weder die Verwalter noch die Aufseher, ja selbst nicht einmal die Hirten gehen zu Fuße: Alles ist zu Pferde und galoppirt eilig mit einer Flinte oder einer Lanze in der Hand über die Ebenen hinweg. Pferde stehen stets gesattelt in den Ställen; wem auf dem Pachthofe Geschäfte obliegen der hat zwei Pferde zu seinem Gebrauche.

Ochsentreiber.

Tausende von diesen armen Erntearbeitern reisen 12 bis 15 Meilen weit und wieder zurück, um auf den höchst ungesunden Ebenen der Maremma zu arbeiten, sich ein Fieber zu holen oder fern von ihrer Behausung zu sterben, oder auch kränklich und geschwächt für das übrige Jahr zurückzukehren. Dieß ist das traurige Geschick der Feldarbeiter Einiger der berühmtesten Gegenden Italiens seit alten Zeiten gewesen.

Die einzigen bleibenden Bewohner der Maremmen sind die Rindvieh = und Büffelhirten und die Buschklepper. Die Ersten sind stets zu Pferde und mit einer Lanze bewaffnet, mit welcher sie die wilden Kühe und wüthenden Ochsen im Zaume halten, die man in diesen Einöden herumstreifen läßt. Diese Hirten führen ein freies und unabhängiges Leben, gleich dem der Araber in der Wüste. Sie bekommen Jahreslohn; außerdem haben sie Vieh für sich, das sie mit dem übrigen auf die Weide treiben. In den Sommermonaten begeben sie sich nach den schattigen Wäldern, die am Seestrande liegen, und wo die Luft nicht so ungesund ist, wie auf den freien Ebenen.

Nach des trefflichen Chateauvieur Bemerkungen hausen in diesen Gegenden das ganze Jahr hindurch wilde Kühe, welche noch unbändiger sind, als die Ochsen und Pferde, die man dort antrifft. Nicht ohne Gefahr kann man sich ihnen nähern; sie haben schiefergraue, sehr feine Haare, eben so feine Gliedmaßen, einen walzenförmigen Leib, gefällige, richtig gezeichnete Formen und sehr große Hörner. Milch geben sie nicht. Die Kälber werden, sobald sie abgesetzt sind, an die Pachter des kleinen Arnothales verkauft; die Kühe selbst aber werden, sobald sie 7 bis 8 Jahre alt sind, der Haut und des Fleisches wegen, getödtet. Diese Metzelei verwandelt man in eine Jagdpartie, und bei diesem Feste, das jedoch selten ohne einen Unfall abläuft, verfolgen die Torreadores (Stierkämpfer) die Kühe mit Lanzen.

Beide Abbildungen stellen die Art und Weise vor, wie man die Ochsen und Kühe aus den Maremmen nach den Städten treibt. Die Hirten sind mit Waffen versehen und sitzen entweder zu Pferde, oder gehen zu Fuß.

Der Hund der Spritzenleute

Vor ungefähr drei Jahren wurde ein Engländer, der sich einige englische Meilen von London auf dem Lande aufhielt, mitten in der Nacht nach dieser Hauptstadt durch die Nachricht zu eilen veranlaßt, daß die Gebäude, welche sein Geschäftslokal stießen, in Flammen ständen. Sobald er ankam, zog die Wegschaffung seiner Geräthschaften und seiner Papiere allein seine Aufmerksamkeit auf sich, aber trotz dieser Beschäftigung und dem Lärm, zu welchem jedes Feuer Veranlassung giebt, fiel sein Blick doch unwillkührlich auf einen Hund, der während der Fortschritte des Feuers immer herumlief und allem Anscheine nach eine große Theilnahme an allem das zeigte, was vorging. Er hütete sich zwar, Jemanden in den Weg zu treten, aber immer befand er sich mitten im ärgsten Getümmel.

Als man das Feuer gelöscht und der Engländer Zeit hatte, sich umzusehen, bemerkte er wieder den Hund, der mit den Spritzenleuten von der Anstrengung auszuruhen schien; er fühlte sich daher gedrungen, einige Erkundigungen über ihn einzuziehen. Gehört der Hund Euch, mein Freund! fragte er Einen von den Spritzenleuten.

Nein, mein Herr! er ist nicht mein; er gehört überhaupt Niemandem an. Wir nennen ihn nur „den Hund der Spritzenleute."

Warum gebt Ihr ihm diesen Namen? Hat er keinen Herrn?

Nein, mein Herr! versetzte der Spritzenmann. Er hat Niemanden von uns zu seinem Herrn, ob wir ihm schon Alle gern ein Nachtquartier und etwas zu fressen geben. Er bleibt bei Keinem von uns lange; sein Vergnügen besteht darin, bei allen Feuern in London zu seyn; mag dieses nahe oder fern seyn, stets finden wir ihn auf dem Wege, der uns dahin führt, und wenn es bisweilen außerhalb der Stadt brennt, so geben wir ihm einen Schupp. Seit zwei bis drei Jahren hat es kein Feuer gegeben, bei dem er nicht gewesen wäre.

Diese Nachricht kam dem Engländer so unglaublich vor, daß er sich deshalb bei andern Spritzenleuten erkundigte, und Alle bestätigten die Erzählung des Ersten; jedoch konnte ihm Keiner eine Nachricht von den frühern Gewohnheiten des Hundes, oder eine Erklärung der Umstände verschaffen, welche diesen sonderbaren Hang in dem Thiere erzeugt und genährt hatten.

Im Juni 1831 wurde der Engländer in der Nacht wiederum zu einem Feuer in dem Dorfe gerufen, in dem er wohnte: dieß war das Dorf Camborwell in Surry, und wie groß war sein Erstaunen, als er „den Hund der Spritzenleute" hier erblickte! Er war noch immer geschäftig und lebendig, und sah dem Schauspiele, das nicht selten so viel Unheil und Verderben anrichtet, ja oft Menschen das Leben kostet, mit derselben Theilnahme und derselben Zufriedenheit zu. Er hatte immer keinen Herrn, und nahm von Niemandem ein Lager oder Nahrung auf längere Zeit, als auf eine oder zwei Nächte hinter einander an. Auch konnten ihm die Spritzenleute keine Auskunft von dem gewöhnlichen Aufenthalte des Hundes geben.

Die obige Nachricht ist der Wahrheit streng gemäß, und die Londoner Spritzenleute werden sie Jedem bestätigen, welcher bei ihnen deshalb Erkundigung einziehen will.

Höhe einiger merkwürdiger Denkmäler.

Durch Vergleichung fällt erst das Hohe recht ins Auge und in dieser Absicht theilen wir hier die Höhen einiger Menschenwerke mit.

Von den beiden Thürmen der Domkirche zu Cöln, deren jeder zu 500 Fuß bestimmt war, ist der eine nur halb so hoch, und der andere ist bloß 21 Fuß hoch.

Die Vortheile des Sparens.

Es giebt einzelne Erscheinungen im Leben, vermittelst deren man einen tiefen Blick in die menschliche Natur thut. Daher ist eine gründliche Menschenkenntniß das Vorzüglichste, was sich der Mensch erwerben sollte. „Eine oberflächliche Kenntniß der menschlichen Natur, sagt der Engländer Colquhoun, lehrt, daß, wenn Jemand nur etwas erwirbt, er immer mehr zu erwerben sucht. Wenn ein Tagelöhner die ersten zwei Thaler bei Seite legt und aufhebt, so ist sein Glück gemacht; er wird sich mehr ersparen, fleißiger und ordentlicher werden, um sein Vermögen immer mehr zu vergrößern.‟ Wer etwas hat, der gilt etwas in der Welt; das Geld hat ein Ansehen, dem Jedermann huldigt. Der Engländer Hall, welcher große Aufmerksamkeit auf den Zustand der arbeitenden Armen richtete, erklärt, er kenne kein Beispiel, daß Jemand, der sich von seiner Arbeit eine gewisse Summe Geldes erspart, sich jemals an die Armenanstalt des Orts gewandt habe, um sich von ihr ernähren zu lassen. Diejenigen, sagt er, welche sparen, sind bessere Arbeiter, und wenn sie auch nicht die Arbeit besser machen, so betragen sie sich doch besser, und verdienen mehr Achtung. Ich will lieber bloß 100 Arbeiter in meinem Geschäfte haben, welche mit ihrem Verdienste sparsam sind, als 200, welche jeden Groschen wieder durchbringen, den sie einnehmen. So wie die Menschen zu sparen beginnen, wird auch ihre Sittlichkeit verbessert. Sie gehen mit dem Wenigen sparsam um und ihre Sitten bekommen einen bessern Anstrich; sie führen sich besser auf, denn sie wissen, daß sie etwas in der Gesellschaft gelten, und etwas zu verlieren haben.

Kaum ist es noch nöthig, zu bemerken, daß Nachdenken und Sparsamkeit zu allen Zeiten von außerordentlich großem Vortheile sind.

Die größte Blume und der größte Vogel.

Im Jahre 1818 entdeckte der Dr. Arnold auf der Insel Sumatra eine Blume, welcher er den Namen Rafflesia Arnoldi gab, und welche ein Schriftsteller mit Recht „den stolzen Riesen des Gewächsreichs‟ genannt hat. Nie hat man eine solche Blume gesehen. Der Umfang der völlig aufgeblüheten beträgt 9 Fuß; ihr Honiggefäß kann neun Nösel fassen; ihre Fruchtröhren sind so groß, wie Kuhhörner, und das ganze Gewicht der Blüthe mag 15 engl. Pfund betragen.

Herr Temple erzählt in seiner neuen Reise nach Peru, er habe einen Condor geschossen, von dessen Größe er Folgendes mittheilt: er war von einer Flügel-Spitze zur andern, wenn man sie ausbreitete, zehn Fuß groß, die längste Feder, die man herauszog, war drei Fuß lang. Marko Polo beschreibt beide noch weit größer, indem er sagt: wenn die Flügel ausgebreitet sind, so messen sie von einer Spitze zur andern 40 Fuß; die Federn sind 20 Fuß lang und der Kiel hat acht Zoll im Umfange.

Alter der Schaafe.

Das Alter der Schaafe erkennt man, wenn man ihre Vorderzähne untersucht. Die Anzahl derselben beläuft sich auf acht, und sie kommen während des ersten Jahres zum Vorscheine; sie sind insgesammt nicht groß. Im zweiten Jahre fallen die beiden mittelsten aus, und an ihre Stelle treten zwei neue, welche sich leicht dadurch unterscheiden lassen, daß sie größer sind. Im dritten Jahre fallen zwei andere kleine Zähne, Einer auf jeder Seite, aus, und werden von zwei größern ersetzt, so daß es dann vier große Zähne in der Mitte und zwei spitzige Zähne auf jeder Seite giebt. Im vierten Jahre giebt es sechs große Zähne, und es bleiben nur noch zwei kleine übrig, Einer an jedem Ende der Reihe. Im fünften Jahre fallen die übrigen kleinen Zähne vollends aus, und alle Vorderzähne sind groß. Im sechsten Jahre sind alle Zähne vollkommen, aber im siebenten, bisweilen auch noch früher, fallen einige aus oder brechen ab.

Gedanken.

Arbeit ist die beste Arzenei wider den Tod. Auch ein Kranker sollte arbeiten, wenn es auch nur so viel wäre, als er zu seiner Beköstigung braucht.

Geld wirft keinen Nachruhm ab, es trägt nur Zinsen, so lange man lebt. Verstand aber trägt Zinsen bis ans Ende der Welt.

Nur gemeine Seelen werden in der Welt niemals verkannt; wer keinen Tadel zu verdienen weiß, der wird sicher auch niemals Lob einernten.

Man glaubt selbst glücklich zu werden, wenn man Glücklichen nahe ist, und wer beschäftigt sich nicht am Liebsten mit Dingen, bei denen Glück zu hoffen ist?

Menschen, die sich nicht gewisse Regeln vorgesetzt haben, sind unzuverlässig; man weiß sich oft nicht in sie zu finden, und man kann nie recht wissen, wie man mit ihnen daran ist.

Von dem Menschengeschlechte schlecht denken, heißt auf dem Wege seyn, selbst ein schlechter Mensch zu werden.

Warum vermögen die Bösen so viel? Weil die Guten die Hände in den Schooß legen.

Verschiedene Ackerpflüge.

Je mehr sich das Menschengeschlecht ausbildet, desto mehr vervollkommnen sich auch die Werkzeuge, deren sich der Mensch zu seinen Arbeiten bedient. Ungebildete Völker haben rohe Werkzeuge zur Verrichtung ihrer Geschäfte, und welche Fortschritte müssen die Völker in ihrer Ausbildung gemacht haben, ehe sie den vervollkommneten Ackerpflug (Fig. 4.) gegen den Baumast oder den grob bearbeiteten hölzernen Haken vertauschten, mit welchem die Eingebornen Amerika's kaum die Erde umwühlen (Fig. 1.)? Der Ackerbau hält so ziemlich mit der Bildung der Nationen gleiche Fortschritte; jedoch muß man sich wundern, daß selbst hochgebildete Völker noch nicht alle die Vortheile benutzen, welche ihnen vervollkommnete Werkzeuge gewähren. Der Wilde bedient sich bloß des Holzes, das er kaum bearbeitet, zu seinen Arbeiten, und es vergeht viel Zeit, ehe er das Eisen dazu braucht.

Die Wilden Amerika's leben hauptsächlich vom Fischfange und von der Jagd, und wo sie den Boden zu ihrem Lebensunterhalte benutzen, da scharren sie ihn leicht um und säen darauf. Der Boden ist sehr ergiebig und liefert ihnen reichlich das, was sie zu ihrem Lebensunterhalte brauchen. Ihr Ackerpflug besteht aus weiter nichts, als aus einem Baumaste oder einem gekrümmten Stücke Holz.

Pflug der Wilden.

Mit Grund kann man annehmen, daß lange Jahre verstrichen, ehe man zum Pflugschaare von Eisen seine Zuflucht nahm, und mit diesem begnügte man sich wiederum lange Zeit, ehe man weiter ging. Man machte das eiserne Pflugschaar an eine Art von Haken und bearbeitete den Boden. Die Bevölkerung mußte sehr zunehmen, ehe man dieß unförmliche Werkzeug zweckmäßiger einrichtete. Man fügte Räder hinzu, von deren erster Anwendung uns ein altes griechisches Denkmal eine Vorstellung liefert.

Griechischer Pflug.

Da der Ackersmann mit etwas Geschicklichkeit eine einförmige Furche ziehen kann, ohne sein Werkzeug auf Räder zu setzen, so fühlte man nicht allenthalben das Bedürfniß dieser Zusammensetzung, und der Ackerpflug blieb sowohl bei den Römern als bei vielen alten und neuen Nationen ohne Räder. Vorher hatte man allgemein den Gebrauch eines Griffs, sowohl des einfachen als des zweigabligen, ausfindig gemacht, vermittelst dessen der Ackersmann den Pflug leiten und nach Belieben mehr oder weniger tief ackern kann. Was nun den Gründel anbelangt, den man auch Grengel, Pflugbalken u. s. w. nennt, an dessen vorderes Ende man die Thiere spannt, so ist er bloß die obere Seite des verlängerten Hakens, um ihnen in ihren Bewegungen mehr Freiheit zu lassen, und die Wirkung ihrer Rucke zu schwächen. War die Stange einmal verlängert, und sie ward es wahrscheinlich frühzeitig, so konnte man leicht ein Messer oder Sech anbringen; auch mußte man bald auf die dreieckige Gestalt gerathen, welche gewöhnlich die Pflugschaare haben; das Eisen, womit das Ende der Lanzen der Krieger versehen war, gab die Idee dazu. (Fig. 3.).

Römischer Pflug.

In allen Ländern bringt man an den Ackerpflügen stets Veränderungen an, und man sucht vorzüglich das Holz durch Eisen zu ersetzen, welches man in England ausschließlich hierzu zu brauchen beginnt.

Den vervollkommneten Pflug, den der Franzose Rosé erfunden hat, stellt die Fig. 4. vor.

Vervollkommneter Pflug.

Er ist von Gußeisen und besteht bloß aus drei Stücken: dem Schaare, dem Streichbrete und dem Gründel, welche nach gewissen Grundsätzen der Mechanik mit einander vereinigt sind. Er kann mit oder ohne Vordergestelle arbeiten. Wenn er auf Rädern ruht, so bestimmt man den Grad der Tiefe, in welcher man ackern will, durch ein Stöckchen, auf welchem der Gründel ruht und der sich durch eine senkrechte Schraube hebt und senkt. Macht man von ihm dagegen ohne Vordergestelle Gebrauch, so erhält man die gewünschte Tiefe der Furche auf die Art, daß man eine andere Schraube herumdreht, die am vordern Ende des Gründels angebracht ist, und die eine eiserne Leiste hebt und fallen läßt, welche sich unten in einem Haken endigt, an welchem das Seil für das Gespann befestigt ist.

Dieser Pflug hat in Frankreich schon eilf Mal den Preis erhalten, wo man die Probe mit ihm anstellte, und mehrere Ackerbauer haben ihn schon in ihren Wirthschaften eingeführt.

Woche.

25. Mai 1808. Der Kaiser Napoleon beruft eine Versammlung der spanischen Notabeln nach Bayonne in Frankreich und verspricht den Spaniern, der Wiederhersteller ihres Vaterlandes zu seyn.

Am 26. Mai 1801 starb der berühmte preußische Staatsminister Graf Johann Heinrich Kasimir von Carmer, welchem Preußen die Abfassung des allgemeinen Landrechts zu verdanken hat, das ein sehr ehrenvolles Denkmal des 18. Jahrh. ist. Er ward den 29. Dec. 1721 in der Grafschaft Sponheim geboren.

Der 27. Mai 1265 ist der Geburtstag des berühmten italienischen Dichters Dante Alighieri.

Am 28. Mai 1759 ward der berühmte engl. Staatsmann, William Pitt, geboren, der d. 23. Jan. 1806 starb.

Am 29. Mai 1807 brach zu Konstantinopel eine Revolution aus, welche den Sultan Selim III. vom Throne stürzte und Mustapha IV. auf diesen erhob.

Am 30. Mai 1814 ward der erste Pariser Friede geschlossen, wodurch Frankreich mit einiger Vergrößerung in Savoyen, im Elsasse und von Avignon seine alten Grenzen vor 1789 wieder erhielt.

Am 31. Mai 1740 starb der König von Preußen, Friedrich Wilhelm I., und sein Sohn Friedrich II., nachmals der Große genannt, gelangte auf den Thron. Unter seiner Regierung erhielten Deutschlands Literatur, Bildung, Gewerbwesen und politische und moralische Verhältnisse eine ganz andere Gestalt. Er starb den 17. Aug. 1786.

Verlag von Bossange Vater in Leipzig.
Unter Verantwortlichkeit der Verlagshandlung.

Das Pfennig-Magazin

der
Gesellschaft für Verbreitung gemeinnütziger Kenntnisse.

5.]   Erscheint jeden Sonnabend.   [Juni 1, 1833.

Die Boa oder Anaconda.

In der vorliegenden Zeichnung ist die Natur auf der That belauscht. Ein Maler stellt uns ein kriechendes, schön geflecktes Ungeheuer, eine Anaconda (boa constrictor, Königsschlange) in einem Augenblicke dar, wo man ihr ein Kaninchen Preis gegeben hatte, weil man meinte, daß die Zeit wieder da sey, in welcher sie Hunger zu haben pflegt. Es waren bereits mehrere Tage hingegangen, ohne daß sie sich desselben bemächtigte und das unschuldige Thierchen bereits ganz mit dem Feinde vertraut geworden, dessen Schlund ihm bald zum Grabe werden sollte. Plötzlich richtete sich die Schlange auf, öffnete den schrecklichen Rachen, und stürzte sich, schnell wie der Blitz, auf ihre Beute. Sonderbar jedoch, der Hunger mußte nicht stark genug seyn, denn von Mitleid ist bei einem Thiere nicht die Rede. Die Schlange zog sich wieder zurück und legte sich auf's Neue zu trä-

ger Ruhe nieder. Das Kaninchen hat nicht die Gefahr geahnet, in der es schwebte, und der es, ehe es daran denkt, unterliegen muß. Im Winkel lauscht ein Affe und scheint wie Satan mit boshafter Freude das Schicksal desselben zu beobachten, weil er ziemlich fern ist, denn außerdem dürfte er nicht lange sicher seine Zähne fletschen. In der Wildniß dient ein Affe solchen Schlangen öfters auch zur Speise. Das kriechende Ungeheuer weiß nämlich eben so schnell die höchsten Aeste der Bäume zu erreichen und in raschen Windungen bis zu ihrer Spitze zu dringen. Selbst ein Fluß ist ein schwaches Hinderniß gegen seine Verfolgungen. Mitten durch die schäumenden Fluthen jagt es seiner Beute nach.

Im Kampfe mit einem ihrer würdigen Feinde, oder besser: mit einem Feinde, der ihr Widerstand

leistet, macht die Boa außer dem Rachen ihre Muskelkraft geltend. Sie umschlingt ihren Gegner und
bricht ihm die Knochen entzwei. Oft benutzt sie noch
einen Baum dazu, der ihrer Kraft als Hebel dient.
Halb um den Stamm geschlungen, halb sich um ihre
Beute windend, hat sie doppelte Kraft, den Widerstand der Letztern zu überwältigen. Krachend brechen
die Knochen entzwei. Das getödtete Thier wird so zu
einer weichen langen Masse, welche nun ohne großes
Hinderniß den weiten Schlund hinabgleiten kann. Zum
Ueberflusse bedeckt die Schlange es noch mit einem zähen, schlüpfrigen Geifer, der das Ganze in eine unförmliche Masse wandelt. So gelenk die Schlange
vorher war, so sehr sie in der Wildniß bis dahin gefürchtet werden muß, so starr, unbeweglich und unbehülflich pflegt sie zu seyn, sobald sie ihren Raub verschlungen hat. Sie gleicht dann mehr einem ungeheuern Baumstamme und ist eine leichte Beute der
Neger, welche sich ihrer bemächtigen, um ihr die Haut
abzuziehen und das Fleisch zu genießen. Daß indessen die Boa oder Anaconda, die Diamantschlange,
die Königsschlange, die Abgottsschlange, und wie man
sonst diese unter einander wenig verschiedenen Schlangen nennt, sich auch an Tiger, an Ochsen und dergleichen wagen sollten, möchte doch zu bezweifeln und
ein so seltener Fall seyn, daß man wenig sichere Zeugnisse davon aufstellen kann. Das Thier ist überhaupt
schon selten. Man kann manche Reisebeschreibung von
Wahrheit liebenden Männern lesen, ohne sie erwähnt
zu finden. So haben die Gebrüder Lander doch einen großen Theil des innern Afrika's, von der Küste
bis an den obern Theil des Nigers, besucht und dann
die ganze Fahrt bis zur Mündung desselben hinab
unternommen und von Elephanten, von Flußpfer-
den, von Alligatoren so Manches erzählt und gesehen,
aber hiervon schweigen sie in sämmtlichen drei Bänden, die wir von dieser so interessanten Entdeckungsreise haben *).

Allerdings mag es ein schreckenerregender Anblick
seyn, einem solchen Ungethüme zu begegnen, das sich
über Gebüsche und Pflanzen und Gärten in langen
Windungen, funkelnd im Strahle der Sonne, dahin
bewegt, und im Grase, im Sande, die Spuren seiner wellenförmigen Bewegung zurück läßt und vielleicht eine Heerde Gazellen und kleineres Wild vor
sich her jagt, aber gesehen mögen dieses Schauspiel
wohl Wenige haben. Sonst, selbst noch vor 20 bis
30 Jahren, hatte man in Europa nicht leicht Gelegenheit, ein lebendiges Exemplar zu finden. Das
Klima sagt ihnen nicht zu. Man muß durch Wärm-
flaschen, durch warme Bäder, durch wollene Decken,
es ihnen künstlich zu bereiten suchen. Seitdem aber
dieß bekannt ist, findet man sie fast in allen Menagerien und zum Theil von ausgezeichneter Größe.
Wir haben sie wenigstens von 6 bis 8 Ellen Länge
in Leipzig gesehen. Eine der größten hatte man 1817
am Bord des Schiffes, das den Lord Amherst von
Batavia nach London führte. Als sie, was gewöhnlich alle 4 bis 6 Wochen zu geschehen pflegt, hungrig
war, steckte man eine Ziege in ihren Käfig, die sich
ihrer Feindin mit vielem Muthe zu erwehren suchte.
Sie ging der Schlange mit den Hörnern entgegen,

so, daß diese darauf verzichtete, sie am Kopfe zu pak-
ken, sondern sie am Beine faßte, sie gewaltsam zu
Boden riß und sich so schnell um das arme Thier
wand, daß jedes Entkommen unmöglich war; denn
die Ziege konnte sich nicht rühren und erstickte bald.
Jetzt löste die Schlange ihre Windungen, und suchte
nun den Kopf der Ziege in ihren Rachen zu bekommen. Die Hörner waren ein großes Hinderniß, aber
nach zwei Stunden hatte sie doch den großen Bissen
hinabgewürgt; es schien, als wollten die Hörner den
schuppigen Leib durchbohren, dessen Umfang noch einmal so groß war. Mehrere Tage lang konnte sich die
Schlange nicht von der Stelle rühren.

Die vorliegende Abbildung zeigt, wie die Schlange
ihre Beute verschlingen wollte, ohne es aber zu thun.
Letzteres hat Schreiber dieses drei Mal hinter einander gesehen. 1826 befand sich die durch ihre vielen
Schlangen ausgezeichnete van Dinter'sche Menagerie in Leipzig, und eine große, schöne Diamantschlange war am 20. April ganz blind geworden,
ein sicheres Zeichen, daß sie sich in den nächsten Tagen häuten werde. In der Nacht vom 21. zum
22. April ging dieser Prozeß vor sich. Mit neuem
Leben, in neuer Schönheit, wie verjüngt kam sie ihrem Wärter am Morgen entgegen. Es gleicht die
Schlange bis dahin dem Vogel in der Mauser. Sie
ist träge und unwohl, bis diese Zeit überstanden ist.
Wir theilen, was nun folgt, mit den Worten mit,
welche wir damals darüber in der Zeit. für die
Eleg. Welt, No. 82., als Augenzeuge geschrieben haben.

So wie sich eine Schlange gehäutet hat, hat sie
wieder guten Appetit, aber dieser darf nicht über-
gangen werden, und so reichte ihr der Wärter ein
ungefähr 6 Wochen altes Kaninchen hin, das sie auch
gleich mit Begierde packte. Während sie damit beschäftigt war, holte er den Unterzeichneten, der längst
gewünscht hatte, vom Diner oder Dejeuner einer
Schlange Zeuge zu seyn. Als er ankam, war das
Kaninchen bereits gänzlich verschlungen, aber ein anderes zu ihr hineingelassenes, von gleichem Alter,
wurde eben so begierig angenommen, und war im
Augenblicke todt. Noch hatte sie den Hinterleib desselben nicht verschluckt, als sie schon auch das dritte
ihr vorgehaltene beim Kopfe nahm. Dieß letztere
ward aber dadurch nicht gleich getödtet, weil die
Schlange, noch mit dem Hinterleibe des vorigen beschäftigt, nicht kräftig genug den Kopf zusammen-
quetschen konnte. Es arbeitete aus allen Kräften mit
den Hinterbeinen, um sich von seinem unerbittlichen
Feinde zu befreien. Aber dieser ringelte sich ein paar
Mal um das Thierchen herum und lähmte dadurch
die Muskelkraft desselben, und noch halb lebend kam
es so in den Magen der Schlange, denn man sah
sehr deutlich, wie dasselbe in ihrem Innern sich noch
gleichsam zu sträuben und zurück zu wollen schien.
Die Schlange hatte indessen schon ein viertes Kaninchen, das mindestens sechs Monate alt war, gepackt, und mußte nun ihre Muskelkraft in größerem
Maaße geltend machen, denn dieß sträubte sich nicht
wenig, so unvermuthet in das Labyrinth eines Schlan-
genleibes zu gehen. Doch jeder kleine und größere
Versuch desselben wurde mit einer neuen Windung
von der Schlange erwiedert. Mit einer Schraube
ließ sich das kriechende Ungethüm jetzt vergleichen.
Statt wie sonst 5 bis 6 Ellen lang zu seyn, bildete

*) Reise in Afrika, zur Erforsch. des Nigers von
Rich. und Joh. Lander. Aus dem Engl. von *r.
Leipzig, 1833. 3 Th.

sie nun einen mäßigen Klumpen, in welchem die Weiße des Kaninchens sonderbar gegen die Mosaikhaut der Schlange abstach. Das Kaninchen ward dadurch so lang ausgedehnt, als es nur möglich war, und eine Spur des Lebens ließ sich nicht mehr wahrnehmen. Für den kleinen Kopf der Schlange schien es aber immer eine schwere Aufgabe, das verhältnißmäßig große Thier hinunter zu schlucken. Indessen löste sie dieses Problem sehr gut. Ihre Oberkinnlade hat nämlich vorne zwei Zähne, die sehr spitzig sind. Diese schlägt sie in ihr Opfer gleichsam ein, und hält es unbeweglich fest, bis die ungemeiner Ausdehnung fähige Unterkinnlade sich schraubenförmig weiter darüber hingeschoben hat, als die obere einhakte. Jetzt kommt nun gleichsam ein zweites Moment. Die obere Kinnlade läßt los, fährt wie der Blitz einige Zoll weiter vor *) und hakt sich wieder so ein. Immer bald mit der Ober=, bald mit der Unterkinnlade wirkend, ist das Opfer schnell — hinabgedreht gleichsam, ohne daß sie ihm etwa die Knochen zerbrach, denn wäre dieß gewesen wäre, hätte das Kaninchen No. 3. nicht halb lebend in ihrem Bauche herumspazieren können und den Krebsgang machen wollen, noch weniger aber es mit Schleim und Speichel zu überziehen, und einen ekelhaften Brei daraus zu machen gebraucht, wie man wohl öfters in den naturhistorischen Werken angegeben findet. Das ganze Schauspiel selbst war sehr dazu geeignet, weiche Herzen zu ergreifen. Von großer Marter der Thiere war keine Rede. Sie sind in der Regel schnell erstickt. Sonderbar bleibt es aber, daß alle die Opfer, welche den Schlangen vorgehalten wurden, nicht im Mindesten Furcht vor ihrem Feinde hatten. Sie spazierten ohne Scheu und Angst ruhig in den Windungen derselben umher, bis er sie mit einem Male beim Kopfe nahm, ohne daß sie einen Laut von sich gaben. No. 2. lief lustig bis zu diesem Augenblicke im Kasten umher.

Man sieht, wie dieß Thier, gleich den meisten Amphibien, lange ohne Nachtheil hungern, aber dann auch überreichlich Nahrung genießen kann. Von Gift ist übrigens bei allen diesen Schlangenarten nicht die Rede, und in dieser Hinsicht sind sie weder Menschen noch Thieren gefährlich. Ob sie bis auf einen gewissen Grad zu zähmen und für die Stimme ihres Wärters, für seine Liebkosungen empfänglich sind, wagen wir nicht zu entscheiden.

Die Riesenschlange ist in Ostindien und in Afrika zu Hause, und erlangt eine Größe von 20 bis 30 Fuß; sie ist dicker, als der Leib eines Mannes. Ihr Kopf ist länglich. Die Haut sieht meistens gelblich oder bräunlich aus.

Ansicht von Staffa.

Zu den seltensten Naturmerkwürdigkeiten gehört die kleine Insel Staffa, eine der Hebriden, die um Schottland herum liegen und zum Theil bewohnt, zum Theil ohne Einwohner sind. Staffa liegt unter dem 57. Grade nördl. Breite, westlich von der Insel

Mull und nordöstlich von der Insel Jona auf Icolmkill, und wurde angeblich zum ersten Male 1772 im August von Banks, dem berühmten Reisegefährten Cook's, besucht, der wenigstens die erste Beschreibung *) davon gab. Eine neue Schilderung davon erhielten wir 1831 von Pankoucke. Die Insel hat kaum eine Viertelstunde in der Länge und nur halb so viel in der Breite, hat keine bleibenden Einwohner; ihre ganze Küste besteht in senkrechten Basaltmauern und ist in zahllose Einfahrten und Vorgebirge zerrissen. Diese Masse von Basalt ist in die wunderbarsten Säulen von allen Größen gestaltet, welche das Wunder der Memnonssäule wiederholen, nämlich unter gewissen Umständen einen Ton von sich geben, der die Insel auch als Melodienhöhle bezeichnen ließ. Wenn nämlich die Wellen und Wogen des Meeres in die innere Höhle dringen, welche sich innerhalb des Seitengewölbes bildet, so erzeugt sich eine Art Orgelton. Nur an diesem Orte ist die Insel zugänglich und die Höhle selbst führt auch den Namen der

Fingalsgrotte.

Der Name Fingal's, Vaters des Ossian, gilt nämlich in der Sage des Volkes für alles Große, Wunderbare und Außerordentliche, und so nannte man diese Höhle, dieß von der Natur gebildete Säulengewölbe Fingal's Grotte. Die Größe beträgt 227 Fuß, nach Andern 250, in der Tiefe, und 50 bis 100 Fuß in der Höhe, und am Eingange 40, tiefer hinein 50 Fuß Breite. Von oben herab träufelt immer Feuchtigkeit, und nach einigen Angaben sollen die erwähnten harmonischen Töne, die aus Ossian's unsichtbarer Harfe zu kommen scheinen, durch dieses Tröpfeln hervorgebracht werden. Nach Andern soll tief im Innern der Fels eine Oeffnung haben, und dadurch der Ton entstehen, wenn das Wasser durchströmt. Das Gewölbe, welches durch die Menge schlanker, dem Scheine nach so künstlich gearbeiteter Säulen gebildet wird, zeichnet sich auch dadurch aus, daß es gleichsam das Schiff einer Kirche darzustellen scheint, welches von zwei Reihen getragen wird, aber von einer Feuersbrunst halb zerstört wurde und zum Theil seine Säulen zusammenstürzen sah. An einer Stelle, seitwärts, zieht sich das Gewölbe enger zusammen und verengt sich dermaßen, daß es kaum die Breite eines Stuhles behält, den man auch Fingal's Sessel genannt hat. Die Säulen bilden nie ein Ganzes, sie bestehen aus einzelnen Blöcken, welche durch eine kalkartige, citronenfarbige Materie mit einander verbunden sind. Ueberhaupt ist das Spiel der Farben, wenn die Sonne hineinscheint und das Meer ruhig sich darin abspiegelt, unvergleichlich. Die Engländer selbst zweifeln daran, daß die Höhle mit einer Sage von Fingal in Verbindung stehe. Sie halten sich mehr an den französischen Geologen Faujas Saint Fond, der später als Banks die Insel besuchte und über den Namen sorgfältige Erkundigung einzog, aber dadurch Banks Irrthum entdeckte. Der Führer desselben hatte sie in der galischen Sprache als Finlin's Höhle bezeichnet und Finlin auf weiteres Befragen als FinlinMac=Coal angegeben, was der Dolmetscher mit Fingal's Vater übersetzte. Allein Finlin ist nichts als der Genitiv von fin, die Musik, und es wäre also nur die Höhle der Musik, die Melodienhöhle. Das Gewölbe, welches auf den vorerwähnten Säulengängen ruht, ist an vielen Stellen eben so schön gebogen,

---

*) „Wie der Blitz" scheint eine kleine Hyperbel, ist es aber nicht. Bei dem dritten Kaninchen, das sie fraß, kam dadurch der Finger des Wärters, der es hielt, unter ihren Zahn und wurde ziemlich verletzt.

*) In Pennant's Reise durch Schottland.

Die Insel Staffa.

und in der Regel kann die Höhle selten anders, als auf einem Kahne besucht werden, ja selbst dieß läßt sich nur bei stillem Wetter unternehmen. Ein Fuß=weg gestaltet sich nur hinter dem einen Säulengange, ist aber zu schmal und zu schlüpfrig, um von einem Andern als einem Waghalse benutzt werden zu können. Da die Insel ganz unbewohnt und bei unruhiger See gar nicht zu besuchen ist, so darf es nicht wundern, daß die Nachrichten über ihren Namen und ihre Beschaf=fenheit sich ziemlich widersprechen. Banks kam nur durch Zufall dahin, als er auf einer Reise nach Island auf der Insel Mull landete und hier von einem Irlän=der, Leach, hörte, daß er bei einer Angelfahrt ein Wun=derwerk getroffen habe, das seiner Meinung nach zu den größten der Welt gehöre. Natürlich reizte dieß Banks, sich nun selbst davon zu überzeugen. Das Inselchen ge=hört der Familie Macdonald, welche sie für etwa 70 bis 80 Thlr. verpachtet, weil dort nämlich Fischfang betrieben wird; denn auf der ganzen Insel ist kaum Erde genug, ein Paar Halme Hafer zu nähren. Nur wenige Hirten weiden einige kleine Kühe und Pferde einen Theil des Jahres über, denn die Stürme sind hier so heftig, daß man es nur während des Sommers hier aushalten kann.

wie mit dem Meisel glatt abgehauen. Der Fuß=boden bleibt meist das ganze Jahr mit Wasser bedeckt,

Die Fingalsgrotte.

Die Seufzerbrücke.

Es giebt nicht leicht eine berühmtere Brücke, als die Seufzerbrücke, Ponte dei Sospiri, in Vene=dig. Es giebt aber dessenungeachtet auch wohl keine unansehnlichere. Sie ist kaum eine Brücke zu nennen, denn ihre Gestalt kommt mehr einem großen Fourgon gleich, da sie von allen Seiten verschlossen, überwölbt und nicht einmal mit Fenster oder einem Luftloche versehen ist. Wodurch ward sie denn nun so berühmt oder berüchtigt? Weil von Hunderten, die über sie wanderten, selten Einer ohne Thränen, ohne Seufzer, ohne Klagen diesen Weg ging, weil so Viele, die von Außen sie erblickten, nicht ohne Schau=

dern und Seufzen das Auge wieder wegwendeten. Seit Jahrhunderten war sie das Schrecken der Staatsgefan=genen, die in den Kerkern, welche dem Dogenpalaste gegenüber liegen, ihrem Schicksale entgegen sahen. Mei=stens endete dieß mit dem Tode, zu welchem das furcht=bare Gericht der Zehn sie verdammte. Wenn sie vor demselben erscheinen sollten, so holte man sie aus ihrem Gefängnisse ab, führte sie über diese Brücke in den Do=genpalast, und gewöhnlich kehrte Niemand zurück. Die Vollziehung des Urtheils folgte dem Ausspruche der Zehn fast auf dem Fuße. Auch jetzt noch ist diese Brücke mit Recht eine Seufzerbrücke zu nennen. Giebt es auch keinen Dogen, kein Gericht der Zehn mehr in Venedig, so findet man doch noch den Palast des Erstern und

Die Seufzerbrücke.

die Kerker ihm gegenüber und ein hohes Tribunal dort, so wie fast stets Gefangene hier, welche dann eben so wie sonst über die Seufzerbrücke vor den Richter gebracht werden, um ihr oft hartes Urtheil zu vernehmen. Wer sich unterrichten will, wie es jetzt in diesen Kerkern zugeht, muß die eben erschienenen trefflichen Denkwürdigkeiten des Grafen Silvio Pellico, Leipzig, 1833, von *r. aus dem Ital. übersetzt, zur Hand nehmen. Der genannte Graf ging ebenfalls über diese Seufzerbrücke mit so mancher seiner Freunde und giebt von seinen Schicksalen unter den Bleidächern Venedigs, den berühmten Piombi's, eine sehr unpartheiische, aber um desto glaubwürdigere Nachricht.

hat berechnet, daß die Menge Wassers, die von einer Fläche, wie jene des mittelländischen Meeres, an einem einzigen Sommertage durch Ausdünstung in die Höhe steigt, über 52,800 Millionen Tonnen beträgt. Und was ist die Größe des mittelländischen Meeres gegen die des atlantischen und des stillen Meeres oder der Südsee? Auch von den Gewässern des festen Landes steigen ununterbrochen Wasserdämpfe in die Luft empor.

Wie groß muß also die Menge der Dünste seyn, die sich stets in der Luft befinden! Allein so lange sie bloß in Dampfgestalt in ihr verweilen, werden wir ihre Gegenwart nicht gewahr. Das Wasser ist in diesem Zustande nicht bloß unsichtbar, sondern es macht auch nicht naß.

Ausdünstung.

Die Ausdünstung ist der Weg, auf welchem die Natur beständig Wasser in die Luft emporbringt, in der es zu mancherlei Zwecken aufbewahrt wird. Pflanzen, Thiere, Menschen und Gewässer dünsten beträchtlich aus. Nach St. Martin's Beobachtungen dünstet ein Baum von mittler Größe an einem einzigen Sommertage gegen 30 Pfund Wasser aus. Ein erwachsener Mensch verliert durch die Ausdünstung täglich im Durchschnitte gegen 2 Pfund. Man

Der Bär mit dem Pferde.

Zu den bekanntesten reißenden Thieren gehört der Bär, deshalb, weil er in der ganzen Welt gefunden wird, wo es nur Wälder und Höhlen giebt, in denen er sich verbergen kann, ohne von der Bevölkerung ausgerottet zu werden. Vor hundert Jahren fand man ihn selbst noch in Deutschland häufig. Sachsens Erzgebirge sah zu jener Zeit noch manchen fangen, und der einsame Wanderer konnte nicht immer ohne Gefahr die Waldpfade verfolgen. In den Schweizergebirgen sind sie auch jetzt noch nicht ganz ausgerottet, und Rußland, Polen, Ostpreußen, so wie Schweden, Norwegen, Lappland, Finnland, sehen diese Raubthiere sehr häufig. Eben so ist es in den andern Welttheilen, etwa Südindien ausgenommen, obschon auf dem neu entdeckten Kontinente daselbst, auf dem dort zu vermuthenden Polareise, am Ende doch auch weiße Bären zu Hause sind, wie am Nordpole. Man hat allerdings verschiedene Arten von Bären, die durch Größe, Farbe und Nahrungsweise von einander abweichen. In Europa ist der braune, in Amerika der schwarze, am Nordpole der weiße Bär zu Hause. In der Hauptsache gleichen sie sich aber alle, doch sind der weiße und der amerikanische schwarze als die größten anzunehmen. Der weiße ist zunächst bloß auf Fleischnahrung angewiesen, da der Norden am Pole keine Pflanzen erzeugt; die andern Arten nehmen auch letztere zu sich, und manche Gattungen sind bekannt genug deshalb. Sie zeichnen sich selbst durch ihren Geschmack an Honig und andern Süßigkeiten aus. Von der Größe des Eis- oder weißen Bären kann man sich einen Begriff machen, wenn man sich erinnert, daß die Mannschaft des vom Kapitän Roß kommandirten Schiffes Alexander einen tödtete, der 1131 Pfund wog. Er schwimmt vortrefflich, und sich darauf verlassend, geht er oft viele Meilen weit auf einem Eisfelde in die See hinaus, was ihm aber doch auch oft das Leben kosten mag. Oft gelangt er aber auch so von Amerika nach Norwegen. Für die Wallfischfahrer ist er ein böser Gast, besonders da er auch gut untertaucht und also den Kugeln im ersten Augenblicke ausweicht, um dann desto muthiger ein Boot anzugreifen. Man sah selbst einen, dem beim Hinaufklettern an Bord die Tatze abgehauen war, die Verfolgung nicht eher aufgeben, als bis er auf dem Verdecke getödtet wurde. Zugleich finden sich diese Thiere oft in ganzen Heerden vor, und von ihrer Stärke erzählt Scoresby ein Beispiel. *) Ein Matrose wurde von einem solchen Bären in den Rachen genommen und so schnell davon getragen, daß ihn, trotz seines Schreiens, die Kameraden nicht zu retten vermochten. In der Regel greift er aber, ungereizt, nicht leicht Menschen an, sondern benügt sich mit Fischen, Seehunden, Rennthieren, todten Wallfischen, menschlichen Leichnamen. Sein Geruch ist, wie der aller Bären, außerordentlich gut; meilenweit riecht er, wenn die Schiffer den Thran sieden, und findet sich ein, die weggeworfenen Reste des Wallfisches zu verzehren. Der Bär hält eine Art Winterschlaf; auch der Eisbär ist demselben unterworfen, doch in minder hohem Grade, denn man bemerkte ihn auch bei der strengste Kälte, gegen welche er von der Natur durch eine außerordentliche Fettmasse geschützt wird. Man fand schon öfters im Herbste gegen hundert Pfund Fett bei einem Eisbären. Gegen den Sommer nimmt dieser Vorrath ab; da ist das Thier mager und um desto hungriger. Wie dem Wallfischfahrer Scoresby ein Matrose geraubt wurde, bemerkten wir schon. Ein ähnliches Beispiel sah der Holländer Wilhelm Barens zu Ende des sechzehnten Jahrhunderts, als er bei Staateneiland vor Anker lag. Zwei Matrosen hatten sich da zum Schlafen an's Ufer begeben und den einen nahm ein Eisbär beim Genicke. „Wer packt mich denn von hinten?" rief der Schlaftrunkene, in der Meinung, daß man ihn neckte. Allein der Bär zerbiß ihm schnell den Kopf, und der andere Matrose eilte so rasch davon, als der Schreck und die Angst es gestatteten.

*) W. Scoresby Tageb. einer Reise a. d Wallfischfang. Hamburg, 1825. S. 126 ff.

Alle seine Kameraden kamen mit Flinten und Piken dem Feinde entgegen, der sich sein Opfer gut schmecken ließ. Ohne Furcht stürzte er sich auf die Matrosen, packte einen derselben, lief mit ihm davon und zeriß ihn in Stücke. Durch mehrere Kugeln, die ihn in die Stirn trafen, wurde er endlich erlegt und von den zwei Matrosen noch ein kleiner Rest gefunden. Und doch ist dieß wilde Thier zu zähmen und legt in der Gefangenschaft seine Gewohnheiten zum großen Theile ab. In der Van Akenschen Menagerie sahen wir 1832 einen, der nichts lieber genoß, als Milch und Brod und übrigens mit seinem Besitzer auf's Freundlichste koste. Von einem falschen, tückischen Blicke im Auge war keine Spur. Er ließ auf sich reiten; er setzte sich auf die Hinterpfoten und schien keine größere Wonne zu fühlen, als wenn ihm einige Eimer kaltes Wasser über den Leib gegossen wurden. Auch die Liebe dieses Thieres zu seinen Jungen ist rührend. 1775 kam eine Bärin mit ihren zwei Jungen zu der im Eismeere überwinternden Fregatte, das Todtengerippe. Die Mannschaft erlegte erst die Jungen, und verwundete dann die Mutter, welche mit ihnen durch den Geruch eines Seepferdes angelockt worden war, dessen Thran ausgesotten wurde. Unter den heftigsten Schmerzen kroch die Bärin zu den todten Körpern und versuchte, sie mit den Tatzen in die Höhe zu bringen, und ächzte und kroch fort, um sie zum Aufstehen zu reizen. Endlich brüllte sie fürchterlich gegen das Schiff an, bis mehrere Kugeln ihrem Schmerze mit dem Leben zugleich ein Ende machten. Der Eisbär ist eine willkommene Beute. Er gewährt viel Fett, einen trefflichen Pelz für Schlitten, ein recht schmackhaftes Fleisch. Nur die Leber soll nachtheilige Folgen haben. Sein Haar gleicht der Wolle eines Schaafs, ist lang, fein, weich, milchweiß und hin und wieder mit Gelb überlaufen. Dieß Thier, das sehr lange lebt, ist 6 bis 8 Fuß groß.

Der Landbär, sein in der ganzen Welt verbreiteter Bruder, ist dem Scheine nach sehr plump und minder groß, als jener, aber doch immer Eines der gewaltigsten Raubthiere, das durch Kraft und Beweglichkeit um so mehr auffällt, je weniger sein Aeußeres die letztere vermuthen läßt. Besonders in den Tatzen, und vorzüglich in den Vordertatzen, hat er eine entsetzliche Stärke. Er klettert die Bäume hinan, geht auf den Hinterfüßen, und läuft recht schnell. Sonst war er auch in Deutschland überall zu Hause. Das Sprichwort vom faulen Bärenhäuter ist uralt und stammt aus der Zeit, wo es weder Betten noch Sopha's gab, sondern der Faullenzer sich auf die Haut eines solchen Thieres lagerte, um warm und weich zu liegen. Im Gothaischen wurde der letzte Bär 1686 bei Ruhla erschossen. Tyrol, Steiermark, Krain ꝛc. nährt sie noch in den finstern Alpenschluchten. Bern in der Schweiz hat seinen Namen, sein Wappen von ihnen, und die Bauernhöfe daselbst haben im Winter manchmal große Noth mit denselben; doch ist die dortige Art nicht so groß und wild, um Menschen anzugreifen; sie nährt sich mehr von Kastanien und andern Früchten. Fleisch ist ihre letzte Nahrung. Auch Fische sind dem Bären nicht unwillkommen. Man sieht, er ist kein Kostverächter und eben dadurch geeignet, in der ganzen Welt zu leben. Die gefürchtetste Art des Landbärn ist der schwarze in Nordamerika, besonders in Canada und noch höher hinauf. Die Jagd auf ihn gehört zu den gewagtesten Unternehmungen. Ein solcher Unhold war einmal, von 6 Kugeln getroffen, wild genug, seinen Feinden mit einer Wuth entgegen zu gehen, daß sich diese in der Angst ins Wasser stürzten und mit Mühe ihrem Verfolger entgingen. Eines der schrecklichsten Abenteuer der Art ist folgendes.

Wenn in Nordamerika sich viele Theilnehmer zu einer großen Jagd in der Wildniß vereinen, so gehen gewöhnlich ein oder zwei beherzte Schützen voraus, um das zum Unterhalte des ganzen Zuges nöthige Wildpret zu schießen. So machte auch Hugo Glaß den Vortrab, denn seine Büchse galt für die beste unter allen, und keiner wußte richtiger zu zielen, als er. Nicht allzu weit von den Uebrigen bringt er eben durch ein dickes Gebüsch, als er, nur drei Schritte von sich entfernt, eine weiße Bärin entdeckt, die sich hier ihr Lager bereitet hat, und ehe er noch den Hahn aufziehen und losdrücken kann, hat ihn dieselbe — denn gleich wieder durch's Gebüsch zu kommen, wäre eben so unmöglich gewesen — bei der Gurgel gefaßt und zur Erde geworfen. Die grimmige Feindin reißt ihm ein Stück Fleisch aus der Brust und trollt dann zu ihren zwei Jungen, um mit ihnen den rauchenden Leckerbissen zu theilen. Hugo Glaß hat noch Kraft und Besonnenheit genug, auf Flucht zu denken; doch kaum sieht die wachsame Bärin, daß er aufstehen will, als sie mit den Jungen sogleich zurückkehrt und ihre Liebkosungen auf's Neue beginnt. Dießmal reißt sie ihm ein Stück aus der Schulter, schlitzt ihm den Arm auf, und verwundet ihn furchtbar mit der Tatze am Kopfe. Ihre Jungen konnten bei dem tapfern Angriffe nicht Theil nehmen, denn schon sind die Jagdgefährten von Hugo nachgekommen, und der muthigste von ihnen giebt Feuer auf eines, daß es stürzt. Das andere eilte allerdings gegen ihn los, so daß er sich in ein nahes Wasser flüchten mußte, hier aber doch noch Zeit gewann, ihm ebenfalls eine tödtliche Kugel in den Leib zu jagen. Die übrigen Jäger hatten indessen Alles gethan, den armen Hugo Glaß zu befreien. Sieben oder acht Schüsse tödteten die über ihrem blutenden Opfer stehende grimmige Bärin. Ihren Klauen war nun Hugo entronnen. Aber was half es ihm? Er lag in seinem Blute da. Sein ganzer Körper war eine Wunde. Wundärztliche Hülfe konnte man ihm nicht schaffen, ihn fort zu transportiren, blieb eben so unmöglich, besonders da man auch im Lande feindlicher Indianer war, worin mit Sicherheit Niemand lange bleiben durfte. Unter diesen Umständen zog die Jagdparthie weiter und ließ zwei aus ihrer Mitte bei dem Unglücklichen. Sie sollten bleiben, bis er verschieden oder im Stande sey, den Weg nach dem nächsten Handelsposten anzutreten. Indessen, als etwa fünf Tage um waren, und der arme Hugo immer noch nicht Genesung hoffen ließ, verloren die zwei Zurückgelassenen die Geduld. Hartherzig nahmen sie seine schöne Büchse und das Pulverhorn, und was er sonst hatte. Wehr- und nahrungslos ließen sie ihn liegen und zogen auf der Spur den Uebrigen nach, bis sie wieder zu ihnen stießen. „Er ist todt!" versicherten sie und zeigten zum Beweise den genommenen Raub vor. Kein Mensch zweifelte an ihrem Worte.

Der arme Glaß lebte aber noch und hatte bei aller Schwäche nicht Lust zu sterben. Er kroch im Gegentheile zu einer nahen Quelle, und zehn Tage lang labte er sich hier mit wilden Beeren und klarem Wasser. Seine Wunden heilten mehr und mehr, so daß er nun schon daran denken konnte, nach dem Kiawafort aufzubrechen, einem Handelsposten, am Missouri gelegen, aber freilich wohl siebzig deutsche Meilen fern! und diese siebzig Meilen mußte er durch dicke Waldungen, ohne allen Schutz, ohne gebahnten Weg, ohne bestimmte Nahrung zu machen suchen! Dennoch, Gott,

seinem Muthe, seiner Ausdauer vertrauend, wagte er es. Und es gelang. Nur eine gute Mahlzeit erquickte ihn. Ein paar Wölfe erwürgten ein Büffelkalb. Er wohnte im Dickicht ihrer Mordthat bei. Als sie sich entfernt hatten, erquickte er sich an den Ueberresten ihres Raubes. Einem Gerippe ähnlicher, als einem Menschen, mehr kriechend als gehend, langte er in Kiawa endlich an, und seine Abentheuer pflanzten sich von Mund zu Munde bis auf den heutigen Tag fort!

Die größte Stärke hat der Bär, wie gesagt, in seinen Tatzen; mit ihnen bricht er Bäume entzwei, schlägt seinen Feind nieder, und wenn es ein Ochse wäre, so schleppt er mit ihnen seine Beute fort. Das Bild, welches wir hier liefern, zeigt uns einen Bären, der ein junges Pferd hält, das er über einen Baum trägt, welcher zufällig die Brücke über einen Strom bildet. Ueberall ist aus diesem Grunde die Bärenjagd weniger das Wagstück eines Einzelnen, als das Unternehmen Vieler. In Schweden wird es von der Kanzel verkündet, sobald das Kirchspiel sich dazu sammeln soll. Nachgestellt wird dem Bären aber überall. Sein Fett ist sehr brauchbar; Viele glauben, es besitze eine stärkende Kraft. In Paris nimmt man es daher gern zu Pommaden. Das Fell ist ein treffliches Pelzwerk für Schlittendecken, zu Müffen und dergleichen. Die Tatzen sind ein Leckerbissen in Rußland, Polen und dem ganzen Norden, und auch das übrige Fleisch ist dort den Aermern willkommen. Ein Bärenschinken gilt auf einer Bauernhochzeit so viel wie ein Schweineschinken bei uns. In Kamtschatka wird auch sonst noch Gebrauch vom Fette und von der innern Haut der Gedärme gemacht. Der Handel mit Bärenfellen ist nichts weniger als unansehnlich, und das Stück kostet immer 5 bis 10 Thaler. Am Schmackhaftesten sind die Bärentatzen zur Zeit des Herbstes, denn da geht der Bär in seine Höhle, um den Winter zu verschlafen, zu verträumen und von seinem Fette zu zehren, namentlich aber an diesen Tatzen zu saugen, die dann zum Frühjahre, wenn er herauskommt, ganz blutig und äußerst empfindlich sind. Junge Bären lassen sich in hohem Grade zähmen und abrichten. Man fand sie daher sonst auch häufig an Höfen in dazu eingerichteten Gruben und Gräben, und zum Theil liefen sie halb frei herum. Daß man solche zahme Bären oft im Lande herumführt, ist bekannt; es geschah sonst noch viel häufiger als jetzt. Sie waren zum Tanze abgerichtet und benahmen sich freilich plump genug dabei. Fast alle kommen aus Litthauen, besonders aus Smorgonie daselbst, wo gleichsam ihre hohe Schule war. Indessen ist es nicht leicht der Jungen habhaft zu werden, denn die Bärin schützt sie muthig und bewacht sie gar klüglich. Welche List aber wäre groß genug, der menschlichen die Spitze zu bieten? Man setzt Honig mit Branntwein hin und berauscht so die Jungen und ihre Mutter. Schlafen sie, was in Nordamerika der Fall ist, in hohlen Bäumen während des Winters, so zündet man diese an, und wenn sie nun heruntersteigen, um der Hitze zu entgehen, werden die Alten getödtet, die Jungen gebunden. Eben so fängt man sie in großen Gruben, die mit Pfosten und Pfählen ausgesetzt sind und oben mit Erde, Reisig und Laub bedeckt werden. Ein dorthin geführter Pfad und eine daselbst angebrachte Lockspeise verleitet sie hin zu gehen, wo sie dann hinein stürzen. An die Grube stößt ein Kasten, durch eine Fallthüre und einen engen Gang, der zu ihm führt, von der erstern getrennt. Will man den Bären lebendig haben, so neckt man ihn, bis er in den Gang geht, und dann bleibt ihm nur der Kasten offen. Wie ein solcher Bärenkasten aussieht, zeigt jede Menagerie. So giebt es noch hundert andere Arten, wodurch man dem armen Petz das Leben oder die Freiheit raubt, da er einerseits als Raubthier gefürchtet wird und andererseits dem, der ihn erlegt, ein schönes Stück Geld, so wie, wenn er ihn mit freier Faust tödtet, gar große Ehre verschafft; denn vor einem Manne, der es mit einem Bären aufnimmt, hat doch Jeder eine Art von Respect. Am Meisten zeichnen sich die Kamtschadalen im Bärenkampfe aus. Sie gehen dem Ungeheuer mit einem Messer in der linken Hand und einem Dolche in der rechten entgegen; den letzten stoßen sie ihm in den Rachen. Am empfindlichsten ist die Nase des Bären. Ein Schlag auf diese kann ihm das Leben rauben. In ältern Zeiten war es ein grausames Volksvergnügen, den Bären mit Hunden zu hetzen. Es fand dergleichen fast an allen Höfen Statt. Jakob der Erste von England kannte keine größere Freude. In Wien hat die Bärenhetze noch bis zu Joseph's II. Zeit Statt gefunden. Es gab fast alle Sonntage dergleichen im Prater. In Leipzig belustigte man sich während der Anwesenheit des Hofes zu Anfange des 18. Jahrh. daran. Gottlob, daß solche Dinge ein Ende haben!

Der Bär mit dem Pferde.

Wenn der Bär ein Thier gefangen hat, so saugt er ihm das Blut aus und schleppt es in seine Höhle. Geht der Weg einen Hügel hinauf oder durch Sträuche oder über einen Steg, so daß er seine Beute nicht gut fortschleppen kann, so hat man in Norwegen bemerkt, daß er den Rumpf in die Vorderpfoten nimmt und bloß auf den Hinterpfoten läuft, wie man auf der hierbei befindlichen Abbildung sieht.

Wirkung der Tonkunst.

Wie wunderbar die Töne auf das menschliche Herz wirken, ist allgemein anerkannt. Selbst auf die rohesten Menschen äußert oft die Tonkunst die wunderbarsten Wirkungen, und wir brauchen nur den berühmten Stradella und seine Verfolger zu erwähnen, um unsre Worte zu bekräftigen. Selten werden jedoch die Beispiele davon hinlänglich bekannt, und wir glauben mit folgender Mittheilung wohl manchem Freunde der Tonkunst eine augenblickliche Unterhaltung zu gewähren.

Pietro del Castelnuovo, ein Edelmann und Herr zu Castelnuovo, lebte in der zweiten Hälfte des 13. Jahrhunderts. So sehr man ihn damals als Dichter schätzte, eben so sehr bewunderte man die reizende Anmuth seiner Stimme und den feinen Geschmack, womit er sich selbst bei dem Gesange auf der Laute begleitete. Einstmals reiste er nach Roccamartina, um daselbst Einen seiner Bekannten zu besuchen. Bei seiner Zurückreise aber wurde er in dem Walde von Vallogna von Räubern angefallen. Sie nahmen ihm sein Pferd, sein Geld, kurz, Alles, was er bei sich hatte, zogen ihn bis auf's Hemde aus, und wollten ihn ermorden. Der Dichter bezeugte ihnen, wie gern er sterben würde, wenn sie ihm nur noch vorher gestatten wollten, eines seiner Lieder zu singen. Die Räuber bewilligten es ihm. Nun fing Pietro del Castelnuovo an, ein aus dem Stegreife verfertigtes Gedicht zum Lobe seiner Meuchelmörder mit dem gefühlvollsten Ausdrucke zu singen, und dabei auf der Laute zu spielen. Sanftes, nie empfundenes Vergnügen ergoß sich in die Herzen der Barbaren und verdrängte in ihnen den Gedanken an die Ausführung ihrer schrecklichen That. Sie schenkten ihm das Leben und mit demselben sein Pferd, sein Geld, kurz, Alles wieder, was sie ihm vorher geraubt hatten.

Woche.

1. Juni 1520. Montezuma, Kaiser von Mejico, wird auf der Mauer der Verschanzung von Cortez durch seine eigenen Unterthanen ermordet.

2. Juni 1485. Matthias Corvinus, der berühmte König von Ungarn, eroberte im Kriege gegen den Kaiser Friedrich III. Wien.

Am 3. Juni 1815 zu Dresden, 62 J. alt, starb Wilh. Gottlieb Becker, der vieljährige Herausgeber des berühmten Taschenbuchs zum geselligen Vergnügen, zugleich als Erzähler und Dichter und Archäolog überall bekannt und geachtet.

Am 4. Juni 1314 war der Geburtstag der weltberühmten Laura, der Geliebten Petrarca's, des berühmten italienischen Dichters.

Am 5. Juni 1568 erfolgte die Hinrichtung der Grafen Egmont und Horn zu Brüssel auf Befehl des grausamen Herzogs von Alba.

Am 6. Juni 1533 starb Lodovico Ariosto, der berühmte italienische Dichter, zu Ferrara, 58 J. alt, als er noch mit Vollendung seines romantischen Heldengedichtes Orlando Furioso beschäftigt war.

Am 7. Juni 1814 kamen Alexander I., Friedrich Wilhelm III. und der alte General Blücher nach London.

Verlag von Bossange Vater in Leipzig.
Unter Verantwortlichkeit der Verlagshandlung.

Das Pfennig-Magazin

der
Gesellschaft zur Verbreitung gemeinnütziger Kenntnisse.

6.] Erscheint jeden Sonnabend. [Juni 8, 1833

Der Schild des Achilles.

Zu den berühmtesten Episoden in Homer's Iliade gehört die Fertigung des Schildes und der Rüstung, womit:

> „der hinkende Feuerbeherrscher,"

d. h. Vulkan, den Achilles auf Bitten seiner Mutter, der Thetis, beschenkt*). Zugleich finden wir darin einen wichtigen Beitrag zur Kulturgeschichte der Zeit, in welcher Homer sang. Es ist nämlich allerdings die Frage, ob er je einen so kunstreichen Schild gesehen hat, und man möchte eher glauben, daß dieß nicht der Fall und daß das Kunstwerk nur ein Kind seiner Phantasie sey. Aber nichts desto weniger läßt sich annehmen, daß ihm die Fertigung eines solchen Schildes möglich schien,

und ist diese Ansicht richtig, so erhellt daraus, daß man zu Homer's Zeiten in Bearbeitung der Metalle, namentlich des Goldes, Kupfers, Zinnes und dergleichen große Fortschritte gemacht hatte. Allein auch außerdem ist der Schild sehr wichtig als ein Beleg von den Sitten, Gewohnheiten und Kenntnissen, welche etwa tausend Jahre vor Christus, denn um diese Zeit lebte Homer, an Kleinasiens Küste, wo er zu Hause war, unter den Völkern herrschten. In der einen und der andern Hinsicht verdient das Streben von Quatremere de Quincy Achtung, das, was von Homer gesungen wurde, in einem Bilde selbst zu versinnlichen. Er hat damit verwirklicht, was schon vor länger als 100 Jahren Boivin, Mitglied der damaligen Pariser Akademie der schönen Künste, versuchte, aber nicht ausführen

*) XVIII Ges v. 462. V. an.

konnte. Die Figur, welche nach seiner Meinung der Schild gehabt hat, ist eine äußerlich gewölbte, und inwendig hohle Scheibe, und in dem Mittelpunkte derselben, im Nabel des Schildes, sehen wir zuerst

„Den vollen Mond und die rastlos laufende Sonne,
Drauf auch alle Gestirne, die rings den Himmel umleuchten.“

Um diesen Mittelpunkt herum sehen wir den Thierkreis, namentlich

„Plejad' und Hyad' und die große Kraft des Orion,
Auch die Bärin, die sonst der Himmelswagen genannt wird,
Welche sich dort umdreht und stets den Orion bemerket,
Und allein niemals in Okeanos Bad sich hinabtaucht.“

Und so wie der Dichter dem rastlos laufenden Sonnenwagen zwei Kreise zu Begleitern gab, welche sich auf die Körper des Himmels bezogen, so sehen wir nun in den zwei folgenden größern nur Gegenstände, welche das Leben auf der Erde versinnlichen, wie es sich zu des Dichters Zeit gestaltete. Der eine Kreis zeigt uns zwei Städte

„der vielfach redenden Menschen.“

In der einen stellt sich uns zuerst ein süßes Bild des Friedens dar. Sie ist

„voll hochzeitlicher Fest' und Gelage.
Junge Bräut' aus den Kammern geführt beim Scheine der Fackeln,
Gingen einher durch die Stadt und hell erhub sich das Brautlied;
Tanzende Jünglinge drehten behende sich unter dem Klange,
Der von Flöten und Harfen ertönete. Aber die Weiber
Standen bewunderungsvoll vor den Wohnungen, jede betrachtend.“

Der Dichter bringt uns aus der Straße dieser Stadt auf den Marktplatz derselben, in

„des Volkes Versammlung.“

Es wird ein Kriminalprozeß geschlichtet:

„Denn zween Männer zankten und haderten wegen der Sühnung
Um den erschlagenen Mann. Es betheuerte Dieser dem Volke:
Alles hab' er bezahlt; ihm läugnete Jener die Zahlung.
Jeder drang, den Streit durch des Kundigen Zeugniß zu enden.
Diesem schrien und jenem begünstigend eifrige Helfer.
Doch Herolde bezähmten die Schreienden, aber die Greise
Saßen umher im heiligen Kreis' auf gehauenen Steinen.
Und in die Hände den Stab dumpfrufender Herolde nehmend,
Standen sie auf nach einander und redeten wechselnd ihr Urtheil.
Mitten lagen im Kreis' auch zwei Talente des Geldes,
Dem bestimmt, der vor ihnen das Recht am gradesten spräche.“

Man sieht, daß jene Zeit der Griechen, wo der Tod eines Menschen, eines Erschlagenen mit Geld gesühnt und ausgeglichen werden kann, auffallend an die Sitte unserer Vorfahren erinnert, wo ebenfalls lange Zeit ein Tod auf solche Art gebüßt wurde. In einer zweiten Stadt auf diesem Kreise schildert uns Homer das Bild des Krieges. Die Stadt ist belagert, und

„Die Belagerer droheten zwiefach:
Auszutilgen die Stadt der Vertheidiger, oder zu theilen
Alles Gut, das die liebliche Stadt in den Mauern verschlösse.“

Die Belagerten verlieren den Muth nicht,

„zum Hinterhalte sich rüstend;
Ihre Mauer indeß bewahren liebende Weiber
Und unmündige Kinder, gesellt zu wankenden Greisen.“

Der Hinterhalt zieht aus, vom Mars und von der Pallas geführt; die zwei göttlichen Gestalten sind Allen an Größe überlegen,

„denn kleiner an Wuchs war die Heerschaar.“

Am Bache gelagert, harren sie der Schaafe und gehörnten Rinder, welche ihren Feinden zugeführt werden und nehmen die sorglos bewachten glücklich weg, allein die Belagerer hören

„das laute Getös' um die Rinder.“

Schnell eilen sie herbei, holen die Feinde ein und:

„Alle gestellt nun schlugen die Schlacht um die Ufer des Baches,
Und hin flogen und her die ehernen Kriegeslanzen.“

Es giebt Todte, Verwundete von beiden Seiten. Wem der Sieg bleibt, hat der Dichter unentschieden gelassen.

Noch mannichfacher und lieblicher sind die Bilder des größten und äußersten Kreises. Wir beginnen mit dem Felde, das uns rechts vom mittelsten Striche entgegenkommt. Es ist

„ein Brachfeld, locker und fruchtbar,
Breit, zum Dritten gepflügt.“

Auch jetzt noch wird es geackert, und wenn der Pflüger an das Ende kommt,

„Reicht ein Mann den Becher des herzerfreuenden Weines' dar. Das nächste Feld bietet uns die Ernte,
„wo die Schnitter
Mäheten, jeder die Hand mit schneidender Sichel bewaffnet.
Längs dem Schwad' hinsanken die häufigen Griffe zur Erde,
Andere banden die Binder mit strohernen Seilen in Garben,
Denn drei Garbenbinder verfolgten —.“

Auch der Herr des Feldes ist nicht vergessen. Man erkennt ihn an seinem Stabe, an der stattlichen Figur, und ihm scheint ein Voigt zu folgen. Eine leckere Mahlzeit harrt der Fleißigen, denn Frauen und Diener sind mit einem getödteten Stiere beschäftigt. Was hätte der Dichter wohl natürlicher darreichen können als die Weinlese? Vulkan schmiedet sie schön

„aus Gold; doch schwärzlich glänzten die Trauben,
Und es standen die Pfähle gereiht aus lauterem Silber.
Rings dann zog er den Graben von dunkeler Bläue des Stahles,
Sammt dem Gehege von Zinn.“ —

Lust und Leben herrscht bei dem fröhlichen Winzerfeste. Tanzend und singend zur Leier tragen die Jünglinge und rosigen Jungfrauen ihre süße Frucht

„in schön geflochtenen Körben.“

Die zwei folgenden Bilder versinnlichen uns eine Scene des Hirtenlebens und das dritte einen Reigen, wie er das Lieblingsvergnügen griechischer Jugend war. Wir sehen zuerst eine Heerde herrlicher Rinder auf die Weide ziehen, allein

„zween entsetzliche Löwen, gestürzt in die vordersten Rinder,
Faßten den dumpfaufbrummenden Stier und mit lautem Gebrüll nun
Ward er geschleift.“

Die Hirten und ihre Hunde, sich nur scheu herannahend, vermögen nicht, ihn zu retten. Ungestört von solchem Schrecken stellt sich die wollige Heerde auf dem zweiten Bilde dar; ein Bild der Ruhe und des Friedens und stiller Zufriedenheit. Der Reigen, welchen

„der hinkende Feuerbeherrscher"

noch schuf, bezog sich auf die Mythe der Ariadne. Homer sagt ausdrücklich, daß Dädalus ihr denselben künstlich ersann, und noch bis jetzt haben sich die Spuren von demselben in Griechenland nicht ganz verloren. Den äußersten Rand des Schildes benutzt der Dichter, seine Vorstellung vom Meere geltend zu machen. Er nahm an, daß es ein großer, die Erdscheibe umgebender Strom sey, und so läßt er auch jetzt noch

„den ungeheuern und starken Schild"

von der Gewalt des Stromes Okeanos rings umflossen werden

Die Bettelei vor einigen hundert Jahren.

Wenn unsere Zeit vor der ältern auch gar nichts weiter voraus hätte, als daß wir, mindestens in Städten, von eigentlichen Bettlern fast vollkommen verschont bleiben, weil in der Regel auch der Aermste von seiner Gemeinde so weit ernährt wird, daß ihm das Betteln erspart ist: so würden wir damit schon viel gewonnen haben. Das Bettelwesen unter unsern Vorfahren vor mehrern hundert Jahren muß eine große Plage gewesen seyn. Wir werden dieß aus dem Folgenden sehen. Es scheint ordentlich seine Organisation gehabt zu haben, wie in unsern Tagen das Gauner- und Spitzbubenwesen. Es erschien nämlich schon im Anfange des 16ten Jahrhunderts ein „Expertus in Truphis," welcher alle Betrügereien und Ränke der damaligen Bettler auseinander setzte. 1528 gab Luther dieser Schrift, als sie neu aufgelegt wurde, eine neue Vorrede mit auf den Weg, und 1580 erschien eine neue Auflage von derselben, durch den Superintendenten Nicolaus Selnecker, indem er damit drei Predigten vereinte, die er vom reichen Manne und armen Lazarus gehalten hatte. Dieß Büchlein muß viele Auflagen auch nachher noch erlebt haben. Ich hatte eine vom Jahre 1668 in 12. vor mir, welche: „Expertus in Truphis, von den falschen Bettlern und ihrer Büberei," betitelt ist. Sie giebt erstlich Luther's Vorrede zur Ausgabe 1528, dann das Büchlein selbst, und endlich ein Register „über etliche alte rothwelsche Wörter." Eines ist so merkwürdig, wie das andere. Luther hat es „für gut angesehen, daß solch Büchlein nicht allein am Tage bleibe, sondern auch fast überall gemein würde;" „die treue Warnung dieses Büchleins," sagt er, „ist diese, daß Fürsten, Herren, Räthe in Städten und Jedermann sollen klug seyn und auf die Bettler sehen, und wissen, daß, wo man nicht will Hausarmen und dürftigen Nachbarn geben und helfen — man dafür aus des Teufels Anreizung durch Gottes rechtes Urtheil solchen verlaufenen, verzweifelten Buben zehnmal so viel gebe." Jede Stadt und jedes Dorf sollte „die arigen Armen wissen und kennen, als im Register verfaßet." Man hört auch hier wieder den alten, kräftigen, meist den Nagel auf den Kopf treffenden Luther. Das Büchlein selbst giebt uns von einer Menge ganz verschiedener Bettler Kunde. 28 Arten suchten damals die Bürger und Bauern heim, zuerst die Breger, eigentlichen Bettler, die es wurden aus Mangel an Arbeit oder Noth und Elend so heruntergebracht. Dann Stabuler (Brodsammler), „halb böse, halb gut, nicht alle böse, aber der mehrere Theil;" „Loßner:" sie gaben vor, unter den Ungläubigen in Sklaverei gelegen zu haben, aber „weil sie einem Heiligen ein Pfund Wachs, ein

silbern Kreuz, ein Meßgewand gelobten," so wären ihre Ketten aufgegangen. Nun müßten sie betteln, um ihr Gelübde zu erfüllen. Auf den Kirchhöfen saßen Klenkner, Bettler, welche durch ekelhafte Geschwüre, fehlende oder verstümmelte Gliedmaßen die Vorübergehenden zu beseln (betrügen) suchten. Von Haus zu Haus gingen die Dobißer oder Dopfer, Landstreicher, welche sich für Brüder einer armen Kapelle ausgaben, die sie mit einem Altartuche oder einem Kelche und dergleichen zu schmücken baten. Kammesirer waren gelehrte Bettler, junge „Scholares," die nicht hatten folgen wollen und nun sich bald für Priester ausgaben, bald für einen armen Confrater bettelten. Mit ihnen verwandt waren die Vagierer, „fahrende Schüler," die den Beschwörer machten, Schätze zu heben vorgaben. Andere hießen Brandtner und stellten sich, als seyen sie von der fallenden Sucht behaftet. Sie nahmen „Seife in den Mund, daß ihnen der Schaum einer Faust groß ausging und stachen sich mit einem Halm in die Nasenlöcher, daß sie blutend wurden." Die Dutzer behaupteten krank gewesen, aber genesen zu seyn, weil sie einem Heiligen eine Wallfahrt und täglich 3 Almosen zu betteln gelobt. Die oben genanten Kammesirer hatten oft Schlepper bei sich: Schüler, die ihnen den Sack nachtrugen. Die Letztern bettelten für die Kapelle, bei welcher der vermeinte Priester, den sie begleiteten, angestellt seyn sollte. Blinde Bettler gab es häufig unter dem Namen Zickisten, Blocharten; viele hatten nur erkünstelte Blindheit. Schwanfelder oder Blickschleher lagen halb nackend auf den Straßen herum: Vopper stellten sich als Unsinnige, und ließen sich in Ketten führen. Dallinger peitschten sich mit Ruthen, „eine Gottesfahrt für ihre Sünden zu thun." Dutzbetterinnen waren Bettlerinnen an den Kirchthüren, welche angeblich im Kindbette gewesen waren. Sündfegerinnen bettelten um Maria Magdalena willen, weil sie von ihrer Sünde lassen wollten. Viele Bettler stellten sich, als hätten sie den Aussatz. Sie klapperten und nannten das „mit der Jungfrau gehen." Auch vornehme Bettler gab es, die durch nachgemachte Briefe als heimkehrende Edle auftraten. Sie nannten das „übersoentzen" gehen. Einige davon, Kandierer genannt, gaben sich für Kaufleute, andere für getaufte Juden aus. Seffer überzogen sich das Gesicht mit einer Salbe, daß sie wie vom Siechbett aufgestanden oder die gelbe Sucht zu haben schienen u. s. f. Kurz, wohl 28 solcher Bettler brandschatzten die Leichtgläubigkeit und hatten ihre eigene rothwelsche Sprache, wie sie dieß Büchlein nennt. Sie war, wie Luther's Vorrede sagt, „von den Juden kommen, denn viel Ebräische Worte drinnen find," und schon in jener Zeit müssen also diese Gauner mit jüdischen Genossen in genauem Verkehre gestanden haben, wie es bei den Untersuchungen der großen Diebesbanden am Rheine vor einigen Jahren sich ergab. Ohne Zweifel wird auch die damalige Gaunersprache manche Wörter enthalten haben, welche die von einem unserer Kriminalisten ausgemittelte, jetzt unter den Dieben häufig vorkommende hat.

Der Minerventempel
oder
das Parthenon in Athen.

Griechenlands Ruinen beweisen am Besten, wie hoch sich die Kultur des Volkes ausgebildet hatte, das nach so mannichfachen Wechseln endlich wieder ein unabhän-

Der Minerventempel.

giges, freies Daseyn gewonnen hat. Von den Aegyptern empfingen die alten Griechen die ersten Künste und Kenntnisse, aber es dauerte nicht lange, als sie ihre Lehrmeister übertrafen, und mehrere von ihren Denkmälern der Baukunst, welche den Stürmen so vieler Jahrhunderte entgingen, dienen noch jetzt zum Vorbilde aller kultivirten Völker, wenn sie etwas Schönes und Großes, Einfaches und Edles aufführen wollen. Besonders zeichneten sich unter den Griechen wiederum die Athenienser aus, und die Ueberreste ihres Minerventempels oder Parthenons erregen noch jetzt die Bewunderung der Welt, ob sie schon zwei und zwanzig Jahrhunderte zählen; denn bald nach der Beendigung der persischen Kriege wurde dieß herrliche Werk von Perikles aufgeführt. Der Minerventempel stand auf dem höchsten Theile der Platform der Akropolis, welche die ganze Stadt beherrschte, und ward von zwei Baumeistern, Ictinus und Kallikrates, gebaut. Phidias, der große Bildhauer, schmückte ihn mit der Statue der Göttin, welcher er gewidmet war. Die Säulenordnung, welche wir an den Trümmern wahrnehmen, ist die dorische; das zum Ganzen verwendete Material war der Marmor vom nahen pentelischen Berge. Der Tempel hatte 69 Fuß Höhe, 227 Fuß Länge und 100 Fuß Breite. Minervens Bildsäule hatte 30 Fuß Höhe und war ganz von Elfenbein, mit einer Goldmasse bedeckt, die gegen eine Million Thaler geschätzt wurde. Phidias stand im Verdachte, hierbei eine Veruntreuung geübt zu haben; allein er war klug genug gewesen, die goldenen Zierrathen alle zum Abnehmen eingerichtet zu haben, und beschämte so seine Ankläger auf die überraschendste Art. Zufall, Gleichgültigkeit, Vergessenheit hatte das Parthenon immer auf eine merkwürdige Art erhalten. Nur selten brachen die Türken, als sie Herren des Landes waren, einzelne Quadern ab, um sie zum Baue ihrer Schwalbenhütten zu verwenden. Erst 1687 litt das Gebäude bedeutend,

als die Venetianer eine Kanonade gegen die von den Türken besetzte Festung richteten. Der schöne, milde Himmelsstrich hatte auch das Seinige gethan, es zu schonen. Am meisten sollte es daher erst wieder verlieren, als der Lord Elgin, Gesandter in Konstantinopel, 1801 von der türkischen Regierung einen Erlaubnißschein erhielt, „den alten Tempel der Götzendiener mit einem Gerüste umgeben und die Bilder und Zierrathen abbrechen, so wie alle Steine, welche Inschriften enthielten, und die vorhandenen Statuen wegnehmen zu lassen.“ Dieß geschah denn in vollem Maaße. Lord Elgin verwendete über eine halbe Million daran, sich zum Herrn von Allem zu machen, was nur abgelöst werden konnte und transportabel war. Seine Sammlung bildet in England jetzt das größte Antikenkabinet und ist Staatseigenthum, da das Parlament sie 1816 für 35,000 Pfd. ankaufte. Indessen noch immer stehen die Trümmer des Parthenon ehrwürdig genug da, wenn ihnen gleich der Raub eines Europäers den Schmuck nahm, der alle Friesen und Frontispice deckte. Unter den jetzigen Verhältnissen werden sie vor neuen Zerstörungen gesichert seyn.

Blüthen, Blätter und Bohnen des Cacaobaumes.

Die Cacao ist den Botanikern unter der Benennung Theobroma cacao bekannt. Linné gab ihr diesen Namen, um ihre trefflichen Eigenschaften zu bezeichnen, denn Theobroma heißt: Götterspeise. Vermuthlich trank er auch gern ein Täßchen Chocolade. Die Cacao selbst ist in Amerika innerhalb der Wendekreise und auf den westindischen Inseln einheimisch und wird dort nicht allein als Nahrungsmittel benutzt, sondern diente sonst selbst als Zahlungsmittel. Der Baum hat einige Aehnlichkeit mit dem Citronenbaume und wird 13 bis 14 Fuß hoch. Die Blätter sind länglich, an dem einen Ende gespitzt und, so lange sie jung sind, blaßroth und stehen auf Stielen einander gegenüber. Die Blüthen sind klein und hellröthlich mit gelb vermischt, die darauf folgenden Schoten zeigen sich eirund und grün, so lange sie jung sind. Während des Reifens werden sie gelb oder roth. Sie sind mit einem süßen, weißen Marke gefüllt, das die vielen Bohnen umgiebt, welche in jeder der fünf Zellen oder Abtheilungen gefunden werden. Die Frucht ähnelt an Gestalt einer Gurke und enthält 5 Reihen länglichrunder Saamenkerne, welche man Bohnen nennt, wovon sich in einer einzigen Frucht 20 bis 30 befinden. Die Eingebornen essen auf Reisen dieß Mark und finden es sehr erquickend. Die Bohnen werden, ehe man sie säet, in Wasser eingeweicht und verlieren ihre Fortpflanzungsfähigkeit in wenig Tagen, nachdem sie aus der Schote genommen sind. Während das junge Bäumchen wächst, hält man den Schatten des Korallenbaums für so wesentlich zu seinem Fortkommen, daß ihn die Spanier die Madre del cacao, die Mutter des Cacaobaumes, nennen. Der Letztere selbst mit seinen glänzenden, scharlachenen Blüthen bietet einen herrlichen Anblick dar.

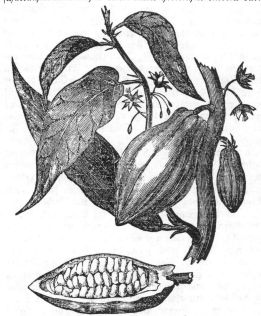

Blüthen, Blätter und Bohnen des Cacaobaumes.

Es scheint, daß es auf der Insel Trinidad, wo er in großer Menge gebaut wird, zwei Arten Cacao giebt: die Creolencacao, welche ohnstreitig die beste, aber weniger ergiebig ist, als die andere, die jetzt fast ausschließlich angebaut wird und Forastero, die fremde heißt. Jene ist besonders auf dem spanischen Markte willkommen, da sie etwas bitter schmeckt. Sie trägt nach fünf Jahren, kommt aber erst im achten zur völligen Reife und giebt dann ein zwanzig Jahre lang Früchte. Die Forastero läßt schon im dritten Jahre ernten. Beide stammen aus dem festen Lande des spanischen Amerika. In Trinidad gab man sonst jedem Sklaven die Freiheit, der im Stande war, seinem Herrn tausend tragbare Cacaobäume, von ihm selbst gepflanzt, zu übergeben. Der Grund und Boden wurde ihm dazu angewiesen, und es fanden viele Fälle Statt, wo ein Sklave auf solche Art frei wurde, da die Natur bereits

Schatten und Feuchtigkeit verliehen, dadurch aber die Arbeit sehr erleichtert hatte. Die Cacaoernte findet jährlich zwei Mal Statt, im December ist die stärkste, im Junius die zweite, schwächere. Die Bohnen werden aus den Schoten genommen, in Haufen gelegt, daß sie ungefähr acht und vierzig Stunden schwitzen, dann in der Sonne getrocknet und genau so behandelt, wie die Kaffeebohnen, um dann, wie diese, in Säcken oder Fässern versendet zu werden. Die Caraccas und die Nicaraguas werden am meisten geschätzt, am wenigsten jene von Martinique.

Die Rheinflöße.

So Mancher reiset Hunderte von Meilen weit, um fremder Länder Merkwürdigkeiten zu beschauen, und ahnet nicht, daß sein Vaterland Dinge darbietet, die sich mit dem Bewundernswerthen jener Gegend messen können, wenn sie es vielleicht nicht noch übertreffen. Dazu gehört ohne allen Zweifel die Rheinflöße. Fast giebt es keine größere und kühnere Unternehmung, als die Erbauung eines solchen Floßes und die Spekulation auf den dabei herauskommenden Gewinn. Größe eines solchen Floßes, Kapital, das im Holze desselben steckt, Menschenzahl, ihn zu lenken und nach Holland, seinem Bestimmungsorte, zu bringen, Lebensmittel und Sold für diese Menschen, und Zölle, die überall am Ufer auf ihn lauern — Alles setzt gleich sehr in Erstaunen.

Man denke sich eine schwimmende Holzinsel von 1000 Schritten Länge, von 80—90 Fuß Breite, worauf 10—13 geräumige Hütten einer Zahl von 400—500 Arbeitern Wohnung geben, wo 4—6 Ochsen immer eingestallt sind, um diesen Menschen frisches Fleisch zu schaffen, während ihnen 40—50,000 Pfund Brod, 15—20,000 Pfd. gesalzenes und gegen 1000 Pfd. geräuchertes Fleisch nebst 30—40 Maltern Gemüse, 10—15,000 Pfd. Butter und eben so viel Käse zur andern Nahrung dienen und 5—6000 Ohmen Bier, 3—4 Stückfaß Wein ihre Kehle anfeuchten sollen, man denke sich nun noch dazu eine Herrenhütte, die es allenfalls wohl an Luxus und Bequemlichkeit im Innern mit mancher Admiralitätskajüte aufnehmen kann, und dann frage man sich, ob so etwas nicht zu den ersten Merkwürdigkeiten unsers Vaterlandes und Europa's überhaupt gehöre?

Vom Kapitale war die Rede, das in einem solchen Floße steckt. Wie groß dieß sey, kann man allenfalls ermessen, wenn man nur hört, daß von Andernach an, wo diese Flöße auf's Dauerhafteste aus den vom Main, von der Mosel und andern Flüssen herkommenden kleinen gebildet werden, bis nach Holland hinunter gegen und über 30,000 fl. Zoll bezahlt werden müssen; daß allein der Steuermann bis Düsseldorf und von da bis Holland hinunter gegen 1000 fl. kostet, daß eben so viel die 6—7 Steuerknechte erhalten und eben so die übrigen 4—500 Arbeiter nichts weniger als schlecht bezahlt werden. Zu einem Floßhandel, heißt dort das Sprichwort, gehören 300,000 Thaler: 100,000 sind im Walde, 100,000 im Wasser und eben so viel in den Unkosten.

Ein solches Floß zu steuern und auf dem mit Untiefen, Inseln, Brücken, Schiffmühlen, Krümmungen ꝛc. so reichlich ausgestatteten Rheine glücklich hinab zu geleiten, erfordert allerdings eben so viel Kenntnisse, als Muth, und daher muß sich ein solcher Steuermann auf seine Kunst so viel zu Gute, als sein Amtsbruder auf dem größten Orlogschiffe. Noch vor 40 Jahren war nur eine einzige Familie die eines gewissen Jung, in diese Kunst eingeweiht, und noch jetzt ist sie nicht zu sehr verbreitet; daher der enorme Preis für diese Reise, den der Floß=herr bezahlen muß.

Ueberhaupt hat das Lenken, Landen, Anhalten, Leiten eines solchen Flosses, wegen der Größe, Schnelligkeit der Bewegung ꝛc. mehr Schwierigkeiten, als man sich denken kann, und darum sind auch eine Menge Dörfer, deren männliche Bewohner bloß von Jugend auf als Arbeiter für diese Flöße leben, die im Februar nach der Mündung des Mains, Neckars, Moselflusses gehen, um dort die kleinen Flöße zu binden, und dann mit einem großen nach Holland fahren, von wo sie im Spätherbste zurückkehren und ihren Frauen, die indessen das Feld besorgten, das baar verdiente Geld mitbringen.

In manches Dorf kommen, da sie gut bezahlt werden, wohl 30,000 fl. jährlich. Von Neuendorf, nahe bei Koblenz, weiß man dieß gewiß.

Wie jedes Gewerk seine Terminologie hat, so hat auch diese Sippschaft die ihrige. Der Steuermann wird hier nicht rechts und links kommandiren. Nein, er ruft Hessenland oder Frankreich. Man wird hier nicht zum Essen rufen. Nein, wenn alles klar (d. h. fertig) ist, dann ruft der Steuermann: „Packholz überall!‟

Man hat wohl nicht nöthig, mehrere Beispiele zu geben. Die meisten sind verdorbene holländische Worte.

Der Stapelplatz alles Holzes in Holland ist Dordrecht. Was Memel für diesen Handel im Nordosten Europa's ist, das ist Dordrecht für den Nordwesten. Aller sechs Wochen sind hier große Holzverkäufe, und auf einer Börsen=Auktion gehen hier oft viele tausend Stämme weg. Was in Jahrhunderten im Spessartwalde, auf dem Hundsrück, Schwarzwalde verborgen aufgewachsen war, hat hier endlich sein Ziel gefunden und erwartet nun die zimmernde Axt, um in anderer Form zu nutzen, zu vergehen.

Aegyptische Basreliefs.

In Aegypten befinden sich bekanntlich eben so viel überraschende, als wunderbare und fast an's Unglaubliche gränzende Denkmäler von dem, was die Vorwelt vor mehr als 3000 Jahren leistete, daß nur noch in einem einzigen Lande sich Gegenstücke dazu bemerken lassen: in Indien. Allein die ägyptischen gigantischen Gebäude, Pyramiden, Tempel ꝛc. haben vor den indischen doch noch einen Vorzug, nämlich den, daß sie mit größerer Kunst, mit größerem Geschmacke und unter viel schwierigern Umständen gearbeitet sind. Es gränzt an's Mährchenhafte, wenn uns die Alten von Thebe in Ober=Aegypten erzählen, daß es 100 Thore gehabt habe; daß aus jedem zugleich 200 Streitwagen in's Feld gezogen seyen und ihnen 10,000 Streiter gefolgt wären; allein die ungeheuern Ueberreste von Tempeln und Bildsäulen in diesen Gegenden — man findet der erstern nicht weniger als beinahe 50, deren jeder bis 400 Fuß lang, 80 hoch, 40 breit ist — lassen auf eine ungeheure Bevölkerung schließen, die sich dann eben so gigantisch im Kriege, wie in den Arbeiten des Friedens zeigen konnte. Von allen den zahlreichen Ueberresten — die, mehr oder weniger wohl erhalten, die Größe der Baukunst, die Fortschritte der Bildhauerkunst der uralten Aegypter beweisen — sprechen wir hier nicht. Es ist davon nicht nur von so viel Andern schon Kunde gegeben worden, sondern, unserer Meinung nach, das eigentlich Erstaunenswerthe doch nur erst dann zu fassen, wenn man es selbst sieht; obschon es freilich immer interessant bleibt, von Bildsäulen zu lesen, die, zertrümmert im Sande liegend, halb von demselben, aus der Wüste hergeweht, verschüttet, im Umfange der Brust=

gegend zwischen 60 bis 70 Fuß halten, Daumen haben, welche einen Umfang von 6 bis 7 Fuß zeigen, auf die man mit Leitern klettern, und auf denen man mit der Elle umher laufen muß, diese ungeheuern Verhältnisse auszumessen. Wichtiger ist aber wohl jedes dieser Denkmäler noch in so fern, als es für den Philosophen wie für den Geschichtschreiber einen Schatz von Ideen und Nachrichten enthält, die ihm freilich erst eine spätere glückliche Zeit vollkommen zu verarbeiten gestattet.

Die meisten dieser gigantischen Ueberreste sind nämlich mit einer unzähligen Menge halberhabener Figuren bedeckt, die dem Künstler Achtung für das Talent der Vorwelt einflößen, da sie — rechnet man die Perspektive ab — durch die Richtigkeit, Wahrheit in den Stellungen in Erstaunen setzen, während sie dort das ganze häusliche, ackerbauliche und religiöse Leben der Aegypter in allen seinen Schattirungen und Abstufungen, hier die Thaten ihrer Könige in langen, immer abwechselnden Scenen vorführen, dort dem Philosophen tausend Stoff zum Nachdenken, hier dem Geschichtschreiber Helle in manchen ältern Begebenheiten geben würden, wenn er sie mit Muße betrachten, vergleichen könnte. Das Leben des Landmanns, die Arbeiten auf dem Felde, die Weinlese, die fröhliche Ernte, das Ausdreschen zeigt sich auf jenem, ein heiteres Gastmahl auf diesem Basrelief. Scenen des furchtbaren Krieges, wie eine eroberte Stadt geplündert wird, wie sich die Krieger der Schätze bemächtigen, sich in den Fluthen des geöffneten Weinschläuche laben, dort die wehrlosen Einwohner von der Mauer herabstürzen, hier ihre Streitwagen den Weg versperren, dort in Reihe und Glied die besiegte Armee heranrückt, um die Waffen zu strecken, auf einem andern; auf einem dritten die heiligen Gebräuche einer Opferung, oder die Freuden des Königs, der eine Löwen= und Eberjagd hält. Die Zeit hat allen diesen Figuren wenig Eintrag gethan. Die meisten sind vollkommen frisch erhalten, und diese wenigen Bemerkungen lassen auf die Ausbeute schließen, die hier der Künstler, noch mehr der Philosoph und auch der Geschichtsforscher machen würden, wenn es ihnen gegönnt wäre, mit Muße und Ruhe diese Reliquien zu untersuchen.

Zu den wenigen Punkten, die durch diese Nachforschungen ausgemittelt sind, rechnen wir 1., daß die Aegypter lange Menschenopfer schlachteten, und 2. eine grausame Nation waren; so wie sie sich 3. eine geraume Zeit als Eroberer zeigten. Der zweite Punkt würde schon aus dem ersten hervorgehen; allein er wird auch durch eine Menge Nebenumstände erwiesen. Wir führen zuerst in der Kürze den Beweis der Behauptung an, welche die Aegypter als erobernde Nation bezeichnet.

Was Herodot von Sesostris erzählt[*]), wie er sich ganz Asien unterworfen habe, wird durch eine Reihe der trefflichsten Basreliefs erhärtet, die einen König in allen nur möglichen Schlachten und Gefechten zeigen. Bald sieht man ihn eine Stadt stürmen oder vor einer ungestürmten Stadt auf seinem Streitwagen halten, bald eine Landung machen, bald eine feindliche Armee sich in wilder Flucht auf's Blachfeld zerstäuben. Die verschiedene Kleidung der Völker, die verschiedene Bildung des Kopfes, die verschiedene Art, die Haare zu tragen, die verschiedene Form der Schilde, Eines ist so genau

---

[*]) Daraus folgt jedoch nicht, daß die Aegypter nur unter ihm Eroberer waren, sondern, daß die Kriege Mehrerer am Ende nur Einem zugeschrieben werden, da die Tradition ihre Thaten, nicht ihre Namen und Jahre meldet

beobachtet als das Andere. Man unterscheidet den Aegyp=
ter darauf genau vom Indier, Perser, Nubier; und auf
einigen solchen Gemälden beläuft sich die Zahl der mensch=
lichen Figuren wohl auf 1500, und alles, was Homer
in seinen Schlachten so lebendig schildert, scheint nur
Nachbildung von dem zu seyn, was er — der in Aegyp=
ten war — hier lebendig seiner Phantasie einprägte. Hier
wiederholen sich die Scenen, wo ein gefangener Fürst an
den Streitwagen des Siegers mit den Haaren gebunden
ist, um jämmerlich geschleift zu werden; hier ist das Ori=
ginal zum Priamus, wie er um Erbarmen fleht. Aber im
Verlaufe dieser Bilderchronik, dieses kolossalen histo=
rischen Bildersaales, wie man ihn nennen möchte,
finden sich leider auch die unwidersprechlichsten Beweise
der zweiten Behauptung, daß die Aegypter wahrschein=
lich zu der Zeit noch, als sie diese wunderbaren giganti=
schen Kunstwerke schufen, Menschen dem Osiris, der
Isis zum Opfer brachten. Mit seiner Keule schlägt auf
einem solchen Gemälde der König vier Gefangene nieder,
indessen Osiris ihm dazu noch ein Schwert darreicht, wahr=
scheinlich, sie zu zerstücklen. Eine Reihe angeketteter Gefan=
gener übergibt derselbe Fürst dem Osiris auf einem andern
Gemälde; denn auch so kann man diese Basreliefs be=
zeichnen, da sie zum Theil noch jetzt mit den leben=
digsten Farben*) prangen, und so die Wirkung erhö=
hen. Am furchtbarsten zeigt sich jedoch auf allen diesen
Basreliefs die ausstudirte Grausamkeit in der Be=
handlung der Gefangenen. Auf dem Einen sieht man
jene Scenen des Schleifens eines gefangenen Königs am
Streitwagen nicht wieder zu erwähnen — den König auf
einem Streitwagen, wie er triumphirend auf ganze
Haufen von abgehauenen menschlichen Glie=
dern deutet, welche zwei Sekretäre aufzeichnen.
Andere Schlachtopfer werden herbeigeführt. Die Ellen=
bogen sind jenen über dem Kopfe zusammen gebunden,
Andere sind Rücken an Rücken, die Hände an die ei=
gene Schulter und an die Ellenbogen des Andern gefesselt.
Auf einem andern Gemälde ist der Wagen, auf welchem
der König fährt, mit etwa 30 solcher Unglücklichen um=
geben, die, daran gekettet, zum Theil nachgeschleift
werden. Die Angst und Qual dieser Unglücklichen
sind mit der größten Wahrheit ausgedrückt.

Daß hier von erdichteten Vorfällen die Rede sey,
kann Niemanden einfallen, der das Ganze im Zusammen=
hange und die mannichfachen, einander wechselsweise er=
klärenden, ergänzenden Gruppen überschaut; und ohne
Zweifel wurden hier nur die Thaten des Königs abgebildet,
der den Tempel erbaute, worin sich zur Ausschmückung
diese Basreliefs finden. Wäre der Sinn der Nation sol=
chen Grausamkeiten abhold gewesen, hätten sie nur im Cha=
rakter des Königs gelegen, so würde derselbe sich gewiß
nicht an solchen Scenen weidend haben darstellen lassen.
Es wird also hier eine, die Aegypter wahrlich nicht ehrende
historische Wahrheit erwiesen, die um so greller ist und
wird, da das ungeheure Gebäude, worin sich diese Bas=
reliefs befinden, nach Hamilton's Untersuchungen von
mehreren Königen nach und nach erbaut, mithin nach und
nach ausgeschmückt wurde, und also diese Ausschmük=
kung auch den Beweis giebt, daß solche wilde, blutdür=
stige Sinnesart lange dem Aegypter eigen war.

Luftdörfer.

In Amerika giebt es einige Dörfer, die, von tie=
fen, unzugänglichen Morästen und Sümpfen umgeben,

hoch in der Luft schweben. Der Boden dieser Gegend,
die von mehreren großen Flüssen (z. B. dem Orinoko)
durchströmt und häufig überschwemmt wird, trägt viele
und ungemein große Palmbäume, die in dicht gedräng=
ten Reihen neben einander wachsen. Auf diese Bäume
werden nun von den Bewohnern große, lange Quer=
balken, in einer Höhe von 30—40 Fuß, über der Erde
von einem zum andern gelegt, auf denen sie dann, wie
ein Jeder will, ihre Wohnungen anlegen.

Diese Höhen erklettern alle Bewohner mit der Be=
hendigkeit eines Eichhörnchens, ohne Unterschied des
Alters und Geschlechts, und haben sie deshalb dem
Himmel näher als der Erde gebracht, um zu verhüten,
daß die sonst so gefährlichen Krokodille ihnen schaden,
Tiger und Mußquitos sie antasten, und sie vor den
häufigen Ueberschwemmungen gesichert sind.

Der See Tiberias.

„Und er trat in das Schiff und seine
Jünger folgten ihm. Und siehe da erhob
sich ein großes Ungestüm im Meer, also, daß
auch das Schiff mit Wellen bedeckt war.‘
So sagt uns das Evangelium vom See Tibe=
rias, an dessen schönen Ufern Christus so gern mit sei=
nen Schülern und Freunden weilte, und wir nehmen da=
von Gelegenheit, von dem schönen See eine kleine Schil=
derung mitzutheilen, von ihm, „auf dessen Gestaden kein
Fluch ruht, wie auf den Ufern des todten Meeres, son=
dern eine heilige Stille, eine hehre Schönheit, die unwi=
derstehlich reizend sind.‘‘ So beschreibt ihn Carne in:
Leben und Sitte des Morgenlandes, III. S. 11

Es ist dieser See, dieses Meer, wie es unsre
heilige Urkunde nennt, volle 8 deutsche Meilen lang und
eine reichliche Meile breit. Der Jordan tritt, wie die
Rhone in den Genfer See, auf der einen nördlichen
Seite herein und auf der andern fließt er wieder hin=
aus. Die Fische darin sind vom herrlichsten Wohlge=
schmacke: kein Wunder, daß wir Petrus und Si=
mon, einer andern Erzählung von Jesus zufolge, in
ihm ihre Netze auswerfen sehen. Hohe Berge umge=
ben ihn auf der östlichen Seite. Auf der westlichen
sind sie minder steil, aber von desto lachendern Thä=
lern durchschnitten und mit einem grünen Teppiche
geschmückt. Doch so lachend die Gegend um den See
herum ist, so freundlich der Jordan nach seinem Aus=
tritte wohl 50 Fuß breit sich im fruchtbaren Thale nach
Süden hinwindet, so sehr muß doch, wie auf den
Schweizerseen, der Schiffer und Fischer in seinem klei=
nen Fahrzeuge immer auf der Hut seyn, denn zu ge=
wissen Zeiten brechen plötzlich Windstöße aus den Ber=
gen am östlichen Gestade hervor, also, „daß auch das
Schifflein mit Wellen bedeckt wird.‘‘ Wie lange ein
solcher Windstoß dauere, ob er wiederkommen werde
mag unter oft an seinem schönen Ufer Weilenden
wohl zu beurtheilen gestattet seyn, und uns dünkt es
also, es lasse sich sehr natürlich erklären, wenn Chri=
stus ruhig, aus dem Schlafe aufgeweckt, zu seinen
ängstlichen Begleitern sagte: „Warum seyd ihr so furcht=
sam?‘‘ wenn „er aufstand und Wind und Meer be=
dräute.‘‘ Am westlichen Ufer liegt übrigens noch die
in der Ueberlieferung des N. T. ebenfalls vorkom=
mende kleine Stadt Tiberias, von Juden und Tür=
ken bewohnt. Mehre der Erstern ziehen aus Polen
dahin, um ihre letzten Lebenstage auf dem Schauplatze
des Ruhmes und der Herrlichkeit ihrer Väter hinzu=
bringen und im Thale Josaphat, wo das jüngste Ge=

---

*) Viel! jedoch die Trockenheit der Luft und das Dunkel
des Innern des Tempels machen dieß erklärlich; das
Blaue des Meeres ist hier und da noch gut ausgedrückt.

richt, ihrer Meinung nach, gehalten werden soll, gleich unmittelbar in die Freuden der künftigen Welt einzugehen.

Taſſo.

Am 11. März 1544 ward zu Sorrento bei Neapel Torquato Taſſo geboren, der Dichter des befreiten Jeruſalem. Sein Vater, Bernardo, galt bereits für einen guten Dichter, aber freilich würde ihn Niemand nennen, wenn nicht der Sohn unſterblich geworden wäre. Das Leben des Letztern war jedoch oft faſt nichts, als eine Reihe von Mühſeligkeiten und glänzendem Elende. Von der Natur ſchon als Kind mit herrlichen Gaben ausgerüſtet, kam er im 11. Jahre nach Rom, wohin den Vater politiſche Urſachen zu gehen nöthigten. Der Abſchied von der Mutter fiel ihm ſehr ſchwer. Er ſollte ſie nie wieder ſehen. Selbſt von dem Vater hätte er ſich auch bald trennen müſſen. Es nöthigte dieſen neue Sorge für ſeine Sicherheit, nach Urbino zu gehen und den Sohn nach Bergamo zu ſenden. Allein der Herzog von Urbino nahm den alten Bernardo ſehr freundlich auf, ſo daß er den Sohn bald nachkommen ließ, und dieſer fand am Hofe durch ſein Benehmen, ſein Talent ſo viele Gunſt, daß er dem Sohne des Herzogs in den Unterrichtsſtunden beigeſellt wurde. Ein neuer Wechſel des Schickſals nöthigte zwei Jahre nachher, 1559, Bernardo, nach Venedig zu gehen, und nun ſtudirte der junge Torquato in Padua, um Rechtsgelehrter zu werden; oder vielmehr er ſollte ſtudiren, denn bereits war ſein Genius erwacht und ein Gedicht, Rinaldo, verkündete, ehe er achtzehn Jahre alt war, was aus ihm in der Art werden könne. Schon im 19. Jahre begann er nach Einigen ſein berühmtes Jeruſalem. Im Jahre 1556 führte ihn der Kardinal Luigi d'Eſte, der Bruder des Herzogs Alphons von Ferrara, an den Hof des Letztern, und dieß hatte auf das ganze übrige Leben des Dichters einen traurigen Einfluß. Es ſcheint eine Liebe zwiſchen ihm und Eleonoren, der Schweſter des Herzogs, obgewaltet zu haben, worüber jedoch ein Schleier verbreitet iſt, den Niemand mehr löſen dürfte. Bis zum Jahre 1575 hielt er ſich

im Weſentlichen immer hier auf, und ſchrieb erſt ſeinen Amyntas, das berühmte Schäferſpiel, ſo wie er zweitens ſein befreites Jeruſalem vollendete. Von dieſem Augenblicke an aber hüllte ſich ſeine irdiſche Laufbahn in graues Dunkel. Mehrere Jahre ſcheint er arm und verlaſſen, getrieben von einer innern Unruhe und Schwermuth, von Stadt zu Stadt herumgewandert zu ſeyn, um endlich immer wieder nach Ferrara zu kehren, das ſeiner Wünſche Ziel enthalten haben mag. Heftig, leidenſchaftlich, muß er vielleicht ſeinen ehemaligen Gönner, den Herzog von Ferrara, beleidigt haben, denn 1579 ließ ihn dieſer in's Narrenhaus zu St. Anna ſtecken. Sieben Jahre und zwei Monate ſchmachtete er darin, während ganz Europa ſeine Meiſterwerke las und ihn als Phönomen anſtaunte. Die Prinzeſſin Leonore, welche die entfernte Veranlaſſung zu ſolcher Barbarei geweſen zu ſeyn ſcheint, ſtarb 1581, ohne daß aber ihr Tod, oder die Bitte von Taſſo's Freunden ihn befreit hätte. Erſt 1586 ſetzte es der Herzog von Mantua, Vincenzo Gonzaga, durch, daß man ihn entließ. Er lebte nun ein Jahr in Mantua, und ſtrich dann wieder, ohne jedoch auf's Neue nach Ferrara zu kommen, in Italien umher, wo er wunderliche Abentheuer in Menge beſtand. Bald wurde er an dieſem oder jenem kleinen Fürſtenhofe vergöttert, bald ſah man ihn auf der Landſtraße in der jämmerlichſten Art ſein Brod faſt als ein Bettler ſuchen. Sechs oder ſieben Jahre lebte er ſo, bis er endlich im November 1594 nach Rom kam. Hier nahm man ihn enthuſiaſtiſch auf. Er ſollte im nächſten Frühjahre gekrönt werden, wie einſt 250 Jahre früher Petrarca. So wollte es der Papſt und die Königin der Städte. Doch ehe der Tag ſolchen Triumphs kam, wurde er krank und fühlte ſein Ende nahen. Dem eignen Verlangen gemäß, brachte man ihn nach dem Kloſter St. Onofrio, worin zwanzig Jahre früher ſein Vater ſein Vater ausgeathmet hatte. Geduldig ſah er hier dem letzten Stündlein entgegen und verſchied den 25. Apr. 1595 in den Armen des Kardinals Cinthio Aldobrandini, als eben erſt das 52. Jahr angetreten hatte. Der Kardinal verkündete ihm des Papſtes Segen. „Die Krone, die ich aufzuſetzen hoffte,“ rief er, „iſt nicht die des Dichters auf dem Kapitol, ſondern die Glorie der Seligen im Himmel oben.“

Woche.

Am 8. Juni 632 ſtarb, 61 Jahre alt, der Gründer des Islams, Muhamed.

Am 9. Juni 1190 ertrank der Kaiſer Friedrich Barbaroſſa, 68 Jahre alt, im Cydnus bei den Engpäſſen Ciliciens und ward in Tyrus begraben.

Am 10. Juni 1772 verbrannte der Henker in Paris Rouſſeau's Emil.

Am 11. Juni 1742 wurde der erſte ſchleſiſche Krieg durch den Breslauer Präliminar=Friedensſchluß beendigt und das eroberte Schleſien mit Preußen traktatenmäßig vereint.

Am 12. Juni 1809 that der Papſt Pius VII. den Kaiſer Napoleon in den Bann.

Am 13. Juni 1810 ſtarb der berühmte Joh. Gottlieb Seume zu Teplitz in Böhmen, erſt 47 Jahre alt.

Am 14. Juni 1800 wurde zu Kairo der ſiegreiche General Kleber in dem Augenblicke ermordet, wo Napoleon die Schlacht bei Marengo gewann und Desaix in derſelben den Tod fand.

Verlag von Boſſange Vater in Leipzig.
Unter Verantwortlichkeit der Verlagshandlung.

Das Pfennig-Magazin

der

Gesellschaft zur Verbreitung gemeinnütziger Kenntnisse.

7.]   Erscheint jeden Sonnabend.   [Juni 15, **1833**.

Die Paradiesvögel.

1) Der Smaragbfarbige Paradiesvogel.
2) Der goldene Paradiesvogel.

3) Der Unvergleichliche. (n. Le Vaillant.)
4) Der Dunkle. (n. Le Vaillant.)   5) Der Prächtige.

Die Paradiesvögel.

Vieles, was die ältern Schriftsteller, mit Ausnahme einiger griechischen, von der Natur und ihren Werken erzählen, ist nichts als eine ziemlich bedeutende Reihe von unterhaltenden Fabeln. Genaue Beobachtung der Natur, Untersuchung des Baues und der Lebensweise der Thiere war nicht ihre Sache; Leichtgläubigkeit ist aber Allen gemein, und die Liebe zum Wunderbaren war den Meisten eigen. Daher so viele Fabeln vom Froschregen, vom Schwefelregen, vom Kraken, vom Basilisken, von Seejungfern und hundert ähnlichen Dingen. Auch die Paradiesvögel, welche wir hier sehen, gehören dahin. Dann und wann brachte ein Reisender die Haut eines schönen Vogels mit, den er aber nur in so weit kannte, als ihm die Eingebornen Ostindiens davon erzählt und er ihre Nachrichten verstanden hatte. Das Gefieder desselben hatte den herrlichsten Farbenschmuck: Brust und Rücken waren bei andern mit den lebhaftesten Farben geschmückt, Andere hatten zarte, weit herausstehende glänzende Flügelfedern oder Kopffedern ganz besonderer Art, ohne daß eine solche Zierde einen Nutzen gewährt hätte, wenn der Vogel dem Winde widerstehen sollte. Und sonderbar! diese Vögel hatten keine Füße. Da fand nun die Einbildung und Leichtgläubigkeit freies Feld. Man schilderte sie, so zarter wie eine Taube, und glänzender wie ein Pfau sind, als Bewohner einer Gegend, welche nichts als Schönheit und Ruhe athmete, wo nie ein Sturm ihr Gefieder aufregte, wo sie, nimmer rastend, in reiner, balsamischer Luft umherschwebten, genährt von Thau und stärkenden, kühlenden Lüftchen. Kurz, man nannte sie Paradiesvögel, und glaubte, daß die Paar in Europa vorhandenen Exemplare zufällig auf einem hübschen Plätzchen, wo es viel Blumen und Gewürze gab, getödtet worden wären. Etwas Genaueres wußte man gar nicht.

Die erste, sorgfältiger ermittelte Kunde von denselben erhielten wir vom Naturforscher Guimard, der 1817 die Expedition des Kapitain Freycinet begleitete. Er beobachtete viele dieser Vögel auf einer Insel-Gruppe, von welcher Neu-Guinea die vornehmste ist, und fand, daß sie nicht von Balsamdüften und Himmelslüftchen leben, sondern Alles fressen, vornehmlich aber Früchte und Insekten, daß sie recht starke Beine haben, daß sie am Liebsten in dichten Wäldern wohnen, und bei heller Witterung gern auf die höchsten Spitzen der Bäume fliegen. Sie nehmen ihre Richtung immer gegen den Wind, da ihr glänzendes Gefieder auf solche Weise sich längs dem Körper anschmiegt, während es sonst, sich emporsträubend, bald in gänzliche Unordnung kommen würde. Eben darum wagen sie sich bei stürmischem Wetter gar nicht heraus. Sie sind dann wie verschwunden; der Instinkt sagt ihnen, was in einem Orkan dort zu bedeuten habe, dem sie nicht die Spitze bieten, von dem sie sich nicht forttreiben lassen könnten. Sonst fehlt es ihnen gar nicht an Muth. Sie nehmen es im Gegentheile mit jedem Raubvogel auf, der ihnen zu nahe kommt. Zu Hausthieren sind sie noch nicht geworden; auch über ihre Jagd, ihre Art zu brüten, konnte Guimard nichts Bestimmtes erfahren. Doch giebt es von ihnen mehrere Arten, von denen wir auf dem vorstehenden Bilde fünf vor uns haben. No. 1. ist wegen seines glänzenden Gefieders vornehmlich bekannt, und hat zwei herrliche Schwungfedern, welche, zwei Fuß lang, unter den Flügeln vorgehen. No. 2. hat 6 dergleichen, die sein Köpfchen schmücken. No. 3 und 4 sind von Le Vaillant allein beschrieben, und der eine davon gleicht, wenn er sein prächtiges Gefieder ausspreizt, dem Pfau. No. 5.

heißt vorzugsweise der Prächtige, wegen des Kragens, den er auf der Brust hat, und wegen des fächerähnlichen Schmuckes auf dem Rücken. Er kann jenen wie diesen willkührlich aufheben und fallen lassen. Die Fächer oben legen sich über die Flügel fest wie im Mantel an. — Alle diese Arten weichen an Größe von einander ab. Die meisten kommen hierin mit unserer Drossel überein, ob sie schon wegen ihres dicken Gefieders die Größe einer Taube zu haben scheinen.

Eine hier nicht abgebildete, äußerst schöne Art ist der Königs-Paradiesvogel, von welchem die Indier viel wunderliche — Fabeln erzählen. Er soll in großer Menge ziehen, und ein Anführer den ganzen Schwarm befehligen, besonders aber auch erst das Wasser untersuchen und kosten lassen, ehe sich der Schwarm senkt, um den Durst zu löschen, weil die Indier, ihrer habhaft zu werden, gern dasselbe vergiften. Wahrscheinlich, meint Vaillant, hat sich zu einem Schwarme Vögel ein ganz anderer, fremder Vogel gesellt, den die Indier für den König oder Anführer hielten. Wegen seines schönen Gefieders hat der Paradiesvogel von jeher die Habsucht der Menschen rege gemacht. Die Indier stellen ihnen mit stumpfen Pfeilen nach, bereiten die Haut sehr sorgfältig, schneiden die minder glänzenden Flügel und Füße weg und machen so einen artigen Schmuck für Männer und Frauen daraus, während in Europa die sonst seltenen Exemplare die Fabel veranlaßten, daß das schöne Thierchen keine Füße habe. Zuletzt bemerken wir noch, daß der Paradiesvogel in großen Zügen weite Reisen macht. Wenn die Muskatenbäume blühen, so kommen sie in Menge von den Inseln nach Ostindien und fallen oft ganz betäubt vom Geruche zur Erde.

Das eigentliche Vaterland des Paradiesvogels soll Neuguinea seyn, von wo aus diese Vögel, mit Ausnahme der Brütezeit, nach den benachbarten Inseln streifen. Sie sind auf den Inseln des östlichen Asiens nur über ein Paar Grade innerhalb der Wendekreise verbreitet.

Indien in alter Zeit.

Den alten Griechen und Römern erschien Indien als ein wildes Land. Arrianus, ein griechisch-römischer Schriftsteller *), der ein Werk herausgab, das Alexanders Zug nach dem Indus, ungef. 300 J. v. Chr., schilderte, theilt auch eine Menge Dinge davon mit, aus denen sich kaum das Wahre herausfinden läßt. So erzählt er, daß der Tiger in Indien mehr gefürchtet werde, als der Elephant. Vielleicht möchte sich dieß noch in einer oder der andern Art rechtfertigen lassen; allein Nearchus, der Admiral Alexanders, erzählt, daß er zwar ein Tigerfell, nie aber einen Tiger selbst gesehen, und von den Einwohnern nur erfahren habe: er sey größer als das größte Pferd; mit seinem Muthe, seiner Schnelligkeit lasse sich mit dem von keinem Thiere vergleichen. Der Tiger kämpfe selbst mit dem Elephanten, und springe ihm nach dem Kopfe und tödte ihn dann leicht. Die letztern Angaben sind im Ganzen gegründet. Der Tiger sucht mindestens sein Leben, wird ein Elephant auf ihn zugetrieben, theuer zu verkaufen, und springt ihm nach dem Rüssel, den der Elephant deshalb sorgfältig in der Höhe zu verwahren sucht.

Noch wunderlichere Dinge theilt der Bericht des Nearchus über den Papagoy mit. „Der Papagoy kann wie ein Mensch reden!" führt er von ihm an. Dann bemerkt er noch selbst, daß er auch viel Papagoyen gesehen habe und sie zu seiner Zeit keine Selten-

---

*) Unter dem Kaiser Hadrian, ungefähr 120 J. n Chr

heit gewesen seyn. Die wunderlichste Nachricht über diesen Vogel giebt der Leibarzt des Perserkönigs Ktesias, ein Grieche, der 400 Jahre v. Chr. lebte. Wie alle Griechen, übertreibt er gern. „Der Papagoy," theilt er mit, „hat eine Zunge, eine Stimme wie ein Mensch, ist so groß wie ein Falke, und hat einen schwarzen Bart. Der Hals sieht zinnoberroth aus, und die indianische Sprache spricht er wie ein Mensch. Wenn er griechisch gelernt hat, so redet er dieß, als wäre es seine Muttersprache." Wen wir mit dem Papagoy nicht ganz vertraut wären, so sollte es uns doch schwer fallen, das Wahre vom Falschen in dieser Beschreibung auszumitteln. —

Nearchus erwähnt dann ferner die Schlangen, welche er in Indien kennen gelernt hatte. Sie seyen sehr schnell in ihren Bewegungen, und gefleckt. Eine hatte 24 Fuß Länge, und die Indier versicherten, daß man noch längere finden könne. Hier wurde vermuthlich die Anaconda oder Boa Constrictor, die Riesenschlange, gemeint. Die griechischen Aerzte waren nicht im Stande, die vom Schlangenbisse entstandenen Wunden zu heilen, weshalb Alexander immer eine Zahl indischer Aerzte bei sich führte; wer gebissen ward, mußte sich gleich zu ihnen in des Königs Zelt begeben. Das Wahre hiervon ist gar nicht zu ermitteln. Leichter kann dieß mit der Nachricht des Nearchus geschehen, daß es Bäume in Indien gäbe, die wohl 500 Fuß im Umkreise halten, und ein Obdach für 10,000 Mann bilden könnten. Es ist hier ohne Zweifel der Banianenbaum gemeint. Noch in neuern Zeiten lieferte der Reisende Forbes einen Beleg hierzu. Er fand einen solchen Baum, der 2000 Fuß im Umkreise maß, und unter dessen Laube sich 7000 Mann aufstellen konnten. — Die wunderlichste Notiz vom alten Indien findet man in den Bruchstücken, die noch von Megasthenes vorhanden sind, der auch ein Zeitgenosse Alexanders war. „Die Perlenmuschel," sagt er, „wird mit Netzen gefangen, und sie findet sich an einer Stelle so häufig über einander geklebt, wie die Bienen. Auch haben sie, gleich den Bienen, entweder einen König oder eine Königin, und wer das Glück hat, ihn oder sie zu fangen, wird auch leicht aller Andern habhaft werden." Bei allen solchen Nachrichten darf man nicht vergessen, daß Mangel an genauer Beobachtung, Mangel an Sprachkenntniß, natürliche Sucht zu übertreiben und wunderbare Dinge zu erzählen, Leichtgläubigkeit und so vieles Andere dergleichen Entstellungen der Wahrheit zur natürlichen Folge hatten.

Pelet's Selbstüberwindung.

Am Bewundernswerthesten erscheint der Mensch, wenn er sich selbst ganz und gar vergißt und für nichts anschlägt, um einen edlen Zweck zu verfolgen, und viele seiner Brüder zu retten, oder sonst eine große, hohe Idee ins Leben zu rufen. Darum wird noch immer des Codrus, des Curtius, des Horatius Cocles, der 300 Spartaner in den Thermopylen ꝛc. gedacht. Aber auch die neueste Zeit hat ähnliche Handlungen aufzuweisen, und manche mag Statt gefunden haben, ohne daß sie jedoch durch die Schrift auf die Nachwelt gekommen ist. Eine von der Art, die auch wenig bekannt ist, findet sich in Mortonval's Geschichte des Feldzuges in Rußland. Als Ney's Corps in der Nähe von Krasnoi auf dem schrecklichen Rückzuge gänzlich abgeschnitten war und ihm die einzige Wahl noch übrig schien, ob man sich mit den Waffen durchschlagen oder ergeben wolle, waren bei dem ersten Versuche dem Obersten Pelet v. 48. Reg. beide Beine und ein Arm zerschmet-

tert worden. Das kleine Häuflein der Franzosen zieht sich auf der blutbedeckten eisigen Straße zurück, und wird aufgefordert, sich zu ergeben. Ney schlägt es aus. Er mustert seine Handvoll Leute, um zu sehen, wie viele Kräfte er noch aufzubieten hat. Jetzt kommt er zum 48. Regimente, dessen Oberster mit zerschmetterten Gliedern, aber ruhig, dem schrecklichen Schicksale trotzend, auf einem Pferde sitzt, das die Soldaten ihm gebracht haben. „Was ist zu thun?" sagt Ney, vom eignen Geschicke, wie von dem des Tapfern aufs Heftigste erschüttert. „Lassen Sie uns an den Dnieper marschiren," antwortete Pelet ruhig. „Wir sind kaum eine Stunde davon entfernt; er ist zugefroren; wir werden über denselben gehen, längs demselben hinauf marschiren und in Orßza mit dem Kaiser wieder zusammentreffen können." Er hatte die Karte vor sich liegen und überzeugte Ney, daß nur auf solche Art Entkommen möglich sey. Der Marschall giebt nach, und bekanntlich sah sich Miloradowitsch seine Beute in dem Augenblicke entschlüpfen, als er sie eben mit beiden Händen festzuhalten glaubte. Aber welche Seelenstärke gehörte dazu, unter den schrecklichsten Qualen, unter Entbehrungen, wo ein Bissen Brod und ein Trunk Wasser mit Gold bezahlt wurde, wo der Tod die einzige Hoffnung bot, mit Ruhe eine wichtige Frage zu erörtern, welche das Leben, die Freiheit und die Ehre mehrerer Tausende entschied, und diese Frage siegreich durchzusetzen. Mortonval sagt nichts weiter vom Schicksale Pelet's, und sicher ist er wenige Stunden nachher, wie so viele Tausende der Hülflosen, Verwundeten und Kranken, eine Beute der Kälte, des Mangels an Allem geworden, zumal da auch an den zwei folgenden Tagen noch heftige Scharmützel mit den Kosaken bestanden werden mußten; aber um so mehr verdient seine Selbstüberwindung als ein Beispiel von Dem erzählt zu werden, was der Mensch über sich vermag.

Der Pranger im Theater.

Foote, der englische Aristophanes, erreichte manchen Schurken, der dem Richter entging, und züchtigte manches Verbrechen, das vor dem Gesetze straflos blieb. Ein reicher Betrüger war zum Pranger reif, weil er einen falschen Eid geschworen hatte, allein der Advokat that dar, daß ein Fehler in der Formalität Statt fand, und so entging er ihm, ob er schon des Verbrechens überwiesen und geständig war. Abends wagte sich der Unverschämte in Foote's Theater ganz vorn in eine Loge. Kaum erblickte ihn Foote, als er sich, extemporirend, die Nase zuhielt und seinen Mitspieler fragt: „Ob er keine Prise habe?" Betroffen sieht ihn dieser an. „O verflucht!" extemporirt Foote fort. „Ich hätte doch einen falschen Eid darauf geschworen, daß der Herr keine Nase hat. Riechen Sie denn die faulen Eier nicht?" Die faulen Eier erinnerten an die Sitte des Pöbels, mit solchen Den zu werfen, der am Pranger steht. Jeder begriff den Wink. Jeder sah nach der Loge hin. Der Schurke wurde fürchterlich ausgezischt; er hatte Mühe, sich zu retten, und im Theater den Pranger gefunden, dem er vor Gericht entgangen war.

Der Araber und sein Kameel.

Die Araber in dem nördlichsten wüsten Theile ihres Vaterlandes suchten schon seit Jahrtausenden mehr oder weniger sich durch Räubereien zu ernähren. So mensch-

lich, mitleidig, treu und uneigennützig sie unter einander sind, so wild und habsüchtig zeigen sich dieselben
gegen Fremde. Gastfreundlich, edelmüthig unter ihrem
Zelte daheim, sind sie blutdürstige Feinde der nahen
Länder. Zu Hause sind sie zärtliche Väter, gute Gatten, gütige Herren, aber Jeder, der nicht zu ihrer Familie gehört, scheint auch in ihren Augen vogelfrei; und
unverdrossen verbreiten sie sich, um zu rauben, zu plündern, bis tief hinein nach Syrien, nach Mesopotamien,
ja selbst bis nach Persien.

Der Araber und sein Kameel.

Dabei unterstützt sie nun treulich das Kameel, mit
dem sie gleichsam ein Bündniß eingehen, wovon das
Thier die Mühe hat und sie den Nutzen ziehen. In
Arabien leben Mensch und Thier wechselsweise gleichsam
eins für das andere. Von Jugend auf wird das Kameel zur Arbeit, zur Ertragung lebenslänglicher Beschwerde abgerichtet und abgehärtet. Man gewöhnt es,
täglich mehr zu tragen, täglich weniger zu fressen, immer schneller zu gehen, und immer weniger zu saufen
und zu schlafen. Das feurige Pferd wird ihm ein Muster fürs Laufen; und holt es auch nicht in Schnelligkeit
dasselbe ein, so übertrifft es den Hengst am Ende doch
an Ausdauer. Ein so abgerichtetes, an Hunger und
Durst, Laufen und Tragen gewöhntes Kameel ist nun
ein unschätzbares Schiff in der Wüste, wie es der Araber nennt, und für die Raubzüge desselben trefflich geeignet. Auf ihm eilt er durch die Sandebenen und harrt
des Kaufmanns, der mit seinen Schätzen des Weges
einherzieht. Er raubt und tödtet; das Kameel trägt
die Beute. Sieht sich der Araber verfolgt, so setzt er
sich auf das beste Kameel, treibt es zum schnellen Schritte
an und entgeht seinen Feinden in dem Sandmeere, das
ihn überall umgiebt. Man hat fast unglaubliche Beispiele von der Behendigkeit dieser Thiere. Ein Araber,
wie der Engländer Jackson in Marokko versichert, ritt
einmal bei Tagesanbruche von Mogadore nach Marokko, die zwanzig deutsche Meilen aus einander liegen,

um seiner Geliebten ein Paar recht frische Apfelsinen
zu holen, und kam schon nach Mitternacht wieder in
Mogadore an. Er hatte also 40 Meilen in noch nicht
24 Stunden gemacht.

Das Kameel ist ganz für die Wüste geschaffen.
Es kann die größten Beschwerden tragen, ohne davon
angegriffen zu werden. Sein Fuß tritt leicht und flach
auf den nachgebenden Sand; seine Nasenlöcher schließen
sich, wenn ein Wind den Staub der Wüste emporwir-
belt und Alles zu erstiken droht; sein Magen ist eingerichtet, eine Menge Wassers aufzubewahren, das ihm bei
eintretendem Mangel den nothwendigsten Bedarf giebt *),
— um das dürrste Futter zu verdauen: es nährt sich vom
feinsten, zartesten Grase, von Gerste, süßen Datteln und
Bohnen oder Brode, aber es sättigt sich auch mit stachligen, trocknen Mimosen, die kein Thier anders genießen
kann. Zähne, Gaumen, Lippen sind von der gütigen Natur eingerichtet, jene Leckerbissen zu schmecken und diese
trockne Speise der Wüste zu zermalmen. Und so macht
es Wege von mehr als hundert und funfzig deutschen Meilen, z. B. von Aleppo nach Baffora, ohne daß man
ihm ansieht, welche Entbehrungen es ertragen muß. Jene
gerühmte Schnelligkeit ist jedoch nicht allen Ka-
meelen eigen. Es giebt zwei Arten derselben, die sich

*) Nach Burkhardt ist die Sache sehr zweifelhaft. Er saß
und hörte nie etwas davon.

ohngefähr zu einander verhalten wie unsere Reitpferde zu den Zugpferden. Beide unterscheiden sich durch die Bildung des Rückens. Das schnelle, flüchtige, zum Reiten bestimmte, hat einen Höcker und heißt Dromedar, das andere, zum Tragen gebräuchliche, hat deren zwei. Indessen selbst das zum Lasttragen Bestimmte legt doch auch täglich seine 5—6 Meilen mit einer Last von 5—6 Centnern lustig und munter zurück, besonders wenn es die Pfeife seines Führers oder ein fröhliches Lied desselben vernimmt, denn gleich dem Pferde, dem der Ton der Trompete neues Leben giebt, hat es ein besonderes Wohlgefallen an dergleichen, und was nicht Peitsche und Sporn vermöchten, thut so ein munterer Gesang und Klang. Jetzt kommt es endlich an, wo die Karawane rastet, seine Bürde wird ihm abgenommen, und eine Handvoll Gerste oder ein Stück Gerstenbrod belohnt seinen Eifer, mit dem es am folgenden Tage aufs Neue Hitze, Durst und Hunger und die schwere Last trägt. Wie sie ihm aufgelegt wird, zeigt unser Bild. Um den Werth dieses Thieres noch mehr zu erhöhen, gab ihm die Natur eine dauerhafte Gesundheit und ein langes Leben. Im Ganzen ist das Kameel friedlich, gehorsam und keineswegs boshaft. Doch würde es, mit zu großer Last überladen, eher den Schlägen erliegen, als zum Aufstehen zu bewegen seyn. Wenn die Brunstzeit ist, so pflegt es leicht zu beißen, was bei seinem starken, schneidenden, zum Theil hakenförmigen Gebisse oft gefährliche Wunden verursachen kann. Das Fleisch der Kameele wird als sehr nährend und wohlschmeckend geschildert. Im Lager bei El=Arisch ließ der französische Oberwundarzt Larrey *) alle verwundeten Kameele schlachten, um die Kranken mit ihrem Fleische und der Brühe desselben zu nähren. Das Pferd giebt bei weitem nicht so kräftige Nahrung. In der Regel wird das Kameel aber nicht geschlachtet, denn ein junges Thier ist zu nützlich, um gegessen zu werden, und ein von Krankheit oder Alter unbrauchbar gewordenes nicht einladend genug.

Bethlehem und seine Umgegend.

Bethlehem existirt noch jetzt. Klein und dürftig ist es allerdings; aber auch zur Zeit, wo Christus geboren wurde, war es eine der unbedeutendsten Ortschaften im jüdischen Lande. Nennt es doch schon Micha 5. 1. „klein unter den tausenden in Juda." Gewiß würden die Kriege, welche seitdem Palästina verheerten, die Seuchen, welche es entvölkerten, jenen kleinen Flecken von der Erde vertilgt haben, wie so viele andere Städte von größerer Wichtigkeit in jenen Gegenden verschwunden sind; doch der Werth, welchen fromme Sehnsucht auf Alles legte, was an die irdische Laufbahn des göttlichen Lehrers erinnerte, hatte die Folge, daß auch keiner der Orte, wo er wandelte und lehrte, geboren ward und starb, ganz und gar verschwand. Freilich möchte von zehn Angaben, die dem leichtgläubigen Pilger des Morgenlandes mitgetheilt werden, nicht eine vollkommen wahr seyn; indessen ist doch selbst der Gebildetste und Aufgeklärteste geneigt, mindestens hier die eine oder andere Spur gelten zu lassen, und es thut der Phantasie wohl, die Stadt zu sehen,

Wo Christus starb, wo er begraben ward,
Wo er, vom Tod' erstehend, selbst den Tod bezwang,

so ist es ihr wohl nicht minder angenehm, die Stätte zu schauen, die ihn als hülfloses Kind in der Krippe,

statt einer Wiege, barg. Versetzen wir uns im Geiste also einen Augenblick nach dem kleinen Bethlehem. Eine große Kirche, von der Kaiserin Helena erbaut, steht jetzt über dem Stalle, wo Maria ihre Zuflucht fand, zu dem man dreizehn Stufen hinabsteigen muß. Indessen noch jetzt werden im Morgenlande häufig die Ställe unter der Oberfläche der Erde angelegt, und so ist deshalb nicht zu fürchten, daß frommer Aberglaube hier den Pilgern einen falschen Ort angebe. Zur Zeit, als Helena jene Kirche darüber erbauen ließ, möchte die Sage doch wohl den Ort genau bezeichnet haben, und seitdem hat er nicht verändert werden können, als insofern er jetzt mehr einer Grotte, als einem Stalle gleicht. Dieß Letztere ist indessen leicht erklärlich, weil er aus einem Felsen gehauen ist, und die Franziskaner, zu deren Kloster die genannte Kirche gehört, eine Menge Verzierungen anbrachten, welche die ursprüngliche Gestalt derselben veränderten. Auf dem Punkte, wo der Heiland selbst geboren seyn soll, steht ein kostbarer Altar mit immer brennenden Lampen und ihm gegenüber ein anderer Altar, angeblich an dem Orte, wo die Weisen aus dem Morgenlande der Maria und ihrem Kinde huldigten. Selbst der Stern, der sie nach Bethlehem geleitet haben soll, ist durch einen Marmorstern auf dem Boden angedeutet, dessen Lage gerade dem Punkte entspricht, an welchem er nach der Meinung des Volks am Himmel stand. Um ihn läuft ein silberner Strahlenkranz mit der Umschrift in lateinischer Sprache: „Hier wurde Jesus Christus von der Jungfrau Maria geboren."

Das Dorf Bethlehem hat etwa 500 Familien zu Einwohnern, die lauter Christen sind.

Ungefähr eine Viertelstunde von Bethlehem wird im Thale auch noch das Feld gezeigt, wo den Hirten durch Engel das fröhliche Ereigniß von Christi Geburt soll verkündigt worden seyn. Zwei schöne alte Bäume stehen in der Mitte der von Blumen bedeckten Ebene, und „die Stelle ist so freundlich und anmuthig," sagt J. Carne in seinem Leben und Sitte des Morgenlandes II. S. 99, „und sie paßt so gut zu jener großen Begebenheit, daß man ungern daran zweifelt."

Jedoch, so viel auch Mancher von uns darum gäbe, wenn er an diesen, durch solche Erinnerungen geheiligten Orten einige Stunden weilen könnte, so gleichgültig sind die dort wohnenden Christen, und namentlich die Mönche des Franziskanerklosters selbst dagegen. Ohne alle Theilnahme erzählen und zeigen sie, was hier merkwürdig ist, und von Allem sprechen sie lieber, als von den Orten, die den weit herkommenden Pilgern so theuer sind. Auch werden sie dort weniger, wie wir, an alle die Wohlthaten denken, die uns durch des Heilandes Geburt zu Theil wurden. Doch das ist der Lauf der Welt! Die Phantasie leiht allen Dingen einen Reiz, welchen die schale Wirklichkeit so leicht abstreift. Sollte es deshalb den Orten, wo der Heiligste auf Erden geboren war, lebte und starb, besser gehen?

Die Juden in Polen.

Die polnischen Juden sind uns durch die Messen zu Leipzig, welche sie seit funfzig Jahren anhaltend in Menge besuchen, zwar bekannt genug; allein sie erscheinen bei uns immer noch als Fremde. Wir sind darum nicht mit allen Eigenthümlichkeiten so vertraut, die sie in der Heimath, in ihrem Paradiese haben, wie man oft Polen in Bezug auf sie genannt hat. Auch ist die Zahl derer, welche unsere Messen besuchen, eine Kleinig=

---

*) S. f. Mediz. chirurg. Denkwürdigkeiten. Leipzig, 1812. S. 99.

keit gegen die vielen Tausende, welche in Polen hausen, und deren Menge vielleicht über eine Million beträgt. Ein neuer Reisender giebt gar zwei Millionen an. *)

Wie ein Jude in seinem Aeußern erscheint und gekleidet ist, sehen wir hinlänglich alle Tage. Allein minder bekannt ist es wohl, daß sie im Ganzen nichts weniger als eine feste Gesundheit genießen. Die frühen Heirathen, der unglaubliche Schmuz in ihren Wohnungen, die ungesunde Nahrung, die Angst und Unruhe, in welcher sie immer leben, trägt dazu gleich sehr bei. Im 13ten und 14ten Jahre heirathen sie gemeiniglich, und ein Rabbiner gab schon seiner neunjährigen Tochter einen Gatten, um nach Palästina reisen zu können. Solche junge Ehepaare taugen freilich noch nicht zur Wirthschaft. Gewöhnlich wohnen die jungen Leute daher noch einige Jahre bei den Aeltern des Gatten, welcher indessen den Talmud studirt.

Nur wenig Juden besitzen liegende Gründe; dagegen herrscht unter ihnen Allen der feste Glaube, daß ihnen einst Palästina wieder zufällt. Unbesiegbar ist ihre Sehnsucht nach diesem Lande. Alle hegen den Wahn, daß sie unter der Erde nach den Gräbern ihrer Väter wandern müssen, sobald sie sterben, und viele verkaufen daher Alles, um sich dort niederzulassen oder sich mehr in der Nähe anzusiedeln, und so die Wallfahrt dahin zu verkürzen. Manchmal werden die Leichname reicher Juden einbalsamirt und nach Palästina versendet, um dort begraben zu werden. Andere lassen von daher Erde kommen, um die Gräber ihrer Väter damit gleichsam zu heiligen.

Die Kabbala bildet einen Haupttheil der polnisch-jüdischen Weisheit. Es besteht dieselbe in Versetzung und Berechnung der Buchstaben, welche zugleich Zahlen bezeichnen, wie dieß bekanntlich auch bei den Griechen und Römern der Fall war, und wodurch uns die einfachsten Stellen zu den verkehrtesten, auffallendsten Behauptungen Anlaß geben können. Die Meister in dieser Kunst nennen sich Herren des Namens. Sie behaupten nämlich, das wahre Geheimniß und die Bedeutung des Wortes Jehovah zu wissen. Amulette, Talismane sind bei einem Volke, das noch in solchen Dingen Weisheit sucht, etwas sehr Natürliches. Jeder Jude hat einen solchen Schutz am Körper, in seinem Hause. Hier ist er gewöhnlich in einem von Glas bedeckten Kästchen aufbewahrt. Beim Gehen und Kommen berührt der Jude das Glas, unter dem der Name Jehovah befindlich ist, und glaubt vor Geistern und Dämonen sicher zu seyn. Er murmelt dazu h e b r ä i s c h:

Der Allmächtige beschütze mich!
Der Allmächtige befreie mich!
Der Allmächtige stehe mir bei!

Auch der Name Schaddai, d. i. der Allmächtige, ja der bloße Anfangsbuchstabe dieses Wortes, Sch, gilt als ein solcher Talisman, den selbst der jüdische Fleischer in jeden Theil des von ihm getödteten Thieres einschneidet. Viele Rabbiner nähren sich bloß von dem Schreiben und Verkaufen solcher Talismane, wenn sie nur im Rufe sind, die Kabbala gehörig zu verstehen. Besonders liefern die Psalmen herrliche Talismane. Der erste, auf Pergament geschrieben und um den Hals gehangen, hilft zu glücklicher Entbindung, verhütet frühzeitige Niederkunft. Der zweite ist das beste Mittel gegen Kopfweh.

*) Henderson Travels in Russia. Lond. 1826. Von ihm sind die folgenden Notizen entlehnt.

Der Johannistag in Schweden.

Fast in allen Ländern wird der Johannistag mit besonderer Freude begangen. An dem einen Orte feiert man ihn so, an dem andern wieder anders. Dort schmückt man die Häuser mit Kränzen, hier zündet man Freudenfeuer an. Tanz und Jubel bezeichnet ihn häufig, und auch wohl der Aberglaube treibt während desselben seine Possen.

Besonders ist aber dieser Tag ein Volksfest im hohen Norden, denn da hat die Sonne ihren höchsten Punkt erreicht; da weilt sie Tag und Nacht ununterbrochen am Himmel, und weil gerade dieß Schauspiel dort meist durch die beständigste Witterung begünstigt wird, so eilt Jedermann auf die Berge sich um Mitternacht an ihrem Glanze zu ergötzen, oder es giebt daheim Spiel und Tanz, und Alles ist mit Maien, Blumen und Kränzen aufgeputzt. Vorzüglich berühmt ist unter den Bergen, wo man im Norden die Mitternachtssonne in ihrer Pracht sehen kann, der Afvasaxaberg am Torneälf, weil er völlig frei liegt. Vierzehn Tage lang geht hier die Sonne nie unter, und der Johannistag, als der mittelste davon, ist nun der erwählte, wo Fremde und Eingeborne am Vorabende hinkommen, die Nacht hindurch hier fröhlichen Sinnes zuzubringen. Wie es ohngefähr dabei zugeht, mag uns der wackere Reisende S c h u b e r t sagen. „Ein großes Feuer ward angezündet," erzählt er, „wenn gleich es eben nicht empfindlich kalt war. Um das Feuer ward ein großer Kreis gebildet, und weidlich gescherzt und geschäkert. Die Finnischen Männer warfen Wachholdersträuche ins Feuer, also, daß den Mädchen die Funken in die Augen sprangen, und diese nun wacker kämpften, um die feuersprühenden Büsche wieder heraus zu ziehen. Die Zahl der Mädchen war besonders groß, alle waren munter und kräftig, aber keine hübsch, die meisten häßlich, ihre Tracht war wenig von der schwedischen abweichend; selbstgewebt waren Mieder und Röcke, welche eine einfache leinene Schürze bedeckte; der Kopf war mit einem schwarzseidenen Tuche umwunden, und über den Rücken hing das Haar in Flechten herab."

„So saßen und harrten wir; es war hell wie am Mittage; aber nur eine starke Röthe zeigte sich am Horizonte; der Sonnenkörper war wenig sichtbar."

Andere, welche nach den Bergen ziehen, errichten einen Johannisbaum. Vor den Höfen, an den Wegen, auf den Märkten, sieht man einen hohen Baum gepflanzt, der mit Blumen, Laub, Kränzen, Pfeilen, Schwertern und hölzernen Vögeln geschmückt ist. Um ihn tanzt Jung und Alt herum. Die Vornehmen geben indessen Bälle, Gastmähler, und feiern kostspieliger, wenn auch nicht vergnügter, das Fest.

Die ältesten dramatischen Arbeiten in Deutschland.

Die ältesten deutschen dramatischen Versuche oder Schauspiele, wenn man sie so nennen will, schreiben sich von einer Nonne Roswitha zu Gandersheim am Harze her, welche zu Ende des 10ten Jahrhunderts lebte. Sie schrieb sechs sehr lose zusammenhängende, eher tragisch als komisch zu nennende Stücke für ihre Mitschwestern, um diesen den Terenz aus den Händen zu spielen, den sie lasen, und ihre Arbeit wurde erst von dem Gelehrten Konrad Celtes entdeckt, welcher zu Ende des 15ten

Jahrhunderts die Klöster durchsuchte, um gute Bücher kennen zu lernen und sie zum Drucke zu befördern. In einem von ihm nicht bezeichneten, vermuthlich aber zu Regensburg befindlichen Benediktinerkloster fand er die mit gothischen Lettern von einer Frauenhand gefertigte Schrift, welche 1501 zum ersten Male gedruckt und von ihm dem Churfürsten Friedrich dem Weisen gewidmet wurde, der als ein Gönner ihn ausgezeichnet und an den Kaiser Maximilian empfohlen hatte. Das Original ist vielleicht noch in Regensburg, wenigstens sah es dort Gottsched im Kloster St. Emmeran 1749, aus dessen Nöth. Vorr. z. dram. Dichtkunst II. S. 9 und 10 wir diese Notiz geschöpft haben.

Der Brand im Waizen.

Von den Dingen, die man am wenigsten erforscht hat, wird am Meisten geschrieben; so sagt und liest man gar Vieles vom Brande in dem Waizen, ohne über die wahre Ursache der Ausartung dieser Getreideart ins Reine gekommen zu seyn. Vielleicht trägt die Mittheilung eines englischen Oekonomen, Franz Bauer, dazu bei, da er über die Krankheiten der Getreidearten viele Beobachtungen und Entdeckungen gemacht hat. Er nimmt als nächste Ursache des Uebels den Saamen eines Schmarozerpilses an, der zur Art der Uredo gehört, und als uredo foetida bezeichnet werden könnte. Dieser Saame wird nach ihm von den Wurzeln der keimenden Waizenkörner aufgesogen, und steigt mit dem aufschießenden Safte empor, ehe noch der Waizen blüht, so daß er in das Germen oder Saamen=Ei gedrungen ist und sich nun hier schnell entwickelt und vermehrt, ehe noch die Befruchtung des Waizengermens, ja nur die Entwickelung der Blüthe möglich war. Die natürliche Folge ist, daß auch keine Körner zum Vorscheine kommen, das Germen (der Saamenkeim) selbst aber immer fortwächst, wie ein gesundes Waizenkorn thun würde, ja das Letztere noch bei weitem übertrifft, so wie eine Tasche unter den Pflaumen größer als diese selbst ist. Man sehe Figur 3 und 4, 1 und 2. Die Letztern, 1 und 2, sind gesunde, reife Körner, 3 und 4 solche im Keime erstickte. Bauer machte die Entdeckung vom Dasein dieses Schmarozerpilses 1806. Er hatte nämlich ein Korn damit am 14. Novbr. des Jahres vorher geimpft und gesät, und sechszehn Tage vorher, ehe die Aehre aus den Spelzen hervortrat, und zwanzig Tage eher, als die gesunden Aehren blühten, nahm er die kleinen Schmarozerpflänzchen in der Höhle des Germens wahr, welche davon ganz überzogen wurde. Die 7. Figur giebt eine Idee davon. Erst sind diese Pilzchen schön weiß, allein wenn die Aehre frei heraus tritt und das Germen sich vergrößert hat, so vermehren sie sich sehr schnell, haben kaum Zeit zum Reifen und nehmen eine dunklere Farbe an, wobei sie dann nur locker an den Wänden des Germens hängen. Das desorganisirte Korn wächst immer fort, die in ihm nistenden Schmarozer vermehren sich auch immer fort, und wenn die gesunden Körner reif sind, so findet man die erstern meist größer, aber dunkelgrün, und im Innern gedrückt voll von dem häßlichen Fungus uredo, den man wegen des widrigen, dem faulenden Fische ähnlichen Geruchs foetida, der stinkende, nennen sollte. Daß die so vollgepfropften Körner aufspringen, ist sehr selten der Fall. Sind die gesunden Körner völlig trocken und hellbraun geworden, so zeigen sich auch jene kranken anders. Sie sehen dann dunkelbraun aus, und haben immer noch, wie

No. 3 und 4 zeigt, das Stigma oder die Narbe. Schneidet man ein solches Korn der Länge nach durch, so findet man, daß es nur aus dem Häutchen besteht, welches mit den reifen, schwarzen Schmarozerpilzchen angefüllt ist. Man sehe No. 5. Auf dem Felde erkennt man die so angesteckten Aehren leicht an ihrer Größe; sie reichen immer einige Zoll über die guten empor und sind dick. Auch trägt ein angestecktes Saamenkorn gewöhnlich mehr Aehren getrieben, als ein gesundes. Eine Pflanze, die Bauer aus mit dem Fungus inokulirten Saamen erzeugt hatte, trug 24 Halme und Aehren, mancher Halm hatte gegen fünf Fuß Höhe, und alle Aehren waren vom Brande ergriffen. Die Ansteckung, meint er aber, kommt hierbei nicht in Betracht. Es hängt solche verkehrte Fruchtbarkeit vom guten Boden ab, der den Wuchs des Waizens, aber auch die Schmarozerpflanze begünstigt.

Nicht immer wird die ganze Aehre von der Krankheit ergriffen. Auf der einen Seite ist sie gesund, auf der andern brandig, manchmal sind vier, fünf Körner gesund und einige ganz brandig in einer übrigens frischen Aehre. Oefters findet man einen Theil des Eiweißstoffes vom Germen ausgebildet, ohne aber eine Spur von Befruchtung wahrzunehmen, in andern findet sich auch die Spur der letztern. Der Saame des Fungus kam erst hinein, als sie schon eingetreten war. Man sehe No. 6. Wenn die gesunden Körner ihre Farbe ändern, so sind auch die Fungi reif und vermehren sich nicht mehr. Alle haben eine Kugelgestalt und fast gleiche Größe, nämlich $\frac{1}{1600}$ Theil von einem Zolle. No. 8. ist $\frac{1}{160000}$ Theil eines Quadratzolles vom Mikrometer und hält 16 ausgewachsene Fungi, 160,000 Male vergrößert, woraus man abnehmen kann, daß nicht weniger, als 2 Millionen 560,000 solcher einzelnen Pflänzchen nöthig sind, einen Quadratzoll zu bedecken.

Fig. 9 zeigt einen nicht ganz reifen Fungus mit seinem kleinen Stiele, und Fig. 10 einen völlig reifen. Beide sind eine Million Mal vergrößert, um ihre netzförmige Struktur auf der äußern Haut zu zeigen. Im Innern scheint ein zelliges Gewebe vorzuwalten.

Fig. 11 stellt die Ausleerung des Saamens dar, was sich aber nur unter dem Wasser beobachten läßt. Im trocknen Zustande konnte Bauer den Saamen nie wahrnehmen, da er durch eine schleimige Feuchtigkeit in Klümpchen vereinigt zu bleiben scheint.

Unser Engländer hat mit der Inokulation dieses Fungus zahlreiche Versuche gemacht und so, wie es scheint, die Ursache des Brandes im Waizen ausgemittelt. Ist dieß, so kann auch nur derselbe abgehalten werden, wenn man den Saamen=Waizen so reinigt, daß jede Spur vom Fungus vertilgt oder entfernt wird. Das Waschen aber scheint ihm dazu nicht hinreichend. Der Saame ist zu fein, als daß er nicht in jedes Ritzchen des Waizenkorns eindränge. Selbst Salzwasser vertilgt sie nicht. Bei so behandelten Körnern konnte man, nachdem sie 12 Stunden ins Wasser gelegt und dann unter Mikroskope gebracht worden, noch darauf auch die Schmarozer beobachten. Das Einweichen der Saatkörner in Kalkwasser scheint dem genannten Beobachter das sicherste Mittel, wenn es zwölf Stunden lang, mindestens, Statt findet und die Körner dann getrocknet werden, ehe man sie einsäet. Wie schwer dies aber im Großen auszuführen ist und wie selbst dann wenigstens eins und das andere angesteckte Korn mit darunter den Weg auf den Acker finden kann, wird man leicht begreifen.

Erklärung
des Bildes.

1. Ein Waizenkorn, vollkommen gesund, 25 Mal vergrößert, von vorn angesehen.

2. Dasselbe von der Rückseite.

3. Ein krankes Waizenkorn, ausgewachsen, 25 Mal vergrößert, von vorn.

4. Dasselbe von der Rückseite.

5. Die Frontansicht eines kranken Waizenkorns, quer durchgeschnitten, 25 Mal vergrößert.

6. Dieselbe Ansicht eines solchen Kornes, wo aber der Saame des Fungus erst nach der Befruchtung hinkam, 25 Mal vergrößert.

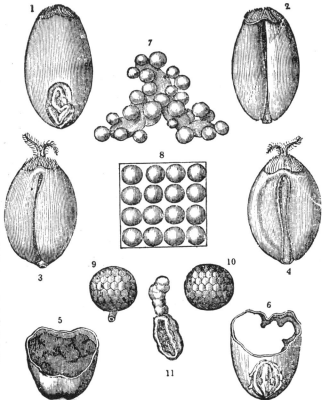

7. Eine kleine Gruppe der Schmarozerpilzchen auf der Wurzel, 160,000 Mal vergrößert.

8. $\frac{1}{160000}$ Theil eines Quadratzolles, worauf 16 reife Fungi stehen, die 160,000 Mal vergrößert sind.

9. Ein junger Fungus, noch nicht ganz reif, mit seinem Stielchen, zu welcher Zeit man ihn noch von der Grundfläche ablösen kann.

10. Ein ausgewachsener Fungus. Beide sind eine Million Mal vergrößert.

11. Ein reifer, eben so viele Male vergrößerter Fungus, der eben seinen Saamen entleert.

Der Brand im Waizen.

Die Wasserleitungen der alten Römer.

Diese gehören zu den ehrwürdigsten, größten Unternehmungen, die der menschliche Geist je gefaßt und ausgeführt hat. Jede bedeutende Stadt in dem unermeßlichen römischen Reiche besaß dergleichen. Während wir überkultivirten Europäer in den angesehensten Städten oft Mangel an gutem reinen Trinkwasser leiden, scheinen sie mit dem Wasser überhaupt einen Luxus getrieben zu haben, aber einen Luxus, der eben so wohlthätig als majestätisch war. In Spanien, Gallien, Italien sind überall noch Reste dieser uns fast unbekannten Werke der Baukunst. Was wir in der That aufweisen können — nämlich unsere unterirdischen, halbverfaulten Röhren, die alle Augenblicke in Trümmern zerfallen, sind wie die Arbeiten von Liliputter Zwergen gegen das, was in dieser Art die Römer unternahmen. Noch finden sich Ruinen in allen Städten der alten römischen Herrschaft, die uns in Erstaunen setzen. Besonders in Rom selbst sieht man diese stolzen Behälter in mehreren Stockwerken über einander, gleich in die Luft hingeworfenen Brücken, und wenn sie durch ihre Festigkeit der Ewigkeit Trotz zu bieten scheinen, so sind doch die unterirdischen noch viel bewundernswerther. Noch sind Reste von Claudius Wasserleitung, die durch einen Berg ging, der dem Jura wenig nachgiebt, übrig. Bei der Villa Medici führen noch jetzt 124 Stufen zu einem solchen Aquädukt, der vielleicht 40 Meilen von Rom seinen Ursprung nahm. Ueberhaupt scheinen selbst viele Privatleute Wasserleitungen gehabt zu haben, die ihnen meilenweit ihren Bedarf zuführten. Die Römer, sagt Bonstetten, nicht zufrieden, auf der Erde zu gebieten, schufen sich auch gleichsam eine unterirdische Herrschaft, und es ist in der That nicht zu leugnen, daß wir Neuern in der Benutzung des Wassers lange nicht so weit sind, wie sie es vor 2000 Jahren waren.

Woche.

Am 15. Juni 1785 unternahmen Pilatre des Rosiers und Romain von Boulogne aus eine Luftfahrt, stürzten zur Erde und starben.

Am 16. Juni 1815 siegte Napoleon über Blücher bei Ligny, und an demselben Tage, aber 1778, starb der im Komischen und Tragischen gleich ausgezeichnete Schauspieler Konrad Eckhoff in Gotha, nur 58 Jahre alt.

Der 17. Juni 1696 ist der Sterbetag des berühmten Helden Joh. Sobiesky v. Polen, welcher Wien entsetzte und dadurch die Freiheit der Deutschen rettete.

Am 18. Juni 1757 verlor Friedrich der Große die blutige Schlacht bei Collin, unweit Prag, das er belagert hatte.

Am 19. Juni 1828 wurde Brailow, nach hartnäckigem Widerstande, von den Russen durch Kapitulation eingenommen.

Am 20. Juni 1756 eroberte der Nabob von Bengalen Calcutta, und ließ 146 gefangene Engländer in eine Höhle sperren, wo sie vor Hitze und Mangel an frischer Luft bis auf 23 verschmachteten, ehe der folgende Tag erschien.

Am 21. Juni 1208 ermordete Otto von Wittelsbach den Kaiser, oder vielmehr Reichsverweser, Philipp von Schwaben.

Verlag von Bossange Vater in Leipzig.
Unter Verantwortlichkeit der Verlagshandlung.

Das Pfennig-Magazin

der
Gesellschaft zur Verbreitung gemeinnütziger Kenntnisse.

8.]   Erscheint jeden Sonnabend.   [Juni 22, 1833.

Das Rathhaus von Brüssel.

Die schönste Zierde des großen Markt= oder Königsplatzes (Place royale) in Brüssel, der ein längliches Viereck bildet, ist das alte, in gothischem Style gebaute Rathhaus, das zu seiner Vollendung 42 Jahre, von 1400 bis 1442, bedurfte, aber selbst in den ganzen Niederlanden, die doch einen Ueberfluß von trefflichen Gebäuden aus ihrer frühern glänzenden Periode haben, einen ansehnlichen Rang behauptet. Der Thurm, welcher pyramidenförmig aufgeführt ist und nicht genau in der Mitte steht, hat 364 Fuß Höhe; auf seiner Spitze sieht man die vergoldete Bildsäule des heiligen Michael, der den Drachen mit Füßen tritt.

Es ist diese Bildsäule 17 Fuß hoch und dreht sich nach dem Winde, „gleichwie ein Wetterhahn.‟ Das ganze Rathhaus und der Thurm ist aus sehr dauerhaften bläulichen Steinen gebaut.

Der Haupteingang befindet sich unmittelbar unter dem Thurme, und eine offene Halle, von Säulen gebildet, welche einen Altan tragen, der so tief ist, wie sie selbst, läuft längs der ganzen Fronte hin. Den Altan schmückt eine Brustwehr, mit vieler Bildhauerarbeit und Arabesken fast überladen. Rechts von der Halle ist eine Wendeltreppe, welche zu den innern Räumen führt und den eigentlichen Eingang bildet. In der Fronte sind 40 Fenster und zwischen jedem immer eine Nische zur Aufnahme von Bildsäulen der Fürsten und berühmten Männer aus Brabant. Das Dach ist mit Schiefer gedeckt und hat ungefähr achtzig kleine Fenster, welche in spitzigen Dächern oder Thürmchen mit goldenen Verzierungen endigen. Längs dem Gesimse der Mauer aber läuft eine Brustwehr hin. Ganz oben ist das Dach mit Blei gedeckt und auf mancherlei Art verziert.

Geht man durch den Haupteingang gerade fort, so kommt man auf einen länglichen Hof, dessen Gebäude nach dem Bombardement von 1695 aufgeführt worden, als der Marschall Villeroy Brüssel belagert und mehrere tausend Häuser, namentlich aber auch 14 Kirchen, zerstört hatte. Es spielen auf diesem Hofe zwei Springbrunnen, wovon jeder eine schöne Statue zeigt. Sie stellen einen mitten im Schilfe ruhenden Flußgott dar, der seinen Arm auf einer Urne ruhen läßt.

Alle Zimmer und Säle dieses Gebäudes sind hoch und geräumig und zu verschiedenen Zwecken bestimmt. In mehrern findet man vortreffliche Gemälde von Le Grange, in andern alte Tapeten nach Zeichnungen von Le Brun, noch eines hat ein Deckenstück von B. H. Janssens. Es stellt die ehemaligen drei Stände Brabants: Geistlichkeit, Adel und Bürger, dar. Neben dem Kamine sieht man ein Gemälde von Gottfried III., genannt der Bärtige, in seiner Wiege, das mitten in seinem Heere von einem Baume herabhängt, und die Krieger zu einem Kampfe befeuert. Und so giebt es noch mehrere Zeugen der alten, längst verschwundenen Kraft, Macht und Herrlichkeit, wenn nicht die vielen politischen Stürme, welche seit 1792 die Niederlande erschütterten, dieselben beseitigt haben.

Die Häringsfischerei.

Wenig Fische sind in solcher Menge da und wenige finden so starke Nachfrage, wie die Häringe. Die Bewohner der Seeküsten verzehren sie als ganz alltägliche Speise, ohne daß man, wie von andern Fischen, vernimmt, daß sie der Gesundheit auf die Länge nachtheilig wären, im Gegentheile gilt die Zeit des Häringsfanges in Holland für die, wo endlich die Wechselfieber nachlassen. Als vor mehrern Jahren der hohe Preis derselben bei der Kontinentalsperre ihren Genuß sehr beschränkte, leitete selbst Hufeland das häufige Erscheinen und die Hartnäckigkeit der Wechselfieber von dieser Entbehrung ab.

Die Häringe finden sich von der höchsten nördlichsten Breite, bis zur nördlichen Küste Frankreichs hinab. Ihr eigentlicher Sammelplatz scheint aber der Nordpol zu seyn, wo sie Monate lang weilen, um sich von den Beschwerden ihrer langen Fahrt und des Laichens zu erholen. Im April zeigen sie sich bereits bei den Schet-

landsinseln, doch die Hauptmasse kommt erst im Junius an, und wird von einer Schaar Raubvögel bezeichnet. Der Zug hat solche Breite und Tiefe, daß das Meer ein ganz anderes Ansehen zu gewinnen scheint, und besteht aus mehrern Kolonnen, die wohl zwei Stunden und darüber lang sind, vielleicht auch eine bis anderthalbe Stunde Breite haben, alles Wasser aber vor sich her treiben, so daß es in rauschende Bewegung geräth. Manchmal sinkt eine solche Masse ganz in die Tiefe hinab, und ist zehn bis funfzehn Minuten gar nicht zu sehen; bei heiterer Witterung spielt sie dagegen in den glänzendsten Farben, gleich einem von Edelsteinen besäten Felde.

Was bewegt denn den Häring zu solcher Wanderung? Die wahrscheinliche Vermuthung ist, daß er seinen Laich in wärmern Gewässern absetzen und so die Ausbrütung beschleunigen will. Sie kommen nämlich von Hause aus sehr fett herab, und bei der Heimkehr sind sie ganz abgemagert. Ihre Nahrung am Nordpole scheint besonders ein Schaalenthier, der Oniscus Marinus, zu seyn. Im Junius sind sie voller Rogen oder Milch und bleiben es bis zum Winter hin, während sie laichen, und dann heimkehren. Die jungen Häringe wird man im Juli und August an der Küste gewahr. Nach einigen Angaben theilt sich der große Zug, wenn er vom Nordpole herkommt, an den Schetlandsinseln in zwei Theile. Der eine Flügel nimmt die Richtung nach Morgen, der andere nach Abend. Der letztere setzt die Bewohner der Hebriden, wo eine große Fischerei ist, in Bewegung, und geht dann nach Irland. Hier theilt er sich wieder rechts und links aufs Neue. Was nach dem offenen atlantischen Meere zieht, verschwindet bald in dem unermeßlichen Raume desselben. Die zwischen England und Irland hinstreifende Masse ist eine willkommene Beute für Tausende, welche am Ufer wohnen. Wie in Holland, so ist auch in Großbritannien die Häringsfischerei ein wichtiger Nahrungszweig, der aber, eben so wie dort, sehr abgenommen hat. Man rechnete sonst in Holland 450,000 Menschen, welche sich damit beschäftigten. In England gab man sonst auf jede Tonne, welche ausgeführt wurde, eine bedeutende Prämie, so daß nur immer Schiffe ausgesendet wurden, nicht sowohl Häringe zu fangen, als die Prämie zu erhaschen. Erst im Jahre 1830 hatte dieß Treibhausmittel ein Ende erreicht, und Begehr und Preis und Spekulation auf den Fang hat sich nun in gehöriges Gleichgewicht gestellt. Nach den letzten Zollregistern von 1830 waren in Großbritannien 329,557 Tonnen aufgebracht und 181,654 ausgeführt worden. 67,672 gingen nach Amerika, besonders nach Westindien, 89,680 nach Irland, 24,300 nach andern europäischen Plätzen. Das Einsalzen der Häringe erfand der Holländer Beukels oder Bökels, der im Jahre 1397 starb und dessen Grab Karl V. in dankbarer Erinnerung besuchte, um dort, wenn es wahr ist, einen Häring zu verzehren. Auch ein Denkmal ließ er ihm setzen, was Bökels als Begründer eines der einträglichsten Handelszweige wohl verdient hat. Was der Handel, den derselbe durch sein Einsalzen gründete, sonst den Holländern eintrug, berechnet man ohngefähr nach folgenden Sätzen:

Nach Johannis fuhren sonst 1000 bis 1200 Schiffe auf diesen Fang aus dem Texel aus. Ja, im Jahre 1618 waren 3000 dergleichen, mit 50,000 Menschen bemannt, damit beschäftigt.

Man rechne ein solch Schifflein auf 6000 Thaler, bevor es ausgerüstet ist, so waren allein dadurch 6 Millionen Kapital im Häringshandel. Geben wir nun den 1000 Schiffen, die wir bei diesem Anschlage voraussetzen, nur 50,000 Mann Besatzung, und eine halbe Million Menschen, die mit Salzen, Packen, Versenden und auf mannichfache andere Art gewinnt, dann kann man sich einen Begriff machen, wie einträglich dieser Zweig für Holland 4 Jahrhunderte lang war.

Die Fruchtbarkeit dieses Seefisches übertrifft Alles, was man sich vorstellen kann, und erklärt es allein, daß so viele Millionen desselben von Menschen verzehrt, von Wallfischen, Seehunden und Raubfischen verschlungen werden können, ohne je einen Mangel, eine Abnahme davon bemerkbar zu machen.

Der Laubfrosch.

Vor 50 bis 60 Jahren war der Laubfrosch nur den Naturforschern, nicht aber der größern Menge bekannt. Nach und nach aber hat er sich in Städten und auf dem Lande bei vielen Familien zu einem Lieblinge gemacht, dem die Kinder und Erwachsenen gern eine Fliege fangen, und sich an seinen muntern Augen und gewandten Sprüngen ergötzen. Zugleich schätzt man ihn als ein wohlfeiles und doch recht sicheres Wetterglas. Wenn sich der Laubfrosch im Wasser seines Glases badet oder wenn er unruhig ist, so regnet es; bleibt er gar darin, so hält der Regen an. Steigt er wieder auf die Leiter oder hängt er sich an die Wände des Glases, so wird gutes Wetter. Woher kommt wohl bei diesem Thierchen diese Empfindung? Vor der Hand ist auf diese Frage so wenig zu antworten, wie auf die, warum zu solcher Zeit alte Narben oder Frostbeulen schmerzen, die Hähne krähen und der Steinschmerl seinen Sand aufwühlt, die Spinne ihr Netz nicht bessert und ähnliche Erscheinungen Statt finden. Da er sich im Wasser öfters ängstlich geberdet, so muß die Empfindung, die er dann hat, ihm wohl unangenehm seyn.

Die Geschicklichkeit, mit der sich der Laubfrosch die Fliegen fängt, welche man ihm ins Glas giebt, macht dem Beobachter viel Freude, denn die Art und Weise, wie er sich dabei benimmt, - der Grad der Kraft, den er dabei anwendet, läßt so mancherlei sehen und bemerken. Wie alle Frösche, hat er in den Hinterfüßen und den Muskeln eine große Kraft, sich schnell zusammenzuziehen und wieder abzuschnellen. Seine Füße sind gleichsam wie die Prellstangen auf den Hüttenwerken, in den Drathhämmern. Dabei ist das Thierchen nicht etwa so gedankenlos, daß es sich nicht der Hand erinnerte, die es oft mit einer Fliege erfreut. Es kehrt sich dann schnell um, sein ganzes, schönes Auge ist nach der Oeffnung gerichtet, durch welche man ihm die Fliege reicht, und ehe man sie noch ganz entschlüpfen ließ, hat es sie auch schon ausgespürt; man kann den Laubfrosch endlich so weit bringen, daß er sie aus den Fingern selbst wegnimmt. Die lustigste Jagd beginnt er, wenn man ihm ein Paar große Brumm- oder Schmeißfliegen in sein Glas giebt. Je unbändiger sie herumschwärmen, desto mehr Sprünge muß er thun, ehe er ihrer habhaft wird und sie mit der dicken stachligen Zunge auffängt. Ist dieß aber einmal geschehen, so ist es ein Bissen, dessen Hinunterwürgen im Schlunde allerdings mehr Mühe macht, als das Verschlucken einer kleinen Fliege. Außer den Fliegen

nimmt der Laubfrosch auch mit Mücken und Spinnen vorlieb. Merkwürdig ist es aber, wie das Thierchen jeder Bewegung eines solchen Insekts mit den Augen folgt und es mit den Blicken fixirt, eben so wie die Klapperschlange erst ihren Raub mit den Augen anzustieren pflegt, ehe sie darauf losfährt. Sitzt die Fliege still, so rührt er sich auch nicht. Und wenn sie auch eine halbe Stunde unbeweglich bleibt, er thut ihr nichts. Allein jetzt setzt sie den Fuß vorwärts, jetzt putzt sie ihr Köpfchen — und weg hat er sie mit einem so schnellen Sprunge, daß man kaum ihm mit den Augen folgen kann. Spaziert die Fliege über seinen Leib weg, so rührt er sich nicht. Nur vor das Maul darf sie ihm nicht kommen, ohne verloren zu seyn. Die Anstrengung, mit welcher sein Auge nach solcher Beute gerichtet ist, macht, daß ihm gleichsam die Augen aus dem Kopfe herauszutreten pflegen. Auch scheint dieß Organ bei ihm einer vollkommeneren Bewegung fähig zu seyn, als bei dem Menschen. Er sieht rück-, seit- und unterwärts, denn wenn eine Fliege hinter seinem Rücken herumkriecht, dreht er sich schnell herum, und eben so sieht er sie, sie mag sitzen wo und wie sie will. Sonderbar ist es auch, daß der Laubfrosch keine todte Fliege anrührt. Und wenn sie auch eben im Augenblicke erst getödtet worden, und er Tage lang gehungert hatte; er rührt sie nimmer an. Woher dieß? Hätte das Thierchen Ehrgeiz genug, nur seine Beute verzehren zu wollen? Dieß hieß zu viel vorausgesetzt. Indessen auch andere Thiere lassen ein Aehnliches bemerken. Die Bewegung des lebenden Insektes scheint hier eine Hauptrolle zu spielen, denn wenn ihm ein schwärzliches Stückchen Fleisch, ja selbst eine Heidelbeere, ein Stückchen Pflaume gereicht wird, so langt er öfters zu, falls es durch ein Pferdehaar in Bewegung kommt. Aber es hat auch die Natur dafür gesorgt, daß er Wochen und Monate lang ohne Nahrung ausdauern kann. Er magert alsdann freilich sehr ab und scheint zu einer bloßen Haut einzuschrumpfen, zeigt aber doch durch keine Bewegung, daß er Hunger und Unwohlseyn fühle, im Gegentheile springt er, kommt ihm die nächste Fliege vor die Augen, so munter zu, als ob er nie gehungert hätte. Vielleicht hat das Wasser, in welches er öfters geht, einige Nahrungsstoffe für ihn.

Der Frosch lebt in und außer dem Wasser, der Laubfrosch ist eine Art, welche davon keine Ausnahme macht; allein im Stande der Freiheit bringt er die meiste Zeit auf Hecken, Büschen, Zäunen, Bäumen zu, um hier den Fliegen aufzulauern, die seine ordinären Brüder und Vettern unten parterre auffspießen. Erst gegen den Winter macht er sich wieder mit diesen gemein und geht mit ihnen gemeinschaftlich dem Winterschlafe entgegen, den er auf den Boden sinkend oder in eine Uferhöhle kriechend aufsucht, bis ihn der Frühling wieder zum neuen Leben ruft. Seine Fortpflanzung geschieht durch Eier im Wasser, die durch eine Gallerte zahlreich vereint sind und den Laich bilden. Die Bildung der Froschwürmchen und so fort ist wie bei den andern Arten. Es dauert ein volles Vierteljahr, ehe der junge Laubfrosch sein Schwänzchen verliert und auf dem Lande als hüpfendes, vierfüßiges Thierchen ein Bäumchen besuchen kann. Ehe er aber mannbar wird, muß er, wie die großen

Schreier im Teiche, drei Jahre alt werden. Bis dahin kann er auch nicht schreien. Wer daher einen

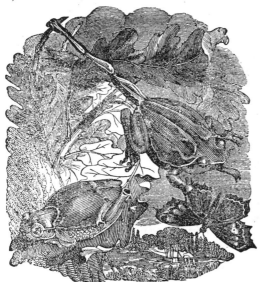

Der Laubfrosch.

Laubfrosch hat, den er nicht schreien hörte, ehe er ihn bekam, kann vielleicht immer und ewig warten, ehe er ihn zu hören bekommt, denn erstlich kann das Männchen nur, wie wir sagten, nach dem dritten Jahre schreien, und zweitens schreit nur das Männchen, das Weibchen aber nie. Deswegen muß er aber auf seinen Laubfrosch nicht böse werden und ihn doch behalten, entweder weil ihm das stille, hübsche, helläugige Thierchen Freude macht, oder weil es ein kleiner Wetterprophet ist. Letzteres ist es aber nicht, weil es schreit, sondern insofern es sich ins Wasser begiebt, sich darin aufhält, es mit den Wänden des Glases, mit den Sprossen der Leiter vertauscht, welche man ihm hinein stellt. Die oberste Sprosse derselben muß nur hübsch weit von dem Papierdeckel des Glases seyn, damit er gehörigen Raum zum Springen, Sehen und Sitzen habe. — Auf das Schreien kommt es also nicht an. Aber wissen wird man doch wollen, wie das Männchen so hübsch und artig laut wird, denn mit dem Quaken der ordinären Schreihälse im Teiche hat seine Stimme gar nichts gemein, ob er schon freilich ebenfalls nicht wie eine Nachtigall schlägt, die vielleicht mit ihm in demselben Busche ihre Wohnung aufgeschlagen hat. Kurz, er dehnt und bläht seine Unterkehle zu einer dicken runden Blase aus, und stößt die Luft aus der Lunge hindurch, indem sich die Seiten stark zusammenziehen. Es zittert diese Unterkehle immer fort, so daß man die Bewegungen kaum zählen kann. Holt er damit so geschwind auch Athem? In Verbindung mit derselben steht es gewiß, wenn gleich nicht die Sache ganz ins Reine gebracht ist. Außerdem befestigt er sich mit dieser Unterkehle ans Glas. Sie bekommt dann die Gestalt eines Cylinders. Merkwürdig ist es, daß man die Männchen bestimmen kann, zu schreien. Wenn man mit einer stumpfen Feile an einem Stücke Eisen oder Kupfer herunterstreicht, oder mit einem Messerrücken auf einem Steingutteller ein paarmal hinfährt, so erhält man einen ihrem Schreien

ähnlichen Ton, und selten verfehlt dann der Frosch, sich selbst hören zu lassen. Hat man mehrere solche Thierchen, so schreien sie gar bald alle. Die Farbe des Laubfrosches ändert sich nicht, und ist meist lebhaft grün, besonders nach ihrem dritten Lebensjahre. Bis dahin sind sie oft braun gesprenkelt. Das Männchen erkennt man an der längern lappigen Kehlenhaut und zwei schwarzen Streifen an jeder Seite des Körpers nach den Schenkeln zu. Eigen ist dieser Froschart das Kleben an glatten Körpern mittelst der Saugkolben an den Zehen ihrer Schwimmfüße. Der Bau dieser Kolben oder Knoten ist bei dieser Froschart ganz besonders. Sie enden in einer Art Krystallblase, welche drückt, wogegen der Fuß, und die äußere Luft darauf, sich wie nasses Leder anlegt. An den Vorderfüßen hat er vier, an den hinteren Füßen aber fünf solcher Saugkolben. Die Hinterfüße allein zeigen eine Schwimmhaut, und zwar nur eine halbe, ohne daß er aber schlechter, als die andern Frösche schwimmt. Im Gegentheile übertrifft er sie noch an Geschwindigkeit. Der Laubfrosch lebt mit seines Gleichen verträglich. Man kann recht gut zwei dergleichen in einem Glase hegen. Nur wenn beide auf eine Fliege Jagd machen, können sie bisweilen in Harnisch gerathen und sich mit ihren dicken Zungen stoßen oder prügeln, was dann possirlich genug aussieht. So viel von diesem kleinen Wesen, das bei uns die Stelle des zarten Chamäleons vertritt. Wer etwa noch mehr und Besseres vom Laubfrosche wissen sollte, mag es uns zur Belehrung und Unterhaltung mittheilen.

———————

Die Eisbären und die Seehunde.

Der Eisbär (Polarbär), von dem auch in Nr. 5. d. B. die Rede gewesen ist, ist bloß in den kältesten Gegenden unserer Erde einheimisch; er ist für die Menschen gefährlich, und doch stellen sie ihm wegen seines Felles sehr nach, und die Grönländer verzehren sogar sein Fleisch. Er hat hier auf der Abbildung den Seehund zum Gefährten, dem er eifrig nachstellt. Er lauert diesen Thieren auf den Eisfeldern auf, schießt ihnen im Wasser nach und bringt sie dann im Rachen ungemein schnell herauf, um sich an der Beute zu sättigen. An Seehunden ist dort kein Mangel, sie liegen in den Polargegenden zu Tausenden auf den Eisfeldern und Eisbergen umher. Der Arten giebt es mehrere. Sie weichen an Größe von einander ab, in der Lebensweise und wesentlichen Körperbeschaffenheit kommen sie aber alle mit einander überein. Wenn die Wallfischfahrer keinen Wallfisch aufjagen können, stellen sie den Seehunden nach. Ein Paar tausend derselben erschlagen, giebt an Thran wie an Fellen eine Ausbeute, die der von einem Paar Wallfischen gleichkommt. Fünf Arten sind am Nordpole besonders jagdbar, weil sie groß und thranhaltig sind. Da sie auf dem Eise minder beweglich sind, als im Wasser und leicht im Schlafe überrascht werden, so haben die Matrosen oft nichts zu thun, als hundert nach einander durch einen Schlag auf die Nase, die äußerst empfindlich ist, zu tödten oder doch zu betäuben, und sie dann einen nach dem andern abzuziehen und des Speckes zu berauben. Das Fleisch lassen sie liegen. Von den armen Grönländern wird es jedoch ge-

Die Eisbäre und ein Seehund.

geffen. Ein Seehundskopf gilt ihnen so viel, wie uns ein Kalbskopf mit Kapern und kleinen Rosinen. „Giebt es denn im Himmel auch Seehunde?“ fragte ein bekehrter Grönländer ganz kleinlaut seinen Missionair. — Die Art, wie sie diese Thiere fangen, ist mannichfach. Sie harpuniren sie von fern, lauern ihnen an den Löchern auf, wo der Seehund, der als ein warmblütiges Säugethier öfters Luft schöpfen muß, unter dem Eise hervorzukommen pflegt, und schlagen sie auf dem Eise todt. Wie schon gesagt, wird der arme Seehund auch häufig eine Beute des Eisbäres. Indessen giebt es eine ihnen nahe stehende Familie der Säugethiere, das Wallroß, ein häßliches, plumpes Ungeheuer, groß und schwer wie ein Ochse, wohl zwanzig Fuß lang, und ebenfalls in Heerden auf dem Polarmeere und Polareise anzutreffen, auf das man mit Schießgewehr Jagd macht, denn das Harpuniren ist gefährlich. Das Thier hat furchtbare Hauzähne; es setzt sich, verletzt, verzweifelt zur Wehre und deshalb tödtet man es lieber aus der Ferne mit Kugeln. Bisweilen wagt sich der Bär auch an dasselbe. Aber hier ist von ihm der Kampf nicht sicher zu bestehen. Die Wallrosse verkaufen ihr Leben theuer; oft unterliegend, haben sie mit ihren Zähnen dem Feinde eine Wunde beigebracht, die ihn von seinem Siege keine Frucht ziehen läßt.

Eine Art dieser Thiere, der gemeine Seehund, heißt besonders wegen seiner Kopfbildung vorzugsweise so, während die andern Arten den Namen Seebär, Seelöwe, große Robbe führen. Allein auch sonst hat er mit dem Hunde einige Aehnlichkeit. Er läßt sich außerordentlich leicht zähmen und zeigt eine

Anhänglichkeit, eine Gelehrigkeit, wie sie bei solchem Bewohner des unermeßlichen Meeres doppelt auffallen muß. Auf unsern Messen hat man mehrere solche gezähmte Exemplare zu sehen Gelegenheit gehabt. Das schöne, große Auge scheint sehnsüchtig seinen sich entfernenden Herrn zu suchen. Gehorsam giebt er die Floße hin, wie ein Hund die Pfote reicht. Er erwiedert den Kuß seines Gebieters. Ja mehr als ein Mal läßt er, so oft ihm der Befehl dazu wird, seine Stimme hören, und ein solcher zahmer Seehund kann von manchem Bewohner der nördlichsten Küste im Hause aufbewahrt werden, da diese Thiere sich halbe Tage lang auf trocknem Boden wohl befinden. W. Scott hat einen solchen in seinem Seeräuber als einen Hausgenossen der alten Norne geschildert, und wohl bemerkt, daß er so munter wie ein gewöhnlicher Hund war, als sich fremder Besuch einfand.

Das fliegende Eichhörnchen.

Es giebt Thiere, welche gleichsam den Uebergang von den Säugethieren zu den Vögeln machen, aber

statt der Flügel, durch welche sich diese in die Luft er=
heben und herab senken können, zwischen den Beinen
eine dünne Haut haben, welche mehrern von ihnen ge=
stattet, in einer mäßigen Höhe die Luft zu durchschnei=
den und sich in ihr aufzuhalten. Einigermaaßen ge=
hört dahin das fliegende Eichhörnchen; man
findet dasselbe im Norden überall; wenn es das schlaffe
Fell, das von den Vorderfüßen zu den Hinterfüßen
läuft, ausspannt, so dient dieses dem Thiere als ein Fall=
schirm, sicher von einem hohen Baume nach einem nie=
dern oder nach der Erde hin einen bedeutenden Sprung
zu machen. Mit dem eigentlichen Fliegen ist es also
nicht weit her.

Die Ochsenarten in Indien.

Indien ist das Vaterland der schönsten und man=
nigfachsten, der größten und kleinsten Hornvieharten.
In einem Lande, wo man seit Jahrtausenden die Kuh
für heilig hält, und in ihrem Leibe die Hülle eines from=
men Hindu sucht, darf es nicht wundern, daß sie besser
gepflegt, sorgfältiger genährt, milder, freundlicher be=
handelt wird, als bei uns. Zugleich ist aber auch
der Landstrich, die Nahrung, diesem Thiergeschlechte hier
vielleicht weit zuträglicher, als in andern Gegenden.
Möge indessen dieß oder etwas Anderes als die Ursa=
che angesehen werden, so weiß man doch, daß wohl
fünf durch Größe, Gestalt ꝛc. verschiedene Hornvieh=
arten daselbst sind, und namentlich giebt es drei Ar=
ten von Buckelochsen, d. h. solche, wo sich zwischen
und über den Schultern ein großer Fettklumpen bildet,
der hoch über den Buckel hinaufsteigt. Die eine Art
zeichnet sich durch außerordentliche Größe und Schön=
heit aus. „Die Buckelochsen aus der Provinz Be=
rar, wie auch aus Malabar und dem Lande der
Maratten sind weiß, und oft von solcher Größe, daß
sie Elephanten genannt werden,“ schreibt le Gour.
Ihre Hörner sind groß, und sie tragen einen Höcker
auf den Schultern, der aus so schmackhaftem Fette be=
steht, daß man diese Humpus, wie man sie dort nennt,
eingesalzen nach England verschickt.

Der große Werth dieser Ochsenrace besteht aber in
der Benutzung derselben zum Ziehen und Tragen.
Selbst die Vornehmsten bedienen sich ihrer zum Fuhr=
werke. Hyder Aly ließ sein ganzes Serail oftmals durch
solches Gespann fortbringen. Hierbei sind diese Ochsen
nicht nur mit einer schönen Decke, so wie mit Hals=
bändern und Schellen um den Hals geziert, sondern
selbst die Hörner endigen sich in kupferne oder messin=
gene Spitzen, ja bei einigen Fürsten sind die Spitzen
sogar von Golde, das Halsband aber von Silber. Sol=
che Staatsochsen pflegt man aufs Beste, schmeichelt
ihnen sehr und striegelt sie häufig. Zugleich besitzen
sie eine erstaunliche Stärke zum Tragen; le Gour theilt
ihnen bis gegen 800 Pfund Gewicht zu. Man regiert
sie vermittelst der Leine, die durch die Nase geht, oder
auch vermöge eines Ringes, der an der Leine befestigt
ist. Ein Paar solcher Ochsen kostete dem berühmten
Tavernier 600 Rupien, ja man bezahlt sie oftmals
mit tausend Rupien (Gulden). Dagegen zeichnen sie
sich sowohl durch Schnelligkeit als Gelehrigkeit
aus. Sie laufen sehr leicht, oft selbst im Galopp, und
trottiren 60 Tage hintereinander täglich über sieben
deutsche Meilen. Haben sie die Hälfte ihrer Tagereise
beendigt, so giebt man ihnen Klöße von Waizenmehl
mit Butter und Zucker durchknetet; zu Abend hingegen
rhalten sie nur das gewöhnliche Futter, nämlich ge=

schrotene und eine halbe Stunde in Wasser eingeweichte
Erbsen. Einige dieser Ochsen halten im Trabe mit
dem Pferde aus.

Dieß wären also die größten Buckelochsen. Perrin
gedenkt aber einer zweiten Gattung von Buckelochsen,
von minderer Größe, jedoch gedrungener, als die unsri=
gen, und mit kürzern Hörnern. An diesen schätzt man
nicht so sehr die Farbe, als das seidenartige, lange
Haar der Mähne, oder vielmehr des Halses,
welches ihnen oftmals wie ein Segel bis zur Erde
herabhängt. Ein glänzendes Schwarz wählt man hier=
bei gern zur Hauptfarbe. Ihr Naturell und ihre Geleh=
rigkeit kommt den vorhergehenden gleich; allein sie wer=
den nur vorzüglich zum Reiten und zum Tragen be=
nutzt, wobei sie denn ebenfalls vermittelst eines durch
den Nasenknorpel gezogenen Ringes regiert werden.
Diese Ochsen erreichen einen solchen Grad der Zäh=
mung, daß sie auf Befehl sich auf die Erde legen,
sich hin und her wälzen, aus der Hand fressen, und
sich tief bis zur Wurzel die Zunge fassen lassen. Ihr
Trott ist sehr sanft und sicher; man macht auf ihnen
täglich 7 deutsche Meilen, wie bei den zuvor erwähnten,
viele Tage hindurch; und sie tragen das Gewicht von
6 Scheffeln Korn.

Eine dritte Art solcher Buckelochsen endlich ist
der Zebu des Büffon, ein sehr kleiner, oft gefleckter
Buckelochse ohne Mähnen. — Er soll ebenfalls, je=
doch im Verhältnisse zu seiner Größe, im nordwestlichen
Hindostan zum Tragen benutzt werden (Perrin);
sonst glaubte man ihn hauptsächlich auf Ceylon einhei=
misch, ein Beweis, daß er selbst in Hindostan nicht so
sehr häufig vorkommt und mehr als eine seltene Spiel=
art zu betrachten ist. Das schöne, weiche Haar wird in=
dessen auch bei ihm nicht vermißt, und die hübsche
Bildung dieses Thieres wird Jedem, der ihn sieht, auf
den ersten Blick ins Auge fallen.

Wandernde Italiener.

Aus Italien, besonders aus dem obern Theile
dieses Landes, wandern alle Jahre eine Menge Männer
in der ganzen Welt umher, um ihr Brod zu suchen und
sich ein kleines Vermögen zu erwerben, um das Er=
sparte dann gemeiniglich in der Heimath zu verzehren.
So giebt es eine Gegend, welche besonders viele Ta=
bulettkrämer aussendet; aus einer andern kommen
in Menge die Gypsfigurenhändler;*) aus noch
einer andern verbreiten sich Leute, die eine Schank=
nahrung halten u. s. f. Wir wollen uns heute mit ei=
nigen solcher Auswanderer bekannt und eben mit denen
vom Comer=See den Anfang machen.

Es ist diese Gegend eine der lieblichsten. Der
Schnee der Alpen sendet sein Gewässer dahin und ma=
lerische Berge umziehen die Wasserfläche. Aber ma=
lerische Berge sind nicht immer fruchtbar, und
obschon oben die Spitze derselben hier Holz und Weide
bietet, und in der Mitte eine Menge Nußbäume und
am Abhange den See Reis und Getreide wächst,
so ist doch dieß Alles nicht hinreichend, die große
Bevölkerung zu ernähren; die Ernte wird überdieß
nur mühselig gewonnen, und es giebt auch Wild=
nisse, wo der Mensch selbst mit Wölfen, kleinen Bä=
ren, Hasen, Murmelthieren um den Unterhalt kämpfen

---

*) Wer hätte nicht in großen Städten dergleichen mit Fi=
guren aller Art, großen und kleinen, modernen und an=
tiken, gesehen?

muß — wo ihm Bergstürze und Orkane die Hütte über den Haufen werfen. Die Bewohner des Ufers vom Comer=See haben sich daher in ihren vielen Dörfern und Städtchen von alten Zeiten her auf Verfertigung physikalischer Instrumente gelegt. Sie machen seit vielen Jahren Barometer, Thermometer, Brillen, Operngucker, Fernröhre ec. und eine Menge derselben wandern in ganz Italien, Frankreich, Deutschland, Rußland, kurz, in ganz Europa, ja selbst in Amerika umher, um diese Instrumente als Tabulettkrämer, oder in Gewölben, en gros und en détail, zu vertreiben. Offene Laden der Art haben sie jetzt meist in großen Städten. Uebrigens darf man nicht glauben, daß sie etwa den Abgang ihrer Artikel vom Comer=See selbst zu beziehen pflegen. Sie finden, ihr Lager zu vervollständigen, den Stoff überall vorräthig, aber mit der Verarbeitung desselben haben sie sich schon zu Hause vertraut gemacht. Manche solche Auswanderer lassen sich an dem Orte, wo sie ihre Thätigkeit üben, für die ganze Lebzeit nieder, wie es z. B. der Gründer der berühmten Firma del Vecchio in Leipzig that. Die Meisten aber denken darauf, als ehrliche, reiche, angesehene Comaschi ihr Leben in der Heimath zu enden, und die schönsten Landhäuser, die niedlichsten Gärten am Comer=See sind Zeugen des Wohlstandes, den solche Leute durch Fleiß, Geschick und Sparsamkeit im Auslande errungen hatten. Wenn sie heimkehren, so lassen sie das Geschäft von einem Sohne fortsetzen, oder einen jungen Verwandten aus Italien kommen, und ist er mit dem Gange desselben vertraut, so nehmen sie Abschied, ihn seinem glücklichen Sterne überlassend, der ihn führt, wie er sie geführt hatte. Solche, die nicht zu fern von der Heimath hausen, kehren alle 2 — 3 Jahre einmal unter das väterliche Dach zurück und verleben hier die Tage des Winters. Im Sommer soll man an manchen Ortschaften kaum den zehnten Theil der Bevölkerung daheim finden. Das kleine Feld, der Garten, die Weide der Paar Schaafe und Ziegen liegt dann den nicht minder thätigen Frauen ob. Es verdankt die Welt diesen fleißigen, betriebsamen Comaschi's ungleich mehr, als sich Mancher träumen läßt. Sie haben praktisch den Sinn für Chemie, und besonders für Physik, an Orten geweckt, wo noch lange Zeit vergangen seyn würde, ehe man sich um Thermometer u. s. w. bekümmert hätte. Auf der andern Seite wird von ihnen Manches in die Heimath zurückgebracht, was sonst nie dahin gelangt wäre. Jeder will doch den Freunden und Verwandten, den Kindern und dem Weibe eine „Paccotiglia" mitbringen und thut deshalb zu guter Letzt noch sein Beutelchen auf.

Zwischen dem Comer=See und Lugano=See, im Val d'Intelfi, ist ein anderes wanderndes Völkchen, das jedoch selten so weit geht, wie die Comaschen. Es treibt dasselbe besonders die Maurerei, und zieht zu dem Zwecke in Italien, der Schweiz, auch wohl in Deutschland umher, bleibt aber nicht leicht den Winter über von der Heimath entfernt. Man findet tüchtige mathematische Köpfe unter ihnen. An der Straße über den Simplon hatten sie den nach Italien herabführenden Theil zu besorgen, der viel steiler abdacht, als der auf der entgegengesetzten Seite, und folglich viel größere Schwierigkeiten darbot. Aber die „gente nata in aria fina", wie man sie im übrigen Italien nennt, bewährte ihren guten Ruf, ihre Einsicht, ihre Ausdauer, und die Arbeit am Simplon macht ihnen die größte Ehre.

Am Lago Maggiore, in der Gegend von Lucarno, giebt es wieder ein anderes wanderndes Häuflein. Es hält sich auch am Domo d'Ossola, am Fuße des Simplon, selbst auf, und führt in der Lombardei, in Piemont den allgemeinen Namen Sbianchini, die Weißtüncher; sie gehen nämlich den Sommer über bis nach der Schweiz hinaus als Stubenmaler, als Tüncher, umher. Daß sie, wenn der Winter naht, keine Reichthümer nach Hause bringen, kann man sich wohl denken. Dagegen findet man nicht fern von ihnen auf der andern Seite am Lago Maggiore ein Völkchen, dessen Söhne die Heimath verlassen, um als Garzoni in irgend einem Wirthshause zu dienen, bis es ihnen gelingt, selbst ein Kaffeehaus oder ein Hotel zu begründen. In ganz Oberitalien, in Deutschland, in Frankreich, in England findet man dergleichen Garzoni's und angesehene Gasthofsbesitzer. London hat seinen Pagliano, den Inhaber eines Hotels vom ersten Range, der alle seine Küper oder Garzoni's aus dieser Gegend kommen läßt. Die beiden besten Gasthöfe in Madrid, namentlich die Fontana d'Oro (der Goldquell), was aber nur subjectiv, in Bezug auf den Besitzer des Hotels verstanden werden muß, der Hauptgasthof in Sevilla, ein anderer in Cadiz, ein vierter in Algesiras, sind von solchen Italienern angelegt, welche als Küper fast von nichts lebten, und allen ihren Lohn, ihre Trinkgelder sammelten, bis sie vom Diener den Sprung zum Herrn machten. Eines der besuchtesten Kaffeehäuser in Dresden ist Eigenthum eines Italieners, der vermuthlich aus dieser Gegend herstammt oder nicht weit davon zu Hause ist, und das erste Kaffeehaus zu St. Jean d'Acre gehört ebenfalls einem solchen, der klug genug war, den Eroberer Ibrahim am Tage der Einnahme mit einer solennen Illumination zu überraschen. Die Liebe zum Vaterlande lockt aber selbst solche reiche Auswanderer, am Ende zurückzukommen und den gewonnenen Reichthum, der oft beträchtlich ist, am Ufer des See's zu verzehren, welcher sie als Kinder spielen sah.

Die Heimath ist ja Jedem lieb und werth
Und Jeder hängt an ihr mit vollem Herzen!
Man ruht so sanft auf vaterländ'schem Boden,
Wie in dem Mutterschooß ein schuldlos Kind!

So sieht man denn auch hier herrliche Landhäuser sich in den Wellen des See's abspiegeln und in allen Dörfern ist eine wohlthuende Heiterkeit und Reinlichkeit sichtbar. Die ehemaligen Herren „Osti" können indessen ihr Geschäft nicht ganz vergessen. Sie sehen auch jetzt noch gern Gäste um sich herum, nur daß diese nicht mehr zahlen dürfen. Es ist nichts Seltenes, wohl 50 — 60 des Abends in einer Villa zu finden, die ihr Tarocco oder anderes Spiel machen und Lust und Freude athmen. Besonders im Herbste herrscht hier fröhliches Leben. Die Weinlese ist dem Italiener das Liebste vom Landleben und diese Gegend gleicht der, welche Ariost schildert. Gegend und Bewohner sind

Ricca e bella, non men religiosa,
E cortese a chiunque venia. *)

Die Gastfreundschaft öffnet zu dieser Zeit Küche und Keller für Alle, sie mögen Fremde oder Freunde seyn. Die Besitzer haben geerntet; sie haben die Ernte ihrer Jugend in Sicherheit gebracht; sie wollen nun genießen, was ihnen in jüngern Jahren so manche Entbehrung, so manchen Schweißtropfen, so manche sorgenvolle Nacht kostete, und nur durch die Hoffnung aufgewogen wurde, einmal in den Besitz eines Vermögens, eines schönen Hauses am heimathlichen See zu kom-

*) Deutsch: Reich und schön und eben so fromm und freundlich gegen Jeden, der da kommt.

men, was jetzt der Fall ist. — Wir könnten noch von andern solchen italienischen Wanderern sprechen. Es giebt deren noch genug. Mit weißen Mäusen, mit Affen, mit Hunden, mit Gypsfiguren sehen wir ja so viele herumziehen, und als einmal Cicero's Schatten die Welt vor einiger Zeit betrat, um zu erfahren, was denn sein Volk jetzt Großes schaffe, hörte er zu seinem Schrecken: Hecheln und Mausefallen! Allein wir sparen uns die Begleitung dieser Lucchesen und Savoyarden und Parmesaner für ein anderes Mal auf.

Wandernde Italiener.

Wie berühmt sonst Auerbach's Hof war.

Es giebt wohl wenig Häuser in großen Städten, die so berühmt geworden wären, als der 1529—30 erbaute Auerbach'sche Hof in Leipzig. Schon kurze Zeit nach der Erbauung muß er eine Hauptniederlage aller Kostbarkeiten geworden seyn, die man zur Messe brachte, denn der bekannte Taubmann im 16ten Jahrhunderte schrieb schon:

Misnia parva potest urbs dici Lipsia, dici
Auerbachea domus Lipsia parva potest.

Und im Anfange des 18ten Jahrhunderts sang wieder J. C. Cander:

Quicquid et infecti factique requiritur auri,
Omnibus Auerbachi vendicat una domus.

1717 erschien eine Schrift, die hauptsächlich Auerbach's Hof und dessen Herrlichkeit schilderte. So lange Sachsens Fürsten die Messen besuchten, war er der Sammelplatz der großen und schönen Welt in den Mittagsstunden, das Palais Royal der Leipziger, und die Zusammenkünfte wurden hier mit einem Spottnamen belegt, dessen sich alte Einwohner wohl noch zu erinnern wissen werden. Noch im Anfange dieses Jahrhunderts zählte er 46 ansehnliche Gewölbe des Luxus und der Moden. Uebrigens mag Dr. Heinrich Auerbach einen großen Theil des Vermögens, das er auf den Bau dieses großen Hauses wendete, erst in Leipzig gewonnen haben; denn zu der Zeit, wo er ihn ins Daseyn rief, muß er schon zwölf Jahre lang ein glücklicher, berühmter Arzt daselbst gewesen seyn. Er war schon 1519 hier, und so ziemlich der Einzige, welcher es wagte, Dr. Luther'n, der vom 27sten Juli an im genannten Jahre mit Eck seine berühmte Disputation hielt, zu Gaste zu laden. Bekanntlich war Herzog Georg eben kein Freund des Reformators. Da Auerbach vermuthlich herzogl. Leibarzt war,*) so ver-

*) Ehe ihn der Herzog Georg nach Leipzig berief, war er Leibarzt bei dem Churfürsten von Brandenburg und bei dem Churf. Friedrich von Sachsen gewesen.

dient solche freimüthige Anerkennung des Verdienstes um so mehr im Gedächtnisse bewahrt zu werden, insofern auch die ganze Universität sich gegen Luther so feindselig zeigte, daß 200 Studenten von Wittenberg mit Spießen und Hellebarden kamen, um ihren Lehrer gegen Gewaltthätigkeiten zu sichern. Eck wurde überall zu Gaste geladen, und erhielt sogar einen Rock und Schamlot zum Geschenke. Luthern gab der Rath nur einen „Ehrenwein,'' und zu Tische ladete ihn bloß der Ordinarius der Juristen-Fakultät, Simon Pistorius, so wie unser — Dr. Auerbach.

Der Gesang der Vögel.

Kein Thier hat so viele Töne für die verschiedenen Empfindungen in seiner Gewalt, als die meisten Vögel. Der Gesang aber ist den Vögeln eben so wenig angeboren, als den Menschen die Sprache; von der Natur besitzen sie die Anlage dazu; sie müssen ihn erlernen. Der Versuch eines jungen Vogels, zu singen, läßt sich mit dem Streben eines Kindes vergleichen, das sprechen will. Der Vogel ahmt nach, wie der Mensch; was er oft hört, das singt er nach. Ein gemeiner Sperling, den man noch sehr jung aus dem Neste nahm und ihn in die Nähe eines Hänflings und Stieglitzes that, nahm einen Gesang an, der eine Mischung von beiden Gesängen war. Einst zog man drei junge Hänflinge auf, den Einen mit einer Feldlerche, den Andern mit einer Holzlerche, den Dritten mit einer Wiesenlerche, und statt des Gesanges, der ihrer eigenen Art eigenthümlich ist, nahm jeder den Gesang seines Lehrers an. Ein Hänfling, den man kaum zwei bis drei Tage alt aus dem Neste nahm und ihn nichts anderes hören ließ, als: „hübscher Knabe!'' sang nicht, sondern sprach bloß diese Worte nach.

Woche.

22. Juni 1476. Schlacht bei Murten, wo der Herzog von Burgund, Karl der Kühne, mit dem größten Theile seines Heeres das Leben verlor und die Schweizer eine außerordentliche Beute machten.

Am 23. Juni 1802 erstiegen die Reisenden Alexander von Humboldt und Bonpland den Chimborasso in einer Höhe von 19,500 Fuß über der Meeresfläche. Condamine war im Jahre 1745 um 3485 Fuß hinter ihnen zurückgeblieben und nach ihnen hatte Niemand wieder einen Versuch gemacht.

Am 24. Juni 1812 ging Napoleon über den Niemen und begann so den entscheidenden Krieg gegen Rußland.

Am 25. Juni 1807 hatte Napoleon die berühmte Zusammenkunft auf dem Niemen mit Alexander I. und Friedrich Wilhelm III.

Am 26. Juni 1541 wurde Franz Pizarro, der Entdecker von Peru, in Lima ermordet.

Am 27. Juni 1794 starb der berühmte Minister Fürst von Kaunitz zu Wien, geboren 1711.

Am 28. Juni 1813 starb der berühmte General Gebhard David von Scharnhorst (geboren 1746) an seinen in der Schlacht bei Lützen erhaltenen Wunden.

Verlag von Bossange Vater in Leipzig.
Unter Verantwortlichkeit der Verlagshandlung.

Das Pfennig-Magazin

der

Gesellschaft zur Verbreitung gemeinnütziger Kenntnisse.

9.]   Erscheint jeden Sonnabend.   [Juni 29, 1855

Der Münster in Aachen.

Einst war Aachen der Ort, wo die deutschen Kaiser gekrönt wurden. 55 saßen (von 814 bis 1558) auf dem marmornen Stuhle, den sie bei dieser Ceremonie einnahmen. Im achten und zu Anfange des neunten Jahrhunderts erfreute es sich des Glücks, die Residenz und der Lieblingsaufenthalt Karl's des

Großen zu seyn, und es soll einmal 100,000 Einwohner gezählt haben, während es jetzt nur noch etwa 36,000 hat. Aus jener glänzenden Periode schreibt sich nun auch der Dom oder Münster her, von dem wir hier eine Abbildung liefern. Indessen ist das uralte, aus dem Jahre 796—804 stammende Gebäude, das noch die irdischen Ueberreste seines hier i. J. 742 gebornen und 814 gestorbenen Gründers Karl's des Großen enthält, mehr wegen seiner vielen historischen und kirchlichen Reliquien, als wegen der prächtigen Bauart selbst berühmt. Die größere Zahl ward in der Revolution nach Paris gebracht, aber 1815 wieder zurückgegeben. Als die Krönung der Kaiser nach Frankfurt verlegt wurde, bewahrte Aachen dennoch stets, bis solche Feierlichkeit eintrat, die Reichskleinodien auf. Porphyr, Marmor, Granit, sind bei der Erbauung des Doms verwendet, der im Innern mit Zierrathen aller Art und mit architektonischen Beiwerken überladen ist. Die kirchlichen Reliquien werden in jedem siebenten Jahre 14 Tage lang öffentlich ausgestellt und ziehen viele Tausend Fremde herbei. 1825 zählte man noch gegen 50,000 fromme Neugierige. Schon im 11. Jahrhunderte fanden sich dergleichen ein. Von den bronzenen Thüren des Doms hat sich eine ziemlich komische Sage erhalten. Es fehlte den Einwohnern in Aachen, erzählt man, an Geld, um den Bau des Doms zu vollenden, und so machten sie ein Anlehen bei'm Teufel, dem dafür die erste Seele verfallen sollte, die durch die Kirchthüre käme. Als nun das Gebäude fertig war, wollte aber Niemand der Erste seyn, der hinein ginge. Sie stand also lange leer, bis endlich glücklicherweise ein Wolf gefangen wurde, und ein Priester den klugen Einfall hatte, diesen hinein zu jagen. Der Teufel ärgerte sich über den pfiffigen Streich, der seiner Dummheit gespielt wurde, so maßen, daß er die Thüren prasselnd hinter sich zuschlug und die Wette verloren gab. Zwei bronzene Figuren außen zu beiden Seiten verkünden seine Einfalt bis auf den heutigen Tag. Die eine stellt den Wolf und die andere dessen Seele dar. Aachen (Aix-la-Chapelle) ist seit 1816 Hauptort eines preußischen Regierungsbezirks und wegen seiner uralten warmen Schwefelbäder noch immer von so vielen Fremden besucht, daß oft der Spielpachter allein in einem Jahre 10—12,000 Thaler Pacht giebt, obschon für den prächtigen Saal, worin die Hazardspiele Statt finden, und eine Menge anderer Ausgaben, vielleicht noch einmal so viel Kosten erwachsen. Aachen hat sechs warme und eine kalte mineralische Quelle; die vorzüglichste ist die Kaiserquelle. Mehrere warme Quellen sind in dem durch einen Spaziergang mit Aachen verbundenen Flecken Burtscheid. Oft steigt die Zahl der Brunnengäste bis auf 4000. Die Einwohner von Aachen sind größtentheils Katholiken, treiben bürgerliche Nahrung, oder leben vom Handel und von Fabriken.

Das große Erdbeben in Lissabon 1755.

(Nach dem Berichte eines Augenzeugen, dessen Mittheilung aber wenig in Umlauf gekommen ist, vermuthlich weil sie sich in einer Sammlung von (englischen) „Briefen über die Literatur" befand, wo Niemand dieselbe suchte.)

Man hatte nicht leicht einen schöneren Morgen gesehen, als den des 1. Novbr. (1755). Die Sonne schien mit ihrem vollen Glanze, der Himmel war völlig rein und klar und nicht das geringste Anzeichen von irgend einem Naturereignisse zu spüren, das eine so blühende, reiche, bevölkerte Stadt zu einem Schauplatze der furchtbarsten Schrecknisse, der ärgsten Verwüstung, machen sollte.

Zwischen 9 und 10 Uhr dieses schönen Morgens, der einem so schrecklichen Tage zum Anfange diente, saß unser Berichterstatter am Schreibtische, eben einen Brief beendigend, als sein Papier, sein Tisch, eine Bewegung machte, die ihn, da gar kein Wind, keine Zugluft Statt fand, ziemlich überrascht. Indem er noch nachsann, was denn wohl die Ursache davon seyn könne, erzitterte das Haus von oben bis unten. Auch dieß ließ ihn noch nicht die Gefahr ahnen; denn es rollten vielleicht auf der Straße mehrere Kutschen nach dem königlichen Palaste hin, welche wohl eine solche Erschütterung verursachen konnten; allein als er genauer darauf achtete, kam er nun bald ins Klare. Unter der Erde bebte ein Donner, als ob ein Gewitter in großer Ferne sich entlade. Jetzt fiel ihm allerdings ein, daß dieß Alles wohl die Vorläufer von einem Erdbeben seyn möchten. In Madeira hatte sechs Jahre früher ein solches auch auf diese Weise begonnen, aber übrigens keinen Schaden gethan.

Jetzt legte er aber doch schnell die Feder weg und sprang auf, nicht gleich wissend, ob er im Zimmer bleiben oder auf die Straße eilen solle. Die Gefahr war hier so groß wie dort, und die Hoffnung blieb, daß die Sache ohne Schaden ablaufen werde, wie damals in Madeira; allein der nächste Augenblick machte dem Zweifel ein Ende. Es ließ sich ein furchtbares Geprassel hören, als ob alle Gebäude in der Stadt zusammenstürzten. Auch das Haus unsers Engländers ward so erschüttert, daß die obersten Stockwerke der Stelle einstürzten und die Zimmer, welche er bewohnte, zwar nicht solches Geschick hatten, aber doch hin und her schwankten, so daß alles Geräth über den Haufen fiel und es Mühe kostete, sich auf den Füßen zu erhalten. Jeden Augenblick erwartete ihr Bewohner, erschlagen zu werden, denn die Mauern wankten hin und her und borsten an mehreren Stellen, und aus den Fugen stürzten große Steine heraus, indessen die Balken des Daches überall fast schon in der freien Luft schwebten. In derselben Zeit aber verfinsterte sich der vorher so heitere Himmel, so daß sich kein Gegenstand mehr genau erkennen ließ. Es trat eine ägyptische Finsterniß ein, entweder als Folge des unermeßlichen Staubes, den die einstürzenden Häuser und Paläste verursachten, oder weil sich eine Menge schweflicher Dünste aus der Erde entwickelte. Der Berichterstatter wagt nicht, über das Eine oder das Andere zu entscheiden. Ihm selbst versetzte es wohl zehn Minuten lang, wie man sagt, den Athem.

Endlich erhellte sich die Nacht wieder, die Gewalt der Stöße ließ nach, der Engländer bekam einige Fassung, er blickte umher und das Erste, was ihm in die Augen fiel, war eine Mutter, die mit einem Kinde auf dem Boden saß, bleich, mit Staube bedeckt, zitternd, wie Espenlaub. Er fragte, wie sie hierhergekommen sey, allein die furchtbare Bestürzung gestattete ihr keine Antwort. Vermuthlich war sie erst erschrocken aus ihrem Hause gestürzt und hatte sich, als ringsumher Alles zusammenfiel, in das offene Haus des Engländers geflüchtet. In keinem Falle ließ sich hier viel fragen und antworten. Das arme Weib richtete nun, dessen erinnerte er sich nachher in Todesangst die Worte an ihn: Ob dieß nicht das Ende der Welt bedeute? Zugleich klagte sie, daß ihr der Athem fehle und bat um einen Trunk Wasser. Der Engländer ging in ein Nebenzimmer, wo er ein großes Gefäß mit Trinkwasser hielt, das in Lissabon ziemlich selten ist; allein es war zerbrochen, und so sagte er ihr; daß sie jetzt nicht daran denken möchte, ihren Durst zu löschen, sondern das Leben zu retten. Das Haus werde über ihren Köpfen zusammen stürzen, sobald ein zweiter Erdstoß käme, und sie beide unter den Trümmern begraben. Sie solle sich an seinen Arm hängen, er werde suchen, sie nach einem sichern Orte zu geleiten.

Der Engländer verdankte bis dahin sein Leben einem jener kleinen Vorfälle, die keine menschliche Klugheit berechnen kann. Er war, als die Schreckensscene begann, nicht angekleidet gewesen. Daher sein Schwanken, ob er aus dem Hause gehen oder bleiben solle. War er in der Kleidung, so hätte er sich gewiß im Augenblicke auf die Straße geflüchtet und wäre von den zusammenstürzenden Gebäuden erschlagen worden. Die übrigen Bewohner seines Hauses hatten aus diesem Grunde alle ein solches Geschick. Indessen so groß die Gefahr jetzt war, so wenig wollte es ihm schicklich dünken, im Schlafrocke und in Pantoffeln auf die Straße zu eilen. Er warf sich geschwind in Schuhe und Rock, wie sie ihm gleich in die Hände fielen und stürzte nun, die Frau am Arme, die Treppe hinab auf die Straße, welche nach dem Tajo führte. Ueberall war sie von Trümmern bedeckt, hier und da bis zum zweiten Stockwerke hoch gesperrt. Es war unmöglich, hindurch und darüber fortzukommen, und so versuchte er, einen andern Weg zu gewinnen, was unter tausend Gefahren geschah. Er half erst dem Weibe über einen großen Haufen von Trümmern, dann bat er sie, ihn loszulassen, um mit Händen und Füßen den Weg zu finden, und kaum hatte er einen Schritt vorwärts begonnen, als eine Steinmasse von oben herab auf sie und das Kind stürzte, so daß Beide in einem Augenblicke zerschmettert waren. Das schreckliche Schauspiel würde ihn zu einer andern Zeit im höchsten Grade ergriffen haben; er wäre vielleicht ohnmächtig hingesunken, jetzt war die Furcht, gleiches Loos zu haben, noch mächtiger. Es fanden in seiner Nähe noch ähnliche Unfälle Statt und hinderten ihn, auf den ihn so nahe berührenden volle Aufmerksamkeit zu wenden.

Unser Engländer hatte eine lange, enge Straße zu durcheilen, zu deren beiden Seiten die Häuser 4 bis 5 Stockwerke hoch waren. Die meisten stürzten eben zusammen oder waren schon in Trümmern, von denen Todte, Sterbende, Verwundete, überall bedeckt umher lagen. Es schien nicht möglich, hier mit dem Leben davon zu kommen, und er wünschte nur, gleich tödtlich getroffen zu werden. Doch eilte er so schnell als möglich fort und kam glücklich durch den Höllenpfad hindurch. Da stand er auf dem freien Kirchhofe der St. Paulskirche und staunte den ungeheuern Haufen Trümmer an, zu welchem sie zusammengesunken war. Noch vor wenig Minuten konnte sie als ein Meisterstück der Baukunst gelten, welches Maler und Bildhauer wetteifernd geschmückt hatten. Jetzt sah man eine ungeheure Steinmasse, unter der Hunderte stöhnten und röchelten, die, vor den Altären knieend, zerschmettert worden waren. Kaum hatte sich unser Freund hier ein wenig vom Schrecken und Staunen erholt, kaum ein wenig Athem geschöpft, als er nun über die Trümmer nach dem Ufer des Tajo schritt, um so weit, als möglich, von allen Gebäuden entfernt zu seyn, wenn ein neuer Stoß des Erdbebens ihre Mauern erschütterte. Er gelangte glücklich hin und fand eine große Menge Menschen von beiden Geschlechtern, von allen Ständen, und mitten unter ihnen die frommen Priester in vollem Schmucke, denn sie waren aus der Kirche des Patriarchen vom Altare wegeeilt, als sie eben die Messe lasen, und der Schrecken des Todes lag auf ihren Gesichtern, wie auf

denen der Tausende, welche knieend Gottes Barmherzigkeit anriefen. Ein ehrwürdiger Greis zeichnete sich unter diesen Geistlichen besonders aus. Er eilte von einem Häuflein Betender und Jammernder zum andern, ermahnte zur Buße und tröstete alle, die sich zu seinen Knieen drängten und seine Hand, sein Kleid zu küssen suchten. Der Engländer kniete in der Angst seines Herzens neben ihnen und betete so eifrig, als irgend Einer der Andern. Mitten unter diesem Angstgestöhne kam der gefürchtete zweite Stoß des Erdbebens, der nicht viel weniger heftig war, und den Ruin der schon ins Innerste erschütterten Häuser vollendete. Das Geschrei: Misericordia, mio Dios! (Barmherzigkeit, mein Gott!) war allgemein und vom Katharinen-Berge herüber, der doch ziemlich fern war, konnte man es eben so vernehmlich hören; denn auf ihn hatten sich ebenfalls Tausende gerettet. Der Stoß war so heftig, daß man sich kaum auf den Beinen erhalten konnte. Allein zugleich drohte nun eine neue Gefahr. Das Meer war bis zum tiefsten Grunde aufgewühlt. Die See bricht herein! „Wir sind Alle verloren!" hörte man auf allen Seiten. In der That sah der Engländer kaum nach der Mündung des Flusses hin, als er auch wahrnahm, wie er sich hob und anschwoll, und ein Wasserberg heranzurollen schien, obschon kein Wind sich regte. Brüllend und schäumend wogte das zürnende Element daher, und Alles floh heulend und schreiend, ihm zu entgehen, doch Mancher ward die Beute der ergrimmten Fluthen und Viele entkamen ihnen nur mit genauer Noth. Dem Engländer gelang die Rettung allein, weil er einen Baumstamm fand, der auf der Erde lag und sich fest an diesen klammerte, bis die Fluth, was ebenfalls äußerst schnell geschah, in ihr Bett zurück ging.

In jedem Falle schien die Gefahr, vom Wasser vernichtet zu werden, so groß, wie die, welche das Einstürzen der Häuser drohte, und deshalb beschloß unser Freund, lieber nach dem St. Paulskirchhofe zu eilen, dessen Höhe gegen die Fluth sicherer stellte. Er war hier nun Zeuge eines schrecklichen Schauspiels. So weit das Auge ins Meer hinschweifen konnte, wogten eine Menge Schiffe auf und ab und stießen an einander zusammen, als ob der heftigste Sturm wüthe. Einige drehten sich im Kreise umher, wie von einem Wirbel ergriffen; große Boote waren umgeschlagen; mit einem Male aber versank der mächtige Quai am Ufer und alle Menschen, die auf ihm sicher fußen zu können geglaubt hatten. Die Boote und Fahrzeuge aber, welche daselbst gelandet waren und auf denen so Viele Rettung gesucht hatten, wurden zu gleicher Zeit eine Beute des Meeres. Einer der Schiffskapitäne, der die Gefahren glücklich am Bord seines Fahrzeuges überstand, erzählte nachher unserm Freunde, daß, als er auf der See zur Zeit des zweiten Stoßes nach der Stadt gesehen habe, die ganze große, mächtige Residenz hin und her schwankte. Vom Quai war auch nicht eine Spur späterhin zu finden. Das Wasser hier ließ kaum den Grund ermitteln.

Kurze Zeit nachher kam ein dritter Erdstoß, doch minder stark. Das Meer wogte gleichfalls wieder heran, aber noch schneller trat es zurück. Mehrere Schiffe blieben auf dem Trocknen sitzen. Der Fluß wiederholte sein Spiel noch öfterer. Lissabon schien das Geschick zu haben, von welchem 1746 Lima betroffen worden war. Tiefer nach dem Ufer zu gelegen, wäre es auch in der That von demselben verschlungen worden. Wie weit das Erdbeben ins Meer hinausging, kann man daraus abnehmen, daß ein Schiffskapitän 40 Stunden von der Küste entfernt einen Stoß fühlte der ihn fürchten ließ, sein Schiff sey auf einen Felsen gelaufen. Er konnte sich die Sache nicht eher erklä=ren, bis er im Tajo die Verwüstung sah. Reiter, die zu dieser Zeit am Ufer waren, konnten nur im ge=streckten Gallop an manchen Orten die Höhen gewin=nen, wo sie vom Wasser nicht erreicht wurden.

Von der See bedroht, auf dem St. Paulskirch=hofe nicht sicher vor dem Einsturze naher Häuser, be=schloß unser Berichterstatter, nach der Münze zu ge=hen, die ein niedriges, aber festes Gebäude war, und folglich den verhältnißmäßig größten Schutz ver=hieß. Es war die ganze, hier stets befindliche Wache entflohen, mit Ausnahme ihres Offiziers, eines Jüng=lings von 17 oder 18 Jahren, der unterm Thore stand. Die Erde bebte immer fort, die in einiger Entfernung noch stehenden Häuser schwankten hin und her; das Wasser des Tajo hatte den Hof überschwemmt und der Offizier reti=rirte sich mit dem Engländer auf einen Haufen Trümmer. Der Engländer äußerte seine Bewunderung über den Muth und die Ausdauer des jungen Mannes, der mut=terseelenallein den Elementen und — wie wir bald hören werden — auch dem ärgsten Verbrechen trotzte. Es war ein Schatz von ein Paar Millionen dort auf=bewahrt, und wenn sie unangetastet blieben, so hatte man es nur ihm zu verdanken. Wohl fünf Stunden blieb der Engländer bei ihm, dann verließ er ihn, von den Schrecken des Tages ganz erschöpft, von Hitze und Hunger bis zum Tode ermattet, und zugleich noch um das Schicksal eines Freundes bekümmert, der mitten in der Stadt wohnte, folglich der größten Gefahr Preis gegeben gewesen war. Diesen aufzusuchen, nahm er jetzt von dem jungen Krieger Abschied.

Durch tausend Trümmer, über den Schutt eines Klosters, das allen Mönchen und Messehörenden zum Grabe geworden war, über die Ruinen des Opernhauses, über die des königlichen Palastes, schritt er dahin. Auf dem großen Platze vor dem Letzteren gab es ein eben so seltsames, als klägliches Schauspiel. Da standen Pferde, Maulthiere, Kutschen, Wagen aller Art. Die große Messe hatte eben in der königlichen, an das Residenzschloß sto=ßenden Kapelle begonnen, als das Erdbeben eintrat, und nun der hohe Adel, der ganze Klerus davon eilte. Nie=mand dachte an die Pracht der Kirche, die hier jeder frechen Hand Preis gegeben blieb, Niemand suchte erst seine Equipage auf. Da standen nun die armen Thiere angespannt und hungernd, oder lagen halb zerschmettert da und verschmachteten.

Mit Mühe und unter tausend Bildern des Jam=mers schritt der Engländer weiter. Kein Mensch be=weinte die Sterbenden und Todten, welche überall um=herlagen, so daß der Fuß kaum Raum hatte, der ihrer schonen wollte. Hier fanden sich Equipagen, in denen die Herrschaft gleich den Pferden und ihrem Kutscher den Tod gefunden hatte. Dort lagen Mütter mit ihren Kindern im Arme. Reichgekleidete Frauen, Mön=che, Priester, Handwerksleute, Vornehme mischten sich sterbend und todt in bunter Reihe. Diesen waren die Beine zerschmettert, jenen lastete eine Steinmasse auf der Brust. Viele schrieen nach Hülfe, nach Labung, und kein Mensch war da, der sie ihnen reichen konnte. Auch von der Wohnung des Freundes, den der Eng=länder aufsuchte, war keine Spur mehr da und so die Nachforschung umsonst. Er ging über die Stadt hin=aus nach einem Kaffeehause, das ein anderer Engländer hielt, und suchte dort ein Unterkommen, so gut sich's, wo Tausende keinen Rock, kein Brod, kein Dach hatten, finden ließ. Die Schrecken des ersten Novembers soll=ten aber noch nicht zu Ende seyn. Als der Abend sich

auf die verödete Stadt herabsenkte, schien die ganze Stadt ein Feuermeer zu werden; es ward so hell, daß man einen Brief lesen konnte. An hundert Orten mindestens stiegen die Flammen empor und wütheten, wie 1812 in Moskau, sechs Tage lang, ohne daß ein Mensch ihrer Wuth Grenzen zu setzen gewagt hätte. Was das Erdbeben verschont hatte, verzehrten sie. Ver=steinert vom Schmerze starrten Tausende nach denselben hin, indessen Weiber und Kinder alle Heiligen und Engel um Hülfe riefen. Die Erde bebte zugleich immer fort; mehr oder weniger oft eine Viertelstunde hinter einander.

Aber woher denn die Wuth dieses Elements? Warum hatte sich dasselbe denn ebenfalls zum Ruin der mächtigen Stadt verschworen? Mehrere Ursachen wirkten gemeinschaftlich. Der erste November ist der Allerheiligen=Tag; ein großer Festtag in der ka=tholischen Kirche überall, und bei den Portugiesen be=sonders. Da prangt jeder Altar, jede Kapelle von Wachskerzen, von Lampen, und sie entzündeten also was von Gewändern, von Holz erreichbar war. In den einstürzenden Häusern fand sich Feuer in Kaminen vor, die Zimmer zu wärmen, wie auf Tausenden von Küchenheerden, um die Speisen zu bereiten, und so gab es überall Gelegenheit zur Feuersbrunst. Doch auch die Bos=heit bot die Hand dazu. Eine Menge Verbrecher war frei geworden, um — neue Verbrechen zu begehen. Sie war=fen den Pechkranz in die Gebäude und zündeten Alles an was noch verschont war, aus Sucht zu verderben, um ungestörter plündern zu können, obschon kein Mensch sie daran gehindert hätte, denn es gingen viele Tage hin, ehe Jemand in diesen Trümmern nachzusuchen wagte. Namentlich war der königliche Palast auf diese Weise in Flammen gesetzt worden, und ein später ergriffener Ver=brecher sagte unter dem Galgen, daß er gehofft habe, die ganze königliche Familie verbrennen zu sehen.

Allmählig kehrte doch so viel Ruhe wieder, daß man Erkundigungen über das Schicksal seiner Wohnung, seiner Freunde und Bekannten einzog. Die festesten Häuser waren zuerst in Trümmer gefallen; mehr als sechstausend Menschen hatten das Leben, mehrere tau=send Familien Alles, im eigentlichsten Sinne Alles ver=loren. Auch unser Engländer gehörte zu den letztern. Er konnte nicht die Stätte wieder erkennen, wo sein Haus gestanden hatte, und zugleich verbreiteten die Leich=name der unter den Ruinen Liegenden einen solchen Dunst, daß er einmal fast in Ohnmacht sank, von der Zeit an aber nach Möglichkeit ähnlichen Besuchen auswich. Hatte er doch das Leben und die gesunden Glieder ge=rettet und kein seinem Herzen nahe stehendes Opfer zu beweinen gehabt!

Mozart.

Es giebt wohl keinen Leser dieser Blätter, der nicht einmal in der Oper oder dem Konzerte, im Hause oder in der Kirche, Mozart's himmlische Melodieen gehört hätte, und bald erfreut, bald erheitert, bald zu unnenn=barer Wehmuth hingerissen, bald in höhere unbekannte Regionen durch dieselben versetzt worden wäre. Und der Mann, der so Vieles, so Mannichfaltiges im Reiche der Töne schuf, starb in der Blüthe des frischesten Mannesalters! Er endete, wo Andere kaum erst einen Anfang gemacht haben. Aber freilich, der Genius der Kunst hatte ihm schon in der Wiege die Weihe gegeben. Bereits im dritten Jahre seines Alters saß er am Klaviere und suchte harmonirende Töne. Geboren 1756 am 17. Jan., war er schon 1760 im Stande, fest und taktmäßig und nett kleine und grö=

gere Stücke zu spielen. Von der Zeit an blieb ihm jedes Kinderspiel widerwärtig. Musik allein füllte seine

Mozart.

Seele, und bereits im fünften Jahre schrieb er ein Klavierkonzert, das nur ein geübter Künstler spielen konnte. Jedermann staunte das musikalische Wunderkind und den Knaben an, als sein Vater schon im Jahre 1763 bis 1766 eine Reise mit ihm durch Deutschland, Holland, Frankreich und England machte. In Italien nannte man ihn nur, als er im 17. Jahre hinkam und für Mailand eine Oper komponirt und in Rom das Miserere Allegri's nach dem bloßen Gehöre aufgesetzt hatte, il cavaliere filarmonico. Vom 24. Jahre an ward, nachdem er Salzburgs Kapelle aufgegeben hatte, sein Ruhm in Wien, wo er K. K. Kapellmeister war, für ewige Zeiten gegründet. Von hier aus gingen seine unsterblichen Opern, Kirchenmusiken, Quartetten, Symphonieen, Kantaten, Missen, Sonaten, Duos und Trios, die endlich mit der Skizze zu einem Requiem schlossen, das durch die über seine Aechtheit vor einigen Jahren rege gewordenen Streitigkeiten so merkwürdig geworden ist, wie durch die nach seinem Tode in Umlauf gebrachten Mährchen und Fabeln. Schon am 5. Dec. 1791 rief ihn, 36 Jahre alt, der Tod ab. Aber er hatte genug gelebt für diese Welt, und Werke zurückgelassen, die nie übertroffen werden. Die Symphonie und Oper, die Kirchen- und Konzertmusik haben so viele und so mannigfaltige Arbeiten von ihm, daß, wenn man sie auf einem Punkte alle vereint sähe, man kaum sich vorstellen könnte, wie ein Mann bis zu diesem Alter sie zu schreiben im Stande war. Ein Denkmal in Stein oder Erz haben wir nicht von ihm, denn er starb arm und war fast stets in bedrängten Umständen, da Habsucht und Gewinnlust ihm ganz abgingen, und folglich hatte seine Witwe kein Geld, eines setzen zu lassen. Aber seine Werke vertreten des Denkmals Stelle überall, und jedes Opernhaus, jede Kirche, jeder Konzertsaal ist eine Halle, worin dasselbe aufgestellt wird. Seine unsterblichen Opern sind die Entführung aus dem Serail, Figaro, Don Juan, die Zauberflöte u. s. w.

Das Bambusrohr.

Das Bambusrohr, das mehr einem Baume als einer Staude ähnlich sieht, wächst in den heißesten Gegenden Asiens. Auch in Amerika findet es sich, aber nicht in jener Menge und Ueppigkeit, wie in der heißen alten Welt, so, daß auch wenig Gebrauch davon gemacht wird. Desto größern Nutzen schafft es in jenen Ländern. Hier wächst es von 50—80 Fuß und bekommt eine ausnehmende Härte und Elasticität, worauf dann das Abschneiden erfolgt. Ein einziger Acker Feld giebt eine unglaubliche Ernte, welche zum Bauen und zu hunderterlei Geräthe verwendet wird. Brücken, Fahrzeuge, Masten, Takelwerk, Körbe, Seile, Netze, Fenstergitter, sogar Papier lassen sich unmittelbar oder durch gehörige Verarbeitung daraus gewinnen. Außerdem ist das Bambusrohr das Hauptmittel in den ostindisch-holländischen Kolonieen, ganz China, und wohl noch andern Ländern, um gut Haus- und Staatsregiment zu führen. In China empfängt der oberste wie der niedrigste Beamte, Mann, Weib und Kind, nach gehöriger Verurtheilung, oder unter vier Augen, vorkommenden Falles mehr oder weniger Hiebe mit dem Bambusrohre; und selbst die Damen in Batavia wissen es so lebhaft zu schwingen, daß öfters eine schöne Sklavin, die ihre eifersüchtige Wuth rege machte, unter den Hieben todt auf der Erde liegen bleibt. Die Bambusröhre, welche in Europa zu Stöcken dienen, sind die jungen Loden, die ein abgehauener Stamm von Neuem treibt.

Bambusrohr.

Die Raphaelschen Kartons.

Man sagt immer: Habent sua fata libelli! (Bücher haben ihr eigenes Schicksal.) Und es ist sehr wahr; denn wie mannigfach ist und war das Geschick von diesem und jenem Geisteswerke. Welcher glückliche Zufall gab die Idee dazu, ließ sie ins Leben treten, verschaffte dem Buche Absatz und Beifall! Aber man könnte dasselbe auch von Gemälden sagen. Viele derselben würden eben so wunderliche Abentheuer von sich erzählen lassen. In England giebt es eine Suite von 7 Raphaelschen Kartons, die als Beleg dazu dienen können. Zunächst waren sie bestimmt, für päpstliche und königliche Prachtzimmer in Tapetenform ausgeführt zu werden, und diesen den höchsten Glanz zu verleihen. Das Schicksal aber wollte, daß sie dem Wechsel Preis gegeben, als Kriegsbeute fortgeschleppt, durch Revolution in alle Welt zerstreut, durch Unwissenheit entstellt, durch schmutzigen Geiz verstümmelt wurden.

Einige Jahre vor seinem Tode, zu der Zeit, wo er die größte Höhe erreicht hatte, erhielt Raphael den Auftrag vom Papste Leo X., eine Reihe Entwürfe aus dem Leben des Heilandes und der Apostel zu zeichnen. Als er fertig war, gingen dieselben nach Brüssel, um als Muster bei gewebten Tapeten*) zu dienen, wozu 70,000 Kronen angewiesen waren. Die Tapeten lagen fertig da, aber — kein Mensch in Rom gab Befehl zur Rücksendung der Kartons. Denn Leo X. und Raphael waren bereits gestorben. Der neue Papst Adrian VI. hatte wenig Sinn für Kunst; er dachte gar nicht an die Fortsetzung dessen, was von Leo X. begonnen war; und so ist es erklärlich, warum in Rom nicht die Kartons verlangt wurden. Minder leicht dürfte sich darthun lassen, warum in Brüssel selbst die Arbeit Raphael's unbeachtet blieb. Zwei seiner Schüler, Van Orlay und Michael Coris, hatten nämlich unmittelbar die Fertigung der Tapeten geleitet. Genug, die Kartons, in welchen sich der ganze Genius des unsterblichen Künstlers ausgesprochen hatte, wurden bei Seite gelegt und schienen unter anderm werthlosen Plunder in der Manufaktur vermodern zu müssen. Ein anderes Mal soll man sie sogar außen aufgehängt haben, um zu zeigen, was für eine Fabrik da sey. Endlich lernte sie Rubens kennen. Er machte Karl I. von England aufmerksam, und dieser kaufte sie. Alle Kunstschätze dieses unglücklichen Königs wurden in den bürgerlichen Kriegen, die nachher entstanden, zerstreut, doch Cromwell brachte, für diese Meisterstücke empfänglicher, als seine Zeitgenossen, die kalten Puritaner, dieselben glücklich in Sicherheit. Er kaufte sie bei der angestellten Auktion für 300 Pfund. Jetzt blieben sie wieder lange unbeachtet und vergessen liegen. Erst Karl II. faßte den Entschluß, sie in Tapeten ausführen zu lassen, und gab sie zu dem Zwecke dem Vorsteher einer solchen Fabrik, einem gewissen Cleen. Sie hatten nun dasselbe Geschick auf's Neue, dem sie mit Mühe und Noth in Brüssel entgangen waren; denn als sie unter König Wilhelm späterhin nach langer Zeit vorgenommen wurden, sahe man, daß sie durch die nachlässige Verpackung bedeutenden Schaden gelitten hatten. König Wilhelm ließ sie vom Maler Wilhelm Cooke so gut wie möglich wieder herstellen (es waren ihrer sieben) und in der neuerbauten Gallerie zu Hamptoncourt aufhängen, deren größte Zierde sie noch jetzt bilden. Allein Raphael hatte nicht sieben, sondern fünf und zwanzig solcher Kartons gefertigt, alle in dem großen

---

*) Zu Shakespeare's Zeit hießen die Tapeten in England Arras (**arras**), von der Stadt gleiches Namens in Frankreich, wo die vornehmsten Fabriken derselben waren. Sie scheinen aus dickem, wollenem Zeuche bestanden zu haben und durchaus nicht fest an den Wänden befestigt gewesen zu seyn; denn Shakespeare läßt den Fallstaff hinter der Tapete schlafen (Heinrich IV., II. 4), und Hamlet glaubt seinen Stiefvater hinter ihr zu hören, was bekanntlich dem armen Polonius das Leben kostet. Als die Königin Maria von England sich einmal mit ihrer Schwester Elisabeth unterredete, war Philipp II. ebenfalls hinter der Tapete Zeuge des ganzen Auftritts.

Maaßstabe, der zu seiner Zeit die Correggio's, die Buonarotti's 2c. begeisterte, und von ihnen allen sind durch jene unglücklichen Zufälle, außer den genannten sieben, nur vielleicht noch drei gerettet worden. Zwei sollen nämlich in der Gallerie des Königs von Sardinien seyn, und eines ist in die Hände eines englischen Kunstkenners, Hoare, gekommen. Man würde von ihnen allen vielleicht gar keine Kunde erhalten haben, wenn sie nicht in Tapeten ausgeführt worden wären. Wie weit man es damals in diesem Zweige der Wollenweberei gebracht hatte, kann jedes alte Residenzschloß bezeugen. Man sehe nur z. B. im Königl. Dresdner Schlosse das Zimmer, wo alle Monate in solchen großen allegorischen wollenen Bildern mit einer Frische und Zartheit ausgeführt sind, daß man in gehöriger Ferne zweifelhaft ist, welche Art von Gemälden man vor sich habe. Leo X. hatte eine Reihe solcher Tapeten für den Vatikan und eine als Geschenk für Heinrich VIII. bestimmt gehabt. Beide Suiten sollten so wunderliche Schicksale erleben, wie die Kartons selbst. Unter dem Papste Paul IV. kam die nach Rom verschriebene Suite zum Vorscheine, und wurde an hohen Festen benutzt, eine der Vorhallen von St. Peter's Dome zu schmücken. 1526 erlitt Rom durch Karl's V. Truppen eine allgemeine, schreckliche Plünderung. Die Tapeten wurden von den Kriegern des Herzogs von Bourbon erbeutet, und erst unter Julius II. vom Herzoge von Montmorenci zurückgegeben. 1798 fielen sie wieder als gute Beute den französischen Kriegskommissären anheim, die häufig unersättliche Habsucht und Kenntniß von Kunstwerken in hohem Grade vereinten. Die, welche sie wegrafften, zeigten von den Letztern gar nichts. Sie verkauften sie an einen Juden in Livorno, der sich vom eingewirkten Golde blenden ließ. Er verbrannte eine derselben, um das edle Metall zu gewinnen; allein der Ertrag war gering, und so hoffte er, bei gelegentlichem Verkaufe der übrigen mehr zu bekommen. Dieß glückte ihm auch, denn Pius VII. ließ sie ihm wieder vergüten und im Vatikan aufhängen wo sie noch sind.

Die für Heinrich VIII. bestimmte Lieferung kam glücklich an, und wurde in Whitehall aufgehängt, wo sie als Privateigenthum auf Eduard VI., Marie, Elisabeth, Jakob I. und Karl I. forterbten. Nach der Hinrichtung des Letztern kaufte sie der damalige spanische Gesandte in London, Don Alonso de Cardanas, und sendete sie nach Spanien, wo sie endlich in den Besitz des Hauses Alva kamen. Hier fand sie vor einigen Jahren der englische Konsul Tupper in einem Schlosse der Herzogl. Alva'schen Familie, brachte sie käuflich an sich, und sendete sie nach England, wo sie eine Zeit lang zur Schau ausgestellt wurden, dann aber nach dem festen Lande gewandert sind, ohne daß man jetzt weiß wohin. Habent sua fata libelli et — imagines.

Das Llama.

Zu den merkwürdigsten und schönsten Thieren gehört das Lama (oder Llama, Llacma, die Kameelziege) mit seinem langen Kameelhalse, den es so hoch erhaben trägt; dem stolzen, festen Gange, dem schwarzen, schönen, klaren Auge, womit es uns so mild, so furchtlos, so ruhig und zutraulich anschaut; mit seinem, dem eines Pferdefüllens gleichenden Kopfe und dem zimmetfarbenen weißen Vließe

Dieß Thier ist bloß auf dem hohen Andesgebirge in Peru einheimisch, woselbst es aber wieder nur bis zum 10ten Grade südlicher Breite im wilden Zustande getroffen wird. Weiter hin findet man es nur noch als Hausthier und gezähmt. Auf jenem hohen Andesgebirge aber geht es heerdenweise, den Gemsen in der Schweiz gleichend, und nährt sich von Moos und Gras, und erquickt sich an dem kalten Wasser, das die Felsenbäche spenden. Seit Jahrhunderten, aber sicher schon vor der Entdeckung Amerika's, war das Llama als Hausthier benutzt worden, da es im vierten Welttheile bis zur Ankunft der Europäer das stärkste wie das größte, das gelehrigste wie das willigste war, und zum Transport in den unwegsamen Gebirgen noch heute dient. Die Peruaner bezeigten ihm eine fast göttliche Verehrung.

„Ehe sie anfangen, sich dieser Thiere zum Lasttragen zu bedienen," erzählt Ulloa*), stellen sie ein eignes Fest an, wodurch sie sie gleichsam zu ihren Gefährten und Gesellschaftern aufnehmen. Innerhalb des eingeschlossenen Hofes bei ihren Hütten putzen sie ihnen zuerst mit vielen wollenen oder seidenen Bändern und Büscheln den Kopf. Sie laden ihre Freunde nebst den Frauen und Kindern zu einem Gastmahle von Chicha (einem gegohrnen Tranke aus Mais), Branntwein und geröstetem Mais, ein. Nun beginnt der Tanz nach der Musik von kleinen Trommeln und Pfeifen zugleich mit dem Schmause.'

„Während dieser Lustbarkeiten (und sie dauern oft ein paar Tage) gehen sie fleißig zu ihren geliebten Thieren, die sich hierbei in einer Ecke des Hofes befinden, umarmen sie, machen tausend Liebkosungen, halten ihnen Totumas oder Flaschen mit Chicha oder Branntwein vor das Maul, und ob diese gleich nichts davon genießen, so glauben die Indier dennoch, ihren künftigen Hausgenossen ihren guten Willen bezeugen zu müssen. Dabei reden sie mit ihnen auf das Freundschaftlichste, sagen ihnen viele Schmeicheleien, als wären es vernünftige Wesen, mit denen sie in genaue Verbindung treten wollten. Ist das Fest beendigt, dann erst fangen sie an, die Thiere zum Lasttragen zu gewöhnen. Auch dieß geschieht indeß mit vieler Mäßigung; sie treiben sie nicht, sie lassen sich den gewöhnlichen Tritt des Thieres gefallen, und da das Llama ein sanftes, kluges, gelehriges Thier ist, so horcht es bald auf das Pfeifen, und läßt sich leicht regieren."

Vielleicht, daß bei den in tiefen, abgesonderten Thälern mehr oder weniger frei gebliebenen Indianern Peru's und Chili's dieser Gebrauch noch herrschend ist; denn der Mensch auf einer geringen Stufe der Bildung wird mit seinem Hausthiere gleichsam vertraulicher, und betrachtet es mehr als seinen Gefährten, denn als seinen Sklaven. Das Llama trägt gegen 150 Pfund und legt täglich 4—5 Meilen zurück. Frauenzimmer bedienen sich seiner zum Reiten, da es sanft und sicher über die Berge klettert. Im 3ten Jahre ist es ausgewachsen, und vom 12ten beginnt seine Kraft abzunehmen. Alle Jahre wirft es ein Junges. Mit dem Kameele hat es nicht nur äußere Aehnlichkeit, sondern gleicht ihm auch darin, daß es lange dursten kann, daß es, überladen, sich eher tödten, als zum Aufstehen und Fortgehen bewegen läßt, daß es endlich, wie das Kameel, in der Brunstzeit und im Zorne einen scharfen, ätzenden Speichel von sich wirft. Das Llama sieht meist braun

*) Ulloa's Nachrichten aus Spanien Leipzig, 1780.

aus. Allein man findet, wie dieß bei allen Hausthieren der Fall ist, auch weiße, graue und gefleckte.

Man sieht die Llama's in Heerden von 2 bis 300 herumstreifen, und wenn sie weiden, so stellen sie eine Wache aus, welche beim Gewahrwerden einer Gefahr laut blökt und dadurch die ganze Heerde in Bewegung setzt. Glauben sie sich weit genug entfernt zu haben, so bleiben sie neugierig stehen und sehen den Feind an, bis er ihnen wieder so nahe kommt, daß sie Gefahr ahnen. Ihre Schnelligkeit ist so groß daß sie kein Hund einholen kann.

Aussicht zur Erleichterung des preußischen Ostsee=Handels.

Im Handelsverkehre ist nichts dienlicher, als Konkurrenz.

Lange genug erhebt Dänemark seinen Sund=, Belt= und Kanalzoll von den Schiffen seiner und fremder Flagge, sogar wenn sie mit Ballast aus oder in die Ostsee einlaufen. Unbedeutende Erleichterungen erlangten einige Flaggen durch Schifffahrts= und Handelstraktate.

Für die Sicherheit und Förderung der Seefahrt ließ Dänemark vor 50 Jahren den holsteinschen Kanal auf schleswigschem Grunde und Boden vom Kieler Hafen nach Rendsburg graben und darauf auch die Ober= und Nieder=Eider wohl etwas austiefen, aber nicht gerade legen. Ferner unterhält es auf dem Kattegat, auf den Inseln Lessoe, Samsoe und an der Einfahrt des Sunds einige Leuchtthürme, und zieht dagegen den Sund= und Beltzoll, welcher wenigstens eine halbe Million Species jährlich einbringt.

Nachdem Preußen den letzten Schifffahrts= und Handelstraktat mit Dänemark geschlossen hatte, ergab sich freilich, daß man Ursache gehabt hätte, manche alten Mißbräuche und Unbilligkeiten im Wege des Vertrags allenfalls unter gemeinschaftlicher Negociation mit den andern Souveränen an der Ostsee und den übrigen europäischen Seemächten von der Freundschaft und Billigkeit des Königs von Dänemark zu bedingen. Nächst der englischen Flagge besucht die preußische Flagge den Sund am Meisten. Die russische Flagge steht aber in der Zahl der Schiffe sogar noch der Meklenburger Flagge nach.

Jetzt haben die schwedisch=norwegischen Konsuln in den Häfen, wo sie angestellt sind, bekannt gemacht, daß jedes Schiff den nun vollendeten Göthakanal, welcher bei Söderköping an der Ostsee anfängt und bei Gothenburg in die Nordsee führt, jedes Schiff selbst, wenn es dort nicht löscht oder ladet, ohne alle Abgaben, das Lootsengeld und eine geringe Durchgangserlegung ausgenommen, eben so wie Schweden und Norwegen benutzen dürfe.

Gewiß hat der Göthakanal nicht die Breite und Tiefe des schleswig=holsteinschen Kanals, dessen Schleußen nur Schiffe von 277 Fuß Breite durchlassen, aber immer ist dieser neue, allen Flaggen freigelassene Weg für die Küstenfahrzeuge und deren schnelle und sichere Fahrt sehr wichtig. Der Kanal hat freilich einen langen Weg, wo man wahrscheinlich auch bald dem Schiffziehen durch Pferde und Menschen bei widrigem Winde, das auf dem schleswigschen Kanale üblich ist, durch ein Dampfboot ein Ende machen wird. Hält sich ein den Göthakanal verlassendes Schiff im Meere einige wenige Meilen etwas nördlich, so umsegelt es das Kattegat mit seinen Felsen und Untiefen gänzlich

und kann, sich rechts wendend, beliebig Schottland um=
schiffen, oder links, der Strömung des Kanals zwi=
schen Holland, Belgien und Frankreich an einer und
England an der andern Seite folgen.

Noch ist der Tarif der Dardanellenfahrt für strei=
tige Flaggen nicht geregelt. Am besten wäre die gänz=
liche Abschaffung eines jeden Durchfahrtszolles wenig=
stens für Schiffe mit Ballast, damit der Handel nach
und von den russischen und türkischen Häfen des schwar=
zen Meeres und des Mare di Marmora gänzlich frei
werde. Warum will man der stolzen türkischen Re=
gierung eine Willkühr hier einräumen, die Dardanel=
len gegen einen Tarif zu öffnen oder zu schließen?
Oder sollte man abermals der engl. und holländischen
Monopolpolitik folgen wollen, nicht einmal das Meer
allen Flaggen frei zu lassen und sogar die Konkurrenz
der Seeräuber zu dulden, wenn sie nur den Handel
der Hauptseemächte achten?

Den letzten Versuch, fremden Flaggen ein Meer
zu verschließen, wagte der Kaiser Alexander, als er
die Beschiffung des Oceans zwischen dem asiatischen
und amerikanischen Rußland durch eine von ihm ge=
botene Entfernung von den Küsten beschränken wollte,
aber der nordamerikanische Präsident widersprach die=
sem Ansinnen im Interesse der künftigen Bevölkerung
der Freistaaten an der Mündung der Columbia und
der ganzen nordamerikanischen bis Mexiko sich erstre=
ckenden Küste. Es war von russischer Seite nur eine,
künftig wichtige, Anmaßung und der Widerspruch des
Präsidenten dadurch ebenfalls nur für künftige Ge=
nerationen, denn für den Augenblick war noch kein
anderes Interesse gedenkbar, als dasjenige des Pelz=
handels und der Unschicklichkeit, daß die Weltum=
segler, um die Nordwestpassage zu entdecken, erst ei=
nes Passes des St. Petersburger Hofes bedürfen soll=
ten, ohne vielleicht auf der ganzen Entdeckungsreise
auch nur ein einziges russisches Schiff zu erblicken.
Es war schon ein kleiner Eingriff ins Völkerrecht,
daß Rußland, Großbritannien, Nordamerika und Spa=
nien, wegen des damals ihm noch gehörenden Mexiko's,
nach Graden die Gränzen ihrer von ihnen noch nicht
besessenen Gebiete bestimmten. Die wenigen Wilden
jener Region bis an die mexikanische Gränze erfuhren
nicht einmal etwas von jenem Theilungstraktate über
Dinge, wovon die Vertragschließenden erst ein legiti=
mes Recht verlangten, weil sie vier Staaten darin
anerkannten und nun jedem der vier neuen Erwerber
überließen, sich mit den alten Ureinwohnern nach Be=
lieben und Billigkeit zu setzen.

Spohn's Denkmal auf dem Leipziger Kirchhofe zu St. Johannis.

Unter den vielen ausgezeichnet schönen Denkmälern,
welche verdienten Männern auf dem Kirchhofe zu St.
Johannis in Leipzig gesetzt wurden, ist eines, das an
origineller Erfindung und schöner Ausführung vielleicht
in ganz Europa nicht seines Gleichen hat. Es wurde
dem Prof. Fr. Aug. Wilh. Spohn (geboren 1792,
gestorben 1824) gewidmet und 1829 vollendet. Er
hatte sich viel mit der ägyptischen Hieroglyphenschrift
beschäftigt und zu ihrer Entzifferung wesentlich beige=
tragen. Dieß bestimmte nun seinen Freund, den Prof.
Seyffarth zu Leipzig, dasselbe ganz im ägyptischen Style
aufführen zu lassen und die auf solchen Monumenten
gewöhnlich anzugebenden Verhältnisse des Lebens in

Hieroglyphen zu bezeichnen. Wir sehen eine schlanke,
einfach emporstrebende, mit einem Kranze aus Lotos=
blumen geschmückte Säule, an deren Fuße eine Sphinx
zu sinniger Betrachtung einladet. Die Hieroglyphen=
schrift konnte freilich hier nur angedeutet und die auf
der andern Seite der Säule befindlichen Göttergestal=
ten ec. gar nicht aufgenommen werden. Das hier gelie=
ferte saubere Bild aber wird auch jetzt einen Jeden, der
es sieht, bestimmen, dieß herrliche Denkmal, wenn er
nach Leipzig kommt, auf dem Kirchhofe selbst aufzusu=
chen und des verdienstvollen trefflichen Mannes, dessen
Asche hier ruht, mit Rührung eingedenk zu seyn. Es
giebt wenig Gelehrte, die so früh starben und schon so
viel geleistet hatten, wie er!

Spohn's Denkmal.

Woche.

Am 29. Juni 1236 ergab sich Cordova dem Könige
Ferdinand III. (oder dem Heiligen) von Kastilien, nach=
dem es 522 Jahre lang der Hauptsitz der Araber in
Spanien gewesen war.

Am 30. Juni 1817 starb der berühmte Mineraloge
Abrah. Gottl. Werner zu Dresden im 67. Lebensjahre,
welcher der Mineralogie eine neue Gestalt gegeben hat.

Am 1. Juli 9 Niederlage der Römer unter Va=
rus durch die Deutschen unter Hermann im Teuto=
turger Walde.

Am 2. Juli 936 starb der König Heinrich I. in
Memleben a. d. Unstrut.

Am 3. Juli 936 ward Hugo Capet zum Könige
von Frankreich gekrönt.

Am 4. Juli 1519 starb der berüchtigte Ablaßkrämer
Johann Tetzel zu Leipzig im Paulinerkloster.

Am 5. Juli 1809 ging der Kaiser Napoleon über
die Donau und den 6. fand die blutige, entscheidende
Schlacht bei Wagram Statt, welcher einige Zeit nach=
her (d. 14. Oktober) der Friede folgte.

Verlag von Bossange Vater in Leipzig.
Unter Verantwortlichkeit der Verlagshandlung

Das Pfennig-Magazin

der

Gesellschaft zur Verbreitung gemeinnütziger Kenntnisse.

10.]   Erscheint jeden Sonnabend.   **[Juli 6, 1833.**

Das Brandenburger Thor (in Berlin).

Die Idee dieses Thores entlehnte der Geh. Kriegsrath und Oberhofbauamts = Direktor Langhans dem in seinen Ruinen jetzt sehr beschädigten Vorhofe der Citadelle (Akropolis) von Athen (popylaeon), welche einen Theil der Festungswerke derselben bilden, und führte den ganzen Bau aus, der im Jahre 1793 mit einem Aufwande von etwa 500,000 Rthlrn. vollendet wurde.

Der Haupttheil des Brandenburger Thores besteht aus einem Bogengange von 12 korinthischen Säulen von Sandstein. Sechs derselben sind nach der Stadt zu und sechs gegen den Thiergarten gerichtet. Ihr Durchmesser beträgt 5 Fuß 8 Zoll und ihre Höhe 44 Fuß. Die Scheidewände zwischen diesen Säulen bilden fünf Durchgänge. Der mittlere Durchgang ist 18 und die zur Seite sind 12 Fuß breit. Auf den Säulen liegt das Säulengebälke, der Fries und das in gerader Linie fortlaufende Hauptgesims. Neben diesen steht ein über den mittleren Durchgang bis an die Fronte vorspringender, an der Seite aber zurückgezogener Aufbau, so daß gegen den mittleren Theil von beiden Seiten Treppenstufen angebracht sind, welche gleichsam einen Vorsprung bilden und auf dem mittleren Theile des Aufbaues zusammenkommen. Auf diesem Aufbaue steht ein Siegeswagen nach alter Form und in ihm die Siegesgöttin mit dem Siegeszeichen in der Hand. Die vier Pferde vor dem Wagen sind 12 Fuß hoch. Schadow entwarf die 16 Fuß hohe Gruppe, die Gebrüder Wohler arbeiteten sie in's Große aus Holz und der Kupferschmidt Jury aus Potsdam trieb sie von Kupfer aus. Die Höhe des Thors mit dem Aufbaue beträgt 64 und mit der Gruppe 80 Fuß.

Ueber dem Siegeswagen stellt die vordere Fronte des Aufbaues, nach Rode's Zeichnung, den Frieden als eine natürliche Folge des Sieges in einem wenig über die glatte Fläche sich erhebenden Bilde dar. Den Wagen der Göttin des Friedens in antiker Form ziehen Genien mit einem Lorbeergewinde. Vor dem Wagen treibt die Stärke den Neid und die Zwietracht vor sich her; der Stärke folgt der Sieg, die Staatsklugheit, die Einigkeit und die Beständigkeit. Hinter dem Triumphwagen folgen die Freude, der Ueberfluß, die Künste und die Musen. Die Bildhauerarbeit ist von Unger und Boy. An der Außenseite nach dem Thiergarten nimmt eine Inschrift den Raum ein.

Weiter unten in dem Friese sieht man den Streit der Centauren mit den Lapithen als eine Allegorie auf die Kriege des preußischen Staats mit andern Völkern. (Von Schadow und Eckstein.)

Rode malte die Deckenstücke der Durchfahrt. Das erste rechts bezeichnet den Frieden durch einen Adler in einem Olivenkranze; das zweite Einigkeit und Ueberfluß durch zwei zusammengeschlungene Füllhörner mit dem Stabe des Merkur; das dritte die Künste durch Minervens Schild mit einem Medusenkopfe; das vierte die mit der Liebe der Musik verbundene Tapferkeit durch die mit Lorbeer umschlungene Leier und Keule des Herkules; das fünfte den Heldenmuth und die Stärke durch eine kriegerische Trophäe.

Mehrere Bildhauer in Berlin und Potsdam lieferten die wenig über die Fläche erhabenen heraldischen Bilder der Thaten Friedrich's des Großen, deren Figuren 5 Fuß hoch sind.

An den mittleren Haupttheil des Thores stoßen zwei Seitenflügel, die sich in einem rechten Winkel an die beiden nächsten Häuser des großen Vierecks anschließen. Diese beiden Flügel gleichen griechischen Tempeln; jeder Flügel hat einen bedeckten Säulengang im dorischen Style und jeder dieser Säulengänge 10 geriefelte Säulen von 3 Fuß Durchmesser und 24 Fuß Höhe. Zwischen den zwei nächsten Säulen am Hauptthore ist auf jeder Seite eine große Blende; in der einen Blende sitzt auf einem Gestelle Mars, in der andern Minerva; beide von Schadow. Jeder Flügel endigt mit einem Vorsprunge von vier Säulen. Im Giebelfelde des Vorsprungs rechter Hand befindet sich in einer länglich runden, wenig erhabenen Fläche ein sitzender Merkur, und im Giebelfelde des linken Vorsprungs ein sitzender Mars. Im rechten Flügel ist die Thor-Accise und Zoll-Einnahme; im linken Flügel die Thorwache. Ihren Gelaß haben die Bewohner nach der Außenseite hin.

Am Tage haben die Durchfahrten eiserne Gitterthore und durch diese eine freie Aussicht in den vor dem Thore liegenden Thiergarten, und Nachts hölzerne Sperren.

Im Jahre 1807 ließ Napoleon die Siegesgöttin mit Wagen und Pferden nach Paris abführen, welche nach dem siegreichen Einzuge der Verbündeten in Paris im Jahre 1814 von da nach Berlin zurückgeschickt wurden und jetzt wieder das Brandenburger Thor zieren.

Hamburgs Vorzeit.

Hamburg, die erste deutsche Handelsstadt an der Elbe, als einem der größten deutschen Ströme, der sich in unseren Grenzen in das Meer ausmündet, liegt an der Stelle, bis zu welcher befrachtete Seeschiffe die Elbe hinauf segeln können. Zwei Nebenströme, die Alster, mitten durch die Stadt, und die Bille, dicht oberwärts derselben, reinigen den Hafen, der sonst längst verschlammt seyn würde. Wahrscheinlich fand hier schon Kaiser Karl der Große einen Handelsplatz der Sachsen, weil er dort eine Burg und ein Hochstift gründete. Daher wimmelt das Stadtrecht von altsächsischen Rechtsgewohnheiten und ist viel demokratischer, als das Lübeck'sche. Letzteres gefiel aber den Magistraten besser, und wurde daher die Mutter so vieler Stadtrechte in Niederdeutschland.

Weil die Zerstörungen des schwach befestigten und wenig bevölkerten Hamburg sich oft wiederholten, so mußten der Herzog von Sachsen, der Graf von Holstein und der Erzbischof den neuen Ansiedlern manche große bürgerliche Freiheit bewilligen. Nach der Auflösung des alten mächtigen Herzogthums Sachsen stritten der neue Herzog und der Graf von Holstein um Erweiterung ihrer Rechte in den Ringmauern Hamburgs. Der Rath nannte das Ausschreitung, und versagte dem neuen Herzoge den Gehorsam; Hamburg nannte sich eine Bundesstadt der Grafen zu Holstein und wollte nur eine steuerfreie Verbündete seyn, war gefällig gegen die benachbarten Fürsten und Landstände, wenn sie nur keinen Straßenraub duldeten und die Handelsfreiheit nicht beschränkten. Nach der letzten Zerstörung des Jahres 1072 erhielt Hamburg, als im Jahre 1160 das Collegium der Wittigen sich auflösete, einen Rath mit einer aus den reicheren Mitbürgern gebildeten vollziehenden Gewalt, welcher bis zum Jahre 1604 keine andere Besoldung genoß, als daß er von ordentlichen Auflagen frei war.

Unter den schwachen Wahlkaisern suchte es seine Freiheiten durch erlangte Privilegien zu sichern, schloß sich der Hanse an und kaufte sich vom Joche Dänemarks und seines Statthalters, des Grafen von Orlamünde, für 1500 Mark Silber frei. Als die in Holstein regierende Hauptlinie der Schauenburger 1459 erlosch, trug der Einfluß der benachbarten Hansestädte sehr dazu bei, daß die schleswig-holstein'schen Stände den König Christian I. aus dem Hause Oldenburg zum Herzoge in Schleswig und Grafen in Holstein erwählten, mit Uebergehung der Agnaten des Hauses Schauenburg. Weil der Monarch mächtig war, so hofften die Hansestädte von ihm, daß er die Ruhe aufrecht erhalten und den freien Handel beschützen werde. Alle spätern Versuche der dänischen Könige, Hamburg zu einer holstein'schen erbunterthänigen Stadt zu machen, scheiterten an der Freiheitsliebe der Bürger und an der Mißgunst der Nachbarn, welche es ihrem Interesse gemäßer fanden, daß Hamburg frei blieb, als daß es eine holstein'sche Stadt wurde. Die kleinen Rechte in Hamburg selbst, der in Pinneberg, also in der nächsten Umgebung Hamburg's, fortregierenden Nebenlinie der Grafen von Schauenburg, welche oft geldbedürftig waren und 1640 ausstarben, kaufte der Rath bei schicklichen Gelegenheiten. Als Landesherren stifteten diese Grafen Altona, die dritte Handelsstadt an der Elbe, deren große Freiheiten Hamburg's Wohlstand keinesweges beeinträchtigten, und im Jahre 1768 entsagten die beiden holstein'schen Dynastien des Hauses Oldenburg gegen bedeutende Geldopfer allen Ansprüchen auf Hamburg's Reichsfreiheit, worauf diese Königin der Hansestädte ihren Sitz auf dem Reichstage nahm.

Die erste Nahrung Hamburg's war Bierbrauerei, Fischerei und Schiffbau. Die Bierbrauerei sank in Folge der allgemeinen Konkurrenz, und durch die Einführung wohlfeilerer, aber nicht gesunderer Getränke aus dem Auslande, die Fischerei in Folge der Reformation, welche der Fastenspeise der Norddeutschen ein Ziel setzte, und der Schiffbau, als bei steigender Bevölkerung die Holzverschwendung das Schiffsbauholz vertheuert hatte.

So wie der Handel anderer Völker des Nordens stieg, fiel derjenige der Hanse, welcher auf das Monopol- und Innungswesen im Auslande berechnet war. Die Hanse gab überall Handel und Comtoire auf, sobald ihre Comtoir- und Gildeprivilegien gekränkt waren. Ihr mächtiger Seehandel schuf Innungscomtoire in Newgarden, Pernau, Bergen, Antwerpen und London, mit Abhängigkeit von den Mutterstädten, und dagegen in Preußen, Liefland, Kurland, Esthland Kolonisationen von deutschen Kaufhäusern und Handwerkern, ohne alle Abhängigkeit von den Mutterstädten. Gerade diese Handelsplätze wurden schnell ungemein blühend, aber auch bald unabhängig.

Von den berühmten Hansestädten gaben, was sehr wichtig wurde, Alle, außer Hamburg, ihr Innungswesen in der Kaufmannschaft und das Frachtschiffen durch Schiffe ihrer eignen Werfte zum großen Nachtheile des norddeutschen Handels zu spät auf und unterlagen daher der Konkurrenz des von den burgundischen Fürsten in den Niederlanden sinnig gepflegten Handels. Am längsten hing Lübeck, das nordische Karthago, an alten Vorurtheilen des Zunft- und Innungswesens der Kaufmannschaft und sank daher am tiefsten. In Hamburg theilte die Bürger- und Kaufmannschaft die Vorurtheile der Lübecker, aber der klügere Rath gestattete in Hamburg, damit der Handel mit den Ausländern sich heben möge, diesen unter dem Namen Aventurier mit wenigen Einschränkungen in Hamburg Handel zu treiben. Aber so weise und staatswirthschaftlich dies auch war, so zwang doch wenigstens der mitverwaltende Einfluß der weniger umsichtigen und augenblickliche Interessen der Lebenden zu hoch schätzenden Kaufherren und Meister den klugen Rath, den fremden Kaufleuten den Schutz, ohne hanseatisches Bürgerrecht, theuer zu verkaufen.

Den Hauptgrund zu Hamburg's Größe als Welthandelsstadt legte der Untergang von Antwerpen. Die von dort vor der spanischen Gewalt fliehenden alten katholischen Handelshäuser hatten zum Theil Widerwillen wider London und Amsterdam. Gleiche Bedenklichkeiten hegten in Antwerpen ansässig gewesenen protestantischen Sektirer und ein Theil der Juden, weil sie in London und Amsterdam wohl Handels=, aber keine religiöse Freiheit antrafen. In Hamburg zu bleiben, war keineswegs ihr Sinn; denn sie hofften, daß der eigene Vortheil die spanische Regierung bald bewegen werde, die alten Handelsrechte und Freiheiten Antwerpens wieder herzustellen. In Hamburg gefiel ihnen die dortige Mischung der Aristokratie, der Demokratie und der Schutz der von Kapern weniger, als die spanische, die insurgirte niederländische, die französische und die englische, gefährdeten Flagge. Man wollte Hamburg während der augenblicklichen Bedrückung Antwerpen's eben so benutzen, als im Anfange der französischen militairischen Besitznahme Hannovers Hamburg Tönningen benutzte, aber Spaniens unweise Regierung zögerte 50 Jahre, ehe es sich mit den insurgirten Nordniederländern aussöhnte. Hamburg verlängerte den Fremden die Schutzjahre ohne Bürgerrecht; diese Fremden für immer in Hamburg zum eingebildeten Nachtheile der alten dortigen Kaufhäuser handeln zu lassen, war keineswegs die Absicht der Hamburger Bürger, und veranlaßte diese, in so weit den Wünschen des Raths nachzugeben, daß die Fremden, ohne Bürger zu werden, auf gewisse Jahre Schutz erlangten, als man begriffen hatte, daß man mit diesen Fremden in Rhederei und partiellen Unternehmungen nützliche Geschäfte machen könnte. So leuchtete durch diese heller sehenden Fremden zuerst unter der jüngern Kaufmannschaft die Idee auf, daß Hamburg wohl eine Welthandelsstadt werden könne. Die reichen Töchter der Ausländer fanden manchen Gatten in Hamburg, die Familien der Inländer und Fremden wurden Freunde. Letztere nahmen bald Hamburg's Sitten und gewohnte Mäßigkeit an, und auch die Hamburger ahmten die Lebensart der Fremden und ihren spekulativern Geist nach, indem sich die einmal Befreundeten nicht wieder trennten. Kein Herkommen schloß in Hamburg den jungen Bürger und den gebornen Ausländer vom Rathe aus. Die mit Handelskenntnissen und mit Reichthume begabteren Ausländer wurden häufig in den Rath gewählt und leiteten diesen zu einer großartigeren Förderung der kaufmännischen Interessen, als den alten Hanseaten beiwohnte.

Auch vertrieben die Spanier aus Lissabon die reichen Juden. Viele zogen nach Konstantinopel, Salonichi, London, Amsterdam, aber auch Manche nach Hamburg, besonders kurz vor dem Jahre 1612. Doch mußte der Rath mit der orthodoxen Geistlichkeit, deren Bedenken die Bürgerschaft gefordert hatte, ob auch diese Aufnahme der Juden das wahre Christenthum gefährden könne, schwere Kämpfe bestehen, ehe die reichen Juden in Hamburg zugelassen wurden.

Allerdings hatte die Toleranz der portugiesischen Regierung Dinge geduldet, worüber Hamburg erstaunte.

Juden hatten Christinnen und Christen Jüdinnen geheirathet, sogar bis in die Geschlechter des höchsten Adels hatten sich als Gattinnen Jüdinnen eingeschlichen. Beide Geschlechter schlossen sich öffentlich dem christlichen Kultus an und blieben doch der Synagoge heimlich treu. Die Rabbi's und die katholischen Priester hatten dieß gewußt und geduldet, aber der protestantische Senior in Hamburg verlangte eine Bürgschaft des christlichen Sinnes mehr, als einst der Erzbischof in Lissabon. Die Lissaboner Juden, seit mehreren Generationen gebildete Deisten, gaben das Versprechen, künftig ihre Kinder nicht mehr beschneiden zu lassen. Der Rath unterließ, sich um die Beschneidung oder Nichtbeschneidung in den Tagen des dreißigjährigen Krieges zu bekümmern. Die neuen jüdischen Schutzbürger sandten, wie andre Kaufherren, dem Senior und Pfarrherrn Neujahrsgeschenke. Deutschland verdankt diesen Juden die große Erweiterung des deutschen Linnenhandels nach Amerika, Ostindien und der Levante. Wiederum war es die Weisheit des Senats, im langen Kampfe mit den Oberalten und der Bürgerschaft, welche den reichen Schutzbürgern bewilligte, daß der Mäkler ihrer Nation, wenn sie wollten, zu bedienen. Zuerst erlangten dieß die portugiesischen Juden. Ihr Einfluß verschaffte auch allmählig mehr als 9000 deutschen Juden Ansiedelung, aber diese erhielten erst 1785 Mäkler aus ihrer Kaste. War der Kaufmann an der Börse ein richtiger Wechselzahler und ernährte er viele Mitbürger durch seinen Luxus und seine Unternehmungen, und war sein Wandel unbescholten, so gönnte man dem Juden, dessen Familie immer in Hamburg blieb, gern seinen Wohlstand, wenn auch dadurch derjenige der Lombarden sank, welche bis dahin in den Hansestädten den Wechselhandel etwa 20—30 Jahre betrieben und mit dem erworbenen Vermögen im Alter in ihrem Vaterlande lebten und Söhnen oder Befreundeten ihren Verkehr in der Hansestadt übertrugen. Bis dahin war Antwerpen in Europa der Hauptwechselplatz, wo der Norden und Süden ihre Schuld und ihr Guthaben gegen einander ausglichen, also im Besitze des Zahlungsverkehrs, der Schätze an edlem Metall und der Disposition der Aktiven der fremden Handelshäuser.

Die unkluge Verfolgung der Dortrechter Synode und der solche aus Kriegspolitik unterstützende schlaue Oranier führten auch manche reiche Mennoniten nach Hamburg, dem damaligen Asyle der Gewissensfreiheit. Gehorsam der Obrigkeit, wohlhabend durch Industrie, Sittlichkeit und Sparsamkeit, brachten diese Mennoniten die Kattundruckerei, Gärberei, Schiffbau, Rhederei, Wallfischfang, das Magaziniren gesuchter Waaren des allgemeinen Bedürfnisses in einen blühenderen Umschwung. Schneller, als die andern niederländischen Häuser gingen sie zum Geschäfte der alten Hanseaten über. Ihre Söhne und Töchter blieben nicht immer dem Glauben der Väter treu, gaben aber nicht deren Rechtlichkeit auf. Selbst die orthodoxe Hamburger Geistlichkeit lehrte von der Kanzel, man könne ihren guten Werken verzeihen, wenn auch ihr Glaube nicht rein scheine.

Diese reichen Fremden, die alle nur eine Zeitlang in Hamburg bleiben wollten, waren dort glücklicher, als die zum Theil keineswegs armen und ungemein sittlichen franz. ausgewanderten Reformirten vor und nach dem von Ludwig XIV. (1685) aufgehobenen Edikte von Nantes. Dem Adel reformirten Glaubens hatte dieser stolze Monarch keineswegs die katholische Religion aufgedrungen, eben so wenig, als früher Kaiser Ferdinand II. dem Adel in Oesterreich und Böhmen vor dem Anfange des dreißigjährigen Krieges, aber wider die im

Heere und in der Verwaltung angestellten Reformirten vom Adel betrieb er den Proselytismus, und die Männer edeln Blutes, denen die gezwungenen Bekehrungen der niedern Stände und die Abtrünnigkeit in ihrem eigenen Stande zuwider waren, wanderten bei aller Vorliebe der Franzosen für ihr Vaterland aus. Damals herrschte in Hamburg eine traurige Zwietracht zwischen Rath und Bürgerschaft und manche Verirrung des Patriotismus, welche durch ausländische Verbindung den Rath zu Concessionen zwingen wollte, und die hyperorthodoxe Geistlichkeit machte in der Angelegenheit der bleibenden Aufnahme vieler Tausend Franzosen reformirten Glaubens ihr mächtiges Veto geltend, aus Besorgniß für das orthodoxe Lutherthum, mit Hinweisung auf Bremen, wo freilich die Reformirten, obgleich in der Minderzahl, mit Ausschließung der Lutheraner, alle Staatsämter allein verwalteten und nur in der Domkirche des lutherischen Erzbischofs unter dessen Gerichtsbarkeit den lutherischen Mitbürgern die Religionsübung gestatteten. Diese Flüchtlinge aus Frankreich wollten sich alle in der Vorstadt St. Georg anbauen, auch Lasten und Handel mit gleichen Rechten theilen. Hätte man diese Ausgewanderten bleibend aufgenommen, denn für eine Zeitlang behandelte sie selbst die Geistlichkeit mit edler Gastfreundschaft, so würden sie an der Niederelbe manche Fabriken und Manufakturen ihres Vaterlandes seßhaft gemacht haben. Ihre Plane waren nicht auf Großhandel, wohl aber auf eine große Vervollkommnung der vorhandenen bürgerlichen Gewerbe berechnet. Dieß gerade fürchteten die Innungen in Hamburg und auch in Altona.

Abgewiesen aus Hamburg, entschlossen sich nun die ausgewanderten Franzosen, zahlreich in die östlichen und westlichen Staaten des großen Kurfürsten Friedrich Wilhelm's von Brandenburg bleibend einzuwandern.

Zwei Dinge hinderten lange, daß Hamburg nicht schnell eine Welthandelsstadt wurde.

a. Die häufige Uneinigkeit des Raths und der Bürgerschaft bis zum letzten Bürgerreceß des Jahres 1712, der, ohne ein Meisterstück der damaligen kostbaren kaiserlichen Kommission zu seyn und selbst die Bürgerpartheien zu befriedigen, dennoch bis jetzt die Grundlage der städtischen Verfassung blieb. Von den Ausschreitungen eines Raths, welcher oft vergaß, daß er auch Bürger war, und Gerechtigkeit wider sträfliche Kollegen bis zum Normaljahre 1712 oft ablehnte, auch lieber zum Schutze des ihn begünstigenden Reichshofraths, als zur strengen Pflichterfüllung seine Zuflucht nahm, sagen wir nichts, und eben so wenig von jenen verblendeten Patrioten, welche, um den Rath zu stürzen, die Stadt fast um ihre Unabhängigkeit gebracht hätten. Seitdem lernte die senatorische Verwaltung sich mäßigen.

b. Bis zum Schlusse des vorigen Jahrhunderts versuchte die Geistlichkeit oft, die Rolle einer dritten städtischen Wahl zwischen dem Rathe und der Bürgerschaft zu spielen. Ich will nicht sagen, daß dieß Tumulte veranlaßte, aber es reizte doch die Gemüther zum Aufstande bei aller Mäßigung der angesessenen Bürgerschaft und der Schützlinge. Zwei Dinge machten in Hamburg die Geistlichkeit einflußreicher, als in andern protestantischen Staaten, theils weil die Hauptprediger der Pfarrkirchen meistens Ausländer waren, welche, wenn sie die Sitten in einer Stadt so vieler Fremden hier und da schwanken sahen, der Nachlässigkeit des Raths und seiner Duldung der Ausländer den Uebelstand Schuld gaben. Aus kleineren Städten nach Hamburg berufen, wollten sie die Sitten kleinerer Land- und Seestädte gewaltthätig nach Hamburg, gewiß nicht

aus Rechthaberei oder unedlem Eigennutze, verpflanzen: aber von der Idee ergriffen, das, was sie als das Bessere erkannten, mit jedem Opfer in's Leben einzuführen, wurden sie dadurch Ruhestörer. Die von ihren Kirchspielsgenossen gefeierte Geistlichkeit bildete in Hamburg nicht, wie in Lübeck, ein Consistorium mit Laien. Das katholische Domkapitel hatte bis zur Reformation der Rath stets in seine Schranken zurückgewiesen, gleiche Klugheit beobachtete derselbe gegen die Verketzerungen der lutherischen Geistlichen selbst unter sich. Fand es doch einst die Mehrheit der Letztern irreligiös, daß Senatoren reformirte Bürger und Bürgerinnen zu Grabe geleiteten und wollten Ersteren nur gestatten, den unkonfirmirten Kindern der Reformirten diese Ehre zu erweisen, weil sie, im Taufbunde begriffen, sich noch nicht öffentlich zur Heterodoxie bekannt hätten. Der zur Zerstörung der katholischen Kapelle am Schlusse des 17. Jahrhunderts ermunterte Pöbel vollbrachte den Unfug, und die Bürgerschaft mußte dafür büßen.

c. Die häufigen Reichskriege mit Frankreich, welche jedes Mal dem städtischen Handel schweren Abbruch thaten und der Flagge Hamburg's Kaperei zuzogen, wenn Frankreichs Gesandter oder Konsul entfernt werden mußte. Jede kriegführende Macht beschuldigte Hamburg, wenn auf seinem Gebiete von einer fremden die Neutralität gebrochen war. So zerstörten die Niederländer vor Neumühlen auf der Elbe 1668 eine engl. Kauffartheiflotte. Rechts war das Ufer dänisch und links schwedisch, dennoch vergüteten nicht diese Mächte den engl. Kauffahrern den Schaden, sondern Hamburg's Stadtkasse mit 76,124 Pf. Sterling.

d. Die großen Handelskrisen im siebenjährigen Kriege, die Zwangsanleihen an die Stände Hannovers, dann die Konfiskation engl. Waaren, ferner die Kontinentalsperre, und zuletzt die 1811 bewirkte Einverleibung Hamburg's in den Napoleonischen Staat mit allen Leiden und Gewerbsstörungen der langen Belagerung in den Jahren 1813 und 1814, der Raub der Bank, die Kasernirung so vieler Häuser und Vertreibung der Bürger, die Verarmung so vieler einst reichen Familien unter Napoleon's egoistischem Szepter.

Desto schneller erhob sich der Wohlstand der ehrwürdigen Hansestadt nach der Herstellung ihrer Freiheit im Jahre 1814, ungeachtet aller Drangsale; aber wie Wenige, die einst im Wohlstande gelebt hatten, entgingen bitterer Armuth?

Im nächsten Stücke folgt: Hamburg, wie es jetzt ist.

Kaffee mit Blüthe und Bohne.

Die Kaffeebohnen trägt der Kaffeebaum (Coffea arabica), welcher nur eine mäßige Größe erlangt. Der Baum hat einen einzigen geraden Stamm von 8 bis 12 Fuß Höhe mit langen, ungetrennten, dünnen, niederhängenden Zweigen und immer grünen, jenen des Lorbeers gleichenden Blättern. Die Blüthen sind weiß, ungefähr dem Jasmin gleich, und haben kurze Stengel. Die reife Frucht ist eine rothe Beere, die einer Kirsche gleicht. Das Fleisch der Frucht ist blaß, geschmacklos und klebrig, und enthält zwei der uns bekannten Bohnen, deren äußere Seite gewölbt und die innere flach ist. Diese Bohnen trennt eine kleine gerade durch die Frucht laufende Furche. Beide flache Seiten stehen während des Wachsthums der Frucht gegen einander über. Diese Bohnen sind unmittelbar mit einer knorpelartigen Membrana überzogen, welche den Namen Pergamenthaut erhalten hat.

Alle westindischen und auf dem festen Lande von Amerika befindlichen Kaffeebäume stammen von einer Kaffeepflanze ab, welche der Magistrat der Stadt Amsterdam im Jahre 1714 dem Könige Ludwig XIV. schenkte. Zu Marly wurde dieselbe von den Botaniker Herrn von Jussieu verpflegt, und die Vermehrung aus den Bohnen war so bedeutend, daß nach wenigen Jahren aus Frankreich nach Martinique, Cayenne und Surinam Pflanzen verschickt werden konnten. Bald verbreiteten sich die Kaffeepflanzungen in diesen Kolonien. Schon im Jahre 1732 gab die Gesetzgebung der engl. Insel Jamaika zur Begünstigung des Anbaues des Kaffee's ein besonderes Gesetz.

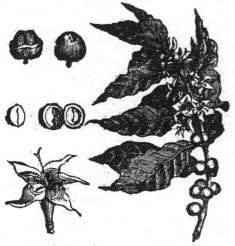

Kaffee mit Blüthe und Bohne.

In Arabien kennt man den Kaffee von alter Zeit her. Man erzählt, daß Megaleddin, Mufti von Aden im glücklichen Arabien, diesen Trank in Persien kennen lernte und ihn als ein Arzneimittel nach seiner Heimkehr in Arabien gebrauchte. Erst im Jahre 1554 wurde der Kaffee in Konstantinopel öffentlich verkauft. Da der Mufti fand, daß die Türken lieber auf die Kaffeehäuser, als in die Moschee gingen, so befahl er, die ersteren zu schließen. Weil jedoch das Volk sich an das Kaffeetrinken schon zu sehr gewöhnt hatte, so gab der Sultan den Verkauf wieder frei, indeß mußten die Kaffeeschenken der Regierung eine ansehnliche Abgabe entrichten. Die Türkinnen hatten sonst das Recht, auf Ehescheidung zu dringen, wenn sie ihr Mann nicht hinreichend mit Kaffee versorgte.

In Venedig lernte man den Kaffee durch den Venetianer Pietro della Valle kennen, der ihn aus Konstantinopel mitbrachte. Im Jahre 1671 wurde das erste Kaffeehaus in Marseille angelegt, in London schon im Jahre 1652. Im Jahre 1660 besteuerte die engl. Regierung die Gallone Kaffee bei der Einfuhr mit vier Pence.

Der Kaffee kann nicht mit Vortheil in Himmelsstrichen angebauet werden, wo das Fahrenheit'sche Thermometer jemals unter 55° herabfällt. Die Kaffeebäume gedeihen am besten auf bisher unangebautem Boden an einem sanften Abhange, wo das Wasser nicht um die Wurzeln her stehen bleibt. An freien Orten muß man die brennende Sonnenhitze dadurch mäßigen, daß man Reihen von schattigen Bäumen in gewissen Entfernungen auf dem Felde pflanzt.

Die Bäume fangen an zu tragen, wenn sie zwei Jahre alt sind; im dritten Jahre tragen sie vollkommen. Der Anblick einer Kaffeepflanzung während ihrer Blüthenzeit, welche nicht länger als einen bis zwei Tage dauert, ist sehr anziehend. In einer Nacht brechen die Blüthen in außerordentlicher Menge auf. Die Bohnen sind reif,

wenn die Frucht bis dunkelrothe Farbe annimmt, und diese fällt ab, wenn man sie nicht zeitig abnimmt. Die Kaffeepflanzer in Arabien pflücken die Frucht nicht ab, sondern breiten Tücher zu ihrer Aufnahme unter die Bäume, die sie schütteln, und die reifen Beeren fallen sogleich ab. Diese breitet man alsbald auf Matten aus und thut sie in die Sonne, bis sie vollkommen trocken sind, worauf die Schale durch große schwere Rollen (Walzen) von Holz oder Stein zerbrochen wird. Der auf diese Art enthülsete Kaffee wird dann wieder in die Sonne gethan und recht ausgetrocknet, damit er sich nicht, wenn er zum Verschiffen verpackt ist, erhitzt und in Gährung geräth.

Die in Westindien gebräuchliche Art unterscheidet sich hiervon. Neger sind damit beschäftigt, solche Beeren abzupflücken, welche hinlänglich reif sind. Hierzu ist jeder mit einem Sacke von Segeltuch versehen, in dem oben ein eiserner Ring oder Reifen ist, damit er immer ausgespannt bleibt. Diesen Sack hat er um den Hals hängen, damit er beide Hände frei gebrauchen kann. Ist er voll, so schafft man seinen Inhalt nach einem großen Korbe, der eine hierzu bequeme Stellung hat. Man nimmt gewöhnlich an, daß jeder Büschel reifer Beeren zehn Pfund im Handel gangbaren Kaffee liefere.

Um das Verderben des Kaffee's zu verhüten, ist es bisweilen gewöhnlich, die Beeren in Schichten, 5 bis 6 Zoll hoch, in die Sonne auf eine Plattform zu thun. Auf diese Art geräth das Fleisch in wenig Tagen in Gährung, und wenn er so eine starke säuerliche Feuchtigkeit ausgestoßen hat, wird er nach und nach in etwa drei Wochen trocken. Die Hülsen werden nachher von der Bohne auf einer Mühle abgesondert. Andere Pflanzer entfernen das Fleisch von den Bohnen, sobald die Beeren eingesammelt werden. Die Mühle, womit man das Fleisch absondert, besteht in einer wagerechten gerillten Rolle, die von einer Kurbel gedreht wird und auf ein bewegliches Seitenbret wirkt, das so gestellt ist, daß die ganzen Beeren zwischen demselben und der Rolle nicht durchgehen können. Das Fleisch wird dann von den Saamen (Beeren) durch Waschen abgesondert und die Letztern thut man in die Sonne, um sie zu trocknen. Nunmehro muß die Membran- oder Pergamenthaut weggeschafft werden, was durch schwere Rollen geschieht, die in einer Mulde laufen, in die man den Saamen thut. Diese Mühle wird von Vieh getrieben. Der Saame wird hierauf geworfelt, um die Spreu abzusondern, und wenn sich darunter Einiger findet, welcher der Wirkung der Rolle entgegen ist, so bringt man ihn nochmals auf die Mühle.

Bei'm Rösten der Bohnen muß man solche keinesweges verbrennen. Je schneller er nach der Röstung verbraucht wird, desto weniger verliert er seinen Wohlgeruch.

Die Hunde des St. Bernhard.

(Das durch einen Hund gerettete Kind.)

Diese Hunde machen eine eigenthümliche Art und zeichnen sich besonders dadurch aus, daß sie die

Reisenden, welche im Schnee begraben sind, aufsuchen und retten.

Das Kloster auf dem großen Bernhardsberge im Kanton Wallis liegt nahe an der Spitze dieses Berges an einem der Hauptpässe aus der Schweiz nach dem Aostathale in Piemont. In diesen Gegenden wird der Reisende oft vom schlimmsten Wetter überfallen nach Tagen wolkenloser Schönheit, wenn die Gletscher im Scheine der Sonne schimmern, und die rothen Blüthen des Alpenbalsams (Rhododendron) so rein sich entfalten, als wenn sie niemals vom Sturme beschädigt worden wären. Oft erscheint der Sturm plötzlich, die Straßen werden unwegsam durch die angehäuften Schneeberge, die Lawinen (eine unverbundene Masse von Schnee oder Eis) stürzen mit Bäumen und Felsentrümmern von den Bergen in die Thäler hinab. Die gastfreundlichen Mönche öffnen, ungeachtet ihres geringen Einkommens, jedem Fremden ihre Thüre und nehmen jeden Erfrornen, Ermüdeten, oder von der Finsterniß Ueberfallenen in ihr bequemes Obdach zum frohen Mahle und in ihren angenehmen Umgang auf. Aber darauf beschränkt sich ihre Aufmerksamkeit für die Hülfsbedürftigen keineswegs. Sie haben sich den gefährlichen Beruf auferlegt, die unglücklichen Personen aufzusuchen, welche vom plötzlichen Sturmwetter auf der Reise überfallen werden und ohne ihren menschenfreundlichen Beistand umkommen müßten. Sehr merkwürdig ist, daß sie dabei von ihren eigens dazu abgerichteten Hunden unterstützt werden, deren außerordentlich scharfer Geruch schon manchmal einen einsamen Reisenden, der bereits verloren schien, rettete. Erstarrt durch Kälte, in Sorge wegen des verlornen rechten Weges, fällt der Erschöpfte in tiefen Schlaf, und im Schneetreiben wird ihn Niemand gewahr, als etwa die die Fährte genau kennenden Hunde, wenn auch ein solcher Erstarrter 10 oder mehr Fuß unter dem Schnee liegt. Mit den Füßen scharren sie den Schnee fort, heulen laut, um die Mönche und deren dienende Laienbrüder zum Beistande aufzufordern. Damit die Hunde den ermatteten und erstarrten Reisenden schnell in's Leben zurückrufen können, hat ein Hund am Halse eine Flasche mit starkem Branntwein und sein Begleiter trägt einen warmen Ueberrock. Treffen diese Hunde auch nicht immer einen Lebenden an, so entdecken sie doch die Leiche, welche von ihren Freunden wieder erkannt werden kann, da die menschlichen Gesichtszüge in diesem kalten Klima wohl noch zwei Jahre nach dem Tode kenntlich sind. Eins dieser edeln Geschöpfe trug eine Medaille, weil dasselbe das Leben von 22 Personen erhalten hatte, welche sonst umgekommen seyn würden. Viele Reisende haben diesen Hund nach dem Frieden des Jahres 1814 gesehen und bei'm Wärmefeuer der Mönche die Geschichte seines der Menschheit nützlichen Lebens gehört. Er starb im Jahre 1816 bei der Begleitung eines armen Reisenden zu seiner um sein Außenbleiben sich ängstigenden Familie. Es war dieß der piemontesische Postcourier, der gern baldmöglichst nach seiner Familie in dem kleinen Dorfe St. Pierre, im Thale unter dem Bernhardsberge, zurückkehren wollte, so sehr ihm auch die Mönche, wegen des schweren Sturms, davon abriethen. Als er sich von der schnellen Rückkehr zu den Seinigen nicht zurückhalten lassen wollte, gaben sie ihm zwei Begleiter, jeden mit einem Hunde, und unter diesen den berühmten Hund, der der Menschheit schon so viele Dienste geleistet hatte. Kaum hatte diese Gesellschaft das Kloster verlassen, so bedeckten sie zwei Lawinen, und die nämlichen Lawinen verschütteten auch die Familie des armen Postillons, welche sich heraus gewagt hatte, um desto früher etwas

von ihrem erwarteten Freunde zu erfahren. Alle kamen bei diesem Unfalle um.

Einer dieser nützlichen Klosterhunde soll einst eine von einer Lawine verschüttete Mutter mit ihrem noch lebenden Knaben angetroffen, den Knaben auf seinen Rücken zu steigen bewogen und hierauf nach der Klosterpforte gebracht haben. Das Bild stellt den Hund und das Kind dar.

Erst seit wenigen Jahren wohnen die edeln Mönche gesünder durch eine in ganz Europa für sie veranstaltete Kollekte, nach der Anweisung eines geschickten Baumeisters, der ihren Aufenthalt mehr als früher gegen Kälte und Feuchtigkeit sicherte. Uebrigens läßt ihr Orden, wenn die Mönche nicht länger bleiben wollen, solche nach einigen Jahren des Dienstes in diesem Kloster in eine gesündere Gegend heimkehren. Das Kloster liegt 7548 Fuß hoch und bewirthet jährlich 8 — 9000 Reisende unentgeltlich, wenn man den Mönchen nicht freiwillig eine Erkenntlichkeit zurückläßt. Napoleon, sonst wahrlich kein Freund der Mönche, weil er bei seinen kriegerischen Zügen über die Alpen ihren Nutzen für die Erquickung der Krieger gesehen und anerkannt hatte, entzog diesem Kloster von den Einkünften in seinen Reichen nichts.

Die freie Scheldefahrt und eine Eisenbahn von Antwerpen nach Köln, im Interesse des Rheins und Westdeutschlands.

Bekanntlich haben die Holländer Deutschlands Hoffnungen wegen der Freigebung der Rheinfahrt bis in's Meer bis zur neuesten Zeit hingehalten, und im Grunde ist die Mündung des Rheins der deutschen Schifffahrt in's Meer und aus solchem in den Rhein noch immer nicht völlig geöffnet. Bekanntlich will auch Amsterdam eine Eisenbahn nach Köln begründen, was sicher Köln wohl nützen, aber nicht schaden kann.

Da Holland keinen Handels= und Schifffahrtsvertrag mit den Engländern geschlossen hat, so bezahlt die holländische Flagge in England 25 Procent Zoll mehr, als die Einfuhren unter preußischer und anderer Flagge, die mit den Britten Handels= und Schifffahrtstraktate schloß. Es mußte folglich der deutsche Handel über Holland mit England alle Nachtheile der holländischen Flagge ohne ihre Vortheile tragen.

Der Seehandel Antwerpens blieb unbeträchtlich, so lange Belgien und Holland vereinigt waren, wie folgende Vergleichung einiger Flaggen, welche in den Jahren 1829 und 1832 in Antwerpen einliefen, klar darlegt, und wuchs seitdem:

	S c h i f f e	
	1829.	1832.
Dänemark	22	200
Hamburg	8	28
Hannover	53	289
Mecklenburg	8	44
Norwegen	39	73
Oldenburg	12	55
Preußen	44	64
Schweden	21	13

Seit der Trennung Belgiens von Holland legte sich ersteres mehr auf Hanf, Flachs, Krappbau, als auf den Anbau von Getreide, und in Folge der Trennung Belgiens von Holland führt Belgien viel Waizen, Roggen, Gerste, Hafer, Bohnen, Erbsen, Leinsaat und Rappssaat ein, was für den Norden Europa's wichtig ist, und nicht bloß in Antwerpen, sondern auch in Ostende.

Die Ufer des Rheinstroms haben nun künftig äußer Deutschland drei Haupt-, Zu- und Ausfuhrwege; a) Frankreich aus dem Rhein nach dem Kanal Monsieur, der Saone und der Rhone, da Frankreich den Transit begünstigt; b) Belgien, wenn solches eine Eisenbahn über Viset gerade nach Köln von Antwerpen aus führt. Erlangt aber Holland ganz Limburg, so müßte die Eisenbahn durch holländisches Gebiet gehen, und dieses wird dann nach seiner Art schon mittelbar den Verkehr zwischen Köln und Antwerpen, der einst so groß war, zu stören wissen. Es ist Preußen sehr nachtheilig gewesen, daß seine nachbarliche Gefälligkeit den Holländern ungefähr eine Meile breit Gebiet einräumte am rechten Maasufer. c) Holland auf dem Rhein und allen Strömen seines Delta's, und wahrscheinlich auch noch durch eine Eisenbahn nach Amsterdam am rechten oder linken Ufer des Rheins, nach Köln.

In Friedenszeiten dürfte die Trennung Belgiens von Holland für Deutschland ein Glück seyn, und ist Holland im Magaziniren mancher Bedürfnisse von Westdeutschland ein alter Kundmann, so ist es für Kölns Handel erfreulich, daß es künftig mehrere nahe konkurrirende Verkäufer hat. Dieß ist um so wichtiger, da Antwerpen und Belgien den Transit in der Konkurrenz mit Holland und Frankreich werden begünstigen müssen.

Die alten Nebenwege nach der Ems und der Weser bleiben den Preußen ohnedem, und man sagt, daß nach Emden und Minden Eisenbahnen gehen werden. Preußen hat bloß durch die weise Benutzung aller Oertlichkeit und Handelsbequemlichkeit, ungeachtet der des aufgehobenen Magdeburger Stapels, Magdeburg zu einer Handelsstadt mit nahe an 50,000 Einwohner erhoben. Aber der Oberstrom der Elbe ist ein reicheres Land, als das Weichsel-, Ober- und Pregelthal, daher konnten Danzig, Stettin und Königsberg nicht in gleichem Grade, wie Magdeburg, steigen, wohl aber kann dieß Köln. Je freier Belgien von allen Kolonialketten ist, desto mehr kann es dem Transito preußischer Waaren aus dem Bergischen Leichtigkeiten anbieten, und Preußen bedarf wohl für diese Waaren und viele Naturprodukte Absatz aus den belgischen Häfen, wird aber in der Verbindung der westlichen und östlichen Provinzen wohl auf wenige Weinausfuhr nach Belgien rechnen dürfen.

Die Auferlegung auch des geringsten Mündungszolles an der Schelde an die Holländer ist ein großer Nachtheil auch für Deutschland.

Leidet nicht der Handel von Hamburg und Altona bedeutend durch den beibehaltenen schweren Stader Zoll, indeß Bremen von dem Elsflether Zoll seit 1819 befreit wurde? Wenn Bremen in diesem Augenblicke im Absatz des deutschen Linnens und in der Einfuhr des Tabacks aus Amerika Hamburg überlegen ist, so verdankt es diese Ueberlegenheit vielleicht zum Theil der Schererei und dem Tribut des Stader sogenannten Seezolls, denen Hamburg unterworfen ist. Solche Servituten mag man fortdauern lassen, wo sie vorhanden sind, eine weise kosmopolitische Politik dürfte sie aber aus Höflichkeit für den Amsterdamer Handel und einen der eigennützigsten Seehandelstaaten nicht neu begründen, wo sie bisher nicht Statt fanden.

Es ist wahrscheinlich, daß England in der Furcht, seinen Elb- und Weserhandel bald sehr beschränkt zu sehen, so eifrig für Antwerpens freien Handel spricht, aber er wird nie einen Schleichhandel nach Deutschland und Preußen bedeutend fördern.

Der Ackerbau in Aegypten.

Aegypten ist eins der fruchtbarsten Länder der Erde und doch düngt man den Boden nicht und ackert ihn auch nicht viel. Das Nilwasser und sein Schlamm machten es schon in alten Zeiten zur Kornkammer Rom's, und es liefert auch jetzt noch Getreide im Ueberflusse, wäre nur immer das Landmann und sein Eigenthum gegen die Gewaltthätigkeiten der Herrscher gesichert. Der Boden wird durch den Nil entweder durch Maschinen oder durch den Fluß selbst bewässert. Auf Feldern, die nicht vollkommen überschwemmt werden können, macht man vor der Ueberschwemmung die kleinen Risse zu, welche durch die zu große Trockenheit entstanden sind, und zerschlägt die Erdklöße. Alsdann findet eine vorläufige Umpflügung Statt. Gleich nach der Ueberschwemmung, wenn man das Wasser hat in den Boden eindringen lassen, säet man. Die vollkommen überschwemmten Felder aber bearbeitet man sehr häufig gar nicht. Sobald das Wasser weg ist und man aufs Feld kommen kann, streut man den Saamen aus, der in wenig Tagen ganz vortrefflich aufgeht. Die Pflanze wächst den ganzen Winter hindurch und erreicht ohne Regen ihre ganze Vollkommenheit. In einigen Gegenden walzt man den Saamen ein, nachdem man das Feld vorher geackert hat.

Die Felder liegen nicht brache und tragen doch im Ueberflusse. Um die ergiebigsten Ernten zu bekommen, thut der Aegypter weiter nichts, als daß er einen Saamen wählt, der nicht auf dem Acker gewachsen ist, den er damit besäet; daß er mit den Getreidearten wechselt und nach dem Waizen Gerste, nach dem Klee Reis und nach dem Getreide Saflor säet.

Die Waizenernte fällt in Ober-Aegypten zu Ende des Februars, zu Kahira zu Ende des März und in Raschid und Damiat 14 bis 20 Tage später.

Der Leopard auf der Lauer.

Im südlichen Afrika, am Vorgebirge der guten Hoffnung, findet man den Leoparden in Menge unter dem Namen des Tigers, ohne aber etwas Anderes zu seyn, als die Felis jubata der Naturforscher. Vom Panther des nördlichen Afrika's unterscheidet er sich nur durch die Gestalt seiner Flecken, schlankere Gestalt und kürzere Beine. Wenn er auf seine Beute lauert, so legt er sich hin, mit dem Kopfe zwischen den ausgestreckten Vorderbeinen nach Art der Hunde, die Augen mehr aufwärts gerichtet. In dieser Lage nimmt er sich herrlich aus; alle seine Umrisse zeigen Kraft und Anmuth, alle Sprünge über Stock und Stein eine bewundernswürdige Schnelligkeit. Von den Thieren, welche man bei uns in den Menagerien zeigt, muß man natürlich keinen Schluß machen. Sie sind durch den engen Käfig, den Hunger, die Schläge steif und muthlos geworden.

In seinem Vaterlande stellt der Leopard besonders den Antilopen, den jungen und alten Affen und den Felsendachsen und Kaninchen, sowie den Heerden, den Füllen, den Kälbern der Kolonisten zur Zeit, wo sie zur Welt kommen, nach, die ihn deshalb gewaltig fürchten. Auch Menschen werden oft von ihm zerrissen; doch geht er ihnen, am Kap wenigstens, sehr scheu aus dem Wege und wagt sich nur, wenn sie schlafen, oder allein wandern, oder ihn zum Aeußersten treiben, an sie. In der Nacht hört man seine fürchterliche Stimme sehr häufig. Heulend und dumpfbrüllend schleicht er in der Ferne um die Hürden und Meierhöfe und stürzt oft hinein, um seine Beute zu holen, ohne daß ihn die wachsamen Hunde gewahr werden.

Gleich der Hyäne fängt man ihn oft in Fallen, aus Steinen und Balken gefertigt, und hetzt ihn dann mit Hunden, um sie daran zu gewöhnen. Gewöhnlich kostet ihm dieß das Leben, aber auch ein Paar seiner Feinde haben meist gleiches Geschick. Jagt man ihn im Felde, so nimmt er seine Zuflucht zu einem Baume, wenn er einen erreichen kann. In dieser Stellung ist es äußerst gefährlich, sich ihm in Sprungweite zu nähern; aber wegen seiner freien Lage wird er leicht eine Beute des Schusses der Jäger. Mit dem Löwen oder

Tiger darf man ihn allerdings nicht vergleichen, aber ein außerordentlich wildes und starkes Thier bleibt er immer, und scheut im schlimmsten Falle weder ein anderes größeres Raubthier, noch einen Menschen. Seine Klauen, seine Zähne zerreißen im Nu Alles, was in ihren Bereich kommt, und mancher Jäger am Kap, der ihn nicht recht sicher aufs Korn nahm, ist sein Opfer geworden.

Der Leopard auf der Lauer.

W o c h e.

Am 6. Julius 1809 siegte Napoleon bei Wagram über die Oesterreicher unter Umgehung des linken, vom Fürsten Rosenberg befehligten, Flügels nach großem Menschenverluste beider Heere; unter den Verwundeten befand sich der österreichische Feldherr Erzherzog Karl, der nach der Schlacht das Heer nach Böhmen zurückzog.

Am 7. Julius 1762 griff der König Friedrich II. von Preußen, um Schweidnitz zu belagern, die Oesterreicher unter General Brentano erfolglos in ihren festen Stellungen bei Adelsbach an, worauf der König den General auf einem andern Wege umging und ihn dadurch die Anhöhen bei Adelsbach aufzugeben bewog.

Am 8. Julius 1411 trat Kaiser Sigismund dem Burggrafen Friedrich von Nürnberg aus dem Hause Hohenzollern pfandweise für 100,000 Goldgulden die ganze Mark Brandenburg ab, welche damals im verfallensten Zustande war und deren Adel sich in einer Art von Fehde mit dem abtretenden Kaiser befand. Wenige Jahre später folgte die erbeigenthümliche Abtretung gegen eine höhere Kaufsumme.

Am 9. Julius 1588 erließ Erzbischof Wolfgang Dietrich von Salzburg ein Edikt, worin er im blinden Fanatismus alle diejenigen zahlreichen Unterthanen verbannte, welche nicht von der protestantischen zur katholischen Kirche übergehen wollten, und mit Ende des

Oktobers war in seinem Staate kein Protestant mehr zu sehen. Im Jahre 1730 erneuerte Erzbischof Dietrich diese Verfolgung der Lutheraner und zwang 30,000 fleißige Unterthanen, auszuwandern, welche sich darauf in dem durch die Pest sehr entvölkerten Ostpreußen zum Theil niederließen.

Am 10. Julius 1793 übergab der franz. General Chancel den belagernden Oesterreichern die französische Festung Condé, nachdem die Besatzung mit den Bürgern alle Qualen des Hungers ausgestanden hatte.

Am 11. Julius 1699 stiftete König Friedrich I. die Akademie der Künste und mechanischen Wissenschaften in Berlin.

Am 12. Julius 1809 schloß die österreichische Regierung mit Napoleon den Waffenstillstand zu Znaym ab, dem der Wiener Friede im nämlichen Jahre folgte. — Im Jahre 1694 Jul. 12. stiftete König Friedrich I. von Preußen die noch blühende Universität Halle. — Am 12. Julius 1806 wurde der Rheinbund geschlossen, der bekanntlich nicht von langer Dauer war.

Verlag von Bossange Vater in Leipzig.
Unter Verantwortlichkeit der Verlagshandlung.

Das Pfennig-Magazin

der

Gesellschaft zur Verbreitung gemeinnütziger Kenntnisse.

11.]   Erscheint jeden Sonnabend.   [Juli 13, 1833

Die St. Martinskirche in Cöln.

Diese Kirche ist ein Bild des allgemeinen Styls der Gebäude Cöln's, dessen Dom wir künftig im Bilde liefern und umständlich beschreiben werden. Die Gassen der ehemaligen Reichsstadt sind krumm, aber sie ist jetzt mehr, als jemals in früherer Zeit, wieder der Sitz des deutschen Rheinhandels geworden, auch besitzt sie eine Regierung, einen Appellationshof der Rheinprovinzen, ein Landgericht und einen Erzbischof mit seinem Domkapitel, zwei Gymnasien und 66,000 Einwohner. Auffallend verschönert sich die Stadt und bereichert sich wieder unter der preußischen Regierung; die Verfertigung von Strümpfen, kölnischem Wasser, Gärberwaaren, Baumwolle, Seide, Wolle, Tabak, chemischen Produkten, Steingut, Seife, Lichtern, Farben, Spitzen, die Branntweinbrennereien und Buchdruckereien werden immer lebhafter mit der Schifffahrt. Noch hat sie ihre eigenthümlichen Karnevalsfreuden und mehr bürgerliches Glück, als während ihrer Reichsfreiheit und ihrer ewigen Reichsprozesse mit dem Kurfürsten und seinem Domkapitel, so wie ihres Raths mit der Bürgerschaft. Eine Schiffbrücke, 1250 Schritte lang, trennt die Stadt von dem gegenüber liegenden Deutz. Cöln und Deutz bilden jetzt eine große Festung, deren Hauptwerke durch montalembert'sche Thürme ungemein verstärkt worden sind. Rubens, der berühmte Maler, wurde hier 1577 geboren, und nach der Sage erfand hier 1330 der Mönch Berthold Schwarz das Schießpulver, dessen Kraft und Anwendung China schon viel früher kannte. Die ehemalige Universität ging unter Frankreich's Scepter im Jahre 1801 unter. Die Bibliothek von mehr als 60,000 Bänden, das physikalische Kabinet und der botanische Garten sind merkwürdig. Von der früheren Unduldsamkeit der Geistlichkeit ist die jetzige katholische Geistlichkeit zu Cöln zu vieler Duldsamkeit und einer ausgezeichneten Bildung übergegangen. Zu den nahen Verbesserungen Cöln's gehört der wahrscheinliche künftige Ausbau des Doms und eine Eisenbahn zum Waaren-Transport nach Antwerpen und Amsterdam; die Wasserverbindung mit der Ems ist von den weisen Regierungen Preußens und Hannovers schon eingerichtet, und ein ähnlicher Kanal oder vielleicht eine Eisenbahnverbindung mit Minden an der Weser läßt sich mit ihren wohlthätigen Folgen des bessern Anbaues und daher steigender Wohlhabenheit aller davon durchschnittenen Gegenden zuverlässig erwarten. Es sind diese neuen Straßen für Cöln und den Rhein um so wichtiger, als Frankreich's Zollverwaltung durch ihr übertriebenes Mißtrauen und die Gier der franz. Spediteure den Deutschen die fernere Durchfuhr von Gütern aus Deutschland nach Havre de Grace verleidet hat. Bisher sind alle angebliche Durch- und Einfuhr-Handelsbegünstigungen Frankreichs gegen Deutschland nur Täuschungen, und die Zugeständnisse von der einen Seite werden durch neue Handelsbeschränkungen vertheuert und verbittert. Dieses unedle Betragen des Nachbarn kann sehr wohl dazu beitragen, die Gemüther der Deutschen, ungeachtet aller unläugbaren Unzuträglichkeiten, dem allgemeinen oder wenigstens dem preuß. Handelssysteme, außer an den Küsten der Nord- und Ostsee, geneigt zu machen, weil diese Küsten bisher so wenig Aussicht haben und schwerlich jemals erlangen können, ihre reichen Bodenerzeugnisse zu annehmlichen Preisen in's innere Deutschland gelangen zu lassen.

Hamburg, wie es jetzt ist.

Durch Fabriken und Manufakturen blüht das jetzige Hamburg wenig; desto mehr aber als Welthandelsstadt und Ausgleicherin der großen Handelszahlungen zwischen dem nördlichen und südlichen Europa, so daß es allein 800 Mäkler bedarf. Nur der Großhändler heißt dort Kaufmann und jeder Kleinhändler Krämer. Weil alle Waaren eingeführt werden dürfen, so ist an keiner dort jemals Mangel und der Preis billig. Nichts beweiset klarer, wie wenig die Staaten vermögen, den Großhandel, den Wechselhandel und den Sitz der Rentenirer, welche durch jenen Vertrieb und den Umsatz in Staatspapieren und Assekuranzen unterstützt durch Hamburgs berühmte Girobank gedeihen, beliebig auf irgend eine Bannmeile fest zu heften. Noch blühen daselbst die Gewerbe der freilich sehr geringen Kattundruckerei, der Wachsbleichen, Zwirnmühlen, der Hut-, Nadel- und Tabaksfabriken, Sammet- und Seidenzeugweberei, Fischbeinreißerei, Thransiederei, Seifensiederei, Gerberei, Segeltuch- und Tauschlägerei, Federbereitung, Stroharbeit und Alles, was sich auf Ausrüstung der Kauffahrteischiffe bezieht. Der Wallfischfang und die Häringsfischerei nimmt auch hier ab. Der blühendste Zweig der Hamburger Fabrikatur ist die Raffinirung von Zucker, indeß zugleich England, Holland und Frankreich sehr viel raffinirten Zucker nach Hamburg schicken; aber immer bleibt Hamburg der Vorzug, beschädigte Zucker schnell läutern und zugleich zum Vortheile der Raffinirung den Zucker verschiedener Klimate mischen zu können, weil alle fremde rohe Zucker eine gleiche geringe Abgabe tragen, was in England, Frankreich und Holland die Begünstigung der Kolonialzucker nicht erlaubt. Auch ist Hamburg die größte europäische Kupferniederlage und beschäftigt daher in der Nähe 28 Kupfer- und Messinghammer. Amsterdam hat besonders durch die Reduktion der Verzinsung seiner vaterländischen Nationalschuld auf ein Dritttheil, durch Napoleon's Machtspruch, an Wohlhabenheit sehr verloren. Der Amsterdamer Rentenirer und Handelsherr ist dort nicht mehr der erste Stand, und diese Säulen des Nationalwohlstandes, la haute Banque, wie solche Laffitte nannte, haben aufgehört, die Staats- und Stadtabgaben zu vertheilen. Daher schleifte man am Amsterdam die Villa's und bauete sie verschönert um Hamburg nach 1815, einfacher aber zweckmäßiger, wieder auf. Noch besitzt Hamburgs Flagge 200 Seeschiffe und es laufen jährlich über 2000 Kauffahrer in den Hafen ein. Einem allgemeinen deutschen Handelsvereine beizutreten, verpflichtet solches das deutsche Bundesverhältniß; einem speciellen Vereine kann es zum Wohle Deutschlands und seiner eigenen Existenz nur beitreten bei einer sehr reellen allgemeinen Handelsfreiheit. Eine andere Politik würde Hamburgs Handel nach Altona versetzen, und ist nicht durch den freieren Handel auf der Oberelbe selbst Magdeburgs sehr von der Regierung beschränkter Handel gewachsen? Hamburgs seitdem steigender Wohlstand wirkte mehr auf Magdeburg, als auf Altona, und niemals war Hamburgs Geld- und Wechselverkehr größer, obgleich sich der dortige Großhandel mit kleineren Procenten, als in den früheren Zeiten begnügen muß. Leichter gelingen in Hamburg nach 1816 die Staatsanleihen, als in dem schöner gewordenen Amsterdam. Die Bevölkerung wächst in Hamburg (wenigstens 130,000 Köpfe) und sinkt in Amsterdam. Auch die Assekuranzgeschäfte Hamburgs vermehren sich, und nicht in Amsterdam, dessen neuer Kanal nach dem Helder, ungeachtet seiner Tiefe und trefflichen Unterhaltung, dem niederländischen Texus seinen alten Glanz nicht wieder zu geben vermochte. Altona, die zweite Handelsstadt des dänischen Staats mit seinem Freihafen, sah immer nur seinen Wohlstand höchstens im Verhältnisse zu Hamburgs Wachsthum und Blüthe sich vermehren. Die Börse des freien Hamburgs lenkt, durch diesen Zauber im Schutze der civilisirten Gesammtstaaten Europa's, diejenige Altona's. Mehr als je fühlen Hamburgs Nachbarn, daß auch sie durch Hamburgs Wohl-

rano gewinnen und deſſen Sinken ſicher theilen wer=
den, und doch that der deutſche Bund gewiß nicht viel
für die Blüthe ſeiner erſten Handelsſtadt. Da der dor=
tige Handel und die Gewerbe ſehr in's Große gehen, ſo
pflegen ſie ſtets durch Handels=, Zoll= und politiſche
Konjunkturen des Auslandes bald gehoben, bald raſch
erſchüttert zu werden. Es giebt noch keine deutſche
Kriegsmarine, und noch trägt Hamburgs Handel den
ſchweren Stader Zoll, indeß ſich Bremen vom Els=
flether Zolle befreiet ſah. Ein neuer Verkehr der bei=
den weſtlichen Hanſeſtädte iſt die Auswanderung auf
Hamburger und fremden Schiffen nach andern Welt=
theilen, beſonders aus dem Darmſtädtiſchen, Naſſau
und Rheinbaiern. Der direkte jetzige Gewinn iſt unbedeu=
tend, aber der ſteigende Wohlſtand der neuen Koloniſten
außer ihrem Vaterlande wirkt auf den Verkehr der Län=
der, wohin ſie auswandern, zum Vortheile Hamburgs und
Bremens ſchon jetzt. Allerdings entgeht den Staaten,
aus denen ausgewandert wird, manche ſehr fleißige Hand
und manches Kapital, nicht immer aus Mißvergnü=
gen über vaterländiſche Einrichtungen, ſondern oft aus
Spekulation. Letztere führt aus jenen beiden Hanſe=
ſtädten eine beträchtliche Zahl junger Mannſchaft aller
Stände in's Ausland, um dort ihr Glück zu verſuchen.
In einigen unſrer größeren Staaten zeigt ſich, um die
Auswanderung zu vermeiden, eine große Fürſorge zur
Nahrungsverbeſſerung der ärmeren Klaſſen. Wie ſehr
hob ſich die Glasfabrikation, z. B. in Oeſterreich, und
wie wenig die kurheſſiſche Töpferei, und doch beſitzt
letztere viele Elemente der Etruria, im engliſchen ſoge=
nannten Töpferlande. Wie viel kann noch der Deut=
ſche für die Veredlung ſeines Weines, für ſeinen Hanf=
bau und andre Fabrikate thun, welche wohl das einſt ſpa=
niſche, jetzt freie Südamerika ſchätzt, aber bei ſeiner Ar=
muth jetzt noch nicht kaufen kann! Sicher iſt die
Oder ein bedeutenderer, und wohl beſſer an der Küſte
bevölkerter Strom, als die Weſer, und doch, welche
Verkehrverſchiedenheit Stettins und Bremens? Noch
iſt kein Anfang eines reichen Mittelſtandes in den neuen
amerikaniſchen Republiken vorhanden, erſt wenn dieſer,
wie im freien Nordamerika, ſich gebildet hat, wird
Deutſchlands Leinen=, Tuch= und Zeugfabrikatur ſich be=
deutend heben. Das täglich zwei Mal wechſelnde Kli=
ma der Tropenländer macht ſolchen unſre Hauptfabri=
kate unentbehrlich, und kein anderes Volk kann ſie wohl=
feiler liefern, als das genügſame Deutſchland. Haben
in jener Republik weiſe Geſetze das Nationalvermögen
mehr, als bisher, vertheilt, ſo wird dahin beſonders
Deutſchlands Handel wachſen, denn die reichſten Gold=
und Silberländer haben kein Intereſſe, daſſelbe bei ſich
unmäßig anzuhäufen, damit alles, deſſen ſie bedürfen,
theuer werde.

Die freiere Elbſchifffahrt verbeſſerte nach 1815
die Nahrung Hamburgs und deſſen Handel, wozu der
Sinn der Handlungshäuſer gegen fremde Kaufleute, der
weit liberaler iſt, als in manchen andern Handelsſtädten,
mit beiträgt. Die Stromſchiffe der Oberelbe liegen im
Oberbauen als Hafen in der Mündung der Bille in die
Elbe. Die Commiſſionaire engl. Fabrikanten machen
jetzt weniger in Hamburg Geſchäfte, weil deren Be=
vollmächtiger ſich dabei nicht ſonderlich ſtehen ſollen.

Die Außenwerke der Stadt ſind geſchleift und der
Wall ein allgemeiner Spaziergang. Die Vorſtädte:
Hamburger Berg, Stadt=Deich und St. Georg, haben
mehr Gebäudepracht, als die in der franz. Herrſchafts=
periode zerſtörten Häuſer beſaßen. Die Stadt ſelbſt
hat zwar manche ſchöne, aber noch immer auch manche
krumme Gaſſen.

Hamburgs Verfaſſung bildeten der Haupttreceß des
Jahres 1712, der Unionstreceß und das Reglement.
Sie iſt theoretiſch demokratiſch, aber im Vorzuge des
Senats und des Handelsſtandes und wegen der kleinen
Zahl der an der Geſetzgebung und Steuerbewilligung
theilnehmenden Bürger ſo oligarchiſch, daß man keine
Demokratie walten ſieht; auch ſind ſeit einem Jahr=
hunderte alle demokratiſchen Reaktionen verſchwunden,
weil die Oligarchie ſich zu mäßigen verſtand. Nach der
Auflöſung des Reichsverbandes im Jahre 1806 war
freilich eine Reviſion der Verfaſſung um ſo nöthiger,
je größer dort bis dahin das kaiſerliche Anſehen war,
aber man fürchtete alsdann zu viele Neuerung und ver=
mied dieſe Klippe der nun ſeit länger als einem Jahr=
hunderte blühenden Einigkeit des Raths und der Bür=
gerſchaft.

Nach der unglücklichen franzöſiſchen Zwiſchenregie=
rung war die alte Freiheit ſelbſt mit einigen Mängeln
dem Bürger ſo theuer geworden, daß man vorzog, die
alte Verfaſſung nur mit einigen geringen Verwaltungs=
veränderungen wieder herzuſtellen. Immer gewann die
Rechtspflege durch die ſchnellere Juſtiz des Oberappel=
lationsgerichts, verglichen mit derjenigen der vormaligen
Reichsgerichte. Die Souverainität liegt in der Hand
der erbgeſeſſenen oder ihr gleich geachteten Volksbürger=
ſchaft von etwa 800 Köpfen, die ſich nach ihren Kirch=
ſpielen in Kollegien verſammeln. Die Vollziehung der
Geſetze hat der Senat, welcher die ihm einmal über=
wieſenen bedeutenden Rechte aus ſeiner Amtsvoll=
macht ausübt, jedoch in Gemeinſchaft mit Bürgeraus=
ſchüſſen, deren Perſonal oft wechſelt, in den 28 Raths=
und Bürger=Deputationen. Den Seckel des Staats
verwalten die Kämmereibürger. Fühlt ſich der Priva=
mann durch die Verfügung der Geſetzgeber bedrückt, ſo
entſcheidet ſolche Zweifel das gemeinſchaftliche Oberge=
richt der vier deutſchen Republiken. Die erbgeſeſſene
Bürgerſchaft wird repräſentirt durch die 15 Oberalten,
durch die ihnen beigeordneten 45 Diakonen und die
dieſen wiederum beigeſelleten Hundert und Achtziger.
Der Rath hat in der Bürgerſchaft den Vortrag.

Der mäßige Zoll von ½ Procent bei allen Ein= und
Ausfuhren, die Auktions= und die zehnprocentige Ab=
gabe aller Seitenerbſchaften, der Stempel, die Thor=
octroy und die andern Einkünfte mögen etwa 2 Mil=
lionen Mark Banko und die Schulden an 7 Millionen
Rthlr. Kapital betragen. Dieſe Hanſeſtadt beſoldet ein
zahlreiches diplomatiſches Perſonal in Europa und Amerika.

Man hat der Stadt den Vorwurf gemacht, ſie
fördere durch die Intereſſen ihrer Kaufleute mehr die
ſtarke Einfuhr engl. Fabrikate, als die Ausfuhr der
deutſchen, und hindere dadurch das Aufblühen der va=
terländiſchen Induſtrie; aber die Wohlfeilheit mancher
engl. wollenen und baumwollenen Waaren, da beſonders
die Großhändler ganze Magazine ſolcher unmodiſch ge=
wordenen Waaren oft zu ſehr niedrigen Preiſen an=
kaufen, iſt ſo groß, daß der Belang im Ganzen für
den Verbrauch in Deutſchland um ſo bedeutender iſt,
als die inländiſchen Meſſen von Leipzig, Frankfurt und
Braunſchweig einen großen Theil davon in's Ausland
ſpediren. Größere Summen bezieht dagegen Deutſch=
land für feine und Mittelwolle, Knochen, Getraide,
Oelſaaten, Butter u. ſ. w. aus Großbritannien, und
daß wir uns in dieſem Handel nicht vom baaren Gelde
entblößen, beweiſen die oft ſehr anſehnlichen Waarenſen=
dungen der Britten nach der Niederelbe, wenn der
Cours auf Hamburg für London zu vortheilhaft wird.
Weder die Fabrik= noch ſelbſt die bedeutenden Kolo=
nialwaaren aus England verarmer Deutſchland, und

weit mehr, was man aber nicht einsehen will, die Ka-
pital- und Zinsenzahlungen für Staatsschulden an engl.
Privaten. Die Kolonialwaaren kommen jetzt in großen
Massen auch durch die Nordamerikaner nach der Elbe.
Wegen der Wohlfeilheit, Reinlichkeit und Kühle der
deutschen Flachsleinwand dürfte in den heißen Tropenländern, wenigstens in den Sommermonaten, die Haut-
bekleidung mit Leinwand vor der freilich jetzt noch wohlfeileren, aber weniger dauerhaften Baumwolle den Vorzug behaupten, und gleichen Absatz dürften dahin deutsche wollene Tücher und Zeuge finden. Als Magazin-
platz der alternden franz. Weine scheint Hamburg, seitdem man die alten Weine weniger schätzt, in seinem
Verkehre sehr verloren zu haben.

Das öffentliche Vergnügen befördern die Theater,
Konzerte, Klubbs, Bälle, das Waisengrün, die Vaux-
hall u. s. w.

Die Gesellschaft zur Beförderung der Künste und
nützlichen Gewerbe diente sehr zur Vervollkommnung der
hiesigen Handwerker, und das Armenwesen ist, weil es
vor 50 Jahren ganz für Hamburg, besonders durch den
noch zu Flottbeck lebenden Freiherrn und Staatsrath von
Voght *) eingerichtet wurde, musterhaft; aber eben
deswegen nirgends in allen Theilen nachahmungswürdig.

Den Bürgerschulen, die sonst trefflich eingerichtet
sind, fehlt noch die Anstellung mehrerer Lehrer der
Sprachen jener Völker, mit denen Hamburg besonders
Handel treibt, um seiner ärmern Jugend das Fortkommen im Auslande noch mehr, als bisher, zu erleichtern.
Die Armenschule und Schifffahrtschule sind vortrefflich.

Der Buchhandel Hamburgs nimmt mit der Literatur dort einen eben so eigenthümlichen Gang, als
in Berlin oder Wien, kraft der politischen und religiösen Freiheit dieses Platzes. Wie in diesen beiden
Städten hat die unterste Klasse ihre besondern Volks-
schriften. Die Sittlichkeit gleicht der aller Seestädte
bei sehr gemischten Einwohnern.

Der Sicherung der Unterstadt vor Ueberschwemmung durch hohe Fluthen der Elbe bedarf freilich diese
Welthandelsstadt; auch ist solche finanziell nützlich.
Wenn auch der bereits berechnete Aufwand beträchtlich
seyn dürfte, so ist er doch keineswegs so bedeutend,
um nicht zweckmäßig zu seyn.

Das einseitige Gebiet der Stadt mit dem Amte
Ritzebüttel hat 28,600, und das mit Lübeck gemein-
schaftliche Bergedorf mit den Vierlanden 9400 Einwohner. Nirgends hat in Deutschland der Landmann
mildere Abgaben, als im Schutze der freien Städte;
er benutzt aber diesen, so wie andere Vortheile seiner
Oertlichkeit nur sehr selten für die Verbesserung des
Bodens und die Produktion, indeß freilich die Preise
der Erzeugnisse gesunken sind.

Blücher.

In Harren und Krieg,
In Sturz und Sieg,
Bewußt und groß,
So riß er uns von Feinden los.

Mit dieser würdigen Inschrift hat Deutschlands
erster Dichter, Göthe, das Standbild des unsterblichen Helden geziert, dessen wohlgetroffenes Portrait

wir hier dem freundlichen Leser mittheilen. Wenn je
ein Volk auf einen seiner Feldherren stolz seyn kann,
so darf es die deutsche Nation auf Blücher seyn, denn
er ist der wahrste Ausdruck deutschen Muthes und
deutscher Treue bis zum letzten Augenblicke seines irdischen Daseyns gewesen. Ein schneller Blick, unerschütterliche Tapferkeit, Gleichmuth selbst bei den dro-
hendsten Gefahren, und eine nie versiegende Heiterkeit
machten ihn zum Abgott seiner Krieger, die ihn mit
der innigsten Neigung liebten, und mit dem uner-
schütterlichsten Vertrauen in die Schlacht begleiteten.
Wo der Marschall Vorwärts, so nannten ihn Preußen und Russen, sich blicken ließ, stets unverändert,
wie ein gutes Schwert, dem weder Wetter noch Blut
und Kampf seinen Glanz rauben können, da folgte
ihm der Soldat wohlgemuth in den heißesten Kampf,
als ging es zum lustigsten Tanze. — So bekannt
auch Blücher's Lebensumstände im Allgemeinen sind,
so denken wir doch, es werde Manchem nicht unangenehm seyn, sie durch eine kurze und genaue Angabe
wieder in seiner Erinnerung aufgefrischt zu sehen.

Blücher.

Leberecht von Blücher, Fürst von Wahl-
stadt, ward am 16. Dezember des Jahres 1742 zu
Rostock geboren, und trat, fast noch ein Knabe, nach
kaum zurückgelegtem vierzehnten Jahre in das schwedische Heer. Von den Preußen gefangen und ausge-
tauscht, ging er bald darauf in die Dienste derselben,
ward Husar unter Belling und machte den siebenjährigen Krieg mit. In seinen Erwartungen getäuscht,
und, wie es ihm schien, von Friedrich dem Großen
weniger beachtet, als er es verdiente, nahm er nach
Beendigung des Feldzugs seinen Abschied als Rittmeister, und beschäftigte sich während des langen Friedens mit der Bewirthschaftung eines Gutes und der
Verwaltung seines Amtes als Landrath. Doch kehrte
er, auf Veranlassung Friedrich Wilhelm's II., als
Major zu seinem alten Regimente zurück, und führte
dasselbe als Obrist während des Revolutionskrieges
in den Jahren 1793 und 1794 gegen die Franzosen
in's Feld, wobei er sich durch alle, einem Krieger nöthigen, Eigenschaften auf das Glänzendste auszeichnete
und sich und seinen treuen Husaren die belohnendste
Anerkennung unerschütterlicher Tapferkeit erwarb. Er

rückte 1794 zum Generalmajor auf, blieb noch eine Zeit lang am Rheine stehen und genoß dann, nach dem Frieden in Basel 1795, einer zehnjährigen Ruhe. Da entbrannte im Jahre 1806 der Kampf auf's Neue; vor Napoleon's siegreichem Banner senkte sich Preußens Stern, aber eben in dieser verhängnißvollen Zeit begann Blücher's Ruhm sich zu entfalten, und sein Name schimmerte, als Alles ringsum dunkel war, wie ein segensvolles Licht, durch die tiefe Nacht. Es war nach den unglücklichen Schlachten bei Jena und Auerstädt, als sich Frankreich's Schaaren wie eine Sündfluth über Deutschlands Ebenen stürzten und überall mit Knechtschaft oder Tod drohten; da sammelte Blücher seine Getreuen um sich her und wandte sich, da der Weg über die Oder ihm versperrt worden, mit ihnen nach Nordwesten, um, indem er den Feind hinter sich her lockte und beschäftigte, durch diese Diversion seinem bedrängten Könige Luft zu neuen kräftigen Rüstungen zu machen. So erreichte er die freie Hansestadt Lübeck und kämpfte hier mit einer drei Mal stärkeren Macht der Franzosen in der Stadt und deren Umgebung auf Leben und Tod. Endlich mußte er sich, jedoch auf sehr ehrenvolle Bedingungen, mit dem Reste seiner Mannschaft ergeben; er ward bald darauf gegen den Marschall Victor ausgewechselt, und sann bereits auf neue kühne Unternehmungen gegen die Franzosen, als der Tilsiter Friede (1807) ihn in seinen Planen unterbrach. Der Menschenkenner Napoleon, der mit seltenem Scharfblicke des Helden künftige Größe ahnte, veranlaßte den König von Preußen, Blücher, der damals in Pommern den Oberbefehl führte, in Ruhestand zu versetzen. In diesem verharrte der tapfere Krieger bis zum Jahre 1813; da führte er, ein siebenzigjähriger Greis, mit Jünglingskraft und Feuer, auf den Ruf seines geliebten Königs, die preußischen Truppen von Neuem gegen den gewaltigen Feind. Was er hier geleistet, ist zu bekannt; Groß=Görschen, Wurschen bei Bauzen, Hainau, die Katzbach, Leipzig, La Rothiere, Laon, Ligny, Waterloo und unzählige Derter mehr, waren Zeugen seines unsterblichen Ruhms während der Feldzüge 1813, 1814 und 1815. Am Schlusse des ersten Krieges ward Blücher zum Fürsten ernannt, und von seinem dankbaren Könige mit reichen Gütern in Schlesien beschenkt. Nach dem zweiten Feldzuge besuchte er 1814 England, wo er mit ungeheuerm Jubel aufgenommen wurde. — Seine Mutterstadt Rostock errichtete ihm noch während seines Lebens (am 26. Aug. 1819) ein Standbild, das mit der oben angeführten Inschrift von Goethe geschmückt wurde. — Ein anderes Denkmal hat ihm der König von Preußen am 18. Juni 1826 durch Rauch's Meisterhand in Berlin setzen lassen. — Blücher starb, ein sieben und siebenzigjähriger, aber bis zum letzten Hauche kräftiger Greis, nach kurzer Krankheit, am 12. September 1819. — Er war ein echter Deutscher im edelsten Sinne des Wortes; das wird, das muß die Nachwelt stets anerkennen.

Die Dattelpalme und ihre Frucht.

Die Dattelpalme (phoenix dactylifera) war schon den Alten bekannt und ihr Stamm, der gerade, ohne Aeste und überall mit Schuppen besetzt ist, wird nicht selten 100 bis 150 Fuß hoch. Die gefiederten Zweige bilden eine schöne Krone; die Blattstiele sind 6 Fuß lang und an den Seiten mit schilfähnli-

chen, zwei Zoll breiten und in der Mitte der Länge nach gefalteten Blättern versehen. Die großen Blüthenbüschel sind traubenförmig und die männlichen und weiblichen Blüthen stehen auf zwei verschiedenen Stämmen. Die Steinfrucht ist eirund und einfächerig und unter dem Namen der Dattel bekannt. Die reife Dattel hat eine länglichrunde, fast eichelähnliche Gestalt, sieht äußerlich rothgelb aus, ist so lang wie ein Finger und so stark wie ein Daumen und enthält unter der dünnen platten Schale ein zuckersüßes, sehr saftiges Fleisch, welches den länglichen harten Kern umgiebt. Dieser ist auf der einen Seite gewölbt, auf der andern der Länge nach mit einer Furche vertieft.

Die Dattelpalme und ihre Frucht.

Die Dattelpalme ist in der Berberei, in Aegypten, in Arabien, Syrien und Persien einheimisch. Auch trifft man sie in Ostindien und in Südamerika an. Sie ist wegen ihres Nutzens ein höchst schätzbarer Baum und verdient unsern Getraidearten, den Cocospalmen und dem Brodfruchtbaume an die Seite gesetzt zu werden. Alle Theile von ihr werden benutzt und Holz und Frucht, Mark und Blätter, kurz alles wird von den Bewohnern der Länder, wo sie wächst, zu nützlichen Zwecken verwandt.

Der Bären=Pavian.

Der Bären=Pavian (Simia cynocephalus) hält sich im südlichen Afrika auf, wo bekanntlich die Bevölkerung sehr gering ist, hat eine beträchtliche Stärke, und wenn er völlig ausgewachsen ist, die Größe eines Hundes aus New-Foundland, auch zottige Haare bräunlicher Farbe, nur sind sie im Gesichte und an den Pfoten schwärzlich und beide Glieder ziemlich kahl. Auf ebenem Grunde läuft das Thier stets auf allen Vieren, aber zwischen Felsen und Abgründen, wo es sich gewöhnlich aufhält, bedient es sich seiner Vorderfüße ungefähr nach Weise der Menschen, doch mit mehr Kühnheit und Gewandtheit, als wir.

Nach den bisherigen Wahrnehmungen gehört dieses Thier, nicht zu den fleischfressenden, sondern lebt von wilden Früchten der Bäume und Gebüsche, und besonders von Wurzeln und Knollen. Diese holt es mit seinen sehr dazu geeigneten Pfoten aus der Erde; allein die hornigen Nägel sind wegen des öftern Gebrauchs kurz und haben einige Aehnlichkeit mit den Nägeln der Menschen.

Mit seinen etwa einen halben Zoll langen Hunds-Zähnen vertheidigt sich der Bären-Pavian wider die wilden Raubthiere, und selbst, wenn er dazu gezwungen ist, wider den kühnsten Wolfhund. Es ist seine Art, im Kampfe gegen solche ihm überlegene Thiere mit den Vorderkrallen die Kehle des Gegners zu packen und dessen Halsader zu zerreißen. Auf solche Art tödtete das Thier vor meinen Augen mehrere Jagdhunde, ehe es überwältigt wurde, und auf gleiche Weise sollen oft mehrere vereinte Paviane dieser Art den Kampf mit einem einzigen Leoparden glücklich bestehen. In Gebirgen lebt der Leopard besonders vom Fleische dieser Paviane und anderer Affen, da er in einem engen Passe auf diese Thiere eben so wie die Katze auf die Ratten lauert, sie packt, indem er auf sie losspringt und sie wehrlos tödtet.

Nur aus Nothwehr ist er blutdürstig, aber in Gemüse- und Obstgärten, so wie in Kornfeldern allerdings sehr raubsüchtig. Nie hörte ich, daß er Menschen anfalle, ungeachtet er im Kaplande Südafrika's sogar einem Flusse wegen seiner Menge seinen Namen gab (Baviaans River); doch erzählten glaubwürdige Personen, daß einmal in der Nähe von Wynberg, sieben Meilen von der Kapstadt, ein Haufe dieser Paviane ein Kind weghole. Als die Mutter darüber Lärm machte, flüchteten die Paviane mit dem Kinde nach einem nahen, 3000 Fuß hohen Felsen. Hier bemächtigte sich eine Jägerparthei des Kindes wieder, welches keinen wesentlichen Schaden nahm. Vermuthlich hatte eine Paviansmutter ihr Kind verloren, durch das geraubte Kind ihren Verlust wieder ersetzen und keinesweges dem jungen Wesen irgend Schaden zufügen wollen.

Auf jeden Fall ist diesen Thieren die zarteste Mutterliebe eigen, was ich oft wahrgenommen habe auf ihren Raubzügen in die Gärten und Kornfelder der Kolonisten. Haben dann die Paviansmütter ihr Junges mitgenommen und werden sie durch Hunde und Feuergewehr zurückgescheucht, oder hat eine Mutter auf der Flucht ihr Junges unter den Verfolgern zurückgelassen, so pflegt sie zurückzukehren und mit Lebensgefahr zu versuchen, ihr Kind zu retten.

Auch bei friedlicheren Veranlassungen beobachtete ich oft diese Thiere, wie sie von ihren uns unzugänglichen Felsen herabkamen und zu den Bächen am Fuße dieser Felsen eilten, an deren Ufern sie aus dem Anschwemmungsboden die ihnen angenehmen Knollen und Wurzeln ausgruben. Bei dieser Arbeit pflegen sie Posten auf Höhen oder wenigstens auf hohen Steinen aufzustellen, um von der Annäherung eines Feindes zeitig

unterrichtet zu werden und sich bei Zeiten in eine nahe buschige Schlucht zurückbegeben zu können. Oft überraschte ich auf einem Spazierritte einen Haufen solcher Paviane, dann gaben die Schildwachen mit Zeichen und Alles flüchtete aufs Eiligste, bald auf allen Vieren bald, indem sie durch einen Fluß wateten. Ich bewunderte nun ihre Gewandtheit, steile Felsen zu erklettern, wohin fast nur Vögel sich flüchteten. Die männlichen Affen bildeten den Nachtrab und fielen über meine Hunde her, wenn ihnen solche zu nahe kamen. Die weiblichen Affen trugen schreiend und schnatternd die Jungen bald auf den Armen, bald auf dem Rükken, und vermochten Beides selbst beim Erklettern steiler Felsen zu thun. Auch vernahm ich wohl das satyrähnliche Gelächter des Nachtrabes, wenn ihre Gesellschaft sich auf Höhen glücklich zurückgezogen hatte, wohin die Jäger sie nicht verfolgen konnten.

Der Werth eines Pfennigs.

Ein altes Sprichwort sagt: „eine Stecknadel täglich bildet einen Groten im Jahre." Dadurch wollte ein Weiser die unbedachtsamen Mitbürger lehren, welchen Werth am Ende anscheinend kleine Ersparungen haben. Wir wollen den Werth eines Pfennigs, der freilich in England $\frac{2}{3}$ bis $\frac{3}{4}$ gute Groschen unsrer Münze gilt, hier kurz darstellen.

Man achtet oft im Leben weder den Werth eines Pfennigs, noch einer Minute. Alle großen, berühmt gewordenen Männer hielten ihre Zeit zu Rath und alle sparsame Männer ihr Geld. Sie wissen aus Erfahrung, daß einige wenige, täglich wohl angewendete Minuten im Laufe der Woche Stunden und im Laufe des Jahres Tage bilden; also genug Frist, um in einem langen Leben durch anhaltende Anstrengung irgend Etwas für den Thätigen Ehrenvolles und für die Mitbürger Nützliches zu vollbringen.

Ein bedeutendes, durch Fleiß und auf ehrbarem Wege gesammeltes Vermögen hat gewöhnlich eine frühe Sparsamkeit zur Grundlage, und Sparsamkeit kann nur durch die Gewohnheit, sein Gewerbe zu verbessern, und durch Enthaltsamkeit gedeihen. Wenn ein sparsamer Mann dem Nationalvermögen irgend Etwas hinzufügt, so giebt er ein Beispiel der Tugenden, von welchen das wahre Wohlseyn und das Glück der Gesellschaft abhängt. Es giebt unter den Sparsamen Filze, welche sich durch keine guten Eigenschaften auszeichnen; sie sind daher, so lange sie leben, Pilze der Staatsgesellschaft; aber ihr Nachlaß ist der Nachkommenschaft eben so nützlich, als der Waldbaum, welcher nach der allmälig im Hochlande erlangten vollen Größe Bau- und Nutzholz liefert. Daher ist der Filz dem Gemeinwesen nützlicher, als der Vergeuder, der sein Privatvermögen, und auch dasjenige Anderer, verpraßt, oder in zu kühnen Unternehmungen, welche das Glück nicht begünstigte, verschleudert.

Wir nehmen an, daß ein seinen eigenen Erwerb beginnender junger Mann täglich nur 1 engl. Penny erspart, und wohl alle unverehelichte junge Tagelöhner und Handwerksgesellen vermögen das; so macht dieß am Ende des Jahres 1½ Pf. Sterling = 10 Thlr., welche er in der Sparbank niederlegen und durch die Zinsen bis zum nothwendigen Verbrauche anwachsen lassen kann. Setzt er dieß fünf Jahre fort, so wird er 52 bis 58 Rthlr. gesammelt haben, womit er dann den Grund zu seinem ferneren Fortkommen zu legen vermag.

Wer hat nicht Vorfälle erlebt, wo er die früher fast weggeworfenen kleinen Summen, in oder außer seinem Vaterlande, hätte nützlich anlegen können?

Mit dieser Summe kann ein Handwerker, der den Ruf der Geschicklichkeit und Nüchternheit erworben hat, auf ein Beträchtliches mehr an Handwerkszeug und rohem Stoff sich Kredit verschaffen und dadurch eine feste Nahrung gründen.

Oft kann ein thätiger Handwerker seinen Zustand sehr verbessern, wenn er sich anderswo hinbegibt, als da, wo er geboren wurde oder zuerst seinen Sitz nahm; aber ihm fehlt etwas baares Geld zur Reise, die Anschaffung einiger besseren Kleidungsstücke, oder er kann ein anderes Hinderniß nicht hinwegräumen, weil ihm etwas Geld mangelt und er keinen Muth hätte, sich Anfangs in der Jugend viel zu versagen, um im Alter bequemer zu leben.

Fünf Jahre einer solchen Einschränkung in Lebensgenüssen sind keine zu lange Entbehrung. In jedem Theile unsers Vaterlandes trifft man Beispiele in Menge von Personen, welche durch lange anhaltende Sparsamkeit und Gewerbfleiß zu Reichthum und hoher Achtung unter ihren Mitbürgern gelangten. Es giebt keine so niedrige Beschäftigung, aus welcher ein junger Mann durch gute Grundsätze und angestrengten Gewerbfleiß sich nicht empor arbeiten könnte.

Sollte ein junger Mann, welcher im Laufe eines Jahres 10 Rthlr. zurücklegte, die Thorheit begehen, dieses Ersparte zu vergeuden in eitlem Vergnügen, nachdem er ein Jahr lang allen Versuchungen widerstanden hat? Wir vermuthen dieß nicht. Die Ersparung kann ihm manches Nützliche liefern, vielleicht eine anständigere Kleidung, als er früher besaß, vielleicht ein ihm zu seinem Unterrichte im Gewerbe nützliches Buch, oder das nöthige Lehrgeld, um in einem erwählten Gewerbe sicherer sich zu unterrichten. Er kann sich damit in einer Krankheit verpflegen, betagte Eltern unterstützen und nach einem Jahre der Entbehrungen sich sagen, was er Gutes damit gestiftet hat. Eine Menge tugendhafter Empfindungen haben dadurch bei ihm Wurzeln gefaßt und ihn ermuntert, darin ferner zu beharren.

Gesetzt, es gäbe 12 junge Leute, denen nützliches Lesen Vergnügen machte, sie sammelten durch wöchentlichen Beitrag eines engl. Pfennigs im Jahre 16 bis 17 Rthlr., so können sie dafür wenigstens 12 ihnen nützliche Bücher anschaffen und auch den Aufbewahrer für seine Mühe bezahlen. In 5 Jahren besitzen sie dann 60 Bücher, neben Zeitschriften und Charten, die sie in den Stunden der Muße beschäftigen können. Alle Gewerbe und Handwerke haben jetzt schon gute Lehrbücher, die eine höhere Staffel des Betriebes so viel als möglich anschaulich machen.

Wenn ein Mann täglich einen halben Groschen für Branntwein ausgiebt, so denkt er gewiß nicht daran, wie viel Besseres er sich dafür verschaffen kann, indem er sich jene Spende versagt. Jede ersparte Kleinigkeit giebt Muth zu ferneren Ersparungen. Er ist dann gewiß gesünder und hat ein kleines Kapital erspart, indeß der Branntweinzecher vielleicht sogar in Schulden geräth.

Möchten wir unsre jungen Landsleute überreden können, die kleinsten Ersparungen früh zu beginnen, weil sie die Quelle zu vielen tugendhaften Genusses werden können! Gerade die schwer arbeitenden Mitbürger bilden die große Mehrzahl in dem Staatsvereine, und vorzüglich durch sie, nicht durch die höheren und durch die Mittelstände, wird das wahre allgemeine Glück des Staates wesentlich begründet. Oft scheint die Bestimmung unserer arbeitenden Klassen zu schwer und ihr Lebensgenuß zu geringe. Aber durch Gewerbfleiß, Häuslichkeit und durch die kluge Anwendung ihres wenigen Erworbenen werden sie sich glücklicher machen, als irgend Jemand sie zu machen vermag; dem Manne, der in seinem Berufe musterhaft ist, fehlt niemals die Achtung seiner Zeitgenossen in allen Ständen.

Arbeitshäuser.

Sie sind, wie in allen großen Städten, eine nothwendige Einrichtung, in welchen die Verwaltung keine Zerrütter der öffentlichen Ordnung durch Müssiggang dulden darf. Die Polizei muß Sorge tragen, dahin zu wirken, daß Jeder bei gehörigem Fleiße sein nothdürftiges Brod in gesunden Tagen verdienen kann; denn Arbeitslosigkeit erzeugt Mangel, ein Uebel, welchem besonders die mechanischen Arbeiter ohne mehrseitige Arbeitsgeschicklichkeit sehr ausgesetzt sind. Alle Bettler und Vagabunden gehören in Landarbeitshäuser mit einem starken Feldbau, um sie zu beschäftigen und wohlfeil zu unterhalten. Irre ich nicht, so verweist die dänische Regierung solche straffällige oder unglückliche Menschen nach der Insel Lessoe im Kattegat, wo sie bei Feld=, Garten=, Straßen= und Deicharbeiten, Entsumpfungen u. s. w. zum Vortheile des Gemeinwesens benutzt werden.

Welche Arbeiten muß die Polizei in den Arbeitshäusern in den Städten einführen? Solche, die leicht erlernt werden können und örtlich am meisten gesucht werden. Die Arbeiten der Fabrikanten kann man wohl nicht ganz ausschließen, muß aber, wo möglich, dieses Begegnen vermeiden. Nachahmungswürdig ist die Einrichtung, daß die Entlassenen einen Theil ihres Verdienstes beim Abschiede ausgezahlt erhalten, um ihnen alsdann ihr Fortkommen in unabhängiger Lage zu erleichtern.

Nirgends war diese Einrichtung der Arbeitshäuser leichter, als im freien Nordamerika, und ist dennoch im Britischen noch nicht eingeführt, das gleiche glückliche Verhältnisse neben einem freilich rauheren Klima hat; denn bei der nordamerikanischen Regsamkeit der Unternehmer ist dort der Tagelohn in und ohne Verding hoch, und in Folge dieses hohen Arbeitslohnes und des leichten Fortkommens aller fleißigen Menschen heirathen die Amerikaner früh und lieben das Stiften neuer Landwirthschaften in den von der Küste entlegenen Bezirken, stets aber nur in der Nähe gangbarer Straßen und schiffbarer Ströme.

Die Meinung, daß nothwendig bei erlangter gleichen Bevölkerung in Europa und Amerika die Civilisation des Letzteren alle Abwege in Europa nachahmen werde, scheint nicht begründet zu seyn; denn der Amerikaner hat keine solche Vorzeit wie wir durchlaufen, und in seinen untern Klassen schon jetzt eine höhere Civilisation auch einen edeln Stolz, sich selbst zu beherrschen, wie die Mäßigkeitsvereine lehren.

Die isländische Feldmaus.

Dr. Henderson besuchte auf seinen Reisen die Insel Island und erzählt zufolge den dänischen Naturforschern Olassen und Paulsen, daß diese Maus eine Art Wald- oder Feldmaus ist. Nach dem Naturforscher Pennant sind diese kleinen Thiere in einem Lande mit wenig Beerengebüsche zu finden, und wo aller Getreidebau fehlt, über Flüsse zu schwimmen genöthigt, um sich aus der Ferne den nöthigen Wintervorrath zu sammeln. Haben sie nun solchen Vorrath angetroffen, so müssen sie mit dem Schatze über den Fluß heimkehren, wobei sie nach dem Zeugnisse jener dänischen Naturforscher folgender Gestalt verfahren. Die Gesellschaft von 6 bis 10 Mäusen wählt einen platten getrockneten Kuhfladen, auf diesem häufen sie die gesammelten Beeren auf, bringen diesen Fladen mit den Beeren gemeinschaftlich nach dem Ufer, setzen sich in der Runde um den Fladen, rudern solchen mit ihren Schwänzen im Wasser fort und haben über den Beeren ihre Köpfe einander möglichst genähert. Freilich lacht der englische Reisende Hoocker in seiner Reise durch Island über diesen Versuch und versichert, daß die Isländer über den Glauben der Ausländer an die Wahrhaftigkeit dieser Erzählung spotteten.

Die isländische Feldmaus

Als Henderson sich nach der Wahrheit dieses Transports erkundigte, gaben ihm der Pastor zu Briamsläck und Frau Benedictson zu Stickesholm die Versicherung, daß sie es mehrere Mal selbst gesehen hätten. Die Letztere erinnerte sich aus ihren Kinderjahren folgender Geschichte. Sie habe es einst am Ufer eines kleinen See's während eines Nachmittags wahrgenommen und aus jugendlichem Muthwillen hätten sie und ihre Gespielen die Mäuse nicht ruhig landen lassen, sondern weiter zu rudern gezwungen. Zugleich erfuhr Henderson, daß die Mäuse sich getrockneter Erdschwämme als Säcke bedienten, worin sie ihre Vorräthe an den Fluß und alsdann schwimmend nach Hause schafften. Merkwürdig ist der Nesterbau dieser Mäuse. Von der Oberfläche der Erde läuft ein langer Gang in die Erde, ähnlich jenem der isländischen Häuser, und hat am Ende eine weite und tiefe Höhle, worin sich das Wasser sammelt. Dahin bringen sie auch ihren Dünger. Da, wo zwei Querwege sich auf etwa zwei Drittel der Länge des Ganges durchschneiden, haben die Mäuse in beträchtlicher Entfernung von dem Schmutze und Wasserplatze ihre Schlafstelle und ihr Magazin für Lebensmittel angelegt

Woche.

Am 13. Julius 1809 verließ Papst Pius VII. als franz. Staatsgefangener den Vatikan und wurde nach Grenoble gebracht, nachdem am 10. Junius 1809 die weltliche Landeshoheit des Papstes aufgehoben worden war.

Am 14. Julius 1641 ward in Stockholm der Waffenstillstand zwischen den Schweden und dem Kurfürsten Friedrich Wilhelm dem Großen von Brandenburg geschlossen, welcher der erschöpften Mark Brandenburg einige Ruhe verschaffte, bis der westphälische Friede im J. 1648 solche völlig sicherte.

Am 15. Julius 1800 ward in Parsdorf der Waffenstillstand geschlossen zwischen dem österreichischen Feldzeugmeister Kray und dem französischen General Moreau; er galt für Deutschland und Graubünden.

Am 16. Julius 1761 schlug der Herzog Ferdinand von Braunschweig die ihn angreifende vereinte franz. Armee unter Broglie und Soubise bei Villinghausen, und machte, ungeachtet die Reiterei wegen gebirgigen Bodens den Feind nicht verfolgen konnte, eine Menge Gefangene.

Am 17. Julius 1791 starb Johann Georg Daries, Prof. in Frankfurt an der Oder. Geboren zu Güstrow in Meklenburg, studirte er erst Theologie; als aber seine Meinungen über einige Dogmen ihn in Streit verwickelten, ging er zur Rechtskunde über und las in Jena mit größtem Beifalle Institutionen, Pandekten und Naturrecht. Zugleich war er ein ausgezeichneter Mathematiker und Physiker, wandte seine derartigen Kenntnisse auf die Verbesserung der Landwirthschaft an, ließ in einer dazu eingerichteten Realschule sehr junge Schüler unterrichten und war der erste Deutsche, welcher die Studien der Landwirthschaft und der Kameralwissenschaften in den Kreis der akademischen Disciplinen einführte. Im Jahre 1785 feierte er sein Jubelfest als 80jähriger akademischer Lehrer und las das Naturrecht zum hundertsten Male.

Am 18. Julius 1552 wurde Kaiser Rudolph II. Sohn des Kaisers Maximilian II., geboren. Er war zwar ein Beschützer der Künste und der theoretischen Wissenschaften, aber als Regent zu sehr geneigt, dem Rathe der Jesuiten zu folgen, in den Erblanden, in Ungarn und im deutschen Reiche schläfrig, und mußte den Böhmen protestantischer Religion den 5. Julius 1609 im sogenannten Majestätsbriefe die freie Glaubensübung einräumen, auch nach einander seinem Bruder Matthias, der freilich thätiger war, alle seine Staaten abtreten.

Am 19. Julius 1799 starb der berühmte braunschweig'sche Minister Feronce von Rosenkreuz, 76 Jahre alt. Besonders seinen Anstrengungen verdankte Herzog Karl Wilhelm Ferdinand den großen Namen, welchen solcher als Landesvater und Tilger der beträchtlichen von ihm übernommenen Staatsschulden erlangte.

Verlag von Bossange Vater in Leipzig.
Unter Verantwortlichkeit der Verlagshandlung.

Das Pfennig-Magazin

der
Gesellschaft zur Verbreitung gemeinnütziger Kenntnisse.

12.]   Erscheint jeden Sonnabend.   **[Juli 20, 1833.**

Der Musiker Händel.

Händel, Georg Friedr., wurde den 24. Februar 1684 in Halle an der Saale geboren. Sein Vater, ein Arzt, wollte einen Rechtsgelehrten aus ihm bilden und durchaus nicht gestatten, daß er sich mit Musik beschäftige. Daher übte er sich des Nachts auf einem kleinen Flügel in einer Dachstube und brachte es darin so weit, daß, als er während seiner Kindheit Gelegenheit fand, vor dem Hofe des Herzogs von Sachsen-Weißenfels die Orgel in der Kirche zu spielen, er alle Zuhörer in Erstaunen setzte. Auf Zureden des Herzogs von Sachsen-Weißenfels erlaubte der Vater dem jungen Musiker, sich seiner Kunst ganz zu widmen. Schon im neunten Jahre vertrat er bisweilen seinen Lehrer, den Organisten Zachau, in der Direktion der Kirchenmusik. Im 19ten Jahre erhielt er in Hamburg eine Anstellung bei der Oper. Am 30. Dec. 1704 wurde daselbst seine erste Oper, Almira, und ein paar Monate später seine zweite, Nero, aufgeführt. Dieser Erwerb verschaffte ihm erst die Mittel zu einer Reise nach Italien, wo von ihm in Venedig, Florenz, Rom und Neapel Stücke mit Beifall aufgeführt wurden. Aus Italien nach Deutschland zurückgekehrt, erhielt er eine Anstellung als Kapellmeister in Hannover. Mit Erlaubniß des Kurfürsten ging er nach London, um daselbst Konzerte zu geben, und gefiel dort so sehr, daß man ihm auftrug, eine Kantate und eine Jubilate wegen des Friedens zu Utrecht zu komponiren.

Seinen Kurfürsten sprach jener Friede nicht an, Händel wagte daher nicht, nach Hannover zurück zu kehren und nahm Dienste in der Kapelle der Königin Anna. Als der Kurfürst nach Anna's Tode den Thron bestieg, wurde Händel der Lehrer der königl. Prinzen und sein Jahr-Gehalt auf 600 Pf. St. erhöhet. Er ward im Jahre 1720 Direktor der königl. Akademie der Musik, welches Institut wegen der Insubordination der ihm untergeordneten Künstler, besonders der Italiener, nach 10 Jahren sich auflösete. Gegen das Jahr 1740 gab er seine Arbeiten für die weltliche Oper auf und wandte sich zum Oratorium. Zwar machte seine Kirchenmusik nicht sofort das Glück, das er gehofft hatte, doch blieb der König sein Gönner; aber seit dem Jahre 1741 stieg auch darin sein Ruhm. Im Jahre 1751 verlor er sein Gesicht und starb im Jahre 1759 den 14. April. Seine Verehrer setzten ihm ein Denkmal auf seinem Grabe in der Westminsterabtei. War sein Gehalt auch nie höher als 600 Pf. Sterling, und übte er gleich viele Wohlthätigkeit, so hinterließ er doch seinen Seitenverwandten 20,000 Pf. Er lebte stets sehr sittlich und religiös, und sein Styl war erhaben. Seine Ideen als Tonsetzer waren nie gemein und stets originell. Hundert Jahre nach seiner Geburt fand in der Westminsterabtei ein musikalisches Fest zur Ehre seines Andenkens Statt, woran 525 Musiker Theil nahmen, vor 4000 Zuhörern. Fünf Jahre nachher wurde das Fest jährlich erneuert. Von Gestalt war Händel sehr groß; sein Benehmen hatte etwas Rohes und er behandelte das Orchester mit gewaltiger Strenge.

Die üble Wirkung der unzureichenden Leibesbewegung, des eingepreßten Leibes und der Schnürbrüste auf die Gesundheit junger Damen.

Es giebt keinen Zweig der Erziehung, welcher mehr der Prüfung und Verbesserung bedarf, als die körperliche Gesundheit, die physische Bildung und das Gedeihen der Kinder und jungen Leute. Besonders betrifft diese Rüge die weibliche Erziehung in den Kostschulen oder Pensionen, da vergleichungsweise die Knaben von solchen Uebelständen weniger getroffen werden. Die drei Hauptquellen der körperlichen Schwäche der Frauenzimmer in den sogenannten Kostschulen sind: 1) der Mangel an hinreichender Leibesbewegung; 2) die unnatürlichen Stellungen des Körpers; 3) die Einpressung in Schnürbrüste. Sie entspringen aus der übertriebenen Sorge der Eltern, ihren Kindern folgende drei Vorzüge zu verschaffen: 1) eine Menge sogenannter Vollkommenheiten; 2) ein vornehmes Aeußere; 3) eine schlanke Gestalt.

Niemals wurden üblere Wege eingeschlagen, um diese Vorzüge zu erlangen, da dadurch häufig folgende bedauernswürdige Uebelstände veranlaßt wurden: 1) ein oberflächliches Wissen mancher Kenntnisse, welche im wirklichen Geschäftsleben geringen Werth haben, bei großen Lücken in den wirklich nützlichen Kenntnissen; 2) eine Schwächung der Gesundheit im Allgemeinen; 3) ein schlechter Wuchs, welcher oft in eine wahre Verunstaltung des Körpers ausartet.

Obgleich diese Uebel Jedermann bekannt sind, der das, was in der Gesellschaft um ihn herum vorgeht, aufmerksam beobachtet, und obgleich sie oft der Gegenstand des lauten Tadels der Aerzte und der die Sittlichkeit vor Allem empfehlenden Weltweisen waren, so kann man sich doch nicht vorstellen, daß die Väter und die Mütter der heranwachsenden Jugend alle Nachtheile der verkehrten Erziehung und deren Folgen völlig eingesehen und beherzigt haben; denn sonst hätten sie jene Uebel nicht zu arg einreißen lassen, als es wirklich der Fall ist. Weil diese Vernachlässigung des Wohls der Kinder besonders im Mittelstande herrscht, so berühren wir, zum Vortheile des Besserwerdens, diese Uebelstände nach Anleitung der Darstellung des berühmten Arztes, Dr. Barlow aus Bath, in dem Artikel über die physische Erziehung, mit den wichtigen hinzugefügten Noten des Dr. Forbes aus Chichester in der Cyclopaedia of practical Medicine.

I. Von dem Mangel an Leibesbewegung in den weiblichen Kostschulen und dessen Folgen.

Die Knaben genießen diese freie Leibesbewegung in ihren unschuldigen, den Körper anstrengenden, Spielen. Dadurch werden alle Muskeln gehörig gespannt, und wachsen kräftig und gesund. Den armen Mädchen wären ähnliche, den Körper und seine Kräfte entwickelnde, Leibesübungen zu wünschen, woran man aber gar nicht denkt. Selbst unter den günstigsten Umständen des Lebens auf dem Lande genießen sie keine solche ihnen gesunde Leibesübungen, woran auch schon ihre Kleidung hindert, und die Mode verwirft geradezu als unanständig den kleinsten Versuch solcher Freiheit. Daher leiden an diesem Mangel der Entwicklung der Jugendkraft noch weit mehr die in den Städten, besonders aber in den Kostschulen erzogenen Mädchen. Die Erziehung in diesen Kostschulen bedarf einer großen gründlichen Umgestaltung, obgleich sich dazu nur eine geringe Aussicht zeigt. Bis dahin müssen wir jenen bleichen, verkrüppelten Gestalten mit schwacher Gesundheit unser herzliches Beileid bezeugen. Solche Wesen sind eben so wenig geschickt, die Lasten als die Pflichten des Lebens zu tragen, und können sich eben so wenig als die Treibhauspflanzen in's Freie versetzen lassen.

Diesem Urtheile fügt Dr. Forbes noch Folgendes hinzu:

Die Nachtheile des Mangels an gesunder Leibesbewegung in manchen Kostschulen junger Mädchen werden Jedem unglaublich scheinen, der nicht persönlich solche aufs Genaueste untersuchte. Folgender Auszug der Lebensregeln einer solchen Schule aus dem Munde der darin lebenden Kostgängerinnen, der vor ein Paar Jahren aufgenommen wurde, wird dieß klar beweisen.

Um 6 Uhr werden die jungen Mädchen geweckt und stehen auf.

Von 6—8 Uhr lernen sie oder sagen das Gelernte auf.

Von 8—8½ Uhr frühstücken sie.

Von 8½—9 Uhr bereiten sie sich auf das Lernen außerhalb der Schule vor. Einige der jungen Mädchen erhalten die Erlaubniß, sich im Garten vorzubereiten.

Von 9—1 Uhr betreiben sie das ihnen aufgegebene Tagewerk.

Von 1—1½ Uhr sind sie außerhalb der Schule, dürfen aber nicht vor die Hausthüre gehen; sie lesen oder arbeiten und bereiten sich zur Mahlzeit vor.

Von 1½—2 Uhr wird zu Mittag gegessen.

Von 2—5 Uhr wird das aufgegebene Tagewerk betrieben.

Von 5—5½ Uhr trinken sie Thee.

Von 5½—6 Uhr bereiten sie sich zum Ausgehen vor, kleiden sich an, lesen, oder spielen mit einander in der Schule.

Von 6—7 Uhr gehen sie spazieren, Arm in Arm auf der Landstraße, manche tragen ein Buch in der Hand, lesen auch wohl.

An zwei Tagen in der Woche findet kein Abend-Spaziergang Statt, sondern es wird getanzt; aber als eine Belohnung bewiesenen guten Betragens dürfen sie von 12—1 Uhr mit Versäumung der Schreibstunden ausgehen. Niemals dürfen sie aber anders, als bei schönem Wetter aus- oder spazieren gehen. Am Sonntage gehen alle Schülerinnen zwei Mal in die Kirche; haben aber sonst keine Bewegung.

Von 7—8 Uhr dürfen die älteren Schülerinnen nach freier Wahl in der Schule lesen oder arbeiten. Die jüngern spielen in der Schule und beten hernach. Um 8 Uhr gehen die jüngeren Schülerinnen zu Bette.

Von 8—9 Uhr lesen oder arbeiten die älteren Schülerinnen und gehen hernach zu Bette.

Es verleben also von den 24 Stunden

im Bette (die älteren 9, die jüngeren 10 Stunden)	9 Stunden
in der Schule beschäftigt mit Studien und aufgetragener Arbeit	9 —
in der Schule oder im Hause die älteren bei gewählter Beschäftigung oder Arbeit, die jüngeren beim Spielen ... (Eigentlich haben die jüngeren nur 2¼ Stunde.)	3½ —
bei der Mahlzeit	1½ —
Bewegung in freier Luft	1 —
	24 Stunden.

Dieser Bericht wurde in der Sommerzeit in einer Schule zweiter oder dritter Klasse aufgenommen, und es ergab sich, daß in diesen Schulen der Zwang ärger ist, als in den Schulen erster Klasse. Daß die traurigen Folgen der Einsperrung bei einer solchen vernachlässigten körperlichen Ausbildung vom Dr. Barlow nicht übertrieben worden sind, beweiset folgende allgemein in den Mädchen-Kostschulen auf dem Lande bestätigte Thatsache. Wir besuchten neulich in einer großen Stadt Englands eine solche Schule für 40 Mädchen, und erfuhren bei genauer Untersuchung, daß sämmtliche Mädchen, welche zwei Jahre darin gewesen, mehr oder weniger krumm oder bucklig waren. Alle Gefährtinnen der von uns besuchten Kranken hatten eine bleiche Gesichtsfarbe und keine jugendliche Munterkeit. Wir können aus persönlicher Wahrnehmung versichern, daß kaum ein einziges Mädchen, besonders aus den mittleren Klassen, angetroffen wird, welches in einer solchen Schule 2 oder 3 Jahre gelebt hat, und gesund zurückkehrt, was jeder aufrichtige Vater einräumen wird, der Töchter dahin schickte. Zum großen Glücke verschwinden die Nachtheile nach der Rückkehr in die Heimath ziemlich häufig, oder auch durch den öftern Aufenthalt solcher Kinder in dem älterlichen Hause während der sogenannten Schulferien, und einige Kinder bringen eine solche Gesundheit mit in die Kostschule, daß diese allen verderblichen Einrichtungen der Lebensart in den

Kostschulen Widerstand leistet. Eben den die Gesund=
heit störenden Einrichtungen in den gedachten Schulen
muß man es zuschreiben, daß in den nämlichen Fami=
lien die männliche Jugend kräftig, und die weibliche,
besonders im Gehen, eine auffallende Schwäche zeigt,
die nicht allein von der Verschiedenheit der Geschlechter
herrührt.

II. Von den Wirkungen der Versuche, den Mädchen durch Zwangsmittel einen schlanken Wuchs zu verschaffen.

Der erste Irrthum ist hier die Einschränkung der
freien Bewegung des Leibes und der Glieder, welche
im Lebensalter der Jugend durchaus nicht Statt finden
darf. Das junge Mädchen soll in dieser Zeitfrist, um
ein würdevolles Betragen zu zeigen, den Kopf hoch
halten und die Schultern zurückziehen. Wenn die
schwache Muskelkraft solches dem Mädchen nicht erlaubt,
so giebt man ihm Nachlässigkeit oder Eigensinn schuld
und erbittert dadurch das fälschlich beschuldigte Kind;
wodurch dann aus einem fehlerhaften körperlichen Er=
ziehungsvorurtheile auch eine moralische Untugend her=
beigeführt wird. Es ist eine bekannte Erfahrung der
Beobachter der körperlichen Entwickelung jugendlicher
Kräfte, daß die angestrengte Muskelkraft nach der An=
strengung eine Zeit lang Ruhe bedarf, um sich wieder
zu spannen, und daß, wenn man diese Anspannung zu
lange fortsetzt, solche sinkt und nicht wieder erhoben
werden kann. Diese Wahrheit wird dadurch bewiesen,
daß ein Erwachsener einen Arm, auch wenn er nichts
trägt, dennoch nur einige Minuten ausgestreckt halten
kann. Natürlich ist die Muskelkraft junger Personen
viel schwächer. Verlangt man durchaus eine vom
Tanzmeister vorgeschriebene starke Muskelanstrengung in
der Haltung des Kopfs und der Schulter, so muß das
nicht durch eine lange fortgesetzte Anstrengung erzwun=
gen werden. Freilich ist eine gerade Haltung des Kopfs
und eine Zurückbeugung der Schultern nicht blos eine
schöne, sondern auch eine gesunde, der freien Aus= und
Einathmung der Luft angemessene, Stellung. Dieß
erlangt man aber leicht, wenn durch Leibesübung und
Wechsel der Anstrengung und der Ruhe die Muskel=
kraft erhöhet wird.

Alle unmittelbaren Versuche, den Personen einen
schönen Wuchs zu geben, verfehlen die Absicht, sobald
sie die Muskelkraft schwächen, statt solche zu verstär=
ken; denn diese Stärkung gewähren weder eine mecha=
nische Hülfe, noch Schnürbrüste. Die Muskeln des
Rückens und des Brustkastens werden durch eine
Schnürbrust gelähmt, aber auch durch jede schwache
Einengung abgespannt, so daß sie hernach, um zu
wirken, dieser nachtheiligen äußern Hülfe bedürfen.

Anfangs dient die leichte Einschnürung nur zur
Befestigung der Kleidung an der Schnürbrust, ohne ge=
waltsam schwache Muskeln unterstützen oder den Wuchs
bilden zu wollen, und bliebe es dabei, so ließe sich da=
gegen wenig erinnern. Dieß gefällt der Mutter, die
nun den Wuchs ihres Lieblings schöner findet. Das
Einschnüren ist zwar der Tochter lästig, aber sie braucht
sich dann keine Mühe zu geben, sich stets so zu hal=
ten, als von ihr verlangt wird, wozu ihr auch die
Kraft fehlt.

III. Thätigkeit und Wirkung der steifen Schnürbrüste.

Mit den zunehmenden Jahren tragen manche Ur=
sachen dazu bei, dieses Einschnüren unentbehrlicher und
verderblicher zu machen, und das mächtige Werkzeug
der Schnürbrust wirkt immer kräftiger. Die Bildung
des spitzig zulaufenden Unterleibes wird ein Gegenstand,
welchen man sich wünscht, und die Schnürbrust wird
allmälig enger zugeschnürt, wodurch zuerst die freie Be=
wegung der Ribben unterbrochen, hernach auch das
freie Aus= und Einathmen der Lungen beeinträchtigt,
und wegen des beschränkten Blutumlaufs auch die Er=
nährung durch die genossenen Speisen gestört wird.
Die dadurch geöffnete Quelle der Schwäche vermindert
alle Bedingungen einer gesunden Lebenskraft. Je schwä=
cher also jede Einathmung wird, desto heftiger wird der
Versuch des Einathmens von den Lungen wiederholt.
So entsteht durch diese Ueberspannung der Lungenan=
strengung eine Neigung zu Entzündungen. Zugleich
wird das Herz mehr gereizt, der Pulsschlag schneller,
und bisweilen kommt noch das Herzklopfen hinzu. Alle
diese Wirkungen entspringen bloß aus der Einengung
des Brustkastens, und werden furchtbar erhöht, wenn
ein neuer Reiz durch Einbiegung des Rückgrats die zur
Verdauung mitwirkenden Organe des Leibes angreift.
Schon die zuerst benannten Störungen sind furchtbar
und zerstörend genug für die Gesundheit. Doch sind
dieß nicht die einzigen Verletzungen, welche das starke
Einschnüren veranlassen kann. Der Druck, besonders
an dem untern Theile der Brust, welcher nicht aus=
bleiben kann, dehnt sich sogar bis auf die Eingeweide
aus. Dadurch entsteht Druck im Magen und in der
Leber, und bisweilen ein Hinabdrücken der Höhle des
Zwerchfells mit großer Störung ihrer Thätigkeit im ge=
sunden Zustande. Aus dieser Niederdrückung entspringt
weiter eine fernere Beengung des Raums der andern
Eingeweide, also neue Störung in der lebenden Ma=
schine, wodurch jeder Theil des Körpers mehr oder we=
niger in seiner Wirksamkeit gehemmt wird.

Die so oft wahrgenommene Schwäche des Rückens
wird in ihrer Reihe eine höhere Stufe der Verletzung
der Eingeweide, weil der ganze Körper so eng einge=
schnürt worden ist. Der Druck kann bis zu einiger
Ausdehnung ertragen werden, wenn er nicht den gan=
zen Tag fortgesetzt wird. In der Zeit, wo der Körper
nicht eng eingeschnürt ist, geben erst die Rückenmuskeln
nach, weil ihnen der sonstige Stützpunkt fehlt, und sie
unfähig geworden sind, die Last zu tragen, wozu die
Natur sie bestimmt hat, und hernach die Stücke der
Rückenknochen, anfänglich oberwärts, indem runde
Schultern und eine Wölbung des Rückens sich bildet,
später neigt sich der krumme Rücken nach der einen oder
andern Seite. Dies letztere geschieht gemeiniglich bei den
sitzenden Lebensart, wozu sich diese geschwächten Perso=
nen hinneigen. Sobald die Seitenkrümmung beginnt,
werden die Lungen und das Herz noch mehr in ihrer
Thätigkeit gestört, es entsteht Engbrüstigkeit bei fast un=
bedeutender Anstrengung, ein kurzer Husten und Herz=
klopfen. In Folge solcher sichtbaren Störung der Lun=
gen in ihrer gewöhnlichen Wirksamkeit zeigt sich die
Schwindsucht.

Mögen die folgenden Abbildungen des verstorbenen
Professors Sömmerring über die Wirkung der Schnür=
brüste auf alle Aeltern und Vormünder einen tiefen
Eindruck machen!

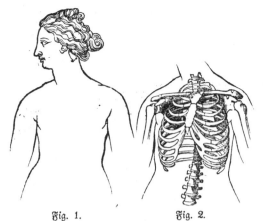 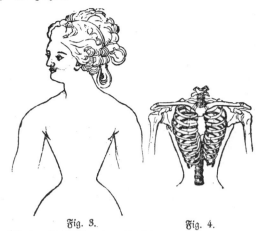

Fig. 1.　　　　Fig. 2.　　　　　　　　Fig. 3.　　　　Fig. 4.

Fig. 1. ist eine Darstellung der berühmten medi-
ceischen Venus, des schönen Ideals einer vollkommenen
weiblichen Gestalt.

Fig. 2. Das Skelett in der natürlichen Bildung
der Knochen.

Fig. 3. Darstellung der Figur einer modemäßig
gebildeten Schülerin einer Kostschule, nachdem sie lange
durch die Schnürbrust verunstaltet worden ist.

Fig. 4. Darstellung des Knochenbaues der Fig. 3.

Die erfahrensten Aerzte versichern, daß in diesen
Aufrissen nichts übertrieben worden ist, da man die
Originale dieser Aufrisse überall lebend oder todt antrifft.

Das Mineralreich.

Wir folgen in dieser Abhandlung, welche einen
auch für Deutschland höchst wichtigen Gegenstand sehr
faßlich darstellt, auszugsweise dem Penny-Magazine,
beschränken uns jedoch zur Verbreitung allgemeiner
Kenntnisse auf die Beschreibung einiger der am häufigsten bei uns vorkommenden Mineralerzeugnisse, und
werden die bisher anerkannten Wahrheiten über die
Entstehung und Ausbildung der Minerale vortragen,
vermögen aber nicht, wegen Mangels an Raum, deren
Geschichte und künstliche Beweise ganz zu erschöpfen.

Die Erde ist ein runder, gegen den Nord- und
Südpol sich etwas abflachender Körper. Das Meer
bedeckt etwas über ⅗ der Oberfläche der Erde. Das
trockene Land, das sich über die Oberfläche des Welt-
meers erhebt, besteht theils aus sogenanntem zusammenhängenden festen Lande, theils aus Inseln mit vollkommener Ungleichheit der Erhebung über die Meeresfläche, sowohl an den Küsten, als im Innern. Die
Höhe steigt in Asiens Himalayagebirge bis auf 26,000
Fuß, und die volle Tiefe des Oceans kennen wir noch
nicht, weil unser Senkblei so weit nicht reicht.

Die verschiedenen Klimate bringen verschiedene
Thiere und Pflanzen hervor. Das Gestein des Mineralreichs ist jedoch unabhängig vom Einflusse des Klima's, da man das nämliche Gestein unter dem Gleicher (Aequator) und unter den Polen antrifft. Freilich
sind die Erdarten sehr verschieden, aber man trifft die
nämlichen Lagenfolgen der Erde und feuerspeiende Berge
überall an. In keinem neuentdeckten Lande nehmen
wir anderswo nicht befindliche Mineralien wahr.

Wenn wir tiefer graben, als der vegetabilische
Humus geht, so treffen wir gemeiniglich einen Untergrund von Kies, Sand oder Kiesel, oder eine Mischung
dieser Erden, und bisweilen nichts anderes in der größten uns erreichbaren Tiefe an. Doch finden wir gemeiniglich unter einer Lage von den eben bemerkten
Erdarten ein hartes Gestein in Lagen oder Betten,
welche gleichlaufend über einander liegen. Die Unter-
sucher der Erdlagen (Geologen) haben in den verschiedenen Welttheilen wahrgenommen, daß die Erdkruste
aus einer Reihe solcher Lagen besteht, welche in ihrem
innern Baue sehr verschieden sind. Die Elemente dieser Verschiedenheit sind nicht zahlreich und meistens
harter Quarz, zu dessen Familie man auch die Flint-,
die Tuff- und Kalksteine rechnet. Die verschiedene
Mischung dieser Theile ändert die Zusammensetzung der
Felsen. Außer diesen Elementartheilen enthalten die
meisten dieser Steinlager fremde Körper, z. B. Bruchstücke anderer Körper, Schaalen, Knochen von See-
und Landthieren, Fischen, und Reste von Bäumen und
Pflanzen. Ferner ist man jetzt durch Erfahrung überzeugt, daß die Lagen oder Betten verschiedener Steine
in einer gewissen Ordnung der dritten, zweiten und
Urbildung auf einander liegen, welche niemals von
einander abweichen. Beifolgender Aufriß wird dieß
deutlicher machen, worin an der einen Seite die Natur
des Steins und an der andern Seite die Gegend, wo
man solche antrifft, genau angegeben ist. Doch muß
man sich nicht einbilden, daß dieses regelmäßige Ueber-
einanderliegen überall in gleicher Tiefe angetroffen wird.
Man kann z. B. C. in horizontaler Lage antreffen,
woraus aber nicht folgt, daß man die nächste Lage wegen der Dicke der Lage C. unter solcher erreichen kann.
Selten trifft man 3 oder 4 Glieder dieser Reihenfolge
über einander an; denn jedes Glied besteht wieder aus
einer Menge Unterabtheilungen. Auch folgt nicht, daß
die Lagen gerade so auf einander liegen, als der Aufriß angibt. Da, wo man z. B. Q. mit einer andern
Erdart in Verbindung antrifft, wird bald F., bald H.
oben liegen. Oft liegt F. auf H., und G. fehlt
ganz. C. kann sogar auf R. liegen. Oft erscheint
nahe an der Oberfläche eins der untersten Glieder der
Reihe. Jeder weiß, daß bald Kalk, bald Schiefer dicht
unter der Dammerde (Humus, fruchtbare Erde) liegt
oder wenigstens sehr nahe folgt. Wenn aber eins der
im Aufrisse angegebenen niedrigen Glieder an der Oberfläche angetroffen wird, so stoßen wir niemals, so tief
wir auch hinabsteigen mögen, auf irgend einen zu den
höheren Gliedern dieser Reihe gehörigen Felsen. Diese
Erfahrung hat im Bergbaue einen großen praktischen
Werth, da man z. B. dadurch schon in den der Oberfläche nahen Erdlagen eine zuverlässige Kunde erlangt,
wo man keine Steinkohlen suchen darf.

Gewiß werden unsere Leser neugierig seyn, zu erfahren, wodurch die Mineralogen die Wissenschaft und
die Ueberzeugung erlangten, so bestimmt sich über die

Reihenfolge der Erdschichten auszusprechen. Die bloße Kenntniß der mineralischen Zusammensetzung der Felsen hätte niemals zu diesem gründlichen Wissen geführt. Man gelangte dazu auf eine untrügliche Weise, denn jedes einzelne Bette eines besondern Erdlagers hat die Spuren der Geschichte seiner Vorzeit. Die Charaktere dieser Vorzeit sind so deutlich, daß keine spätere Zeit sie verfälschen oder zerstören kann; denn die Beweis=führung ist eben so unumstößlich, als die Sätze der Mathematik.

Die Ausführung dieser Lehre verschieben wir für eins der folgenden Blätter.

Ordnung der Folge der verschiedenen Lagen der Felsen, welche die Erdkruste bilden.

Beschaffenheit der verschiedenen Felsen und Boden=Arten.	Orte, wo man sie antrifft.
A. Für Pflanzen geeigneter Boden......	
B. Sand, Tuff, Kies, mit Knochen noch vorhandener Thiere......	Mündung der Themse und anderer Flüsse.
C. Tiefes Bette von Kies, große lockere Blöcke, Sand — Alles Knochen untergegangener Thiere enthaltend......	Oberfläche mancher, besonders östlicher u. südöstlicher Theile Englands.
D. Sand, Tuff, Kiesel, Lagen von weißem harten Sandstein—manche Seemuscheln, Knochen erloschener Thiergattungen..	Hampstead=Haide, Bagshot=Haide, Küste von Suffolk u. Norfolk — Gestein, wovon das Windsorkastell erbauet worden ist.
E. Wechselnder Kalkstein, welcher Süß=wasser=Muscheln enthält, Tuff verschiedener Arten und Kalkstein, welcher Seemuscheln enthält.	Insel Wight.
F. Dicke Lagen von Tuff mit vielen Seemuscheln; Lagen von Kalkstein—Ueberbleibsel von erloschenen Gattungen der Pflanzen u. Früchte, Land= und auf dem Lande wie im Meere zugleich lebende Thiere...	Manche Orte um London, ein großer Theil von Essex, der Nordostsee von Kent, Insel Sheppey. / Woolwich, Hügel von Harwich, Insel Wight.
G. Kreide mit Flintsteinen...........	Klippen bei Dover, Brighton, Grafschaft Herford.
Kreide ohne Flintsteine.......	Das Vorgebirge Flamborough in d. Grafsch. York.
H. a. Kreide = Märgel...	Manche Theile d. Südküste Kenter gr. Schleifstein.
b. weißer Sand.	Einige Theile von Kent und Sussex.
c. dicke Lagen von Tuff.	Der Wald von Kent, Surrey und Sussex.
d. gelber Sand mit Eisenerz (Ur).	Nachbarschaft von Hastings u. Insel Purbeck.
e. thoniger Sandstein.	Häufiger Londoner Pflaster=Stein.
I. a. Kalkstein verschiedener Gattung..	Portland = Bau = Stein.
b. Lager von Tuff.	Kimmeridge an der Küste von Dorset.
c. Kalkstein mit Korallen.	Nachbarschaft von Orford.
d. Tufflager.	Sehr verbreitet in den Fettweiden von Lincoln.
e. dicke Lager von Kalkstein.	Bath = Baustein.
f. dünne Lager von Kalkstein und schiefrigem Tuff.	Whitby, Gloucester, Lyme Regis.
K. Rother Märgel, Sandstein, welcher oft Alabaster oder Gyps und Lagen von Steinsalz enthält.	Ein großer Theil der Grafschaften Ost=York, Nottingham, Stafford, Warwick, Worcester, Chester und die Nachbarschaft um Carlisle.
L. Kalkstein mit vieler Magnesia.	Sunderland, Ferrybridge in York, Mansfield Notts.
M. Kohlen = Striche mit manchen Anzeichen von Kohlenlagern im Eisenstein, Tuff, Sandstein und Quadersteine mancherlei Art.	Newcastle, manche Theile von York, Lancaster, Stafford, Sommerset, Thal von Edinburg und Glasgow, auch Süd=Wales.
N. Grober Sandstein u. schiefriger Tuff...	Mühlensteine von Newcastle und der Grafschaft Derby.
O. Dicke Lager von Kalkstein und schiefrigem Tuff, auch Sandstein in manchen Abwechselungen...	Niederschlag von Bleierz in den Grafschaften Derby, York, Northumberland, Cumberland, Heigh Peak in Derby, Berge in York, Mendiphügel und Sommerset.
P. Dicker rother Sandstein mit manchen Lagen von Kiesel...	Ein großer Theil der Grafschaft Herford, der südliche Theil von Südwales, das Wyeufer und der Süden von Schottland.
Q. Dicke Lagen von Schiefer und Sandstein mit einigen eingedrückten Muschelschaalen und dicken Lagen von Kalkstein......	Die Berge in Cumberland und Westmoreland, ein großer Theil von Wales im Norden von Devon, Süddevon und Cornwall, ein großer Theil Süd-Schottlands.
R. Schiefer und manche harte Felsen in wechselnden Lagern, ohne alle unzersetzte Reste von thierischen Körpern von großer Dicke in den niedrigsten von uns erreichten Betten......	Hauptsächlich in Hochschottland.

Dritte Bildung. / Zweite Bildung. / Urbildung.

Van Diemensland.

Diese Insel ist nebst der Süd-Insel Neuseelands Tovi Punammu der kälteste Punkt Australiens. Indessen ist das Klima von van Diemensland, welches 1250 Q. M. groß ist, mit seinen immer grünen Bäumen wegen der vielen Berge Neu-Seelands doch viel milder als Tovi Punammu. Die Hauptstadt Hobart Town liegt am Flusse Derwent mit vielen Baien. Noch trifft man dort viele Bäume und reichen Graswuchs in den nahe am Flusse angelegten Landstellen; aber zwischen den Bauten stehen verbrannte Baumreste. Der Anbauer sieht im Voraus den Wohlstand seiner Familie in van Diemensland bei einigem Fleiße wachsen. In 20 Jahren wird Alles umher die Ansicht der milderen und gesündesten Theile Europa's haben. Schon führt längs dem Ufer ein Weg, der zugleich Schutz gegen Ueberschwemmungen ist. Hobart Town mit 10,000 Einwohnern liegt am Fuße des Tafelberges, einer mäßigen Höhe. Von solchem strömt ein Fluß durch die Stadt und treibt mehrere Mühlen. Das ganze nahe Land ist an sich noch unergiebig, doch wird der Anbau schon bald die Stadt erreichen. Die Wohnungen, hölzerne Häuser mit einem Schindeldache, sind anständig, aber kleiner als die Magazine. Noch sind die Preise des Tagelohns hoch, aber diejenigen der Lebensmittel sinken bei der starken Zufuhr aus dem Innern. Die Regierung wählte Kolonialbeamte, denen das Wohl der Niederlassung sehr am Herzen liegt. Jeder kann so viel Land angewiesen erhalten, als er wünscht. Die Polizei ist streng. In der Nähe der Stadt ist schon alle Feuerung verschwunden. Der häufigste Baum ist der weiße Gummibaum, wegen der weißen Rinde so benannt, mit langem weißem Stamme und wenigen Zweigen an der Spitze. Etwas seltener findet man den blauen Gummibaum. Letzterer gleicht in etwas den englischen Ulmen, deren Blätter freilich dunkler sind. In der trocknen Jahreszeit stecken die Eingebornen, deren Zahl sehr abnimmt, einen Theil des Waldes an, um sich der darin hausenden Kängurus, Opossums und anderer wilden Thiere zu bemächtigen. Die Eingebornen schälen, so weit sie reichen können, die schönsten Bäume und bauen sich von deren Rinden Hütten, worin sie wie Nomaden eine kurze Zeit leben; sobald sie in der Nähe kein Wild mehr antreffen, ziehen sie weiter. Auch an den Flüssen Jordan, Clyde und Shannon trifft man schon, wie um Launcester, viele Meiereien. Am Shannon hielten sich vormals viele Ausreißer aus der Kolonie auf, deren Masse jetzt aufgerieben ist. Der Fluß Shannon ist ein wahrer Bergstrom. Woher er entspringt, ist noch nicht ausgemittelt, aber sein Wasser ist sehr klar und ungemein weich, wie das eines schönen Sees mit Inseln im Hochlande. Nahe fließt der Fluß Ouse oder Big. Das innere Land der Insel ist hoch; das innere Gebirge mag wenig über 4000 Fuß hoch seyn und hat viele Wasserfälle. Das gewöhnlichste Thier auf der Insel ist das Känguru: es hat etwa die Größe eines Schaafs, doch giebt es auch viel kleinere Arten, die einen kleinen Kopf und ein schmales Vordertheil und wie die Hasen und Kaninchen stets bewegliche Ohren haben. Sie gehen nie auf den Vorderpfoten, welche sie als Hände brauchen. Die Hinterfüße haben ein großes Huf und sind so lang, als ihr Leib. Mit diesen hüpfen sie, unterstützt vom Schwanze, so schnell, daß sie oft von den Hunden nicht erreicht werden können. Sie stehen immer aufrecht, wie die Menschen, außer wenn sie grasen, und benehmen sich dann als kluge und gewandte Thiere. Ihr Fleisch ist nicht fett, aber schmackhaft und leicht verdaulich: ihre

Anzahl ist groß. Das Känguruweibchen hat, wie andere australische vierfüßige Thiere, einen Beutel, worin es seine Jungen fortschafft. Man hat auch zahme Kängurus, und eigene Einzäunungen vor ein paar Acker für diese nützlichen Hausthiere. Bemächtigt man sich nicht rasch auf der Jagd der getödteten Kängurus, so finden sich schnell Krähen, welche ihr Fleisch bis auf die Knochen verzehren. Die Kängurusuppe ist eine köstliche Speise. Schon giebt es auch viel wildes Rindvieh auf der Insel, was den Nachtheil hat, daß auch das gezähmte gern in die Wälder zu dem wilden Vieh läuft. Es giebt hier schon Heerden von 1000 Schaafen. Die Flüsse sind nicht fischreich, nähren aber viel Jagdgeflügel; auch hat man wohlschmeckende wilde Tauben, schwarze und weiße wilde Hühner und schöne Papagoien. Der beste Singvogel ist eine Art Elster. Die zahmen Hühner gedeihen trefflich und nähren sich fast allein von Grashüpfern.

Englands Waisenhäuser.

Die Engländer verpflegen mit schweren Kosten die Waisen in eigenen Erziehungshäusern der Städte und nicht in Familien, und eben so wenig auf dem Lande. Auffallend ist, daß man nicht alle sechsjährige Waisen nach einer schlecht bevölkerten Kolonie, besonders aber nach Australiens jüngsten aufblühenden Plätzen, z. B. am Schwanenflusse, schickt, weil dieser Punkt Australiens England am nächsten liegt, wo sie auf Waisenlandgütern viel wohlfeiler ernährt werden und aus diesen Anstalten in's bürgerliche Leben mit viel größeren Aussichten übergehen könnten, als im Mutterlande; aber die einleuchtendsten Verbesserungen haben in Großbritannien stets Widersacher in dem so oft in unsern Tagen unvernünftigen Herkommen gefunden. — Sollte nicht auch Deutschland seine Waisen gerade in die unbevölkertsten Theile eines Staats zur Erziehung schicken, aus gleichen Gründen, wie die Britten es thun sollten, aber nicht thun?

Woche.

Am 20. Julius 1546 erklärte Kaiser Karl V. die gegen ihn bewaffneten deutschen Reichsstände in die Reichsacht, mit der verletzten Förmlichkeit, daß er diese Acht nicht von der Mehrheit des Reichstages genehmigen ließ. Bei der großen in Schwaben vereinten Macht der Protestanten war es damals sehr leicht, die kaiserliche Macht zu zerstreuen und den Kaiser zu einem billigen Religionsfrieden zu bewegen; allein ungern wollten diese Insurgenten Gewalt brauchen und verfehlten daher die leichte Gelegenheit, einen dem Passauer ähnlichen Vertrag früher zu erringen, weil ihr und ihrer Minister Respekt vor der kaiserlichen Würde, obgleich sie wider den Kaiser die Waffen ergriffen, dennoch überaus groß war.

Am 21. Julius 1797 starb Joh. Heinr. Wöllner, königl. preuß. geh. Ober-Finanz-, Kriegs- und Domainenrath. Als Justitiarius beim General-Ober-Finanz-Direktorium arbeitete er im Finanzfache mit dem Großkanzler von Carmer an der damaligen preuß. Gesetzreform und verbesserte Manches im Bankwesen.

Am 22. Julius 1788 starb der königl. neapolitanische Finanzrath Cajetan Filangieri, aus einem berühmten Geschlechte, geboren am 18. August 1752.

1780 gab er sein unsterbliches Werk, System der Gesetzgebung, heraus, das viel tiefer, als das des Mon-
tesquieu in deren nöthige Verbesserung eindrang. Rom
verbot dieß Buch, dessen Vollendung der frühe Tod dem
Verfasser nicht erlaubte; doch sind die erschienenen 5
Bücher in alle Sprachen übersetzt worden, z. B. ins
Deutsche von Link, 1.—8. Band 1788—1793. Glü-
hete er für allgemeine Menschenrechte, so war er zugleich ein sehr sittliches Muster der Staatsmänner, für
alles Gute thätig, bescheiden und zog stets das fremde
Verdienst dem eigenen vor. Das Werk verdiente, mit
Anwendung auf den jetzigen Gesellschaftszustand, eine
vollständige Umarbeitung der 5 erschienenen Bücher von
einem praktischen Staatsmanne, der die beiden noch
fehlenden Bücher hinzufügte.

Am 23. Julius 1785 schloß Friedrich der Große
mit Sachsen und Hannover den deutschen Fürstenbund,
dem nachher auch andere deutsche Fürsten beitraten. Ich
weiß wohl, daß man ihn für ein Meisterstück der preuß.
Politik wider Vergrößerung Oesterreichs in Deutschland
hielt; allein wenn Kaiser Joseph Baiern erwerben und
die Niederlande los seyn wollte, so war das damals
wohl kein Unglück für Baiern und Deutschland, und
welche wichtige Folgen hätte dieß für die franz. Revolution haben können! Nur mit großen Geldopfern an
den damaligen tiefverschuldeten Herzog von Pfalz-Zweibrücken erlangte der König Friedrich der Große den Widerspruch des eventuellen Thronerben von Pfalzbaiern.
Auch hätte sich dadurch das Haus Pfalzbaiern ausge-
gründet. Doch alles das hat jetzt nur historischen Werth
und wir wissen noch nicht, was damals Kaiser Joseph
mit dem reservirten Namür und Luxemburg vor hatte,
ob er diese Länder dem Fürsten von Bretzenheim, natürlichem Sohne Karl Theodor's, oder zu einem andern
Austausche, oder endlich zu einer neuen Secundogeni-
tur seines Hauses bestimmte. Auf jeden Fall bereitete
dieser Fürstenbund indirekt die spätere Auflösung des
deutschen Reichsverbandes vor. — Am nämlichen Tage
erließ Markgraf Karl Friedr. von Baden seinen Amts-
unterthanen die Leibeigenschaft und die Abgaben beim
Umzuge von einem Landestheile in den andern, wofür
ihm der Bauernstand sehr dankbar war. Der Adel im
Umfange des Markgrafenthums war damals reichsrit-
terschaftlich, und es bleibt merkwürdig, daß Keiner
hierin die Großmuth und Uneigennützigkeit des großen
Markgrafen nachahmte. Dieser Fürst wollte auch das
physiokratische System in seinem Lande einführen, worin
er keinen privilegirten Adel und nur Domainen, schwer-
steuernde Unterthanen und Städte mit zum Theil bedeutenden Feldmarken zählte; blos Pforzheim hatte einige Fabrikindustrie. Der Markgraf hatte sehr helle Ansichten im Verwaltungswesen und ein sehr menschen-
freundliches Gemüth, zwar sehr geschickte Finanzräthe
und Unterbeamte alten Styls, doch keinen, der in des
Fürsten große Idee einging, die Lasten aller seiner
Bauern an den Staat möglichst gleich zu stellen und
das Unerträgliche zur Wohlfahrt der Bauern aufzuge-
ben. Dieß war es, was über den physiokratischen Systeme dachte. Die Rentkam-
mer erhielt Befehl, ein Paar Dörfer vorzuschlagen und
einen Beamten, durch den der Versuch der Verwandlung der vielerlei Abgaben und Dienste in eine einzige
Abgabe gemacht werden sollte. Sie ernannte — ich
will den damals berühmten Namen nicht nennen, der
er vollzog den Auftrag schlecht, und ich weiß zufällig
alle Einzelheiten dieser Begebenheiten, welche große Folgen gehabt haben würden für das Wohl Badens, wenn
der Ausführer etwas mehr landwirthschaftliche Kenntnisse und Humanität besessen hätte, um die Ideen sel-

nes großen Fürsten ganz zu verstehen und nachher klug
auszuführen; denn die Kammer hatte ihm freilich sehr
dringend befohlen, den Stand des jetzigen wahren
Staatseinkommens keinesweges zu verkleinern. Die
Kammer hatte im Oberlande zwei ungemein hoch besteuerte Gemeinheiten gewählt, welche eben daher selten
ihre schweren schwäbischen Frohnen, Zehnten und Dienste hatten aufbringen können und zugleich große, sehr
zerstreute Feldmarken und Gemeinheiten besaßen. Statt
die unständigen Abgaben bei Veräußerungs- und Erb-
schaftsfällen u. s. w. billig in eine Geld-Jahrabgabe zu
verwandeln und um eben so die Frohnden und Zehnten über
die Felder zu vertheilen und dann eine Vermessung und
solche Eintheilung zu treffen, daß Jeder von den größeren Eigenthümern künftig auf seinem Lande wohnte,
unterließ der Beamte diesen Ausbau und die neue Feld-
eintheilung völlig, und weil er dieß unterließ, die jährlichen Abgaben aber durch die Verwandlung der unständigen Abgaben in ständige höher trieb, so baten nach
ein Paar Jahren die einfältigen Bauern um Herstellung der alten Einrichtung. Verfügte aber der Oberamtmann den Ausbau der größern Landbesitzer aus den
Dörfern auf die entfernteren Gemeinheitstheile, die dann
rund um's Haus ihr Land hatten, so konnten sie leichter und wohlfeiler ihr Feld bestellen, die kleineren Besitzer blieben in den Dörfern und wurden wegen naher
Ländereien, welche sie dann erhalten konnten, ebenfalls
wohlhabender. Den Ausbau einiger größeren Besitzer
hätte der edle Markgraf durch Bauholz und Geldzu-
schuß gern gefördert, und was jetzt die Stände Badens
doch nur halb verlangten, wäre schon vor 50 Jahren
vollständiger erreicht worden, wenn der Oberamtmann
so viel Einsicht gehabt hätte, die Idee des Landesva-
ters würdig auszuführen. Karl Friedrich war ein großer
Fürst, aber seine berühmten Minister begriffen ihn doch
nur halb, und besonders sein Oberhofrichter und Bio-
graph, Freiherr von Drais, der in diesem verunglückten
Versuche, dessen wahren Zusammenhang er nicht kannte,
einen Beweis fand, daß der Verewigte bisweilen un-
ausführbare Plane habe durchsetzen wollen. Ich habe
selbst diesen Freiherrn vor 50 Jahren als Regierungsrath in Karlsruhe gekannt und an ihm mehr als
einen redlichen Juristen wahrgenommen. So hängt
bisweilen von Kleinigkeiten und mangelnder Sach- und
Geschäftskenntniß der Beamten das Mißlingen der menschenfreundlichen Plane eines Fürsten ab. Es wäre
eine Thorheit, die Abgaben an den Staat blos dem
Boden zu entnehmen; allein wohl dem Lande, dessen
Regierung es gelingt, vom Boden, der zur höchsten
Fruchtbarkeit gelangt ist, die meisten Abgaben fordern zu können! Dieß zu erlangen, ist zum Theil
allenthalben möglich, wo die Regierung weise, menschenfreundliche Landwirthschafts-Gesetze ausspricht.

Am 24. Julius 1762 besiegte am Lutterberge
zwischen Münden und Kassel, welches letztere die Franzosen besaßen, die Armee der Engländer und Verbündeten die Franzosen, wobei besonders das Hülfskorps des
Prinzen Xaver von Sachsen litt; sie belagerten darauf
Kassel, welches sie auch einnahmen.

Am 25. Julius 1783 hob König Friedrich II.
von Preußen das Strandrecht auf, auch sollten die helfenden Berger für ihre Mühe von den Eigenthümern
gestrandeter Güter keinen übertriebenen Lohn fordern.

Am 26. Julius 1648 eroberten die Schweden
durch Ueberfall die kleine Seite von Prag und bombar-
dirten die Altstadt, was endlich den Abschluß des westphälischen Friedens in Münster und Osnabrück zur Folge
hatte; denn so lange die Erblande selbst nicht durch die
längere Fortsetzung des Krieges litten, war der Kaiser

Ferdinand III. nicht zu bewegen, so sehr sich auch die Türken in Ungarn ausgebreitet hatten, den Protestanten den westphälischen Frieden zu bewilligen, ungeachtet aller Anmahnungen seines Friedensgesandten, des redlichen Grafen Trautmannsdorf. — An demselben Tage im J. 1819 trat das Verfassungsgesetz Würtembergs in Kraft.

Das Nest des Zaunkönigs mit gelbem Kamme.

Es liegt im Instinkte der Vögel, daß diejenigen, welche am meisten Wärme für ihre Jungen bedürfen, sich die wärmsten Nester bauen, sonst würde in unserm, die Temperatur der Luft so oft wechselnden Klima die nackte Brut durch unsere oft späten Nachtfröste vernichtet werden.

Alle Arten der Vögel vom Geschlechte der Zaunkönige sind gegen Kälte sehr empfindlich, was wir deutlich wahrnehmen bei denen, die wir im Käfig halten. Wegen dieser für sie unangenehmen Empfindung sind sie in freier Luft in steter Bewegung und wählen ihr Nachtquartier an einem genug Kälte geschützten Platze, und eben daher sterben auch so viele dieser Vögel in unsern kalten Wintern. Herr Herbert, ein aufmerksamer Vogelfreund in England, fing einmal im Herbste ein halbes Dutzend Zaunkönige; sie wurden sehr zahm und lebten von Fleisch und Eiern. Um die Zeit des Dunkelwerdens zankten sie sich stets um den wärmsten Platz im Innern des Käfigs, welchen der stärkste unter diesen Vögeln in Besitz nahm, indeß die schwächeren sich mit äußeren Plätzen begnügen mußten. Die Vögel der äußersten rechten und linken Seite flogen auf den Rücken der im Innern Sitzenden und suchten sich in die Mitte einzudrängen. Dieser Kampf dauerte jeden Abend fort, bis es völlig dunkel geworden war. Eine starke Februarkälte tödtete fünf dieser Vögel in einer Nacht, in dem wohl verschlossenen, aber Abends kalt werdenden Putzzimmer. Den überlebenden Vogel rettete er dadurch, daß er den Käfig mit Sophakissen bedeckte. An einem Morgen befand sich der Vogel sehr wohl, als die Kissen weggenommen wurden; man hatte aber vergessen, das Zimmer sogleich nachher zu heizen, und 10 Minuten darauf war er todt. Die Nachtigall ist nicht empfindlicher gegen die Kälte als der Kanarienvogel. — Der Zaunkönig mit gelbem Kamme besucht sehr häufig Pechtannen und Cedern, hängt unter

ihren Zweigen sein Nest auf und flüchtet an kalten Tagen unter Gebüsche von Stachelginster, weil dort die niedrige Atmosphäre warm ist, so wie im Winter in die warmen Kuhställe.

Herr Herbert erzog drei aus dem Neste genommene männliche Zaunkönige und setzte im Julius einen derselben in Freiheit, indem er die Thür des Käfigs, welcher an einem offenen Fenster stand, öffnete. Lange hielt sich der entlassene Vogel in der Nähe des Käfigs und bei den in der Nähe befindlichen Rosen auf. Dann flatterte er zu den an der Mauer sich anschlingenden Pflanzen, kam so aufs Dach und flog nun weiter. Nach zwei Stunden kehrte der Vogel sehr hungrig zurück und pickte an den Gläsern des schon verschlossenen Fensters sehr stark. Er wurde hereingelassen, fraß aus der Hand des Herrn Herbert Futter und entfernte sich. Nach zwei Tagen kehrte er wieder zurück, schien sehr wohlgenährt zu seyn und suchte kein Futter. Noch einmal pickte er nach einer Woche an's Fenster, schreibt Herr Herbert; da ich aber einen Besuch hatte, so ließ ich ihn nicht wieder herein; er kam am 23. Julius des folgenden Jahres wieder zu mir. Zufällig stand ich am nämlichen Fenster, als der entlassene Hahn, der viel schöner geworden war, wieder an mein Fenster pickte. Weder meine Stimme, noch die Zudringlichkeit meines kleinen Knaben neben mir, hielt ihn ab, sich umzusehen, ob für ihn sich bei mir Futter finde. Es ist keinesweges der Gebrauch dieser Vogelart, sich ohne besondere Veranlassung dem Menschen sehr zu nähern, und das Vorfinden des Käfigs schien ihn zu vergnügen. Also hatte seine Reise nach Afrika bei ihm das Andenken an mich und an mein Haus nicht vertilgt.

Herr Herbert schließt seine Bemerkungen über diese Vögel mit der Wahrnehmung über die Leichtigkeit, mit welcher einige derselben, wie der Dompfaffe, ungeachtet ihrer schwachen, rauhen und unbedeutenden natürlichen Stimme, die menschliche Stimme oder eine musikalische Arie nachahmen. Die vielen abgerichteten Singvögel, welche die Harzer oder Tyroler aus Deutschland nach London bringen, sind mehr durch Pfeifen und Flöten, als durch eine Orgel abgerichtet worden. Auch scheinen sie sogar von den Abrichtern das taktmäßige Neigen des Kopfes und des Leibes angenommen zu haben. Herbert sah und hörte um das Jahr 1799 beim Obersten O'Kelly einen grünen Papagoi, welcher mit seinem Fuße den Takt schlug und während seines Gesanges sich auf dem Stabe rundum bewegte. Dieser ganz vorzüglich abgerichtete Vogel sang ungefähr 50 verschiedene Melodien und sprach jede Sylbe so deutlich als ein Mensch aus, ohne einen einzigen Fehlgriff. Sang zufällig irgend ein Anwesender die nämliche Melodie, so machte der Vogel eine Pause, wiederholte nicht das, was gesungen worden war, und setzte den Gesang fort, wo der anwesende Sänger aufgehört hatte. Wenn der Vogel nicht geneigt war zu singen, so erklärte er blos, „daß er krank sey.“

Es ist höchst merkwürdig, daß die Materialien des Nestes des Zaunkönigs gewöhnlich zu der Stelle passen, wo er es anlegt; baut er es an einen Heuschober, so besteht das Aeußere desselben aus Heu; legt er es an der Seite eines Baumes an, der mit weißen Flechten bekleidet ist, so ist das Nest mit denselben Materialien überzogen. Inwendig ist es allemal mit Federn ausgefüttert. In Deutschland ist der Zaunkönig kein Zugvogel, sondern bleibt das ganze Jahr bei uns. Bei der größten Kälte ist er munter und thätig.

Verlag von Bossange Vater in Leipzig.
Unter Verantwortlichkeit der Verlagshandlung.

Das Pfennig-Magazin

der

Gesellschaft zur Verbreitung gemeinnütziger Kenntnisse.

13.]   Erscheint jeden Sonnabend.   [Juli 27, **1833.**

Konstantinopel, mit der Ansicht von Galata aus.

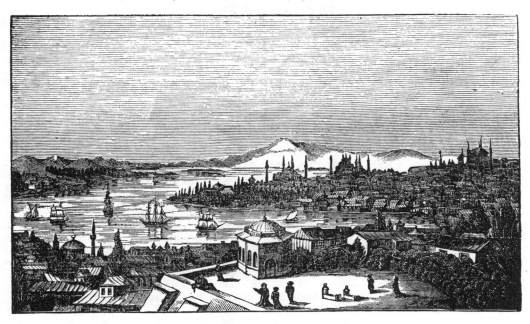

Konstantinopel, das unter dem 41° 1′ 27″ N.B. und unter dem 26° 33′ Ö.L. liegt, hat, besonders vom Mare di Marmora aus gesehen, eine der schönsten Lagen von der Welt. Auf einem Vorgebirge und an und auf sieben Hügeln stehend, erhebt es sich auf jeder seiner Seiten amphitheaterförmig; das Serail nimmt den ersten Hügel ein, an dessen Rückenseite die Sophienmoschee steht. Auf dem zweiten Hügel erblickt man die Osmanie und auf dem dritten, welcher der höchste ist, die Suleimanie. Der Hafen ist tief, sicher und reinlich, und die Ringmauern der Stadt bestehen aus drei Theilen, welche die Gestalt eines Dreiecks haben. Diese dreifachen Mauern sind 14 bis 20 Fuß hoch, auf der Landseite von einem 12 bis 15 Fuß tiefen und 25 Fuß breiten Graben umgeben und haben 548 Thürme und andere Festungswerke. Sie haben 26 Thore (nach Andern 28), 7 auf der Land= und 13 auf der Seeseite. Die Stadt hat nach dem Hrn. von Hammer 18 Vorstädte, und zwar 16 auf der europäischen und 2 auf der asiatischen Seite. Unter den europäischen sind die bekanntesten Pera, Galata, St. Dimitri, Ejub und Tophana. Die beiden asiatischen sind Skutari und Katiköi (ehemals Chalcedonia). Der Umfang der Stadt beträgt nebst den Vorstädten 2½ deutsche Meilen; Andreossy rechnet ihn auf 9500 Toisen (oder 4¾ Stunden, lieues.) Sie hat 9 öffentliche Plätze, worunter die vornehmsten der Atmeidan, der Platz bei dem neuen Serail, der Platz der verbrannten Säule (forum Constantini) sind, und sehr viele Gassen, worunter die Divansstraße in

ihrer ganzen Länge hingeht. Sie erfreuet sich eines lieblichen Wechsels der Jahreszeiten. Der Frühling tritt schon im Februar ein; späterhin wird jedoch die Witterung wieder sehr veränderlich. Die Hitze des Sommers kühlen Nordwinde ab und der Winter dauert kaum 6 Wochen; indessen ist er bisweilen sehr streng, wie im Jahre 1833.

Konstantinopel, das im J. 1453 von den Türken erobert wurde, ist die Stapelstadt des Morgenlandes, ein Vereinigungspunkt vieler Nationen und hat, nach der Berechnung des Generals Andreossy nach dem Brotverbrauche, 630,000 Einwohner, die in Türken (Osmanen), Arabern, Griechen, Juden, Persern, Armeniern u. A. bestehen. Die Zahl der Osmanen, Tartaren, Turkomanen und anderer Mohamedaner rechnet man auf 300,000, der Griechen auf 200,000, der Armenier auf 30,000, der Juden auf 30,000 u. s. Die Häuserzahl ist 88,100. Die Griechen bewohnen in der Stadt selbst das Quartier Fanar oder Fanal, die Vorstadt Pera und andere Vorstädte. Die Armenier und Juden leben in der Stadt und in den Vorstädten zerstreut. Die Franken (europäische Christen) halten sich in Pera und Galata auf. Unter die vornehmsten Gebäude der Stadt gehört das Serail, das die Residenz des Sultans ist, auf der östlichen Landspitze steht und aus einem Inbegriffe von mehrern Palästen, Moscheen, Gärten, Kiosks u. s. w. besteht. Es soll über 6000 Einwohner haben. In der Hauptstadt des türkischen Reichs zählt man Moscheen oder Dschamis 485, Medschedes über 5000, griechische Kirchen 23, katholische Kirchen 9 mit 2 Kapellen, armenische Kirchen 3, katholische Klöster 6, viele Synagogen u. s. w. Unter den Moscheen sind die vornehmsten die kaiserlichen, deren Anzahl sich auf 15 beläuft, worunter die Sophienmoschee die prächtigste ist; sie hat der Kaiser Justinian durch Anthemius von Tralles und Isidorus von Milet erbauen lassen; sie ist 269 englische Fuß lang und 243 breit und enthält 170 Marmorsäulen. Die Unterrichtsanstalten sind zahlreich; man rechnet die höhern Lehranstalten auf 518 und die Elementarschulen auf 1255. Mehrere Moscheen haben höhere Lehranstalten (Medressen), wo sich das ganze Corps der Ulemas (der Geistlichen und Richter) ausbildet. Die milden Stiftungen, z. B. die Armenküchen, Waisen- und Narrenhäuser, sind ebenfalls sehr zahlreich. Der öffentlichen Bäder giebt es 130. — Die Wohnhäuser sind größtentheils von Holz erbauet; daher richten die Feuersbrünste oft große Verheerungen an. Solche Brände sind häufig das Werk der Unzufriedenheit mit der Regierung. Im Innern der Stadt sieht man große Streifen unbebauet, die mit Aeckern, Wiesen und Gärten bedeckt sind.

Der Bosporus erstreckt sich von dem Mare di Marmora und dem Propontis bis ans schwarze Meer, und also von der Spitze des Serails bis an die Fanaratis (Leuchtthürme) von Europa, welche Entfernung ungefähr 15,300 Toisen beträgt. Er hat verschiedene Krümmungen, und seine Breite beträgt zwischen der Spitze des Serails und Scutari 900 Toisen.

So sehr auch Pest und Despotismus in Konstantinopel wüthen und die Stadt entvölkern, so herrscht doch immer noch viel Leben und Thätigkeit daselbst, welche den Handel unterhält, der Europa mit Asien verbindet. So hat auch die europäische Türkei noch mehr Einnahme als man daselbst erwarten sollte. Nach einer neuen englischen Reisebeschreibung von Urquhart, welche so eben erschienen ist, beläuft sich die Anzahl ihrer Einwohner noch etwas über 12 Mill., worunter die Mahomedaner etwas über den dritten Theil ausmachen.

Die hierbei befindliche Abbildung giebt einigermaßen eine Vorstellung von der schönen Außenseite des einen Theils von Konstantinopel; sie ist von der Hügelseite oberhalb Galata aufgenommen. An diesem Punkte stand ein alter genuesischer Thurm, der vor drei Jahren niedergebrannt ist, von welchem die Ansicht der Stadt von einer entzückenden Schönheit war.

Die Zeitschriften.

Die Zeitschriften sind überall das Werkzeug der Verbreitung der Bildung und Versittigung und eine wahre Geschichte des Vorwärtsschreitens eines jeden Volkes in der Politik, in den Künsten und Wissenschaften, in Gewerben und Handthierungen jeder Art, in allen Lebensgenüssen und Bequemlichkeiten. Sie unterrichten und vergnügen jede Volksklasse.

Da die Zeitschriften in unsern Tagen so viel Gutes neben so vielem Bösen bewirken, so muß die Kunde ihrer Entstehung und ihrer Entwickelung eine nützliche Belehrung für die Zeitgenossen seyn. Wir liefern zu dieser Forschung einige Thatsachen.

Merkwürdig bleibt immer, daß die Zeitschriften, besonders politische, erst so spät entstanden, und dann, daß die ersten Zeitschriften politische waren. Die älteste politische Zeitung hatte Venedig 1563, aber sie durfte unter dessen argwöhnischer Verwaltung nur geschrieben, aber nicht gedruckt vertheilt werden. Sie enthielt Kriegs-

und Handels-Nachrichten, und jedes Blatt kostete eine Münze, genannt Gazetta. Die älteste politische Zeitung erschien in England im Jahre 1588, als die spanische Armada dieses Reich bedrohte und durch ihre Agenten in England besonders die katholischen Mitbürger Englands in Hoffnungen und die protestantischen in Furcht setzen wollte. Lord Burleigh, damaliger Minister der Königin Elisabeth, rieth solcher, ihm zu erlauben, ihr Volk vom wahren Stande der Dinge amtlich durch eine Hofzeitung zu unterrichten. So erschien bei Christoph Barker, Hofbuchdrucker, in jenem Jahre ein Blatt des englischen Merkurs am 26. Juli 1588 mit folgendem Artikel:

„Ehegestern hatten die schottischen Gesandten, eingeführt durch Sir Francis Walsingham, eine Privataudienz bei Ihrer Majestät der Königin, und überreichten derselben ein Schreiben ihres königlichen Herrn (Jakob VI., nachherigen Thronfolgers der Königin), enthaltend die herzlichsten Versicherungen seines Entschlusses, dem Interesse Ihrer Majestät und der protestantischen Religion treu bleiben zu wollen. Wobei wir ein weises und geistvolles Wort des jungen Fürsten (er war damals 22 Jahre alt) an den Minister der Königin an seinem Hofe hervorheben, daß er, wie einst Ulysses vom Polyphem, vom spanischen Hofe keine andere Gunst erwarte, als von solchem zuletzt verzehrt zu werden."

Würde sich, sagt der Geschichtschreiber Chalmers, irgend eine Hofzeitung unserer Tage zweckmäßiger und unterhaltender für das Volk, in gleichen Verhältnissen, als damals Englands Monarchie zum spanischen Hofe stand, über die Einführung eines fremden Gesandten ausdrücken können? Eine andere Merkwürdigkeit dieses Blattes ist, daß es nicht eine Spur von dem in unsern Tagen so beliebten Hofceremoniel, das damals gewiß nicht fehlte, enthält, weil daraus das vernünftige englische Volk keine Belehrung geschöpft haben würde.

Aber Burleigh schrieb stets nur außerordentliche Hofzeitungen, denn er verstand vollkommen, bald sein Vaterland in Schrecken zu setzen, bald dessen Muth und Patriotismus in diesem gefährlichen Kriege zu erheben.

Das erste Blatt des engl. Merkur erschien wahrscheinlich im April 1588, als Spaniens Armada sich den Küsten Englands näherte.

Nachdem die spanische Flotte zerstreut und die Gefahr der Landung der Spanier abgewendet worden war, erschien die außerordentliche Hofzeitung seltener. Den 24. Novbr. 1588 berichtete solche, daß an diesem Tage in den Staaten der Königin ein allgemeines Dankfest wegen des Sieges und der Vertilgung der spanischen Armada im brittischen Reiche gebührend gefeiert worden sey. Auch da fehlt das Programm des Textes, der Gesänge, Litaneien und Prozessionen, denn Burleigh schrieb in den Berichten an die Königin und an seine Mitbürger kurz und kräftig, in einer edlern Sprache, als sie damals der Kanzleistyl verlangte. Frankreich erhielt erst unter dem Minister Richelieu eine Hofzeitung durch ein Patent, das Theophrast Redaunot in Paris ertheilt wurde.

Als die Hofzeitung Burleigh's schwieg, verlangte das an solche Berichte gewöhnte Volk etwas Aehnliches; doch der Minister hörte auf, daran selbst zu arbeiten. Das neue Blatt hieß „die Neuigkeiten der letzten Woche."

Während des bürgerlichen Krieges in England, in den Tagen der unglücklichen Mißverständnisse Karl's I. mit seinem Volke, erschienen unter dem Namen „Neuigkeiten" eine Menge Partheischriften. Im

Jahre 1665 refidirte Karl II. wegen der Pest in London, in Orford, und hielt dort Parlament. Das benutzte die dortige Universität und gab eine Orforder Hofzeitung heraus. Sie wurde in London nachgedruckt auf zwei kleinen Folio=Seiten, auf Verlangen der Kaufleute und der Gentry. Von 1661 bis 1688 erschienen 70 Zeitungen und im Jahre 1696 für die Londoner Kaffeehäuser neun Zeitungen, von denen der London Courant am meisten gelesen wurde.

Nachdem die Königin Anna 1702 den Thron bestiegen hatte, erschien 1709 ein Daily Courant, also alle Tage, nur nicht an Sonntagen. Die andern Zeitblätter erschienen höchstens drei Mal in der Woche, oder noch seltener. Im Jahre 1831 wurden blos in London 22 Millionen Zeitungen, ungeachtet des kostbaren Stempels und der hohen Abgabe von Bekanntmachungen, ausgegeben.

Die erste deutsche Zeitung Aviso (eine Nachahmung der Gazetta) erschien in Deutschland 1612, und im Jahre 1615 das Frankfurter Journal.

Die Zeitungspolitik bearbeiteten lange allein die Ministerien und ihre Anhänger. Die Opposition wagte nur durch Thatsachen eine den Ministerien widrige Meinung, ohne alles freimüthige Urtheil auszudrücken. Die Thatsachen, Manifeste, Hofberichte aus der civilisirten Welt sammelte mit Unpartheilichkeit der Hamburger Correspondent, ein Zeitungsblatt, das sich nun schon 130 Jahre hält.

Es scheint jetzt fast alle deutsche Regierungen die Idee ergriffen zu haben, durch eine Landeszeitung im Plane Burleigh's die Volksmeinung leiten zu wollen. In den vier deutschen Freistädten sind die Redaktionen sehr unabhängig in der Darstellung des Inländischen, sie verschmähen aber mit Vorsicht, sich für oder gegen einige Mißbräuche ihrer Republik auszusprechen. In Hinsicht der ausländischen Berichte waltet eine strenge Censur vor.

In den konstitutionellen deutschen kaiserlichen, königlichen und großherzogl. Staaten tragen die ministeriellen Landes=Zeitungen die Farbe des Ministeriums. Selbst einige herzogliche und fürstliche Staaten haben einige Landeszeitungen, und die Gunst der Mehrheit des Bundestages scheinen in Frankfurt die Oberpostamts= und die dortige französische Zeitung zu verdienen.

Wir haben drei merkwürdige Amtszeitungen dreier absolut, jedoch keineswegs willkührlich regierter Staaten, die Petersburger, die Berliner und die Wiener. Alle drei tragen die Farbe des gebildeten Theils ihrer Nation und belehren uns schnell über Landesverbesserungen, die von der Regierung oder von großmüthigen oder klugen Privatleuten ausgehen, jedoch in Gegenständen des Handels und des Gewerbfleißes mehr, als in Gegenständen der Landwirthschaft, wenn sie nicht eine unmittelbare Stütze des Gewerbwesens sind, was freilich bei der Wichtigkeit der Landwirthschaft getadelt werden kann.

Von dem ächten brittischen Patrioten, Lord Brougham, ging die Idee aus, die Aufklärung und den Segen nützlicher Kenntnisse für alle Klassen durch wohlfeile Schriften zu verbreiten.

Uebrigens vergessen die engl. Zeitungen sämmtlich und daher auch die ausländischen, das Publikum vom Inhalte und den Debatten der parlamentarischen Privatbills zu unterrichten, und oft sind diese Debatten für uns weit lehrreicher, als die so oft wiedergekäueten Ministerial= und Oppositionsmeinungen über allgemeine Gesetze und Staatsverwaltung.

Die Privatbills sind nämlich Gesetze für einzelne Fälle, die auf Antrag der Betreffenden gegeben werden, welche auch auf vergangene Begebenheiten Einfluß haben.

Dahin gehören Abänderungen testamentarischer Verfügungen, wenn die Erben solche in ihrem eigenen und im Gemeinwohle abgeändert wünschen. So hatte einmal ein verschwenderischer Lord testirt, daß zur Bezahlung seiner ungeheuern Schulden seine irländischen Besitzungen verkauft und die englischen den Erben verbleiben sollten. Die Erben verlangten das Umgekehrte, weil sonst die Schulden nicht bezahlt werden konnten, und erlangten es. Ferner gehören zu den Privatbills die Gemeinheitstheilungen, wenn sich die Interessenten, die Zehentherren u. s. w. darüber nicht einigen können, die Kanal= und die neuen Eisenbahnen, um die Landbesitzer zu zwingen, das nöthige Land nach unpartheiischer Schätzung Sachverständiger den Unternehmern zu überlassen; auch die Strafe der Verbrecher, über die die Gesetze nichts deutlich bestimmt haben; denn in England darf nur die Gesetzgebung und nicht der Richter Willkühr üben. Daselbst gilt keine Anwendung älterer Entscheidungen in ähnlichen Fällen. Das Parlament läßt sich nur durch klar scheinende Grundsätze des Gemeinwohls u. s. w. leiten. Wir könnten daraus viel Lehrreiches schöpfen; aber noch hat kein Schriftsteller diese Quelle mancher Belehrungen über weise Entscheidungen und über Fehlschritte des britischen Parlaments studirt, zur Lehre für die Briten und für das Ausland. —

Vergleichung des Vergnügens des Zeitvertreibs mit dem Vergnügen der Kunstbetriebsamkeit in unserm Berufe.

Wie sehr irrt sich Derjenige, welcher wähnt, sich ein fortdauerndes Vergnügen zu verschaffen durch Wechsel der Belustigung und Ergötzung! Der Wollüstigste und Liederlichste würde es eine langweilige Qual nennen, sich stets mit seiner Jagd und seinen Hunden, oder mit Würfeln, oder Buhlschaften beschäftigen und zur Erholung in Wirthshäusern und Trinkgelagen seine Zuflucht nehmen zu müssen, um sich nicht beständig auf einerlei Art im Müßiggange zu vergnügen, dürfte er nicht bisweilen den Spaten und die Hacke ergreifen, um zu mehr Abwechselung in seiner Unterhaltung zu gelangen. Es ist dagegen ein großes Glück in der Einrichtung der Vorsehung, daß jedes der Menschheit nützliche Gewerbe des Berufs oder Amts, wenn es uns auch noch so lange beschäftigt, dennoch ohne Ueberdruß oder Widerwillen fortgesetzt werden kann. Das nämliche Handwerk und der nämliche Betrieb, welche uns in der Jugend ansprechen, erfreuen uns auch im Alter noch. Man steht jeden Morgen nach saurer Arbeit des vorigen Tages munter von seinem Bette auf, kehrt zu seinem Hammer und Amboß zurück und verrichtet auch wohl singend saure Arbeit, die sogar am Ende eine liebe Gewohnheit wird. Das Treiben derselben wird uns so sehr zur andern Natur, daß wir nichts Anderes mit bleibendem Vergnügen vollbringen, als die einmal erwählte Arbeit.

Der weise Johnson hält den Menschen für den Glücklichsten, der neben einem eifrig betriebenen Berufsgeschäfte zu seinem Vergnügen irgend etwas Wissenschaftliches treibt, und erklärt, daß nur der viel beschäftigte Mann tugendhaft oder glücklich sein könne. Burton in seiner Untersuchung über die Schwermuth räth den dazu geneigten Menschen, vor Allem Einsamkeit und Müßiggang zu fliehen. Auch der reichste Mann ist nur glücklich durch Arbeit und verfehlt seinen natürlichen Beruf und das Glück seines Lebens, wenn er nicht arbeitet.

Davy's Sicherheitslampe.

Davy erfand dieselbe im Jahre 1815. Die Veranlassung dazu gaben ihm die mit jedem Jahre zahlreicher werdenden Unglücksfälle, die sich durch Entzündung brennbarer Luftarten, schlagender Wetter, wie die Bergleute sie nennen, in den englischen Kohlenbergwerken ereigneten. Die brennbaren Luftarten, die sich aus alten verlassenen Gruben und aus den Spalten der Stein= und Steinkohlenschichten entwickeln, sind die häufigsten und gefährlichsten, weil sie, mit atmosphärischer Luft gemischt, eine Explosion veranlassen, so bald sie das Grubenlicht des Bergmanns erreicht. Durch diese Explosion werden oft ganze Strecken der Bergwerke verschüttet, und die in der Tiefe arbeitenden Bergleute werden entweder durch sie verstümmelt oder getödtet, oder durch das Einstürzen der Zugänge aller Hülfe beraubt. Da nun der Bergmann weder die Lampe entbehren noch den Ort, wo sich schlagende Wetter gesammelt haben, im voraus erkennen kann, so war Alles daran gelegen, die Absperrung der brennenden Lampen von der äußern Luft zu bewirken und sie doch brennend zu erhalten. Davy fand, daß die Explosion nur dann erfolge, wenn ein hoher Grad von Erhitzung entstehe. Vorzüglich erregte die Erfahrung, daß die Flamme unserer Lampen durch ein Gewebe aus sehr dünnen Metalldrähten nicht hindurchdringe, wenn die Oeffnungen klein sind, seine Aufmerksamkeit und er bemerkte, wie der Prof. Brandes in Leipzig in seinen so lehrreichen und unterhaltenden Vorlesungen über die Naturlehre zur Belehrung derer, welchen es an mathematischen Vorkenntnissen fehlt (1.—3. Theil. 1830—32. Leipzig bei Göschen) sagt, daß bei sehr feindrähtigen und gewebten Drahtnetzen dieses Zurückhalten der Flamme so vollkommen statt fand, daß es selbst durch das Glühendwerden des Drahtnetzes nicht aufgehoben ward. Da die brennbaren Dämpfe, der Rauch und die Mischung brennbarer Luftarten, aus deren Entzündung die Flamme entsteht, durch das Gewebe durchdringen und sich vermittelst einer hinzugebrachten Flamme entzünden lassen, obgleich sie sich durch die an der andern Seite des Gewebes brennende Flamme nicht entzünden, so schloß Davy, daß die Hitze des dünnen Drahtes selbst im Glühen nicht so groß sey, daß die Entzündung der Luftmischung dadurch bewirkt werden könne, daß die Abkühlung es sey, wodurch das Drahtgewebe die Flamme zurückhält. Auf diese Versuche und auf die daraus hergeleitete Ansicht gestützt, ließ er einen die Lampe ganz umschließenden Cylinder von Drahtgewebe verfertigen, so daß die äußere Luft durch die engen Oeffnungen des Gewebes zutreten, aber auf keinem andern

Wege zur Flamme gelangen konnte; die Lampe brachte er geradezu in eine Knallluft und hatte das Vergnügen, zu sehen, daß die Explosion sich nicht bis auf die Luft außerhalb des Drahtcylinders verbreitete. Bringt man nämlich diese Lampe zuerst in eine nur mit wenigen brennbaren Luftarten gemischte Atmosphäre, so vergrößert sich blos die Flamme; steigt die Menge der brennbaren Luft auf ein Zwölftel des Raums der Luft, so erfüllt sich der ganze Drahtcylinder mit einer blauen Flamme, worin die Lampenflamme mit einem helleren Lichte fortbrennt; beträgt die brennbare Luft ein Fünftel des Ganzen, so erfüllt sich der ganze innere Raum des Drahtcylinders mit starkem Lichte, aber auf den umgebenden Raum dehnt sich diese Entzündung nicht aus. So war also die Erfindung einer Sicherheitslampe für den Bergmann gemacht. Damit aber das Drahtnetz den Zweck, die Flamme zurückzuhalten, erfülle, muß es sehr sorgfältig gemacht und unterhalten seyn, damit sich nirgends eine größere Oeffnung finde; der Draht muß so fein seyn, daß er nur ungefähr $\frac{1}{40}$ Zoll stark ist; vor allem aber müssen die Maschen so eng seyn, daß sie nur $\frac{1}{20}$ Zoll Zwischenraum lassen, damit nicht die in die Oeffnungen eindringende Flamme, in der Mitte zu wenig abgekühlt, durch das Gewebe hindurchdringen kann.

Diese Lampe hat unten ihr Oelgefäß, das abgeschraubt und mit Oel gefüllt werden kann; dann zündet man die Lampe an und verschließt durch das Aufschrauben des Drahtcylinders jeden andern Zutritt der äußern Luft. Diese Erfindung, welche sich Davy theuer hätte bezahlen lassen können, theilte er dem Publikum ohne Verzug mit. Merkwürdig bleiben die Worte dieses Menschenfreundes, als man ihm anrieth, wegen dieser wichtigen Entdeckung sich ein Patent geben zu lassen: „Ich werde nie meine Kenntnisse und Forschungen zum Reichwerden benutzen, und bin dadurch, daß ich etwas Gutes stifte, hinreichend belohnt. Mehr Vermögen, als ich besitze, würde mir nur Beschwerde veranlassen und mich abziehen von dem Eifer in den Studien, denen ich mich gern widme. Mehr Reichthümer würden meinen Ruhm und mein Glück nicht vermehren. Unstreitig könnte ich dann mit vier Pferden fahren; aber was gewänne ich, wenn das Publikum sagen könnte: Sir Humphrey kann jetzt vier Pferde vor seiner Kutsche anspannen lassen? Demjenigen, welcher Reichthum und Auszeichnung zu den edelsten Zwecken benutzt, mag man die Schwäche verzeihen, wenn er beide zu hoch anschlägt."

Zucker.

Fast überall kann man den Zucker als ein nothwendiges Lebensbedürfniß ansehen. Selbst die rohen nordamerikanischen Wilden verschaffen sich ihn durch Bereitung aus dem Safte des Ahorns. Kein anderes Produkt wird in so großer Menge aus warmen Ländern Europa zugeführt, denn die Produktion des Rübenzuckers macht, ungeachtet der hohen Einfuhrzölle auf fremden und Kolonialzucker, selbst in Frankreich, Oesterreich und Preußen nur langsame Fortschritte. Hayti, Ostindien und ein Theil von Kuba bauen sehr viel Zucker, sogar zur Ausfuhr, ohne Sklaven, und bekanntlich ist Ostindiens Deltazucker der wohlfeilste von allen, ohne gerade der gereinigteste zu sein. An Zoll und Licent erhebt Großbritannien vom Zucker 5 Millionen Pf. Sterling jährlicher Staatseinkünfte. In keinem Staate ist der Anbau und die Reinigung des Zuckers älter, als in China, aber es führt von diesem Produkte wenig aus. In Menge producirt der nordamerikanische Staat Louisiana den nördlichsten Zucker, und in einer weit höhern Region, fast unter dem Aequator, gedeihet er in den Gebirgen um Bogota, in der amerikanischen Republik Granada.

3 u c k e r.

Es giebt Zuckerarten, die in Gegenden, wo der Boden neu und feucht ist, bis 20 Fuß hoch wachsen. Der Anbau ist mühsam, obgleich man schon anfängt, die Erde durch Pferde, Ochsen oder Esel zu bearbeiten. Der Zucker liebt einen etwas feuchten Boden. Man braucht ihn nicht jährlich neu zu pflanzen, aber jährliche Nachpflanzung ist rathsam.

Das otaheitische Zuckerrohr, das der Capitän Bligh im Jahre 1789 in Westindien eingeführt hat, liefert ein Drittheil mehr Saft als das amerikanische oder gewöhnliche. Seit mehrern Jahren hat der Anbau des Zuckerrohrs in Amerika sehr zugenommen.

Zum Auspressen des Saftes braucht man Zuckermühlen, läßt das Rohr zwei Mal zwischen Cylindern ausdrücken und verbraucht dasselbe bald zur Streu, bald zum Viehfutter, und endlich zur Feuerung der Siedekessel u. s. w. Der gesammelte Saft muß schnell eingekocht werden, damit er nicht sauer werde. Je mehr Säure er hat, desto mehr bedarf er zu deren Ausscheidung Kalk, der die Säure und andere Unreinigkeiten ansaugt und hernach beim Auskochen auswirft. Der Saft muß solche durch Wasserabdampfung ausscheiden und sich körnen, wenn er kalt geworden ist. Im Durchschnitte geben allemal fünf Gallonen Zuckerrohr=Saft, Kaisermaßes (ungefähr 20 Quart), 6 Pfund krystallisirten Zucker. In dieser Form kommt er nach Europa, wo er abermals geläutert und in Zuckerhüten vom Syrup geschieden wird. Der Syrup mit andern Unreinigkeiten liefert durch die Destillation Rum, wovon alle Zuckerländer viel ausführen. In den kältern Gegenden ist die Raffinirung schwierig, daher verfertigen die Lübecker Zuckersieder Zucker aus Petersburger Syrup.

Die James Watt in der Westminsterabtei gesetzte Bildsäule.

Außer dieser, von Chantrey aus weißem Marmor verfertigten Bildsäule setzte das dankbare Publikum dem großen Verbesserer der Dampfmaschinen mehrere Denksäulen. Man sieht in den Mienen dieses Bildes das ruhige Nachdenken Watt's. Er wurde 1736 zu Greenock, in der schottischen Grafschaft Renfrew, geboren. Sein Vater war ein unternehmender Kaufmann und Patriot. Als ein geschickter Mechaniker verfertigte der Sohn mathematische Instrumente, besonders für die Universität Glasgow, beschäftigte sich aber seit 1764 mit Verfertigung von Dampfmaschinen, welche er vereinfachte, nachher ward er Baumeister und legte Kanäle an. 1773 erfand er die Kopirmaschine. In seinen folgenden Unternehmungen mit dem reichen und erfahrnen Boulton hinderte ihn nichts, große Ideen ins wirkliche Leben einzuführen. Er starb 1819 zu Heathfield bei Birmingham, und sein und Boulton's Sohn setzten nach der Väter Tode die große Fabrik von Dampfmaschinen, welche seitdem immer mehr vereinfacht worden, fort. Durch James Watt erlangte Englands Fabrikatur die große Ueberlegenheit über andere Staaten, wodurch er die Macht der Menschen über die materielle Welt feststellte und vom Ganges bis zum Missisippi als ein Wohlthäter der Menschheit verehrt wird.

Die James Watt in der Westminsterabtei gesetzte Bildsäule.

Zehn Lebensregeln des verstorbenen nordamerikanischen Präsidenten Jefferson an seinen Neffen Thomas Jefferson Smith.

1. Verschiebe nie auf Morgen, was du heute thun kannst.
2. Laß nie einen Andern ausführen, was du selbst thun kannst.
3. Gieb nie Geld aus, ehe du es wirklich besitzest.
4. Kaufe nie etwas, auch selbst nicht das Wohlfeile, wenn du es nicht bedarfst.
5. Stolz kostet uns mehr, als Hunger, Durst und Kälte zu ertragen.

6. Nie gereuet es uns, zu wenig gegessen zu haben.

7. Nie ist uns das lästig, was wir gern gethan haben.

8. Wie viele Sorgen machten uns nie eingetretene mögliche Unfälle?

9. Greife Alles mit sanfter Hand an.

10. Im Zorne rede nie, ehe du lange überlegt hast.

Nach diesen Regeln verwaltete dieser Präsident, als erster Staatsbeamter, sein Vaterland. Nord-Amerika hatte bisher sieben Präsidenten, von denen vier in Virginien, zwei in Massachusetts, und der jetzige Präsident Jackson in einem der westlichen Staaten geboren wurde. Alle waren republikanisch gesinnt. Keiner bereicherte sich im Amte. Einige waren gegen untreue und nachlässige Beamte zu nachsichtsvoll. Monarchische Pläne hatte keiner, oder sah ein, daß sie mißlingen würden. Mit dem öffentlichen Gelde gingen alle sehr sparsam um.

Arbeit.

ist die Schöpfung solcher Dinge, welche durch die menschliche Thätigkeit uns oder den lebenden, oder den künftigen Mitmenschen gegenwärtig oder künftig nützlich sind oder hoffentlich werden können. Sie ist bald freiwillig, bald Zwang. Bald wirkt der Arbeitende für sich, bald für Andere. Bald veredelt sie eine frühere Schöpfung der Natur, oder wirkt mit zur Schöpfung, wie beim Landbaue. Auch der Geist schafft Arbeiten und producirt oft viel durch eine kluge Leitung mechanischer Kräfte. Jeder Stand ist zur Arbeit bestimmt und jedem edeln Menschen ist Arbeit als Beschäftigung Bedürfniß.

Was wird aber die menschliche Arbeit und unser Beobachtungs- und Erfindungsgeist künftig noch schaffen? Welche Schwierigkeiten überwand einst der Aegyptier und Italiener ꝛc. im Fortschaffen und Heben großer Massen? Wir scheinen in der Kunde der Mechanik dem roheren früheren Zeitalter noch nicht zu gleichen. Weiß nicht der Mensch den Blitz zu leiten, berechnet er nicht das Alter der Schichten des Erdreichs, schafft er nicht Wunder durch Wasserdampf und unterwirft er nicht immer mehr seiner Benutzung und Verbesserung alle landwirthschaftlichen Thiere und Maschinen? Giebt er nicht auch der Ungesundheit halber verrufenen Gegenden die Gesundheit wieder? Alle Zweige des nützlichen Wissens bleiben jetzt nirgends lange blos örtlich benutzt, sondern werden Gemeingut aller Länder u. s. w. Aber alles das kostet Erfindung, Beobachtung, Vergleichung und Arbeit in der Ausführung. Der civilisirte arbeitende Mensch erhebt sich immer mehr über den uncivilisirten, der nicht arbeiten will. Sobald Beide neben einander leben, ahmt der Wilde die Laster in der Lebensart der civilisirten Menschen vor Allem nach und verfügt dadurch sein Geschlecht, wenn er nicht eilt, die ganze Civilisation sich anzueignen.

Vortheile einer hohen Civilisation.

Völker, welche in Staaten einer hochgestiegenen Civilisation leben, gewöhnen sich dergestalt an die unzähligen eigenthümlichen Bequemlichkeiten eines Lebens, an welchen sowohl Reiche als Arme auf gleiche Art, wie an der eingeathmeten Luft Theil nehmen, daß sie z. B. die Vortheile der sichern und trefflichen Wege, der erleuchteten Gassen, der öffentlichen Märkte, wo das Nothwendige und der Luxus des Lebens zu allen Preisen ausgeboten werden, der wohlfeilen und schnellen Transportmittel der Personen und der Güter und vor allem der glücklichen Vertheilung der Arbeit, wodurch die Bedürfnisse Jedermanns, und selbst der großen Menge, leichter, überflüssiger und wohlfeiler geliefert werden, als wenn ein Jeder sich das Nöthige durch eigne Anstrengung verschaffen mußte, leicht übersehen. Man reist wohlfeiler in England in einem Eilwagen und trifft überall einen guten Tisch und ein besseres Nachtquartier an, als in Sicilien, wo man sein Bette und Kochgeräthe mit sich führen und gute Worte geben muß, um ein Nachtquartier zu erlangen, statt daß in Staaten mit einer höhern Civilisation der Wirth dem Gaste dankt, daß er bei ihm eingekehrt ist.

Amerikanische Höflichkeit.

Jedes nordamerikanische Frauenzimmer, selbst wenn es unter seinen Ahnen Neger zählt, hat in jeder Postkutsche und in jedem Packetboote durch Herkommen das Recht auf den Ehrenplatz und setzt sich niemals rückwärts; hat ein Mann den Platz in Besitz genommen, so ist es Sitte, daß er ihn der Dame einräumt. Dies war dem bekannten englischen Reisenden, Herrn Stuart, weil er nicht gewohnt war, rückwärts zu fahren, so unangenehm, daß er auf der Post sich bedang, sein mit dem Gesicht nach den Pferden gerichteter Sitz solle ihm wider jeden weiblichen Anspruch gewährt seyn. Als aber bald, nachdem er angekommen war, eine Amerikanerin, die später in die Kutsche stieg, ihn ersuchte, ihr seinen Platz einzuräumen, und er sich dessen weigerte, schrie Jedermann, daß er Unrecht gehabt, den Platz, den er besaß, sich wider den Willen einer Reisegefährtin ferner zuzueignen, und er mußte denselben räumen, als selbst der Postmeister erklärte, sein Schreiber habe etwas versprochen, wozu er nicht befugt gewesen sey. Später war Herrn Stuart jedoch die Gesellschaft lieb, so daß das anfängliche Mißverständniß die betreffenden Personen zu einer nähern angenehmen Bekanntschaft führte.

Naturhistorisches Allerlei.

1.

Wenn die Weizenernte angeht, reist der langbeinige Storch aus unsern Gegenden ab. Seine Jungen haben bereits fliegen gelernt. Er hat sie auf dem Bauerdache, wo er nistete, längst eingeübt. Die, welche sich ungelehrig anstellten, stieß er vom Dache hinab, da lernten sie schon die Flügel ausbreiten. Kurz, mit dem August nimmt der Storch Abschied. Er könnte, was die Nahrung betrifft, lange noch warten, denn Frösche und dergleichen bis Ende Octobers hin zu haben. Aber er hat eine weite Reise zu machen und nimmt sich vermuthlich mehr Zeit dazu, als die Schwalben.

2.

Wenn die ersten Mandel im Felde stehen, läßt die Lerche ihr Lied verstummen; statt ihrer kommt die schöne Mandelkrähe, die keinen Baum, sondern eine Mandel (Garbenhaufen) im Felde zu ihrem Ruheplatz wählt und in der Mark zu Hause ist. Ihr Gefieder gehört zu dem schönsten, was ein deutscher Vogel zeigt; ihr ähnlich ist der Holzheher, zu dessen Gattung sie auch gehört.

3.

Der Strauß frißt eine Menge Dinge, die andern Geschöpfen den Tod zuziehen würden: Glas, Eisen, Holz, Steine, Wolle, Haare und dergleichen. Unser Storch gleicht ihm darin. Götze*) fand in dem Magen eines solchen zerbrochene Stücke von Glasscheiben, Kieselsteine, mehr als 60 Kirschsteine, eine Federmesserklinge, ohne daß die Falten des Magens, die hart wie das gebrannte Leder waren, im mindesten Schaden gelitten hatten.

4.

Im Sommer gegen Abend, wenn es recht warm ist und nicht Dünste in der Luft genug da sind, einen gewöhnlichen Regen zu bilden, beobachtet man oft einen Regen bei Sonnenschein, einen Sonnenregen, den man, schiene nicht die Sonne in die Tropfen, gar nicht sehen würde. Der Aberglaube sucht in ihm eine Ursache des Mehlthaues; man meint, daß er zur Erzeugung von Fliegen und Geschmeiß beitrage, weil man, wenn ein solcher Sommerregen stattfindet, allerdings viel dergleichen auf den Blättern, im Grase, unter den Blättern findet. Allein hier ist Ursache und Wirkung mit einander verwechselt. Der Sonnenregen erzeugt dergleichen nicht; er lockt nur die vorhandenen hervor. Es thut diesen Insekten wohl, vom sanften, warmen Regen erquickt und von der zugleich scheinenden Sonne belebt zu werden. Der gewöhnliche Regen verscheucht alle Insekten; er macht es ihnen unmöglich, mit ihren zarten Flügelchen in der Luft auszuhalten. Der Sonnenregen ist zu schwach und die Sonne zehrt die Tropfen zu schnell auf, als daß er sie nicht locken sollte, sich der erquickenden Luft und Feuchtigkeit zu freuen.

5.

Wie kommt denn eine Spinne von einem Baume zum andern und schlägt in der Mitte zwischen beiden ihr künstliches Netz auf? Oefters ist zwischen beiden solchen Bäumen ein Bach, ein Fluß, und folglich nicht die Rede davon, daß sie von einem Baume herab auf der Erde nach dem andern hinüber und dann an ihm herauf laufe. Wie macht sie es denn nun da, ihren ersten Faden, der zur Brücke dienen muß, anzuheften? Sie hat zweierlei Fäden: zum Niederlaufen und zum Emporsteigen. Die ersten spinnt sie aus ihren Warzen doppelt, die andern sind einfach. Den doppelten Faden läßt sie in dem bemerkten Falle frei fliegen, bis ihn ein günstiges Lüftchen über den Fluß hinüber nach dem entgegengesetzten Gebüsch oder Baum trägt, und dann eilt sie schnell hinüber, ihn zu befestigen. Ihre Brücke ist fertig. Jetzt ist es ihr leicht, andere Fäden in Verbindung zu setzen und ihr Netz für alle Insekten zu stricken, die unvorsichtig den Fluß hinauf oder hinab wollen **).

6.

Woher kann man denn wissen, wie alt die Fische sind? In ein Bürgerregister sind sie freilich nicht

---

*) Götze's nützliches Allerlei I. S. 241. Leipzig 1785.
**) Einige wollten diese Beobachtung bezweifeln. Allein die neuesten Versuche, welche darüber die literarischen Blätter der Börsenhalle vom 9. Febr. d. J. mittheilen, bestätigen sie auf unwiderleglich

eingetragen, und auf Monate und Tage ist es auch nicht zu bestimmen. Allein ein gutes Vergrößerungsglas läßt die Sache ergründen. Man darf nur eine Schuppe quer durchschneiden. Jede besteht aus Plättchen, die über einander liegen. Alle Jahre legt sich ein solches neu an und auf, wie der Baum alle Jahre einen neuen Ring im Holze ansetzt. So viel solcher Plättchen die durchgeschnittene Schuppe eines Fisches zeigt, so viel Jahre zählt derselbe.

7.

Wodurch erkennt denn ein Lämmchen seine Mutter unter so vielen hundert Schaafen? Es meckert und läuft herum und horcht, denn dem meckernden Lamme antwortet die Mutter, die seinen Ton vernimmt. Aber der Ton einer jeden ist verschieden, hoch und tief, schwach und stark hört man die Stimmen unter einander. Mit einem Male sieht man das Lämmchen nach seiner Mutter hinspringen. Es hat ihre Stimme erkannt. Beide finden sich. Beide sind nun still. Bebelnd und auf den Knieen liegend saugt es die süße Labung, die ihm die Mutter reicht. Wie doch die Natur Alles so einfach einzurichten weiß!

Sibyllentempel zu Tivoli.

Nach Tivoli's Bergen flüchten die Römer und die Fremden aus Rom während der Hitze und der ungesunden Luft. Tivoli liegt etwa 4½ deutsche Meilen von Rom auf dem Rücken eines romantischen Berges mit Oelgärten, Klöstern, Villen und vielen römischen Alterthümern, und hat beinahe 10,000 Einwohner. Die noch höheren Spitzen des Berges Catili und die halbzirkelförmige Kette der sabinischen Gebirge schützen Tivoli vor kalten Winden, indeß man nach dem freien Süden Rom und seine Gegend umher nebst den blauen Wellen des Mittelmeers überschauet. Jedoch ist die Stadt selbst keineswegs schön. Müßig, arm und Bettler mögen die Einwohner seyn, aber Gesundheit, welche den Römern mangelt, strahlt aus den Gesichtern der ganzen Bevölkerung. Man kann nach Belieben von Rom aus den Weg über eine alte römische Straße nehmen, deren Pflaster an manchen Stellen noch so gut erhalten ist, als vor 2000 Jahren, wo der Dichter Horaz diesen Weg nach seinem Landsitze in dem Sabinerlande einschlug. Ueberall trifft man Alterthümer und Ruinen der Villen berühmter römischer Namen an. Aus den Fenstern des Sibyllenwirthshauses sieht man den prachtvollen Wasserfall des Anio, jetzt Teverone genannt, und die zierlichen alten Tempel der Sibylle und der Vesta, welche drei Gegenstände das Merkwürdigste sind, was man in Tivoli sehen kann. Der Fluß kommt aus dem Sabinergebirge und stürzt seine große Masse, 200 Fuß tief, in einen von Felsen umgebenen engen, halbzirklichen Schlund hinab, indem er immer tiefer von einem Felsen zum andern oder aus einer Höhle niederfällt. Man sieht eigentlich zwei Wasserfälle vor sich; zum Theil sind die Felsen mit Laubbüsch bekleidet und das Wasser hat manche Höhle ausgewaschen. An einer Stelle durchbrach die Kraft des Wassers einen Felsen und bildet eine natürliche Brücke, über welche man schreiten und den Fall von oben oder nach Belieben von unten überschauen kann. Rechts steht auf der Spitze eines hohen und steilen Felsens zur Seite des Schlundes der nach alter Sage der Sibylle geweihete runde Tempel. Das zum Theil noch vorhandene Gebäude stützten 18 Pfeiler im schönsten korinthischen Style, von diesen haben sich aber nur noch 10 mit dem Hauptgebäude erhalten. Keinen erhabeneren Platz konnte der Erbauer, um Eindruck zu machen, wählen, und diese Wahl entschied noch mehr für das Ehrwürdige des Tempels, als die innere Schönheit des Baues, im Gegensatze zu der wilden Gewalt des Wassers. Diese in ihrer Art einzige und wunderschöne Ruine ist so oft in Kupfer gestochen worden, daß sie keiner umständlichen Beschreibung bedarf, jedoch geben die Kupferstiche das Ganze immer treuer, als der Maler, da der Pinsel den schwarzen untern Schlund nicht darzustellen vermag.

Sibyllentempel zu Tivoli.

Der andere Tempel bei Tivoli steht nahe bei dem Tempel der Sibylle und führt auch bisweilen deren Namen, aber die Zeiten und die Menschen haben solche Ruine weniger geschont, von welcher die vier noch vorhandenen Pfeiler in die Mauer einer jetzt unbenutzten, selbst Ruine gewordenen Pfarrkirche eingeklemmt sind.

Lappländische Strümpfe.

Das Binsengeschlecht wird im Garten und im Felde zu manchen Dingen benutzt; in der Grafschaft Hereford bindet man damit junge Hopfenpflanzen fest, in Cambridge macht man damit Feuer an, und überall liefert solches das Geflechte des Sitzes der Binsenstühle.

Die Lappländer sind gewohnt, im Winter wegen der in den Wäldern geringern Kälte, sich in dieselben sammt ihren Heerden zurück zu ziehen, welche daselbst keine andere Nahrung als Rennthiermoos antreffen. Ist auch der Tag dann kurz, so ist doch wegen des Nordlichts und des Wiederscheins des Mondlichts die Nacht desto heller, bei der freilich schrecklichen Kälte. Nichts leidet durch die letztere mehr, als die Extremitäten unserer Glieder, weil sie bei dem schnellsten Blutumlaufe am weitesten vom Herzen entfernt sind; dieß beweisen die im Norden so häufigen Frostbeulen, nur trifft man solche wider alle Erwartung unter den Lappländern nicht an, obgleich sie niemals gewebte oder gestrickte Strüm-

pfe tragen. Statt dieser Strümpfe hat der Lappländer Pumphosen von der rauhen Rennthierhaut, welche bis an die Knöchel der Füße reichen, und Schuhe von gleichen Fellen. Die haarige Haut ist nach außen gekehrt. Mit im Sommer geschnittenen Binsen, die getrocknet, mit der Hand weich gerieben, und wie die Polster durch einander geschlungen sind, füttert der Lappländer seine Schuhe und Handschuhe aus, um sich des Frostes zu erwehren. Eben so bewahren diese Socken von Binsen im Sommer die Füße vor dem Schweiße und vor der Beschädigung durch spitze Steine; denn die Rennthierschuhe sind sehr dünn, weil die Haut der Rennthiere nicht gegärbt worden ist. Doch giebt es auch in Lappland gröbere und feinere Binsen (carex acuta).

Woche.

Am 27. Julius 1790 schloß Kaiser Leopold II. die berühmte Convention zu Reichenbach mit Preußen, worin Ersterer sich verpflichtete, mit der Pforte Frieden zu schließen und ihr alle Eroberungen zurück zu geben, was auch vollzogen wurde.

Am 28. Julius 1808 wurde Mahmud II. Sultan der Türkei.

Am 29. Julius 1796 entwaffneten die Oesterreicher die schwäbischen Kreistruppen bei ihrem Heere in und um Biberach, als sich Baden und Würtemberg im Drange der Umstände zu einem besondern Frieden mit Frankreich, ungeachtet sie Mitglieder des deutschen Reiches waren, entschlossen hatten. An demselben Tage 1830 trat die neue provisorische Regierung in Frankreich ein.

Am 30. Julius 1789 kehrte der vom Könige Ludwig XVI. entlassene Necker auf Einladung des Königs und der Nationalversammlung nach Paris zurück, um abermals das Ministerium zu übernehmen. Aber seine Eitelkeit, die ihn glauben ließ, er werde das Volk, wie vormals, zu lenken vermögen, wurde schnell getäuscht. Er mußte erleben, wie seine frühere Gunst beim Volke täglich mehr sank, daß man ihn fortschickte, weil er einem Mirabeau, der im Grunde noch eitler war als er, mißfiel. — An demselben Tage im J. 1830 wurde Lafayette Oberbefehlshaber der Nationalgarden.

Am 31. Julius 1760 siegten die Verbündeten über das französische Korps des Ritters Muy bei Warburg, als der Marschall Broglie den Herzog Ferdinand und die Verbündeten zwischen der Weser und Diemel eingeschlossen zu haben glaubte.

Am 1. August 1797 starb in Wetzlar der Kammerrichter, Franz Graf von Spaun, ein Mann von sehr festem Charakter, der als fleißiger und unbescholtener Geschäftsmann seine Laufbahn als Regierungsrath und Vicedom in Mainz begann und von 1763 an Kammerrichter war, viel praktisches Wissen besaß, weder nach Titeln noch Orden geizte, überall Sittlichkeit und Uneigennützigkeit zeigte und in seiner Schrift über das Sollicitaturwesen die ehrwürdigen Grundsätze eines Justizhauptes darlegte.

Am 2. August 1532 wurde der erste Religionsfriede zwischen den Katholiken und Protestanten zu Nürnberg geschlossen, weil der Kaiser Karl V. wußte, daß der türkische Kaiser Solyman in Ungarn einbrechen wollte, und deswegen seine Absicht der Unterdrückung des Protestantismus verschob; auch wurde an demselben Tage 1802 Napoleon erster Consul auf Lebenszeit.

Verlag von Bossange Vater in Leipzig.
Unter Verantwortlichkeit der Verlagshandlung.

Das Pfennig-Magazin

der

Gesellschaft zur Verbreitung gemeinnütziger Kenntnisse.

14.]　　　　　Erscheint jeden Sonnabend.　　　　　[August 3, 1833.

Die Westminsterbrücke in London.

Vor einem Jahrhunderte war noch keine der jetzigen sechs Londoner Brücken über die Themse vorhanden. Man hatte nur die sogenannte Londoner Brücke, deren Grund 1176 gelegt wurde, und die jetzt abgebrochen wird. Seit dem 15. Mai 1824 bauete man an einer neuen, welche beinahe zwei Millionen Pfund Sterling kostete, neben der alten. Die alte und neue Brücke zwischen der City und Southwark liegt 180 Fuß höher hinauf, weil man die steile Auffahrt nach der Fischerstraße vermeiden wollte. Am 27. April 1825 legte man den ersten Grundstein der neuen Brücke und schloß den ersten Bogen am 4. Aug. 1827. Der Mittelbogen hat 152 Fuß Spannung und ist 29 Fuß 6 Zoll höher, als die höchste Fluth. Die nächsten Bogen des Mittelbogens haben jeder 140 Fuß und die beiden Gränzbogen am festen Ufer 130 Fuß Weite. Der Fahrweg ist 53 Fuß und jeder der beiden Fußwege 9 Fuß breit. Die Länge beträgt 928 Fuß. Die Brücke ist ganz aus Granit gebauet; deren Blöcke 120,000 Centner wiegen. Sie wurde theils auf Kosten der Stadt, theils der Regierung erbauet. Den 1. August 1831 fuhr der König zuerst darüber. Der engste Bogen dieser Brücke ist weiter, als man jemals vorher einen steinernen Brückenbogen zu spannen gewagt hatte.

Zur Erbauung der Westminsterbrücke, deren Abbildung wir unsern Lesern vorlegen, bewilligte das Parlament im Jahre 1735 die nöthigen Gelder; aber die Gesellschaften der Bootfahrer, der westlichen Bootsknechte, des Fleckens Southwark und der Alder-

männer in London boten Alles auf, um diesen Bau, der ihnen nachtheilig werden konnte, zu verhindern. Am 13. Septbr. 1738 begannen die ersten Arbeiten, indem der Grund zum ersten Pfeiler ihrer 15 Bogen gelegt wurde, nachdem man einen viereckigen Damm im Flusse für jedes Paar Pfeiler geschlagen, das Wasser ausgepumpt und dann den Rost in gehöriger Tiefe zum Fundamente der Pfeiler eingerammt und verbunden hatte. Alle Steine sind schwarzer Portlandstein, also von der Halbinsel der Grafschaft Dorset, woher England zu allen Staatsbauten an der Themse und am Kanale die Blöcke zu nehmen pflegt. Jedes Stück der zu dieser Brücke verbrauchten Steine wog selten unter 2000 und manche sogar 10,000 Pfund. Die Brücke hat 15 Bogen in der Gestalt eines Halbzirkels und der mittelste Bogen 76 Fuß Weite, auch 28 kleine Thürme. Die Bogen werden, je näher dem Ufer, desto enger, und die engsten haben nur 25 Fuß Weite. Die ganze Länge der Brücke beträgt 1223 Fuß. Der Weg hat mit den Fußpfaden 44 Fuß Breite. Die Kosten der Erbauung betrugen 389,500 Pfund Sterling, oder nahe an 3 Millionen Thaler. Der Bau wurde 1747 beendigt.

Die Blackfriarsbrücke wurde bald nach der Westminsterbrücke über die Themse gebauet. Sie hat 9 Bogen und von diesen einer 100 Fuß Weite, ist 995 Fuß lang und 42 Fuß breit. Der Name rührt von dem vormaligen Kloster schwarzer Mönche, in der Nähe der Brücke, her.

Die Southwarkbrücke von Eisen hat 3 Bogen, der mittelste Bogen hat 240, und jeder der beiden andern 210 Fuß Spannung. Die Grundpfeiler sind von Stein. Alles Uebrige, und selbst die Bodenfläche, sind von Eisen. Sie schwebt, wie ein leichtes Gitterwerk, über der Themse, und ist 700 Fuß lang. Sie kostete 800,000 Pfd. St. (5,600,000 Thlr.) und enthält 10,616 Zentner Eisen.

Die Baurhallbrücke, auch von gegossenem Eisen, hat 9 Bogen. Die Strandbrücke, später Waterloobrücke genannt, hat 9 Bogen zu 120 Fuß, der Weg 1250 Fuß. Der König befuhr sie 1816 am ersten Jahrestage nach der Schlacht bei Waterloo. Sie wurde durch eine Aktienunternehmung gebauet, besonders im Interesse der vielen neuen Straßen, welche der Herzog von Bedfort angelegt und auf 99 bis drei Mal 99 Jahre als Baugrund verkauft hatte. Noch wollte man, der Wohlfeilheit halber, einen gewölbten Weg (Tunnel) unter der Themse anlegen, allein das Wasser der Themse brach in dieses noch unvollendete Gewölbe und störte die Fortsetzung; aber man hat es längst wieder ausgepumpt und der Baumeister Brünel hat die Hoffnung nicht aufgegeben, dieses Kunstwerk, ungeachtet aller bisherigen Hindernisse, vollenden zu können, wozu nur noch die Geldbewilligung des Parlaments oder der Aktieninteressenten fehlt.

Kanäle.

Sie fangen an, aus der Mode zu kommen und man will sie durch Eisenbahnen und Dampfwagen auf diesen verdrängen. Vorher war es im Geiste der weiseren Regierungen, durch Kanäle als Wasserstraßen zwei Flüsse verschiedener Quellen und eines ungleichen Gefäls zu verbinden.*) Der Niederländer war gewohnt, den Kanälen meistens ein Bette zu graben, denn er begann das Wasser zur Güter- und Menschen-Fortschaffung zu benutzen, an Ueberrieselung dachte und denkt er wenig **). Sein vieles Wasser kann

---

*) Ein besonderes System ergriffen bisweilen die Britten, weil ihr Boden zum Theil im Innern gebirgig ist, indem man die Kanäle über der Erde führte, solche bedeckte und oft ein oder zwei Fuß dick mit Lehm ausschlug, wenn der Grund oder der Deich sandig war.

**) Dieß veranlaßte mehr Verkehr, wo er bisher fehlte, mehr Wasser, wo dieses nöthig war, und weniger Wasser, wo man es wegen Stockungen los seyn mußte. Es wird die Zeit kommen, wo man nicht blos, wie in Holland, den Dünger nach Belgien auf Kanälen schickt, sondern auch den Sand und die Braunkohlen nach der Marsch und nach Mooren und aus der Marsch auf Kanälen fette Marscherde nach Sand- und Meergegenden schaffen wird. In China, dem ältesten civilisirten Lande der Erde, verfuhr schon so ein heidnisches Volk und ernährte eine größere Distriktsbevölkerung, als bisher Europa auf einer kleinen Oberfläche kannte. Es geht, was sehr vernünftig ist, alle Wässerung und Abwässerung im Großen in China, nicht von geldsüchtigen Aktiengesellschaften, wie in Europa, sondern von der Leitung der verständigen Oberbeamten aus. Schade, daß in eben diesem China, wo so Vieles früher, als bei uns entstand, alles nicht vorwärts gehen soll, weil die Regierung am Alten

der Holländer in seinem niedrigen Boden immer noch nicht los werden, und doch muß man in seinem Lande die Wasserbaukunde, d. h. die Entwässerung niedriger Polder, um Gras und oft Getreide zu gewinnen, die Bedeichung der tiefen Flüsse, und die Kunst studiren, gegen das Meer, das in der Fluth höher steht, als das niedriger belegene Land, das Letztere durch feste Deiche zu schützen. Fast überall, wo sein Fluß oder Siel sich im Außendeiche eine Mündung gegraben hat, oder wo eine Tiefe, Balje genannt, stets auch in der Ebbe Wasser enthält, weicht das Meer vor Hollands Festland beträchtlich auf einer weiten Strecke von ein Paar Seemeilen, Watten genannt, vom Lande in der Ebbe von 6 Stunden zurück. Hier bleiben während der Ebbe Fische und Insekten liegen, sterben, verfaulen und verderben die Luft. In der nächsten Fluth nähren sich lebende Seethiere von den todten Fischen und Insekten. Der menschliche Fleiß benutzt da, wo die Fluth das Vorland eben zu erhöhen anfängt, z. B. in der Zuyder See, im Dollart und in der Jade, das Wirken der Natur, zieht flache Gräben, vom Deiche an, neben einander in mäßigen Entfernungen. Wird diese jährliche oder noch öftere Grabenreinigung ein oder zwei Jahrhunderte fortgesetzt, indem die Fluth den ausgeschlagenen Graben bald wieder füllt und mit dem ausgeworfenen Niederschlage den Raum zwischen den Gräben erhöhet, so hat der Lebende seiner Nachwelt einen Sitz üppiger Vegetation bereitet und in diesem Geiste des Verarbeitens für die Nachwelt sollten die Regierungen handeln. Freilich wird dann nothwendig werden, die Siele immer tiefer zu legen, sie auszubaggern und diese fruchtbare Erde nach Stellen zu schaffen, die noch zu niedrig sind; so wie wenn einmal eine neue Eindeichung von Vorland vorgenommen worden ist, die Sorgfalt der Austiefung zu verdoppeln, damit das Wasser mit aller Leichtigkeit zur Zeit der Ebbe fortgeschafft werde. Mag es oft schwierig seyn, wenn man in der Vorzeit das Marschland vor hinreichender Erhöhung bedeichte, oder wenn solches seitdem wegen schlammiger Unterlage gesunken ist; dann muß man an den zu niedrigen Stellen den Pflug ganz aufgeben und bloß Wiesen anlegen, und wenn auch das wegen zu niedriger Senkung nicht mehr gehen will,

---

hängt, was doch auch einmal neu war, und aus den starkbevölkerten Provinzen den Ueberfluß der Menschenkraft nicht in die weniger bevölkerten, oder gar in die Steppen der Tataren zu versetzen weiß. Die Ursache ist folgende: den väterlich regierenden Dynastieen folgte in China die jetzige mandschu-tatarische. Freilich nahm sie Vieles von den überwundenen Chinesen an, mischte jedoch manche Vorurtheile des Nomadenvolks der Tataren mit der Verwaltung der Chinesen, woraus die Unzufriedenheit mit der Regierung und der Ruf der Neigung zum Aufruhre unter den Chinesen in Asien entstand.

Die nämliche Mischung der Sitten und Gebräuche des überwundenen und des siegenden Volkes treffen wir nach der Völkerwanderung aus Asien nach Europa im 5ten und 6ten Jahrhunderte an, die im ganzen Mittelalter in der europäischen Christenheit nachwirkte und sogar noch häufig am Wohle der Dynastieen und der Völker nagt.

Ein großes Beispiel giebt uns China und die Völkerwanderung, daß Barbaren civilisirter Völker besiegen und lange ihr Joch nach der Vereinigung fortwirken lassen können.

in solchen Niedrigungen Busch- und Baumpflanzungen zweckmäßiger Art begründen, dieses nach einigen Jahren niederschlagen, was bei dem starken Holz- und Buschmangel, wo auch nur 2000 Menschen auf der Quadratmeile leben, sicher viel einbringt, und im Laufe von 3 — 5 Jahrhunderten darf man ferner zuverlässig erwarten, daß die Sümpfe sich erhöhen und trocken legen werden durch die Macht einer kräftigen Baum-Vegetation, die sich aus der Atmosphäre bereichert. So haben sich in fünf Jahrhunderten die Sümpfe der Oberalster bei Hamburg erhöht. Wenn einmal ganz Deutschland treue und auf Menschen, Erde und Zeiten gleich aufmerksame Chroniken erlangen wird, so wird man das nämliche von jedem Oberstrome, der in andere Flüsse, oder direkt in's Meer mündet, geschichtlich erfahren. Solche geschichtliche Denkmäler der Vorzeit und ihres geselligen Treibens sind belehrender, als Berichte von den Kämpfen der Dynastieen unter einander, oder mit ihren Völkern.

Jetzt möchten wohl die Regierungen zutreten, wo die Menschen die Stockungen weder zu verhüten, noch unschädlich zu machen verstanden, oder die Völker müssen sich gefallen lassen, daß, wie in der Provinz Gröningen, die Stockungen des Wassers, zwischen dem Dollart, der Lauwer See und dem Meere wegen nicht schnell verdunstenden stehenden Wassers jährlich immer mehr zunehmen, und die giftigen Marschfieber aus der Marsch jetzt schon im Norden bis jenseits Flensburg und im Süden bis Peina allenthalben verbreiten, wo Stockungen die Luft verpesten.

Hinter der niederländischen Provinz Gröningen liegt die ödeste, aber an Meer und Sand reiche Provinz Drenthe. Sie ist das Vaterland der niederländischen Armenkolonieen, die der Bruder des Prinzen von Oranien und der General van Bosch schufen und die ganz aufgegeben seyn sollen. Der dortige Mooranbau und die Ueberrieselung des Sandes, um Gras zu tragen, wo das Moor abgegraben in Torf oder Dünger verwandelt oder verbrannt worden ist, erniedrigt die Oberfläche dieser Provinz und führt ihr vielleicht aus Gröningen einst Wasser zu, was dort die Luft verpestet, und diese unerwartete Abströmung kann dann ein Segen für Drenthe werden.

Solche Verwaltungsspekulationen voll offenbarer Humanität werden die Regierungen der Enkel noch mehr, als die unsrige, beschäftigen.

Aber um so mehr bedürfen nicht bloß die gebirglosen Küsten Niederdeutschlands künftig mehr Verbindung der Oberströme und Trockenlegung der überflüssigen Seen, Beengung der auszutiefenden und Bedeichung der zu weit sich verbreitenden Flüsse, um in der Nähe der menschlichen Wohnungen stets der Gesundheit gefährlichen Wasserstauungen, den Pflegerinnen der Fieber, vorzubauen. Jede Staats- und Gemeindeobrigkeit wird der Einwohnerschaft gern gesundes Wasser, gesunde Luft und Boden, welchen bisher unnütz das Wasser bedeckte, verschaffen wollen. Künftig werden dann wohl die Magistrate unsrer großen Städte, ehe sie die Sümpfe in der Nähe ausgetrocknet und dadurch die mephitische Luft im Sommer gedämpft haben, die jährlich in der Jahreszeit der meisten Arbeit eine Menge schlecht genährter und gekleideter Menschen arbeitsunfähig macht, oder nach der mehrere Jahre hindurch fortgesetzten Schwächung tödtete, ja sogar dieses Elend auch auf die wohlhabenderen Klassen allmählig überträgt, zu verbannen wissen ehe sie an gerade Straßen, Theater u. dergl. denken. Solche Nothstände zu heilen, ist dringender, als mancher glänzende Bau, und wo die Regierungen und Gemeinden zu Wässerungen und Entsumpfungen ihre Ueberschüsse vorläufig verwenden, da herrscht unter den Armen weniger Noth, und werden Wunder vollbracht, die den giftigsten Sumpf in das üppigste Garten- und Wiesenland verwandeln. Vortheile, die ewiger Dauer sind, und von den Zeitgenossen in ihrer Wohlthätigkeit vielleicht nicht begriffen, aber von den Enkeln gesegnet werden dürften.

Das Wasser ist übrigens noch lange nicht genug in seinem Werthe für die Vegetation gewürdigt worden und unsre Enkel werden nicht so viel Wasser ungenutzt dem Meere zuströmen lassen, als wir. Das stehende Wasser zu benutzen, gebietet uns die Noth, das fließende aber die Klugheit; und doch erinnert an solche Dinge manches neue Lehrbuch der Landwirthschaft, oder eine neue landwirthschaftliche Encyklopädie, noch nicht immer, und doch war in Asien und in Spanien sogar unter den freien Muselmännern das Wässern der Wiesen und Aecker längst gebräuchlich. Freilich ist es in heißen Klimaten nothwendiger, als bei uns, aber wie unvollkommen ist es jetzt noch in Aegypten und wie viel verständiger trieben das die Ptolomäer! Doch auch unser Klima kann durch Ent- und Zuwässerungen die Vegetation des Bodens nicht sehr verbessern, ja da, wo warme Quellen aufgefangen und ihr Wasser verbreitet werden kann, vielleicht Akklimatisirungen möglich machen, an deren Möglichkeit wir heute noch nicht einmal denken.

Wie schlecht werden noch die Kanäle mit ihren Umlaufen bei den Schleusen benutzt? Von allen Schleusen des vor 50 Jahren gegrabenen schleswigholsteinschen Kanals hat kein einziger Umlauf eine Mühle, und da, wo man einen Hügel, der zur Flußscheide diente, durchgrub, liegt zwar an der einen Seite die Wohnung des Schleusenmeisters, aber ein nicht immer terrassirter Garten, und an der andern Seite des durchgegrabenen Hügels weiden, wie an einer Art noch nicht abgedachter Klippe, die Kühe des Schleusenmeisters, denen das Gras der Gräben und des Ziehpfades des Kanals einen ferneren Beitrag zum Unterhalte liefert, die sich aber bei der Pflege des sonst wenig beschäftigten Schleusenmeisters und seines Knechts gar wohl befinden. An allen diesen Schleusen trifft man keinen Schatten einer Fabrik oder eines Handelskomptoirs an, obgleich jede Schleuse ihre eigene Brücke, also einen Kommunikationsweg hat.

Noch ist die Mulde in Sachsen weder ausgetieft noch bedeicht im langen Laufe nach der Elbe, und man bauete eher die Wurzner Brücke, ehe man den Strom, den man bebrückte, nivellirte und schiffbar machte. Ja, unsere herrliche Elbe, die von der böhmischen Gränze so vieler Austiefungen und Geradelegungen bedarf, hat zwar ein Elb-Zoll-Amt; aber die Fuhrt, welche Karl V. bei Mühlberg überschritt, um den Kurfürsten Johann Friedrich von Sachsen zu besiegen, ist noch immer eine Fuhrt, und weil das Bette der Elbe nicht tiefer gelegt wurde, so ist noch die Niederlausitz eine von Stockungen heimgesuchte Gegend, bis eine bessere Abwässerung nach der Elbe, und vielleicht auch nach der Oder, und die Besaamung und Bepflanzung der niedrigeren Gegenden im Laufe der Jahrhunderte dieses Uebel gründlich heilen wird.

Das Auffangen höherer Quellen, um Bewässerungen in den Oberthälern zu begründen, ist fast noch von keiner Regierung zur Vermehrung der Vegetation und der vortheilhaften Beschäftigungen der Unterthanen benutzt worden. Was gewann nicht der Kanton Glarus durch die Austiefung des Flusses Linth und Senkung des Spiegels des Wallenstädter Sees an nützlichen Wiesen und Gartenfeldern, wodurch zugleich die Anwohner ihre verlorne Gesundheit wieder erlangten?

Auch nordischen Gegenden giebt eine wohlthätige Bewässerung mehr Kraft, gesunde Gräser in größerer Menge zu ernähren. Die von den Gärtnern geübte Kunst der Zeitigung stützt sich zum Theil auf die zu rechter Zeit gegebene Wässerung.

Obgleich in Hannover manche landwirthschaftliche Kultur nicht gerade vorzüglich betrieben wurde, so zeigten doch die Bauern Lüneburgs, wie man Quellen aus Hochmooren sammeln und auf niedrigere, z. B. von Torf entblößte sandige Flächen ein Vegetation schaffendes Wasser leiten müsse.

Die wichtigsten Vortheile des aufgeschwemmten Bodens lehrt jetzt dem übrigen Italien der toskanische Minister Graf Fossombroni, indem er die Quellen in den Apenninen zusammenleitete und durch diese die giftigen Ausdünstungen des Bodens in der Provinz Grosseto mit einem 1 — 2 Fuß Pflaster gebirgischer Erde bedeckte. Das Unternehmen geschieht nur in einem bedeichten Raume, Colomat genannt, und wenn der Niederschlag des Gebirgswassers die verlangte Dicke erlangt hat, so wird ein neuer bedeichter Raum an das erste Colomat angeschlossen und dieselbe Arbeit mit gleichem Erfolge erneuert. Geht dieß auch bei aller großmüthigen Finanzanstrengung durch Tausende von Arbeitern möglichst rasch vor sich, so kann doch dieses Bepflastern eines durch ungesunde Dünste verpesteten Bodens durch eine gesündere Oberfläche nur langsam bewirkt werden. Es ist aber dieser gelungene Plan eines genialen Ministers ein Meisterstück der humanen Politik einer weisen Regierung. Ohne den Verstand und die Thätigkeit dieses großen Staatsmannes hätte wahrscheinlich nach ein Paar Jahrhunderten Italien im Süden der Apenninen wegen seiner ungesunden Luft als Wohnung der Menschen in der wärmeren Jahreszeit aufgegeben werden müssen. Weder der Kirchenstaat, noch Neapel, welche ähnliche verpestete Maremmen besitzen, haben bisher die große Entdeckung Fossombroni's benutzt, obgleich in den Sommermonaten bereits mehrere Straßen Roms für diejenigen unbewohnbar geworden sind, welche sich während solcher nicht mit dem am Ende tödtlichen Fieber quälen wollen und im Neapolitanischen z. B. die Gegend um Pästum bei aller ursprünglichen, und wieder herzustellenden Fruchtbarkeit eine Einöde geworden ist, welche der Reisende nur bisweilen wegen einiger Ruinen besucht.

Kurz und bündig sagt hierüber Prof. Pohl im Archiv der deutschen Landwirthschaft d. J. S. 362: „Ein Zuleitungsgraben, ein kleiner aufgeworfener Damm und ein Abzug sind Alles, was zu thun nöthig wäre, um einen Sumpf in Gärten und nützliche einträgliche Wiesen zu verwandeln, und doch unterbleibt so Vieles durch Nachlässigkeit, was die Landbesitzer reicher machen und mehr Tagelöhner ernähren könnte."

Fahrenheit's Thermometer.

Fahrenheit wurde in Danzig den 14. Mai 1686 geboren. Er gab dem von ihm benannten Wär-

memesser die nöthige Genauigkeit bei der Füllung der Röhre mit Quecksilber. Ursprünglich war er ein Kaufmann, aber er beschäftigte sich am Liebsten mit dem von ihm benannten Instrumente seit dem Jahre 1720, und starb 1736, nach Andern 1740, in Holland. Er entdeckte zuerst, daß das Wasser nach den Graden der herrschenden Temperatur, und so wie die Luft schwerer oder leichter das Wasser drückt, früher oder später zu kochen anfängt, und daher auf einer Bergspitze bei geringerer Hitze, als am Fuße des Berges kocht. Nachstehendes Bild zeigt das Verhältniß der drei gebräuchlichsten Wärmemesser zu einander. Einfach reducirt man die Thermometergrade Fahrenheit's zu den Graden Réaumür's, indem man von Fahrenheit's Skale 180, 32 abzieht, den Rest mit 4 multiplicirt und dann diese Summe mit 9 dividirt. Die Engländer rechnen in der Regel nach Fahrenheit, die Deutschen oft nach Réaumur und die Franzosen seit einigen Jahren nach dem 100gradigen Wärmemesser des Schweden Celsius oder des Franzosen Chevalier.

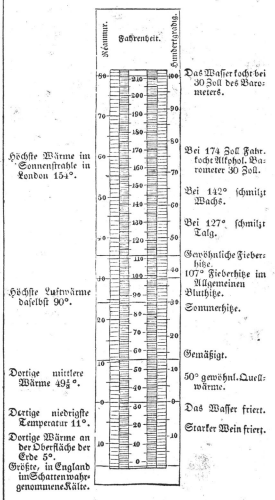

Réaumür. | Fahrenheit. | Hundertgradig.

Das Wasser kocht bei 30 Zoll des Barometers.

Bei 174 Zoll Fahr. kocht Alkohol. Barometer 30 Zoll.

Bei 142° schmilzt Wachs.

Bei 127° schmilzt Talg.

Höchste Wärme im Sonnenstrahle in London 154°.

Gewöhnliche Fieberhitze. 107° Fieberhitze im Allgemeinen Bluthitze.

Höchste Luftwärme daselbst 90°.

Sommerhitze.

Gemäßigt.

50° gewöhnl. Quellwärme.

Dortige mittlere Wärme 49¼°.

Dortige niedrigste Temperatur 11°.

Das Wasser friert.

Starker Wein friert.

Dortige Wärme an der Oberfläche der Erde 5°.

Größte, in England im Schatten wahrgenommene Kälte.

Tabak.

Bis jetzt sind sieben Pflanzen bekannt, welche von den Botanikern als verschiedene Gattungen des

Tabaks angenommen werden. Die meisten Tabaks-pflanzen dauern nur ein Jahr, aber als Wildlinge traf der große Reisende Humboldt am Orinoko nur zwei Arten.

Der spanische Mönch Jana entdeckte diese Pflanze zuerst auf der Insel Haiti, in der Landschaft Tabarka. Allgemein benutzten die amerikanischen Wilden, als die Spanier dort eintrafen, den Tabak zum Rauchen. Saamen von der Tabakspflanze hatte man nach Lissabon geschickt, wo man ihn in Gärten säete. Hier lernte sie der französische Gesandte Jean Nicot kennen, der sie im Jahre 1560 mit nach Frankreich nahm, und also die Verbreitung des Tabaks veranlaßte. Der Tabak heißt daher auch Nicotiana.

Tabak.

Der einjährige, bei uns eingebürgerte Tabak kann bis 6 Fuß Höhe in einem reichen Boden erlangen. Frischer Dünger liefert gewiß nicht den edelsten Tabak, wohl aber ein etwas gefaulter Kompost, oder ein mineralischer Dünger, welcher Kalk und Kali enthält. Die Blätter schließen sich dem Stamme an und haben auf der Oberfläche ein dunkleres Grün, als auf der andern Seite.

Bei einer gesunden Pflanze sind die untern Blätter bis 20 Zoll hoch und bis 5 Zoll breit; sie werden immer kleiner, je höher sie am Stamme sich anschließen. Die Blüthe ist bald blaß, bald rosenroth und der Kelch schön geformt. Die Saat reift im September und Oktober.

Im klimatisch rauheren Theile Deutschlands säet man eine vorzügliche Saat in Mistbeeten und verpflanzt ihn aus solchen auf das dazu bestimmte Land in Reihen und in mäßiger, dem Wuchse der Pflanze angemessener Entfernung. Nie gebe man solchem einen salpetrischen Boden, wohl aber einen sandigen. Auf Sandboden erbauet der Pfälzer den besten deutschen Tabak. Der Stengel ist dann feiner und der Geschmack nicht scharf. Sein bester Dünger ist Waldblätter und Erde aus faulenden Stämmen. Jeden Tabak verbessert das Alter in Europa, wie in Ame-

rika, und sehr empfehlungswürdig ist die Weise der Orinoko-Indianer, die Tabakspflanze auszugraben und zum Trocknen auf Seilen aufzuhängen, mit der Richtung der Wurzel nach dem Horizonte. Die fettesten Blätter eignen sich besonders zum Rauchtabak. Der Tabak bedarf einer sorgfältigen Jätung und der Abnahme aller Nebenschößlinge. Wenn Insekten sich darauf zeigen, so jagt der Maryländer in sein Tabaksfeld seine wälschen Hühner. Die Bräune und die Klebrigkeit der Blätter ist Beweis ihrer Reife. In Amerika gedeiht der Tabak auch in Gegenden, wo eine für die Menschen ungesunde Stickluft herrscht, aber gewiß ist dieser keine der edelsten Arten, und der Kubaner, welcher ihn, wie der Maryländer, am Sorgfältigsten behandelt, wählt dazu nie einen solchen Boden, wohl aber einen frischen Waldboden mit vieler fruchtbaren Pflanzenerde aus verfaulten Bäumen, dessen Fruchtbarkeit man oft noch steigert durch die auf dem Platze verbrannten Stämme. Reicher sind schon jetzt die Tabaksernten der Pflanzer in den Hinterländern von Maryland, als an der Küste. Es ist historisch merkwürdig, daß lange die europäischen Regierungen, die Aerzte und die Priester den Gebrauch des Tabaks bei angedrohten strengen Strafen untersagten, und daß dennoch das Rauchen und das Schnupfen des Tabaks so allgemein geworden ist.

Die Hottentotten blasen auf dem Vorgebirge der guten Hoffnung einer sich erhebenden Schlange den Tabak entgegen. Er muß den Nerven dieses Thieres zuwider seyn, denn die Schlange verliert sofort den Muth zum Angriffe, rollt sich nicht wieder und liegt eine Zeit lang in Betäubung.

Alle neuen beträchtlichen Urbarmachungen in Amerika ergreifen den Tabaksbau wenigstens eine Zeit lang, wenn dieß das Klima erlaubt. Es ist daher wahrscheinlich, daß der Preis des Tabaks eher sinken als steigen werde.

Auch Ungern und Slavonien gewinnen vielen guten Tabak; so auch die europäische Türkei. Die beiden vorzüglichsten Tabaksarten sind die amerikanische und die ungarische.

Buch der Bewohner der Insel Ceylon (Selan).

Das Innere des Buchs, welches eine ungewöhnliche Länge und eine geringere Breite hat, besteht aus Blättern des Talipobaums*); an der äußern Seite

---

*) Diese Blätter stammen von einer Gattung der höchsten und größten Palmbäume. Die breiten, trocken gewordenen Blätter sind stark und haben viele Spannkraft. Man kann sie daher platt benutzen, aber auch beliebig wie einen Fächer zusammenfalten. Ein solches plattes Blatt ist sehr leicht und so groß, daß sich unter einem Blatte 10 bis 15 Menschen vor Regen oder brennenden Sonnenstrahlen schützen können. Die Ceylonesen bedienen sich dieser Blätter als Sonnen- oder Regenschirme und decken damit ihre Gezelte.

ist der Rand vom harten Theckholze, welcher das Ausfallen der Blätter verhindert, und oft angemalt oder
sonst zierlich geschmückt wird. Die Blätter liegen auf
einander. Sie sind nicht an einander genäht, sondern
werden durch zwei Schnüre zusammengehalten, welche
durch zwei Löcher in jedem Blatte ziehen und auf dem
Oberdeckel des Buchs zwei Knöpfe haben. Bisweilen
sind die Letzteren von Kryskall.

Pflichten des Familienvaters, besonders in bewegten Zeiten.

Das Leben eines Familienvaters ist ein beständiges Opfer für das Wohl seiner Kinder; ihnen gilt
sein Streben, seine Sorgfalt und Mühe. Sein
Lohn ist ihre Liebe und ihre Pflege, wenn er alt geworden ist.

Ein Familienvater muß sich bekannt machen mit
seiner Zeit, seinen Zeitgenossen und den Begebenheiten, welche sich um ihn herum entwickeln; auch muß
er seine Klugheit gebrauchen für die Bedürfnisse und
das Glück seiner Gattin und seiner Kinder, wobei sich
diese und er selbst wohlbefinden werden.

Eben so nöthig, als die Klugheit, ist ihm die
Mäßigkeit. Er muß keinen Genuß übertreiben und
auch darin seinen Kindern ein Muster seyn, selten
Vergnügungen außer dem Kreise seiner Familie su-
chen, auch alle Verbindungen vermeiden, welche Haß,
Eifersucht, Kälte, Trauer und Mangel unter den
Seinigen zur Folge haben könnten. Er dämpfe die
Anwandlungen des Ehrgeizes und dränge sich nicht
zu der gefährlichen Ehre, eine politische Rolle zu
spielen.

Desto mehr schmücke ihn allgemeines Wohlwollen
gegen Jedermann, und jedes Bestreben, der Menschheit nützlich zu seyn, wenn er dadurch nicht die
Pflichten gegen seine Familie, welche ihm zunächst
steht, beeinträchtigt. Er füge sich stets in die Ordnung der Gesellschaft, in welche ihn die Leitung der
Vorsehung stellte.

Reichthum giebt nie ein glückliches, wohl aber
ein bequemes Leben. Besitzt man den Ersteren, so
benütze man ihn weise. Derjenige, welcher durch Arbeit Reichthum erwarb, ist stets ein seinen Mitbürgern sehr nützlicher Mann und vermehrt dadurch den
Wohlstand und die Ordnung des Staats, in welchem
er lebt. Auch der Reichste muß durch seine Arbeit
sich und Andere beschäftigen, wenn er ein ehren-
voller Mann seyn will. Durch Arbeit und Thätigkeit verbannt der Arme den Mangel aus seiner Familie, und der Reiche Unwissenheit und die der Sittlichkeit so gefährliche Langeweile.

Die Familie eines thätigen Mannes gleicht dem
Korbe fleißiger Bienen; indem Jeder in der Familie
nur sich arbeitet, sichert er den Wohlstand und die ge-
nügsame Zufriedenheit des Andern.

Es können Krankheiten und Unfälle den redlichen
wie den pflichtvergessenen Familienvater treffen,
aber keiner muß im Unglücke den Kopf verlieren, sondern
geduldig das Unabänderliche tragen, den Muth behaupten, hoffen, daß es besser werden kann, und sich niemals selbst aufgeben, oder eine unmännliche Verzweiflung eintreten lassen. So erlangt man eine verlorne
Gesundheit wieder und eine etwa geschmälerte Nahrung kann wieder steigen

Der Weise muß die edle Geduld nie in Schwäche ausarten lassen und nichts dulden, was das
Glück der Familie im Ganzen gefährden kann, besonders keine Laster und Unordnungen derer, deren
Bildung ihm obliegt. Nie muß er sich verwegen in
Gefahren stürzen, wohl aber die Seinigen schützen,
wenn man sie beeinträchtigt, ohne Rücksicht der vielleicht persönlich für ihn nachtheiligen Folgen.

Seine Lebensgefährtin wird er verständig gewählt
haben und nie eine solche, die nicht alle Tugenden
einer Familienmutter und treuen Gattin versprach.

Der afrikanische Richter und der Europäer als Herr eines Sklaven.

Im Jahre 1824 reisete ein englischer Naturforscher durch das Land der Kaffern und erfuhr bei folgender Veranlassung, daß die Häuptlinge der Kaffern
gerechte und unpartheiische Richter sind.

Der Reisende war unzufrieden mit dem Betragen
seines Sklaven, den er aus der Kapstadt mitgenommen hatte. Als ihn weder Verweise, noch einige
Peitschenhiebe zum gehorsamen Betragen zurückge-
führt hatten, verklagte der Naturforscher ihn bei
Macomo, dem Häuptlinge eines Stammes der
Kaffern, am Flusse Keiffi. Der Sklave stellte
Zeugen dar, daß ihn sein Herr mit Unrecht übel behandelt habe; der Herr beschuldigte den Sklaven der
Faulheit, der Unverschämtheit und des Ungehorsams
und verlangte seine Auspeitschung. Darauf erklärte
Macomo den Partheien, daß es im Lande der Kaffern keine Sklaven gäbe, er müsse daher ihre Verhältnisse aus dem Gesichtspunkte eines Kontrakts über zu
leistende Dienste betrachten. Nun scheine ihm zwar,
daß der angebliche Herr sich einiger Zwangsmittel bedient habe, die dem Andern Härte dünkten, aber der
Erstere habe keinen Beweis geführt daß ihm der
Andere durch verübte Gewalt wehe gethan habe. Ich
erkläre euren Kontrakt für aufgelöst, der Diener
kann frei gehen und der angebliche Herr soll ihm
zur Entschädigung für die verübte Gewalt einen
Ochsen geben. Mit diesem Urtheile war der Engländer keinesweges zufrieden und meinte, daß der
Sklave ungerechterweise statt Strafe, Belohnung für
seine schlechten Streiche empfangen habe. Macomo
erwiederte, wenn er unrecht that, so mußte der Herr
den Sklaven mir vorführen, sich aber nicht selbst sein
Recht nehmen. Warum sitze ich hier sonst vom Aufgange bis zum Niedergange der Sonne anders, als
um zu entscheiden, wenn die Leidenschaft und Aerger die
sonst hell sehenden Menschen mit Unvernunft handeln
ließen? Dürfte sich Jedermann selbst Recht verschaffen,
statt seine Zunge vor mir altem Manne zu gebrauchen,
wer wäre dann seines Lebens sicher? Der Engländer bedauerte, daß Macomo mit dem Rechte und
dem Herkommen civilisirter Menschen so unbekannt
sey, daß er das heilige Eigenthumsrecht nicht anerkennen wolle und erklärte, er werde sich über dieses
Erkenntniß bei'm Gränzkommandanten Major Somerset beschweren, der Macomo zeigen werde, daß zwischen
einem Elephanten und einem andern Thiere ein Unterschied sey. Ruhig erwiederte Macomo, ich weiß,
daß Somerset mächtiger ist, als ich. Er ist ein Ele-

phant, aber weder mich noch meinen Vater hat Jemand jemals ein Thier genannt. Ihr nennt euer Volk weiser, als wir seyn sollen. Das zeigt ihr aber nicht, wenn ihr die Gewalt über das stellet, was vernünftig ist. Wenn ihr in die Kolonie heimgekehrt seyd, so mag der Landdrost zwischen euch Beiden Recht sprechen. Hier kann man von meinem Spruche sich an keinen Höheren wenden. Gebt daher dem Menschen den Ochsen, es ist für euch selbst am besten! worauf der Reisende nachgab und den Sklaven mit einem Ochsen entließ.

Die schwimmenden Gärten zu Kaschemir.

Kaschemir ist die Hauptstadt einer gleichnamigen Provinz in Afghanistan im Osten und Süden von Persien und hat gegen 200,000 Einwohner mit 16,000 Kaschemirwebestühlen. Sie liegt mitten in einem Thale zwischen vielen Seen, welche unter einander und mit dem Flusse Behat in Verbindung stehen, übrigens durch enge Kanäle, Gürtel von Rohrwuchs und schwimmende Gärten von einander getrennt sind. Die Anlage und Benutzung solcher Gärten verdient in Europa in kleinen Seen neben Städten nachgeahmt zu werden.

Die Stadt Kaschemir ist bisweilen Ueberschwemmungen ausgesetzt, da die dortige Regierung vernachlässigt, die Anhäufung von Versperrungen der Wasserzüge durch Reinigung der Seen und Kanäle zu stören. Daher erweitert sich daselbst zum Vortheile der schwimmenden Gärten die Oberfläche der Seen, auch kam man auf den Einfall, diese Vernachlässigung zur Kultur einträglicher Gärten zu benutzen, indem dem dortigen Klima zur höchsten Kultur keinesweges Wärme, wohl aber Wasser fehlt. Aus dem Grunde der Sümpfe kommen viele Wasserpflanzen hervor; aber es giebt noch immer zur Bootfahrt zwischen den Gärten Platz genug. Zuerst schneidet man die wilden Wasserpflanzen zwei Fuß tief unter dem Wasser ab. Die abgeschnittenen Pflanzen häuft man auf langen Beeten von etwa 6 Fuß Breite, wodurch diese etwas niedersinken, darüber breitet man noch mehr Busch und Rohr, das man anderswo abschnitt, und über dieses wieder eine Lage Schlamm, so sinkt der Grund immer tiefer; rund umher stößt man Stangen von Weidenholz ein, damit der Garten zwar fortfährt zu sinken, aber sich nicht verrückt, vielmehr mit dem Wasser steigt und fällt. Bisweilen fügt man auch noch Holzasche zur Düngung des Gartenbeetes hinzu. Man versetzt dahin Gurken- und Melonenpflanzen, wenn sie viele Blätter haben. Herr Moorcroft sah auf seinen Reisen das treffliche Gedeihen der Pflanzen dieser Gärten und nirgends in Europa eine solche üppige Vegetation. Gemeiniglich sind diese Beete 2 Fuß dick und bis 7 Fuß breit. Die Melonenkerne zieht man aus Balkh und die Früchte sind 4 bis 10 Pfund schwer. Legt man im nächsten Jahre die Pflanzen von Kernen der Melonen aus diesen Gärten in den gedachten schwimmenden Gärten nieder, so haben sie im nächsten Jahre nur 2—3 Pfd. Schwere. Genießt man diese Melonen aus Balkh in Menge, so sind sie doch für die Gesundheit nicht so gefährlich, als diejenigen, welche nicht in schwimmenden Gärten wuchsen, wohl aber haben die Einwohner, während des Genusses, Gele-

genheit wahrzunehmen, daß sie leicht fett werden. Man kauft 3 große Gurken in der frühesten Jahreszeit für etwa ⅓ Ggr. und erhält in der besten für diese Scheidemünze 10 bis 20 Stücke. Jede Pflanze bringt dann etwa 6 Ggr. im Jahre ein. Ein Drittheil davon kostet die Grundsteuer und das Arbeitslohn und die übrigen zwei Drittheile sind reiner Gewinn des Unternehmers. Die Melonenkultur ist wenigstens eben so einträglich. Krausemünze wächst dort freiwillig; man pflanzt aber solche in diese Gärten eben so wenig als Zwiebeln oder Kresse.

In dem schönen Kaschemirthale zählt man 100,000 Dörfer, aber keine Raubthiere. Die dortigen Einwohner sind lang und gleichen im Aeußern den Europäern.

Furchtbares Gewitter.

Eines der furchtbarsten Gewitter, deren die Geschichtschreiber Erwähnung thun, suchte den 3. Juli 1687 St. Malo, eine durch ihren Handel berühmte Stadt in der damaligen Bretagne, heim, indem besonders drei Kirchen die ganze Wuth desselben fühlen mußten. Es war Sonntags früh 8 Uhr und die Einwohner in großer Anzahl in der Hauptkirche versammelt, als ein Blitzstrahl durch den Dom schlug, den Knaben, der das Läuten der Glocke besorgt hatte, tödtete, ein mehrere Ellen hohes Krucifix aus der Kuppel der Kirche mit sich herabstürzte und unter dem ungeheuersten Gekrache des Donners, nachdem er noch mehrere Menschen getödtet und beschädigt hatte, in die Erde fuhr. Ein andrer Strahl warf den Kelch auf dem Altare um, so daß das Gewand des Priesters mit dem darin befindlichen geweihten Weine überschüttet wurde. In der Kirche zu St. Peter wurden ähnliche Verwüstungen durch den Blitz angerichtet. In ersterer nämlich ward der Wein, der sich im Abendmahlskelche befand und den der Priester eben zum Munde führen wollte, durch einen Blitz völlig verzehrt. Mehrere Monstranzen zerschmolzen durch die Blitzstrahlen, die Decken des Altars verbrannten, der Priester sank todt an den Stufen des Altars nieder. Die Betäubung der durch die Heiligkeit des Orts an und für sich ernst gestimmten Gemüther war allgemein, Feuerflammen durchzuckten fortwährend die Kirche, schwarzer, übelriechender Dampf gestattete kaum den Gebrauch des Gesichts. Die Verwirrung erreichte den höchsten Grad in der Stadt und dauerte mehrere Stunden. Gegen sechszig Menschen kamen dabei um's Leben.

Das Wasser dreier Flüsse in einem Punschnapfe.

Im Jahre 1801 landete unter dem engl. Generale Sir Ralph Abercombie ein engl. Korps, um die Franzosen aus Aegypten zu vertreiben bei Abukir und bei Suez zugleich ein Korps ostindischer Truppen in gleicher Absicht. Als beide Korps sich vereinigt und ihr Sieg die Franzosen zur Einschiffung nach Frankreich genöthigt hatte, tranken einige Offiziere Punsch auf der Spitze Einer der Pyramiden und mischten dazu das Wasser des

Ganges, der Themse und des Nils, australische Kokosnüsse und westindischen Zucker, also Produkte aller fünf Welttheile.

Puma (felis concolor).

Die felis concolor (der Cuguar) unterscheidet sich etwas von dem Puma; jene ist in Paraguay und andern Ländern Südamerika's häufig, dieser in Peru und Mexiko einheimisch; jene ist furchtsamer und scheuer, dieser dreister und wagt sich an größere Thiere, indem er Pferde und Esel angreift.

Der Körper des Cuguars ist schlank, 3½ Fuß lang; der abwärts schleppende Schwanz mißt über 3 Fuß. Der Kopf ist klein, die Augen sind groß und glänzend, und das Maul ist mit zwei Zoll langen, weißen und schwarzen Schnurrhaaren versehen. Die Farbe des Fells ist ein Gemisch von Röthlichem und Dunkelfalbem, schwärzlich überlaufen; die Beine sind stark und niedrig. Er greift kleinere Hausthiere, als Kälber, Schaafe und Ziegen an, unter welchen er, selbst ohne Hunger, große Verheerungen anrichtet. Bisweilen hat ein einziger Cuguar 50 Schaafe hinter einander getödtet, ihnen bloß das Blut ausgezogen und sie liegen lassen. Uebrigens gleicht er im Auflauern und in vorzüglicher Gewandtheit den größten katzenartigen Raubthieren. Sehr behende klettert er auf Bäume und stürzt sich in einem Sprunge auf seine Beute herab. In baumleeren Gegenden verbirgt er sich unter niedrigem Gebüsche, aber nie in Höhlen.

Woche.

Am 3. August 1770 wurde Friedrich Wilhelm III. König von Preußen geboren, welcher den 16. November 1797 nach dem Ableben seines Vaters, Friedrich Wilhelm II., den Thron bestieg, in seiner langen Regierung manche Unfälle, aber auch viele Treue seines Volkes erfuhr, manchen Mißbräuchen der zu großen Amtsgewalt vieler Staatsdiener strenge ihr Ziel steckte, seinen Staat durch den Lüneviller Reichsfrieden und den Reichsdeputationsschluß von 1803 ansehnlich vergrößerte und ausrundete, bei der friedlichsten Gesinnung im Jahre 1806 mit Frankreich in Krieg gerieth, im Tilsiter Frieden im Jahre 1807 sein Reich auf die Hälfte verringert sahe und bis 1812 die schwersten Bedrückungen seines Staats durch Frankreichs Uebermacht erfuhr, welche den Mon-

archen nöthigten, die Waffen wider Frankreich zu ergreifen und das Napoleonische Reich gemeinschaftlich mit seinen Verbündeten im Jahre 1814 zu zertrümmern. Es folgte eine neue Bildung des durch manche Gebietserweiterungen im Südosten, Westen und Süden vergrößerten Staats, und seitdem eine neue Gestaltung der gutsherrlichen Rechte; doch ist die neue Gesetzgebung der Monarchie noch nicht in allen Theilen vollendet.

Am 4. August 1760 hob der österreichische Feldmarschall Laudon die fünftägige Belagerung von Breslau auf, weil sich die Armee des Prinzen Heinrich zum Entsatze näherte; die Stadt hatte durch Bombardement gelitten, aber General Tauenzien als preußischer Kommandant hatte sich tapfer mit 3000 Mann Besatzung vertheidigt, zumal da er auch den Aufruhr von 9000 Kriegsgefangenen befürchten mußte.

Am 5. August 1808 landete Arthur Wellesley mit 10,000 Engländern in Portugal, worauf er seine siegreiche Laufbahn begann.

Am 6. August 1806 machte der Kaiser Franz II. seinen Entschluß bekannt, daß er auf die Würde und auf den Titel eines römisch-deutschen Kaisers verzichte. Schon hatte der Kaiser im Aug. 1804 sich zum erblichen Kaiser in Oesterreich erklärt.

Am 7. August 1814 zogen die siegreichen Preußen aus Frankreich in Berlin wieder ein. Alles, im Heere und in der Bürgerschaft, feierte den frohen Tag, denn nun konnte die früher halb zertrümmerte Monarchie von Neuem wieder organisirt werden. — An eben dem Tage 1809 schiffte sich der Herzog von Braunschweig-Oels mit seinen Schwarzen zu Elsfleth nach England ein; er gelangte im Jahre 1814 nach Napoleon's Falle zum Besitze seiner Staaten wieder und fiel den 16. Junius 1815 in dem Treffen bei Quatrebras.

Am 8. August 1800 starb der kaiserl. königl. Geheimerath und Vicepräsident der obersten Justizstelle Freiherr von Martini, Mitglied der Gesetzbuchskommission, 74 Jahre alt, der auch als Schriftsteller sich viele Verdienste um die österreichische Monarchie erwarb, und an eben dem Tage 1651 die verwittwete Landgräfin Amalia von Hessen-Kassel, Gräfin von Hanau, welche in den schwierigen Zeiten des dreißigjährigen Krieges den jetzigen kurhessischen Staat verwaltete, den berühmten Vergleich wegen der Theilung der Marburger Erbschaft mit Hessen-Darmstadt schloß, ihren Kindern Hersfeld und einige Schaumburgsche Aemter verschaffte, in allen Handlungen und Traktaten sich als thätige Landesmutter zeigte und mit einer seltenen Aussicht in die Zukunft die steigende Macht ihres Hauses vorbereitete.

Am 9. August 1783 errichtete ein Edikt Kaiser Joseph's II. die Brüderschaft der thätigen Nächstenliebe, die am 16. Januar 1785 in allen Kirchen in Wien eingeführt wurde an die Stelle der aufgehobenen geistlichen Brüderschaften. Es sollte sich diese Brüderschaft nicht durch äußern Prunk, Aufwand und Ordenszeichen, sondern durch edle Thaten auszeichnen.

Verlag von Bossange Vater in Leipzig.
Unter Verantwortlichkeit der Verlagshandlung.

Das Pfennig-Magazin

der

Gesellschaft zur Verbreitung gemeinnütziger Kenntnisse.

15.]   Erscheint jeden Sonnabend.   **[August 10, 1833.**

Friedrich II., König von Preußen.

Wollten wir Friedrich II. nach allen Seiten schildern, wie dieser weise Monarch, dieser große Feldherr, dieser eifrige Freund der Aufklärung und einsichtsvolle Beschützer der Wissenschaften es verdient, so würde der Raum eines ganzen Jahrganges unsers Magazins kaum hinreichen, eine solche Aufgabe auf eine würdige Weise zu lösen. Sein Name wird immer im Munde der Nachwelt mit innigster Verehrung, von den Bewohnern des Preußenlandes mit fast an Vergötterung grenzender Liebe genannt werden, denn kein Herrscher hat so, wie der unsterbliche Sieger bei Lissa, Zorndorf, Torgau bewährt, was das Genie auf dem Throne vermag, wenn es Kenntnisse und Gerechtigkeitsliebe zu seinen schönsten Eigenschaften rechnen darf. Die Geschichte des Lebens und der Thaten dieses erhabenen Fürsten ist so allgemein bekannt, daß es unsere Leser beleidigen hieße, wollten wir sie ihnen hier in gedrängter Kürze wiederholen; wir begnügen uns daher, da Jahreszahlen leichter dem Gedächtnisse entfallen, mit einer chronologischen Uebersicht der vorzüglichsten Ereignisse während seines thatenreichen Lebens, und werden diesen einige aus Friedrich's II. gesammelten Werken entlehnte Meinungen dieses eben so tiefen Denkers als weisen Regierers seiner Staaten folgen lassen, die auf unsere Zeit so anwendbar sind, als wären sie jetzt erst geschrieben, und beurkunden sollen, wie ein großer Mann, gleichsam mit prophetischem Blicke begabt, stets seiner Zeit vorausschreitet.

Friedrich II. ward geboren am 24. Januar 1712.

Er vermählte sich mit der Prinzessin Elisabeth Christine von Wolfenbüttel=Bevern im Jahre 1733.

Er bestieg den preußischen Thron am 31. Mai 1740.

Der erste schlesische Krieg begann..... 1740.
Schlacht bei Mollwitz.... am 10. April 1741.
Schlacht bei Chotusitz.... am 17. Mai 1742.
Friede zu Berlin......... am 28. Juli 1742.
Unionstraktat zu Frankfurt am 22. Mai 1744.
Traktat Sachsens mit Oesterreich gegen Preußen............. am 18. Mai 1745.
Schlacht bei Hohenfriedberg am 4. Juni 1745.
Schlacht bei Sorr....... am 30. Sept. 1745.
Schlacht bei Kesselsdorf am 15. Dec. 1745.
Dresdner Friedensschluß am 25. Dec. 1745.
Einfall in Sachsen; Beginn des siebenjährigen Krieges............ am 29. Aug. 1756.
Schlacht bei Lowositz.... am 1. Oktbr. 1756.
Schlacht bei Prag........ am 6. Mai 1757.
Schlacht bei Collin...... am 18. Juni 1757.
Schlacht bei Roßbach.... am 5. Nov. 1757.
Schlacht bei Lissa......... am 5. Dec. 1757.
Schlacht bei Zorndorf.... am 25. Aug. 1758.
Daun's Ueberfall bei Hochkirchen am 14. Okt. 1758.
Schlacht bei Kunersdorf am 12. Aug. 1759.
Bombardement von Dresden vom 14. bis zum 29. Juli 1760.
Schlacht bei Liegnitz.... am 15. Aug. 1760.
Schlacht bei Torgau.... am 3. Nov. 1760.
Friede mit den Russen zu Petersburg am 5. Mai 1762.
Friede mit den Schweden zu Hamburg am 22. Mai 1762.
Friede zu Hubertsburg. Ende des siebenjährigen Krieges............. am 15. Febr. 1763.
Begründung der Berliner Bank im Jahre 1764.
Organisation der Accise auf französischen Fuß im Jahre 1766.
Erste Theilung Polens. Bündniß mit Rußland den 17. Februar, und mit Oesterreich den 5. Aug. 1772.
Beginn des baierischen Erbfolgekriegs im Juli 1778.
Friede zu Teschen............ am 13. Mai 1779.
Abschluß des deutschen Fürstenbundes am 23. Juli 1785.
Tod Friedrichs II. zu Sanssouci, am 17. Aug. 1786.

Friedrich II. hinterließ seinem Nachfolger ein um 1325 Q.Meilen vermehrtes Reich, mehr als 70 Millionen Thaler im Schatze, eine Armee von 200,000 Mann, einen hohen Kredit und einen großen Einfluß in die europäischen Angelegenheiten.

Friedrich's des Großen sämmtliche Werke, welche vorzüglich Geschichte, Staatswissenschaft, Taktik, Philosophie und Literatur berühren, so wie seine Poesieen, vermischten Schriften und vertrauten Briefe, sind sämmtlich in französischer Sprache abgefaßt, und füllen in den drei Sammlungen, welche sie enthalten, 24 Bände. Wir entlehnen denselben folgende Maximen.

„Ich habe viel Beschäftigung, viel Sorge und Unruhe, aber ich beklage mich über Nichts, wenn ich nur dem Vaterlande so wohl dienen und ihm so nützlich werden kann, als ich mir vorgenommen habe."

Oeuvres posthumes T. VIII. S. 212.

„Die Regierung darf sich nicht auf einen einzigen Gegenstand beschränken, das Interesse darf nicht der einzige Beweggrund ihrer Handlungen seyn; das öffentliche Wohl, welches so verschiedene Zweige hat, bietet ihr eine Masse Stoff dar, deren sie sich bemächtigen kann, und die Erziehung der Jugend muß als einer der wichtigsten Gegenstände angesehen werden. Sie hat auf Alles Einfluß, sie schafft zwar in der That nichts Neues, aber sie kann doch die Fehler verbessern."

O. p. V. S. 155.

„Meine hauptsächlichste Beschäftigung ist, die Unwissenheit und die Vorurtheile in den Gegenden zu bekämpfen, zu deren Regenten mich der Zufall der Geburt gemacht hat, die Geister aufzuklären, die Sitten zu bessern und die Menschen so glücklich zu machen, als es die menschliche Natur verträgt, und die Mittel, welche ich dazu gebrauchen kann, es erlauben."

O. p. X. S. 70.

Wer Etwas zu rechtfertigen sucht, das gegen das Wohl der Menschheit ist, der verwundet sich mit einem Schwerte, das ihm zur eigenen Vertheidigung gegeben wurde.

Oeuvres de Fréderic II. le Grand. 19.

Die Tulpenliebhaberei (Tulipomanie) und der Effektenhandel.

Die Blumen waren von undenklichen Zeiten her ein vorzüglicher Gegenstand des asiatischen Luxus. Bemerkenswerth ist es, daß unter allen orientalischen Völkern vorzüglich die Türken sich auf die Kultur der Blumen legten, und damit eine ganz eigene Liebhaberei trieben. Daher kommt es auch, daß wir in Europa unsere meisten und schönsten Gartenblumen aus der Levante bekommen haben. So wurden z. E. die Ranunkeln durch den Vezir Cara Mustapha, denselben, der im 17. Jahrhunderte mit seiner fürchterlichen Armee vor Wien geschlagen wurde, zuerst kultivirt und auf folgende Art bekannt. Cara Mustapha, um seinem Herrn, dem Kaiser Mohamed IV., der die Jagd und Einsamkeit außerordentlich liebte, eine angenehme Beschäftigung zu geben, suchte dessen Geschmack auf die Blumenliebhaberei zu leiten. Der Sultan wurde Blumist, zu großer Freude des Vezirs; und da Mustapha sah, daß er vorzüglich die Ranunkeln lieb gewann, so ließ er sogleich Befehle an alle Bassen des ganzen Reichs ergehen, daß sie die schönsten Gattungen davon, die in ihren Gouvernements zu finden wären, für den Großherrn einschicken sollten. Die von Candia, Cypern, Rhodus, Aleppo und Damaskus lieferten die schönsten nach Konstantinopel, und nunmehr wurde die Ranunkel die allgemeine Modeblume in der Levante. Die fremden Gesandten schickten dergleichen, als eine neue Seltenheit, an ihre Höfe, und ein Marseiller Kaufmann, Namens Malaval, machte eine eigene große Spekulation darauf und versah zuerst ganz Frankreich damit. Aus Frankreich haben hernach die übrigen europäischen Staaten dieselben erhalten.

Die erstaunliche Blumenliebhaberei der Holländer, der beträchtliche Handel, den sie schon seit beinahe 200 Jahren damit treiben, und welche ungeheure Summen oft Liebhaber für eine seltene Blume zahlten, ist bekannt. Am auffallendsten ist dieß in der höchst sonderbaren Geschichte des holländischen Tulpenhandels in der Mitte des 17ten Jahrhunderts, über welchen wir unsern Lesern nachstehende interessante Nachrichten aus einem ältern Werke mittheilen:

„Die Tulpe, welche zu nichts weiter als zur Zierde der Gärten dient, deren Schönheit von mancher andern Blume noch übertroffen wird, deren Dauer so kurz und der Besitz so mißlich ist, ist in der Mitte des siebzehnten Jahrhunderts der Gegenstand eines Handels geworden, der in der ganzen Geschichte des Handels seines Gleichen nicht hat, wobei ihr scheinbarer Werth über den Preis des edelsten Metalls hinaufgestiegen ist. Erzählt ist dieser Handel von Mehreren, aber wenigstens von allen Neuern unrichtig vorgestellt worden. Man lacht über die „Tulpennarrheit" weil man glaubt, die Schönheit und Seltenheit der Blume habe den Liebhaber zu so hohen Preisen gereizt; man denkt, die Tulpen wären nur deshalb so unmäßig bezahlt worden, um sie zur Pracht im Garten zu haben; aber diese Vorstellung ist falsch.

„Nur in einigen niederländischen Städten, vornehmlich aber zu Amsterdam, Harlem, Utrecht, Alkmar, Leyden, Rotterdam, Vianen, Hoorn, Enkhuysen und Medemblick wurde dieser Handel getrieben. Am stärksten war er in den Jahren 1634, 35, 36 u. 37. Abraham Munting hat einige Preise, wofür damals Tulpenzwiebeln verhandelt worden sind, aufgezeichnet, wovon ich hier einige anführen will. Für eine Zwiebel derjenigen Art, welche Vicerov hieß, wurden dem, der sie zu liefern versprach, folgende Waaren, nach nebenbemerktem Werthe verschrieben:

2 Last Weizen,	ar Werth	448	Gulden
4 Last Roggen,	— —	558	—
4 fette Ochsen,	— —	480	—
8 fette Schweine,	— —	240	—
12 fette Schaafe,	— —	120	—
8 Orthoft Wein,	— —	70	—
4 Tonnen Bier zu 8 Gulden,	— —	32	—
2 Tonnen Butter,	— —	192	—
1000 Pfund Käse,	— —	120	—
Ein vollständiges Bett,	— —	100	—
Ein ganzes Kleid,	— —	80	—
Ein silberner Becher,	— —	60	—
	Summa	2500	Gulden.

„Nachher schloß man den Handel nach dem Gewichte der Zwiebeln. So kosteten z. B. 400 As vom Admiral Liefken 4400 Gulden; 446 As vom Admiral von der Eyk 1620 Gulden; 106 As Schilder 1615 Fl.; 200 As Semper Augustus 5500 Fl.; die Art Semper Augustus ist mehrmalen zu 2000 Fl. angeschlagen worden, und es hieß damals, es wären überhaupt nur 2 Stücke davon vorhanden, eins zu Amsterdam, das andere zu Harlem. Für eine Zwiebel eben dieser Art verschrieb Einer dem Andern 4600 Fl. und darüber noch eine neue, zugemachte Kutsche mit zwei Apfelschimmeln und allem Zubehör. Ein Anderer verschrieb 12 Morgen Landes für eine Zwiebel; denn diejenigen, die nicht baares Geld hatten, verschrieben ihre beweglichen und unbeweglichen Güter, Haus und Hof, Vieh und Kleider. Ein Mann, dessen Namen Munting gewußt, aber verschwiegen hat, hat in einer Zeit von vier Monaten in diesem Tulpenhandel mehr als 60,000 Fl. gewonnen. Nicht Kaufleute allein gaben sich damit ab, sondern auch die vornehmsten Edelleute, Bürger aller Art, Handwerker, Schiffer, Bauern, Torfträger, Schornsteinfeger, Knechte, Mägde und Trödelweiber ꝛc. Im Anfange gewann Jeder und Keiner verlor. Die Aermsten gewannen in wenig Monaten Häuser, Kutschen und Pferde, und kamen, wie die Holländer sagen, als de grootste Hansen (d. h. die großen Hansen) daher. In allen Städten waren Wirthshäuser gewählt, welche statt der Börsen dienten, wo Vornehme und Geringe um Blumen handelten, und die Kontrakte sich oft mit den größten Schmausereien bestätigten. Sie hatten unter sich Gesetze gemacht, hatten ihre Notarien und ihre Schreiber.

„Wenn man über diesen Handel ein wenig ernsthaft nachdenken will, so wird man bald begreifen, daß der Besitz der Blumen nicht die Absicht desselben gewesen seyn könne, ungeachtet sich die Meisten die Sache so vorstellen. Der Preis der Tulpen stieg vom Jahre 1634 bis zum Jahre 1637 immer höher; aber wäre es den Käufern um den Besitz der Blumen zu thun gewesen, so hätte er nicht in einem solchen Zeitraume fallen, aber nicht steigen können. Macht die Waare der Landwirthschaft theuer, wenn ihr sie wohlfeil haben wollt, sagt Young, und er hat Recht. Denn ein stärkerer Verbrauch bewirkt eine größere Wiedererzeugung, und die Tulpe ist so gut als der Spargel ein Erzeugniß der Landwirthschaft, im weitläufigen Verstande. Wenn eine Stadt viele Personen hat, welche alle Spargel essen wollen und gut bezahlen, so werden viel Spargelbeete angelegt und der Preis fällt. Eben so würden in Holland in kurzer Zeit Tulpenplantagen entstanden seyn und in ein Paar Jahren alle Liebhaber um weit niedrigere Preise Blumen haben kaufen können. Aber dieß geschah nicht, und der Schornsteinfeger, der seinen Besen wegwarf, ward darum nicht Gärtner, ob er gleich ein Blumenhändler ward. Aus weiter Ferne würde man Zwiebeln verschrieben oder geholt haben, so wie Europäer nach Indien und Brasilien reisen, um Steinchen zu suchen und zu kaufen, wenn sie in Europa viele reiche Liebhaber wissen. Aber der Tulpenhändler zechte in der vaterländischen Schenke, ohne an so etwas zu denken. Ich gebe zu, daß eine Blume hat selten und also theuer seyn können; aber unmöglich hätte der Preis so hoch steigen und sich noch dazu länger als ein Jahr halten können. Wie lächerlich würde es gewesen seyn, nach dem Goldgewichte ungenießbare Zwiebeln zu bezahlen, wenn man nur die Blume hätte haben wollen! Groß ist die Thorheit der Menschen, aber ohne allen Grund pflegt sie nicht zu seyn, wie sie doch in jenem Falle hätte seyn müssen.

„Zur Zeit der Tulipomanie — wie man es nannte — bot und bezahlte ein Spekulant große Summen für eine Zwiebel, die er nie erhielt und nie zu haben verlangte. Ein Anderer versprach Zwiebeln, die er nie gehabt hatte, nie herbeischaffte und nie ablieferte. Oft kaufte der Edelmann vom Schornsteinfeger für 2000 Gulden Tulpen, und verkaufte zu gleicher Zeit einem Bauer für eine andere große Summe selbst dergleichen, und weder Edelmann, noch Schornsteinfeger, noch Bauer besaßen Zwiebeln, erhielten oder verlangten sie zu erhalten. Ehe die Tulpenflor anging, waren mehr Zwiebeln erhandelt und verhandelt, bestellt und versprochen, als vielleicht alle holländischen Gärten hatten, und als Semper Augustus nur zwei Mal vorhanden war, ward vielleicht keine Art öfter gekauft und verkauft, als eben diese; so wird in Paris in einem

Jahre mehr Geld ausgegeben, als in ganz Europa vorhanden ist. In einer Zeit von drei Jahren wurden in einer einzigen Stadt von Holland mehr als zehn Millionen für Tulpen umgesetzt.

Beschluß folgt.

Der Leuchtthurm auf der Felsenklippe Eddystone.

Die Erfindung, hohe Gebäude, Thürme, Leuchtthürme am Ufer des Meeres oder auf einzeln gelegenen, dem Ufer nahen Felseninseln und Vorgebirgen zu errichten, um die Schiffenden von der Gefahr zu benachrichtigen, welche ihnen in dieser Gegend droht, ist sehr alt. Zu verschiedenen Zeiten waren dergleichen Gebäude Gegenstände, an welchen Völker und Könige ihre Prachtliebe zeigten und ihre Namen verherrlichten. Der berühmteste unter allen Leuchtthürmen des Alterthums ist der zu Alexandrien, welchem der Name Pharos, von einer kleinen Insel, worauf er stand, gegeben wurde. Man räumte ihm eine Stelle unter den sogenannten Wunderwerken der alten Welt ein.

Es ist wahrscheinlich, daß die ungeheure Arbeit, die seine Errichtung erforderte, ungefähr 283 Jahre vor Christi Geburt beendigt wurde. Er stand auf dem östlichen Ende der Insel auf einem Felsen und seine Mauern wurden vom Wasser bespült. Das ganze Gebäude war viereckig, von blendend weißem Marmor in einem erstaunenswürdigen Plane und erhabenen Style ausgeführt. Mehrere Schriftsteller des Alterthums können die Festigkeit und Kühnheit dieses Baues kaum genug rühmen. Auch fand in der Folge die Einbildungskraft späterer Beschreiber reichen Stoff daran, auszuschweifen und die Berichte von seinem Umfange und seiner Höhe gegen alle Wahrscheinlichkeit zu übertreiben. So wollte man ihn hundert englische Meilen weit in der See sehen können; er müßte, wenn dieses möglich gewesen wäre, eine Höhe von Ein tausend sechs hundert und achtzig Fuß gehabt haben, welches wohl nicht glaublich ist. Man erstaunt ohnehin, wenn billigere Schriftsteller versichern, der Pharos sey 547 Fuß hoch gewesen und 41 englische Meilen weit im Meere gesehen worden. Allnächtlich wurde ein ungeheures Feuer auf seiner Spitze unterhalten, damit auch zur Nachtzeit die Schiffe nicht ungewarnt und unberathen bleiben möchten.

Einem so starken, von so festen, auf das Engste vereinigten Steinen erbauten Gebäude hätte man ewige Dauer versprechen sollen; aber die Zeit hat sich dennoch ihre verheerenden Rechte daran durch keine menschliche Kunst streitig machen lassen. Welche Naturkraft, welche furchtbare Begebenheit dieses Denkmal menschlicher Kühnheit zertrümmert habe, hat die Geschichte nicht bis auf uns gebracht. Gewiß aber ist wenigstens, daß der Pharos in einem Zeitraume von Ein tausend sechs hundert Jahren unverletzt geblieben sey.

Von ihm erhielten nachher alle zu einem gleichen Endzwecke errichteten Gebäude den Namen Pharos oder Pharo. So der Pharo zu Messina in Sicilien, zu Neapel u. a.

Unter denen, welche in neuern Zeiten errichtet wurden, ist der Thurm von Cordouan an der Küste von Frankreich der merkwürdigste. Er steht an der Mündung der Garonne auf einer kleinen Insel.

Der berühmte französische Baukünstler Louis de Foix leitete den Bau, der unter Heinrich II. begonnen und in einem Zeitraume von 26 Jahren vollendet wurde. Die Insel, worauf er steht, ist nur bei niedrigem Wasser trocken, bei hoher Fluth hingegen durchaus überschwemmt und unsichtbar, Fels auf Fels, und rings umher mit andern abgesonderten Klippen umgeben, welche die Annäherung, selbst für kleine Boote, höchst gefährlich, und bei hohem Wasser und stürmischer See unmöglich machen. Furchtbar brechen sich die empörten Wellen an diesen verrätherischen Klippen, und ihr Getöse ist weit hörbar.

Unsre Leser können sich aus dieser Schilderung des Platzes einen Begriff von den ungeheuren Schwierigkeiten machen, welche mit diesem Baue verknüpft waren; aber alle wurden besiegt; denn der Muth des Menschen und seine Kraft stemmt sich selbst gegen die wilden Elemente, und vollendet, was er mit festem, klugem Willen beschlossen hat. Und in der That nicht nur das Nothwendige ist bei dem Thurme zu Cordouan angebracht, selbst Zierde, Pracht und Verschwendung ist daran zu sehen. Ganz gewiß stand dem Baumeister der Pharos zu Alexandrien als Grundidee vor Augen, da er den Entwurf zu diesem verfertigte. Die Grundfeste, das Fundament des Thurms, beschreibt einen Zirkel von 414 Fuß, oder es mißt im Durchschnitte 135 Fuß; der größte Durchmesser des Thurmes auf der Oberfläche des Felsens beträgt 125 Fuß und vermindert sich nach und nach bis zum Gipfel, so daß der Thurm selbst eine gegen innen nach allen Seiten ausgeschweifte oder auswärts gebogene Gestalt bekommt.

Die Höhe ist zu dieser ungeheuern Masse in einem schönen Verhältnisse und beträgt 150 Fuß vom Grunde an bis zu dem oben angebrachten Aufsatze, welcher die Laterne enthält.

Die Abtheilungen oder Stockwerke, in welche das Ganze eingetheilt ist, sind mit kostbarer Bildhauerarbeit verziert und von Säulen umgeben. Alles verräth Geschmack und Zierde, verbunden mit Dauerhaftigkeit; die Verwendung des großen inwendigen Raumes übertrifft das Aeußere, so wie die Erwartung eines Jeden, der diesen unwirthbaren Ort berührt, und nur das Nothdürftige, nicht aber Prunk und Schimmer darin sucht. Mehrere Säle und Zimmer befinden sich in den verschiedenen Abtheilungen; die für den König bestimmten sind am Reichsten verziert; vergoldete und marmorne Statuen und Büsten von König Heinrich II., der das Gebäude begann, und Heinrich IV., der es vollendete, Wappen und Gemälde schmücken diese kühn gewölbten Hallen aus, auch ist eine kostbar verzierte Kapelle darin, die von einer Oeffnung in ihrer Kuppel beleuchtet wird; in derselben sind die marmornen Abbildungen des Baumeisters de Foix, und der Könige Ludwig XIV. und Ludwig XV. aufgestellt.

Die Laterne, welche den Gipfel des ganzen Gebäudes ausmacht, ist ebenfalls von einem der Größe desselben angemessenem Umfange, und wird allmählig durch eine große Anzahl starker Lichter so sehr erleuchtet, daß der Zweck des Werkes dadurch erreicht werden kann.

Es hat viele Millionen gekostet und dient zum Beweise, daß auch in neuern Zeiten die Kräfte des Menschen noch nicht erschlafft sind, und daß man auch jetzt noch Werke der kühnsten Art mit jenem beharrlichen Muthe auszuführen vermag, welchen wir in den Trümmern römischer und griechischer Baukunst bewundern.

Fast noch merkwürdiger durch die Schwierigkeit bei der Gründung und durch seine Schicksale ist der Leuchtthurm auf der Felsenklippe Eddystone, den wir unsern Lesern in doppelter Ansicht vorlegen.

Abbildung des Leuchtthurms bei ruhigem Wetter.

Bei ruhiger See ist die Aussicht von diesem Leuchtthurme köstlich gegen die Küste von England hin; nichts Abschreckendes, Gefährliches rings umher; nur mit schwacher Anstrengung drängt sich das Wasser zwischen den Klippen hindurch: Boote können mit Sicherheit anlanden, und weit umher verbreitet in diesen Augenblicken der Ruhe die Laterne auf der Spitze zur Nachtzeit ihr wohlthätiges Licht. Aber wie ganz anders wird diese Scene, wenn der Sturm das Meer empört und ungeheure Wellen emporthürmt! Der Felsen vor Eddystone empfindet alsdann vorzüglich die Wuth der Wellen; zürnend schwingen sie sich an dem Thurme empor, der darauf erbaut ist, umschließen ihn völlig und stürzen über seiner Spitze zusammen. Zur Seite toben mächtige Wassermassen, brausen im Schaume auf und bilden Gestalten und Ansichten, welche von denen, die einen Sturm in jener Gegend beobachtet haben, als das Merkwürdigste aller Naturschauspiele gerühmt werden.

Kaum sichtbar steht das hohe Seitengebäude in Fluthen begraben, und gewiß muß in solchen Augenblicken, wo die Natur in Empörung ist, der Muth des beherztesten der Männer, die ihre Pflicht, hier zu wohnen, zwingt, sinken. Für solche Augenblicke ist die höchste Manneskraft Schwäche, und was Tausende mit emsigem, klugem Fleiße empor geführt, was Jahrhunderte vergeblich zu zertrümmern gestrebt haben, vernichtet ein solcher Moment; kaum bleibt oft eine Spur übrig, welche der Folgezeit sagt: hier stand es.

Der Felsen von Eddystone liegt 14 englische Meilen von der Stadt Plymouth in England, deren Seehafen einer der vorzüglichsten ist. Jene Gegend des Meeres ist voll gefährlicher Klippen, und manches reich beladene Schiff scheiterte dort, besonders im Sturme und zur Nachtzeit, ehe man das warnende Gebäude auf dem Felsen errichtete; vorzüglich gefahrvoll war der Felsen Eddystone selbst, der jetzt die Aus= und Einfahrt aus dem Kanale (so nennt man jenen Theil des Meeres) mehr sichert, als gefährlich macht.

Längst hätte die englische Nation, durchaus vom Handelsgeiste belebt, ihre Kräfte aufgeboten, um hier die Schifffahrt gefahrloser zu machen; allein man hielt es lange Zeit für unmöglich, einen Leuchtthurm auf dieser harten Masse von Granitfelsen aufzuführen. Erst im Jahre 1696 wagte es ein kühner Mann aus Littleburg, in der Grafschaft Esser, seine Kenntnisse in der Baukunst dem Wunsche seines Vaterlandes anzubieten, und den Entwurf zu einem solchen Gebäude zu verfertigen. Er hieß Heinrich Winstanley. Weder an Muth noch an Geschicklichkeit fehlte es ihm, diese Probe zu machen. Ihn hatte frühe Liebe zu den mathematischen Wissenschaften bewogen, mancherlei Versuche in seinem eigenen Hause anzustellen, welche bald die Aufmerksamkeit der Nachbarn und endlich der Nation selbst auf sich zogen, und hundert Jahre früher würde man die mechanischen Kunststücke bewundert und ihn aus Dankbarkeit als einen Zauberer verbrannt haben. Bald kam kein Reisender nach Littleburg, der nicht Winstanley's Haus besucht hätte. Ueberall waren Wunderdinge zu sehen; trat man da oder dort auf eine gewisse Stelle mit dem Fuße, so sprang ein Gespenst aus der Erde hervor, setzte man sich auf einen gewissen Stuhl, so starrten augenblicklich von allen Seiten Waffen aller Art dem Ungewarnten entgegen, und drohten bei dem geringsten Versuche, zu entschlüpfen, ihn niederzustoßen, und nahm man Platz in einem hohlen Baume an der Seite eines Kanals im Garten, so schleuderte eine geheime Kraft den Sitzenden hinaus, und im Fluge in's Wasser.

Mehr noch als diese Spielereien verdienten Winstanley's Wasserwerke, die er in London öffentlich für Geld sehen ließ, die Aufmerksamkeit seiner Zeitgenossen, und so zeigte der Mann in Allem, daß er in Arbeiten der Mechanik nicht unerfahren, nicht unfähig zu größeren, gemeinnützigeren Unternehmungen sey.

Winstanley brachte vier Jahre mit dem Baue des Leuchtthurms zu, kämpfte mit allen möglichen Hindernissen und errichtete endlich ein festes, 120 Fuß hohes Gebäude, das selbst den ungeheuern Wellen trotzen sollte, ob es gleich nur von Holz war.

Dicke Stangen von Eisen, die in den Felsen eingelassen waren, dienten ihm zum Fundamente, und so viel war gewiß, ein gewöhnlicher Sturm konnte dem Baue nichts anhaben. Allein die ganze Gewalt des empörten Meeres, die ganze Macht eines Orkans konnte es nicht aushalten.

In der Nacht vom 26. auf den 27. Nov. 1703 war die ganze Natur in Empörung, es wüthete der fürchterlichste Orkan verheerend an den Küsten von England stärker, als es den ältesten Menschen erinnerlich war. Voll banger Sorge erwartete man den ersten Schimmer des Tages, um so bald wie möglich nach dem Leuchtthurme zu Eddystone zu schauen; denn Jedermann urtheilte, er sey ein Raub der Wellen geworden. Der Tag kam und verschwunden war das ganze Gebäude, versunken im Meere, unwiederbringlich verloren. Alle diejenigen, welche zur Unterhaltung des Feuers und zu andern Geschäften in dem Gebäude wohnten, fanden ihr Grab in der Fluth. Das Allertraurigste und in der That Merkwürdigste bei dieser Begebenheit ist der Verlust des Baumeisters Winstanley selbst. Er hatte sich, überzeugt von der Dauer seines Werks, oft gewünscht, im größten Sturme auf Eddystone zu seyn, und sein Wunsch wurde fürchterlich erfüllt. Am Abende vor dem Unwetter war er mit einigen Arbeitern nach Eddystone gefahren, um einige Verbesserungen anzulegen; der Sturm überraschte sie in der Nacht; das Gebäude stürzte ein und Winstanley versank mit ihm. Er wurde allgemein bedauert, und Niemand maaß ihm die Schuld des Verlustes bei; denn gegen solche Gewalt konnte kein Menschenwerk bestehen.

Der Leuchtthurm bei stürmischem Wetter.

Man erzählt, in der nämlichen Nacht sey auch das kleine hölzerne Modell des Thurms, welches in Winstanley's Hause zu Littleburg stand, 200 englische Meilen vom großen entfernt, von seinem Standpunkte herabgestürzt und in Stücke zerbrochen. Vielen mochte dieß als ein Wunder erscheinen; es ist aber nicht nur möglich, sondern auch den Umständen angemessen, und wir werden die Sache sehr natürlich finden, wenn wir hören, der fürchterliche Sturm habe, einem Erdbeben ähnlich, durch ganz England gewüthet, und viel bedeutendere Massen, als ein solches Modell ist, umgestürzt und zertrümmert.

Auch wurde der Schaden des verlornen Leuchtthurms sehr bald nach seiner Zertrümmerung fühlbar; denn es scheiterte gleich darauf ein reich beladenes Handelsschiff, nun ungewarnt, an diesen Klippen.

Es war zu viel gewagt, zu augenscheinlich gefahrvoll, das seit seiner Entstehung so nützliche Gebäude nicht wieder aufzubauen; schon im Julius 1706 wurde der neue Bau, auf Befehl der Königin Anna, begonnen.

Der Baumeister hieß John Rudyerd, ein Seidenhändler. Auch ihm fehlten die nöthigen Kräfte nicht, ein solches Werk auszuführen, und er hatte noch vor seinem Vorgänger das Gefühl des Werths einfacher, schmuckloser Erfindung voraus. Nur wenige Verzierungen wurden angebracht, das Gebäude stand, seinem Zwecke entsprechend, ohne Zierde und Prunk.

Im Juli 1706 begann der Bau und den 28. Juli 1709 brannte zum ersten Male das Feuer in der oben angebrachten großen Laterne. Auch dieses Gebäude war nur von Holz, aber sehr dauerhaft aufgeführt. Es stand bis zum 2. December 1755, der Schifffahrt zum großen Nutzen. Durch die Länge der Zeit mochte das Holz, besonders in der ungeheuern Laterne, welche mit vielen Lichtern allnächtlich besetzt war, sehr entzündbar geworden seyn; denn in der Nacht vom 2. auf den 3. Decbr. 1755 verzehrte ein furchtbares, durch keine Mühe zu löschendes Feuer, welches in der Laterne ausbrach, das ganze Gebäude, so daß nichts, als die eisernen, im Felsen befestigten, Grundstangen stehen blieben. Jetzt erst dachte man daran, nicht nur durch festen Grund, sondern auch durch ein dem Feuer widerstehendes Baumaterial künftigem Unglücke bei einem neuen Gebäude vorzubeugen. Im Jahre 1756 wurde daher dessen Aufführung von Stein beschlossen, der Fels selbst zu dieser Absicht höchst künstlich bearbeitet, und mit der ausdauerndsten Anstrengung kam im Jahre 1759 der festeste Bau zu Stande, den je Menschen errichtet haben.

John Smeaton hieß der Baumeister, der den Thurm aufführte. Wenn es der Raum dieser Blätter erlaubte, eine umständliche Schilderung der Mittel zu geben, die er anwendete, um seinem Werke Dauerhaftigkeit zu verschaffen, so würde man darüber erstaunen; jeder einzelne Stein, der zu dem großen hohen Ganzen nöthig war, wurde in den andern auf allen Seiten eingefügt, und durch den dadurch bewirkten ungeheuern Gegendruck ward die Absicht völlig erreicht; auch die neuesten Prüfungen, und viele zeither erfolgte heftige Stürme haben seine Dauer bewährt.

Der Baukünstler hat allen Schmuck daran weise vermieden, und diese Form des Gebäudes jeder andern vorgezogen, durch welche es unten viel breiter als oben wird, sich sanft einwärts krümmt, und den Wellen auf diese Art leichteren Widerstand leistet. Das einfache Dach ist wieder sanft auswärts geschweift. Ueber ihm ragt die Laterne, mit einem eisernen Geländer versehen, hervor. Die Lichter, welche allnächtlich darin angezündet werden, sind in zwei Reihen über einander an einem großen Gerüste aufgestellt, das wie ein Kronleuchter von der Mitte der Bedeckung herabhängt. Der Knopf oben ist hohl, und verstattet dem Rauche den Durchgang. Zu der mit großen Glasfenstern versehenen Laterne führt eine Thüre von der um das Dach des Thurmes herumlaufenden Gallerie. Wenn die Lichter in derselben zur Nachtzeit brennen, so muß der Aufseher von Zeit zu Zeit hineingehen und sie reinigen, damit ihre Wirkung immer hinreichend und gleichförmig bleibe. Furchtbar sind die Angriffe, welche das Meer zur Zeit des Sturms gegen dieses seiner Macht trotzende Gebäude unternimmt. Der ganze Thurm ist vom Wasser umhüllt, gleichsam verschlungen; die kühnsten Wellen schlagen über ihm zusammen; andere prallen schäumend gegen ihn an und das Getöse ist laut und schreckbar.

Bau der Lungen des Menschen.

Die Lungen der Menschen, so wie der Thiere niederer Klasse sind glatt und schwammig, daher gesunde Lungen auf dem Wasser schwimmen. Sie dienen dem Menschen zur Reinigung des Bluts. Die Fische haben keine Lungen und statt derselben Kiemen, und da die Insekten durch den Mund keine Luft einathmen, so wird ihr Blut durch kleine Höhlen an den Seiten dieser Thiere gereinigt. Die Gesundheit der bluthaltigen Thiere bedarf der Einathmung von Luft zur Reinigung des Bluts; doch können die Thiere länger als die Menschen den Zufluß der Luft zum Blute entbehren.

Wenn wir lange den Mund und die Nase verschließen, so entsteht ein Gefühl des Erstickens, durch einen Nervendruck, weil unreines Blut der linken Seite des Herzens zuströmt, wodurch wir gewarnt werden, diese Störung des Blutumlaufs nicht länger fortzusetzen. Beschmieren wir ein Insekt mit dickem Oele, so muß es ersticken, da das Oel die Seitenhöhlen füllt; wird es nicht bald wieder davon befreiet, so ist das Insekt nicht vom Tode zu retten. Alles Wasser enthält einige atmosphärische Luft und die Fische ersticken im Wasser, dem die Luftpumpe die Luft entzogen hat.

Das in die Lungen eindringende Blut ist schwarz und dunkelroth, weil es aus den Venen (Blutadern) kommt, wenn es aber die Lungen verläßt, so ist es glänzend hellroth und heißt Pulsadernblut, weil es mit eingeathmeter Luft vermischt worden ist.

Man darf fragen, wie vermischt sich diese eingeathmete Luft mit dem Lungenblute, da dieses doch mit der Luft in keine unmittelbare Verbindung tritt? Die Lungen sind ein Netz von Blutgefäßen, welche auf der Oberfläche und im Innern sich in unzählige kleine Zweige verbreiten, mit einer so außerordentlich dünnen Haut, daß die eingeathmete Luft sie schnell durchdringt und die erforderliche Veränderung im Blute bewirken kann.

Der Umlauf des Bluts von der Zeit an, da solches die Lungen verläßt, bis es dahin zurückkehrt, ist sehr einfach. Es fließt zuerst aus der Lunge nach der linken Herzhöhle, welche dasselbe zusammenpreßt und dadurch in die Pulsadern treibt, und verbreitet von dort nach allen Theilen des Körpers Nahrung. Wenn dieses vollbracht ist, so kehrt das Blut durch die Blutadern nach der rechten Herzhöhle zurück, und von dort zur abermaligen Reinigung nach den Lungen, und erneuert später den eben beschriebenen Umlauf.

Alles Blut in den Pulsadern ist hellroth, und in den Blutadern schwärzlich hochroth; daher müssen sich Personen, welche sich am Arme die Ader öffnen lassen, nicht wundern, wenn ihr Blut sehr dunkel ist, weil das am Arme nie anders seyn kann.

Mit Ausnahme der kleinen Pulsader an den Schläfen, welche wegen der Nähe an der Oberfläche der Haut bei den meisten Personen sehr kenntlich ist, lassen die Aerzte niemals eine Pulsader öffnen, weil man das Blutausströmen nur durch Unterbindung und mit großer Mühe stillen kann. Aber auch jene kleine Pulsader öffnet man nur im Falle eines Schlagflusses oder bei einer krankhaften starken Zuströmung des Bluts nach dem Kopfe.

Gastmahl der Indianer am Orinoko.

Das Fest der Jucca, die Ernte der Bertholletia excelsa, ist die Weinlese der Indianer am Orinoko, und vereinigt sie zu gemeinschaftlicher Fröhlichkeit, so daß drei Tage gewöhnlich in eigentlichem Rausche hingehen. Humboldt war einst Zeuge des Festes und beschreibt die Scene desselben mit folgenden Worten: „Die Hütte, in welcher die Indianer versammelt waren, gewährte mehrere Tage lang einen höchst sonderbaren Anblick. Weder Tisch noch Bank war darin, aber große gebratene Affen, ganz schwarz von

Rauch, waren in gewisser Ordnung an der Wand aufgestellt und befestigt. Die Art, diese Anthropomorphen zu braten, trägt nicht wenig dazu bei, ihren Anblick unangenehm und empörend zu machen. Ein kleiner Pfahl von sehr hartem Holze nämlich wird zugespitzt und ungefähr einen Fuß hoch von dem Boden in die Wand befestigt. Dann wird dem Affen das Fell abgezogen und er in eine sitzende Stellung gebracht; gewöhnlich läßt man dabei den Kopf auf den langen, magern Armen ruhen. Wenn alles dieß in Ordnung ist und der Braten angespießt, so wird ein helles Feuer darunter angezündet, und der Affe, in Feuer und Rauch eingehüllt, zu gleicher Zeit gebraten und geräuchert. Das Affenessen gewöhnte vielleicht an Menschenfressen. Häßlicher Anblick, besonders der Hände und des Kopfes! Das Fleisch ist zäh und trocken. Bonpland hat Gebratenes von Esmenalda nach Paris gebracht und dort aufbewahrt, ohne daß es einen übeln Geruch verbreitete.

Guter Rath des Professors Lichtenberg.

Mit Grund kann man annehmen, daß zwei Drittheile der im Freien durch den Blitz Erschlagenen solche gewesen sind, welche unter einem Baume Schutz gesucht hatten. Der verstorbene Professor in Göttingen, Lichtenberg, gab daher den Rath, man sollte an die freistehenden Bäume ein Täfelchen mit der Aufschrift heften: Allhier wird man vom Blitze erschlagen. Es ist viel besser, sich beregnen zu lassen und naß zu werden, als Gefahr zu laufen, bei trocknem Körper erschlagen zu werden.

W o c h e.

Am 10. August 1792 erstürmten die aufgeregten Pariser das Schloß der Tuilerien in Paris, hieben die dasselbe vertheidigenden Schweizer nieder und setzten das Morden am folgenden Tage fort. Die königliche Gewalt wurde aufgehoben und der unglückliche Ludwig XVI. in den Tempel gebracht. — An eben dem Tage segelte der General=Kapitain Ferdinand Magelhaens aus Portugal im spanischen Dienste von Sevilla im Jahre 1519 ab, umschiffte das südliche Amerika und entdeckte die Ladronen und Philippinischen Inseln, ohne jedoch sein Vaterland wieder zu sehen, denn er fiel nach einer Landung im Kampfe mit den Wilden.

Am 11. August 1787 ward das Denkmal des Herzogs Maximilian Julius Leopold von Braunschweig zu Frankfurt an der Oder eingeweiht. Er wollte dort im Jahre 1785 einige in der Oder in Lebensgefahr befindliche Menschen retten und fand dabei seinen Tod.

Am 12. August 1813 legte der Kaiser Franz II. seine Vermittlung zwischen Frankreich und Rußland in Prag nieder und vereinigte seine Waffen mit Rußland und Preußen, um den Kaiser Napoleon zu einem billigen Frieden zu zwingen.

Am 13. August 1792 wurde der des Throns von der französischen Nationalversammlung entsetzte Ludwig XVI. mit seiner Familie in den Tempel gebracht, welchen er erst verließ, als er zur Guillotine abgeführt wurde.

Am 14. August 1813 besetzte Blücher Breslau wieder und an demselben Tage 1814 fand zu Moß

in Norwegen ein Waffenstillstand zwischen den schwedischen und norwegischen Truppen Statt.

Am 15. August 1799 siegten die vereinigten Oesterreicher und Russen bei Novi über das französische Heer unter dem Feldherrn Joubert, und im Jahre 1760 König Friedrich II. bei Liegnitz über die Oesterreicher und Russen und vereinigte sich darauf mit dem Prinzen Heinrich von Preußen und dessen Heere.

Am 16. August 1812 fiel ein sehr blutiges Gefecht zwischen den Russen, Franzosen und Baiern unter Wittgenstein, Oudinot und Gouvion St. Cyr bei Polozk vor.

Die Weberkarden.
Dipsacus Fullonum.

Diese Karden sind wahrscheinlich aus der Fremde bei uns eingebürgert worden und noch nicht so allgemein in Deutschland bekannt, als sie es verdienen. Man bauet sie bei Halle, bei Oschatz (in Sachsen) und in Mecklenburg. Es giebt zwei Arten: die wilde Weberkarde und die zahme Weberkarde. Schon unter dem Könige Eduard III. von England wurden die Karden für die Tuchweber angebaut, als dieser Fürst die Einfuhr fremder Tücher verbot, dagegen Tuchweber aus Flandern kommen ließ. Durch diese eingewanderten Weber wurde das Tuch in England eine Marktwaare, die Weberei wurde eine Innung, die einzelnen Orte gaben ihrem Tuche eine eigenthümliche Farbe und der Anbau der Karden wuchs besonders im schweren Lehmlande und auf dem besten wohl abgewässerten Waizenboden, der aber vom Unkraute sehr rein gehalten werden muß. Kein Artikel des Landbaues hat übrigens ungewissere Preise, als die Weberkarde.

Die Karde treibt ihre Köpfe im Julius und im August, welche mit der Hand ausgeschnitten und an Stangen getrocknet werden. Diese größeren und gröberen Karden taugen nur für das gröbste Tuch und haben den halben Werth der besten. 9000 derselben bilden einen Ballen. Dann folgen die zur Seite ausgeschossenen Köpfe, welche am Theuersten bezahlt werden. Wenn feuchte Witterung einfällt, so verderben die Karden und fallen ab, denn sie pflegen den Regen an sich zu ziehen. Sie können nicht wie Getreide in Gebinden aufgesetzt werden; der Druck zerstört nämlich die Disteln und nur in der freien Luft und in der Regenzeit unter Dach in einer luftigen Lage werden sie trocken. Dieses Trocknen unter dem Dache ist jedoch für kleine Landbesitzer, welchen der dazu nöthige Raum fehlt, so unbequem, daß nur die Wohlhabenderen dieser Klasse sich diese Mühe geben. Von der edleren Art bilden 10,000 einen Ballen. Gerathen die Karden gut, so pflegt der Preis des Ballens wohl bis $26\frac{2}{3}$ Rthlr zu sinken, im entgegengesetzten Falle kann er bis 147 Rthlr. steigen. Der Mittelpreis des Ballens ist $32\frac{2}{3}$ bis $46\frac{2}{3}$ Rthlr. Da der Preis der Karden pr. Ballen über $50\frac{2}{3}$ Rthlr. steigt, so pflegt die Küste des festen Landes ihre Karden nach England zum Verkaufe zu schicken. Das engl. regnichte Klima läßt dort nicht immer die Karden gedeihen.

Die Tuchmacher wissen bisher durch nichts Anderes die Karden bei der Tuchbereitung hinlänglich zu ersetzen. Ihr Nutzen ist, daß sie die losen Fasern der Wolle aus dem Gewebe herausziehen und die Oberfläche glatt machen, so daß man weder Fäden noch Knoten wahrnimmt und alles Grobe und Lose von dem

glatten Tuche bedeckt wird.   Der Kopf einer vollkom=
menen Karde besteht aus vielen Blüthen, jede dersel=
ben ist durch eine lange, steife, spreuartige Substanz mit
einem freien Haken von der andern Blüthe getrennt.
Mehrere dieser Disteln werden in einen Rahmen ein=
gefaßt, womit man über das Tuch fährt, bis alle En=
den herausgezogen und alle lose Fäden ausgekämmt
worden sind, und das Tuch ohne alle Hindernisse in
allen Richtungen durchgekämmt werden kann.   Sollte
eine Distel sich in einen Knoten verwickeln oder sonst
Widerstand antreffen, so bricht sie ab, ohne das Tuch
irgend zu verletzen und das Hinderniß wird auf eine
andere Art beseitigt.   Alle andere mechanischen Verrich=
tungen reißen das aus, was ihnen Widerstand entge=
gen stellt, veranlassen ein Loch oder beschädigen das
Gewebe.   Jedes Stück Tuch verbraucht zu dieser nö=
thigen Ebnung durch die Karden 1500 bis 2000 Stück
Weberkarden.   Die Karden werden bei den verschiede=
nen Bereitungen des Tuchs angewendet.   Aber ein
Stück feines Tuch verbraucht gemeiniglich jene Menge,
ehe es ganz fertig ist; denn das feinste Tuch bedarf
nach den Umständen 150 bis 200 Striche mit den
Karden im Rahmen.

Die Weberkarde.

Die Haselmaus.

Die kleine Haselmaus erwacht von ihrem Win=
terschlafe, wenn der März die Nebel vertrieben hat,
die ersten Knospen der Gebüsche zu schwellen anfangen,
auch die ersten Schlüsselblumen aus dem Rasen her=
vorsprossen, ehe uns die Schwalbe besucht oder die
Krähe ihr Nest gebauet hat.   Doch ist der Winter=
schlaf der Haselmaus nicht so ununterbrochen, als bei
einigen andern Thieren, denn sie erwacht bisweilen,
wenn sie Hunger fühlt, und frißt sich satt an den
im Herbste eingesammelten Nüssen und Bucheckern,

um nach der Sättigung wieder einzuschlafen.   Das
Murmelthier dagegen schläft den ganzen Winter hin=
durch ohne alle Nahrung und sorgt für keine Ein=
sammlung von Vorräthen.

Die Haselmaus

Der italienische Naturforscher Mangili stellte mit
solchen Thieren, deren Winterschlaf er beobachtete, fol=
gende Versuche an.   Er that eine Haselmaus in einen
Schrank seines Bücherzimmers.   Als am 24. Decem=
ber der Wärmemesser 8° über dem Gefrierpunkt stand,
rollte sich die Haselmaus in einem Haufen Papier zu=
sammen und schlief ein.   Als am 27. December der
Wärmemesser noch mehrere Grade gesunken war, nahm
Mangili wahr, daß während 4 Minuten kein Athem=
zug an der erstarrten Haselmaus wahrzunehmen sey,
daß solche aber darauf in $1\frac{1}{2}$ Minute etwa 24 Mal
athmete.   Dieses Stillestehen des Athmens wechselte in
ungleichen Fristen mit dem Athemholen; denn so wie
der Wärmemesser höher stieg, wurde der Zustand des
stillstehenden Athmens auf eine kürzere Frist beschränkt.
Wenn der Wärmemesser beinahe auf den Gefrierpunkt
fiel, so beobachtete Mangili während sechs Minuten
kein Athmen.   In großer Kälte pflegte die Haselmaus
erst nach zehn Tagen eine kleine Mahlzeit zu sich zu
nehmen und gleich nachher mit näheren und ferneren
Unterbrechungen wieder einzuschlafen.   In der höchsten
Kälte nahm er bisweilen in 20 Minuten kein Athmen
des Thieres wahr.   Es scheint, daß dieses Thier in
der Gefangenschaft länger schläft, als in seinem freien
Naturzustande.

Im letzteren Zustande ist dasselbe kalt, hat ge=
schlossene Augen; sein Athmen ist schwach und wird
nach eben den Regeln, wie oben angegeben ist, unter=
brochen.   So lange die Erstarrung fortdauert, kann
man solche Thiere stoßen, rollen, ja sogar schlagen, ohne
sie aus dem Schlafe zu bringen.   Sobald aber die
wärmere Witterung eintritt, vermehrt sich die Wärme
ihres Körpers, welche dagegen bei dem Anfange des
Winters abnimmt, bis dieß Thier endlich seine Schläf=
rigkeit verliert und eins der muntersten Thiere im
Felde und in den Gärten wird, auch stets aufmerksam
ist, sich eine hinreichende Nahrung zu verschaffen.   Je=
doch sind die Stadien der Erstarrung und der Unter=
brechung nicht bei allen Thieren solcher Art sich gleich.

Verlag von Bossange Vater in Leipzig.
Unter Verantwortlichkeit der Verlagshandlung.

Das Pfennig-Magazin

der

Gesellschaft zur Verbreitung gemeinnütziger Kenntnisse

16.]   Erscheint jeden Sonnabend.   **[August 17, 1833.**

Der Dom von Antwerpen.

Antwerpen, auf dem rechten Ufer der Schelde gelegen, welche hier 2,160 Fuß breit und sehr tief ist, ist die wichtigste Handelsstadt im Königreiche Belgien, und hat 72,000 Einwohner. Die größten Kauffahrteischiffe können vermittelst acht Hauptkanäle und drei von Napoleon angelegter Becken (Bassins) bequem an ihre Ausladeplätze (Quais) gelangen. Die Fabriken und Manufakturen der Stadt in Spitzen, Zucker, Bleiweiß, Kalmus, Stoffen, baumwollnen Zeuchen und Spitzenzwirn sind sehr ansehnlich, und ihre Nähseide, schwarze Seidenstoffe und Druckerschwärze sind berühmt. Sie ist im Ganzen gut gebauet; die Häuser sind meistens hübsch und die Straßen breit. Im 16. Jahrhunderte hatte Antwerpen 200,000 Einw. und in seinen Häfen lagen an 2000 Schiffe. Der Handel war also damals sehr blühend und bereicherte die Einwohner, wie er die Stadt bevölkerte.

Eines der merkwürdigsten Gebäude von Antwerpen ist sein Dom, oder die Hauptkirche, die gegen die Mitte des 13. Jahrhunderts erbauet ward. Im Jahre 1559 erhob sie der Papst Paul IV. auf Ansuchen des Königs von Spanien, der damals Beherrscher der Niederlande war, zur Hauptkirche. Dieß Gebäude ist ein Meisterstück der gothischen Baukunst und 500 Fuß lang, 230 Fuß breit und 360 Fuß hoch. Die 230 gewölbten Bogenhallen werden von 125 Säulen getragen; auf jeder Seite ist ein doppeltes Schiff.

Der Thurm von Quadersteinen ist 466 Fuß hoch (nach Andern nur 444), wornach er also höher als der Straßburger Münster (437½ par. Fuß) wäre; bis zur letzten Gallerie muß man 622 Stufen steigen, wo man eine außerordentlich weite und mannichfaltige Aussicht hat. Die Stadt Antwerpen liegt wie eine Landcharte vor dem Beschauer, und mit einem Fernglase überschauet er die weiten Ebenen von Belgien und Holland in einer Entfernung von 40 englischen Meilen in allen Richtungen. Gegen Süden kann das Auge über ein dichtbewaldetes Land hinweg bis nach Mecheln und noch weiter hinaus bis nach Löwen und Brüssel reichen; gegen Norden und Nordosten erblickt man das Fort Lillo an der Schelde, und weiterhin gegen Nordwesten sind die Flotte zu Vliessingen, und der Thurm von Middelburg in der Mitte der Insel Walcheren deutlich zu erkennen. Der letztere Punkt ist in gerader Linie beinahe 40 englische Meilen (8 deutsche M.) von Antwerpen entfernt. Gegen Norden und Nordosten zieht sich die traurige Fläche hin, über welche der Weg nach Bergen op Zoom und Breda führt.

Dieser Thurm ist mit ausgezackter Arbeit durchbrochen, und wird von Stockwerk zu Stockwerk dünner. Er wurde im Jahre 1442 zu bauen angefangen und erst 1518 gänzlich vollendet. Der zweite Thurm ist bloß bis an die erste Gallerie vollendet. Im Jahre 1540 brachte man auf demselben ein Glockenspiel an, das aus 60 Glocken besteht.

Im Innern der Kirche bewundert man prächtige Gemälde von Rubens, wovon man einen Theil unter der französischen Kaiserregierung nach Paris schaffte. Bei der neulichen Belagerung der Citadelle, im Jahre 1832, sicherte man sie gegen die Kanonenkugeln und Haubitzen durch Gerüste und Wände von Holzwerk.

Unter dem Thurme ist eine Grabschrift zu Ehren des Malers Quintin Matsys (Messis) eingegraben, den die Liebe aus einem Grobschmiede zum berühmten Maler gemacht hatte. Außer ihm sind mehrere berühmte Maler zu Antwerpen geboren, z. B. Vandyk, Calvaert, beide Teniers, Seyher, Floris, J. Jordans u. A.

Die Stadt Antwerpen hat die Gestalt eines angespannten Bogens, dessen Sehne die Schelde bildet. Sie hat von jeher durch kriegerische und politische Ereignisse mehr als irgend eine Stadt in Belgien gelitten. Sie hat 18 Thore, 26 öffentliche Plätze, 70 öffentliche Gebäude und 162 Straßen. Sie ist befestigt und wird besonders durch die Citadelle vertheidigt, welche 1567 von dem Italiener Panotti aus Urbino mit 5 Bollwerken und zurückgezogenen Flanken erbauet ward.

Von den Franzosen wurde sie von 1803 bis 1813, und von den Holländern 1831 und 1832 mit neuen Werken verstärkt. Der holländische General Chassé beschoß den 27. Okt. 1830 von ihr aus die Stadt 7 Stunden lang, und 30 Häuser und das Arsenal brannten bis auf den Grund nieder. Im Jahre 1832 zogen die Franzosen, 50,000 Mann stark, vor diese Citadelle, welche der General Chassé mit etwa 6000 M. vertheidigte; sie beschossen dieselbe vom 3. Dec. bis zum 23. und verwandelten sie beinahe in einen Steinhaufen, worauf sie sich am letzten Tage durch Kapitulation an die Franzosen ergab.

Die Tulpenliebhaberei (Tulipomanie) und der Effektenhandel.
Beschluß

„Um diesen Welthandel zu verstehen, darf man nur folgendes Beispiel sich vorstellen: ein Edelmann versprach einem Kaufmanne nach 6 Monaten eine Blumenzwiebel mit 1000 Gulden zu bezahlen, für welchen Preis dieser sie zu liefern gelobte. Nach 6 Monaten war der Preis dieser Tulpenart entweder gestiegen oder gefallen, oder unverändert geblieben. Wir wollen annehmen, die Zwiebel kostete alsdann nicht mehr 1000, sondern 1500 Gulden, so verlangte der Edelmann die Tulpe nicht mehr, sondern der Kaufmann mußte ihm 500 Gulden bezahlen, die also dieser bei dem Handel verlor und jener gewann. Gesetzt, nach dem verabredeten Termine sey der Preis gefallen, so daß man ein Stück für 800 Gulden annahm, so bezahlte der Edelmann dem Kaufmanne 200 Fl., die dieser als Gewinn einzog. War der Preis nach sechs Monaten noch wie vorher 1000 Fl., so hatte Keiner gewonnen, Keiner verloren. In allen diesen Fällen dachte Niemand daran, Zwiebeln zu liefern oder anzunehmen. Heinrich Munting verkaufte 1636 einem Kaufmanne aus Alkmar einige Zwiebeln für 7000 Fl., und versprach, sie nach 6 Monaten zu liefern; da aber der Preis gefallen war, bezahlte der Kaufmann nach der Verabredung nur 10 Procent; so empfing er 700 Fl., freilich für nichts, aber noch lieber würde er die Zwiebeln selbst für 7000 Fl. weggegeben haben, wenn er sie besessen hätte. Man setzte die Termine nicht allemal so lang, sondern oft viel kürzer, und dadurch ward der Handel lebhafter. Je mehr dabei gewonnen ward, desto Mehrere traten hinzu, und derselbe, welcher jetzt dem Einen Geld zahlen mußte, hatte bald darauf von einem Andern Geld zu empfangen, so wie man im Farospiele zu gleicher Zeit auf einer Karte verlieren, auf einer andern gewinnen kann. Oft rechneten auch die Tulpenhändler mit einander ab, und Jeder wieß seinen Gläubiger an einen seiner Schuldner; da wurden große Summen bezahlt, ohne Geld, ohne Wechsel und Waaren. Der ganze Handel war ein Hazardspiel, eine Wette, eben dasselbe, was nachher der Mississippi-Handel gewesen, und was in unsern Zeiten der Effekten-Handel, oder das Spekuliren in Staatspapieren ist; was jetzt Staatspapier heißt, hätte damals Tulpe oder Zwiebel, hätte aber auch jeden andern Namen führen können, ohne daß die Sache sonderlich verändert worden wäre. Der ganze Unterschied dieser Art zu handeln, zu wetten oder zu spielen, besteht darin: die Frage, um wie viel ist jetzt am Termine des Kontrakts dieses oder jenes Staatspapier gestiegen oder gefallen? diese Frage beantworten die Nachrichten aus Wien, Paris, Frankfurt, Amsterdam und London; aber bei'm Tulpenhandel ward sie durch die Preise, zu welchen bis dahin die meisten Kontrakte geschlossen wurden, ausgemacht; so wie der Mäkler sich den Wechselkurs als wenn er den an der Börse geforderten und bezahlten Wechselpreisen abstrahirt. Man hatte theure und wohlfeile Tulpenarten angenommen, damit Reiche und Arme mitspielen konnten; man wog sie nach Assen, um das eingebildete Ganze theilen zu können, und um nicht nur ganze, sondern auch halbe und Viertel-Loose zu haben.

„Endlich fiel der Tulpenhandel plötzlich, und so wie wir die Tulipomanie des siebenzehnten Jahrhunderts verlachen, so werden vielleicht unsere Nachkommen über die Spekulationswuth unserer Effektenhändler spotten. Unter so vielen Kontrakten wurden manche nicht gehalten; viele hatten mehr zu bezahlen versprochen, als sie bezahlen konnten; das sämmtliche Vermögen der Spieler war durch Verschwendung der Gewinner aufgezehrt; neue traten nicht mehr hinzu, vielmehr kehrten die Klügern zu ihren gründlichen Gewerben zurück. Als auf solche Weise die Preise immer tiefer fielen, und niemals wieder stiegen, da wollten die Verkäufer die Tulpen gegen die verabredeten Summen den Käufern in natura liefern, welche doch nie Zwiebeln für so einen Preis gewünscht hatten, und sich also sie anzunehmen und zu bezahlen weigerten. Um diese Streitigkeiten zu endigen, schickten die Blumenhändler der obengenannten Städte im Jahre 1637 Abgeordnete nach Amsterdam, welche den 24. Februar verabredeten, daß alle Kontrakte, welche vor dem letzten November 1636 geschlossen wären, unverbrüchlich gehalten werden, neuere aber den Käufern nachgelassen werden sollten, wenn diese den Verkäufern zehn Procent bezahlen würden. Indessen kehrten sich Wenige an diesen Abschied der aussterbenden Gesellschaft.

„Bei den Obrigkeiten in den Städten mehrten sich die Klagen, je mehrere des Handels überdrüssig wurden. Als aber die Gerichte sich mit diesen wunderlichen und grundlosen Händeln nicht aufhalten wollten, gingen die Klagenden an die Staaten von Holland und Westfriesland und baten um Recht. Diese übertrugen die Sache dem Provinzialrathe im Haag zur Ueberlegung, nach dessen ertheiltem Gutachten sie den 27. April 1637 bekannt machten, daß sie sich vorbehielten, über diesen Handel, nach Erkundigung mehrer Umstände, zu urtheilen, daß bis dahin jeder Verkäufer seine Tulpen dem Käufer anbieten sollte, und falls dieser sie nicht annehmen würde, solche entweder behalten oder an Andere verkaufen, und sich wegen des Schadens an den Käufer halten möchte; übrigens sollten alle Kontrakte bis zur weitern Erkenntniß gültig bleiben. Aber da man hieraus nicht voraussehen konnte, wie die Obrigkeit einmal über die Gültigkeit der Kontrakte urtheilen würde, so verweigerten die Käufer nun die Bezahlung noch mehr, als vorher, und die Verkäufer hielten es für sicherer, sich zu vergleichen und ihre Forderungen gegen geringe Procente fahren zu lassen, und damit endigte sich dieses sonderbare Hazardspiel.

„Inzwischen ist es auch wahr, daß die Blumenliebhaber, sonderlich in Holland, seltene Tulpenarten sehr theuer bezahlt haben und noch bezahlen, wie die Preisverzeichnisse der Blumisten beweisen. Dieß ist die kleine Tulipomanie, die gleichwohl auch manche lächerliche Vorfälle veranlaßt hat. Als Joh. Balt. Schuppe im vor. Jahrhundert in Holland war, gab ein Kaufmann einem Matrosen, der ihm

Waaren gebracht hatte, einen Häring. Der Kerl nahm von den herumliegenden kostbaren Zwiebeln, die er für gemeine hielt, einige unbemerkt und aß sie zum Häringe. Durch diesen Mißgriff kostete das Frühstück des Matrosen dem Kaufmanne mehr, als wenn er den Prinzen von Oranien traktirt hätte. Bekannt ist die Geschichte des Engländers, der in einem holländischen Garten ein Paar Zwiebeln zu sich steckte, woran er eine naturalistische Beobachtung machen wollte, weswegen er als ein Dieb verklagt ward, und nur durch Erlegung einer großen Summe sich aus der Untersuchung ziehen konnte."

Hindu-Gaukler, welche zahme Schlangen sehen lassen.

Schon in den ältesten Zeiten der Welt verstand man die Kunst, die Schlangen zu beschwören und zu bezähmen, wie man dieß aus der Bibel, Psalm 58, 5. 6. und Jeremias 8, 17. sieht. Eine vorzügliche Geschicklichkeit hierin besaß man in Aegypten und Indien, wo man noch jetzt die Beschwörung und Zähmung der Schlangen zum Erstaunen aller Volksklassen betreibt. Man nimmt ihnen ihr Gift und lehrt sie tanzen. Vorzüglich äußert die Musik einen außerordentlichen Eindruck auf sie; man lockt sie durch dieselbe nicht bloß aus ihren Schlupflöchern, sondern man sieht sie auch dabei sich in die Höhe heben und Bewegungen machen, als ob sie tanzten. Dieß thun die giftigsten und gefährlichsten Schlangen, wie die weniger schädlichen. Der englische Reisende, Browne, erzählt von den Schlangenbeschwörern zu Kahira in Aegypten Folgendes: „Die gemeinsten Schlangen in dieser Stadt gehören unter das Viperngeschlecht und sind ohne Zweifel giftig; kommt Eine derselben in ein Haus, so holt man den Beschwörer, der gewisse Formeln braucht. Ich habe drei Schlangen aus der Kajüte eines Schiffs, das nahe am Ufer lag, herauslocken sehen; der Wundermann hob sie auf und that sie in einen Sack. Ein anderes Mal habe ich Schlangen um die Körper dieser Psylli (Schlangenbeschwörer) sich in allen Richtungen herumwinden sehen, ohne daß man ihnen die Zähne herausgehoben oder sie zerbrochen gehabt, und ohne daß sie den Schlangenbeschwörern Etwas zu Leide gethan hätten."

Dasselbe sah auch der Naturbeschreiber Sonnini in Aegypten, der jedoch behauptet, man habe den Schlangen die Zähne ausgebrochen. Blount erzählt von einem Franzosen zu Kahira, der ein Nest vierfüßiger Schlangen hielt, die zwei Fuß lang, schwarz und häßlich waren. Wollte er sie anfassen, so liefen sie davon und verbargen sich in ihrem Loche; allein was thaten sie, wenn sie die Töne der Musik vernahmen? Sobald er die Zitter spielte, kamen sie alle aus dem Loche heraus, krochen zu seinen Füßen hin und an ihm selbst hinauf, bis er zu spielen aufhörte, worauf sie wieder fortliefen. Von der Liebe der Schlangen zur Musik erzählt auch Chardin: „Die Ottern blasen sich auf, sagt er, wenn sie eine Flöte hören, richten sich mit der einen Hälfte ihres Körpers in die Höhe, drehen den übrigen Theil desselben herum und damit ordentlich den Takt an. Sie haben eine große Freude an der Musik und gehen dem Instrumente nach. Ihr Kopf, der rund und lang ist, wird bei den Tönen der Musik breit und flach, wie ein Fächer."

Ottern und Schlangen winden sich um den Hals derer, die sie beschwören, und auch um den nackten

Leib ihrer Kinder. Als ein Armenier zu Su=
rate sah, wie sich ein Schlangenbeschwörer von einer
Otter beißen ließ, ohne daß es etwas schadete, sagte
er, dieß könne er ebenfalls. Er ließ sich hierauf in
die Hand beißen und starb, ehe noch zwei Stunden
vergingen."

Unter den ostindischen Schlangen ist die Cobra=
Minelle die kleinste und gefährlichste; ihr Biß ver=
ursacht einen schnellen und qualvollen Tod. Sie kommt
in die Häuser und kriecht auf Betten und Stühle, und

ein Engländer fand in seiner, eine Treppe hohen Kam=
mer einmal vier, ein anderes Mal fünf solcher Schlan=
gen. Die Cobra de Capello oder gehaubte Schlange
(coluber naja) ist groß und schön, aber eine der al=
lergiftigsten; auf ihren Biß folgt der Tod gewöhnlich
in weniger als in einer Stunde. Solche giftige Schlan=
gen sind auch die tanzenden Schlangen, die man in
ganz Hindostan in Körben herumführt; dieß thun Leute,
die sich damit ihr Brod erwerben; sie blasen auf der
Flöte und die Schlangen fangen zu tanzen an.

Hindu=Gaukler, welche zahme Schlangen sehen lassen.

Es ist eine beglaubigte Thatsache, daß, wenn ein
Haus von diesen oder andern Schlangen heimgesucht
wird, man solche Musikanten holen läßt, die durch das
Blasen auf einem Flageolet ihre Schlupfwinkel ausfin=
dig machen; denn sobald die Schlangen Musik hören,
kommen sie ganz ruhig aus ihren Löchern heraus und
lassen sich leicht fangen. Hört die Musik auf, so sinkt
die Schlange ohne Bewegung hin; thut man sie aber
nicht sogleich in den Korb, so laufen die Zuschauer
Lebensgefahr.

Einer der neuesten Reisenden in Ostindien, Herr
Forbes, glaubt, daß die Schlangenbeschwörer wirk=
lich die Kraft besitzen, die Schlangen zu bezaubern
und zahm zu machen, und viele Andere haben als Au=
genzeugen denselben Glauben; allein Johnson in sei=
nen Skizzen von den Jagdvergnügungen in
Ostindien bemerkt Folgendes: „Die Schlangenfänger
von Profession in Ostindien gehören zu einer niedrigen
Hindukaste, die außerordentlich geschickt im Schlan=
genfangen und im Kunststückmachen ist. Sie behaupten,
sie wüßten die Schlangen durch einen Gesang oder

durch musikalische Töne aus ihren Löchern zu locken;
allein alles dieß ist Betrug. Ich habe nie eine andere
Schlange auf den Ton ihrer Musik aus einem Loche
hervorkommen sehen, als eine zahme, der sie die Gift=
zähne herausgenommen und sie deshalb dahin gethan
hatten. Man kann sich auf meine Behauptung ver=
lassen; ich habe oft die Schlange getödtet und sie un=
tersucht, worüber die Schlangenbeschwörer sehr aufge=
bracht wurden."

Johnson's Erzählung hat viel Wahrscheinliches,
aber immer muß man sich wundern, wie die Schlan=
genfänger diesen gefährlichen Thieren die Giftzähne
ausnehmen. Mit großer Geschicklichkeit und Sicherheit
entdecken sie die Höhlen, worin sich Schlangen auf=
halten; durch Musik locken sie dieselben heraus; dann
fassen sie dieselben mit der linken Hand beim Schwanze
und ziehen den Körper sehr schnell durch die andere
Hand, bis die Zeigefinger und der Daumen den Kopf
berühren. Hierauf nimmt man die Giftzähne heraus
und die Schlange fängt nun an, Unterricht zu erhalten.
Das Fangen ist jedoch selbst nach Johnson ein etwas

gefährliches Geschäft. Die Schlangenfänger sind gewöhnlich dabei mit einem glühenden Eisen versehen, um das Fleisch zu brennen, wenn sie etwa gebissen werden, und der folgende Vorfall, welchen Johnson mittheilt, lehrt, daß die Gefahr nicht völlig vermieden werden kann, selbst wenn man die Giftzähne herausgenommen hat. Ein Mann zeigte eine von seinen tanzenden Cobra de Capelloschlangen vor einer zahlreichen Gesellschaft. Ein Knabe von ungefähr 16 Jahren quälte das Thier, damit es ihn beiße, welches dasselbe auch that, und eine Stunde darauf starb er an dem Bisse. Der Vater des Knaben war erstaunt und behauptete, dieß sey unmöglich, sein Sohn könne nicht am Schlangenbisse gestorben seyn; die Schlange habe keine Giftzähne; er und der Knabe seyn oft vorher von ihr gebissen worden, ohne daß dieß ihnen Etwas geschadet habe. Bei der Untersuchung der Schlange fand man, daß neue Giftzähne hervorgekommen waren, die zwar nicht so groß, wie die vorigen, aber doch lang genug waren, daß der Knabe gebissen werden konnte. Der alte Mann sagte, daß er dieß noch nie gesehen, auch nie Etwas der Art gehört habe.

Auf der hierbei befindlichen Abbildung sieht man einen Hindu auf einem Instrumente blasen; die Schlangen haben sich in die Höhe gehoben und sich um die Arme und den Hals des andern Hindu's geschlungen. Die eine umwindet den einen Fuß, zwei andere haben sich in die Höhe gerichtet. Ueberhaupt hat die Musik auf Thiere und Menschen einen großen, oft sonderbaren Einfluß; sie ergreift das Innerste und bewirkt die auffallendsten Veränderungen; man heilt damit Geisteskranke und macht wilde Thiere zahm.

Johann Wolfgang von Goethe.

J. W. von Goethe, mit Recht von den Deutschen als einer der ersten Dichter der neuesten Zeit gefeiert, ward am 28. August 1749 zu Frankfurt am Main geboren, studirte die Rechte, nachdem er im väterlichen Hause für die Universität vorbereitet worden, zu Leipzig von 1765 bis 1768. Das Jahr 1769 brachte er wiederum in Frankfurt zu und ging 1770 nach Straßburg, wo er Doctor beider Rechte wurde. 1771 begab er sich nach Wetzlar, wo er die Leiden des jungen Werther's schrieb. Im Jahr 1773 bereiste er die Schweiz, 1774 und 1775 brachte er wieder in Frankfurt zu, wo er zu Ende des letzten Jahres einen Ruf nach Weimar erhielt, wohin er 1776 abging und in die Dienste des Herzogs von Weimar, Karl August, als Legationsrath trat. Im Jahre 1779 ward er Geheimerath, 1782 Kammerpräsident und in den Adelstand erhoben, und darauf erster Minister seines Fürsten. Er starb, von ganz Deutschland gefeiert und bewundert, am 22. März 1832 im 83. Jahre seines Alters, sich bis zum letzten Augenblicke seiner ganzen geistigen Stärke erfreuend, nach kurzer Krankheit. Im Sterben rief er noch aus: „mehr Licht!"

Er war in jüngeren Jahren ein ausgezeichnet schöner Mann, von schlanker, hoher Gestalt. — Herrliche braune Augen, eine hohe, gewölbte Stirn, eine schöne, edel geformte Nase verliehen seinen Zügen einen Ehrfurcht gebietenden Eindruck. Von Frankfurt aus besuchte er in den Jahren 1774 und 1775 mehrmals Düsseldorf, und von hier schreibt Heinse von ihm: „Goethe war bei uns, ein schöner junger Mann von 25 Jahren, der vom Wirbel bis zur Zehe Genie und Kraft und Stärke ist; ein Herz voll Gefühl, ein Geist voll Feuer mit Adlersflügeln."

Ueber seine großartigen Dichtungen: Tasso, Werther's Leiden, Faust (d. h. der erste Theil des Faust), Iphigenie auf Tauris, Götz von Berlichingen u. s. w. ist nur Eine Stimme im ganzen Vaterlande, trotz der mannichfachen Gegner, die sich vorzüglich in der letzteren Zeit gegen ihn erhoben, welche aber eigentlich mehr den Menschen, als den Dichter angriffen: die Stimme des Lobes und der Verehrung. Seine übrigen Schriften, besonders die nachgelassenen, möchte vielleicht nicht mit Unrecht mancher Tadel treffen, doch muß es der ruhigen unpartheiischen Nachwelt überlassen werden, diesen auszusprechen.

Johann Wolfgang von Goethe.

Die Lungen= und andere Brustkrankheiten.

Die häufigsten Krankheiten dieser Art sind starker Schnupfen, das Seitenstechen, Lungenentzündung und Schwindsucht. Die ersten drei Krankheiten sind entzündlicher Art; da sie aber an verschiedenen Orten der Lungen ihren Sitz haben, so haben ihnen die Aerzte darum specielle Namen gegeben. Um den Lesern einen klaren Begriff dieser Specialität zu verschaffen, müssen wir sie darauf aufmerksam machen, daß die Organe der Lungen aus getrennte Gewebe besitzen und daß die Krankheit bald nur in einer, bald in allen drei Geweben ihren Sitz hat. Im ersten Gewebe durchdringen die Zweige der Luftröhre, welche gleich der Luftröhre selbst von einer zarten Haut umgeben sind, die Lungen in jeder Richtung. Die Entzündung dieser Haut bildet den Schnupfen. Im zweiten Gewebe ist das Aeußere der beiden Lungen durch eine noch zartere Haut bedeckt, welche dünn und so durchsichtig wie Seidenpapier ist. Entzündet sich diese Haut, so nennt man diesen Zustand Seitenstechen (Pleuresie). Drittens hat die Lunge ein Gewebe zwischen den eben beschriebenen innern und äußern Häuten, welches aus den eigentlichen Lungengefäßen besteht. Zeigt sich hier eine Entzündung, so nennt man solche Lungen=Entzündung.

Die Schwindsucht dagegen ist eine eigenthümliche, von gewöhnlichen Entzündungen abweichende Krankheit.

Es fällt unter gewissen Umständen sehr schwer, mit Sicherheit zu bestimmen, welche Art dieser Brustkrankheiten den Kranken getroffen hat, da die äußeren Kennzeichen derselben bei einem hohen Grade der Krankheit einander so ähnlich sind. Ein Kranker kann einen heftigen Husten, einen starken Eiterauswurf, ein kurzes Athmen, Schmerzen oder Stechen in der Brust, Magerkeit, ein auszehrendes Fieber wahrnehmen lassen, und doch können alle diese Dinge von einem starken, lange anhaltenden Schnupfen allein herrühren, sowie sie auch freilich (obgleich es seltener der Fall ist) ein gefährliches Seitenstechen oder auch eine Entzündung der eigentlichen Lungen anzeigen. Gewiß ist jede Verletzung der Lungen und der mit ihnen verbundenen Theile mit Husten, kurzem Athmen und einem oder dem andern der eben bemerkten Umstände verbunden. Die Schwierigkeit, zu erkennen, welcher Theil der Lungen leidet, rührt von ihrer Lage im Körper her, weil die Lungen in einem knöchernen Behälter liegen, welchen die Ribben einschließen. Wir sind daher nicht fähig, wenn ein Theil der Lungen leidet, durch Gesicht oder Gefühl den wahren Sitz des Uebels zu erkennen, sondern bloß durch jene erwähnte Wahrzeichen, welche uns jedoch sehr oft über den wahren Sitz der Krankheit täuschen.

Aber im Jahre 1816 entdeckte der berühmte Arzt Laennec in Paris ein neues Verfahren, um durch das Gehör zu bestimmen, welche Krankheit der Lunge den Kranken plage. Diesen Weg hatte vor ihm kein andrer Arzt eingeschlagen. Seine Kollegen waren darüber erstaunt und glaubten nicht, daß diese Entdeckung nützlich werden könne.

Die Entdeckung des Herrn Laennec veranlaßte der Zufall, daß er sein Ohr sehr nahe an die Brust des Kranken legte und sofort einen eigenthümlichen Ton in derselben wahrnahm. Er folgte diesem Winke und ließ eine Art Ohrtrompete verfertigen, um jenen Ton in voller Eigenthümlichkeit deutlich auffassen zu können, und mit diesem Stethestop (Instrument, um aus dem Schalle des Athmens die eigentliche Brustkrankheit zu erkennen) begann er eine Reihe von Wahrnehmungen, welche er mit vieler Anstrengung mehrere Jahre fortsetzte. Als Herr Laennec diese wichtige Entdeckung vollendet und gegen allen Widerspruch durch Beweise gesichert zu haben glaubte, machte er die Früchte seiner Versuche bekannt. Er zeigte, daß die gesunden Lungen mit einem eigenthümlichen Schalle die Luft ein= und ausathmen und daß die verschiedenen Lungenkrankheiten in ihren einzelnen Stadien der Zu= und Abnahme den Schall des Ein= und Ausathmens verändern. Diese Krankheitserkennung durch den Schall und ihr unleugbar gewordener Nutzen wird schon in mehrern Ländern anerkannt.

Die Entzündungskrankheiten der Brust sind gleich andern innern Entzündungen heilbar, aber die Schwindsucht ist am schwersten zu heilen, wie alle gewissenhafte Aerzte eingestehen. Doch versprechen oft Quacksalber eine Heilung, die als höchst schwierig von den ersten Aerzten anerkannt wird, und solchen Quacksalbern schenken viele Schwindsüchtige Glauben, weil ihnen bisweilen, in der Meinung des getäuschten Publikums, eine Kur gelingt. Hat z. B. eine besorgte Mutter bei einem Kinde von zarter Gesundheit etwas Husten wahrgenommen, so fürchtet sie, daß dieß der Anfang einer Schwindsucht sey, und ein Arzt ohne gründliche Kenntnisse wird ihre Furcht leicht steigern, um ihr Kind einer strengen Kur zu unterwerfen, so unbedeutend auch die wahre Ursache des Hustens seyn mag, und hernach verkündigen, daß er eine Schwindsucht geheilt habe. Die wirklich in ihrer Wissenschaft hoch erfahrenen Aerzte pflegen niemals von Wunderku-

ren zu reden und von einem unbedeutenden Husten und dessen Heilung nicht viel Wesens zu machen.

So schwer es auch bisweilen dem wissenschaftlichsten Arzte ist, die Schwindsucht der lebenden Kranken mit Zuverlässigkeit von den langwierigen Wirkungen einer Brustentzündung zu unterscheiden, so leicht ist dieses bei der Section der Brust eines Schwindsüchtigen nach seinem Ableben, denn die Lungen sind dann ganz anders gestaltet.

Der Same der Krankheit, welcher sich später in Schwindsucht umbildet, findet sich in den Lungen lange vorher, ehe der Kranke sich eigentlich unpaß fühlt. Er kann lange Zeit seinem Geschäfte und seinem Vergnügen sich ganz hingeben, ohne alle andere Warnung vor dem Schicksale, das ihn bedroht, als daß er etwa einen geringen Reiz in der Spitze der Luftröhre fühlt. Der Zergliederer nimmt diesen Anfang der Schwindsucht an der Luftröhre nur dann gewahr, wenn der Kranke an einer andern Krankheit oder einem Zufalle plötzlich starb. Alsdann zeigen sich in der geöffneten Brust auf der obern Hälfte beider Lungen rundliche kleine Perlen, gleichwie harte Körner, von blasser, graugelber Farbe und der Größe eines Hirsekorns bis zum Hanfkorne. Sie sind so zerstreuet über die Lungen, wie die Korinthen in einem englischen Pudding. Gesunde Lungen haben diese Beulen oder Finnen nicht; wie sie aber in den kranken Lungen durch irgend eine organische Veränderung der Lungen entstehen, ist noch nicht entdeckt worden. Sie können nicht durch die eingeathmete äußere Luft entstanden seyn, denn man trifft sie oft in den innern Theilen des menschlichen Körpers, z. B. an den Knochen, an, wohin keine äußere Luft dringen kann.

In diesem Zustande scheinen jene Finnen die innere Lebenskraft der Lungen im Ein= und Ausathmen nicht merklich zu stören, obgleich sie schon das Zellgewebe des Athemholens etwas drücken. Allmälig wachsen sie in drei Zeitabschnitten. Ich beschreibe sie in folgender Darstellung des zweiten und dritten Abschnitts.

Im zweiten Abschnitte wachsen die Finnen, nähern sich daher mehr in unregelmäßigen Gruppen. Ein gelber Speck entwickelt sich nun in der Mitte jeder Finne, welcher, sowie die Finne wächst, von der Größe einer Erbse zur Größe einer Haselnuß immer gelber wird. Auch wachsen mehrere einzelne Finnen zusammen.

Im dritten Zeitabschnitte dauert dieses Zusammenwachsen der Beulen bis zur Größe einer Wallnuß und noch weiter fort. Die Masse wird weicher, und zerreibt man solche zwischen den Fingern, so ist sie schmierig wie fetter Käse und wird sast flüssig. Diese Flüssigkeit beginnt in der Mitte der Masse und vermehrt sich so lange, bis die Beulen ganz auseinander fließen, und in solchem Zustande vom Kranken mit einem heftigen Husten ausgeworfen werden und hohle Geschwüre in den Lungen zurücklassen.

Der Kranke fühlt im zweiten Abschnitte der Krankheit sich schon sehr angegriffen, aber noch mehr im dritten. Dann tritt der den Kranken abmattende Husten mit Fieber und Nachtschweiß noch heftiger ein. Eine kurze Erleichterung verleiht ihm der starke Auswurf der flüssig gewordnen Eiterungen, aber dieses Eitern und Zusammenfließen hört nicht auf, bis die Lungen das Leben nicht länger zu unterstützen vermögen und der Körper vollkommen abgemagert ist.

Nächstens soll die ärztliche Behandlung der Schwindsüchtigen folgen.

Ueber Menschenkenntniß.

Für den Menschen ist nichts nothwendiger und vortheilhafter, als Menschenkenntniß, und doch giebt es so Wenige, welche eine genaue, gründliche und umfassende Einsicht in das haben, was der Mensch ist, was er sinnt, wünscht und will, und was man von ihm zu erwarten hat. Mancher durchreiset Städte und Länder, verkehrt mit vielen Menschen, lernt ihr konventionelles Benehmen kennen und glaubt nun, in die Geheimnisse der menschlichen Natur tief eingeweihet zu seyn, und was weiß er von den Menschen? Diese nehmen den Schein des Guten an, zeigen sich im Sonntagskleide und fröhnen ihrer Eigenliebe und ihrem Eigennutze, und dieß Wissen nennt er Menschenkenntniß; allein warum handeln die Menschen so und nicht anders, und warum trägt ihre Denkart und Handlungsweise dieses Gepräge? Diese Aufgaben kümmern ihn wenig oder gar nicht. Er weiß mit ihnen instinktartig umzugehen, sie erwiedern dieß auf dieselbe Art und Beide suchen ihre Absichten so gut als möglich zu erreichen. Dieser Schatten von Menschenkenntniß aber ist lange nicht ausreichend; allenthalben muß man auf den Grund dringen und die Ursachen der Erscheinungen entdecken. Nicht an der Oberfläche muß man hängen bleiben, sondern in die geheimen Werkstätten eindringen, wo Gedanken geboren, Neigungen und Begierden erzeugt, Wünsche und Entschlüsse zu Tage gefördert werden und wo der Urquell alles Lebens und Webens sprudelt.

Wer Menschen gründlich kennen lernen will, der muß sich selbst genau erforscht haben. Er muß wissen, welche Geisteskräfte er besitzt, wie diese wirken, wornach sie streben und wie sich theils bekämpfen, theils im Vereine auf ein vorgestecktes Ziel lossteuern. Wer in seinem Busen einheimisch ist, der erräth Andere, der versteht sie, weiß sie zu leiten und zu seinem Vortheile zu benutzen. In den Tiefen, wo die Triebfedern wirken, ergründet er das, was Andere sinnen und wollen; sie gleichen ihm, wie er mit ihnen, von gleichen Neigungen und Wünschen getrieben, seines Lebens Thätigkeiten gestaltet. Gleiche Ursachen bringen gleiche Wirkungen hervor und gleiche Wirkungen lassen auf gleiche Ursachen schließen. Der Eine besitzt etwas mehr Besonnenheit, Fassung oder Schlauheit, als der Andere; er weiß sich mehr zu verstellen und gewinnt durch List die Gunst der Andern, die ein Dritter durch Offenherzigkeit sich erwirbt. In der Welt zeigt sich der Mensch größtentheils so, wie er es seinem Vortheile gemäß findet; er will gefallen und durch das Wohlwollen und den Beistand Anderer seinen Vortheil befördern. Man studire daher sich selbst sorgfältig und man wird deutlich in dem Gesichte und in den Aeußerungen und Handlungen Anderer lesen, was sie sind oder beabsichtigen. Denn wenn Jemand fleißig mit Menschen verkehrt und ihr Thun und Treiben sorgfältig beobachtet und richtig auffaßt, so wird er, mit sich selbst genau bekannt, Mittel entdecken, wie er sie zu seinem Vortheile leiten kann. Er wird sie zu regieren verstehen und mit ihnen auf die beste Art durchkommen. Allein diese Vortheile kann er sich nur dadurch verschaffen, daß er die menschliche Natur in sich selbst gründlich und richtig kennen gelernt hat

Die Drahtmühle.

In derselben wird das Eisen zu dünnen Stäben ausgeschmiedet und dann auf dem Drahtzuge zu Drahte von verschiedener Dicke gezogen. Dieß geschiehet durch folgende Werkzeuge: Auf einem großen, tischartigen Klotze, welcher die Ziehbank heißt, ist ein viereckiges, keilförmig gearbeitetes Stück Eisen eingeschlagen, so daß es mehr Höhe als Breite hat; wagerecht sind durch dasselbe verschiedene Löcher trichterförmig gebohrt. Dieses wird das Zieheisen genannt. Der Drahtmüller glüht seine dünnen Eisenstangen weich und löscht sie in Talg ab; dann feilt er die Spitze dergestalt zu, daß sie durch Eines der Löcher im Zieheisen gesteckt werden kann und aus der engern Oeffnung des Loches hervorragt. Ist der Eisenstab durch das Loch des Zieheisens gesteckt, so läßt der Müller das Werk an, oder er setzt vermittelst eines Hebels das Reckewerk in Thätigkeit. Eine große eiserne Zange, welche sich vor dem Zieheisen befindet, öffnet sich, nähert sich dem Zieheisen und ergreift die Spitze des Eisenstabes. Sie schließt sich dann fest zu und wird durch einen heftigen Ruck des Werkes auf eine gewisse Weite zurückgezogen. Die ergriffene Spitze des Eisenstabes muß ihr folgen; dadurch wird ein Faden aus dem Körper des Stabes gezogen, welcher an Dicke dem Durchmesser des Loches im Zieheisen gleich ist. Die Zange öffnet sich wieder, läßt den Draht fahren, nähert sich dem Zieheisen von Neuem, faßt den Draht wie vorher und setzt ihre Arbeit ununterbrochen fort. Unterdessen windet das Werk den hervorgezogenen Draht auf die Scheibe oder Leier, eine Walze, welche gleichmäßig mit der Bewegung der Zange umgetrieben wird.

Der gewonnene Draht bleibt entweder so, wie er ist, oder er wird noch einmal durch ein engeres Loch gezogen, wodurch er noch mehr Ausdehnung erhält und an Dicke verliert.

Die dünngeschmiedeten und kreisförmig gebogenen Eisenstäbe sowohl, als der fertige, in großen Bogen aufgewundene Draht werden in einer besondern Vorrichtung gereinigt. Mehrere Pfosten, welche sich wie Arme nebeneinander vorstrecken, werden von dem Wasserrade so in Bewegung gesetzt, daß sie sich wechselsweise wie die Tasten eines Klaviers heben. Aus ihnen ragen Pflöcke empor; über diese wird der Draht auf die Pfosten gelegt und durch deren Bewegung geprellt. Die Pflöcke, welche sich ziemlich im Mittelpunkte des Bogens befinden, verhindern, daß der Draht abgeworfen werden kann. Zugleich schießt das Wasser auf den Draht. Durch dieses Verfahren wird das Eisen gleichsam gescheuert und verliert durch das Prellen die anhangenden rauhen Theilchen.

Woche.

Am 17. August 1786 starb König Friedrich II. von Preußen. Er war gewiß der größte Monarch seiner Zeit; er vermehrte seinen Staat im Süden durch Schlesien, im Osten durch Westpreußen, im Westen durch Ostfriesland und führte zur Behauptung Schlesiens drei kostspielige Kriege. Er suchte die Erwerbsquellen seiner Unterthanen zu vermehren, bauete Kanäle und Straßen, legte Sümpfe trocken, ließ keine Hungersnoth einreißen rc. Als Schriftsteller seines Hauses war er unpartheiisch und prahlte mit seinen Thaten keineswegs in seiner Zeitgeschichte, und war er auch ein oberflächlicher Philosoph und schwacher Dichter, so war er doch ein gerechter Regent.

Am 18. August 1752 wurde Cajetan Filangieri, Ritter und königl. Finanzrath, in Neapel geboren und starb den 22. Juli 1788. Er stammte aus einem alten Geschlechte, verließ im 17. Jahre den Kriegsdienst und widmete sich den Studien der Geschichte, Mathematik und Philosophie. Mehrere tiefsinnige und lehrreiche Werke, welche er begann, beendigte er nicht. Seine erste Schrift, die ihm einen Namen erwarb, vertheidigte die vorsichtige Auslegung und Anwendung der Gesetze gegen die in seinem Vaterlande damals, leider, so oft herkömmliche Willkühr der Richter. Als er im J. 1777 in die Hofdienste überging, Kammerherr und hernach Offizier in der Marine wurde, hielt man ihn für den bescheidensten der Höflinge, für einen erfahrnen Seemann und sah, daß er neben der Erfüllung der Amtspflichten seine Studien eifrig fortsetzte. Sein König schätzte ihn sehr. Wegen seiner durch zu anhaltende Studien geschwächten Gesundheit erlaubte ihm der König 1783, auf einem Landhause in der Stadt, la Cava, zu leben, bis er ihn 1787 in den Finanzrath nach Neapel berief. Von seinem herrlichen Werke über die Gesetzgebung erschien der erste Theil im Jahre 1781, und die erste Abtheilung des fünften Buchs erst nach seinem Tode. Das Ganze sollte in sieben Büchern geschlossen werden. Seine Werke sind in alle Sprachen der civilisirten Welt übertragen worden und Franklin empfahl seinen Mitbürgern, ihre Gesetzgebung auf Filangieri's Grundsätze fest zu stellen.

Am 19. August 1792 entflieht der General Lafayette mit seinem Generalstabe aus Frankreich, wird im Lüttich'schen verhaftet und in langer Gefangenschaft gehalten. — Tod des Papstes Pius VI. zu Valence d. 19. Aug. 1799.

Am 20. August 1793 wird der französische General Custine hingerichtet, der im vorigen Jahre Mainz eingenommen hatte.

Am 21. August 1758 hoben die Russen die Belagerung von Küstrin auf, nachdem sie vergebens durch Bombardirung die Stadt eingeäschert hatten, als der König Friedrich II. von Preußen im Eilmarsche zum Entsatze heranrückte.

Am 22. August 1757 wurde vom Reichstage zu Regensburg der Achtsprozeß gegen Friedrich II. als Churfürsten von Brandenburg erkannt.

Am 23. August 1813 wollte Napoleon bis Berlin mit dem linken Flügel seiner Heere vordringen, allein an diesem Tage schlug der Kronprinz von Schweden mit der Armee von Norddeutschland den französischen Marschall Oudinot bei Teltow und Großbeeren, die Preußen unter Bülow erstürmten Großbeeren mit dem Bajonett und trieben die Division Dürutte in die Moräste.

Das Wespennest an einer Weide.

Ein aufmerksamer Beobachter der Wespen schickt uns folgende Beschreibung eines Wespennestes, welches ihm wegen der Lage und des Baues besonders merkwürdig schien: Ich habe deren viele gesehen an Ufern, Mauern oder an der Erde, schreibt er, aber niemals über der Oberfläche aufgehangen, wie dieses Nest über einem stehenden Wasser an dem Zweige einer Trauerweide, in meinem Garten. Die Länge des Nestes von a bis b hat 9 bis 10 Zoll, und die Breite von c — d 6 Zoll. Das Nest enthält 5 horizontale Scheibenlagen, welche oben hohl und unten rund erhaben sind; sie hängen durch Binden über einander, wie e zeigt. Die 1769 Zellen liegen — in einer Richtung f.

Das Wespennest an einer Weide.

Der Eingang hatte etwa $\frac{1}{2}$ Zoll im Durchschnitte, und zwar unten, g; das Aeußere oder die Papierhülle war von der Scheibe abgesondert, so daß die Wespen einen freien Zugang zu jeder Abtheilung behielten. Der obere Theil a war fest und der untere Theil b ein offener Raum mit dem Eingange g an der einen Seite. Das Aeußere oder die Hülle des Nestes hatte mehrere dem Papiere ähnliche Lagen und an den Seiten deren ungefähr 15. Die verbrannten Scheiben lieferten eine Holzkohle.

Der Puls des Menschen.

Den Puls benutzt man vorzüglich dazu, um das Maaß der Kraft des Herzens, die Freiheit seiner Thätigkeit und die Anfüllung der oberflächlich liegenden Arterien kennen zu lernen. Bei einem neugebornen Kinde schlägt der Puls in einer Minute ungefähr 140, bei einem einjährigen etwa 120, bei einem zwei- bis dreijährigen ungefähr 100; später bis zum Jünglingsalter 90 bis 95, beim Manne ungefähr 70 und beim Greise 60 Mal und darunter. Das Weib hat gewöhnlich einen etwas schnellern Puls, als der Mann. Der kleinere Mensch hat gewöhnlich mehr Pulsschläge.

So lange wir gesund und ruhig sind, bleibt sich die Anzahl der Pulsschläge ziemlich gleich; allein so wie wir essen oder trinken, uns körperlich bewegen oder geistig aufgeregt sind, nimmt sie zu. Im Schlafe nimmt sie dagegen etwas ab.

Verlag von Bossange Vater in Leipzig.
Unter Verantwortlichkeit der Verlagshandlung.

Das Pfennig-Magazin

der
Gesellschaft zur Verbreitung gemeinnütziger Kenntnisse.

17.]   Erscheint jeden Sonnabend.   **[August 24, 1833.**

Laokoon und seine Söhne.

Dies ist eins der berühmtesten Denkmäler der griechischen Bildhauerkunst, das mit wenigen Beschädigungen hinter den Bädern des Titus auf dem esquilinischen Hügel in Rom, und nicht in einem Zimmer dieses Gebäudes, wie man gewöhnlich behauptet, im Jahre 1506 unter der Regierung des Papstes Julius II. von Felix von Fredis entdeckt ward. Es besteht aus 5 Blöcken von weißem, großkörnigem Marmor und wurde von den Bildhauern Agesander und seinen Söhnen Polydorus und Athenodorus aus Rhodus verfertigt, welche wahrscheinlich in den ersten Jahren des peloponnesischen Kriegs lebten.

Das Bild Laokoon's stellt einen Mann von der höchsten männlichen Stärke dar, der nach dem Bisse einer Schlange nicht mehr Widerstand, sondern nur Verzweiflung zeigt, indeß sein Sohn zur Rechten von einer zweiten

Schlange tödtlich gebissen im Hinscheiden begriffen ist, der Sohn zur Linken aber in tiefster Trauer die Wunde des Vaters erblickt und einen Fuß von den Windungen der Schlange frei zu machen sucht, aber noch nicht gebissen worden ist.

Laokoon war des Priamos Sohn u. Priester des Apollo in Troja, hatte die List der Griechen, diese Stadt zu erobern, durchschauet und seine Lanze gegen das hölzerne Pferd geschleudert. Als er darauf am Strande, durch das Loos bestimmt, dem Neptun, dessen Priester gestorben war, opfern wollte, wobei ihn seine beiden Söhne als Opferknaben begleiteten, sandte die erzürnte Pallas Athene, welche die Griechen begünstigte, zwei ungeheure Schlangen, welche von der Insel Tenedos über das Meer her geschwommen kamen und sich gegen den Opferaltar hinwälzten. Zuerst umschlingen sie die beiden Knaben, dann den Vater, der diesen beistehen will und verwunden alle drei tödtlich. Im jüngern Sohne rechts, den die eine Schlange schon gebissen und ganz umschlungen hat, sieht man das ausathmende Leben; der Vater stemmt sich kräftig gegen das Ungeheuer und faßt die andere Schlange, die ihn daher beißt. Sichtbar durchzuckt der Schmerz seinen ganzen Körper. Der ältere Sohn, der noch unverwundet ist, beugt sich vorwärts, sucht die Schlange von sich abzustreifen und blickt mit Entsetzen auf Vater und Bruder. Der Vater scheint gegen 50 Jahre, der ältere Sohn 12 bis 13 und der jüngere 8 bis 9 Jahre alt zu seyn. Der rechte Arm des Vaters und zwei Arme der Söhne sind ergänzt. Die fünf Marmorblöcke sind so künstlich zusammen gesetzt, daß Plinius (Hist. nat. Lib. XXXVI. c. 5.) sie für einen einzigen hielt. Vier große teutsche Schriftsteller, Winkelmann, Lessing, Herder u. Göthe haben über diese Gruppe des Laokoon trefflich geschrieben, über die man Virgils herrliche Dichtung (Aeneis II. v. 198, 226.) lesen muß.

Die oft unbillige Kritik hat Manches an diesem Meisterwerke im Einzelnen getadelt, das man, um es richtig zu würdigen, im Ganzen auffassen muß.

Diese Gruppe, welche mit andern Schätzen der Kunst zur Zeit der Herrschaft der Franzosen nach Paris wanderte, ist jetzt wieder in Rom.

Spanische Maulthiertreiber.

Unter allen großen Ländern Europa's ist vielleicht Spanien am wenigsten bekannt. Seine gegenwärtige Bevölkerung beträgt zwischen 13 bis 14 Millionen. Der großen Städte giebt es nur wenige, und der Verkehr ist langsam und unsicher. Die Oberfläche des Landes ist uneben und mit hohen Bergreihen durchschnitten. Kanäle oder schiffbare Flüsse hat es so gut als keine und Landstraßen nur wenige. Der geistige Verkehr zwischen den verschiedenen Theilen des Reichs steht auf einer noch niedern Stufe. Es werden nur wenige Bücher gedruckt; nur wenige Menschen können lesen und es giebt schwerlich im ganzen Land eine Zeitung, welche diesen Namen mit Recht verdiente. Hieraus ergiebt sich, daß die Einwohner eines solchen Landes wenig Aehnlichkeit mit denen Frankreichs, Deutschlands, Englands, ja selbst Italiens haben.

Spanien ist wesentlich, ja fast allein ein Ackerbau treibendes Land. Seine ländliche Bevölkerung macht den großen Haufen der Nation aus, und wer ein Urtheil über Spanien fällen wollte, der sollte sich eher mit den Landleuten, ihren Sitten, ihren Gebräuchen, ihrem Charakter und ihrer Denkart bekannt machen, als nach der beschränkten Gesellschaft von Madrid, Barcelona oder Cadix Folgerungen ziehen. Befolgte man diesen Grundsatz, so würden sich mehrere von den scheinbaren Widersprüchen in der neuern Geschichte dieses Landes lösen lassen.

Die Anzahl der Landeigenthümer und Pachter beläuft sich in ganz Spanien beinahe auf eine Million; die der Landarbeiter (Tagelöhner) und Hirten ist eben so groß. Diese machen, nebst ihren Familien, die große Masse der Nation aus; dagegen betragen die Krämer, die Kaufleute, die Handwerker und die Fabrikanten zusammen nicht eine halbe Million, und leben in den verschiedenen Theilen des Reichs zerstreuet.

Die spanischen Landleute sind, als ein Ganzes betrachtet, vielleicht die schönsten, gewiß aber die stolzesten Menschen in Europa. Sie sind im Ganzen gut gebauet und stark, sehr frugal und bei allen Entbehrungen geduldig, von Natur feierlich und verschlossen, hochgesinnt und brav. Eine ausschließende Liebe zu ihrem Vaterlande und eine Verachtung der Fremden sind bei ihnen charakteristische Gefühle, die mit ihrer Religion seit den maurischen Kriegen in Verbindung stehen. Auch haben sie so wenig Begriffe von der Zusammensetzung des gesellschaftlichen und politischen Gebäudes, daß sie selbst bis auf die neueste Zeit keine Vorstellung von dem Worte Nation hatten und damit blos Fremde bezeichneten. Sie hatten nie von der spanischen Nation sprechen gehört, als bis die Verfassung von 1812 diese Benennung brauchte; aber sie nannten den Ausbruck Spanien und Spanier, und noch besser die Namen Castilianer, Andalusier, Valencianer u. s. w. nach ihren verschiedenen Provinzen. Ihre guten Eigenschaften werden durch Vorurtheile verdunkelt; ihr Ernst artet bisweilen in Grausamkeit und ihre Frömmigkeit in Aberglauben aus. Jedoch erscheinen sie in dem gewöhnlichen Lebensverkehr in ruhigen Zeiten theilnehmend, gutgeartet und artig. Ob es ihnen schon an Kenntnissen gebricht, so sind sie doch durchaus nicht dumm; ob sie gleich arm sind, so sind sie doch nicht unglücklich.

„Nichts,“ sagt der verstorbene Herr von Martignac, der die französische Armee im Jahre 1823 als ein hochgestellter Beamter in Spanien begleitete, „gleicht in andern Ländern dem spanischen Landmanne und dem spanischen Landarbeiter. Allenthalben ist der Bauer der Mann der Anstrengung und des Mangels, der Tag vor Tag von dem Gedanken geplagt wird, für seinen und seiner Familie Unterhalt zu sorgen. In Spanien wird der Tagelöhner, der Landarbeiter nie von ähnlichen Sorgen gequält. Seine Bedürfnisse sind wegen seiner frugalen Gewohnheiten so gering, daß die Furcht vor Mangel selten seine Ruhe stört oder ihn in üble Laune versetzt. Ausländern, welche Spanien besuchen und ihre Aufmerksamkeit auf die Sitten und die Sprache der niedern Volksklassen richten, wird das leichte, einfache, ja oft erhabene Gespräch der Landleute auffallen. Ihre Unterhaltung ist nie niedrig oder gemein; sie sprechen richtig und drücken oft eine edelmüthige Denkart mit einem natürlichen Adel aus. Ueberhaupt äußern sie ein Gefühl von Stolz und schlagen jeden ihnen angebotenen Beistand oder jede Belohnung für einen freiwilligen Dienst aus.“

Es würde abgeschmackt seyn, wenn man alle Einwohner eines so großen Landes, als Spanien ist, nach einerlei Maßstabe beurtheilen wollte. Es herrscht ein großer Unterschied zwischen den Eingebornen der nördlichen, an's atlantische Meer stoßenden Provinzen, und der sonnigen Küste des Mittelmeers; dieß ist auch der Fall zwischen den Castilianern und den Bewohnern von Leon und Estremadura. Diese kann man als die großen Abtheilungen von Spanien ansehen.

Im Norden ist der Tagelohn geringer, als in Castilien und in den übrigen, im Mittelpunkte gelegenen Provinzen, wo die Bevölkerung dünner ist und wo die Dörfer weiter aus einander liegen. Arbeiter auf Pachtgütern erhalten täglich 8 bis 9 Groschen, Maurer und Zimmerleute 9 bis 11 Groschen, Knechte und Mägde bekommen nebst Kost täglich 1 Groschen bis 1 Groschen 3 Pfennige. Die Mannspersonen verrichten eben keine harte Arbeit; der Arbeitstage sind ungefähr 273 im Jahre, die übrigen sind Sonn- und Festtage. Die Kost der arbeitenden Klassen besteht in Brod, Speck, spanischen Erbsen und Bohnen, Oel, Knoblauch, Gemüsen und Wein. Selten essen sie frisches Fleisch; Salzfleisch ist ein Leckerbissen an Festtagen. Die Mannspersonen verwenden nur wenig auf Kleider; ihr Oberkleid besteht in Schaaffellen oder grobem Tuche von Wolle, das oft das ganze Leben hindurch hält. Grobes Brod kostet in gewöhnlichen Jahren das Pfund ungefähr einen Denier; feines Brod von 1½ bis 2 Deniers; das Pfund Speck 4½ bis 7 Deniers; Salzfisch 2½ bis 3½ Denier; die Bouteille gewöhnlichen Weins 1 bis 3 Deniers. Das spanische Brod ist nicht gesäuert, wie das unsrige, sondern fest und kuchenartig; jedoch hat es einen sehr guten Geschmack; denn der spanische Weizen ist ganz vortrefflich. Der gewöhnliche Wein in den mittlern und nördlichen Provinzen, wo er das allgemeine Getränk ist, ist gewöhnlich sehr schlecht; allein im südlichen Spanien, woher die feineren Weine kommen, in den Bezirken von Xeres, Rota, Malaga, Alicante trinken die Landleute wenig Wein, weil er für sie zu theuer ist. In Catalonien und andern Provinzen am mittelländischen Meere lebt eine Familie von 4 Personen zu Mittage von einem halben Pfunde eingesalzner Fische, Brod und Oel, und des Abends essen sie Salat. Die Catalonier sind große Liebhaber des Weins und gebrannter Getränke, aber selten sieht man einen betrunkenen Spanier, ausgenommen in den niedrigsten Volksklassen in den Städten. Tabak raucht man allgemein, aber man verfährt dabei sehr ökonomisch; in der Tasche hat man einen Tabaksbeutel, nimmt den Tabak aus demselben heraus, schneidet ein Stückchen davon ab, zerkrümelt es in der hohlen Hand, wickelt es in Papier und so ist die Cigarre fertig.

Auf den weiten Ebenen von Castilien und Leon, der großen Kornkammer von Spanien, und in andern mittelpunktlichen Provinzen bekommt man sehr wenig Meiereien zu Gesichte; die Einwohner leben in Dörfern zusammengeschichtet, und die Häuser, welche aus in der Sonne getrockneten Ziegeln erbauet sind, sehen verfallen und aller Bequemlichkeit entbehrend aus. Blos im Norden und in einigen an der See gelegenen Bezirken des Südens bekommt man etwas, wie die Meiereien und Bauerhäuser anderer Länder Aussehendes zu Gesichte. Die Castilianer haben von alten Zeiten her einen sonderbaren Widerwillen gegen Bäume und sehen sie für Anziehungs- und Schutzmittel der Vögel an, welche ihr Getreide auspicken könnten. Diese Nacktheit des großen Tafellandes Spaniens fiel vor Kurzem einem einsichtsvollen amerikanischen Reisenden sehr auf, der sie mit Recht als die Ursache des Mangels an Quellen und der Unfruchtbarkeit betrachtete. Die Gebirge von Castilien versorgen die Bewohner der Ebenen mit Holzkohlen zur Feuerung. Man kann sich nichts Traurigeres vorstellen, als die Gegend um Madrid, da sieht man weder einen Baumgarten,

noch einen Landsitz. Die Felder in Castilien sind nicht eingezäunt; man drischt das Getreide auf dem Acker aus und läßt es da, bis Getreidehändler und Kornspekulanten, an welche es gewöhnlich im Voraus verpfändet ist, kommen und dasselbe abholen. Dem Landmanne fehlt es an Kapitalien, daher kann er keine Verbesserungen auf seinen Feldern machen. Die Märkte sind entfernt, und obschon gewöhnlich das Getreide in Galizien, Asturien und andern Seeprovinzen noch einmal so viel gilt, als in den in der Mitte des Landes gelegenen Bezirken, so verschlingt doch das Fortschaffen auf dem Rücken der Maulesel oder auf von Ochsen gezogenen Karren den ganzen Gewinn. Fast die eine Hälfte des Ertrages raffen die Steuern und Zehnten hinweg, mit der andern muß der Pachter seinen Pachtzins bezahlen und sich selbst ernähren.

In Valencia, Murcia und Granada ist das Bewässerungssystem eingeführt. Hier ist das Land, das zwischen den Gebirgen und dem Meere eine abhängige Lage hat, entweder durch die Natur oder die Kunst in üppige Terrassen gebildet, welche sich über einander wie die Stufen eines Amphitheaters erheben. Die Flüsse, welche von den Bergen herabkommen, werden in zahllose Kanäle geleitet, um das Ganze zu bewässern. „Der Gebrauch jedes Flusses ist daher genau bestimmt — sagt der Verfasser des Werks: ein Jahr in Spanien, ein Amerikaner; wenn die Zeit kommt, so machen diejenigen, welche diese Bewässerungs-Vorrechte haben, sorgfältig ihre Felder zurecht, öffnen ihre Schleusen, füllen die Deiche an und überschwemmen das Ganze, ja selbst die Wein- und Obstgärten. Zufolge dieses Systems vermehrt sich der Ertrag außerordentlich, die Erde bleibt das ganze Jahr hindurch sehr ergiebig, drei Mal pflückt man die Blätter von den Maulbeerbäumen ab, und die Wiesen mit Klee und Lucerne werden acht, ja zehn Mal gemähet; die Citronen wiegen oft mehrere Pfunde und es giebt Weintrauben von vierzehn Pfunden. Der Weizen, den man im November säet, giebt im Juni eine dreißigfältige Ernte; im Oktober gesäete Gerste im Mai eine zwanzigfältige; Reis, im April gesäet, eine vierzigfältige im Oktober, und indianisches Korn, als eine zweite Ernte gesäet, eine hundertfältige."

Im Norden sind die Provinzen Navarra und Biscaya am besten angebaut; die Einwohner sind fleißig und führen ein gemächliches Leben. Sie haben ihre eigene örtliche Verwaltung und stimmen selbst unter einander über die Steuern ab. Mit dem königlichen Schatze treffen sie eine Uebereinkunft und sind für eine bestimmte Summe frei von einer Menge kleiner Abgaben, welche das übrige Spanien bezahlen muß. Auch haben sie Manufakturen und Fabriken, besonders in Eisen, und es fehlt in ihrem Lande nicht an Kohlengruben. Die baskischen Provinzen machen eine Art von besonderem Reiche aus; sie haben ihre eigenthümlichen Gesetze und ihre eigene Sprache.

Die Gebirgsbewohner von Galizien sind arm, stark und geduldig. Da ihr Boden zu unfruchtbar ist, als daß er eine zahlreiche Bevölkerung ernähren könnte, so wandern die Galizier (Gallegos) zu Tausenden aus und begeben sich in die großen Städte, besonders nach Madrid und Lissabon, wo sie die Dienste von Last- und Wasserträgern verrichten. Sie stehen allgemein im Rufe der Ehrlichkeit und unterscheiden sich hierin sehr von den Valencianern, welche in Spanien einen üblen Ruf haben. Die Asturier leben in demselben Zustande und treiben einerlei Geschäfte, wie ihre Nachbarn, die Galizier, nur haben sie einen etwas abentheuerlichern Charakter.

Die Mesta ist eine Geißel für alle spanischen Pachter: so heißt nämlich eine bevorrechtete Gesellschaft von Schaafeigenthümern, die das Recht haben, ihre Heerden über alle Weideplätze Spaniens wegzutreiben, wofür sie einen geringen Zins bezahlen. Die Anzahl ihrer Schaafe beläuft sich auf ungefähr 5 Millionen, und sie brauchen dazu gegen 50,000 Leute als Geschäftsführer, Schäfer und Knechte. Sie haben Beamte und Richter, welche viele Bedrückungen gegen diejenigen ausüben, die in Berührung mit ihren angemaßten Rechten und Vorrechten kommen. Im Sommer wandern die Schaafe von den Ebenen nach den Gebirgen und vor dem Winter wieder von da zurück über angebaute Felder, vertreiben die andern Heerden von ihren Wiesen und richten vielen Schaden an. Dieß ist ein Grund, warum in dem Mittelpunkte von Spanien die Felder nicht eingezäunt sind. Die Gesellschaft der Mesta treibt auch den Alleinhandel mit der Wolle, und Viehzüchter und Gutsbesitzer können es nicht mit einer so mächtigen und reichen Gesellschaft aufnehmen, die unter ihre Mitglieder Männer in hohen Aemtern, Edelleute und hohe Geistliche zählt.

Die Arriero's oder Mauleseltreiber machen einen zahlreichen, ja gewissermaßen ausgezeichneten Theil der spanischen Bevölkerung aus. Man giebt in Spanien den Mauleseln bei'm Fahren den Vorzug, weil sie einen sicherern Tritt haben und mehr ausstehen können, als die Pferde. Auch sieht man Karavanen von Mauleseln mit Ladungen auf dem Rücken, welche Spanien beständig auf den verschiedenen Wegen durchkreuzen und Getreide, Reis, Mehl, Hülsenfrüchte, Wein, Oel in Häuten, so wie auch Waaren von den Seehäfen nach dem Innern schaffen. Der Mauleseltreiber zieht auf der ganzen Halbinsel herum; er ist nirgends zu Hause; frohen Gemüths und jovial, ist er auch ehrlich und auf seine Pünktlichkeit kann man sich im Ganzen verlassen. Gegen seine Maulesel ist er sehr gefällig, er spricht mit ihnen, schilt sie aus, und bei seiner Ankunft im Wirthshause geht seine erste Bemühung dahin, für sie zu sorgen; erst dann denkt er an sich. Er ist Marketender oder reisender Handelsmann, hat Packete bei sich und richtet seine Aufträge an die Leute auf seinem Wege aus. Der Mauleselherr, oder der Eigenthümer einer Anzahl von Mauleseln, schickt seine Knechte auf mancherlei Reisen aus und bezahlt, außer ihrem Lohne, ihre Ausgaben unterwegs. Bei wichtigern und einträglichern Gelegenheiten macht er sich selbst mit auf die Reise. Man sieht hier eine solche Mauleselkaravane abgebildet.

Maulthiertreiber.

Wallenstein.

Nie wohl hat die Stimme der Partheilichkeit so laut und entschieden, bald zum Vortheile, bald zum Nachtheile, je nachdem der Berichterstatter gesinnt war, geredet, als wenn es galt, ein Urtheil über Wallenstein zu fällen, und obschon die Nachwelt sonst streng und ernst das Richteramt über einen großen Todten zu verwalten pflegt, so scheint auch sie bis auf den heutigen Tag mit ihrer Meinung noch nicht ganz im Klaren zu seyn. Von Protestanten wie von Katholiken gehaßt, weil die Ersteren in ihm einen Unterdrücker ihres Glaubens, die Letzteren aber einen Verräther zu sehen glaubten, ward in neuester Zeit die Menge noch unsicherer und schwankender in der Auffassung seines Charakters, weil die Art und Weise, mit welcher Deutschlands erster dramatischer Dichter, Schiller, diesen großen Feldherrn des dreißigjährigen Krieges auf die Bühne brachte, sich durchaus von den Fesseln historischer Treue losriß, und, was ei=

nem Dichter allerdings freisteht, ein eigenes Gebild erschuf, das von dem wirklichen Wallenstein höchstens nur das Aeußere, durchaus aber nicht das Innere, den eigentlichen Charakter desselben besaß. Mit Wallenstein's sauber gearbeitetem Portrait wollen wir zugleich in gedrängter Kürze die Hauptzüge aus seinem Leben mittheilen.

Albrecht Graf von Wallenstein, eigentlich Waldstein, Herzog von Friedland, Generalissimus des deutschen Kaisers im dreißigjährigen Kriege, ward am 14. September 1583 zu Prag geboren. — Seine Familie huldigte dem protestantischen Glauben. Er studirte zu Goldberg in Schlesien, so wie später auf der Nürnbergischen Universität Altdorf, und soll, wenn man anders vielfach bestrittenen Erzählungen Glauben beimessen darf, ein sehr wilder Student, so Einer von Denen, die sich des Studirens halber auf den Universitäten aufhalten, aber vor lauter Fleiß im Essen, Trinken, Spielen, Tanzen u. s. w. selten zum eigentlichen Studiren kommen, gewesen seyn. Als ihn sein Vater von Altdorf zurückgerufen, ließ er ihn als Page in die Dienste des Markgrafen Karl von Burgau treten, der sich zu Innsbruck aufhielt. — Hier ging Wallenstein zur katholischen Kirche über, und machte darauf, von dem Markgrafen unterstützt, eine große Reise durch Deutschland, England, Frankreich und Italien, während welcher er sich längere Zeit zu Padua, in Italien, aufhielt, und dort, auf jener berühmten Hochschule mit großem Eifer Mathematik, Politik und Astrologie (Sterndeuterei, eine damals in großem Ansehn stehende Wissenschaft) studirte. Von seiner Reise zurückgekehrt, machte er im Jahre 1606 einen Feldzug unter den Kaiserlichen, in Ungarn, gegen die Türken mit und legte hier Proben ausgezeichneter Tapferkeit ab. Nach geschlossenem Frieden (am 11. November 1606) begab sich Wallenstein nach Böhmen, seinem Vaterlande, und heirathete eine reiche Wittwe, welche nicht lange darauf, ohne Kinder zu hinterlassen, starb, ihm ihr ungeheures Vermögen vermachte, und eigentlich als die erste Gründerin seines Glückes zu betrachten ist. Während eines unbedeutenden Krieges zwischen dem Erzherzoge Ferdinand von Steyermark und der Republik Venedig führte Wallenstein dem Erzherzoge zweihundert Reiter zu, die er auf eigene Kosten unterhielt, benahm sich ebenfalls sehr tapfer, und wußte sich die Gunst seines neuen Herrn so zu gewinnen, daß dieser ihn nach beendigtem Feldzuge zum Milizobristen in Mähren erhob, worauf sich Wallenstein in dieser Eigenschaft zu Olmüz niederließ. Hier vermählte er sich in zweiter Ehe mit einer Gräfin von Harrach. Als im Jahre 1619 die Unruhen in Böhmen ausbrachen, blieb er, so sehr sich auch die Böhmen bemühten, ihn zu sich hinüber zu ziehen, dem Kaiser treu; er mußte jedoch entfliehen, und langte glücklich in Wien an, wobei es ihm zugleich gelungen war, die Landeskasse zu retten. — Mit 12,000 Thalern, die er aus derselben zurückbehalten, warb er, wie es damals Sitte war, auf eigne Hand 1000 Küraßreiter und brachte diese zu dem österreichischen General Bouquoy nach Böhmen, auch nahm er thätigen Antheil am Kriege, und stieg jetzt zur Belohnung seines tapferen Verhaltens durch kaiserliche Gunst von Stufe zu Stufe. Er ward Kriegsstatthalter in Mähren und zog siegreich wieder in Olmüz ein. Im Jahre 1622 belohnte ihn der Kaiser mit der Herrschaft Friedland in Böhmen, erhob ihn zugleich zum Reichsgrafen und im folgenden Jahre zum Fürsten von Friedland. — Während dieser Zeit griff der Religionskrieg, der in Böhmen begonnen hatte, und der seiner Dauer wegen bekanntlich den Namen des dreißigjährigen erhielt,

Wallenstein.

immer weiter um sich; der König von Dänemark trat 1625 an die Spitze der Stände des niedersächsischen Kreises dem Kaiser als ein mächtiger Feind entgegen, und dieser gerieth nun in nicht geringe Noth, da es ihm an Geld wie an Soldaten mangelte, um seinen Gegnern nachdrücklich die Spitze zu bieten. Da bot der kühne Wallenstein seinem Monarchen an, ihm unentgeltlich ein Heer von dreißigtausend Mann zu stellen und es, ohne daß es dem Kaiser einen rothen Heller koste, zu erhalten, unter der Bedingung, daß er der Oberfeldherr desselben bleibe und mit den in Feindes Lande erhobenen Kontributionen nach Belieben schalten und walten dürfe. So abentheuerlich und tollkühn dieser Plan auch Allen erschien, so willigte der Kaiser, von Noth und Angst gedrängt, dennoch unbedingt ein, und beehrte Wallenstein noch dazu mit der Würde eines Herzogs von Friedland. Wallenstein hatte sehr bald ein bedeutendes Heer unter seinen Fahnen versammelt, das er auf die oben angegebene Weise durch Brandschatzungen erhielt und mit welchem er das Herzogthum Mecklenburg eroberte und den König von Dänemark aus Deutschland vertrieb; doch litt auch er manchen großen Verlust, und vorzüglich mißlang ihm die Einnahme der von den Dänen und Schweden unterstützten Feste Stralsund, die er geschworen hatte zu bezwingen, und wenn sie mit Ketten an den Himmel geschlossen wäre, gänzlich. Als 1629 der Friede mit Dänemark geschlossen und dadurch Wallenstein's weiteren Unternehmen an der Ostsee ein Ziel gesetzt worden, er aber selbst den neutralen Ländern furchtbare Brandschatzungen auferlegte, drangen die deutschen Stände auf dem Reichstage zu Regensburg in den Kaiser, sein Heer auf 39,696 Mann zu verringern und Wallenstein seines Oberbefehls zu entheben. Ferdinand II. willigte ein, und der Fürst von Friedland, obwohl er großen Verlust dadurch erlitt, zog sich anscheinend gleichgültig nach Prag zurück, wo er als Privatmann, jedoch mit ungeheurem Aufwande, lebte. Mittlerweile drang der König von Schweden, Gustav Adolph, als Verfechter des protestantischen Glaubens siegreich in Deutschland ein, rückte immer weiter vor, zwang Tilly zum Weichen und schien dem Kaiser höchst gefährlich zu werden. Jetzt blieb diesem nichts zu seiner Rettung übrig, als sich an den beleidigten Wallenstein zu wenden und ihm den Oberbefehl über das kaiserliche Heer von Neuem anzutragen. Wallenstein feierte nun den vollkommensten Triumph und machte dem Kaiser sehr harte Bedingungen, welche dieser, obwohl er sich stellte, als zaudere er, doch endlich völlig einging. Er ward jetzt, eben durch jene Bedingungen, gewissermaßen unbeschränkter Herr über ganz Deutschland. — Alles strömte seinen Fahnen zu, und es versammelte sich in geringer Zeit eine Armee von 40,000 Mann um ihn zu Znaim. Beide Heere, das kaiserliche, wie das protestantische, manövrirten erst eine Zeitlang fruchtlos gegen einander; endlich, nachdem Wallenstein sich plötzlich nach Sachsen gewandt hatte, kam es zu einer Schlacht, und zwar zu der berühmten Schlacht bei Lützen (am 6. November 1632), in welcher zwar Wallenstein geschlagen wurde, aber auf der andern Seite auch Gustav Adolph blieb. — Wallenstein zog sich nun nach Böhmen zurück, rückte erst im Mai des folgenden Jahres aus seinen Winterquartieren, und unternahm nach einem siebenwöchentlichen Waffenstillstande und fruchtlosen Unterhandlungen mit den Böhmen nichts Ernstliches, einige unbedeutende Kriegsoperationen ausgenommen, dann fiel er in die Lausitz und die Mark Brandenburg ein, ging von da nach der Oberpfalz dem Herzog Bernhard entgegen, und zog sich endlich in die Winterquartiere nach Böhmen. Dieß war ganz gegen den Willen des Kaisers, zumal da Wallenstein's Feinde am österreichischen Hofe ihm dessen Treue verdächtig machten, und ihm sagten, der Herzog von Friedland beabsichtige, sich, unterstützt von den Schweden und einigen protestantischen Fürsten, zum Herrn von Böhmen zu machen. — Jetzt entsetzte ihn Ferdinand II. am 18. Februar 1634 seiner Feldherrnwürde und erklärte ihn für einen Verräther. Wallenstein warf sich in die Festung Eger, und ging damit um, sich mit den Feinden zu vereinigen. — Da ward er plötzlich in der Nacht des 24. Februars 1634, in seinem Schlafzimmer, durch irländische Hauptleute, die, was sie waren, allein ihm verdankten, auf Anstiften seiner Feinde überfallen und ermordet, nachdem am Abende vier seiner vertrautesten Freunde gleichfalls waren umgebracht worden. — Er starb im 52. Jahre seines Alters, außer von seiner trauernden Wittwe, von Niemanden beweint, und ward in der Stille begraben. — Seine Verrätherei ist nie evident bewiesen worden.

Er war von starkem und hohem Wuchse, hatte schwarze, funkelnde, kleine Augen, aber ein ernstes und zurückstoßendes Aeußere. Klugheit, Menschenkenntniß, rastlose Thätigkeit, Schlauheit und persönliche Tapferkeit zeichneten ihn vorzüglich aus; doch wäre es Unrecht, ihn für den ersten Feldherrn seiner Zeit halten zu wollen; Gustav Adolph, Bernhard von Weimar, ja selbst Tilly stehen in dieser Hinsicht über ihm. — Wir haben bereits oben bemerkt, daß Schiller ein Gebild seiner Phantasie und nicht den wirklichen Wallenstein in seiner dramatischen Trilogie zeichnete; eben so sind Max Piccolomini und Thekla Geschöpfe des Dichters und haben nie in der Wirklichkeit existirt. —

Noch Etwas über den Kaffee.

In neueren Zeiten hat der Anbau des Kaffeebaums noch mehr zugenommen, und man wird sich leicht eine Vorstellung davon machen können, wenn man erfährt, daß im Jahre 1827 die Kaffeeausfuhr aus Brasilien 67,896,800 Pfund betrug. Aber auch der Verbrauch dieser Bohne, den Humboldt vor mehreren Jahren auf beinahe 120 Millionen Pfund anschlug, wovon ein Viertel in Frankreich verzehrt werde, hat sich seit dieser Zeit außerordentlich vermehrt; denn da man eine beträchtliche Abgabe, die auf denselben Groß-

britannien legte, sehr vermindert hat, so hat der Geschmack an demselben in diesem Lande sehr zugenommen.

Nach chemischen Untersuchungen enthalten acht Unzen gebrannten Kaffee's folgende Bestandtheile:

	Unzen.	Drachmen.	Gran.
Kaffeesubstanz............	1		
Gummi und Schleim	—	6	40
Extraktivstoff	—	3	44
Oel und Harz..........	—	1	20
Trocknen Rückstand....	5	4	—
	8	7	44

Die vorzüglichsten Wirkungen, welche durch das Brennen des Kaffee's hervorgebracht werden, bestehen darin, daß die Menge der auflöslichen Bestandtheile im Kaffee zunimmt; besonders ist dieß mit dem Extraktivstoffe der Fall. Eine andere Wirkung des Brennens ist ein Aroma (Wohlgeruch), das in den Bohnen erzeugt wird. Brennt man aber den Kaffee zu sehr, so wird der wohlriechende Bestandtheil gänzlich verflüchtigt. Um diesen, von welchem der angenehme Geschmack des Kaffee's als Getränk abhängt, möglichst zurück zu halten, hat man mehrere Verfahrungsarten. Einige thun, sobald sich der Kaffee zu färben anfängt, so viel frische Butter in die Kaffeetrommel, als erforderlich ist, den Bohnen einen leichten glänzenden Ueberzug zu geben. Andere schütten den gebrannten Kaffee auf Schreibpapier und bestreuen ihn mit gepülvertem Zucker; dieser saugt das Oel des Kaffee's ein und hält den gewürzhaften Bestandtheil zurück. Noch ein anderes, vielleicht am meisten zu empfehlendes, Mittel besteht darin, daß man den Kaffee überhaupt nicht stark brennt, und so wie er sich zu bräunen anfängt, dem Gewichte nach gleiche Theile in kleine Würfel geschnittenes Brod in die Trommel wirft.

Im Morgenlande findet man außerordentlich viel Geschmack am Kaffeetrinken; besonders lieben es die Türken, Araber u. s. w., und die Art, wie jene ihn zubereiten, ist folgende: Soll er gut seyn, so muß er entweder beinahe bis zu dem feinsten Staube gemahlen, oder in einem Mörser mit einer schweren Keule zermalmt seyn. Erst thun die Türken den Kaffee trocken in den Topf, lassen ihn über ganz gelindem Feuer oder heißer Asche so lange warm werden, bis er einen lieblichen Geruch von sich giebt, und schütteln ihn öfters um; dann gießen sie kochendes Wasser darauf (oder vielmehr das Wasser von dem zuletzt gekochten Kaffee, welchen sie haben setzen lassen), lassen denselben etwas länger über dem Feuer stehen, bis sich ein weißer Schaum, wie Sahne, zeigt; aber kochen darf er nicht, sondern nur leicht aufwallen; sodann gießt man ihn zwei bis drei Mal aus einem Topfe in den andern, und es dauert nicht lange, so wird er hell; oft trinkt man ihn jedoch ganz dick. Einige gießen einen Löffel kalten Wassers dazu, um ihn desto schneller klar zu machen, oder legen ein in kaltes Wasser getauchtes Stück Tuch auf den Topf. Die Türken brennen oder rösten den Kaffee öfters in einem heißen Backofen.

Der Geburtsort des Kaffeebaums scheint Oberägypten oder Nubien zu seyn, von wo er in das glückliche Arabien verpflanzt wurde. Die erste Veranlassung der Kaffeebohne zum Getränke soll folgende gewesen seyn: Ziegenhirten merkten, daß die Ziegen, wenn sie die Früchte des Kaffeebaums fraßen, dadurch lebhafter und munterer wurden. Der Superior eines Klosters in Arabien versuchte nun dasselbe Mittel bei seinen trägen und schläfrigen Mönchen, um sie während des nächtlichen Gottesdienstes munter zu erhalten.

Aus dem Lande Yemen in Arabien kam der Kaffee nach Java, von da nach den Inseln Isle de

France und Bourbon, und diese vier Arten werden auch für die besten gehalten.

Der treffliche Naturforscher Sonnini macht in seinen Reisen in Ober- und Niederägypten, (aus dem Franz. mit Anmerk. übersetzt von Dr. Bergk 1800. 2 Theile) auf die Verschlechterung des Mockakaffee's durch westindischen aufmerksam. Will man jenen ächt haben, so muß man ihn zu Kosseir oder Kus, oder Kenne (in Oberägypten) kaufen; denn zu Kahira ist er schon nicht mehr rein; man vermischt ihn hier mit gemeinem amerikanischen Kaffee; dieß thut man zu Alexandrien zum zweiten und zu Marseille zum dritten Male. Was man in Frankreich unter dem Namen Mockakaffee verkauft, enthält von diesem nur noch ein Dritttheil, selten die Hälfte. Sonnini hatte einen Sack voll ächten Mockakaffee's mit nach Frankreich zurückgebracht, und das Felleisen, worin er gepackt war, behielt Jahre lang den Wohlgeruch desselben, so oft er es öffnete, wurde er noch davon parfümirt.

Trockene Jahre verursachen keine theure Zeit.

Im vorigen und in diesem Jahre hatten wir eine so trockene Witterung, wie sich nicht leicht wenige Menschen erinnern, und diese Trockenheit erstreckte sich beinahe durch ganz Europa. Man klagte über Mangel an Regen nicht blos in Nord- und Süddeutschland, sondern auch in Frankreich, in Großbritannien, in Dänemark, in Schweden, in Rußland und in einem Theile der Türkei; und das Getreide und das Gras auf den Wiesen litt dabei sehr. Diese Trockenheit ist in diesem Jahre noch empfindlicher und nachtheiliger, als im vorigen, weil sie bei uns schon mit großer Hitze seit dem 2. Mai eingetreten ist und bis zum Ende des Juni fortgedauert hat. Auf sandigen Feldern haben daher alle Getreidearten sehr gelitten, ja manche sind fast verdorrt; in Lehmboden steht das Wintergetreide im Ganzen gut; nur trifft man Felder an, wo der Roggen sehr flache Körner hat und vor der Zeit reif wird. Aber wie sieht es in den Auengegenden und auf Feldern mit nassem Boden aus? Hier erblickt man das Wintergetreide in einem trefflichen Zustande; es hat lange Aehren und dicke Körner, und eben solche Gegenden liefern in trockenen Jahren Ersatz für das, was auf den trockenen Feldern fehlt. Sie geben reiche Ernten und ersetzen den Ausfall auf den letztern. Daher können wohl höhere Preise, aber keine Theuerung (Mangel mit sehr hohen Preisen) eintreten.

In nassen Jahren sind dagegen die höher gelegenen Gegenden nicht das zu ersetzen im Stande, was in den Vertiefungen fehlt und was in ihnen die Nässe vernichtet. Auch stehen bis jetzt die Kartoffeln sehr gut, und ob es schon sehr an Futter für das Vieh gebricht und die Heu-, so wie zum Theil auch die Grummeternte schlecht ausfällt, so werden doch noch immer genug Kartoffeln für die Menschen übrig bleiben, wenn auch das Vieh viele verzehren sollte. Man bauet jetzt alle Jahre weit mehr Kartoffeln und sie ersetzen, was hier und da an Getreide fehlt.

Merkwürdige Erscheinung.

Aus den Sterbelisten der größern Städte ergibt sich das Gesetz, daß bei den Menschen die Sterblichkeit in den ungerabzahligen Lebensjahren, z. B. 43 od. 63, größer ist, als in den geradzahligen. Jedoch kennt man keinen wahrscheinlichen Grund von dieser merkwürdigen Erscheinung.

Das Skelett des Megatheriums.

Megatherium (Großthier) hat Cuvier ein Thier genannt, welches nicht mehr in der lebenden Natur vorhanden ist, sondern als fossiles Skelett in Südamerika gefunden wird. Auf den großen Ebenen dieser Erdgegend, besonders jenseits Buenos Ayres in dem flachen Lande, welches die Parana und ihre Nebenflüsse durchströmen, findet man die Ueberreste ungeheurer Thiere. Ihre Knochen liegen im Lehme oder im angeschwemmten Erdreiche versunken; bisweilen erscheinen sie während der sehr trocknen Jahreszeit, wenn die Gewässer niedrig sind, über der Oberfläche wie Baumstämme oder Höcker, wie sie in Amerika heißen. Solche Knochen sind neuerlich durch die verdienstvollen Bemühungen des Hrn. Parish nach London gebracht worden.

Die Einwohner eines entfernten Bezirks sahen das Becken des Thieres, das wir hier beschreiben, oberhalb des Wassers erscheinen, warfen einen Lasso oder Strick über dasselbe hin und zogen es an's Ufer. Das Becken ist der Kreis von Knochen, der sich von Schenkel zu Schenkel erstreckt, und man kann sich eine Vorstellung von seiner Größe sowohl aus der Art, wie es gefunden worden, als aus der treffenden Bemerkung des Prof. Buckland machen, als er diesen Theil des Skeletts sah, daß zwei der stärksten Mitglieder der geologischen Gesellschaft durch seinen Kreis gehen könnten. Wenn wir unsere Arme so weit als möglich ausstrecken, so haben wir einen richtigen Maßstab von der Breite der Knochen, von denen wir sprechen, denn sie beträgt fünf bis sechs Fuß.

Diesen Theil des Skeletts brachte man den Behörden von Buenos Ayres, von welchen sie Hr. Parish bekam. Hierauf schickte er einige hundert englische Meilen weit in's Land hinein; man untersuchte den Grund des Flusses und forschte nach den übrigen Knochen, und nachdem man diesen Theil des Wassers abgedämmt hatte, fand man den Schädel, die Wirbelknochen des Rückgrats und des Schwanzes, die Knochen der hintern äußersten Theile und das Schulterbein. Dieß Skelett, so unvollkommen es auch ist, beweiset doch, daß es nicht der Mastodon oder das fossile fleischfressende Thier des Ohio's, sondern das große fossile Thier von Paraguay ist, welchem, wie oben erwähnt, Cuvier den Namen gegeben hat.

Ein unvollständiges Skelett von diesem Thiere befindet sich in dem königl. Kabinette der Naturgeschichte zu Madrid, und es ist sonderbar, daß gerade das, was daran fehlt, durch das gegenwärtige ersetzt wird. Man zweifelte z. B. einigermaßen daran, ob das Becken einen vollkommenen Zirkel bilde; denn dieser Theil war an dem Madrider Skelett vorne abgebrochen; der scharfsinnige Cuvier nahm an, daß dieß der Fall sey, und unser Exemplar dient zum Beweise seiner Vermuthung.

Untersucht man diese Knochen, setzt sie zusammen und vergleicht sie mit den Zeichnungen von Joseph Garrega, Madrid 1796, und von Dr. Pander und Dr. D'Alton zu Bonn 1821, so kann man einige Urtheile darüber wagen: die Hintertheile dieses Thiers müssen sehr groß und stark im Vergleich mit dem Vordertheile gewesen seyn. Aus der Betrachtung der Knochen wissen Zergliederer, von welcher Beschaffenheit die Muskeln sind, denn die Fortsätze, wodurch sie hervorgebracht worden, sind jederzeit stark und hervorspringend, wenn die Muskeln viel Kraft haben. Die Fortsätze des Beckens zeigen, was für große und starke Muskeln auf das Dickbein gewirkt haben müssen, und das Dickbein selbst ist ein außerordentlicher Gegenstand. Es ist 2 Fuß und 5 Zoll lang und 3 Fuß 4 Zoll um seinen dicksten Theil, und 2 Fuß 2 Zoll um seinen dünnsten Theil groß; es ist also zwei bis drei Mal stärker, als das Dickbein des Elephanten. Es ist von sehr großer Festigkeit und die Rücken oder Fortsätze, welche daraus hervorstehen, beweisen, daß die Muskeln eine außerordentliche Stärke besessen haben. Die Knochen des Schenkels, die Röhren und das Wadenbein, welche bei andern Thieren von einander getrennt sind, sind hier kurz, dick und in einen festen Knochen vereinigt. Der Fersenknochen springt weit vor, ist über einen Fuß lang und giebt so den daran befindlichen Muskeln einen gewaltigen Hebel. Die Zehenknochen sind auch sehr merkwürdig und gleichen denen der Klasse der Faulthiere. Mehrere sind der Meinung, das Bein sey bis hinauf 4 Fuß lang gewesen und habe einen Fuß in der Breite gehabt.

Ein sinnreiches Mitglied der geologischen Gesellschaft in London hat die Bemerkung gemacht, die hinteren Extremitäten des Thieres haben deshalb so viel Stärke, damit es besser auf drei Füßen stehen und mit dem vierten kratzen könne; allein dieß scheint dem übrigen Baue nicht zu entsprechen. Ueberhaupt müssen

die äußersten Gliedmaßen dieses Thieres, in Vergleich mit der Länge und der Breite seiner Schenkel, kurz gewesen seyn.

Bei diesem Thiere fällt nichts mehr auf, als sein kleiner Kopf; ja man würde geglaubt haben, dieser gehöre nicht zu diesen großen Knochen, hätte nicht Herr Cliff den Rückenwirbel zusammengesetzt, und sähe man nicht, daß jene des Halses mit einander übereinstimmten, und daß vor allem der vordere Rückenwirbel, der Atlas, genau in die gegliederten Fortsätze des Schädels passe; dieser Theil ist zwar unvollständig, aber glücklicherweise sind die Zähne und ein Theil des Kinnbackens da.

Die Zähne sind in ihrem Baue höchst sonderbar. Es sind keine Schneide- oder Vorderzähne da. Wahrscheinlich hatte das Thier eine vorspringende Schnauze, wie der Tapir. Sicherlich hatte es keinen Rüssel, wie der Elephant, weil es sich aus der Länge des Halses ergiebt, daß es mit dem Munde den Boden erreichen konnte.

Cuvier nimmt an, daß dieß Thier ein grasfressendes gewesen sey und daß es eigentlich unter die Faulthiere gerechnet werden müsse. Der Holzschnitt, den wir hier von diesem Thiere liefern, ist nach einem Kupferstiche in Cuvier's großem Werke über fossile Knochen gemacht.

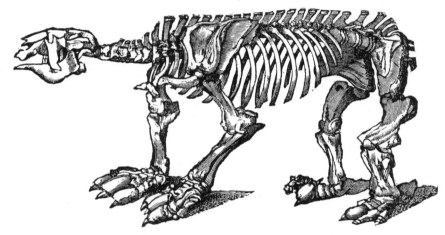

Das Skelett des Megatheriums

Woche.

Am 24. August 1796 schlug der Erzherzog Karl von Oesterreich den französischen General Jourdan bei Amberg in der Oberpfalz.

Am 25. August 1806 ließ Napoleon zu Braunau den Buchhändler Palm aus Nürnberg, nachdem er von einem Kriegsgerichte verurtheilt worden war, erschießen, weil man bei ihm Schriften antraf, in welchen die Völker wider Napoleon's usurpirte Herrschaft in Deutschland aufgerufen wurden. — An eben dem Tage 1758 gewann Friedrich der Große die blutigste Schlacht, welche er jemals geliefert hatte, bei Zorndorf, gegen die Russen, welche 19,000 Todte und Verwundete und 3000 Gefangene verloren.

Am 26. August 1813 siegte Blücher an der Katzbach über die französischen Marschälle Ney und Macdonald und den General Lauriston.

Am 27. August 1791 schlossen Kaiser Leopold II. und König Friedrich Wilhelm II. von Preußen die Convention in Pilnitz, um in Frankreich die monar-

chische Regierung auf die Vorstellungen des Grafen von Artois (Karl X.) wieder herzustellen.

Am 28. August 1618 starb Albrecht Friedrich Herzog von Preußen, und gelangte Preußen an den mitbelehnten Kurfürsten Georg Wilhelm von Brandenburg, jedoch als Vasallen der Republik Polen.

Am 29. August 1793 ergiebt sich Toulon der englischen und spanischen Flotte unter den Admiralen Hood und Langana.

Am 30. August 1813 griffen die Verbündeten das Korps des französischen Generals Vandamme bei Kulm, zwei Meilen von Teplitz an. Das Artilleriefeuer der Angegriffenen war schrecklich, allein die Einschließung war so vollkommen, daß Vandamme mit 8000 Mann und 87 Kanonen gefangen wurden.

Verlag von Bossange Vater in Leipzig.
Unter Verantwortlichkeit der Verlagshandlung.

Das Pfennig-Magazin

der

Gesellschaft zur Verbreitung gemeinnütziger Kenntnisse.

18.]   Erscheint jeden Sonnabend.   [August 31, **1833.**

Cook.

In die Reihe der ausgezeichnetsten Seefahrer aller Zeiten gehört mit dem vollsten Rechte der Engländer James Cook, der im Dorfe Marton in Yorkshire den 3. Novbr. 1728 von armen Eltern aus dem Bauernstande geboren wurde. Seine früheste Jugend verlebte er im elterlichen Hause, wo ihm nur der kümmerlichste Unterricht zu Theil ward und wo er bloß lesen, rechnen und schreiben lernte. Hierauf ward er im 13ten Jahre bei einem kleinen Krämer in die Lehre gethan, in der benachbarten Stadt Snaith, welche an der Seeküste liegt. Hier gewann er das Seeleben so lieb, daß er nicht ruhte, bis er seinen Wunsch, sich demselben widmen zu dürfen, befriedigt sah. Sein Lehrherr ließ ihn endlich los, und er trat nunmehr auf ein Kohlenschiff in Dienste. Bei diesem niedrigen und mühseligen Geschäfte blieb er bis zum Ausbruche des Kriegs 1755, wo er als gemeiner Matrose auf einem königlichen Schiffe Dienste nahm. Hier entwickelten sich seine großen Talente, und in vier Jahren war er Befehlshaber des Schiffs Mercury, das mit zur Expedition gegen Quebeck gehörte. Bei diesen und andern Gelegenheiten zeichnete er sich durch seine Geschicklichkeit und Unerschrockenheit außerordentlich aus und wurde einer der einsichtsvollsten Seeoffiziere der damaligen Zeit. Als die englische Regierung im J. 1768 den Entschluß faßte, das Schiff Endeavour nach der Südsee zu schicken, um den Vorübergang der Venus vor der Sonne zu beobachten, machte man Cook zum Befehlshaber dieses Schiffs. Diesen Auftrag richtete er mit außerordentlicher Geschicklichkeit aus und kehrte 1771 mit höchst wichtigen Entdeckungen und Erfahrungen zurück. Die Regierung und das Publikum waren beide gleich zufrieden mit ihm. Ihm zu Ehren ward die Meerenge zwischen den beiden Inseln, aus welchen, seinen Beobachtungen zufolge, Neuseeland bestand, „Cooksmeer-

enge" genannt; auf derselben Fahrt entdeckte er auch die Meerenge zwischen Neu-Holland und Neu-Guinea. Im J. 1772 ward er wiederum beauftragt, eine Seereise nach denselben Gegenden mit zwei Schiffen, der Resolution und dem Adventure zu machen, um eine lange streitige Frage zu entscheiden zu suchen. Auf dieser Fahrt begleiteten ihn die beiden Deutschen, Joh. Reinhold Forster der Vater, und Georg Forster der Sohn, und auf dieser Weltumsegelung brachte er beinahe drei Jahre zu. Die Menschen- und Erdkunde wurden durch sie sehr bereichert. Die Resultate von seinen Forschungen waren durchaus genügend, so daß er 1776 unter seiner und Kapitän Clarke's Führung eine dritte Reise um die Welt antrat, um durch Auffindung einer nördlichen Durchfahrt aus der Südsee in das atlantische Meer, und durch Annäherung zum Pole bis auf einen Grad sich die vom Parlamente als Belohnung für Lösung dieser Aufgabe festgesetzten 25,000 Pf. Sterl. zu erringen. Auf dieser Fahrt entdeckte er die Meerenge zwischen Amerika und Asien, von wo aus er mehrere vergebliche Versuche zum weitern Vordringen machte. Doch ehe er das vorgesteckte Ziel zu erreichen vermochte, ward er auf einem Abstecher, den er von hier aus machte, den 14. Februar 1779 von den rohen Bewohnern der Insel Owaihi, nachdem er bei seiner ersten Landung auf derselben freundlich aufgenommen worden war, in einem Alter von 51 Jahren getödtet. Obgleich von mürrischem, abstoßendem Charakter, besaß er doch die Liebe aller derer, die mit ihm umgingen, und selbst der gerechte Vorwurf, der ihm von den Geschichtschreibern wegen seines übertriebenen Geizes gemacht wird, vermag nicht das Lob zu schmälern, welches wegen seines unerschütterlichen Muthes, seiner Geistesgegenwart und des großen Umfanges seiner Kenntnisse, vorzüglich aber wegen der wichtigen und zahlreichen Entdeckungen und Aufschlüsse im Gebiete der Erdkunde, Sternkunde und anderer Fächer menschlichen Wissens ihm von Rechtswegen gebührt. Auf seinen Seefahrten hat er beinahe 40,000 Meilen zurückgelegt.

Nordafrika.

Die Eroberung Algiers durch die Franzosen hat die Aufmerksamkeit von ganz Europa von Neuem auf jenen Erdtheil hingelenkt, dessen Inneres, ungeachtet aller Bemühungen der Engländer und Franzosen, bis jetzt noch fast ganz unbekannt ist. Noch ruht Afrika im Todesschlafe der Rohheit und Unkultur; noch sind die fruchtbarsten Länder unangebauet; noch kennt man nicht Künste und Wissenschaften, Handwerke und Gewerbe, und der Handel beschränkt sich größtentheils auf die rohen Produkte, welche die gesegneten Länder ohne den Fleiß ihrer Bewohner hervorbringen; aber die fortschreitende Kultur Europa's wird auch nach Afrika sich Bahn brechen, und Afrika wird einst, wie es jetzt in physischer Hinsicht Europa nahe ist, ihm auch in geistiger Hinsicht näher gebracht werden. Es ist daher gewiß eine dankenswerthe Mühe, die Länder Afrika's, und zwar zunächst die Nordländer, in einzelnen zusammengedrängten Bildern den Lesern dieser Blätter vor die Seele zu führen.

Bilder aus Marokko.

1.

Marokko, oder auch nach dem zweiten Haupttheile des Landes Fez und Marokko genannt, liegt auf der nordwestlichen Spitze Afrika's, umfaßt mehr als 13,000 Q.Meilen mit 9½ Mill. Einwohnern (nach Jackson 15 Mill.) Begrenzt wird das Land im Osten von Algier, im Süden von hohen Atlasgebirge, welches sich fast durch ganz Nordafrika hinzieht, im Westen vom atlantischen und im Norden vom mittelländischen Meere. Die zwei begrenzenden Meere mildern die drückende Hitze, die außerdem herrschen würde, und das Atlasgebirge, dessen an 15,000 Fuß hohe Gipfel mit ewigem Schnee bedeckt sind, dient dem Lande als herrliche Schutzwehr gegen die aus der Wüste kommenden heißen Winde, deren giftiger Hauch das fruchtbare Land sehr bald in eine traurige Wüste verwandeln würde. Seine Bewässerung erhält Marokko zum Theil durch den Schnee, welcher in der rauheren Jahreszeit die Abhänge des Atlas bedeckt, im Frühjahre schmilzt und sich dann in Bergströmen und Waldbächen in die Ebenen ergießt. Kaum sind diese Bergabhänge vom Schnee befreit, so bearbeiten die in Dörfern wohnenden Berbern den Boden ohne große Anstrengung, und nach kurzer Zeit prangt das Land in herrlich grünenden Saatfeldern, während in den mit dem schönsten Grün geschmückten Thälern Schaaf- und Rinderheerden weiden. Das Land gehört zu den fruchtbarsten Ländern; es bringt von 20 bis 30, ja bisweilen bei 60 bis 80maliger Vervielfältigung des Saamens in einem Jahre drei Ernten nach einander. Nur der Fleiß der Einwohner fehlt (eine natürliche Folge der Erpressungen der despotischen Regierung), um das so fruchtbare Land zu einer reichen Kornkammer für einen Theil Afrika's oder Europa's zu machen.

Obgleich uns eine genaue Kenntniß der Produkte des Landes, namentlich der Mineralien, mangelt, so wissen wir doch so viel, daß beinahe alle Berge reiche Minen von Gold, Silber, Kupfer, Zinn, Blei und Eisen enthalten, welche aber eben so wenig benutzt werden, wie die reichen Salzlager; denn die Seen und das Meer bieten einen großen Ueberfluß an Meersalz dar. — Am reichsten ist das Land an Pflanzen. Außer den gewöhnlichen Getreidearten wird besonders Durra gebaut, deren Saame 150- bis 200fältig trägt und dem Volke zur gewöhnlichen Nahrung dient. Die Höhen, Abhänge und Thäler des hohen Atlasgebirges sind zum Theil mit ungeheuern Waldungen bedeckt. Hier ist der Zufluchtsort der Löwen und Panther, der Hyänen und Affen, der Luchse und Büffel und anderer wilden Thiere. Zu den Hausthieren gehören Dromedare, Pferde, Maulthiere, Schaafe, welche sehr weiche und sehr schöne Wolle tragen, und Ziegen, deren feines Haar einen bedeutenden Handelsartikel ausmacht. In den Wäldern bauen die fleißigen Bienen ihre Honig- und Wachshäuser. In dem Theile des Landes jenseits des Atlasgebirges wohnt der König der Wüste, der Strauß, und durchmißt halb im Laufe, halb im Fluge sein weites unbegrenztes Gebiet; die Luft ertönt von dem Schlage der hier einheimischen Wachtel, und die Flüsse bieten einen reichen Vorrath an wohlschmeckenden Fischen dar. So gedeiht und wächst Alles vortrefflich; kommt aber von der Wüste her ein Heuschreckenschwarm, dann wehe dem Theile, nach welchem er zieht! Die Luft verfinstert sich, die gefräßigen Thiere bedecken zoll-

hoch das Land, der Wanderer steht still, damit er den Weg nicht verliere. In kurzer Zeit ist Alles öde und kahl, die reichen Kornfelder sind verheert und die Bäume stehen entlaubt. Nicht selten ist die Folge einer solchen Verheerung eine allgemeine Hungersnoth.

Erwartest Du nun, mein freundlicher Leser, daß ich Dich einführen soll in große, mit hohen Palästen der Reichen und Vornehmen geschmückten Städte, in denen der Handel blüht, Künste und Handwerke gedeihen und die Wissenschaften gefördert werden; oder erwartest Du, schöne, wohlgeordnete Dörfer zu finden, bewohnt von fleißigen Landleuten, welche in rüstiger Thätigkeit dem Boden des Landes reiche Gaben abzwingen, — so irrest Du: Ein Theil der maurischen und arabischen Landbewohner lebt unter Zelten oder beweglichen, 8 bis 10 Fuß hohen Hütten, welche mit einem Geflechte aus Wolle oder Ziegenhaar bedeckt sind. Hundert solcher Zelte, in deren Mitte ein größeres, als Moschee dienendes, sich befindet, bilden ein Dorf und stehen unter einem Scheikh oder obersten Häuptlinge. Oft gehorchen mehrere Dörfer einem Scheikh. Die alten Mauren und Araber aber haben beständige Wohnsitze in Gebirgsdörfern. Ihre Hütten sind aus Lehm oder Steinen erbauet, und mit Lehm und einer Lage von Zweigen bedeckt. Leider vermißt man hier die Reinlichkeit und den Wohlstand der Zeltbewohner. Von den Städten sind nur die Seestädte und die Kaiserstädte, d. h. solche, in denen der Kaiser zuweilen residirt, auszuzeichnen, die übrigen sind von geringer Bedeutung.

Die alte Hauptstadt des Landes ist Fez, in einem herrlichen, von vielen Bergen gebildeten Thale, deren Abhänge mit schönen Blumen- und Fruchtgärten und mit Gehölzen von Citronen und Granatäpfeln bedeckt sind. Ein Theil der Stadt ist schon zu Anfange des achten Jahrhunderts gegründet worden. Die Stadt hat von ihrer ehemaligen Größe bedeutend verloren; sie zählt jetzt gegen 100,000 Einwohner, hat ungepflasterte, sehr enge und dunkle Straßen, sehr hohe, auf Gewölben und Bogen ruhende Häuser. Diese Bogen gehen oft über die Straße. Fez zählt jetzt noch über 100 Moscheen, von denen eine namentlich dadurch berühmt ist, daß sie auch den gröbsten Verbrechern als Freistatt dient. Der sehr große Palast des Sultans liegt auf einem Berge und nimmt einen eignen Theil der Stadt ein. Diese hat eine große Anzahl guter Bäder und ein wohleingerichtetes Hospital für Narren und Unheilbare. Jedes Handwerk hat seine besondere Straße, und gewöhnlich verkauft man in einem Laden nur eine Waare. Die Waaren, welche eingeführt werden, werden in großen, 2 bis 3 Stock hohen, mit Galerien versehenen Carawanserais aufbewahrt. Die Manufakturen der Stadt haben einen großen Ruf. Starke Mauern umschließen die ganze Stadt.

Schöner, als Fez, ist die gegenwärtige Hauptstadt des Reichs, Marokko; sie hat jetzt 30,000, früher 700,000 Einwohner. Eine 30 Fuß hohe, alle 50 Schritte mit Thürmen versehene, über 2 Meilen lange Mauer umgiebt die Stadt. Der kaiserliche, sehr prachtvolle Palast, welcher außerhalb derselben liegt, ist ganz von Quadersteinen erbauet und mit dem feinsten Marmor aus Spanien und Italien geschmückt. Er hat ¾ Meilen im Umfange. Die Stadt führt einen bedeutenden Handel mit Landesprodukten. Eine unterirdische Wasserleitung versorgt die Einwohner hinlänglich mit Wasser. Außerhalb der Stadt liegt die Vorstadt der Aussätzigen; die mit diesem schrecklichen, von Generation auf Generation sich fortpflanzenden Uebel Behafteten dürfen die Stadt nicht betreten, wie auch jeder Einwohner sich hütet, sich jenen Wohnungen zu nähern.

Kann man die Witterung voraus bestimmen?

Die Witterung ist ein Gegenstand, der Jedermanns Wißbegierde rege macht, aber besonders großes Interesse für den Landmann, den Reisenden, so wie für Jeden hat, welcher entweder im Freien verkehrt oder auf dessen Gewerbe das Wetter mehr oder weniger Einfluß äußert. Dieses hat seine Ursachen, wie jede andere Erscheinung, welche als bedingender Grund der letzteren vorausgehen und sie in's Daseyn rufen. Wovon hängt nun die Witterung ab? Die allgemeinen Bedingungen sind die Veränderungen der Luft und die Beschaffenheit derselben; die besondern der Sonnenstand, der Wind, die Jahreszeiten, die elektrischen und magnetischen Stoffe, die Lage eines Orts, kurz alles, was im Luftkreise wirksam ist und eine verschiedene Mischung desselben bewirkt. Einige Ursachen von diesen Erscheinungen sind uns bekannt, andere nicht.

Die Luft ist eine Flüssigkeit, die auf vielerlei Arten zusammengesetzt ist und die wieder zahlreiche Stoffe in sich aufnimmt, welche von der Erde aufsteigen und eine Veränderung in ihr bewirken. Gegen die Einwirkungen des Lichts, der Wärme und der Kälte ist sie sehr empfindlich und wird dadurch bald ausgedehnt, bald zusammengezogen, woraus eine Veränderung der Witterung entsteht.

Der Sonnenstand hat daher einen großen Einfluß auf die Witterung; daraus ergeben sich die beiden großen Abtheilungen des Jahres, Winter und Sommer, welche eine so verschiedene Witterung haben. Auf diese wirken wieder die Winde ein, und diese Einwirkung ist meistens örtlich. Manche Winde sind feucht, andere trocken; einige kalt, andere warm, und diese Verschiedenheiten verändern die Witterung; aber wie oft wechseln die Winde, und was ist die Ursache dieses Wechsels? Bald steht ein Wind fest, bald springt er schnell nach allen Erdgegenden herum. Und dieß ist in einer Gegend auffallender, als in der andern. Die elektrischen und magnetischen Stoffe sind ebenfalls von großem Einflusse auf die Luft; aber wer erräth ihre Veränderung, ihre Stärke und ihre Schwäche im Voraus? Wollte man nun die Witterung für eine Gegend im Voraus bestimmen, so müßte man alle Veränderungen kennen, welche auf die Luft einwirken; die Art ihrer Thätigkeit und ihrer Stärke, so wie ihr Verhältniß unter einander müßte uns genau bekannt seyn.

Aus dieser Veränderlichkeit der Luft und aus den vielerlei, oft unbekannten Ursachen, welche dazu beitragen, kann man mit Grund abnehmen, daß Wetterprophezeihungen auf lange Zeit höchst trüglich sind; indessen giebt es doch gewisse Kennzeichen, welche wenigstens auf eine kurze Zeit die Vorhersagung einer Witterungsveränderung gestatten. Manche Jahre sind zur Trockenheit, andere zur Feuchtigkeit geneigt, und hieraus läßt sich etwas auf die zukünftige Witterung im Voraus schließen. Aber woher rührt jener Charakter mancher Jahre und was bewirkt diesen? So viel ist gewiß, daß trockene Jahre mit feuchten wechseln, und daß auf eine trockene Beschaffenheit der Witterung wiederum eine feuchte folgt; zwei bis drei nasse Jahre haben zwei bis drei trockene zur Folge; die Anzahl der letztern ist jedoch größer, als jene, und am zahlreichsten sind die mittleren, wo Trockenheit und Feuchtigkeit zweckmäßig abwechseln und eine größere Fruchtbarkeit bewirken. In solchen Jahren läßt sich aus der Neigung des Wetters im Allgemeinen auf die Beschaffenheit des Wetters schließen, und wenn man den Charakter eines Jahres

gehörig aufgefaßt hat, so läßt sich Manches im Voraus über die Witterung bestimmen.

Die herrschenden Winde geben dem Wetter ebenfalls einen bestimmten Charakter; sind in unsrer Gegend Ostwinde vorherrschend, so ist die Jahreszeit gewöhnlich kühl und trocken; behaupten Nordwestwinde die Oberhand, so ist sie regnerisch, wie in den Jahren 1812, 1815 und 1816; indessen ist dieß nicht allemal der Fall, wie uns mehrere Jahre nach den eben erwähnten nassen Jahren gelehrt haben, wo öfters Nordwestwinde herrschten und die Witterung doch den angenommenen Hang zur Trockenheit behielt.

Schulwesen.

Kein anderes civilisirtes Volk hält so sehr auf einen guten Schulunterricht der Kinder in allen Ständen, als der Schottländer und Isländer, bei aller Armuth beider Völker. Daher haben sie aber auch eine seltene Anstelligkeit in allen Nahrungs- und Lebensverhältnissen sowohl in ihrem Vaterlande, als außerhalb. Doch braucht man in den Armenschulen zum Lesen, und um sich zu unterrichten, fast kein anderes Buch, als die Bibel.

Das Sprengen von Felsen unter dem Wasser.

Dazu gehören drei in einer Taucherglocke hinabgelassene Personen, von denen die eine das Bohreisen beständig dreht, indeß die beiden andern wechselsweise schmale Spalten mit dem Hammer aushauen. Wenn die zum Aussprengen bestimmte Rinne in hinreichender Tiefe ausgebohrt ist, so wird eine mit Pulver gefüllte, 1 Fuß lange Patrone von Zinn, von etwa zwei Zoll Durchschnitt, hineingeschoben und die übrige Höhlung mit Sand gefüllt; auf die Spitze der Patrone aber stellt man eine zinnerne Pfeife mit einer Schraube von Erz. Dann steigt die Taucherglocke langsam in die Höhe, und man setzt eine Schraubenpfeife auf die andere, bis die Pfeifen etwa 2 Fuß hoch über das Wasser hervorragen. Der zum Abfeuern und Sprengen des Felsens bestimmte Mann befindet sich in einem Boote nahe bei der Röhre, woran ein Strick befestigt ist, welchen er in der linken Hand hält. Im Boote steht ein Feuerbecken mit kleinen Stücken roth geglühten Eisens. Ein Stück solchen Eisens wirft der im Boote befindliche Mann in die Röhre, wodurch das Pulver angezündet und der Felsen auseinander gesprengt wird. Ein kleiner Theil der aufgesetzten Röhren nahe bei der Patrone wird zerstört. Der übrige größere Theil dient zu ferneren Sprengungen. Der Anzünder im Boote spürt keine Erschütterung, nur nimmt er, in Folge der Sprengung, eine starke Aufwallung im Wasser wahr; aber diejenigen, welche am Ufer oder auf einem mit dem auseinander gesprengten Felsen verbundenen Gestein stehen, fühlen eine sehr starke Erschütterung.

Damit der Sprenger keine Gefahr laufe, muß die Stelle, wo gesprengt wird und auf deren Oberfläche er sich befindet, wenigstens 8 bis 10 Fuß Wasser haben.

Das Colosseum zu Rom.

Das Colosseum wurde unter dem Kaiser Vespasianus angefangen und unter Titus (76 Jahre nach

Chr. Geb.) vollendet. Man brachte drei Jahre mit der Erbauung dieses großen Gebäudes zu, an dem zu Zeiten Juden arbeiten mußten, welche man in den letzten Kriegen zu Gefangenen gemacht hatte. Man ist ziemlich allgemein der Meinung, es habe seinen Namen davon, daß nicht weit davon die colossale Bildsäule des Kaisers Nero gestanden habe; allein Andere glauben, der Name rühre von den sehr großen Verhältnissen des Gebäudes selbst her. Und in der That war dasselbe eines der imponirendsten Bauwerke der bekannten Welt; denn es nahm einen Raum von etwa 6 Ackern Landes ein; seine größte Länge betrug 620 und seine größte Breite 513 Fuß. Es konnte 85,000 Zuschauer fassen. Die äußere Ringmauer war 157 Fuß hoch und hatte vier Reihen Fenster, welche in jedem Stockwerke mit einer Ordnung von verschiedener Bauart geziert waren.

Um die Arena (den Kampfplatz) gingen Logen oder Gewölbe, in die man die Thiere einsperrte, welche zum Kampfe bestimmt waren. Unmittelbar darüber befand sich das Podium, eine Art von zirkelförmiger Galerie, die mit Säulen und Geländern geschmückt

war. Hier befanden sich der Kaiser, der Senat, die fremden Gesandten und die vornehmsten Personen des römischen Reichs; sie war 12 bis 15 Fuß über dem Boden erhaben. Der Raum zwischen dem Podium und dem obern Theile der zweiten Galerie war mit Marmorsitzen für den Ritterstand versehen und die übrigen Zuschauer nahmen mehrere Reihen Stufensitze von Holz oder Stein ein, die bis in den obern Theil des Amphitheaters gingen. Inwendig gelangte man zu jeder Galerie auf verschiedenen Treppen, an denen sich oben die Thüren befanden, welche die römischen Geschichtschreiber vomitoria (weil sie gleichsam die Menge der Zuschauer ausspieen) genannt haben. Es gab da zwei Arten von Gerinnen; die einen dienten zur Ableitung des Regenwassers, die andern waren zur Aufnahme von wohlriechenden Flüssigkeiten bestimmt. Damit nun endlich die Zuschauer weder Etwas von den Unannehmlichkeiten des Regens, noch von dem Drucke der Sonne zu leiden hätten, hatte man in dem Karnieße der letzten Galerie Oeffnungen angebracht, um lange Flaggen (Seegelüberhänge) hindurch zu stecken,

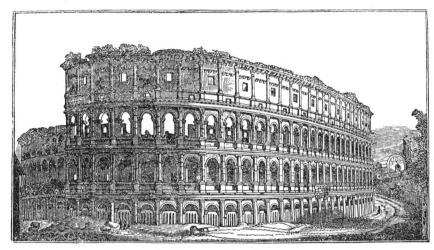

Aeußere Ansicht des Colosseums zu Rom.

die durch den Architrav und den Fries in eine Reihe von Körbchen gingen, welche unmittelbar über der ersten Reihe von Fenstern standen, wo sich auch die eisernen Ringe befanden, in denen man sie befestigte. Oben an diesen Flaggen waren mit Seilen Behänge fest gemacht, die anfänglich einfach, in der Folge aber durch die reichsten Stoffe ersetzt wurden.

Als Titus das Colosseum einweihete, wurden viertausend Thiere verschiedener Arten zum Opfer gebracht. Anfänglich kämpften bei solchen Kampfspielen wilde Thiere mit einander, dann kamen Gladiatoren, hierauf Verbrecher, und endlich Sklaven und Märtyrer. Das Volk zu Rom sah diese blutigen Schauspiele sehr gern und strömte in Massen dahin.

Der Mittelpunkt der Schaubühne war mit Bildsäulen, mit Obelisken und mit grünen Bäumen geschmückt.

Das Colosseum und Rom sind zwar noch vorhanden, aber es sind blos noch Trümmer; jedoch verdient das Colosseum auch noch heut zu Tage von Gelehrten und Künstlern betrachtet zu werden. Sein riesenhaftes Skelett steigt mitten unter Trümmern empor, gleichsam um zu zeigen, was der menschliche Verstand und die menschliche Beharrlichkeit für ungeheure Arbeiten auszuführen vermögen. Es stand noch in seiner

Herrlichkeit, als die ersten nordischen Pilger Rom besuchten. Hingerissen von dem großen Anblicke, riefen sie aus: „so lange das Colosseum steht, wird Rom stehen, und wenn dies Gebäude fällt, so wird Rom fallen, und fällt Rom, so geht die Welt unter." Diese Aeußerung wurde nachher zu einem Sprüchworte, welches der Mönch Beda aus dem achten Jahrhunderte aufbewahrt hat.

Das Colosseum liegt zwischen dem Esquilinischen und Cölischen Berge, und ist ein länglich rundes Gebäude, dessen Ringmauer noch eine Höhe von 150 Fuß hat. An der westlichen Seite ist diese bis zu ihrem Gipfel hinauf erhalten; die östliche hingegen ist bereits sehr zerstört, doch bleibt die ehemalige Form dieses prächtigen Amphitheaters vollkommen sichtbar. Das ganze Gebäude ruht auf 81 numerirten Bogen. Zum Innern führen jetzt noch zwei Eingänge. Ein buschiges Grün von Epheu und anderm Rankengewächse breitet sich in üppiger Fülle über die Steinmassen, welche im Einsturze zu schweben scheinen und gleichwohl durch den bloßen Gegendruck schon seit Jahrhunderten einander festhalten.

Durch die zwei Eingänge, welche, wie oben erwähnt, in's Innere führen, kommt man zu den noch nicht ganz verfallenen Gängen hinauf, durch welche vormals die Zuschauer zu ihren Sitzen gelangten. Unten ist die Arena, welche die unglücklichen Fechter mit ihrem Blute färbten und in deren Mitte ein einer Gottheit geweiheter Altar stand. Umgeben war sie mit festen Gewölben für die Fechter und wilden Thiere; andere waren zu Wasserbehältern zum Besprengen der Arena bestimmt. Der innere Raum dieses großen, halbzerstörten Gebäudes gewährt einen romantischen Anblick.

Die hierbei folgende Abbildung des Colosseums giebt dasselbe so, wie es im letzten Jahrhunderte noch zu Piranesi's Zeiten vorhanden war.

Innere Ansicht des Colosseums zu Rom.

Die Bestimmung des Menschen auf dieser Erde.

Wenige fragen sich ernstlich, warum sie auf dieser Erde leben, und doch hängt so viel davon ab, daß man eine richtige Ansicht von dem Zwecke hat, zu dessen Erreichung man hienieden verweilt. Groß und hehr ist gewiß die Absicht, weßhalb uns die Gottheit in dieses irdische Labyrinth sandte. Dunkel umhüllt den Eingang in's Leben, so wie den Ausgang aus demselben, und wenn wir das genau betrachten, was zwischen beiden liegt, so können wir mit Recht sagen, daß es Mühe und Arbeit gewesen ist. Wer giebt uns nun Aufschluß über unsere irdische Bestimmung? An wen sollen wir uns wenden, der uns ein Licht anzündet, das unsern Pfad durch die Irrgänge des Lebens erleuchtet? Thut dieß die Vernunft oder die Erfahrung? Die Vernunft stellt uns nichts als Ideale — Urbegriffe — der höchsten Vollkommenheit, die Wahrheit, der Heiligkeit u. s. w. vor, und so sehr wir uns auch anstrengen, so erreichen wir beschränkte Söhne des Staubes sie doch nicht. Wir sollen heilig werden, die volle Wahrheit erkämpfen und uns der unendlichen Schönheit erfreuen; aber wie weit bleiben wir, selbst in einem langen Leben, von dem Ziele zurück, das uns hier vorgehalten wird? Wir nähern uns zwar die Vollkommenheit, wenn wir ernstlich wollen und keine Mühe scheuen, aber wir erreichen sie nicht, weil sie etwas Unendliches, durch kein Maß und Ziel Bedingtes, ist. Hierbei erfüllen wir jedoch schon unsere Pflicht, wenn wir muthig auf das vorgesteckte Ziel lossteuern, und wir handeln als wackere Männer, wenn wir keine Mühseligkeit, keine Gefahr, ja selbst den Tod nicht scheuen, sobald es das Gute und Wahre gilt.

Wenn uns nun die Vernunft allein unsere Bestimmung auf dieser Welt nicht kennen lehrt, so thut dieß vielleicht die Erfahrung? Was sagt diese? Sie lehrt uns, daß wir fortwährend nach Glückseligkeit ringen, daß alle unsere Neigungen und Begierden darauf gerichtet sind, und daß unserer Wünsche Ziel Wohlbehaglichkeit ist; aber wie oft wird unser Sinnen und Trachten darnach vereitelt! Wir kränkeln und kommen vor lauter Uebelbefinden nicht zur Gesundheit. Unsere Unternehmungen, so durchdacht und besonnen sie auch angelegt sind, scheitern; wir ernten das Gegentheil von dem, was wir ausgesäet haben, und statt glücklich zu seyn, werden wir unglücklich. Die Natur und die Menschen arbeiten uns feindselig entgegen, und oft unterliegen wir in dem schweren Kampfe, den wir gegen beide zu bestehen haben.

Sind wir auch bescheiden und verlangen nicht mehr Glück, als wir verdient zu haben glauben, so sehen wir doch oft nach langen Mühen und Sorgen, daß unser Glück mit unserm Verdienste in gar keinem Einklange steht, und daß unsere eifrige Pflichterfüllung verkannt, unser emsiges Streben nach dem Guten mit Undank belohnt und einem tugendhaften Leben keine entsprechende Glückseligkeit zu Theil wird. Dieser Anblick macht uns traurig und wir gerathen vielleicht sogar in Verzweiflung; allein wenn nun dieß Leben noch keine Ausgleichungsepoche wäre, und wenn der Tugend Lohn noch nicht hienieden nach Recht und Gerechtigkeit abgewogen würde? — Ist nicht das Seyn hienieden nur ein Tropfen aus dem Ozean von Leben, das uns bestimmt ist? Ist es denn mit diesem irdischen Leben aus? — Nein, wir leben ewig fort, wir sind unsterblich! Nicht in der Zeit erreichen wir das Ziel der Heiligkeit, das uns gesteckt ist, und daher ist die Ewigkeit für uns bestimmt, wie für die Gottheit, nur mit dem Unterschiede, daß wir, ihre Geschöpfe, zum Kampfe mit dem Bösen durch alle Zeiten hindurch berufen sind.

Ziehen wir nun die Vernunft und die Erfahrung zugleich zu Rathe, und fragen beide über unsers Lebens Bestimmung: was lehren sie in Hinsicht unsers irdischen Daseyns? — Betrachten wir unseres Geistes Kräfte und sehen wir, wie die Natur und die Menschen auf uns einwirken und in welchem Verhältnisse sie zu uns stehen, so löset sich das Räthsel und wir werden inne, daß das irdische Leben eine fortwährende Bildungsschule für uns ist; daß uns Alles drängt und treibt, unsern Geist auszubilden und uns zu veredeln, um uns zur Selbstthätigkeit im Denken und Handeln nach naturgemäßen Gesetzen zu erziehen. Die Ausbildung aller unserer Anlagen und Kräfte ihren angebornen Gesetzen gemäß und mit Unterordnung ihrer Thätigkeit unter das Rechts- und Sittengesetz ist das Ziel, das uns auf dieser Erde als Lebenszweck vorgeschrieben ist. Mündig und selbstständig sollen wir werden an Kopf und Herz; dazu sind die Uebel da, welche von der Wiege bis zum Grabe auf uns eindringen; daher drohen uns Gefahren aller Art; daher dulden wir Entbehrungen und wir gehen stark und muthig aus dem Kampfe, den wir mit dem Neide und den Leidenschaften der Menschen, mit der rauhen Unbarmherzigkeit der Natur, kurz mit Allem zu bestehen haben, was unser Leben feindselig bestürmt und was uns die Verkennung und die Undankbarkeit der Menschen und die blinde Naturnothwendigkeit ohne Erbarmen Uebles zufügt.

Woche.

Am 31. Aug. 1619 wurde der berühmte französische Finanzminister Jean Baptist Colbert zu Rheims geboren, der durch zweckmäßige Maßregeln den Handel, den Ackerbau und die Wissenschaften und Künste beförderte. Er starb 1683. Ihm hat man die ersten geregelten Kenntnisse in den Finanzen zu verdanken.

Am 1. September 1810 flog Abends gegen 9 Uhr in Eisenach ein großer franz. Pulver-, Bomben- und Granaten-Transport durch zu rasches Fahren der Fuhrleute und Ausfallen einiges Pulvers aus den nicht dicht verwahrten Fässern in die Luft. Nach einigen Nachrichten kamen 47, nach andern 75 Menschen dabei um, weit größer war aber die Zahl der Verwundeten. Ein beträchtlicher Theil der Stadt wurde dadurch gänzlich zerstört, und viele Häuser wurden durch die Erschütterung, oder in dem darauf folgenden Brande beschädigt. Der Knall der Explosion war fürchterlich und bis vier Stunden von Eisenach nahm man die Erschütterung der Erde und der Luft gewahr. Napoleon ließ eine ansehnliche Summe zur Erleichterung der Unglücklichen auszahlen; auch hatte dieser Unglückstag und eine frühere ähnliche Explosion in Leyden, in Holland, am 12. Febr. 1807, welche dort bei einem gleichen Transporte auf einem Kanalfahrzeuge erfolgte, wenigstens das Gute, daß bessere Sicherheitsmaßregeln von Seiten des franz. Geschützwesens zur Verhütung ähnlicher Unfälle ergriffen wurden. Das Unglück wäre noch viel größer geworden, wenn nicht Einer der Fuhrleute wegen eines Zufalls hätte stille halten müssen, und da die Pferde, vom Schrecken gelähmt, nicht von der Stelle zu bringen waren, auch manche Fuhrleute nach abgeschnittenen Strängen davon liefen, die Bürger Eisenachs die Besonnenheit gehabt hätten, die noch nicht angezündeten Wagen aus der Stadt zu ziehen. — An eben dem Tage des folgenden Jahres wurde an der Stelle, wo die erste Kirche der Christen in Thüringen von Bonifacius oder Winfried auf einem Berge zwischen Waltershausen und Ohrdruf erbaut und längst Ruine geworden war, durch freiwillige Beiträge ein auf 7 Stufen und 8 Kugeln ruhender kolossaler Leuchter, der eine von drei Engelsköpfen gehaltene Feuerpfanne trägt, aus welcher drei Flammen empor steigen, errichtet.

Dieses Denkmal weiheten der gothaische Generalsuperintendent Löffler als lutherischer, der ehemalige Abt des Benediktinerklosters in Erfurt, Placidus Muth, als katholischer, und der Diakonus Witting, aus Schmalkalden, als reformirter Geistlicher, in Gegenwart vieler Tausende, durch Reden und einen abgehaltenen Gottesdienst im Freien ein.

Am 2. September 1552 reiste der Kurfürst Johann Friedrich von Sachsen, der in der Schlacht bei Mühlberg verwundet und gefangen worden war, und vermöge des Passauer Vertrages vom 27. Aug. 1552, seine Freiheit wieder erhalten hatte, nach dem Siege seines Vetters und Thronfolgers, des Kurfürsten Moritz, von Augsburg nach seinen Ländern zurück und ward den 26. Sept. in Weimar feierlich eingeholt.

Am 3. September 1796, Morgens 8 Uhr, ließ der franz. General Jourdan den österreichischen General Hiller und dessen Korps bei Würzburg angreifen; die Schlacht wurde blutig und war bis 4 Uhr Nachmittags unentschieden, als die Reiterei des Erzherzogs Karl, unter dem Schutze einer zahlreichen Artillerie, die franz. Schlachtordnung zersprengte, bis in die Nacht den fliehenden Feind verfolgte, ein Paar Tausend Gefangene machte und viele Feinde tödtete oder verwundete.

Am 4. September 1796 kapitulirte die Festung Würzburg. Die Besatzung von 1000 Franzosen wurde gefangen und ein großer Theil der in Franken erpreßten Kriegskontributionen gelangte in die Hände des siegenden Erzherzogs.

Am 5. September 1555 rückte auf Befehl Königs Philipp's II. von Spanien der Herzog von Alba mit 12,000 Mann in den Kirchenstaat ein, als der Papst sogar gewagt hatte, den spanischen Gesandten in Rom verhaften zu lassen. Der Herzog, als er vor Rom gelangte, nöthigte den Papst zur Nachgiebigkeit in den politischen Verhältnissen zwischen Spanien und Frankreich.

Am 6. September 1813 erfochten die Preußen, da der franz. Marschall Ney an den beiden Tagen vorher den preuß. General Bülow auf der Straße nach Jüterbock zu überflügeln angefangen hatte und der Kronprinz von Schweden den Augenblick geeignet hielt, durch 70 Bataillone und 10,000 russische und schwedische Reiter den Feind im Rücken und zur Seite angreifen zu lassen, bei Dennewitz einen glänzenden Sieg. Die Franzosen mußten sofort zurückweichen und die bis dahin fast ununterbrochenen Angriffe wider die Preußen aufgeben, litten auch außerordentlich durch das Nachsetzen der zahlreichen Reiterei, indem sie mehrere Tausend Todte und Verwundete, 10,000 Gefangene, 80 Kanonen, viele Pulverwagen ec. verloren; doch war auch der Verlust der Preußen sehr groß, da diese lange den Kampf wider die Franzosen allein bestanden hatten, welche sich durch die freilich am Ende mißlungene Ueberflügelung der Preußen gegen die Russen und Schweden zu sehr geschwächt hatten, daher unfähig geworden waren, der gedrängten Uebermacht derselben zu widerstehen und über die Elbe zurückgehen mußten. Napoleon's damaliger großer Fehler war, seine in ein einziges Heer zusammengedrängte Macht nicht zum Hauptkampfe wider ein einzelnes der ihn drängenden Heere zu richten und gegen die anderen Heere sich eine Zeitlang auf den Fuß der Vertheidigung zu beschränken, obgleich man seine Stellungen selten zu gleicher Zeit ernstlich angriff. Weil er sich überall angreifend zeigte, so wurde er bei der geringeren Anzahl seiner Krieger meistens geschlagen und hatte seine Centralmacht schon vor der Schlacht bei Leipzig ungemein geschwächt und nicht geeilt, durch die an sich gezogenen Besatzungen aus den meisten oder allen Elbfestungen ein furchtbares Heer in der Entscheidungsschlacht zum Kampfe aufzustellen. Seine Siege in Italien verdankte er der Klugheit, seine Massen bei einander zu halten und seine Niederlagen in Deutschland, nächst der Tapferkeit seiner Feinde, dem Aufgeben eines Systems, das ihm als Jüngling manchen Sieg verschafft hatte.

Naturhistorisches Allerlei.

8.

Warum springen im Sommer die Fische so oft aus dem Wasser auf? Weil sich's Wetter ändern will, sagen Einige. Es ist möglich, allein das Wetter ist oft anhaltend schön, und die Fische springen doch. Weil sie Schmerzen haben, sagen Andere und behaupten, daß die Schmerzen von Würmern in den Gedärmen herrühren. Die Fische sind damit allerdings häufig geplagt; es ist möglich, daß sie bisweilen vor Schmerz und Ungeduld darüber emporspringen. Weil das Wasser sehr heiß ist, sagt ein Dritter, der sie besonders des Mittags im Teiche herausspringen sah. Er kann auch recht haben. Bei einer und derselben Erscheinung können wohl mehrere Ursachen zum Grunde liegen. Allein die gewöhnlichste in dem hier bemerkten Falle dürfte seyn, daß die Fische ihrer Nahrung nachgehen. Sie hüpfen aus dem Wasser, weil über demselben eine Menge Insekten, Fliegen, Mücken, herumschwärmen. Je mehr die Sonne auf dem Wasser liegt, desto weniger sieht man sie. Dem Fische, der von unten herauf durch's Wasser guckt, müssen sie um so mehr in's Auge stechen. Er springt also darnach, und schnappt weg, so viel er kann.

Die Zauberkraft der Schlangen.

Es herrscht die ziemlich allgemeine Meinung, selbst unter den Naturforschern, es gebe mehrere Arten von Schlangen, welche die Kraft besäßen, Vögel und kleine vierfüßige Thiere zu bezaubern, indem sie ihre Augen auf sie richteten, so daß das arme Geschöpf eine Beute seines furchtbaren Feindes werde. Im südlichen Afrika, wo es allenthalben Schlangen in großer Menge giebt, ist nach Barrow's Behauptung dieser Umstand so allgemein bekannt, daß kaum Jemand daran zweifelt. Gewisse Arten von Schlangen, z. B. die Klapperschlange (crotalus), haben eine sehr unangenehme Ausdünstung, und Menschen, die sich lange in ihrer Gegenwart aufhalten, bekommen Kopfweh, Schwindel u. s. w. Ob nun diese Ausdünstung oder der stiere Blick der Schlangen, oder eine andere Ursache, Thiere, die ihnen zu nahe kommen, so an sich ziehen und bezaubern, daß sie nicht entfliehen können, sondern ihnen zur Beute werden, oder ob, da sich die Schlangen gemeiniglich auf Bäumen aufhalten, wo die Vögel ihre Nester haben, diese deshalb herbeieilen, um ihre Jungen zu beschützen, oder ob noch ein anderer Umstand zu dieser Bezauberung der Thiere beiträgt, ist noch nicht ausgemacht. Der Einfluß der Zauberkraft der Schlangen aber soll sich nicht blos auf Thiere, sondern auch auf Menschen erstrecken, wie viele glaubwürdige Augenzeugen versichern.

Als Levaillant im südlichen Afrika reiste, bemerkte er einst, daß sich die Zweige des ihm zunächst stehenden Baumes bewegten. Gleich darauf vernahm er das durchdringende Geschrei eines Neunttödters (Lanius Linn.), der in Verzückung zu seyn schien; als er die Ursache hiervon genauer untersuchte, sah er zu sei-

nem Erstaunen auf dem Zweige, der dicht neben dem war, auf welchem der Vogel saß, eine sehr große Schlange, die, ohne sich im Geringsten zu rühren, mit ausgestrecktem Halse und flammenden Augen das arme Thier anstarrte. Der Vogel schlug krampfartig mit den Flügeln; es war, als ob ihm der Schrecken alle Kräfte geraubt hätte; er konnte nicht fliegen; Jemand holte eine Flinte, allein ehe er wieder kam, war der Vogel schon todt und blos die Schlange wurde herabgeschossen. Der Vogel und die Schlange waren 3½ Fuß weit von einander entfernt.

Ein anderes Mal vernahm Levaillant in einem Schilfgebüsche ein durchdringendes Schmerzensgeschrei; er trat leise hinzu, um zu sehen, was die Ursache davon sey. Hier erblickte er eine Maus, die sich in Konvulsionen befand; zwei Schritte von ihr war eine Schlange, die das Thierchen anstarrte. Sobald die Schlange Levaillant erblickte, entfloh sie, allein ihre Gegenwart hatte schon gewirkt. Die Maus starb in Levaillant's Händen, ohne daß er durch die aufmerksamste Untersuchung die Ursache des Todes entdecken konnte.

Der Dr. Michaelis hat in Nordamerika viele der glaubwürdigsten Männer gesprochen, welche Augenzeugen von der Zauberkraft der Schlangen gewesen waren, die durch ihr bloßes Ansehen Mäuse, Ratten, Eichhörnchen und kleine Vögel bezaubert hatten. Einer seiner Freunde hörte einst auf einem Spaziergange das klägliche Geschrei eines Vogels, der um den Gipfel eines Baumes in immer engern Kreisen ängstlich herumflatterte. Gegen die Mitte des Baumes lag zwischen den Aesten eine große schwarze Schlange, die den Kopf in die Höhe gerichtet hatte und die er herabschoß. Sogleich entfloh der Vogel. Vielleicht war derselbe der Schlange noch nicht zu nahe gekommen. Ein anderer Augenzeuge sah eine Ratte sich einer großen Schlange immer mehr nähern, wobei sie sich ängstlich krümmte, allein zuletzt in den offenen Rachen ihres Feindes hineinlief.

Derselbe Naturforscher erzählt, daß ihn der Dunst der Klapperschlange, über die er Untersuchungen anstellte, einmal ziemlich lange seines Verstandes beraubt habe; er sey wie betrunken gewesen, habe sich auf's Bette geworfen und sey erst nach einer halben Stunde wieder vollkommen zu sich gekommen. Mehrere Menschen auf der Insel Ceylon und auf dem Vorgebirge der guten Hoffnung wollen die Zauberkraft der Schlangen an sich bemerkt haben, und auf Gorée und am Senegal glauben, nach der Erzählung des Franzosen Blanchot, die Neger allgemein daran.

Der amerikanische Naturforscher zu Philadelphia, Herr Barton, dagegen leugnet diese Zauberkraft der Schlangen und führt eine andere Ursache zu ihrer Erklärung an. Er untersuchte z. B., welche Arten von Vögeln vorzüglich der Zauberkraft der Schlangen ausgesetzt seyn, und zu welcher Jahreszeit dieß geschehe. Vögel, die ihr Nest unten in Gebüschen haben, sollen besonders die Zauberkraft der Klapperschlangen spüren, weil diese nicht auf Bäume steigt; allein dieß thun die schwarzen Schlangen und andere Schlangenarten. Auf den Bäumen treffen sie Vogelnester, deren Junge sie verzehren; die alten Vögel eilen herbei, suchen diese zu vertheidigen und erheben ein klägliches Geschrei. Die Mutter setzt sich auf einen Zweig in die Nähe der Schlange, schießt auf diese los, aber die Furcht und die Selbsterhaltung zwingen sie oft zum Zurückzuge. Sie verläßt die Schlange jedoch nur auf einen Augenblick und kehrt alsdann zur Vertheidigung ihrer Jungen zurück. Bisweilen gelingt ihr dieß, indem sie auf die Schlange Angriffe mit ihren Flügeln, ihrem Schnabel und ihren Krallen macht. Frißt die Schlange die Jungen, so ist die Mutter keiner so großen Gefahr ausgesetzt, weil jene keine Lust mehr hat, auch diese zu verschlingen; da jedoch der Appetit der Schlangen sehr

Der Baltimore-Pirol vertheidigt sein Nest gegen eine schwarze Schlange.

groß und ihr Magen sehr weit ist, so wird auch öfters die Mutter, die den Kampf fortsetzt, ein Opfer der Freßgier der Schlangen. Dieß ist die Katastrophe, welche, wie Hr. Barton meint, das Mährchen von der Zauberkraft der Schlangen krönt.

Als ein anderer genauer Beobachter, Herr Rittenhouse, ein besonders klägliches Geschrei des rothgeflügelten Maisdiebes vernahm, schloß er sogleich, daß sich eine Schlange in seiner Nähe befinde und daß er in Gefahr sey. Er hob daher einen Stein auf und warf ihn nach dem Orte hin, woher das Geschrei kam. Der Vogel flog fort, kehrte aber sogleich wieder zurück. Hr. Rittenhouse ging nach der Stelle hin, wo der Vogel aufgeflogen war und fand, daß er auf dem Rücken einer großen schwarzen Schlange saß, die er mit seinem Schnabel hackte. Die Schlange verschlang so eben einen jungen Vogel, und an dem aufgeschwollenen Bauche sah er, daß sie schon zwei bis drei andere junge Vögel verzehrt haben müsse. Er tödtete die Schlange und der alte Vogel flog davon. Herr Rittenhouse behauptet, das Geschrei und das Verfahren des Maisdiebes haben genau dem eines Vogels geglichen, der von einer Schlange bezaubert seyn solle.

Der Baltimore-Pirol (oriolus baltimore) bewohnt einen großen Theil von Amerika und sein Nest hat die Gestalt eines Beutels, welcher zwischen einem gabelförmigen Baumzweige befestigt ist. Auf der Abbildung sieht man, wie er die Schlange zu vertreiben sucht, die ohnstreitig sein Nest plündern will.

Der Quagga.

Der Quagga (equus Quagga) gehört zum Pferdegeschlechte, und man hielt ihn sonst für das Weibchen des Zebra; allein jetzt weiß man, daß er eine völlig verschiedene Gattung ausmacht. Sein Name ist hottentottischen Ursprungs und sollte eigentlich Qua-cha geschrieben werden. Dieß Thier ist etwas dicker, als das Zebra, welchem es jedoch in der äußern Bildung

des Leibes am nächsten kommt. Seine Ohren sind kürzer, die Grundfarbe des ganzen Oberleibes ist kastanienbraun; Bauch, Beine und Schenkel sind weiß und ohne alle Flecken und Streifen; aber der Kopf, der Hals und die Mähne sind gestreift. Die Streifen sind regelmäßig schwarz und ziehen sich von der Nase an bis über die Schultern. In der Gegend des Bauchs verlieren sich die Streifen und erreichen also die Lenden nicht. Zwischen zwei von den Streifen ist das Braune heller und an den Ohren fällt es fast in's Weiße. Von dieser Farbe sind auch die Haare oder Borsten, womit der etwas flache Schwanz besetzt ist. Die Füße sind klein; der Huf ist hart, schwarz und mehr denen des Pferdes, als des Zebra's ähnlich. Männchen und Weibchen haben einerlei Zeichnung; indessen ist die Farbe jenes lebhafter.

Der Quagga.

Im südlichen Afrika findet man ganze Heerden von Quagga's beisammen, welche schnell und scheu und dabei sehr schwer zu fangen sind. Zugleich sind diese Thiere muthig und tückisch, beißen und schlagen leicht aus. Sie sollen sich nicht blos gegen die Hyänen zu vertheidigen wissen, sondern auch diese, wenn sie ihnen und ihren Jungen zu nahe kommen, sogar angreifen. Sie lassen sich zähmen und sind viel gelehriger, als die Zebra's.

Im Jahre 1775 fing man einen Quagga am Vorgebirge der guten Hoffnung jung ein, und er wurde nach und nach mit Pferden zum Ziehen gewöhnt; er war aber weit stärker als diese. Der Herr de Jong hatte den Quagga auch bei einem Capbewohner vor den Wagen gespannt gesehen, aber nicht den Zebra. Die Quagga's sollen sich auch an den Sattel gewöhnen. Sie nehmen mit dem schlechtesten Futter vorlieb, und sind keinen Krankheiten ausgesetzt. Ihr Benehmen stimmt im Ganzen mit dem der Pferde überein; doch gleicht ihr Geschrei mehr einem Bellen, als dem Wiehern der Pferde, und hat mit dem Laute Quah oder Qwah Aehnlichkeit.

Der englische Reisende Barrow, welcher den Quagga in der Cap-Kolonie sah, sagt, dieß Thier sey nicht im geringsten falsch, sondern lasse sich durch Zähmung bald sanft und folgsam machen. Nach ihm werden diese Thiere nur noch wenig benutzt, so zahlreich sie auch sind. Barrow sah den Quagga auf den Ebenen des Vorgebirges der guten Hoffnung mit dem Zebra und Strauße weiden. Die Hottentotten essen das Fleisch der Quagga's.

Verlag von Bossange Vater in Leipzig.
Unter Verantwortlichkeit der Verlagshandlung.

Das Pfennig-Magazin

der

Gesellschaft zur Verbreitung gemeinnütziger Kenntniſſe

19.]   Erſcheint jeden Sonnabend.   **[September 7, 1833.**

Die Reiterſtatue Peter's I. in Petersburg.

Die koloſſale Statue Peter's des Erſten, des Gründers von St. Petersburg, erhebt ſich der Vorderſeite der
Iſaakskirche gegenüber, am weſtlichen Ende der Admiralität. Der ungeheure Granitblock, welcher zum Piedeſtal
genommen wurde, und deſſen Gewicht man auf dreißig-
tauſend Zentner anſchlägt, wurde aus einem von der
Stadt 1½ Stunde entfernten Moraſte an den Ort ſeiner
Beſtimmung gebracht. Um ihn zu transportiren, wendete man Menſchenkräfte und Maſchinen an; das Ganze
glitt auf Kanonenkugeln fort, denn Walzen würden von
ſeiner außerordentlichen Schwere zerdrückt ſeyn. Diejenigen Kugeln, über welche der Granitblock hinwegbe-
bewegt worden war, und welche alſo frei waren, wurden
nun wieder auf der Vorderſeite angebracht, indem man

ihnen eine der Richtung der Steinmasse entsprechende Stellung gab. Ein auf dem Felsen stehender Tambour gab den Arbeitern das Signal.

Die ursprüngliche Länge dieser Felsenmasse mochte ungefähr 45 Fuß betragen; seine Breite und seine Höhe konnte man auf etwa 20 Fuß anschlagen; der Künstler jedoch, welcher befürchtete, daß seine Statue bei einer solchen Höhe an Effekt verlieren würde, gab dem Piedestal eine verhältnißmäßige Größe und Form. An dem Denkmale liest man mit Bronzebuchstaben die Worte: Petro primo Catharina secunda MDCCLXXXII. „Peter dem Ersten (weihet dieses Denkmal) Katharina die Zweite 1782.‟ Auf der entgegengesetzten Seite ist diese Inschrift in russischer Sprache wiederholt.

Das ganze Denkmal ist von einem zierlich gearbeiteten Geländer umgeben. Der französische Bildhauer Falconnet, welcher von Katharina der Zweiten beauftragt wurde, die Statue jenes so außerordentlichen Mannes, dessen Machtspruch einige Fischerhütten in prächtige Paläste verwandelte, auszuführen, mußte in die Person des Kaisers den Ausdruck des über alle Hindernisse triumphirenden Genie's und Muthes legen. Der Künstler stellte ihn daher auf einem muthigen, sich an dem Rande eines steilen Felsen bäumenden, Rosse sitzend dar. Die Haltung des Kaisers verräth eine majestätische Ruhe. Der Renner stemmt sich auf seine beiden Hinterbeine, unwillig über das Gebiß, während Peter einen Schöpferblick auf seine sich blühend aus dem Schooße eines Morastes erhebende Stadt wirft. Er streckt seine schützende Hand aus, um gleichsam natürliche Hindernisse zu beschwören, — eine Haltung, welche außerordentlich kühn ist. Der massive Schweif des Pferdes dient dem ganzen Standbilde gleichsam zur Stütze, und ruht auf einer der ganzen allegorisch = bildlichen Darstellung noch mehr Vollendung gebenden Schlange.

Man sagt, daß diese Reiterstatue in einem einzigen Gusse geformt sey; jedoch behaupten einige Russen, daß, da ein Theil des Metalls aus der Gießform geflossen wäre, die Statue einige mangelhafte Stellen bekommen habe; später habe jedoch ein schwedischer Glockengießer den Schaden geheilt. Das Haupt Peter's des Großen ist nach dem von Mademoiselle Calot entworfenen Modell bearbeitet; diese geschickte Künstlerin hatte die Züge und den Charakter des Kaisers sehr treffend dargestellt.

Die Figur des Kaisers ist 11 Fuß und das Roß 17 Fuß hoch. Die Dicke des Metalles beträgt an den dünnsten Theilen $\frac{1}{4}$ Zoll, und einen ganzen Zoll an den massivsten Stellen. Das Gewicht der ganzen, aus Metall bestehenden Gruppe schätzt man auf 36,636 engl. Pfund.

Als die Idee der Darstellung dieses Denkmals in dem Geiste des Künstlers zur Vollendung gekommen war, theilte er sie, wie man erzählt, der Kaiserin mit, fügte aber die Bemerkung hinzu, daß es mit Schwierigkeiten verknüpft seyn würde, einen Mann zu Pferde in einer so kühnen Stellung zu Stande zu bringen, ohne daß man ein lebendiges Beispiel dieser Art zum Vorbilde habe. Der General Melissino, welcher im Rufe eines ausgezeichneten Reiters stand, erbot sich daher, jeden Tag eins der besten arabischen Pferde des Grafen Alexis Orloff auf einem künstlichen, den Granitblock vorstellenden Terrain zu reiten; dieser Versuch glückte, und setzte Falconnet in den Stand, die Wahl der angemessensten Stellung zu treffen. So vollendete er die tadelloseste und vielleicht die schönste Reiterstatue, welche es giebt.

Einige Kunstenthusiasten bedauern nur, daß man den Granitfelsen durch die mit ihm vorgenommene Bearbeitung seines ursprünglichen Charakters entkleidet

habe; sie hätten gewünscht, daß man jene rohe Naturform beibehalten hätte, weil diese auf eine noch viel entsprechendere Art auf jene Gattung von Hindernissen hindeutete, welche der Gründer Petersburg's zu besiegen hatte. Wir haben jedoch oben die Gründe angeführt, welche den Künstler zu dieser Bearbeitung des Felsens bewogen.

Die Statue Ludwig's XIV. auf dem Victoriaplatze in Paris ist ein Nachbild von der Peter's des Großen. — Peter der Große wurde den 11. Juny 1672 geboren, bestieg 1689 den Thron und starb den 2. Febr. 1725.

Auszug aus Brooke's Reisen durch Schweden, Norwegen u. s. w.

„Wir kamen an einigen vom Feuer verzehrten Waldstrecken vorbei, welche einen höchst betrübenden Anblick gewährten. Die schöne Decke des frischen Grüns, auf welcher das Auge mit so vielem Vergnügen geruhet hatte, war verschwunden, während, nach allen Richtungen zerstreut, geschwärzte Fichtenstämme, gleich Fragmenten von Steinkohlen umher lagen. Der Ursachen, welche diese Brände des Nordens hervorbringen, sind mancherlei; daher ist es nicht zu verwundern, daß sie so oft Statt finden. Es ist nämlich ein gewöhnlicher Gebrauch der Bauern, daß, wenn sie den Theil eines Waldes, der ihnen zugesprochen ist, lichten wollen, sie dieß durch Feuer bewerkstelligen. Dies erspart ihnen nicht nur die unendliche Mühe, das dicke Gebüsch auszurotten, und erleichtert die Arbeit der Art, sondern ist auch von dem größten Nutzen für das Land, da die Asche ein sehr fruchtbares Düngmittel ist. Nun trägt es sich aber oft zu, daß sie aus Vernachlässigung der Vorsichtsmaßregeln, oder weil die trockene Jahreszeit zu weit vorgeschritten ist, nicht im Stande sind, das Feuer in den ihm gesteckten Grenzen zu halten; und so breitet es sich über einen weiten Landstrich aus, und bringt Zerstörung und Verderben überall hin. Zuweilen sollen auch Bosheit und Rache zum Grunde liegen: man erzählte mir ein Beispiel von einem Bauer, welcher, als er sich vergeblich darum beworben hatte, einen Theil des Waldes lichten und urbar machen zu dürfen, welches gewöhnlich gewährt wird, ihn, gereizt durch die Verweigerung, anzündete. Die ganze Gegend war auf viele Meilen weit in Flammen eingehüllt, und es verfloß eine beträchtliche Zeit, ehe ihnen Einhalt gethan werden konnte. — Auch der Blitz verursacht nicht selten diese Brände. In die dürren Zweige einer umgestürzten Fichte einschlagend, setzt er sie in Flammen, die sich sogleich dem trockenen Moose mittheilen. Ein Bauer klopft seine Pfeife aus; die heiße Asche liegt einige Stunden lang fortglimmend, allmählig facht sie ein Windhauch zum Leben und zu heller Flamme an, und das Werk der Zerstörung ist geschehen. In dem wie Zunder trockenen Moose dahin laufend, erreicht die Flamme eine Fichte, und fährt, geleitet von dem harzigen Ausfluß des Baumes, schnell wie ein Blitz an demselben hinauf. So verbreitet sie sich unaufhaltsam durch den ganzen Wald, welcher unter der prasselnden Flamme und dem erstickenden Rauche einen schrecklichen und ergreifenden Anblick gewährt. Der ferne, mit der Ursache unbekannte Wanderer nimmt mit Erstaunen die sonderbare Gluth am Horizonte wahr, und sollte ihn unglücklicher Weise sein Weg durch den brennenden Wald führen, so wird er Mühe haben, dessen Wuth zu entgehen. Auf allen Seiten von stürzenden Bäumen umgeben, sieht er den Pfad nicht vor Rauch und Flammen, und weiß nicht, soll er rück- oder vorwärts gehen. Wenn sich ein Lüftchen erhebt, so glüht der ganze Wald. Tausendfältiges Krachen wird rings herum gehört; und sollte ein sanft auffrischender Regen vom Himmel fallen, so beginnt ein lautes Zischen, ein verdichteter Rauch wälzt sich daher und die Flammen werden nur auf einen Augenblick unterdrückt, um mit desto größerer Wuth wieder hervorzubrechen. Die bisher ungestörten Bewohner des Waldes fliehen, getrieben aus ihren wilden Höhlen, vor ihrem unwiderstehlichen Feinde in Gegenden, die früher vor ihren Besuchen sicher waren, und Bären und Wölfe, welche gezwungen sind, ihren gewohnten Zufluchtsort zu verlassen, beunruhigen die Wohnungen der Menschen und machen verzweifelte Angriffe auf das Vieh der Bauern. Es läßt sich kaum ein fürchterlich-erhabeneres Schauspiel denken, als ein Brand dieser Art in den unbewohnten Theilen des Nordens, besonders wenn man von einem Berggipfel das Fortschreiten der Flammen, und die durch das zerstörende Element dem lächelnden Antlitz der Natur so schnell aufgedrungene Veränderung beobachtet." —

Bei einer ähnlichen Gelegenheit hätte einst der große Naturforscher Linné beinahe sein Leben eingebüßt. „Ich durchreisete," schreibt er, „in Ulea Lappland in sehr trockener Jahreszeit einen Waldraum von dreiviertel schwedischen Meilen, der fast ganz von der Flamme zerstört war, so daß Flora, anstatt in reizendem Grün, im tiefsten Schwarz erschien; ein Schauspiel, welches mich mit tieferem Schmerze erfüllte, als es selbst das weiße Kleid des Winters gethan haben würde, denn dieser, wenn er auch die Blätter zerstört, läßt doch, weniger grausam, als das Feuer, die Wurzeln unangetastet. Das Feuer war an den meisten Stellen, die wir besuchten, fast ganz verlöscht zu seyn, außer in Ameisenhügeln und trockenen Baumstämmen. Nachdem wir ungefähr eine halbe Viertel schwedische Meile gegangen waren, fing der Wind an etwas stärker zu wehen, als es bisher der Fall gewesen war, worauf in dem halb verbrannten Walde ein plötzliches Geräusch sich erhob, das ich nur dem vergleichen kann, welches man sich unter einer großen Armee vorstellen mag, wenn sie von einem Feinde angegriffen wird. Wir wußten nicht, wohin wir unsere Schritte wenden sollten. Vor Rauch konnten wir nicht bleiben, wo wir waren, und zurück durften wir auch nicht. Das Beste schien noch, vorwärts zu eilen, in der Hoffnung, schleunig die Grenzen des Waldes zu erreichen; aber hierin irrten wir uns. Wir liefen, so schnell wir konnten, um nicht von den fallenden Bäumen zerschmettert zu werden, von denen uns einige beständig bedrohten. Zuweilen war der Sturz eines fallenden Stammes so plötzlich, daß wir vor Bestürzung nicht wußten, wohin wir uns wenden sollten, und uns allein auf den Schutz der Vorsehung verließen. Einmal schlug ein Baum gerade zwischen mir und meinem Führer, der nur eine Klafter von mir entfernt war, nieder; wir kamen indeß, Gottlob, noch glücklich davon. Unsere Freude war nicht gering, als wir dem gefährlichen Abentheuer entronnen waren, denn wir hatten die ganze Zeit über die Angst eines vor der Entdeckung zitternden Verbrechers gefühlt."

Graf Neidhart von Gneisenau.

Zu den Feldherren, die in der neuern Zeit um den preußischen Staat unsterbliche Verdienste sich erworben haben, ist mit vollem Rechte auch August Graf Neidhart von Gneisenau zu zählen. Er wurde zu Schilda in Sachsen bei Torgau den 28. Oktober im Jahre 1760 geboren, wo sein Vater Neidhart als österreichischer Hauptmann zur Zeit des 7jährigen Kriegs im Winterquartiere stand. Die Mutter starb bald nach der Geburt des Sohnes, und dieser wurde zu seinem Großvater, Artillerieobersten in Würzburg, gesandt, der sich im Vereine mit seiner trefflichen Gattin der Erziehung des Enkels eifrig annahm. Schon als Kind zeigte dieser große Lust zum Soldatenstande. Unter so glücklichen Umständen reifte er zum Jünglinge heran; jetzt ließ ihn sein Vater nach Erfurt kommen, wo er als Ingenieuroffizier stand; er besuchte nunmehro die dasige Universität und studirte fleißig, besonders Physik und Oekonomie; allein Gneisenau war ein Hitzkopf und hieb einem Schuhmachergesellen zwei Finger ab; er verließ daher Erfurt, ging nach Böhmen und nahm unter den Wurmserischen Husaren Dienste. Hier gefiel es ihm nicht, er verließ heimlich sein Regiment und ging nach Erfurt, allein ehe er noch hier anlangte, wurde er von österreichischen Werbern als Deserteur erkannt, die ihn verhaften wollten. Er errieth ihre Absicht, warf die Werber zu Boden, schwang sich auf sein Pferd und flüchtete nach Arnstadt, wo er bei einem Freunde so lange verborgen blieb, bis ihm sein Vater Reisegeld schickte. Jetzt trat er in anspach-baireuthische Dienste und marschirte mit den anspach'schen Truppen 1780 nach Amerika, woher er in 3 Jahren nach Europa zurückkehrte. Nunmehro (1785) trat er in preußische Dienste und stand bis zum Tode Friedrichs II. als Lieutenant à la suite in Potsdam. 1789 wurde er Hauptmann, und da er sehr fleißig studirte, so galt er für den gelehrtesten Offizier der niederschlesischen Füselierbrigade. 1793 und 1794 machte er den Feldzug in Polen mit. 1796 verheiratete er sich, aus welcher Ehe ihm 7 Kinder geboren wurden. Im J. 1806 wohnte er unter dem Prinzen Louis dem unglücklichen Gefechte bei Saalfeld bei und führte sein Bataillon zurück, dessen Oberoffiziere sämmtlich geblieben waren. Im Nov. wurde er Major und rettete im Jahr 1807 die Festung Colberg als deren Commandant. Nach dem Frieden 1807 (d. 9. Juli zu Tilsit) wurde er Oberstlieutenant, dann Chef des Ingenieurcorps und Inspektor der preußischen Festungen. Im J. 1809 trat er aus politischen Ursachen als Staatsrath in den Civildienst und ging nach England, wo er geheimer Abgesandter seines Hofes war. Auch machte er bis 1813, wo sein hoher Werth sich im glänzendsten Lichte zeigte, nach Wien, St. Petersburg und Stockholm Reisen. Beim Ausbruche des Krieges 1813 wurde er beim Blücherschen Corps als Generalmajor und Generalquartiermeister angestellt und leitete den Rückzug von Lützen bis Breslau meisterhaft. Während des Waffenstillstandes beschäftigte ihn die Bildung der Landwehr, die während des Krieges über 100,000 Mann zur Armee schickte. Jetzt wurde er Chef des Generalstabes bei dem Blücherschen Armeecorps. Die Vernichtung des Macdonald'schen Corps (d. 26. Aug.) an der Katzbach, der Uebergang über die Elbe bei Wartenburg (d. 3. Okt.) und der Sieg bei Möckern (bei Leipzig d. 16. Okt.) waren größtentheils das Werk seiner Rathschläge. Im Dec. 1813 wurde er Generallieutenant. Im J. 1814 war er es vorzüglich, der auf den Marsch nach Paris drang und die Befolgung seines Raths gab den Ausschlag des Krieges.

Diese seine großen Verdienste dankbar anerkennend, schenkte ihm der König von Preußen eine sehr ansehnliche Domaine, die Herrschaft Sommerschenburg bei Magdeburg, so wie den Grafentitel, und machte ihn zum General der Infanterie.

1815 kehrte Napoleon von Elba zurück, die Heere rückten wieder in's Feld, und als die Schlacht von Ligny den 16. Juni 1815 für die Verbündeten verloren worden war, vermochte es Gneisenau vorzüglich, das Heer derselben wieder so weit in Stand zu setzen, daß es am 18. Juni desselben Jahres die entscheidende Schlacht bei Waterloo gewann. An beiden Tagen gerieth Gneisenau, wie der Feldmarschall Blücher, in Lebensgefahr: zwei Pferde wurden ihm unter dem Leibe erschossen. Mit einem Bataillon Infanterie und zwei Reiter-Regimentern trieb er die geschlagene Armee die ganze Nacht hindurch über Genappe, wo reiche Beute gemacht wurde, und Quatre-Bras vor sich her, und machte so den Sieg voll-

Graf Neidhart von Gneisenau.

ständig. Nach der Schlacht bei Belle Alliance ernannte ihn der König zum General der Infanterie und zum Ritter des schwarzen Adlerordens. Zum zweiten Male ging er mit den Heeren nach Paris und nahm an dem dortigen Friedensschlusse Theil, worauf er sich als kommandirender General der Rheinprovinzen nach Coblenz begab. Im folgenden Jahre brauchte er die Bäder von Karlsbad und Teplitz, und lebte sodann im Schooße seiner Familie in ländlicher Ruhe auf seinen Gütern in Schlesien, bis er 1818, an Kalkreuth's Stelle, zum Gouverneur von Berlin, und als Mitglied des neu organisirten Staatsraths, zum Präsidenten der Sektionen des Krieges und der auswärtigen Angelegenheiten ernannt wurde. Der 71jährige Greis ward im Jahre 1831, 24. Aug. in Posen, wohin er zur Ordnung der polnischen Angelegenheiten gesandt worden war, ein Opfer der Cholera.

Bilder aus Marokko.

2. Die Bewohner Marokko's.

Die ältesten Landesbewohner sind die Berbern, welche, nach der Sage, von Ham, dem zweiten Sohne Noah's, dessen Nachkommen Egypten bevölkerten, abstammen. Sie suchen gegen den Kaiser von Marokko ihre Freiheit und Unabhängigkeit zu behaupten, leben unter selbstgewählten Fürsten in hochliegenden, wenig zugänglichen Orten, oder in der Ebene in Häusern von Steinen oder Holz, die von hohen, mit vielen

Schießscharten versehenen Mauern umgeben sind. Ihrer Hautfarbe nach sind sie wenig von europäischen Landleuten verschieden; sie haben schöne athletische Formen, sind rüstig und kräftig; ihr Haar ist nicht selten blond. Ihre Kleidung ist sehr einfach: ein Hemd ohne Aermel nebst Beinkleidern, darüber ein Stück Zeug, um sich gegen üble Witterung zu schützen. Sie scheeren den Kopf, indem sie nur an dem hintern Theile die Haare stehen lassen, tragen einen Knebelbart und ein Stück Bart am Kinne. Sie sind heftig, kühn, und empfangene Beleidigungen vergessen sie nicht leicht. Ihre Hauptbeschäftigung ist der Feldbau und die Bienenzucht, ihr Hauptvergnügen die Jagd; daher sie auch die Flinten leidenschaftlich lieben und auf deren Ausschmückung mit Silber und Elfenbein viel verwenden. Mit ihnen haben die später eingewanderten Araber, welche ebenfalls auf dem Lande wohnen, große Aehnlichkeit. — Wesentlich verschieden sind aber die Mauren, welche die Städte bewohnen. Diese verwenden mehr Sorgfalt auf ihre Tracht: Ueber dem Hemde mit weiten Aermeln und den sehr weiten Beinkleidern von weißer Leinwand tragen sie einen hellgelben oder himmelblauen Kaftan mit kurzen Aermeln, darüber noch einen Mantel von röthlicher Baumwolle oder Seide. Den Kopf deckt eine rothe Mütze, um welche diejenigen, welche nach Mekka pilgern, noch einen weißen Turban von Musselin winden; die Füße sind mit Pantoffeln oder Halbstiefeln aus gelbem Leder bekleidet. Fast eben so kleiden sich die Frauen, nur daß sie Halsketten und Armbänder mit Perlen, Gold- und Silbermünzen und Juwelen tragen, und daß ihr Obergewand von einem mit Gold gestickten, aus karmoisinrothem Sammet bestehenden Gürtel, vermittelst einer goldenen oder silbernen Schnalle, zusammengehalten wird. Weder Männer, noch Frauen tragen Strümpfe. Der Aermere freilich begnügt sich mit einer Art Sack von grober Leinwand, mit Löchern für Kopf und Arme. — Die bei uns gewöhnlichen Hausgeräthe, Tische und Stühle, kennen sie nicht, eben so wenig Messer und Gabel; man ißt mit den Fingern. Statt des Kaffee's trinken sie Thee, und statt des Tabaks rauchen sie eine Art Hanfblätter.

Der sittliche Zustand der Mauren ist, nach dem Zeugnisse eines Mannes, der zwölf Jahre unter ihnen lebte, der schrecklichste: sie vereinigen alles Schlechte und Verächtliche in sich. Rachsucht, Habsucht, Geiz sind vorherrschend. Gegen Untergebene sind sie stolz und hart, gegen Obere kriechend; Beleidigungen vergessen sie nie; ihren durchdringenden Verstand wenden sie zum Verrathe und zur Treulosigkeit an. Kein Band der Freundschaft oder der Verwandtschaft ist ihnen heilig, wenn ihr Mißtrauen erwacht ist. Schon ihr Ansehen hat etwas Unheimliches, Undankbares und Finsteres. — Den Schmerz ertragen sie mit unbeschreiblichem Gleichmuth: man hat Mauren gesehen, die mit Ohren, Armen oder Beinen wegen eines Verbrechens angenagelt wurden, ruhig ein Gefäß mit Wasser zum Trinken oder eine Pfeife zum Rauchen verlangten; — andere, denen die Hand abgehauen ward, hoben sie hurtig auf und liefen eilig davon. — Von den Frauen läßt sich wenig sagen, da nur den Vätern, Brüdern und Gatten gestattet ist, sie zu sehen; sie sind in ihr Weibergemach eingeschlossen, leben in behaglicher Ruhe und würden es für eine Beleidigung halten, wenn ihr Mann mit den Blicken eines Fremden bloßstellen wollte. Bei dieser Lebensweise werden sie dick und fett und erreichen so, nach maurischen Begriffen, das höchste Ziel der Schönheit.

Im hohen Grade niedergedrückt und verachtet sind die hier lebenden Juden, welche Handelsleute, Handwerker, Künstler u. f. w. sind. In den Städten bewohnen sie besondere Quartiere, welche Abends verschlossen und oft nicht eher wieder geöffnet werden, als bis sie eine namhafte Summe Geld erlegt haben. Dafür rechnen sie sich's zum Vergnügen, einen Mauren betrogen zu haben. Sie dürfen nur auf Maulthieren oder Eseln reiten, — das Pferd ist für sie zu edel; vor den Heiligthümern und den Häusern der Vornehmen müssen sie mit bloßen Füßen vorübergehen; wenn ein Muselmann trinkt, dürfen sie sich dem Brunnen nicht nähern, in Gegenwart eines Mauren sich nicht setzen; die Farbe ihrer Kleider muß schwarz seyn; sie müssen die Leichname der Verurtheilten beerdigen, und die Schuldigen hängen, und was dergleichen Plackereien mehr sind. Und doch sind alle diese Bedrückungen wahrscheinlich Ursache, daß sie sehr streng an den Gebräuchen ihrer Religion hängen.

Die Jagd der wilden Elephanten.

Der Elephant, das größte unter den Landthieren, lebt in den heißesten Erdstrichen Afrika's und Asiens. Der asiatische unterscheidet sich von dem afrikanischen durch seine Größe und Schönheit; jener wird gegen 15 Fuß hoch und wiegt im 20. Jahre gegen 7000 Pfund. In Asien lebt der Elephant im südlichen Theile und besonders auf der Insel Ceylon, wo man den größten und schönsten findet, in Afrika im mittlern und südlichern Theile. Wegen seiner Klugheit läßt sich der Elephant leicht zähmen und vermöge seiner außerordentlichen Gelehrigkeit zu allerlei Arbeiten abrichten, die uns oft unglaublich erscheinen würden, wenn sie nicht durch die glaubwürdigsten Zeugnisse der Reisenden verbürgt wären. Interessant ist die Art, wie diese Thiere gefangen werden. Ganze Heerden Elephanten werden in einen starken Verhau getrieben und so gefangen; schwieriger noch ist der Fang einzelner Elephanten. Obige Abbildung giebt uns davon eine recht deutliche Ansicht. — Kennen die Jäger den Aufenthaltsort eines einzelnen Elephanten, so begeben sie sich bei einbrechender Dunkelheit mit vier zur Jagd abgerichteten weiblichen Elephanten (Kumkies) dahin. Drei Kumkies nähern sich mit der größten Vorsicht dem wilden Elephanten, türken fressend vorwärts und zeigen dabei solche Verschlagenheit, daß man sie für wilde Elephanten halten sollte, welche zufällig aus dem Walde herausträten. Zeigt der wilde Elephant bei dem Näherrücken der Kumkies einige Unruhe, so ergreifen diese schnell die Flucht; denn sie würden Gefahr laufen, von ihm durchbohrt zu werden; bleibt er aber ruhig, so umstellen sie ihn wie zufällig und fangen an mit ihm zu spielen, indem sie ihn sanft an den Hals drücken oder mit ihrem Rüssel umspannen. Da dieß dem wilden Elephanten Vergnügen macht, so überläßt er sich diesem Spiele und vergißt bald alle Gefahr. Unterdeß nähern sich die Jäger dem vierten Elephanten, und nun beginnt das schwierigste Werk. — Die Jäger kriechen mit der größten Vorsicht dem wilden Elephanten von hinten unter den Bauch und umschlingen seine Hinterbeine mit einem dünnen Stricke. Merkt er diese leichten Fesseln nicht, so setzen sie ihre Arbeit fort, indem sie mit 6 bis 7 starken Stricken die Hinterbeine fesseln; zuletzt schlingt man noch ein 60 Ellen langes Tau um jedes Hinterbein. Ist es möglich, so fesselt man auch die Vorderbeine. Wenn die Arbeit vollendet ist, so ziehen sich die Jäger zurück, und auch die Kumkies entfernen sich. Kaum bemerkt der Elephant, daß er überlistet ist, so wird er wüthend und sucht in den nahen Wald zu fliehen. Da er wegen der Fesseln keinen ordentlichen Schritt vorwärts thun kann, so geht es nur langsam und es wird den Jägern möglich, ihm zu folgen und das lange Tau um den nächsten starken Baum zu schlingen. Die Wuth des Gefangenen erreicht jetzt den höchsten Grad; er wirft sich auf die Erde, zerwühlt den Boden mit seinen gewaltigen Zähnen und bietet alle Kraft auf, um sich frei zu machen; dabei brüllt er auf eine fürchterliche Weise und kein Jäger darf sich ihm jetzt nahen. Zuweilen gelingt es ihm auch, die Stricke und Taue zu zerreißen, und dann entflieht er in das Dickicht; gewöhnlich aber ist dies unmöglich. Von der langen gewaltigen Anstrengung ermattet, wird er endlich ruhiger, und nun nähern sich ihm die Jäger mit den Kumkies und bringen ihm Futter, das er auch annimmt und verzehrt, während die Kumkies mit ihm spielen. So bleibt er Monate lang gefesselt; oft noch geräth er in Wuth, wird aber sanfter und ruhiger, sobald sich die Kumkies nähern, deren Anblick ihn tröstet und in sein Schicksal ergeben macht. Hat er sich endlich an die Gefangenschaft gewöhnt, so nehmen ihm die Jäger die Fesseln ab und bringen ihn mit Hülfe der Kumkies nach Hause. Nur selten erinnert er sich der alten Freiheit und entflieht in die Wälder; gewöhnlich folgt er ruhig den Führern und läßt sich zu verschiedenen Arbeiten abrichten.

Schärfe des Geruchs.

Durch Uebung wird bekanntlich jeder Sinn des Menschen vervollkommnet; wer oft sich im Freien aufhält und sein Gesicht absichtlich im Betrachten der Gegenstände und sein Gehör im Aufmerken der Töne übt, der schärft diese Sinne außerordentlich und lernt eben so weit und genau sehen, als er richtig hören lernt. Matrosen können mit bloßen Augen Schiffe am fernen Horizonte erkennen, welche kein Anderer gewahr wird, der seine Sehkraft nicht so vervollkommnet hat. Die feinsten Sinne besitzen jedoch ungebildete Völker, die immer im Freien verweilen, und denen bei ihren Streifereien durch die Wälder eben so gut der Geruch, als das Auge zum Wegweiser dient. Der Geruch verräth ihnen, ob da ein Weißer oder Wilder gegangen ist; ihr Gehör vernimmt Unterschiede von Tönen, die uns unbemerkbar sind, und ihr Auge entdeckt Spuren von Wild, wovon wir nichts erkennen können. Wir sollten daher auch unsere Sinne mehr üben, als wir es noch jetzt thun, weil wir dadurch sowohl mehr Stoff zum Nachdenken erhalten, als auch uns dadurch mehr Vergnügen verschaffen.

Wir wollen hier einen Beweis von der Feinheit des Geruchs mittheilen, welcher in der That Verwunderung erregt. Zu Paramatta in Neuholland verschwand plötzlich der Pachter Fisher, der sein gutes Auskommen hatte. Einer seiner Dienstboten, der, wie man behauptete, sein ganzes Vertrauen besaß, versicherte, er werde bald wieder kommen. Es vergingen drei Monate und Fisher kehrte nicht zurück. Unterdessen verwaltete der Dienstbote das Pachtgut seines Herrn, kaufte und verkaufte für eigene Rechnung. Nach Verlauf dieser Zeit entstand in den Gemüthern der Nachbarn einiger Verdacht gegen den Diener; das Gerücht davon kam der Ortspolizei zu Ohren, und diese schickte mehrere Polizeibeamte nach dem Pachthofe. Darunter befand sich ein gewisser Sam, aus der Stadt Sidney gebürtig. Von einigen ziemlich unbestimmten Anzeigen geleitet, verfügte er sich an eine Stelle, wo sich eine hölzerne Umzäunung befand, an der er einen schwärzlichen Fleck entdeckte; diesen beroch er und erklärte darauf, er rühre von dem Blute eines Weißen her. Hierauf eilte er nach dem Ufer eines Teiches hin, auf dessen Oberfläche man einige Spuren von einem röthlichen Schaume bemerkte. Diesen zog er nach dem Ufer hin, nahm etwas davon in die hohle Hand und kostete ihn; hierauf beroch er ihn und erklärte, er enthalte Spuren von dem Fette eines Weißen.

Endlich beroch er Alles rechts und links herum, wie ein Spürhund, gelangte in einiger Enfernung vom Teiche in ein kleines Gehölz, stach mit einem Stabe, den er in der Hand hatte, in die Erde, hielt ihn an seine Nase, wiederholte diese Versuche mehrmals und erklärte, daselbst befinde sich die Leiche eines Weißen. Man grub nach und entdeckte bald Fishers Körper, dem der Schädel zerschlagen war. Man verhaftete den Diener, der vom Gerichtshofe zu Sidney zum Tode verurtheilt ward. Vor seiner Hinrichtung gestand er noch sein Verbrechen und sagte, er habe Fisher an der von dem Polizeibeamten bemerkten hölzernen Umzäunung ermordet; darauf habe er den Leichnam in den Teich geworfen. Da er aber nach einigen Tagen besorgte, man möchte die Spuren der Mordthat entdecken, so habe er die Leiche in dem Gehölze verscharrt, wo sie Sam gefunden habe.

Ueber die mittlere Lebensdauer der Menschen.

Seit dem Anfange dieses Jahrhunderts leben die Menschen in fast allen Ländern Europens länger, als vorher, und in Frankreich bemerkt man dieß schon seit der Revolution im Jahre 1789, weil sich der Wohlstand allgemeiner in den verschiedenen Klassen der Nation verbreitet hat. Nicht die Reichen sterben wegen ihres Luxus frühzeitiger, sondern der Mangel und die Unreinlichkeit raffen die Armen früher hinweg. Der Wohlstand gewährt die Hoffnung zu einem langen Leben, die Armuth hat in ihrem traurigen Gefolge auch einen frühzeitigen Tod. Wer daher den Wohlstand einer Nation befördert und vermehrt, der rettet die Menschen von einem frühen Abtritte von der Bühne dieses Lebens.

Nach den englischen Statistikern ist in England die mittlere Lebensdauer 45 Jahre, während diese in Frankreich nach Karl Dupin blos 36, und nach dem Jahrbuche des Längenbüreaus gar nur $32\frac{1}{2}$ Jahr beträgt. Die mittlere Lebensdauer erhält man dadurch, daß man die Bevölkerung eines Ortes, einer Stadt, einer Provinz oder eines Landes als stehend annimmt, wo jährlich eben so Viele geboren werden, als sterben, und die ganze Summe der Bevölkerung durch die Anzahl der jährlichen Gebornen theilt.

Die mittlere Lebensdauer ist jedoch an verschiedenen Orten verschieden, was von dem Wohlstande, der Reinlichkeit, der Aufklärung und der Einsicht der Aerzte abhängt. Wenn die Einwohner eines Orts, welche alle diese Vortheile besitzen, nicht so lange leben, als die eines andern, der sie in gleichem Grade genießt, so muß es am ersten Orte ein verborgenes Gebrechen geben, das die Regierung kennen lernen und wegschaffen muß. Zu Genf war die mittlere Lebensdauer im 16. Jahrhunderte $18\frac{1}{4}$ Jahr; im 17. Jahrhunderte $23\frac{1}{3}$, und im 18. Jahrhunderte $32\frac{1}{2}$ Jahr. In Lyon ist sie jetzt 32, zu Brüssel 26 und zu Nizza 31 Jahre. Wenn die wohlhabenden Klassen zu Paris 42 Jahre leben, so bringen die Armen ihr Daseyn blos bis zum 24. Jahre.

Von den verschiedenen Gewerben ist das Eine gesünder, als das Andere; aber so oft man auch behauptet hat, daß das Studium der Wissenschaften der Gesundheit nachtheilig sey, so ist dieß doch nicht gegründet. Ein vorzüglich hohes Leben erreichen die Geistlichen; und ein Italiener Franchini hat gefunden, daß unter 80 italienischen Mathematikern 18 ein Alter von 80, und 2 von 90 Jahren erreicht haben, und dieß in einem Himmelsstriche, der für ein langes Leben nicht so vortheilhaft ist, als die nördlichen Gegenden dieses Erdtheiles. Unter 152 Gelehrten in Frankreich hat man bemerkt, daß die mittlere Lebensdauer für Jeden 69 Jahre betrug. Indessen sollte man sehr sorgfältige Untersuchungen über die mittlere Lebensdauer aller Gewerbe anstellen, damit man bei deren Betreibung für Mittel sorgte, welche für die Gesundheit zuträglich sind. Auch sollten solche Gewerbe, die die Gesundheit gefährden, besser bezahlt werden, als die, welche die Gesundheit nicht beeinträchtigen.

Reinlichkeit der Bienen.

Unter den vielen Tugenden, welche die Bienen besitzen, ist die Reinlichkeit eine der merkwürdigsten;

sie leiden in ihrer Wohnung nicht den geringsten Schmutz. Es geschieht bisweilen, daß eine unvorsichtige Schnecke in den Korb eindringt, und selbst die Verwegenheit hat, über den Kamm hinauszugehen; sogleich aber wird der übermüthige und schmutzige Fremdling getödtet; allein seinen gigantischen Leichnam hinwegzuschaffen, ist nicht so leicht. Unfähig, ihn zu tragen, und den gefährlichen Geruch der Verwesung fürchtend, wenden sie ein wirksames Mittel an, indem sie ihren Feind mit einer Decke von Vorwachs einbalsamiren. Réaumur und Moraldi haben beide dieses bemerkt. Jener beobachtete noch besonders einen merkwürdigen Fall. Eine Schnecke drang in einen Bienenstock und klebte sich an die innern glatten Seite fest, wie sie es an der Mauer zu thun pflegt. Den Bienen schien dieser Gast nicht zu behagen. Da sie aber nicht im Stande waren, seine Schale mit ihrem Stachel zu durchdringen, so verfielen sie auf folgendes Mittel: anstatt nämlich die Schnecke ganz zu bedecken, kitteten sie bloß die Ecke der Oeffnung der Schale mit ihrem Wachse an die Wand fest, und machten sie so zu ihrer lebenslänglichen Gefangenen; denn der Regen kann diesen Kitt nicht auflösen, wie es mit dem der Schnecke der Fall ist.

Die Schwalbe.

Es giebt mehrere Arten von Schwalben, von denen in Deutschland vorzüglich die Rauchschwalbe, die Hausschwalbe, die Uferschwalbe und die Mauerschwalbe bekannt sind. Sie sind Zugvögel, kommen in der Mitte des Aprils zu uns zurück und verlassen uns wieder gegen das Ende des Septembers, oder zu Anfange des Oktobers. Warum verlassen sie nun unsere Gegenden? Ohnstreitig veranlaßt sie der Mangel an Wärme und Nahrung dazu, und wenn einige zurückbleiben und sich in Seen und Morästen mit Schilf versenken sollen, so sind diese Spätlinge entweder von Krankheit oder zu großer Jugend verhindert worden, mit wegzuziehen. Nirgends, außerhalb Europa's, in welchem Erdtheile doch die Schwalben so zahlreich sind und das sie mit dem Annähern kälterer Witterung verlassen, hat man die Schwalben in großer Menge angetroffen, daß man mit Grund annehmen könnte, unsere europäischen Schwalben begeben sich dahin. Doch ist es wahrscheinlich, daß sie ihren Aufenthalt im Innern Afrika's, und auch in den warmen Gegenden Asiens nehmen. Der Naturforscher Adanson sah unsere Schwalben am Senegal, in Afrika, mit Habichten, Bachstelzen, Wachteln und andern Zugvögeln im Oktober ankommen; vorher sah man keine daselbst.

In warmen Ländern giebt es Gegenden, welche die Schwalben das ganze Jahr nicht verlassen. Sonnini sah sie beständig in Aegypten, Percival auf der Insel Ceylon. Die Schwalben sind in der alten und neuen Welt anzutreffen, und übertreffen an Geschicklichkeit, Schnelligkeit und Ausdauer im Fluge fast alle bekannten Vögel; ihre Wendungen im Fliegen sind bewunderswerth und kühn. Den größten Theil des Tages schwimmen sie gleichsam in der Luft umher und suchen im Fluge ihre Nahrung, welche in kleinen Insekten besteht. Im Fluge trinken sie und füttern oft, ohne anzuhalten, ihre Jungen.

Sie sind gute Wetterpropheten: wird anhaltend schlechtes Wetter, so fliegen sie sehr niedrig, ja fast an der Erde hin, wo sie ihre Nahrung suchen; dieß

sah der Verfasser dieses noch den 4. August 1833, welcher regenhaft war, und dem 5 und 6 Regentage folgten. Bei heiterm Wetter erheben sie sich in die Luft und fliegen hoch oben.

Die Schwalben zeigen viel Muth gegen die Raubthiere, vor denen sie dicht vorbeifliegen und sie zu verscheuchen suchen. Einst hatte ein Sperling ein Schwalbennest eingenommen und ließ sich nicht daraus vertreiben, so oft auch die Schwalben an dasselbe heranflogen und ihn fortzujagen versuchten. Als sie sahen, daß ihre Mühe vergebens war, flogen sie alle fort, allein es dauerte nicht lange, so kamen sie wieder zurück mit Koth im Schnabel und wollten die Oeffnung des Nestes damit verstopfen. Als dieß der Sperling merkte, machte er sich aus dem Staube und flog fort.

Die Rauchschwalbe ist die Schildwache für die Hausschwalben und andere kleine Vögel; denn sobald sich ein Habicht, eine Eule u. s. w. sehen läßt, erhebt sie ein durchdringendes, unruhiges Geschrei und macht alle Haus- und Rauchschwalben darauf aufmerksam, die sich in einen Trupp versammeln und bis ihrem Feinde so lange herumjagen und balgen, bis sie ihn vertrieben haben, sie stürzen sich ihm auf dem Rücken, und erheben sich in vollkommener Sicherheit senkrecht in die Höhe.

Die Schwalben bauen zum Theil sehr künstliche Nester, wozu sie Lehm, Gassenkoth, Stroh, Federn und andere Materialien wählen. Der engl. Geistliche White in Hamshire, der ein genauer Beobachter aller Werke der thierischen Schöpfung um sich her war, beschrieb sehr genau den Bau des Nestes der Hausschwalbe. „Gegen die Mitte des Mai's, wenn die Witterung schön ist, fängt sie an, sagt er, im Ernste an eine Wohnung für ihre Familie zu denken. Die Rinde oder Schale dieses Nestes scheint aus solchem Kothe oder Lehm zu bestehen, den sie am ersten bei der Hand hat, und sie arbeitet ihn durch kleine Strohhälme zusammen, um ihn zähe und haltbar zu machen. Da dieser Vogel oft an eine senkrechte Wand oder Mauer ohne einen Vorsprung unterbaut, so muß er alle seine Kräfte aufbieten, um die erste Grundlage so fest zu machen, daß er sicher darauf bauen kann. Bei dieser Gelegenheit klammert er sich nicht blos mit seinen Krallen an, sondern hilft sich auch zum Theil dadurch, daß er sich mit seinem Schwanze fest an die Mauer drückt und so eine Stütze bildet. Wenn er den Anfang des Nestes auf diese Art befestigt hat, so bearbeitet er die Materialien in der Gestalt eines Steins oder Ziegels und klebt sie daran. Damit aber sein Nest, so lange es noch feucht und weich ist, nicht durch sein eigenes Gewicht herabfalle, besitzt der verständige Baumeister Klugheit und Vorsicht genug, seine Arbeit nicht zu übereilen; er bauet daher blos des Morgens, und indem er den übrigen Theil des Tages mit Futtersuchung und Vergnügen zubringt, hat die Masse Zeit genug, trocken und hart zu werden. Seine Tagearbeit scheint ungefähr einen halben Zoll zu betragen. Auf diese Art bringt er in ungefähr 10 bis 12 Tagen ein halbkugelförmiges Nest zu Stande, das nach oben hin eine kleine Oeffnung hat, stark, fest und warm ist und vollkommen allen Absichten entspricht, zu denen es bestimmt ist.‟

Die Schale oder die Rinde des Nestes ist eine Art groben Bewurfes, der auswendig voller Buckeln und Vorsprünge ist, der inwendig Theil, den Hr. White untersucht hat, ist auch nicht glatt, aber er ist mit Strohhälmchen, Gras und Federn ausgelegt, so daß er für die Jungen weich und warm ist. An langen Tagen sind diese fleißigen Arbeiter von vier Uhr an bei ihrer Arbeit.

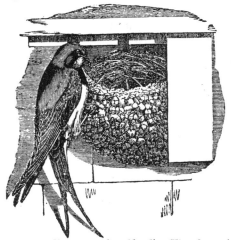

Der Bau des Nestes der Hausschwalbe (Hirundo rustica).

Die Hausschwalben bedienen sich eines solchen Nestes mehrere Jahre hinter einander, wenn man sie nicht darin stört und sie zugleich gegen das Wetter geschützt sind. Sie brüten vier bis fünf Junge aus, und sobald diese für sich selbst sorgen können, machen die Mütter ihr Nest für eine zweite Brut zurecht; die ersten Hecken versammeln sich dann in großen Schaaren und man sieht sie an sonnigen Morgen und Abenden um Thürme herumschwärmen und auf den Dächern der Kirchen und Häuser sitzen. Diese Versammlungen nehmen gewöhnlich um die erste Woche des Augusts ihren Anfang.

Die Hausschwalben sind bei dem Baue ihrer Nester sehr eigensinnig, von denen sie mehrere anfangen und sie unvollendet lassen. Die Materialien, welche sie dazu brauchen, verarbeiten sie mit ihrem Schnabel und bewegen ihre Köpfe mit einer schnellen, zitternden Bewegung.

Woche.

Am 7. September 1757 wurde der preußische Generallieutenant Hans Karl von Winterfeld, geboren in der Uckermark im Jahre 1709, der zu Friedrichs des Großen vorzüglichsten Generalen gehörte und im siebenjährigen Kriege sich besonders berühmt gemacht hat, durch eine Kugel, welche das Rückgrat zerschmetterte, in dem Gefechte bei Moys, ohnweit Görlitz, getödtet. Noch sterbend zeichnete er mit großer Geistesgegenwart den Befehlshabern Alles, was sie zu beobachten hätten, alle in Acht zu nehmenden Posten und Wege auf's Genaueste vor. Als Friedrich II. den Tod seines Lieblings vernahm, sagte er, von Schmerz ergriffen: „Wieder die Menge meiner Feinde werde ich wohl Mittel finden, aber ich werde wenige Winterfeld's antreffen.'' Winterfeld zeichnete sich unter andern aus bei der Einnahme der Festung Großglogau, in den Schlachten bei Chotusitz, Hennersdorf, Reichenbach und Prag.

Am 8. September 933 gewannen deutsche Krieger unter dem würdigen Kaiser Heinrich I., mit dem alten fränkischen Feldgeschrei: Kyrie Eleison! unfern Merseburg, einen großen Rettungssieg über raubsüchtige Ungarn oder Madscharen. Zu Horburg an der

Luppe, einem Dorfe 3 Stunden von Merseburg, wird zum Andenken an jene Schlacht jährlich an diesem Tage Markt gehalten, und in dem Dorfe Keuschberg ein Volksfest gefeiert, wobei in der Kirche, welche Heinrich auf derselben Stelle, wo seine gefallenen Krieger beerdigt worden, erbauen ließ, die Geschichte jener Schlacht vorgelesen wird.

Am 9. September 1409 wurde durch den Papst Alexander V. die Stiftungsbulle der sächsischen Universität zu Leipzig ausgefertigt. 2000 Studenten hatten sich mit einigen Lehrern, geführt von dem Doktor Johannes Hofmann, aus Prag nach der genannten Stadt gewendet, und eine neue Hochschule gegründet. Der Churfürst von Sachsen, Friedrich der Streitbare, gewährte den Ankömmlingen die freundlichste Aufnahme und regste Unterstützung.

Am 10. September 1678 wurde der Friede zu Nymwegen zwischen dem Könige von Frankreich Ludwig XIV. und den Generalstaaten geschlossen.

Am 11. September 1723 ist der Geburtstag des um das Erziehungswesen hochverdienten Johann Bernhard Basedow; Hamburg ist sein Geburtsort. Er studirte zu Leipzig 1744 u. 45. Er war Professor der Moral und schönen Wissenschaften an der Ritterakademie zu Sorde und am Gymnasium in Altona, doch zog er in den spätern Jahren ein mehr unstetes Leben vor, und beschäftigte sich ohngefähr vom Jahre 1768 an hauptsächlich mit der Reformation des Schulwesens. wodurch er sich ohnstreitig große Verdienste erworben und seinem Namen ein ehrenvolles Andenken gesichert hat. Er war der Stifter der berühmten Erziehungsanstalt zu Dessau, Philanthropinum genannt, 1774. Basedow starb in einem Alter von 67 Jahren zu Magdeburg den 25. Juli 1790.

Am 12. September 1683 wurde Oesterreichs Hauptstadt, Wien, welche seit dem 16. Mai 1683 von einem türkischen Heere unter dem Vezier Kara Mustapha belagert war, durch ein Bundesheer von Deutschen und Polen befreit, welche sich auch des beutevollen Lagers der flüchtigen Muselmänner bemächtigten. Dem heldenmüthigen Polenkönige, Johann Sobiesky, welcher mit seinen Reiterschaaren auf dem rechten Flügel zur Besiegung der Türken vorzüglich thätig sich gezeigt hatte, überließ man nicht nur das kostbare Zelt des Veziers, sondern es ward ihm auch, als dem Befreier Wiens, in dieser Stadt ein Denkmal errichtet, mit folgender der heil. Schrift (Joh. I. 6.) entnommenen Inschrift:

„Es kam ein Mann, von Gott gesandt, der hieß Johannes.''

Am 13. September 1779 erließ der König von Preußen, Friedrich II., aus Potsdam ein Rescript wegen Besteuerung des Kaffee's, worin folgende wiederholungswerthe Stellen befindlich sind: „Es ist abscheulich, wie weit es mit der Konsumtion des Kaffee's geht, und wie viel Geld dafür aus dem Lande geschickt wird. Das macht, ein jeder Bauer und gemeiner Mensch gewöhnt sich jetzt zum Kaffee, da solcher auf dem Lande so leicht zu haben. Wird das aber ein Bischen erschweret, so müssen sich die Leute wieder an das Bier gewöhnen. Uebrigens sind Sr. Königl. Majestät höchstselbst in Dero Jugend mit Biersuppen erzogen, mithin können die Leute dort eben so gut mit Biersuppen erzogen werden.''

Verlag von Bossange Vater in Leipzig.
Unter Verantwortlichkeit der Verlagshandlung.

Das Pfennig-Magazin

der
Gesellschaft zur Verbreitung gemeinnütziger Kenntnisse.

20.]   Erscheint jeden Sonnabend.   [September 14, **1833**.

Haushaltung der Lappländer.

Die Lappländer, oder wie sie sich selbst nennen, Same, — denn das Wort Lappländer gilt für ein Schimpfwort, — bewohnen die nördlichsten Gegenden Europa's, zwischen dem 67. und 75° N. B., und theilen sich in Fischer=Lappen und Rennthier= oder Berg=Lappen. Die Nachrichten, welche uns die Reisenden von ihnen geben, sind nicht geeignet, eine hohe Meinung von der Schönheit derselben zu erwecken: der Lappländer ist in hohem Grade schmutzig, dunkelbraun, hat einen breiten Mund, sehr hohe Wangen und stark hervorstehende Backenknochen, ein ziemlich langes, spitzes Kinn und kleine, stets in Feuchtigkeit schwimmende Augen. Der Hüttenrauch und der blendende Schnee wirken auf seine Augen oft so verderblich, daß er häufig mehrere Tage an einer gänzlichen Erblindung leidet. Seiner Gestalt nach ist er klein, kaum 4 bis 4½ Fuß hoch, aber kräftig, gewandt und zur Ertragung von Mühseligkeiten und Anstrengung geschickt. Kaum hat das Kind das sechste Jahr erreicht, so wird es zu mancherlei Leibesübungen angehalten. Und in der That muß

man erstaunen, wenn man sieht, mit welcher Stärke, Sicherheit und Gewandtheit der Lappe in seinen breiten Schneeschuhen über den Schnee dahin eilt, wenn er namentlich mit derselben Eile steile Berge hinabgleitet, daß der Wind ihm um die Ohren pfeift und die Haare rückwärts flattern. So wenig Einladendes Lappland für uns hat, so hält doch der Lappe seine Heimath für das wahre Paradies, und fühlt sich bei seinen beschränkten Begriffen und den wenigen Bedürfnissen für so glücklich, daß er es sehr schmerzlich empfinden würde, wenn man ihn in eine nach unsern Begriffen bessere Lage versetzen wollte. Die Kunstfertigkeiten der Lappländer erstrecken sich nicht über die Fertigung und Bereitung der gewöhnlichsten Lebensbedürfnisse; doch sollen die Frauen den Männern im Schnitzen hölzerner Geräthschaften überlegen seyn. Die Lappländer gerben die Häute der Rennthiere, verfertigen aus den Sehnen derselben Zwirn, weben Decken, stricken Handschuhe, machen hölzerne Geräthschaften, namentlich Kähne und sehr zweckmäßige Schlitten, und die ihnen nothwendigen

Kleidungsstücke. Ihre Waffen waren früher nur Pfeile und Bogen, jetzt haben sie auch Flinten und Büchsen. — In sittlicher und religiöser Hinsicht stehen sie noch sehr tief. Höchst gleichgültig gegen Alles, was nicht auf die Befriedigung irgend eines nächsten, leiblichen Bedürfnisses abzweckt, haben sie auch dem Christenthume, das einige eifrige Missionare ihnen verkündigten, wenig Eingang gestattet. Zwar ließen sich Mehrere taufen, hörten auch den Missionaren aufmerksam zu, so lange sie hoffen konnten, Branntwein zu erhalten; als sie sich aber in dieser Hoffnung getäuscht sahen, verehrten sie nach wie vor ihre Götzenbilder. Branntwein ist auch hier das Gift, welches jede bessere Kraft verzehrt, und der Lappländer ist dem Trunke so ergeben, daß er in der Regel das aus dem Handel mit Rennthierfellen gewonnene Geld vor dem Laden des Kaufmanns vertrinkt, und sich glücklich fühlt, wenn er sich bis zum Taumeln überladen hat. Nicht selten vertrinkt er sein ganzes Besitzthum. Für Branntwein ist der Lappe zu Allem erbötig. Indeß fehlt es ihnen auch nicht an manchen Tugenden: Diebstahl kennt man fast nicht; Riegel und Schlösser zur Bewahrung des Eigenthums sind nicht nöthig; Bettler giebt es nicht, und für solche, die durch Zufall verarmt sind, oder wegen Altersschwäche sich ihren Unterhalt nicht erwerben können, wird reichlich gesorgt.

Ich glaube, nichts Zweckmäßigeres und meinen Lesern Willkommneres thun zu können, als wenn ich ihnen bei der weitern Beschreibung der Lappländer eine möglichst genaue Erklärung des voranstehenden Bildes gebe, welches uns recht eigentlich in das häusliche Leben der Lappländer einführt, indem es einen Hauptmoment ihrer täglichen Beschäftigung darstellt.

Eine wahre Lapplandgegend! Im Hintergrunde Berge mit Schnee bedeckt, an deren Abhängen kaum einzelne verkrüppelte Tannen, Fichten und Birken spärlich fortkommen; die Rennthierheerde, des Lappländers Reichthum, kehrt von der Weide zurück, um gemolken zu werden und sich die Nacht hindurch um die Hütte des Besitzers zu lagern. Wenn die flüchtige Heerde über den Schnee dahineilt, so vernimmt man ein lautes, weithin hörbares Geräusch, welches nicht sowohl von dem Auftreten der Thiere auf den Boden, sondern von dem Knistern in den Kniekehlen herrührt. Wenn ein Lappländer 150 Rennthiere besitzt, so gilt er für reich; manche haben aber auch 300 — 400 Stück. Die Rennthierheerde verlangt auf der Weide immer die Gegenwart einiger Hüter; daher lösen sich Männer und Kinder, Frauen und Mädchen täglich zwei bis drei Mal in diesem Geschäfte ab, und Jeder zieht mit mehreren Hunden aus, welche ihm eigenthümlich zugehören und nur seinem Rufe folgen. Die treuen Hunde bewachen die Heerde, halten sie zusammen, treiben sie von einem Orte zum andern und schützen sie vor dem gefährlichsten Feinde, dem Wolfe. Kommt nun am Abende der Lappe mit seinen treuen Hunden in die Hütte zurück, so theilt er dafür mit ihnen sein Rennthierfleisch und seine Suppe, was er selbst seinem Vater oder Bruder verweigern würde. So wie der Hund des Lappländers Tischgenosse ist, so theilt er auch sein Lager mit ihm, und Thiere und Menschen liegen friedlich in der Hütte neben einander. — Das Rennthier nützt dem Lappen theils als Zug= und Lastthier, theils durch sein Fleisch, theils durch seine Milch, aus welcher er im Sommer Butter und Käse bereitet; im Winter aber, wo sie bald gefriert wird die Milch in einem wohlgereinigten Rennthiermagen aufbewahrt, dann, wenn sie gebraucht

werden soll, mit einem Beile in kleine Stückchen gehackt und als ein Leckerbissen genossen, wozu freilich die Zähne und der Magen eines Lappländers gehören, um sich nicht zu erkälten. Soll das Thier gemolken werden, so muß ein Gehülfe da seyn, theils um es festzuhalten, wenn es widerspenstig ist, theils um ihm die quälenden Mücken abzuwehren. —

Die Kleidung ist bei allen Lappländern, bei Männern und Frauen, ziemlich gleich und dem Klima sehr angemessen; nur daß die Kleidung der Frauen etwas kunstvoller ist. Die Kopfbedeckung der Männer besteht gemeiniglich in einer spitz zulaufenden, aus vier Theilen bestehenden Mütze von Tuch, deren Nähte mit andersfarbigen Tuchstreifen besetzt sind; verbrämt ist die Mütze mit feinem Pelzwerke und an der Spitze befindet sich eine aus buntfarbigen Tuchstückchen bestehende Quaste. Auf der Jagd oder bei rauhem Wetter tragen sie eine Kappe, welche Kopf und Nacken so bedeckt, daß nur eine Oeffnung für das Gesicht ist. Der Rock des Lappländers ist aus Schaaffellen verfertigt, wovon die Wolle einwärts gekehrt wird. Dieser Rock, welcher auch anstatt des Hemdes dient, hat einen hochaufstehenden Kragen, ist vorn bis auf die Brust offen, und wird entweder mit Tuch geziert, oder mit Otterfellen verbrämt und auf mancherlei Weise geschmückt. Ueber diesem Rocke tragen sie ein Oberkleid von grobem Tuche oder Rennthierfellen, eben so gefertigt, wie das Unterkleid; nur auf den Schultern ist eine farbige Tuchbesetzung angebracht, welche einem Epaulette gleicht. Taschen haben diese Kleider nicht; der Lappländer trägt sein Messer an dem Gürtel hängend und sein Feuerzeug in einem Säckchen, welches über die Brust hängt. Bei sehr heftiger Winterkälte tragen sie noch ein Kleid aus Rennthierfellen, und zwar so, daß das Pelzwerk nach außen gekehrt ist. Die Handschuhe sind von gegerbtem Leder oder von Rennthierfellen, wovon die Haare ebenfalls nach außen gekehrt sind. Um sich noch mehr zu schützen, füttert man Handschuhe und Schuhe mit Schirmmoos, welches im Sommer getrocknet und mit Kämmen wollartig gemacht wird. Statt der Strümpfe tragen Männer und Frauen eng anschließende Hosen, aus Leder oder grobem Tuche verfertigt; die Vorderseite dieser Beinkleider ist oft von gegerbtem Leder, die Hinterseite aber von rauhem Felle. Die Schuhe sind aus der Kopfhaut des Rennthiers gemacht, werden mit Stroh oder Moos ausgestopft und an den Füßen festgebunden. Die Kleidung der Frauen unterscheidet sich wenig von der der Männer, nur daß sie mit zierlicheren Nähtereien geschmückt ist und daß die Mützen, ebenfalls von Tuch, zum Theil eine etwas andere Form haben.

Die Hütte des Lappländers ist sehr einfach, klein und niedrig. Sie besteht aus vier ovalgekrümmten Stangen, die in der Erde befestigt sind, nach oben zu sich neigen, aber eine Oeffnung als Rauchfang lassen. Die Hütten sind mit Baumrinde bedeckt, über welche bei stürmischer Witterung oft noch ein Stück Segeltuch gespannt wird. Der ganze Raum hat höchstens 4 Schritte im Durchmesser. Der Eingang ist so niedrig, daß man sich bei dem Eintreten bücken muß; auch in der Hütte selbst kann man nicht aufrecht stehen. In der Mitte brennt auf einem niedrigen, steinernen Heerde das Feuer, über welchem der Kochtopf befestigt ist. Um dieses Feuer sitzen die Lappländer, welche eben von der Arbeit frei sind, in behaglicher Ruhe und sind hochvergnügt, wenn sie Tabak rauchen können. Diesen lieben sie so sehr, daß sie sich selbst dann noch zu helfen wissen, wenn der Vorrath zu Ende geht: dann setzen sie sich nämlich in die Runde, die Pfeife geht die Reihe herum, jeder thut einige Züge und bläst den Rauch den Uebrigen in's Gesicht, damit sie wenigstens am Geruche sich ergötzen können. — Abends geht der Lappländer nie eher zur Ruhe, als bis er vorher sorgfältig das Feuer ausgelöscht hat; ist kein Rauch mehr in der Hütte, so klettert er auf das Dach und bedeckt die Oeffnung.

Ich hätte zwar meinen Lesern noch manches Interessante aus der Haushaltung der Lappländer zu erzählen, doch eile ich, sie mit dem bekannt zu machen, was sie neben der Hütte an dem Baumaste hängen sehen. Dieß ist nämlich — eine lappländische Wiege, in welcher ein kleiner Lappländer oder eine kleine Lappländerin behaglich ruht, und so schon von der Geburt an an das rauhe Klima gewöhnt wird. Die Wiege besteht aus einem hinlänglich weiten und großen Baumstamme, welcher sehr reinlich, ausgehöhlt und mit Schnitzwerk versehen ist. Es sind mehrere Bänder daran angebracht, damit die Mutter Wiege und Kind auf der Reise oder bei dem Hüten der Heerde tragen kann; theils auch, wie es unser Bild zeigt, um es in der Hütte oder an einen Baumast aufzuhängen und hin und her zu wiegen.

Galileo Galilei.

Eines der größten mathematischen Genies. Galileo Galilei wurde den 15. Februar 1564 zu Pisa geboren, und war der natürliche Sohn des Vincentio Galilei, der sich durch eine hohe geistige Bildung auszeichnete: denn er hat mehrere Abhandlungen über die Musik herausgegeben, welche beweisen, daß er sowohl in praktischer, als theoretischer Hinsicht dieser Kunst Meister war. Schon die ersten Kinderjahre Galilei's, wie das ja auch bei Newton und manchen andern großen Mathematikern und Physikern der Fall war, beurkundeten seine glücklichen Anlagen in mannichfachen mechanischen Kunstarbeiten, die er verfertigte. Daneben zeigte auch er eifrige Vorliebe und entschiedenes Talent für Musik und Zeichenkunst. Dessenungeachtet kam man dahin überein, daß er sich dem medicinischen Fache widmen solle, und in dieser Absicht bezog er im Jahre 1581 die Universität seiner Vaterstadt. Mit großem Eifer schien er sich für einige Zeit auf das Studium der Medicin zu legen. Wie sehr sein Geist in dieß neue Streben und seine natürlichen Anlagen zu mechanischen Beobachtungen und Erfindungen getheilt war, davon liefert uns die Geschichte seiner ersten wichtigen Entdeckung, des Isochronismus (oder gleichen Zeitmaßes) in den Schwingungen des Pendels, einen sprechenden Beweis. Galilei wurde zu dieser merkwürdigen und wichtigen Vermuthung zuerst dadurch gebracht, daß er die Bewegungen der schwebenden Lampe am Dache der Domkirche lange Zeit aufmerksam beobachtet hatte; alsbald fand er so zufällig, daß hierin ein vortreffliches Mittel liege, das Verhältniß des Pulses genau zu bestimmen, und demzufolge fand er seine Vermuthung später durch einen Versuch bewährt. Dieß war die erste und für eine lange Zeit die einzige Anwendung, welche er aus seiner Entdeckung lernte. Er verfertigte mehrere kleine Instrumente zur Berechnung des Pulses vermöge der Schwingungen des Pendels, welche gar bald unter dem Namen Pulsilogi in allgemeinen Gebrauch kamen, und es verflossen kaum einige Jahre, so benutzte man sie allgemein zur

Berechnung der Pulsschläge. Begreiflicher Weise fing Galilei nach dieser Entdeckung an, sich dem Studium der Mathematik zu widmen. Von diesem Augenblicke an schien er sein wahres Feld gefunden zu haben. Er wurde von der Wahrheit der Geometrie so sehr bezaubert, daß er seine medicinischen Bücher von jetzt an bei Seite legte. Sein Vater fühlte sich durch des Sohnes eifriges Streben in diesen neuen Studien erstaunlich gekränkt, so daß er ihm entscheidend jede fernere Nachsicht hierin verweigerte. Doch nach einiger Zeit, als der väterliche Befehl nicht mehr hinreichte, den mächtigen Trieb der Natur zu hemmen, gestattete er es ihm geradezu, und von nun an war es dem Galilei vergönnt, seinen eigenen Weg einzuschlagen. Nachdem er sich des Euklid bemeistert hatte, wagte er sich auch an die Lektüre der Hydrostatik des Archimedes, und als er diese Schrift durchstudirt, gab er sein erstes mathematisches Werk heraus, einen Versuch über die hydrostatische Wage. Sein Ruf verbreitete sich bald auswärts und er wurde bei dem Guido Ubaidi, in jener Zeit dem berühmtesten Mathematiker Italiens, eingeführt. Dieser Mann, eingenommen von den außerordentlichen Kenntnissen und Talenten Galilei's, empfahl ihn zu einer annehmlichen Stelle an seinen Bruder, den Cardinal del Monte, und hier lernte er den damaligen Großherzog von Toscana Ferdinand kennen. Der Weg zum Ruhme war ihm nunmehr gebahnt. Im Jahre 1589 erhielt er die Professur der Mathematik auf der Universität Pisa, und diese Stelle verwaltete er bis 1592, als er von der Republik Venedig auf sechs Jahre zum Professor der Mathematik an ihrer Universität zu Padua ernannt wurde. Von jetzt an, wo er die erste dieser Stellen erhielt, lebte Galilei ganz für die Wissenschaft, und obschon sein Gehalt anfänglich nicht beträchtlich war, und deshalb sich genöthigt sah, einen großen Theil seiner Zeit auf Privatunterricht zu verwenden, so brachte er es durch seine rastlose Thätigkeit dennoch dahin, sich in seiner Bildung unendlich mehr zu vervollkommnen, als es die meisten andern Menschen in einem Leben von ununterbrochener Muße im Stande sind. Der ganze Umfang der Naturwissenschaften, so groß er in jener Zeit war, nahm seine Aufmerksamkeit in Anspruch. Daneben beschäftigte er sich mit Lektüre, Beobachtungen und Versuchen, und auf die Verfertigungen zahlreicher Abhandlungen über seine Lieblingsgegenstände verwendete er Tage und Nächte, voll Mühe und Arbeit. Im Jahre 1598 erhielt er mit einem vermehrten Einkommen von neuem die Anstellung als Professor und im J. 1606 wurde er zum dritten Mal mit einer Zulage zu dieser Professur ernannt. In jener Zeit waren seine Vorlesungen so beliebt, und er hatte eine so große Anzahl von Zuhörern, daß gar häufig der geräumigste Hörsal auf der Universität, welcher gegen tausend Personen faßte, nicht groß genug war und er unter freiem Himmel seine Vorlesungen halten mußte. Unter den Verdiensten, die er sich bis dahin um die Wissenschaft erworben, kann noch bemerkt werden seine Vorrichtung an einem Instrumente zur Auffindung der Proportionallinien, Günter's Scala ähnlich, ferner seine Wiederentdeckung des Thermometers, was schon einige alte Philosophen gekannt zu haben scheinen, seit langer Zeit aber ganz vergessen worden war. Doch das merkwürdigste Jahr auf Galilei's Laufbahn war 1609, wo er die Schranken in der Naturwissenschaft erweiterte. In genanntem Jahre nämlich machte er seine große Entdeckung des Teleskopes; — er wurde darauf geführt durch Betrachtung der Wirkung, welche zusammengesetzte Vergrößerungsgläser vorbrachten, als man ihm bei einem Besuche zu Venedig von einem wunderbaren Instrumente berichtete, weiches man eben aus Holland nach Italien geschickt hatte. Und in der That, es scheint in jenem Lande vorher ein Teleskop oder Fernrohr von roher Gestalt verfertigt worden zu seyn; aber Galilei, der nie Etwas von jener Erfindung gewußt hat, war ohne allen Zweifel der ächte und einzige Erfinder dieses Instrumentes in der Gestalt, in welcher es allein zum wissenschaftlichen Gebrauche angewendet werden kann. Die Theilnahme an dieser Erfindung überstieg alle Begeisterung, welche je ein Wunder in der Wissenschaft erregt hatte. Nachdem er sein Instrument mehrere Tage hintereinander erprobt hatte, legte er es dem Senate von Venedig vor, welcher ihm sogleich auf Lebenszeit die Professur ertheilte und seinen Jahrgehalt, der gegenwärtig 1000 Gulden betrug, verdoppelte. Darauf fertigte er ein anderes Teleskop für sich selbst, womit er Beobachtungen am Himmelsgewölbe anstellte. Die vier Trabanten oder begleitenden Monde des Jupiters offenbarten sich zum ersten

Male dem menschlichen mit Galilei's Erfindung bewaffneten Auge. Andere, vorher noch nie gesehene Sterne begegneten seinen Blicken in allen Himmelsgegenden, wohin er sich wendete. Saturn ließ seinen einzigen umschließenden Ring sehen; der Mond entschleierte seine Seen und Gebirge; die Sonne selbst ließ dunkle Flecken gewahren mitten in ihrem Glanze. Alle diese Wunder machte er in seinem Werke bekannt, welches er Nuncius sidereus, oder Kenntniß des Himmels, betitelte, ohnstreitig eine Zeitschrift, die wegen der außerordentlichen Nachrichten mit keiner andern vergleichbar ist, die je erschienen. Im Jahre 1610 ward er veranlaßt, die Professur zu Padua niederzulegen, weil er einen Ruf vom Großherzoge von Toskana erhielt, worin ihm dieser die Stelle und Einkünfte seines ersten Mathematikers und Physikers zu Pisa zusicherte. Gleich in der ersten Zeit seines dortigen Aufenthaltes trat Galilei auf, und lehrte frei und öffentlich nach dem Weltsysteme des Copernicus, von dessen Wahrheit er sich einige Jahre früher überzeugt hatte. Dieser kühne Schritt zog dem großen Philosophen eine grausame und abscheuliche Verfolgung zu, die nur mit seinem Leben endete. Ein fürchterliches Geschrei erhob sich unter den

unwissenden, bigotten Menschen seiner Zeit, weil er die Lehre behauptete, daß sich die Erde um die Sonne drehe, „und somit der Bibel widerspreche, die ein beständiges Stillstehen der Erde lehrte." Die Zeit ist nun vorbei, wo es nöthig wäre, solche alberne Begriffe förmlich zu widerlegen, welche sich auf ein völliges Mißverständniß des Inhalts der Bibel gründen; sie hat zum Zwecke, die Menschen über Moral und Religion zu belehren, nicht aber über Mathematik oder Astronomie, und die Menschen, an welche sie zuerst gerichtet ward, würden jene Dinge auch nicht verstanden haben, wenn nicht ihre Sprache in Ansehung dieser und mancher andern Punkte für die damals allgemein herrschenden Meinungen gepaßt hätte. In Galilei's Zeitalter jedoch hatte man noch nicht gelernt, jene wahre, entgegengesetzte Ansicht gelten zu lassen. Im Jahre 1616 begab er sich nach Rom, als er von der Erbitterung hörte, die er durch seine Lehre erregt hatte, und wurde vom Papste gnädig aufgenommen; doch erhielt er die Weisung, sich fernerhin aller Verbreitung der Copernicanischen Lehransicht zu enthalten. Einige Jahre ließ er diesen Punkt ruhen, aber 1632 machte der Philosoph sein berühmtes Gespräch über die beiden Weltsysteme, das Ptolemäische und Copernicanische, öffentlich bekannt, worin er frei und offen die Wahrheit von der Lehre des Letztern darthat. Seine Gegner, welche so lange Zeit fast gänzlich still geschwiegen hatten, fielen vor Wuth über ihn im schrecklichen Sturme her. Das Buch wurde an die Inquisition abgegeben, und der Verfasser vorgeladen, vor diesem gefürchteten Gerichtsstuhle zu erscheinen. Am 14. Februar 1633 langte er in Rom an. Es ist hier nicht der Ort, die Geschichte seines Processes weitläufig zu erzählen: es ist zweifelhaft, ob Galilei wirklich auf die Folter gebracht wurde, oder nicht; nur so viel ist gewiß, daß er am 21. Juni der Ketzerei schuldig erklärt und zur Abschwörung und Gefängnißstrafe verdammt wurde. Seine Verhaftung im Kerker der Inquisition dauerte nur wenige Tage; und nach einigen Monaten war es ihm vergönnt, nach seinem ländlichen Wohnsitz Arcetri, in der Nähe von Florenz, heimzukehren; doch mit dem Befehle, diesen Ruhesitz nie wieder zu verlassen, auch keine Besuche von Freunden anzunehmen. Galilei überlebte diese Behandlung mehrere Jahre, widmete sich in rastlosem Streben den philosophischen Studien, und sandte von hier aus ein anderes wichtiges Werk unter die Presse, nämlich seine Gespräche über die Gesetze der Bewegung. Auch wurde die Strenge seiner Haft nach einiger Zeit gemildert, und obschon er Arcetri nie wieder verließ (ein einziges Mal ausgenommen, auf einige Monate), so war es ihm doch vergönnt, den Umgang seiner Freunde in seinem Hause zu genießen. Aber ein anderes Mißgeschick sollte jetzt über den betagten Mann hereinbrechen. Lange schon hatte er an seiner Gesundheit gelitten; jetzt kamen die Krankheitszufälle häufiger und wurden schmerzhafter, als je. Im Jahre 1639 wurde er völlig blind. Schon einige Jahre früher war das Band, was ihn noch an's Leben kettete, durch den Tod seiner geliebten Tochter zerrissen, und so endete, niedergedrückt von des Kummers Last, der betagte Greis am 8. Januar 1642 in einem Alter von 78 Jahren, sein bürdevolles Leben.

Was Galilei durch die Erfindung der Teleskope begonnen, hat in neuerer Zeit W. Herschel (ein Hannoveraner, gestorben 1822) auf eine für die Wissenschaft höchst fördernde Weise fortgesetzt, wovon wir nächstens berichten werden.

Der Kampherbaum
(Laurus Camphora.)

Der Baum, von welchem der Kampher kommt, ist eine Gattung des Lorbeerbaums und wächst in China, auf Japan und in verschiedenen Theilen Ostindiens. Die Blätter stehen auf einem schlanken Stiele und haben einen vollkommen wellenförmigen Rand, der spitzig ausläuft. Ihre obere Fläche ist von einem lebhaften, glänzenden Grün; der untere Theil ist von einem gelben Grün und von einem seidenartigen Ansehen und endigt sich oft in kleinen Wurzeln und Auswüchsen — ein Umstand, welcher dieser Art von Lorbeer eigen ist. Die Stiele der Blüthen zeigen sich nicht eher, als bis der Baum ein beträchtliches Alter und eine große Höhe erreicht hat. Die Blüthenstiele sind schlank, treiben oben mehrere Zweige, theilen sich in sehr kurze Stengel, wovon jeder eine einzelne Blüthe trägt; diese ist weiß und auf sie folgt eine glänzend purpurrothe Beere von der Größe einer Bohne. Sie enthält einen kleinen Kern in einer weichen, fleischigen Substanz und hat den Geruch von Würznelken und Kampher. Die Rinde des Baumstammes ist auswendig etwas rauh, aber auf der innern Oberfläche ist sie weich und schleimig; daher läßt sie sich leicht vom Holze trennen, welches trocken und von einer weißen Farbe ist. Einige Reisende behaupten, alle Bäume enthielten den Kampher in solcher Menge, daß, wenn man den Stamm spalte, man ihn in Gestalt von großen rinnenden Tropfen finde und zwar so rein, daß man ihn gar nicht zu reinigen brauche. Jedoch bereitet man ihn gewöhnlich aus den Wurzeln, wovon man Stücke in ein eisernes Gefäß mit einem Deckel oder einem großen Helme darüber, thut, den man inwendig mit Seilen von Reißstroh anfüllt; die Fugen werden dann verschmiert und die Destillation beginnt. Bei der Anwendung von Hitze steigt der Kampher in die Höhe und hängt sich an das Stroh im Helme. Die Holländer reinigen die auf diese Art gewonnene Substanz dadurch, daß sie eine Unze ungelöschten Kalks in jedes Pfund Kampher mischen und ihn in großen, gläsernen Gefäßen einer zweiten Sublimation (Hinaufläuterung) unterwerfen. Der Kampher ist als eine weiße, zerreibliche Substanz sehr bekannt, hat einen besondern aromatischen Geruch und einen starken Geschmack. Er schmilzt bei einer Temperatur von 288° und kocht bei 400° Fahrenheit. Seine specifische Schwere ist geringer, als die des Wassers. Er läßt sich sehr leicht entzünden, brennt mit einer weißen Flamme und Rauch und läßt keinen Bodensatz zurück. Alkohol, Aether und Oel lösen ihn auf.

Es giebt zwei Arten von Kampher; die eine nennt man die natürliche, die andere die künstliche. Die letztere wird aus den zerhackten Wurzeln, Zweigen und andern Theilen des Baumes erhalten; diese kocht man mit Wasser in einem einer Blase ähnlichen eisernen Topfe, über welchen ein zugespitzter irdener, mit Stroh und Binsen angefüllter Helm gedeckt wird. Das weitere Verfahren ist oben angegeben, und dadurch erhält man den rohen Kampher, wie er aus Japan, China und Ostindien in Menge nach Europa kommt. Hier wird er raffinirt, welches vorzüglich die Holländer thun, die bisher den stärksten Handel mit dieser Waare trieben.

Eine Menge Pflanzen enthalten, außer dem eigentlichen Kampherbaume, Kampher, der z. B. im gemeinen Thymian, im Rosmarine, in der Salbei, im Galgant und in andern Gewächsen vorhanden ist. Der Kampher ist ein vortreffliches Arzneimittel und wird sowohl innerlich, als äußerlich gebraucht, indem er stark auf den thierischen Körper wirkt.

Der natürliche Kampher kommt von einem andern Baume, der aber auch zu dem Lorbeergeschlechte gehört. Man nennt ihn den Kampherbaum von Sumatra (laurus sumatrealis), der eirunde, vorne zugespitzte Blätter und große tulpenförmige Blüthen hat, und an 100 Fuß hoch und sehr stark wird. Aus dem Stamme dieses Baumes tritt der Kampher durch die rissige Rinde und setzt sich daselbst in dünnen Blättchen und Klümpchen an. Man hauet, sobald man dieß wahrnimmt, den Stamm ab und sammelt den hervorgequollenen Kampher. Die beste Sorte besteht in größern, die schlechtere in kleinern Klümpchen. Eine noch geringere erhält man durch das Abschaben der Rinde. Diesen natürlichen Kampher schätzt man weit höher, als den sublimirten; besonders suchen ihn die Japanesen, in deren Lande der Baum nicht wächst. Sie geben für 1 Pfd. dieses natürlichen Kamphers 100 Pfd. von dem ihrigen. Der natürliche Kampher hat das vor dem andern voraus, daß er nicht sobald verfliegt.

Der alte Tilly, Schiller und der Leipziger Todtengräber.

Am 7. September 1631 wurde die Schlacht bei Breitenfeld geliefert. Am Morgen zog der alte Tilly mit einem großen Theile seines Heeres, das am Tage vorher Leipzig besetzt hatte, und an diesem Vormittage auch noch die Pleißenburg durch Kapitulation einnahm, zum Gerberthore hinaus, um sich zwischen Breitenfeld und Seehausen, wohin die im Lager bei Möckern und Eutritzsch stehenden Truppen schon aufgebrochen waren, den über Podelwitz heranziehenden Schweden und Sachsen entgegenzustellen. Sein Hauptquartier nahm er in der Vorstadt im Hause des Todtengräbers, und darüber ist nun gar mancherlei gefabelt worden. Namentlich hat Schiller in seiner „Geschichte des 30jährigen Krieges" Th. I. S. 392 dieß Haus als „das Einzige bezeichnet," welches in der Halle'schen Vorstadt stehen geblieben war. Hier unterzeichnete er die Kapitulation, und hier wurde auch der Angriff gegen den König von Schweden entworfen. „Bei'm Anblicke der abgemalten Schädel und Gebeine, mit denen der Besitzer sein Haus geschmückt hatte, entfärbte sich Tilly. Leipzig erfuhr eine über alle Erwartung gnädige Behandlung." Einem Manne, wie Schiller, spricht gern Jeder nach, und so findet sich dieselbe Angabe auch in fast allen spätern Nachrichten; selbst Chodowiecki hat diese Scene sauber in Kupfer gestochen. Und doch ist fast jedes Wort eine Unwahrheit. Es hat nie einen Todtengräber in der Halle'schen Vorstadt zu Leipzig gegeben, weil der Kirchhof stets vor dem Grimma'schen Thore lag, und der Todtengräber gewiß auf diesem oder in dessen Nähe wohnte. Er hat namentlich damals am „Gottesackerkirchlein" gewohnt. Dieß ergiebt sich theils aus Vogel's Annalen S. 449, wo seine Wohnung als „dem Gottesacker gegenüber" bezeichnet wird, theils aus einer Schrift, welche der Leipziger Todtengräber im folgenden Jahre über „des Herrn General Tilly Einkehrung in seinem Hause vor Leipzig geschehen, 32 S. in 4." selbst herausgab. Daß Tilly über die darin angeblich abgemalten Schädel und Todtenknochen „sich entfärbt habe," wird zwar auch von gleichzeitigen Schriftstellern mit einigen unwesentlichen Veränderungen erzählt, und in dem Betrachte hätte Schiller wenigstens Grund zu seiner Nachricht gehabt; allein es ist ebenfalls sehr zu zweifeln, ob ein wahres Wort daran sey; am wenigsten ist Schiller's Bemerkung richtig, daß Leipzig deshalb „eine gnädige Behandlung erfuhr." Diese beruhte auf ganz andern Ursachen. Es lag den alten Generalen daran, so eine wichtige Stadt in dem Augenblicke in seine Hände zu bekommen, wo er eben entweder eine Schlacht liefern oder eine Defensivstellung gegen den anrückenden Feind nehmen mußte. Zur letztern paßte Leipzig, als starke Festung, wenn er sich dahinter aufstellte. Daß sich aber Tilly und Pappenheim — denn auch von Letztern wird dasselbe gesagt — vor den „Schädeln und Gebeinen" entsetzt haben, wird darum sehr zweifelhaft, weil im damaligen Todtengräberhäuschen diese wahrlich nicht gemalt seyn konnten, um großes Grauen einzuflößen; weil der damalige Todtengräber in seinem angeführten Berichte nicht ein Wörtchen davon sagt, daß sein Häuschen so geschmückt gewesen sey; weil er von dem „Entfärben" Tilly's auch nicht ein Wort sagt, sondern im Gegentheile „von dem großen Trotzen und Butzen," von dem „heftigen Drängen und Zwingen," dem „unerhörten Schnauben und Drauwen" spricht, welches „die halbtodte Bürgerschaft" in Tilly's Quartiere zu erfahren hatte. Vermuthlich ist es dem Tilly und seinen Generalen allen erst nach der verlornen Schlacht eingefallen, wo sie das Hauptquartier gehabt hatten, und welch ein unglückliches Omen darin gelegen habe. Wäre die Schlacht von Breitenfeld gewonnen worden, so hätte kein Mensch daran gedacht. Wenn gleich in jenen Tagen so Etwas geahnet worden wäre, hätte unser ehrlicher Todtengräber doch wohl Etwas davon gehört gehabt und es mitgetheilt. Er sagt aber ausdrücklich, daß die „Leipziger nicht ohne Entsetzung" gemeint hätten, so würde dieß gar ein böse Anzeigung der guten Stadt seyn, daß in ihres Todtengräbers Hause die Traktaten über ihr Leib, Leben und Gut angestellet würden." Wie mag denn nun aber Schiller auf den Einfall gekommen seyn, den Todtengräber in die Halle'sche Vorstadt zu versetzen? Vielleicht hat er sich verschrieben, Halle'sche statt Grimma'sche; vielleicht wurde er irre geführt, weil Tilly am 2. September von Halle nach Leipzig aufbrach, und er, mit Leipzigs Lokalitäten un-

bekannt, diese Vorstadt, als die bei dem Einmarsche am nächsten gelegene, auch für die hielt, wo Tilly gleich das Hauptquartier nahm.

Wolkenbrüche.

Die Mitte des Sommers, wo die größte Hitze herrscht, ist gewöhnlich die Jahreszeit, wo man Wolkenbrüche fürchtet. Die Wolken gehen dabei sehr tief, sehen sehr schwarz und sind dick, und alle Welt freuet sich, wenn ein heftiger Wind entsteht, sie hebt und einen Wolkenbruch verhütet. Was ist nun ein Wolkenbruch? Die ganze Atmosphäre ist überall mit Feuchtigkeiten mehr oder weniger angefüllt, und diese zersetzen sich oft sehr schnell und fallen als Regen zugleich mit dem Regen aus einer Wolke darüber herab. Die Bildung des Regens beschränkt sich dabei nicht blos auf diese Wolke, sondern füllt die ganze Luftmasse zwischen derselben und dem Erdboden aus; der Wasserdampf wird also in den untern Luftschichten auf die nämliche Art, wie in der Wolke, zersetzt und niedergeschlagen. Mit dem Regen aus der Wolke verbindet sich daher noch der Regen hier unten; die Masse von Wasser, die herabströmt, ist viel größer, als gewöhnlich, und es sieht aus, als ob eine Regenwolke unmittelbar auf der Erde ruhe. Dieß nennt man einen Wolkenbruch, der also kein Riß in der Wolke ist, wie man sich gewöhnlich vorstellt, sondern in der Luft zwischen der Wolke und der Erde hat sich der Wasserdampf zersetzt und fällt in Regen in Strömen herab. Diese Zersetzung erfolgt sehr schnell und Wolkenbrüche erstrecken sich blos auf den Ort des Luftkreises, wo diese geschieht, und nehmen nur einen kleinen Raum ein.

Was ist nun die Ursache von Wolkenbrüchen? Ihre Entstehung rührt von örtlichen Ursachen her, und da sie gewöhnlich von Donnerwettern begleitet werden, so scheint die Elektricität Antheil daran zu haben, welche auch bei dem gewöhnlichen Regen mehr oder weniger wirksam ist. Sie sind ein Beweis, was für eine große Wassermenge selbst in einem kleinen Raume des Luftkreises vorhanden ist. Sie richten große Verheerungen an; die Wassermasse reißt Alles mit sich fort und zerstört Alles. Wo ein Wolkenbruch niedergegangen ist, da fluthet das Wasser in ungeheuern Strömen fort, zerreißt die Felder, stürzt Mauern und Häuser um, wälzt große Steinmassen mit fort und überschwemmt ganze Landstrecken.

Zum Glücke sind Wolkenbrüche selten und dauern nur kurze Zeit; denn da das Wasser bei ihnen nicht in Tropfen, sondern gleichsam stromweise oder in zusammenhängenden Massen herabstürzt, so würde der Schade, den sie anrichten, wenn sie öfters vorkämen, eine große Landplage seyn.

Das Recht der Blutrache im 15. Jahrhunderte.

Vermöge dieses Rechts durfte nach einer verübten Mordthat keine Obrigkeit unmittelbar zur Bestrafung des Thäters einschreiten, sondern sie mußte es den nächsten Verwandten des Ermordeten überlassen, ob und wie sie den Mörder umbringen wollten oder könnten. Wenn die Obrigkeiten vermittelten, so bestand die Genugthuung gewöhnlich in Kirchenbuße, Almosen, Opfern für den Erschlagenen, Errichtung eines steinernen Kreuzes, Verpflichtung, den Verwandten auszuweichen, und

Schadenersatz. So wurden noch 1535 die Mörder Anton's, Altherrn zu Goldach in der Schweiz, angewiesen, nach altem christlichen Brauche Buße zu thun, d. i. in der Kirche vor dem Umgange nackend, nur in schwarzer oder weißer Beinbekleidung, die Lenden mit einem weißen Tuche umgürtet, einherzugehen, in der einen Hand ein bloßes Schwert, in der andern eine große brennende Wachskerze haltend, auf dem Grabe des Entleibten niederzuknieen u. s. w. — Das Recht der Blutrache gilt jetzt nur noch in einigen fernen Gegenden der Erde unter den rohesten Völkern.

Lehren für's Haus.

Wer Menschen kennen lernen will, der muß sie nach ihren Wünschen beurtheilen.

Der Wein ist die Wage des Menschen; lege deinen Freund darauf und prüfe, wie vielsöthig er ist.

Von dem menschlichen Geschlechte schlecht denken, heißt auf dem Wege seyn, ein schlechter Mensch zu werden.

Woche.

Am 14. September 1414 starb Albrecht IV., Herzog von Oesterreich, der Fromme genannt, weil er eine Wallfahrt nach Palästina zum heiligen Grabe machte, während welcher sein Bruder Wilhelm für ihn regierte. Nach seiner Heimkehr ward er nicht nur mit seinen Oheimen, dem Könige Sigismund von Ungarn und dem Könige Wenzel von Böhmen, ausgesöhnt, sondern auch wegen seines Betragens von Beiden so lieb gewonnen, daß sie ihn zu ihrem Thronfolger erklärten, wenn sie ohne männliche Nachkommen sterben sollten. Als er dem Ersteren gegen empörerische Lehnsträger beistand, ward er durch Einen derselben, den er in Znaim belagerte, vergiftet. Albrecht war, erst 27 Jahre alt, mit Johanna von Holland vermählt, die ihm einen Sohn schenkte.

Am 15. September 1796 siegte Bonaparte bei San Giorgio (in Italien) über den österreichischen General Wurmser und den 15. Sept. 1812 ging Moskwa in Feuer auf.

Am 16. September 1744 bemächtigten sich die Preußen, die zeither unter König Friedrich II. Prag belagert und beschossen hatten, dieser Hauptstadt Böhmens, deren starke Besatzung unter dem Befehle des Freiherrn von Harsch sich zu Kriegsgefangenen ergeben mußte. Im Ganzen ward die Stadt geschont und nur die Häuser der geflüchteten Einwohner geplündert.

Am 17. September 1714 ist Gottlieb Wilhelm Rabener, der treffliche Satyriker der Deutschen, auf dem Rittergute Wachau bei Leipzig geboren und daselbst bis in sein vierzehntes Jahr erzogen worden, von wo er die Fürstenschule zu Meißen und endlich die Universität Leipzig besuchte, um die Rechte zu studiren. Er widmete sich hierauf dem schwierigen Fache des Steuerwesens, ward 1741 sächsischer Steuerrevisor, und endlich nach mehrmaligen Beförderungen 1753 Steuerrath. Durch seinen Tod, am 22. März 1771, verlor Deutschland einen ausgezeichneten Schriftsteller, Sachsen einen seiner arbeitsamsten Patrioten. Sein sprudelnder Witz, seine treffende Satyre, wird nie persönlich und trägt immer den Stempel der Gutmüthigkeit. Er trifft besonders die Fehler und Lächerlichkeiten der süßlichen Dummköpfe, afterwitzigen und pedantischen Gelehrten, stolzen und einfältigen Dorfjunker, Marktschreier u. s. w.

Von seinen Schriften nennen wir nur als besonders erwähnungswerth: „Das Testament,“ „das deutsche Wörterbuch,“ „die Chronik,“ „die Sprichwörter des Sancho Pansa,“ und seine ganz vorzügliche „Briefsammlung.“ Er war ein treuer Freund, ein angenehmer Gesellschafter, ein gewissenhafter Beamter und ein wahrer Christ.

Am 18. September 1544 schloß der deutsche Kaiser Karl V. zu Crespy, der ehemaligen Hauptstadt des Herzogthums Valois, jetzt im Oise-Departement von Frankreich, mit diesem Staate Frieden, in welchem beide kämpfende Mächte einander zurückgaben, was sich seit dem Vertrage zu Nizza entrissen hatten, übrigens aber gegenseitig versprachen, Alles zu thun, um die Religionsstreitigkeiten in Deutschland beizulegen und die übermüthigen Türken in ihre Schranken, die sie überschritten, zurückzuweisen.

Am 19. September 1825 wurde auf der Hannöverschen Universität zu Göttingen das Doktorjubiläum des durch seine Forschungen und Entdeckungen hochberühmten Johann Friedrich Blumenbach feierlich begangen. Ihm zu Ehren wurde an diesem Tage für unbemittelte Studirende dieser Universität zu einer Reise das Stipendium Blumenbachianum gestiftet, und eine Pflanze aus Chili „Blumenbachia insignis“ genannt.

Am 20. September 1794 siegten die Verbündeten, unter den Befehlen des kriegskundigen Erbprinzen von Hohenlohe-Ingelfingen, über die französische Armee in der Schlacht bei Kaiserslautern, und öffneten auf diese Weise die Bahn zur Wiedereroberung der Stadt Trier. Der Verlust, den die Franzosen an diesem Tage erlitten, beläuft sich auf 5000 Mann, worunter 3000 Gemeine und 100 Offiziere zu Gefangenen gemacht wurden. Zum Ruhme dieses Tages trugen besonders bei: Benjowski, Blücher, Wolfradt, Köchlichen u. A.

Naturhistorisches Allerlei.

9.

Bei Peterwardein in Sirmien wissen die Leute aufs Haar, wenn ein Gewitter kommen wird. Es giebt dort eine große Menge Gold- oder Steinadler, die gewöhnlich so hoch in der Luft fliegen, daß man sie kaum als einzelne Pünktchen erkennen kann. Allein wenn ein Gewitter kommen will, senken sie sich herab und fliegen zu Hunderten um die Festung herum, und schreien so ängstlich, als ob sie alle fürchteten, vom Gewitter selbst erschlagen zu werden.

Der Oelbaum (Olivenbaum).

Es giebt mehrere Arten von Oelbäumen; allein obgleich die Früchte verschiedener Bäume eine beträchtliche Menge von Oel enthalten, so kommen doch hierin keine den Oliven gleich, deren Baum man mit Recht vorzugsweise den Oelbaum nennt. Man trifft diesen in Europa, Afrika, Asien und Amerika an; hier wollen wir blos den gemeinen Oelbaum (Olea europaea) erwähnen, der schon im hohen Alterthume angebauet ward und im Morgenlande, in Afrika, besonders im nördlichen und im südlichen Europa wild wächst. Vorzüglich beschäftigt man sich mit dem Anbaue desselben in Griechenland, z. B. in Morea, in Italien, im südlichen Frankreich, in Spanien und Portugal, wo eine Menge Menschen ihr Brod damit verdienen. Bei uns dauert er im Freien kaum aus.

Wild und sich selbst überlassen bildet der Oelbaum

in den oben angeführten Ländern einen baumartigen Strauch, deſſen Stamm etwa 8 Fuß hoch iſt und ſo dick wird wie ein Mannsſchenkel; durch die Kultur aber wird er ein ordentlicher Baum. Die aſchgraue Rinde iſt am Stamme ſehr knotig, an den Zweigen aber glatt; das dichte, feſte, bisweilen gemaſerte, gelb= und braunröthliche Holz hat einen bitterlichen Geſchmack.

Der Oelbaum (Olivenbaum).

Die lanzetförmigen, immer grünen, harten, dicken, oben dunkel= und unten weißgrünlichen Blätter ſitzen auf ſehr kurzen und dicken Stielen. Aus ihren Winkeln treiben die Blüthenſtiele hervor, welche ſich in verſchiedene Zweige theilen und weißgelbliche Blüthen tragen. Die Frucht iſt Anfangs grün und von Geſtalt oval; wenn ſie aber reif iſt, ſo iſt ſie ſchwärzlich und von verſchiedener Größe. Es giebt viele Spielarten des gemeinen Oelbaumes, welche nicht nur in der Geſtalt und in der Größe der Blätter, ſondern auch der Früchte ſehr von einander abweichen. Der Anblick des Oelbaumes hat, abgerechnet die Erinnerungen, die er erweckt, etwas Mildes und Anmuthiges, und wo er in Menge wächſt, da erhält die Landſchaft eine große Schönheit. Die ſchöne Ebene von Athen, nordweſtwärts von dem Hymettus, erſchien ſonſt ganz mit Oelbäumen bedeckt; allein leider! hat der Krieg jetzt eine große Verheerung darunter angerichtet.

Die Frucht des Oelbaumes heißt Olive; einige Arten derſelben ſind nicht größer, als die Frucht des Kornelkirſchbaumes; andere hingegen erlangen die Größe eines Taubeneies. Aeußerlich haben die Oliven ein ſchwarzgrünes, bisweilen auch weißliches oder rothbraunes Fleiſch, in welchem der harte Stein oder die Nuß mit dem Saamenkerne eingeſchloſſen iſt. Die kultivirten Bäume und jene auf fettem Boden haben jederzeit größere Früchte. Roh hat das Fleiſch der Frucht einen unangenehmen, bittern Geſchmack und iſt ungenießbar. Die Zeit, wo man die Oliven zum Auspreſſen abnimmt, iſt, wenn ſie faſt reif ſind. Verſchiebt man das Abnehmen oder Abſchlagen zu lange, ſo hindert man die nächſte Ernte und der Baum trägt dann nur ein Jahr um's andere. Zu Aix in Frankreich, wo die Olivenernte früh im November Statt findet, iſt ſie jährlich; in Languedoc, Spanien und Italien, wo ſie

bis zum December, ja bis in den Januar verſchoben wird, iſt ſie zweijährig. Auch hängt die Güte des Oels von dem Abnehmen der Frucht in der erſten Stufe ihrer Reife ab. Sie ſollte ſorgfältig mit der Hand abgepflückt und die Ernte ſollte wo möglich an einem Tage vollbracht werden.

Der Hauptnutzen der Oliven beſteht vorzüglich in dem vortrefflichen Oele, welches unter dem Namen Baumöl oder Olivenöl bekannt iſt. Die Olive zerreibt man zuerſt auf einer hierzu beſtimmten Mühle und bringt dieſelbe dann in die Preſſe. Das erſte Mal drückt man nur gelinde zu und ſammelt das durch dieſe erſte Preſſe erhaltene Oel in beſondern Gefäßen. Dieß Oel iſt das koſtbarſte, weiß von Farbe, ungemein mild und ſüß von Geſchmack und träufelt blos aus dem Fleiſche. Man nennt es Jungfernöl. Etwas geringer iſt die Art, welche durch eine zweite, ein wenig ſtärkere Preſſung erhalten wird, wobei ſchon der Kern und ſeine Schale Oel fahren läßt, welches nicht ſo gut iſt, als das aus dem Fleiſche. Wenn endlich nach ſtarkem Preſſen kein Oel mehr fließt, ſo gießt man ſiedendes Waſſer auf den Brei, rührt ihn um und preßt von Neuem. Hierdurch erhält man Waſſer mit Oel vermiſcht. Das Letztere ſondert ſich in Kurzem ab und wird abgeſchöpft. Dieſe letztere Sorte iſt die geringſte und wird theils zum Brennen, theils in Manufakturen gebraucht. Früchte von Bäumen, die auf einem dürren, ſteinichten Boden wachſen, liefern das beſte Oel; das von Bäumen auf fettem, beſonders aber naſſem Boden iſt zähe und verdirbt leicht.

Die Olive.

Die Fortpflanzung des Oelbaums geſchieht gewöhnlich nicht durch den Saamen, weil dieß zu langwierig iſt, ſondern durch Ableger und durch's Pfropfen. Die Oelbaumzucht, ſorgfältig betrieben, iſt ſehr einträglich; doch iſt der Ertrag, wie bei'm Obſte, nicht alle Jahre gleich. Ein gepfropfter oder inokulirter Oelbaum trägt gewöhnlich erſt nach 8 bis 10 Jahren reichlich.

Der Oelbaum wird ſehr alt und liefert dann ein ſehr feines Harz, welches zu Parfüms benutzt wird. Der Dr. Clarke erwähnt in ſeiner Reiſe nach Griechenland eines Oelbaums, welcher ſo alt ſeyn ſoll als die Erbauung der Citadelle von Athen.

In alten Zeiten ſtand der Oelbaum in großer Verehrung: man opferte Oel den Göttern und die olympiſchen Sieger wurden mit Kränzen vom Oelbaume bekränzt. In Morea ſchlägt der Oelbaum ſchon im Februar aus, und im März und April blühet er. Die Ernte fängt in den erſten Tagen des Septembers, ja manchmal in der Mitte des Auguſts an und dauert bis zu Ende des Novembers.

Verlag von Boſſange Vater in Leipzig.
Unter Verantwortlichkeit der Verlagshandlung.

Das Pfennig-Magazin

der
Gesellschaft zur Verbreitung gemeinnütziger Kenntnisse.

21.]　　　　Erscheint jeden Sonnabend.　　　　**[September 21, 1833.**

Die Warwick-Vase.

Dieses schöne Kunstwerk soll die Arbeit des berühmten griechischen Künstlers Lysippus aus Sicyon seyn, welcher zur Zeit Alexander's des Großen (330 Jahre vor Chr. G.) lebte, und nach den Zeugnissen alter Schriftsteller eine sehr große Anzahl der ausgezeichnetsten Arbeiten in Marmor sowohl, als in Erz lieferte.

Der jetzige Besitzer, der Graf von Warwick, bewahrt dieselbe auf seinem reizend gelegenen alterthümlichen Stammschlosse am Avon, und hat dadurch die große Zahl der sehenswerthen Merkwürdigkeiten, welche während der schönen Jahreszeit Tausende von Reisenden dahin ziehen, bedeutend vermehrt.

Die Warwick-Vase wurde unter den Trümmern der Villa des Kaisers Hadrianus zu Tivoli in Italien ausgegraben, und von dem englischen Gesandten zu Neapel, Sir William Hamilton, im Jahre 1774 nach England geschickt. Sie ist wahrscheinlich Eines der am besten erhaltenen und schönsten Denkmäler von alter Bildhauerarbeit, welches England besitzt. Sie ist von weißem Marmor und ihre Gestalt ist beinahe kugelrund mit einem tiefen umgekehrten Rande. Zwei verschlungene Weinreben, deren Zweige die Griffe bilden, winden ihre Ranken mit Frucht und Blättern um den obern Theil herum. Die Mitte besteht in antiken Köpfen, welche in erhöheter Arbeit vorwärts stehen. Ein Partherfell mit dem Bacchusstabe (einer antiken Lieblingsverzierung) und andere Verschönerungen vollenden das ganze Werk. Die Vase ist sehr groß und faßt 163 Galonen (jede von 4 Maaß).

Wir haben eine Nachbildung von dieser Vase in deren wirklicher Größe zu Birmingham gesehen, welche in Bronze ausgeführt war und zum Beweise dient, wie schnell in England das Schöne aller Zeiten von den mechanischen Künsten beachtet und zu geschmackvollen Nachbildungen benutzt wird.

Rebengarten.

Den vollständigsten, allen Rebenarten, außer denjenigen Portugals, gewidmeten Weinberg besitzt der Löshof in Grinzing, bei Wien. Er gehört dem Hofrathe von Göreg, einem würdigen Manne, welcher den Erzherzog Franz Karl, zweiten Sohn des Kaisers, erzog. Napoleon schenkte ihm eine Sammlung aller edlen Reben aus ganz Frankreich, welche alle Präfekten an ihren Kaiser hatten schicken müssen. Schade, daß der Besitzer bisher kein Verzeichniß dieser Rebenschule in der Manier der Boothschen Baumschulen zu Flottbeck drucken ließ. An Abnehmern aus weiter Ferne könnte es nicht fehlen, da die Trauben bekanntlich immer Etwas von dem Geschmacke haben, den die Kenner an edlen Weinen stets wahrnehmen. Es würde daher ein starker Absatz der dem Klima angemessenen Reben nach nordischen Gegenden, woselbst kein Wein mehr gedeihet, aber doch Trauben mit einigen örtlichen und klimatischen Hülfsmitteln reif werden, sich erwarten lassen. Dem wohlhabenden Besitzer ist es um den Erwerb nicht zu thun, den ein solcher Rebenberg anbieten könnte, wenn in Grinzing Reben käuflich, und die Käuflichkeit mit dem Reichthume der Sammlung bekannt wäre; aber das Verzeichniß, mit kurzer Beschreibung ihres Werths und des Bodens, deren jede Rebe bedarf, wäre etwas Gemeinnütziges, besonders für den deutschen Norden, wo freilich im Winter stets einige Vorsicht in der Bedeckung der Wurzeln solcher edeln Reben mit Laub und einer Umhüllung des Stammes mit Stroh oder sonstigen Decken nothwendig seyn würde. Denn auch in nordischen Klimaten bei warmer Lage und einem warmen Boden läßt sich manche Pflanze südlichen Klimate erziehen, nur bedarf sie dann mehrerer Pflege, als im Vaterlande.

Anwendung der Baumwolle gegen Brandwunden.

Nicht leicht ist man einem Unfalle so häufig ausgesetzt, als dem, sich zu verbrennen oder zu verbrühen. In Bergwerken und Fabriken kommt es alle Tage vor, und selbst im gewöhnlichen Leben hören wir fast täglich davon: Frauenzimmer stehen zu nahe am Feuer, und ihre baumwollenen Kleider fangen Feuer; die Flammen erfassen schnell das dünne Gewebe und umgeben die ganze Person. Das Lesen bei Lichte im Bette ist auch eine häufige Veranlassung ähnlicher Unfälle. Dienstboten, wenn sie zu irgend einem häuslichen Zwecke siedendes Wasser zu tragen haben, können sich aus Unachtsamkeit oder Zufall gefährlich verbrühen.

Das Wesen des Verbrennens und Verbrühens ist dasselbe. Die unerträgliche Hitze der flüssigen oder soliden Substanz, welche die Verletzung hervorbringt, ist die Ursache beider. Man sollte daher ein wirksames Heilmittel zu entdecken suchen, welches im höchsten Grade ein von der Hitze verletztes oder zerstörtes Glied in seinen gesunden Zustand zurückzuführen vermöchte.

Die Behandlungsarten, welche von Zeit zu Zeit eingeführt wurden, sind sehr verschieden; man kann sie in zwei Klassen theilen, nämlich die besänftigenden und die aufregenden oder stimulirenden. Zu der letzteren Klasse gehört die Anwendung von Terpentingeist, Weingeist, Branntwein u. s. w., womit die verbrannten Theile angefeuchtet gehalten werden, bis der unmittelbare Schmerz nachgelassen und der Prozeß der Wiederherstellung, von Seiten der Natur, begonnen hat. Dann werden Salben und erweichende Umschläge aufgelegt. Die Hitze selbst ist manchmal als ein Mittel gegen Brandschäden angewandt worden, und wie sonderbar es auch erscheinen mag, so halten doch manche Leute den verbrannten Theil nahe an's Feuer, um die Wirkungen der Hitze zu entfernen. Die besänftigende Klasse der Gegenmittel umfaßt kaltes Wasser, Eis, Oel und Baumwolle.

Die Baumwolle verspricht viele der bei der Heilung von Brandschäden angewandten Mittel unnütz zu machen. Sie soll in dieser Absicht zuerst in Amerika gebraucht worden seyn, was nicht unglaublich ist, indem die Anwendung derselben noch gar nicht lange in Gebrauch ist, und die Baumwolle in jenem Lande wächst und verarbeitet wird. Die Entdeckung ihrer Heilkräfte wird einem Zufalle beigeschrieben: das Kind einer Frau, welche mit der Zubereitung von Baumwolle beschäftigt war, verbrannte sich nämlich bedeutend mit siedendem Wasser; die Mutter, welche keinen Menschen zu ihrer Hülfe bei sich hatte, legte das Kind in ihrer Todesangst auf einige Baumwolle auf dem Fußboden, als die sicherste und weichste Unterlage, und eilte fort, um sich ärztlichen Beistand zu verschaffen. Der Arzt des Dorfes war indeß nicht zu Hause. Die arme Mutter fand bei ihrer Rückkehr, daß das Kind sich in der Baumwolle herumgewälzt und die verbrannten Stellen mit einem Ueberzuge derselben bedeckt hatte, was ihm große Linderung verschafft zu haben schien; denn das Kind hatte aufgehört zu weinen, und war ganz munter. Einige Stunden verstrichen, ehe der Arzt erschien, aber da das Kind fortfuhr, ruhig zu seyn, und die Baumwolle sich fest den wunden Stellen angehangen hatte, so wollte die Mutter diese nicht abnehmen lassen. Zwischen dem zehnten und zwölften Tage fing sie an, von selbst abzufallen; vierzehn Tage nach der Verbrennung fiel die letzte ab und zeigte eine vollkommene Heilung, indem die Haut ohne Röthe und Falten war, kurz, in ganz natürlichem Zustande sich befand.

Die Behandlung mit Baumwolle hat sich seitdem über Theile von England und Schottland verbreitet. Wie sich denken läßt, haben wissenschaftliche Beobachtungen den Arzt in den Stand gesetzt, den Weg anzuzeigen, wie die Baumwolle am vortheilhaftesten angewendet werde, so wie auch, wo und wann die Grenzen ihres Nutzens zu finden seyen.

In Rücksicht auf die höhern oder geringern Grade des Verbrennens können wir vier annehmen. 1) Wenn die Verbrennung von der leichtesten Art ist, so behält die Haut ihre natürliche Farbe und bleibt ohne Blasen. 2) Ist sie etwas stärker, so erhebt sich die obere Haut und es bilden sich Blasen. 3) Ist sie noch stärker, so ist die tiefliegende Haut braun und trocken gebrannt und fühlt sich an wie Leder. 4) Ist die Verbrennung von der heftigsten Art, so ist nicht allein die tiefliegende Haut versengt, sondern die Theile unter derselben sind weiter und näher trocken gebrannt, folglich todt. Bei der Abtheilung Nro. 4. läßt sich die Baumwolle wenig anwenden, wir können in dieser Hinsicht also nur von den ersten dreien und besonders von der zweiten und dritten sprechen. Wir müssen hier unsern Lesern, wie wir stets in andern Fällen ärztlicher Behandlung zu thun pflegen, einprägen, daß das Sicherste immer bleibt, wo es nämlich möglich ist, zu Leuten von Kenntniß und Fach seine Zuflucht zu nehmen. Die Schwierigkeit, welche sich einem Nichtarzte immer entgegen stellen muß, ist die, zwischen einer Klasse von Krankheit oder Verletzung und der andern zu unterscheiden; da indeß Verbrennungen und Verbrühungen unmittelbare Hülfe erfodern, so wollen wir die Art und Weise angeben, wie die Baumwolle anzuwenden sey, wenn kein Arzt zur Hand ist.

Die Baumwolle muß so bald wie möglich auf den verletzten Theil gelegt werden, und wenn sich Blasen zeigen, so dürfen sie nicht geöffnet werden. Wo es ohne bedeutenden Zeitverlust geschehen kann, muß sie vorher in dünne Schichten gespalten werden. Diese legt man auf den leidenden Theil, so lange eine auf die andere, bis sie eine weiche Decke bilden, welche, wenn man sie stark drückt, ungefähr einen Zoll Dicke haben muß. Dann, damit die Baumwolle nicht abfalle, legt man einen Verband darüber, den man aber nicht zu straff anziehen darf, um keinen Druck zu verursachen; denn er soll weiter nichts bezwecken, als die Baumwolle an ihrem Platze fest zu halten.

Ist dieses geschehen, so ist das Wichtigste gethan, und nichts bleibt zu thun übrig, wenn nämlich die Baumwolle an der Oberfläche des leidenden Theils anklebt und trocken bleibt. Sollte indeß ein Theil entweder durch das aus den Blasen fließende Wasser, oder durch eine sich bildende eiterige Materie naß werden und einen oder zwei Tage naß bleiben, so muß man alsdann die feuchte Baumwolle vorsichtig ablösen und mit trockener ersetzen. Die allgemeine Regel ist demzufolge sehr einfach: ist der Patient frei von Schmerz und bleibt die Baumwolle trocken und fest an der verbrannten Stelle kleben, so darf nichts geändert werden; wird sie aber naß und bleibt so einen oder zwei Tage lang, so muß der nasse Theil abgelöst und mit trockener ersetzt werden. Diese Behandlung wird so lange fortgesetzt, bis die Heilung vollendet ist.

Die Art und Weise, wie die Baumwolle bei der Heilung verbrannter Theile wirkt, ist sehr einleuchtend: sie hält die Luft ab und versieht die leidende Stelle mit einer weichen und warmen Decke. Unter diesem Schutze machen die heilenden Kräfte der Natur den erlittenen Schaden schnell wieder gut; denn die tägliche Erfahrung lehrt, daß, je weniger wir bei der Behandlung von Verbrennung an Personen von gesunder Leibesbeschaffenheit jenen Kräften in den Weg treten, desto wirksamer sie sich zeigen.

George Canning.

Dieser große, aber in seinem politischen Benehmen sich nicht immer gleich bleibende Staatsmann stammte aus einer Nebenlinie eines irländischen Pairsgeschlechts, wurde den 11. April im Jahre 1770 zu London geboren, studirte in Eton und Oxford, verlor in frühester Jugend (1771) seinen Vater, welcher durch eine sogenannte Mißheirath sich den Unwillen seiner Familie zugezogen hatte, genoß jedoch nach dem Tode seines Vaters einiger Beihülfe der Familie. Schon in den Schuljahren gab er mit mehreren Mitschülern eine Zeitschrift: The Microcoms, heraus und besang Griechenlands Freiheit, welcher er später als Minister auch keineswegs abhold war. Als er mit Pitt's Unterstützung im Jahre 1793 in's Unterhaus gewählt wurde, ergriff er sofort die Partei, den Premierminister zu unterstützen, wurde dessen Liebling und im Jahre 1796 Unterstaatssekretär. Der Minister Pitt hatte sich jung des Königs Georg III. Zuneigung vorzüglich dadurch verschafft, daß er in dieses Monarchen Haß wider alle demokratischen Republiken, seitdem dieser die Insurrektion der nordamerikanischen englischen Colonien wider seinen milden Scepter erlebt hatte, stets einstimmte. Gleiche Politik behauptete der schlaue Canning gegen seinen Gönner, den Minister Pitt, so lange beide Kollegen waren.

Diese entschiedene Abneigung der britischen Staatsverwaltung wider die Männer und den Geist der französischen Revolution, welche Englands großen Einfluß auf die Staaten des festen Landes in Europa zu schmälern drohte, war ganz in Uebereinstimmung mit der damals in Großbritannien vorherrschenden Partei, und entzweite sehr frühe die Staatsmänner in beiden großen Staaten, noch ehe es zum offenen Friedensbruche kam, besonders da unleugbar, aus Muthwillen oder Schutzwehr, die sogenannte französische Propaganda auch

in England die Regierung und die Adelsmacht zu stürzen strebte. Auch fand sie unstreitig einen zahlreichen Anklang wegen so vieler Mißbräuche in der Verwaltung, welche die britischen Staatsmänner, ungeachtet aller Aufforderungen der Opposition, im Parlamente niemals ernstlich auszurotten beflissen waren, da sie unter deren Schutze ihre Familien und Günstlinge bereichern konnten. Die damaligen englischen Minister verwickelten daher ihr Vaterland durch Krieg- und Subsidientraktate in die immer verjüngten Allianzen mit mehrern Kontinentalmächten, um das Ungethüm in Frankreich zu bekämpfen. Das war damals Canning's System, der erst in seiner letzten Ministerperiode den Grundsatz aufstellte, die politische und religiöse Freiheit überall walten zu lassen. Früher war diese Freisinnigkeit keineswegs der Grundsatz seiner Verwaltung; aber bis zum letzten Hauche seines thätigen Lebens war er ein kräftiger Beförderer der politischen wahren oder idealischen Größe seines Vaterlandes.

Als der Geist der Opposition wider den für Englands Finanzen zu kostbaren Krieg mit Frankreich zu mächtig wurde, und Pitt nicht mehr Mittel sahe, das Geld zur Führung des Kriegs anzuleihen, ja nur die Zinsen dieses Aufwandes jährlich aufzubringen, trat er im J. 1801 vom Staatsruder zurück, und mit ihm Canning. Ohne sie wurde der Friede zu Amiens geschlossen und durch sie blieb er unvollzogen, weil England traktatenwidrig Malta nicht räumen wollte. Der Krieg erneuerte sich, und Pitt und Canning traten wieder 1803 in's Ministerium. Mit Pitt's Tode im Jahre 1806 verließ Canning das Ministerium abermals. Als jedoch nach Fox Tode Perceval im Jahre 1807 Minister ward, erhielt Canning das Ministerium der auswärtigen Angelegenheiten, veranlaßte wegen des irrigen Glaubens, daß die dänische Flotte zu einer Landung in England von Napoleon bestimmt sey, da sie doch weder ausgerüstet, noch schnell bemannt werden konnte, ehe Großbritannien Gegenmaßregeln ergreifen konnte — das Bombardement von Kopenhagen, als Dänemark sich wohl erbot, die Flotte nach Norwegen zu schicken, aber ihre Auslieferung an England verweigerte, welche es freilich später doch gezwungen zugestehen mußte — ferner die verspätete und unglückliche Expedition nach der Insel Walchern im August des Jahres 1809, weshalb Canning mit Lord Castlereagh in Duell gerieth, leicht verwundet wurde und, ohne sich der Opposition anzuschließen, aus dem Ministerium trat. Im Jahre 1812 redete er im Parlamente ohne Erfolg für die Emancipation der Katholiken, und hinderte Englands Neutralität im Kampfe Schwedens mit Norwegen. In den Jahren von 1813 bis 1816 war Canning englischer Gesandter in Lissabon, bis ihn im Jahre 1817 Liverpool zum Repräsentanten im Unterhause erwählte und die Regierung ihm im nämlichen Jahre die Vorstandschaft der ostindischen Angelegenheiten übertrug. Während dieser Amtsführung erwarb sich Canning tiefe Kenntniß der großen Handelsgeschäfte seiner Nation, und besonders der englisch-ostindischen Handelsgesellschaft; auch schreibt sich von daher sein gründliches Nachdenken über den Einfluß der bestehenden Gesellschaftsverhältnisse auf das allgemeine Wohl aller Stände eines Staats, seine Geneigtheit, das Elend in den untern Klassen zu mildern, und manche tief eingewurzelten Mißbräuche in der Verwaltung auszurotten, wodurch er bei seiner Nation, besonders im Mittelstande, so sehr beliebt wurde. Da Canning mit seinen Kollegen über manche Verwaltungsgrundsätze, und namentlich über die Führung des Scheidungsprozesses wider die Königin uneins war reiste er nach Italien;

alsbann ging er als außerordentlicher Gesandter nach der Schweiz, und kam erst nach beendigtem Prozesse im Nov. 1820 nach England zurück. Im Jahre 1822 wurde er zum Oberstatthalter in Ostindien ernannt, an die Stelle des Marquis Hastings; als aber am 12. August 1822 Lord Castlereagh sich selbst entleibt hatte, wurde er im Sept. desselben Jahres dessen Nachfolger im Departement der auswärtigen Angelegenheiten.

George Canning.

Kaum war er Minister geworden, so änderte er das System seines Vorgängers, sich möglichst in der Politik jener der großen Mächte des festen Landes in Europa anzuschließen, und zeigte gegen dieselben keine gefällige Nachgiebigkeit; auch nahm er in Hinsicht der Interessen der insurgirten Griechen liberalere Grundsätze an. Die sonstige Strenge der englischen Schifffahrts= akte wurde in den jüngsten Handelstraktaten sehr ge= mildert; den westindischen Kolonien gab er mehr Frei= heit im Verkehre mit fremden Flaggen. In den spa= nischen Angelegenheiten nahm er nicht zum Vortheile der Cortespartei Theil, als Frankreich im Jahre 1823 ein großes Heer nach Spanien schickte, um die unum= schränkte frühere Regierung des Königs Ferdinand VII. wieder herzustellen, erkannte aber dagegen, wider den Wunsch der Kontinentalmächte, die faktische Unabhän= gigkeit der insurgirten spanischen Kolonien von dem Augenblicke an, als ihre Regierung nach dem äußern Scheine sich befestigt hatte. Bei den Unterhausdebat= ten des Jahres 1825 über die Emancipation der Ka= tholiken erklärte er sich für, und seine Kollegen wider solche, indeß verwarf die Mehrheit des Oberhauses da= mals noch den Antrag des Unterhauses, die Katholiken von manchen politischen Fesseln frei zu machen. Canning war keinesweges geizig, und starb ohne Mittel den 8. August 1827 in Folge zu großer geisti= ger Anstrengungen, obgleich er mit seiner Gemahlin, einer Tochter des Generals Scott, ein beträchtliches

Vermögen erheirathet hatte. Einer der schönsten Züge seines Charakters war seine große Anhänglichkeit an seine Mutter, der er frühe jede mögliche Unterstützung verlieh, als seine Familie sie als Wittwe ohne solche ließ. Einer Parlamentsreform war er entgegen.

Im Jahre 1832 errichtete man ihm durch Unter= zeichnung im Palace Yard zu London durch den Bild= hauer Westmacott eine Kolossalstatue von Erz. Die Stellung desselben ist im Ganzen einfach und groß, ob= gleich etwas theatralisch. Die Aehnlichkeit des Red= ners ist vortrefflich. Das Fußgestell von Granit hat die einfache Inschrift:

„George Canning."

Unterschied zwischen Spiel und Handel.

Im Spiele muß stets Einer verlieren, wenn der Andere gewinnt; im freiwilligen Tausche oder Handel dagegen werden in der Regel alle Interessenten gewin= nen; denn man tauscht oder handelt mit dem, was man entbehren oder was man höher nützen kann, als das, was man für eine Sache weggibt. Diese Be= weggründe bilden wenigstens die Regel bei den Käufen und Tauschen. Daher kann wohl ein freier Handel keinem Lande schaden; denn Keiner wird in der Regel so thöricht seyn, mehr wegzugeben, als er dafür erhielt, wenn auch Nothfälle gedenkbar sind, wo Unüberlegtheit oder Zwang Statt findet.

Der Strauß.

Zu den Thieren, deren Eigenheiten wegen großer Entfernung von den kultivirten Menschen bei weitem noch nicht genug beobachtet werden konnten, gehört auch der Strauß. Noch vor 50 Jahren strotzten unsere Naturgeschichten von Fabeln, wenn sie auf ihn zu spre= chen kamen. Jetzt haben die vielen Reisenden, die ihn in Afrika näher beobachten und die Erzählungen von seinen Eigenheiten näher an Ort und Stelle untersu= chen konnten, jene verdrängt, aber auch so Manches mitgetheilt, das vermuthen läßt, Vieles möge noch ver= borgen seyn.

Schon vor 3000 Jahren führte Hiob in der heiligen Schrift einige Züge an, die bis auf die neue= sten Zeiten immer wieder erzählt wurden; zufolge dessen aber, was ein neuer Reisender, Lichtenstein, mit= theilt, doch theils ganz, theils mehr als zur Hälfte un= wahr scheinen. Ich sage mit Fleiß scheinen. „Er läßt," sagt Hiob 39, 14. „seine Eier auf die Erde fal= len und läßt sie die heiße Erde ausbrüten. Er vergißt, daß sie möchten zertreten werden und ein wildes Thier sie zerbrechen. Er wird so hart gegen seine Jungen, als wären sie nicht sein, und achtet es nicht, daß er umsonst arbeitet, denn Gott hat ihm die Weisheit ge= nommen und hat ihm keinen Verstand mitgetheilt. Zu der Zeit, wenn er hochfährt (bös wird), erhöht er sich und verlacht beide Roß und Mann."

Vergleicht man diese Schilderung mit der Lich= tenstein's, so wird man bald einen grellen Unter= schied wahrnehmen. „Der Strauß, sagt dieser, ist ein sehr kluges Thier*), dem im offenen Felde nicht

---

*) S. seine Reise nach Afrika, 2r Theil S. 43.

leicht beizukommen ist. Besonders sucht er den Ort seines Nestes zu verheimlichen. Er läuft nie gerade, sondern in großen Bogen darauf zu, und die Hennen lösen sich im Brüten äußerst schnell, aber nicht unmittelbar ab, so, daß der Beobachter leicht getäuscht wird. Nicht, wie Hiob angibt, brütet die Sonne die Eier aus, sondern es wechseln — da die Strauße sich immer truppweise dergestalt zusammen halten, daß 4 bis 5 Hennen mit einem Hahne beisammen sind — die erstern am Tage über mit dem Brüten, und der letztere nimmt es des Nachts auf sich.

Auch überläßt der Strauß keineswegs dem Ungefähr seine Brut, wie Hiob angibt. Allerdings, sagt Lichtenstein, stellen Zakals, wilde Katzen u. m. a. den Eiern nach; aber eben darum brütet der Hahn bei Nachtzeit, und oft findet man seine Feinde von dem Schlage seiner Klauen getödtet neben dem Neste liegen; und da die Hennen alle ihre Eier in ein gemeinschaftliches Nest legen, dieses aber sie nicht alle fassen kann, ob sie schon den Raum recht künstlich zu benutzen wissen, so legen sie die letzten außen um das Nest herum, um mit diesen, die nicht bebrütet werden, gleichsam Menschen und Raubthiere abzufinden, und so um so eher die im Neste selbst schützen zu können. Inzwischen ist auch diese anscheinende Verschwendung noch anderweitig berechnet: der Strauß füttert nämlich damit

Der Strauß.

seine eben ausgekrochenen Jungen, und zertritt daher eines nach dem andern. Hiob hätte also auch hier wieder unrecht, wenn er über die Härte des Straußes gegen die Jungen klagt: „als wären sie nicht da." Mit einem Worte, es scheint, als habe er überall geirrt, und ihm wäre denn das wohl zu verzeihen. Doch hüte man sich wohl, zu schnell abzuurtheilen. Hiob war der Bewohner der Wüsten, wo der Strauß nistet, aufmerksamer Bewohner und Beobachter der Natur derselben. Seine Schilderungen der Antilope, des Löwen, des Nilpferdes, des Krokodils, des wilden Stiers, des edlen, arabischen Rosses sind eben so poetisch, als wahr; Lichtenstein war nur Reisender; sollte er gerade hier Hiob's Unkunde aufgedeckt haben? Das glaube ich nicht. Wahrscheinlicher wird es mir vielmehr, daß, wenn er Recht hat, auch Hiob es habe, und zwar insofern als jener den Strauß der nördlichen, dieser den der südlichen afrikanischen Wüste beobachtete, die allerdings, 4000 Meilen von einander entfernt, wohl auch einige kleine Verschiedenheiten um so eher können wahrnehmen lassen, da

das nordöstliche Afrika, Syrien und Arabien doch mehr von jeher kultivirt war, als die südlich afrikanischen Gegenden. Die Bemerkung Lichtenstein's, daß der Strauß, wenn er wahrnimmt, sein Nest sey entdeckt, es augenblicklich zerstört, die Eier zertritt und es an einem andern Orte wieder aufrichtet, wird auch von andern Reisenden bestätigt; die Kolonisten begnügen sich daher, wenn sie sein Nest entdecken, ein Paar der außen herumliegenden Eier von Zeit zu Zeit wegzunehmen, und da sie sich lange halten, sehr groß sind, bis drei Pfund wiegen, und Nahrung für vier derbe Magen geben, so haben sie um so mehr Grund zu einer solchen Schonung. In der Kapstadt wird das Stück mit 12 Gr. bezahlt. Die schönen weißen Straußfedern liefert nur der Hahn. Das Stück kommt an Ort und Stelle 8 bis 12 Gr. und wird nur im Tauschhandel wohlfeiler. Die Hennen liefern eben so schöne, aber graue und schwärzliche Federn, die daher in Europa nur zum Färben taugen.

Bilder aus Marokko.

3. Beschäftigung der Marokkaner.

Die in Dörfern wohnenden Berbern und Araber beschäftigen sich größtentheils mit Ackerbau oder mit Viehzucht; die Landleute bauen aber nur so viel, als sie bedürfen, da Ueberfluß die despotische Regierung zu Bedrückungen aller Art reizen würde. Man steht daher auch in der Kunst, den Acker zu bebauen, noch auf derselben Stufe, wie im 11. Jahrhunderte. Die Ackerwerkzeuge selbst sind sehr einfach; Pflug und eine Art Egge sind fast die einzigen Werkzeuge; Rechen und Walzen sind unbekannt. Sonderbar genug spannt man gewöhnlich vor den Pflug einen Ochsen und einen Esel, oder eine junge Kuh und ein Pferd; wohl auch — zur Schande der Menschheit sey es gesagt! — in manchen Gegenden eine Frau mit einem Maulthiere oder Esel zusammen und treibt sie mit einem Stocke, an dessen Ende eine Spitze ist, an. Das Getreide wird nur zur Hälfte des Halmes abgeschnitten und die Körner sogleich auf dem Felde von den Thieren ausgetreten; die Stoppeln werden kurz vor der Regenzeit angezündet und dadurch die Felder wiederum gedüngt. Die gewöhnlichen Getreidearten sind Waizen in großen Quantitäten, Gerste, anstatt des Hafers als Futter für die Thiere, Moorhirse, welcher wegen des vielen Nahrungstoffes, den er enthält, die gewöhnliche Nahrung der Aermeren ist, und endlich Mais, der eigentlich aus Amerika stammt. Außerdem Tabak, Hanf und Henna, deren Blättersaft zum Färben der Haut, besonders von Frauen, gebraucht wird. — Diejenigen, welche sich mit Viehzucht beschäftigen, haben besonders viele Schaafe, welche das ganze Jahr hindurch unter freiem Himmel leben; Ziegen, Rinder, welche auch zum Ziehen und Tragen benutzt werden; ferner Kameele, Pferde, die an große Strapazen gewöhnt, aber sehr sorgfältig erzogen werden. Man schlägt sie nie, sondern lenkt sie durch Schmeichelworte; Maulthiere, Esel und Hühner in großer Zahl. Funfzehn Pfund schwere Hähne sind hier keine Seltenheit.

Zu den Kunstprodukten, welche Marokko liefert, gehören wollene und seidene Waaren, Gold- und Silberarbeiten; berühmt ist das Leder, welches hier bearbeitet wird (marokkanisches Leder, franzöf. Maroquin), ferner das Weben der Teppiche, deren Preis oft bis 80 Piaster steigt. — Der Handel, welcher hier betrieben wird, ist zum größten Theile Kornwaarenhandel nach dem Innern Afrika's. Merkwürdig ist die Art und Weise, wie diese Mauren auf einigen Märkten Nigritiens ihren Handel betreiben. Auf einen Hügel legen sie ihre Waaren zum Verkaufe aus, und entfernen sich; darauf kommen die Kaufleute, untersuchen die Waare und legen unter die, welche sie wünschen, so viel Goldstaub, als sie ihnen werth scheint. Der Maure kehrt zurück; ist er mit dem Preise zufrieden, so ist der Handel geschlossen, wo nicht, so entfernt er sich abermals und erwartet Zulage. In kurzer Zeit ist der Handel auf die friedlichste Weise beendigt. — Ist ein Kaufmann zahlungsunfähig, so müssen nach einem kaiserlichen Befehle vom Jahre 1817 die Brüder und Verwandten des Schuldners bezahlen; sind es diese nicht im Stande, so erhält der Schuldner an jedem Tage bei Sonnenaufgange Stockschläge auf den Hintern, um ihn an sein Falliment zu erinnern.

König Max und der Staar.

Vor einem tugendhaften Manne beugt sich nicht blos unser Körper, sondern auch unser Geist; unwillkürlich huldigen wir dem, welcher sich durch innige Achtung gegen das Sittengesetz auszeichnet, und wir verehren tief die Tugend, mag sie auf dem Throne glänzen oder in der Hütte in Lumpen gehüllt seyn. Wer in Baiern gewesen ist, als Maximilian Joseph das Land regierte, oder wer noch jetzt dahin kommt, der wird von diesem Könige Vieles vernehmen, worüber er sich freuen kann. Er war aber auch recht die Freude und der Hort seiner Unterthanen und sie liebten ihn, wie Kinder ihren Vater. Auch war er Jedem zugänglich (wie auch seine Anwesenheit in Dresden zeigte), und wer mit Thränen des Kummers bei ihm eintrat, der kam mit Thränen der Dankbarkeit von ihm heraus; denn auch da, wo er mit Thaten nicht helfen konnte, half er mit tröstenden Worten, die von dem Munde eines Königs noch besser zu Herzen gehen, als von dem eines Andern. Frühe schon, noch ehe er hoffen konnte, irgend Etwas zu regieren, außer dem Regimente, das ihm der König von Frankreich anvertraut hatte, galt er für den besten Mann im Lande und gewann die Herzen Aller, die ihm nahe kamen. Was aber gar oft geschieht, daß, wenn Stand, Macht und Reichthum wächst, das Herz sich zusammenzieht, und wenn der äußere Mensch sich erhebt, der innere niedersinkt, das widerfuhr dem guten Maximilian Joseph nicht; sein Herz blieb unter dem Königsmantel, wie es gewesen war, ehe die Krone sein Haupt schmückte, und der Strom menschlicher Gefühle ergoß sich bei ihm nur noch reicher, als zuvor!

Darum ist er nie in ein Haus getreten und nie in eine Stadt, ohne die Liebe der Bewohner mit sich zu nehmen, und es war die Lust und der Stolz seines Volks, ihm Beweise der Liebe zu geben. Ich habe gesehen, erzählt der geistreiche und gelehrte Friedrich Jacobs in Gotha in seinen kleinen Erzählungen des alten Pfarrers von Meinau (Leipzig in der Dyk'schen Buchhandl. 1833.), wenn er von einer Reise oder sonst in die Hauptstadt zurückkam, und der offene Wagen langsam durch das Gedränge fuhr, daß Männer und Weiber geringen Standes durch die jubelnde Menge brachen, um dem Könige die Hand zu reichen, und keine zurückwies, wie hart sie auch war. Gern mischte er sich unerkannt und unbegleitet unter das Landvolk und hörte auf die Ideen der Leute und fragte sie aus; denn er wußte, daß er so die Wahrheit besser erführe, als aus feilen Zeitungen, die Lob und Tadel nach den Launen ihrer Abnehmer ausstreuen. Oft, wenn er einsam ging und ein bekanntes Gesicht von weitem sah, rief er ihm ein freundliches Wort zu, oder grüßte mit der Hand, und der Begrüßte fühlte sich geehrt und erzählte es den Seinigen wieder. Auch das erfreuete alle Herzen, daß er ein so guter und liebevoller Hausvater war, seine Kinder immer gern um sich hatte, und so häufig an der Seite seiner Gemahlin auf einsamen Spaziergängen im vertraulichen Gespräche gesehen wurde. Sein Ausgang aus dem Leben war, wie er ihn selbst gewünscht hatte. Nur eine leise Ahnung von Unwohlseyn ging von ihm her, aber Niemand war besorgt, so wenig als er selbst; kein Arzt ward gerufen; kein Diener wachte bei ihm. Am Morgen, da er nicht zur gewöhnlichen Frühzeit aufstand, trat der Diener ungerufen in das Schlafzimmer, und fand ihn todt, in derselben Lage, die er beim Niederlegen genommen hatte, ohne ein Zeichen des Schmerzes auf seinem Gesichte. Schlummernd war er durch die dunkle Pforte des Todes gegangen. Die Bestürzung des Volkes war groß; die Trauer allgemein. Es war die Wehklage verwaister Kinder um einen geliebten Vater — ein aufrichtiger Schmerz tiefer Liebe, und jede der zahllosen Thränen, die aus vollen Herzen um ihn flossen, war ein Opfer der Dankbarkeit und ein stummes Lob des unvergeßlichen Königs.

Einige Zeit nach seinem Tode wurde, nebst vielen andern Dingen, auch die Menagerie verkauft, die er in Nymphenburg gehalten hatte; viele seltene Thiere mannigfaltiger Art, auch überseeische Papagaien und deutsche Staare. Von den Letzteren waren schon alle verkauft; nur Einer war noch übrig, der Letzte und von unscheinbarem Aeußeren. Still und mit struppigem Gefieder saß er auf der Stange, als ob er sich noch über den Tod seines Herrn betrübte; wie etwa ein alter Diener, wenn nach dem Tode seiner Herrschaft das Hausgeräthe fortgeschafft wird, unter dem er alt und grau geworden, stumm umhergeht und sich grämt, daß er das Alles überlebt. Als nun der alte unscheinbare Vogel unter den Hammer kam, bot Niemand darauf, und nachdem ihn der Ausrufer drei und vier Mal angeboten hatte und Alles schwieg, wurde der Käfig mit dem Staare in eine Ecke bei Seite gesetzt und andere Dinge ausgerufen. Auf einmal schallt es aus der Ecke: Max Joseph! Vater Max! — Alle Köpfe wendeten sich nun nach der Seite hin, woher der Ruf kam. „Wer ist's? Wer ruft?" fragten Viele, und da Einer, der dem Käfige zunächst stand, sagte: „Es ist der Staar, der weggesetzt worden ist," da riefen Alle, wie aus einem Munde: „den Staar, den Staar her!" So kam der unscheinbare Vogel mit einem Male zu Ehren, weil es eben Jedem vorkam, als habe die treue Liebe, die er selbst im Herzen hegte, durch den Vogel eine Stimme bekommen. Der Staar selbst aber, da Alles um ihn her so lebendig wurde und alle Anwesenden ihn liebkosten und lobten, wurde nun auch ganz munter, und rief in einem fort: Max Joseph! Vater Max! nicht, wie man zu sagen pflegt, als ob er dafür bezahlt würde, sondern so recht aus vollem Herzen. Da wollte nun Jeder den beredtgewordenen Vogel haben, und die Gebote jagten und überstiegen sich, so daß wohl nie ein Staar so theuer bezahlt worden ist. Und derjenige, welcher ihn erhielt, meinte einen Sieg gewonnen zu haben, und trug ihn im Triumphe nach Hause, und die Andern beneideten ihn.

Das war denn auch eine Leichenfeierlichkeit von eigenthümlicher Art, und gewiß keine der schlechtesten!

———

W o ch e.

Am 21. September 1558 beschloß der am 24. Februar 1500 zu Gent geborene, im Jahre 1519 zum römisch-deutschen Kaiser gewählte Karl, in Deutschland der Fünfte, in Spanien der Erste seines Namens, sein, besonders durch Franz I., König von Frankreich und durch die Reformation in Deutschland sowohl, als durch die Türken sehr beunruhigtes Leben, in dem spanischen Kloster St. Just in Estremadura, nach zweijähriger Einsamkeit und Betrachtung der Eitelkeit alles Irdischen.

Am 22. September 1774 starb der Papst Clemens XIV. (Ganganelli), welcher den Jesuiter-Orden aufgehoben hatte.

Am 23. September 1791 wurde der Dichter Karl Theodor Körner zu Dresden geboren, blieb bis in sein siebenzehntes Jahr im elterlichen Hause und besuchte die Kreuzschule. 1808 bezog er die Bergakademie zu Freiberg, und 1810 die Universität zu Leipzig. 1811 begab er sich nach Wien, und sein Aufenthalt daselbst bis 1813 ist die strahlende Epoche seines poetischen Lebens. In dieser Zeit erschienen von ihm: „Toni", „Zriny", „Hedwig", „Rosamunde", und einige kleinere dramatische Werke, die den Beifall des Publikums fanden. Schiller war sein Vorbild. Den 13. März 1813 trat er in Breslau unter Lützow's Freischaar und wohnte mehrern Gefechten bei, in denen er sich durch Tapferkeit und ruhige Besonnenheit auszeichnete. Er hatte sich den Tod auf dem Schlachtfelde gewünscht, er ward dem Sänger zu Theil: am 29. August 1813 tödtete ihn eine Kugel in dem Gefechte ohnweit Gadebusch. Seine Grabstätte bei dem Dorfe Wöbelin ist mit einer Mauer eingefaßt und hoch über sie erhebt sich ein in Eisen gegossenes Denkmal.

Am 24. September 1706 wurde ein französisches Heer von den Oesterreichern unter den Generalen Quesdanovich und Grafen von Klenau bei Handschuhsheim am Neckarflusse, unfern Heidelberg, zurückgeschlagen und bedeutende Vorräthe der Sieger in vorgenannter Stadt gerettet, auch zehn Kanonen erbeutet. Der französische Divisionsgeneral Düfour wurde gefangen genommen.

Am 25. September 1777 starb zu Berlin Johann Heinrich Lambert, ohnstreitig Einer der größten Philosophen und Mathematiker des achtzehnten Jahrhunderts. Sein Geburtsort ist Mühlhausen im Sundgaue. Er war zuerst Schreiber, erhielt hierauf eine Anstellung als Buchhalter bei einem Eisenwerke, ward nach fleißigen Privatstudien Hauslehrer bei einem Präsidenten von Salis in Graubündten, und begleitete dessen Söhne 1756 auf die Universität nach Göttingen, 1757 nach Utrecht, 1758 nach Paris. Nachdem er sein berühmtes, in lateinischer Sprache abgefaßtes Werk: „Vom Maaße, von den Graden des Lichtes, der Farben und des Schattens" zu Augsburg, wo er es ausgearbeitet, 1760 herausgegeben hatte, wurde er mit einem ansehnlichen Jahrgehalte zum Mitgliede der Münchener Akademie ernannt, lebte mehrere Jahre zu Erlangen, gab noch mehrere sehr wichtige Schriften heraus und wurde endlich vom Könige von Preußen, Friedrich II., im Jahre 1764 als Oberbaurath und Mitglied der Akademie der Wissenschaften nach Berlin berufen.

Am 26. September 1529 begann Soliman II. mit einem ansehnlichen türkischen Heere die Belagerung der österreichischen Kaiserstadt. Doch wurden die Angriffe der Ungläubigen glücklich zurückgeschlagen, ihre unter der Stadt zur Zerstörung derselben angelegten Minen durch Gegenminen entdeckt und unschädlich gemacht. Nach einem vergeblich unternommenen Hauptsturme am 15. Oktober 1529 zogen sich die Türken mit großem Verluste, nachdem sie die Gefangenen auf die grausamste Weise umgebracht, zurück.

Am 27. September 1781 wurde zu Lübben in Schlesien Karl Friedrich Wilhelm I., seit dem 30. Oktober 1816 König von Würtemberg, geboren. Nachdem er mit seinem Vater in Petersburg, in der Schweiz (1786), zu Bodenheim bei Mainz, und endlich seit 1790 zu Ludwigsburg gelebt und sich ausgebildet hatte, wurde dieser nach dem Ableben seiner Oheime, Karl Eugen (1793) und Ludwig Eugen (1795), so wie seines

Vaters Friedrich Eugen (1797) Herzog, und Wilhelm Erbprinz. Dieser begab sich 1800 zu dem österreichischen Heere unter dem Erzherzoge Johann, nach dem Lüneviller Frieden aber auf Reisen nach Wien, Paris und Italien. Nachdem Herzog Friedrich nicht nur Churfürst, sondern auch König geworden war, kehrte Wilhelm von seinen Bildungsreisen zurück und bequemte sich 1808 zu einer Scheinverbindung mit der baierschen Prinzessin Charlotte Auguste, die jedoch 1814 völlig aufgelöst wurde, worauf er sich mit der herrlichen russischen Großfürstin Katharina Paulowna zu Petersburg den 24. Januar 1816 vermählte, die ihm jedoch schon den 9. Januar 1819 durch den Tod wieder entrissen wurde. Seine dritte Gemahlin, Louise Pauline, schenkte ihm einen Kronprinzen den 6. März 1823. Die Geschichte zeigt ihn als hochsinnigen König, bewährten Feldherrn und würdigen Landesvater.

Das ägyptische Schilfrohr.
(Papyrus.)

Vor Alters wuchs dieses Schilfrohr in Aegypten in Seen, wo das Wasser nur über 2 Ellen hoch stand und wurde 6 bis 10 Ellen hoch. Der Stengel ist dreieckig und eine Hand dick; oben hat es einen Büschel oder Strauß. Man machte Seile, Papier u. s. w. daraus, und das erste Papier verfertigte man, nach einem Berichte des Lucan, zu Memphis; allein über die Zeit dieser Erfindung ist man noch nicht einig.

Der Papyrus machte ohnstreitig schon sehr frühzeitig einen wichtigen Handelsartikel aus und war eine von den Waaren, mit welcher man zu Alexandrien einen großen Verkehr trieb. Besonders nahm dieser unter den Römern zu, als die Literatur immer mehr geschätzt wurde und sich ausbreitete. Zu August's Zeiten war er äußerst lebhaft und er blühete lange Zeit. Zur Zeit des h. Hieronymus, welcher zu Ende des 4. Jahrhunderts schrieb, war der Papyrus noch stark im Gebrauche.

Plinius giebt in seiner Naturgeschichte (lib. VIII. c. 21—27) eine ausführliche Nachricht von der Verfertigung des Papiers aus dem Papyrus: Aus dem Papierschilfe, sagt er, werden Nachen, Segel, Decken, Kleidungsstücke, Matratzen und Seile. vorzüglich aber

acht Arten Papier gemacht. Man zerlegt den Stengel mit einer Nadel in dünne, aber so viel als möglich breite Blätter, wo dann die mittelsten Blätter das feinste Papier, die äußern aber immer schlechtere Sorten geben. Bei der Verfertigung aller acht Sorten war das Verfahren einerlei; man legte die Häute oder Blätter von einerlei Feinheit nach der Länge auf eine Tafel neben einander, und da die Tafel mit Nilwasser benetzt war, so vertrat dieses trübe Wasser die Stelle des Kleisters und es leimte diese Blätter an einander. Was an beiden Enden der Tafel von den Papierhäuten oder Blättern hervorragte, wurde weggeschnitten. Hierauf wurden in die Queere andere Papierhäute neben einander gelegt und mit Nilwasser befeuchtet. Alsdann wurde der Bogen (plagula) gepreßt und an der Sonne getrocknet. Auch machte man wohl von feinem Mehle mit heißem Wasser und etwas Essig einen Kleister und überzog damit die Bogen, wodurch diese geschmeidiger wurden, als Leinwand. Endlich wurde der Bogen mit einem Hammer geschlagen und geglättet.

Dieses Papier war ein sehr dauerhaftes Schreibmaterial. Der Bogen war bei dem feinsten Papiere 13, bei den übrigen Sorten 11, 10 bis 6 Finger (Zoll) breit, allein der Länge nach wurden zwanzig Bogen von allen Sorten an einander geleimt. Man schätzte dieses Papier nach seiner Feinheit, Dichtigkeit, Weiße und Glätte.

Das Baumwollen- und Linnenpapier war vor Alters unbekannt. Das Baumwollenpapier soll den Arabern im 8ten Jahrhunderte bekannt gewesen seyn; in Europa aber kam es erst im 10ten Jahrhunderte auf. Das Linnenpapier ist eine Erfindung des 12ten Jahrhunderts.

Auf der Abbildung sieht man zugleich nebst dem Schilfrohre Pyramiden, wodurch Aegypten angedeutet wird.

Der fliegende Fisch.

Bei einer Fischart unter diesem Namen vertritt die Stelle der Flughaut, welche der Fledermaus z. B. in der Luft zu verweilen gestattet, eine bloße Verlängerung der Brustflossen, die zugleich einer großen Ausbreitung fähig ist und so das Thier in den Stand setzt sich ihrer so lange als einer Art Flügel zu bedienen, als sie nicht durch Luft und Sonne trocken werden und auf diese Art den Fisch nöthigen, wieder ins Wasser zu eilen. In der Regel macht er nie Gebrauch davon, als wenn er von Raubfischen verfolgt wird und ihnen entgehen will. Nicht selten wird er dann aber eben über der Wasserfläche ein Raub der Vögel, welche auf dem Meere nach Beute umherstreichen.

Verlag von Bossange Vater in Leipzig.
Unter Verantwortlichkeit der Verlagshandlung.

Das Pfennig-Magazin

der
Gesellschaft zur Verbreitung gemeinnütziger Kenntnisse.

22.]　　Erscheint jeden Sonnabend.　　[September 28, **1833.**

Karl von Linné.

Auch der rauhere Norden hat Männer aufzuweisen, die sich um Künste und Wissenschaften unsterbliche Verdienste erworben, und zur Ausbildung und Erweiterung derselben beigetragen haben. Unter ihnen steht wohl mit Recht oben an der schwedische Naturforscher, Karl von Linné, der seinen unermüdlichen Fleiß und seine scharfsinnigen Beobachtungen und Untersuchungen vorzüglich dem Pflanzenreiche widmete, und der Verfasser mehrerer hundert kleinerer und größerer Schriften ist. Er war der älteste Sohn des geistlichen Vikars zu Rushult oder Rashult, einem Dorfe der schwedischen Provinz Smaland, wo er am 23. Mai 1707 geboren wurde. Den Geschlechtsnamen Linné, Linnaeus, erhielten seine Voreltern, wie man erzählt, von einer großen Linde, die auf dem ihnen gehörigen Meierhofe stand. Seine besondere, durch Nichts zu unterdrückende Vorliebe für Blumen und überhaupt für die Pflanzenwelt, hatte der Knabe mit seinem Vater gemein, der ihm erlaubte, in dem vortrefflich angelegten Garten ein eigenes Beet zu bepflanzen. Dies wurde mit dem größten Eifer bearbeitet, und so ward Gartenbau seine Lieblingsbeschäftigung und die früheste Schule seines Studiums. Den ersten Schulunterricht erhielt er von seinem Vater, der ihn durchaus als seinen Nachfolger im Pfarramte sehen wollte, und daher vor der Hand zur weitern Erlernung der Schulwissenschaften im Jahre 1717 auf das Gymnasium nach Werjö brachte. Allein der junge Linné entsprach den Hoffnungen seines Vaters keineswegs: die Lehrer klagten über des Schülers Trägheit und Mangel an Lernbegierde, ja sie erklärten ihn endlich für völlig unfähig zum Studiren.

Da sollte er Schuster werden, und nur die segensreiche Dazwischenkunft des gelehrten Arztes Rothmann zu Werjö, der Linné's Neigung und vorzügliche Anlagen zum Studium der Naturwissenschaften entdeckt, und dessen Eltern durch Vorstellungen zur Nachgiebigkeit gestimmt hatte, rettete ihn von der Erlernung des Handwerks. Unter Anleitung des genannten Arztes, der ihn zu sich genommen und ihm den Gebrauch seiner vorzüglichen Bibliothek verstattet hatte, setzte nun Linné sein Lieblingsstudium auf's Eifrigste fort, und bezog in einem Alter von 20 Jahren die Universität von Lund, wo er Pflanzenkunde und, zum künftigen Broderwerbe, die Arzneiwissenschaft fleißig studirte, sich aber dabei äußerst kümmerlich behelfen mußte, bis er die Zuneigung des Professors Kilian Stobäus gewann, der ihn in sein Haus aufnahm und ihm für sein Studium sehr nützlich wurde. Nach einem einjährigen Aufenthalte zu Lund ging er auf die schwedische Universität zu Upsala, wo er sich Anfangs ebenfalls in sehr beschränkten ökonomischen Verhältnissen befand. Doch auch hier leuchtete ihm endlich ein Glücksstern, er erwarb sich die Liebe zweier berühmter Professoren, des Olaus Celsius und Olaus Rudbeck, an deren literarischem Wirken Theil zu nehmen ihm verstattet wurde, indem er Ersterem an einem gelehrten Werke, „über die biblischen Pflanzen," half, und für Letztern einige Vorträge im botanischen Garten hielt. 1731 wurde er von der Akademie der Wissenschaften, mit einem Reisegelde von 50 Rthlrn., auf Empfehlung des Celsius, nach Lappland geschickt, zur nähern Untersuchung und Kenntniß der Produkte dieses Landstrichs. Die Resultate dieser sechsmonatlichen Reise waren die erwünschtesten. Er begann nun Vorlesungen zu halten, die sehr stark besucht wurden; allein es gelang den aus Neid hervorgegangenen Bemühungen eines gewissen Professors Rosen, seine Thätigkeit zu unterdrücken. Kurz darauf machte er mit den Söhnen des Barons von Reuterpolm, Gouverneurs von Dalecarlien, und einigen andern jungen Naturforschern eine Reise durch die schwed. Provinzen, blieb längere Zeit zu Fahlun, wo ihn die berühmten Kupferbergwerke beschäftigten, und hielt Bergwerksvorlesungen, wodurch er in dem Orte vortheilhaft bekannt wurde, unter andern auch dem dortigen Arzte Moräus, dessen Tochter er im Jahre 1739 heirathete. Schon im Jahre 1735 verließ er indeß Fahlun, ging über Kopenhagen und Hamburg, wo er einige Zeit blieb, nach der holländischen Universität Harderwyk und ward daselbst Doktor. Das hierzu nöthige Geld (100 Dukaten) hatte er von seiner nachherigen Gattin zum Geschenk erhalten. Um sich zum praktischen Arzte vollkommen auszubilden, begab er sich von da nach Leyden, wo Boerhave, Burman und Gronov seine Lehrer und vertrauten Freunde wurden. Die angenehmste Beschäftigung und den reichsten Gelderwerb während anderthalb Jahren gewährte ihm die Anordnung und Beschreibung des berühmten Cliffort'schen Gartens zu Hartecamp, ohnweit Harlem. In diesem Zeitraume erschienen mehrere seiner berühmtesten Werke; eine Reise nach England und Frankreich aber verschaffte ihm die

Bekanntschaft der berühmtesten Botaniker seiner Zeit. Im September 1738 kehrte er nach Stockholm zurück, lebte einige Zeit als praktizirender Arzt daselbst, bekam als solcher eine Anstellung bei der Admiralität. Später übertrug ihm der Staatsminister Graf Tessin, der sein Gönner und Freund geworden war, die Anordnung der königlichen Naturaliensammlungen, und ernannte ihn zum Präsidenten der Akademie der Wissenschaften; 1742 wurde er Professor der Botanik zu Upsala, 1753 Ritter des Nordsternordens, 1756 in den Adelstand erhoben, sein Jahrgehalt verdoppelt und ihm ein Landgut vom Könige Gustav III. geschenkt. Sein Ruhm erscholl durch ganz Europa, von mehreren Regierungen ergingen die schmeichelhaftesten und glänzendsten Einladungen an ihn, er schlug sie sämmtlich aus. Die meisten und berühmtesten Akademieen Europa's ernannten ihn zu ihrem Mitgliede. Nach einer unausgesetzten Thätigkeit, womit Linné den Wissenschaften und der Welt genützt hatte, starb er am 10. Januar 1778. Im Jahre 1819 wurde ihm auf Befehl des Königs in seiner Vaterstadt ein Denkmal errichtet. Er hinterließ mehrere Töchter und einen Sohn, der des Vaters Professur zu Upsala erhielt, aber schon 1783 ihm in's Grab folgte. Ueber sein System der Pflanzenkunde berichten wir nächstens.

Lebensversicherungen.

So Mancher, der von Versicherung des Lebens hört, denkt sich wohl dabei etwas Anderes, als dieser Ausdruck sagen will. Man darf sich auch darüber nicht wundern, weil diese Art Versicherungen erst seit wenigen Jahren in Deutschland einheimisch und ihre Benennung wirklich eine uneigentliche ist, die zu dem Glauben verleiten könnte, es sey nun zu den vielen Erfindungen unserer Zeit auch die Kunst, das menschliche Leben auf eine gewisse Zeit sicher zu stellen, hinzugekommen. Um diejenigen, denen die Bedeutung der Lebensversicherungen noch unbekannt ist, zu belehren und ihnen die vielfältige Nutzbarkeit derselben zu zeigen, möge Folgendes in diesem, dem Wissenswerthen und Gemeinnützigen gewidmeten Blatte einen Platz finden.

Wenn ein Familienvater auch noch so emsig bemüht ist, durch Ersparnisse ein Kapital für den einstigen Unterhalt der Seinen zu sammeln, so wird er doch über den Erfolg dieser Bestrebungen zweifelhaft bleiben, da sein Lebensende früher eintreten kann, als er ein hinreichendes Kapital zu sammeln vermag. Wer sich von dieser Sorge befreien will, erreicht dies, indem er diejenige Summe, welche er den Seinen zu hinterlassen wünscht, auf sein Leben versichern läßt. Die Anstalt nämlich, bei der er eine solche Versicherung bewirkt, verpflichtet sich, die von ihm vorausbestimmte Summe bei seinem Ableben an seine Erben auszuzahlen. Der Versicherte zahlt dagegen, so lange er lebt, jährliche, nach Verhältniß der versicherten Summe und seines Alters bemessene Beiträge (Prämien) an die Anstalt, die sonach Verwalterin seiner Ersparnisse und Bürge dafür wird, daß das Kapital, das er den Seinen hinterlassen will, ihnen werden wird, wenn auch die bis zu seinem Tode gemachten jährlichen Einlagen zusammengenommen bei weitem noch nicht jenem Kapitale gleichkommen.

Die Lebensversicherungs-Anstalten haben auf diese Weise sowohl mit unsern Leichen- und Sterbekassen, als auch mit der Sparkasse Aehnlichkeit. Von jenen unterscheiden sie sich besonders dadurch, daß sowohl kleine

als große Summen (z. B. von 300 bis 8000 Thlr.) versichert werden können, während bei den Leichenkassen die nach dem Tode eines Mitgliedes zu empfangende Summe unveränderlich und in der Regel nur von geringem Belange ist. Auch entrichten bei diesen die jüngern Mitglieder gleiche Beiträge, wie die älteren, und sind daher gegen diese zurückgesetzt, wogegen die Lebensversicherungs-Anstalten die zu leistenden Beiträge nach dem Alter der Einzahlenden bemessen haben, und so Keinen vor dem Andern begünstigen. Bei den Sparkassen kann ein Kapital nur durch wirkliche allmählige Einzahlung desselben, mithin durch kleine Ersparnisse nur dann erworben werden, wenn der Einzahler eine Reihe von Jahren hindurch am Leben bleibt. Bei den Lebensversicherungs-Anstalten wird aber, wie schon erwähnt, das volle Kapital gewährt, wenn auch bei dem Tode des Versicherten erst ein ganz kleiner Theil desselben von ihm eingezahlt seyn sollte, so daß die wirkliche Versorgung derjenigen, für welche der Einzahler bemüht ist, nicht, wie bei jenen, auf der gewagten Voraussetzung einer langen Lebensdauer beruht.

Bei Wittwenkassen wird den Frauen, wenn sie ihre Männer überleben, ein jährlicher Altersgehalt für ihre übrige Lebensdauer gewährt. Stirbt aber die Ehefrau vor dem Gatten, so sind die bezahlten Beiträge für sie verloren. Anders ist es bei Lebensversicherungen; hier wird nach dem Tode des Versicherten nicht eine jährliche Rente, sondern ein bestimmtes Kapital auf einmal ausgezahlt, und es ist nicht erforderlich, daß dann eine andere bestimmte Person (wie z. B. bei Wittwenkassen die Gattin) noch am Leben sey, sondern die Zahlung erfolgt entweder überhaupt an die vorhandenen Erben, oder an den, der die Versicherungsurkunde (Police) in Händen hat.

Diese Einrichtung bewirkt, daß die Lebensversicherungen zu vielen Zwecken dienlicher sind, als die Wittwenkassen. Eine Wittwe, die nach dem Tode ihres Mannes eine Pension von einigen Hundert Thalern erhält, wird für die Erziehung ihrer Kinder wenig aufwenden können. Erbt sie aber anstatt dessen ein Kapital von einigen Tausend Thalern, so kann sie mit Hülfe desselben das Fortkommen ihrer Söhne bewirken und diese so wieder in den Stand setzen, für den Unterhalt der Mutter zu sorgen. So wird auch eine Lebensversicherung wichtig in allen den Fällen, wo bei dem Todesfalle einer Person eine gewisse Zahlung zu leisten ist, oder wo in Folge eines Sterbefalls der Verlust eines Kapitals eintreten könnte, z. B. bei Darlehen, die an Jemanden auf seine Lebenszeit gegeben sind, bei Unternehmungen, wo Gelder verwendet wurden, die beim Ableben des Eigenthümers zurückgezahlt werden müssen, so wie auch bei Bürgschaften und Vorschüssen, wobei das geschenkte Vertrauen nur auf den Talenten und dem Charakter des Empfängers beruht, und die mithin, wenn er sterben sollte, ihre Sicherheit verlieren würden. Auf diese Weise dienen die Lebensversicherungen zur Unterstützung und Erhöhung des persönlichen Kredits, der außerdem durch die Besorgniß, daß der Schuldner vor Zurückgabe des Darlehens sterben und letzteres dadurch verloren gehen könnte, nur zu oft gestört werden würde.

Noch so manche andere Verhältnisse des Lebens gibt es, bei denen Lebensversicherungen werthvoll, ja oft das einzige Mittel sind, um einen guten Zweck zu erreichen. Besitzer von Majoraten oder Mannlehngütern, die ihren jüngern Söhnen und Töchtern ein unabhängiges Vermögen sichern wollen; Personen, die einen treuen Diener bedenken, oder überhaupt eine Schuld der Dankbarkeit gegen Jemanden im Sterben abtragen wolten, jedoch ohne Wissen und nicht zum Nachtheile der gesetzlichen Erben — alle diese können dazu nicht leichter gelangen, als wenn sie diese Ueberschüsse ihres Einkommens in eine Versicherungsanstalt einlegen, und denen, die sie bedenken wollen, die Policen zur einstigen Erhebung der versicherten Kapitale übergeben. Will Jemand, der eine Leibrente bezieht, daraus ein Kapital für seine Erben bilden, so gibt es offenbar kein besseres Mittel, als wenn er, mittelst der Rente, sein Leben für eine entsprechende Summe versichert, welche dann bei seinem Tode den Hinterbliebenen empfangen werden.

Die Anwendung der Lebensversicherungen wurde früher dadurch erschwert, daß man sich deshalb an englische Anstalten wenden mußte, was mit beträchtlichem Kostenaufwande und Zeitverluste verbunden war. Dieser Uebelstand ist nun gehoben, nachdem im Jahre 1829 durch die Bemühungen einiger gemeinnützigen Männer ein Verein „für gegenseitige Lebensversicherung unter dem Namen „Lebensversicherungsbank für Deutschland" in Gotha gebildet worden ist. In etwa 300 Städten Deutschlands bestehen gegenwärtig Agentschaften derselben, und damit der Beitritt überall gleich bequem sey, trägt die Gesellschaft alles Porto zwischen Gotha und den Agentschaften, so daß der sich Versichernde, er mag auch bei dem fernsten Agenten sich melden, außer dem festen Jahresbeitrage durchaus keine Nebenkosten, mithin nicht mehr zu zahlen hat, als wenn er sich in Gotha selbst versicherte. Aus dem Wesen des gegenseitigen Vereins folgt demnach, daß alle Ersparnisse oder Ueberschüsse desselben den Versicherten (in der Form von Dividenden) wieder zufließen, wodurch den Theilhabern eine nicht unbeträchtliche Erleichterung gewährt wird. Die Verwaltung ist öffentlich und durch drei Ausschüsse von Versicherten geleitet. Wie sehr diese Unternehmung Beifall fand, zeigt die fortwährende Zunahme der Bank an Mitgliedern und an Fonds. Sie zählt bereits mehr als 4400 Versicherte und über 8 Millionen Thaler Versicherungssumme; an die Theilhaber wurden in diesem Jahre bereits 48,941 Thlr. aus dem Sicherheitsfonds zurückgezahlt und 108,000 Thlr., als fernere Ersparniß, liegen für sie zur Zurückgabe bereit. An die Erben Verstorbener wurden, seit Eröffnung der Anstalt bis jetzt, ungefähr 225,000 Thlr. ausgezahlt, und mehr als hundert deutsche Familien empfingen bereits mehr oder minder beträchtliche Kapitale aus der Kasse des Vereins, als Früchte der klugen Vorsorge Derer, welche eine Sicherheit gegen die Ungewißheit der menschlichen Lebensdauer daselbst suchten und fanden.

Sincapur, in der Meerenge von Malakka.

Diese Stadt liefert einen Beweis davon, was der Seehandel einer großen Nation vermag, wenn er durch weise und zweckmäßige Anordnungen aufgemuntert und geleitet wird. Noch einige Jahre nach dem Frieden von 1814 sah man auf Sincapur nichts als dichte Wälder und an dem Meeresufer nur armselige Fischerhütten. Und doch beherrscht diese wilde Insel die Meerenge, welche Indien mit China verbindet; wenige Tage einer leichten Schifffahrt konnten die Kauffahrteischiffe von den Sundainseln, von dem Meerbusen von Siam und von den zahlreichen Inseln, welche die nahen Meere bedecken, an ihre Ufer bringen. Die Holländer, welche sich 1641 an der Küste festsetzten, nachdem früher die Portugiesen hier Niederlassungen gehabt, bereicherten sich in Batavia durch den Handel, den sie al-

lein in diesen Gegenden trieben. England vernahm den Ruf der Malayen, welche sich eben so ungerechten als übermäßigen Abgaben zu unterwerfen gezwungen waren, und nahm sogleich des Vortheils wahr, den es daraus ziehen konnte: Sincapur wurde eine blühende Stadt, ein Freihafen (1818), wo alle Schiffe, außer den amerikanischen, ohne eine Abgabe zu entrichten, landen konnten.

Der Wohlstand dieser neuen Niederlassung hat sich von Jahr zu Jahr auf fast unglaubliche Weise vermehrt; die Zahl der Einwohner, damals 150, betrug im Jahre 1825 schon 18,000 (jetzt 30,000). Sie ist die Niederlage des bedeutenden Handels Europa's mit diesem Theile Asiens und den großen Inseln in der Nähe geworden; die schöne, sichere Rhede ist fortwährend mit den Flaggen aller Handelsmächte bedeckt; der Hafen kann kaum die Menge der malayischen Küstenfahrer fassen, welche hieher kommen, um Zucker, Kaffee, schönes Holz von Siam, berühmtes Zinn von den Inseln Banka und Bintang, und tausend andere köstlichere Produkte gegen europäische Waaren umzutauschen, deren Verbrauch sehr bedeutend ist, da sie ohne Abgaben und zu einer sehr mäßigen Taxe eingeführt werden. Der Zweck der englischen Kompagnie bei der Gründung von Sincapur scheint der gewesen zu seyn, ein vortheilhaftes Mittel zum Absatze ihrer großen Waarenmenge zu finden, womit ihre Magazine in Ostindien angefüllt waren.

Die Insel Sincapur, die in einem so kurzen Zeiträume so große Veränderungen erfahren hat, kann zehn Stunden von Ost nach West haben, und fünf Stunden in ihrer größten Breite von Nord nach Süd. Sie ist von mehreren andern kleinen Inseln umgeben, welche unbewohnt und mit Wald bedeckt sind. Ihr Boden wird von kleinen Hügeln gebildet und zeigt eine Menge malerischer Gruppen.

Die gleichnamige Stadt liegt an einer sehr schönen Bai, an den Ufern eines Flusses, der sie in zwei Theile scheidet. Das Gewimmel der indischen Kähne und einer Menge Fahrzeuge, welche die erwartete Schiffsladung an Bord haben, oder die aus Europa oder Indien kommenden Waaren an's Ufer führen; endlich ganze Flotten Küstenfahrer und malayischer Pros (Barken mit ungemein hohen Vorder- und Hintertheilen), welche mit ihren zahlreichen und langen Rudern in den Hafen einlaufen: dieß Alles gewährt den Anblick der größten Thätigkeit und Betriebsamkeit. Die lange, weiße Reihe schöner Häuser, welche sich längs dem Meere hinzieht, und die reizenden Wohnungen auf einer entfernteren Fläche, stechen auf eine anziehende Weise gegen das öde, von dunklem Grün beschattete Ufer ab, und gegen die hohen Berge, in deren dichten Wäldern ungeheure Tiger hausen, die einzigen Feinde der Seeräuber, welche dort den Gewinn ihrer Verwüstungen zu verbergen suchen.

In den Straßen der Stadt wogt eine Menge Menschen von verschiedener Farbe, Kleidung und Sprache, unter denen sich durch ihre weiße Figur, die Form ihrer Augen und die große Reinlichkeit der Kleidung die Chinesen auszeichnen, welche ausschließend die Klasse der Ackerbauer und Arbeiter bilden. Man kann sie nicht verwechseln mit den malayischen Seeleuten, von kupfriger und sonnenverbrannter Gesichtsfarbe, mit dem wilden Blicke und kurzer, untersetzter Gestalt. Die schwarzen, krausen und schmutzigen Haare der Letztern und eine Stirn, auf der die Bosheit und Falschheit abgedrückt ist, bedeckt ein Strohhut in Form eines Kegels; ein Paar Beinkleider von blauer Leinwand macht die ganze Kleidung aus.

Die große Anzahl der in kurzer Zeit vollendeten Schanzwerke giebt Sincapur in den Augen des neuen Ankömmlings ein Ansehen des Alters; wenn er aber weiter in das Innere der Insel dringt, so findet er wieder die Spuren der wilden Natur, welche unter den Bemühungen der Civilisation erstirbt. Ein ziemlich zusammenhängender Weg geht um überschwemmten Boden, welchen eine Menge schlechter auf Pfählen gebauter Hütten bedeckt; weiterhin erblickt man Zuckerrohr von großer Schönheit auf einem weniger sumpfigen Boden; an den Abhängen der Hügel scheinen Zimmet- und Würznägeleinbäume den Waldbäumen den Platz streitig zu machen; aber bald erscheint die wilde Natur wieder in ihrer düstern Pracht. Dichte Wälder nehmen den Wanderer auf, deren schweigende Oede seine Seele in ehrerbietigen Ernst versenkt.

Holyrood-House zu Edinburgh in Schottland.

Das Innere der Holyrood-Kapelle.

Der westliche Theil von Edinburgh ist längs dem Rücken eines etwas steilen Berges erbauet und erstreckt sich ungefähr eine engl. Meile (von 5280 Fuß) von Osten nach Westen hin. Am westlichen Ende der Straße steht das Schloß oben auf einem hohen und steilen Felsen; an seinem entgegengesetzten Ende, welches niedrig liegt, ist der Palast von Holyrood-House, welcher gewöhnlich die Abtei heißt. In der That war es lange vorher ein Kloster, ehe es ein königlicher Aufenthaltsort wurde. Jenes stiftete der schottische König David I. Der Name Holyrood ("heiliges Kreuz") wurde von einem silbernen Kreuze hergeleitet, das ein Engel dem Stifter des Klosters überreicht haben sollte, als er eines Tages auf der Stelle jagte, wo die Abtei nachmals erbauet wurde. Holyrood-House wurde von seinem Stifter und mehrern seiner Nachfolger reichlich mit Ländereien und Vorrechten beschenkt; hat aber viele widerwärtige Schicksale erlitten, und im Jahre 1544 brannte die ganze Kirche bis auf den Grund nieder, mit Ausnahme des Schiffs, welches nachmals als Kapelle gebraucht ward.

Die früheste Nachricht, welche wir von dem Daseyn eines Palastes zu Holyrood haben, geht nicht weiter, als bis zum Anfange des 16. Jahrhunderts zurück; 1503 wird er zuerst erwähnt. Im Jahre

1528 vermehrte Jakob V. die schon vorhandenen Gebäude gar sehr, oder baute vielmehr das Ganze von Grund aus neu auf. Ein großer Theil davon ward von den Engländern 1544 niedergebrannt, aber bald wieder hergestellt, und ein neuer Palast nach einem größern Maaßstabe angebauet. Wahrscheinlich war er bedeutend größer, als der gegenwärtige. So lange die unglückliche Maria Stuart Königin war, hatte sie ihren Hauptaufenthalt daselbst. Hier hielt auch ihr Sohn, Jakob VI., seinen Hof, bis er den englischen Thron bestieg. Ein beträchtlicher Theil dieses Gebäudes ward späterhin von Cromwell's Soldaten niedergebrannt, und lag bis zum Jahre 1670 in Ruinen, wo auf Befehl Karl's II. das gegenwärtige Gebäude nach einer Zeichnung des Sir William Bruce begonnen ward.

Die westliche Fronte des Holyrood-Palastes.

Der gegenwärtige Holyrood-Palast ist ein schönes steinernes Gebäude, mit einem Hofe umgeben, der beinahe ein Viereck bildet, indem jede Seite ungefähr 240 Fuß lang ist. Die vier verschiedenen Gebäudereihen sind an jedem Ende mit Thürmen versehen, und eine Halle, von Pfeilern getragen, geht im Innern rund um das Ganze herum. Der nordwestliche Theil ist noch der einzige Ueberrest des Gebäudes, welches Jakob V. erbaut hatte, und seine Zimmer sind höchst interessant. Hier befindet sich das Staats- und das Schlafzimmer der Königin Maria mit den alten noch übrigen Geräthschaften und einigen Stickereien, welche sie selbst verfertigt haben soll. In einem kleinen Kabinette neben diesem Schlafzimmer saß sie Abends bei Tische mit ihrer Halbschwester, der Gräfin von Argyle, als Darnley und seine Mitverschwornen hereinstürzten, ihren Liebling Rizzio herausschleppten und ihn an der Zimmerthür erstachen. Der Unglückliche erhielt gegen 50 Wunden. Die Fallthür oder die Oeffnung auf dem daran stoßenden Gange, den man aus dem darunter befindlichen Zimmer hinaufging, wird noch gezeigt. Der Prätendent, Karl Eduard, nahm von diesen Zimmern Besitz, als er im Jahre 1745 eine kurze Zeit in Edinburgh verweilte, und soll in Maria Stuart's Bette geschlafen haben. Dasselbe Bette, das noch immer seine vorige Stelle einnimmt, empfing auch wenige Monate darauf den Sieger, den Herzog von Cumberland, als das Gemetzel bei Culloden auf immer den Streit zwischen den Häusern Stuart und Hannover entschieden hatte. In spätern Zeiten diente es zwei Mal zum Zufluchtsorte für die vertriebenen Fürsten aus einem andern Hause: König Karl X. hielt sich, als er noch Graf von Artois war, von 1795 bis 1799 mit seinen beiden Söhnen, den Herzögen von Angouleme und Berry, daselbst auf; und als er im Jahre 1830 zum zweiten Male aus Frankreich vertrieben ward, fand er mit seiner Familie wieder einen Zufluchtsort daselbst.

Als Georg IV., König von Großbritannien, im Jahre 1822 Edinburgh besuchte, waren die Staatszimmer in Holyrood-House mit großer Pracht eingerichtet worden: vergoldete und mit Spiegeln verzierte Wände leuchteten noch einmal wieder im Glanze der vormaligen Herrlichkeit. Auf die Wiederherstellung des Palastes hat man auch seitdem von den Kroneinkünften ansehnliche Summen verwandt und daher viele Ausbesserungen und Veränderungen ausgeführt. Das größte Zimmer, welches er enthält, ist eine Gallerie auf der Nordseite, 145 Fuß lang, 25 Fuß breit und 18½ Fuß hoch. Diese Galerie ist mit 111 Bildnissen von schottischen Königen geziert, welche alle von einem niederländischen Künstler, Namens de Witt, welchen Jakob VII. in dieser Absicht mit herüberbrachte, erfunden und gemalt sind. Sie haben daher größern Werth als

Kunstwerke, denn als geschichtliche Denkmäler. In dieser Galerie findet auch die Wahl der schottländischen Pairs zum britischen Parlamente Statt.

Nächst den Zimmern der Königin Maria ist die alte Kapelle der interessanteste Theil von Holyrood-House; sie besteht jedoch, wie schon erwähnt, blos aus dem Schiffe der ursprünglichen Abteikirche. Diese Ruine — denn sie ist jetzt weiter nichts mehr — hat im Laufe der neuen Wiederherstellungen solche Ausbesserungen erhalten, welche wenigstens eine Zeit lang die weitern Fortschritte des Verfalls aufhalten werden.

Holyrood-House ist als königlicher Palast noch immer eine Schutzstätte für zahlungsunfähige Schuldner, die nicht blos in Hinsicht ihrer Sachen, sondern auch ihrer Personen, Schutz genießen. Derselbe erstreckt sich sowohl innerhalb der Ringmauern des Palastes, als auch in dem ganzen daran stoßenden königl. Parke, der gegen drei englische Meilen im Umfange hat.

Hemden und Mützen auf den Bäumen.

Alexander v. Humboldt erzählt: Wir sahen am Abhange der Ernea Duida (in Süd-Amerika) Hembenbäume von 50 Fuß Höhe. Die Indianer schneiden die gewöhnlich 2 Fuß dicken Stämme in kleinere Stücken, von denen sie die rothe, faserige Rinde abzuschälen verstehen, ohne einen Einschnitt der Länge nach zu machen. Diese Rinde dient ihnen statt eines Kleides ohne Naht, welches das Ansehen starker Sackleinwand hat. Die obere Oeffnung dient für den Kopf, und zwei kleinere werden für die Arme an den Seiten eingeschnitten. Die Einwohner tragen diese Hemden besonders in der Regenzeit. Dazu passen die Mützen recht gut, welche die Blüthen einer gewissen Palmenart bilden, und die grober Strickerei täuschend ähnlich sehen.

Der rechte Grund der Sparsamkeit.

In Marseille lebte ein Greis, Namens Guyot. Er sammelte ein ansehnliches Vermögen durch seinen thätigen Gewerbfleiß und durch seine große, Jedermann bekannte Sparsamkeit in persönlichen Bedürfnissen, im Vergleiche gegen seine Standesgenossen, weshalb ihn der ungezogene dortige Pöbel oft, wenn er auf der Straße erschien, als einen Geizhals zu verschreien pflegte. Sehr unerwartet enthielt sein Testament Folgendes: „Von meiner Jugend her habe ich wahrgenommen, daß die Armuth in Marseille wegen Mangels an gutem Wasser oft Noth leidet, da sie es theuer kaufen muß. Ich habe in meinem langen Leben gespart, um ihr Wasser unentgeltlich zu verschaffen, und vermache meinen ganzen Nachlaß zum Behuf einer Wasserleitung nach Marseille, damit die Armen umsonst gutes Wasser erhalten können."

Betrug im Handel schadet dem Betrüger.

Der Boden und das Klima von Irland ist dem Flachsbau sehr günstig, und der dortige Flachs würde auch in England einen guten Preis finden; aber die Irländer suchen betrügerisch dessen Gewicht zu vermehren, indem sie den Flachs vor dem Verkaufe dem Dampfe aussetzen, was später eine Erhitzung des Flachses ver-

anlassen kann, oder Kiesel und Unrath in die Mitte der Bündel verbergen. Die nothwendige Folge davon ist, daß nun der irländische Flachs der wohlfeilste auf dem Markte in England zu seyn pflegt, und doch Jeder Bedenken trägt, einen Handel darin abzuschließen.

Gemeinnütziges.

1.

Wie vermehrt man auf unschädliche Weise das Gewicht des Roggenbrods?

Man kocht ein Pfund Kleie vom Roggen eine Stunde lang im Wasser, ungefähr 1000 Kubikzoll oder weniger, rührt die Masse, zur Verhinderung des Anbrennens, häufig um und gießt hernach die Flüssigkeit langsam durch ein leinenes Tuch, damit die Hülsen zurückbleiben, und knetet mit diesem warmen Wasser das Mehl, wodurch nicht nur das Brodgewicht ansehnlich vermehrt, sondern auch das so zubereitete Brod weit verdaulicher wird. Je mehr man Kleie im Verhältnisse zum Wasser nimmt, desto vortheilhafter ist dieß Operation des Auskochens, nur darf das fleißige Umrühren nicht versäumt werden. Auch auf Waizenbrod wirkt die nämliche Operation eben so günstig. Natürlich ist aber dann die Kleie weit weniger nahrhaft und nur noch als Düngmittel dienlich. Doch will man in Frankreich und England behaupten, daß sie auch dann noch das Vieh nähre, obgleich weit weniger, als vor der Abkochung.

2.

Elektrische Bürste des Hrn. Lemolt in Paris.

Diese Bürste, auf deren harziger und metallischer Oberfläche die flüssige elektrische Materie vorhanden ist, verbreitet durch die Reibung auf den gebürsteten, leidenden Theilen eine angenehme, frische Kühle, ohne Erschütterung, Funken oder Schmerzen, und erregt einen Reiz auf der Haut, welcher sich dem Nerven-, Muskel- und Blutsysteme mittheilt. Es folgt darauf Ausdünstung, ein frischerer Blutumlauf, mehr Kraft in den Gliedmaßen, Gefühl der Stärke und ein heilsamer Schlaf.

Woche.

Am 28. September 1813 wurde Kassel, die Hauptstadt des neuerrichteten Königreichs Westphalen, durch ein russisches Heer unter der Anführung des kampfgewohnten Czernitscheff das erste Mal besetzt.

Am 29. September 1824 starb zu Marburg der überaus menschenfreundliche Kreisphysikus Dr. Johann Jakob Georg Justi. Er war in der ebengenannten Stadt am 8. August 1779 geboren und hatte daselbst seinen Unterricht erhalten. Die Uneigennützigkeit und sein ausgebreitetes segensreiches Wirken, in welchem dieser tüchtige, gelehrte und gewissenhafte Arzt arme Kranke unentgeltlich heilte, ja sie noch außerdem beschenkte, muß ihm nicht nur die Verehrung aller Menschenfreunde, ja sie muß ihm selbst ein Wort dankbarer Erwähnung in den Geschichtsbüchern der Deutschen erwerben.

Am 30. September 1745 erfocht König Friedrich II. von Preußen bei Trautenau und Sorr in Böhmen über ein dem seinigen um die Hälfte überlegenes österreichisches Heer unter dem Herzoge Karl von Lothringen, einen glänzenden Sieg, demohngeachtet verließ er, wegen Mangels an Lebensmitteln und fortwährender Beunruhigung durch Schaaren ungarischer Reiterei, Böhmen bald wieder.

Am 1. Oktober 1310 nahm der Herzog Ludwig von Baiern gemeinschaftlich mit seinem Bruder Rudolph eine Theilung des genannten Landes vor, vermöge welcher Ludwig den zwischen dem Lech und der Isar bis an die Donau sich erstreckenden Theil von Oberbaiern für sich behielt, die Pfalz aber beiden Brüdern gemeinschaftlich blieb. Durch Ludwig's Unzufriedenheit entstand aber bald ein blutiger Bürgerkrieg, zu dessen Beendigung Rudolph jedoch nach zwei Jahren die Gemeinschaft wieder herstellte.

Am 2. Oktober 1529 hielten die Häupter der beiden protestantischen Parteien in der Stadt Marburg ein Privatgespräch, das sogenannte „Marburger Colloquium", dessen Gegenstand besonders die Lehre vom heiligen Abendmahle und dessen Feier war. Es hatten sich zu dieser Unterredung Tags vorher eingefunden: Aus Wittenberg: Martin Luther, Philipp Melanchthon, Justus Jonas, Mönius und Mycanius; aus der Schweiz: Ulrich Zwingli und Oekolampadius; aus Straßburg: Bucer und Hedio; aus Nürnberg: Ofiander; aus Augsburg: Agricola und aus Schwäbisch Halle Brenz. Der Landgraf Philipp von Hessen, der gleichfalls zwei Männer, Schnepf und Dionysius, an der Unterredung Theil nehmen ließ, war vergebens bemüht, durch Vermittlung eine Vereinigung zwischen den genannten Theologen hervorzubringen; sie verließen sämmtlich schon am 4. Oktober 1529 die Stadt Marburg.

Am 3. Oktober 1720 wurde Johann Peter Uz, der Sänger der Weisheit, dessen Namen alle Freunde des Guten und Schönen mit Achtung aussprechen, dessen Verdienste um die deutsche Literatur ihm ein stets dankbares Andenken in dem Gedächtnisse der Deutschen erhalten werden, zu Ansbach geboren. In seinem neunzehnten Jahre bezog er die Universität Halle, um die Rechte zu studiren. Hier ward er der vertraute Freund des alters= und sinnes=gleichen Dichters Gleim. 1743 kehrte Uz nach Ansbach zurück, und trat, als Sekretär bei'm Justiz=Collegium, 1748 in's Geschäftsleben ein. Uz versuchte sich mit großem Glücke in Uebersetzungen römischer und griechischer Schriftsteller, in scherzhaften und geistlichen Liedern, in der Ode, im Heldengedichte, im Lehrgedichte und in poetischen Briefen. Doch schon im Jahre 1763 hörte er zu dichten auf, woran die überhäuften Amtsgeschäfte die Schuld hatten. Er starb den 12. Mai 1796 in einem Alter von 76 Jahren als königl. preußischer Justizrath und Landrichter zu Ansbach.

Am 4. Oktober 1247 wurde der Sohn des Grafen Florenz II. und Mechtilden's, einer Tochter Heinrich's I., Herzogs von Brabant, Wilhelm, Graf von Holland, auf Betrieb des Papstes Innocenz IV., zum römisch=deutschen Kaiser erwählt, konnte aber nicht zum ruhigen und ungestörten Besitze der ertheilten Krone gelangen.

Der Thee.

Es giebt zwei Arten von Theepflanzen: der braune Thee und der grüne Thee. Der braune Thee (thea bohea), Theebo=he, Theebou genannt, ist ein mehre Jahre ausdauernder, 5 bis 6 Fuß hoher Strauch, der, so viel man weiß, blos in China und auf Japan wild angetroffen wird. Von unten auf ist er mit Aesten besetzt, die sich wiederum in viele größere und kleinere Zweige ausbreiten. Die Blätter sitzen auf kurzen Stielen wechselsweise an den Zweigen, sind elliptisch, glatt, vorne etwas abgestumpft, gezähnt und ohne Blattansätze. Aus den Blattwinkeln treiben im Frühjahre die röthlich weißen Blüthen hervor, welche dem äußern Ansehen nach einer einfachen wilden Rose gleichen. Sie haben 6 Blumenkronblätter und dies ist das Gattungskennzeichen, wodurch man den braunen Thee am deutlichsten von den grünen unterscheidet. Nach der Blüthe erscheinen runde Saamenkapseln, wovon nicht allemal drei, sondern oft nur zwei beisammen sitzen, weil die Decke nicht immer ausgebildet wird. Zur Zeit der Reife gleichen sie an Größe und Gestalt unsern Schlehen und haben ein dünnes schwarzes Fleisch, das übel schmeckt. Jede Kapsel enthält drei Fächer, in deren jedem eine harte runde Nuß mit ihrem Kerne liegt. Ist sie überreif, so springt sie von selbst auf, und die Saamen fallen heraus, welche letztere nicht blos zur Fortpflanzung des Strauchs dienen, sondern auch ein Oel liefern, welches die Chinesen zu benutzen wissen. Die ersten Pflanzen dieser Theegattung brachte der schwedische Schiffskapitän Ekeberg den 3. Okt. 1763 nach Europa. Jetzt hat man sie in vielen Kunstgärten in diesem Erdtheile.

Der grüne Thee (thea viridis) kommt dem braunen im Wuchse gleich, nur sind seine Blätter länger und die Blüthen haben 9 Kronenblätter. Der grüne Thee hat mit dem braunen einerlei Vaterland. In China hält man für das Theeland die Strecke zwischen dem 30—33° N. B. und zwar auf der Ostseite. Nördlicher würde das Land für den Thee zu kalt und südlicher zu heiß seyn. Doch sieht man einige kleine Theepflanzungen in der Nähe von Canton.

Man bauet die Theepflanze in China und auf Japan mit Fleiß und in großer Menge an; dieß thut man vorzüglich in bergigten Gegenden, besonders in der Provinz Fo=tschen, des ersten Reichs. Die Begleiter der engl. Gesandtschaft unter Lord Macartney fanden die Ländereien daselbst statt der Zäune durch Erddämme von einander geschieden. Auf denselben standen sowohl an den beiden Seiten als auf der obern Fläche Theesträuche. Der Saame wird in geraden Linien 4 Fuß weit auseinander gesteckt und das Land beständig rein gehalten. Der Strauch bildet keinen eigentlichen Stamm, sondern sproßt vielzweigig aus der Erde hervor, wie bei uns der Rosenstrauch. Um die Blätter desto bequemer abpflücken zu können, läßt man ihn nicht hoch wachsen. Die Benutzung fängt vom dritten Jahre an und dauert bis zum siebenten Jahre. Zur Düngung des Bodens nimmt man Pferdemist. Nach dem siebenten oder höchstens zehnten Jahre wird der ganze Strauch bis auf die Wurzel abgehauen, damit er wieder frische Triebe giebt, weil die alten keine guten Blätter mehr treiben. Der beste Boden ist der leichte steinigte.

Die Blätter werden nach dem Alter des Strauchs jährlich ein bis vier Mal abgepflückt. Am gewöhnlichsten giebt es drei Ernten. Die erste beginnt um die Mitte des Aprils, die zweite in der Mitte des Sommers, die letzte findet während des Augusts und Septembers Statt. Eine andere Nachricht sagt, daß die erste Ernte zu Ende des Februars, wo der Theestrauch seine Blätter hervortreibt, — welchen Thee man den Kaiserthee nennt, den blos der Kaiser und die Vornehmen des Reichs trinken — die zweite zu Anfange des Aprils, und die dritte im Mai falle. Daß der Thee nicht von einerlei Güte ist, hängt nicht blos von der Beschaffenheit der Blätter und von ihrem Alter, sondern auch von dem Standorte, dem Boden, dem sorgfältigen Abpflücken und von der fernern Behandlung ab. Die zweite Ernte liefert schlechtere Sorten und die dritte die geringsten und wohlfeilsten. Die Blätter

Die Theepflanze.

von der ersten Ernte haben die zarteste Farbe und den angenehmsten Geschmack mit den wenigsten Fasern und der wenigsten Bitterkeit; die Blätter von der zweiten Ernte eine mattgrüne Farbe, und jene von der letzten eine dunkelgrüne. Blätter von jungem Holze und der Sonne am meisten ausgesetzt, sind jederzeit die besten.

Sobald man die Blätter abgepflückt hat, thut man sie in weite, nicht eben tiefe Körbe, und setzt sie einige Stunden lang in die Luft, oder in den Wind, oder in die Sonne. Nach Staunton verfährt man nun mit den Blättern folgendermaßen: Jedes einzelne Blättchen, das man zu dieser Arbeit braucht, wird zwischen den Fingern zusammengerollt, wodurch es ungefähr die Gestalt erhält, die es vor dem Entfalten auf dem Stamme hatte. Die so behandelten Blätter werden sodann auf sehr dünnen eisernen Platten über einem gelinden Kohlenfeuer so lange geröstet und gedörrt, bis alle Feuchtigkeit aus ihnen verdunstet ist. Andere dagegen behaupten, daß das Kräuseln oder Zusammenrollen der Blätter erst nach dem Rösten geschehe, daß man bei'm Rösten anfänglich die Hände, nach stärkerer Erhitzung aber eine hölzerne Krücke zum Umwenden der Blätter brauche, was mit äußerster Vorsicht geschehen müsse, damit die Blätter nicht zerbrechen. Vielleicht sind beide Arten der Behandlung gebräuchlich. Das Rösten muß noch an dem Tage geschehen, an welchem die Blätter gepflückt sind. Kupferner Platten bedient man sich nie.

In China und auf Japan soll der Thee besser schmecken, als bei uns. In beiden Ländern ist das Theetrinken schon seit undenklichen Zeiten im Gebrauche. Man trinkt ihn nicht, wie bei uns, mit Milch und Zucker, sondern ungemischt, und bietet gekochten Thee sogar auf den Märkten feil. Man bedient sich dort auch des zu Pulver gemahlnen Thee's, wovon eine Messerspitze voll in eine Tasse heißen Wassers gethan wird.

In Europa ist die Sitte des Theetrinkens etwa 233 Jahre alt. Holländische Chinafahrer brachten im J. 1600 den ersten Thee mit nach Europa, wo man seine vortrefflichen Eigenschaften sogar durch gedungene Lobredner überall ausposaunte. Und dieß gelang. Von dem Nutzen des Theetrinkens sagt der Dr. Spieß (s. d. Kunst zu essen und zu trinken. Leipzig, 1830.) Folgendes: „Der Thee ist ein angenehmes Getränk, das die Verdauung befördert, den Geist zur Heiterkeit ohne Berauschung stimmt, mehr als viele andere Mittel das Gefühl der Ermüdung verscheucht, die Ausdün-

stung und alle andere Absonderungen erleichtert und daher in Fiebern von großem Nutzen seyn kann. Wahrscheinlich hat sein Genuß in England auch den Stein und den Gries als Krankheiten und die Berauschung durch Wein und andere hitzige Getränke, besonders unter den höhern Ständen, weit seltener gemacht. Dr. Odier zu Genf kannte eine hochbejahrte Dame, an welcher verschiedene Kennzeichen von Wassersucht sichtbar waren. Er fand kein wirksameres Mittel, sie davon zu heilen, als einen starken Aufguß von Grünthee mit Syrup. Jedoch darf man den Thee nicht im Uebermaaße genießen, und muß mit einiger Vorsicht bei seinem Gebrauche verfahren. Zuerst muß man keinen solchen Thee trinken, welcher einen starken Wohlgeruch hat, sowohl weil dieser oft von einer Mischung anderer Kräuter herrührt, worunter sich schädliche Bestandtheile befinden können, als auch, weil der Wohlgeruch des Thees gerade das Betäubendste ist; daher verdient der Theebou den Vorzug vor dem Grünthee. Zweitens darf man den Thee nicht zu stark trinken, und muß seine Schärfe durch Zucker, Milch, Sahne oder Eidotter mildern. Endlich muß man ihn nur kurze Zeit nach Tische oder mit festen Speisen vermischt trinken, blos um die Verdauung zu befördern, und nicht dazu, daß er selbst die Stelle einer Mahlzeit vertritt. Genießt man den Thee nüchtern oder ohne die geringsten festen Speisen, so schwächt er zuverlässig die Verdauungsorgane, und ist Schuld an vielen Uebeln, die auf seine Rechnung geschoben werden.“

Im Handel kommt der Thee in vielen Sorten vor. Die Russen bringen ihn in kleinen Büchsen durch ihren chinesischen Handel nach Moskwa und St. Petersburg. Er ist unter dem Namen des russischen oder Caravanen-Thees bekannt und hat vor dem auf Schiffen herbeigeführten den Vorzug, daß er unterwegs nicht verschlechtert wird, wie dieser. Von dem braunen Thee oder Theebou bemerken wir hier nur den Soatchong, der im Aufgusse eine grüngelbe Farbe zeigt; den Pekko, der zu Lande durch Rußland kommt; den Congo oder Bongfo; den Liu-Hysan, Camphu u. a.

Der Thee kommt alljährlich in ungeheurer Menge aus China und auch von Japan nach Europa, wo die Engländer den allerstärksten Gebrauch machen. Hierauf kommen die Holländer. Der erste Thee kam 1666 durch die Lords Arlington und Ossory aus Holland nach England, wo jetzt die ostindische Kompagnie immer auf ein Jahr Vorrath in ihren Waarenlagern zu London haben muß. Der englische Staat zieht vom Thee ein starkes Einkommen.

Das Thee-Einsammeln. Nach einer chinesischen Zeichnung.

Verlag von Bossange Vater in Leipzig.
Unter Verantwortlichkeit der Verlagshandlung.

Das Pfennig-Magazin

der
Gesellschaft zur Verbreitung gemeinnütziger Kenntniffe.

23.]   Erfcheint jeden Sonnabend.   **[Oktober 5, 1833.**

Der Condor.

Wir haben hier in dem mitgetheilten Bilde einen großen Geier Südamerika's vor uns, den man gewöhnlich Condor nennt, und von welchem fonft viel gefabelt wurde. Man fchilderte feine Größe und Stärke über die Maßen: er follte ein Kalb mit in die Luft fortnehmen, wie der Hühnerfalke ein Küchlein, und einem Ochfen das Leben rauben können. Mit ausgefpannten Flügeln follte er funfzehn Fuß in der Breite meffen. Beides, folche Größe und Stärke, wird durch die neueften Berichte fehr herabgefetzt. Humboldt war der erfte Reifende, welcher diefe Uebertreibungen rügte. Er brachte fiebenzehn Monate in den Andes-Gebirgen zu, wo diefer Raubvogel fich vornehmlich aufhält, und fah ihn nicht allein täglich, fondern fchoß auch gar manchen, daß er endlich zu der Ueberzeugung kam, das Thier fey nicht viel größer, als die größten Arten diefes Gefchlechts in Europa find. Dagegen wurden mehrere andere Eigenthümlichkeiten deffelben ermittelt. Der Adler bauet fein Neft auf den Spitzen der höchften Alpen Europa's; aber es find diefe bei weitem nicht fo hoch, wie die Spitzen der Anden, auf welchen der Condor niftet. Wo kein Thier mehr leben kann, da hauft

er am liebften; wo die Luft fo verdünnt und kalt ift, daß jedes andere Wefen umkommen müßte, befindet er fich am wohlften. Und nicht zufrieden mit folcher Höhe, fteigt er weit über die Wolken hinauf und fchaut von diefer Höhe herab über die weite, unermeßliche Ebene hin. Erfpäht er dann einen Leichnam, fo fenkt er fich hinab und ftillt feinen Hunger mit einer Gefräßigkeit ohne Gleichen. Kapitän Head, der Südamerika durchreifte, kam vor einem todten Pferde vorbei, an welchem wohl vierzig bis funfzig folcher Geier fich labten. Manche hatten fich fo voll gefreffen, daß fie gar nicht auffliegen konnten. Einige ftanden auf dem Kadaver und verzehrten es, andere rings herum. In der Entfernung von zwanzig Ellen ungefähr fah er einen der größten mit der einen Klaue auf dem todten Thiere, mit der andern auf der Erde. Als einer feiner Begleiter bis an das Kadaver hinritt, flog einer der größten Geier ungefähr funfzig Ellen fo fchwerfällig fort, daß er am Ende feftgenommen und getödtet wurde. Daß aber Letzteres nicht ohne großen Kampf abging, kann man fich denken.

Der Condor lebt jedoch keineswegs blos von Aas;

er greift im Gegentheile auch lebende Thiere mittlerer Größe, wie das Vicunna, Rehe, Ziegen und dergleichen an, und soll sogar den Rindern wenigstens gefährliche Wunden beibringen. Den Menschen selbst fürchtet er zwar wenig, aber scheint ihm nicht absichtlich nahe zu kommen. Humboldt und Bonpland hatten, als sie an den Schneefeldern der Anden Pflanzen sammelten, immer mehrere Condors in ihrer Nähe, die sich jedoch stets friedlich benahmen. Auch wußten die Indianer dort ihnen nichts Böses nachzusagen, und am wenigsten erzählten sie, daß so ein Vogel ein Kind entführe, wozu es doch nicht an Gelegenheit fehlen würde. Humboldt meint daher, daß nicht ein wahrhaft beglaubigter Fall da sey, daß ein Kind auf solche Weise um's Leben gekommen wäre. In der Art würde also unser Lämmergeier in der Schweiz und andern Ländern Europa's mehr zu fürchten seyn; denn von Irland erzählt uns der Verfasser der Briefe eines Verstorbenen, daß er selbst einen kleinen Knaben kennen gelernt habe, welcher durch ein halbes Wunder aus den Klauen des Raubvogels gerettet wurde. Ein Mädchen aber war auf solche Art, wie man ihm erzählte, in der That verloren gegangen. Schon die alte Fabel, welche den Ganymed von einem Adler entführen und in den Olymp zum Zeus bringen läßt, zeugt wenigstens, wie man zu jeder Zeit die Möglichkeit solcher Unfälle annahm.

Ein Nest baut der Condor, so viel man weiß, nicht. Er legt seine Eier auf den nackten Felsen. Das Weibchen behält die Jungen ein ganzes Jahr bei sich und füttert sie, bis sie sich selbst ihre Nahrung holen können. Doch alle solche Dinge sind noch lange nicht gehörig ermittelt. Humboldt sah den Condor nur in Neu-Granada, Quito und Peru; allein nach seinen darüber eingezogenen Erkundigungen findet er ihn in der ganzen Kette der Anden bis zum siebenten Grade nördlicher Breite nach dem Innern von Antioquia hin. Selbst in Mexiko und den westlichen nordamerikanischen Freistaaten soll er hausen. Die von ihm hier mitgetheilte Abbildung ist nach einem Exemplare entworfen, das sich jetzt in einer Sammlung lebender fremder Thiere zu London befindet.

Der Einfluß der Mutter auf die Denkart ihrer Söhne.

Der Ernst und die Milde des Vaters vermögen über seine Kinder sehr viel, und ihr Schicksal bestimmt sich nicht selten durch die Freundlichkeit, Würde und Klugheit, die er in seinem Benehmen gegen sie beobachtet, auf ihre Lebenszeit. Nicht stürmische Leidenschaften, nicht heftige Affekten bessern die Kinder, sondern Festigkeit des Charakters, Ruhe des Gemüths und Besonnenheit des Verstandes. Wer sich so viel als möglich immer gleich bleibt und Grundsätze, den Forderungen der Religion und Vernunft entsprechend, unwandelbar befolgt, der gründet seiner Kinder Glück; er macht sie zu frommen und sittlich guten Menschen.

Allein einen ganz vorzüglichen Einfluß, besonders auf die Söhne, haben die Mütter. Sind sie freundlich, edeldenkend, religiös, sittlich gut und wohlgemuth, so nehmen ihre Söhne viele von diesen Tugenden in früher Jugend an, und üben sie durch ihre ganze Lebenszeit. Die Mütter veredeln durch ihre Milde und Güte das Herz ihrer Söhne, pflanzen religiöse Grundsätze in dasselbe und flößen ihnen den Ent-

schluß ein, immer gut und redlich zu handeln. Die Mütter mögen es nie vergessen, wie viel ihr frommer Lebenswandel, ihr Fleiß, ihre Ordnungsliebe, ihre Reinlichkeit und Sparsamkeit bei ihren Kindern, vorzüglich den Söhnen, Gutes stiftet; denn der Sohn hängt mehr an der Mutter, als am Vater; ihre milde Art spricht mehr zu seinem raschen Sinne und bezwingt die wilden Leidenschaften, die ihn in's Leben hinausstoßen; ihr Rath, ihr Trost, ihre Warnung senkt sich tief in sein Herz und er bewahret getreulich darin, was sie zu seinem Wohle sagt und thut.

Wie vielen Einfluß hatte nicht die Denkart, die Gesinnung und das Benehmen der Mütter auf drei Männer, welche unsere Zeit glorreich verherrlicht haben, auf Kant, Goethe und Klopstock. Die Mutter des ersteren war fromm, fleißig, empfindungsvoll, geduldig und sorgsam; sie strebte nach einem heiligen Lebenswandel, und wie viele von diesen Eigenschaften sind auf ihren berühmten Sohn, der auch viel auf sie hielt, übergegangen? Goethe's Mutter war, wie er selbst erzählt, stets heiter und froh und Andern das Gleiche gönnend, sehr reinlich, liebte das Bücherlesen, und Alles dieß prägte sich dem Sohne frühzeitig ein; und was früher eine einzeln dastehende Erscheinung war, das wurde Gewohnheit, Grundsatz. Auf Klopstock wirkte vorzüglich seine Großmutter, deren Liebling er war, und von der er selbst sagte, sie habe ihn zuerst durch ihren frommen Wandel zu Gott erhoben.

Eine religiöse Gesinnung adelt die Frauen, und Mitleid und Wohlthätigkeit sind die Quelle vieler schönen Tugenden. Mit einem gefühlvollen Herzen und das Wahre und Richtige treffenden Verstande sind sie dann die Erhalter und Beglücker ganzer Familien.

Bilder aus Marokko.
4. Civilisation der Marokkaner.

Civilisation! Bedeutungsvolles, gewichtiges Wort! — Fast scheint es ein Widerspruch in sich selbst, von einer Civilisation der Marokkaner zu sprechen, da das Volk, wie wir schon früher gehört haben, sich noch auf einer sehr tiefen Stufe der Bildung befindet und man vielmehr ungewiß ist, ob man es nicht lieber den rohen barbarischen Völkern beizählen soll. Soll dieses Volk in seiner Bildung Fortschritte machen, so muß es vor Allem jenem grenzenlosen, ihm eigenthümlichen Hasse gegen die Christen und gegen Alles, was von ihnen kommt, entsagen. Dieser Haß geht so weit, daß sie schon bei dem Anblicke eines Christen ausrufen: „Schütze uns, Gott, vor der Berührung der Ungläubigen." Sind sie genöthigt, vor dem Sultan von einem Christen zu sprechen, so bitten sie vorher um Entschuldigung. Es gilt sogar für ein Verbrechen, einem Christen das Arabische zu lehren. — Alle zarteren Empfindungen sind ihnen fremd. Die Freude der Eltern, wenn ihnen ein Kind geboren ist, kennen sie gar nicht; es ist ihnen eine durchaus gleichgültige Sache. Am siebenten Tage laden sie die Verwandten und Freunde ein, schlachten ein Schaf oder eine Ziege und geben dem Kinde einen Namen. Bald geht die Mutter an ihr schweres Geschäft und trägt dabei das Kind in einem großen Tuche auf dem Rücken. So wächst es ohne sonderliche Pflege heran. Sind die Kinder sechs Jahre alt, so gehen sie in die Schule, oder widmen sich einer Kunst oder einem Handwerke. Der Unterricht beschränkt sich auf das Lesen und Schreiben, oder das Auswendiglernen einer bestimmten Anzahl

Verse ihres religiösen Gesetzbuches, des Koran. Können die Schüler lesen und schreiben, so verlassen sie die Schule; andere bleiben, bis sie den ganzen Koran auswendig gelernt haben, und gehen dann auf eine höhere Schule über. — Da ihnen die Buchdruckerkunst unbekannt ist, so wird die Kunst des Schreibens in hohen Ehren gehalten. Die meisten Fortschritte haben sie in der Arithmetik gemacht, denn in den Handelsstädten soll es recht tüchtige Rechner geben. — Ihre Arzneikunst beschränkt sich gemeiniglich darauf, daß sie in einen Napf einen Vers aus dem Koran schreiben, darauf Wasser gießen, einige Gebete hersagen und dann dem Kranken das Wasser trinken lassen. — Im Innern des Landes giebt es weit und breit keine Schulen; oft fehlen sogar die Moscheen, und sie verrichten ihre Religionsübung, welche in den Worten besteht: „Es ist kein Gott, als Gott, und Muhamed ist sein Prophet!" in der freien Natur. — Wie es im Worthalten bei ihnen stehen mag, zeigt die Antwort, welche der Sultan einst einem Christen gab: „Hältst Du mich für einen Ungläubigen, daß ich mich zum Sklaven meines Wortes machen sollte? Bin ich nicht Herr, es zu ändern, wenn es mir gutdünkt oder mir ansteht?" — Die Blutrache ist bei ihnen noch in voller Kraft. — Musik lieben sie, eben so den Tanz; doch tanzen ehrbare Frauen nie. Bei festlichen Gelegenheiten läßt man öffentliche Tänzerinnen kommen, deren Kunst darin besteht, den Oberleib möglichst unbeweglich zu halten, die Füße aber in schnelle Bewegung zu setzen. Narren, Kindern und Schlafenden werden verbrecherische Handlungen nicht zugerechnet. Zauberer und Schlangenbändiger durchziehen wie Rasende die Städte, und Niemand wagt es, sich an ihnen zu vergreifen. — Unter den Spielen lieben sie besonders das Damen- und Schachspiel. Sie spielen nicht um Geld; der Verlierende muß sich aber gefallen lassen, daß der Sieger ihm an seine Mütze einen Strohwisch steckt, was ihnen höchst unangenehm ist. — Zum Schlusse wollen wir noch einige ihnen eigenthümliche Gewohnheiten und Gebräuche hinzufügen: Begegnen sich Mauren, so grüßen sie: Friede sey mit Euch! Einen Christen grüßen sie mit: guten Tag, oder guten Morgen, oder guten Abend. Leute geringern Standes neigen sich und legen die rechte Hand auf das rechte Knie, indem sie das Haupt nach einer Seite biegen; reitet der Obere, so küßt man ihm Fuß oder Knie. Personen gleichen Ranges küssen einander den Kopf oder die Schulter, und geben sich die Hand. Die Frauen küssen den Männern die Hand; wir bitten einen Besuchenden, zuerst in's Zimmer zu treten, der Maure geht dem Gaste voraus; die Ehrenseite bei dem Mauren ist die Linke; wir entblößen aus Achtung das Haupt, der Maure die Füße; wir küssen andrer Leute Hände, der Maure die eignen. Wir lassen die Pferdemähne auf die linke Seite hinunterfallen, der Maure auf die rechte, auf der er auch zu Pferde steigt. Verlassen wir einen Fürsten oder einen Obern, so wenden wir ihm, so lange es angeht, das Gesicht zu, und entfernen uns langsam und ehrerbietig, wogegen die Mauren ihnen sogleich den Rücken zukehren und weggehen, als flöhen sie vor dem Feuer; wir stehen aus Ehrerbietung auf, sie bleiben niedergekauert sitzen; wir tragen das Leinenhemde auf dem Leibe, sie über dem Kaftan.

In einer sehr traurigen Lage befindet sich das weibliche Geschlecht. Die Frauen sind nicht die Freundinnen ihrer Gatten, mit denen sie Freude und Schmerz, Glück und Unglück theilen, sondern Sklavinnen. Sie sitzen nicht am Tische ihres Herrn, sondern sie stehen, während er speist, reichen ihm Waschwasser und küssen seine Füße. Die Frauen haben die härtesten und erniedrigendsten Beschwerden des Hauswesens und Ackerbaues zu tragen: sie schöpfen Wasser aus entfernten Brunnen, brechen die Zelte ab, beladen die Kameele, während die Männer sich zur Unterhaltung in einen Kreis setzen. Auf der Reise reitet der Mann, die Frau geht zu Fuß und erhält noch dazu Schläge, wenn sie sich nicht beeilt. Auf der Erde unglücklich, sind sie auch sogar ausgeschlossen vom Paradiese, und man zweifelt sehr, ob sie eine Seele haben.

Peter Paul Rubens.

Der berühmte Maler, Peter Paul Rubens, wurde geboren am 29. Juni 1577 zu Köln, wohin sich sein Vater, der Syndikus zu Antwerpen war, wegen der in den Niederlanden stattfindenden Unruhen gewandt hatte. Doch schon nach einigen Jahren kehrte Rubens Vater an seinen frühern Wohnort zurück, und gab den Sohn zur Gräfin Lalain als Pagen, wo derselbe jedoch nur kurze Zeit blieb. Schon in den Schuljahren zeigte er eine erstaunliche Leichtigkeit im Zeichnen, und kopirte Alles, was ihm vorkam. Sein Vater starb, und die Mutter, des Sohnes Lieblingsneigung berücksichtigend, schickte denselben Anfangs zu dem bekannten Maler Adam van Ort, und später zu Otto Bänius, unter dessen Anleitung der junge Künstler durch den glücklichsten Erfolg seines Fleißes ermuntert wurde. Eine sehr lebhafte Einbildungskraft, ausgebreitete Kenntnisse, die er immer zu vermehren strebte, und eine natürliche Leichtigkeit im Arbeiten trugen viel zur Ausbildung des großen Malers bei. Im drei und zwanzigsten Jahre ging er nach Italien und kam durch Empfehlung des Erzherzogs Albert in die Dienste des Herzogs von Mantua, Vincent von Gonzaga, bei dem er sieben Jahre blieb, viele Porträts, unter denen das des Herzogs, und historische Gemälde fertigte und auch andere Geschäfte übernahm. So reiste er z. B. nach Spanien, um dem Könige Philipp II. eine kostbare Equipage im Namen des Herzogs zu überbringen. Seinen Aufenthalt zu Madrid wußte er sich durch das Studium von Titian's Meisterwerken äußerst belehrend und genußreich zu machen. Gleichfalls im Auftrage seines Herzogs ging er hierauf nach Rom, um die merkwürdigsten Gemälde daselbst zu kopiren, welche Arbeiten aber für Originale gelten konnten, und ihn zum vollendeten Künstler machten. Nachdem er bis jetzt mehr in der Manier des Caravaggio gemalt, machte er sich von derselben immer mehr los, nahm sich dafür Titian und Paul Veronese zu Mustern, die er besonders während seines Aufenthaltes in Venedig studirte, was sich deutlich bei der Beschauung der damals von ihm gemalten Altarblätter der Kirche Chiesa nuova zu Rom zeigt. Nachdem er noch eine Reise nach Genua unternommen, und daselbst viele Porträts für den Adel vollendet hatte, kehrte er, auf die Nachricht, daß seine Mutter sehr krank darniederliege, nach siebenjährigem Aufenthalte in Italien, in die Heimath zurück, fand aber bei seiner Ankunft bereits seine Mutter todt, und begab sich nun in die Abtei St. Michael, um in der Einsamkeit seinen Studien obzuliegen, wozu auch die der römischen und griechischen Dichter zu rechnen sind. Seine Gelehrsamkeit hat er durch einige lateinische Abhandlungen über Malerei, die in sehr gutem Style geschrieben sind, bewiesen. Der täglich zunehmende Ruf des großen Malers bewog den Erzherzog Albert und seine Gemahlin Isabella, den Künstler an den Hof zu rufen und sich malen zu lassen. Er kam nach Antwerpen, lebte ziemlich glänzend und verheirathete sich mit Elisabeth Brants, die er aber im Jahre 1626 wieder durch den Tod verlor. Um's Jahr 1625 reiste er nach Paris, um der Königin Maria von Medicis die bei ihm für die Galerie ihres Palastes Luxemburg im Jahre 1620 bestellten 24 großen Gemälde persönlich zu übergeben. Sie enthalten die sehr sinnreich und allegorisch dargestellte Geschichte der Königin. Rubens war eben so geschickt in Staatsgeschäften, als in der Malerei, daher wurde er zu verschiedenen diplomatischen Unterhandlungen gebraucht. So ging er als Gesandter zu Karl I. nach England, um den Frieden mit Spanien zu schließen, was ihm auch 1630 gelang. Der König machte ihm dafür ansehnliche Geschenke, schlug ihn zum Ritter, und zeichnete ihn überhaupt auf jede Weise aus. Bald darauf ward er von Philipp II. zum Ritter und Sekretär des Staatsraths der Niederlande ernannt. Vier Jahre nach dem Tode seiner ersten Gattin verheirathete er sich auf's Neue, und zwar mit einer Frau von außerordentlicher Schönheit: Helena Forman, die ihn mit einer Tochter und zwei Söhnen überlebte, als er im 63. Jahre, 1640

Peter Paul Rubens.

zu Antwerpen starb. Dieselbe Hochachtung, die wir seinem Talente als Maler zollen, müssen wir auch seinem Charakter gewähren. Obgleich er hoch gestiegen war in der Gunst mehrerer Monarchen, und in Reichthum und Ueberfluß lebte, erhob er sich durchaus nicht über andere Maler, sondern suchte ihnen vielmehr auf alle Weise zu dienen und ihr Beschützer zu seyn. — Rubens folgte in seinen Schöpfungen mehr der Natur, als der Antike, weil er in jener eine unerschöpfliche Abwechselung fand. Sein vorzügliches Kolorit, der Reichthum an Gedanken und Zusammensetzungen, der feurige und vielbedeutende Ausdruck in seinen Arbeiten, die Einfachheit und Natürlichkeit seiner Stellungen, die Abwechselung und der ungekünstelte Faltenwurf der Kleidungen, die seine Figuren leicht umgeben, die äußerst glückliche Behandlung des Helldunkels, das frische Fleisch in seinen Porträts, das auf einmal gemalt ist, seine unnachahmlichen Gruppen, die das Auge immer

auf den Hauptgegenstand des Gemäldes hinleiten, alle diese besondern Vorzüge waren in dem Malertalente eines Rubens vereinigt und erwarben ihm den Namen des Flandrischen Raphael's. Von seinen zahlreichen Schülern nennen wir nur: van Dyck, Diepenbeck, Jakob Jordaens, den ältern David Teniers, Peter van Mol, van Thulden, Cornelius Schut u. a. m.

Die Zahl der von Rubens ausgeführten Gemälde ist sehr bedeutend; es giebt wenig Kirchen und angesehene Privathäuser in den Niederlanden, die nicht ein Gemälde von ihm aufzuweisen haben. Doch auch in Wien, Berlin, München, Dresden und andern deutschen Städten findet der Freund der Malerei Meisterwerke dieses großen Künstlers.

Das Flußpferd.
(Hippopotamus amphibius.)

Das Flußpferd lebt in und an den großen Flüssen Afrika's und hält sich in und an den Strömen vom Cap an landeinwärts, in dem Senegal, dem Zaine, dem Gambia, und dem Nil in Oberägypten, Nubien und Dongala auf. Es schwimmt sehr gut, hält sich oft lange im Wasser auf und ist dann nur so weit sichtbar, als es, um Athem zu holen, das Ende des Mauls aus den Fluthen emporhebt; seine Nähe verräth ein furchtbares Schnauben. Oft taucht es lange unter, geht auf dem Boden des Flusses hin und hält sich dann abwechselnd wiederum eine Zeit lang am Lande auf. Gewöhnlich verbirgt es sich im Schilfe am Ufer der Flüsse.

Das Gebiß des Flußpferdes hat oben und unten vier Schneidezähne, von denen die obern kurz, kegelförmig und einwärts gebogen, die untern lang, cylindrisch zugespitzt und vorwärts liegend sind. Auf jeder Seite der Kinnlade ist ein Eckzahn, der lang, stark, vier bis fünf Pfund schwer ist. Der Kopf ist sehr groß, die Ohren sind klein und zugespitzt und an den Rändern mit kurzen Haaren besetzt; die Augen sind klein, das Maul ist auffallend breit und angeschwollen, der Rachen weit gespalten; die Haut meistens nackt, nur mit einzelnen, bläulich=schwarzen Haaren versehen. Der Körper ist unförmlich dick und plump; die starken Beine sind nur zwei Fuß hoch; an jedem Fuße sind vier Zehen. Der Schwanz ist kurz und nackt. Die Länge des Thieres beträgt 13 bis 17 Fuß, der Umfang des Wanstes 15 und die Höhe 7 Fuß. Das Gewicht ist 2, 3 bis 4000 Pfund, je nachdem das Thier vollkommen ausgewachsen ist oder nicht.

Seine Nahrung besteht in Gewächsen, vorzüglich in großen, starken Wasserpflanzen und Wurzeln. In angebauten Gegenden richtet es auf den Getreidefeldern großen Schaden an, indem es Alles abfrißt und zertritt; nur mit Mühe kann es abgehalten werden. Seine Stimme ist ein Mittellaut zwischen Brüllen und Wiehern.

Die Männchen sind sehr eifersüchtig und kämpfen zur Begattungszeit furchtbar mit einander um die Weibchen. Die Letztern werfen jedes Mal nur ein Junges und die Dauer der Tragezeit ist unbekannt. Ungereizt fällt das Flußpferd den Menschen höchst selten an; desto wüthender und fürchterlicher aber ist es, wenn es angegriffen wird. Man erlegt es durch wiederholte Flintenschüsse, indem manche Kugel nicht durch die Haut dringt, vorzüglich aber durch Harpunen.

In manchen Flüssen, in deren Nähe die Menschen nicht zahlreich sind, und wo man die Flußpferde nicht durch Feuergewehre verscheucht hat, sind sie sehr häufig. Der englische Reisende Barrow sagt: „Gegen Abend bekamen wir eine ungeheure Menge Flußpferde zu Gesichte, die mit ihren Köpfen über die Wasserfläche des großen Fischflusses (in der Capkolonie) hervorragten. Mehrere Spuren dieser Thiere führten von verschiedenen Theilen des Flusses nach einer süßen Wasserquelle hin, welche ungefähr eine engl. Meile davon entfernt lag. Nach dieser Quelle begaben sie sich in der Nacht, um daraus zu saufen, weil das Flußwasser eine beträchtliche Strecke von der Mündung hinauf salzig schmeckte. Auch gehen sie des Nachts auf die Weide und fressen an den Gesträuchern herum.“

Ungeachtet seiner plumpen Gestalt läuft das Flußpferd doch sehr schnell; auch besitzt es im Schwimmen eine große Fertigkeit; eben so geschickt taucht es unter.

Thunberg erzählt nach dem Berichte eines glaubwürdigen Mannes, daß, als einst ein Flußpferd an's Land gestiegen sey, um zu kalben, derselbe sich mit seinem Reisegefährten so lange im Gebüsche verborgen gehalten habe, bis das Kalb geworfen worden sey; alsdann habe er auf die Mutter geschossen und sie bei'm ersten Schusse so gut getroffen, daß sie sogleich niedergestürzt sey. Seine Hottentotten hätten nunmehro geglaubt, das Kalb sey jetzt leicht zu fangen, allein dieß sey nicht der Fall gewesen; das Kalb sey sogleich in's Wasser gelaufen, ob es schon von seiner Mutter noch nicht die geringste Anweisung dazu erhalten haben konnte.

Der deutsche Reisende, Herr Rüppell, der vor einigen Jahren eine Beschreibung seiner Reise in Nubien, Kordofan und dem peträischen Arabien herausgegeben hat, beschreibt als ein sorgfältiger Beobachter die Jagd auf die Flußpferde. Die Hippopotamusjäger in Nubien, an den Ufern des Nils, sagt er, bilden eine eigene Klasse. Eben so muthig als eingeübt auf diese gefährliche Jagd, greifen sie das Thier sowohl bei Tage als bei Nacht, meist zur ersten Zeit an, um dessen wüthenden Anfällen bei seiner Vertheidigung leichter entgehen zu können. Der Jäger ist ein Harpunirer. Seine Harpune ist am Ende eines Seiles mit einem Holzschafte befestigt; er hält sie in der rechten Hand, während in seiner linken das übrige Seil mit einem angehefteten Holzklotze ruht. So vorbereitet, nähert er sich still und schleichend dem Thiere, wenn es am Tage auf einer Sandinsel im Flusse schläft, oder er lauert bei nächtlicher Weile am Ufer, wo das Thier aus dem Wasser heraussteigt, um zu weiden. Ihm nahe genug gekommen, wirft er mit möglichster Kraft die geschaftete Harpune nach demselben, so, daß sie mit dem Widerhaken durch die Haut dringt. In diesem Augenblicke flüchtet sich das verwundete Thier gewöhnlich nach dem Flusse und stürzt sich gewaltsam in die Fluth. Der nur leicht befestigte Schaft fällt von der Harpune ab, diese aber, am Seile befestigt, bleibt in der Haut stecken und der auf der Wasserfluth schwimmende Klotz zeigt die Richtung an, welche das Thier unter dem Wasser nimmt. Große Gefahr tritt bei diesem Anwerfen ein, wenn das Thier den Jäger bemerkt, ehe er den Wurf gethan hat. Wüthend dringt dasselbe dann auf seinen Gegner los, und ereilt es ihn, so zermalmt es ihn augenblicklich mit seinem aufgesperrten furchtbaren Rachen. Ein solcher Vorfall ereignete sich bei Rüppell's Anwesenheit in Nubien. Sobald aber das Thier glücklich angeworfen ist, begeben sich mehrere Jäger in ihre bereit stehenden kleinen

Kähne und nähern sich behutsam dem schwimmenden Holzklotze, an welchem sie ein zweites langes, starkes Seil befestigen, worauf sie mit dem andern Ende nach der schnell herankommenden bemannten großen Barke eilen, wo sie mehrere Gehülfen erwarten. Jetzt zieht nun die ganze Mannschaft das harpunirte Thier, welches die immer tiefer eindringende Wunde zur höchsten Wuth reizt, an dem Seile heran, und kaum hat es die Barke erreicht, als es dieselbe mit seinen mächtigen Zähnen erfaßt und umzustürzen oder zu zertrümmern sucht, was bei dem leichten Baue eines solchen Fahrzeuges nicht ohne Beispiel des Gelingens ist. Indessen sind die Jäger auf's Aeußerste bemüht, ihr Wagstück auszuführen; sie werfen ihm noch 4 bis 6 andere Harpunen in den Leib, und mit Anstrengung aller Kräfte wissen sie das Thier, vermittelst der Seile, so dicht an die Barke anzuklemmen, daß sie dadurch einen Theil seiner Stärke und Beweglichkeit lähmen und im Stande sind, ihm mit einem langen, scharfen Eisen den Nacken zu durchbohren oder dem Schädel einzustoßen und auf diese Art nach mehrstündiger Arbeit dem zähen Leben ein Ende zu machen. Da die Fleisch- und Knochenmasse eines ausgewachsenen Thieres zu groß ist, als daß es selbst eine größere Menschenzahl aus dem Wasser schaffen könnte, so wird es, noch im Flusse schwimmend, zerstückt und so an's Land gebracht. Man rechnet das Gewicht von 4 bis 5 Ochsen gegen ein einziges Flußpferd. Das Fleisch junger Thiere ist sehr schmackhaft. Die dicke Haut wird zu trefflichen Peitschen verarbeitet, deren bis 500 Stück aus einer einzigen Haut geschnitten werden können. Die großen Eckzähne sind dem Elfenbeine ähnlich, aber von noch weißerer und dichterer Substanz, und so hart, daß sie am Stahle Funken geben sollen.

Das Flußpferd.

Ein Flußpferd, das Rüppell selbst mit erlegen half, maß von der Schnauze bis zur Schwanzwurzel 13½ franz. Fuß, und seine Eckzähne hatten eine Länge von 26 Zoll. Um es zu tödten, kämpften die Fischer 4 Stunden in der Nacht mit großer Lebensgefahr mit ihm; es zerschmetterte in einem Augenblicke einen Kahn, auf den es sich warf, und erhielt, außer den Harpunenwunden 25 Flintenkugeln, ehe es todt war.

Die alten Römer brauchten auch zu ihren Thierkämpfen das Flußpferd, das sie aus Aegypten holten.

Das Niesen.

Wenn Jemand nieset, so wird bei den meisten Völkern irgend ein: „Gott helf!“ zugerufen. So ist es gewesen, so lange man denken kann, bei uns, wie bei vielen andern Nationen. Schon zu Alexander's Zeit zerbrach sich Aristoteles den Kopf damit, den Grund dieser Gewohnheit aufzusuchen. Die Fabellehre erzählt, Prometheus habe einige Sonnenstrahlen in einer Flasche aufgefangen, und diese seiner Statue vor die Nase gehalten, worüber sie habe gewaltig niesen und dadurch ihres Lebens Daseyn zuerst beurkunden müssen. Dieß kam dem großen Weltweisen zu sonderbar vor; er meinte daher, die Ehrfurcht vor einem der edelsten Theile des Körpers möchte wohl auch auf eine seiner Hauptverrichtungen ausgedehnt, und darum das Begrüßen dabei Mode geworden seyn.

Glaube es ihm, wer da will. Die Rabbinen geben einen andern Grund an, der gewiß noch viel frömmer ist. Der Mensch, sagen sie, sollte nach der Schöpfung nur einmal niesen und in demselben Augenblicke des Todes seyn. So starben die frommen Erzväter alle bis auf Jakob. Dieser bat nämlich Gott, ihn niesen zu lassen, so oft er wollte, aber ihn dabei nicht von der Erde zu nehmen. Und sein Gebet ward erhört. Er niesete wie wir, lebte aber noch Jahr und Tag und sah Kinder und Kindeskinder. Und sie wunderten sich Alle, daß sie, wie er, niesten, entsetzten sich aber immer noch vor dem letzten, sonst dadurch angedeuteten Stündlein, weshalb sie sich dann ihr: „Wohl bekomme es!" halb freudig, halb ärgerlich zuriefen, je nachdem sie nun einander das Leben gönnten oder beneideten.

Kein Wunder, daß nun Römer und Griechen ebenfalls den Gebrauch hatten. „Lebe!" riefen diese, „bleibe gesund!" jene; selbst wenn sie allein waren, riefen sie dies ganz ernsthaft zu. Ein gewisser Proklus, sagt ein altes Epigramm, hatte eine so lange Nase, daß er nicht einmal hörte, wenn sie niesete, und dann ohne sein salve weiter gehen mußte. Apulejus theilt uns die Anekdote mit, daß eine römische Dame ihren Galan in den Kleiderschrank versteckte, weil der Mann die Unterhaltung störte. Der arme Gefangene mußte niesen. „Wohl bekomme Dir's!" rief der Mann seiner Frau ganz gemüthlich zu, der nichts Böses vermuthete und das Niesen von ihr herleitete.

In Afrika und in Amerika begrüßt man sich bei'm Niesen, wie bei uns. Wenn in Monomotapa der König nieset, wird solches durch gewisse Zeichen, durch Gebete, die man auf der Straße abliest, dem ganzen Staate bekannt gemacht, und Alles erschallt von den Glückwünschen der Einwohner. Als Florida erobert wurde, fanden die Spanier, daß, wenn der Kaiser von Guachja niesete, alle Indianer die Hände ausstreckten und die Sonne anriefen, ihren Fürsten zu beschützen, ihn zu erleuchten und ihm hold zu seyn. „Die Kaffern," erzählt Lichtenstein, „niesen niemals;" sie können also auch nicht Gott helf! sagen; wenn er Recht hat. Die Quäker allein machen eine Ausnahme. Sie, die größten Sonderlinge, niesen zwar, wie wir, aber sie wissen nichts von einer nichtssagenden Formel der Höflichkeit. Vielleicht gleichen wir ihnen in einem Viertjahrhunderte wenigstens darin; denn schon jetzt kömmt die alte Sitte bei Engländern und Franzosen, so wie auch in mehrern deutschen Provinzen mehr und mehr in Vergessenheit. —

Bei jedem Gebrauche läßt sich der Grund nachweisen, aus dem er entsprang, der ihn Anfangs rechtfertigte, nur bei'm ältesten, dem Niesen, nicht, das am weitesten zugleich verbreitet ist.

„Du beniesest es!" sagt der gemeine Mann, wenn Einer gerade nieset, während er etwas erzählt, was Andern zweifelhaft scheinen könnte, und man legte sonst gar viel Gewicht auf so ein Niesen.

Gerade diese und ähnliche Deutungen des Niesens erlaubten sich auch die Alten. Penelope hatte einmal mit ihren Freiern gewaltige Noth; sie bat die Götter dringender als je, daß ihr Ulysses bald nach Hause kehren möchte; da

„niesete Telemach, daß das ganze Gemach erbebte."

Und nun zweifelte Penelope nicht mehr daran, daß ihre Bitte Gehör gefunden. Xenophon hatte einmal bei dem Rückzuge der 10,000 aus Persien eine Rede an sein Heer gehalten, worin er ihnen das Verzweifelte ihres Unternehmens schilderte, aber ihnen auch nur darin allein Rettung als möglich zeigte und sie also sich rasch zu entschließen aufforderte. Und siehe, ein Krieger niesete in diesem Augenblicke; Aller Parthei war nun ergriffen: der Himmel selbst hatte sich für des Feldherrn Ideen günstig erklärt.

Wenn die Römer und Griechen ihren Geliebten ein Kompliment machen wollten, so sagten sie, „die Liebesgötter selbst hätten bei ihrer Geburt geniesset."

„Ich werde heute etwas Neues erfahren," sagen wir, wenn wir früh nüchtern bei'm Aufstehen niesen. Bei den Alten war etwas Aehnliches: wenn sie früh niesten, so glaubten sie, sich den Tag über wohl in Acht nehmen zu müssen. Zwischen Mittag bis Mitternacht zu niesen, das war wohl gut, aber früh Morgens — das hatte seine Bedenklichkeiten.

Wie sich der Mensch doch zu jeder Zeit in Kleinigkeiten gleich bleibt! Wie er überall etwas auf Dinge hält, die außer seiner Willkühr gelegen, in physischen Gesetzen begründet, wenig, und nie das bedeuten, was ihm damit gesagt zu seyn scheint! —

Oeffentliche Nachtlager in London.

Es gibt wohl keine Stadt der Erde, in welcher der größte Reichthum mit der drückendsten Armuth so gepaart ist, als in London. In Ueppigkeit und Pracht lebt hier der Reiche und Vornehme, während der Arme und Niedere kaum Mittel findet, sein Leben zu fristen. Tausende kriechen am Abend hungrig in ihre Hütte, welche mehr einer Höhle des Unflaths gleicht, und wissen nicht, wovon sie am andern Tage leben sollen; andere Tausende sind nicht einmal so glücklich, ein Obdach zu besitzen, wo sie wenigstens während der kurzen Zeit des Schlafs ihre traurige Lage vergessen könnten. Namentlich kommen Viele aus fernen Gegenden in die Stadt, um hier ein Unterkommen zu suchen; das wenige Vermögen, welches sie mitbrachten, ist bald aufgezehrt und nun sind sie der drückendsten Lage Preis gegeben. Für diese Beklagenswerthen hat die Wohlthätigkeit Häuser erbaut, in denen sie Nachtlager und einige Nahrung finden. Man hat Häuser erbaut, in welchen sich sehr große Säle befinden. Nahet der Abend, so sammeln sich Hunderte der Heimathlosen und bitten um Aufnahme. Diese werden nun im eigentlichen Sinne in den großen Sälen zusammengeschichtet und nur so viel Raum gelassen, daß die Aufseher die Ordnung gehörig handhaben können. Jeder Arme erhält hier Abends und Morgens ein halbes Pfund Brod, ist aber gehalten, sich vorher zu waschen und zu reinigen. Zu diesem Ende befinden sich in dem zur Anstalt gehörigen Hofe Wasser, Seife und Handtücher; allein viele Elende sind so unempfindlich gegen Unreinigkeit und Schmuz und fürchten sich so sehr vor dem Wasser, daß sie sich lieber hungrig niederlegen, als daß sie sich einer Reinigung unterwerfen. Das Lager besteht aus Stroh, welches alle Tage erneuert wird. Eine verpestete Luft würde hier herrschen, wenn man nicht durch oft wiederholtes Räuchern für Reinigung derselben Sorge trüge. Uebrigens sind auch Männer und Frauen in besondere Säle vertheilt.

Lehren für's Haus.

Am leichtesten ist den Menschen beizukommen, wenn sie krank sind.

Man muß das Geld nicht zu lange im Beutel tragen; denn es gewöhnt sich so sehr daran, daß es nicht heraus will, wenn gleich Menschen da sind, welche es zu fordern berechtigt sind.

Nur gemeine Seelen werden in der Welt niemals verkannt; wer keinen Tadel zu ertragen weiß, der wird sicher auch niemals Lob einernten.

Woche.

Am 5. Oktober 1056 endigte in seinem neun und dreißigsten Lebensjahre Heinrich III., mit dem Beinamen der Schwarze, ein kräftiger deutscher Kaiser, zu Bothfeld am Harz auf einer Jagdreise sein Leben. Er war von fränkischem Stamme, der Sohn Konrads II., und geboren im Jahre 1017.

Am 6. Oktober 1764 wurde Friedrich Jacobs zu Gotha geboren, woselbst er, wie später in Jena und Göttingen, unter Schütz und Heyne sich den Alterthumsstudien widmete. Nach seiner Anstellung an dem Gymnasium seiner Vaterstadt ward er im Jahre 1807 als königlich baierscher Hofrath, Professor und Mitglied der königlichen Akademie nach München berufen, von wo er jedoch schon 1811 als Oberbibliothekar und Direktor des Münzkabinets nach Gotha zurückkehrte, und durch seine wissenschaftliche Thätigkeit als einer der achtbarsten und ausgezeichnetsten Schriftsteller der neuesten Zeit sich große Verdienste erworben hat.

Am 7. Oktober 1321 befahl der Papst Johann XXII. in einer an diesem Tage erlassenen Bulle, den deutschen Gegenkönigen Ludwig von Baiern und Friedrich von Oestreich, die eine Zeit lang blutigen Krieg führten, endlich aber zu München vor zehn Zeugen sich feierlichst zu gemeinschaftlicher Reichsregierung vereinigten (im Jahre 1325), von ihrem Streite abzustehen und bedrohte dieselben mit dem Banne, wofern sie nicht seinem Willen nachkommen würden.

Am 8. Oktober 1518 erschien Dr. Martin Luther zu Augsburg vor dem päpstlichen Abgesandten, dem Cardinal Thoma de Vio a Cajetan, um sich vor demselben zu vertheidigen.

Am 9. Oktober 1762 wurde Schweidnitz von den Preußen, die es seit dem 8. August unter Tauenzien belagert hatten, wiedergenommen. Die 9000 Mann starke östreichische Besatzung, unter den Befehlen Guas-

co's, mußte sich den Siegern als Gefangene ergeben. Sehr große Vorräthe an Kriegsbedarf und Lebensmitteln fanden die Preußen sehr zur gelegenen Zeit in der wiedereroberten schlesischen Festung.

Am 10. Oktober 1824 starb zu Koblenz der preußische General der Reiterei und Oberbefehlshaber der achten Heeresabtheilung in den Rheinprovinzen, Johann Adolph Freiherr von Thielemann. Dieser merkwürdige Heerführer ward am 27. April 1765 von bürgerlichen Eltern geboren, 1783 sächsischer Dragonerjunker, 1791 Lieutenant bei den neu errichteten sächsischen Husaren, 1798 Rittmeister bei denselben und Ritter des Heinrichsordens. Nach einigen Reisen und kurzem Aufenthalte zu Paris focht er 1806 bei Saalfeld, wurde bei Jena gefangen, jedoch bald wieder entlassen; war als Major bei der Belagerung von Danzig und in der Schlacht bei Friedland, wonach er Obrist und Flügeladjutant des Königs von Sachsen, nach glücklich kühnem Widerstande gegen die Oestreicher im Jahre 1809 aber Generalmajor wurde, in welcher Würde er im russischen Feldzuge 1812 sich auszeichnete und am 27. November mit wenigen Getreuen von der Beresina entkam. In den Freiherrnstand erhoben und zum Vertheidiger der Festung Torgau ernannt, ging er am 14. Mai 1813 in russischen Kriegsdienst über, zog im Frühjahre 1814 nach den Niederlanden, und kam 1820 nach Koblenz.

Am 11. Oktober 1531 fand eine blutige Schlacht zwischen den Reformirten und Katholiken bei Kappel, einem Dorfe an der Südgrenze des Schweizerkantons Zürich, Statt. Durch einen Steinwurf und einen Speerstoß fiel in derselben der große Reformator der Schweiz, Ulrich Zwingli, und mit ihm dreizehn Amtsbrüder. Als er sterbend auf dem Schlachtfelde lag, sprach er mit gefalteten Händen und himmelan starrenden Blicken die letzten Worte: „Welch' Unglück ist das? Den Leib können sie wohl tödten, aber nicht die Seele."

Das Federharz oder das Kautschuk.

Ob man schon wußte, daß das Federharz, das Kautschuk (Gummi elasticum), vegetabilischen Ursprungs sey, so stellte man doch lange vergebliche Untersuchungen an, um zu erfahren, welches Gewächs es hervorbringe und wie es entstehe.

Der Bäume, welche das Federharz hervorbringen, giebt es mehrere: nicht blos der indianische Feigenbaum (ficus indica), sondern auch der heilige Feigenbaum (ficus religiosa), der zweidrüsige Manchinellbaum (Hippomane biglandulosa), die Vahea (Vahea), die Krugpflanze (urceola elastica), die Kastille (Castella elastica) und noch mehrere andere Bäume, z. B. Jacia, Curvara liefern es. Durch Aublet haben wir die besten Nachrichten über einen Baum erhalten, welcher das Federharz hervorbringt, und welcher in mehrern Gegenden Südamerika's wächst, z. B. in den Wäldern von Cayenne, in Quito, in Brasilien, am Amazonenflusse u. s. w. Er soll 60 Fuß hoch werden; die Rinde seines Stammes ist schuppig, und die eßbaren Früchte ähneln den Kernen des gemeinen Wunderbaumes. Im französischen Guyana nennen die Eingebornen diesen Baum Heve; daher hat ihn Aublet Hevea Guianensis genannt. Die Amerikaner nennen das Federharz Kaoutschuk (Kautschuk). Die Abbildung zeigt die Heve und den Feigenbaum Ostindiens.

Das Harz entſteht aus einem milchähnlichen Safte, der aus Riten, die man mit ſcharfen Werkzeugen in den untern Theil des Stammes macht, in darunter ge= ſetzte Gefäße fließt und ſich an der Luft verdict. Die

Bäume, welche das Kautſchut liefern.

Eingebornen überziehen damit thönerne Formen, ſetzen dieſe der Hitze oder dem Rauche aus und laſſen ſo den Ueberzug trocknen; dann löſen ſie den inwendig befind= lichen Thon im Waſſer auf und ſpülen ihn aus, wo= durch ſie die flaſchenähnlichen Gefäße von Federharz er= halten, welche in dieſer Geſtalt nach Europa kommen. Die Flaſchen ſind meiſtens birnförmig und haben das Anſehen eines weichen ſchwärzlichen Leders.

Das Federharz beſitzt eine bewundernswerthe Ela= ſticität und keine Subſtanz kommt ihm hierin gleich. Eine Flaſche, deren Wände die Dicke des Sohlenleders haben, läßt ſich vermittelſt eingepumpter Luft ſo aus= dehnen, daß ſie faſt ſo dünn und durchſichtig wie Pa= pier wird. Läßt man die Luft heraus, ſo kehrt die Flaſche wieder in ihre vorige Form zurück. Doch nur bei einem gewiſſen Grade von Wärme läßt ſich das Federharz ſo unglaublich ſtark ausdehnen; in der Kälte verliert es ſeine Elaſticität und wird ſpröde, und in ſtren= gen Wintern gefriert es, der freien Luft ausgeſetzt, ſo, daß es ſteinhart wird und lange Zeit braucht, ehe es wieder aufthauet. Bei einer Hitze von 100 Grad Réaumur zerſchmilzt es in eine braune, ſchmierige Ma= terie, welche nachher den vorigen Grad der Elaſticität nie wieder erhält und klebrig bleibt.

Am Lichte brennt es mit einer Flamme, löſet ſich aber weder im Waſſer noch im Weingeiſte auf, wor= aus ſich ergiebt, daß es weder ein Gummi, noch ein Harz iſt.

Wegen ſeiner Schnellkraft, Feſtigkeit und Bieg= ſamkeit eignet ſich das Federharz zu mancherlei chirur= giſchen Inſtrumenten, zu Sonden, zu Bougies, zu Röhren zum Einſpritzen, zu feſten und doch nachgiebi= gen Bandagen u. ſ. w. Groſſart hat eine vortheil= hafte Methode erfunden, nach welcher man es in jede beliebige Form bringen kann, ohne es aufzulöſen. Man zerſchneidet nämlich eine Flaſche Federharz in dünne Riemen, erweicht dieſe in Aether oder auch in

ſiedendem Waſſer ſo lange, bis ſie an den Rändern klebrig werden; dann wickelt man ſie ganz dicht um das Modell, deſſen Form das Werkzeug erhalten ſoll, drückt die Ränder dicht an einander, windet noch ein Band feſt darüber und umwickelt ſie dicht mit Bindfa= den, hierauf trocknet man ſie aus, löſet das Band ab und nimmt die Form heraus, welches durch Erwär= mung im Waſſer erleichtert wird.

Der Gebrauch des Kautſchuks wird in Europa jährlich ſtärker, und man führt es in immer größerer Menge ein. Seit mehreren Jahren braucht man es nicht blos zum Wegwiſchen der Bleiſtiftſtriche, ſondern es iſt auch ein wichtiger Artikel in den Tuchfabriken geworden, indem man die Tücher dadurch waſſerdicht macht. Auch verfertigt man Galoſchen und Schuhe davon. In England braucht man es jetzt auch zur Erleichterung der Leiden der Kranken, indem man bei den hydroſtatiſchen Betten, welche für Kranke beſtimmt ſind, Gebrauch davon macht.

Die Gewandtheit einer Ziege.

Auf dem Wege von Jeruſalem nach Bethlehem traf der Reiſende Clarke einen Araber, der eine Ziege für Geld zur Schau herumführte, welche ſich durch ihre Gewandtheit auszeichnete. Er hatte ſie nämlich dahin gebracht, während er ein Liedchen anſtimmte, auf eine Anzahl zylinderförmiger Holzblöcke zu ſteigen, die übereinander geſtellt waren und ohngefähr die Geſtalt der Würfelbecher beim Toccateglifpiele hatten. Erſt ſtellte ſich das Thier auf den einen Block, dann auf die Fläche eines zweiten, und endlich auf die eines drit= ten, vierten, fünften darauf geſetzten, ſodaß ſie meh= rere Fuß von der Erde hoch war; und ihre vier Füße wußte ſie auf dem kleinen Raume feſtzuſtellen, ohne daß die Blöcke verrückt wurden. Allerdings ging dar= aus hervor, wie gelehrig das Thier war; allein es er= giebt ſich auch daraus, wie ſehr die Ziege geeignet iſt, auf ſteilen Felſen und ihren Spitzen zu weiden, wo man kaum begreift, wie ſie für ihre Füße Raum ge= nug zum Stehen findet. Der letzte Block, auf dem ſie Clarke ſah, hatte nur zwei Zoll Durchmeſſer und jeder der zylinderförmigen Holzſtücke ſechs Zoll Länge. Sie ſtand alſo zuletzt in einer Höhe von 36 Zoll auf einer Fläche, die nur etwa 6 Zoll im Umkreiſe hatte, und auf welche ſie mit der größten Leichtigkeit und Sicherheit hatte ſpringen müſſen.

Verlag von Boſſange Vater in Leipzig.
Unter Verantwortlichkeit der Verlagshandlung

Das Pfennig-Magazin

der
Gesellschaft zur Verbreitung gemeinnütziger Kenntnisse.

24.]   Erscheint jeden Sonnabend.   Oktober 12, 1833.

Das Schwingfest in der Schweiz.

Die Schweiz ist das höchste Land in Europa, liegt unter einem ziemlich rauhen Himmelsstriche, hat einen Flächenraum von 880 Q. M. und 2,036,633 Einwohner, welche eine Republik bilden, die aus 22 Kantonen besteht. Die Einwohner, besonders auf dem Lande, zeichnen sich durch Tracht und Denkart aus: der Landmann trägt einen kleinen runden Hut; Weste, Rock und Beinkleider sind von einem groben wollenen Zeuge; nur zum Staate aber hat er bessere Stoffe. Die Frauen tragen einen kurzen Kittel mit vielen Knöpfen, die Haare um den Kopf gewunden und mit silbernen Nadeln befestigt; unverheirathete Frauenzimmer aber flechten das Kopfhaar in zwei Zöpfe, die sie mit Bändern schmücken. Fast alle tragen Strohhüte mit schwarzen Bändern und eine übermäßige Menge Röcke, wie in unsern Gegenden die altenburgischen Bäuerinnen. Doch sind die Trachten nach den Gegenden verschieden; in den Gebirgen kleidet man sich anders, als in den Thälern. In Appenzell z. B. trägt der Mann eine kurze Jacke und Weste von Tuch, aber jedes muß seine eigene Farbe haben: die Weste ist gewöhnlich scharlachroth mit Tuchknöpfen und das weiße Hemde muß aus der Oeffnung auf der Brust hervorsehen. In den Städten kleidet man sich jetzt meistens nach französischen Moden.

Die Schweizer sind sehr gesellig, gesprächig und fröhlich gestimmt, und in allen Gegenden hat man daher mehrere Volksfeste und Lustbarkeiten. Ringen, Schwingen und Steinstoßen sind gewöhnliche Spiele und Uebungen. Bei'm Schwingen hat jeder Schwinger einen ledernen Gürtel um die Hüften, an welchem er seinen Gegner in die Höhe zu heben und ihn rücklings hinzustrecken sich bemüht, wobei viele lächerliche Stellungen zum Vorscheine kommen. Bei'm Steinstoßen oder Steinwerfen hebt man mit der rechten Hand einen Stein auf, legt ihn auf die rechte Schulter und giebt ihm dann, ohne von der Stelle zu gehen, durch einen bloßen Ruck oder Schwung des Körpers einen Stoß, so daß er einige Schritte weit wegfliegt, oder man wirft ihn auch mit der Hand. Nicht selten stellen ganze Dörfer solche Wettkämpfe an, wobei es an Gesang und Musik nicht fehlt.

Auf dem hierbei befindlichen Bilde sieht man ein Wettspiel der Schwinger abgebildet. Stundenlang kämpfen die Geübteren, bis endlich einer eine Blöße giebt, welche der Andere schnell benutzt, ihn in die Höhe hebt, in der Luft herumdreht und endlich auf den Boden niederstreckt. Den stärksten Schwingern folgen die schwächern, und so setzt man den Wettkampf bis zur Ermüdung fort. Die Anzahl der Zuschauer ist gewöhnlich ziemlich groß. Manchmal verbindet man mit dem Schwingen auch ein Scheibenschießen, wobei die Schweizer viele große Geschicklichkeit zeigen.

Sonst war das Schwingfest in allen kleinen Kantonen sehr gewöhnlich; man fand sogar in den Kalendern die Schwingtage angegeben, wo sich die kraftvolle männliche Jugend in Gegenwart ihrer Landsleute und vieler Fremden versammelte. Während des Kampfes trug man entweder die dazu bestimmten Schwinghosen, oder man wand um die rechte Lende ein Schnupftuch, an welchem man allein sich zu fassen und aus dem Gleichgewichte zu bringen suchte, indem der ganze obere Theil des Körpers bis auf das Hemde entkleidet war. Bisweilen stand man Minuten lang mit den Schultern gegen einander gestemmt, als ob man unbeweglich sey, und lauerte den Augenblick ab, wo man den Einen Andern überlisten konnte. Der Sieg wurde durch den Fall eines Ringers auf den Rücken entschieden. Jetzt veranstaltet man solche Uebungen blos noch in den Kantonen, in welchen die Hirten den einzigen oder doch den vorzüglichsten Stand ausmachen.

Franken und seine Weine.

Die Frankenweine sind, nächst den Rheinweinen, in Deutschland die gewöhnlichsten. So wie aber die Fläche, wo diese in der besten Güte wachsen, nur auf die kleine Strecke längs dem Rheine von Mainz bis Bacharach beschränkt ist, so sind auch die vorzüglichsten Frankenweine nur in der Gegend von Würzburg zu finden, ob sich schon eine Kette von Weinbergen, viele Meilen weit, auf beiden Seiten des Mains hinauf und hinab zieht und in guten Jahren eine unbeschreibliche Quantität liefert.

Die Würzburger Weine selbst werden in ungeheuren Quantitäten gezogen. Bereits im dreizehnten Jahrhunderte waren 3000 Morgen mit Weinpflanzungen bedeckt, und jetzt ist die Zahl derselben nicht mit Gewißheit zu bestimmen, doch kann man ohne Uebertreibung wohl 20,000 annehmen, da besonders in der letzten Hälfte des vorigen Jahrhunderts immer mehr Grundstücke, die bis dahin wüste gelegen hatten, dazu benutzt wurden, ja einige, wo die besten aller Würzburger Weine wachsen, erst in dieser Periode kultivirt werden konnten.

Diese edelsten der Würzburger und aller Frankenweine, die das sind, was der köstliche Hochheimer unter den Rheinweinen vorstellt — wer würde nicht sogleich daran denken, daß es der Leisten- und der Steinwein ist?

Der Leistenwein wächst an der sogenannten Festung, Würzburg gegenüber. So wie aber selbst unter dem Hochheimer ein Unterschied gemacht wird, je nachdem er auf diesem oder jenem Punkte gewachsen ist, so ist auch hier nur von dem vorzugsweise die Rede, der dem sogenannten Nikolaiberge gegenüber wächst und ein Terrain von etwa 50 Morgen, oder etwas mehr, einnimmt, welche dem Staate gehören. Der Werth dieses Weines, seine mit jedem Jahre steigende Güte, ist nicht zu berechnen. Man hat bisweilen das Fuder zu 200 Karolinen verkauft, was der älteste und edelste Rheinwein nur selten kostet, und alte gute Jahre werden selbst von Kennern bisweilen für ein ganz fremdes Gewächs gehalten werden können. —

Die Steinweine übertreffen ihn noch an Feuer, aber stehen ihm an Lieblichkeit, an aromatischem Geruch nach; sie wachsen dicht am Main von Veitshöchheim an bis nach der Stadt hin, an den höchsten kahlen, steilen Kalkfelsen, welche am Fuße durch Pfeiler und Mauern u. dergl. gestützt sind. Die besten ältesten Jahrgänge werden selbst in Würzburg nicht unter einem Thaler à Bouteille verkauft, und führen den Namen heiliger Geistwein. An diese beiden Sorten schließen sich dann noch die, im Auslande minder unter ihren Namen bekannten Harfen-, Schalksberger und Kalmutweine an. Sie, in ihrer Art, bei gehörigem Alter und guter Behandlung gar köstlich, gehen meist unter der Maske des, wie man wohl sieht, nicht sehr häufigen Stein- und Leistenweins in die Ferne, und besonders wird den Harfenwein nebst dem Schalksberger — beide so von den Bergen genannt, worauf sie wachsen — auch in der That nur der feinste Kenner vom Leistenweine unterscheiden können. Der Kalmutwein ist eine künstliche Mischung, die sehr süß und feurig ist, viel Aehnlichkeit mit dem besten Ungarischen, ja selbst dem Dry-Madeira hat, und auch wohl häufig im Auslande dafür verkauft werden mag.

Die ungeheuere Menge der hier in guten Jahren gekelterten Weine mußte schon früh auf große gute Keller denken lassen, und in der That ist der königliche eine wahre Sehenswürdigkeit in Würzburg, da er gegen 3000 bis 3500 Fuder Wein enthält, und den ganzen jährlichen Ertrag von mehr als 1000 Morgen aufnimmt. Ein einziges Faß hält auf 50 Fuder. Uralte Weine liegen hier, als eine Seltenheit eigner Art, in einem besondern Verschlage. Man findet Steinwein von 1530 und 1631, Leistenwein von 1728.

Was also der Rheingau für den Rhein, für die Weintrinker von ganz Deutschland ist, ist Würzburg's Gegend für Franken, und alle die, welche feinen Wein lieben. Nur in der Schönheit der Gegend läßt sich keine Parallele ziehen; dort, wo sich der Rhein am schönsten spiegelt und mit grünen Inseln prangt, die wie Perlen sein feuchtes Haupt umkränzen, scheint die Natur sich in Fruchtbarkeit erschöpft und ihre ganze Fülle über die glücklichsten Auen verbreitet zu haben. Nirgends, sagt ein Reisender, ist der Rhein, von seinem Ausflusse aus dem Bodensee bis nach Köln hinab, so schön, als von Mainz bis nach Johannisberg. Er windet sich in malerischen Krümmungen und mit majestätischer Stille und Langsamkeit dahin, als wenn es ihm Mühe koste, diese gesegneten Gegenden zu verlassen.

Ganz anders ist es nun freilich mit Würzburg's Gegend. Das Thal des Mains ist zu nahe mit Bergen begränzt; diese, mit Reben bepflanzt, sind meist nackte Kalk- und Steinfelsen. Die Reben sind meist ohne grünes Blätter und fallen weniger in's Auge, als die Stäbe, woran sie sich in die Höhe ranken. Der Mangel der bewaldeten Gipfel, schöner Wiesen und fruchtbarer Gefilde giebt, auch von den höchsten Bergen herab, nur den Prospekt einer todten Einförmigkeit, die selten durch eine ganz gewöhnliche, schönere Fläche unterbrochen und etwas belebt wird.

Der Vampyr.

Wir übergehen hier, daß man unter Vampyr (vespertilio vampyrus) in der Naturgeschichte eine große Fledermaus in mehreren tropischen Ländern, besonders in Brasilien in Südamerika versteht, welche Menschen und Thieren durch Blutsaugen, wenn sie dieselben im Schlafe überrascht, Gefahr droht; denn diese Vampyrs wurden mindestens noch nicht auf das Theater und in die Romanenliteratur eingeführt, sind auch in Europa ganz unbekannte Geschöpfe. Ganz anders aber steht es mit dem

Vampyr, der uns jetzt beschäftigen soll. Er ist ein Geschöpf der Phantasie, allein eines der furchtbarsten, die sie geboren hat; eines, dessen Entstehung nicht zu begreifen wäre, wenn nicht im Menschen der sonderbare Hang zum Wunderbaren und Uebernatürlichen oft alle Vernunft zu Schanden machte, daß sie,

　　　　— — — dem tollen Roß
　　　des Aberwitzes an den Schweif gebunden,

sich vor dem tollsten Unsinne beugen muß. Weit und breit scheint die Meinung geherrscht zu haben und an vielen Orten noch zu herrschen, daß der Todte unter gewissen Umständen nicht todt sey, daß er noch eine Art Leben führe, daß aber dieses Leben auf andere Lebende furchtbare Einwirkung äußere. In verschiedenen Gegenden hat sich diese Vorstellung verschieden gestaltet, ohne in der Hauptsache ihren Ursprung zu verläugnen. Im Oriente herrschte von alter Zeit her die Meinung, daß ein Leichnam aus dem Grabe hervorgehen könne, um die, welche er im Leben geliebt habe, zu quälen, zu verletzen, ihnen eine tödtliche Bißwunde beizubringen. Wenn die so Verletzten todt seyen, behauptete der Wahn, so würden sie ebenfalls solche — Vampyre, Vroucolacha, Vardoulacha, Goul, Broncolacka; denn alle diese verschiedenen Namen findet man dort in verschiedenen Gegenden vor *). Tournefort führt in seinen Reisen mehrere Beispiele davon an, wovon er Zeuge gewesen seyn will. In Griechenland herrscht derselbe Glaube seit der Zeit bereits, wo sich die griechische Kirche von der lateinischen trennte: die mit dem Banne belegten und in demselben Verstorbenen sollten Vampyre werden. Aus Griechenland verbreitete er sich nach Ungarn, Polen, kurz, nach Westen. Besonders wurde 1732 ganz Europa durch die Nachrichten aufgeregt, welche aus Ungarn darüber in Umlauf kamen. An der Grenze Serviens, zu Cassovia, war angeblich ein Heiduck, Namens Arnold Paul, von einem Vampyr gebissen worden. Er starb, und nach einigen Wochen herrschte überall die Klage, daß er herumwandle, um Freunde und Verwandte zu quälen. Vier waren bereits gestorben. Man grub den Leichnam aus, fand ihn ganz frisch, stieß ihm einen Pfahl durch's Herz, wobei er sehr heftig schrie, schnitt ihm den Kopf ab, verbrannte den Körper und streute die Asche auf das Grab. Dasselbe geschah mit den Leichnamen der durch seinen Biß angeblich bereits ebenfalls Verstorbenen — **). Auch in Deutschland scheint schon lange vor dieser Zeit eine ähnliche Ansicht obgewaltet zu haben. Namentlich in Sachsen finden sich offenbare Spuren von diesem Volksglauben: man nahm an, daß der Todte schmatze, daß er an dem Leichentuche, Leichenhembde sauge; daß dieses Saugen den Tod seiner nächsten und liebsten Verwandten zur Folge habe, die er nachhole, und traf deswegen häufig Vorkehrungen, dieses Schmatzen und Saugen zu verhüten. Namentlich legte man ein Stück Rasen unter das Kinn, um so jede Berührung der Zunge, der Lippen mit der Brust u. s. w. unmöglich zu machen, oder man band das Unterkinn fest mit einem Tuche zu. Daß die Idee von jenem östlichen Vampyrismus hierbei aber ganz dieselbe gewesen sey, geht besonders klar aus

einer Anordnung hervor, welche man bereits im 16. und 17. Jahrhunderte zu Freiberg traf, wo die Pest große Verheerungen anrichtete, und wo man, wenn Mehrere aus einer Familie schnell hintereinander starben, dieß nicht von der Pest, sondern vom Saugen des Todten ableitete. Wir haben gehört, wie jenem todten Heiducken ein Pfahl durch's Herz gestoßen und der Kopf abgehauen wurde; gerade so verfuhr man, der Chronik jener Stadt zu Folge, in Freiberg: man stieß dem Todten mit dem Spaten den Kopf ab, schlug ihm, wie Einige meinen, sogar einen Pfahl durch's Herz und verbrannte dasselbe zu Pulver. Daß dieser Wahn vom Schmatzen und Saugen des Todten noch häufig herrschen möge, scheint nicht unglaublich, denn vor dreißig, vierzig Jahren war er noch in Leipzig sehr gemein. —

　　　In Griechenland herrscht die Furcht vor Vampyrn, wie gesagt, noch jetzt allgemein, und hier lernte Lord Byron diesen Aberglauben genauer kennen. Seine zum Wilden, zum Schauerlichen gestimmte Phantasie faßte ihn begierig auf, und er gründete darauf seine bekannte Erzählung: der Vampyr.

Isaak Newton.

　　　Einer der scharfsinnigsten Denker aller Völker und Zeiten, England's größter Mathematiker und Physiker, Isaak Newton (sprich: Niutn) wurde geboren d. 25. December 1642 zu Cambridge, oder andern richtigern Angaben gemäß zu Woolstrope in Lincolnshire, und erhielt durch seine Mutter, die sich nach dem frühen Tode ihres Gatten wieder vermählt hatte, eine sehr gute Erziehung. Nachdem er seit 1654 das Gymnasium zu Grantham einige Jahre besucht, studirte er vom Jahre 1660 an auf der Universität Cambridge, beschäftigte sich hauptsächlich mit mathematischen, philosophischen und physikalischen Untersuchungen, und mit Lesung der Schriften von Euklid, Descartes und Keppler, dem er am meisten verdankte. Nachdem er 1664 Magister geworden und sich schon durch mehrere wichtige Entdeckungen bekannt gemacht hatte, verließ er, wegen einer in Cambridge herrschenden ansteckenden Krankheit, diese Stadt, und benutzte in ländlicher Einsamkeit seine Zeit zur eifrigsten Fortsetzung seiner begonnenen Studien. Erst nach mehrern Jahren kehrte er nach Cambridge zurück, ward daselbst Mitglied des Dreieinigkeits-Kollegiums, seit 1669 an der Stelle seines verstorbenen Lehrers, des Dr. Isaak Barrow, Professor der Mathematik, und 1676 Mitglied der Londoner Akademie der Wissenschaften, welcher er ein von ihm erfundenes Spiegelteleskop, für astronomische Beobachtungen, übersandt hatte. Im Jahre 1687 gab er sein Hauptwerk: System der Naturphilosophie (Philosophiae naturalis principia mathematica) heraus, und sicherte dadurch seinem Namen die Unsterblichkeit. In diesem Werke dringt der Verfasser mit philosophisch mathematischer Strenge in die innersten Gesetze der Natur; dabei befleißigt er sich in seiner Schreibart einer solchen Kürze und Gedrängtheit, daß er, besonders für den weniger Eingeweihten, öfters etwas dunkel ist. Im Jahre 1688 ward er zum Parlaments-Mitgliede der Universität gewählt, und vertheidigte deren Rechte mit vielem Eifer und vieler Freimüthigkeit gegen den König Jakob II. von England; worauf er im Jahre 1703 sogar Präsident der Londoner Akademie der Wissenschaften wurde, welche Ehrenstelle er auch bis zu seinem Tode beklei-

*) Der Name Vampyr soll servischen Ursprungs seyn.

**) Daß aber die Gegend hier schon mit der Idee vertraut seyn mußte, ergiebt sich aus dem dagegen angewendeten Mittel.

dete. Schon früher (im Jahre 1696) war ihm vom Könige die Aufsicht über das Münzwesen übertragen worden, woraus ihm ein sehr bedeutendes Einkommen erwuchs, dessen er aber bei seiner höchst einfachen und

Isaak Newton.

zurückgezogenen Lebensweise, ohne Weib und Kinder, nicht bedurfte, so daß er bei seinem Tode, den 30. März 1727, also in einem Alter von 85 Jahren, ein sehr bedeutendes Vermögen hinterließ. Ein Werk über Theologie und Chronologie, welches nach besonderer Aufforderung der Prinzessin Carolina von Wales von ihm verfaßt und gegen seinen Willen von einem italienischen Edelmanne, Namens Conti, durch den Druck veröffentlicht worden war, hat sich nicht des gleichen Grades von Vollkommenheit, wie des Verfassers Schriften in andern Wissenschaften zu erfreuen. Newton wurde äußerst prachtvoll begraben, seinen Sarg trugen die ersten Männer Englands nach der Westminsterabtei, wo er neben den Ueberresten der Könige und anderer großen Männer Englands beigesetzt wurde.

Der Brodbaum.

Zu den dankenswerthesten Geschenken, welche der Schöpfer den Bewohnern der Länder innerhalb der Wendekreise gegeben hat, gehört besonders der Brodbaum. Wir reden hier von dem eigentlichen Brodbaume, der von dem Jacka-Brodbaume, welcher ebenfalls eine sehr wohlschmeckende Frucht trägt, wohl zu unterscheiden ist. Erst durch Cook's Reisen in der Südsee haben wir diesen Baum näher kennen gelernt. Der eigentliche Brodbaum erreicht die Größe einer mittelmäßigen Eiche, er wächst aber so langsam, daß er 60 bis 70 Jahre braucht, ehe er völlig ausgewachsen ist. Die Fortpflanzung des Baumes geschieht entweder durch Saamen, oder durch Ableger, oder durch abgeschnittene Zweige, die in die Erde gesteckt werden und bald Wurzel schlagen. Von seinen Blättern, die durch Einschnitte in 7 bis 9 Lappen getheilt sind, erreichen die meisten eine Länge von anderthalb Fuß. Das gelblichte Holz des Baumes ist sehr weich und nimmt keine Politur an, kann aber doch zu allerlei Kunstsachen verarbeitet werden. Die

großen Blätter braucht man zum Rösten der Früchte und bei dem Essen anstatt der Tischtücher und Servietten; die abgefallenen Blumenkolben braucht man als Zunder. Die Otaheiter, bei denen der Brodbaum besonders häufig gefunden wird, verstehen die Kunst, aus der Rinde des Baumes sehr schönes Zeug zu Kleiderstoffen zu verfertigen. Sie verfahren dabei auf folgende Weise: Haben nämlich die Bäume eine Höhe von 6 bis 8 Fuß erreicht, so werden sie ausgehoben und die Stämme ihrer Aeste und Wurzeln beraubt; die Rinde der Stämme wird abgelöst und in einen Bach gelegt, um sie zu erweichen. Nach einigen Tagen trennen die Mädchen die innere Haut (den Splint) von der äußern, denn nur die feinen Fasern der erstern werden zur Verfertigung der Zeuge benutzt. Dann breitet man diese Fasern auf Platanen-Blättern reihenweise, wohl dreifach, übereinander gelegt am Ufer aus. Diese Reihen sind 30 Fuß lang und einen Fuß breit. Darüber wird Wasser gegossen, welches die Nacht über sich verläuft. Am nächsten Morgen findet man die Fasern durch einen klebrigen Saft, welchen sie enthalten, so eng verbunden, daß ein Ganzes daraus geworden ist. Diese Masse erhält nun ihre weitere Zubereitung auf einer glatten Bank durch Schlagen mit einem hölzernen Klöppel, der gerippt ist. Hierdurch bekommt das Zeug Festigkeit und Ausdehnung. Die Otaheiter verfertigen Zeuge von der Dicke eines feinen Tuches und andere so dünn, wie Nesseltuch. Sie werden im Thau gebleicht, gefärbt, gemalt und auch weiß getragen. Vorzüglich schön ist die rothe Farbe, welche die Otaheiter diesen Zeugen zu geben wissen. Soll ein großes Stück Zeug recht schnell fertig werden, so treten wohl 200 Mädchen zusammen, eine singt, und nach dem Takte des Liedes bearbeiten die übrigen die von den Männern herbeigeschafften rohen Stoffe.

Der Brodbaum.

Ist der Brodbaum für die Bewohner der Südseeinseln schon dadurch nützlich, daß er das Material zu ihrer Wohnung und zu ihren Geräthschaften, so wie den Stoff zu ihrer Kleidung darbietet, so ist er es noch mehr durch seine Frucht.

Die Frucht des Brodbaumes.

Diese Frucht ist jenen Insulanern das, was uns das Korn und die Kartoffeln sind; sie ist die tägliche Nahrung der Südseeinsulaner und eine um so dankenswerthere Gabe, da in jenen Gegenden wegen allzu großer Hitze das Getreide nicht fortkommen würde. Die Brodfrucht ist groß, hat fast die Gestalt einer Kokusnuß oder einer Melone. Wenn sie gehörig ausgewachsen ist, hat sie wohl 10 bis 12 Zoll im Durchmesser und wiegt oft 20 bis 30 Pfund; sie ist mit Buckeln besetzt und sieht äußerlich gelb, innerlich aber schneeweiß aus. In den Monaten Juli und August werden die Früchte reif. Da die völlig reifen Früchte innerlich einen süßlichen und sehr weichen Brei enthalten, welcher der Gesundheit nicht zuträglich ist, so werden sie selten roh genossen. Gewöhnlich nimmt man sie schon vor der Zeitigung ab, wo sie äußerlich grün aussehen. In diesem Zustande dient aber ihr weiches, lockeres Fleisch nicht zum Genusse, sondern sie werden theils ganz, theils zerstückt in die Blätter des Brodbaums eingewickelt und auf heißen Steinen geröstet oder gebraten. Diese so zubereitete Frucht soll dann der Beschreibung nach wie Waizenbrod, unter welches etwas Kartoffelmehl gemischt ist, schmecken. Die Brodfrucht wird auch auf andere Weise, namentlich durch Beimischung anderer Pflanzen, als Nahrung zubereitet. Die Otaheiter besonders, die sich durch größere Bildung vor vielen Bewohnern der Südseeinseln auszeichnen, backen aus diesen Früchten eine Art Brod, welches sich mehrere Wochen lang hält. Man nimmt die Früchte vor der völligen Reife ab und läßt sie eine Zeit lang liegen, um sie nachreifen zu lassen. Ist dieß geschehen, so bringt man die lockere innere Masse in eine gepflasterte Grube, in welcher sie bald in Gährung geräth. Aus dieser gegohrnen Masse, die sich in diesem Zustande mehrere Monate hält, werden dann Brode gebildet, die man auf heißen Steinen röstet. Der Ofen, in welchem diese Brode gebacken

werden, ist sehr leicht gebaut. Man gräbt eine tiefe Grube, belegt sie mit Kokosblättern und überdeckt die Seiten mit Steinen. Darüber wird Holz angezündet, wovon die Steine in kurzer Zeit glühend heiß werden. Ist das Holz zur Asche verbrannt, so streuet man diese auf dem Boden der Grube aus, legt Blätter darüber und dann die Brode oder Fleischspeisen, welche gebacken werden sollen; diese bedeckt man wieder mit Blättern und erhöht nun einen ganzen Hügel von Erde darüber, der die Hitze zusammenhält.

Durch Kultur ist der Brodbaum veredelt worden, daher es denn verschiedene Sorten desselben giebt. Der Brodbaum ist so fruchtbar, daß ein Mensch von dreien derselben ein ganzes Jahr leben kann. Man findet den Baum von Surate bis zu den Marquiseninseln im stillen Ocean auf einer Strecke von mehr als 2000 geographischen Meilen, und zwar fast auf jeder Küste und Insel. Die Engländer haben in neuern Zeiten versucht, ihn auch in Westindien einheimisch zu machen, was jedoch nicht ganz den gewünschten Erfolg gehabt hat. Der Baum gedeihet nur innerhalb der Wendekreise. Ein kälteres Klima ist nicht für ihn; selbst die südlichen Gegenden von Europa würden schon zu kalt seyn. Die Früchte von dem wilden Brodbaume sind fast ungenießbar.

Auszug aus James Stuart's: Drei Jahre in Nordamerika.

„Ich war nicht lange bei Herrn Anderson gewesen, als sich ein gut aussehender junger Mann, Namens John Boswell, aus dem Westen der Grafschaft Fife in Schottland, mit der Bitte an mich wandte, ihm Empfehlungsbriefe an einen Schiffsbaumeister in New=York mitzugeben, oder zu verschaffen. So viel ich wußte, war ich nie mit diesem Manne bekannt gewesen, allein ich hatte seinen Vater, einen Pachthofaufseher bei einem verstorbenen Freunde, gekannt. Boswell's Geschichte ist kürzlich diese. Er hatte das Schiffszimmerhandwerk gelernt, war verheirathet und Vater von zwei Kindern. Da er fand, daß der Verdienst von zwei bis drittehalb Schillingen des Tages zum Unterhalte seiner Familie nicht hinreichte, so ward er Zollwächter, hatte aber auch in diesem Stande wenig Glück. Er brachte daher sein Weib und seine Kinder nach New=York. Sein ganzes Vermögen bestand in einer geringen Summe Geldes, einigem Handwerksgeräthe und einer Vogelflinte. Sogleich nach seiner Ankunft bemühete er sich einige Wochen lang, Beschäftigung zu finden; allein Niemand wollte ihn in den Schiffszimmer=Höfen ohne Zeugnisse seiner Ehrlichkeit und seines mäßigen Lebenswandels aufnehmen. Zufälligerweise hörte er nun von meiner Anwesenheit in der Nachbarschaft, und wandte sich an mich mit der Bitte, ihm jene Zeugnisse auszustellen. Da ich von ihm weiter nichts wußte, als was ich erzählt habe, so konnte ich natürlich seinem Gesuche kein Genüge leisten, gab ihm aber einen Brief mit an einen Herrn in der Nachbarschaft von New=York, dem ich genau angab, was ich von ihm wußte, und der ihm vielleicht nützlich werden konnte. Es war gerade Ueberfluß an Schiffszimmerleuten, und Monate vergingen, ehe ein Platz für Boswell offen ward. Unterdeß waren seine Mittel erschöpft, und er sah sich gezwungen, einige seiner mitgebrachten Habseligkeiten zu veräußern. Er fing an, sich wieder nach Hause zurück zu wünschen, als ihm Arbeit angeboten wurde. Ich war zufälligerweise gerade in New=York, als dieß sich zutrug, und erinnere mich noch an die Freude, die aus seinen Augen strahlte, als er es mir erzählte und mich fragte, wie viel Lohn er verlangen solle. Mein Rath war, es seinem Herrn zu überlassen, wenn er erst eine Woche gearbeitet und gezeigt haben würde, was er zu leisten im Stande war. Das nächste Mal, als ich ihn wieder sah, hatte er für den Tag, an dem er zehn Stunden gearbeitet, zwei Dollars bekommen, und weit mehr war ihm versprochen worden, wenn er länger arbeiten wollte. Er erzählte mir, daß er um die Hälfte wohlfeiler leben könne, als in Schottland, obgleich seine Familie hier drei Mal des Tages Fleisch esse; und so setzte ihn sein Verdienst bald in den Stand, sich ein gut eingerichtetes, bequemes Haus anzuschaffen, wo ich ihn und seine vollkommen glückliche Familie häufig besuchte. Einige Tage vor meiner Abreise von New=York, im April 1831, ließ ich ihn nach Hoboken kommen, wo er mich damals aufhielt, um ihn zu fragen, ob ich seinen Freunden in Schottland einige Nachrichten von ihm überbringen könne. Er kam zu mir, in einem bessern Kleide und mit einem bessern Regenschirme, als ich beides vielleicht selbst besaß. Er bat mich, seine Freunde wissen zu lassen, wie wohl es ihm gehe. Er hatte den Tag zuvor gerade so viel verdient, als er in Schottland, bei derselben Arbeit, in einer Woche verdient haben würde, und er hoffte, in weniger denn zwanzig Jahren sein Glück gemacht zu haben, um nach Schottland zurückkehren zu können.

Ich habe diesen Fall umständlich mitgetheilt, weil er einige nützliche Winke für Auswanderer enthält. Ehe ich New=York verließ, hatte ich Gelegenheit genug zu erfahren, daß Boswell ein vortrefflicher Arbeiter, fleißig, ehrlich und mäßig war. Er erzählte mir, daß er in seinem Vaterlande nie viel Whiskey (Brandwein) getrunken habe, und daß er es noch weniger hier thun würde, wo er bei weitem schlechter, wenn auch wohlfeiler wäre. Gute Zeugnisse über sein früheres Leben sind für jeden Auswanderer nach den vereinigten Staaten, vor allen aber für den Handwerker und Arbeitsmann, durchaus erforderlich, und müssen von den Gerichten oder der Geistlichkeit, gleichviel von welcher Sekte, ausgestellt seyn. Ich brauche nicht hinzuzufügen, daß es höchst wichtig ist, wenn man Empfehlungen an irgend eine Person von Bedeutung in dem Hafenorte, wo man zuerst anlandet, bekommen kann."

Das Museum in Kassel.

Kassel hat eines der reichhaltigsten, vortrefflich geordneten Museen, das mit Schätzen der mannichfachsten Art prangt. Zimmer reiht sich an Zimmer und Saal an Saal, und in jedem prangt eine Sammlung der seltensten Natur= oder Kunstgegenstände. In dem einen ist eine Reihe der kostbarsten Mosaiken, unter denen einige treffliche Bilder in Lebensgröße das Auge fesseln; in dem andern wetteifern etrurische, römische und egyptische Seltenheiten unter einander. Ein drittes hat unzählige Holz= und Elfenbein=Kunstarbeiten. In einem vierten Saale prangen die köstlichsten Antiken. In einem fünften findet man Abgüsse der berühmtesten alten Meisterwerke und neue Skulpturarbeiten, welche als Kopieen bekannter trefflicher Statuen aufzutreten wagen, z. B. ein Schleifer, eine Venus, mehrere erhabene Arbeiten (Reliefs). Einen ganz vorzüglichen Schatz besitzt

indessen dieß Museum in den Nachbildungen aller römischen Bau=Alterthümer aus Kork, vom Prof. Chigi, an Ort und Stelle im verjüngten Maßstabe äußerst täuschend gearbeitet. Die Tempel, die Triumphbogen, des Kolosseums Herrlichkeit, die alten Grabmäler, die in Trümmern liegenden Säulen sprechen hier deutlicher an, als irgend eine Abbildung des Grabstichels. Wieder ein anderes Kabinet prunkt mit Trinkgefäßen aller Art, oder mit geschnittenen Steinen, mit Münzen, mit Uhren von so mannichfacher Gestalt, als nur je der Geschmack und das Genie, die Laune oder ein besonderer Zweck des Künstlers seit der Entdeckung der Nürnberger Eier erdenken konnte. Selbst China lieferte ein Paar Beiträge dazu: zwei Jonken (Schiffchen) mit vollem Takelwerke aus Silber gearbeitet, verschließen das künstliche Räderwerk. Ein physikalisches Kabinet ist reich an Instrumenten aller Art, die in dieses Fach einschlagen, und in einem naturhistorischen finden sich unter andern 500 Bände, welche aus eben so vielen Holzarten geschnitzt sind und alle Eigenthümlichkeiten derselben in ihrem Aeußern zeigen, während Blatt, Blüthe und Frucht in dem vom Bande gebildeten innern Kästchen verborgen liegen. Die hier aufgestellten ausgestopften Quadrupeden rühren aus einer in der Mitte des vorigen Jahrhunderts zu Kassel befindlichen großen Menagerie her, und die Ausstopfung eines Elephanten, so wie die Aufstellung des Riesenskeletts von demselben Thiere leitete der berühmte Anatom Sömmerring. Einen wahren Schatz findet man noch in dem naturhistorischen Kabinette: Eine Riesenmuschel, aus jenen Tagen der Urwelt, wo noch kein Mensch auf dem Erdboden wandelte, wo dieser nur von Riesengeschöpfen bewohnt wurde, deren ungeheure Größe wir in den vorhandenen Ueberresten, welche sich Jahrtausende lang erhielten, nur anstaunen, und dabei kaum dem eignen Auge zu trauen wagen. Sie wurde in Kassels Umgegend ausgegraben und gleicht an Härte und Weiße dem Elfenbeine; an Größe übertrifft sie Alles, was die Konchylienwelt aufzuweisen vermag. Die Sammlung von Vögeln, von Fischen u. s. w. endlich, welche sich hier vorfindet, zeichnet sich durch vorzüglich schöne Wahl und gute Behandlung der Exemplare, wenn auch nicht durch übergroße Reichhaltigkeit, aus.

Pflanzenkost und einsames Gefängniß als Besserungsmittel.

Nicht immer beherzigt der Mensch, was ihm die Pflicht vorschreibt; er vergißt nur zu oft seines Lebens Ziel und handelt mehr als ein wüthendes Thier, denn als ein vernünftiges Geschöpf. Manche Menschen, besonders wenn sie zur Strafe ihre Freiheit verlieren, lassen sich gar nicht bändigen, wüthen und toben, zerstören und beleidigen Alles, was in ihr Bereich kommt. Wie zähmt man nun solche wilde Menschen? Wie macht man sie sanft und geduldig? — In den nordamerikanischen Gefängnißhäusern hat man ein Mittel, das einen unfehlbaren Erfolg hat. Solche Gefangene bekommen nichts, als Pflanzenkost, besonders Reis, zur Nahrung, die nach und nach ihre ganze Natur umändert und sie eben so folgsam, als gelehrig macht. Kein Fleisch erhalten sie, und der Reis ist ihre Kost so lange, bis sie durch eine sichere Probe bewiesen haben, daß eine vollkommene Verände=

rung in ihrer Natur eingetreten ist und daß sie sich gebessert haben. Wäre es nicht zweckmäßig, daß man dieß Mittel auch bei wilden und widerspenstigen Kindern brauchte, und überhaupt bei Leuten anwendete, die unbändig und grausam allen Gesetzen Trotz bieten und alle Pflichten der Menschlichkeit mit Füßen treten?

Ein anderes sehr kräftiges Besserungsmittel großer Verbrecher benutzt man in den Gefängnissen Nordamerika's mit dem herrlichsten Erfolge zu deren Besserung, und dieß ist das einsame Gefängniß, welches den Menschen sich und seinem Gewissen gänzlich überläßt, ihn von aller Gesellschaft absondert und zum Nachdenken über seinen Zustand und sein vergangenes Leben bringt. Allein dieß einsame Gefängniß darf nicht zu lange dauern, weil sonst der Mensch seinen Verstand dabei verliert. Mehrere Beispiele haben dieß gelehrt; man hat daher mit ihm Arbeit verbunden, wodurch man den gewünschten Zweck eben so gut erhalten hat. Aller Umgang ist ihnen dabei anfänglich versagt, und kommen sie wieder zu ihren Mitgefangenen, so dürfen sie nicht mit ihnen sprechen, und dieß Alles hat so gute Früchte getragen, daß ihre Besserung zusehends zunahm. Die Arbeit, und zwar regelmäßige Arbeit, heilt den verdorbenen Menschen von Grund aus, und wenn endlich Belehrung dazu kommt, so wird er ein besserer Mensch auf seine ganze Lebenszeit. Seine Gesinnung muß man ändern, an gute, christliche Grundsätze muß man ihn gewöhnen, und er wird ein nützliches Mitglied der bürgerlichen Gesellschaft, wenn er wieder seine Freiheit erhält. Keine Familie dulde daher Müssiggänger, die Eltern gewöhnen ihre Kinder an Arbeitsamkeit, und sie gründen ihr Glück auf Zeit und Ewigkeit.

Was man ist, das muß man ganz seyn.

Jedes Geschäft im menschlichen Leben erfordert Talente und Kenntnisse, und es ist kein Selbstbetrug größer und thörichter, als wenn man glaubt, unsere Lebensverhältnisse paßten nicht zu unsern ausgezeichneten Geistesgaben, und unser Geschäft sey unserer Einsichten unwürdig. Jede Gesellschaft bedarf vorzüglicher Männer und jedes Gewerbe braucht vielen Verstand und einen gebildeten Geschmack, wenn es in seiner Vervollkommnung glückliche Fortschritte machen soll. Das allgemeine Beste kann nur durch umfassende Kenntnisse und emsigen Fleiß befördert werden, und jedes Talent ist hier eben so zu benutzen, wie bei jedem Geschäfte. Was man daher ist, das muß man ganz seyn; was man thut, das muß man mit Geschicklichkeit und Eifer ausführen. Nichts entehrt den Menschen, was gut und nützlich ist, und jedes Talent ehrt sich, das seinen Posten gehörig ausfüllt. In der Jugend muß man vorzüglich das recht lernen, was man treiben will; die Meisterschaft in unserm Streben muß unser Ziel seyn, und wer sich die erforderliche Geschicklichkeit erworben hat, der weiß sich auch in großen Verlegenheiten leicht zu helfen. Mit dem berühmten Franklin, als Buchdruckerlehrling, war sein Prinzipal eben so sehr zufrieden, als dieß seine Landsleute späterhin mit ihm als Staatsmann und Gesandten waren. Er war immer eifrig beschäftigt, und das ganz, was er seyn wollte.

Der indische Gaukler Scheschal.

Die Kunst der sogenannten Gaukler hat in keinem Lande eine höhere Stufe von Vollkommenheit erlangt, als in Hindostan. Die Europäer, welche uns ihre Geschicklichkeit in dieser merkwürdigen Kunst bewundern lassen, erscheinen im Vergleiche mit den indischen Künstlern dieser Gattung als Anfänger, selbst dann, wenn wir sie nur mit denen zusammenstellen, die ihre Kunst mit geringerm Erfolge in kleinern Städten und in Privathäusern, wohin sie zur Unterhaltung und Belustigung einer daselbst versammelten Gesellschaft gerufen werden, ausüben. Manche solcher Kunststücke, die sie vermöge ihrer Gelenkigkeit oder Körperstärke ausführen, erscheinen wahrhaft unerklärbar, und in der That, man kann nicht unterscheiden, ob man es der Gelenkigkeit oder der Körperstärke des in Indien berühmten Braminen Scheschal zuschreiben soll, wenn er sich vom Fußboden erhebt und in einer Höhe von mehrern Fuß eine Zeit lang in der Luft schwebend sich zu erhalten vermag, ohne daß man gewahr werden kann, auf welche Weise er oben befestigt ist. Dieser merkwürdige Mann ist schon bejahrt, und von mittlerm, schlankem Wuchse; er trägt ein langes Gewand von gedrucktem Baumwollenzeuge, einen breiten Gürtel, einen gelben Turban und ein Halsgeschmeide, dessen Enden auf die Brust herabhängen. Seine ganze Gestalt und Haltung trägt den Stempel des Ungewöhnlichen und Sonderbaren. Er hält sich häufig zu Madras auf, wo seine Kunststücke ihm schon größern Vortheil verschafft haben, als irgend eine nützliche Arbeit es je vermögen würde. Folgende Beschreibung giebt ein Augenzeuge von den Leistungen dieses indischen Gauklers:

„Scheschal zeigte mir eine Bank von ohngefähr achtzehn Zoll Höhe, auf deren Fläche zwei kupferne Platten, von der Größe eines Thalers, eingefügt waren. Als ich diesen Apparat seines Kunststücks untersucht hatte, zog er zuerst ein Bambusrohr von zwei Fuß Länge hervor, dessen Höhlung ohngefähr $2\frac{1}{2}$ Zoll betrug; darauf ein ungefähr zwei Fuß langes und vier Zoll breites Fell einer Gazelle. Alsdann verbarg sich der Gaukler, mit einem großen Sacke und den genannten Gegenständen versehen, unter einem ziemlich großen Shawle, und arbeitete unter demselben fünf Minuten sehr lebhaft, gab sodann ein Zeichen, die Decke wegzunehmen, und ich erblickte ihn, in der Luft schwebend, mit gekreuzten Beinen, ganz in der Stellung, welche die Abbildung zeigt. Sein rechter Arm ruhte auf der zusammengedrehten Gazellenhaut, welche an der Spitze des Bambusrohrs befestigt war. Das Bambusrohr selbst aber war senkrecht in eine der obenerwähnten Kupferplatten eingefügt. In dieser Stellung blieb der Bramine über eine halbe Stunde und ließ die Korallenkügelchen eines Rosenkranzes durch seine Finger gleiten, ohne nur irgend ein Zeichen von Zwang oder Müdigkeit gewahr werden zu lassen. Man kam in Versuchung, zu glauben, diese Stellung sey seine gewöhnliche. Vier Mal habe ich diesen merkwürdigen Mann gesehen, vier Mal sein Kunststück bewundert, und jedes Mal suchte ich ihn zur Enthüllung seines Geheimnisses zu bewegen; allein meine Bitten und Versprechungen waren gleich erfolglos. Verlangt der Leser durchaus eine Erklärung dieses wunderbaren Kunststücks, so genüge ihm folgende, aber ob richtig oder falsch, muß dahin gestellt bleiben: Vielleicht bergen die Kupferplatten eine Stange Stahl welche in dem Bambusrohre emporgeht und mit einer andern Stange von demselben Metalle, die das Gazellenfell verbirgt, in Verbindung steht, letztere aber wiederum einen stählernen Ring hält, in welchem der Leib des Gauklers ohne große Anstrengung ruht, und den die Kleider desselben leicht verbergen können. Indeß muß ich eingestehen, daß trotz dieser Erklärung das Kunststück des Bramine mir dennoch unbegreiflich bleibt.''

Der indische Gaukler Scheshal.

Woche.

Am 12. Oktober 1791 starb die berühmte deutsche Dichterin Anna Louise Karschin. Ohne Lektüre und Kenntniß der Welt und der Menschen verlebte sie ihre Jugend in den drückendsten Verhältnissen als Hüterin der Heerden, doch schon da zeigte sich ihr Talent und sie sang Lieder, die der Unsterblichkeit werth sind. Sie war geboren am 1. December 1722 auf einer Meierei zwischen Züllichau und Krossen in Schlesien, ihr Vater hieß Dürrbach, war Bauer und Schenkwirth, und starb früh. In ihrem sechsten Jahre nahm sie ihr Oheim zu sich, doch mußte sie bald wieder in das mütterliche Haus zurückkehren. In ihrem 16. Jahre heirathete sie einen Strumpfwirker, Namens Hirsekorn, der nach einer neunjährigen mißvergnügten Ehe starb. Noch unglücklicher ward sie durch ihre zweite Ehe mit einem lüderlichen Schneider, Karsch. Sie wurde um diese Zeit immer bekannter durch ihre Gedichte, und einige mitleidige Menschen nahmen sich ihrer an. 1755 zog sie mit ihrem Manne und vier Kindern nach Großglogau. 1760 kam sie nach Berlin und ihre ökonomischen Verhältnisse verbesserten sich. Berlin bewunderte die poetische Schneidersfrau, und mehrere berühmte Dichter jener Zeit bildeten ihr Talent durch Aufmunterung aus. Friedrich der

Große, zu wenig der deutschen Literatur und Poesie hold, unterstützte sie äußerst kärglich, desto großmüthiger sein Nachfolger. Sie starb in einem Alter von 69 Jahren.

Am 13. Oktober 1825 fand man den von seinem Volke fast vergötterten König von Baiern, Max Joseph, todt in seinem Bette am Morgen nach der Feier seines Namenstages zu Nymphenburg. Er war zu Schwetzingen am 27. Mai 1756 geboren, und folgte seinem Bruder Karl II., als Herzog von Zweibrücken, am 1. April 1795, dem Kurfürsten Karl Theodor von Baiern am 16. Februar 1799 in der Regierung, und ward, zu Folge des Friedens von Preßburg, den 26. December 1805 König.

Am 14. Oktober 1758 ward Friedrich der Große in der denkwürdigen Schlacht bei dem Dorfe Hochkirch in der Oberlausitz von den Oesterreichern unter Daun und Laudon völlig geschlagen. Die Preußen büßten dadurch 9000 Mann, 101 Stück Geschütz, 28 Fahnen und das ganze Lager mit allen Zelten und dem größten Theile der Bagage ein. Die Oesterreicher benutzten diesen bedeutenden Sieg durchaus nicht, während Friedrich selbst seine Niederlage für sich zu benutzen wußte.

Am 15. Oktober 1576 stiftete der Herzog Julius von Braunschweig = Lüneburg die Universität zu Helmstädt und stattete sie mit großer Freigebigkeit aus. Der deutsche Kaiser Maximilian II. gewährte ihr die Privilegien und Freiheiten der übrigen deutschen Universitäten. Doch bestand sie nicht lange; schon nach 233 Jahren wurde sie durch einen Befehl des Königs von Westphalen Hieronymus den 10. December 1809 aufgehoben.

Am 16. Oktober 1708 wurde der als Naturforscher und Dichter berühmte Albrecht von Haller zu Bern geboren, und bezog schon in seinem 16ten Jahre die Universität Tübingen, um daselbst die Arzneiwissenschaft zu studiren, und ward im 18ten Jahre zu Leyden Doktor. Hierauf machte er Reisen durch England und Frankreich, durchstrich die Schweizeralpen und kehrte im 21sten Jahre nach Bern zurück, wo er 1745 zum Mitgliede des großen Rathes gewählt wurde, nachdem er zuvor abermals bedeutende Reisen gemacht und mehrere Jahre als Professor der Medicin, Anatomie und Botanik an der neugestifteten Universität zu Göttingen gelebt hatte. Er starb als siebenzigjähriger Greis den 12. December 1777.

Am 17. Oktober 1797 wurde zu Campo Formio, einer zwischen Udine und Passeriano gelegenen Meierei, zwischen Oesterreich und Frankreich Frieden geschlossen, dessen Bedingungen der damalige erste Consul Buonaparte vorschrieb. Zu Folge desselben trat Oesterreich die Niederlande an die französische Republik ab und entsagte seinen sämmtlichen Besitzungen in Italien, auch machte es sich anheischig, den Herzog von Modena durch den Breisgau zu entschädigen, wogegen es nur Venedig und den größten Theil seines Gebietes erhielt. Ein Kongreß zu Rastadt wurde gleichfalls bestimmt.

Am 18. Oktober 1502 weihete der Kurfürst von Sachsen, Friedrich der Weise, die Universität zu Wittenberg ein, und an demselben Tage im Jahre 1818 wurde die Stiftungsurkunde der Universität zu Bonn vom Könige von Preußen, Friedrich Wilhelm III., bei seiner Anwesenheit in Aachen unterzeichnet.

Verlag von Bossange Vater in Leipzig.
Unter Verantwortlichkeit der Verlagshandlung.

Das Pfennig-Magazin

der

Gesellschaft zur Verbreitung gemeinnütziger Kenntnisse.

25.]   Erscheint jeden Sonnabend.   [Oktober 19, 1833.

Die Kirche der heiligen Gudula in Brüssel.

Brüssel ist die Hauptstadt des neuen Königreichs Belgien und war vorher abwechselnd die Residenz des vereinigten Königreichs der Niederlande. Es liegt an der Senne, 50° 51′ nördl. Breite, gerade in der Mitte Belgiens, und hat mit allen Theilen dieses Reichs eine leichte Straßen= und Kanal=Verbindung. Seit dem Jahre 1561 führt ein Kanal von hier nach der Rupel, und auch nach Antwerpen, und ein anderer Kanal nach dem südlich gelegenen Charleroi an der Sambre. Ein Seitenkanal des letzteren, nach Westen, erreicht die Steinbrüche zu Fontaine l'Eveque und die Kohlenwerke bei Mons.

Da ein Theil von Brüssel auf einer niedrigen Höhe und ein anderer auf einer Ebene liegt, so sind einige Straßen sehr steil; die vormaligen

Wälle und Außenwerke der Stadt sind in Spazier=
gänge verwandelt worden. Brüssel hat 8 Thore und
eben so viele freie Plätze, und gegen 100,000 Ein=
wohner, und sieht, als Sitz des Thrones, der Cen=
tralregierung und eines freieren Handels, als ihn frü=
her die holländische Politik gewährt haben mag, einer
größeren Bedeutsamkeit bei der lebhaften Industrie der
Einwohner entgegen. Hier leben stets viele englische
Familien und andere Ausländer, theils wegen mancher
Annehmlichkeiten dieser Stadt, theils wegen des wohl=
feileren Aufenthaltes, als unter ihren Landsleuten.
Die altfränkische, im gothischen Style gebaute Nie=
derstadt spricht meistens flämisch; im südöstlichen Winkel
der Stadt hingegen herrscht die wallonische Sprache.
In dem zunächst dem Parke gelegenen Quartiere der
Stadt lebt die vornehme und reiche aus= und inländi=
sche Gesellschaft. Der geräumige Park selbst hat breite,
reinlich gehaltene Baumgänge von Ulmen, Linden und
Wallnußbäumen, welche in den heißen Tagen einen
milden Schatten gewähren. Der größte freie Platz ist
der Königsplatz mit dem gothisch gebaueten Rathhause,
einem über 360 Fuß hohen Thurme und der vergol=
deten kupfernen Bildsäule des Erzengels Michael auf der
Thurmspitze. Auf diesem Rathhause legte Kaiser Karl V.
im Jahre 1555 die Regierung der Niederlande nieder,
um sie seinem Sohne Philipp II. zu übertragen. Brüssel
hat manche schöne, zum Theil sehr alte Kirchen. Zur
alten St. Gudula = Kirche am großen Sand = Markte,
deren Abbildung wir unsern Lesern geben, steigt man
auf einer prachtvollen steinernen Treppe, sie hat eine
Kanzel mit schönem Schnitzwerke in Eichenholz von Mei=
sterhand gearbeitet, die Darstellung der Vertreibung
Adam's und Eva's aus dem Paradiese.

Brüssel ist jetzt ein wichtiger Sitz der Wissenschaf=
ten, des Buchhandels — aber, leider, auch des Nach=
drucks — mehrerer Akademien, eines botanischen Gar=
tens, dessen bis 18 Fuß hohe Orangenbäume mit 2
Fuß Umkreis im großen Gewächshause berühmt sind;
die herrliche Bildergallerie beschäftigt in = und auslän=
dische junge Künstler, besonders in Altarstücken.

Eins der wichtigsten wissenschaftlichen Institute ist
dasjenige des Herrn van der Maelen, mit vielen Werk=
stätten für Künstler, einem Garten für Gewöhnung
edler und nützlicher ausländischer Pflanzen an den Him=
melsstrich, einem Museum der Naturgeschichte und einer
guten Büchersammlung, Denkwürdigkeiten vieler Aka=
demien und einer großen Kartensammlung. Dieses In=
stitut hat schon einen allgemeinen Atlas von 400 Kar=
ten geliefert, einen andern von 165 Blättern über
Europa, eine Karte von Belgien auf 42 Blättern, auch
specielle bereits nachgeahmte statistisch=geographische voll=
ständige Wörterbücher für alle belgischen Provinzen.

Unter den schönen Spaziergängen um Brüssel ist
einer der beliebtesten ein langer Gang von Linden und
Ulmen vom nördlichen Theile der Stadt nach dem
Schlosse Laeken. Im Süden der Stadt liegt der
große Wald von Soignies mit der Fahrstraße nach dem
Schlachtfelde bei Waterloo. Der Wald besteht aus
Ulmen, Eichen, Eschen, besonders aber aus Birken,
und versieht Brüssel mit Feuerholz in Stämmen,
Klötzen von 3 Fuß Länge und ungefähr einem Fuß in
der Runde, und Buschbündeln. Die Waldhüter wohnen
zerstreuet in Hütten, die bisweilen von Lehmwand sind,
mit etwas nahem Lande zum Privatgebrauche.

Brüssel ist eine alte Fabrikstadt, deren Spitzen,
baumwollene Zeuge, Tuch, Hüte, Glasschmelze=
reien, Gold = und Silberarbeiten und Buchdruckereien
nebst Schriftgießereien noch jetzt berühmt sind.

Auf dem dortigen großen Markte ließ der Statt=
halter Alba die freimüthigen Redner und Förderer der
niederländischen Volksfreiheit vor dem offenen Kampfe
derselben mit dem Könige Philipp II. enthaupten, und
machte dadurch das nationale Mißvergnügen so arg,
daß nachmals die Waffen über die Freiheit der insur=
girten nördlichen Niederlande entscheiden mußten.

Christoph Columbus.

Spanisch: Christoph Colon, geboren im Ge=
nuesischen im Jahre 1442, der unsterbliche Ent=
decker der neuen Welt, Amerika. Mit allem Großen
und Edlen, der Welt wesentlich Förderlichen, theilte
er sowohl die Märtyrer= und Dornenkrone, als
die schöne, alle wahre Größe des Genie's gleich sehr,
wie die seiner Wirksamkeit beurkundende Unbewußt=
heit um die weltgeschichtliche Wichtigkeit seiner Ent=
deckung. Ihm nämlich war sie nur die Entdeckung
eines neuen Weges zu uralt ergiebigen Handels=
quellen, und einiger wilden Gegenden des Ostens,
während sie die beginnende Spiegelung des gesamm=
ten europäischen Lebens in seinen Ueberschwenglich=
keiten und Verzerrungen war. Wohl erzogen, bil=
dete er sich, von seinem vierzehnten Jahre an einem
unüberhörbaren und unabweislichen innern Rufe und
Drange mit festem Ernste folgend, kein Mühsal
scheuend, zum tüchtigen Seemanne. So hatte er von
1470 an, in Diensten des großen damaligen Förde=
rers großer Seeunternehmungen, des Prinzen Heinrich
von Portugal, dann Réné's von Anjou, Herrn der
Provence und Königs von Neapel, das mittelländische
Meer vielfach durchkreuzt, war 1477 auf dem uner=
messenen Weltmeere, nach seiner Ansicht, hundert
Seemeilen über das heutige Island hinausgekommen,
hatte Guinea, Spanien, England und die Inseln des
westlichen Oceans besucht. Aber dieß Alles entsprach
und genügte seiner Ahnung neuer und unbekannter
in der Richtung zwischen Westen und Süden zu
entdeckenden Länder nicht, worin ihn die Ueberzeugung
von der Kugelgestalt der Erde, die Möglichkeit der
Grabberechnungen, das Anschwimmen in Europa un=
bekannter Erzeugnisse und Gegenstände an den Küsten
der Azoren von Madeira und Porto Santo bestätigte.
Achtzehn Jahre suchte er, dieser Ahnung treu, durch
sie gestählt gegen Armuth, unverständigen, dünkelhaf=
ten Spott und Hohn, an den meisten europäischen
Höfen vergebens um Schiffe, Mannschaft und annehm=
liche Bedingungen zu seiner Unternehmung an, bis er
endlich in seinem sechs und funfzigsten Jahre durch den
Abt des Klosters Rabida, Peter Juan Parez de Marcena,
Spaniens Herrscher, Ferdinand und Isabella vermochte,
ihm drei kleine Schiffe auszurüsten, womit er ihnen die
Herrschaft einer Welt verschaffen sollte. Mit ihnen reiste
der kühne Mann am 3. August 1492 von Palos ab
und begann sogleich ein Tagebuch für seine Fürsten, wel=
ches das stolze Bewußtseyn seines Unternehmens und
seine ernste Würde, wie seine umsichtige Beobachtung
beurkundete. Am 9. September, Ferro im Rücken,
waren beinahe 200 Meilen westwärts zurückgelegt,
manche Anzeigen von Landnähe zu Täuschung, die
Mannschaft mißmuthig, Columbus selbst ängstlich und
still trübsinnig geworden, als er sehnsüchtig in den
dunkeln Abendhimmel hinein vom Verdecke starrend auf
einmal ein fernes Licht schimmern sah. Seinen Au=
gen nicht trauend, rief er zwei seiner Reisegefährten
herbei; aber auch sie sahen ein auf = und niederschwe=

tendes Licht. Früh um zwei Uhr gab eine Kanone das Freudensignal gewahrten Landes. Welch ein Augenblick für Columbus! San Salvador, von den Einwohnern Guanahani, von den Engländern späterhin die Katzeninsel genannt, war das Land, dem er siegreich zusteuerte. Am frühesten Morgen landete er, von glänzend bewaffnetem Gefolge umgeben, reich gekleidet, in seiner Hand die königliche Fahne von Kastilien. Himmelsboten, dem krystallenen Firmamente entstiegen, das ihren Horizont begränzte, schienen die Ankömmlinge den staunenden Bewohnern, welche stumm die Feierlichkeiten der Besitznahme mit ansahen. Ihre Arglosigkeit überwältigte indeß bald die anfängliche Scheu und ging in ein kindliches Zutrauen über, das die Ankömmlinge betastend und freundlich anlächelnd sich seiner bewußt und sicher werden wollte, und freundlich milde Erwiederung gewann. Aber auch die Fremden waren entzückt von der Schönheit des Landes und dem reizenden Klima der neuen Welt. Vor Allen Columbus, dessen Entzücken vor Cuba und Hispaniola sich bis zur Schwärmerei steigerte. Wie anders auch? Dort wuchert in wundervollem Glanze, Wechsel und Ueppigkeit die Pflanzen- und Thierwelt. In dieser reinen, krystallhellen Luft, von tiefheiterm Blau des Himmels beleuchtet, glühen und glänzen Blüthen und Blumen nur farbiger, heller. Glänzend befiederte bunte Papageien und anderes seltsame Gevögel schweben und schimmern durch das Grün der hohen, mit ihren Riesenblättern weit ausgreifenden Bäume, die Blumen und Früchte zugleich tragen und in schönem kreisenden Wechsel stete Feuchtigkeit verheißen. Colibri's schwärmen, wie beseelter Regenbogenschmelz, von Blume zu Blume. Durch einen Waldaushau auf ferner Aue flammen purpurne Flamingo's, gleich aufgestellten Heerhaufen mit vorgerückter Feldwacht, vor Gefahr zu warnen, und Kerfe (Insekten) funkeln wie Edelsteine durch die Luft hin. Obwohl glänzende Befiederung und lieblicher Gesang gewöhnlich sich nicht vereinen, so hörte Columbus doch oft lieblich aus den Bäumen singen und täuschte sich mit der Phantasie, als hörte er Nachtigallen in seiner Heimath schlagen, in diesen lauen, sternlichten, mondhellen Nächten. Harmlos und ohne andere Bedürfnisse, als die, welche ein fast mühlos bebautes Feld, fischreiche Ströme und Küsten, mit würzigen Goldfrüchten beladene Bäume leicht befriedigten, träumten die Bewohner ihr Leben zwischen sorgloser Ruhe am Tage und abendlichen Tänzen unter Nationalliedern und Waldpauken dahin. Am 16. Januar 1493 schied Columbus friedlich und ohne der mindesten Grausamkeit sich schuldig gemacht zu haben, um nach Europa zurückzukehren. Nach einem furchtbaren überstandenen Sturme endlich traf er den 15. März in Spanien ein. Sein Einzug in Barcelona glich einem Siegeszuge. Er ward Unterkönig aller See'n, Inseln und der Veste innerhalb einer von den Azoren und dem Vorgebirge der grünen Inseln von Norden nach Süden gezogenen und vom Papste genehmigten, ja zu Gunsten Spaniens ausgedehnteren Linie.

Beschluß folgt.

Vielseitige Benutzung der Hörner des Rindviehes.

Die immer mehr sich vergrößernde Theilung der Arbeiten in den civilisirten Staaten hat manche gute Folgen neben der Unbequemlichkeit für die Zeitgenossen, daß sie das Fabrik- und Maschinenwesen ungemein begünstigt, wenn sich die dazu nöthigen Kapitale im Besitze einiger Privaten befinden, der Tagelohn nicht zu hoch steht und der Ackerbau, ohne in seiner Veredlung stille zu stehen, schon Ueberfluß an Arbeitern hat und keine große öffentliche Arbeiten in Geradelegung krummer Ströme, in der Bedeichung und Nivellirung derselben, in den dem Boden angemessenen Vermischungen der Oberfläche zur höchsten Vegetation, in den Ab- und Zuwässerungen, Trockenlegung der Sümpfe, in den Kanälen und Eisenbahnen noch zu beschaffen sind. Eine andere Folge dieses Zweiges bei einer hohen Civilisation aller Klassen der Staatsbürger ist, daß kein Theil eines rohen Produktes ganz ungenutzt vergeudet wird. Wir wenden diese Erfahrungen hier auf die Thierhörner, und besonders des Rindviehes an. Der Gerber, welcher die Felle des Rindviehes zum Gerben zusammenkauft, trennt davon die Hörner, welche er den Kamm- und Laternenfabriken verkauft. Das Horn hat zwei verschiedene Theile, ein hartes Futteral und eine innere kegelförmig gestaltete weichere Masse, welche einige Eigenschaften verhärteter Haare und der Knochen besitzt. Die erste Arbeit der Hornkäufer ist nun, diese verschiedenen Theile wiederum von einander zu trennen. Sodann wird die hornige Außenseite durch eine Spannsäge in drei Theile gespalten:

A. Der Theil, welcher der Wurzel des Horns am nächsten ist, wird durch chemische Behandlung auseinander gepreßt, geglättet und bildet dann flache Scheiben.

B. Der mittlere Theil wird durch Hitze geglättet, durch Oelung durchsichtiger, auch in dünnere Scheiben zerspalten, um in Laternen der gemeinsten Art statt des Glases benutzt zu werden.

C. Die äußerste Hornspitze wird zu Knöpfen der Peitschen, zu Messerscheiden und ähnlichen Dingen verbraucht.

D. Das Mark, also das Innerste der Hörner, wird ausgekocht in heißem Wasser, dann schwimmt auf diesem viel Fett, welches die Sieder der gemeinsten Seife benutzen.

E. Das Flüssige dient als eine Art Leim den Tuchbereitern zum Seifen.

F. Die noch übrige knochenartige Masse wird an die Landleute zum Düngen verkauft.

G. Die Schnitzel und Späne, welche bei der ersten Bildung des Horns in flache Scheiben abfallen, haben für die Gärtner und Ackerbauer einen festen Preis. Der Bushel, ¼ Quarter oder ⅔ des Dresdn. Scheffels, gilt 8 Groschen. Im ersten Düngungsjahre zeigen sie kaum irgend eine Wirkung, aber desto mehr in den folgenden vier oder fünf Jahren.

H. Feiner sind die Abfälle des Laternenfabrikanten. Einige derselben werden in Figuren zerschnitten, von den Spielzeugfabrikanten benutzt, denn sie rollen sich in der warmen Hand auf. Entschließt sich aber der Laternenfabrikant, diese dünnen Späne den Gärtnern oder Landleuten zu verkaufen, so bewirken sie eine außerordentliche Vegetation, aber nur für das erste Jahr.

Der Riesen-Kastanienbaum des Berges Aetna.

Das beifolgende Bild stellt diesen Baum, der unter dem Namen des Kastanienbaums der hundert Reiter bekannt ist, dar, wie er im Jahre 1784 war.

Die Königin Johanna von Arragonien landete nämlich nach einer Sage auf ihrer Reise aus Spanien nach Neapel in Sicilien, und besuchte mit einer Bedeckung von hundert Reitern den Aetna. Als sie ein Sturm auf dem Wege zu dem Feuerschlunde überfiel, nahm sie mit ihrem ganzen Gefolge unter diesem Baume ihre Zuflucht gegen das Ungewitter.

Der Baum scheint aus 5 großen und 2 kleineren Bäumen zu bestehen, welche, da Rinde und Zweige ganz nach außen gekehrt sind, ursprünglich einen einzigen Stamm gehabt zu haben scheinen. Der größte Stamm hat 38 Fuß im Umfange, und der Umfang aller fünf gerade über dem Boden ist 163 Fuß. Er hat noch eine reichliche Belaubung und viele kleine Früchte, obgleich er inwendig ganz hohl ist. Eine Straße von zwei Wagenbreiten führt durch den Baum, und in der mittelsten Höhlung ist noch Platz für eine Hütte, worin die Kastaniensammler die Früchte aufhäufen.

Die Sage der Eingebornen versichert, er sey der älteste aller Bäume, und wegen der starken innern Fäulniß kann man keine Jahrringe zählen und also den Sicilianern nicht mit Gründen widersprechen. Er kann aber wohl einige tausend Jahre alt seyn. Freilich hat Adanson dem Baobab in Westafrika ein Alter von 5150 Jahren angewiesen, und Decandolle hält es für möglich, daß die berühmte Cupressus disticha bei Chapultopec in Mexiko mit 117 Fuß Umfang noch älter seyn könne.

Auch Brydone, dem man sonst Schuld giebt, daß er oft mehr glaubte, als er sahe, überzeugte sich nach genauer Ansicht des Innern vor 60 Jahren, daß der Stamm der Riesenkastanie aus fünf Bäumen zusammengewachsen sey, was auch andere Reisebeschreiber bemerkt haben wollten, und sagte seinen Begleitern seine Meinung; allein sie betheuerten, daß ihre Versicherung der Einheit des Stammes eine alte Volkssage in Sicilien sey. Als Brydone sich unter andern sicilianischen Gelehrten an den Kanonikus Recupero in Katania wegen der Richtigkeit oder Unwahrheit dieser Sage wandte, erhielt er von ihm folgende Antwort: „Er habe auf seine Kosten rund um den Stamm durch Bauern die Erde auswerfen lassen, und versichere auf seine Ehre, daß er gefunden habe, daß alle fünf Bäume unter der Erde in einer einzigen Wurzel vereinigt wären.‟

Houel in seinem Voyage pittoresque des isles de Sicile liefert die hier abgebildete Zeichnung und scheint sich viele Mühe gegeben zu haben, die Frage von der Wahrheit oder dem Zusammenwachsen mehrerer Bäume in Gewißheit zu setzen, er will jedoch vollkommen überzeugt worden seyn, daß die anscheinende Trennung des Baums theils durch das Faulen des Stammes und theils dadurch entstanden sey, daß die nahen Landleute bei ihrer geringen Achtung vor so ehrwürdigen Alterthümern beständig fortführen, Holz und Rinde zum Brennholz auszuhauen.

Der Riesen-Kastanienbaum des Berges Aetna.

Der Leguan.
(Lacerta iguana.)

Der Leguan ist eine Eidechsenart und bewohnt die feuchten Gegenden des südlichen Amerika's und Asiens, soweit in diesen Gegenden immerwährende Wärme herrscht. Auch trifft man ihn in Afrika an. Seine Länge ist nicht immer gleich; bisweilen beträgt sie 5 bis 6 Fuß, meistens aber viel weniger. Wo der Leib am dicksten ist, mißt er einen Fuß im Umfange. Der Kopf dieses merkwürdigen Geschöpfs ist an den Seiten zusammengedrückt und oben platt; das Maul ist mit scharfen Zähnen besetzt. Augen= und Ohren=öffnungen sind groß. Vom Unterkiefer bis unter die Kehle läuft eine Art von Kamm, der aus großen, in die Höhe gerichteten Schuppen besteht und den Vordertheil des großen Kehlsacks besetzt, den das Thier nach Belieben aufblasen kann. Ein anderer gezähnter Kamm, auch aus Schuppen bestehend, zieht sich vom Scheitel längs dem Rücken bis auf einen großen Theil des Schwanzes herab. Dieser ist rund und viel

länger, als der Leib. Die Füße haben 5 lange, mit starken krummen Nägeln versehene Zehen. Die Schuppen, welche den Leib bedecken, sind glatt; die Hauptfarbe ist gewöhnlich grün, mit Gelb oder einem hellern oder dunklern Blau gemischt. Bauch, Pfoten und Schwanz sind oft bunt geflammt. Jedoch ändern sich die Farben nach dem Alter, dem Geschlechte und dem Vaterlande.

Der Leguan ist ein unschädliches Thier, das von

Der Leguan.

den Blüthen und Blättern der Bäume und von Erdwürmern und Insekten lebt und keinen Menschen angreift. Wird es aber zum Zorne gereizt, so funkeln seine Augen, es zischt, schüttelt den langen Schwanz, bläset den Kropf auf, sträubt die Schuppen und streckt den mit Schwielen besetzten Kopf in die Höhe. Das Weibchen, das gewöhnlich kleiner ist und schönere Farben hat, zeigt ein sanfteres Naturell und wird von seinem Männchen leidenschaftlich geliebt. Dieses vertheidigt im Frühlinge zur Zeit der Paarung seine Gefährtin mit Wuth, sobald sie in Gefahr kommt. Faßt es um diese Zeit seinen Feind mit den Zähnen, so läßt es nicht los, bis man es todt schlägt oder betäubt. Nach dem Ende der Regenzeit legt das Weibchen seine Eier, an Zahl 13 bis 15, in den Sand am Ufer des Meeres und begibt sich in der Absicht

aus seinem gewöhnlichen Aufenthalte, den Wäldern, hinweg nach den Küsten. Die Eier sind so dick, wie die Taubeneier, aber etwas länger und sollen besser, als Hühnereier schmecken.

Der Leguan hält sich auf den Bäumen, auf der Erde, bisweilen aber auch im Wasser auf, in welchem er aber nur plump schwimmt. Auf den Zweigen der Bäume ist er desto geschickter: mit unglaublicher Behendigkeit schwingt er sich her und macht die künstlichsten Wendungen. Wenn er satt ist, so setzt er sich auf einen über das Wasser hinwegragenden Ast und ruhet aus; dann kann man ihn leicht fangen oder erlegen, weil er aus Trägheit nicht entflieht. In einigen Gegenden Amerika's fängt man ihn in Schlingen und jagt ihn mit Hunden. Er besitzt viel Lebenskraft und kann in der Gefangenschaft einige Tage ohne Nahrung zubringen. So ein zähes Leben indeß dieses Thier auch hat, so stirbt es doch sogleich, sobald man ihm etwas Spitziges, z. B. einen Strohhalm, in die Nase steckt. Das Fleisch, besonders des Weibchens, schmeckt vortrefflich und wird in Amerika sehr geschätzt. Bisweilen findet man dem Bezoar ähnliche Massen in dem Thiere.

Brown, welcher eine Naturgeschichte von Jamaika herausgegeben hat, erzählt, er habe einen vollkommen ausgewachsenen Leguan zwei Monate lang in seinem Hause gehabt. Bei Tage, sagt er, lag er ruhig auf einem Bette, und des Nachts lief er herum, und schien sich von kleinen Insekten zu nähren, welche in der Luft herumflogen.

Die Abbildung, die wir hier liefern, ist nach der Zeichnung des berühmten Naturforschers Seba gemacht. Ein ausgestopftes Exemplar findet man im Museum der Naturgeschichte zu Paris, das vier Fuß lang ist; kleinere finden sich in den meisten naturhistorischen Sammlungen.

Das Weißenfelser Schloß.

Das schöne große Schloß auf dem weißen Sandsteinfelsen vor der eigentlichen Stadt Weißenfels gelegen, steht auf derselben Stelle, wo schon im Mittelalter eine feste Burg stand, die nach mancherlei Schicksalen 1632 von den kaiserlichen Kriegsvölkern vor der Lützner Schlacht bis auf einige Thürme zerstört wurde, welche nachher durch die Schweden vollends verschwanden. Aber bei aller Pracht und Größe ist es doch nur die Hälfte von dem geworden, was es nach dem Plane von August dem Ersten, Herzog von Weißenfels, hat werden sollen, und die Zeit hat seit 1746 Alles aufgeboten, diesem Schlosse den Glanz zu rauben. In diesem Glanze nämlich starb der letzte Herzog von Weißenfels, und im siebenjährigen Kriege, wo Friedrich II. am 14. Oktober 1757 das Hauptquartier hier hatte, in den Kriegen von 1806—1815, wo es geplündert, in ein Lazareth verwandelt wurde, seit 1815 bis jetzt, wo es eine Kaserne geworden ist, verschwand auch die letzte Spur der Pracht im Innern fast gänzlich. Lange sind die Tage vorüber, wo auf dem Theater, in diesem Schlosse, Einem der ersten in Deutschland, Tänzerinnen und Sänger glänzten; wo jene künstliche Tänze einübten, muß jetzt ein Rekrut schultern, wo diese trillerten, schallt die rauhe Stimme des Unteroffiziers. Der große Garten, welcher einst Fürsten auf- und abwandeln sah, wüste, einsam, öde da. Ueber den großen hallenden Hof, wo einst goldbordirte Laquaien einander jagten, marschirt Kompagnie auf Kompagnie auf, um für das eiserne Würfelspiel des Krieges sich zu üben. Aber bei allem verschwundenen Glanze solcher Herrlichkeit ist das Schloß dennoch schön durch seine Lage, seine Größe, seine einfache und doch imposante Bauart. Da oben auf dem Thurme unter der Seigerglocke zu stehen und ringsherum das Saalthal, die Stadt, wie hingegossen in die Tiefe, zu schauen, daß man jedes Haus erkennen und auf dem Markte jeden Menschen gehen sehen kann, in der Ferne Lützens Kirchthurm und mit einem guten Tubus Leipzigs Thürme alle in einer Linie vor sich zu erblicken, ist ein herrlicher Genuß! Und dann ein Besuch der Kirche, Einer der geschmackvollsten, schönsten, die ein fürstliches Schloß aufweisen kann! Viel hat zwar die Zeit auch darin verdorben und der Muthwille zerstört; aber dennoch, selbst wie sie jetzt

ist, überrascht sie durch ihr herrliches Deckengewölbe, durch die Pracht ihres Altars, wo zwei kolossale Figuren, köstlich gearbeitet, nur den Fehler haben, daß man von keinem Standpunkte aus das Gesicht sehen kann und beide auch übrigens zu hoch gestellt sind, was eben jeden Versuch, sie genau in's Auge zu fassen, im Schiffe der Kirche ganz verhindert. Mitten in der Kirche öffnet eine schwere, hölzerne, horizontale Thüre den Weg in die Gruft, wo alle Glieder der herzoglichen Weißenfelser Linie ruhen. Der letzte Sarg, der hier beigesetzt wurde (1777), enthält die Gebeine der letzten, in Langensalza verstorbenen Herzogin von Weißenfels. Finster und kalt erscheint zuerst die Gruft, denn die Kirche ist so hell, die Gruft so dunkel, daß sich das Auge nicht gleich an den Wechsel gewöhnen kann; doch nur einige Minuten dauert es, und dann ist es für eine Todtengruft hell genug. Man kann die Schrift auf den bronzenen Tafeln, welche die Namen der Entschlafenen nennen, recht gut lesen. — — „Schlummert süß,

„Im Nachtgewölbe dieser Gruft!" dacht' ich, als ich die kalte, feuchte Residenz des Todes verließ, auf dem weiten Hofraume milde Lüfte zu athmen! — Der Kirche gegenüber liegt das Zeughaus. Eine Inschrift darüber bezeichnet es noch; doch schon 1756 leerten es die Preußen. Ueber dem Zeughause prangte der Opernsaal. Doch von ihm ist keine Spur mehr da. — So wechselt Alles unter dem Monde. Alle Freuden der Welt vergehen. Alle ihre Herrlichkeit schwindet früher oder später! Wer nach Weißenfels geht, besuche das Schloß. Er wird es nicht bereuen.

Das Nibelungenlied.

Dieses Lied, das älteste Erzeugniß deutscher Volkspoesie, reicht mit seinem ersten Beginnen vielleicht zwei Jahrhunderte über die Zeiten Karl's des Großen (regierte von 768 nach Chr. G.) hinaus. Es entstand wahrscheinlich, wie die meisten Volkslieder, aus einer Menge kleinerer Gesänge, die zu verschiedenen Zeiten zum Lobe gepriesener Helden gedichtet wurden, und welche nachmals alle Kaiser Karl der Große zu Anfange des 9. Jahrhunderts sammeln ließ. Doch auch nach dieser Zusammenstellung befand sich das Lied in einer noch ziemlich unvollkommenen Gestalt. Die letzte Umarbeitung, welche endlich die Masse einzelner Bruchstücke verband, und dem Ganzen Geist und Leben gab, geschah wohl kaum vor dem Anfange des 13. Jahrhunderts. Wer aber der Urheber derselben gewesen sey, darüber wird noch viel gestritten, doch sind die meisten Stimmen für den Minnesänger Heinrich von Ofterdingen; Manche schreiben es einem Andern, Klingsohr von Siebenbürgen zu, der ebenfalls Minnesänger (d. h. Liebesdichter) war.

Das Lied selbst besteht aus zwei Hauptstücken, das eine ist Chriemhildens Liebe, das andere Chriemhildens Rache. Da wir aber vermuthen dürfen, daß den meisten unsrer Leser eine genauere Kenntniß dieser altdeutschen Volkssage mangelt, so halten wir es nicht für unpassend, die Fabel des ganzen Stücks hier so kurz, als möglich, anzudeuten:

Siegfried der Gehörnte oder Hörnerne, d. h. der Unverwundbare, Siegmund's, des Nibelungenkönigs, Sohn hat von der ausgezeichneten Schönheit der burgundischen Königstochter Chriemhild gehört. Er reist daher zu König Günther, ihrem Bruder, nach Worms. Hier kommt er durch Heldensinn und Stärke gar bald zu großem Ansehn; er kämpft glorreich in einer Schlacht gegen die Sachsen und begleitet den König Günther auf einer Fahrt nach Isenland, wo dieser um die Liebe der Königin Brunhild werben will. Siegfried schützt ihn vor mancher drohenden Gefahr und hilft ihm die kriegerische, gewaltige Braut erringen. Zum Lohne dafür verspricht ihm nun Jener seine Schwester Chriemhild zur Frau. Bald nach der Rückkehr nach Burgund wird denn auch die Hochzeit, glänzender, als je vordem gesehen wurde, gefeiert. Doch nicht lange sollten Siegfried und Chriemhild ihrer Liebe sich freuen; denn bald entzweiten sich die beiden Königinnen, und Hagen, ein Hofmann Günther's, der Siegfried für des Streites Ursache hält und ihm grimmig feind ist, erschlägt ihn auf der Jagd, nachdem er die einzige Stelle erspäht, wo Siegfried verwundbar gewesen. Hierauf folgen dann die Klagen der Weiber und das Begräbniß des Helden, und bis hieher reicht Chriemhildens Liebe oder der erste Theil des Stücks.

So mochten vier Jahre vergangen seyn, und noch hörte Chriemhild nicht auf, den Tod des edlen Gatten zu beklagen; im Geiste aber sann sie auf blutige Rache; denn sie war dem Grimme hold (daher ja der Name Chriemhild). Da starb Etzel's (d. i. Attila's), des Hunnenkönigs Weib, und er gedachte die schöne Königin vom Nibelungenlande zu freien. Er sendete also den Markgrafen Rüdiger zum Könige Günther nach Worms, der sollte für ihn werben. Und bald wäre der Markgraf umsonst den weiten Weg gezogen, denn die Königin mochte Niemandes Weib mehr seyn, seit sie den Gatten verlor. Doch da erinnerte sie an ihre Rache und sie gab ihr Jawort und reiste mit in's Hunnenland. Und wie sie nun nimmer ablassen mochte von ihrem Grimme, da sandte sie nach Jahren heim zu ihren Brüdern und entbot sie zusammt dem wilden Hagen. Wohl sah er im Geiste sein Schicksal voraus, wohl kündeten ihm weise Donauweiber, doch mochte er nicht heim bleiben von der Heerfahrt, denn er fürchtete die Schande mehr, als den Tod. Und so zogen sie denn, eine stattliche Schaar, bis sie zu König Etzel's Hoflager kamen. Ach! wären sie daheim geblieben, es sollte ja keiner der Helden sein Vaterland mehr sehen vor Chriemhildens Zorn! Denn kaum waren sie im Hunnenlande, so entbot schon die Königin ihre Freunde zu Hagen's Morde. Und eines Abends, da sie bei'm Festmahle saßen und der Becher umging in der Helden Kreise, da brachen die Mannen in den Saal und das Morden begann und währte viele Tage, also daß kein Burgunder von der Wahlstatt entrann. Hagen aber blieb der letzte, bis er endlich, todtmüde und wund, gefangen und Chriemhilden übergeben wurde. Die aber legte ihn in Banden und schlug ihm das Haupt ab. Das war Chriemhildens Rache. Zuletzt, da sie auch ihren Bruder erschlagen, ward sie selber erlegt. Sie aber starb, die letzte der Nibelungen; denn ihre Mannen waren alle im Kampfe geblieben.

So endet das beinahe zehntausend Verse lange Gedicht.

Fruchtbarkeit der Pflanzen.

Die Geschwindigkeit, mit welcher gewisse Arten des Thier= und Pflanzenreiches sich vermehren, ist wohl der Bemerkung werth.

Unsere Aufmerksamkeit wird desto kräftiger von diesem Gegenstande angezogen, wenn man erfährt, daß im vorigen Jahre in Irland ein Haferkorn 32 Halme hervorgebracht hat, welche zusammen an 5000 Körner gegeben haben. Wenn jedes dieser Körner das Jahr darauf eben so fruchtbar ist, so bringen die 5000 insgesammt 25,000,000 Körner, und diese mit derselben Fruchtbarkeit geben für das nächste Jahr eine Haferernte von 30,000 Quarters oder 79,668 Dresdner Scheffel.

Obgleich dieses nun ein merkwürdiges Beispiel von Fruchtbarkeit ist, so kennt man doch aus sichern Quellen Fälle, die einen noch größern Beweis von der fruchtbaren Eigenschaft der saamentragenden Pflanzen geben. So findet man in einer Schrift, daß im Jahre 1660 aus einem Gerstenkorne 249 Halme hervorgegangen waren, welche zusammen über 18,000 Gerstenkörner enthielten. In derselben Schrift findet man auch ein anderes wohlbewährtes Faktum in Beziehung auf die Vermehrungskraft des Weizens; jedoch ist das Ergebniß, welches dieses Beispiel aufstellt, durch ein besonderes Verfahren erhalten worden. Als nämlich aus dem gesäeten Weizenkorne die Halme hervorgingen, wurden sie getheilt, diese einzelnen abermals, so daß sie 500 Pflanzen bildeten, von welchen jede mehr als 40 Aehren hervorbrachte. Nachdem der gereifte Weizen von dem Stroh getrennt worden, wog er 47 Pfund 7 Unzen, und maß $3\frac{3}{4}$ Pecks, oder $\frac{1}{2}$ Scheffel, die Anzahl der Körner wurde auf 576,840 geschätzt.

Manche Pflanzen sind so sehr saamenreich, daß, wenn man das ganze Erzeugniß einer einzelnen Pflanze aussäen, dieses zweite Erzeugniß wiederum säen und ernten würde u. s. f., so würde in sehr wenigen Jahren die ganze Oberfläche der Erde zu beschränkt seyn, um den so überflüssig hervorgebrachten Saamen aufzunehmen. Das Bilsenkraut (Hyoscyamus, L.), welches unter allen Pflanzen die größte Saamenzahl hervorbringt, würde zu diesem Zwecke nicht mehr als vier Jahre erfordern. Nach mehrern angestellten Zählungen bringt nämlich das Bilsenkraut mehr als 50,000 Saamenkörner hervor; nehmen wir indessen nur 10,000 an, so würden diese in der vierten Ernte 10,000,000,000,000,000 geben; da nun die Oberfläche der Erde nicht mehr als 1,400,350,559,014,400 Q. Fuß festes Land enthält, so müßte jeder Quadratfuß sieben Pflanzen enthalten, und es würde demnach die ganze Erde nicht groß genug seyn, die vierte Ernte einer einzigen Bilsenkrautpflanze aufzunehmen.

Türkische Justiz.

In der Türkei wird ein Bäcker, der zu leichtes Brod verkauft, mit dem Ohre an die Thüre genagelt. Man macht ein Loch in die Thür für den Rücken des Schuldigen, und beide Ohren werden zu beiden Seiten angenagelt. In dieser Stellung läßt man ihn bis Sonnenuntergang, worauf er wieder befreit wird. Diese Strafe zieht keine weitern gefährlichen Folgen nach sich, als etwa für seinen Ruf. — Der Meineid wird bei den Türken für eine so geringe Sünde gehalten, daß er auch mit der mildesten Strafe belegt wird. Der Meineidige wird nämlich mit dem Gesichte nach dem Schwanze zu auf einen Esel gesetzt, und ihm ein Bret mit der Inschrift: Schith (Meineidiger) auf dem Rücken befestigt. So wird er zur großen Belustigung der Menge durch die Straßen geführt. —

Der Braminen = Stier.

Dieser Stier steht bei den Hindu's in großer Verehrung. Das Thier ist groß und hat vorne auf den Schultern einen Fleischklumpen, der fett ist; seine Hörner sind kurz. Die zoologische Gesellschaft in London besitzt ein sehr schönes Thier dieser Art, welches jetzt das Einzige in Europa ist. In Ostindien macht man von dem Braminen=Stiere gar keinen Gebrauch; er wandert frei herum, besucht nach Belieben die Reisfelder und Gärten und wird von den Eingebornen mit religiöser Ehrfurcht geliebkoset. Vielleicht kann dieß schöne Thier noch der Gründer einer Race werden, welche an Gelehrigkeit den gemeinen Ochsen übertrifft.

Woche.

Am 19. Oktober 1813 ertrank der edle Pole, Fürst J. Poniatowski, im Elsterflusse bei Leipzig.

Am 20. Oktober 1740 endete nach kurzer Krankheit der letzte männliche Sprosse des Habsburgischen Hauses, Kaiser Karl VI. von Oesterreich. Er war geboren den 1. Oktober 1685, und wurde den 22. Oktober 1711 zu Frankfurt a. M. als römischer Kaiser gekrönt. Er hatte geglaubt, seine Macht und die Größe seines Hauses durch Unterhandlungen und Verträge sichern zu können, was nur durch eine große Heeresmacht und eine gefüllte Schatzkammer geschehen konnte. Durch seine in der Geschichte bekannte pragmatische Sanction, wodurch er die österreichische Monarchie in ihrer damaligen Größe und Ausdehnung ungetheilt erhalten und auf eine einzige Person vererben wollte, war zwar von den meisten europäischen Mächten anerkannt und garantirt worden, dennoch aber war dieser Vertrag nicht wirksam genug, Maria Theresia, Karl's Nachfolgerin (d. 21. Oktbr. 1740), im ruhigen Besitze ihrer sämmtlichen Staaten zu erhalten.

Am 21. Oktober 1777 hatte der fromme Herzog von Sachsen=Gotha Ernst II., der am 20. April 1804 gestorben ist, bei der Geburt seines vierten Sohnes Ludwig voll freudiger Zuversicht ausgerufen: „Gott Lob! Nun steht mein Haus auf vier festen Säulen!" — Aber die vierte sank schon nach wenigen Tagen wieder hin, die erste zwei Jahre darauf mit dem am 3. Decbr. 1779 erfolgten Tode des Prinzen Ernst. Und auch die beiden andern Söhne folgten den Brüdern, ohne männliche Nachkommen zu hinterlassen· Herzog Emil Leopold August, des Vaters Nachfolger, am 17. Mai 1822, und Friedrich IV. am 11. Febr. 1825.

Am 22. Oktober 1818 starb zu Braunschweig der durch seine zahlreichen, der deutschen Jugend gewidmeten Schriften berühmte Joachim Heinrich Campe, seit 1787 herzoglich braunschweig'scher Schulrath und Kanonikus. Er war geboren 1746 in dem Dorfe Deensen bei Braunschweig, studirte zu Halle und Helmstädt Theologie, wurde 1773 preußischer Feldprediger, 1776 Edukationsrath, und nach Basedow's Abgange Direktor des Philanthropins zu Dessau. Später errichtete er selbst eine Erziehungs=Anstalt zu Trittow bei Hamburg. Das berühmteste Buch, das in alle lebende Sprachen übersetzt wurde ist sein „Robinson der Jüngere."

Am 23. Oktober 1638 erlosch durch das Ableben des Herzogs Johann Ernst die Linie Sachsen=Coburg=Eisenach.

Am 24. Oktober 1648 ward der bekannte westphälische Frieden zu Osnabrück und Münster geschlossen, der dem dreißigjährigen Kriege ein Ende machte, wo, unter andern Bestimmungen, der Religionsfriede und der Passauer Vertrag in ihrem ganzen Umfange bestätigt wurden.

Am 25. Oktober 1760 starb zu London Georg II., König von Großbritannien, welcher den 9. November 1685 zu Hannover geboren war.

Verlag von Bossange Vater in Leipzig.
Unter Verantwortlichkeit der Verlagshandlung.

Hierzu eine Beilage: „Ankündigung der Pfennig=Encyklopädie, oder neues elegantestes Conversations=Lexicon."

Das Pfennig-Magazin

der

Gesellschaft zur Verbreitung gemeinnütziger Kenntnisse.

26.]   Erscheint jeden Sonnabend.   [Oktober 26, 1833.

Tukane oder Pfeffer-Vögel.

1) Arakari Tukan (Rhamphastos Aracari).   3) Schwarzer und gelber Tukan (A. Discolorus)
2) Rothbäuchiger Tukan (R. Erythrorynchos.   4) Toco Tukan (A. Toco)

Diese Gruppe von Tukan's ist aus Levaillant's Natürgeschichte der Paradiesvögel, Tukan's u. s. w. entlehnt, und stellt folgende Arten dar:

1) Arakari Tukan (Rhamphastos Aracari). 2) Rothbäuchiger Tukan (R. Erythrorynchos). 3) Toco Tukan (A. Toco). 4) Schwarzer und gelber Tukan (A. Discolorus).

Der Pfeffervogel, Tukan, Pfefferfraß, Pfefferfresser, zeichnet sich durch seinen großen, unproportionirten, konveren, oben rachenförmigen und am Ende gebogenen Schnabel aus, welcher hohl, sehr leicht und an den Rändern mit nicht entsprechenden, sägezahnartigen Einschnitten versehen ist. Die Nasenlöcher sind so klein, daß man sie kaum sieht, und rund, dicht am Kopfe befindlich; bei vielen liegen sie unter den Federn versteckt. Die Zunge ist lang, schmal und an den Rändern befiedert. Von den Zehen stehen zwei nach vorne und zwei nach hinten. Die Pfeffervögel bewohnen Südamerika, und man trifft sie blos innerhalb der beiden Wendekreise an, indem sie gar keine Kälte vertragen können.

Wegen des großen Schnabels, der bei einigen länger als der ganze Leib ist, haben die Vögel ein einfältiges Ansehen. So sonderbar uns der Schnabel vorkommt und so auffallend die Zunge auch ist, so entsprechen beide wahrscheinlich doch der Lebensart dieser Vögel; denn man kann mit Recht annehmen, daß in der Natur Alles zweckmäßig eingerichtet und weder etwas Ueberflüssiges ist, noch etwas fehlt, was zur Erhaltung des Lebens eines Thieres erforderlich ist. Der Schnabel des Pfeffervogels ist ungemein leicht und so dünn, daß er jedem Fingerdrucke nachgiebt; daher dient er weder zur Vertheidigung, noch als Werkzeug, seine Nahrung zu zerstückeln, welche diese Vögel vielmehr ganz hinunter schlucken. Ihre Beine sind nicht zum Gehen eingerichtet, sie dienen ihnen vielmehr zum Klettern und zum Anhalten an den Baumzweigen. Das Hüpfen der Pfeffervögel ist ungeschickt. Sie leben sehr gesellschaftlich und halten sich in kleinen Schaaren von 12 bis 16 beisammen auf. Ihr Flug ist schwerfällig und langsam, aber hoch. Sie sitzen gern auf den Wipfeln hoher Bäume und machen da sehr lebhafte Bewegungen und einen gewaltigen Lärm.

Die Pfeffervögel sind eigentlich keine Zug=, sondern Strichvögel, welche stets aus einer Gegend in die andere ziehen, wo sie Nahrung finden; diese besteht in allerhand Früchten, besonders von Palmen. Sie lassen sich leicht zähmen und fressen in der Gefangenschaft auch Brod, Fische und fast Alles, was man ihnen hinwirft. Mit der Spitze des Schnabels fassen sie die Nahrungsmittel an, werfen sie in die Höhe und fangen sie auf. Wie schon oben erwähnt, sind sie gegen die Kälte äußerst empfindlich und suchen sich selbst in heißen Himmelsstrichen gegen die kühlen Nächte zu verwahren; wenigstens hat man gezähmte Tukan's selbst in ihrem Vaterlande Stroh und dergleichen zusammentragen sehen, um sich davon ein Nest zu machen und dem Anscheine nach die kühle Erde zu vermeiden. Ihr Fleisch ist schwarz, ziemlich hart, aber dennoch genießbar.

Die Farbe der verschiedenen Arten von Pfeffervögeln ist abweichend, aber im Ganzen schön. Bei einigen ist die Brust schön orangefarbig, bei andern schwarz. Ihre schönen Federn werden von den Frauen in Brasilien und Peru zum Schmuck getragen.

Unter den Pfeffervögeln giebt es eine Art, welche man den Prediger (ramphastos picatus) nennt, dem man diesen Namen deßhalb gegeben hat, weil er sich über seine Gesellschafter, wenn diese schlafen, auf den Gipfel des Baumes zu setzen und ein Geschrei zu machen pflegt, welches aus schlecht artikulirten Tönen zu bestehen scheint. Der Vogel soll dabei den Kopf von einer Seite zur andern drehen, um die Raubvögel zu beobachten. Thevet hat ihn zuerst erwähnt.

Hr. Broderip hat einen Tukan in einer kleinen Menagerie beobachtet und gesehen, daß er kleine Vögel, z. B. Goldfinken, frißt und sie mit einem Drucke seines Schnabels tödtet; er riß seine Beute in Stücken und verschlang jeden Theil, selbst den Schnabel und die Beine. Der Schnabel war das einzige Werkzeug, womit er sein Futter in Stücken zerriß. Auch scheint es, daß dieser Vogel einige von seinen Speisen wiederkäuet.

Drei Hauptpunkte der Feldwirthschaft.

Ein merkwürdiger Umstand ist es, daß der Boden, in dem eine besondere Pflanze gewachsen ist und in dem sie sich der Absonderungen ihrer Wurzeln entledigt hat, für das Wachsthum von Pflanzen von derselben oder der verwandten Art nachtheilig wird, obgleich andere Arten sehr gut darin gedeihen. In der Oekonomie ist diese Bemerkung von der größten Wichtigkeit, weil die ganze Theorie der Reihenfolge der Getreidearten oder Ernten darauf beruht. Diese wichtige Entdeckung ward wahrscheinlich von den Belgiern gemacht; wenigstens haben sie das Verdienst, daß sie zuerst deren Theorie entwickelt haben. Sonst sagte man, daß das ganze Geheimniß einer guten Feldwirthschaft darin bestehe, daß man gut ackere und tüchtig dünge; allein hierzu muß man jetzt noch ein Drittes setzen: die Ernten müssen so auf einander folgen, daß sie einander gehörig unterstützen, wenn man von einem und demselben Acker jährlich den größten Ertrag erhalten will. Die ganze Theorie beruht auf der Thatsache, daß alle Pflanzen schlecht auf Feldern gedeihen, welche erst vorher Ernten von derselben Art, ja selbst von demselben Geschlechte oder derselben Familie getragen haben. Man darf nicht wieder Roggen auf das Feld säen, auf dem so eben erst Roggen gestanden hat, weil man sonst eine schlechte Ernte bekommt. Dieß rührt nicht von der Erschöpfung des Bodens, welche etwa während des Wachsthums der vorigen Ernte Statt gefunden, sondern von dem Verderbniß des Bodens durch die Mischung von vegetabilischen Absonderungen aus den Wurzeln her, welche für Pflanzen von derselben Art verderblicher sind, als für andere. Die Erfahrung lehrt dagegen, daß die Absonderungen einiger Pflanzen für das Wachsthum anderer von einer verschiedenen Familie vortheilhaft sind, z. B. Hülsenfrüchte verbessern den Boden für Körnerfrüchte (Roggen, Weizen, Gerste). Man hat mancherlei Ursachen davon angeführt, welche vielleicht mehr oder weniger zu der oben angeführten Erscheinung beitragen; allein sie sind nur Nebenursachen im Vergleiche mit dem, was die eigentliche Verschlimmerung des Bodens betrifft, welche durch die Vermischung desselben mit den Absonderungen der vorhergehenden Ernte durch die Wurzeln entsteht. Man muß daher mit den Ernten gehörig wechseln, wenn sie einen guten Ertrag geben sollen.

Der berühmte Pflanzenkenner zu Genf, Hr. de Candolle, stellt folgende Hauptgrundsätze auf, die sich auf physiologische Principien gründen und die, wenn man sie befolgt, reichliche Ernten liefern: zuerst sollte niemals eine neue Ernte auf eine andere von derselben

Art folgen, außer unter ganz besondern Umständen, als z. B., wo der Boden jährlich erneuert wird, oder wo er von Natur so fruchtbar ist, daß er den Nachtheilen widersteht, welche sich gewöhnlich aus einem solchen Systeme ergeben. Zweitens sollte keine neue Ernte auf eine andere folgen, die man durch Pflanzen von derselben Familie gewonnen hat. Eine merkwürdige Ausnahme hiervon macht man im Garonnethale in Frankreich, wo der Boden einen zweijährigen Wechsel zwischen Weizen und Mais gestattet. Drittens verderben alle Pflanzen mit scharfen und milchigen Säften den Boden, und ihre Ueberreste sollten nie nach dem Wegschaffen einer Ernte untergepflügt werden. Viertens verbessern Pflanzen mit süßen und schleimigen Säften den Boden zum Anbaue anderer von einer verschiedenen Familie. Die vorzüglichsten darunter sind die Hülsenfrüchte tragenden Pflanzen

---

Der Schildkrötenfang.

Die Schildkröte (Testudo) gehört unter die Amphibien, und zwar zu den vierfüßigen. Sie hat also vier Beine, einen kurzgeschwänzten Körper mit einem kleinen geschilderten Kopfe, einen zahnlosen Mund, eine kurze, dicke Zunge und ein hartes knochenähnliches Rücken- und Bauchschild. Das erstere ist mehr oder weniger gewölbt und von Umfange größer, als das platte Brustschild; beide aber sind so mit einander verbunden, daß sie einen Harnisch bilden, der alle Theile des Körpers bis auf den Kopf, die Beine und den Schwanz bedeckt. Diese streckt das Thier durch zwei Oeffnungen aus dem Harnische hervor, um sie zu den gehörigen Verrichtungen zu gebrauchen. Die meisten Schildkröten sind überdieß so gebildet, daß sie die angeführten Theile unter die harte Bedeckung zurückziehen können. Die Löcher, wodurch sie dieselben hervorstrecken, sind klein, und kein Raubvogel oder kein anderes Thier kann ihnen etwas anhaben. Die harnischähnliche Bedeckung ist mit ihnen verwachsen oder macht einen Theil ihres Körpers aus; so legen sie dieselbe nie ab, sondern tragen sie überall mit sich herum. Hat die Schildkröte Kopf, Beine und Schwanz eingezogen, so gleicht sie einem leblosen Körper; man bemerkt an ihr keine Bewegung und alle Gefahr ist in diesem Zustande von ihr entfernt.

An der Schnauze stehen vorne die Nasenlöcher. Die Mundöffnung liegt unterwärts und reicht bis an die Ohren; die obere Kinnlade ragt über die untere hervor. Aeußere Ohren haben die Schildkröten nicht, und die Stellen, wo die Gehörorgane liegen, sind nur durch besondere Schuppen oder Schildchen bemerkbar. Die großen Augen stehen nur bei Wenigen hervor.

Die Schilde bestehen aus mehrern festen Stücken, mit gezähnten, mehr oder weniger in einander greifenden Rändern. Bei manchen Arten sind die einzelnen Stücke des Bauchschildes etwas beweglich. Sowohl auf dem Rücken als auf dem Bauchschilde befinden sich Schuppen, die der Größe, Gestalt und Zahl nach fast bei allen verschieden sind.

Es giebt See-, Fluß- und Landschildkröten, und die ersten, welche einen großen Kopf haben, können ihn nicht ganz unter dem Schilde verstecken. Die Schildkröten sind bald mehr, bald weniger groß. Das Schild der größten mißt vier bis fünf Fuß in der Länge und 3 bis 4 Fuß in der Breite. In der Mitte ist dann der Körper nicht selten 4 Fuß dick; der Kopf 7 bis 8 Zoll lang und 6 bis 7 Zoll breit. Hals und Schwanz sind fast eben so lang und das Gewicht einer solchen Schildkröte beträgt an 800 Pfund.

Die Schildkröten wachsen sehr langsam und scheinen ein sehr hohes Alter zu erreichen. Ihre Lebenskraft ist sehr groß und man hat dem berühmten Niebuhr zu Surate erzählt, eine in dem Thierspitale dieser Stadt unterhaltene Landschildkröte sey 125 Jahre alt. Monate lang bleiben sie an feuchten Oertern ohne Nahrung leben und sterben oft erst nach mehrern Tagen, wenn ihnen der Kopf abgehauen ist.

Die Meerschildkröten leben größtentheils von Seetang und andern Seegewächsen, so wie auch von Conchylien und andern Seethieren. Falls sie an's Land gehen, sollen sie auch Gras und andere Gewächse fressen. Die Fluß- und Landschildkröten verzehren, außer Fischen, auch Schnecken und anderes Gewürm.

Die Begattung der Fluß- und Landschildkröten geschieht wie bei den Säugethieren, wobei das Männchen sehr hitzig ist; allein von jener der Seeschildkröten weiß man noch nichts Gewisses. Das Eierlegen geschieht bei allen drei Arten auf einerlei Weise: die Weibchen sind sehr fruchtbar und legen eine große Menge Eier. Die Meerschildkröten graben des Nachts Löcher in den Sand am Ufer des Meeres und legen darein ihre Eier, welche sie mit Sand bedecken und der Sonnenwärme zur Ausbrütung überlassen. Die größten legen innerhalb zwei Stunden an 200 Eier. Nach mehrern Wochen sind die Eier ausgebrütet, und die Jungen laufen gerade nach dem Meere zu, auch wenn man sie eine Strecke vom Ufer entfernt niedersetzt. Sie laufen schneller, als die Alten. Ein Schildkrötenweibchen soll jährlich, doch zu verschiedenen Malen, an 1000 bis 1200 Eier legen. Die Flußschildkröten verscharren ihre Eier auch im Sande am Ufer des Gewässers, in dem sie sich aufhalten. Die Landschildkröten legen sie auf die Erde in Gruben. Die Eier der Schildkröten sind rund, bei manchen länglich, mit einer festen Haut überzogen, die dem nassen Pergamente gleicht, und an Größe sehr verschieden. Menschen und Thiere suchen sie häufig auf und verzehren sie.

Die beiden Spielarten, die hier abgebildet vorliegen, sind: a) die grüne Schildkröte, und b) die Loggerhead (Tölpel-) Schildkröte. Die erste Art braucht man vorzüglich zum Essen. Man findet sie in großer Menge an den Küsten aller Inseln und festen Länder der heißen Zone. Die Sandbänke, welche diese Küsten umgeben, sind mit Seegras bedeckt, und auf diesen Wasserweiden, welche der Oberfläche nahe genug sind, daß man sie mit bloßen Augen erkennen kann, sieht man Schaaren von Schildkröten.

Der Holzschnitt, den wir hier liefern, stellt die Art und Weise vor, wie die Seeschildkröten an den Küsten von Cuba und des Festlandes von Südamerika gefangen werden. Obgleich die Weibchen zum Eierlegen die Nacht wählen, so können sie den Nachstellungen ihrer Feinde doch nicht entgehen. Die Fischer lauern auf sie am Ufer bei'm Einbruche der Nacht, besonders wenn es Mondschein ist, und so wie die von der See herkommen und nach derselben zurückkehren, wenn sie ihre Eier gelegt haben, schlagen sie mit Knütteln auf sie los oder wenden sie schnell auf den Rücken um. Wenn die Schildkröten sehr groß sind, so sind mehrere Leute zum Umwenden erforderlich, oft müssen diese auch einen Hebel zu Hülfe nehmen. In noch nicht drei Stunden kann eine kleine Anzahl von Fischern 40 bis 50 Schildkröten, die noch voll Eier sind, umwenden. Bei Tage bringen sie die in Sicherheit, welche sie in der vorigen Nacht gefangen haben. Sie schneiden sie auf und salzen das Fleisch und die Eier ein. Bisweilen gewinnen sie über dreißig Nösel von einem gelben oder grünlichen Oele von einer einzigen großen Schildkröte, das sie zum Verbrennen, oder, so lange es frisch ist, zu verschiedenen Speisen brauchen. Manchmal schleppen sie die gefangenen Schildkröten auf dem Rücken nach Einfassungen fort, wo man sie zum gelegentlichen Gebrauche aufbewahrt. Die Landschildkröten können sich meist alle umwenden und wieder auf die Beine kommen, wenn man sie auf den Rücken wirft, was bei den Meerschildkröten nicht der Fall ist.

Die Schildkrötenfischer von den westindischen und den Bahamainseln, welche diese Thiere an der Küste von Cuba und der benachbarten Eilande fangen, beson=

ders die Caymana's, bringen ihre Ladung gewöhnlich in sechs Wochen oder zwei Monaten zu Stande. Nachher kehren sie mit den eingesalzenen Schildkröten nach Hause zurück, welche den Weißen und den Negern zur Nahrung dienen. Diese eingesalzenen Schildkröten sind in den amerikanischen Kolonien ein ganz nothwendiges Erforderniß.

Für die Seeleute sind auf ihren Fahrten die Seeschildkröten eine eben so große Wohlthat, als sie in Seestädten, wo die theuern Suppen davon gemacht werden, einen Luxusartikel ausmachen; eine Portion dieser Suppe ungefähr 1½ Thlr. unsers Geldes.

Außer den Menschen ist für die erwachsenen Schildkröten noch ein gefährlicher Feind der gefräßige Haifisch, der Thiere dieser Art auch verschlingt.

Der Schildkrötenfang

Der Sanjac=Sherif oder die Fahne Mahomed's und die Kaaba.

Diese Fahne, unter den Muselmännern ein Gegenstand besonderer Ehrfurcht, war ursprünglich der Vorhang an der Thür des Zimmers von Mahomed's Lieblingsweibe. Sie wird als ein Palladium des Reichs bewahrt, und kein Ungläubiger kann sie ungestraft ansehen. Nur in dringenden Fällen, besonders im Kriege, verläßt sie Konstantinopel, und wird in großer Feierlichkeit dem Sultan vorgetragen; ihre Rückkehr wird von dem Volke, das die Hauptstadt verlassen, um ihr entgegen zu gehen, mit Jubelgeschrei begrüßt. Die Kaaba oder der schwarze Stein vor Mekka wird von den Türken ebenfalls sehr verehrt. Er befindet sich in dem Tempel, und man erwartet von

ihm, daß er am Tage des Gerichts werde mit der Fähigkeit zu sprechen begabt werden, um die Namen derjenigen frommen Muselmänner zu bezeichnen, welche wirklich die Pilgerreise nach Mekka ausgeführt und ihre Andacht an dem Grabe des Propheten ausgeströmt haben.

Die Schäferhunde in den Abruzzen.

Die Abruzzen oder Gebirgsgegenden des untern Italiens sind so wild und rauh und bergig, daß sie nur zur Weide, und namentlich zur Ernährung großer Schaafheerden benutzt werden können, die im Winter von den Hirten in Pferchen hinter den ärmlichen Wohnungen zusammengehalten werden, in der milden Jahreszeit aber auf den Bergen und in den Thälern wei=

den. Das wilde Gebirge aber enthält eine Menge Wölfe, und zum Schutz der Schaafe gegen sie dient, wie überall, der getreue, kluge, muthige Hund, welcher aber hier eine eigenthümliche, dem Neufundländer ähnliche Race bildet. Tag und Nacht umgeht er die Hütten der Bewohner, und ein Reisender, der in ihnen einen Aufenthalt sucht, erschrickt nicht wenig, wenn vielleicht zehn bis zwölf solcher vierbeiniger Wächter mit wildem Gebelle auf ihn los kommen. Hielten sie nicht an, er wäre auf der Stelle verloren; denn für zwei solcher muthiger Thiere ist ein Wolf eine Kleinigkeit; wie sollte sich ein Wanderer, der sie unvermuthet trifft, widersetzen können? Unser Bild zeigt hier die schönen, kräftigen Thiere in einer sehr getreuen Abbildung, und von der wilden Gebirgsgegend, von den Hirten, die oben auf den Flächen der Felsen und Berge mit ihren Heerden herumwandern, giebt es eine nicht minder anschauliche Vorstellung.

Die Schäferhunde in den Abruzzen.

Hofleben in Persien.

Die religiösen Pflichten des Schah oder Königs von Persien verlangen von ihm, daß er früh aufstehe. Da er in den innern Gemächern schläft, zu denen der Zutritt keinem männlichen Diener erlaubt ist, so wird er daselbst nur von Weibern oder Verschnittenen bedient. Wenn er mit ihrer Hülfe angezogen ist, so bringt er einige Stunden im Harem sitzend zu, wo seine ersten Morgenstunden mit derselben Ceremonie begangen werden, wie in den äußern Gemächern. Weibliche Dienerinnen ordnen den Haufen seiner Weiber und Sklavinnen mit der sorgfältigsten Beobachtung des Ranges einer Jeden. Nachdem er den Bericht der mit der innern Leitung des Harems beauftragten Personen entgegen genommen und sich mit seinen Weibern, welche gewöhnlich sitzen, berathen hat, verläßt der Monarch die innern Zimmer. Im Augenblicke, wo er zur Thür heraustritt, wird er von seinen diensthabenden Offizieren begrüßt, und begiebt sich darauf in eine der großen Hallen, wo sich ihm seine Günstlinge nähern, mit denen er eine vertrauliche Unterhaltung anknüpft. Alle jungen Prinzen von Geblüte erscheinen bei dieser Gelegenheit, um ihm ihre Ehrfurcht zu bezeigen. Sobald dieß vorüber ist, verlangt er sein Frühstück. Die Bereitung seiner Mahlzeiten hat der Nauzir oder erste Haushofmeister zu besorgen. Die Speisen kommen in feinen Porzellanschüsseln mit silbernen Deckeln, und werden in eine Art von Mulde, welche von dem Haushofmeister verschlossen und versiegelt worden ist, gestellt. Diese wird mit einem reichen Shawl bedeckt, und dem Könige überreicht, nachdem der Nauzir das Siegel gebrochen und die Schüsseln vor ihn hingestellt hat. Einige der unerwachsenen Prinzen sind gewöhnlich zugegen und nehmen an diesem Mahle Theil. Der Leibarzt darf bei keinem Mahle fehlen. Seine Gegenwart, sagen die Höflinge, sey durchaus erforderlich, damit er sogleich ein Gegenmittel verschreiben könne, wenn dem Monarchen Etwas zustoßen sollte; allein diese Vorsicht verdankt ihren Ursprung ohne Zweifel jenem Argwohne, welcher beständig die Gemüther derer heimsucht, die despotische Gewalt ausüben. Wenn seine öffentlichen Pflichten besorgt sind, so zieht er sich gewöhnlich in seinen Harem zurück, wo er zuweilen einer kurzen Ruhe pflegt. Einige Zeit vor Sonnenuntergang erscheint er stets in den äußern Gemächern, und wid=

net sich entweder wiederum den öffentlichen Geschäften, oder reitet aus. Sein Mittagsessen wird zwischen acht und neun Uhr aufgetragen, und zwar mit derselben Vorsicht und denselben Formalitäten, als das Frühstück. Er ißt, wie seine Unterthanen, auf einem Teppiche sitzend, und die Gerichte werden auf ein reichgesticktes Tuch gestellt. Einige der früheren Könige pflegten sich öffentlich dem Genusse des Weines zu überlassen; allein Niemand aus der jetzigen königlichen Familie hat noch die religiösen Gefühle seiner Unterthanen durch eine so offenbare Verletzung der Gesetze Mohamed's gekränkt. Mit Scherbet gefüllte Schalen liefern das Getränke zum königlichen Mahle, und es giebt wenig Länder, wo mehr Sorgfalt darauf verwandt wird, um den Gaumen mit den leckersten Fleischspeisen zu kitzeln. Nach Tische zieht sich der König in seine innern Gemächer zurück, wo er sich oft bis spät in die Nacht mit den Sängerinnen und Tänzerinnen des Harems belustigen soll. Unmöglich indeß kann man etwas von seinen Beschäftigungen, nachdem er die Schwelle seines innern Palastes überschritten hat, mittheilen. Es umgeben ihn dort Szenen, die mehr, wie alle andern, darauf berechnet sind, die Menschheit zu erniedrigen.

In den Harems herrscht die strengste Disciplin, und das ist nöthig, um den Frieden in einer Korporation zu erhalten, wo der Uebermuth der Gewalt, der Stolz der Geburt, die Bande der Verwandtschaft, die Intriguen der List und die Anmaßungen der Schönheit in beständigem Streite mit einander liegen. Die gewöhnliche Lebensart des Königs wird oft von dringenden Staatsangelegenheiten, oft von Vergnügungen unterbrochen. Die regierende Familie hat bis jetzt jene entnervenden, üppigen Gewohnheiten verachtet, welche die letzten seffavearischen Monarchen bewogen, sich nur auf ihre Harems zu beschränken. Sie leitet nicht nur persönlich die öffentlichen Geschäfte, sondern treibt auch beständig männliche Uebungen, und verfolgt das Wild mit dem ganzen Eifer eines Stammes, der die Gewohnheiten seiner tartarischen Vorfahren ehrt. Der jetzige Schah ist ein fertiger Schütze und vortrefflicher Reiter. Wenige Wochen verstreichen, ohne daß er an den Freuden der Jagd Theil nimmt.

Der Schah hat einen Geschichtschreiber und einen Leibpoeten. Der Eine schreibt die Annalen seiner Regierung; der Andere, welcher einen hohen Rang am Hofe einnimmt, verfaßt Oden zu seinem Preise, und verherrlicht mit dankbarem Eifer die Freigebigkeit seines Gönners. Ein Riese und ein Zwerg gehörten zu einer Periode der jetzigen Regierung auch zum Hofstaate, und an einem Spaßmacher, der einer außerordentlichen Freiheit der Rede genießt und in Kleidung und Betragen den Anschein der Narrheit annimmt, fehlt es nie. Die Einfälle dieser Spaßmacher werden gewöhnlich belacht, auch wenn sie noch so bitter sind; und der König selbst ehrt ihre Vorrechte. — Der Stamm, zu welchem Kerrim Khan gehört, spricht eine Sprache, die ihrer Rohheit wegen der barbarische Dialekt genannt wird. Als dieser Fürst einst sich öffentlich zeigte, befahl er seinem Spaßmacher, zu gehen und den Hund, der so laut bellte, zu fragen, was er wolle. Die Höflinge lächelten über diesen Einfall ihres Monarchen. Der Spaßmacher ging, und nachdem er eine Zeit lang mit tiefer Aufmerksamkeit gehorcht zu haben schien, kehrte er zurück, und sagte ernsthaft: „Ew. Majestät müssen Einen der vornehmsten Offiziere aus ihrer eigenen Familie senden, um zu berichten, was jener Herr spricht; er

redet keine andere Sprache, als den barbarischen Dialekt, den Jene sehr gut verstehen, von dem ich aber kein Wort verstehen kann." — Der gutmüthige Monarch lachte herzlich über diese Antwort, und machte dem Witzlinge ein Geschenk. Diese Anekdote, deren sich noch viele hinzufügen ließen, zeigt, daß ein geringer Unterschied zwischen den Spaßmacher eines neuern Hofes von Persien und denen, wie sie vor Zeiten an den Höfen Europa's existirten, Statt fand. Eine Aehnlichkeit, selbst in unbedeutenden Dingen, verdient Aufmerksamkeit, da sie uns auf Schlüsse über das Fortschreiten der Kenntnisse und die Lage der Gesellschaft leiten kann; und aus dem Charakter ihrer Vergnügungen können wir vielleicht eben so richtig, als aus ihren ernsteren Beschäftigungen den Grad von Bildung, den ein Volk erreicht hat, beurtheilen. An dem Hofe befindet sich noch ein Individuum, welches der Geschichten=Erzähler Seiner Majestät heißt; und die Pflichten seines Amtes verlangen einen Mann von nicht geringen Kenntnissen. Obgleich die Perser öffentliche Darstellungen außerordentlich lieben, so haben sie doch keine, die den Namen von Theaterunterhaltungen verdienten. Allein wenn sie auch unser regelmäßiges Drama nicht kennen, so sind doch ihre Geschichten manchmal sehr dramatisch, und die Erzähler derselben entfalten dabei zuweilen eine solche dramatische Geschicklichkeit und so mannichfaltige Kräfte, daß, wenn man auf ihr verstelltes Gesicht und ihre veränderte Stimme achtet, man kaum glauben sollte, es sey dieselbe Person, welche in einem Augenblicke eine einfache Begebenheit mit natürlicher Stimme erzählt, dann in dem rauhen, grimmigen Tone beleidigter Autorität fortfährt, und zuletzt die erregten Leidenschaften mit den sanftesten weiblichen Lauten besänftigt. Die Kunst, Geschichten zu erzählen, gewährt Vortheile und Ansehen. Viele versuchen es, aber Wenige mit Erfolg.

Der Geschichtenerzähler muß bei allen Gelegenheiten seinen Dienst versehen. Es ist gleicherweise seine Pflicht, die Mühseligkeit einer langen Reise zu verkürzen, als den Geist des Monarchen zu erheitern, wenn er von Staatsgeschäften ermüdet ist; und seine Erzählungen werden kunstvoll der jedesmaligen Laune und Gemüthsstimmung des Herrschers angepaßt. Bald erzählt er eine Gespenstergeschichte, bald von den Kriegsthaten früherer Herrscher, oder von der Liebe irgend eines irrenden Prinzen; oft auch behandelt die Erzählung gemeinere Gegenstände und der Schah wird mit niedrigen und obscönen Abenteuern unterhalten. An keinem Hofe wird das Ceremoniell strenger beobachtet. Blicke, Worte, Körperbewegungen, Alles ist nach den bestimmtesten Formen festgesetzt. Zeigt sich der König öffentlich sitzend, so stehen die Söhne, Minister und Höflinge aufrecht, die Hände über der Brust gekreuzt und genau an dem Platze, der ihrem Range gebührt. Sie beobachten seine Blicke, und ein Wink ist ihnen Befehl. Wenn er zu ihnen spricht, so hört man wohl eine Stimme antworten, und sieht Lippen sich bewegen, aber keine Regung verräth, daß in irgend einem andern Theile der Maschine Leben sey. Der Monarch spricht oft in der dritten Person: „Es hat dem Könige gefallen, — der König befiehlt!" — Seine Minister nennen ihn den „Gegenstand der Aufmerksamkeit der Welt." — Ihre Redeformen sind eben so sonderbar, als ihre Ceremonien, und der höhere oder niedere Rang wird nach allen seinen Abstufungen in die Ausdrücke der gewöhnlichsten Unterhaltung verflochten.

———

Vögel und Insekten.

Einen besondern Stoff zur Betrachtung geben uns die sich von Insekten nährenden Vögel, und es wäre wohl interessant zu wissen, wie groß wohl die Menge der Insekten sey, welche diese Vögel in der Brutzeit nöthig haben. In Amerika hat Jemand beobachtet, daß ein Paar kleine Vögel vom Geschlechte des Zaunkönigs in einer Stunde 40 bis 60 Mal Insekten nach ihrem Neste brachten, ja einst brachten sie solches Futter nicht weniger als 72 Mal in einer Stunde. Sie beschäftigen sich damit den größten Theil des Tages; nimmt man an, daß sie nicht mehr als 12 Stunden diesem Geschäfte obliegen, so wird ein einziges Paar dieser Vögel an einem Tage wenigstens 600 Insekten vernichten, in der Voraussetzung, daß ein Vogel jedes Mal ein einziges Insekt bringt; aber es ist sehr wahrscheinlich, daß er sich oftmals mehrerer auf einmal bemächtigt.

Wenn man den Gegenstand aus diesem Gesichtspunkte betrachtet, so ist die Vernichtung der sich von Insekten nährenden Vögel in vielen Fällen nachtheilig. Ein treffendes Beispiel ist folgender Umstand: In Nordamerika war die Zahl der Krähen oder Saatkrähen, in Folge der von der Regierung ausgesetzten Preise zur Vertilgung dieser Vögel, so sehr vermindert und die Vermehrung der Insekten so groß geworden, daß die Regierung sich genöthigt sah, eine Gegenbelohnung zur Beschützung der Krähen auszusetzen. — Weil diese Krähe sich auch von Korn und Sämereien nährt, so ist sie von den meisten Landwirthen irriger Weise als eine Feindin betrachtet worden, und man hat in vielen Bezirken Versuche gemacht, sie zu vertreiben oder ihre Brut auszurotten. Aber wo diese Maßregel ihre Wirkung gethan hatte, folgte allemal der bedeutendste Nachtheil für das Korn und andere Aehrenpflanzen, nämlich durch die ungehemmten Verwüstungen der Regenwürmer und Raupen. Durch die Erfahrung belehrt, fanden die Pachter nun, daß die Beförderung der Vermehrung der Saatkrähe so sehr zu ihrem Wohle ist, weil sie den Acker von der Made des Maikäfers befreit, eines Insektes, das in manchen der südlichen Provinzen sehr häufig ist.

In England wurde darüber gestritten, ob die Vogelfänger, weil sie die Zahl der Vögel vermindern, den Gärten einen großen Nachtheil zu Wege bringen; und dieser Nachtheil schien Einigen so sehr bedeutend, daß man bei dem Parlamente einkommen wollte, in einem Kreise von zwanzig Meilen um London den Vogelfang und die Vogeljagd unter gewissen Strafen zu verbieten.

In Betreff der Schwalben sagt ein vortrefflicher Naturforscher, „daß sie für uns ganz unschädlich sind, und da sie uns von unzähligen Insekten befreien, so müssen wir sie, so zu sagen, heilig halten. Ohne ihre wohlthätige Hülfe würde unsere Atmosphäre kaum von Menschen bewohnbar seyn; denn sie nähren sich gänzlich von Insekten, welche, wenn die Schwalben sie nicht verminderten, uns umschwärmen und quälen und eine wahre ägyptische Plage verursachen würden. Die unzählige Menge Fliegen, die in einer kurzen Zeit von diesen Vögeln vertilgt werden, wird kaum von denen geglaubt, welche sich nicht wirklich davon überzeugt haben." Er beweiset diese Behauptung durch eine von ihm geschossene Mauerschwalbe. „Es war in der Brutzeit, sagt er, als die Jungen bereits ausgebrütet waren, wo bekanntlich die Alten in beträchtlicher Entfernung von ihrem Neste umherfliegen, um für ihre Jungen Fliegen zu bringen. Als ich meine unglückliche und unrechtmäßig erworbene Beute aufnahm, sah ich aus dem Schnabel des Vogels eine Anzahl Fliegen hervorkommen, von welchen einige verstümmelt und andere weniger beschädigt waren; die Kehle und der Bauch schienen durchaus von ihnen vollgestopft zu seyn, und zuletzt kam eine unglaubliche Menge hervor. Man kann mir glauben, daß ich nicht übertreibe, wenn ich behaupte, daß die Masse Fliegen, die eben von dieser einzigen Mauerschwalbe gefangen worden, größer war, als sie zusammengepreßt die Höhlung eines gewöhnlichen Suppenlöffels fassen konnte."

Stroh, ein Löschmittel.

Großes Aufsehen erregt jetzt die von dem mährischen Wirthschaftsinspektor Liehr gemachte Entdeckung: Feuer durch Häcksel (Häckerling) zu löschen, welche sich in mehreren höchst interessanten Versuchen bewährt hat. Als den auffallendsten führt ein sachkundiger Berichterstatter folgenden an: „Eine halbe Klafter recht trockenen Buchenholzes ward angezündet, im heftigsten Brande mit einigen Schaufeln Häcksel überschüttet und auf letzteren sodann Schießpulver geschüttet; das brennende Holz erlosch sogleich, und das Schießpulver, welches doch vom Feuer nur durch eine Lage Häcksel getrennt war, wurde nicht entzündet." Der nämliche Erfolg trat ein, als man eine Pfanne brennenden Fettes mit Häcksel überschüttete. — Bestätigt sich diese Schutzkraft des Häcksels gegen das Feuer unter allen Umständen, besonders auch, wenn er schon alt und sehr trocken geworden ist, so wäre die Entdeckung eine überaus wichtige und wohlthätige; denn es giebt eine Menge von Ortschaften, die im Sommer Wassermangel leiden — vom Gefrieren im Winter gar nicht zu reden — und wo Feuersgefahr also doppelt furchtbar erscheint; an solchen Orten hätte man demnach künftig nur einen Vorrath Häcksel, der immer zu haben ist, in Bereitschaft zu halten. — Ueber den Grund dieser merkwürdigen Erscheinung sind die Naturforscher noch nicht ganz einig, obgleich man schon länger weiß, daß dem Häcksel eine gewisse Undurchdringlichkeit gegen besondere Stoffe beiwohnt, wie z. B. gegen üble Ausdünstungen und Gerüche. Gleichwie nun der Riechstoff hier von ihm zurückgehalten wird, eben so besitzt er wahrscheinlich auch die Kraft, das eigentliche Feuer und seine Wirkungen zurückzuhalten, wofür auch der Versuch spricht, den man gleichfalls gemacht, daß man eine glühende Eisenstange in einen Haufen Häcksel gesteckt hat, wodurch dieser nicht nur nicht entzündet wurde, sondern die Stange vielmehr schnell erkaltete.

Daniel Defoe.

Den originellen Defoe, einen Engländer, 1663 in London geboren, dessen Bild wir hier vor uns haben, kennen nicht viele deutsche Leser; denn selbst Engländer wissen wenig von ihm. Aber er verdient, von uns Allen freundlich in's Andenken gebracht zu werden. Warum? Er ist der Verfasser des Robinson Crusoe. Allerdings zwar verdanken wir Deutsche die treffliche Kinderschrift, die uns Alle in der Jugend so sehr ergötzt und belehrt hat, zunächst dem berühmten Campe; allein Campe würde vermuthlich nie auf den Gedanken gekommen seyn, ihn zu schreiben, wenn ihm nicht

Defoe Vorgänger gewesen wäre. Der Letztere ist aber nicht blos, insofern er als Verfasser des ersten Robinson gänzlich vergessen ist, vom Unglücke verfolgt worden, sondern er gehörte überhaupt zu den Männern, die mit allen ihren Bestrebungen nichts, als ein kummervolles Leben fristen. Ursprünglich hatte er sich dem

Daniel Defoe

Gewerbe und Handel gewidmet; allein den letzteren mußte er mit großem Verluste aufgeben, und 1692 mit Banquerout endigen, ohne daß ihm, außer der Armuth, etwas Anderes, als der Nachruhm blieb, daß er, so lange er lebte, jeden ersparten Pfennig hingab, um die Gläubiger, welche an ihm verloren hatten, zu befriedigen. Von 17,000 Pf. zahlte er nach und nach auf solche Art 12,000 ab, die alle als mühsame Ersparnisse seines literarischen Fleißes anzusehen waren. Er trat nämlich von der Zeit an, wo er Banquerot gemacht hatte, als politischer und satyrischer Schriftsteller auf; aber auch hier verfolgte ihn ein widriges Geschick; theils zog er sich Haß und Verfolgung, und sogar Gefängniß zu, theils schlugen mehrere Arbeiten nicht ein, oder wurden unterdrückt, welche, späterhin von einem Andern wieder aufgegriffen, den Nachfolger mit Ehren und Reichthümern überschütteten. Von allen seinen Werken machte keins mehr Glück, als eben der genannte Robinson Crusoe, den er 1719 schrieb. Der Buchhändler Taylor kaufte das Manuscript, nachdem es alle andern zurückgewiesen hatten, und gewann, wie man sagt, 1000 Pfund daran. Noch immer ist es eine Lieblingskinderschrift in England, wie Campe's Arbeit unter uns. Der Verfasser selbst aber starb, ob man schon 210 Aufsätze von ihm aufführt, die er geschrieben hat, in großer Armuth am 26. April 1731.

Woche.

Am 26. Oktober 1684 wurde in Schwedisch-Pommern der preußische General-Feldmarschall Kurt Christoph Graf von Schwerin geboren. Er studirte zu Greifswalde, Leyden und Rostock, doch trat er nach dem Tode seines Vaters in holländische Kriegsdienste im 17. Jahre seines Alters, als Fähnrich in der Kompagnie seines ältern Bruders. Unter Eugen und Marlborough focht er tapfer in den berühmten Schlachten bei Ramillies und Malplaquet, so wie bei dem Angriffe des Schellenberges, wo sein Bruder fiel. 1708 trat er als Obrist in mecklenburgische Dienste, und ging in dieser Zeit (1711) auf ein Jahr nach Bender zu Karl als Gesandter. Einige Zeit darauf, als die mecklenburg'sche Armee entlassen wurde, trat er in preußische Kriegsdienste, und ging als Gesandter nach Warschau. Als Friedrich der Große 1740 den Thron bestieg, erhob er Schwerin in den Grafenstand und ernannte ihn zum Feldmarschall, welcher Ehrenstelle er sich in den nachher ausbrechenden Kriegen vollkommen würdig zeigte; er hatte 1741 großen Antheil an dem Siege bei Molwitz, und auch in den ersten Feldzügen des siebenjährigen Krieges hatte der Greis seine Feldherrntalente bewährt als er in der Schlacht bei Prag am 6. Mai 1757, die Fahne in der Hand, von vier Kartätschenkugeln getroffen, todt zur Erde sank. Auf dem Wilhelmsplatze zu Berlin ist, zur Anerkennung seiner Verdienste eine marmorne Bildsäule des Helden aufgestellt.

Am 27. Oktober 1462 eroberte Adolph II., im Jahre 1461 zum Kurfürsten von Mainz gewählt, die Stadt Mainz, obgleich er kurz vorher an seinen Nebenbuhler Dither von Isenburg die Schlacht bei Seckenheim verloren hatte. Adolph II. behauptete sich im ungestörten Besitze seiner Kurwürde vom Jahre 1463 bis zum Jahre 1475, welches sein Todesjahr war.

Am 28. Oktober 1827 wurden der naturforschenden Gesellschaft zu Görlitz in der Oberlausitz durch eine königl. preußische Kabinetsordre die vollen Rechte einer privilegirten Gesellschaft ertheilt und die Statuten derselben landesherrlich bestätigt.

Am 29. Oktober 1762 fand das letzte merkwürdigere Treffen des siebenjährigen Krieges zu Freiberg Statt, in welchem die österreichische Armee, besonders durch Seydlitz und Kleist, gänzlich geschlagen wurde. Die Preußen hatten 1400 Todte und Verwundete, die Feinde deren über 3000, und außerdem einen Verlust von 28 Kanonen, 9 Fahnen und einem großen Theile der Bagage.

Am 30. Oktober 1697 schloß Oesterreich, nachdem sich seine Bundesgenossen, Spanien, England, Holland, Preußen, allmählig zurückgezogen hatten, mit Ludwig XIV., König von Frankreich, den Frieden zu Ryswick. Frankreich behielt demselben zufolge das ganze Elsaß nebst der Stadt Straßburg, trat aber alle übrige von ihm besetzte Orte ab, und gab Breisach und Freiburg zur Schadloshaltung für Straßburg an den Kaiser, Philippsburg und Kehl aber, mit den dabei befindlichen Festungswerken, an das Reich, und die Ruhe war nun, wiewohl nur auf wenige Jahre, hergestellt.

Am 31. Oktober 1796 erging in Frankreich ein strenges Verbot gegen Einführung aller englischen Waaren über die französischen Grenzen, und dieses Verbot war auch für Deutschland nicht ohne fühlbare Folgen.

Am 1. November 1827 wurde zu München eine neue polytechnische Lehranstalt feierlich eröffnet. Die Errichtungsurkunde wurde von König Ludwig I. von Baiern am 27. September 1827 unterzeichnet.

Verlag von Bossange Vater in Leipzig.
Unter Verantwortlichkeit der Verlagshandlung.

Das

Pfennig-Magazin

der

Gesellschaft

zur

Verbreitung gemeinnütziger Kenntnisse.

1ster Band, 2te Abtheilung.

Leipzig,

In der Expedition des Pfennig-Magazins

Grimmaische Gasse, Auerbachs Hof.

1834.

Das Pfennig-Magazin

der

Gesellschaft zur Verbreitung gemeinnütziger Kenntnisse.

27.]   Erscheint jeden Sonnabend.   [November 2, 1835.

Der Dodo.

(Die Abbildung nach einem Gemälde im britischen Museum.)

Der hierbei befindliche Holzschnitt, der sorgfältig nach einem Gemälde im britischen Museum gemacht ist, stellt einen Vogel dar, an dessen Daseyn man vor 200 Jahren nicht gezweifelt zu haben scheint, der aber jetzt allem Vermuthen nach gänzlich ausgerottet ist.

Die ursprüngliche Abbildung dieses Vogels wurde in Holland nach einem lebenden Vogel gemacht, den man von der Insel Mauritius (Isle de France) in den frühern Zeiten der Entdeckung der Fahrt um das Vorgebirge der guten Hoffnung dahin gebracht hatte. Sir Hans Sloane war im Besitze dieser Abbildung; hierauf kam sie an Georg Edwards, der sie dem britischen Museum schenkte.

Die Glaubwürdigkeit von dem ehemaligen Vorhandenseyn des Dodo beruht jedoch nicht blos auf dieser Abbildung allein, sondern es giebt noch drei andere Abbildungen von diesem Vogel, welche man als ursprünglich ansehen kann; denn sie kommen in sehr früh gedruckten Büchern vor und sind offenbar nicht einander nachgezeichnet, ob sie schon darin mit einander übereinstimmen, daß sie die Art von Haube auf dem Kopfe, das Auge in einer nackten Haut, die sich bis an den Schnabel erstreckt, den gekrümmten und angeschwolle-

nen Hals, den kurzen, schwerfälligen Leib, die kleinen Flügel, die straffen Beine, die auseinander stehenden Krallen und den Büschel Rumpffedern darstellen. Die erste dieser Abbildungen befindet sich in Caroli Clusii Exoticorum libr. V. 1605. Dieser Schriftsteller behauptet, dieselbe sey von einer rohen Skizze in einem Tagebuche eines holländischen Reisenden entlehnt, welcher den Vogel auf einer Reise nach den Molukken 1598 gesehen, und er selbst habe zu Leyden einen Schenkel des Dodo gesehen, welchen man von Mauritius mitgebracht habe. Die zweite Abbildung ist in Herbert's Reisen im Jahre 1634 erschienen, der behauptet, der Vogel sey so selten, wie der Phönix; der Körper sey sehr fett und sehr schwer; nur wenige wögen weniger, als funfzig Pfund; sein Blick sey melancholisch und sein Schnabel hakenförmig.

Die dritte Abbildung befindet sich in Willugby's Ornithologie, welche zu Ende des 17. Jahrhunderts erschien und deren Abbildung genau mit der im britischen Museum übereinstimmt. Der große Naturforscher Ray hat den Dodo ausgestopft bei Herrn Tradescant gesehen, der ein merkwürdiges Naturalienkabinet zu Lambeth hatte. In dessen gedrucktem Kataloge heißt es: „der Dodar von der Insel Mauritius kann nicht fliegen, weil er zu dick ist."

Es scheint also kein Zweifel an dem vormaligen Daseyn des Dodo zu seyn. Nach Hrn. Duncan glauben die Einwohner von Mauritius, er sey noch jetzt auf ihrer Insel und zu Rodriguez vorhanden, aber Niemand hat ihn gesehen; selbst die ältesten Einwohner nicht; auch nicht einmal ein Exemplar oder einen Theil davon hat man erblickt. Cuvier glaubte, der Vogel gehöre zur Hühnerart.

Der Dodo heißt auch Dudu, Dronte (Didus ineptus), und ist größer, als der Schwan, und fast 3 Fuß lang. Die Farbe des Schnabels ist hellblau, am Ende des Oberkiefers gelblich mit einem rothen Flecken; das Ende des untern schwärzlich. Der Stern im Auge sieht weiß und das ganze Gefieder überhaupt aschgrau aus; Bauch und Schenkel sind weißlich.

Christoph Columbus.
Beschluß.

Eine zweite Reise mit Ansiedlern trat Columbus am 25. September 1493 an. Am 3. November schon ward er der bergigen Insel Dominica ansichtig, langte am 4. auf S. Maria de Guadeloupe, dem Sitze des räuberischen Wildenstammes der Caraiben, an, und fand in Villa de Nativida am 21. die früher angelegte Festung zu seiner Verwunderung zerstört. Durch Willkühr und Uebermuth der Spanier, die den Bewohnern mühseliges Goldsuchen anmutheten, war die ursprüngliche Scheu und gutmüthige Verehrung der letztern zu mißwilliger und kriegerischer Feindseligkeit verkehrt worden. Unabwehrbares Blutvergießen und hoffnungslose Unterwerfung waren die Folgen. Die Plackereien nahmen zu; allen Bereichen wurden bestimmte Steuern an Goldstaub, oder Baumwolle und Getreide auferlegt, Festungen errichtet, Besatzungen eingelegt. Nachdem Columbus einen Regierungsrath der Insel, unter Vorstand seines Bruders Diego und Pater Buyl, eingesetzt, besuchte er am 24. April 1494 Cuba und Jamaica wieder, fand, im September zurückkehrend, seinen Bruder Bartolomeo auf Hispaniola und machte ihn zum Oberrichter Indiens. Er selbst hatte eine Reihe schnell auf einander folgender Meutereien und Aufstände zu beseitigen, welche die noch junge Niederlassung in ihrem Gedeihen störten, ehe er am 10. März 1497 nach Castilien zurückreisen konnte. Dort aber auch, in Burgos, mußte er, gegen ihn gesponnene Gewebe von Verläumdungen und Hofränke durchreißend, sein Ansehen und seine Machtvollkommenheit mit Urkunden zu sichern suchen für eine dritte Fahrt.

Diese begann er endlich, trotz seines Hauptgegners, des Bischofs von Badajoz, Juan Fonseca's Hinhaltung, am 30. März 1498. Der 1. August war der merkwürdige Tag, wo er zuerst am Festlande der neuen Welt, an der Landspitze Costa, landete. Besorgt um die auf Hispaniola zurückgelassenen Spanier, verließ er am 13. die Küste von Paria und kam am 30. in der neuen Stadt St. Domingo an. Hier erwarteten ihn abermals Meutereien der über Zügelung ihrer frechen Ausgelassenheit mißmuthigen, und von dem boshaften Francisco Roldan de Ximenes gegen ihn und seinen Bruder aufgewiegelten Ansiedler. Ein Glück noch, daß Alonso von Fojeda, der am 3. September 1499 mit vier Schiffen von der brasilischen Küste kam und sich an die Spitze der Aufrührer stellen wollte, Domingo zu verlassen gezwungen ward

Aber, wie hier, hatte sich auch in Spanien Neid, Mißgunst, Verläumdung, und was nur immer Erbtheil kleiner, verworfener Seelen ist, gegen Columbus verschworen, und gedungene Ankläger lauerten frech auf offener Straße den vorübergehenden Monarchen auf, um sich bei ihnen über Columbus und seiner Brüder Willkühr, Betrug, Eigennutz und Anmaßung in den neuen Besitzungen zu beschweren. Dieß, wie Fonseca's Ränke und Columbus eigenes Gesuch, seiner Rechtfertigung halben, einen Richter und Schiedsmann nach Indien zu senden, machte, daß endlich Francisco Bobadilla, Befehlshaber des Ordens von Calatrava, dazu ernannt, gegen Ende Augusts 1500 mit vielen königlichen Vollmachten und geheimen Weisungen in Betreff Columbus und seiner Anhänger in St. Domingo eintraf. Da Bobadilla Fonseca's Kreatur war, so ließ sich leicht voraussehen, daß die zu den erlogenen und argdeutenden Anschuldigungen nöthigen, gesuchten Verbrecher bald in Columbus und seinen Brüdern gefunden werden würden. Diese wurden denn auch, zum ewigen Brandmahl fürstlichen Undanks und boshafter Beamtenwillkühr, in Ketten nach Spanien geschafft. Die Gewaltthat war zu schreiend und unverschämt, als daß sie nicht die Unbefangenen und Redlichen im Volke hätte empören, und darum, als Columbus am 20. Novbr. von Cadir aus es dem Monarchen meldete, zu scheinbarer Gnade rathen sollen. Columbus wurde also befreit, höflich behandelt und zum 17. December nach Granada an den Hof beschieden. Lange konnte der mißhandelte Große, der einem Könige mehr geschenkt, als dieser annehmen gedurft hätte, in seinem gerechten Stolze und Unmuthe keine Worte finden und sank vor Isabella nieder, bis er endlich, gefaßt, Genugthuung und Wiedereinsetzung in alle Rechte und Würden forderte. Dennoch fielen die dießfallsigen Erklärungen vom 27. September 1501 und andere spätere nicht befriedigend aus.

Den rastlosen Entdecker aber hinderte solcher Undank und schwarze Bosheit nicht, in seinem sechs und sechzigsten Jahre — 1502 — mit seinem zwölfjährigen Sohne Fernando, seinem Bruder Bartolomeo und einem muthigen Genueser Bartolomeo Fieschi die vierte Reise anzutreten. Auf dieser kam er an die Küste von Honduras zu etwas gesitteteren Stämmen, als die bisherigen, unter welchen er gewebte Baumwollenmäntel und kleine Kupfergeräthschaften vorfand. Hierauf fuhr er die Küste von Veragua herab, langte nach furchtbaren Stürmen in Portobello an, wo er eine Einfahrt nach den Küsten des Ganges ausfindig zu machen hoffte. Doch die strenge Jahreszeit und seine seekranke Schiffsmannschaft nöthigten ihn, nach Veragua zurückzugehen, um dort vorhandene Goldgruben zu erforschen und auszubeuten. Daraus aber entstand neues Unglück. Die wilden und kriegerischen Einwohner befehdeten und verriethen ihn, den Rückweg sperrend. Die glücklich gefangene Familie und Anhänger eines mächtigen Caziken entzogen sich ihm durch Flucht und heldenmüthigen Selbstmord. Kaum gelang es Columbus, nach heroischem Kampfe seiner Offiziere die Sperre zu gewältigen und sich zu lösen. Aber sein Unstern verfolgte ihn. Die schrecklichsten Stürme, worin die Welt untergehen zu wollen schien, machten ihn auf dem östlichen Wege nach Hispaniola beinahe schiffbrüchig. Er mußte deshalb vor dem Winde nach Jamaica steuern, wo er nicht einmal einen gehörigen Hafen fand; ließ die Schiffe unfern der Küste stranden und zusammenbinden, um dieß Wrack als Burg und Wehr gegen die Angriffe der Einwohner zu brauchen und seine Mannschaft innen zu halten. Zwölf

Monate mußte er so, von Krankheit gefoltert, aushalten, bis zwei seiner wackern und treuen Anhänger auf einem schlechten indischen Kahne endlich Hispaniola erreichten und den neuen Statthalter Ovando vermochten, nach langer Unentschlossenheit und Hinhaltung, ein Fahrzeug zu Unterstützung des berühmten Dulders zu entsenden.

Was mußte der menschlich milde Mann nicht außerdem leiden, sein Werk und seine Zwecke durch Habsucht und Blutdurst der nach seiner Absetzung neuen kleinlichklugen Statthalter entstellt und geschändet zu sehen! Mit Hunger und Geißeln wurden die armen Einwohner von Hispaniola von den spanischen Ansiedlern zur Arbeit angetrieben, unter deren Uebermaß der schwächliche Stamm erlag. Viele ermordeten sich aus Verzweiflung; selbst Mütter bekämpften den mächtigen Naturtrieb und retteten durch Mord ihre Säuglinge von so trübseligem Leben. Zwölf Jahre kaum waren seit Entdeckung dieser Insel verflossen und schon waren einige Hunderttausende das Opfer der blut- und habgierigen Weißen geworden. Noch hatte die Landschaft Xaragua unter einer anmuthig würdigen und arglosen Königin Anacaona nichts von den Bedrängnissen erlitten, welche die übrigen Theile der Insel aufrieben, die zehn Jahre zuvor Columbus und seine Begleiter gleich einem Erdenparadiese bezaubert hatten. Jetzt zog Ovando auf das bloße Gerücht eines Aufstandes der benachbarten Cazifen mit beinahe 400 Mann dahin. Gastlich, freundlich und festlich bewillkommnet, gab er dennoch auf einmal das Zeichen zur Niedermetzelung und sogleich ward die Stätte mit Blut gedüngt. Achtzig Cazifen wurden an kleinen Feuern langsam geröstet und verbrannt. Tausende aus dem wehrlosen Volke, ohne Rücksicht auf Alter und Geschlecht, geschlachtet. Noch grausamer ward die Provinz Hoquey behandelt. Schrecken wollten diese Wütheriche verbreiten, und es gelang ihnen nur zu wohl. An langen niedrigen Galgen ließen sie zu dreizehn aufgehenkte, mit den Füßen die Erde berührende Schlachtopfer langsam ersterben, indeß sie ihre Schwerter an ihnen zerhackten. Andere verbrannten sie in dürres Stroh gewickelt. Der gute Engel der Menschheit zieht weinend, abgewendet den Blick, einen Vorhang vor diese Greuel und ruft das gerechte Wehe über diese Unmenschen durch die Jahrhunderte hin. —

Von Alter, Krankheit, Gram und Unrecht gebrochen, kehrte Columbus endlich nach Spanien zurück. Gestorben war auch seine Gönnerin Isabella; nichts fruchteten Vorstellungen bei dem kalten, undankbaren Ferdinand, und so starb der großherzige Dulder am 20. Mai 1506 zu Valladolid lebensmüde. Sein Körper ward nach Sevilla gebracht, in der Hauptkirche daselbst mit großem Prunke begraben, und ihm ein Marmordenkmal mit der einfachen Aufschrift errichtet:

An Castilien und Leon
Gab die neue Welt Colon.

Auch Genua setzte ihm 1821 ein von Barrabino gezeichnetes, von Peschiera ausgeführtes Denkmal mit seinem Brustbilde. Columbus war von edlem Ehrgeize und hohem Thatendurste beseelt, fromm, ja aus Religionseifer, der den Segen des Christenthums der Welt mit Strenge aufdringen zu dürfen wähnte, fast fanatisch; mäßig und einfach in Genuß und Tracht, beredt, einnehmend und leutselig gegen Fremde, liebenswürdig und angenehm daheim, zu mildem Ernste seine Reizbarkeit gesänftigt. Lang, wohlgebildet, muskelstark, länglichen, weder zu vollen, noch zu magern, rothfrischen, doch sommersprossigen Gesichts, adlernasig, stark hervortretende Backenknochen, lichtgrau funkelnde Augen, früher lichtes Haar, aber schon im dreißigsten Jahre durch Kummer und Mühsal ergraut, ja schneeweiß — so trat er würdig, sanft Achtung gebietend, ein Mann, überall auf. Friede, Ruhm und Segen bleibt seinem Andenken.

Der Maulwurf.

Der Maulwurf ist ein Geschlecht aus der Ordnung der nagenden Säugethiere, kenntlich an dem rüsselförmigen Kopfe und den zum Graben eingerichteten Pfoten. Die sechs vordern Oberzähne sind ungleicher Größe und die Zahl der unteren Zähne ist acht. Der europäische Maulwurf hat schwarze, sammetweiche, lange Haare; doch haben einige Maulwürfe eine weiße, erbsgelbe, oder auch gefleckte Farbe. Dieses Thier ist gebauet, um in der Erde zu leben, und zerstört auf den Wiesen und in den Gärten die Gräser und die Kräuter durch seine oft mehrere Fuß langen Gänge, welche es mit aller Geschicklichkeit eines Minirers aushöhlt. Seine Augen sind nicht größer, als ein Mohnkorn und mit einem Kranze von Haaren umgeben. Sie dienen ihm zum Wahrnehmen des Lichtes, wenn er aus seiner Wohnung kommt. Seine schaufelförmigen Vorderpfoten sind sehr kurz, stark und breit; mit diesen Pfoten wirft er die Erde nach hinten, der Kopf ist doppelt so lang als breit und hat im Nacken wie an den Vorderpfoten starke Muskeln. Dieses ungemein gefräßige Thier hat einen scharfen Geruch und ein noch schärferes Gehör, und nähret sich von Regenwürmern, Käferlarven (Engerlingen), Fröschen, Vögeln und Krebsen, die es rücklings in seine Höhle zu ziehen sucht, ja selbst von andern Maulwürfen die Eingeweide und das Fleisch auffrißt, die Haut aber liegen läßt, jedoch nach neuern Beobachtungen keinesweges von Pflanzentheilen. Wenn es Gefahr besorgt, so zieht es sich in sein mit Laub und Moos ausgefüttertes Nest zurück. Im Monate April oder Mai wirft der Maulwurf 3 bis 4 nackte blinde Junge. Die Maulwürfe stoßen durch ihre unterirdischen Gänge die Pflanzenwurzeln ab und machen durch die aufgeworfenen Erdhaufen die Oberfläche uneben. Wirft auch der Landmann und Gärtner solche Haufen auseinander, so entstehet doch eine Senkung an der Stelle, wo der Haufen Erde weggeschaufelt worden ist. Der Maulwurfsfänger sucht die Maulwürfe durch eigenthümliche Fallen wegzufangen. Es giebt erstlich eiserne Fallen, ähnlich einer Zange, deren beide Theile eine Feder zusammendrückt, an jedem Ende ist ein mondförmiges Quereisen angebracht; beide Theile werden mit einem kleinen eisernen Teller auseinander gestellt, so daß die beiden Quereisen fast ein eirundes Loch bilden. Man legt zwei solcher Fallen mit der Oeffnung nach Außen in einen, häufig von den Maulwürfen befahrenen Gang und deckt sie leicht mit einem Rasenstücke zu. Wenn der Maulwurf beim Wühlen den Teller wegstößt, so schlägt die Falle zusammen und erdrückt den Maulwurf. Zweitens hat man hölzerne oder Bügelfallen und man steckt neben einem sehr befahrnen Gange einen solchen Bügel in die Erde, an welchem zwei Drahtringe mit Bindfaden befestigt sind; in den etwas aufgegrabenen Gang steckt man zwei gespaltene Stücken Holz in die Quere, in jeden Spalt einen Drahtring und zwischen beide zwei Stellhölzer (das eine nur locker in die Erde), und befestigt den nieder-

gedrückten Bügel mittelst eines Knebels. Ist der Maul=
wurf durch den Drahtring gekrochen und wühlt an den
Stellhölzern; so wird der Knebel aufgelöst, der Bügel
springt in die Höhe und der Drahtring würgt den
Maulwurf. Auch tödtet man solchen während des
Wühlens und Aufstoßens, indem man ihn mit einer
Gabel ersticht. Unter den Maulwurfsfängern war kei=
ner berühmter, als der Franzose Le Court, welcher
lange Zeit hindurch die Lebensweise der Maulwürfe er=
forschte. Er legte eine Schule für die Maulwurfsfänger

Der Maulwurf.

an und lehrte solchen die Kunst, dem Maulwurfe in
den Gängen bis zu seinem Neste nachzuspüren und ihm
den Rückweg dahin abzuschneiden. Einst rettete seine
Wissenschaft in seinem Vaterlande einen Distrikt vor
der Ueberschwemmung aus einem Wasserkanale, dessen
Bedeckung die Maulwürfe in allen Richtungen unter=
minirt hatten, da er schnell Verfügungen traf, sie zu
vertilgen und die Gänge wieder zu verstopfen. Zufällig
mögen diese Thiere auch bisweilen einen Nutzen ge=
währen, indem ihre Gänge eine sumpfige Stelle trocken
legen und dadurch verhindern, daß die Schaafe nicht
durch genossenes Sumpfgras an der Lungenfäule leiden.
Das Fell der im Winter gefangenen Maulwürfe be=
nutzt man zu Pelzwerk und hier und da die Haare zu
weichen Hüten.

Die Infusions= oder Vergrößerungs=Thierchen.

Unter diesem Namen versteht man Thiere von ei=
ner sehr kleinen Gattung, welche sich dem bloßen Auge
größtentheils nicht zeigen; zu der Kunde ihres Daseyns
gelangt man erst durch Hülfe des Mikroskops, welches,
da es die Größe dieser Thierchen nach allen Dimensio=
nen erweitert, uns in den Stand setzt, die einzelnen
Theilchen dieser Thierklasse klar zu unterscheiden.

Bewaffnet mit diesem Instrumente, gewinnen wir
der in der Mannichfaltigkeit ihrer Kreaturen unerschöpf=
lichen Natur eine neue Welt ab — aber diese Welt
ist auf eine ganz andere Weise bevölkert, als die, von
welcher wir selbst einen Theil ausmachen. Läßt man
nämlich Wasser durch Stillstehen faulen, oder löset man
Pflanzenstoffe darin auf und läßt die Luft, die Wärme und
das Licht darauf einwirken, so geben diese Bedingungen ei=
ner Anzahl von Geschöpfen ihr Daseyn, und jedes hat
mehr oder weniger ausgebildete Organe, und man bemerkt
bei ihnen eine wahrhaft merkwürdige Lebensthätigkeit.

Nachfolgende Abbildung stellt einen Tropfen solchen
Wassers dar; um jedoch die durch das Anhäufen von einer
Menge Figuren in der Zeichnung entstehende Verwir=

rung der Gegenstände zu vermeiden, hat man sich nur
auf die Auswahl einer sehr geringen Anzahl von sol=
chen vergrößerten Thierchen beschränkt.

Das kleinste Thier dieser Klasse, über welches die
Entdeckung noch nicht hinausgegangen ist, nennt man
Monade, nach dem griechischen Worte monas,
Einheit, gleichsam als letztes Elementartheilchen der
Körperwelt, als verschwindender Punkt des Thierlebens.
Die oben rechts in der Figur wie Sandkörner gruppir=
ten Figürchen sollen die Erscheinung dieser Thierchen
darstellen; sie sind mit halbdurchsichtigen Kügelchen zu
vergleichen. Lange Zeit nahm man bei ihnen eine gänz=
liche Abwesenheit aller Organisation an und glaubte,
daß sie auf dem Wege des mechanischen Einsaugens
ihre Nahrung in sich aufnähmen.

Allein die Vervollkommnung der Mikroskope und die
sinnreichen, von dem Prof. Ehrenberg in Berlin ange=
wandten Forschungsmittel haben andere Resultate herbei=
führt, und man fand, daß diese Thierchen, von denen
mehrere Millionen neben einander noch nicht einmal den
Raum von $\frac{2}{3}$ Linien im Gevierte bedecken würden,
nicht weniger als 4 von einander verschiedene Magen
haben. Es dürfte für unsere Leser nicht uninteressant
seyn, mitzutheilen, auf welchem sinnreichen Wege der
erwähnte Gelehrte zu dieser Entdeckung gelangte. Er
färbte nämlich die Flüssigkeit, in der er diese Thierchen
vorfand, mit Karmin oder Indigo, alsdann brachte
er einen Tropfen reines Wassers ganz nahe an einen
gefärbten Tropfen, indem er beide behutsam auf Glas
legte und mittelst einer Nadel beide Tropfen mit ein=
ander in Berührung brachte; die Thierchen, denen das
gefärbte Element nicht zuzusagen scheint, schwimmen in
den klaren Wassertropfen, und nun entdeckt der fleißige
Beobachter genau, daß sowohl der Magen, als auch die
übrigen Kanäle mit gefärbter Flüssigkeit gefüllt sind.

An derselben Seite des Kreises wird man den
Volvox bemerken: er befindet sich unterhalb der Mo=
nade und ist größer, als dieselbe. Oft kann man ihn
sogar mit bloßem Auge wahrnehmen. Eine seltsame
Eigenschaft dieser Thiere ist, daß sie sich beständig mit
großer Schnelligkeit um sich selbst drehen, welche Er=
scheinung man mit einer auf einer geneigten Ebene her=
abrollenden Kugel vergleichen kann.

Der Vibrio führt seinen Namen von den vibri=
renden oder wellenförmigen Bewegungen, die er fort=
während macht. Er ist oben an der linken Seite der
Monade abgebildet.

Eine von dieser Thiergattung lebt in großen Grup=
pen vereinigt, wie es die Abbildung zeigt.

Der Proteus, oder das veränderliche Vergröße=
rungs=Thierchen, nimmt in jedem Augenblicke eine an=
dere Gestalt an; die oben links dargestellten Figuren
vermögen besser, als jede Beschreibung die wechselnden
Uebergänge seiner Form zu bezeichnen; man sieht sie
in allen Gestalten, länglich viereckig, kreisförmig, aus=
geschweift, sternförmig u. s. w.

Die Polypen, deren Name aus dem Griechischen
von polys, viel, und pus Fuß, entlehnt ist, obwohl
man ihre vielen Füße eigentlich Arme nennen könnte,
sind theils an einen festen Körper gebunden, und be=
dienen sich ihrer langen Arme, um nach ihrer Nahrung
zu fühlen; theils sind sie frei in allen ihren Bewegun=
gen. Einige der ersten Gattung zeigt die Figur links
unten, und die 144,400 Mal vergrößerte Gestalt ei=
nes solchen Thierchens ist besonders abgebildet. Sie
führt den Namen vorticella senta. Die Abbildung,
welche alle innern Organe darstellt, ist von einer Zeich=
nung des Prof. Ehrenberg entlehnt.

Der Radträger zeigt sich in der Mitte des Kreises. Er bietet insofern eine merkwürdige Erscheinung dar, als zwei Räder, ähnlich denen eines Dampfschiffes, die Organe seiner Fortbewegung auszumachen scheinen. Jedoch beruht diese Annahme auf einer optischen Täuschung, wozu die Schnelligkeit, mit welcher das Thierchen seine Fühlhörner ausstreckt und einzieht, Veranlassung giebt.

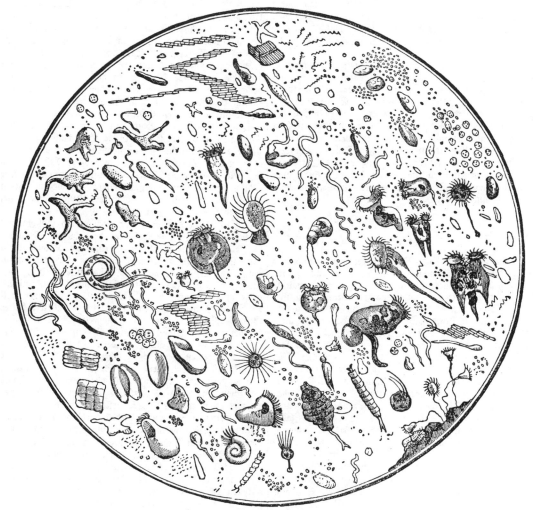

Wassertropfen durch das Mikroskop.

Unter den verschiedenen Thierarten endlich, welche man auf der linken Seite des Kreises bemerken wird, erzeugen sich die dünnsten unter ihnen in Weinessig, welchen man verdunsten lassen muß. Die dicksten führen den Namen Kleisterälchen und entstehen in gegohrenem Mehlkleister. Dieser Umstand gab Voltaire, welcher wahrscheinlich nicht im Besitze guter Mikroskope war, Veranlassung, den Jesuiten Needham, welcher sie zuerst entdeckt zu haben scheint, und aus ihrer Entstehungsart ein seltsames philosophisches System herleitete, lächerlich zu machen. Es ist eine seltsame Eigenthümlichkeit dieser Kleisterälchen, daß sich durch die ganze

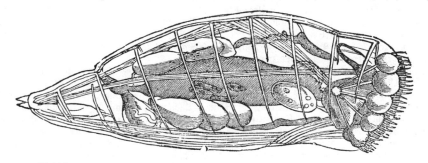

Abbildung der **Vorticella** sen: bei 144,400maliger Vergrößerung.

Länge ihres Körpers ein anderer Körper zieht, dessen Gestalt man mit einem Korkzieher vergleichen könnte. Legt man nun einen oder mehrere solcher Aelchen zwischen zwei Gläser, und preßt dieselben ein wenig an einander, so wird man durch ein gutes Mikroskop wahrnehmen, daß, wenn das Aelchen kreiset, die Ringelchen des Korkziehers sich strecken und dieser plötzlich in eine große Menge Aelchen zerfällt, welche nicht minder lebendig sind, als die Mutter.

Man darf nicht von der Voraussetzung ausgehen, daß sämmtliche in der Figur dargestellten Thierchen sich immer in einem einzigen, in Fäulniß übergegangenen Wassertropfen vereinigt vorfinden müßten. Einige leben nur zu einer gewissen Zeit des Jahres, andere finden sich bloß in gewissen Ländern, und nur mit der größten Sorgfalt und Geduld kann der Naturforscher darauf rechnen, in Wassertropfen diejenigen Thiere zu finden, auf welche er es absieht, während andere Gattungen vor seinem bewaffneten Auge wimmeln. So findet man den Radträger z. B. nur in solchem Wasser, welches in Dachrinnen steht.

Die Buschmänner.

Zu Ende des 15. Jahrhunderts war besonders unter den Portugiesen ein reger Eifer erwacht, einen Seeweg nach Ostindien zu finden, — wornach man so lange gestrebt hatte, — und neue Entdeckungen zu machen. Schon früher hatten die Portugiesen bedeutende Eroberungen in Nordafrika gemacht (Ceuta) und mehrere Inseln an der Westküste dieses Erdtheils in Besitz genommen. Hiermit begnügten sie sich aber nicht, sondern kühne Seefahrer segelten an der Westküste Afrika's weiter nach Süden, kamen bis über die Linie und staunten nicht wenig, daß die Mährchen von Seeungeheuern oder der Alles verzehrenden Sonnengluth eben nichts als — Mährchen waren. So gelang es auch dem Seefahrer Bartholomäus Diaz, im Jahre 1486, bis zu der südlichsten Spitze Afrika's vorzudringen, leider aber war er nicht so glücklich, dieses Vorgebirge selbst zu umsegeln. Heftige Stürme und der Unwille seiner Untergebenen, welche nicht länger in völlig unbekannten Meeren umherschiffen wollten, nöthigten ihn, umzukehren. Er nannte diese Südspitze das Vorgebirge der Stürme. Noch heute ist jene Gegend der Tummelplatz der Stürme. Johann II. aber, König von Portugal, fand diesen Namen unpassend und nannte es das Vorgebirge der guten Hoffnung, weil man nun sichere Hoffnung schöpfen durfte, diesen Erdtheil zu umschiffen und einen Seeweg nach Ostindien zu finden. Endlich gelang es im Jahre 1497 dem kühnen Seefahrer Vasco de Gama zu erreichen, was sein würdiger Vorgänger vergebens erstrebt hatte. Er umschiffte das Vorgebirge der guten Hoffnung und nahm es für seinen König in Besitz. Bis zum Jahre 1650 blieb es im Besitze der Portugiesen, dann kam es in Besitz der Holländer, welche es mit wenigen Unterbrechungen bis zum Jahre 1806 besessen haben. Von da an gehört es den Engländern und schwerlich dürften sich diese entschließen, diesen für die Schiffahrt und den Handel so wichtigen Punkt freiwillig aufzugeben. So wie die Europäer jenes Land in Besitz genommen hatten, begannen auch nach dem leidigen Rechte des Stärkeren die blutigsten und schauderhaftesten Kämpfe der Europäer mit den Ureinwohnern des Landes, den Kaffern und den Hottentotten. Das Kapland, wie es gewöhnlich genannt wurde, namentlich unter der Herrschaft der Holländer war der Schauplatz der rohesten Gewaltthätigkeit und der unmenschlichsten Grausamkeit gegen die Hottentotten, welche sich am heftigsten der Vertreibung aus ihren frühern Wohnplätzen widersetzten. Schneller machten die Kaffern den neuen Ankömmlingen Platz, suchten neue Wohnplätze an den Ostküsten des Kaplandes und traten bald in ein mehr freundliches Verhältniß zu den Europäern. Die Hottentotten aber, welche es wagten, sich den Europäern zu widersetzen, erfuhren auf eine schreckliche Weise deren ganze Rache, wurden verfolgt und gejagt, wie wilde Thiere, und mußten sich endlich entweder der Uebermacht unterwerfen, oder sich in die unwirthbarsten Gegenden im Norden zurückziehen. Ein Theil der Hottentotten unterwarf sich den Europäern und erhielt dafür die Erlaubniß, in ihrer Nähe zu wohnen und sich anzubauen; ein anderer Theil aber, welcher sich von jeher durch größere Wildheit und Rohheit ausgezeichnet hatte, kämpfte fort und wurde endlich nach Norden hinaufgedrängt. Zu diesem letztern Theile der Hottentotten gehören die Buschmänner, bei denen wir jetzt verweilen wollen.

Der Name Buschmann (holländisch Boschmann) bezeichnet also einen Eingebornen der wilden Stämme, welche jenseit der nördlichen Grenze der Kolonie wohnen und zu den rohesten Bewohnern der Erde gehören. Ihren Namen haben sie erhalten entweder, weil ein großer Theil des Landes, in welchem sie familienweise umher ziehen, mit Gebüsch bedeckt ist, oder weil die Buschmänner nie öffentlich, sondern allezeit hinter Gebüsch Menschen und Thiere angreifen. Die Buschmänner kennen keine gesetzliche Verfassung, auch bebauen sie das Land nicht, sondern leben von Räubereien, oder von der Jagd, oder von dem, was die Natur wild liefert. Aus den Sagen der Hottentotten und Kaffern geht hervor, daß diese wilden Stämme sich schon im hohen Alterthum gebildet haben. Gegründet wurden diese Räuberstämme zunächst durch solche Hottentotten, welche jedes friedliche Beisammenwohnen haßten, vermehrt aber und erhalten durch solche, welche ein Verbrechen begangen und Strafe zu fürchten hatten, oder welche von dem Stamme, dem sie angehörten, eines Verbrechens wegen ausgestoßen wurden; endlich trugen auch die scheußlichen Gewaltthätigkeiten der Europäer nicht wenig dazu bei, ihre Anzahl zu vermehren. Früher war das Land der Buschmänner bevölkerter, doch die häufigen Jagden, die man gegen sie anstellte — auf denen oft einige Hundert niedergeschossen wurden — haben ihre Anzahl bis auf einige Tausend vermindert. In den weiten Ebenen ihres Landes ziehen sie frei umher, ganz unabhängig von einander, und vereinigen sich nur, wenn sie einen allgemeinen Angriff auf die Kolonie beabsichtigen, oder wenn sie in einer an Wasser und Nahrung reichen Gegend zusammentreffen. Erfahren die Kolonisten, daß die Buschmänner sich in großer Zahl vereinigt haben, dann müssen sie auf ihrer Hut seyn, und nur die größte Wachsamkeit kann sie vor einem nächtlichen Ueberfalle schützen.

In der Größe gleichen sie den Hottentotten und sind 5 bis 6 Fuß hoch, übertreffen sie aber bei Weitem an Scharfsinn und Kraft, so wie an Munterkeit und Thätigkeit, wenn sie sich einmal aus ihrer thierischen Ruhe und Trägheit herausgerissen haben, was freilich erst dann geschieht, wenn ein Feind ihnen Gefahr droht, oder heftiger Hunger sie zwingt. Sie sind bewundernswürdig ausdauernd, behend und stark, so daß sie Tagelang mit einem Pferde gleichen Schritt halten können; ihre Heerden treiben sie so schnell fort, daß man sie selten einholt. Wo sie auch seyn mögen, immer spähen sie mißtrauisch umher und ihr ganzes Benehmen zeigt, wie viele Gewaltthätigkeiten sie oft erfahren haben müssen, ehe sie so tief sinken konnten. Gehetzt wie die Thiere des Waldes, oft verfolgt ohne alle Ursache, erkennen sie nun in jedem Fremden ihren Feind, dem sie zu schaden suchen, sobald sich eine Gelegenheit darbietet. Eine Beleidigung vergessen sie nie, sondern schieben Jahre lang ihre Rache auf, bis sie endlich Mittel gefunden haben, sie auszuführen. — Die Buschmänner meiden sorgfältig den Umgang mit den Kolonisten und ziehen sich bei deren Annäherung in die dichtesten Wälder oder in ihre unzugänglichen Schluchten zurück; daher ist es auch bis jetzt für die Missionare unmöglich gewesen, mit ihnen in freundschaftliche Verbindung zu treten, um ihnen das Evangelium Jesu mitzutheilen. — Sie meiden jeden offenen Kampf und suchen durch Hinterlist und durch Verrätherei ihren Zweck zu erreichen; kommen sie aber in eine Lage, wo sie einem offenen Kampfe nicht ausweichen können, dann zeigen sie einen ungemeinen Muth und eine bewundernswürdige Kaltblütigkeit und Todesverachtung.

Grausamkeit in der weitesten und schrecklichsten Bedeutung ist ein Hauptzug ihres Charakters, und fast möchte man glauben, sie hätten ihre Vernunft nur dazu erhalten, um für ihre Feinde die langwierigsten Martern und die grausamsten Verstümmelungen aufzufinden. Sie sind so unersättlich in ihrer Rache, daß es ihnen gleichgültig ist, an wem sie dieselbe ausüben, wenn es nur ein Mensch aus der Gegend ist, wo sie die Beleidigung empfangen hatten. Alle menschlichen Gefühle scheinen ihnen fremd zu seyn; alle sanfteren Gefühle der Eltern- und Kindesliebe fehlen ihnen ganz. Eltern morden ihre Kinder und diese ihre Eltern, und rühmen sich dessen. Geratheh Vater und Mutter oder die Weiber untereinander, oder die Verwandten in Streit, so nimmt gewöhnlich die Gegenpartei an dem Kinde des Siegers blutige Rache. Haben sie vielleicht in der Hitze des Streits einen Mord begangen, so empfinden sie darüber nicht die geringste Reue. Die Ursachen, um welcher Willen Eltern ihre Kinder morden, sind z. B., wenn die Kinder mißgestaltet sind, wenn es an Nahrung fehlt, wenn der Vater die Mutter des Kindes verstoßen hat, oder wenn sie vor einem Feinde fliehen müssen und die Kinder sie an der schnellen Flucht hindern. Mit der rohesten Gleichgültigkeit werfen sie die Kinder in die Wüste, ersticken sie, oder begraben sie lebendig. Einst stand vor der Hütte eines Buschmanns ein Löwe und bewachte den Ausgang. Ohne auf weitere Mittel der Rettung zu denken, holt der Vater sein Kind und wirft es dem Löwen vor. Dieser ist mit seiner Beute zufrieden und eilt in die Wüste. Aehnliche und andere Scenen sollen oft vorkommen, daß Eltern ihre Kinder aufopfern, um sich zu retten.

Sie leben nur für die Gegenwart und kennen durchaus keine Sorge für die Zukunft. Haben sie Ueberfluß, dann genießen sie mit mehr als thierischer Unmäßigkeit, so viel sie nur vermögen, und hungern dann lieber Tage lang. Ein Kolonist gab einst einem Buschmanne ein ziemlich großes Stück Hammelfleisch; mit Hast griff dieser darnach und riß es an sich, als fürchte er, man werde es ihm wieder nehmen. Dann steckte er es eine kurze Zeit in die Kohlen, holte es, fast noch ganz roh, wieder heraus und reinigte es nur dadurch von der Asche, daß er es einige Male mit der rechten Hand am linken Arme abwischte. Darauf riß er große Stücken los und verschlang sie. — Drei Buschmänner

erhielten einst am Abende einen Hammel zum Geschenk; sogleich schlachteten sie ihn und hatten ihn am Morgen aufgezehrt.

Ihre Sprache, welche eigentlich ein Gemisch aus andern Sprachen ist und absichtlich verdorben zu seyn scheint, damit nur sie sich unter einander verstehen, ist mit einem eigenthümlichen Schnalzen mit der Zunge verbunden, das man eher für Thierlaute, als für artikulirte Töne halten sollte. Ihre Sinne sind auf unglaubliche Weise geschärft; wohin das Auge nicht mehr reicht, da vernimmt noch ihr Ohr das geringste Geräusch, welches uns ganz unvernehmbar seyn würde.

Ihre Kleidung ist sehr einfach, roh und dürftig. Um die Hüften tragen sie einen Schurz, übrigens eine Art Mantel aus Schaaffellen, Karos genannt, welcher sie gegen Hitze und Kälte schützt und des Nachts ihre einzige Decke ist. Die Frauen tragen gewöhnlich eine Kopfbedeckung, die Männer nur dann, wenn die Hitze zu groß ist, oder wenn sie auf der Jagd sind. Um sich aber weiter gegen die Witterung zu schützen, reiben sie den ganzen Körper mit Fett ein, damit die Haut nicht zu sehr von der Sonnenhitze austrocknet und die Flechsen geschmeidig bleiben; daher es auch schwer seyn möchte, ihre Grundfarbe zu bestimmen. Auch tragen sie Sonnenschirme, welche sehr einfach sind, indem sie an dem Ende eines Stabes große Straußenfedern befestigen. Alles, was bunt und auffallend ist, reizt ihre Begierde, sich zu schmücken; daher lieben sie Glasperlen, Knöpfe, Messing u. s. w. und schmücken damit Hals, Ohren und Lenden. Fehlen ihnen diese, so tragen sie Stückchen Holz, Zähne wilder Thiere, Muscheln, kleine Schildkrötenschalen oder Stücke der Straußeneier. Ihre Waffen sind Lanzen von verschiedenen Formen, Bogen und Pfeil, die sie gewöhnlich vergiften. Sind sie auf der Reise, so tragen sie um den Kopf noch einen Bund, in welchem sie einige Pfeile befestigen. Unsre Abbildung zeigt uns einen Buschmann auf der Reise. —

Da die Buschmänner keine festen Wohnplätze haben, sondern ein stets flüchtiges und umherirrendes Leben führen, um eine unsichere und dürftige Existenz zu sichern, so verwenden sie auch wenig Sorgfalt und Fleiß auf ihre Wohnungen. Ihre Hütten bestehen entweder aus roh zusammengestellten Baumzweigen, unter deren Schatten sie Sicherheit gegen die brennende Sonnenhitze finden, oder sie graben eine Grube in den Boden, in welche sie kriechen, oder suchen Zuflucht in einer Felsenhöhle, oder unter einem überhängenden Felsstücke.

Die gewöhnliche Nahrung der Buschmänner besteht aus den Früchten und dem Wildpret, welches die Ebene liefert; oft auch suchen sie aus den Heerden der Kolonisten ihrem Mangel abzuhelfen. Sehr oft sind sie dem größten Hunger ausgesetzt und genöthigt, Alles zu verzehren, was nicht geradezu der Gesundheit nachtheilig ist und wovon Vieles zu Nichts taugt, als den Magen zu füllen. Besonders bietet ihnen oft der Saame des Kapgrases das Mittel dar, ihren Hunger zu stillen. Dieser Saame soll, wenn er gereinigt und gesotten ist, an Geschmack unsrer Gerste ähnlich seyn. Diesen Saamen ernten sie auf doppelte Weise, indem sie entweder das Gras abschneiden und die Körner enthülsen, oder indem sie die schwarzen Ameisen plündern, welche ihn in großer Menge in ihre unterirdischen Wohnungen schleppen.

Aus dem Thierreiche dient ihnen Alles vom größten Thiere bis zum kleinsten ekelhaften Insekte zur Nahrung. Die größern Thiere, z. B. Zebra's, Schatals, Strauße, Kasuare u. s. w., werden von den Männern getödtet. Weiber und Kinder machen Jagd auf Hasen, Hamster, Maulwürfe, Ratten, Schlangen, Eidechsen, Heuschrecken, Ameisen u. s. w. — Der Magen und die Eingeweide gelten für Leckerbissen; Leber und Nieren verschlingen sie oft roh und den Inhalt des Magens der getödteten Thiere essen oder trinken sie entweder rein, oder mit Wasser vermischt. Das Blut halten sie sehr hoch, kochen es entweder, oder trinken es warm, wie es vom Thiere kommt. Oft essen sie sogar das Fell der größern Thiere, was sich nur durch die Qual des allergrößten Hungers erklären läßt. Die Hungersnoth steigt oft so hoch, daß sie sich den Unterleib fest zusammenschnüren und noch froh genug sind, aus dem Leder alter Schuhe oder aus gedörrtem Leder sich ein kärgliches und schmackloses Mahl zu bereiten.

Der Buschmann.

Bei der Jagd entwickeln sie viel Scharfsinn und Verstand. Die Waffen, deren sie sich dabei bedienen, sind Bogen und Pfeile. Außer diesen benutzen sie auch Hunde und Gruben, um sich der wilden Thiere zu bemächtigen.

Sind sie bei ihrer Jagd glücklich gewesen, so wird ein Theil sogleich verzehrt, der Rest aufbewahrt, später halb geröstet und mit der größten Gier verschlungen.

Woche.

Am 2. November 1642 wurden die Kaiserlichen, unter den Befehlen des Erzherzogs Leopold Wilhelm, von den Schweden unter Torstensohn bei dem Dorfe Breitenfeld geschlagen. Die Oesterreicher verloren 9000 Mann. In Folge dieser Schlacht wurde nun Schlesien und Mähren eine Zeitlang der Kriegsschauplatz.

Am 3. Novbr. 1760 schlug Friedrich der Große die Oesterreicher unter Daun, welche bei Torgau ein verschanztes Lager inne hatten. Der König dachte schon an den Rückzug, weil sich die Oesterreicher so tapfer vertheidigten, als sie der preußische General Ziethen an der Spitze seiner Reiterei in Unordnung brachte, worauf Friedrich II. den glänzendsten Sieg erfocht. Selten haben Heere mit so ausdauernder Tapferkeit sich den Sieg streitig gemacht und nach völliger Beendigung der Schlacht sich noch so nahe gestanden. Die Nacht war hereingebrochen, und Viele wußten nicht, wer gesiegt; daher geschah es, daß am andern Morgen ganze Bataillons gefangen wurden, die sich in der Dunkelheit verirrt hatten. Die Schlucht dauerte von 2 Uhr Nachmittags bis 8 Uhr Abends.

Am 4. Novbr. 1781 starb zu Winterburg, zwischen Baden und Zweibrücken, der durch seine anmuthigen Gedichte bekannte Superintendent Johann Nikolaus Götz. Er war zu Worms den 9. Juli 1721 geboren, studirte zu Halle und schloß daselbst mit Gleim und einigen andern ihm verwandten Geistern einen engen Freundschaftsbund. Nach Verfluß der akademischen Jahre ging er als Hauslehrer des Freiherrn von Kalkreuter nach Ostfriesland, wo er jedoch wegen des rauhen Klima's nicht lange blieb, sondern nach Worms zurückkehrte. 1744 nahm er abermals eine Hauslehrerstelle an, ward 1748 Feldprediger bei dem Regimente Royal-Allemand, 1761 Prediger zu Meisenheim und 1776 Superintendent zu Winterburg. Nach Götzens Tode gab Ramler dessen Gedichte in 3 Bändchen heraus. Götz gehört ohnstreitig zu den vorzüglichen deutschen Dichtern der leichten Manier, er vereint die feinste, sinnreichste Wendung der Gedanken mit dem wohlklingendsten Versbau.

Am 5. Novbr. 1494 wurde der berühmte Meistersänger Hans Sachs zu Nürnberg von geringen Eltern geboren. Ueber seine Lebensumstände und die Produkte seines Dichtertalents, so wie über den Einfluß, den dieselben auf des Dichters Zeitalter hatten, sollen die Leser des Pfennig-Magazins bald in einem eigenen Aufsatze das Wissenswerthe vorgelegt erhalten.

Am 6. Novbr. 1572 fand zu Erfurt die Landestheilung der sächsischen Herzöge Johann Wilhelm mit seinen Neffen, Friedrich Johann Casimir und Johann Ernst, unter Mitwirkung kaiserlicher Räthe, des Landgrafen von Hessen und des Markgrafen von Brandenburg Statt.

Am 7. Novbr. 1773 starb Friedrich Wilhelm von Seydlitz, General der preußischen Reiterei, die durch diesen den 3. Febr. 1722 zu Cleve gebornen, und seit 1738 in dem preußischen Kriegsdienste stehenden Anführer so gebildet und verbessert wurde, daß Kaiser Joseph II. einst zu ihm sagte: „Er möchte, wenn es sein Rang erlaubte, gern den Reiterdienst bei ihm lernen." Seydlitz deckte die Rückzüge von Collin und Hochkirchen, trug besonders zur Erringung der glänzenden Siege bei Roßbach und bei Zorndorf bei. In der für die Preußen unglücklichen Schlacht bei Kunnersdorf ward er schwer verwundet, doch genaß er und brach bei Freiberg 1762 seine letzten Lorbeeren. Auf seinem schlesischen Gute Winkowský liegt der Held begraben; auf dem Wilhelmsplatze zu Berlin aber wurde ihm ein Standbild von weißem kararischem Marmor errichtet.

Am 8. Novbr. 1806 kapitulirte der Befehlshaber der Festung Magdeburg, der General von Kleist, mit mehr als 22,000 Mann Besatzung und 800 Stück Geschütz; obschon die Belagerer nur ein schwaches Truppenkorps davor hatten, welches der französische Marschall Ney befehligte.

Verlag von Bossange Vater in Leipzig.
Unter Verantwortlichkeit der Verlagshandlung.

Das Pfennig-Magazin

der
Gesellschaft zur Verbreitung gemeinnütziger Kenntnisse.

28.]   Erscheint jeden Sonnabend.   **[November 9, 1833.**

Der Themse-Tunnel.

Schon im Jahre 1802 hatte eine unternehmende Rentenirergesellschaft die Ueberzeugung gewonnen, daß es möglich seyn dürfte, einen gewölbten Gang unter der Themse zwischen Rotherhite und Limehouse, also nahe bei der jetzigen Linie des Tunnel, zu eröffnen. Der zur Untersuchung dieses Plans erwählte Baumeister, ein geschickter Bergwerksdirektor aus Cornwallis, nahm einige Bohrungen diesseits und jenseits des Flusses vor und sprach sich dann dahin aus, daß das Unternehmen nicht so theuer zu stehen kommen dürfte, als man wohl erwarte. Darauf schritt man zur Unterzeichnung zu der Anlegung eines gewölbten Ganges unter der Themse. Die Linie wurde ausgemessen, eine Zeichnung und ein Kosten-Anschlag entworfen und die Vollziehung des Plans durch eine Parlamentsakte erlaubt. Aber die wegen der Natur des Bodens sich anhäufenden Hindernisse nöthigten ihn, in einer Tiefe von 42 Fuß sein Vorhaben aufzugeben. Als jedoch erneuerte Bohrversuche ein besseres Resultat versprachen; verpflichtete ihn ein unternehmender Eigenthümer benachbarter Gründe, den auf 8 Fuß Durchschnitt verkleinerten Schacht bis zu 76 Fuß fortzuführen; eine noch tiefere Anlage fand man gefährlich. Darauf suchte die Gesellschaft im August 1807 einen zweiten Baumeister, von welchem bekannt war, daß er große Bergwerksanlagen glücklich ausgeführt hatte. Ehe nun die beiden Baumeister den wirklichen Gang unter der Themse eröffneten, verminderten sie die Breite in der Spitze um 2 Fuß und 6 Zoll um 3 Fuß in der Tiefe. Sie fanden in der Tiefe von 76 Fuß einen festen, trocknen Sand und ließen den von dieser Tiefe aus ausgegrabenen Weg sanft hinaufsteigen. Im November 1807, als 394 Fuß des Ganges beendigt wa-

ren, wurde der 4½ Jahre hindurch thätige erste Baumeister seiner Mitdirektion entlassen. Darauf bewilligten die Vorsteher der Gesellschaft dem zweiten Baumeister eine Belohnung von 1000 Pfund Sterling, wenn er den unterirdischen Weg bis zum jenseitigen Ufer fortführen würde. Der Gang erhielt bis 814 Fuß Länge durch eine trockne Erdlage. Doch beharrte man bei der früheren Vorsicht, der neuen Gang durch eine dichte Wand von Holz besser zu sichern. Noch wurden 138 Fuß durch einen 8 Fuß dicken Kalkfelsen geschlagen, aber am 21. Decbr. hatte der Gang kaum 2 Fuß der Erdlage über das Bette des Kalkfelsens durchdrungen, als die Erdlage über den Gang in Stücken einbrach und eine Höhlung Manns hoch wahrnehmen ließ, wobei bemerkt werden muß, daß zwischen der Spitze des Ganges und dem Bette des Stroms nicht über 30 Fuß Zwischenraum war, als dieser Einsturz vorfiel. Der Baumeister füllte sogleich wieder das Loch aus, aber der ganze Grund über dem Kalkfelsen war so beschaffen, daß bei Gelegenheit einer sehr hohen Fluth am 26 Januar 1808 der früher verstopfte Grund sich abermals löste und der Fluß bald 25 Fuß Grund durchbrach. Die nämliche hohe Fluth zerstörte die Brücken zu Deptford und Lewisham. Doch gelang es dem Baumeister, den vom Wasser gebildeten Grundbruch wieder auszufüllen und zu schließen. Die Arbeiter kehrten dann zur Arbeit zurück, beschränkten aber den Gang auf 3 Fuß Höhe, um diese gefährliche Stelle ganz sicher zu stellen. Obgleich nun die Arbeiter knieend arbeiten mußten, so wurden sie dennoch so oft durch Einbruch von Sand und Wasser gestört, daß sie das jenseitige Ufer nicht erreichen konnten. Der Baumeister untersuchte nun oberwärts den Grund

und berichtete, daß die beiden Einbrüche unter=
wärts eine Verbindung mit einander hätten, wes=
wegen es unmöglich sey, weiter vorwärts zu dringen,
ohne einen Steinkasten oder ohne Unterlagen von
Stein. Am 30. März 1809 setzten die Direktoren
einen Preis aus für den, welcher den sichersten an=
nehmbaren Plan zur Fortsetzung der Arbeit einliefern
würde. Es gingen 54 solcher Vorschläge ein, welche
die Direktion Männern als Kommissarien übergab, die
vom Baue der unter der Erde fortlaufenden Gruben
und deren Schwierigkeiten Kenntnisse hatten. Diese
Kommission entschied einstimmig, daß ein Weg unter
der Themse von irgend einem bedeutenden kubischen
Gehalte weder nach den vorgelegten Planen, noch
überall unmöglich sey; doch fügten sie hinzu, sie maß=
ten sich nicht an zu entscheiden, daß nicht geschickteren
Männern im Bergarbeitsfache vielleicht die Unterneh=
mung gelingen könne. Ein dritter Baumeister machte
noch einen Versuch, einen Gang etwas höher am Strome
hinauf auszugraben, aber auch dieser mißlang. Damit
scheiterten gänzlich die siebenjährigen Geld= und Zeit=
wendungen, einen Gang unter der Themse durchzuführen.

Nach einigen Jahren wurde Herr Brunel von
einem der eifrigsten Beförderer des gewölbten Weges
unter der Themse, dem Hrn. Wyatt, aufgefordert, über
dessen mögliche Ausführung nachzusinnen, und er versah
ihn mit den Aktenstücken der früheren Plane und Ar=
beiten. Brunel reichte hierauf einen Entwurf ein, nach
welchem zu gleicher Zeit die Aushöhlung und völlige
Auswölbung des gewölbten Weges Statt finden solle.

Die zu diesem Behufe unter der Themse vorge=
nommene Aushöhlung hat 850 Fuß durchschnittlichen
Raum; folglich ist der Durchschnitt größer, als der
Saal, worin sich das Unterhaus versammelt, welcher
bei einer Breite von 32 Fuß 25 Fuß hoch ist, folg=
lich 800 Fuß durchschnittlichen Raum hat. Bei höch=
ster Fluth steht die Oberfläche des Bettes der Themse
ungefähr 75 Fuß über dem Grunde der Aushöhlung.
Folglich ist dieses Unternehmen eins der kühnsten des
Wegbaues unter der Erde.

Die frühern Versuche ließen freilich keinen glück=
lichen Erfolg des noch weit kühneren Brunelschen Un=
ternehmens erwarten; allein er beharrte bei der Mei=
nung, daß, wenn man das Gewölbe erst durch festen
trocknen Sand schlüge und dicht unter dem Thongrunde
des Bettes der Themse fortgehen lasse, dazu Raum
genug vorhanden sey, so locker auch der Untergrund des
Themsebettes an manchen Stellen sey. Alle von Hrn.
Brunel angegebene Thatsachen stimmten mit der Mei=
nung der Kenner der Lage der verschiedenen Erdarten
über einander überein, daß die am wenigsten Schwie=
rigkeiten haben dürften, den Kanal möglichst nahe am
Untergrunde des Bettes der Themse durchzuführen.
Die erste Idee zu diesem Vorhaben gab dem Baumei=
ster ein Schiffskiel, welcher durch den Bohrwurm in ei=
nem halben Bogen durchwühlt worden war, und er ließ
unter dem Schutze eines Schildes zu gleicher Zeit meh=
rere Aushöhlungen neben einander vornehmen. Dieser
Schild sieht aus wie ein gewaltiger Steinkasten,
angebracht in einer scheitelrechten, statt wagerechten
Stellung. Der Schild besteht aus zwölf, wie die
Bücher auf einem Bücherbrete neben einander aufge=
stellten Einfassungs=Rahmen. Jedes der drei Stock=
werke des Schildes ist beinahe 22 Fuß hoch und jedes
Stockwerk hat 12 Abtheilungen, folglich der ganze
Schild 36 Oeffnungen oder Zellen, welche einzeln aus
auf einander gesetzten Schieberstücken eines Grundrostes
bestehen. Von diesen Zellen aus graben die Minirer,

wie die Bohrwürmer, den vor ihnen liegenden Grund
aus, indeß andere in ihrem Rücken das Gewölbe von
Backsteinen aufrichten. Um vorwärts bewegt zu wer=
den, hat jeder Rahmen zwei starke Füße, welche auf
eben so starken, den Schneeschuhen gleichenden Schuhen
ruhen. Die Füße sind mit Gliedern versehen, welche
ein Vorrücken der Rahmen erlauben. Schon ist der
Schild in einer Länge von 600 Fuß fortgeschoben wor=
den, und hat hinter sich ein eben so langes Doppel=
gewölbe zurückgelassen.

In Hinsicht der äußeren Gestalt dieses Baues
und dessen Ausführung muß es den mit solchen Ar=
beiten bekannten Personen einleuchten, daß die gründ=
lichste Form, um etwa irgend einer Verrückung der
aufgeschwemmten Erdlagen ungleicher Dichtheit zu be=
gegnen, das Viereck ist, und daher zu allen festen
Unterlagen gewählt wird; daher ist das Bette der
Themse mit ihrem Inhalte eben so unterbauet worden,
wie das Zollhaus in London, um man den Ueberbau
der dadurch fest gewordenen Fläche begann.

Bei einem solchen, unter Erde und Wasser fort=
laufenden, Werke mußte natürlich auf die größten
gedenkbaren Unfälle, denen man sich auch bei der gröb=
ten Vorsicht aussetzen mußte, Rücksicht genommen wer=
den. Der Plan des Herrn Brunel wurde persönlich
vom Herzoge von Wellington und dann von dem gro=
ßen Naturforscher Doktor Wollaston und andern Bau=
und Sachkennern, denen Herr Brunel seine Pläne vorle=
gen und ihre Zweifel beantworten konnte, in Erwägung
gezogen. Sie fanden ihn für alle etwaige Ereignisse zur
Ausführung geeignet, obgleich man sich stets die Mög=
lichkeit eines gewaltsamen Einbruchs eines Theils des
Stroms dachte und die Ausdehnung der Verheerung
in den bereits beendigten Arbeiten sich darstellte, aber
auch an solche Möglichkeiten und an die Mittel, um,
dieses Unfalls ungeachtet, seinen Plan fortzuführen,
hatte Herr Brunel gedacht.

Unter der beifälligen Meinung jener Männer
wurde der Plan im Jahre 1823 dem Publikum vor=
gelegt und im Februar 1824 fanden sich bereits so
viele Unterzeichner, daß, ungeachtet des noch nie in
solcher Ausdehnung vollzogenen Plans und seiner Ge=
fahren, das Werk im März 1825, kraft einer von
der Gesellschaft der Unternehmer im Jahre 1824 er=
langten Parlamentsakte, begonnen werden konnte.

Ein Schacht von 50 Fuß im Durchschnitte zum
Hinab= und Heraufsteigen der Fußgänger von 42 Fuß
Höhe mit Einschluß eines Rahmens von Gußeisen, der
den Schacht in zwei Hälften schied, wurde auf Pfäh=
len erbaut. Eine Dampfmaschine von 30 Pferdekraft
wurde auf die Spitze des Baues gestellt. Man be=
greift leicht, daß, so wie der Grund inwendig gerei=
nigt wurde, das Ganze sich senken mußte. In dieser
Absicht wurde eine Maschine, welche ungefähr 1200
Tonnen wog, bis zur Tiefe von 40 Fuß hinabgesenkt,
durch ein Erdlager voll Kies und Sand und Wasser
von 26 Fuß Tiefe, worin die Minirer fast unüber=
steigliche Hindernisse antrafen. Es bleibt merkwürdig,
daß bei dieser und der ganzen Tunnelarbeit der Bau=
meister keine kräftigere Dampfmaschine bedurfte, als
bei der Ausgrabung und dem Baue des Zugangsschachts.
Als der eigentliche gewölbte Weg 40 Fuß tief eröffnet
wurde, wurde der Schacht bis auf 64 Fuß durch Un=
terlagen fortgesetzt, indem man den Raum zur Seite für
den horizontalen Bau freiließ. Ein Brunnen von 25 Fuß
im Durchschnitte wurde auf dem Boden dieses Schachts
ausgegraben, um alles Wasser aufzunehmen; als man
aber die Brunnen=Einfassung in Flugsand versenkte,

sprengte sie aus einander. Dieser Vorfall bestätigte die Richtigkeit des Berichts der Brunnengräber und der Kenner der in Südengland auf einander folgenden Erdlagen, daß sich in der Tiefe von 80 bis 85 Fuß von der Fläche des Hochwassers ein starkes Sandlager zeigen dürfte. Der Schild, welcher dem Hauptwerke des Tunnels vorausgehen sollte, wurde in der Tiefe von 40 Fuß aufgestellt und fing um den 1. Januar 1826 zu arbeiten an. Er war nicht über 9 Fuß vorwärts gerückt, als die große Hülfe eines festen Erdlagers plötzlich ein Ende hatte und man mit Wasser und Flugsand kämpfen mußte. Man konnte daher in 32 Tagen nur sehr langsam vorrücken, aber am 14. März drang der Schild wieder in festen Grund ein. Von dieser Zeit bis zum 14. September wurden 260 Fuß des Weges fertig, als man in Folge eines Sturzes eines im flüssigen Zustande befindlichen Erdfalles entdeckte, daß sich eine Höhle über dem Schilde gebildet habe, auch der Baumeister den Direktoren seine Erwartung meldete, daß, wenn die damals beginnende Fluth aufs Höchste gestiegen seyn würde, das Wasser aus dem Bette des Flusses in den Tunnel einzudringen versuchen werde, daß er aber vollkommen bereit sey, den Einbruch abzuhalten. Was er vorhergesagt hatte, traf ein, obgleich man diesen Umstand vorher nicht wahrgenommen hatte, und die Arbeiter wurden keineswegs unruhig, als sie die Erde und das Wasser auf den Schild fallen hörten. Die Höhlung füllte sich bald aus, und die Arbeit wurde um so vorsichtiger fortgesetzt. Etwas Aehnliches begab sich bei der Arbeit am 18. Oktober und wurde eben so glücklich abgewendet. Am 2. Januar 1827 waren 350 Fuß des Tunnels vollendet, als beim Verrücken eines der Schutzhölzer des Vordergrundes der Aushöhlung einiger leichter Lehmsand-Grund durch die Schwere einer hohen Fluth mit fast unwiderstehlicher Gewalt niederschlug, aber mit Hülfe der für solche Fälle vorräthigen Stopfer wurde der Einbruch des Wassers völlig abgewendet. Der Einfluß hoher Fluthen, bis zur Tiefe von mehr als 30 Fuß, war ein Umstand, welcher zur Vermehrung der Schwierigkeiten besonders beitrug. Im natürlichen Zustande ist der Grund hart, selbst wenn er aus Sand und Kies besteht, aber da eine so große Aushöhlung dem Ausschwitzen oder dem Abflusse des Wassers neue Adern öffnete, so hatte dieß den Erfolg, daß einige der Erdlagen aufgelöset und erweicht, und einige sogar wässerig und andere wenigstens minder zusammenhängend geworden waren. Diese Erfahrungen hatte man in den drei oben angegebenen Beispielen gemacht, wodurch die Arbeiten am Tunnel viel verwickelter und mühsamer wurden. Andere Erdtheile, welche aus runden, glatten, in anhängenden andern Substanzen eingebetteten Kieseln bestanden, fand man bisweilen so lose, als eine Wallnuß in ihrer Schaale. Wegen Zusammenwirkung so mancher Ursachen war daher der Grund der Aushöhlung, statt daß er früher trocken und fest gewesen war, selbst mehrere Fuß tief so lose, daß man ihn erst fest schlagen mußte, ehe man den Grund des ferneren Gewölbes legte. Die nöthige Festigkeit bewirkte man zugleich durch dicke Bohlen und durch künstliche Pressung. Die ursprüngliche Idee, das Fundament in Ringen, jeden von 9 Zoll Dicke, zu legen, von denen jeder mit den Nachbaren durch Cement verbunden war, schien der sicherste Weg zu seyn, um den Folgen zuvor zu kommen, welche durch einzelne Beschädigungen und Brüche hervorgehen möchten.

Der Beschluß folgt.

Friedrich Wilhelm,
Herzog von Braunschweig-Oels und Bernstadt.

So mannichfach und wechselnd die Schicksale Friedrich Wilhelm's sich gestalteten, eben so verschieden und oft sich widersprechend sind die Urtheile der Geschichtschreiber über diesen heldenmüthigen Vertheidiger deutscher Unabhängigkeit von französischem Joche. Von Einigen ist er verdammt und von Andern ohne alle Einschränkung und über die Gebühr erhoben worden; und allerdings scheint ein richtiges Urtheil über ihn keine leichte Aufgabe zu seyn, da die Verwicklung der Verhältnisse, in denen er lebte und wirkte, ein freies Umschauen und Prüfen sehr erschweren. Wir wollen jetzt, ohne uns in tiefere historische Untersuchungen zu verlieren, mit kurzen Worten die Hauptmomente aus dem vielbewegten Leben dieses edlen Sprößlings von dem in den Büchern der Geschichte berühmten Stamme der Guelfen schildern.

Friedrich Wilhelm, der Enkel der geliebten Schwester Friedrich's des Großen, der vierte und jüngste Sohn des Herzogs Karl Wilhelm Ferdinand, eines Fürsten, den ganz Europa ehrte, den sein Land vergötterte, weil er der Vater seiner Unterthanen war, wurde geboren zu Braunschweig den 9. Oktober 1771, an demselben Tage, wo sein strenger Vater 36 Jahre früher das Licht der Welt zuerst erblickt hatte. Er genoß gleiche Erziehung mit seinen Brüdern, Georg und August, erst unter der Leitung des rauhen und jähzornigen Herrn von Ditfurth, dann unter der des kenntnißreichen und milden Hofraths Pockels. Was später zu Heldengeist und kräftiger Männlichkeit sich gestaltete, war in der frühern Jugend eine Art von Ungebundenheit, die den Vater oft zu Härte und einer Strenge der Erziehung veranlaßte, die leicht eine üble Wirkung hätten hervorbringen können. Doch zog des Knaben freier Sinn die bei ihm hervortretende Genialität den Vater wieder zu ihm hin. Im Jahre 1787 ward er als Nachfolger seines Oheims, Friedrich August, Herzog von Oels und Bernstadt, der ihn schon in einer Urkunde vom 7. Oktober 1785 dazu ernannt hatte, vom Könige von Preußen, seinem Lehnsherrn, bestätigt. Als er mit seinen Begleitern, Langer und Moll, eine Reise in die Schweiz unternommen, wurde er von seinem Vater wegen politischer Verhältnisse zurückberufen, um seine kriegerische Laufbahn als Hauptmann bei dem in Magdeburg stehenden Regimente von Kalkstein zu beginnen, und, kaum 19 Jahre alt, zum Major und Ritter des schwarzen Adlerordens ernannt; die Liebe und Hochachtung seiner Kameraden hatte er sich im hohen Grade erworben. Er wußte sie zu bewahren, ja noch zu erhöhen durch die persönliche Tapferkeit, die er in zwei Feldzügen gegen die Heere der französischen Republik bewies, und ihm am 27. November 1792 eine schwere Wunde zuzog. Nach dem Baseler Frieden den 5. April 1795 wurde er als Obrist nach Halle, und wegen der hier zwischen ihm und den Studirenden vorgefallenen Reibungen 1797 nach Frankfurt an der Oder versetzt. Im Jahre 1800 ernannte man ihn zum Generalmajor, und das ehemals von Kleist'sche Regiment zu Prenzlau kam unter seinen Befehl. Die von ihm am 1. November 1802 auf Anregung seines Vaters geschlossene eheliche Verbindung mit der Prinzessin Maria Elisabeth Wilhelmine von Baden kann nur von der Geburt des ersten Sohnes, Karl Friedrich August (den 30. Oktober 1804) an eine glückliche genannt werden, indem erst dieses Kind die Eltern in ehelicher

Liebe verband und der Schöpfer ihres häuslichen Glük= kes wurde. Am 25. April 1806 ward ihm der zweite Sohn Wilhelm Maximilian Friedrich geboren. Im Okto= ber 1805 starb sein Oheim zu Eisenach, und dem Ue= bereinkommen gemäß gelangte er nun zum Besitze des Herzogthums Dels und Bernstadt im preußisch= schlesi= schen Gebiete. Da er Alles that, die Sicherheit und den Wohlstand seiner Unterthanen zu mehren, gewann

Friedrich Wilhelm, Herzog v. Braunschweig=Dels u. Bernstadt.

er bald deren volle Liebe. Der Tod seines ältesten Bruders und die Regierungsunfähigkeit seiner beiden andern Brüder gaben ihm Anwartschaft, auch seinem Vater in der Regierung zu folgen. Durch zwei Ur= kunden vom 21. Oktober 1806 erhielt er gesetzliche Ansprüche darauf. Im Jahre 1806 trat Preußen, im Bunde mit Rußland und den nordischen Mächten zweiten Ranges, als Feind gegen Frankreich auf, und der Herzog von Braunschweig=Lüneburg, Wilhelm Fer= dinand, trat an die Spitze des preußischen Heeres, ward aber in der unglücklichen Schlacht bei Auerstädt durch einen Schuß des Augenlichts beraubt, und kehrte in seine Staaten zurück. Sein Sohn, Friedrich Wil= helm, Herzog von Braunschweig=Dels, welcher tapfer ge= kämpft, zog sich endlich, in Gemeinschaft mit Blücher, bis Lübeck zurück, wo sie in Ratkau, ohnweit Lübeck, am 8. November 1806 kapituliren mußten. Unterdessen starb den 20. Novbr. 1806 sein Vater zu Ottensee, bei Altona, und der junge Herzog suchte um seine Ent= lassung aus dem preußischen Kriegsdienste nach, die ihm auch in den gnädigsten Ausdrücken gewährt wurde. Der Tod seines Vaters war nur der Anfang des Miß= geschicks gewesen, das ihm die nächste Zukunft bringen sollte. Bei'm Tilsiter Frieden beraubte ihn Napoleon's Machtspruch der Braunschweig=Lüneburgslande, und zu Bruchsal, im Großherzogthume Baden, wo= hin er sich nach diesem Gewaltstreiche des französischen Kaisers begeben hatte, entriß ihm der Tod seine Gemahlin am 20. April 1808. Im Schmerze über die erlittenen schweren Verluste, in Sorge für Erzie= hung seiner Söhne und Erhaltung seiner ihm noch ge= bliebenen Besitzungen brachte er die Zeit bis zum Früh= jahre 1809 hin, wo der Krieg zwischen Frankreich und Oesterreich ausbrach, an welchem er den wärm= sten Antheil nahm, indem er zu diesem Kriege gegen Frankreich ein Freikorps von tausend Mann Kavalerie und 150 Mann reitender Artillerie, für welche Dester=

reich die Waffen lieferte, in's Feld stellte. Es sind dieß die durch die folgenden Feldzüge bekannten „schwar= zen Husaren." Ihre Uniform bestand in einem Rocke von schwarzem Tuche mit hellblauen Aufschlägen, schwarzen Beinkleidern und einer schwarzen leichten Mütze. Ihr Feldgeschrei war: „Sieg oder Tod." Bald ward das Korps vollzählig. Männer von aus= gezeichnetem Rufe, die es verschmäht hatten, unter Hieronymus Fahnen zu fechten, wie Dörenberg, Herz= berg, Katt u. A., traten unter Friedrich Wilhelm's Befehle. Am 14. Mai rückte er mit seinem Häuf= lein über Böhmens Grenze, und die ersten Schar= mützel mit den Sachsen, unter Thielemann, fielen bei Peterswalde und Nollendorf vor. Das von ihm besetzte Zittau mußte er, der Uebermacht bis Krottau weichend, am 30. Mai an die Sachsen überlassen, nahm es ihnen jedoch bald darauf wieder, und rückte sodann nach Dresden, welches er am 11. Juni be= setzte, und wohin ihm der General Am= Ende mit ei= nem österreichischen Korps von 10,000 Mann und 13 Stück Geschütz folgte. Am 29. Juni verließ er es und eilte nach Chemnitz, nutzlos vom General Bon= gars verfolgt. Nach dem Waffenstillstande zu Znaim vom 12. Juli wurde Dresden am 14. Juli wieder von den Oesterreichern besetzt, bald darauf aber wieder verlassen. Friedrich Wilhelm rückte den 25. Juli in Leipzig ein, und eilte schon den Tag darauf nach Halle, traf nach kurzer Frist, den 30. Juli, in Hal= berstadt ein, woraus er das Regiment des westphäli= schen Obristen Wellingerode in einem blutigen Gefechte vertrieb, ihn selbst aber gefangen nahm. Hierauf wandte er sich nach Braunschweig und nahm, wenig= stens der Form nach, durch eine Proklamation von seinem, durch die Entsagungsurkunden seiner Brüder auf ihn übergegangenen braunschweigischen Lande Be= sitz. Ruhe ward ihm auch in seiner Vaterstadt nicht vergönnt. Der westphälische General Reubel mit 4000 Mann und der holländische General Gratien mit sei= nem Korps verfolgten ihn, der kaum 1,500 Mann bei sich hatte, und es kam den 1. August bei dem Dorfe Delper, ohnweit Braunschweig, zu einem hitzigen Gefechte, das eilfte, das er in diesem Kriege bestand, und in welchem dem Herzoge, der sich in das dickste Gewühl wagte, das Pferd unter dem Leibe getödtet wurde, das aber zu seinem Vortheile sich endigte. Den Tag darauf verließ er Braunschweig und wandte sich auf einem verstellten Marsche über Hannover nach Nienburg, überschritt die Weser und brach alle Brücken hinter sich ab, ging durch das Oldenburgische, wäh= rend er eine Abtheilung seines Häufleins über Bremen zur Täuschung seiner Verfolger hatte marschiren lassen, setzte bei Huntebrück über die sich in die Weser ergie= ßende Hunte, nahm alle zu Elsfleth vorhandene Schiffe und kleinern Weserfahrzeuge in Beschlag, und ging mit seiner Mannschaft, nachdem er die Pferde um jeden Preis verkauft, am 7. Aug. 6 Uhr Abends über Helgoland nach England unter Segel. Nach Ueberstehung vielfacher Fährlichkeiten wurden die Trup= pen, 1580 Mann, auf der englischen Insel Wight ausgeschifft, nachdem sie vier Wochen in See gewesen waren, traten in englische Kriegsdienste und wur= den später in Spanien und Portugal als ein für sich bestehendes Korps, bekleidet in ihren vormaligen Uni= formen, gebraucht. Der Zug des Herzogs Friedrich Wilhelm von Böhmen bis zur Nordsee, sagt einer seiner Geschichtschreiber, bleibt in den Annalen der vaterländischen Geschichte unvergeßlich, des deutschen Helden hoher Kriegsruhm ist dadurch für immer be=

währt. In allen Gemüthern, die des Enthusiasmus für große Thaten noch fähig waren, stand Friedrich Wilhelm nun hoch als kühner Held, und hoch als edler Mensch, dem nicht das Leben das höchste der Güter, sondern dem unbefleckte Fürstenehre ein noch viel köstlicheres Kleinod dünkte. Der Herzog selbst ging nach London, wurde mit aller der Achtung empfangen, die er verdiente, erhielt in der englischen Armee den Grad eines Generallieutenants und das Parlament setzte ihm einen Jahrgehalt von 6000 Pf. Sterl. aus. Hier lebte er, bis das große Befreiungswerk Deutschlands begann. Napoleon's Niederlage in Rußland fand Statt, die Schlacht bei Leipzig wurde geschlagen, und nachdem Friedrich Wilhelm sich noch einige Zeit in Hannover verweilt hatte, hielt er am 23. Decbr. 1813 seinen feierlichen Einzug in Braunschweig. Die Verfassung seines Landes war allerdings nicht die glücklichste, und seinem eifrigsten Willen gelang es nicht, Alles das zu erfüllen, was seine Unterthanen, die ihn mit dem lautesten Jubel begrüßten, von ihm erwarteten. Harter, wohl aber größtentheils ungerechter Tadel hat ihn deßhalb getroffen, der sich auch auf die großen Anstrengungen und Opfer erstreckte, die er, von den Zeitverhältnissen der Jahre 1814 und 1815 seiner Ansicht nach genöthigt, dem Militär widmete.

Nach Napoleon's Rückkehr von Elba am 26. Februar 1815, als die Mächte Europa's von Neuem ihre Heere in's Feld zu stellen genöthigt waren, trat Herzog Friedrich Wilhelm mit einer die Kräfte seines Landes allerdings übersteigenden Heeresmacht (nach englischen Zeitungen 10,000 Mann) unter die Befehle des englischen Feldherrn Wellington, und leistete, was er in seiner Stellung nur zu leisten vermochte. Am 16. Juni 1815 ward die Schlacht bei Quatrebras geschlagen, und der Herzog, welcher mit wahrer Tollkühnheit den Angriff der Franzosen abzuhalten suchte, fiel im Gedränge des Fußvolks von einer Kugel tödlich verletzt. Sein Leichnam wurde nach Braunschweig gebracht, und in der Burgkirche neben den Ueberresten der großen Ahnen beigesetzt.

Giftige Schlangen.

Ein Engländer, der sich mehrere Jahre auf dem Vorgebirge der guten Hoffnung aufgehalten hat, theilt über obigen Gegenstand folgende Nachrichten mit: Die Schlangen von Südafrika, die man gemeiniglich für die gefährlichsten hält, sind die Cobra-Capello (Hutschlange), die Puff-Adder und die Berg-Adder (Bergotter). Die erste ist sehr wüthig und thätig und soll bisweilen die fürchterliche Länge von zehn Fuß erreichen; ich habe jedoch nie eine gesehen, die mehr als halb so groß gewesen war. Man erzählt, sie stürze auf einen Menschen zu Pferde los und greife ihn mit solcher Gewalt an, daß sie alle seine Gegenwehr vereitle. Die Puff-Adder ist dagegen ein schwerfälliges und träges Geschöpf, im Verhältnisse ihrer Länge sehr dick, und wenn sie von vorne angegriffen wird, so kann sie nicht über ihre Gegner herfallen. Dagegen besitzt sie die Geschicklichkeit, sich auf eine gefährliche und unerwartete Art rückwärts zu wenden; allein sie ist von Natur träge, und tritt man nicht zufälliger Weise auf sie, oder reizt sie sonst, so greift sie selten Jemanden an. Obschon die Berg-Adder (Bergotter) viel kleiner, als die beiden vorher angeführten ist, so wird doch ihr Biß für nicht weniger tödlich gehalten, und sie ist die gefährlichste, da man sie nicht so leicht bemerkt und ihr nicht ausweichen kann.

Während eines sechsjährigen Aufenthaltes in der Kapkolonie und auf mehrern Reisen durch die letztere, welche sich ungefähr 3000 englische Meilen weit erstreckten, habe ich eine ansehnliche Anzahl Schlangen angetroffen; jedoch erinnere ich mich nicht, jemals einer drohenden Gefahr ausgesetzt gewesen zu seyn, und von einer Schlange gebissen zu werden, ausgenommen ein einziges Mal. Bei dieser Gelegenheit hatte ich die Aufsicht über einige Hottentotten, welche ich dazu gebrauchte, ein kleines Stück Buschholz ausroden zu lassen, woraus man Feld machen wollte, als Einer der Leute mit Zeichen großer Bestürzung plötzlich zurückprallte und ausrief, es sey eine Cobra-Capello im Busche. Da ich damals noch nicht hinlänglich mit der Gefährlichkeit dieser Art von Schlangen bekannt war, so näherte ich mich, um sie zu sehen. Die Hottentotten riefen mir zu, mich in Acht zu nehmen; denn sie sey im Begriffe, zu springen. Ehe sie noch gehörig ausgesprochen, oder ich noch das Thier zu Gesicht bekommen hatte, hörte ich sie stark zischen und sie schoß zwischen dem niedern Gesträuche auf mich los. In dem Augenblicke sprang ich instinktartig zurück, um ihr auszuweichen und fiel ein steiles Ufer in ein ausgetrocknetes, mit Steinen angefülltes Bette eines Waldstromes hinunter. Hierdurch erhielt ich zwar einige starke Beulen, aber ich entkam auch glücklicher Weise der fürchterlichen Gefahr, der ich mich noch je aus Unvorsichtigkeit ausgesetzt hatte. Die Hottentotten fielen alsdann mit Stöcken und Steinen über die Schlange her und zwangen sie (obschon nicht eher, als sie noch einen Sprung gemacht und Einem von ihnen noch näher gekommen war, als mir), ihre Zuflucht unter einem Mimosabaume zu nehmen. Hier wurde sie bald todt geworfen und konnte nicht mehr schaden. Die Hottentotten schnitten ihr den Kopf ab, den sie sorgfältig in die Erde vergruben, was sie jedes Mal thun, damit nicht Jemand aus Unvorsichtigkeit darauf trete und etwa noch gebissen werde, indem sie glauben, daß die Schlange durch ihr Gift auch nach dem Tode noch schade. Diese Schlange war beinahe sechs Fuß lang und war die größte Cobra-Capello, die ich je angetroffen habe.

Die Cobra-Capello.

Mein kleiner Hottentottenkorporal Piet (Peter) Spandilly, welcher diese Cobra-Capello tödten half, entkam nur mit größerer Mühe einer kleinen aber giftigen Schlange, von welcher ich den in der Kapkolonie gewöhnlichen Namen vergessen habe. Piet und seine Leute (sechs Mann von dem Kapkorps, welche damals unter mir zum Schutze unserer entfernten Niederlassungen gegen die Kaffern standen) schliefen in einem Zelte neben dem meinigen, die in einem Wäldchen von Mimosabäumen am Rande des Bavians-flusses aufgeschlagen waren. Eines Morgens, als er von seinem Lager trocknen Grases aufstand, fühlte er etwas Lebendiges sich um seinen Schenkel innerhalb seiner großen Lederhosen bewegen. Da er glaubte, es sey blos Eine von den unschädlichen Eidechsen, welche in Südafrika allenthalben in Menge zu Hause sind, so kümmerte er sich anfänglich nicht viel darum, sondern ging hinaus unter freien Himmel, lachte und schleuderte mit dem Fuße, um das Geschöpf los zu werden. Allein als eine schwarze Wickelschlange auf seinen bloßen Knöchel herabfiel, that er einen Schrei des Entsetzens, stieß sie mit dem Fuße weg und sprang Mannshoch in die Höhe, und ob er gleich keinen Schaden gelitten hatte, so konnte man ihm doch eine Zeit lang kaum ausreden, daß es um ihn geschehen sey.

Es ist wirklich weit mehr aus Besorgniß von Gefahr oder aus Instinkt der Selbstvertheidigung, als aus einer angebornen Bosheit, daß die Schlangen über den Menschen oder Eines der größern Thiere herfallen. Sie schlingen sich um den Fuß, der sie tritt, oder um die Hand, die sie bedrohet, aber glücklicher Weise hat die Natur nicht bei ihrer furchtbaren Zerstörungskraft noch mit der Begierde versehen, von diesen Kräften aus bloßer Grausamkeit, oder aus Absichten Gebrauch zu machen, welche nicht mit ihrer eigenen Sicherheit und Erhaltung in Verbindung stehen. Wäre dieß nicht der Fall, so müßten Länder, wie das Kap, ganz unbewohnt seyn, weil daselbst die Schlangen so häufig sind.

Als ich mich hierüber eines Tages mit meinem Freunde, dem Kapitän Harding, unterhielt, der sich viele Jahre lang im Innern aufgehalten hatte, und ihn fragte, ob ihn nicht auf seinen Feldzügen an den Grenzen des Kaffernlandes, oder des Landes der Bosjesmens, wo er natürlich in der Wüste oder in Wäldern schlief, eine Gefahr von Seiten der Schlangen bedroht habe, erwiderte er, so viel als er sich erinnere, sey dieß ein einziges Mal der Fall und zwar bei folgender Gelegenheit gewesen

„Als ich mich bei einer Kriegsunternehmung auf der Grenze befand, sagte er, schlief ich eines Nachts, wie gewöhnlich, in meinen Mantel gehüllt, unter einem Baume. Als ich mit Tagesanbruch erwachte, war das Erste, was ich erblickte, als ich meinen Kopf von dem Sattel empor hob, der mir zum Kopfkissen diente, der Schwanz einer großen Puff=Adder, die sich mir quer über die Brust weggelegt hatte; der Kopf war in den Falten des Mantels an meinem Körper versteckt, wohin sie sich bei der Kälte der Nacht verkrochen hatte, wahrscheinlich um sich zu wärmen. Es war sehr zu besorgen, daß, wenn ich sie durch eine Bewegung beunruhigte, sie mich an einem gefährlichen Theile beißen würde; ich faßte sie daher leise beim Schwanze an, zog sie mit einem plötzlichen Ruck hervor und schleuderte sie eine Strecke weit mit Gewalt fort. Auf diese Art entging ich aller Gefahr; allein hätte ich diesem uneingeladenen Bettgenossen unwillkürlich etwas zu Leide gethan, ehe ich seine Gegenwart bemerkte, so würde mir, aller Wahrscheinlichkeit nach, meine Unachtsamkeit theuer zu stehen gekommen seyn.''

Es ist nichts Ungewöhnliches, daß man mancherlei Arten von Schlangen in den Häusern am Kap findet, und sie erregen gewöhnlich nicht viel Unruhe, wenn man sie entdeckt. Sie kommen durch die Dächer und unter den Mauern hervor, um Futter und einen Zufluchtsort zu suchen; besonders machen sie auf die Mäuse Jagd, von denen Einige hauptsächlich leben. Während meines Aufenthaltes im Innern erinnere ich mich jedoch nur zweier Fälle, daß ich Schlangen in meiner Hütte gesehen habe. Bei einer dieser Gelegenheiten hatte ich ein Mädchen, eine barfüßige Hottentottin, weggeschickt, um Etwas aus einer benachbarten Hütte zu holen; es war nach Einbruch der Nacht. Als sie damit zurück kam, schrie sie außen, ehe sie noch in meine Hütte trat: ,,ach, Mynheer! Mynheer! was soll ich thun? Eine Schlange hat sich um meinen Knöchel geschlungen; mache ich die Thür auf, so kommt sie mit in's Haus.'' ,,Bekümmere dich nicht darum! erwiderte ich, mache die Thüre auf und laß sie kommen, wenn sie Herz hat.'' Sie gehorchte; die Schlange kam mit herein; glücklicher Weise hatte sie dem armen Mädchen nichts zu Leide gethan. Ich war bereit und schlug sie sogleich todt. Ich fand nachher, daß sie Eine von der giftigsten Art war, die man auf dem Kap die Nachtslang nennt.

Die Leute gewöhnen sich an so Etwas, und selbst die Europäer betrachten nach und nach Schlangen mit großer Gleichgültigkeit. Gerade vorher, als ich die Kolonie verließ, brachte ich eine oder zwei Wochen bei meinem Freunde, dem Major Pigot, in seiner Wohnung bei Grahams Town zu, und als ich mir eines Tages aus seiner Bibliothek in seinem Zimmer ein Buch holen wollte, fand ich eine schöne gelbe Schlange, die, ungefähr 5 Fuß lang, auf der obersten Reihe Bücher lag und schlief. Sie lag so still, daß ich anfänglich glaubte, es sey ein ausgestopftes Exemplar; als ich aber an ihrem Schwanze eine geringe Bewegung bemerkte, versetzte ich ihr mit einem Quartanten einen solchen Schlag, daß ich dem armen Thiere den Rücken zerbrach und es nun nach Belieben tödten konnte. Ich erfuhr nachher, daß man wenige Tage vorher eine andere Schlange an derselben Stelle und eine dritte in des Majors Pigot Ankleidezimmer getödtet hatte. Alle waren durch ein Gukloch hereingekommen, das man zufälliger Weise offen gelassen hatte.

Solche Fälle sind keine Seltenheit. Die Bojesmens vergiften ihre Pfeile mit dem Schlangengifte und nehmen dazu die Cobra=Capello und die Puff=Adder, welche sie lebendig fangen.

Die Cobra=Capello ist eigentlich nicht auf dem Kap der guten Hoffnung, sondern in Ostindien, besonders auf der Insel Ceylon zu Hause. Indessen nennt man doch eine Schlange auf dem Kap Cobra=Capello, wie auch Barrow u. A. behaupten, und unsere Abbildung liefert ein Bild, das diese wahrscheinlich vorstellt. Die ostindische Cobra=Capello oder Hutschlange (Kappenschlange) ist nach Percival auf Ceylon 6 bis 15 Fuß lang. Ihr Biß ist tödtlich. Wird sie wüthend oder ist sie zum Angriffe bereit, so hebt sie den Kopf und den Leib 3 bis 4 Fuß auf eine spiralförmige Art in die Höhe, während sie zugleich den übrigen Theil des Körpers zusammenrollt, um ihren Sprung zu beschleunigen und zu verstärken. In diesem Augenblicke dehnt sie am Kopfe ein Fell in der Gestalt eines Hutes aus, wovon sie den Namen erhalten hat. Dieser Hut ist eine Membrane (ein Fell) die längs der Stirne und den Seiten des Halses hin 'iegt und beinahe unmerklich ist, so lange das Thier nicht wüthend wird und seinen Feind anzugreifen im Begriffe ist. Wenn der Hut aufrecht steht, so bekommt ihr Kopf ein ganz anderes Ansehen und man bemerkt einen sonderbaren weißen Streifen, der längs der Stirne in Gestalt einer Brille (weshalb man sie auch die Brillenschlange [coluber naja] nennt), oder bisweilen auch eines Hufeisens hinläuft. Die Ausdehnung dieser Membrane scheint die Vorsehung deshalb beabsichtigt zu haben, damit allen denen, die das Thier erreichen kann, ein Wink gegeben werde, daß sie Anstalt zu ihrem Angriffe trifft; ohne dieses Zeichen wäre diese Schlange ein sehr gefährliches Geschöpf, da nachmals seine Bewegungen zu schnell vor sich gehen, als daß man ihnen ausweichen könnte. Auch Barrow behauptet, daß die Cobra-Capello die gefährlichste Schlange auf dem Vorgebirge der guten Hoffnung sey.

Das Lama (Auchenia Llacma.)

Der größte Theil der geehrten Leser war schon längst durch Campe's vielgelesenen „Robinson" mit diesem Thiere bekannt, lernte es aber gewiß noch weit mehr lieb gewinnen, als der Herr van Aken, in seiner in ganz Deutschland bekannten Menagerie ein Exemplar vorführte, das wohl eins der schönsten seines Geschlechtes zu nennen war. Wer erinnerte sich nicht dieses sanften, liebenswürdigen Thieres, das eine Dressur erhalten hatte, wie man sie sonst nur bei einem guten Pferde gewohnt ist! Welche Dame sollte sich nicht noch mit Freuden daran erinnern, wie gern es sich von ihnen liebkosen ließ, wie sanft es die Zuckerbrodchen aus ihren Händen nahm, wie mild und gut es sie dabei mit seinen großen, schönen, schwarzen Augen anblickte! Die Feinheit und der Glanz der Wolle dieses Thieres, die Schönheit seiner rostbraunen Farbe, sein edler Gang, mit einem Worte Alles vereinigte sich, um das Thier zum Lieblinge seiner Beschauer zu machen. Um so mehr mußte daher sein kurz nach der Ostermesse 1832 in Leipzig plötzlich erfolgter Tod seinen Besitzer betrüben; für unser Vaterland hatte er aber dagegen den Nutzen, daß wir das liebe Thier, wenn auch todt, nun ganz behalten konnten, indem es mit Ausnahme des Balges für das anatomische Theater in Leipzig, und dieser für das Naturalienkabinet in Dresden angekauft wurde.

Die Abbildung und Beschreibung eines Thieres, das für uns so vielfaches Interesse erweckte, wird daher wohl nicht unwillkommen seyn, und dieß veranlaßt uns, eine kurze Darstellung desselben in diesen Blättern zu geben.

Ursprünglich bewohnte das Lama in großen Heerden die hohen Kordilleras Peru's, jetzt wird es aber nur noch gezähmt daselbst gefunden. In seinem ganzen Baue weicht es sehr von dem Kameele, mit dem man es häufig vergleicht, ab. Die Oberlippe ist über die Nasenlöcher hervorstehend und tief gespalten; das lebhafte, vorspringende Auge ist mit langen, dichten Wimpern besetzt; die Ohren sind halb so lang als der Kopf, spitzig und vor- und rückwärts beweglich, und der ganze Kopf überhaupt gleicht so ziemlich dem eines jungen Pferdes. Der Hals ist lang und schmal, der Rücken ohne Höcker und der Schwanz kurz, lang behaart und aufrecht stehend. Die Schenkel sind kurz und gedrungen, die Füße klein und die Zehen

ganz gespalten. Die Haut ist auf dem Rücken und den äußern Seiten der Lenden mit kürzeren, an den Seiten aber und am Bauche mit längeren seidenartigen Haaren besetzt, die gewöhnlich braun oder braun und weiß gefleckt sind. Die übrigen Theile des Körpers sind mit mehr oder weniger kurzen Haaren bedeckt. — Die Höhe des Lama's beträgt ungefähr vier und die Länge sechs Fuß.

Seine stattliche Haltung gleicht der des Hirsches, aber sein langer, zierlicher Hals, der Bau seines Kopfes, sein sanftes Antlitz geben ihm einen noch höheren Grad von Schönheit. Sanft, dabei aber auch munter und lebhaft, im Laufe nicht sehr schnell, aber sicher, und im Klettern behende gleich der Gemse, ist es eines der schönsten, aber auch der nützlichsten Thiere Peru's. Schon lange vor der Entdeckung Amerika's hatten die Einwohner Peru's daher auch diese Thiere gezähmt, zu Hausthieren gemacht, und zum Ziehen des Pfluges, besonders aber zum Lasttragen gebraucht. — Die große Achtung und Liebe, die sie diesen Thieren schenkten, giebt den besten Beweis, wie wichtig sie damals für die Peruaner waren; ja! diese feierten sogar, ehe sie sich eines Lama's als Haus- und Zuchtthieres bedienten, ein besonderes Fest zu Ehren desselben. Innerhalb des eingezäunten Hofes mit ihren Hütten zierten sie ihm erst den Kopf mit bunten Bändern und schönen Blumen. Hierauf baten sie ihre Freunde zu einem Gastmahle und schmausten und tanzten dann oft mehrere Tage lang. Dabei gingen sie fleißig zu dem geliebten Thiere, umarmten und liebkosten es, sagten ihm viele Schmeicheleien, unterredeten sich überhaupt mit ihm, als wäre es ein vernünftiges Wesen, mit dem sie nun einen Bund der Freundschaft schließen wollten, ja! sie hielten ihm wohl gar ihr Lieblingsgetränk, eine Art Branntwein, vor das Maul, um ihm, wenn es auch nicht davon trank, wenigstens den guten Willen zu beweisen. Nach Beendigung des Festes wurde es erst zum Lasttragen oder Ziehen gewöhnt; dieß geschah aber, und geschieht auch jetzt noch, mit der größten Mäßigung und Sanftmuth.

Als später die Maulthiere eingeführt wurden, gebrauchte man es nur noch zum Lasttragen und auch dazu gewöhnlich nur auf den hohen Gebirgen und gefahrvollen Pfaden überhaupt. — Es legt sich zur Auflegung seiner Last nieder, vermag gegen 150 Pfund zu tragen, steht mit seiner Last sehr behutsam auf und bringt sie sicher an den Ort ihrer Bestimmung. Ist die Last zu schwer, so steht es nicht eher auf, als bis sie ihm erleichtert worden ist. Bei gütiger Behandlung ist es geduldig und folgsam; Schläge und Härte überhaupt machen es störrig und völlig unthätig, und endlich zum Zorne gereizt, spritzt es sogar seinen Speichel seinem Beleidiger weit entgegen. Daher braucht man auch weder Stachel noch Peitsche, sondern leitet diese Thiere nur durch Worte oder durch eine Pfeife, und läßt sie ruhig ihren gewöhnlichen Schritt fortgehen. Während der Reise weiden sie öfters; des Nachts aber käuen sie wieder, wozu sie sich niederlegen. Beim Niederlegen ziehen sie die Schenkel so ein, daß sie der Körper ganz bedeckt, den Hals halten sie aber dabei stets gerade in die Höhe. Gewöhnlich legen sie in einem Tage 5 — 6 Meilen zurück. Ein Zug dieser mit ihren Lasten beladenen Thiere soll einen herrlichen Anblick gewähren. Hinter einander, in der schönsten Ordnung, angeführt von einem, das mit einer schön gezierten Halfter, einem Glöckchen und einem bunten Fähnchen am Kopfe geschmückt ist, ziehen sie, gleich einer Reihe Soldaten über die schneeigen Gipfel der Kordilleras, oder der Seite der Gebirge entlang, auf Wegen, wo weder Pferde noch Maulthiere gefahrlos fortkommen würden.

Die Lieblingsnahrung der Lama's ist eine Pflanze, die Ycho genannt wird und die man dort häufig auf den höchsten Gipfeln der Gebirge findet. Sie fressen sehr viel, trinken aber wenig.

Das Lama.

Auch nach ihrem Tode gewähren sie den Peruanern noch manchen Nutzen. Ihr Fleisch, das eingepökelt und verkauft wird, freilich aber etwas zähe und grob seyn soll, wird gegessen. Die Wolle wird zu gewöhnlichen Kleidungsstoffen benutzt und die Haut wird zu Leder verarbeitet.

Woche.

Am 9. November 1813 fand ein sehr lebhaftes Treffen zwischen den Oestreichern und Franzosen Statt. Die Oestreicher, befehligt vom Fürsten von Schwarzenberg, dem Feldzeugmeister Grafen von Gyulay und Grafen von Bubna eroberten nach ziemlich kräftigem Widerstande das von 2000 Mann Franzosen unter dem General Bertrand besetzte Hochheim.

Am 10. November 1759 war der Geburtstag Eines der größten deutschen Dichter: Johann Christoph Friedrich von Schiller wurde an diesem Tage, als Sohn eines würtembergschen Lieutenants, in dem Städtchen Marbach am Neckar geboren. Er widmete sich anfangs theologischen, von 1773 aber, nach dem Willen des Herzogs Karl, rechtswissenschaftlichen, endlich aber ärztlichen Studien, und ward, nach wohlbestandner Prüfung, im Jahre 1780 Bataillonsarzt zu Stuttgart. Sein ausgezeichnetes Talent für die Dichtkunst zeigte sich sehr früh. Sein erstes dramatisches Werk sind die Räuber (1781), welches ihn schon frühzeitig berühmt machte. Als ihm aber der Herzog wegen einiger Stellen des genannten Trauerspiels verbot, irgend etwas Anderes, als zur Heilkunde Gehöriges drucken zu lassen, entfloh er aus Entrüstung über dieses Verbot nach Mannheim, worauf feierliche Landesverweisung gegen ihn ausgesprochen wurde. Er lebte hierauf in Bauer

bach bei Meiningen; dann als bereits hochgefeierter Bühnendichter, zu Mannheim, Dresden, Leipzig, Weimar. 1789 wurde er Professor der Philosophie zu Jena, beschäftigte sich mit Kant'scher Philosophie, hielt mit ausgezeichnetem Beifalle geschichtliche Vorlesungen, und ward ordentlicher Professor der Geschichte an genannter Universität. Von einer Erholungsreise nach Berlin zurückgekehrt, starb er zu Weimar, wo er sich von Jena hingewandt hatte, am 9. Mai 1805.

Am 11. November 1813 erfolgte die Uebergabe Dresdens von Seiten der Franzosen an die Oestreicher und Russen.

Am 12. November 1757 eroberten die Oestreicher unter dem General Nadasti die vom preußischen General Seers befehligte schlesische Festung Schweidnitz nach einer 16 tägigen Belagerung.

Am 13. November 1603 fand zwischen den Herzogen von Sachsen=Weimar aus dem älteren Hause eine Landestheilung Statt, vermöge welcher Altenburg und Weimar als die beiden Haupttheile angenommen wurden, wonach jenes ältere Haus nun in die Altenburgische und Weimarische Linie sich getheilt hat.

Am 14. November 1716 starb zu Hannover, der als Rechtslehrer, Geschichtsforscher, vorzüglich aber als Philosoph und Mathematiker berühmte Gottfried Wilhelm von Leibnitz. Er war zu Leipzig den 4. July 1646 geboren, und legte hier den ersten Grund seiner bisherigen Gelehrsamkeit. In einem Alter von 19 Jahren ward er zu Altdorf Doktor der Rechte, ging hierauf nach Nürnberg, und später als Kanzleirath nach Mainz. Reisen nach Frankreich und England, die er einige Jahre später unternahm, waren äußerst belohnend für seine Studien. Nach seiner Rückkehr ernannte ihn der Herzog Friedrich von BraunschweigLüneburg zum Hofrathe und Bibliothekar in Hannover, woselbst sich Leibnitz 1677 niederließ. Er ordnete die Bibliothek daselbst und trug viel zu ihrer Bereicherung bei. Ernst August, Friedrich's Nachfolger, ernannte 1679 Leibnitz zum geheimen Justizrathe, ließ ihn eine Geschichte des braunschweigischen Hauses ausarbeiten, und Deutschland und Italien durchreisen, um die nöthigen Hülfsmittel zu sammeln. Mehrere geschichtliche Werke waren die Früchte dieser Reise. Hierauf wandte er sich den philosophischen und mathematischen Forschungen wieder zu, und bereicherte diese Wissenschaften mit einigen vorzüglichen Schriften, durch die er seinen Namen denen der vorzüglichsten Philosophen und Mathematiker beifügte. 1712 wurde er von Kaiser Karl VI. zum Reichshofrathe ernannt, in Folge dessen er sich nach Wien begab, um hier mit den ausgezeichnetsten Männern, unter denen auch Eugen, vertraute Bekanntschaft anknüpfte. Er führte einen sehr ausgebreiteten Briefwechsel, und Gelehrte aller Art fanden in dem edlen Manne einen Gönner und Beförderer ihrer Untersuchungen. Er starb in einem Alter von 70 Jahren.

Am 15. November 1826 wurde die Ludwig=Maximilians=Universität zu München in Gegenwart des Königs Ludwig I. feierlich eröffnet.

Verlag von Bossange Vater in Leipzig.
Unter Verantwortlichkeit der Verlagshandlung.

Das Pfennig-Magazin

der
Gesellschaft zur Verbreitung gemeinnütziger Kenntnisse.

29.]   Erscheint jeden Sonnabend.   **[November 16, 1833.**

Vergleichende Darstellung der vornehmsten Gebirgshöhen.

Vorstehendes Bild giebt eine leicht zu übersehende Zusammenstellung der höchsten Gebirge auf der Erde, deren Höhen bis jetzt durch Messungen bestimmt worden sind. Die Angaben der Gelehrten weichen freilich noch sehr von einander ab. Wir sind in unsrer Erklärung größtentheils den Bestimmungen v. Humboldt's gefolgt, welcher sich um die Geographie überhaupt und namentlich auch um die Orographie die größten Verdienste erworben hat. Er ist einer der bedeutendsten Männer unsers Jahrhunderts, der das Ausgezeichnetste, was nur ein geistig so reich begabter und unter so günstigen äußern Verhältnissen lebender Mann, wie er, zur Förderung der Wissenschaft geleistet hat. Seinen Angaben darf man um so sicherer trauen, da er die Messungen ganz selbstständig und unabhängig von Andern angestellt hat.

Diejenige Wissenschaft, welche von den Bergen und Gebirgen handelt, heißt die Orographie (Gebirgsbeschreibung). Sie ist ein Theil der physikalischen Geographie und darf nicht mit der Geognosie und Geologie verwechselt werden. Die Orographie nämlich beschäftigt sich nur im Allgemeinen mit der Erklärung und Eintheilung der Gebirge und der Angabe ihrer Höhen, während die Geognosie und Geologie den äußern und innern Bau des Erdkörpers, seine muthmaßliche Bildung, so wie die Bestandtheile der Gebirge kennen lehrt.

Nach Verschiedenheit der Lage, Gestalt und Ausdehnung erhalten die Berge verschiedene Namen. Wir begnügen uns hier mit einer kurzen Andeutung derselben, da der Zweck dieser Blätter und der engbegrenzte Raum eine genauere Auseinandersetzung nicht erlauben.

Die Erhöhungen, welche sich aus der Ebene erheben, heißen nach der größern oder geringern Höhe, die sie haben, Hügel, Anhöhen und Berge. — Zusammenhängende und nach einer bestimmten Richtung fortlaufende Erhöhungen heißen Hügelreihen, Höhenzüge, Bergketten und Bergrükken; liegen sie in Haufen neben einander, so werden sie Hügel- oder Berggruppen genannt.

Der höchste Theil eines Berges heißt Kuppe, Spitze oder Gipfel; der niedrigste Theil heißt der Fuß; die Seiten eines Berges nennt man Abdachung, Abhang und Böschung; die Linie, welche die einzelnen Kuppen einer Bergkette mit einander verbindet, wird im Allgemeinen Kamm genannt.

Die Vertiefungen zwischen den Gebirgen heißen Schluchten, Thäler, Spalten oder Klüfte, Schlünde, Becken und Kessel.

Gebirge nennt man Bergketten und Bergrücken, welche eine bedeutende Höhe haben und deren Grundlage aus festem Gestein, Felsen, besteht. Nach Verschiedenheit der Höhe erhalten die Gebirge wiederum verschiedene Namen. Sie heißen Hoch- oder Alpengebirge (5 bis 7000 Fuß und darüber hoch), Mittelgebirge (2 bis 5000 Fuß hoch) und Vorberge, welche niedriger als 2000 Fuß sind und den Uebergang aus der Ebene zu den Mittel- oder Hochgebirgen bilden. — Als fester Punkt bei Bestimmung der Gebirgshöhen wird der Spiegel des Meeres, gewöhnlich des mittelländischen, angenommen.

Nach der Höhe theilt man auch die Gebirge folgendermaßen ein:

1) Hügel.................... von 1000 bis 2000 Fuß.
2) Niedrige Berge und Gebirge 2000 — 4000 — Harz, Fichtelgebirge re.
3) Mittelgebirge............ von 4000 bis 6000 Fuß. Sevennen, Ural.
4) Alpengebirge............ über 6000 Fuß.
5) Riesengebirge........... — 10,000 Fuß. Alpen, Kaukasus, Himalaya, Anden.

Bei dem Anblicke solcher ungeheuern Höhen könnte man geneigt seyn zu glauben, daß die Erde durch sie von ihrer runden und regelmäßigen Form viel verliere; allein sie sind in der That im Verhältnisse mit der Größe der Erde das, was die kleinen Unebenheiten sind, welche man auf der Schale einer Orange bemerkt; oder sie sind dem Sandkörnchen zu vergleichen, welches an einer Kegelkugel klebt.

Derjenige Punkt, in welchem mehrere Gebirgsketten auf einander treffen, wird Gebirgsknoten oder Gebirgsstock genannt. — Die Gipfel der Gebirge heißen Horn, Zahn, Nadel, Nase, Thurm und Pic, wenn sie eine spitze Form haben; Kopf und Kuppe aber, wenn die Form mehr rund ist.

Die Gipfel der höchsten Berge und Gebirge sind, selbst in den heißesten Ländern, mit ewigem Schnee und Eis bedeckt, während zu ihren Füßen Frühling, Sommer und Herbst mit ihren veränderten Landschaften und ihren reichen Produkten herrschen. Der Grund davon liegt in der größern Verdünnung der Luft, welche in den obern Regionen herrscht; in dem Maße, wie sich die Luft verdünnt, nimmt auch die Kälte zu. Die Grenzen, wo auf den Gebirgen der immerwährende Schnee beginnt, heißt die Schneelinie; diese Grenzen haben aber verschiedene Höhen; zwischen den Wendekreisen sind sie am höchsten; je mehr man sich aber den Polen nähert, desto tiefer sinkt die Schneelinie. Nach Humboldt findet folgendes Verhältniß Statt:

1°′ bis 3° N. Br. (Anden, Quito) auf:
14,760 Fuß Höhe.
18° 59′ (Mexiko)............. 14,100′ —
37° 10′ (Sierra nevada in Süd-Spanien)
10,680′ Fuß Höhe.
42° bis 43° (Kaukasus)...... 9,900′
42° 30′ bis 43° (Pyrenäen).. 8,400′
49° 10′ (Karpathen)......... 7,980′
61° bis 62° (Norwegen)...... 5,100′
67° (Norwegen)............. 3,600′

Die Naturforscher theilen die Gebirge in drei Klassen ein:

1) Urgebirge, antediluvianische, oder Granitgebirge.
2) Sekondäre, oder Kalkgebirge.
3) Vulkanische, oder von der dritten Bildung.

Erste Klasse. Die Urgebirge oder uranfänglichen Gebirge. Der Name dieser Gebirge beweist schon, daß man sie für früheste Bildungen der festen Erdmasse hält; man nimmt an, daß sie mit unserm Planeten selbst von gleichem Alter sind. Sie dienen den übrigen Gebirgsarten zur Unterlage oder Seitenmauer. Dieser durch die Thätigkeit der Elemente umgebildete Stoff dieser Gebirge ist Porphyr und Granit. Der Porphyr ist ein sehr harter Stein und fast unzerstörbar; gewöhnlich ist seine Farbe roth oder rothbraun, doch giebt es auch grünen, schwarzen und braunen; der Granit ist eine Mischung von Quarz, Feldspath und Glimmer, enthält aber auch oft zufällig andre Steinarten. Seine Härte ist sehr groß und er giebt mit dem Stahle Feuer. Gänge edeln Metalls finden sich in Granitgebirgen sehr selten; doch findet sich darin Zinn, Eisen, Kobalt, Kupfer- und Schwefelkies, wiewohl auch dieß nur in Seitenzweigen der höchsten Granitketten. Diese Granitgebirge enthalten auch beträchtliche Krystallgewölbe, aus welchen die schönsten Krystalle herausgebracht werden. Nie hat man in diesen Gebirgen Versteinerungen oder Abdrücke organisirter Körper gefunden, und schon dieß giebt den Beweis, daß sie älter sind, als alle übrigen Gebirge, und älter als das Thier- und Pflanzenreich. Die Granitgebirge übertreffen an Höhe alle andern Gebirge; sie erheben sich sehr steil und erscheinen gewöhnlich als nackte kahle, zerrissene, schroffe Felsenspitzen und Wände. Ihre Gipfel sind oft von großen Trümmern von eben der Steinmasse, woraus das ganze Gebirge besteht, überdeckt, tragen auch, außer wenigen Moosarten, keine Gewächse, und waren entweder nie mit einem lockern Erdreiche bedeckt, oder sind von demselben durch Regengüsse entblößt worden. An ihrem Fuße trifft man oft schreckliche Abgründe und tiefe Klüfte; von ihren Seiten herab stürzen Ströme in betäubenden Fällen, ungeheure Gletscher und Eismeere decken ihren Rücken. Die abgerissenen Stücke, welche auf ihrem Gipfel und zu ihren Füßen liegen, die hängende Richtung einiger Gebirge, das Senken, welches die ganze Masse empfunden hat, beweisen die Thätigkeit der Jahrhunderte und die Umwandlungen, welche die Welt erlitten hat.

In diese Klasse rechnen wir:

In Europa: die Scandinavischen Alpen, das Uralgebirge, die Karpathen, die Alpen, die Pyrenäen, die Apenninen, die Cevennen.

In Asien: den großen und kleinen Altai, den Kaukasus, den Taurus, den Libanon, das Ghatesgebirge und die Kette des Himalaya.

In Afrika: der Atlas, das Lupatagebirge, Mondgebirge, die Gebirge am Cap der guten Hoffnung.

In Amerika: die Anden, die Kordilleren, die Apalachen.

Zweite Klasse. Die sekondären Gebirge sind die, welche durch die Gewässer gebildet sind. Man findet in ihrem Innern Stücken von Muscheln, von Thieren, und Versteinerungen aller Art. Im Allgemeinen liegen die sekondären Gebirge an den Urgebirgen an, scheinen sich aber davon trennen zu wollen und sich zu langen Ketten zu bilden, in denen man keinen Granit findet. Sie sind im Vergleiche mit den Urgebirgen weniger hoch, ihre Gipfel sind rund, mit Erde bedeckt und bilden oft Hochebenen, auf welchen man Sand und Haufen Kieselsteine findet, welche denen gleich sind, die durch die Wellen an das Meeresufer geschwemmt werden.

Dritte Klasse. Die vulkanischen Gebirge verdanken ihren Ursprung der Gewalt eines innern, unterirdischen Feuers, welches sich durch die Oberfläche der Erde einen Ausweg zu bilden sucht. Wenn das Feuer einen unüberwindlichen Widerstand findet, so bildet sich der Berg, aber ohne Vulkan. So haben wir mitten im Meere Felsen erhoben, wovon einige nach einigen Tagen, oder nach einigen Jahren ihres Bestehens wieder verschwunden sind, andere hingegen haben aus Ursachen, die uns selbst unbekannt sind, fortbestanden. Wenn die innere Feuersbrunst stark genug ist, um den Gipfel des Berges, den sie gebildet hat, durchzubrechen, so wirft dann der Vulkan durch die durch eine Explosion entstandene Oeffnung, die man Krater nennt, Stoffe aller Art aus, als Laven, Schlacken, Kohlen, Schwefel, ja sogar Wasser, in welchem man eine Menge todter Fische sieht. Diese Berge sind sehr hoch, und ungeachtet des Feuers, das sie im Innern aushöhlt, mit immerwährendem Schnee bedeckt.

Die Zahl der bis jetzt bekannten Vulkane beläuft sich auf 195.

Auf dem Festlande von Europa.............. 1
Auf den zu Europa gehörigen Inseln.......... 12
Auf dem Festlande von Amerika.............. 97
Auf den zu Amerika gehörigen Inseln.......... 19
Auf dem Festlande von Asien................ 8
Auf den zu Asien gehörigen Inseln........... 58

In Afrika ist noch kein Vulkan entdeckt worden. Die Zahl der erloschenen Vulkane ist sehr beträchtlich. Man kann öfters nur an den Laven, dem Bimsteine, Basalt und den Schlacken die sichtbaren Ueberbleibsel der Thätigkeit des Feuers, womit die äußere Rinde des Berges überzogen ist, erkennen, daß sie vorhanden gewesen sind. In den vulkanischen Gebirgen zeigt nichts einen Urkern an; kein Grundgranit, überall eine sekondäre Bildung, kalkiger Spath und andere Substanzen welche mit Säuren aufbrausen.

Haupt-Gebirge Asiens.

1)	Dhawala-Giri (Thibet)....	26 bis 27,000 Fuß.
	Jewahir oder Pic des Himalaya (Jewahir im Norden von Delhi)..............	25,260 Fuß.
2)	Jamatura oder Jumoutry.........	23,929 —
3)	Der schwarze Pic.........	19,852 —
4)	Mehrere Pics von 23,000 bis 24,700 Fuß und ein Gebirgspaß in Thibet (Gorval, Badunath,	
5)	Thibet).........	17,454 Fuß.
6)	Budjrai-Gebirge.........	7,040 —
7)	Petcha oder Hamar (Honan in China	19,704 —
8)	Sochuda's Gebirge, ebendaselbst.....	11,824 —
9)	Gebirge Melin, ebendaselbst.........	7,695 —
10)	Gebirge von Korea (Korea, China)	4,110 —
11)	Parmesan (Insel Banca im chinesischen Meere)	9,431 Fuß.
12)	Moonakoah (Hawai, eine der Sandwichsinseln)	16,890 Fuß.
13)	Libanon, berühmt durch seine Cedernwälder (Syrien in der asiatischen Türkei.......	7,986 Fuß.
14)	Ararat, auf welchem sich die Arche Noa's niederließ (Armenien in der asiatischen Türkei)	10,600 Fuß.
15)	Olymp oder Keshish-Dagh (Anatolien, in der asiatischen Türkei).........	11,400 Fuß.
16)	Ida, berühmt durch den Richterspruch des Paris (Anatolien in der asiatischen Türkei)	5,443 Fuß.
17)	Karmel (Paläst. in der asiat. Türkei)	2,044 —
18)	Tabor, Berg der Verklärung, (Paläst. in der asiat. Türkei)	1,849 Fuß.
19)	Ophir-Gebirge (Insel Sumatra im indischen Oceane).........	12,791 Fuß.
20)	Vulkan im Süden des Ophir-Gebirges (ebendaselbst)	11,452 Fuß.
21)	Stalißkoi (Kette des Altaigebirges, in der Tartarei)	10,618 Fuß.
22)	Sea-View-Hill (Neu-Süd-Wales)	6,002 —
23)	Bathurst (Roxburg in Neu-Süd-Wales)	8,477 Fuß.
24)	Cunningham-Gebirge.........	462 —
25)	Awatscha (Vulkan auf Kamschatka, im asiatischen Rußland).........	9,006 Fuß.

Gebirge Amerika's.

26)	Der Chimborasso (der höchste Gipfel der Anden in Quito).........	20,136 Fuß.
27)	Der Vulkan Antisana (Anden in Quito)	17,952 —
28)	Der Vulkan Cotopaxi (ebendaselbst)	17,712 Fuß.
29)	Gebirgspaß (ebendaselbst).........	16,420 —
30)	Der Vulkan Sangai oder Mecas (ebendaselbst)	16,060 Fuß.
31)	Sinchulahua (Anden in Quito)....	15,420 —

32) Der Vulkan Tunguragua (ebendaf.) 15,222 —
33) Der Vulkam Imbabura, der bei seinen Ausbrü=
chen oft Fische auswirft............. 8,412 Fuß.
34) Sierra Nevada von St. Martha (Anden in Ko=
lumbien).................... 14,733 Fuß.
35) Der Vulkan Duida (ebendaselbst). 7,932 —
36) Bergantinen=Gebirge (ebendaselbst). 4,116 —
37) Blaue Gebirge auf Jamaika....... 7,644 —
38) Der Schwefel=Vulkan (Insel St. Vincent) 4,704 Fuß.
39) Das Elendsgebirge (St. Christoph) 3,474 Fuß.
40) Gipfel der Topiennischen Kette (Vereinigte Staaten) 15,296 Fuß.
41) Felsengebirge (ebendaselbst)........... 14,262 —
42) Agiochochook oder weiße Gebirge (Neu=Hamshire in den vereinigten Staaten)............. 7,310 Fuß.
43) Alleghani=Gebirge (Verein. Staaten) 2,800 —
44) Katzengebirge (Neu=York, Vereinigte Staaten) 2,815 Fuß.
45) Zuckerhut (Arkansas, Vereinigte Staaten) 1,122 Fuß.
46) Pataten=Gebirge (ebendaf. ebendaf.) 651 —
47) Eliasgebirge (Anden, Mexiko)...... 16,968 —
48) Vulkan Popocatepetl (ebendaf.).... 16,626 —
49) Vulkan Jorullo (ebendaf.)........ 3,996 —
    Hauptgebirge Afrika's.
50) Höchste Gipfel der abyssinischen Gebirge 14,124 Fuß.
51) Tarenta in Abyssinien........ 7,319 —
52) Pic von Teneriffa (Teneriffa, Canar. Insel) 11,595 Fuß.
53) Pic von Ruivo (Insel Madera).... 5,790 —
54) Pic der Diana (Insel St. Helena im atlantischen Oceane).............. 2,692 Fuß.
55) Nieuweldt(Nieuweldtbai in Südafrika) 9,600 —
56) Tafelberg am Kap (ebendaf.)........ 3,300 —
57) Ein Vulkan (auf der Insel Bourbon) 7,363 —
    Hauptgebirge Europa's.
58) Mont=Blanc (Alpen)........... 14,806 Fuß.
59) Monte=Rosa (ebendaf.)........ 14,579 —
60) Mont Cenis................. 10,752 —
61) Der große St. Bernhard........ 10,380 —
62) Simplon.................. 9,372 —
63) St. Gotthard............... 8,319 —
64) Der Brenner (italien. Alpen).... 6,063 —
65) Chasseral (Jura)............ 4,758 —
66) Monte Viso (Alpen ebendaselbst).. 11,623 —
67) Cimon (Apenninen in Italien).... 6,347 —
68) Mont Perdü (Pyrenäen, Spanien) 10,518 —
69) Pic von Arbizon (ebendaselbst)...... 8,800 —
70) Pic von Montague (ebendaf.)...... 7,590 —
71) Ortelspitz (in Tyrol)............ 14,289 —
72) Mulacen (Spanien)........... 11,081 —
73) Vulkan Aetna (Sicilien)...... 10,281 —
74) Terglou (Krain in Oesterreich)...... 9,988 —
75) Panda (Uralgebirge in Rußland).... 6,422 —
76) Olymp, Jupiter's Wohnsitz (Griechenland) 6,120 Fuß.
77) Vulkan Vesuv (bei Neapel, Ital.) 3,232 —
78) Vulkan Hekla (Island)........ 3,120 —
79) Stromboli (Liparische Inseln)...... 2,833 —
80) Vaucluse, berühmt durch Petrarka's Aufenthalt (Frankreich)............. 1,900 —
81) Gibraltar (Andalusien, Spanien).... 1,400 —
82) Montmartre, bei Paris......... 351 —
83) Ben=Nevis (Inverneßshire, Schottland) 4,164 —
84) Cairn=Gorm (InBausffhtre, ebendaf.) 4,000 —

Zu diesem Gemälde fügen wir noch die Angabe mehrerer Orte und Gebäude hinzu, welche durch ihre Höhe bemerkenswerth, oder durch die Erinnerungen, welche sich daran knüpfen, berühmt sind.
a) St. Bernhard=Kloster (über der Schneelinie) 8,519 Fuß
b) St. Gotthard=Kloster............ 6,031 —
c) Der See Lüson............ 5,748 —
d) Luzernersee............. 1,286 —
d) Genfersee.............. 1,195 —
e) Edinburg.............. 409 —
f) Kathedrale von St. Paul zu London 338 —
g) Daba an der Quelle des Sulledj in Thibet 14,924 —
h) See Manasarooa in Thibet........ 13,395 —
i) Milma=Tempel an der Gangesquelle 11,004 —
k) Punkt, bis wohin der Condor sich erhebt in den Anden............. 19,363 —
l) Der höchste Punkt, den der Luftballon Gay-Lussac's erreicht hat .... 21,160 Fuß.
m) Long=Wood, Haus Napoleon's auf St. Helena............... 1,849 Fuß.
n) Pyramiden Egyptens.......... 416 —
o) Höhe, bis wohin v. Humboldt und Bonpland auf dem Chimborasso gedrungen sind im J. 1802. 17,919 Fuß.
p) Meierei von Antisana, der höchste bewohnte Punkt der Anden........... 13,435 Fuß.
q) Höhe, bis zu welcher die Fichten in der heißen Zone fortkommen.......... 11,794 Fuß.
r) Höhe, bis zu welcher die andern Bäume in der heißen Zone fortkommen...... 10,214 Fuß.
s) Quito in Südamerika........ 8,926 —
t) Minen von Real del Monte in Mexiko 8,330 Fuß.
u) Wasserfall des Niagara in Nordamerika 648 Fuß.
v) Stadt Mexiko.................. 7,050 —

Rothwild, oder Edelhirsche.

Die Hirschböcke sind bis 6 Fuß lang und 3½ Fuß hoch, haben einen kleinen, länglichen Kopf, ei=

runde, zugespitzte, weit auseinander stehende Ohren, große Augen, und unter diesen eine einen Zoll tiefe Thränenhöhle, in welcher sich eine schmierige und sich leicht verhärtende Masse sammelt, deren sich der Hirsch durch Reiben entledigt. Die Nasenlöcher sind weit und rund, der Zähne 34, das Geweih knochenartig mit zurückgebogenen Spitzen, der Hals lang und zottig, die Beine hoch und unten sehr dünn. Die Farbe ist im Sommer gelb und braunroth, später graubraun; der Unterleib weißlich. Die kleinere Hirschkuh ohne Geweihe geht gebeugt. Die starken Hirsche werfen im Februar und März, die kleineren gegen das Ende des Mai ihr Geweih ab; nach 14 Tagen hat das neue seine bestimmte Größe wieder und wird durch Reiben von den Haaren gereinigt. Bis zum 64. Grade N. B. trifft man diese Thiere, welche am liebsten, außer im harten Winter, in Waldungen, und außer der Begattungszeit im Freien in Rudeln ungefähr gleichen Alters leben. In der Brunst genießen sie nur Schwämme und Pilze, sie lieben sehr das Salzlecken und trinken doch wenig außer der Brunstzeit und im heißen Sommer. Ein starker Hirsch hat in der Brunst oft 10 bis 12 Hirschkühe bei sich. Vom Mai bis Mitte Septembers schießt man die alten Hirsche. Das Fleisch, besonders von jungen Thieren, ist leicht verdaulich.

Die Haut der Hirsche dient zu manchen Lederarbeiten: Die Häute mit den Haaren zu Müffen, die Haare zu Polstern, das Geweihe zum Raspeln, der Talg zu Lichtern sehr dauerhafter Art.

Feste und religiöse Gebräuche der Hindus.

Der Kapitän Castil-Blaze, der sich längere Zeit unter den Hindus aufgehalten hat, erzählt von den Festen und religiösen Gebräuchen dieses Volkes unter Andern Folgendes: „In der Mitte einer mäßigen Ebene, auf welcher tausend bis zwölfhundert Hindus versammelt waren, war ein ziemlich hoher Pfahl senkrecht in den Boden eingerammelt, und eine Stange von etwa gleicher Länge war in ihrer Mitte an dem obern Ende des Pfahles befestigt. Mehrere Menschen zogen an einem Seile den einen Theil der Stange so viel als möglich zum Boden nieder, so daß sich der andere Theil derselben natürlich in Verhältnisse erhob, an dem Ende desselben aber war, wie ich zu meiner Verwunderung wahrnahm, ein menschlicher Körper aufgehängt, jedoch nicht senkrecht, sondern so, daß er in der Luft gleichsam zu schwimmen schien und mit Händen und Füßen arbeitete. Nachdem ich mich dem durch die Zuschauer gebildeten Kreise genäht hatte, gewahrte ich mit Schrecken, daß der Bemitleidenswerthe durch zwei eiserne Haken, die in sein Fleisch eingeklammert waren, in dieser Lage erhalten wurde, ohne jedoch irgend einen Ausdruck des Schmerzes in seinem Gesichte oder in seinen Bewegungen zu zeigen. Nachdem man ihn herabgelassen und die beiden Haken aus seinem Rücken herausgezogen hatte, wurde seine Stelle von einem andern „Sunnyas,“— das ist der Name solcher Schwärmer —eingenommen. Freiwillig nahte er sich der Stelle, wo die heilige Ceremonie Statt hatte, ohne die geringste Furcht zu verrathen, lächelnd entfernte er sich von der Schwelle der Pagode, wo er auf den Knieen mit zur Erde gelegter Stirn sein Gebet verrichtet hatte. Während dieser Andacht hatte sich ihm ein Priester genähert, und die Stelle des Körpers bezeichnet, an welcher die Haken eingezogen werden sollten; ein an-

derer Priester klopfte den Rücken und ein dritter hakte die eisernen Klammern in das Fleisch ein. Hierauf erhob sich der Sunnyas mit lächelnder Miene, und von den Priestern ward ihm in dem Gott Schiwa geweihtes Wasser in das Gesicht gespritzt. Man führte ihn nun in Prozession zu einer Erhöhung, wo die obenbeschriebene Maschine aufgerichtet war. Bei seiner Ankunft ward er mit lautem Zurufe begrüßt, und das Schmettern der Cymbeln und Trompeten mischte sich in das Geschrei der versammelten Volksmenge. Als der Sunnyas den Hügel bestiegen, zerriß er die Blumengewinde und Kränze, mit denen er geschmückt war, und die Umstehenden begannen um den Besitz derselben einen ziemlich heftigen Streit. Seine ganze Kleidung bestand in einer Art von Beinkleidern, einer gestrickten Weste, deren Maschen einen Daum breit seyn mochten, und einem Gürtel, wie die Hindus ihn zu tragen pflegen.

Feste und religiöse Gebräuche der Hindus.

Die Zuschauer, welche über meine Gegenwart einigermaßen verwundert schienen, luden mich ein, näher zu treten, worauf ich denn die Erhöhung betrat, und mich so stellte, daß auch die geringste Betrügerei, die man etwa hätte vornehmen wollen, mir nicht entgehen konnte. Die Haken von fein geschliffenem Stahle hatten die Größe eines ziemlich ansehnlichen Angelhakens, ohne jedoch mit Widerhaken versehen zu seyn und die Stärke eines kleinen Mannsfingers. Die Spitzen waren äußerst scharf, und das Eindringen hatte durchaus ohne weitere Verletzungen Statt gefunden, und zwar so geschickt, daß nicht einmal Blut darnach floß. An dem Sunnyas bemerkte man nicht den geringsten Schmerz, im Gegentheile plauderte er munter mit den Umstehenden. An den beschriebenen Haken befanden sich dicht aus Wolle geflochtene Seile, um jene an dem einen Ende der Stange zu befestigen, und an dem andern Ende der Stange war gleichfalls ein Seil angebracht. Einige Hindus, die zu diesem Zwecke daselbst aufgestellt waren, begannen nun dieses Seil anzuziehen, und in wenig Augenblicken schwebte der Fanatiker über unsern Köpfen. Um zu beweisen, daß er seiner selbst völlig Meister sey, nahm er aus einer Tasche, die er bei sich hatte, Blumensträußer heraus und warf sie unter freudigem Zurufen und lebhaften Körperbewegungen unter die Menge. Die Umstehenden stürzten im höchsten Eifer auf diese Reliquien, und um nicht Anlaß zu Eifersucht und Neid zu geben, drehten die, welche die Stange durch das Anziehen des Seiles in Bewegung setzten, dieselbe langsamer und zwar so, daß der Sunnyas jeden Punkt des Umkreises, wo die Zuschauer standen, erreichen konnte. Die Mitte der Stange war durch einen doppelten Kloben so auf dem Pfahle befestigt, daß man sie im Kreise herum, aber auch auf und nieder bewegen konnte. Der Fanatiker, der sich sehr in seiner Lage zu gefallen schien, durchflog, um mich so auszu drücken, den Umkreis dreimal in fünf Minuten. Nachdem man ihn herabgelassen und von den Stricken befreit hatte, wurde er unter dem Schalle der Cymbeln von den Priestern in die Pagode zurückgebracht. Hier zog man ihm die Haken aus seinem Rücken, und sogleich mischte er sich unter die Zuschauer, welche einen andern Sunnyas feierlich nach der Marterstelle begleiteten."

Ueber die Klassifikation der Pflanzen, oder die Eintheilung derselben in Klassen und Ordnungen.

Es würde unmöglich seyn, einen Ueberblick über das Gebiet von 60,000 Pflanzenarten, welche bis jetzt bekannt sind, zu gewinnen, wenn sich nicht dem Naturforscher eine bequeme Methode darböte, die ihn in den Stand setzt, ein so großes Feld mit Leichtigkeit zu übersehen. Das Kunstvolle dieser Methode besteht in der Eintheilung der Pflanzen nach gewissen Hauptgesichtspunkten, welchen die besondern aber zugleich wesentlichen Kennzeichen oder Eigenschaften, die sich an einzelnen Pflanzen wieder finden, untergeordnet sind und sich darauf zurückführen lassen. Auf drei verschiedene Hauptgesichtspunkte können sämmtliche Klassifikationen der Pflanzen zurückgebracht werden; es sind die, worauf die Systeme von Tournefort, Linné und Jussieu gebauet sind.

Jedes obiger Systeme ging von folgenden Grundsätzen aus: In einer Pflanze vereinigen sich eine Menge verschiedener Theile, als: Blüthen, Wurzeln, Stengel, Blätter u. s. w. Tournefort gründete auf sein Pflanzensystem auf die Form der Blumenkrone, als den mit den schönsten Farben geschmückten Theil der Blüthe, als den Sammelpunkt von Schönheiten, welche eine so angenehme Wirkung hervorbringen. Nach diesem Grundsatze zerfällt das Heer der 60,000 bekannten Pflanzenarten in 22 leicht zu kennende Klassen. Jede der Formen mit Namen bezeichnet, die mit Genauigkeit die hervortretenden Charakterzüge der verschiedenen Formen, welche sich bei Blüthen finden, angeben. Zu der ersten Klasse gehören die glockenförmigen oder glockenblüthigen, wegen der Aehnlichkeit ihrer Form mit einer Glocke so genannt; die zweite umfaßt die trichterförmigen oder trichterblüthigen; die zur dritten Klasse, der verlarvten oder larvenblüthigen gehörigen Blumen erscheinen in der Form eines Helms; die vierte begreift die lippenförmigen oder lippenblüthigen in sich, indem die Form und Lage der Kelchblätter mit zwei Lippen Aehnlichkeit hat; die kreuzförmigen oder kreuzblüthigen, deren Kelch aus vier Theilen besteht, die sich zu einem Andreaskreuze ausformen; bei der rosenblüthigen sind die Kelchblätter wie bei einer Rose geordnet; schirmblüthige, wo die Blume an die Form eines Sonnenschirms erinnert, wie das Dillkraut, der Kerbel, die Pastinake u. s. w. Die nelkenblüthigen, wegen ihrer Aehnlichkeit mit den Nelken; die lilienblüthigen, die Schmetterlings-Flügelblüthigen, wo die Blume eine Aehnlichkeit mit den Flügeln des Schmetterlings hat, wie die Erbse, die Bohne u. s. w. Die letzte Klasse umfaßt sämmtliche Blumen, die keine scharfgezeichnete, auf Aehnlichkeit mit bekannten Gegenständen deutende Form haben; man nennt sie deswegen anomale.

Linné's Eintheilung dagegen ging nicht blos von der Blumengestalt aus; er drang vielmehr in das Herz desselben, und die Unterscheidungs-Merkmale der Befruchtungswerkzeuge der Blume bestimmen die Klasse, zu welcher dieselbe gehört. Diese Theile nehmen gewöhnlich den Mittelpunkt der Blume ein und sind unter den Namen Staubfäden und Stempel bekannt. Die Anzahl der Staubfäden, ihre Anordnung, ihr gegenseitiges Größenverhältniß, ihre Abwesenheit sind die Merkmale, welche der Klassifizirung zum Grunde liegen. Er brachte alle Pflanzen auf 24 Klassen zurück, welche er mit griechischen Namen so bezeichnete, daß jeder Name einer Klasse die Unterscheidungs-Merkmale derselben andeutet. Erste Klasse, monandria mit einem Staubgefäße, diandria mit zwei, triandria mit drei, tetrandria mit drei, bis zu der Klasse der dodecandria mit zwölf und mehr Staubgefäßen; isocandria mit zwölf bis zwanzig, und polyandria mit mehr als zwanzig Staubgefäßen. Die übrigen Klassen sind nach den verschiedenartigen Merkmalen und Verhältnissen der Staubfäden oder zu dem Stempel bestimmt worden. Diejenigen Pflanzen z. B., in deren Blume sich die Staubfäden in einem Bündel vereinigen, gehören zu der Klasse der Monadelphen oder einbrüdrigen; gynandria, weibermännige, deren Staubfäden mit dem Stempel zusammengewachsen sind; diejenigen Blumen endlich, welche dem Anscheine nach weder Stempel, noch Staubfäden haben, bilden die letzte Klasse unter dem Namen der Kryptogamen oder Geheimzeuger.

Während nun Tournefort von den Formen der Blumenkelche, Linné von der Form und Lage der Staubfäden und Stempel ausging, faßte Antoine de Jussieu bei seiner Klassifikation einen höhern Gesichtspunkt in's Auge. Sein System gründet sich nicht auf die Unterschiede, welche man bei einzelnen Theilen der Pflanzen antrifft, sondern auf die Verschiedenheiten sämmtlicher Haupttheile. Während man nun vermittelst der obigen Systeme nur zu einer sehr beschränkten Kunde der Pflanzenwelt gelangt, weihet uns Jussieu's System in die ganze Natur derselben ein, und man muß ihr deswegen einen bedeutenden Vorzug vor jenen einräumen. Sein System unterscheidet 15 Klassen; jede derselben zerfällt wiederum in eine größere oder geringere Anzahl von Ordnungen, denen er den Namen Familien beilegte; diese Familien begreifen erst die Ordnungen in sich, in welche Tournefort und Linné die Klassen eintheilten, und diese in den drei verschiedenen von uns dargestellten Systemen enthaltenen Ordnungen zerfallen wiederum in Unterordnungen, in Geschlechter und Arten; und diese führen endlich zur Kenntniß jeder einzelnen Pflanze.

Wilde Taubenjagd um Neapel.

Auf einer Reise, die ich in Gesellschaft eines Freundes von Neapel aus unternahm, um die alten Tempel von Pästum zu besuchen, gewahrten wir, uns der Stadt La-Cava nähernd, große, schmale, den türkischen Minarets nicht unähnliche Thürme, welche an den Bergen, von denen die Stadt gleichsam eingeschlossen ist, errichtet waren. Wir fragten über die Bestimmung dieser seltsamen Gebäude, und erhielten zur Antwort, sie dienten zum Fange der wilden Tauben, welche in den Monaten des Septembers und Oktobers, wo sie ihre Wanderung in entfernte Gegenden beginnen, in ganzen Schwärmen durch dieß Thal zögen. Dann besteigen Leute, die in dieser Jagd erfahren und mit

Schleudern und weißen Steinen versehen sind, die Thürme. An den Bäumen unter ihnen werden Netze befestigt und auf die Berggipfel Wächter gestellt, die den Jägern ein Zeichen mit dem Horne geben, wenn sich der Zug nahet. In dem Augenblicke, wo die Vögel vorbeiziehen, schleudert der auf dem Thurme einen der weißen Steine hinunter in das Netz; die Tauben stürzen, geblendet, demselben nach, und werden so zu ganzen Schaaren gefangen. Dabei zeigen die Leute, wie uns erzählt ward, so viel Gewandtheit, und die Methode ist überhaupt so belohnend, daß zuweilen an einem Tage und bei einem Thurme gegen 400 Stück gefangen werden. — Wohl hatte ich schon oft der Wachteljagd, auf den Höhen hinter Sorrento und der felsigen Insel Capri beigewohnt, wo dieselben in ungeheuern Netzen, welche von einem Felsen bis zum andern reichen, gefangen werden; dieß jedoch war neu für mich. — Das folgende Jahr bot mir, wo ich mich in der Nähe von La Cava befand, Gelegenheit, das Schauspiel mit ansehen zu können. Es gewährte einen heitern und gefälligen Anblick. Die sanften und nicht unmusikalischen Töne des Horns erklangen, die Schleuderer rüsteten sich und beobachteten die Richtung des Flugs. Anfangs versuchten die Vögel den Thürmen auszuweichen; endlich jedoch naheten sie einem derselben zu sehr, als daß sie dem lauernden Verderben hätten entgehen können. Schnell flog der Stein, von kräftiger und sicherer Hand geschleudert, vor ihnen hinunter, und mit Blitzesschnelle stürzten sie, nach einem kurzen Wirbel in der Luft, auf ihn hinab, wo sie die Netze umgarnten. Ein allgemeines Freudengeschrei erhob sich bei jedem neuen Fange; denn die Bewohner benachbarter Städte und Dörfer waren rings auf den Hügeln versammelt, um Zeuge einer Lustbarkeit zu seyn, die allgemeine Theilnahme zu erregen schien.

Frühzeitige Wirthschaftlichkeit.

Schon in der frühesten Jugend legen die Eltern durch die Gewohnheiten, welche sie ihren Kindern beibringen, den Grund zum Reichthume und zur Armuth. Man lehre sie Alles aufheben, nicht zu ihrem eigenem Gebrauche, weil dieß sie selbstsüchtig machen würde, sondern zu irgend einem Gebrauche. Man lehre sie, Alles mit ihren Spielgenossen theilen, aber man erlaube ihnen nicht, irgend Etwas zu zerstören. Ich besuchte einst eine Familie, bei der allenthalben die genaueste Wirthschaftlichkeit sichtbar war, aber nirgends bemerkte man etwas Gemeines oder Unbehagliches. Dieß ist der Charakter der ächten Wirthschaftlichkeit, wo man bei Wenigem eben so gemächlich lebt, als Andere bei Vielem. Brachte der Vater etwas Eingepacktes mit nach Hause, so nahmen die ältern Kinder von freien Stücken das darum gewickelte Papier weg, legten es gehörig zusammen und warfen es nicht in's Feuer oder zerrissen es in Stücken. Brauchten die jüngern etwas Papier, um ein Spielzeug daraus zu machen, so hatte man es sogleich bei der Hand, und die ältern Kinder hatten nicht nöthig, ihnen zu sagen, Alles wieder gehörig aufzuheben. Sie thaten es von freien Stücken.

Seilbrücke in Südamerika.

Eine solche Brücke traf der berühmte Reisende Humboldt zu Peripé an, und liefert eine Ansicht derselben in seinen Ansichten der Cordilleren, die hier abgezeichnet ist.

Aehnliche hängende Seilbrücken sieht man in China und in Thibet. Sie sind stark genug, um mit aller Sicherheit einen Menschen mit einer Ladung zu tragen; aber man kann solche Nothbehelfe uncivilisirter Völker nicht vergleichen mit den neuern Kettenbrücken, welche Pferde und Wagen in beliebiger Zahl tragen können und zugleich dem Reisenden, welcher sich ihrer bedient, jede Bequemlichkeit bei der größten Sicherheit anbieten.

Man verfuhr bei dem Baue solcher Ketten- oder Hängebrücken nach folgenden Grundsätzen. Der Boden einer solchen Brücke wird durch starke eiserne Ketten oder Stäbe gestützt, welche in der Gestalt eines umgekehrten Bogens von einem Stützpunkte zum andern reichen. Die Stützpunkte sind die Spitzen starker Pfeiler oder kleiner Thürme, welche zu solchem Behufe auf's Dauerhafteste erbauet sind. Ueber solche Pfeiler laufen die Ketten und sind an jedem Ende der Brücke an große, unter der Erde befindliche eiserne Blöcke befestigt. Der große Vortheil der Hängebrücken besteht in ihrem festen Gleichgewichte. Deßwegen bedürfen diese Brücken zu ihrem Baue weit weniger Material, als andere. Wenn eine Hängebrücke erschüttert wird, oder aus ihrem Gleichgewichte geräth, so stellt sich das frühere Gleichgewicht durch die richtige Vertheilung der einzelnen schweren Verbindungsstücke wieder her. Das Gegentheil findet aber bei den über ihre Stützen aufgebauten Brücken Statt, worin die Ketten scharf angezogen worden sind.

Schon im 17. Jahrhunderte hatten Europäer die richtige Ansicht, daß eine solche durch das Gleichgewicht ihrer Theile starke Brücke erbaut werden könne, wie wir aus dem im Jahre 1615 erschienenen Werke des italischen Baumeisters Scamozzi „del Idea Archi" ersehen.

Vor etwa 80 Jahren legten die Engländer für Fußgänger eine Brücke von Eisendraht zu Winch über die Tees bei Durham. Im Anfange des gegenwärtigen Jahrhunderts legte man mittelst dicht neben einander ausgespannter Ketten Brücken an, welche in die Länge gelegte Balken und Bohlen trugen, worüber Arbeiter beladene Schiebekarren vorwärts schoben. Diese auf eiserne Ketten gelegten Brücken reichten von einem Hügel zum andern in Steinbrüchen, um die mit Pulver losgesprengten Felsen fortzuschaffen, deren man bei dem großen Wellenbrecher zu Plymouth als Baufelsen bedurfte.

Gegen das Ende des Jahres 1816 führten die Schotten den Gebrauch der hängenden Brücken ein, jedoch Anfangs nicht für Pferde und Fuhrwerk.

Schon im Jahre 1813 schlug Telford die Erbauung einer Hängebrücke vor über den Fluß Mersey, unterwärts der Stelle, wo der Bridgwatersche Kanal in den Fluß fällt. Die Brücke sollte nur vier Stützpfeiler erhalten und 3 Bogen von 500, 1000 und noch 500 Fuß Ausspannung, also im Ganzen eine Länge von 2000 Fuß haben. Dieses Unternehmen schien aber den Kapitalisten zu kühn; jedoch hatte die Prüfung der möglichen Ausführung die wichtigsten Folgen für die Kenntniß der Stärke des Eisens, und man überzeugte sich, daß solches zu Hängebrücken, die starke Lasten tragen sollten, mit Nutzen angewendet werden könne.

Kapitän Brown (welcher später das gegossene Eisen zu der schönen Hängebrücke bei Hammersmith nach den Zeichnungen und der Ausführung des Baumeisters Hrn. W. T. Clarke lieferte) war der erste Ingenieur, welcher eine solche 300 Fuß lange und 18

Fuß breite Brücke für schweres Fuhrwerk in Großbritannien im Jahre 1820 zu Kelso über den Tweedfluß errichtete.

Die merkwürdigste jetzige Hängebrücke baute Hr. Telford im Jahre 1825 über die Menai Meerenge zwischen der Insel Anglesey und der Grafschaft Caernarvon in Wales. Bei der Fluth erhebt sich solche 100 Fuß über den Wasserstand. Die Oeffnung zwischen dem Hängepunkte ist 560 Fuß und die Bahn 30 Fuß weit. Die Brücke hängt in vier Linien starker eiserner Ketten, verbunden durch 5füßige, senkrechte eiserne Stangen. Die Ketten laufen über Walzen auf den Spitzen der Pfeiler und sind an eiserne unterirdische Blöcke befestigt, welche in festes Mauerwerk eingeschlossen sind. Die ganze Brücke zwischen den Hängepunkten wiegt 978,000 Pfund. — Die eisernen Hängebrücken in dem nordamerikanischen Freistaate haben keine solche Länge, wie die englischen. Die Hängebrücke über den Merrimack zu Newburyport ist eine krumme Linie, deren Sehne 244 Fuß mißt. Die Brücke über den Fluß Brandywine zu Wilmington hat eine Sehne 145 Fuß, und die Brücke zu Brownsville über den Fluß Monongahela mißt 120 Fuß zwischen den Hängepunkten. Eine andere mit einem einwärts gekehrten, aufgehängten Boden hat eine Sehne von 112 Fuß.

Seilbrücke in Süd-Amerika.

Woche.

Am 16. November 1797 trat Friedrich Wilhelm III. die Regierung des Königreichs Preußen an. Er ist geboren am 3. August 1770. Im Jahre 1792 folgte er Friedrich Wilhelm II. zu dem Heere am Rhein, und legte mehrfache Proben von Muth und Geistesgegenwart ab. Am 24. Decbr. 1793 vermählte er sich mit seiner ersten Gemahlin, der ewig unvergeßlichen Prinzessin Louise, ältern Tochter des Herzogs Karl von Mecklenburg-Strelitz. 1798 besuchte er mit seiner Gemahlin die vorzüglichsten Städte des Reichs, um sich huldigen zu lassen. Die zweckmäßigsten Einrichtungen und Gesetze bezeichneten sogleich den Anfang seiner Regierung. In den folgenden harten Kriegsjahren zeigte er sich als Vater des Volks, welches seinerseits Alles aufbot, seinen geliebten Fürsten sich zu erhalten. Der Feind ward endlich nach harten Schlägen des Schicksals, welche Preußen tragen mußte, bezwungen, der Friede dauernd hergestellt, und unermüdlich war seitdem Friedrich Wilhelm III. besorgt, ihn zu erhalten, um seine Unterthanen zu beglücken; und in immer steigendem Wohlstande und raschem Fortschreiten in Kunst und Wissenschaft segnet das preußische

Volk Friedrich Wilhelm's III. Regierung. Am 9. November 1824 verband sich der König mit der Gräfin Auguste von Harrach (geboren den 30. August 1800), welche seitdem den Titel führt: Gräfin von Hohenzollern, Fürstin von Liegnitz, und Friedrich Wilhelm für den zu frühen Verlust seiner ersten Gemahlin (gestorben am 19. Juli 1810) durch die ausgezeichneten Gaben des Geistes und Herzens, die sie schmücken, zu entschädigen weiß.

Am 17. November 1787 starb zu Wien an einem Schlagflusse der ausgezeichnete Komponist, Christoph Ritter von Gluck. Er war geboren den 14. Februar 1712 in der Oberpfalz an der böhmischen Grenze, und studirte zu Prag, wo er schon durch seine musikalischen Talente Aufsehen erregte. Zu seiner Ausbildung ging er sehr früh nach Italien, 1745 nach England, und hierauf nach Paris. Bleibend ließ er sich nach diesen Reisen, auf welchen er unsterblichen Ruhm eingeerntet, in Wien nieder. Zu seinen vorzüglichsten musikalischen Werken gehören die Opern: Alceste, Armida, Iphigenia, Orpheus u. a.

Am 18. November 1755 starb zu Sagan der durch die schlesischen Kriege als Feldherr und Schriftsteller bekannte Christoph Ernst Graf von Nassau im 69sten Lebensjahre. Er stammte aus einer vornehmen und alten schlesischen Familie, und begann seine ersten Kriegsdienste, nach vollendeten wissenschaftlichen Studien, als Freiwilliger in dem preußischen Heere. Hierauf trat er in hessische und chursächsische Dienste, wo er ein vorzügliches Reiterregiment errichtete und in den damaligen Kriegen am Rhein und in Polen sich als geschickter Offizier zeigte. Er trat nun, durch Zwistigkeiten veranlaßt, als Generalmajor in preußische Kriegsdienste. In den schlesischen Kriegen leistete er Friedrich II. durch seine Umsicht, seinen Scharfblick und Muth die wesentlichsten Dienste; eroberte unter Andern die Festung Kosel in Schlesien, und machte daselbst 3000 Gefangene. 1744 ward er General-Lieutenant und Ritter des schwarzen Adlerordens, 1746 aber in den Grafenstand erhoben. Er hat ein sehr brauchbares Werk über den zweiten schlesischen Krieg hinterlassen.

Am 19. November 1813 wurde zu allgemeiner Freude die am 15. Juli 1813 von Hieronymus, König von Westphalen aufgehobene Universität zu Halle feierlich wieder hergestellt.

Am 20. November 1806 entstand zu Hameln, wegen Uebergabe dieser Festung an die Franzosen, unter den Bürgern, vorzüglich aber unter der preußischen Besatzung, ein wilder, räuberischer und mörderischer, dennoch aber zweckloser Aufruhr, welcher durch das Einschreiten eines holländisch-französischen Heeres bald unterdrückt wurde.

Am 21. November 1759 fand der in der Geschichte so berüchtigte sogenannte Finkenfang Statt. Der preußische General Fink mußte sich nämlich mit 16 Bataillonen und 35 Schwadronen, im Ganzen 5,480 Mann, bei Maxen, zwei Stunden von Pirna, an ein österreichisches Heer unter Daun ergeben.

Am 22. November 1828 feierte die alte, ehrwürdige Universität zu Heidelberg das Geburtsfest ihres Erneuerers Karl Friedrich.

Verlag von Bossange Vater in Leipzig.
Unter Verantwortlichkeit der Verlagshandlung

Das Pfennig-Magazin

der

Gesellschaft zur Verbreitung gemeinnütziger Kenntnisse.

30.]   Erscheint jeden Sonnabend.   [November 23, 1833.

Der große Geyser auf Island.

Island, das nahe an den Grenzen der bewohnbaren Theile der Erde, in der Nähe des nördlichen Eismeeres, zwischen Norwegen und Grönland liegt, bietet dem Naturforscher Erscheinungen dar, welche um so bemerkenswerther sind, da sie in auffallendem Kontraste mit dem ganzen Lande und seiner Temperatur stehen. Es sind mehrere Vulkane, welche fortwährend kochen und rauchen, und deren Feuersäulen in weiter Ferne hin die Schneeflächen beleuchten. Der größte unter ihnen ist der Hekla, welcher bei seinem Ausbruche im Jahre 1783 einen großen Theil der Insel auf eine furchtbare Weise verwüstete. Die aufsteigende Feuersäule erreichte eine solche Höhe, daß sie 34 Meilen weit gesehen werden konnte; — es sind die Schlammquellen an der nordöstlichen Küste des Landes, welche unter furchtbarem Donner ihre schwarze, schlammige Masse 10 bis 15 Fuß hoch werfen. Die Reisenden können nicht Worte finden, um das Grausende dieses Schauspiels zu beschreiben. — Eine der merkwürdigsten Erscheinungen der Insel Island ist ferner der Geyser, ein Zusammenfluß heißer Wasserquellen, welche von Zeit zu Zeit ihr Wasser wie einen Springbrunnen mit dumpfem Gebrülle in die Luft steigen lassen. Sie befinden sich im südwestlichen Theile der Insel, etwa 15 Meilen weit von dem Hekla entfernt, und nehmen einen Raum von ungefähr ¾ Meilen ein, zum Theil an dem Fuße einer wenig hohen Bergkette, übrigens an den Seiten derselben bis zu ihren Gipfeln. Man zählt solcher Quellen mehr als 100, obgleich nur 3 oder 4 mit dem Namen Geyser bezeichnet werden. Ihre Ausbrüche sind häufig, aber dauern nicht lange. Die Zwischenräume halten viel länger an, so daß die Zuschauer in voller Sicherheit sich nähern und mit Muße die Kanäle untersuchen können, aus welchen das unterirdische Wasser springt. Wenn der Augenblick eines Ausbruchs nahe ist, so zeigt dieß ein Getöse an, welches einige Minuten dem Springen vorangeht. Dieß ist der Zeitpunkt, in welchem sich die Zuschauer zurück ziehen müssen, wenn sie sich nicht der Gefahr aussetzen wollen, mit kochendem Wasser übergossen zu werden, oder wohl gar in einen sich neu öffnenden Schlund hinabzustürzen.

Ein Reisender, welcher den Geyser beobachtete, theilt darüber Folgendes mit: „Noch mehrere Meilen von dem Geyser entfernt, konnten wir an den Dampfwolken, die sich durch die Luft wälzten, den Ort erkennen, wo eine der unvergleichlichsten Scenen in der Natur sich entfaltet, wo der Groß-Geyser, durch den gespaltenen Boden dringend, sich siedend zwischen schroffen Felsen erhebt und Dampfwolken bis zu den Wolken sendet. Eben als wir um der letzten Hügel herumkamen, wurden wir von einem Ausbruche begrüßt, welcher mehrere Minuten anhielt, und während dessen das Wasser zu einer ansehnlichen Höhe in die Luft geschleudert zu werden schien. Obgleich wir von einer großen Menge siedender Quellen umgeben waren, so blieben wir doch keinen Augenblick ungewiß, welcher Quelle wir uns zuerst nähern sollten. Unfern von der nördlichen Seite des Strahls erhob sich ein großer kreisförmiger Wall, aus dessen Mitte ein ansehnlicher Rauch aufstieg. Dieß war der Groß-Geyser. Wir bestiegen diesen Wall, und bald hatten wir den geräumigen Kessel zu unsern Füßen, der mehr als bis zur Hälfte mit dem schönsten, krystallhellen, heißen Wasser angefüllt war, welches so eben in einem leichten Sieden sich befand. Die Tiefe in der Mitte wurde 70 Fuß befunden. Der Kessel senkt sich in die Tiefe trichterförmig hinab, und hat einen Durchmesser von etwa 50 Fuß. Nachdem wir einige Zeit da gestanden hatten, in stille Bewunderung des prächtigen Schauspiels versunken, welches diese unvergleichliche Quelle selbst im Zustande der Unthätigkeit dem Auge darbietet, kehrten wir nach dem Orte zurück, wo wir unsre Pferde zurückgelassen hatten. Bald aber wurden wir durch ein dumpfes Krachen und eine leise Erschütterung des Bodens benachrichtigt, daß ein Ausbruch auf dem Punkte sey einzutreten. Doch wurden blos einige schwache Wasserstrahlen in die Höhe getrieben, und das Wasser im Kessel stieg nicht über die Oberfläche der Ausgänge. So währte es mehrere Stunden fort, während welcher wir 5 bis 6 Mal das Krachen vernahmen, das die ganze Umgegend erschütterte; doch erfolgte kein beträchtlicher Auswurf. Das Wasser kochte blos mit großer Heftigkeit. Endlich wurden die Knalle lauter und zahlreicher und glichen genau dem Abfeuern einer entfernten Batterie. Ich eilte nach dem erwähnten Walle, der heftig unter meinen Füßen erzitterte, und hatte kaum so viel Zeit, in den Kessel hinabzublicken, als die Quelle hervorsprudelte, und mich augenblicklich nöthigte, mich rückwärts in eine ehrfurchtsvolle Entfernung zurückzuziehen. Das Wasser strömte mit großer Schnelligkeit aus dem Trichter hervor, und wurde in unregelmäßigen Säulen in die Luft geschleudert, von unermeßlichen Dampfwolken umgeben, welche großen Theils die Säulen dem Blicke verbargen. Die vier oder fünf ersten Strahlen waren unbedeutend, da sie nur eine Höhe von 15 bis 20 Fuß erreichten; auf diese folgte eine von ungefähr 50 Fuß; dann 2 oder 3 beträchtlich geringere, worauf die letzte kam, welche alle vorhergegangenen an Glanz übertraf, und sich zu einer Höhe von wenigstens 70 Fuß erhob. Die großen Steine, welche wir vorher in den Trichter geworfen hatten, wurden zu einer ansehnlichen Höhe geschleudert. Bei dem Herabfallen der Säule wurde das Wasser bis über den höchsten Theil des Walles, hinter welchem ich selbst stand, hinweggetrieben. Der Körper der Säule, welcher wenigstens 10 Fuß im Durchmesser hatte, erhob sich senkrecht, theilte sich aber in eine Menge prächtiger Nebenzweige, und mehrere kleinere Strahlen trennten sich davon, und stürzten in schiefen Richtungen herab, zur nicht geringen Gefahr des Zuschauers, von dem herabfallenden Strahle verbrüht zu werden. Der ganze Auftritt war unbeschreiblich wundervoll. Am andern Morgen weckte mich mein Reisegefährte, um Zeuge des Ausbruchs der Quelle zu seyn, welche man den neuen Geyser nennt, und welche 40 Schritte südlich vom Groß=Geyser liegt. Es ist nicht möglich, einen Begriff von dem Glanze und der Größe des Schauspiels zu geben, welches sich meinen Augen in dem Augenblicke darbot, wo ich den Vorhang meines Zeltes zurückzog. Aus einem Trichter, welcher 9 Fuß im Durchmesser hatte, und etwa 100 Schritte vor mir lag, wurde mit unbeschreiblicher Gewalt eine Wassersäule, von erstaunlichen Dampfwolken und einem furchtbar brüllenden Geräusche begleitet, zu einer Höhe von 50 bis 80 Fuß in die Luft geschleudert, und drohte den Horizont zu verdunkeln, obgleich dieser von der Morgensonne erleuchtet war. Während der ersten halben Viertelstunde blieb ich auf meinen Knieen in stiller und feierlicher Anbetung versunken. Endlich begab ich mich nach der Quelle hin, wo wir Alle zusammentrafen, und uns wechselseitig und mit Entzücken unsre Gefühle des Erstaunens und der Bewunderung mittheilten. Die Wasserstrahlen hatten sich jetzt gesenkt; aber Schaum und Dampf waren an ihre Stelle getreten, welche mit einem betäubenden Gebrülle hervorstürzten und sich zu einer Höhe erhoben, welche derjenigen wenig nach=

gab, zu der das Wasser selbst gelangt war. Als wir die größten Steine, die wir finden konnten, in den Trichter warfen, wurden sie augenblicklich zu einer erstaunlichen Höhe geschleudert, und einige, die senkrecht geworfen waren, und also wieder in den Kessel fielen, wurden 4 bis 5 Minuten lang mehrmals auf und nieder geschleudert.''

Der große Geyser wirft regelmäßig alle 6 Stunden aus, aber die Höhe der aufsteigenden Wassersäule ist sehr verschieden. Zuweilen steigt sie 200 bis 360 Fuß. Der kleine Geyser wird auch wegen seines brüllenden Geräusches der brüllende Geyser genannt.

———

Von der Schwefelsäure oder dem Vitriolöl.

Da diese Säure auf so mannigfache Weise von Künstlern und Handwerkern, z. B. den Kürschnern, Rothgerbern, Hutmachern, Zinngießern, Vergoldern ꝛc. angewendet wird, so wird es nicht uninteressant seyn, hier Einiges über ihre Bereitung mitzutheilen. Einige Naturforscher behaupten, daß man sie schon frei in der Natur finde, und führen als Fundorte an: den Rio - Vinagre (Essigfluß), der vom Vulkan Purace im Popayanischen entspringt, ferner den Kratersee des Mont=Idienne in Java; ferner soll sie von der Wölbung einer Grotte bei Aix in Savoien herabträufeln.

Im Handel kommen gewöhnlich zwei Arten von Schwefelsäure vor, welche unter dem Namen der Englischen, und Nordhäuser oder Sächsischen bekannt sind.

Die englische Schwefelsäure wird auf folgende Art bereitet: man nimmt ein Gemisch von acht Theilen Schwefel und einem Theile Salpeter, zur Beförderung der Verbrennung, und läßt es in Bleikammern verbrennen. Eine solche Bleikammer besteht aus einem Behältnisse, welches mit zusammengelötheten Bleiplatten ausgekleidet ist, die durch bleierne Klammern oder Streifen befestigt sind. Diese Kammern haben eine verschiedene Größe, oft sind sie 27 bis 30 Fuß lang und 15 bis 18 Fuß hoch; man muß sie jedoch so einrichten, daß sie freistehen, und man von allen Seiten zu ihnen kommen kann, um eine plötzlich entstehende Oeffnung sofort verstopfen zu können; man stellt sie deßwegen auf 6 Fuß hohe steinerne Pfeiler. Der Eingang zu dieser Kammer ist durch eine an der Seite angebrachte Thüre. Der Boden dieser Kammer wird mit Wasser einige Zoll hoch übergossen, und muß etwas abschüssig seyn, damit die Säure zuletzt abfließen kann Man schlägt diese Kammern mit Bleiplatten deswegen aus, weil jeder andere Körper durch diese Säure zerstört und aufgelöst werden würde. Das Gemisch von Schwefel und Salpeter wird nun in diesen Bleikammern auf einer eisernen Platte, die ohngefähr 9 Zoll hoch über dem Boden der Kammer auf einem Ofen liegt, dessen Feuer mit der äußern Luft in Verbindung steht, verbrannt; sobald nämlich die Platte durch das im Ofen entzündete Feuer heiß wird, entzündet sich der Schwefel, und da bei dieser Verbrennung aller Sauerstoff, der sich in der Luft befindet, verzehrt wird, so bildet sich die Schwefelsäure, die in kleinen Tropfen in das am Boden befindliche Wasser fließt und sich mit ihm vermischt. Wenn die Verbrennung vollendet ist, was man durch ein in der Kammer angebrachtes Fenster beobachten kann, so öffnet man die Thüre, läßt neue

Luft einziehen, nimmt den Rest weg und ersetzt ihn durch ein neues Gemisch. Das Gemenge von Schwefelsäure und Wasser, das sich am Boden der Kammer findet, wird unter Fortsetzung dieser Arbeit immer reicher an Säure. Wenn es ohngefähr $\frac{2}{10}$ schwerer, als Wasser ist, so wird es vermittelst eines Hebers in einen Bleikessel gezapft und in diesem gekocht, bis es ohngefähr $\frac{1}{2}$ Mal so schwer als Wasser ist. Dann gießt man es in Glasretorten, weil die große Hitze, die jetzt erforderlich ist, eine Schmelzung des Bleies hervorbringen würde; hier wird es nun durch Kochen noch mehr vom Wasser befreit, indem das Wasser in Dämpfen entweicht, worauf man diese Säure in steinerne Flaschen gefüllt und mit Thon verkittet versendet.

Die Nordhäuser oder sächsische Schwefelsäure (von Nordhausen, einer Stadt im Königreiche Preußen so genannt) wird gewöhnlich auf folgende Art bereitet. Der Eisenvitriol oder das sogenannte Kupferwasser, worin sich Säure schon gebildet vorfindet, wird zuerst in Oefen erhitzt, um das darin enthaltene Krystallwasser auszutreiben, hierauf in Glasretorten oder in cylindrische Gefäße von Steingut gebracht, in welchen es langsam bis zum Weißglühen erhitzt wird, wodurch das Kupferwasser eine dunkle Röthe erhält. Die Schwefelsäure verläßt dann den Eisenvitriol und wird in einer an der Retorte angebrachten Vorlage von Glas aufgefangen. Die Heizung wird so lange fortgesetzt, als noch Schwefelsäure überdestillirt.

Die auf beide Arten bereitete Säure ist von brauner Farbe, was daher kommt, daß sie noch verschiedene fremdartige Bestandtheile enthält, die theils von dem Wasser, das an den Boden der Kammer gegossen worden ist, theils von dem Blei herrühren. Diese Unreinigkeiten belaufen sich oft auf $\frac{1}{200}$ bis $\frac{1}{300}$. Sie ist $\frac{1}{2}$ schwerer, als Wasser, stößt, an die Luft gebracht, braune Dämpfe aus, die einen scharfen, sauren Geruch haben. Sie zieht die Dämpfe aus der Luft an sich, daher man sie sorgfältig verschließen muß. Mischt man diese Säure mit Wasser (was gewöhnlich bei der Füllung der Gasfeuerzeuge, wo man 6 Theile Wasser und einen Theil Schwefelsäure nimmt, der Fall ist), so entsteht Wärme, und zwar in einem solchen Grade, daß, wenn nicht große Vorsicht angewendet wird, die Gefäße zersprengt werden. In Verbindung mit organischen Körpern gebracht, färbt sie sich schwarz-braun, und verkohlt dieselben, daher sie auch, innerlich genommen, als Gift wirkt.

Wird diese Säure von allen fremdartigen Stoffen befreit, so ist sie ohngefähr $\frac{1}{10}$ schwerer, als Wasser, und wird eine klare, farbenlose, ölartige Flüssigkeit, die man deshalb auch ehedem Vitriolöl (Oleum) nannte.

Das Allerheiligen- und Aller-Seelenfest im südlichen Deutschlande.

In dem Süden unseres deutschen Vaterlandes gilt das ehrwürdige Herkommen, daß am ersten und zweiten Tage des Novembers die Gräber auf katholischen Kirchhöfen mit Kränzen und Lampen geschmückt werden. Ein rührendes Fest, welches die Trauernden, die Zurückgebliebenen, ihren geschiedenen Verwandten und Freunden bereiten. Da wallt die Bevölkerung der Stadt nach dem Gottesacker, betrachtet mit wehmüthiger Erinnerung, wie mit freudiger Zuversicht auf das Jenseits, die geschmückten Todtenmale und betet an denselben, während die Priester aus den geweihten Brunnen unter Segensformeln die heilige Fluth schöpfen, damit die Gräber besprengen und die Seligen benedeien. Da wird der Tod, von Blumen bekränzt, zum freundlichen Führer, die Lampe und Kerze zum Sinnbilde des ewigen Lichts, und sehr geeignet ist der Uebergang von den Sommer- und Herbstfreuden zu der stillen Adventzeit durch dieses Fest bereitet, welches nirgends auf glänzendere Weise, als in München begangen werden dürfte. Der Morgen des Allerheiligentages begrüßt dort die Familien auf den Ruhestätten ihrer Lieben, ordnend, verzierend, betend mit gläubiger Hoffnung, schluchzend in wehmüthiger Erinnerung. Diese Stunden allein gehören dem innern Gefühle, denn der Mittag schließt die Pforten des Kirchhofs für die Menge auf, die, untheilnehmend, aber nicht weniger von Ehrfurcht durchdrungen, durch den weiten vollgesäeten Garten wandelt. Nur wenige Trauerkleider sind zu sehen; Licht und Leben herrschen überall, die freundlichsten Blumen und Pflanzen leuchten von den Gräbern, Cypressen und Trauerweiden wehen und säuseln im Luftzuge, und wenn etwas an den starren Tod erinnert, an den unheimlichen, den wir fürchten, so sind es die leblosen Gestalten gemietheter Grabhüter und Grabwächterinnen, die gähnend neben den Hügeln stehen, der Lichter und Blumen zu warten, mechanisch den Rosenkranz ableiern und stumpf und gleichgültig das imposante Schauspiel betrachtend, sich auf die Abendstunden freuen, wo ihnen der verheißene Lohn ausgezahlt werden soll. Am Mittag des Allerseelentages räumen zwar diese widerlichen Figuren den Garten der Todten, aber schleppen auch Blumen und Lichter hinweg und das Fest hat ein Ende. Die bunten Glaskugeln werden in der Kammer aufgehängt, und die Blumenstöcke wandern von der Gruft der Verstorbenen in das Treibhaus des Gärtners zurück, oder auf den Ladentisch einer Putzmacherin.

Der Kampf eines Elephanten mit einem Löwen.

Wir erblicken hier eine Kampfscene zwischen zwei Thieren, welche beide den Lesern gewiß so bekannt seyn werden, daß eine Beschreibung der Gestalt und Lebensart dieser Thiere wohl nicht erwartet wird. Wir beginnen daher sogleich mit der Erklärung des Bildes selbst.

Der Elephant, jenes große und starke Thier, muß sich der Herrschaft des Menschen so gut unterwerfen, als das stolze Pferd. Die Indier wissen ihn so geschickt abzurichten, daß sie ihn zum Reiten und Tragen, besonders aber bei ihren Jagden sehr gut benutzen können. Bei diesen Jagden sitzt auf dem Nacken des Elephanten der Kornack oder Führer, bewaffnet mit einem eisernen, spitzigen Stabe, durch welchen er ihn lenkt; auf dem Rücken aber haben die Jäger ihren Platz. So ziehen sie nun zum Kampfe aus mit den wildesten Thieren der Erde; denn die Jäger greifen jetzt muthig den Löwen, Tiger oder Büffel, das Nashorn und selbst wilde Elephanten an.

So sanft der Elephant gewöhnlich ist, so furchtbar ist er dagegen in seiner Wuth, in der er den größten Tiger, den muthigsten Löwen nicht selten vernichtet. Der Rüssel ist seine fürchterliche Waffe, mit ihm wirft er den Tiger oder Löwen zu Boden, schleudert ihn hoch in die Luft, zerbricht ihm seine Knochen, und mit seinen dicken, plumpen Beinen zerstampft er dann den völlig Besiegten. — Zu Jagden gegen jene furchtbaren Raubthiere kann daher wohl kein Thier besser benutzt werden, als eben der Elephant, besonders wenn die Jäger mit ihren tödtlichen Geschossen dem riesigen Kampfgenossen beistehen. Das haben auch wohl jene Indier gewußt, die wir auf der Abbildung erblicken und die in Begleitung eines Weißen (Europäers) mit einem solchen zum Kampfe abgerichteten Elephanten auszogen. Sie erreichten auch wirklich ihren Zweck.

Ein prächtiger, majestätischer Löwe nahet sich mit wildem Gebrüll der feindlichen Macht; — schnell legt der Weiße sein Gewehr an, aber in demselben Augenblicke springt auch schon der Löwe mit mächtigem Satze nach seinen Feinden, erfasset ihn, der seine tödtliche Waffe auf ihn richtete und zieht ihn herab auf den Boden. Der Elephant, das treue, kluge Thier, erblickt die Gefahr seines Herrn, und den Augenblick benutzend, als eben das grimmige Thier mit der rechten Tatze den betäubten Weißen zerfleischen

will, ergreift er einen großen, biegsamen Baumstamm und biegt ihn mit einer solchen Gewalt über den wüthenden Löwen, daß dieser nahe daran ist, unter furchtbarem Gebrülle sein Leben auszuhauchen. Diese Gelegenheit benutzt der Kornack und wirft seinen Spieß nach ihm. — Noch ein Angstgebrüll, das weit durch die ganze Gegend erscholl und — der König der Thiere verschied. Aengstlich steigt nun der Jäger herab, um seinen unglücklichen weißen Gefährten zu befreien, doch ach! zu spät; mit dem Löwen wurde auch er erdrückt, und so trug man zwei Leichen nach der Wohnung, den Löwen, dem die wilde Jagd gegolten, und den Europäer, der nicht ahnete, daß er lebend nicht wieder zurückkehren, nie wieder seine treue Gattin, seine lieben Kinder in dieser Welt umarmen würde. Ach! sie weinten an seiner blutigen Leiche, und am andern Morgen wurde er, manchem Europäer zur Warnung, den armen Hinterlassenen aber zum bittersten Jammer, auf fremdem Boden in die Gruft gesenkt.

Der Kampf eines Elephanten mit einem Löwen.

Der Vogelfang auf Island.

Auch ohne weitere Erklärung würde schon das nachstehende Bild eine deutliche Vorstellung von diesem gefährlichen Unternehmen geben. Es ist aber nicht eigentlich der Fang der Eidergänse, was die armen Isländer bewegt, sich solchen Gefahren auszusetzen, sondern vielmehr das Einsammeln der sehr schmackhaften Eier und der weichen Federn, Eiderdunen genannt, mit welchen der Vogel sein Nest ausfüttert. Die Eidergans gehört zu den Schwimmvögeln, ist 2 Fuß lang und wiegt gewöhnlich 3 Pfund. Sie bewohnt die nördlichen Gegenden der Erde und wird besonders häufig um Island und einigen andern Inseln angetroffen. Hier bauet das Weibchen auf steilen, unzugänglichen Felsenklippen sein Nest aus Gras

oder Moos und füttert es mit den Federn, welche es sich aus der Brust rupft, aus. Kaum hat die Eidergans Eier gelegt, so kommen die Isländer und sammeln Eier und Federn ein. Drei Mal bereitet sie das Nest und legt Eier, aber nur zwei Mal gestatten die Gesetze, sie zu berauben; getödtet dürfen sie gar nicht werden; das Fleisch derselben ist unschmackhaft. Das Einsammeln der Eier und der Federn ist aber mit großer Lebensgefahr verknüpft. Nachdem die Vogelmänner mit Mühe die steilen Felsen erklettert haben, befestigt Einer ein Seil um seinen Leib und wird von den Andern auf der Seeseite hinabgelassen. In der Hand hat er einen langen Stab, um sich von dem Felsen in gehöriger Entfernung halten zu können. Das Geschrei, welches er erhebt, verscheucht die Vögel aus ihren Nestern, und nun verrichtet er sein Geschäft, bis sein Korb gefüllt ist und er das Zeichen giebt, hinaufgezogen zu werden. Um auf abstehende Felsen zu kommen, legen sie Balken, auf welchen sie dann hinüberrutschen. Gar mancher Vogelmann fin=

det dabei seinen Tod. Die Dunen werden dann ge= reinigt und sortirt; von der besten Sorte kostet ge= wöhnlich das Pfund 2 bis 3 Thaler. Mit 5 Pfund Eiderdunen kann man ein ganzes Bett füllen.

Der Vogelfang auf Island.

Der Themse=Tunnel.
(Beschluß.)

Vom 14. Januar 1827 bis zum nächsten fol= genden 14. April war der Grund bisweilen so locker, daß man in den ausgehöhlten Stellen den frischen Niederschlag des Flusses antraf, und obgleich ge= wöhnlich Wasser genug zuströmte, so wurde dennoch gerade in dieser Zeitfrist 14 Fuß in der Woche und bisweilen an einem Tage 3 Fuß der Schild vorwärts geschoben. Weil sich so viel flüssiger Grund in der ausgehöhlten Erde fand, so untersuchte der Baumeister den Grund im Bette der Themse mit einer Taucher= glocke zum ersten Male am 22. April. Er ließ ab= sichtlich auf dem Grunde eine Schaufel mit einem Hammer zurück und fand solche bei einer zweiten Be= sichtigung nicht wieder vor. An verschiedenen Stellen entdeckte er die Ursache, warum sich Wasser in die Tiefe hinabzöge und stellte solche ab, indem er an die= sen Stellen Lehm in Körben oder Säcken versenkte.

Doch fiel am 12. Mai während des Verschiebens der Füllbreter (polings) vor verschiedenen Zellen der lose Grund nach einander auf die Spitze von 10 Rah= men des Schildes. Besonders wurde eine der obersten Zellen mehrere Mal gefüllt; aber durch eine schnelle Bewegung und durch die Unerschrockenheit eines der Arbeiter wurde der Grund wieder fest und das Werk ging wieder vorwärts. Bei Fortschiebung eines der mitt= leren Rahmen fand man den Hammer und die Schaufel wieder welche man beim Untertauchen unter der Tau=

cherglocke auf dem Boden zurückgelassen hatte, die also wenigstens 18 Fuß in den Grund tiefer gesun= ken waren.

Ungeachtet des lockern Zustandes des Grundes hatte der Schild doch allmählig vorwärts geschoben werden können unter einer Decke, welche fester war, als der Grund, als verschiedene mit der letzten Fluth in die Themse einlaufende Schiffe gerade über dem höchsten Theile des Tunnel ihre Anker warfen, obgleich an solcher Stelle niemals ein Schiff geankert hatte, so lange die Docken (woselbst die Schiffe, nachdem sie durch die Thü= ren eingelassen worden, ruhig ein= und ausladen kön= nen) vorhanden waren. Die durch die ankernden Schiffe gebildete Versperrung des Stroms hatte die Folge, daß diejenige Erde, welche verhindert hatte, daß die Fluth nicht auf den weicheren Untergrund wir= ken konnte, weggeschwemmt wurde. Das Wasser der Themse drang nun zuerst, als ein durchsichtiger Vor= hang zwischen dem Schilde und dem Mauerwerke, durch. Alle Anstrengungen, um das Eindringen in den ge= wölbten Tunnel zu verhindern, waren jedoch vergebens. Dieser Einbruch fand den 18. Mai 1827 Statt.

Als man die Oeffnung mit der Taucherglocke untersuchte, fand man, daß das Gemäuer gar keinen Schaden genommen hatte, und daß dem Ansehen nach der Schild unverrückt war. Man schritt unverzüglich zur Reparatur, indem man 3000 Tonnen Lehm in Haselstauden geflochtenen Flechtwerksvierecken und andre Erde in den Schlund von mehr als 38 Fuß Tiefe warf.

Als dieser Unfall eintraf, erhielten die Direktoren und der Baumeister einige hundert Vorschläge, um das Loch zu stopfen, allein sie wurden sämmtlich unpassend befunden.

Am 21. Junius war der Tunnel so weit wasserfrei, daß er wieder betreten werden konnte und in der Mitte des August von allem. eingeströmten Unrathe befreit; das Gemäuer war ganz unbeschädigt, aber wegen des neuen Grundes, welcher sich nun gesetzt hatte und durch das Gewicht des Wassers schwerer geworden war, waren die oberen Rahmen ausgewichen, weil die sie verbindende Kette nachgegeben hatte. Nichts kann eine richtigere Idee von der Gewalt des einbrechenden Wassers geben, als der Zustand, in welchem sich das Innere des Gewölbes befand. Das Mauerwerk hatte nur seine halbe Dicke behalten, als wenn es durch kleine Kanonenkugeln beschossen worden wäre. Da, wo das Fundament am dicksten war, war eine Höhle entstanden, als wenn eine vierzehnzöllige Bombe solche ausgehöhlt hätte. Einige schwere Stücke Gußeisen, womit der Schild beschlagen gewesen war, vermißte man anfangs, fand sie aber hernach wieder so tief im Grunde, als wenn sie mit einer schweren Ramme eingerammt worden wären. In Folge des fortgesetzten Drucks der neuen Erde, welche überdieß in schiefer Richtung wirkte, fanden später noch einige Brüche in den Rahmen Statt, welche sich durch einen Schall, der einem Kanonenschusse glich, ankündigten. Die Arbeiter hatten den Kopf noch nicht verloren. Obgleich sich der Grund unter ihnen bewegte und die Rahmen mehr als zwei Fuß von der Spitze getrennt waren, so blieb doch das Gewölbe durchaus unbeschädigt. Man fing wieder an zu arbeiten, und kam wirklich 50 Fuß jenseits des ersten Einbruchs; und obgleich die Schwierigkeit der fortgesetzten Arbeit mit einem so sehr geschwächten und in Unordnung gerathenen Schilde einleuchtet, so wurde doch kein Theil des Tunnels fester vollbracht, als gerade diese 50 Fuß.

In den ersten Januartagen des Jahres 1828 war, weil wegen der Weihnachtswoche die Arbeiten unterbrochen worden waren, der Grund, worin unter dem Schilde gearbeitet werden mußte, weniger fest geworden. Besonders am 12. Jan. wurden große Maßregeln wider eine offenbare Gefahr nöthig. Bis auf vier Arbeiter, welche Herr Brunel der Jüngere auswählte, um mit ihnen bei der Arbeit zu bleiben, schickte er die Andern fort. Man machte alle mögliche Anstrengungen, um die Erde nicht eindringen zu lassen; da aber der Grund gleichsam anschwoll und, wie bei der Lava, fortrollte, so konnte man ihrem Einbruche nicht weiter Einhalt thun. Nachdem Einer der Mitarbeiter die ihm aufgetragene Arbeit vollendet hatte, entfloh er. Plötzlich, als Herr Brunel den Andern Anweisung ertheilte, wie sie sich noch retten könnten, brach der Grund wie ein Vulkan mit furchtbarem Krachen und alle Lichter verlöschten zu gleicher Zeit. In dieser vollkommenen Dunkelheit erreichte dennoch Herr Brunel den Schacht, aber eher, als er, war das Wasser schon da. Die an der Spitze des Schachts versammelten entlassenen Arbeiter hatten das Einschlagen des Wassers wahrgenommen, aus welchem sich Herr Brunel noch glücklich rettete. Nicht so glücklich waren die drei Mitarbeiter; sie und noch drei Andere fanden im Tunnel ihren Tod. Die letzteren Opfer ihrer Unvorsichtigkeit und Neugierde, da sie von der Arbeit entlassen worden waren und sich dennoch nicht entfernt hatten.

Obgleich der zweite Einbruch des Wassers plötzlicher und furchtbarer gewesen war, so wurde er doch durch die nämlichen Mittel, wie das erste Mal, besiegt. Nicht weniger, als 4000 Tonnen Erde, besonders Thon in dicht geflochtenen Körben, waren nöthig, um den Schlund zu füllen und gegen einen neuen Einbruch zu schützen. Als man in den Tunnel zurückkehrte, war jedoch alles Gemäuer ganz unbeschädigt und der Schild war eine mächtige Gränze wieder, an welcher die niedergelassenen Körbe mit Thon mit den an den Seiten hervorstehenden Stäben sich festgesetzt hatten.

Als in dieser Lage der Dinge die Geldmittel der Gesellschaft nicht zureichten, mit dem Werke weiter vorwärts zu schreiten, fanden sich die Direktoren genöthigt, die fernere Arbeit bis aus weiteres einzustellen. Daher wurde der Ausgang der Bogen zugemauert, um wieder geöffnet zu werden, wenn man neue Mittel zur Fortsetzung des Baues erlangen könne. In diesem Zustande geschahen den Direktoren manche Vorschläge, wie der fernere Bau zum Ende gefördert werden könne, aber man fand sie sämmtlich in der Lage der Gesellschaft nicht ausführbar.

So unglücklich auch die beiden Einbrüche des Wassers in den Tunnel gewesen seyn mögen, so hat doch jetzt die Erfahrung bewiesen, daß es möglich ist, was früher die Bergwerkskundigen leugneten, daß man durch einen lockern, durchaus nicht wasserhaltigen Grund einen Wasserleitungskanal jeder beliebigen Weite ziehen kann und wie man dieß anfangen muß, auch daß ein so dauerhaftes Gewölbe, wie das des Tunnel, gegen sogenannte unübersteigliche Schwierigkeiten sich dauerhaft erweise.

Zum Schlusse fügen wir hinzu, daß, wenn ein bisher unter den angeführten Schwierigkeiten noch nicht gewagter unterirdischer Bau, wie der Tunnel unter der Themse, beinahe zur Hälfte wirklich vollenden ist, man mit vielem Zutrauen annehmen darf, kraft der bei dem bisherigen Bau gewonnenen Erfahrungen und der Hülfsmittel, die man erst durch aufgestoßene Widerwärtigkeiten kennen lernen konnte, die noch unvollendete Hälfte ohne fernere Unterbrechung und mit geringerem Aufwande, als bisher der Fall war, glücklich vollendet zu sehen.

Der Kubikyard (jedes Yard hat 3 Fuß) der aus dem Tunnel geschafften Erde kam 41 Rthlr. 6 Ggr. Preuß. zu stehen, mit Einschluß des Gemäuers von 960 Meßruthen, jede à $16\frac{1}{2}$ Fuß.

Der durchschnittliche Preis des Straßenweges war für jedes Kubikyard 220 Rthlr. Preuß. mit nicht mehr als sieben Ruthen Mauerwerk.

Wahrscheinlich dürfte nun freilich die Möglichkeit seyn, den Tunnel nach dem jenseitigen Ufer fortführen zu können, aber so gewiß ist die Sache dennoch nicht, als die ersten Unternehmer in der Hoffnung vom Publikum oder dem Parlamente neue Hülfe zu erhalten, dieselbe darstellen. Für die unterirdische Bergkunde dürfte es belehrend seyn, wenn der Tunnel nach dem jenseitigen Ufer fortgeführt werden könnte.

Einen hohen Leichtsinn des Herrn Brünel verräth die allzu lange unterlassene genaue Untersuchung der Beschaffenheit des Bettes der Themse, mit Hülfe der Taucherglocke, und daß er nicht die ganze Linie an gefährlichen Stellen des Saugsandes und mangelnden Lehmgrundes mit einer Lehm- oder Thondecke vorherüberschüttete; aber auch dann noch ist Gefahr da, wenn den in die Themse einlaufenden Schiffen das Ankern über dem Tunnelgewölbe nicht gänzlich untersagt wird. Erstlich reißt sonst der Anker jedes Mal viel Erde los, und dann veranlaßt der schwerbeladene Schiffskörper auf das wenige Wasser unter dem Kiele des Schiffes und die Erdlagen unter solchem einen gewaltigen Druck, welcher auf das Gewölbe wirken könnte.

Auch kann man sich denken, daß durch eine zu stark aufgetragene Lehmdecke die Strömung des Flußbettes beeinträchtigt werden kann, da sie eine Art Wehr unter der Strömung zu bilden scheint.

Die nach wenigen Tagen in beträchtlicher Tiefe wieder gefundene Schaufel mit dem Hammer erklärt nebenher, wie tief manche Metalle oder Knochen in den Schooß der Erde in Jahrtausenden niedergesenkt werden können.

Die Schwierigkeiten können für den noch unvollendeten Theil des Tunnels noch größer seyn, als sie bisher waren. Freilich ist das nicht wahrscheinlich, aber doch keinesweges unmöglich und auffallend, daß die bisherigen Kosten des Tunnel nicht angegeben werden. Uebrigens scheint die erste Unterzeichnung keine große Zahl von Personen umfaßt zu haben, die daher bereits schon große Summen aufopferten, auch die Meinung des Publikums zu seyn, daß am Ende nach vollendetem Bau der Tunnel weniger wie vermuthet worden wäre, benutzt werden dürfte. Auch wird man schwerlich sich entschließen, ähnliche tiefe Tunnel anzulegen und dafür die wohlfeileren Hängebrücken wählen, wo nicht ganz besondere Umstände einem Tunnel den Vorzug geben.

Es scheint nöthig, daß das Fundament des Tunnel ein gleiches Gewölbe erhält, als der obere Theil desselben, oder wenigstens eine etwas ähnliche, wenn auch flächere Rundung, damit er nicht durch Unterwasser zerstört werden kann.

Doch ist der ganze Bau seit 1828 keinesweges durch spätere hohe Fluthen oder andere Unfälle schadhaft geworden.

Wichtiger Einfluß guter Grundsätze.

Ein Mensch ohne Grundsätze gleicht einem schwachen Rohre, das der Wind hin und her bewegt; Andere können sich nicht auf ihn verlassen, so wie er zu sich selbst kein Zutrauen hat; aber diese Grundsätze müssen gut und löblich seyn, die Ausführung des Rechten und Nützlichen beabsichtigen, die Achtung gegen die Menschheit befördern und auf das Wohl Aller gerichtet seyn. Nur solche Grundsätze ehren den Menschen und nützen ihm, und von Jugend auf muß er eifrig dahin streben, sie sich eigen zu machen und sie als Richtschnur seines Willens beobachten; denn nur ein solcher Mensch wird eine Zierde der Menschen, schlecht und fördert sein Glück, so wie das Anderer.

Zum Grundsatze muß man es sich machen, mit der Zeit haushälterisch umzugehen und sie weise zu benutzen. Wer schon den Abend vorher überlegt, was er den andern Tag thun und in welcher Ordnung er seine Geschäfte verrichten will, der erleichtert sich seine Arbeiten, führt sie mit Freudigkeit und Glück aus und thut immer seine Pflicht, wie ein Mann von Ehre. Von frühester Jugend muß man sich vornehmen, etwas Nützliches gründlich zu lernen, immer nach dessen Vervollkommnung streben, um sich darin eine Geschicklichkeit zu erwerben, die nicht blos das begonnene Werk mit Glück und Ehre ausführt, sondern auch bei ihm für jeden Fortschritt in seiner Wissenschaft, seiner Kunst und seinem Gewerbe eine große Empfänglichkeit unterhält. Nie lernt man aus; unser Wissen ist Stückwerk, wie unser Thun. Vieles kann

verbessert, Manches zweckmäßiger gemacht werden. Wer der Menschen Thun und Treiben sorgfältig beobachtet, der sieht bald ein, daß fast Alles einer größern Vervollkommnung fähig ist, und daß das Meiste zweckdienlicher ausgeführt werden kann.

Wer sich fest vornimmt, seine Pflichten als Mensch in allen seinen Verhältnissen gewissenhaft zu beobachten, der erwirbt sich Charakterfestigkeit und schlägt sich glücklich durch alle Stürme des Lebens hindurch. Er schauet gen Himmel, schöpft da Trost und ein gutes Gewissen giebt ihm Muth und Kraft, so daß er kein Hinderniß scheuet.

Besonnen zu verfahren und Alles gehörig zu überlegen, sey eine unwandelbare Lebensmaxime, und wenn wir uns von Jugend auf an sie gewöhnen, so beschwören wir die hohnlächelnde Ungunst der Menschen und das neidische Geschick der Dinge; wir stehen fest im Ungewitter, und durch Muth und Standhaftigkeit gelangen wir endlich an das gewünschte Ziel.

Der Mumien-Ibis oder geheiligte Ibis.
(Ibis religiosa Cuv. Tantalus aethiopicus Lath.)

Es werden wohl nur wenige unserer Leser mit diesem Vogel unbekannt seyn, da er wegen der Verehrung, die ihm die alten Aegypter schenkten, die berühmteste Art seiner Gattung geworden ist, und uns daher in so vielen Büchern über ihn berichtet wird. Die Aegypter zogen ihn nämlich in den Tempeln mit einer Verehrung auf, die man fast Anbetung nennen könnte; man balsamirte ihn nach seinem Tode ein, verwahrte ihn in spitzigen, irdenen Töpfen und setzte ihn in besondern Grabgewölben, die noch jetzt unter dem Namen Vogelbrunnen gesehen werden, bei; man nahm sein Bild als Schriftzeichen unter die Hieroglyphen auf, und Menschen, welche einen Ibis tödteten, wurden sogar mit dem Tode bestraft.

Zwei wichtige Fragen verdienen nun besonders beantwortet zu werden.

1) Welche von den nicht wenigen Arten der Gattung Ibis war die von den Aegyptern verehrte Art?

Lange hat man sich hierüber gestritten, und die meisten Naturforscher meinten, es sey der afrikanische Nimmersatt (Tantalus Ibis), bis Bruce zuerst zeigte, daß es die oben genannte Art sey, indem er ihn mit den Mumien verglich. Cuvier folgte ihm in seinen Untersuchungen und bestätigte endlich seine Entdeckung. Er und Savigny machten sich bald durch eine ausführliche Beschreibung um die Nachwelt verdient, indem sie nun Aufklärung über einen Gegenstand gaben, der so viele Jahrhunderte im Dunkeln geblieben war.

2) Warum wurde dieser Ibis von den Aegyptern so hoch verehrt?

Früher glaubte man immer, sie hätten ihn deshalb so hoch verehrt, weil er das Land von Schlangen reinige; allein der Ibis scheint nie Schlangen zu fressen und wohnt auch mehr an solchen Orten, wo Schlangen nur selten zu finden sind. Viel wahrscheinlicher scheint daher die Meinung, daß er deshalb, weil er jedes Jahr zur Zeit der Ueberschwemmung nach Aegypten kam, gleichsam als freundlicher Vorbote einer so herrlichen Segnung des Himmels von den alten Aegyptern verehrt worden sey.

Der Mumien-Ibis hat einen langen, dünnen,

gebogenen Schnabel von schwarzer Farbe. Der ganz nackte Kopf und Hals ist mit einer schwarzen Haut bedeckt und auch die Füße sind schwarz. Das Gefieder ist weiß und nur die Spitzen der Schwungfedern und die zerschlissenen Endigungen der langen Schulterfedern sind dintenschwarz. Bei'm jungen Vogel ist nur der Raum zwischen Augen und Schnabel nackt; Backen, Unterhals und Kehle aber sind mit einigen kleinen, weißen Federn bedeckt, die auf dem Scheitel und am Nacken dichter stehen.

Seine Länge ist 1 Fuß 9 Zoll.

Der Mumien-Ibis oder geheiligte Ibis.

Er lebt häufig in Unterägypten, Nubien, Aethiopien und Senegambien einzeln oder in ganzen Gesellschaften, besonders an neu überschwemmten Orten, wo es viele kleine Schnecken giebt, die seine Lieblingsnahrung ausmachen. In Aegypten hält er sich nur während der Ueberschwemmung des Nils auf, und er wandert daher nach ihrer Beendigung, etwa in der Mitte des Oktobers, wieder nach Aethiopien. Er fliegt schön und hoch, wobei er Hals und Füße horizontal ausstreckt und zuweilen ein heiseres Geschrei hören läßt. — Wenn ganze Gesellschaften zusammen kommen, so sitzen sie ganz nahe beisammen. Ihre Nahrung besteht in Schnecken und Wasserinsekten, und vielleicht verschlucken sie zuweilen auch kleine Fische und Frösche. — In Aethiopien nisten sie. Ihr Nutzen besteht in der Vertilgung vieler Schnecken u. s. w. und einen Schaden, den sie bringen, kennt man gar nicht.

Woche.

Am 23. November 1826 starb der Nestor der deutschen Astronomen zu Berlin, Johann Elert Bode, nachdem er den 54sten Band seiner astronomischen Jahrbücher (Berlin 1826) vollendet hatte. Er war geboren zu Hamburg den 19. Januar 1747 und widmete sich frühzeitig den mathematischen Wissenschaften, in welchen unter Andern der berühmte J. G. Büsch sein Lehrer war. Mehrere astronomische Werke machten ihn bekannt und berühmt; 1772 wurde er zum Astronom und 1782 zum Mitgliede der Berliner Akademie ernannt. Er hat sich die namhaftesten Verdienste um die Sternkunde erworben. Am 1. Juli 1822 wurde Bode's funfzigjährige Amtsführung fest-

lich begangen. Er erhielt den rothen Adlerorden von seinem Könige, den St. Andreasorden vom russischen Kaiser. Seine letzten Worte vor seinem Hinscheiden waren: Sterben! Zuversicht! Leben! Ein großer feierlicher Leichenzug bestattete am 27. November seine Ueberreste zur Erde.

Am 24. November 1757. Eine unmittelbare Folge des Sieges der Oesterreicher über die Preußen bei Breslau war die Eroberung dieser Stadt, welche den 24. Novbr. Statt fand. Der preußische Kommandant, General von Lestwitz, erhielt, der Kapitulation zu Folge, mit dem 3400 Mann starken Besatzung freien Abzug und marschirte nach Glogau, brachte aber von den 3400 Mann nicht mehr als 182 dahin, die Uebrigen waren zu den Feinden übergegangen. Die Oesterreicher machten ungeheure Beute an Proviant und Geschütz, vorzüglich aber an Munition; denn die Zeughäuser und Magazine waren bis zum Ueberflusse gefüllt. Indeß war der Besitz dieser Stadt für die Oesterreicher nur von kurzer Dauer.

Am 25. November 1810 wurde die Universität zu Salzburg aufgehoben, welche der Erzbischof Graf von Ladron-Paris gestiftet und von dem damaligen Papste Urban III. durch eine Bulle vom 12. December 1625 ihre feierliche Bestätigung erhalten hatte.

Am 26. November 1552 war Kaiser Karl V. genöthigt, die gegen den Rath der erfahrensten Heerführer und Kriegskundigen noch am Ende des Oktobers 1552 begonnene Belagerung von Metz nach sehr bedeutenden Verlusten aufzuheben. Mangel an Lebensmitteln, Krankheiten und häufige Ausfälle der Belagerten und die üble Witterung hatten sein Heer in einen beklagenswerthen Zustand versetzt, welcher die Aufhebung der Belagerung nöthig machte.

Am 27. November 1790 starb zu Berlin der um die Gesetzgebung des preußischen Staates hochverdiente Johann Heinrich Kasimir Graf von Carmer, Großkanzler und Chef des preußischen Gerichtswesens. Ihm verdankt Preußen die Einführung einer neuen Prozeßordnung. Sie hat vor der alten besonders den Vorzug, daß die Rechtssache sogleich gänzlich eingeleitet und allen spätern Einwendungen, welche nur die Absicht haben, die Entscheidung zu verzögern, vorgebeugt wird.

Am 28. November 1816 wurde von den großherzogl. sachsen-weimar-eisenachschen Gesandten die Gewährleistung der deutschen Bundesversammlung für das neue Grundgesetz über die landständische Verfassung, welches den 5. Mai 1816 öffentlich bekannt gemacht worden war, nachgesucht und erhalten.

Am 28., 29. und 30. November 1793 waren die drei merkwürdigen Tage, an welchen die Preußen mit unerschütterlichem Heldenmuthe kämpften, und endlich nach den unsäglichsten Anstrengungen einen ruhmwürdigen Sieg errangen. Es war ein Theil der französischen Moselarmee unter dem General Hoche, der bei Kaiserslautern durchzubrechen suchte, um die Festung Landau zu entsetzen, und hierdurch die Tapferkeit und Kriegskunst der Preußen unter ihrem Anführer, dem regierenden Herzoge von Braunschweig, der schon als Jüngling im siebenjährigen Kriege die erstaunlichsten Beweise von Heldenmuth und tiefen militärischen Kenntnissen und Einsichten gegeben hatte, einen Verlust von 6000 Mann erlitt.

Verlag von Bossange Vater in Leipzig.
Unter Verantwortlichkeit der Verlagshandlung

Das Pfennig-Magazin

der
Gesellschaft für Verbreitung gemeinnütziger Kenntnisse.

31.]   Erscheint jeden Sonnabend.   [November 30, 1833.

Das General-Postamt zu London.

In England wurde das Postwesen erst unter der Regierung Karl's I. gestaltet, obgleich etwas der Art früher dagewesen zu seyn scheint, da eine Parlaments-akte vom Jahre 1548 als Abgabe auf Postpferde einen Penny die Meile *) festsetzte. Die Stelle eines Ober-postmeisters von England wird 1581 erwähnt, und die eines Postmeisters für das Ausland im Jahre 1631.

Im Jahre 1635 wurde für England und Schott-land eine Briefpost gegründet, und das Briefporto be-stimmt. Kurz nach dem Ausbruche des Bürgerkrieges entwarf, wie es scheint, Edmund Prideaux, General-fiskal, einen regelmäßigen und dem jetzigen Zustande des Postwesens sich mehr nähernden Plan. Er setzte die wöchentliche Fortschaffung der Briefe fest und sicherte dem Publikum die Kosten für den Unterhalt der Post-meister, welche sich auf 7000 Pfd. Sterl. beliefen. Der Gewinn dieser Einrichtung scheint so groß gewesen zu seyn, daß er auf Seiten der Stadt London den Versuch veranlaßte, gleichfalls ein solches Postamt einzu-richten; aber das Unterhaus erklärte, daß das Postwe-sen unter die Verfügungen des Parlaments gehöre.

Im Jahre 1657 wurde ein regelmäßiges Post-amt beinahe nach dem vorigen Plane von dem Pro-tektor (Cromwell) und seinem Parlamente eingerichtet, und das damals erhobene Briefporto blieb bis zu der Regierung der Königin Anna unverändert.

Erst nach der Wiederherstellung des Königthums, im Jahre 1660, wurde das Postwesen durch ein Sta-tut genauer geordnet, als die Mitglieder des Unter-hauses um das Vorrecht nachsuchten, ihre Briefe un-entgeltlich zu befördern, was ihnen auch später bis auf zwei Unzen ertheilt wurde, jedoch unter Georg III. viele Beschränkungen erlitt.

Im Jahre 1654 wurde die Post von John Manly, Esq., für die jährliche Summe von 10,000 Pfund gepachtet, und schon 1665 wurde sie für 21,500 Pfd. an den Herzog von York überlassen; der Ertrag der Post war also in etwas mehr als zehn Jahren auf das Doppelte gestiegen und nahm unter der Regierung Wilhelm's und Maria's immer mehr zu; in den fol-genden acht Jahren des Krieges war er im Durchschnitte 67,222 Pfd. und in den vier darauf folgenden Frie-densjahren betrug er 82,319 Pfd. jährlich.

Bei der Vereinigung Schottland's mit England im Jahre 1710 wurde durch eine Parlamentsakte ein General-Postamt eingesetzt, welches außer Großbritan-nien und Irland die westindischen und amerikanischen Besitzungen einschloß. Diese Ausdehnung erhöhete den jährlichen Ertrag auf 111,461 Pfd. Sterl. Welch' einen Antheil an dieser Summe jedes der genannten Länder hatte, ist nicht bekannt; allein man hat Grund zu glauben, daß sie beinahe ganz englisch und irisch war; denn noch in den Jahren zwischen 1730 und 1740 ging die Post zwischen London und Edinburgh nur drei Mal die Woche, und ein Mal wurde nach Edinburgh nur ein einziger Brief, an einen dortigen Banquier Ramsey, geschickt.

Im Jahre 1784 fand eine merkwürdige Verän-derung in der Beförderung der Briefe Statt. Bis zu der Zeit hatte man nämlich die Felleisen auf Karren oder durch reitende Postkerle fortgeschafft; aber in dem ge-nannten Jahre legte John Palmer der Regierung ei-nen Plan vor, der auf Vermehrung der Einkünfte und Bequemlichkeit des Publikums berechnet war. Sein Vorschlag fand Beifall; er wurde dafür mit einer gro-

ßen Summe Geldes belohnt und später zum General-Kontroleur des Postamtes ernannt. Sein Vorschlag aber war, die noch jetzt gebräuchlichen Briefpostkutschen einzurichten, welche genau um 8 Uhr Abends London verlassen, und acht (engl.) Meilen die Stunde, Auf-enthalt eingerechnet, fahren sollten, so daß man ihre Ankunft an jedem Orte auf ihrem Wege mit Gewißheit berechnen könne. Es wurde ihnen auch erlaubt, vier Reisende innerhalb des Wagens und vier außerhalb mitzunehmen; denn zu der Zeit waren die Postkutschen für Reisende weit säumiger und nicht so bequem, wie jetzt. Die erste Briefpost-Kutsche wurde 1784 zu Bristol eingerichtet, von dieser Zeit an zeigte sich das Gedeihen der Post sehr schnell. Die Einkünfte, wel-che bei deren erster Einrichtung nicht mehr als 5000 Pfd. Sterl. waren, und die nach 2 Jahrhunderten im Jahre 1783, blos auf 146,000 Pfd. jährlich stie-gen, waren dreißig Jahre darauf beinahe 1,700,000 Pfd; und doch ist das Porto jetzt wohlfeiler, als frü-her. Der ganze jährliche Betrag ist jetzt ungefähr 2,400,000 Pfd., und der reine Gewinn 1,500,000 Pfd. Sterl.

Das jetzige Gebäude des General-Postamtes ist nach einer Zeichnung Smirke's im Jahre 1825 zu bauen angefangen und 1829 beendigt worden. Es ist in grie-chischem Style, 400 Fuß lang und 80 Fuß breit; die Grundlage besteht aus Granit, das Gebäude selbst ist von Ziegelstein und gänzlich mit Portland-Stein bekleidet. In der Mitte der Fronte ist ein Portikus mit sechs Säulen in jonischer Ordnung von Portland-Stein, deren Piedestal Granit ist; das Vestibulum, oder die große Halle, die das Centrum des Gebäudes ein-nimmt, bildet eine offene Durchfahrt und ist 80 Fuß lang, 60 Fuß breit und hat 53 Fuß Mittelpunkt-Höhe.

Auf der Nordseite dieser Halle sind die Gemächer zur Annahme der Zeitungen und der Briefe des In-landes und der Schiffe, und hinter diesen weiter nörd-lich die Zimmer der Sortierer der inländischen Briefe und der Briefträger; das Zimmer der letztern ist 35 Fuß hoch. Die Gepäcke werden an der östlichen Seite empfangen, wo auch die Geschäftsstuben für Westin-dien, der Kontroleure und für die Briefpostkutschen sich befinden.

Auf der Südseite der Halle sind die Gemächer für die auswärtigen Geschäfte, der General-Einneh-mer und Buchhalter. An dem östlichen Ende der Halle ist das Zweipenny-Postamt, wo die Briefe an-genommen werden, und die Zimmer der Sortierer und Briefträger. Um diejenigen Briefe aus einem Zim-mer in's andere zu schaffen, welche in einen unrechten Geschäftskreis gekommen waren, werden sie auf kleine Wagen unter dem Pflaster der Halle geworfen, welche vermittelst einer Maschine ihren Weg unter der Erde machen.

In den obern Stockwerken sind die Wohnungen der Schreiber in den auswärtigen Geschäften, welche bei der Ankunft der Briefe ihre Geschäfte zu verrichten haben. Das untere Stockwerk ist durch Ziegelgewölbe feuerfest gemacht. Hier sind die Zimmer der Schaff-ner, ein Waffenzimmer und die Wohnungen der Be-dienten. Es giebt daselbst eine sinnreich eingerichtete Ma-schine, um Steinkohlen nach diesem oder jenem Stock-werke zu bringen, und ein einfaches Mittel, um bei ei-nem Feuerausbruche Wasser nach einem jeden Theile des Gebäudes zu schaffen. Das ganze Gebäude wird mit Gas erleuchtet und enthält an tausend Lampen.

Aus einer im Monat Mai 1828 gemachten Zählung erhellt, daß die Durchschnittszahl der täg-

*) Ein Penny ist ungefähr 7½ Pfennig Sächsisch und eine engl. Meile zu Lande enthält 5135 rheinl. Fuß.

lich in 24 Felleisen in London ankommenden Briefe 28,466 ist, was 170,802 die Woche und 8,881,704 das Jahr ausmacht.

Folgende Maßregel zum Vortheile der Manufacturisten und Kaufleute ist vielleicht nicht allgemein bekannt. Jedes Päckchen mit Proben oder Mustern von Waaren, welches nicht eine Unze übersteigt, trägt nur das Porto eines einfachen Briefes, wenn es an den Seiten offen ist und nur ein Schreiben enthält, das die Namen der fortschickenden Person und ihres Aufenthaltsortes und den Werth des Artikels angiebt.

Die Zweipenny, oder zuerst Penny-Post genannt, nahm 1683 durch eine Privatperson, zur Beförderung von Briefen und kleinen Päckchen, ihren Anfang, wurde aber nachher von der Regierung zur allgemeinen Post gezogen. — Durch diese Post kann jeder Brief oder jedes Päckchen, das nicht über vier Unzen schwer ist, nach jedem Orte innerhalb drei Meilen von dem General-Postamte für zwei Pence (15 Pfennig Sächs.) befördert werden. Nach einem Orte über diese Entfernung hinaus, und nicht in der Liste der zur allgemeinen Post gehörigen Oerter befindlich, ist die Taxe drei Pence. Die Anzahl der täglich durch die Zweipenny-Post beförderten Briefe ist ohngefähr 40,000, oder 12,529,000 das Jahr; zählt man die durch das allgemeine Postamt beförderten Briefe hinzu, so ist die jährliche Anzahl 21,510,704, oder 413,000 die Woche. Die Anzahl der jährlich durch das Postamt zu Paris beförderten Briefe ist ohngefähr 14,500,000, von welchen etwa 4,250,000 aus den Departements kommen.

Es ist bemerkenswerth, daß selten eine Anstalt so viel Vortheil, wie die Post, gewährt. Zwar ist ihre Nützlichkeit, nicht zu sagen ihre Nothwendigkeit, in Handelsgeschäften zu offenbar, um einen Zweifel zuzulassen, und ihr Beistand, den sie den politischen Verhandlungen verleiht, ist nicht weniger augenscheinlich; aber in den beschränktern und niedrigern Kreisen des gesellschaftlichen Lebens ist es vorzüglich, wo sie mit einer selten genugsam anerkannten Freigebigkeit Trost und Freude verbreitet.

Die Höhle von Antiparos.

Antiparos ist eine kleine, im ägäischen Meere liegende Insel, von 16 Meilen im Umfange mit 1,200 Einwohnern. Die berühmte Höhle, welche sich auf dieser Insel befindet, ist schon den ältesten Griechen bekannt gewesen; wenigstens beweisen dieß die Ueberreste von sehr alten griechischen Namenszügen, welche in die Felsenwände eingegraben sind. Allein da diese Höhle keine Metalle darbot, der Besuch derselben auch mit vielen Gefahren verbunden ist, so läßt es sich leicht erklären, warum wir in den Schriften der Alten keine näheren Nachrichten und keine Beschreibung dieser Insel finden.

Unter den Griechen waren mancherlei Sagen von dieser Insel im Umlaufe und manches Gespenster-Mährchen wurde von ihr erzählt; daher wagte es Niemand, in das Innere dieser Klüfte einzudringen. Im Jahre 1663 endlich faßte Herr von Nointel, französischer Gesandter am türkischen Hofe, den Plan, das Innerste der Höhle zu sehen und möglich feierlichst das Weihnachtsfest in derselben zu begehen. Nach vielen Geldspenden gelang es ihm, einige Eingeborne der Insel zu bewegen, mit ihm eine Fahrt in diese grausenhafte Tiefe zu wagen

Das Wagstück gelang; der Gesandte konnte hier im Innern der Höhle mit einem Gefolge von einigen hundert Menschen Weihnachten feiern und drei Tage verweilen. Einige hundert Wachsfackeln und vierhundert Lampen verwandelten die finstere Nacht in einen glänzenden Tag. Die ganze Höhle glich nun einem herrlich erleuchteten Dome. Eine große Tropfsteinmasse, fast mitten in der Höhle, wurde zum Altare geweiht, Priester verrichteten Gebete, Chor-Knaben sangen bei dem Hoch-Amte, von Instrumental-Musik begleitet, und andächtig kniete hier tief in der Erde Schooß der Anbetenden Menge. Auf ein gegebenes Zeichen wurden vier und zwanzig am Eingange der Höhle aufgestellte Kanonen und Mörser abgebrannt und verkündeten den Bewohnern die gottesdienstliche Feier.

Nachdem die religiöse Handlung beendigt war, nahm das Ganze einen andern Charakter an; denn Nointel's Gefährten sammelten sich zum fröhlichen Gastmahle. Für reiche Speisevorräthe aller Art war gesorgt worden, und auch der eintretende Mangel an Wasser wurde bald gehoben, da man bei genauer Nachforschung in einer Nebenhöhle ein Becken voll des klarsten Wassers entdeckte. — Mehrere Felsenvertiefungen, Zimmerabtheilungen und Kabinetten ähnlich, dienten als Schlafgemächer. — Bei seiner Rückkehr ließ Nointel nicht nur mehrere besonders schöne Tropfsteinbildungen losbrechen, und nahm sie als Andenken an diese Höhle mit, sondern er ließ auch in eine große Tropfsteinpyramide eine Inschrift in lateinischer Sprache eingraben, welche den Tag und die Absicht seines feierlichen Aufenthaltes an diesem Orte bezeichnete.

Der Besuch dieser 250 Fuß tiefen Höhle ist mit bedeutenden Schwierigkeiten verbunden, da man sich an Stricken in dieselbe hinablassen muß; doch wartet auch überreicher Lohn dessen, welcher sich durch jene Beschwerden von einem Besuche nicht zurückschrecken läßt. Eine hohe Felsenwölbung bezeichnet den Eingang. Hier hat ein Höhlenhüter eine kleine steinerne Hütte erbaut und hält Fackeln, Lampen, Stricke, Leitern, auch wohl zur Einfahrt bequeme Kleidung bereit. Die Natur selbst hat den Besuch dieser Höhle dadurch möglich gemacht, daß sie vor dem senkrecht sich öffnenden Abgrunde eine dichte, frei emporragende Säule aus der Tiefe heraufführte. An diese Säule werden Stricke befestigt, an welche sich die Einfahrenden Einer nach dem Andern in geringen Zwischenräumen anhängen und in die Tiefe hinabfahren. Auf diese Weise fahren oft zwanzig bis dreißig zugleich hinab, denn es würde zu lange Zeit erfordern, wenn man so lange warten wollte, bis der Einzelne den Boden erreicht hätte. Zu größerer Vorsicht sind auch in den Felsenwänden eiserne Haken mit Seilen angebracht, um auf den vorspringenden Felsstücken ausruhen zu können, denn ein ruhiges und sicheres Schreiten ohne Hülfe des Seiles nicht möglich, da der Fels durch das beständige Herabträufeln des Wassers feucht und schlüpfrig ist. Wenn die Fahrt ungefähr zur Hälfte beendigt ist, scheint jedes weitere Hinabdringen unmöglich; der breiter gewordene Pfad verengt sich und allenthalben treten hohe vorspringende Kalkfelsen entgegen. Doch hat man diese Schwierigkeit überwunden, so ist auch das Ziel erreicht, man befindet sich in der Höhle. Welch' ein Gewölbe! Achtzig Fuß in die Höhe, dreihundert Fuß in die Länge, und ohngefähr eben so viel in die Breite! Welcher Raum, und doch ist es bei Weitem noch nicht das Ganze der Höhle, was uns bis jetzt bekannt ist; vielleicht sind hier in Nebenhöhlen den künftigen Forschern neue Wunder zu entdecken vorbehalten! — Wenigstens geht auf der Insel die Sage, die Höhle sey noch einmal so tief, und was jetzt bewundert wird, sey nur ein kleiner Theil davon.

Wer aber vermöchte Worte zu finden, diese unterirdischen Schönheiten würdig zu schildern! Die Menge der phantastischen Tropfstein-Formen und Bilder, die theils von der Decke herabhängen, theils zu ihr hinaufstreben, verwirrt das Auge. Wohin soll sich der Beschauende zuerst wenden? Planlos sind die Tropfstein-Bilder umhergestellt, und vereinigen sich dennoch zu einem wohlgeordneten Ganzen und überraschen den Beschauer durch ihre malerischen Gruppirungen. Vor allen zeichnet sich aus jene von unten emporstarrende, hohe, glänzende Pyramidal-Gestalt, welche Nointel zum Altare weihen ließ, und die noch jetzt den Namen des Altares behalten hat. Sie bildet die Hauptmasse, ist vier und zwanzig Fuß hoch und übertrifft Alles, was die Natur unter der Erde gebildet und gebauet hat.

Die Höhle von Antiparos.

Gleich am Eingange in die eigentliche Höhle sieht sich der Reisende umringt von Säulen, von denen einige acht bis zehn Fuß hoch sind. An der Spitze derselben befinden sich Kalkspath-Krystalle, durch welche das von den Fackeln ausströmende Licht gebrochen und zurückgeworfen wird. Unter andern zieht eine sieben Fuß hohe und einen Fuß dicke Säule dadurch die Blicke auf sich, daß sie völlig durchsichtig und von völlig reinem Glasglanze ist. Die vier kleinern sie umgebenden Säulen dienen nur dazu, ihren Glanz und ihre Schönheit zu erhöhen. — Nicht weniger merkwürdig und schön sind die Seitenwände der Höhle. Einige Stellen sind wie von zwei Zoll dickem Eise täuschend überzogen, an andern scheint die flüssige Masse schichtweise herabgestürzt und im Fallen erstarrt zu seyn; an andern Stellen wiederum erscheinen Gestalten von der mannichfachsten Abwechselung, die oft Pflanzen- und Kohlarten ähneln. Asiatische Blumen und Kräuter stehen hier gleichsam versteinert zur Schau. An einer andern Seite hat es das Ansehen, als ob ein herabstürzender Bach durch des Winters Gewalt zu Eis erstarrt wäre.

Die gewölbte Decke der Höhle wird von den Beschauenden gewöhnlich am meisten bewundert. Hier und da sehen sie sich durch den Anblick von Sonne und Sternen überrascht, die an der Decke prangen, und aus einem schimmernden Mittelpunkte große, herrliche Strahlen verbreiten. Sechs bis sieben Fuß lang erscheinen diese Lichtausströmungen. An andern Stellen wandelt man wie unter Laubgängen, oder in Säulenhallen, die zu festlichen Versammlungen geschmückt sind. In den Zwischenräumen sind viele gerade herabhängende Tropfstein-Säulen befindlich, an Länge und Dicke verschieden. Eine davon mißt zwanzig Fuß in die Länge und über sechs Fuß im Durchmesser.

Welche Erd-Revolutionen mögen vorgegangen seyn, um diese Höhlen zu bilden! Wie viele Jahrhunderte mögen nothwendig gewesen seyn, ehe die Natur jene Tropfstein-Formen angehäuft und gebildet hat!

Der cayennische Trompetervogel. (Psophia crepitans.)

Der Trompetervogel, der auch unter dem Namen Agami bekannt ist, erreicht eine Länge von einem Fuß acht Zoll und eine Höhe von einem Fuß sechs Zoll. Sein Schnabel ist ziemlich kegelförmig, oben schwach herabgebogen, von den Seiten zusammengedrückt und an der obern Spitze etwas übergebogen. Die Nasenlöcher, die am Schnabelgrunde liegen, sind oval und halb mit Haut bedeckt. Der Augenkreis ist kahl und von rother Farbe. Die zusammengelegten Flügel bedecken fast den ganzen Schwanz. Die Federn am Kopfe und Oberhalse sind sehr kurz und flaumartig, die lockern seidenartigen Schulterfedern sind aber so lang, daß sie bis über den Schwanz hinabhängen. Der Schwanz ist kurz. Die Beine sind bis etwas über die Kniee nackt. Vom Unterhalse bis über die Brust geht ein großer, runder Fleck von grün, goldgrün, blau und violet schillernden Federn, deren Farben sich nach dem Scheine des Lichtes ändern. Die Mitte des Rückens und die kleinen Deckfedern der Flügel sind rosafarben, die großen Deckfedern und der Schwanz hellaschgrau, und der Kopf, Hals, Unterleib und alle übrigen Theile matt schwarz. Die Beine sind grünlich und die Nägel schwarz.

Die Trompetervögel wohnen in gebirgigen Wäldern in Cayenne und andern Ländern Südamerika's. Sie leben in Heerden, laufen sehr schnell, mit weiten Schritten, und von den Flügeln dabei unterstützt, gehen zuweilen aber auch langsam und gravitätisch einher, oder machen lächerliche, muntere Sprünge. Häufig stehen sie wie die Störche auf einem Beine und stecken den Kopf dabei zwischen die Schultern. Wenn sie in Gefahr sind, so retten sie sich, wegen ihres schlechten Fluges, nur durch ein schnelles Laufen, wobei sie ein lautes, scharf tönendes Geschrei hören lassen. Dieses Geschrei hat dem Vogel seinen Namen gegeben. Es scheint bald aus dem Schnabel, bald aus dem After zu kommen, ist dem Girren der Tauben ähnlich, oder dem Geräusche, das entsteht, wenn die Luft in den Gedärmen eines Menschen kollert, und wird durch die sonderbar gebaute Luftröhre und Lunge gebildet.

Der Trompetervogel.

Die Nahrung dieser Vögel besteht aus Früchten, Getreidekörnern, Insekten, Brot und Fleisch.

Das Weibchen legt in ein Loch, das es am Fuße eines Baumes scharret, 10 bis 16 hellgrüne Eier, die etwas größer als die Hühnereier sind. Die Jungen können sogleich laufen.

Das Fleisch der Jungen ist eine sehr angenehme Speise, das der Alten ist aber schwarz, trocken und übelriechend.

Dieser Vogel läßt sich so leicht zähmen und besitzt dann eine so große Anhänglichkeit an den Menschen, daß man ihn den Hund unter den Vögeln nennen könnte. Er gehorcht der Stimme seines Herrn, läuft mit ihm umher, liebkoset ihn, zeigt seine Freude, wenn er nach einer Abwesenheit wieder kommt, und ist eifersüchtig auf andere Thiere, welche die Liebe des Herrn mit ihm theilen. Er bewacht die Hühnerhöfe und verjagt fremde Thiere, da er weder Katze noch Hund fürchtet und sich mit starken Schnabelhieben zu vertheidigen weiß. Auch der Herrschaft über die Hühner bemächtigen sich diese Vögel bald, treiben sie des Abends in ihren Stall und nehmen dann ihren eigenen Ruheplatz auf einem Dache oder benachbarten Baume. Sogar Schafheerden sollen sie bewachen und des Abends nach Hause treiben. Zuweilen entfernen sie sich auch weit vom Hause, laufen auf den Straßen umher, kommen aber immer wieder zurück; mit einem Worte, es ist dieser Vogel eines der treuesten und nützlichsten Hausthiere

Der Hund des Soldaten.

Als das italienische Garderegiment der Veliten in Mailand stand, hatte ein gemeiner Soldat desselben einen Hund, der ihm sehr ergeben war, und ihm allenthalben folgte, sogar wenn sein Herr die Wache bezog und vor dem Thore des Palastes des Vice-Königs den Posten hatte.

Zur Zeit des unglücklichen Feldzuges gegen Rußland, im Jahre 1812, zog auch das Regiment der Veliten mit dem Vicekönige, Eugene Beauharnais, in den Krieg. Tosino, welcher allen Soldaten bekannt war, ging hinter seinem Herrn her, überstieg mit ihm die Alpen, machte den Weg durch einen großen Theil von Europa, war in allen Schlachten, an welchen das Regiment Antheil hatte, und kam endlich nach Moskau. Als Napoleon genöthigt war, sein Heer aus der zerstörten Hauptstadt zurückzuziehen, folgte Tosino abermals seinem Herrn und ging durch alle Schrecken jenes denkwürdigen Rückzuges. Er war in der mörderischen Schlacht bei Malojaroslawez, wo die Italiener sich tapfer hielten, aber großen Verlust erlitten. Doch erreichten sie noch in einer Art von Ordnung die Beresina; allein bei dem unheilvollen Uebergange über diesen Fluß kam mehr als die Hälfte des Restes dieses Regimentes um, und auch der Herr des armen Tosino. Nach dem Uebergange war keine Ordnung mehr; die Trümmer des Regimentes der Veliten wurde mit den Trümmern anderer Regimenter vermengt, und Alle flüchteten sich in schreckenvoller Verwirrung. Tosino, der glücklich über den Fluß gekommen war und eine Zeit lang am Ufer des Flusses heulte und winselte, als ob er Jemanden vermißt hätte, wurde bald hinter einigen der Veliten gesehen, und hielt sich von nun an immer dicht bei denen, welche die Uniform seines unglücklichen Herrn trugen. Dieser Umstand machte natürlich auf die Leute Eindruck, und einige der Gefährten seines Herrn, obgleich selbst in Elend und Entbehrung, suchten die Bedürfnisse des Hundes, der sich so treu zu dem Regimente hielt, zu befriedigen. Aber trotz dieser Sorgfalt und den Liebkosungen, wollte Tosino sich niemals einem Manne ausschließlich ergeben; im Gegentheile sah er sich immer nach den Mehrsten des Regimentes der Veliten um, folgte ihnen, wohin sie gingen, und verließ die Einzelnen, welche ihn durch besondere Güte an sich ziehen wollten. Auf diese Art erreichte er Wilna, ging dann durch Polen, Preußen, durch die Staaten des Rheinbundes, durch Tyrol und über die Alpen, — und kam endlich mit dem winzigen Ueberbleibsel des Regimentes im Sommer 1813 nach Mailand zurück. Wie dieser arme italienische Hund durch Länder und über gefrorene Flüsse kam, wo selbst die Pferde des Landes umkamen, schien allein denen ein Wunder, welche Zeugen des traurigen Rückzuges waren.

Sobald Tosino in Mailand angekommen war, ging er stracks nach den Kasernen, welche sonst das Regiment der Veliten inne hatte, und nachdem er dort einige Zeit gewartet, trabte er nach dem Schilderhause vor dem Thore des Palastes, wo er so oft mit seinem Herrn auf der Wache gestanden und von dem er sich niemals hundert Schritte weit entfernte. In den ersten Tagen hörte man ihn heulen und winseln; aber diese traurige Stimmung ließ nach, und er nahm ruhig seinen Winkel im Schilderhause ein. Die interessante Anekdote gelangte zu den Ohren des Vicekönigs, welcher befahl, den armen Tosino gut zu behandeln, ihn zu füttern, und als einen Kostgänger des Staats zu betrachten. Aber es bedurfte keines solchen Befehls;

die ganze Armee, alle Bewohner Mailand's betrach=
teten den Hund beinahe wie ein heiliges Thier, und
zeigten ihn allen Fremden als ein Wunder und eine
Zierde der Stadt.

Als im Jahre 1814 die Franzosen aus Italien
vertrieben wurden, nahmen sich die Oesterreicher seiner
an; er behielt seinen Winkel im Schilderhause und
wurde, wie zuvor, genährt und ausgezeichnet. Er
lebte jedoch nur noch wenige Monate, und starb von
allen Mailändern tief betrauert.

In seinem Aeußern hatte Tofino nichts Ausge=
zeichnetes, er war nicht einmal von reiner Herkunft,
denn er war ein rothhaariger, plumper Blendling, von
der Größe eines englischen Dachshundes.

Die Namen der Wochentage.

Die Namen der Tage der Woche, sowohl bei den
Deutschen, als auch bei den mit ihnen verwandten
Völkern sind den Namen eben so vieler Gottheiten ih=
rer Vorfahren entlehnt.

Sonntag (Sunnandäg) war der Sonne
geheiligt, welche ihre Hauptgottheit war, eben so wie
bei den Persern. In dem der Sonne geweihten
Tempel war ein Götzenbild, welches das Beispiel ei=
nes auf einem Pfeiler sitzenden Menschen mit umstrahl=
tem Haupte vorstellte, und mit ausgestreckten Armen
hielt es ein Rad vor der Brust, den Umlauf der
Sonne um die Erde andeutend.

Montag (Monandäg) war dem Monde
geheiligt, welcher unter dem Bilde eines Frauenzim=
mers in schwärmerischer Kleidung, auf einem Fußgestelle
stehend, vorgestellt wurde.

Dienstag (Tuisdäg) war dem Gott Tuisko
geheiligt, welcher der Vater der Germanier und
Skythen gewesen seyn soll. Er wurde unter dem
Bilde eines ehrwürdigen Alten mit einem langen wei=
ßen Barte vorgestellt, und zwar mit einem Eberfelle
um die Schultern und einem Szepter in der rech=
ten Hand.

Mittwoch (Wodandäg) war dem Wodan
oder Odin geheiligt, welcher von den nordischen Völ=
kern für den Gott des Krieges und den Vater aller
Gottheiten gehalten wurde. Vorgestellt wurde er un=
ter dem Bilde eines glänzend gerüsteten Kriegers mit
einem breiten, sich schlängelnden Schwerte in seiner
rechten und einem Schilde in der linken Hand.

Donnerstag (Thordäg) war dem Donner=
gotte Thor, ältestem Sohne des Wodan, geheiligt.
Er wurde auch als Hauptlenker aller Luftbegebenheiten
betrachtet, und man flehete zu ihm um fruchtbare Jah=
reszeit. Vorgestellt wurde er sitzend auf einem präch=
tigen Throne, auf dem Haupte eine goldene Krone mit
zwölf flimmernden Sternen und in der rechten Hand
ein königliches Szepter.

Freitag (Friggadäg oder Frejadäg) war
nach Einigen der Göttin Frigga, Odin's Gemahlin,
geheiligt, nach Andern der Liebesgöttin Freja, Adur's
Gemahlin. Man hielt sie auch für die Mutter aller
Götter. Vorgestellt wurde sie als weibliche Figur mit
einem blanken Schwerte in der rechten und einem Bo=
gen in der linken Hand.

Sonnabend (Säterdäge) war dem Gott
Säter (Surtur?) geheiligt. Vorgestellt wurde er

stehend auf dem stacheligen Rücken eines Barsch, mit
entblößtem Haupte, von hagerem Ansehen, mit einem
langen, zugeknöpften Rocke und einer Schärpe von der
rechten Schulter nach der linken Hüfte, und in der
rechten Hand einen Eimer mit Blumen und Früchten.

Auswanderung.

Der Zustand eines eben angekommenen Ausge=
wanderten hat in jeder Beziehung etwas Eigenthüm=
liches. Mit hohen Erwartungen, einem starken Ge=
fühle von eigener Wichtigkeit, und gläubig für Alles,
was auf einen glücklichen Erfolg seines Unternehmens
schließen läßt, ist der Auswanderer gewöhnlich ge=
neigt, Schwierigkeiten zu gering anzuschlagen, und
seine Ansichten auf dem lockern Boden blendender Vor=
spiegelungen und trügerischer Versprechungen zu bauen.
Daher werden vielleicht einige wohlgemeinte Winke
Vielen willkommen seyn.

Eine Hauptsache, auf die der Auswanderer zu
merken hat, ist, daß, was auch sein Vorhaben sey,
je eher er seinen Bestimmungsort erreicht, es ihm desto
besser gelingen wird. Jeder Gulden auf dem Wege
ausgegeben, jede Stunde an einem Anhaltsorte zuge=
bracht, ist eine Verringerung des Kapitals, welche er,
noch ehe ein Jahr in der Kolonie vergeht, bitter bereuen
wird. Denn das Gelingen seines Unternehmens hängt
nur von seiner Sparsamkeit und Betriebsam=
keit ab; und überdieß muß er wissen, daß das Geld
in seinen neuen Verhältnissen einen höhern Werth hat,
als in Europa, und daß, wenn er sich auf solche Un=
terstützungen verläßt, wie sie in Europa gewöhnlich
sind, und so zu einem Auftreten verleitet wird, welches
seine Hilfsquellen oder die ihm zu Gebote stehenden
Mittel übersteigt, er sich bestimmt den Weg zu seinem
eigenen Verderben bereitet. Kommt er aber einmal
in die Hände eines Geldverleihers, so wird er er=
staunen, wie bald die Zinsen von funfzehn bis drei=
ßig Procent sein Eigenthum verschlingen. Häuser,
Grundstücke, Besitzungen jeder Art werden von der
gierigen Hand des Gerichtsbeamten weggerafft, und
Jahre von Sorgen, Arbeit und Entbehrungen bringen
ihn zuletzt noch ins Gefängniß. Aber dieses Alles kann
dadurch vermieden werden, wenn man bei der Ankunft
in der Kolonie einige einfache Regeln beobachtet;
nämlich:

1) Man hüte sich, zu schnell Bekanntschaften zu
machen. Es ereignet sich oftmals, daß Auswanderer bei
ihrer Ankunft in der Kolonie unter solche Menschen gera=
then, die von Allem um sie herum, von der Kolo=
nie, von der Verwaltung, den Hilfsquellen, eine
scheelsüchtige Meinung gefaßt haben, und die sich nun
ein Vergnügen daraus machen, auch Andere für ihre
Ansichten zu gewinnen. Was solche vorbringen, wird
die Farbe ihrer Gesinnung tragen; und es sei also
eine Hauptregel, daß Alles, was der Auswanderer
von dergleichen Leuten hört, nur mit der größten Vor=
sicht aufgenommen werde. Eben so muß er sich aber
vor denen hüten, die Alles in den glänzendsten Far=
ben sehen; denn eine neue Kolonie hat ohnehin für den
Mann von Unternehmungsgeist einen eigenthümlichen
Reiz, und wenn nun ein solcher noch allzusehr von
Personen ermuthigt wird, deren Bekanntschaft mit
dem Orte seine Meinungen bekräftigt, so bildet er

oftmals große Plane, ohne die ihnen im Wege liegenden Hindernisse zu beachten, und welche, anstatt jemals ausgeführt zu werden, ihren Urheber zu Grunde richten.

2) Man hüte sich, ein Politiker oder Partheigänger zu werden. Ein Auswanderer muß alles dieses in dem Lande lassen, dem er Lebewohl gesagt hat; er kann nicht seinen Geist oder seine Zeit zwischen seinen jetzigen Beruf und zwischen unnützem Geschwätze über Staatseinrichtungen theilen. So erfreulich solche Gespräche auch seyn mögen, so sind sie gar nicht an ihrer Stelle in der jungen Kolonie; der herrschende Grundsatz ihrer Einwohner ist die aus der Fabel von dem Reisbündel hergeleitete Moral. Findet ein Auswanderer ein größeres Interesse im Stümpern in Staatsangelegenheiten, als an seinem Landbaue, so kann auch der noch wenig Scharfsinnige voraussagen, was sein Schicksal seyn wird.

3) Man vergesse niemals, daß man sich in einem Lande befindet, wo an Bequemlichkeit und Luxus, an die man sich vielleicht seit Jahren gewöhnt hat, gar nicht zu denken ist. Wie auch die Umstände seyn mögen, so muß man sich solche eine Zeit lang versagen, wenn man nicht von dem bereits erwähnten Grunde der Klugheit abweichen will.

4) Man sey äußerst vorsichtig bei Kauf und Handel. Beinahe Jeder, mit dem man zusammenkommt, wird das beste Pferd, das beste Vieh rc. zum Verkaufe anbieten; aber man lasse das Nächste nach dem Besten gut genug seyn, oder bedenke vielmehr, daß Nichts so gut ist, daß nicht auch etwas Anderes gefunden werden kann, was demselben Zwecke entsprechen könnte, oder ferner, daß es zuweilen besser ist, etwas eine Woche lang zu entbehren, als es einen Tag zu früh zu haben.

5) Der Anbauer soll niemals vergessen, daß seine Unabhängigkeit, sein eigentliches Wohl, davon abhängt, daß er im Stande ist, den größten Theil derjenigen Lebensbedürfnisse, ohne Geld zu erhalten, welche zu kaufen anderswo Geld erforderlich ist. Sein Bestreben muß seyn, Alles selbst zu erzeugen, Alles auf seinem eigenen Grunde zu erbauen. Wer es so macht, wird auch bei einem kleinen Ertrage immer ein wohlhabender Mann seyn, wenn er sich nur gleich bleibt; aber, wie gesagt, viel kommt darauf an, wie er auftritt.

Nicht vergebens gelebt!

Der berühmte Astronom Tycho de Brahe, geboren im Jahre 1546 und gestorben im Jahre 1601, brachte in seiner letzten Stunde mehrere Male die Worte hervor: Wenigstens habe ich nicht vergebens gelebt. — Der englische Geschichtschreiber, Dr. Robertson, freuete sich in einer seiner letzten Unterhaltungen, daß er nicht gänzlich unnütz gelebt hätte. — Der griechische Epikur sprach mit seinen Freunden kurz vor seiner Auflösung von einer schweren Krankheit, und sagte: Wenn ich auf mein vergangenes Leben, da ich öffentlicher Lehrer war, zurücksehe, so steht mein Geist gerüstet zwischen mir und der Todesangst. — Die letzten Worte Nelson's waren: Ich habe, Gott sey Dank! meine Pflicht gethan.

Ziegenmilch ist für Kinder sehr gesund.

Wenn eine Mutter ihr Kind nicht selbst stillen kann, so ist den Kindern keine Milch zuträglicher, als Ziegenmilch, wie häufig die Erfahrung gelehrt hat. Die Hausziegen gewinnen überdieß die sie säugenden Kinder lieb und legen sich nieder, damit das Kind bequemer die Zitzen fassen könne, und auch die Kinder, welche eine Ziege zum Säugen benutzen, kennen ihre Ziege sehr gut.

Die Pipa.

Von allen andern froschartigen Amphibien unterscheidet sich die Pipa sehr merklich. Ihr Körper ist länglich viereckig, plattgedrückt und mit einer Haut überzogen, welche dicht mit kleinen Warzen übersäet ist. Der Kopf ist dreieckig und völlig zungen- und zahnlos. Die kleinen lieder- und nickhautlosen Augen stehen über dem Rande des Kiefers, das Trommelfell ist unter der Haut verborgen, und bei'm Männchen vom Kinne und der obern Mundwinkelseite, bei'm Weibchen aber nur von der letztern hängen wahrscheinlich zum Tasten bestimmte Hautlappen frei herab. Die eigentlichen Lippen fehlen. Was endlich die Beine betrifft, so sind die fünfzehigen Hinterfüße stark, und haben eine sehr entwickelte Schwimmhaut zwischen den Zehen. Die Vorderfüße sind dagegen klein und haben nur vier Finger, welche von einander getrennt, lang und an der Spitze sternförmig in vier Theile gespalten sind.

Die Pipa lebt vorzüglich in Cayenne und Surinam, an dunkeln Stellen der Gebäude oder sumpfigen Gegenden dichter Wälder, und die Neger daselbst essen die Keulen derselben sehr gern.

Wenn diese Kröte schon durch ihren ungewöhnlichen Bau Verwunderung erregt, so muß sie es noch weit mehr durch ihre sonderbare Begattungsweise; denn wer sollte nicht erstaunen, wenn wir sagen, daß jene oben erwähnten Wärzchen, welche sich auf dem Rücken des Weibchens befinden und kleine Deckel haben, die erste Wiege der Jungen sind? — Das Männchen streicht nämlich mit Hülfe seiner Hinterfüße dem Weibchen den eben abgesetzten Laich auf den warzigen Rücken, wendet sich um und wälzt sich mit seinem Rücken auf den des Weibchens, um die Eier recht fest in die Zellen zu drücken, und befruchtet endlich diese auf die gewöhnliche Weise. Hierauf begiebt sich das Weibchen in das Wasser und verweilt hier so lange, bis die Jungen dem Eie entschlüpft sind und in ihren eigenen oben, gleich den Honigwaben der Bienen, mit einem Deckel versehenen Zellen der Rückenhaut, welche zu dieser Zeit krustenartig aufschwillt, ihre ganze Verwandlung überstanden haben. So trägt also die treue Mutter ihre lieben Kleinen bis zu ihrer völligen Ausbildung umher, gleich jener Spinne (Lycosa saccata), welche nicht nur ihre Eierchen in einem Sacke am After, sondern auch die Jungen bis zu einer gewissen Größe auf ihrem Rücken herumträgt, oder wie die Buschratte (Didelphys dorsigera), die ebenfalls ihre Jungen mit sich umherschleppt, welche dabei sich mit ihren Schwänzchen an der Mutter anhalten; doch haben sich die Jungen völlig ausgebildet, so verlassen sie ihren kleinen Kerker, wie es einige auch auf unserer Abbildung gethan, und froh, ihre Freiheit erlangt zu haben, schwimmen sie nun lebhaft herum, sich so wenig um die Mutter bekümmernd, als diese um sie. Ist endlich die Mutter von allen ihren kleinen Pfleglingen befreiet, so reibt sie an Steinen, Pflanzen u. s. w. die Ueberbleibsel der zeitigen Haut ab und erhält nun eine neue Haut.

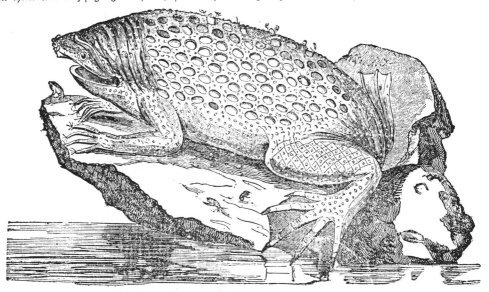

W o c h e.

Am 30. November 1779 wurde auf Betrieb des ehrwürdigen, von seinen Unterthanen mit Recht geliebten Fürsten, Franz Leopold Friedrich von Anhalt-Dessau, der im Jahre 1758 zur Regierung kam, und 1817 starb, zu Wörlitz, seinem mit allen Schönheiten der Natur und Kunst geschmückten Landsitze, das erste zweckmäßige Schullehrer-Seminarium eröffnet und feierlich eingeweihet, welchem auch bald ähnliche gemeinnützige Bildungs-Anstalten junger Männer zu Volksschullehrern folgten.

Am 1. December 1798 starb zu Breslau einer der achtungswürdigsten deutschen Schriftsteller, der tiefes Denken und Popularität des Vortrags, theoretisches Forschen und praktische Uebung der Lehren der Weisheit mit Humanität und Anspruchslosigkeit verband — Christian Garve, in einem Alter von 56 Jahren. Er war geboren zu Breslau den 7. Januar 1742, trat im 21sten Lebensjahre seine akademische Laufbahn zu Frankfurt an der Oder an, und widmete sich vorzüglich dem Studium der Mathematik und Philosophie, da eine schwächliche Gesundheit ihn hinderte, ein theologisches Amt zu übernehmen. Nachdem er auch zu Halle und endlich in Leipzig studirt hatte, kehrte er 1767 nach Breslau zurück, und lebte daselbst sehr eingezogen, nur den Wissenschaften, denen er durch mehrere werthvolle Schriften und Abhandlungen genützt hat. Im Jahre 1770 erhielt er eine außerordentliche Lehrstelle der Philosophie zu Leipzig. Aber schon 1772 nöthigte ihn seine schwächliche Gesundheit, in die Vaterstadt zurückzukehren. Unter seinen Freunden sind die berühmtesten: Biester, Gellert, Moses Mendelsohn, Nikolai, Spalding, Weiße und Zollikofer.

Am 2. December 1792 eroberten die Preußen und Hessen unter der Anführung Friedrich Wilhelm's II., des Herzogs von Braunschweig und des Obristlieutenants von Rüchel, das von dem französischen Generale Custine mit 2,700 Mann besetzte Frankfurt am Main mit Sturm, der in 4 Kolonnen bei Tagesanbruch unternommen wurde. Der französische Kommandant und 1,500 Mann wurden von den Siegern zu Gefangenen gemacht.

Am 3. December 1638 wurde die Festung Breisach von dem österreichischen Befehlshaber, der dieselbe äußerst standhaft und heldenmüthig vertheidigt hatte, so daß die Belagerten genöthigt gewesen waren, Brot von Eichenrinde, und Ratten, Mäuse, Katzen und andere Thiere zu verzehren, an den Herzog Bernhard von Sachsen-Weimar übergeben, welcher die Besatzung und übrigen Bewohner dieser so lange belagerten Festung erquicken ließ, und sich gegen ihren Befehlshaber sowohl, als den kaiserlichen Kanzler Vollmar gnädig und großmüthig bezeigte. Ein Soldat von der Besatzung wollte sich nicht eher satt essen, bis er sich an jenem großen Helden satt gesehen habe.

Am 4. December 1642 starb der berühmte französische Staatsminister Armand de Plessis, Herzog von Richelieu, der, nebst Mazarin, den Despotismus in Frankreich einheimisch machte.

Am 5. December 1757 erkämpften 30,000 Mann Preußen unter ihrem großen König Friedrich II. einen ruhmwürdigen und für diesen Winter entscheidenden Sieg bei Leuthen und Lissa in Schlesien über 90,000 Mann Oesterreicher, so daß nur die hereinbrechende Nacht und die guten Anstalten des österreichischen Generals Nadasti, der den Rückzug des zuerst von Friedrich geworfenen linken Flügels deckte, den Rest des zusammengeschmolzenen Heeres vom gänzlichen Untergange rettete. Die Schlacht kostete den Oesterreichern einige 30,000 Mann, auf dem Wahlplatze selbst verloren sie an Todten und Verwundeten 6,500 Mann, 21,500 Mann wurden gefangen genommen, worunter sich 307 Offiziere befanden. 6000 Deserteurs gingen nach der Schlacht zu den Siegern über, die noch außerdem 134 Kanonen und 59 Fahnen erbeuteten. Der Verlust auf preußischer Seite war 2,660 Todte und Verwandte. Schlesien war nun von fremden Truppen befreit, und der Winterfeldzug beendigt.

Am 6. December 1791 starb zu Frankfurt am Main der berühmte Architektur- und Landschaftsmaler Christ. Georg Schütz. Er war geboren im Jahre 1718 zu Flörsheim im Mainzischen und zeigte sich als Appiani's und Hugo Schlegel's würdigen Schüler.

Verlag von Bossange Vater in Leipzig.
Unter Verantwortlichkeit der Verlagshandlung.

Das Pfennig-Magazin

der

Gesellschaft zur Verbreitung gemeinnütziger Kenntniſſe.

32.]   Erſcheint jeden Sonnabend.   [December 7, 1833.

Der Biber und ſeine Wohnung.

Der außerordentliche Inſtinkt, welchen der Biber in der Freiheit entwickelt, iſt lange ein Gegenſtand der Bewunderung geweſen; aber wie immer, hat ſich auch manches Uebertriebene und Unrichtige den Nachrichten, die wir davon haben, beigemiſcht. Was Erzeugniß ſeines Naturtriebes war, wurde auf Rechnung des Nachdenkens geſetzt. Statt ſeine Arbeiten mit denen der Biene, der Ameiſe zu vergleichen, ſchrieb man ihm die Thätigkeit des denkenden Menſchen zu. Zuerſt trug die Zeit das Ihrige hierzu bei, wo der Biber arbeitet. Er iſt nämlich von Natur furchtſam und achtet auf Alles, was ihm Nachtheil bringen kann; meiſt iſt er daher nur in der Nacht thätig, und wer konnte ihn da genau beobachten? Dann kommen die meiſten Nachrichten über ihn von Pelzhändlern und Indianern, bei denen ſich Unwiſſenheit und Leichtgläubigkeit die Hand boten. Das Beſte, was über ihn geſchrieben wurde, findet ſich in Dr. Johann Godman's Naturgeſchichte Nordamerika's, und aus ihr iſt das Folgende mitgetheilt.

Wenn man den Biber obenhin anſieht, ſo gleicht er einer recht großen Ratte. Allein er iſt, bei näherer Vergleichung, mit einem viel dickern, breitern Kopfe ausgeſtattet, welcher oben flach iſt. Dann hat er einen breiten, ſchuppigen Schwanz, der ihn von allen andern Geſchöpfen unterſcheidet. Wo er in der Gefangenſchaft oder einzeln lebt, iſt er ein unruhiges, ja vielmehr dummes Thier, ungefähr wie ein zahmer Dachs. Er lernt nothdürftig ſeinen Herrn kennen und kommt, wenn man ihn ruft, und verträgt ſich mit den übrigen Hausthieren. Nur in völlig unabhängigem Zuſtande entwickelt er jenen hohen, ſo oft bewunderten Grad des Inſtinktes, der ſich beſonders auf zwei Gegenſtände bezieht: 1) auf die Bauart ſeiner Wohnung; 2) auf die Wahl des Ortes dazu. Er ſieht, in Betreff des letztern, ſtets darauf, Waſſer zu finden, das nie ganz bis auf den Boden friert, und kann er keine ſolche tiefe Stelle treffen, ſo führt er einen Damm auf, der dem Waſſer den Abfluß verwehrt. Den Damm bauet er ſich aus Stämmen und Zweigen von kleinen Birken, Weiden, Pappeln, Maulbeerbäumen u. ſ. w. Schon früh im Sommer wird das Bauholz niedergehauen und von der Mitte oder dem Ende des Auguſts an beginnt er den Bau ſeiner Wohnung ſelbſt. Man findet oft acht Zoll ſtarke Bäume von ihm abgenagt, und fünf bis ſechs Zoll ſtarke ſind nicht ſelten. Zugleich hauet er sie ab, so daß sie in's Wasser fallen und dann dahin schwimmen, wo sie ihm vonnöthen sind. Oft ist die Gegend in der Nähe seines Dammes so voll Baumstumpfe, daß man, mit dem Daseyn der Biber unbekannt, glauben könnte, die Art des Menschen sey hier thätig gewesen. Die Gestalt, welche er seinem Damme giebt, ist nach den Umständen verschieden: er läßt ihn gerade laufen, wenn der Fluß sanft und still dahin gleitet, und giebt ihm eine bedeutende Krümmung, mit der Spitze nach der Strömung gerichtet, wenn diese stark ist. Mit den Stämmen und Zweigen mischt er Schlamm und Steine, und da mit der Zeit diese letztern sich verbinden, die Stämme und Zweige aber Wurzel fassen und ausschlagen und sich so vereinen, so wird der Bau stark genug, daß demselben das Wasser nicht schadet, das Ganze aber endlich ein sehr regelmäßiges Ansehen gewinnt. In gleicher Art erbauet er sich auch die Wohnung, mit Rücksicht auf die Zahl derer, welche darin den Winter zubringen wollen. Kreuzweise und horizontal häuft er Zweige und Erde und Steine übereinander und sorgt nur dafür, daß in der Mitte eine Höhle bleibt, die eine regelmäßige Wand erhält, indem er die nach innen vorstehenden Zweige abnagt. Alles, was er dazu braucht, trägt er mit den Vorderpfoten herbei. Oft findet man Stroh oder Gras in den Wänden dieser Wohnungen, ohne daß aber darüber etwas Anderes, als der Zufall entschieden hätte. Der breite Schwanz dient, um die horizontale Schichtung der Materialien zu fördern und die Verbindung inniger zu machen, indem sie darauf schlagen, gleichwie mit einer Maurerkelle. Die ganze Hütte wird mit Schlamm überzogen und wenn der Frost diese durchdringt, bekommt der Bau eine noch größere Festigkeit. Das Schlagen mit dem Schwanze behält dieß Thier auch in der Gefangenschaft bei, ohne daß es dabei den geringsten Zweck hätte, und da der Biber bei'm Bauen seiner Hütte ihn nicht minder thätig seyn lassen wird, so darf man natürlich den Vergleich mit der Maurerkelle nicht zu weit treiben. Mit der Zeit werden die Wohnungen so hart, daß sie nicht ohne eiserne Werkzeuge zerstört werden können, und man wird sich darüber um so weniger wundern, wenn man weiß, daß die kegelförmige Decke in der Spitze wohl 4 bis 6 Fuß dick ist. Der Eingang in die Höhle ist immer unter dem Wasser, und möglichst weit vom Lande entfernt. An der Höhle arbeiten nur die, welche darin im Winter wohnen wollen, mit einem Worte, die zu einer Familie gehörigen Individuen; der Damm aber ist das Produkt allgemeiner Thätigkeit, an ihm nimmt die ganze Kolonie Antheil, da er allen Wohnungen zum Vortheile gereicht. Alles, was wir mittheilten, zeigt, wie kunstreich sich der Instinkt des Bibers ausspricht; daß er aber durchaus nicht dem überlegen ist, was Biene, Ameise, Wespe und so manches andere Insekt sehen läßt. Der vereinzelte Biber, wie man ihn in Polen und Rußland und in andern Ländern findet, zeigt von diesem Instinkte nichts. Er gräbt sich nur eine Höhle am Ufer und richtet sich hier so gut ein, als er kann. Da dem Biber so sehr nachgestellt wird, so findet man auch schon in den amerikanischen Flüssen viele solche Einsiedler, wie man sie nennen könnte, die auf die künstlichen Bauten ihrer Vorältern verzichtet haben. Sie begnügen sich mit einer Menge Höhlungen, die in regelmäßiger Ferne von einander liegen, und in welchen sie Zuflucht suchen, wenn sie in der eigentlichen Wohnung aufgestört wurden.

Die Hauptnahrung des Thieres ist die Rinde von Eschen, Weiden, Birken, Pappeln, und, im Nothfalle, Fichten. Sie tragen davon zum Winter einen Vorrath ein. Auch Wurzeln von einigen Wasserpflanzen genießen sie. Der Biber wirft zwei bis fünf Junge, und ihre Stimme soll, wenn sie schreien, der eines weinenden Kindes täuschend ähnlich seyn. Ausgemachter ist es, daß sie bei'm Spielen sich äußerst possirlich gebehrden. Dem Kapitän Franklin erzählte ein Bewohner der Hudsonsbai, daß er fünf dergleichen gesehen habe, die sich bald von einem Baumstamme in's Wasser hinabstießen, bald wieder hinaufkletterten und tausend Kurzweil trieben. Er hatte sich herbeigeschlichen, Feuer auf sie zu geben, allein die unschuldigen Spiele erinnerten ihn so lebhaft an die seiner Kinder, daß es ihm wehe that, ihnen das Leben zu rauben, und er sich entfernte.

Der Biber lebt viel in dem Wasser; er kann gut untertauchen, aber muß doch, um Athem zu schöpfen, bald wieder heraufkommen, und wird so die Beute des Menschen. Die Indianer, welche auf seinen Fang ausgehen, spüren erst seine Wohnung aus, wozu allerdings Gewandtheit gehört. Da die Jagd im Winter vornehmlich vorgenommen wird, weil das Fell nur in dieser Jahreszeit Werth hat, so geht der Jäger mit einer Lanze, die unten mit Eisen beschlagen ist, längs dem Ufer und stößt auf das Eis; aus dem Schalle kann er leicht abnehmen, wo sich eine Biberhöhle befindet. Er stößt dann ein Loch in's Eis, groß genug, einen Biber durchzulassen. Auf dem Ufer forschen indeß die Weiber nach den Bauen der Biber und suchen diese zu zertrümmern, was, wie schon erinnert, nicht ohne Mühe geschieht. Die aufgescheuchten Thiere eilen unter das Wasser, unter dem Eise hin und werden dann bald bemerkt, bald getödtet, so wie sie Luft zu schöpfen genöthigt sind. Die Menge dieser so getödteten Thiere ist außerordentlich groß, da gar keine Schonung geübt wird, und so allerdings am Ende das ganze Geschlecht ausgerottet werden wird. Von der Hudsonsbai-Kompagnie wurden im J. 1820 allein 60,000 Pelze verkauft. Daher hat der Ertrag dieses Artikels doch schon bedeutend abgenommen. An den Ufern der in den obern und mittlern Missuri fallenden Flüsse sieht man kaum noch einzelne dieser Thiere, und an der Hudsonsbai werden sie jährlich seltner.

Die am Missuri und Mississippi wohnenden Indianer fangen den Biber meist mit Fallen, welche ihnen von den amerikanischen Pelzhändlern geliehen werden, theils um die Jäger in Abhängigkeit zu erhalten, theils ihnen ihre Beute sicher abkaufen zu können. Der Biber hat aber einen feinen Geruch und es gehört daher große Kunst dazu, ihn zu berücken. Die Lockspeise wird von ihm selbst genommen. Es ist das sogenannte Bibergeil (Castoreum), eine fettige, in einer Bauchdrüse enthaltene, den Aerzten als krampfstillendes Mittel wohlbekannte Masse, die nach Einigen nur bei'm männlichen, nach Andern bei beiden Geschlechtern vorkommt. — Im Winter ist der Biber sehr fett, im Sommer aber desto magerer vom Arbeiten und vom Säugen der Jungen. Eben so hat das Fell dann gar keinen Werth.

Das Dampfschiff.

1. Geschichte der Erfindung desselben.

Statt unsern Lesern eine ausführliche Erörterung der Erfindung des Dampfschiffs und der aufeinander folgenden Verbesserungen seines Mechanismus nach den vor uns liegenden Dokumenten, Aktenstücken und Zeitungsartikeln zu geben, und diese mit einer Beurtheilung über die Echtheit derselben zu begleiten, dürfen wir uns hier nur darauf beschränken, eine gedrängte Erfindungsgeschichte dieses so höchst merkwürdigen Kommunikationsmittels zusammenzustellen. Schon im Anfange des 17ten Jahrhunderts, noch lange vor der Anwendung der Dampfkraft als eines Fortschaffungsmittels wurde der Engländer Jonathan Hull für eine Erfindung patentirt, bei welcher der Dampf zwar nicht die Rolle eines mittelbar wirkenden Agens (bewegender Kraft) spielt, welche jedoch geeignet war, einen aufmerksamen und nachdenkenden Mann zu der großen Entdeckung zu führen, welche erst spätern Zeiten vorbehalten seyn sollte. Hull sagt so: „An einem angemessenen Orte eines Bootes bringe ich ein bis auf zwei Drittheile mit Wasser gefülltes, oben verschlossenes Gefäß an; das in dem Zustand des Siedens versetzte Wasser verdünnt sich zu Dampf; dieser durch ein langes, cylindrisches Gefäß geführte, und am Ausgange wieder zu Wasser verdichtete Dampf läßt ein Vakuum (leeren Raum) zurück, und nöthigt die atmosphärische Luft, auf das Gefäß zu drücken, und wird einen in dem Zylinder angebrachten, vom Dampfe gehobenen Stempel wieder niederdrücken, grade wie es bei Newtomen's Maschine geschieht, mit welcher er Wasser durch Anwendung des Feuers hebt. Hull's Patent datirt sich vom Jahre 1736. Um die gradlinige Bewegung in eine kreisförmige zu übertragen, schlägt der Patentirte den in solchen Fällen üblichen Mechanismus des Krummzapfens vor. Es wurden jedoch der praktischen Einführung dieses Mechanismus zahllose Schwierigkeiten in den Weg gelegt, und namentlich soll ihm der Admiralitätssecretär Trenshar das Gesuch, auf inländischen Strömen Schiffe dieser Art ins Leben treten zu lassen, rund abgeschlagen haben, und dieses vornehmlich aus dem Grunde, weil die von dem Schaufelrade (es wurde schon von Savary 1698 statt der Ruder vorgeschlagen) hervorgebrachte heftige Bewegung des Wassers auf die Uferbauten nachtheilig einwirken müßte. Trenshar hatte Hull zu einem in Gegenwart einer Prüfungscommission anzustellenden Verhöre eingeladen, dessen Ausgang, wie wir schon bemerkten, eine abschlägige Antwort auf Hull's Gesuch war, wiewohl dieser mit bewundernswürdigem Scharfsinne allen ihm von Seiten Trenshar's entgegengestellten Schwierigkeiten und Einwendungen siegreich auszuweichen suchte. —

So blieb die Sache bis zum Jahre 1781, wo, nach einem im Journal des Debats enthaltenen Artikel zu schließen, Jouffroy mit einem vom Dampfe getriebenen 140 Fuß langen Schiffe Versuche auf der Saone in der Nähe der Stadt Lyon gemacht habe. Der bald erfolgte Ausbruch der französischen Revolution soll jedoch der Fortsetzung seiner Arbeit und der Verfolgung seines Planes, das Dampfschiff in allgemeinen Gebrauch zu bringen, hinderlich gewesen sein.

Als kurz nach seiner Zurückkunft nach Frankreich Jouffroy in den Zeitschriften die Publikation eines dem Herrn de Blanc für die Erbauung eines Dampfschiffes von der Regierung verliehenen Patentes fand, appellirte er an die Directorialregierung, welche wegen Ueberhäufung mit augenblicklich wichtigern Geschäften die Berathung über seine Angelegenheiten sehr lange verschob. Noch während er die Entscheidung seiner Klage erwartete, trat der Amerikaner Fulton mit seiner Erfindung auf, welche ihm jedoch de Blanc nicht nur streitig zu machen suchte, sondern auch der praktischen Anwendung derselben in Frankreich sich entgegenstellte. De Blanc begnügte sich mit dem von Fulton ihm gegebenen Versprechen, daß er keineswegs beabsichtige, das von ihm verfertigte Dampfschiff in Frankreich einzuführen.

Wenn man Fulton's Erzählung seiner Erfindungsgeschichte Glauben beimessen darf, so geht daraus hervor, daß die Anregung zur Anwendung der Dampfkraft auf das Fortbewegen der Schiffe nicht durch schon gemachte Versuche veranlaßt wurde, und daß er, der als alleiniger Erfinder gilt, weder von Jouffroy noch von de Blanc etwas wußte. Nach seiner eigenen Aussage wurde Fulton durch folgenden Umstand auf die gewaltige Expansivkraft (elastische Ausdehnungskraft) des Wasserdampfes aufmerksam gemacht: „Ich kochte einst Wasser zum Thee,“ erzählt er, „und bemerkte, daß der Dampf den Deckel hob und mit sichtbarer Gewalt sich den Ausgang bahnte. Ich verschloß jenen zu wiederholten Malen, die Erscheinung wiederholte sich wie vorhin. Endlich belastete ich ihn mit einem Gewichte, welchem der Dampf keinen Widerstand leistete und den Kessel zersprengte.“ Eine amerikanische Zeitschrift enthält eine von Fulton in geselligen Kreisen oft mündlich mitgetheilte Erzählung über den ersten Versuch, den Dampf als schifftreibendes Agens anzuwenden: „Da ich zu New-York mein erstes Dampfboot baute, betrachtete man mein Unternehmen als die Ausgeburt meiner Träumerei. Ich ging oft auf der Schiffswerfte, wo mein Boot gezimmert wurde, auf und nieder, und machte mir ein Vergnügen daraus, mich Gruppen von Neugierigen, ohne mich zu erkennen zu geben, anzuschließen. Diese Leute kamen fast alle Tage, um meine Arbeiten in Augenschein zu nehmen, und um mein neues Schiffsbewegungssystem zu prüfen. Wie manches Gelächter habe ich da auf meine Unkosten ertragen müssen! Wie manche bittere Bemerkungen und anmaßende Berechnungen über mein Vorhaben, welches man für durchaus ungereimt hielt, kamen da zum Vorschein! Die Gespräche des Tages drehten sich nur um Fulton's Schwärmerei. Nie hörte ich auch nur Ein Wort, welches mir hätte Ermuthigung einflößen können. Der Tag, wo der erste Versuch angestellt werden sollte, war endlich gekommen. Ich lud mehrere meiner Bekannten ein, an Bord zu gehen, um der Probe beizuwohnen. Die geringe Anzahl Freunde, welche sich wirklich eingestellt hatte, schien meiner Einladung mit sichtbarer Ungeneigtheit und nur aus persönlichen Rücksichten gegen mich Folge zu leisten. Die Maschine war neu und von Leuten gebaut, denen diese Gattung Arbeit durchaus fremd war. Ich selbst war besorgt und verhehlte mir keineswegs die Schwierigkeiten, welche sich im Augenblicke des Ingangsetzens in den Weg legen konnten. Meine Freunde, welche auf der Brücke gruppenweise beisammen standen, bemühten sich vergeblich, ihre innere Unruhe zu verbergen, ich selbst begann schon zu verzweifeln. Auf ein gegebenes Zeichen bewegte sich das Boot eine kleine Strecke, blieb aber plötzlich stehen; unmöglich war es, dasselbe augenblicklich wieder in Gang zu bringen. Auf allen Seiten erhebt sich ein lautes Murren, auf allen Mienen herrscht die lebhafteste Bewegung und Unruhe: Ich sagte es Ihnen gleich, hieß es, daß es so kommen mußte, und daß Sie sich in ein thörichtes Unternehmen eingelassen haben. Ich beruhigte jedoch das Publikum und bat, mir noch eine halbe Stunde Geduld zu vergönnen, mit dem Versprechen, nach Verlaufe dieser Frist das Boot in eine anhaltende Bewegung zu bringen. Das Hinderniß, welches den Fortgang der Maschine hemmte, lag allein in einem schlechtgefugten Theile derselben. Ich räumte es bald weg, und das Boot setzte seinen Weg fort. Kaum, daß meine im Boote befindlichen Freunde sich dem Publiko zeigen wollten, zweifelte man immer fort, daß der Versuch nach Belieben wiederholt werden könnte. Es wollte ihnen auch gar nicht einleuchten, daß diese Erfindung von erheblichem Nutzen seyn werde." Diesen Versuch machte er 1807, nachdem er schon ähnliche auf der Seine bei Paris angestellt hatte, die jedoch das Publikum zu keinen hohen Erwartungen veranlaßte. Ob Fulton von den Arbeiten Jouffroy's und de Blanc's, oder von dem schon 1794 von Miller zu Dalswinton verfertigten Modelle eines Dampfschiffs Kunde hatte,

dürfte schwerlich entschieden werden. An diesem Modelle hatte ein einsichtsvoller und nachdenkender Mechaniker Symington gearbeitet. Er construirte 1801 nach demselben ein zur Binnenschifffahrt bestimmtes Boot, welches zwischen den Flüssen Forth und Clyde verkehrte; allein die heftige, durch das Schaufelrad hervorgebrachte Fluctuation des Wassers wirkte zerstörend auf die Kanalufer, daher er bald diese Bestimmung seines Dampfbootes aufgab. Seine Maschine hatte die eigenthümliche Einrichtung, daß der in horizontaler Lage sich bewegende Cylinder auf Friktions- oder Unterlage = Rädern ging. — Das erste Dampfboot, welches das atlantische Meer befuhr, war die Savanna. Es legte den Weg von New = York nach Liverpool in 20 Tagen, jedoch nicht ganz mit Hilfe der Dampfkraft zurück.

Das Dampfschiff.

In Europa bauete Dawson das erste Dampfboot. 1802 ging in England zwischen Glasgow u. Greenock ein Dampfschiff als regelmäßige Wasserdiligence. 1813 erschien das erste Dampfboot auf der Themse. Die zwischen England und mehreren Städten des Festlandes, nämlich Paris, Hamburg, Köln verkehrenden Dampfschiffe wurden 1816 etablirt. Das zwischen Köln und Mainz kommunizirende datirt von 1825, das auf der Donau von 1818. In Frankreich wurde das Dampfschiff 1821 eingeführt.

Wie schwunghaft die allgemeine Einführung der Dampfschifffahrt in England nach der Anerkennung ihres außerordentlichen Nutzens betrieben wurde, kann man aus dem Umstande entnehmen, daß die Anzahl der in dem Zeitraume von 1813 bis 1823 in Verkehr gesetzten Dampfböte sich auf 160 belief. Unter diesen hat der im Jahre 1823 gebaute Soho 120 Pferdekraft; der St. George und St. Patrick haben jeder 110 Pferdekraft; mehrere unter ihnen haben deren 100; 45 Schiffe haben 40 — 100 Pferdekraft, und die übrigen weniger als 40.

Jetzt segelt eine Anzahl von Dampfschiffen in Nordamerika; sie sind das Verkehrsmittel der entferntesten

Ortschaften in den Freistaaten, und ohne sie würde die Ansiedelung daselbst nur sehr langsam von Statten gehen. — Welch einen außerordentlichen Einfluß die Dampfschifffahrt auf die Civilisation Irlands hatte, dafür mögen folgende Thatsachen einen Beleg geben. Ein Segelschiff gebrauchte, um von Liverpool nach Dublin zu steuern, durchschnittlich 10 Tage; man hat Beispiele, daß Ueberfahrten 3 Wochen währten. Irland setzte an England Naturerzeugnisse, und vorzüglich Eier und Butter ab, welche Artikel gewöhnlich durch Großhändler in großen Quantitäten aufgekauft wurden. Jetzt, da die Ueberfahrt in 14 Stunden zurückgelegt wird, ist der unmittelbare Verkehr nicht nur in den Kleinhandel übergegangen, sondern die Waaren werden auch zu viel geringern Preisen, und, was vorzüglich beachtenswerth ist, ganz frisch verkauft. Jetzt liefert Irland Geflügel und Schlachtvieh aller Art gegen englische Industrieartikel. So schlingt das Dampfboot um nahe und entfernte das schönste Band, schöner und enger als das Band politischer Verträge, das Band des Verkehrs und Handels.

(Der Beschluß folgt.)

Die Rennthierjagd in Sibirien.

Das Heimathland der Rennthiere ist Sibirien. Hier lebt es in zahlosen Heerden und nährt sich von

dem weichen Moose, welches unter dem Schnee verborgen ist. Sein feiner Geruchsinn leitet es an diejenigen Stellen, wo dieses Moos wächst, und seine breiten, schaufelförmigen Geweihe dienen ihm dazu, den

Schnee wegzuschaffen. Zur Zeit des Sommers, wo in den südlichern Gegenden der Schnee schmilzt und die Mücken und Bremsen ihnen hart zusetzen, ziehen sie in Heerden von mehrern Tausenden nach dem Norden und kehren erst mit dem Herannahen des Herbstes in ihre vorigen Weideplätze zurück. Auf diesen sehr regelmäßigen Zügen verfolgen sie die geradeste Straße, und selbst die breitesten Ströme sind für sie kein Hinderniß. Dieß benutzen die Bewohner Sibiriens, um auf diese Thiere Jagd zu machen. Da ihnen diejenigen Stellen gar wohl bekannt sind, an welchen die Rennthiere regelmäßig durchzuschwimmen pflegen, so sammeln sie sich daselbst, verstecken sich im Grase oder in ihren leichten Booten und erwarten die Ankunft der Rennthiere. In zahllosen Heerden erscheinen diese, geführt von einem männlichen Rennthiere. In einiger Entfernung vom Flusse macht die Heerde Halt, der Führer naht sich vorsichtig dem Flusse und untersucht

Das Rennthier.

ob nicht irgend eine Gefahr vorhanden ist. Ist keine Gefahr vorhanden, so kehrt der Führer zu der ihn erwartenden Heerde zurück, und nun beginnt der allgemeine Durchzug. Doch kaum sind einige Tausend im Flusse, so stürzen die Jäger mit einem gewaltigen Geschrei aus ihrem Verstecke hervor und beginnen ein allgemeines Schlachten. Viele Thiere enden in diesem Kampfe, getroffen von den kurzen Lanzen der Jäger, werden von dem reißenden Strome mit fortgerissen, aber von den unterhalb des Kampfplatzes aufgestellten Booten aufgefangen und an das Ufer geflößt; andere Rennthiere, nur verwundet, flüchten auf nahe Sandbänke oder erreichen das Ufer, wo sie sich aber sehr bald verbluten. Ist das Gemetzel beendigt, so werden die im Strome sogleich getödteten Rennthiere zu gleichen Theilen vertheilt, diejenigen aber, welche durch Verblutung auf Sandbänken oder an den Ufern verenden, fallen demjenigen zu, der sie verwundet hatte; daher suchen auch die Jäger ihre Stöße so einzurichten, daß sie die Thiere nur verwunden, nicht aber sogleich tödten. — Nicht immer sind diese Kämpfe für die Jäger gefahrlos: die Boote stürzen um, die Jäger werden von den Thieren, denen der Rückzug abgeschnitten ist, schwer verwundet, oder werden im allgemeinen Gedränge unter das Wasser gedrückt und ertrinken. Dieß hält sie aber nicht ab, im Herbste bei der Rückkehr der Thiere den Kampf von Neuem zu beginnen.

———

Der Matrose.

Als wir einst auf dem Endymion auf der Höhe von Terceira kreuzten — erzählt Kapitán Hall — fiel ein Matrose über Bord und ertrank. Wie leicht zu erachten, entstand eine Verwirrung und ein Suchen; nachdem man aber vergebens gesucht hatte, wurden die Boote aufgewunden und die Matrosen zusammengerufen, um mehr Segel beizusetzen. Ich war Offizier des Vorderkastells; als ich mich umsah, ob jeder auf seinem Posten wäre, vermißte ich einen von denen an der Vorderstenge. In demselben Augenblicke bemerkte ich, daß einer sich unter dem Buge des Lichters zwischen einem Boote und den Vorstengen dem Anscheine nach verstecken wollte. „Hillo,“ rief ich, „wo bist Du? was machst Du da, Du Faullenzer? warum bist Du nicht auf Deinem Posten?“ — „Ich faullenze nicht, Herr!“ sagte der arme Kerl, von dessen gefurchten und vom Wetter mitgenommenen Wangen die Thränen rollten — „der Matrose, den wir eben verloren haben, war seit zehn Jahren mein Schüsselkamerad und Freund.“ Ich bat ihn reuevoll um Verzeihung, daß ich ihn in einem solchen Augenblicke hart angefahren, und hieß ihn hinuntergehen und den Rest des Tages in seinem Raume bleiben. „Lassen Sie es gut seyn, Herr, 's macht nichts aus,“ sagte der gutmüthige Matrose; „es kann ja doch nichts helfen! Sie meinten es ja nicht böse; ich bin so gut auf dem Verdecke, wie unten. Wilhelm ist doch einmal fort, Herr, und ich muß meine Pflicht thun.“ Bei diesen Worten wischte er sich ein Paar Mal die Augen mit dem Aermel seiner Jacke, unterdrückte den Schmerz in seiner Brust und ging auf seinen Posten, als wenn Nichts vorgefallen wäre.

Fast um dieselbe Zeit war ruhige See, und die Mannschaft badete sich neben dem Schiffe. Bei solcher Gelegenheit ist es gebräuchlich, ein Prallsegel vermittelst Seile von den Armen der vorderen und großen Raa in dem Wasser auszubreiten, zum Gebrauche derjenigen, welche wenig oder gar nicht schwimmen können und doch baden wollen, was für alle zur See Fahrenden so sehr nothwendig ist. Ein halbes Dutzend Schiffsknaben, Bursche, die von der so vortrefflichen und patriotischen Seegesellschaft an Bord geschickt werden, plätscherten in dem Segel umher und wagten sich sogar bisweilen darüber hinaus. Einer der kleinsten dieser Buben, aber nicht der kleinmüthigste unter ihnen, den seine geschickteren Gefährten wegen seiner Furchtsamkeit verspotteten, überschritt kühn die vorgeschriebenen Gränzen. Noch war er aber nicht viel weiter, als seine eigene Länge auf der freien, bodenlosen See, als den armen Jungen der Muth verließ, und mit seinem Vertrauen auf sich selbst verlor er auch die Kraft, den Kopf über dem Wasser zu halten; er sank also schnell hinunter, zur sprachlosen Bestürzung der andern Knaben, die natürlicher Weise dem ertrinkenden Kinde keine Hilfe leisten konnten.

Der Kapitän des Vorderkastells, ein schlanker, zierlicher, junger Mann, stand auf dem Schafte des Nothankers, den Rücken an die Taue des Hauptmastes gelehnt, mit verschränkten Armen und den wohlgefirnißten Kannevashut so tief in's Gesicht, daß es schwer war zu sagen, ob er wach war, oder im Sonnenscheine schlummerte. Der Matrose jedoch wachte die ganze Zeit hindurch über die junge Gesellschaft mit Aufmerksamkeit, und da er wohl aus ihrer Tollkühnheit ein Unglück befürchtete. rief er ihnen von Zeit zu Zeit Vorsicht zu, was sie aber ganz und gar nicht beachteten. Zuletzt blieb er still und dachte bei sich, mögen sie ertrinken, wenn sie Luft haben; ich werde ihnen keine Hilfe leisten. Aber nicht sobald erblickte er die untersinkende Figur des verwegenen Kleinen, als er, nach Taucherart, die Hände über den Kopf zusammenschlägt und sich ins Wasser wirft. Der arme Junge war so plötzlich untergesunken daß er bereits ein Paar Klaftern tief war, ehe er von dem Matrosen erhascht wurde, welcher mit dem bestürzten Kleinen bald hervorkam und ihn grade unter seine Gesellschaft in den Bauch des Segels warf. Da der vordere Segel in's Wasser hing, so kletterte der triefende Matrose, vermittelst desselben, nach seiner vorigen Stelle, schüttelte sich wie ein neufundländischer Hund, sprang auf's Verdeck und schritt über das Vorderkastell, um sich umzukleiden.

An der Spitze der Leiter wurde er von dem Seeoffizier angehalten, der, auf der Fallreepstreppe sitzend, auf die Schwimmenden Acht hatte und Zeuge des ganzen Vorganges war. Dieser sagte nun zu dem Matrosen: „Du hast sehr wohl gethan, Bursche, und verdienst wohl ein Glas Grog. Sage dem Proviantmeister der Konstabler=Kammer, daß ich ihm befehle, Dir einen starken Nordwestlichen zu füllen." Das Anerbieten des Kriegsmannes war gut gemeint, aber tölpisch angebracht, wie es wenigstens Jakob dachte, welcher bloß den Kopf neigte und von ihm entfernt in Lachen ausbrach und zu den um ihn Befindlichen sagte: „Glaubt etwa der Herr, daß ich für die Rettung eines Knaben ein Glas Grog nehmen werde?"

Das Gedächtniß, und Wunder des Gedächtnisses.

Die Ausbildung des Gedächtnisses ist eben so nothwendig, als jene des Verstandes, und doch sieht man sie nur zu oft als überflüssig an, obgleich schon die Alten sagten, daß wir nur so viel wüßten, als wir im Gedächtnisse behielten. In unsern Zeiten, wo die Masse des Wissenswerthen alle Tage wächst, ist die Vervollkommnung des Gedächtnisses noch nothwendiger, als sonst; allein die Bildung des Verstandes muß ihr theils vorausgehen, theils sie begleiten: denn was man nicht versteht, das behält man nicht; was man nicht begriffen hat, das verliert sich schnell wieder aus dem Gedächtnisse; dieses ist das Vermögen in uns, Vorstellungen leicht aufzunehmen und zu behalten und sie schnell zurückzurufen, und zwar mit dem Bewußtseyn, daß wir sie schon gehabt haben. Diese Eigenschaften eines guten Gedächtnisses werden durch zweckmäßige Uebungen erhöht und vervollkommnet. Was uns in der Anschauung vorkommt und von dem Verstande eingesehen wird, das nehmen wir leicht in's Gedächtniß auf und bewahren es mit Liebe. Man gehe von dem Einfachen zu dem Zusammengesetzeren fort; wenn keine Anschauung in der Wirklichkeit vorhanden ist, so wähle man sie schon gehabt im Bilde; man verbinde damit Ordnung, Deutlichkeit, Lebendigkeit, Theilnahme und die Nützlichkeit der Sache, und wir behalten das, was wir lernen, getreu im Gedächtnisse und retten es vor der Vergessenheit durch lange Zeiten hindurch. Eigennamen, Zahlen, schreibe man sich auf, lese sie oft durch und das Gedächtniß behält sie. Gedanken und Ideen untersuche man nach ihren Ursachen, Wirkungen, Verhältnissen und ihrem Nutzen, und sie bleiben uns in der Erinnerung. Oefters rufe man sich absichtlich das zurück, was man gesehen, gehört u. s. w. hat, und richte seine Aufmerksamkeit selbstbeliebig auf das, was sie umgiebt oder mit ihnen in Verbindung steht, und das Gedächtniß bekommt eine Festigkeit, eine

Geschicklichkeit und Stärke im Aufnehmen, Fassen, Behalten und Zurückrufen der Vorstellungen von Gegenständen, welche in der That in Erstaunen setzen.

Das Gedächtniß ist die Vorrathskammer für unser Nachdenken; unser Wissen ist leer, unser Nachdenken unfruchtbar, wenn wir nicht aus derselben das Aufbewahrte mit Einsicht hervorlangen können. Geistreich wird der Gedanke, der durch einen Reichthum von Kenntnissen befruchtet wird; heilsam die Lehre, welche das Beispiel verlebendigt; unterhaltend das Gespräch, dem ein glückliches Gedächtniß zu Gebote steht. Also bilde, vervollkomme und schärfe man sich das Gedächtniß vorzüglich in früher Jugend und man bringt es weit in den Wissenschaften, wenn damit ein kräftiger Verstand verbunden ist, wie man im Leben Nützliches und Herrliches schafft.

Die Natur scheint jedoch einige Menschen mit einem vortrefflichern Gedächtnisse begabt zu haben, als Andere. Einige merken 20 bis 30 Wörter, die man ihnen vorsagt, und sagen sie augenblicklich in derselben Reihefolge her. In seinen Universitätsjahren kannte der Einsender dieses einen jungen Mann, welcher die Aeneis des Virgil und mehrere Gesänge der Ilias des Homer auswendig hersagen konnte. Manche lesen ein Gedicht von Schiller kaum zwei Mal durch und schon wissen sie es auswendig. Mehrere vermögen die angehörte Predigt ziemlich vollständig wieder herzusagen. Wird der Verstand, als das Erste und Nothwendigste im Menschenleben, nicht beeinträchtigt und leidet die Urtheilskraft nicht dabei an Takt und Gediegenheit, so ist ein solches Gedächtniß eine herrliche Gabe. Pius von Mirandola konnte 2000 Wörter vor= und rückwärts hersagen, ohne Eines auszulassen. Magliabecchi, der im Anfange des 18. Jahrhunderts lebte, liest eine Schrift im Manuskripte durch; sein Herr thut, als ob dieselbe verloren worden sey: was that nun Jener? Er sagte sie ihm vom Anfange bis zum Ende auswendig her. Ein Knabe, der vor mehreren Jahren in der Wetterau lebte, konnte die ganze Bibel wörtlich auswendig hersagen. Er las in der Bibel, während seine Kameraden spielten, und so übte er sein Gedächtniß.

Solche Leute mit außerordentlichem Gedächtnisse, sagt Kant (s. d. Menschenkunde. 1831), sind zwar gut, Andern an die Hand zu gehen, aber die Urtheilskraft wird unter einer so ungeheuern Last von Materialien erdrückt. Der große Vorrath von Kenntnissen unterdrückte bei Saunderson alles Urtheil, so daß er sich vornahm, um immer scharf nachzudenken, eine Kubikwurzel mit 12 Zahlen in Gedanken auszuziehen. Es ist ein sehr großes Glück, ein ausgebreitetes Gedächtniß zu haben; noch nöthiger aber ist, daß Urtheilskraft dabei sey; denn sonst verliert dasselbe allen Werth. Dies beherzigte auch der berühmte Philosoph Bonnet in Genf, der zwar ein außerordentliches Gedächtniß, aber auch eine geübte Urtheilskraft besaß. Er behielt 25 Seiten und 45 Paragraphen eines Buches wörtlich im Gedächtnisse, das er schrieb. Auch andere berühmte Männer verbanden einen trefflichen Verstand mit einem ausgezeichneten Gedächtnisse. Hugo Grotius behielt alles, was er las, im Gedächtnisse. Einst wohnte er der Musterung einiger Regimenter bei, wo er sich die Namen der einzelnen Soldaten beim Vorlesen gemerkt hatte. Justus Lipsius war im Stande, die Jahrbücher des Tacitus herzusagen. Verstand, Urtheilskraft und Gedächtniß sind für den Gelehrten wie für den Ungelehrten, gleich unentbehrlich.

Wärme und Kälte.

Was warm und was kalt ist, glaubt Jedermann zu wissen, und doch läuft bei Manchem ein Irrthum mitunter, da der Körper, den er bei'm Anfühlen für kälter oder für wärmer hält, es nicht an sich ist, sondern ihm nur so erscheint, je nachdem er dem ihn anfühlenden, berührenden, schnell oder langsam die Wärme entzieht oder mittheilt. Wir wollen die Sache gleich deutlich machen. Wenn Jemand des Winters in eine Stube kommt, so haben alle darin befindlichen Gegenstände einerlei Temperatur, d. h. der eiserne Ofen ist nicht kälter, als der hölzerne Tisch und der wollene Teppich. Aber jetzt gehe Einer mit bloßen Füßen auf den Teppich, und er wird nicht viel von Kälte fühlen. Er trete auf die bloßen Dielen; diese werden ihm schon kälter zu seyn dünken. Ist ein Estrich da, so kältet es noch mehr, und fände sich eine eiserne Platte irgendwo vor, so würde das Gefühl der Kälte kaum zu ertragen seyn; und doch ist die letztere an sich nicht kälter, als der Teppich. Aber es ist ein kleiner Unterschied, der sie dem Gefühle am kältesten erscheinen läßt. Der Teppich ist der schlechteste, das Eisen der beste Wärmeleiter. Jener nimmt also die Wärme aus dem nackten Fuße am langsamsten auf und läßt sie am wenigsten hindurch, dieses entzieht sie ihm am geschwindesten, läßt sie am schnellsten hindurch und erregt in uns so das auffallende Gefühl der Kälte. Mit der Wärme verhält es sich eben so. In einem Siedehause, wo die Hitze der des menschlichen Blutes beikommt (30 Grad Réaum.), werden alle darin befindlichen Gegenstände einen gleichen Grad Wärme erhalten, und wenn wir da den Teppich, die Diele, das Estrich, die Eisenplatte anfühlen, keinen Unterschied merken. Aber wir wollen annehmen, daß die Hitze über die Blutwärme erhöht seyn soll. Wenn wir dann den Teppich anfühlen, so kommt er uns am kühlsten vor, denn weil er der schlechteste Wärmeleiter ist, mithin die ihm abgegebene Wärme unserer Haut am langsamsten mittheilt, so wird er in dem Maße kühler anzufühlen seyn, in welchem er umgekehrten Falls wärmer schien. Das Holz wird sich dann schon heißer, das Estrich noch mehr und das Eisen bis zum Verbrennen heiß anfühlen lassen. Geben wir ein Bund Wolle und eine Eisenplatte einer sibirischen Kälte preis, so haben beide an sich einerlei Temperatur. Aber weil sie in verschiedenem Grade die Wärme leiten, so kann man jene unbedenklich angreifen, die letztere dagegen würde gleich der Hand die Wärme so schnell entziehen, daß unvermeidlich Zerstörung erfolgte. Wollen wir beide auf einen Ofen legen, daß beide gleich viel Hitze annehmen, so ist jenes bei'm Angreifen dennoch kühl und diese glühend heiß anzufühlen. Was gegen die Kälte schützt, hilft auch gegen die Wärme, sagt das Sprichwort, und es ist auch unter gewissen Umständen vollkommen wahr. Auf welche Weise, lehrt diese Darstellung: Kleidungsstücke wärmen nämlich nicht an sich, sondern indem sie die Wärme des Körpers nicht, oder doch sehr wenig fortgehen (wollene, Pelzkleidung), oder sie nicht unmittelbar von außen her auf ihn einströmen lassen.

Die amerikanische Agave.
(Agave Americana.)

Die amerikanische Agave, oder Maguey, welche man von den Gärtnern gewöhnlich Aloe nennen hört, obgleich sie sich durch die Gestalt ihrer Blüthen sehr von ihr unterscheidet, wird besonders in den Staaten von Mexiko (Mejiko) wild wachsend gefunden, kam im Jahre 1561 nach Europa und wird wegen ihrer schönen Blüthen nicht nur häufig in Gewächshäusern gezogen, sondern sogar in Spanien, Portugal, dem südlichsten Italien, auf Sizilien und auf Elba zu Hecken und Zäunen angepflanzt.

Ihre dicken, stacheligen Blätter kommen unmittelbar aus der Wurzel hervor, stehen sehr dicht neben einander und erreichen nicht selten eine Länge von 6 Fuß. Später treibt die Wurzel einen Stengel hervor, der eine ungeheure Blumenrispe bildet, und einen Durchmesser von 5 Zoll und eine Höhe von 30—40 Fuß erlangt. Oben breitet er sich in Aeste aus, die, wie die Arme der Kronleuchter, pyramidenförmig in die Höhe laufen und an ihren Enden die trichterförmigen, grünlichgelben, wohlriechenden Blüthen tragen.

Diese amerikanische Agave kommt sehr spät zur Blüthe; sonst glaubte man sogar, sie blühe nur alle hundert Jahre, bis nicht nur Reisende diese lange Blüthenzeit auf höchstens 20—30 Jahre herabsetzten, sondern auch sogar in Deutschland erzogene Agaven die Aussage derselben bestätigten. Immer aber hört aber doch eine blühende Agave bei uns zu einer großen Seltenheit und Freunde der Natur scheuen daher wohl selbst eine kleine Reise nicht, um das herrliche Schauspiel einer blühenden Agave zu sehen.

Für die Amerikaner ist sie aber von einem noch weit höhern Werthe, indem man sie dort nicht sowohl als eine prächtige Zierpflanze pflegt, sondern vielmehr in allen ihren Theilen zu benutzen weiß. Die Blätter vertreten die Stelle des Hanfs und der ägyptischen Papyrus=Staude und auch das Papier, worauf die alten Mexikaner ihre hieroglyphischen Figuren malten, wurde aus ihren Fasern bereitet, nachdem man diese maceriert und in Lagen geordnet hatte. Die Stacheln der Blätter dienten sonst den Indianern als Nadeln und Nägel, und ihre Priester gebrauchten sie als Marterwerkzeuge, mit denen sie sich bei ihren Sühnopfern Brust und Arme verwundeten. Ganz besonders weiß man aber auch ihren zuckerartigen Saft zu schätzen und ein sehr beliebtes Getränk aus ihm zu bereiten. Herr von Humboldt, der die schönsten Agavepflanzen im Thale von Tolucca (im Staate Mexiko) und in der Ebene von Cholula (im Staate Puebla) fand, beschreibt die Verfahrungsweise bei der Gewinnung dieses Saftes und der Bereitung jenes Getränks auf folgende Weise: da die Agave ihren zuckerreichen Saft blos zur Blüthenzeit erhält, so erwartet man ängstlich diese Zeit. In den genannten Gegenden fangen schon mit dem achten Jahre die Blüthen an sich zu entwickeln, und geschieht dies nun wirklich, so schneidet man die mittelsten Blätterbüschel ab, erweitert nach und nach die Wunde und bedeckt sie mit den Blättern, indem diese fest angezogen und oben zusammengebunden werden. In dieser Wunde scheinen nun die Pflanzengefäße ihren Saft abzusetzen, der, hätte man der Natur ihren Gang verfolgen lassen, zu den Blüthen verwendet worden wäre. Gewöhnlich fließt er zwei bis drei Monate hindurch, und die Indianer nehmen ihn jeden Tag drei bis vier Mal weg. Eine starke, kräftige Pflanze, obgleich die Pflanzungen gewöhnlich den dürrsten, unfruchtbarsten Boden einnehmen, giebt nicht selten vier bis fünf Monate hindurch täglich 454 Kubikzoll Saft. — Dieser Saft hat einen angenehmen, säuerlichen Geschmack und kommt, da er viel Schleim und Zucker enthält, so bald zur Gährung, daß in drei bis vier Tagen der Gährungsprozeß schon beendigt ist, und man nun ein ciderartiges Getränk erhält, das Pulque (Pulke) genannt wird. Die Europäer, welche sich an den äußerst unangenehmen Geruch dieses Getränkes gewöhnt haben, ziehen es, zumal da es zugleich ein belebendes und stärkendes Magenmittel ist, allen andern Getränken vor. — In einigen Distrikten bereitet man auch einen sehr berauschenden Branntwein, Mexical genannt, in großen Quantitäten aus diesem Safte.

Die amerikanische Agave.

Woche.

Am 7. December 1793 wurde die berüchtigte Gräfin Dubarry, vormalige Maitresse Ludwig's XV. von Frankreich, wegen angeblicher Verschwörung gegen die Republik enthauptet.

Am 8. December 1792 endete der von jedem Freunde der Tonkunst gewiß hochgeehrte Komponist, Ernst Wilhelm Wolf, Kapellmeister zu Weimar. Er war ein echtes musikalisches Genie und in seinen Kompositionen herrscht wahre Laune und Originalität. Er war nach dem bekannten Hiller einer der Ersten, der die deutsche Operette mit ausgezeichnetem Glücke bearbeitete. Seine dramatischen Werke haben größtentheils natürliches Leben, Anmuth, Charakter, Wahrheit, Freundlichkeit und eine gewisse Popularität, die geradehin die Empfindung anspricht und ihm das Verdienst eines gebildeten Volkskomponisten geben. „Die Dorfdeputirten,“ „die treuen Köhler,“ „das Gärtnermädchen,“ und mehrere andere seiner Operetten gefielen sonst allgemein. Seine Sonaten und Konzerte für's Klavier werden so lange für geistreich und vortrefflich gehalten werden, als echter musikalischer Geschmack herrschen wird. Was seine Lebensverhältnisse betrifft, so genüge Folgendes: er wurde im Jahre 1735 zu Großen-

Behringen, unweit Gotha, wo sein Vater Förster war, geboren, und bezeugte, wie Mozart, schon im vierten Jahre sein musikalisches Talent, spielte im siebenten Jahre fertig die Orgel, und ging auf die Schule nach Eisenach, wo er sich größtentheils seinen Unterhalt durch Unterricht in der Musik erwarb. Nach einigen Studien zu Jena ward er von der Herzogin Amalia zu Weimar angestellt. Wiederholte Anerbietungen von Berlin und Hamburg schlug er aus.

Am 9. December 1798 schloß Johann Reinhold Forster in einem Alter von 69 Jahren sein Leben. Er wurde geboren am 22. Oktober 1729 zu Dirschau in Westpreußen. Mit 15 Jahren kam er in das Joachimsthalsche Institut nach Berlin, studirte dann zu Halle und erwarb sich die ausgebreitetsten Kenntnisse in alten und neuen Sprachen — er sprach und schrieb in der letzten Zeit 17 Sprachen — in der Geschichts- und Erdkunde. 1753 nahm er seinem Vater zu Liebe eine wenig einträgliche Predigerstelle bei der reformirten Gemeinde zu Nassenhuben bei Danzig an, ging hierauf nach Rußland, und als er hier seine Erwartungen völlig getäuscht sah, 1766 nach England, wo er sich durch literarische Arbeiten nur die nöthigsten Lebensbedürfnisse für sich und seine zahlreiche Familie verschaffte. In den Jahren 1772 — 1775 begleitete er den englischen Kapitän Cook, über dessen Lebensverhältnisse wir früher berichtet haben, auf seiner zweiten Entdeckungsreise; worauf er bald, auch von England nicht würdig belohnt, von Friedrich II. 1780 nach Halle als Professor der Naturgeschichte berufen wurde, daselbst aber nicht in den angenehmsten Verhältnissen bis zu seinem Tode lebte. Bekannt ist sein Sohn, Georg, der den Vater auf vielen seiner Reisen begleitete, und sie beschrieben hat.

Am 10. December 1402 wurde durch eine Bulle des Papstes Bonifacius IX. auf Antrag des Bischofs Johannes von Eyloffstein nach dem Wunsche seines Vorgängers Gerhard, Graf von Schwarzburg, die Universität zu Würzburg errichtet, die jedoch schon nach Johannes Ableben, welches 1411 erfolgte, sich wieder auflöste, und ihre Lehrer und Schüler begaben sich größtentheils nach Erfurt.

Am 11. December 1806 schloß Friedrich August, Kurfürst von Sachsen, zu Posen mit Napolen Frieden, in welchem er die Königskrone annahm und dem unter Napoleon's Protektorate stehenden Rheinbunde beitrat.

Am 12. December 1553 verordnete Kurfürst Johann Friedrich von Sachsen in seinem Testamente: daß seine drei Söhne sein Land ungetheilt regieren und in ihren politischen Verbindungen behutsam und umsichtig verfahren sollten.

Am 13. December 1250 starb in den Armen seines geliebtesten Sohnes Manfred, Friedrich II. auf seinem Schlosse Fiorentino in Kapitanata. Er war ein gelehrter, tapferer und staatskluger Kaiser von Deutschland und König von Sicilien, der Sohn des Kaisers Heinrich VI. und sizilianischen Prinzessin Konstantia, geboren den 26. Decbr. 1194 zu Jesi in der italienischen Mark Ankona. Er regierte zuerst in Neapel und Sicilien (1209), dann auch als Gegenkaiser Otto's IV. und nach dessen Ableben allein. Von ihm wurde das Herzogthum Braunschweig-Lüneburg gestiftet, Sicherheit und Wissenschaft, auch besonders deutsche Sprach-, Reim- und Singekunst gefördert.

Verlag von Bossange Vater in Leipzig.
Unter Verantwortlichkeit der Verlagshandlung.

Das Pfennig-Magazin

der

Gesellschaft zur Verbreitung gemeinnütziger Kenntnisse.

33.] Erscheint jeden Sonnabend. **[December 14, 1833.**

Die Kirche Notre-Dame zu Paris.

Die Hauptkirche Notre-Dame zu Paris nimmt die südöstliche Ecke der kleinen Insel der Seine ein, welche Isle de la Cité, oder Isle du Palais heißt, und steht also beinahe im Mittelpunkte von Paris. Sie ist ein gothisches Gebäude, das wegen seines Alterthums ehrwürdig ist; es fehlt ihm weder an Schönheit, noch an Größe, ob es schon im Ganzen nicht unter die glücklichsten Muster der Bauart gerechnet werden kann, zu welcher es gehört. Die Lage der Kirche Notre-Dame scheint von sehr frühen Zeiten heiligen Zwecken gewidmet gewesen zu seyn. Als man im März 1711 unter dem Chore einige Höhlen grub, fand man da in einer Tiefe von 15 Fuß unter der Oberfläche des Bodens neun Steine mit Aufschriften und Figuren in erhabener Arbeit, welche ursprünglich einen Altar ausgemacht zu haben schienen,

der gemeinschaftlich dem Esus oder Eus (dem celti=
schen Gotte der Gefechte und Schlachten), dem Ju=
piter, dem Vulkan, dem Castor und Pollur
gewidmet gewesen war. — Aus der Asche und dem
Räucherwerke, das man in der Höhle fand, wo das
Feuer angemacht gewesen war, schloß man, daß der
Altar auf derselben Stelle gestanden habe, wo man
seine Ruinen entdeckte. Wahrscheinlich befand er sich
unter freiem Himmel; denn man hatte keinen Grund
anzunehmen, daß je ein heidnischer Tempel innerhalb
der Grenzen dieser Insel erbaut gewesen sey. Diese
heiligen Gebäude standen bei den alten Galliern mei=
stentheils außen vor den Städten, und dieß scheint
auch deutlich mit denen zu Paris der Fall gewesen
zu seyn.

Die erste christliche Kirche, welche Paris besaß,
ward auf der Stelle der gegenwärtigen Hauptkirche und
in der Nähe derselben erbaut; dieß geschah um's
Jahr 375 unter der Regierung Valentian's I.
Diese Kirche war dem heiligen Stephan gewidmet und
war lange Zeit blos die Einzige in der Stadt.

Um's Jahr 522 erbaute Childebert I., ein
Sohn des Königs Chlodowig's, dicht neben dersel=
ben eine zweite, welche er der Jungfrau Maria wid=
mete. Man kann also annehmen, daß die gegenwär=
tige Hauptkirche diese beiden Kirchen mit einander ver=
band, weil sie beinahe den ganzen Platz einnimmt,
den diese vormals inne hatten. Nach Einigen begann
man ihren Bau um's Jahr 1010 unter der Regierung
Robert's des Frommen, Sohns und Nachfolgers
Hugo Capet's. Andere dagegen lassen sie erst zu
den Zeiten Ludwig's VII. im Jahre 1160 erbaut
werden. Es ist jedoch höchst wahrscheinlich, daß ihr
Bau erst nach der Thronbesteigung Philipp Au=
gust's begann, welcher von 1180 bis 1223 regierte.
Das Werk ward mit der äußersten Bedachtsamkeit
fortgesetzt, welche in den damaligen Zeiten bei den
Bauten gewöhnlich war, weil man es bei ihnen auf
die größtmöglichste Dauer angesehen hatte. Man ward
daher erst zu Ende der Regierung Philipp's VI. um
die Mitte des vierzehnten Jahrhunders damit fertig.

Die Hauptfronte der Kathedralkirche Notre=Dame
ist die Westseite. Sie besteht aus drei Portalen, über
denen sich ein Säulengang befindet; über diesem ist
wiederum ein großes Mittel= und zwei Seitenfenster,
durch die vorzüglich das Licht unten in die Kirche fällt.
Ueber den Fenstern ist ein anderer Gang, welcher auf
Säulen ruht; von den Enden desselben steigen zwei
Thürme empor, die 204 Fuß hoch sind, sich aber
mehr durch Festigkeit, als durch Schönheit auszeich=
nen. Die Bauart dieser Vorderseite ist von einer sehr
blumigten Art und zeigt mehrere sonderbare Verzierun=
gen. Ursprünglich führte eine Treppe von dreizehn Stu=
fen zu den Thüren, aber der Boden hat sich rund=
herum so erhöhet, daß er jetzt beträchtlich höher ist,
als der Fußboden der Kirche. Der Gang unmittelbar
über den Thüren enthielt sonst 28 Bildsäulen der fran=
zösischen Könige von Childebert an bis mit Einschluß
Philipp August's; allein diese wurden in der er=
sten Wuth der Revolution herabgerissen und zerstört.
Bei den Unruhen der damaligen Zeit war diese Haupt=
kirche außerdem noch mehrern andern Beschädigungen
ausgesetzt. Von ihren ältesten und merkwürdigsten Ver=
zierungen wurde der größte Theil hinweggenommen und
seit der Zeit haben weder die Anstrengungen Napoleon's
noch der Bourbons diese Kirche in ihrem ehemaligen
Glanze wieder herzustellen vermocht.

Die Mauern der Hauptkirche Notre=Dame sind
außerordentlich dick. Das Innere ist 414 Fuß lang
und 144 Fuß breit. Das Dach ist 102 Fuß hoch.
Die Anzahl der Säulen, von denen die Bogen vor=
springen, durch welche das Dach und die Gänge ge=
tragen werden, beläuft sich in allen beinahe auf drei
hundert, und jede besteht aus einem einzigen Stein=
blocke. Von 48 Kapellen, welche die Kirche ursprüng=
lich enthielt, sind noch 30 vorhanden. Der Chor,
besonders aber der Altar und das Allerheiligste, worin
er sich befindet, sind außerordentlich reich verziert und
viele Gemälde von ausgezeichneten französischen Künst=
lern, von denen Einige von bedeutendem Werthe sind,
verschönern mehrere Theile der Kirche. Die Regalien
Karl's des Großen werden noch immer da aufbe=
wahrt. Das Schiff der Kirche ist außerordentlich dun=
kel und ein großer Theil ihrer imponirenden Wirkung
rührt wahrscheinlich von diesem Umstande her.

Oben auf den Thürmen hat man Eine der um=
fassendsten Aussichten von Paris; man übersieht da
nicht blos die ganze Stadt, sondern auch die umlie=
genden Dörfer.

Auf Einem der Thürme dieser Hauptkirche hängt
eine Glocke, welche 320 Centner wiegt.

Das Dampfschiff.
(Beschluß.)

2. Beschreibung eines Dampfschiffes.

Ehe wir an die Beschreibung der innern Ein=
richtung eines Dampfschiffes gehen, glauben wir
denjenigen unserer Leser, welche mit den Eigenschaf=
ten der bewegenden Kraft der Dampfmaschine noch
nicht bekannt sind, das Wesentlichste mittheilen zu müssen.
Das Wasser wird durch Einwirkung des Feuers in
Dampf verwandelt; dieser hat eine elastische Kraft,
und dehnt sich nach allen Seiten mit gleicher Gewalt
aus. Nach dem Grade seiner Expansivkraft kann er
entweder Hindernisse, die sich dem Ausdehnen ent=
gegenstellen, wegräumen und sich den Ausweg bahnen,
oder seine Kraft reicht dafür nicht zu. Soll also der
Dampf als bewegendes Agens oder Treibkraft gebraucht
werden, so muß er mit seiner Kraft ein Hinderniß
überwinden können; der überwundene Gegenstand muß
jedoch wieder zur Fortsetzung der Bewegung in seine alte
Lage zurückkommen. Auch muß der Dampf, wenn er
aus dem Kreise seiner Wirkungskraft getreten ist, durch
andern Dampf ersetzt werden. Da nun die Kälte
den Dampf verdichtet und flüssig macht, so leitet man
auf ersteren, nämlich auf den unwirksam gewordenen,
einen kalten Wasserstrahl, wodurch er zu Wasser wird,
und abfließen kann, oder man läßt ihn in die freie
Luft strömen. Die auf Dampfschiffen befindlichen
Maschinen haben im Wesentlichen die nämliche Ein=
richtung der in Fabriken befindlichen. Das ganze
Dampfschiff zerfällt in 3 Hauptabtheilungen; die mitt=
lere nimmt das Maschinendepartement ein. Der
Dampfkessel des von uns abgebildeten Schiffes würde sich
rechts vom Schaufelrade unterhalb der Esse befinden.
Ueber dem Kessel befindet sich ein Zylinder, in wel=
chem sich ein an dessen Wände eng anschließender
Kolben auf= und abbewegt. Nach den verschiedenen
Mitteln, dieses Auf= und Abbewegen hervorzubringen,
theilt man die Dampfmechanismen in Systeme ein.
Der Kolben erhält zuerst durch eine Kommunikations=
röhre den Dampf von oben, welcher, da der Zylinder
oben verschlossen ist, sich einen Ausgang bahnt, und

nur nach unten ein zu überwindendes Hinderniß, näm=
lich den Kolben, findet, und denselben niederdrückt.
Die dadurch hervorgebrachte erste Bewegung wird auf
einen Hahn übergetragen, welcher sich öffnet und den
Dampf in die freie Luft übertreten läßt. Durch diese
Freiwerdung des Dampfes findet oben kein Druck
mehr Statt, und der Kolben wird durch ein vermit=
telst der zuerst wirkenden Dampfkraft mit in die Höhe
gezogenes Gegengewicht, welches nunmehr fällt, in
seine erste Lage versetzt; diese Bewegung öffnet wieder=
um den Hahn, welcher den Dampf über den Kol=
ben läßt, und so wiederholt sich das Spiel der Auf=
und Abbewegung ohne Unterbrechung.

Die auf diese Weise eingerichteten Maschinen hei=
ßen einfach wirkende. Die doppeltwirkenden
unterscheiden sich von denselben dadurch, daß kein Ge=
gengewicht, oder kein Luftdruck angewendet wird, um
beide Bewegungen, sowohl die nach oben, als die nach
unten, zu erzeugen, sondern für beide der Dampf ab=
wechselnd wirkt. Man richtet die Masse und Druck=
kraft des oben und unten wirkenden Dampfes so ein,
daß der Kolben eine regelmäßige Bewegung bekommt.
Man denke sich nun einen, um einen festen Punkt be=
weglichen Wagebalken (Balancier); an dem einen
Ende desselben ist der auf= und abgehende Kolben,
an dem anderen befindet sich parallel mit jenem die
Treib= oder Kurbelstange, welche in Verbindung mit
der Kurbel am Radbaume einen Krummzapfen bildet.
Um die wegen des Krummzapfens unvermeidlichen Un=
regelmäßigkeiten auszugleichen, wird die Uebertragung
der kreisförmigen Bewegung noch durch ein Schwung=
rad vermittelt, welches, wie bekannt, in der Mechanik
zu diesem Zwecke angewendet wird. Das Schaufel=
rad, durch welches das Schiff fortbewegt wird, hat
gewöhnlich 10 bis 12 Fuß Durchmesser, wovon
der vierte Theil unter Wasser kommt. Die Esse be=
steht aus einer Reihe zusammengeschobener kurzer Ei=
senzylinder. Der mittlere Raum enthält zugleich den
Gelaß für die Steinkohlen, welche man, ehe man
sie in den Ofen schiebt, in kleine Stücke zerstampft.
Der im Dampfschiffe befindliche Raum ist folgender
Maßen zu Gemächern vertheilt: am linken Ende
im untern Schiffsraume ist eine Reservekammer für
Feuerungsmaterial, oberhalb befindet sich das Damen=
zimmer; eine kleine Treppe führt abwärts rechter Hand
in das Zimmer für Vornehmere. In beide fällt das
Licht durch besondere Fenster von oben; jedoch haben diese
Gemächer auch Seitenfenster. Von der Richtung vom
Damenzimmer nach der mittleren Abtheilung oder
dem Mechanismus zu, hat man an der Seite der
Passage in's Vornehmenzimmer rechts das Kabinet
des Inspectors oder Verwalters, links das zum Früh=
stücken bestimmte Zimmer. In der dritten Abtheilung
dient gleichfalls der untere Raum zu einer Vorraths=
kammer für Steinkohlen; oberhalb desselben ist ein
Zimmer für diejenigen Reisenden, welche sich nicht in's
Vornehmenzimmer einschreiben lassen wollen. Von
dem mechanischen Apparate ist dasselbe durch 2 an bei=
den Seiten des Schiffes liegende Restaurationszimmer
für die Passagiere des zweiten Ranges getrennt. Das
äußerste Ende des nämlichen zweiten Raumes nehmen
Schlafgemächer für Schiffsleute ein. Am äußersten
linken Ende, unterhalb der Fahne, befindet sich ein
kleines Fahrzeug, welches im Falle eines unglücklichen
Ereignisses als Rettungsboot gebraucht wird.

Die große chinesische Mauer.

Dieses Festungswerk ist unstreitig das größte, das
je von Menschen erbaut worden ist. Hohe Gebirge,
von Thälern unterbrochen, machen die nördliche Grenze
des großen chinesischen Reichs aus. Ueber den Gipfel des
von Wolken umschatteten Gebirges windet sich, gleich
einem furchtbaren Drachen, ein gezackter Streifen eines
ungeheuern Baues, diese Mauer. Dieses ewige Denkmal
menschlicher Thätigkeit und — menschlichen Despotis=
mus, stolz sich auf untersteiglichen Bergen erhebend,
trifft mächtig die Blicke des Ausländers, hemmt seine
Schritte und versetzt ihn unwillkührlich in Nachdenken
über das Außerordentliche, hervorgebracht von einem
seltsamen Volke. Im Alterthume, wo eine ge=
schickte Vertheidigung durch einzeln angelegte Festungs=
werke an den Hauptpunkten noch wenig bekannt war,
war der Gedanke, das Land vor den Einfällen räu=
berischer Nachbarn durch Erbauung einer hohen, lan=
gen und starken Mauer zu sichern, sehr natürlich. In
Europa haben wir selbst ein Beispiel an der Mauer,
welche unter dem Kaiser Severus von den Briten ge=
gen die Einfälle der Scoten erbaut wurde. Sie zieht
sich von Carlisle in Cumberland bis nach Newcastle
in Northumberland, ungefähr 16 deutsche Meilen in
der Länge, hat 12 Fuß Höhe und 9 Fuß Dicke.
Doch ist dieses an sich bedeutende Werk durchaus nicht
zu vergleichen mit•dem berühmten chinesischen Bollwerke,
welches sich in einer Länge von 700 deutscher Meilen
hinzieht. Diese Mauer ist von den Chinesen 213 vor
Christi Geburt aufgeführt, um die nördlichen Provinzen
China's vor den Einfällen der einst kriegerischen Söhne der
nördlichen Steppe, der Mongolen, zu schützen, und be=
steht eigentlich aus zwei dünnern Mauern, deren Zwischen=
räume mit Erde und Schutt ausgefüllt sind, und die oben
breite Auszackungen haben. Der Grund derselben ist
aus Granitquadern gemacht, der obere Theil aber aus
großen gebrannten Backsteinen. Vom Grunde bis zum
Gipfel hat sie 26 Fuß Höhe, und mißt oben 14 Fuß
in der Dicke. Alle hundert Schritte sind Thürme er=
bauet, in welchen einige hundert Kanonen von Guß=
eisen in Haufen liegen. Der Hauptthurm und das
Hauptthor sind eingestürzt; eben so finden sich an vie=
len Orten bedeutend schadhafte Stellen, welche jetzt
nicht mehr ausgebessert werden. Der englische Rei=
sende Barrow, welcher 1793 und 94 mit dem eng=
lischen Gesandten in China war, giebt folgende Be=
rechnung: die Mauer würde bei ihrer Länge von 700
deutschen Meilen hinreichend Material enthalten, um
eine Mauer von 1 Fuß Dicke und 23½ Fuß Höhe
zu bauen, welche den ganzen Erdball (dessen Um=
kreis 5400 geographische Meilen beträgt), zwei Mal
umgeben würde.

Zur Erbauung dieser Mauer gebrauchte der Kaiser
seine ganze Macht und ließ den dritten Theil der ar=
beitenden Volksmenge aus seinem ganzen Reiche auf
dieser langen Linie aufstellen, so daß die Arbeit auf
allen Punkten zugleich begann. Die Schwierigkeiten
waren unzählig, aber man besiegte sie durch eine un=
erschütterliche Standhaftigkeit, und indem man eine
ganze Generation zum Opfer brachte. Hohe Berge
wurden überschritten oder umzingelt, morastige Gegen=
den durchschnitten und tiefer Grund gelegt für die fe=
sten Wälle, die man darauf aufführte, kühne Brücken=
bogen zogen sich über Ströme und Flüsse, um die Ver=
bindungen ihrer Ufer zu sichern. Die zugänglich=
sten Ebenen, welche dem Feinde am öftersten freien
Eintritt gestattet hatten, umzog man mit mehrern

Wänden. Endlich glaubte man sich hinter diesem, vom Meere an nordwestlich von Pekin bis an die Grenzen Thibet's laufenden Festungswerke sicher. Aber das Land war verheert, Millionen von Menschen waren im Elende und bei den Beschwerden umgekommen. Mehrere Generationen gingen unter, ehe diese Wunden wieder heilen konnten. Und dennoch konnten diese Mauern den eindringenden Feind, Shingis-Chan, nicht aufhalten: das chinesische Reich wurde von den Mongolen erobert und die Dynastie des Tzin von der des Ueberwinders verdrängt. So lange das Reich in sich selbst einig war und nur Hirtenvölker Einfälle machten, mochte jene Mauer hinlänglichen sichern Schutz gewährt haben; das Werk aber hätte noch weiter ausgedehnt werden müssen, um die wilden und kriegserfahrnen Mongolen abzuhalten.

Die große chinesische Mauer.

Verschiedene Arten von Feuerzeugen.

Da das Feuer Eines der nützlichsten und nothwendigsten Erfordernisse des menschlichen Lebens ist, so hat man sich schon seit den ältesten Zeiten mancherlei Arten bedient, dasselbe sich zu verschaffen. Die Wilden z. B. erhalten es, indem sie zwei trockene Stücken Holz sehr schnell gegen einander reiben, dieselben, wenn sie zu glimmen anfangen, mit trockenen Blättern oder Grase umgeben, und nun durch Laufen zum Brennen bringen. Weil aber dieses zu beschwerlich und mühsam ist, so hat man über andere bequemere Arten dasselbe zu erregen, nachgedacht, und es sollen hier 4 verschiedene Feuerzeuge, die seit kurzer Zeit erst im Gebrauche sind, ausführlich beschrieben werden. Sie sind unter folgenden Namen bekannt: 1) das chemische Feuerzeug, 2) das Kompressionsfeuerzeug, 3) das Phosphorfeuerzeug, 4) das Gasfeuerzeug.

1) Das chemische Feuerzeug, was jetzt das gewöhnlichste und wohlfeilste von allen ist, besteht aus einem kleinen Kästchen von beliebiger Gestalt, auf dem ein kleines Gefäß, worin sich etwas Schwefelsäure befindet, und die Zündhölzchen angebracht sind. Jenes Gefäß ist meistens ein kleines Fläschchen, welches mit einem Stöpsel gut verschlossen werden kann, damit die Schwefelsäure nicht die feuchten Dämpfe aus der Luft anziehe und dadurch unbrauchbar werde. Man thut ferner in dasselbe etwas Kiessand oder besser Asbest, was deßwegen geschieht, damit, wenn das Gefäß umgeworfen wird, die Schwefelsäure, welche sehr ätzend ist, nicht Schaden anrichten, und beim Entzünden des Hölzchens, was mit einigem Knistern verbunden ist, nicht umher geworfen werde; der Asbest ist also kein nothwendiges Erforderniß, um das Feuer zu erregen. Wird die Schwefelsäure durch das viele Oeffnen der Flasche unbrauchbar, so gießt man neue hinzu, oder macht lieber eine ganz neue Füllung. Die Zündhölzchen werden jetzt in großer Menge fabrikmäßig verfertigt, und mit einer röthlichen Mischung an dem einen Ende versehen. Man steckt nämlich die Hölzchen, nachdem sie geschnitten sind, zuerst in heißen Schwefel, verfertigt dann eine Mischung von 30 Theilen chlorsaurem Kali, 10 Theilen Schwefel, 5 Theilen arabischem Gummi und etwas Zucker und Zinnober; oder aus 30 Theilen Schwefelblumen, 4 Theilen Zinnober, 4 Theilen arabischem Gummi, 3 Theilen Gummi Traganth, 3 Theilen Kolophonium, was fein gerieben und mit 21 Theilen chlorsaurem Kali, naß, damit keine Explosion entstehe, vermischt wird. Hierauf taucht man die Schwefelhölzchen in diese Mischung und läßt sie trocknen. Die Ursache der Entzündung liegt darin, daß die Schwefelsäure das chlorsaure Kali durch heftige chemische Wirkung zerlegt, wobei das sich entwickelnde Chloroxyd die damit verbrennbaren Körper entzündet.

2) Das Kompressionsfeuerzeug. Es ist eine bekannte Thatsache, daß, wenn atmosphärische Luft in einem hohen Grade zusammengedrückt wird, sich dabei ein großer Grad von Wärme erzeugt, und daß, wenn diese Zusammendrückung recht schnell vor sich geht, leicht feuerfangende Körper darin entzündet werden. Man macht daher Zylinder von Messing oder Glas, ohngefähr

5 Zoll lang und ½ Zoll stark, schleift diese mit einer kupfernen Regel mit Schmergel warm aus, und verschließt die Oeffnung dieses hohlen Zylinders mit einem Stempel, der oben mit Leder umwickelt und gut geölt ist, luftdicht. Befestigt man nun an dem obern Ende des Stempels ein wenig Zündschwamm, und stößt den Stempel ein, so entzündet sich der Schwamm; man muß jedoch suchen, den Stempel so schnell als möglich einzustoßen und zurückzuziehen, weil sonst der Schwamm leicht wieder verlöscht.

(Der Beschluß folgt.)

Die Glockenqualle.
(Medusa s. Oceania cymbaloidea.)

Die Quallen haben einen gallert-, oder ziemlich haut= oder knorpelartigen Körper, der bei einigen scheibenförmig, bei anderen halbkugelig oder glockenförmig und bei noch anderen kugelig oder walzig erscheint, und bald mit Stielen, Armen, Blättchen, Fühlern, Saugern und Mundöffnung versehen ist, bald nicht.

Haben sie einen Mund, so liegt er gewöhnlich in der Mitte, ist zugleich Afteröffnung, bald einfach, bald mehrfach, und führt bald in eine einfache, bald in eine mehrfache Magenhöhlung.

Die Glockenqualle

Diese so wunderbar gebauten Thiere leben nur im Meere, wo sie in unglaublicher Menge angetroffen werden, und sich von Infusionsthierchen, kleinen Fischen, Krebsen u. s. w. nähren, die sie mit ihren Armen und Fühlfäden, welche letztere gewöhnlich eine brennende (nesselnde) Eigenschaft haben, fangen, und dann aussaugen oder auch ganz verschlucken. Diejenigen, welche die Thiere ganz verschlucken, haben eine so gute Verdauungskraft, daß sich selbst die härtesten thierischen Substanzen, wie z. B. die Krebsschalen, in ihrem Leibe mit der größten Schnelligkeit in eine weiche Masse auflösen.

Sie spielen meistens in den prächtigsten Farben, leuchten zum Theil bei Nacht, und schwimmen auf der Oberfläche des Meeres, in dem sie sich entweder selbst fortbewegen oder durch die Meereswogen in Bewegung gesetzt werden.

Werden die Quallen an den Strand geschwemmt, so daß sie nicht mehr vom Meere bespült werden, so liegen sie als eine bewegungslose Masse da und sterben

bald, indem sie sich gänzlich in eine schleimige, dem Meereswasser ähnliche Flüssigkeit auflösen.

Die Glocken=Qualle lebt an den holländischen Küsten, und ihre Farbe ist abwechselnd roth und hellbraun.

Wir haben sie vergrößert abbilden lassen; denn sie hat eigentlich nur ½ Zoll im Durchmesser. Sie ist dargestellt, wie sie mit ihrem Munde ein Thier verschlingt. An dem stielförmigen Munde, der dem Schwengel einer Glocke zu vergleichen ist, befinden sich vier walzenförmige Eierstöcke. Die langen Fäden, die sich ringsherum an dem glockenförmigen Körper befinden, sind jene oben erwähnten Fühlfäden.

Die Hütte eines Anbauers in Südafrika.

In unsern Zeiten, in welchen Auswanderung fast zum Tagesgespräche geworden, und nicht blos unruhige Köpfe und Glücksjäger, sondern auch betriebsame Bürger und Landwirthe, einen erweiterten Wirkungskreis für ihren Fleiß suchend, ihre Blicke auf die lockende Ferne und Fremde richten, von welcher sie gewöhnlich die übertriebensten Hoffnungen und Erwartungen hegen, dürften Mittheilungen der Erfahrungen von Auswanderern in den verschiedenen Welttheilen nicht uninteressant und nutzlos seyn. Wir eröffnen dieselben mit den nachstehenden Auszügen aus den Berichten eines europäischen Anbauers in Südafrika, und lassen ihn selbst reden:

„Die von mir zu meiner Wohnung ausgesuchte Stelle war auf jeder Seite von der meiner Nachbarn ungefähr drei englische Meilen entfernt, indem Herr Rennie über mir am Strome war und der Kapitän Cameron unter mir, in einer Gegend von felsigen Anhöhen und dazwischenliegenden Gesträuchen durchschnitten. Ich suchte mir eine freie, grasige Wiese aus, im Hintergrunde ein Berg, und vorn ein kleiner Fluß mit Weiden und Schlehdorn bewachsen. Es war ein schöner und einladender Platz; die umgebenden Hügel mit immer grünenden Gesträuchen bewachsen, der fruchtbare Wiesenboden mit reicher Weide bekleidet und romantischen mit Aloe und Euphorbia besetzten Felsen begränzt.

Da ich vorläufig bloß eine Hütte bauen wollte, so nahm ich mit einigen Abänderungen die bei den Eingebornen übliche Bauart an. Ich machte auf dem Boden einen Kreis von etwa achtzehn Fuß im Durchmesser, steckte um denselben etwa zwanzig dünne Weidenpfähle aufrecht, gerade in den Mittelpunkt einen stärkern Pfahl, bog die Seitenpfähle nach dem mittlern Pfahl, und verband die Spitzen derselben mit Riemen von Quaggahaut. Mit demselben Verbande wurde der Pfahlkreis in angemessener Entfernung von dem Boden nach der Spitze mit jungen Bäumchen verbunden, und so war das Gerippe der Hütte nach Art eines Bienenstockes oder Zuckerhutes fertig. Dieses wurde dann mit Schilf belegt, von welchem die erste Lage einige Zoll in der Erde steckte. Es wurden auch ein Paar Oeffnungen zu einer Thür und einem Fenster gelassen; aber ich wollte darin weder einen Heerd noch Kamin anbringen. Bald wurde auch aus den Brettern einiger Kisten eine zweihälftige Thüre gemacht, und ein Paar Ellen feines Baumwollenzeug, auf einen Holzrahmen gespannt, bildete ein anständiges Fenster. Mit dem Beistande meines Hottentotten=Bedienten fing ich dann an, die innere Seite der Hütte bis zu einer Höhe von etwa 6 Fuß zu bekleiden. Diese Bekleidung bestand aus frischem Kuhmiste mit einem gleichen Theile Sand vermischt, welche im Innern der Kap-Kolonie fast im allgemeinem Gebrauche ist, wo der Kalk selten und kostbar, und dieses Ersatzmittel wegen der Trockenheit des Klima's beinahe eben so gut ist. Als die Bekleidung trocken war, wurde sie mit einer Art Schlamm übertüncht, welcher aus Pferdenzenkoth und Holzasche, mit Milch verdünnt, bestand, und eine schöne und dauerhafte Farbe gab, die im trockenen Zustande wie ein gräulicher Stein aussah.

So von außen gesichert, war ich nun um einen trockenen und festen Fußboden besorgt, und nahm in diesem Punkte, wie in so vielen anderen, dankbar die Belehrung von den Hottentotten an. Auf ihren Rath ließ ich ein Paar Dutzend Ameisenhaufen, deren Tausende in der Nähe waren, in die Hütte bringen, und zwar wählte ich solche, die von den Ameisenbären zerstört und von ihren Bewohnern gänzlich verlassen waren. Dieses Material, wahrscheinlich von den Insekten mit einer klebrigen Substanz gekittet, bildet, wenn es zerschlagen und mit Wasser feucht gemacht worden, einen starkanhangenden Mörtel, den man bloß einige Tage mit trampelnden Füßen kneten muß, damit er ein bündiges und trockenes Pflaster werde, das fast eben so dicht und undurchdringlich wie Stein oder Ziegel ist.

Mit der bereitwilligen Hilfe der Eingebornen hatte ich so eine bequeme afrikanische Hütte, ungefähr achtzehn Fuß im Durchmesser und neunzehn Fuß Mittelpunkt-Höhe, welche in jenem heitern und milden Klima als Obdach hinreichend war; jedoch zur Bequemlichkeit war etwas mehr nöthig. Außer mit Küchengeräth, Reisekoffern und einigen Kisten Bücher hatte ich mich mit nichts Anderem versehen; die nächste Stadt war 130 engl. Meilen weit entfernt, und selbst da waren die Handwerker so selten und faul, daß man wohl ein Jahr auf etwas Bestelltes warten mußte, trotz der unmäßig hohen Preise für sehr gewöhnliche Artikel. Glücklicher Weise hatte ich eine kleine Auswahl Zimmermanns-Werkzeug mitgebracht, und war auch mit dem Gebrauche derselben nicht unbekannt; denn als Knabe fand ich ein großes Vergnügen daran, arbeitende Handwerker zu beobachten, und selbst ein Zimmer in verjüngtem Maßstabe zu verfertigen.

Da ich die Art, die Säge und den Bohrer fleißig anwendete, und von der Noth, „der Mutter der Erfindungen,“ getrieben wurde, brachte ich es in einigen Wochen dahin, meine kleine Hütte bequem und vollständig ausgestattet zu sehen. Zuerst theilte ich ein kleines Zimmer ab, und zwar mit Vorhängen versehen, damit man nach Belieben Licht und frische Luft einlassen könnte. Darin brachte ich eine Bettstelle an, das eigentliche Gestell aus wildem Olivenholz des benachbarten Gehölzes; der Boden, um die Matratze darauf zu legen, bestand aus einem starken, elastischen Netzwerke, aus Riemen geflochten. Aus ähnlichen Materialien machte ich für das vordere Zimmer ein Sopha, das gelegentlich auch zu einem eigentlichen Bette diente; ferner machte ich einen Tisch, einige Bänke und Stühle, und zuletzt einen Armstuhl, den ich als mein Meisterstück betrachtete. Keines von diesen Stücken, den Tisch ausgenommen, hatte der Hobel berührt; jedoch sahen sie darum nicht schlechter aus, und die Hütte mit ihrem groben Geräth hatte ziemlich das Ansehen eines ländlichen Sommerhauses. Meine auf einem Brete über dem Bette aufgestellten Bücher, ein Paar Musketen, ein Löwen- und ein Leoparden-Fell oben an der Schilfdecke ausgebreitet, Hörner von Antilopen, und andere Beute des Landes, vollendeten die eigenthümlichen Verzierungen meiner afrikanischen Hütte.

Hinter dieser wurden einige andere Hütten von ähnlicher, aber nicht so künstlicher Art aufgestellt, für meine Dienstboten und Hirten, wie auch für Vorrathskammer und Küche. Als diese und die Ställe für die Heerden fertig waren, wurde die Niederlassung vorläufig für vollendet gehalten. Das Umzäunen, Urbarmachen und Bewässern eines Theils des Landes zu Gärten und Feldern war eine Arbeit, die viel Zeit und Mühe erforderte und deren nähere Umstände ich jetzt weglasse.

Es möge hinreichend seyn zu erwähnen, daß ich in dieser Wohnung, in einer Wildniß, mit keinen andern Hausgenossen als mit meiner Frau und einigen Hottentotten-Dienstboten, oft von Raubthieren und bisweilen von eingeborenen Banditen (Buschmännern und Kaffern, Landstreichern von der östlichen Gränze) belästigt, — zwei Jahre zubrachte, welche, wenn auch oftmals von Unfällen und Entbehrungen getrübt, im Ganzen dennoch unter die angenehmsten Jahre meines Lebens zu rechnen sind. Die Unfälle ertrugen wir nach Möglichkeit, und Entbehrungen zu spotten lernten wir bald; ein Paar Beispiele der letztern mögen zur Unterhaltung des Lesers dienen, und sollen diesen Bericht schließen.

Nachdem wir einen Theil des Bodens urbar gemacht hatten, und in den Besitz einer hinreichenden Menge Vieh und Geflügel gekommen waren, standen wir nicht in Gefahr, an den Nothwendigkeiten des Lebens Mangel zu leiden. Wir hatten Milch, Butter und Käse; wir schlachteten unser Rind und Schaf; wir jagten eine überflüssige Menge Geflügel auf; mit Glück baueten wir Kartoffeln, Kürbisse, Melonen, alle gewöhnliche eßbare Pflanzen, und einige in Europa unbekannte. Wir lernten von unsern holländisch-afrikanischen Nachbarn Seife und Lichte machen; aus den Häuten unserer Schafe und Ziegen bereiteten wir vermittelst der Mimosa-Rinde vortreffliches Leder, woraus wir Kleidungsstücke verfertigten, die in einem Lande voller dorniger Bäume und hoher Gräser sehr anwendbar sind. Was wir also kaufen mußten, waren nur Luxusartikel, als Thee, Kaffee, Zucker, Wein, Gewürze, und dergleichen. Gewöhnlich versahen wir uns mit dergleichen Sachen aus der Kapstadt oder aus der Algoa Bay auf eine lange Zeit; allein einige Mal ging unser Vorrath, bevor ein neuer ankam, zu Ende, und wir befanden uns gänzlich ohne Thee, Kaffee und Zucker.

Einst mußten wir eine sehr fühlbare Entbehrung länger ertragen. Im Sommer 1822 wurden wir von einer starken Dürre heimgesucht, die mehrere Monate anhielt und unsern Gärten und Feldern keinen Schaden zufügte. Wir hatten jedoch Sämereien in Vorrath, und konnten Früchte und manche andere Pflanzen entbehren; aber endlich versiegte auch unser kleiner Fluß, und obgleich wir für uns und unser Vieh in Teichen und Brunnen Wasser genug hatten, so standen doch alle Mühlen am Flusse still, unser Weizen konnte nicht gemahlen werden, und wir blieben ohne Brod. Da unsere Nachbarn sich beinahe in gleicher Lage befanden, so konnten wir solches weder borgen noch kaufen. Unsere holländisch-afrikanischen Nachbarn und unsere Hottentotten-Dienstboten benahmen sich dabei ganz gleichgültig; sie sagten, sie könnten sehr gut einige Monate von Hammelfleische und gekochtem Korne leben. In der That leben in der dürren Gegend viele dieser Leute bloß von Fleisch und Milch, ohne Brod und Pflanzen. Aber mit uns war es anders: wir fühlten die Entbehrung des Brodes, wie ein nothwendiges Bedürfniß. Ein Paar Wochen halfen wir uns dadurch, daß wir einen täglichen Vorrath auf unserer Kaffeemühle mahlten, aber zuletzt mußte auch dieses aufhören. Der eiserne Griff der Mühle brach einige Male; zwei Male machte ich ihn wieder zurecht, aber bei dem dritten Bruche vermochte meine Geschicklichkeit nichts, und wir wurden nun dahin gebracht, unser Korn in wenigen Körnern vermittelst eines runden Steines auf einem platten zu zerdrücken. Durch dieses langweilige Verfahren machten wir uns täglich ein Paar kleine Kuchen, bis wir aus einem entfernten Orte Mehl erhielten. Das war eine wirkliche Entbehrung; aber nach Allem muß ich hinzufügen, daß diese Kuchen, aus grobem Mehle gebacken, das aus zwischen zwei Steinen zerdrücktem Korne erhalten worden, und gelegentlich meine eigene Arbeit war, mir als das wohlschmeckendste Brod vorkam, das ich jemals gegessen hatte."

W o c h e.

Am 14. December 1769 machte eine Unterleibsentzündung dem Leben des edlen Dichters und Tugendlehrers, Christian Fürchtegott Gellert, ein Ende. Die Liebe seiner Zeitgenossen hat vielleicht nie ein Schriftsteller so allgemein und so ununterbrochen besessen, als dieser fromme Mann. Er war der 4. Juli 1715 zu Haynichen im sächsischen Erzgebirge geboren, besuchte die Schule des Städtchens, ward dann von seinem Vater unterrichtet, und kam nachher auf die Schule nach Meißen. Fünf Jahre darauf bezog Gellert die Universität zu Leipzig, um Theologie zu studiren, und kehrte nach vier Jahren zu seinem Vater zurück. Bald darauf wurde er Hofmeister und kam wieder nach Leipzig, wo er durch schriftstellerische Arbeiten bekannt zu werden anfing. 1745 ward er daselbst Magister, und 1746 gab er die erste Sammlung seiner Fabeln heraus. Nach den Mühen vieler Jahre endlich erhielt er 1751 eine philosophische Professur mit hundert Thaler Gehalt, welcher ihm wegen des Krieges nicht einmal regelmäßig ausgezahlt wurde. Gellert zeichnete seine guten, natürlichen Gaben, sein frommer Sinn, seine wohlgeordneten Seelenkräfte, sein geläuterter Geschmack vor den Gelehrten seiner Zeit aus, und machten ihn zum Hersteller und Beförderer des guten Geschmacks, zum Verbreiter praktischer Weisheit und Lehrer der Religion und Tugend.

Am 15. December 1745 wurde die letzte und blutigste Schlacht im zweiten schlesischen Kriege geliefert, und zwar bei den Dörfern Kesselsdorf und Benneriß, eine Meile von Dresden. Die Sachsen unter dem Grafen Rutowsky wurden nach dem tapfersten, Anfangs siegreichen Widerstande von einem preußischen Heere, unter den Befehlen des Fürsten von Anhalt-Dessau, Leopold, so geschlagen, daß dadurch der Friede zu Dresden herbeigeführt wurde.

Am 16. December 1804 starb der berühmte Verfasser des „Kinderfreundes", der als Operndichter hochgeschätzte Kreissteuer-Einnehmer, Christian Felix Weiße zu Leipzig. Das Leichenbegängniß dieses heitern, edlen, am 28. Januar 1726 in Annaberg gebornen Mannes wurde von Leipzigs Bewohnern ehrenvoll ausgezeichnet.

Am 17. December 1619 wurde Rupert, Pfalzgraf bei Rhein und Herzog von Cumberland, geboren. Er war der Sohn Friedrich's V., Churfürsten von der Pfalz, und seiner englischen Gemahlin Elisabeth, durch deren Eitelkeit Friedrich im steten Trachten nach der böhmischen Königskrone, auch sein Churfürstenthum

verlor. Rupert starb zu Windsor in England am 29. November 1682.

Am 18. December 1745 nahmen die Preußen, als unmittelbare Folge des vorhin erwähnten Sieges bei Kesselsdorf, die Stadt Dresden ein. Der Befehlshaber mußte sich auf Gnade und Ungnade ergeben, und ward, nebst 4000 Mann Landmiliz und vielen aus der Schlacht dahin gebrachten Verwundeten, zum Kriegsgefangenen gemacht. Der Aufenthalt des Königs Friedrich's II. in dieser Residenz war sehr kurz, weil nach wenigen Tagen der Friedensschluß zu Stande kam. Er reiste, nachdem er Sachsen die Ruhe wiedergegeben hatte, nach Berlin zurück.

Am 19. December 1757, Abends, kapitulirte das von den Oesterreichern besetzte Breslau mit dem preußischen Heere. Die ganze österreichische Besatzung von 13 Generalen, 700 Offizieren und 17,000 Mann mußte das Gewehr strecken. Die Preußen erbeuteten hier ein ansehnliches Magazin, und außer der zur Festung gehörigen Artillerie noch 81 in die Stadt eingebrachte Kanonen und Mörser, eine Menge Proviantwagen und eine Kriegskasse von 144,000 Gulden. Diese Belagerung hatten die Preußen unter der ungünstigsten Witterung bei beständigem Regen und Schnee und zuletzt unter starkem Froste, muthig und unermüdet vollendet.

Am 20. December 1801 starb zu Berlin einer der vorzüglichsten Schauspieler, die Deutschland je aufzuweisen gehabt hat, Johann Friedrich Ferdinand Fleck, als Regisseur des Berliner Nationaltheaters, das ihm vorzüglich einen Theil seiner damaligen Größe und Berühmtheit zu danken hat. Er wurde den 12. Januar 1757 zu Breslau geboren, studirte nach dem Wunsche seines Vaters erst Theologie zu Halle, widmete sich aber nach dessen Tode der Schauspielkunst, wozu ihn ein höchst vortheilhaftes Aeußere und das entschiedenste Talent berechtigte. Er begann seine theatralische Laufbahn mit vielem Glücke in Leipzig, setzte sie mit noch größerem Erfolge in Hamburg unter Schröder fort, und beschloß sie, mit Ruhm gekrönt in Berlin.

F ü r   u n d   W i d e r.
Ein Gespräch

Ein Bürger.
Ein Journalist.
Ein Gelehrter.

Journalist.

Schon wieder mit dem Pfennigmagazine! —
Wie findet Ihr nur solche Freude dran?
Ihr haltet es für eine Honigbiene,
Es ist nur eine Wespe, lieber Mann.
Seht's an genau. Was schleppt es denn zusammen?
Bekannte Dinge trifft man überall.
Man muß solch Blatt mit strengem Ernst verdammen,
In jedem, nicht allein in diesem Fall.
Wer wird um solche Waare sich bekümmern,
Jetzt, wo die Menschheit sich zum Kampf' erhebt,
Die Zwingherrschaft mit Muth eilt zu zertrümmern.
Und Freiheit, Freiheit jeglich Herz belebt.
Was dort Ihr findet, ist längst da gewesen,
Und nützt Euch nichts. — Mein herrliches Journal
Das von dem Landtag handelt, müßt Ihr lesen
Ihr Bürger, dort ist eine beß're Wahl!
Ich zeige die Gebrechen jedem Land;
Ich gebe Regeln für jedweden Stand;
Der Politik Geheimniß findet Ihr
Erhellt, erläutert und erklärt bei mir.
Zwar geb' ich Euch nicht bunte Bilder mit

Doch den Ministern folg' ich Schritt auf Schritt,
Und daß mein Blatt auch mannigfaltig sey,
Besprech' ich das Theater noch dabei.
Kurz, werft es hin, dies Pfennigmagazin;
Für Kinder ist es gut, für Männer nicht;
Der Ernst der Zeit heißt solchen Tand Euch fliehn,
Nicht minder fordert's wahre Bürgerpflicht.

Bürger.

Gemach, gemach — wär' ich ein Staatsgelehrter,
Bekümmert' ich vielleicht mich auch darum.
Jetzt würde meine Rede nur verkehrter,
Spräch' ich davon, und deshalb bleib' ich stumm.
Bin thätig für die Meinen heut' gewesen,
Bei meinem Werk; — jetzt von der Arbeit matt,
Will ich was Nützliches, mich zu erholen, lesen,
Und das, mein Herr, find' ich in diesem Blatt.

Journalist.

In diesem Blatt? — Ihr träumt, mein guter
Meister!
Die Redactoren treffen schlechte Wahl.
Der gute Absatz macht sie täglich dreister,
Von Fehlern wimmelt stets es ohne Zahl.
Zwar brüsten die Verfasser sehr gewandt sich,
Als wär' es stets an Ausgesuchtem reich; —
Doch — zeigt nur her — die Nummer Acht und
Zwanzig;
Schon an dem Inhalt findet Ihr es gleich:
Der Themse=Tunnel: — Gott, wie abgedroschen!
An den denkt jetzt kein Mensch in England mehr;—
Der Braunschweig=Oels: — Sein Stern ist
längst erloschen
Bei Quatrebras, — wen kümmert der noch sehr?
Die gift'gen Schlangen: — Raff's Naturge=
schichte,
In der der Esel von sich selber spricht,
Ertheilt davon Euch bessere Berichte,
Für ein Journal paßt doch dergleichen nicht.
Das Lama: — Pah! — im Robinson von Campe,
Dem Kinderbuch, lernt' es ein Jeder kennen; —
Die Woche: — Spärlich brennt des Wissens Lampe,
Wer wird, zum Beispiel, jetzt noch Leibnitz nennen?
Glaubt mir, Ihr könnet Euern Geist nicht adeln,
Durch solche Leserei ——

Bürger.

Die mir behagt,
S'ist ein gewaltig leichtes Ding, zu tadeln,
Mein guter Herr, wie schon das Sprichwort sagt.
Mir lagen solche Sachen stets entfernet —
Und deshalb les' ich sie mit großer Lust;
Hab' ich gleich lauter Neues nicht gelernet,
So hab' ich's doch so gründlich nie gewußt.

Journalist.

Nun gut, sei Euch das wirklich zugegeben,
Und streiten wir uns weiter nicht darum.
Verkehrt bleibt immer der Verfasser Streben,
Das Blatt ist nur ein Sammelsurium,
Ein Allerlei; es fehlt ihm an Methode,
An Ordnung — Klarheit ——

Bürger.

Lieber Herr, sprecht milder. —

Journalist.

Für die Verfasser freilich ist's kommode,
Und Euch befriedigen die hübschen Bilder.

Bürger.

Verzeiht, mein Herr, die dienen zum Verständniß,
Kann ich, was mir erzählt wird, auch gleich sehn,
So werd' ich es — da habt Ihr mein Bekenntniß —

Drei Mal so gut, als ohne das verstehn.
Gerade daß der Inhalt oftmals wechselt,
Gefällt mir — denn es macht das Lernen leicht. —

Journalist.

Vortrefflich ward der Grund herausgedrechselt,
Doch blieb er, bester Freund, gewaltig seicht.
So sieht man nun das arme Volk betrügen,
Und den Stabilen ist das eben recht. —

Bürger.

Ei laßt mir, lieber Herr, doch mein Vergnügen —
Ihr stört mich nicht, — was Ihr auch immer sprecht.
Sagt, wäre denn das Blatt in allen Händen,
Und nähme täglich zu in seiner Zahl,
Gefiel' es nicht auch wirklich allen Ständen?
Denn man versendet's Dreißig Tausend Mal.

Journalist.

O guter Gott — muß ich das noch erfahren!
Es geht — in dreißigtausend Exemplaren. —
Bestürzt hör' ich die Nachricht, und verwundert.
Mein „Meteor" — die Auflag' ist drei Hundert;
Und Nichts ward, Nichts, in dem Journal vergessen —
Nie hat die Kühnheit je ein Blatt besessen,
Macht häufig gleich Censur mit ihrer Tücke
Gespensterhaft so manche weiße Lücke. —
O! es ist gräßlich, fürchterlich und grausend, —
Der Abonnenten runde Dreißigtausend!
So darf es, und so kann's nicht länger bleiben,
Mit aller Kraft will ich dagegen schreiben.

Der Gelehrte (tritt hinzu).

Verzeiht, den ganzen Streit hab' ich vernommen—
Und rath' Euch, Werthester, das nicht zu thun.

Bürger.

Ihr seid zur rechten Zeit, mein Herr, gekommen. —

Der Gelehrte.

Für diesen Fall laßt Eure Feder ruhn;
Ist an des Volkes Bildung Euch gelegen,
Zeigt Euch dem Unternehmen nicht als Feind
Begleitet es mit Eurem besten Segen,
Da Mittel es zugleich und Zweck vereint.
Denn es verbreitet reichen Wissens Schätze,
Weil es das ganze Leben kennen lehrt,
Und der Natur, so wie des Staats Gesetze,
Der Menschen Pflichten, leicht und rein erklärt.
Der Bürger hat, in seinem schlichten Sinne,
Das wahre Gute schnell davon erfaßt;
Forscht gründlicher, mein Herr, nach dem Gewinne,
Dann ist Euch selbst das Blatt nicht mehr verhaßt. —
Mich freut der Sache glückliches Gelingen,
Denn oftmals find' ich selbst Belehrung drin:
„Wer Vieles bringt, wird Manchen etwas bringen."

Bürger.

Ihr sprecht, mein Herr! so recht nach meinem
Sinn. —

Der Gelehrte.

Mein guter Freund, man muß das Leben kennen,
Und nie die Wissenschaft vom Leben trennen.

Journalist (für sich).

Schwatzt Ihr nur fort — ich kenne doch mein
Ziel. —
Ihr seid ja Beide nur geringe Geister: —
Ein gutes Schaaf ist jener Tischlermeister,
Und der Professor ekelhaft — servil.

Verlag von Bossange Vater in Leipzig.
Unter Verantwortlichkeit der Verlagshandlung.

Das Pfennig-Magazin

der

Gesellschaft zur Verbreitung gemeinnütziger Kenntnisse.

34.]   Erscheint jeden Sonnabend.   [December 21, 1833.

Die Hunde auf dem St. Bernhard.

Wir sehen auf dem vorstehenden schönen Bilde einen der wegen ihrer Dressur und Klugheit berühmten Hunde auf dem St. Bernhard den Schnee wegscharren, unter welchem ein unglücklicher Wanderer durch den Sturz einer Lawine begraben wurde. Ein anderer solcher Hund schlägt laut an, um Lärm zu machen und die Mönche im Kloster zu benachrichtigen, daß sie zur Hülfe eilen müssen. Schon kommen sie in der That über die eisigen Klippen herbei, um den Erstarrten in ihr Kloster zu bringen, zu erquicken, oder zu beleben.

Dieses Kloster liegt gegen 8200 Fuß über dem Meere und ist der höchste in Europa bewohnte Punkt, fast ganz aus Stein erbaut. In der größten Einsamkeit das ganze Jahr hindurch leben hier die frommen Mönche, welche sich dem Geschäfte weihten, dem Wanderer, der aus der Schweiz nach Italien geht, ein Obdach zu geben, ihn vor Gefahren, als Führer, zu bewahren, und aus denselben zu retten. Kein anderes lebendes Wesen wählt von freien Stücken diesen Aufenthalt, das Schneehuhn ausgenommen, das häufig hier verweilt und im Winter schneeweißes, in den andern Jahreszeiten buntes Gefieder hat. Die Mönche gehören zu dem Augustiner-, im J. 962 von St. Bernhard neu organisirten Orden, und ihre Zahl wechselt von 20 bis 25. Sie sind verpflichtet, alle Reisende zu beherbergen und ihnen dann Führer zur Weiterreise zu geben, ohne etwas dafür verlangen zu dürfen. Im Winter müssen sie außerdem alle Tage zwei aus ihrer Mitte, einen nach der italienischen, den andern nach der Schweizer Seite aussenden, um den Pfad zu säubern und Reisenden beizustehen. Einer der hier abgebildeten Hunde begleitet sie dabei.

Trifft der Maronite, wie ein solcher wandernder Mönch heißt, auf einen erschöpften oder verunglückten Wanderer oder zeigt ihm sein abgerichteter Hund das Daseyn eines solchen an, so eilt er schnell in's Kloster, um Lärm zu machen, und eilig kommen mehrere Brüder mit allen Hülfsmitteln, um den Verunglückten fortzuschaffen und neue Bahn zu machen; denn oft ist der Schnee über 20 Fuß tief. Ist der Reisende erfroren, so bringt man ihn in ein kaltes, mit Eis vermischtes Bad, um den Lebensfunken wieder zu entzünden.

Die Hunde, welche bei diesem edlen Werke so wichtige Dienste leisten, bilden eine eigenthümliche Abart und stammen ursprünglich aus Spanien. Einer von ihnen hat besonders einen weltkundigen Namen erhalten: de Jupiter. Er rettete 1827 ein Weib und ein Kind unter ganz eigenen Umständen, indem er ihnen, die beim Hospitale vorbei kamen, gleich auf der Stelle nachfolgte. Kurz nachher bemerkte man seine Abwesenheit; ein Maronite ging der Spur nach und fand ihn bei den Verunglückten, welche ohne ihn umgekommen wären. Mehrere Hunde der Art sind nach England gebracht worden, allein ohne daß sie Einiges von dem Talente derer auf dem St. Bernhard verrathen hätten. Sie zeigten sich vielmehr feig und furchtsam, ob sie schon sechs Fuß Länge und eine verhältnißmäßige Höhe hatten. Nur eine seltene Gutmüthigkeit war ihnen eigen.

Die Mönche auf dem St. Bernhard sind meist kräftig und gesund, erreichen aber selten ein hohes Alter, was wohl die Folge der Anstrengungen und Entbehrungen seyn mag, welche sie ertragen müssen. Einfachen Sinnes, begeistert für das fromme Werk, dem sie sich weihen, können sie auf die volle Achtung Aller Anspruch machen; denn wohl gehört hoher Sinn dazu, sein Leben täglich zu wagen, das Leben Anderer zu schützen und zu erhalten, um im besten Falle einem frühen Tode entgegen zu gehen!

Ueber den Seidenbau.

1. Geschichte.

Der Gewinn der Seide auf dem Wege der Kunst und die Anwendung dieses Stoffes zum Weben verliert sich in ein hohes Alterthum der chinesischen Geschichte, und bis zum gegenwärtigen Augenblicke liefert kein Land auf der Erde weder eine so große Menge, noch so feine Sorten von diesem edlen Produkte des Thierreiches, als das Kaiserthum China. Bei dem ersten Vorkommen der Seide war der Ursprung derselben noch so dunkel, daß allerhand mährchenhafte Erdichtungen über dieselbe im Umlaufe waren. Einige hielten sie für eine Art aus Baumzweigen wachsender Wolle, Andere sogar für die Rinde des Baumes selbst; Andere endlich für das Erzeugniß einer Blume. Noch hundert Jahre nach seiner Einführung in Rom war der Artikel der Seide eben so selten, als theuer, und es wird erzählt, daß der Kaiser Aurelian seiner Gemahlin einen Seidenbesatz wegen dessen zu großer Kostspieligkeit abgeschlagen habe. Ein Pfund Seide wurde in damaliger Zeit mit 12 Unzen Gold bezahlt. Erst um das Jahr 552 kamen die Eier des Insektes, welches uns die Seide liefert, nach Europa. Zwei als Missionäre reisende Mönche, denen es gelungen war, in das Kaiserreich China einzudringen, hatten sich eine genaue Kenntniß von den bei der Wartung des Seidenbaues und bei der Weberei angewendeten Verfahrungsweisen zu verschaffen gewußt.

Bei ihrer Anwesenheit in Konstantinopel nach ihrer Rückkehr aus China erstatteten sie dem Kaiser über ihr Unternehmen einen Bericht ab. Auf das Anerbieten einer ansehnlichen Belohnung von Seiten des Kaisers wagten sie eine zweite Reise nach China, und nach manchen Fährlichkeiten glückte es ihnen auch dies Mal, die Wachsamkeit des auf seine Vortheile eifersüchtigen Volkes zu täuschen. Sie brachten eine große Anzahl in den Knöpfen ihrer Wanderstäbe verborgener Eier des Seidenspinners nach Griechenlands Hauptstadt. Hier brütete man sie durch die Hitze eines Mistbeetes aus, wartete und pflegte sie mit der größßten Sorgfalt, und sah den Versuch, welcher den beiden Unternehmern so manche Mühseligkeiten gekostet hatte, mit dem glänzendsten Erfolge gekrönt. Von nun an verbreitete sich die Seidenkultur über ganz Griechenland, und im Jahre 1146 war die Zucht der Seidenraupe und die Seidenweberei unter allen Völkern Europa's noch immer einzig und allein in den Händen der Bewohner des griechischen Kaiserthums.

Erst um das Jahr 1146 ging die Seidenkultur auf einen andern Boden über. Der herrschsüchtige Graf Roger II., erster König von Sicilien, machte bei seinem Einfalle in Griechenland, wo er die schönsten Städte Athen, Theben und Korinth plündern

ließ, eine große Anzahl Seidenweber zu Gefangenen, zwang sie, in Palermo einen festen Wohnsitz zu nehmen, und nöthigte sie, seine Unterthanen in ihrem Gewerbe zu unterrichten. Schon nach Verlauf von zwanzig Jahren gelangte die sicilianische Seide wegen der Mannigfaltigkeit der damit gewirkten Zeuge zu einem bedeutenden Rufe. Obwohl sich nun die Seidenkultur von hier aus schnell über Italien und Spanien verbreitete, ging sie doch erst unter der Regierung Franz I. im Anfange des sechszehnten Jahrhunderts nach Frankreich über. In England, wo das Verfahren des Verarbeitens der Seide noch um das Jahr 1554 wenig bekannt war, erließ die tyrannische Königin Maria zur Begünstigung inländischen Gewerbfleißes ein Gesetz, dem gemäß es Männern und Frauen untersagt war, am Hute, am Barette, am Gürtel, am Degengehänge, an den Beinkleidern, Schuhen oder Spornbändern Seidenstoffe zu tragen; wer gegen dieses Verbot handelte, wurde zu dreimonatlichem Gefängnisse und zu einer Geldstrafe von zehn Pfund Sterling verurtheilt; nur wenigen Personen höhern Standes war es nachgegeben, sich mit Seide zu schmücken. Auch mit der Seidenstrumpfwirkerei hatte man einen Anfang gemacht, jedoch gehörten seidene Strümpfe noch zu so seltenen Kostbarkeiten, daß selbst jener prachtliebende und verschwenderische König Heinrich VIII. es nicht dahin bringen konnte, dergleichen anzulegen, bis er einmal bei einer außerordentlichen Gelegenheit mit einem Paar Strümpfen von Spanien aus beschenkt wurde, welche jedoch nur für Gala=Tage bestimmt blieben; außer dieser Zeit trug er die damals üblichen Kamaschen von Tuch.

In der Verarbeitung der Seide zu breiten Zeuchen zeichneten sich vorzüglich die Holländer aus. Ein geschichtliches Ereigniß veranlaßte die Einführung dieses Industriezweiges in England.

Im Jahre 1585 gab der Herzog von Parma, Statthalter der damals zu Spanien gehörenden Niederlande, die Stadt Antwerpen, der Sitz blühenden Gewerbfleißes, einer drei Tage langen Plünderung Preis. Der Fall dieser schönen Stadt gab Flanderns Handel den Todesstoß, und die Besitzer seiner Manufakturen zerstreuten sich nach andern Ländern. Mehrere dieser Leute, welche ihre Zuflucht nach England genommen hatten, schlugen daselbst feste Wohnsitze auf, und lehrten die von ihnen herübergebrachte Kunst. Gleichwohl gab man noch viele Jahre hindurch den Manufakten des Auslandes vor England den Vorzug. Der Widerruf des Ediktes von Nantes veranlaßte die thätigsten Arbeiter Frankreichs, in England gegen die Verfolgungen der Unduldsamkeit Schutz zu suchen. Viele Seidenmanufakturisten ließen sich in Spitalfields nieder, und noch gegenwärtig arbeiten hier viele Abkömmlinge französischer Emigranten in Seide. Durch die Erfindung des Strumpfwebestuhls gewann das verbesserte Gewebe der Strümpfe so sehr an Absatz, daß schon der Name eines englischen Fabrikates diesem Artikel als Empfehlung diente. Etwa um die nämliche Zeit war Heinrich IV., König von Frankreich, eifrig bemüht, die Kultur der Seide und deren Verarbeitung zu Zeuchen in seinem Reiche auszubreiten. Um diesen Zweck zu erreichen, gewährte er den Unternehmern alle nur möglichen Vortheile und Begünstigungen, und ging in der Aufbietung der Ermunterungsmittel so weit, daß er auf jede, zwölf Jahre hindurch mit Erfolg betriebene Seidenmanufaktur den Preis des Adelsdiploms setzte. Sein Unternehmen scheiterte jedoch an dem Klima, und nur die südlichen Departements Frankreichs sagten der Natur des Seidenwurmes zu. Waren diese von so vielfachen Vortheilen begünstigten Unternehmungen schon im mittlern und nördlichen Frankreich fehlgeschlagen, so war es um so natürlicher, daß Englands Klima zur Zucht und Pflege der Seidenraupe noch weniger geeignet seyn mußte, welches Resultat sich dann auch wirklich, in Folge aller mißlungenen Versuche, die Seidenkultur dort zu betreiben, ergeben hat. Auch im englischen Nordamerika führten Unternehmungen dieser Art zu keinem erwünschten Resultate. Dennoch bildete sich im Jahre 1825 in England wieder ein Verein unter dem Namen: „Britische, Irländische und Kolonial-Seidenkompagnie," in der Absicht, die Versuche der Seidenkultur in England zu erneuern. Man begann dieselben in der Grafschaft Cork, in der Gegend von Michelstown, bepflanzte 8 Acker Landes mit Weißmaulbeerbäumen und vertraute die Pflege der Seidenraupen der Aufsicht eines sachverständigen Ausländers, des Grafen Dandolo, an. Man ging jedoch bald von dem Unternehmen ab.

Da man der Rauhheit des Klima's aus dem Grunde die Schuld nicht beimessen wollte, weil das Klima Pekings in China mit dem Schottlands gleichstände, so blieben die Ursachen des abermaligen Mißlingens ein Räthsel, und man glaubte sich nur damit beruhigen zu können, daß die bei der Seidenkultur erforderliche Anzahl von Arbeitern und das hohe Arbeitslohn das englische Fabrikat der Seide nie zu einem Handelsartikel von Bedeutung erhoben haben würden.

2. Naturbeschreibung des Seidenwurms und Behandlung seines Erzeugnisses zum Gewinne der Seide.

Die Seide ist das natürliche Erzeugniß der Raupe eines, unter dem Namen Phalaena mori oder Maulbeer-Spinner bekannten Nachtschmetterlinges, dessen Vaterland, wie oben erwähnt, China oder Persien zu seyn scheint. Zu ihrer Ausbrütung bedürfen die Eier des Seidenwurms einer Wärme von mindestens 18 Grad Fahrenheit, und die ganze Brut kriecht in 4 — 8 Tagen aus. Anfangs sind die kleinen Seidenräupchen schwarz, allein mit jeder Häutung, deren sie in ihrem etwa 7 Wochen langen Zustande als Raupe vier machen, bekommen sie eine andere Farbe, bis sie zuletzt weißlich oder bräunlich aussehen. Fühlt die Seidenraupe den Augenblick des Verpuppens herannahen, so läuft sie unruhig hin und her, um einen bequemen Ort für ihr Gespinnst zu suchen. Hat sie ihn gefunden, so spinnt sie am ersten Tage ein unzusammenhängendes, unordentliches und weitläufiges Gewebe. Am andern Tage beginnt sie das eigentliche eirunde Gespinnst, welches dem Kokon zur Hülle dient, und aus einem einzigen 900 bis 1000 Fuß langen Faden besteht, zu dessen Verfertigung sie an 8 Tage nöthig hat. Zuletzt zieht sie noch eine dichte häutige Hülle aus dem Reste ihres klebrichten Saftes um sich herum, wodurch der Feuchtigkeit der Luft der Eingang gewehrt wird. In diesem Zustande vollzieht sie die letzte Häutung, wodurch sie in die Puppe verwandelt wird. Der nach Verlauf von 2 — 3 Wochen aus dieser Puppe oder Nymphe kriechende Seidenvogel hat gelblichweiße Flügel, und gehört zur Gattung der Nachtfalter. Da die Oeffnung, welche er sich bei seinem Auskriechen macht, den Zusammenhang des Fadens unterbricht, so ist man darauf bedacht, das Thier vorher zu tödten. Dieß bewerkstelligt man, indem man die Seidenkokons entweder röstet oder in heißes Wasser wirft. Bei der Anwendung des erstern Verfahrens nimmt man (nachdem man diejenigen Kokons, deren völlige Entwickelung zur Erlangung einer neuen Brut

man beabsichtigt, ausgeschieden hat) ein großes Gefäß, über welches man eine starke Decke breitet. Dieses Gefäß setzt man einer, zur Tödtung des Kokons erforderlichen Hitze aus. Gewöhnlich schiebt man die Gespinnste in einen Ofen, in welchem ein der Backofenhitze gleichkommender Wärmegrad seyn muß, welchem die Kokons eine Stunde lang ausgesetzt bleiben. Die Decke bleibt jedoch noch 5 — 6 Stunden auf dem Gefäße. Die Farbe der Seidenkokons schwankt zwischen hellgelb und orangegelb.

Außer der Seidenraupe giebt es noch andere Gattungen von Raupen, welche das Gespinnst der Seide hervorbringen; man hat sogar Versuche gemacht, der Spinne dieses edle Erzeugniß abzugewinnen, jedoch soll der Uebelstand nicht leicht vermieden werden können, daß die jungen Spinnen, wenn sie in einer großen Anzahl beisammen sind, sich unter einander selbst auffressen. Merkwürdiger Weise erzeugen auch einige Arten Schaalthiere, und vorzüglich die Steckmuschel, ein im mittelländischen Meere vorkommendes Schaalthier, den Seidenfaden.

Da die Chinesen es durch mehrtausendjährige Erfahrung in dem Seidenbaue dahin gebracht haben, daß sie bei den allerzartesten Verrichtungen mit der größten Sicherheit zu Werke gehen, so bleiben sie in dieser Hinsicht für andere Länder die Lehrmeister. Sie sind der Meinung, daß der Gewinn an Seide vornehmlich von der Menge des Futters abhängt, welches die Seidenraupe zu sich nimmt. Als sorgfältige Beobachter der Entwickelungsgeschichte des Seidenwurms sind sie z. B. zu der Erfahrung gelangt, daß eine gewisse Anzahl Raupen, welche nach einer Entwickelungsperiode von 23 bis 25 Tagen 25 Unzen Seide liefert, die geringere Quantität von 20 Unzen erzeugt, wenn die Periode 28 Tage währte, und daß das Verhältniß des Gewinns an Seide in einem solchen Grade fällt, daß man bei einer Dauer von 30 Tagen nur 10 Unzen erhält. In den ersten 24 Stunden ihres Daseyns versieht der sorgliche Chinese seine lieben Pfleglinge alle halben Stunden mit frischem Futter; im ganzen Verlaufe des zweiten Tages geschieht dieses jedoch nur 30 Mal, und die Anzahl der täglichen Mahlzeiten nimmt mit dem Wachsen der Seidenraupe ab. Als einen Beweis, welche Sorgfalt der Chinese auf die Seidenkultur verwendet, möge folgende, aus einem alten chinesischen Buche entlehnte, Stelle dienen:

„Das Haus, in welchem man die Seidenraupe zieht, muß eine abgelegene Lage haben, und entfernt von allen nachtheiligen Gerüchen, von Hausthieren und vom Geräusche seyn; ein widerlicher Geruch, ein plötzlicher Lärm macht einen schädlichen Eindruck auf jene zarten Wesen. Das Bellen des Hundes, das Gekrähe des Hahns kann allein schon eine junge Brut in Unordnung bringen. Eine Frau versieht das Geschäft der Pflege und Wartung, und achtet mit Sorgfalt auf die Bedürfnisse der kleinen ihr anvertrauten Geschöpfe; sie führt den Namen Raupenmutter (Isan-mon). Sie betritt nicht eher das Zimmer, als bis sie sich gewaschen und reine Kleider angelegt hat; sie darf kurz vorher nichts genossen, noch starkriechende Sachen, am Wenigsten wilde Cichorien angerührt haben, deren Geruch der jungen Seidenraupe am Schädlichsten ist. Sie muß ein schlichtes Kleid ohne Unterfutter anziehen, um gegen die Temperatur der Stubenwärme empfindlich zu seyn. Ferner darf die Wärme des Zimmers nur ganz allmälig wachsen; auch muß sie allen Rauch oder Staub verhüten, und vorzüglich muß die junge Brut vor der ersten Häutung bei guter Laune erhalten werden. Jeder Tag ist für

die Raupe ein Jahr, in welchem sie alle 4 Jahres=
zeiten durchlebt; der Morgen ist für sie der **Frühling**,
der Mittag der Sommer, der Abend der Herbst und
die Nacht der Winter.‟

Die erste Verrichtung bei der Verarbeitung des
Seidengespinnstes zu einem Kunsterzeugnisse ist das Ab=
haspeln des Kokons; nachdem man zuvor die rauhe
Außenseite entfernt hat, wirft man mehrere Hände voll
Gespinnste in ein wasserhaltendes Gefäß, und stellt
dasselbe über ein mäßiges Feuer, welches das Wasser
nach und nach der Siedehitze nahe bringen muß; als=
dann nimmt man einen von Haidekraut oder einem
ähnlichen Gewächse verfertigte Besen, und fährt da=
mit behutsam unter den Gespinnsten herum, deren
Enden sich alsdann dem Besen anhängen werden.
Auf diese Weise verfährt man so lange, bis man die
beabsichtige Anzahl der zu vereinigenden Fäden erlangt
hat. Nachdem man die Fäden zusammengeknüpft hat,
kommen sie auf die Haspel, welche die Fäden von
dem Kokon abwindet. Sobald der erste Faden zu
Ende ist, wird sogleich der zweite mit demselben ver=
bunden.

Der auf diese Weise abgehaspelte Faden heißt ein=
facher Seidenfaden, und wird in der Weberei zum Ein=
schlage, d. h. zum Querschusse angewendet. Eine
andere Gattung Seidenfaden führt den Namen „ge=
zwirnte Seide oder Tramseide,‟ und besteht aus zwei oder
drei zusammengezwirnten einfachen Seidenfäden. Die
stärkste und kostbarste Seide ist die Organsinseide; zu
ihrer Verfertigung nimmt man ganze Strähnchen abge=
haspelter Seide, und zwirnt sie auf besondern Twist=
maschinen zu einem Faden; von diesen Fäden zwirnt
man wiederum zwei oder drei zu einem starken Faden;
der dadurch entstandene Organsinfaden wird in der
Weberei zur Werfte oder zum Längenfaden des zu we=
benden Zeuges angewendet. Die Verrichtung dieser
Organsinverfertigung nennt man das Zwirnen, und
es bilden die Zwirner oder Dreher bei der Verarbeitung
der Seide ein besonderes Arbeiterpersonal.

Die zur Versinnlichung des Verfahrens
bei der Zucht der Seidenwürmer und der
Verarbeitung der Seide beigegebenen Ab=
bildungen sind nach chinesischen Original=
zeichnungen entworfen.

Gemach, in welchem die Seidenwürmer gefüttert werden, und Darstellung der Art und Weise, wie man die kleinen
Tröge, in denen man sie zieht, anordnet.

Reinigung der Kokons vor ihrer Abnahme von den Gegenständen, an welchen sich die Raupe eingesponnen hat

Das Abhaspeln der Seide zu einfachen Seidenfäden. Der Abhaspeler, welcher das doppelte Geschäft des Drehens und Unterhaltens des Feuers versieht, übt in dieser Abbildung letzteres aus.

Darstellung eines chinesischen Seidenwebstuhls; die oben sitzende Person vertritt die Stelle eines Gewichtes zur Straff-haltung der Fäden.

Verschiedene Arten von Feuerzeugen.

(Beschluß.)

3) Das Phosphorfeuerzeug. Der Phosphor (Licht-träger) ist, wie hinlänglich bekannt, einer von den einfachen chemischen Körpern, die sich nicht weiter zer-legen lassen. Er kommt in der Natur nie rein vor, sondern muß künstlich bereitet werden. Er wurde 1669 von einem Hamburger Kaufmanne Brandt durch Zufall entdeckt, und von ihm aus frischem Urin bereitet. Im Handel kommt er gewöhnlich in kleinen dünnen Stangen vor, die das Ansehen des gelben Wachses haben; er leuchtet im Dunkeln und entzündet sich bei einem nicht sehr hohen Grade von Wärme, deßwegen wird er auch beständig unter Wasser und im Dunkeln gehalten, weil er sonst sehr leicht oxydirt. Man kann sich desselben ganz einfach, um Feuer zu bekommen, bedienen, indem man ein kleines Stückchen von der Größe einer halben Linse abgetrocknet in Papier wickelt, und dieses zwischen den Fingern reibt; es entsteht zuerst ein dicker Rauch, der den Geruch von Knoblauch hat, aber bald darauf entsteht eine grünlich gelbe Flamme, die das Papier mit entzündet. Oder man füllt eine trockene Flasche mit einem engen Halse ohngefähr bis zur Hälfte mit wohlgetrocknetem Phosphor, zündet diesen darauf an, und läßt ihn so lange brennen, bis er von selbst ver-löscht, und im Dunkeln zu leuchten aufhört, wo man dann die Flasche sorgfältig verkorkt. Oder man stellt auch die Flasche, ohne den Phosphor anzuzünden und nur leicht mit Papier zugepfropft, auf einen warmen Ofen, läßt sie so lange stehen, bis der Phosphor braun geworden und korkt sie dann gut zu. Eine Haupt-sache dabei ist, daß der Pfropf gut eingeschliffen ist, weil sonst der Phosphor die Feuchtigkeit aus der Luft anzieht und unbrauchbar wird. Will man sich nun dieses Fläschchens bedienen, so fährt man mit einem gewöhnlichen Schwefelhölzchen hinein, so daß der Phos-phor dasselbe berührt, und zieht es schnell wieder heraus,

so entzündet es sich von selbst. Oder man drückt mit einem Schwefelhölzchen auf ein Stückchen Phosphor, das in Blech eingefaßt ist, so auf, daß etwas davon an dem Hölzchen hängen bleibt, und reibt es dann gegen einen Kork, wobei es sich durch die beim Reiben entwickelte Wärme entzündet. 4) Das Gasfeuerzeug. Dieses Feuerzeug ist jetzt so allgemein im Gebrauche, daß es wohl verdient, etwas genauer beschrieben zu werden. Das brennbare Gas, welches hier gebraucht wird, ist das Wasserstoffgas. Es wird erzeugt, wenn man 5 Theile Wasser mit 1 Theil Schwefelsäure in einem Glascylinder vermischt (was sehr behutsam geschehen muß, weil durch das Eingießen der Schwefelsäure eine große Hitze erzeugt wird, wodurch das Gefäß leicht zersprengt werden kann), und in diese Mischung klein gehacktes Zink wirft. Hier nimmt nun der Zink den Sauerstoff des Wassers auf (denn bekanntlich besteht das Wasser aus Sauerstoff und Wasserstoff), und entbindet dadurch den Wasserstoff. Man kann hierbei mehr oder weniger Schwefelsäure hinzugießen, je nachdem die Gasentwickelung schneller oder langsamer von sich gehen soll. Weil nun aber das in dem Cylinder sich entbindende Gas, wenn es sich in zu großer Menge erzeugte, das Gefäß zersprengen würde, so hat man, um dieses zu verhüten, eine von den folgenden zwei Vorrichtungen angewendet. Man befestigt entweder 1) an dem innern Deckel des Gefäßes, der von Messing ist, eine kleinere Glasglocke, in die das Zink an einem messingenen Drath aufgehängt wird, und füllt nun das Gefäß ohngefähr bis ⅔ mit Wasser und Schwefelsäure. Sogleich wird sich das Gas in der kleinern Glocke, wo das Zink hängt, entbinden und ansammeln, und das Wasser aus derselben verdrängen, und unterhalb des Zinkes treiben. Das Zink hängt dann frei und die Gasentwickelung hört auf. Wird nun durch den oben am Deckel angebrachten Hahn Gas in die Luft gelassen, so tritt sogleich die Mischung von Wasser und Schwefelsäure wieder in die kleine Glocke und die Gasentwickelung geht wieder vor sich. Oder man setzt 2) auf den Glascylinder noch eine Glaskugel auf, die mit dem Glascylinder durch eine enge Glasröhre, die fast bis auf den Boden des Cylinders reicht, verbunden ist. Wird nun der Cylinder mit der Mischung von Zink, Schwefelsäure und Wasser gefüllt, so drängt das sich erzeugende Gas das Wasser durch die enge Röhre in die Glaskugel. Beide Vorrichtungen schützen also das Gefäß vor dem Zerspringen.

Die zweite Hauptverrichtung dieser Maschine ist nun die, das Gas, das durch die enge Röhre, die an dem obern Theile des Cylinders angebracht ist, vermittelst eines Hahnes in die Luft ausströmt, zu entzünden. Man bedient sich dazu 1) des Platinaschwamms und 2) des elektrischen Funkens. Der Platinaschwamm wird in einer Entfernung von ½ Zoll von dem Rohre, aus dem das Gas strömt, befestigt. Dieser Platinaschwamm ist das schwammige poröse Platin, das man durch Glühen von dem sogenannten Platinasalmiak erhält. Das Platin wird durch das Wasserstoffgas, das in die Luft strömt, weißglühend, und entzündet das Gas, wobei sich die Temperatur des Platins wieder vermindert. Man hält dann ein Licht oder etwas Papier zwischen die Röhre und den Platin, was sogleich entzündet wird. Die zweite Art das Gas zu entzünden, geschieht durch den elektrischen Funken. Man bedient sich dazu einer kleinen Elektrisirmaschine oder eines Elektrophors, welches in dem untern Theile, auf dem der Cylinder steht, angebracht ist. Um ein solches Elektrophor sich zu verfertigen, macht man zuerst eine kreisrunde Scheibe von

gut ausgetrocknetem Holze oder von Metall, umgiebt diese mit einem ohngefähr ½ Zoll hohen Rande von Metall oder Holz, welches mit Stanniol belegt werden muß. Alsdann macht man eine Harzmasse von 10 Theilen Gummilack, 3 Theilen Harz, 2 Theilen venetianischem Terpenthin, 2 Theilen Wachs und ½ Theile Pech. Diese Masse wird warm gemacht und auf diese runde Scheibe gegossen. Auf diesem Harzkuchen verfertigt man einen metallenen Deckel, der kleiner ist als der Harzkuchen, damit er den Rand des Kuchens nicht berühret, und befestigt ihn an 3 seidenen Fäden, wobei man jedoch alle Spitzen vermeiden muß. Wird der Harzkuchen mit Katzenfell oder Wolle gerieben, so wird er elektrisch, legt man also diesen Metalldeckel darauf und hebt ihn wieder auf, so ist auch dieser elektrisch und giebt, wenn er berührt wird, Funken von sich, die man durch eine kleine metallene Kette in den Strom von Wasserstoffgas leiten kann. Es ist aber nicht nöthig, das Elektrophor zu reiben, sondern es ist hinlänglich, dasselbe so viel als möglich trocken und warm zu setzen, wo es dann, auch ohne gerieben zu werden, Funken giebt.

Der Orangutang.

Unter den gewöhnlich sogenannten vierfüßigen Thieren ist eine Familie oder Geschlecht, welches an hundert verschiedene Arten unter sich begreift, auf die, wenn man den Bau ihrer Extremitäten genauer untersucht, die gewöhnliche Benennung unrichtig angewendet zu seyn scheint. Die vordern Extremitäten der Affen sind nämlich mit Fingern und einem Daumen versehen, welche eine auffallende Aehnlichkeit mit der menschlichen Hand haben; derselbe Bau wird auch bei einer Gattung von Thieren bemerkt, die, dem äußeren Charakter nach, mit den Affen verwandt sind und Lemurs heißen. Und nicht bloß ihre vorderen Extremitäten sind so ausgezeichnet, sondern wir finden auch, daß sie an den hinteren Extremitäten, anstatt einer großen Zehe mit den übrigen parallel, einen wirklichen Daumen haben. Es sind also die Theile, welche den Hinterfüßen anderer Thiere entsprechen, bei diesen eigentliche Hände, und die ganze Familie der durch diesen Bau ausgezeichneten Thiere wird daher von den Naturforschern vierhändig genannt.

Von dem ganzen Geschlechte der vierhändigen Thiere kommt der Orangutang in seiner äußeren und inneren Einrichtung dem Menschen am nächsten, und dieser sein Malaiischer Name bedeutet auch Waldmensch. Er wird an 4 Fuß groß; sein Haar ist röthlich braun, und bedeckt seinen Rücken, seine Arme, Beine und die Außenseite seiner Hände und Füße; auf dem Rücken ist es an einigen Stellen 6 Zoll, und an den Armen 5 Zoll lang; auf der Rückseite seiner Hände und Füße ist es dünn und sehr kurz, und nur an den Vorderarmen aufwärts gerichtet; auf dem Kopfe fällt es von hinten nach vorn, und an den Schenkeln nach hinten. Das Gesicht, die inneren Seiten der Hände und Füße sind unbehaart, doch hat es einen sehr dünnen Bart und eine Art Backenbart; die Schultern, Elnbogen und Kniee haben weniger Haare, als die anderen Theile der Arme und Beine. Die vorherrschende Farbe der Haut ist bläulich grau; die Augenlieder und der Rand des Mauls sind von einer hellen Kupferfarbe, die inneren Seiten der Hände und Füße von einer dunkeln Kupferfarbe, und an jeder Seite des Körpers geht von der Armhöhle, ungefähr bis zum

Nabel, ein kupferfarbiger Streifen herab. Der Kopf ist, von vorn gesehen, birnförmig, und sein Schädel breit; die Augen sind nahe bei einander, oval und dunkelbraun; die Nase verflacht sich mit dem Gesichte, die Nasenspitze ist ein wenig erhöhet, und die Nasenlöcher sind schmal und schräg; das Maul ist sehr hervorragend und gerundet, die Oeffnung weit, die Lippen sind schmal, und bei geschlossenem Maule kaum bemerkbar; weniger hervorstehend ist das Kinn, worunter eine Haut sich befindet, die eine Art Doppelkinn bildet und im zornigen Zustande des Thieres aufschwillt. Jede Kinnlade enthält zwölf Zähne, nämlich 4 Schneidezähne, 2 Hundszähne und 6 Doppelzähne; die beiden mittlern Zähne der obern Kinnlade sind zwei Mal so breit, als die ihnen zur Seite stehenden. Die Ohren sind klein, den menschlichen sehr ähnlich, und der untere Rand derselben ist mit den äußeren Augenwinkeln in einer Linie. Die Brust ist im Vergleiche mit dem Becken breit; der Bauch ist sehr aufgetrieben; die Arme sind, im Verhältnisse zu der Größe des Thieres lang, ungefähr 2 Fuß 7½ Zoll; die Beine sind, im Vergleiche mit den Armen, kurz. Die Hände sind lang, die Finger klein und spitzig; der Daumen ist sehr kurz und reicht kaum bis zum ersten Gliede des Vorderfingers; die Nägel der Finger sind schwärzlich und oval, und endigen sich genau mit dem Fleische der Finger. Die Füße sind lang, und gleichen den Händen, doch sind die großen Zehen oder Daumen ohne Nägel.

Dieses Thier muß nicht mit dem ihm ähnlichen Pongo verwechselt werden, welcher große Ohren und schwarzes Haar hat, im Innern ganz anders geformt ist, und in Afrika gefunden wird. Der Orangutang hingegen ist auf Borneo zu Hause. Von dort wurde vor mehreren Jahren einer nach Java gebracht, um nach Europa geführt zu werden. Es wurde diesem Orangutang ein Paar Tage bis zur Einschiffung die Freiheit gelassen; er machte keinen Versuch zu entkommen; aber in einen Käfig von Bambus gesperrt, um eingeschifft zu werden, wurde er zornig, faßte mit seinen Händen die Riegel seines Gefängnisses, rüttelte sie heftig und bemühete sich, sie zu zerbrechen. Da er nun fand, daß sie nicht nachgaben, so versuchte er es bei einzelnen, und arbeitete so lange, bis er einen Riegel zerbrach und entfloh. Als er wieder erwischt worden, wurde er im Schiffe an einen starken Balken angekettet; er machte sich aber augenblicklich los und lief mit der Kette davon. Da ihm diese durch ihre Länge hinderlich war, so rollte er sie zusammen und warf sie über die Schulter, was er, da die Kette nicht liegen blieb, einige Mal wiederholte und sie zuletzt in's Maul nahm. Nach mehreren vergeblichen Versuchen ihn festzuhalten, ließ man ihn im Schiffe frei umhergehen. Er wurde bald mit den Matrosen vertraut, und übertraf sie an Behendigkeit; sie jagten ihn um das Tauwerk, und gaben ihm Gelegenheit, seine Geschicklichkeit im Entfliehen zu zeigen. Anfangs suchte er seinen Verfolgern bloß durch Schnelligkeit zu entgehen; jedoch als er gedrängt wurde, erfaßte er ein loses Tau und schwang sich aus ihrem Bereiche hinaus. Oftmals pflegte er geduldig auf den Wandtauen oder auf dem Top zu warten, bis ihn seine Verfolger beinahe berührten, und sich dann plötzlich an einem nahen Taue auf's Verdeck herabzulassen, oder an den Hauptstangen von einem Maste zum andern zu springen. Oft rüttelte man die Taue, an welche er sich geklammert hatte, so heftig, daß man glaubte, er müßte herabfallen; man fand aber, daß dieses über seine Muskelkraft Nichts

vermochte. Wenn er aufgeräumt war, pflegte er sich seinem Verfolger bis auf Armsnähe zu nähern, gab ihm einen Schlag mit der Hand und sprang wieder fort.

Auf Java hielt er sich in einem großen Tamarindenbaume auf, wo er die kleinen Zweige in einander schlang, sich bettete und mit den Blättern derselben zudeckte. Des Tages lag er mit dem Kopfe außer seinem Neste und lauerte, ob unten Jemand vorübergehen würde, und sah er Jemanden mit Früchten, so stieg er hinunter und nahm sich einen Theil davon. Nach Sonnenuntergange, oder, wenn er gut gefüttert war, noch früher, begab er sich zur Ruhe, stand mit Sonnenaufgange auf und besuchte diejenigen, welche ihm gewöhnlich Futter reichten. Auf dem Schiffe schlief er gewöhnlich auf dem Top; ehe er sich niederlegte, suchte er alles ihm im Wege Befindliche wegzuräumen, breitete ein Segel aus, legte sich darauf nieder und deckte sich mit einem Theile desselben zu. Fand er Jemanden in seinem Bette, so zerrte er das Segel so lange, bis er seinen Platz behauptete, und war dasselbe groß genug, so legte er sich ruhig neben den Menschen nieder. Wenn er kein Segel fand, so sah er sich nach einer andern Decke um; entweder er stahl von einem Matrosen eine Jacke oder ein Hemd, oder er nahm die Decke aus einer Hangematte. Bereits am Kap der guten Hoffnung fing die kalte Luft ihm an, beschwerlich zu fallen; besonders pflegte er früh Morgens, zitternd vor Kälte, von seinem Maste herabzukommen, lief dann zu einigen seiner Freunde, kletterte auf ihre Arme, umfaßte sie dicht, um sich an ihnen zu wärmen, und wollte man ihn entfernen, so schrie er kläglich.

Auf Java bestand sein Futter aus Früchten, besonders aß er gern die Mangofrucht; auch Eier saugte er mit großer Gierigkeit, und gab sich Mühe, solche selbst aufzusuchen. Auf dem Schiffe fraß er allerlei Speisen, besonders rohe; gern aß er Brod, jedoch zog er Früchte vor. Auf Java trank er Wasser; auf dem Schiffe war sein Trank verschieden. Er trank gern Kaffee oder Thee, noch mehr aber Wein, und bewahrte dadurch seine Neigung zu geistigen Getränken, daß er oftmals des Kapitäns Branntweinflasche wegstahl. In London trank er auch gern Bier und Milch.

Der Orangutang hat sonst nichts mit anderen Affen gemein; er macht keine solche Fratzen wie jene, und hat auch nicht ihre Neigung, Possen zu reißen. Er hat an sich etwas Ernsthaftes mit einem Gemische von Sanftmuth und Betrübniß. Auf demselben Schiffe waren auch einige kleine Affen, von welchen der Orangutang wenig Notiz nahm. Einmal wollte er sogar in Gegenwart der Schiffsleute einen Käfig mit drei kleinen Affen in's Meer werfen; wahrscheinlich, weil er sah, daß jene Futter bekamen und er nicht. Jedoch bemerkte man, daß er, wenn keine Menschen zugegen waren, mit jenen spielte und sich ihre Neckereien gefallen ließ. Die Affen liebten ihn sehr, und sobald einer aus dem Käfige kam, nahm er gleich seinen Weg zu ihm. Befand er sich unter fremden Leuten, so saß er lange mit den Händen über den Kopf, und sah nachdenkend auf die Umgebung, und wurden ihm die Betrachtungen der Fremden beschwerlich, so verhüllte er sich mit irgend einer zur Hand befindlichen Decke. Es mußte ihm viel Unrecht geschehen, bis er zum Zorne oder zur Rache gereizt werden konnte, was er gewöhnlich zu vermeiden suchte.

Im August 1817 kam er nach London, wo man ihm zwei Geschicklichkeiten beibrachte: auf seinen Hinterfüßen aufrecht zu gehen, und seinen Hüter zu küssen. Allein wahrscheinlich konnte er das Klima nicht vertragen; denn er starb daselbst schon den 1sten April 1819.

Zur Erinnerung an das Leben und die Schriften gemeinnütziger Männer.

Unter dieser Rubrik werden wir von Zeit zu Zeit die Namen solcher Männer, besonders unsers deutschen Vaterlandes, aufstellen, welche im Andenken eines dankbaren Volkes fortzuleben verdienen, sofern die Früchte der Gegenwart die Blüthen und Knospen einer Vergangenheit voraussetzen. Solche Erinnerungen scheinen aber namentlich in unserer viel bewegten Zeit doppelt nöthig, wenn nicht in der Fluth und dem Sturme des Neuen gar manche edle Bestrebung früherer Jahre untergehen, und manches Wort der Liebe, des Trostes und der Belehrung, welches aus vergangenen Tagen herübertönte, allzu früh verhallen soll. — Heute erinnern wir zunächst an Campe, den Erzieher, der in That und Schrift Menschenwohl durch Verbreitung nützlicher Kenntnisse und richtiger Grundsätze zu fördern bemüht war. Im geistigen Bunde mit gleichstrebenden Zeitgenossen: dem kräftigen Basedow, dem milden Salzmann, dem begeisterten Wolke und dem edlen Kinderfreunde Weiße hat Campe für die Bildung des deutschen Volkes unaussprechlich Vieles geleistet, vor allen durch seine Schriften, in welchen er Kindern und Erwachsenen die anziehendste Beschäftigung und Lecture geboten hat. Wer gedenkt nicht noch in Mannesjahren der seeligen Stunden, welche er bei der ersten Lesung des Robinson verlebte? Und welcher Jugendschriftsteller, außer etwa Harnisch, hat, so wie Campe, die interessantesten Reisebeschreibungen zu anziehender und erziehender Kinderkost verarbeitet, vielen Tausenden zu immer neuer Belehrung und Unterhaltung? — Darum verdient es dankbare Anerkennung aller Jugendfreunde, daß Campe's Erben (Vieweg, in Braunschweig) eine neue Ausgabe seiner Werke veranstalteten, und dieselbe eben so sehr durch würdige elegante Ausstattung empfahlen, als durch äußerst billigen Preis (11 Rthlr. für 37 Theile, mit 52 Kupfern und Karten) auch dem weniger Bemittelten zugänglich machten. So wird Campe noch lange unserer heranwachsenden Jugend freundlicher und belehrender Begleiter seyn können! — Sollte nicht Weiße's Kinderfreund gleicher Aufmerksamkeit würdig seyn? —

Woche.

Am 21. December 1748 wurde Ludewig Heinrich Christoph Hölty, ein hoffnungsvoller deutscher Dichter, zu Mariensee im Hannöverschen, wo sein Vater Prediger war, geboren. Er starb am 1. September 1776 zu Hannover. Sein Herz war voll Güte, Mitleid und Freundschaft. Mit sorgfältiger Auswahl haben seine Freunde Voß und Stolberg den poetischen Nachlaß desselben der Welt mitgetheilt.

Am 22. December 1587 eroberte der niederländische General Martin Schenk für den entsetzten Churfürsten Gebhard, an dessen Stelle das Domkapitel den Bischof von Lüttich, Ernst, Herzog von Baiern, zum Erzbischofe erwählt hatte, die Stadt Bonn.

Am 23. December 1750 wurde Friedrich August, der älteste Sohn des Churfürsten Friedrich Christian

von Sachsen, geboren, dem er am 17. Decbr. 1763 minderjährig unter der Vormundschaft seines Oheims Xaver folgte, wonach er am 15. Septbr. 1768 die Regierung selbst übernahm und sich am 17. Jan. 1769 mit Marie Auguste Amalie von Pfalz-Zweibrücken vermählte. Dieser ehrwürdige, fromme Churfürst von Sachsen, den später die Liebe seines Volkes „den Gerechten" nannte, nahm am 11. Decbr. 1806 von dem Kaiser Napoleon die Königswürde an, sah sich aber im Jahre 1809 genöthigt, aus seinem, von den Oesterreichern besetzten Erblande nach Frankfurt a. M. zu fliehen, von wo er jedoch bald zurückkehrte. Am 19. Oktober 1813 ward er in Leipzig kriegsgefangen, langte als solcher den 25. Oktober zu Berlin an, und bezog im folgenden Sommer das nahe Lustschloß Friedrichsfelde, von wo aus derselbe gegen jede Entäußerung von seinen Erbstaaten protestirte. Nachdem er von dort am 22. Februar 1815 nach Presburg gereist war, wo er am 4. März anlangte, ward er bewogen, am 18. Mai desselben Jahres einen Friedens- und Theilungs-Vertrag zu unterzeichnen, worauf er den 7. Juni nach Dresden zurückkehrte. Er starb den 5. Mai 1827.

Am 24. December 1715 wurde die für die Schweden wichtigste Festung in Pommern, Stralsund, nachdem sie seit dem September belagert und die Insel Rügen erobert worden war, durch die Preußen und Dänen eingenommen.

Am 25. December 1070 wurde Otto II., seit 1061 Herzog von Baiern, von der Kaiserin Agnes, der Wittwe Heinrich's III. und Mutter Heinrich's IV., wegen angeblicher Meuterei gegen diesen jungen König, auf einem Reichstage zu Goslar nicht nur zum Verluste aller seiner Aemter und Würden, sondern sogar zum Tode verurtheilt. Er rettete sich zwar und blieb in seinen sächsischen Burgen, konnte jedoch Baiern nicht wieder erhalten, welches hierauf der Stamm der Guelfen bis auf Heinrich den Löwen (1156 — 1180) beherrschte.

Am 26. December 1805 ward zwischen Oesterreich und Frankreich der Friede zu Presburg geschlossen, zufolge welches der Kaiser Franz den in den Friedensschlüssen zu Campo Formio und Luneville erhaltenen Theil von Venedig's vormaligem Freistaate für Napoleon's anerkanntes Königreich Italien, außerdem noch bedeutende Ländertheile den neuen Königen von Baiern und Würtemberg, auch dem Großherzoge von Baden abtrat, dagegen aber nur Salzburg und Berchtesgaden als Herzogthümer erhielt. Dem Erzherzoge Ferdinand wurde dagegen Würzburg mit dem Churfürstentitel und der Hochmeisterwürde des deutschen Ordens zu Theil.

Am 27. December 1747 wurde der freisinnige Andreas Zaupser zu München geboren. Er ist der Verfasser der berühmten Ode: „Auf die Inquisition, der Schrift: über den falschen Religionseifer," und der „Briefe eines Baiern;" 1781 wurde er Sekretär des Maltheserordens, 1784 Lehrer am königl. Kadettenhause. Er starb am 1. Juli 1795 als Hofkriegsrathssekretär von ganz Deutschland geehrt.

Verlag von Bossange Vater in Leipzig.
Unter Verantwortlichkeit der Verlagshandlung.

Das Pfennig-Magazin

der

Gesellschaft für Verbreitung gemeinnütziger Kenntnisse.

35.]   Erscheint jeden Sonnabend.   [December 28, 1833.

Das Oberhaus, oder das Haus der Pairs im britischen Parlamente.

Großbritannien hat eine, theils auf wahre, theils auf eingebildete republikanische Freiheit seiner Staatsbürger sich stützende constitutionelle Monarchie. In der Kette der ganzen Staatsmaschine ist das jüngste Glied die wichtige Reformbill oder Akte des J. 1832, die Verbesserung der Parlamentswahlen und Volksvertretung.

An der Spitze des britischen Volks leitet der König das mit großen Vorrechten, aber auch mit manchen Beschränkungen versehene Staatsruder des großbritannischen Reichs. Die Thronfolge geht vom Vater auf die männliche und, wenn diese fehlt, auf die nächste weibliche, sowohl in der niedersteigenden Linie als in der Seitenverwandtschaft über. Sollte daher König Wilhelm IV. ohne Leibeserben sterben: so wird ihm die einzige Tochter seines ältern verstorbenen Bruders, des Herzogs von Kent, Victorie, geb. den 24. Mai 1819, als Königin von Großbritannien und Irland, der Herzog von Cumberland aber, und eventuell dessen Sohn als König von Hannover auf dem Throne folgen.

Die Nation wird durch das Parlament vertreten, welche Vertretung aus dem Könige, dem Ober- und dem Unterhause besteht.

Sprecher dieses Oberhauses ist der Großkanzler, jetzt Lord Brougham. In demselben sitzen die Prinzen königlichen Gebluts, nämlich die drei Herzöge von Cumberland, Sussex und Cambridge, Brüder des Königs, und dessen Vetter, Herzog von Glocester.

Im Oberhause sitzen ferner 19 Herzöge, 21 Marqueßes, 105 Grafen, 18 Viscounts, 177 Barone, die 16 im J. 1831 für Schottland, von dessen Pairschaftsfamilien erwählten Pairs, die 28 von den Pairschaftsfamilien Irlands lebenslänglich erwählten Pairs, 26 britische Erz- und Bischöfe, und 4 irländische Bischöfe, in allem 418 Mitglieder.

Der Sitzungssaal des britischen Oberhauses ist im alten Westminsterpalaste. Er wurde dazu im J. 1801 eingerichtet, als die Einführung der irländischen Pairs und Bischöfe die Vergrößerung des Saals zu den Sitzungen bringend forderte, da er schon früher zu klein geworden war für die stets wachsende Zahl der Mitglieder.

Er bildet ein längliches Viereck. Am obern Ende steht der königl. Thron, und am untern Ende treten nach Oeffnung der großen Flügelthüren die vom Könige oder dessen

Commiffarien zur Anhörung der Thronrede oder der königl. Zustimmung oder Verwerfung der Bills berufenen sämmtlichen Glieder des Hauses der Gemeinen ins Oberhaus. Ungefähr ein Viertel des Raums trennen die sogenannten Schranken von den Bänken der Mitglieder. Auf unserm Bilde des Innern des Saals der Versammlung des Oberhauses sehen wir vor den Schranken zwei vortragende Sachwalter und einen Berichterstatter. Der jetzige Thron im Oberhause wurde erneuert, als König Georg IV. das erste Parlament während seiner Regierung persönlich eröffnete. Nahe vor den Stufen des Throns sitzt auf einem mit Scharlachtuch beschlagenen Sitze — der Wollsack genannt — der Großkanzler, wenn der König nicht anwesend ist, und nahe bei ihm sitzen ebenfalls auf zwei Wollsäcken die beiden Richter, welche anwesend sind, um sowohl bei der Anwesenheit des Königs, als wenn sie aufgefordert werden, ihre Meinung bei gewissen Fragen, ob etwas gesetzlich sey oder nicht, auszusprechen. Auch sitzen daselbst zwei Kanzleibeisitzer, welche die Botschaften aus dem Hause der Lords in das Haus der Gemeinen überbringen. Dann folgt die Tafel des Hauses, auf welcher die Bills, die Bittschriften und andere Papiere liegen. An dieser Tafel sitzen die Protokollführer.

Zwischen dieser Tafel und den Schranken stehen verschiedene mit Scharlachtuch überzogene Bänke mit hohen Lehnen, und längs den Seiten des Saals von den Schranken bis zum Fuße des Throns erheben sich die zum Sitzen für die Pairs bestimmten Bänke, eine über der andern.

Der obere Theil der niedrigsten dieser Bänke rechter Hand des Throns ist den Bischöfen und linker Hand die niedrigsten Bänke den Herzögen, und andere Bänke theils den Marquesses, Grafen, Viscounts und Baronen bestimmt. Bei der Einführung eines neuen Pairs wird ihm sein herkömmlicher Sitz angewiesen; bei andern Gelegenheiten setzt sich Jeder auf den Bänken dahin, wo es ihm beliebt.

Die Seitenwände des Oberhauses sind mit alten Tapeten geschmückt, welche den Triumph der englischen Seemacht über die spanische Flotte des Königs Philipp II. darstellen. Die einzelnen Gemälde dieser Begebenheit haben Einfassungen von Eichenholz und zwischen solchen die Bilder der vornehmsten Offiziere, welche sich in diesem Kampfe besonders auszeichneten. Ein gewisser Cornelius Broom lieferte die Zeichnung zu diesen Tapeten und Francis Spiering besorgte die Ausführung für den Grafen v. Nottingham, damaligen Oberadmiral der engl. Flotte. Die Tapeten und die Bilder kosteten 1628 Pf. Sterl. und wurden später von dem Grafen an den König Jacob I. verkauft. Der Fußboden ist mit einfachen Matten bedeckt. Der Saal ist bei Tage durch die im Bilde sichtbaren Fenster und Nachts durch die Kerzen der hängenden Kron- und zierlichen Wandleuchter von Erz erleuchtet.

Am obern Ende des Saals erblickt man im Bilde zwei Thüren. Durch die Thüre rechter Hand erscheint der König im Oberhause, und durch diejenige linker Hand treten die Pairs ein.

An der linken Seite, außer den Schranken, gehen in's Oberhaus, in den durch die Schranken abgesonderten Raum: die Anwälte, die Agenten, die Zeugen und andere Personen, welche in diesem Hause Geschäfte haben. Unmittelbar über dieser Thüre ist ein kleiner Raum, bestimmt für den Ober-Thürsteher mit dem schwarzen Stabe. Dieser mit Vorhängen umgebene Raum dient bei sehr interessanten Berathungen, wie der Raum über dem Luftzug im Hause der Gemeinen, den Damen zum Aufenthalte, deren Anwesenheit bei den Berathungen durch die Parlamentsordnung verboten ist.

Bei gewöhnlichen Sitzungen des Oberhauses betrachtet man den Raum hinter dem Wollsacke des Großkanzlers als außerhalb des Hauses, und trifft dort Söhne der Pairs und Mitglieder des Unterhauses an. Für die Bequemlichkeit des Publikums, welches wünschen möchte, die Debatten anzuhören, dient der Raum jenseits der Schranken und seit einigen Jahren eine Galerie über dem untern Theile des Oberhauses; aber Keiner wird eingelassen ohne eine schriftliche Erlaubniß eines der Mitglieder des Hauses, obgleich behauptet wird, daß für eine halbe Krone auch Mancher ohne jene schriftliche Verwendung Zuhörer seyn dürfe.

Unmittelbar hinter dem obern Ende des Hauses ist das sogenannte königliche Gemach mit einer Tapete, welche die Geburt der Königin Elisabeth darstellt. In diesem Zimmer kleidet sich der König um, und erscheint in seiner Staatskleidung und der Krone auf dem Haupte im Oberhause durch die Thüre rechter Hand, umgeben von den hohen Reichsbeamten, um seinen Sitz auf dem Throne zu nehmen. Rechts wird die Schirmhaube (cap of maintenance), und links das Staatsschwert vor dem Monarchen hergetragen und etwas rechts steht vor ihm der Großkanzler. Nachdem sich der König auf dem Throne niedergelassen, wird durch den Thürsteher mit dem schwarzen Stabe das Haus der Gemeinen aufgefordert, im Oberhause zu erscheinen, welches ohne Verzug, mit dem Sprecher an seiner Spitze, durch die großen Doppelthüren am Ende des Sitzungssaals sich einfindet und drei Mal gegen den Monarchen sich neigt. Der Sprecher steht mitten vor den Schranken, und vor ihm liegt auf dem Gitter sein Scepter. Der Monarch liest darauf seine Anrede vor und nachdem beide Häuser solche angehört, entfernt sich das Haus der Gemeinen und sogleich nachher auch der König mit seinem Gefolge.

Wenn der König im Oberhause erscheint, so dürfen auch mit Eintrittbillets von einem Pair versehene Damen im Oberhause erscheinen. Da jetzt die Pairs so zahlreich sind, so pflegt bei solcher Gelegenheit das Oberhaus gedrängt voll Damen zu seyn, so daß man nur nahe um den Thron Pairs erblickt, und alle Damen sind bei solcher Gelegenheit im höchsten Staate.

Die im Oberhause erscheinenden englischen Pairs sind dazu durch ihre Geburt oder durch ihr Amt berechtigt, die schottischen und irländischen Pairs werden von den Pairschaften dieser beiden Nationen erwählt. Vom Könige hängt es ab, neue Pairs zu ernennen; aber wenn sie einmal ernannt sind, so können sie und ihre Nachkommen solche Würde nur wegen Hochverraths verlieren.

Die fünf vorerwähnten Klassen der weltlichen Pairs tragen sämmtlich, wenn sie im Staate ihrer Uniform ihre Aemter wahrnehmen, Scharlachkleider, gefüttert mit weißem Atlas. Streifen von Gold und Hermelinschnuren oder von weißem Pelzwerke an der rechten Brust und Schulter bezeichnen ihren Rang. Doch tragen sie diese Amtskleidung nur, wenn der König zugegen ist, oder wenn die königlichen Kommissarien, die den parlamentarischen Bills die Genehmigung des Königs ertheilen, oder ein neuer Pair, wenn er zum ersten Male im Oberhause erscheint mit den ihn einführenden Lords. Ihre kleinen Kronen tragen die Pairs bloß bei der Krönung des Königs.

(Der Beschluß folgt.)

Der Vesuv.

Der Vesuv liegt in Unteritalien, im Königreiche Neapel, ungefähr zwei deutsche Meilen südöstlich von der gleichnamigen Hauptstadt in einer Ebene, welche sich von Neapel bis zum Vorgebirge della Minerva hinzieht. Der Fuß dieses Vulkans ist von fruchtbaren Feldern, Weinhügeln, Gärten und Wäldern umgeben, zwischen welchen sich eine reizende Kette von Landhäusern, Dörfern und Städten hindurchzieht. Die westliche Seite des Berges ist sehr fruchtbar und bringt den berühmten Wein Lacrymae Christi (Thränen Christi) hervor; die östliche dagegen ist öde und unfruchtbar. Von Neapel aus fährt man bis an seinen Fuß, hier besteigt man, wenn man den Berg besuchen will, einen Esel oder ein Maulthier, welches von halbzerlumpten Kerlen unter großem Geschrei angeboten wird. Von hier an reitet man bis zur Hälfte des Berges, wo sich die Wohnung eines Einsiedlers befindet. Nach kurzer Rast, und nachdem man sich durch den Lacryma-Christi-Wein zur weitern beschwerlicheren Reise gestärkt hat, geht der Weg steiler aufwärts. Die Gegend wird öder und trauriger, alles Pflanzen- und Thierleben ist erstorben, schwarze und graue, vor Alter zum Theil verwitterte Lavamassen bedecken den Rücken des Berges. Ist man an dem eigentlichen Aschenkegel angelangt, so muß man absteigen; denn der Weg geht nun so steil, daß es unmöglich seyn würde, ihn zu erklimmen, wenn nicht die erkalteten Lavaströme mit ihren hervorstehenden Spitzen und Unebenheiten dem Fuße einigen Halt gäben. Daß dieser Aschenkegel, so wie der Krater nur besucht werden kann, wenn der Vulkan sich in ruhigem Zustande befindet, bedarf nicht erst erwähnt zu werden; denn außerdem würde sich der Reisende wegen der aufsteigenden Schwefeldämpfe, zumal wenn der Wind nach der Richtung des Reisenden zu wehete, in höchster Lebensgefahr befinden. Mehr als ein Mal haben Reisende ihre allzugroße Kühnheit mit dem Leben bezahlen müssen. Folgt man aber den Mahnungen, welche der Einsiedler den Reisenden als eine freundliche Gabe mitgiebt, und überläßt man sich den guten und sichern Führern, so ist die Ersteigung des Berges mit keiner Gefahr verknüpft. Ist man endlich nach vieler Mühe auf dem höchsten Rande des Aschenkegels angekommen, so geht es eben so steil in den Krater hinab. Krater nennt man die trichterförmige Oeffnung des Berges, welche oft viele hundert Fuß weit ist und sich nach innen zu immer mehr verengt und zuletzt eine wenige Klaftern weite Oeffnung bildet, oder ganz verschlossen ist, und sich nur bei einem neuen Ausbruche öffnet. Diese Krater verändern nicht selten bei jedem neuen Ausbruche des Vulkans ihre vorige Gestalt, indem sie entweder ganz in den Abgrund hinabstürzen, oder indem sich durch Anhäufung neuer Massen ein neuer Krater bildet. Ist es dem Besucher möglich, in das Innere hinabzuschauen, so bietet sich ihm hier ein grausenhaftes Schauspiel dar. Zwei Engländer, welche den Vesuv im November 1826 besuchten und in das Innere des Kraters hinabstiegen, melden darüber Folgendes: „Als wir den Rand des Kraters erreicht hatten, fanden wir ihn voll Dampf und Rauch, und den stärksten Schwefelgeruch ausströmend. Wir ruheten einige Zeit an einer heißen Spalte, in die wir einige Eier legten, um sie darin sieden zu lassen." — Mit vieler Mühe stiegen sie in den Krater hinab. „In diesem Schlunde zeigte sich die Natur in einer ganz neuen Gestalt, und Alles war dem gewöhnlichen Zustande der Dinge unähnlich. Wir befanden uns jetzt wirklich im Innern der Erde, wo ihre Schätze auf die sonderbarste ungeregelteste Weise vor unsern Augen lagen. Der Pfad, den wir hinabgestiegen waren, be-

stand aus Mineralien von der sonderbarsten, aber schönsten Art. — Der große Krater des Vulkans öffnete vor unserm Augen seinen Rachen, in welchem die rohe Lava mit abwechselnden Schichten von Puzzolan und Asche in den mannigfaltigsten Gestalten aufgehäuft war. Unter uns stieß ein am Morgen des 12. Nov. im Boden des größern entstandenen Krater seine Rauch- und Dampfwolken aus. Zu unsern Füßen und auf allen Seiten waren tiefe Lager von gelbem Schwefel, deren Farben vom tiefsten Orangeroth, durch Eisenzusatz erzeugt, bis zum blassesten, wo Alaun vorherrschte, wechselten, und neben ihnen sah man weiße Schichten von großer Ausdehnung und Tiefe, welche aus Lava bestanden, die von der Hitze zersetzt worden war." — Außer diesen Engländern haben noch mehrere andere Personen den Vesuv erstiegen, namentlich auch im Mai 1819 der Kaiser und die Kaiserin von Oesterreich, in Begleitung mehrerer fürstlicher Personen. Dieß geschah noch dazu zu einer Zeit, wo kurz zuvor ein Lava-Ausfluß stattgefunden hatte und der Krater noch immer einzelne Flammen und glühende Steine auswarf.

Unsere Abbildung stellt den Vesuv in seiner vollen Thätigkeit dar. Mehr als vierzig solcher Ausbrüche zählt die Geschichte. Unter diesen waren manche unbedeutend und wenig gefährlich für die umliegenden Städte und Dörfer, andere aber richteten eine gewaltige Verwüstung an. Der erste Ausbruch, von welchem uns die Geschichte erzählt, erfolgte im Jahre 79 n. Chr., wobei die Städte Herkulanum, Pompeji und Stabiä gänzlich mit Asche überdeckt wurden. Die Asche soll bis nach Aegypten und Syrien getrieben worden seyn. Meilenweit verbreitete die unermeßliche Menge seiner Asche, die in der Luft umherflog und sich mit einem dichten Platzregen vermischte, Tod und Verderben. Drei Tage lang war in der ganzen Umgegend des Vesuvs das Tageslicht verdunkelt. Jene genannten Städte waren von der Asche so hoch bedeckt, daß man jede Spur von ihnen verloren hatte. Erst im Jahre 1706 wurden sie wieder entdeckt, als Winzer, die in die Erde gruben, zufällig auf Gebäude stießen. Allein es müssen schon früher Ausbrüche jenes Berges erfolgt seyn, da man selbst jene Städte mit Lava gepflastert fand und selbst unter diesem Pflaster ältere Lavaschichten entdeckte. — Nach jenem gewaltigen Ausbruche scheint der Vesuv Jahrhunderte lang in Ruhe gewesen zu seyn; wenigstens erwähnen die römischen Schriftsteller aus den spätern Zeiten seiner nicht. — Die Ausbrüche haben auch nicht immer gleich lange gedauert; z. B. der im Jahre 1737 dauerte nur sehr kurze Zeit, war aber einer der heftigsten. Die Feuersäule war zuweilen so ungeheuer, daß man sie am hellen Tage und bei'm Sonnenscheine sehen konnte. Der Ausbruch von 1766 dauerte vom 28. März bis zum December, also 9 Monate lang.

Um dem Leser einen Begriff von einem vollständigen Ausbruche zu geben, theilen wir hier den Bericht eines Reisenden mit, welcher einen Ausbruch im Jahre 1805 mit ansah. „Das erhabenste Schauspiel, womit die Natur das Gemüth ergreift und erschüttert, habe ich in seiner ganzen Fülle gesehen und genossen. Angethan mit allen seinen Schrecken, mit seiner ganzen Herrlichkeit, feierte der Vesuv das furchtbar erhabene Fest seiner Flammenergießung. Lange vorher wehte auf seinem Gipfel eine weiße Rauchsäule, wie ein in hoher Luft flatterndes Panier, welches eine große Erscheinung vorgetragen wird. Im Innern des gewaltigen Vulkans donnerte die Vorbereitung zu der großen Entwicklung; das tiefere Zucken der verborgenen Kraft hatte Neapel, die umliegenden Inseln ge= schreckt, mehrere Städte niedergeschüttet und einen großen Theil der Einwohner unter den Trümmern be= graben. Man sah die weiße Rauchsäule von der un= ter ihr kochenden Gluth angeröthet, oft ward ihr in= nerster Kern zur hellen Flamme, welche glühende Steine empor= und umherschleuderte. Im Schlunde krachte und rasete ein schrecklicher Tumult! — Am

12. August endlich eröffnete sich das hinreißendste Schauspiel, das die Natur hervorzubringen vermag. Gegen 9 Uhr Abends stieg die Rauchsäule höher; sie ward röther und röther, und endlich ganz zur leuch= tenden Flamme, die wechselnd stieg und sank, und von Zeit zu Zeit Blitze nach allen Seiten warf. Nicht selten erreichte sie eine außerordentliche Höhe; dann stand der majestätische Feuer=Obelisk einige Minuten

Der Vesuv.

fast unbeweglich, wie ein flammender Seraph, der weit über das paradiesische Campanien hinschaute; leichte rothe Wölkchen schwebten umher und spiegelten sich im dunklen Meere. Das Meer war ruhig, als ob es furchtsam den zürnenden Nachbar behorchte. Plötzlich sank die hochleuchtende Erscheinung in den Feuerschlund hinab, und ließ eine Krone von malerischen Wolken zurück. Jetzt erhob sich abermals eine mächtige Gluth= säule; eine kleinere blitzte neben ihr auf, und hohes Getümmel umher, wie das Gefolge einer hohen Göt= tererscheinung; sie sank zurück und verwandelte ihre Stelle in einen Flammensee. Die Wogen sprudelten, schlugen über und rötheten mit ihren Flammen den Horizont, der einen sanfteren Wiederschein auf die Stadt, auf das Meer und an die dunklen Felsen warf. Im= mer lebendiger, immer ungeduldiger ward das Flam= mengetümmel, und jetzt durchbrach es, wie eine voll= endete Empörung, die umfassende Kraterwand und stürzte von der Aschenspitze des Kraters herab. Nicht Worte vermögen zu schildern, welch’ ein Aufruhr von Gefühlen den Zuschauer ergriff. Es war ein Zustand, wo das Entzücken zum Entsetzen, und wiederum das Entsetzen zum Entzücken wird. Ueber dem Krater hatte sich von aufsteigendem Rauche eine Wolkenversamm= lung gebildet; es schienen die purpurnen Horen zu seyn, die im tiefen Dunkel der Nacht hier die Mor= genröthe erwarteten. Ununterbrochenes Leben und Ge= tümmel, immer wechselnde Pracht, ein stetes Werden und Schwinden glänzte und blitzte durcheinander. Jetzt stiegen zwei rothglühende Säulen auf, die in einem

Blutmeere starrten. Was aber dieser großen Scene die höchste Verherrlichung gab, war der aufgehende Vollmond; hinter den sich thürmenden und wälzenden Rauchwolken stieg er herauf, und schien wirklich Au= rora zu seyn, die den Triumphzug der vorgeeilten Ho= ren über der Spitze des Berges empfing. Aber vom Gipfel des Berges stürzte der Gluthstrom; und bald hatte er den Fuß des Aschenkegels erreicht. Jetzt brach er in die Weingärten ein, die schon der Ernte entgegengereift waren. Weiße Flammen loderten auf, wo der Verderber die herrliche grüne Vegetation er= griff. Oft schien er eine Allee zu fassen, deren helle Flamme sich weithin erstreckte, und über dem rothen Strome als eine leichte Lichtmasse schwebte. Hier theilte sich der Lavastrom in fünf Arme; drei zogen östlich, zwei aber westlich. Reißend stürzte der Erguß weiter und verderbender fort; er umfloß Häuser, deren Bewohner sich kaum noch zu retten vermochten; er füllte die untern Geschosse aus und zerstörte unzählige Landhäuser, Hütten und Weingärten. Der prächtige Verwüster ging seinen Weg, den er, wo er sich in Vertiefungen verbarg, durch Lichtsäulen entzündeter Bäume bezeichnete. Die beiden Arme des Lavastro= mes, von denen der eine dem andern bald nachblieb, bald voraneilte, hatten in kurzer Zeit die Straße er= reicht, die durch Portici nach Torre del Greco und Pompeji führt. Beide Ströme durchschnitten die Straße und wälzten sich in die diesseitigen Villen und Gärten, die das Ufer des Meeres begränzen; hier verlor der eine sich unter Weinhügeln, der andere Strom hinge=

gen stürzte mit verdoppelter Wuth dem Meere zu. Bis dahin hatte er einen Weg von anderthalb deutschen Meilen zu machen, und schon war er dem Rande des Ufers nahe; eine Menge Zuschauer in Gondeln schwammen in der Gegend des Ufers umher, wo die Feuercascade vom Ufer hinabbrausen mußte. Endlich erfolgte, was man erwartete; die Gluthmasse stürzte mit lautem Gepraffel und Donnergetöse in's Meer; die Wellen empörten sich gegen den fremden Gast, Flammengewühl und Wellengetümmel im fürchterlichsten Aufruhr raseten, schäumend vor Wuth, wild durcheinander. Kochende Wassersäulen und zürnende Flammenspitzen brachen aus der Fluth empor, kämpften einander nieder, und wiederholten den Sturm des wildesten Aufruhrs, bis endlich der Tumult mit leiserem und leiserem Zischen endete und, gleichsam zum Denkmale des geschlossenen Friedens, von der erstarrten Gluthmasse sich ein Vorgebirge bildete, das tief in's Innere hineintritt."

Weiterhin schreibt der Verfasser: „Den Tag nach dem Ausbruche fuhren wir nach Torre del Greco, dem schon oft von den Feuerströmen des Vesuvs heimgesuchten Städtchen, welches dicht am Fuße des Berges liegt. Welch' eine fürchterlich erhabene Scene fanden wir hier! Alle die großen Gestaltungen, mit welchen der erste Ausbruch geschreckt und bezaubert hatte, wichen zurück. Ich müßte Flammenworte haben, wenn ich schildern wollte, was sich begab. Nicht einen schwachen Schattenriß vermag ich zu geben. — In der Stadt Torre del Greco, und näher am Fuße des Berges, ein Gewühl von Zuschauern, welche die große Erscheinung anstaunten. Auf einer etwas hohen Terrasse des Berges hinter Weingärten und Landhäusern, unter denen sich das königliche Schloß Favorite findet, hatte sich ein Lavastrom gelagert und bildete einen feurigen See, von welchem ein röthlicher Dampf aufstieg, der die Gegend umher mit Schwefelgeruch anfüllte. Der Berg schien der schwarze Kern einer einzigen ungeheuern Flamme zu seyn. Dunkelroth angeglühte Dampfmassen hatten sich auf dem Gipfel gelagert in verwirrtem Gemisch, als ob ein ganzer, von gräßlichen Blitzen zerrissener Wolkenhimmel auf ihn herabgestürzt würde; und tief in dem finstern Dampfe war Alles in Bewegung; es wirbelte und wühlte, wie Kampfgetümmel und wild durcheinander tobende Wuth. Das Reich der Hölle schien durchbrochen, und der Berg eine ungeheure aufsteigende Brücke zu seyn, von Giganten gebauet, den Himmel zu stürmen. Tiefe, dunkle Mitternacht umher, wie ein schwarzes Meer, worin der Berg gleich einer Feuerinsel emporragte. Immer undurchsichtiger und finsterer ward das Dampfgewölk, welches Himmel und Erde vermischte, und hoch herab aus der Nacht hingen Feuerbäche und Feuerströme. Der vollständigste dieser Ströme endigte in dem Feuersee auf der untern Terrasse, und schien ein glühendes, unermeßliches Ungeheuer zu seyn, welches aus dem Gluthsee sich emporrichtete und seinen flammenhauchenden Kopf in den schwarzen Wolken des Nachthimmels verbarg. Die im rothen Wiederscheine auf- und abgehenden Zuschauer glichen seltsamen, in Flammenduft gekleideten Schattengestalten. Das Ganze war mehr, als erhaben romantisch; es war eine Zauberwelt voll Wunder, die das Gemüth überwältigten und fortrissen in das Gebiet der Phantasieen und Träume."

Einer der letzten Ausbrüche des Vesuvs war der am 22. Oktober 1822. Er gehört unter die fürchterlichsten, deren man sich erinnert, und glich dem vom

Jahre 79. Zwar wurden nur wenig glühende Steine und Feuermassen ausgespieen, aber desto ungeheurer war die Menge von Asche, welche in Gestalt eines Regens unaufhörlich herabfiel. Der Himmel war mehrere Tage hindurch verdunkelt; die Asche lag an manchen Stellen sechs Fuß hoch und bedeckte alle Wege in der Nähe des Berges. In Neapel konnte man sich nur mit einem Regenschirme auf die Straße wagen. Bei diesem Ausbruche wurden nach dem Berichte jener zwei Engländer über 800 Fuß vom Kegel völlig abgerissen und in die See getrieben. Auch hatte der Krater einen drei Mal größern Umfang, als ehemals. Seine größte Tiefe ist jetzt, vom höchsten Theile des Gipfels an gerechnet, 2000 Fuß.

Dr. Christoph Wilhelm Hufeland.

Dieser Heros unter den deutschen Aerzten, dessen Name nicht nur seine Berufsgenossen, sondern Alle, die an dem Wohle der Menschheit Theil nehmen, mit Achtung und Ehrfurcht erfüllt, und dessen Andenken noch bei den spätesten Geschlechtern fortleben wird, ward geboren am 12. August 1762 zu Langensalza in Thüringen, wo sein Vater ein sehr geachteter Arzt war. Dieser vertauschte bald darauf seinen bisherigen Wohnort mit Weimar, wohin er als Leibarzt des Herzogs berufen worden war; und hier, in diesem Deutsch-Athen, war es, wo auch unser Hufeland durch einen geschickten Hauslehrer seine erste wissenschaftliche Bildung erhielt. Dieser entwickelte und bildete nicht nur die herrlichen Anlagen seines Zöglings durch Betreibung der klassischen Studien des Alterthums, sondern gab auch seinem Herzen durch fleißiges Lesen der heiligen Schrift die Richtung, welche Hufeland während seines ganzen bisherigen Lebens durch seine umfassende Wirksamkeit für das Gesammtwohl der Menschheit so segensreich verfolgt hat. Hufeland wählte den Beruf des Vaters, und bezog im Jahre 1780 die Universität zu Jena und 1781 die zu Göttingen, wo er sich eben so sehr durch seinen Fleiß, als durch seine Sittlichkeit auszeichnete und die Aufmerksamkeit der ausgezeichnetsten und gefeiertsten Männer damaliger Zeit auf sich zog. Nachdem er sich im Juli des Jahres 1783 die Würde eines Doktors der Medicin erworben hatte, wünschte er seine Kenntnisse durch

Reisen zu erweitern; doch hinderte ihn eine Krankheit des Vaters daran und nöthigte ihn, obwohl er eben erst 24 Jahre alt war, einen bedeutenden Theil der Praxis desselben zu übernehmen.

Wir übergehen bei unsern weitern Bemerkungen über diesen ausgezeichneten Mann die reinwissenschaftlichen Bestrebungen desselben, d. h. Alles, was er zur Förderung oder gänzlichen Umgestaltung der medicinischen Wissenschaften gethan hat, mit Stillschweigen, und beschränken uns darauf, einige Hinweisungen auf das zu geben, wodurch er das Gesammtwohl der Menschheit gefordert hat. Er lebt in der Wissenschaft für die Menschheit. Dieß bewährt gleich eine seiner ersten Schriften: „Ueber die wichtigsten Punkte der physischen Erziehung." — eine Schrift, die von den Eltern fleißiger gelesen werden sollte. Ferner in der sehr wichtigen Schrift: „Ueber die Ungewißheit des Todes und die Verhütung des Lebendigbegrabens." — Er war Einer der ersten deutschen Aerzte, welcher auf die schreckliche Gefahr, lebendig begraben zu werden, hinwies, und fand auch solchen Anklang, daß sogleich in Weimar ein Leichenhaus auf Subscription erbauet wurde, wie deren schon früher in Frankreich eingerichtet worden waren.

Eine zweite Aera in seinem Leben beginnt durch seine Berufung als Professor nach Jena 1793, durch den Herzog Karl August, welcher ihn bei Goethe kennen gelernt hatte. Hufeland wirkte hier nicht nur durch seine sehr besuchten Vorlesungen, sondern gewann auch dadurch den bedeutendsten Einfluß auf die Studirenden, daß er deren mehrere zu bestimmten Zeiten in freundlichem Kreise um sich versammelte. In diese Zeit fällt auch die Herausgabe des Werkes, welches den literarischen Weltenruhm Hufeland's begründet hat: eines Werkes, welches bis zum Jahre 1824 — ungeachtet vieler Nachdrucke — in fünf verschiedenen Auflagen erschienen und in die meisten neuern Sprachen übersetzt worden ist; eines Werkes, welches — wenn es auch das einzige wäre — seinem Verfasser bis auf die spätesten Nachkommen dauernden Ruhm verschaffen würde, — wir meinen seine Makrobiotik," oder die Kunst, das menschliche Leben zu verlängern. Dieses Werk hat unendlich reichen Segen gestiftet und stiftet ihn noch; doch würde man sehr irren, wenn man meinte, daß in demselben einzelne geheimnißvolle Recepte niedergelegt worden wären, welche selbst denen zu Gute kommen müßten, die auf frevelhafte Weise die Gesundheit ihres Körpers zerstört und sich hierdurch einen frühern Tod bereitet haben. Wir erachten es aber für eine heilige Pflicht, namentlich Eltern, Lehrer und Erzieher auf dieses Buch hinzuweisen. Es sollte in keiner Familie fehlen.

Als zu Ende des vorigen Jahrhunderts der englische Arzt Jenner eine der wohlthätigsten Erfindungen — die Kuhpockenimpfung — erfunden hatte, war Hufeland Einer der ersten deutschen Aerzte, welcher für Einführung derselben in Deutschland wirkte, besonders als sich ihm, nachdem er als Leibarzt des Königs von Preußen berufen worden war, ein weiterer Wirkungskreis eröffnet hatte. Ungeachtet aller Hindernisse brachte er es dahin, daß die Kuhpockenimpfung in Preußen eingeführt wurde.

Wie theuer Hufeland seinem Könige geworden war, bewies das Jahr 1806, als der König durch den Drang der Zeitumstände genöthigt wurde, seine Residenz zu verlassen. Hufeland begleitete ihn nach Memel, Danzig, Königsberg und andere Orte und stand der königlichen Familie rathend und schützend zur Seite. Dafür hat ihm auch Friedrich Wilhelm vielfache Beweise seines hohen königlichen Wohlwollens gegeben, besonders auch bei der Feier seines 50jährigen Doktor-Jubiläums im Juli 1833, wo sich alle Stände beeiferten, dem hochgefeierten Greise Beweise ihrer Verehrung und Hochachtung zu geben.

Endlich erwähnen wir noch seiner freundlichen Fürsorge für seine hülfsbedürftigen Berufsgenossen. Er gründete nämlich eine Stiftung zur Unterstützung nothleidender Aerzte in Preußen, deren Einnahme schon im ersten Jahre 5000 Rthlr. betrug. Möge das Werk der Barmherzigkeit einen gedeihlichen Fortgang haben, der Stifter desselben aber zum Wohle der Menschheit sich noch viele Jahre eines gesegneten Wirkens erfreuen!

Die Segensprechung des Papstes.

Ein englischer Reisender, Zuschauer einer solchen imposanten Feierlichkeit, erzählt sie folgendermaßen:

„Ich kletterte auf eine der ungeheuern Statuen hinauf und ließ mich daselbst nieder. Es ist unmöglich, die Scene zu beschreiben, welche sich meinem Blicke darbot; die Einbildungskraft ist nicht im Stande, sich ein solches erhabenes Schauspiel vorzustellen. Es schien, als ob die Bewohner der ganzen Erde in Masse beisammen wären, und die unzähligen Zungen verschiedener Sprachen bewegten sich wie ein brausendes Meer; stärker war wohl die Verwirrung in Schinear nicht, als die Nachkommen Noah's von dem Baue ihrer Unwissenheit und Thorheit flohen. So weit das Auge reichen konnte, waren die Giebel aller Häuser von Rom mit Zuschauern belagert; unten war nur ein einziger Platz frei von der Menge, um welchen die Soldaten des Papstes im Viereck bildeten. Jede andere Stelle war besetzt, und so dicht war die Menschenmasse, daß die Köpfe sich wie die Wellen des Meeres bewegten. Die Mannigfaltigkeit der Farben im Sonnenscheine machte einen eben so prächtigen als neuen Effekt; kurz, es übertraf Alles, was ich mir vorstellen konnte, und ich glaube nicht, daß in irgend einem Lande auf der ganzen Erde jemals ein Gleiches gesehen wurde.

Während ich mich so mit der Betrachtung dieses erstaunenswerthen Schauspiels beschäftigte, erschallte von zwei entgegengesetzten Seiten des Platzes ein lautes Trompeten-Getön der herannahenden Kavalerie. Zuerst erschienen in grüner mit Gold gestickter Kleidung auf prächtigen, sich bäumenden Rossen die Edelleute, und nahmen die Mitte des Platzes ein; hierauf kamen andere Truppen, und das ganze Korps salutirte vor dem Balkon über der Hauptthüre der St. Peterskirche, auf welchem Se. Heiligkeit erwartet wurde, und stellte sich in Ordnung.

Jetzt ertönte das Glocken-Geläute, und durch die ganze ungeheuere Menschenmasse herrschte augenblicklich eine solche Stille, daß man geglaubt hätte, es müsse da ein Wunder vorgegangen seyn. Jede Zunge ist ruhig und jedes Auge auf den Balkon gerichtet. Plötzlich erscheint die majestätische und ehrwürdige Gestalt des Papstes auf einem beweglichen Throne in Wolken von Weihrauch gehüllt; je näher er sich bewegt, desto deutlicher kann er erkannt werden; hinter ihm ist Alles dunkel und geheimnißvoll. Seine Kleidung ist überaus kostbar, eine prächtige Tiara schmückt sein Haupt, und auf allen Seiten seines Thrones wogen ungemein hohe Federbüsche. Den Kopf entblößt, stürzt sogleich die

ganze Menschenmasse nieder; Tausende und zehn Mal
zehn Tausend knieen vor ihm; mit einem Getöse wird
das Gewehr aufgestellt und jeder Soldat ist mit dem
Gesichte zur Erde. Mit weit vernehmbarer Stimme
spricht nun Se. Heiligkeit den Segen, und die Arme
über dem Volke ausgebreitet, flehet er um Heil für
alle Völker der Erde. Da erdonnern die Kanonen,
Trompeten ertönen, Musik erschallt, alle Glocken lauten,
die Feldstücke von der Engelsburg stürzen ihren Donner
in die Ferne, weiter entfernte Artillerie wiederholt
das Zeichen, und die frohe Kunde wird von Festung zu
Festung in die entferntesten Provinzen des Reichs ge=
tragen."

Klugheit.

Nichts ist gewöhnlicher, als sprechen zu hören,
Dieser oder Jener ist glücklich oder unglücklich;
aber selten nur hört man sagen: das macht seine
Klugheit oder Unklugheit. Und doch, könnte
man genau in die Geschichte derjenigen aller Zeiten
und Länder bringen, denen Etwas gelang oder nicht
gelang, so würde man finden, daß Vieles von dem, was
gewöhnlich Glück heißt, wirklich nur das Ergebniß ei=
ner guten Einsicht ist. Wir behaupten nicht, daß
alles Gelingen von der Klugheit herrührt, oder daß
alle Fehler Folgen der Unklugheit sind; jeden Tag
erfährt man, daß es Zufälle und unvermeidliche Er=
eignisse giebt, die kein menschlicher Scharfsinn voraus=
sehen kann, und gegen die, wenn auch vorausgesehen,
keine menschliche Vorsicht von Nutzen wäre. Der
Kampf ist nicht immer für den Stärkern, noch der
Wettlauf für den Schnellern; es gehört jener unend=
lichen Weisheit, die das All leitet und erhält, allei=
nige Herrschaft über die Umstände zu haben.

Die höchste menschliche Klugheit ist nicht im
Stande, sich wider alle durchkreuzenden und wider=
wärtigen Zufälle zu bewahren; aber ein mäßiger An=
theil derselben ist ein großer Schild, womit man mög=
liche Fälle abwehren kann, ausgenommen diejenigen,
welche so mächtig über uns walten, daß sie der be=
sondern Einsicht des Himmels anzugehören scheinen.
Klugheit selbst hält zuweilen den Menschen ab, eine
hohe Stufe des Glückes zu erreichen; jene
Vorsicht, welche die wahre Seele der Klugheit ist,
läßt nicht ihren Besitzer so rasch wagen oder so
viel auf die Entscheidung der Umstände ankommen,
wie es mit einem mehr zuversichtlichen und weniger
klugen Menschen der Fall ist. Aber man muß auch
bedenken, daß, wenn auch die Klugheit uns zuweilen
von einem leichtsinnigen Glücke zurückhält, wodurch
Andere wirklich den Gipfel ihrer Ehrsucht erreichten;
so behütet sie uns dagegen, wenn unsere Aufmerksam=
keit auf die Zufälligkeiten und Möglichkeiten beständig
wachsam ist, vor jenen schrecklichen und unheilvollen
Wendungen des Schicksals, durch welche die zuver=
sichtlichen und unüberlegten Verehrer desselben von der
Höhe des menschlichen Glückes jählings in die nie=
drigste Tiefe des Elends gestürzt werden.

Die Glasbereitung.

In dem ganzen Gebiete der menschlichen Gewerke
ist keines merkwürdiger, als das des Glases. Stoffe,
die an sich selbst äußerst geringfügig scheinen, werden

so in einander gemischt, daß sie eine Masse von einem
eben so verschiedenen als neuen Charakter bilden. In der
That, wenn ein Uneingeweihter den Sand, die Blei=
glätte und die Perlasche da liegen sieht, kann er nicht
anders glauben, als daß nur ein Zauberstab ihre Ver=
wandlung in einen harten und krystallichten Körper be=
wirken könnte.

Die gewöhnlichen Bestandtheile des Glases sind:
120 Theile gut gewaschener weißer Sand,
 40 Theile gereinigte Perlasche,
 35 Theile Bleiglätte,
 18 Theile Salpeter und
  1 Theil schwarzes Braunstein=Oxyd.

Diese in gehörigem Verhältnisse genommenen
Stoffe erleiden zuerst in einem besondern Ofen eine
Art Verkalkung, damit alle Feuchtigkeit und das Koh=
lenstoffgas entfernt werde; man verfährt dabei stufen=
weise bis zu einem Grade von Halbverglasung. Diese
Masse heißt Fritte, und wird nun mit saubern ei=
sernen Schaufeln durch die Seitenöffnung des Schmelz=
ofens in Töpfe geworfen; vorher aber wird das Feuer
im Ofen zu der größten Heftigkeit gebracht; hierauf
wird die Oeffnung mit nassem Lehm fest gemacht und
nur ein kleines Loch gelassen, um in das Innere des
Ofens sehen zu können. Die Masse schwillt bald auf und
zeigt sich wie ein wallendes Feuermeer. Während des
Kochens werden häufig mit einer eisernen Ruthe aus
der Masse Proben herausgenommen, bis das Glas
schön klar und durchsichtig ist. Nun läßt man dieses
Glas in soweit abkühlen, daß man es wie einen Teig
nach Belieben formen kann; es ist so zähe, daß es in
eine Faser gezogen und rasch um eine Haspel hundert
Klafter lang gewunden werden könnte.

Jetzt ist es in dem Zustande, um geblasen zu
werden. Um nun z. B. eine gewöhnliche Flasche zu
machen, nimmt der Arbeiter eine vier Fuß lange ei=
serne Röhre, taucht sie in das geschmolzene Glas und
wendet sie so um, daß ein wenig daran hängen bleibt;
dann zieht er die Röhre hervor, neigt sie zur Erde,
daß die anhängende Masse sich durch ihr eigenes Ge=
wicht nach unten ausdehnt; zugleich bläst er auch von
oben in die Röhre, wodurch sich die Masse auch in
der Breite ausdehnt und ein länglich runder, hohler
Körper wird, welchem der Glasbläser jede beliebige
Form zu geben vermag. Hat das Gefäß diese erhal=
ten, so wird es in einem verschlossenen Ofen, Kühl=
ofen genannt, dem stärksten Hitzegrade ausgesetzt,
und ist, nach allmähligem Erkalten, zum weiteren
Gebrauche geeignet.

Die Jahreszeiten der Gegenfüßler.

Wenn bei den Gegenfüßlern, d. h. bei den Be=
wohnern der Erde gerade gegen uns über, Winter ist,
ist bei uns Sommer. Daher beginnt das Frühjahr im
Lande van Diemen in Australien im September. Den
längsten Tag hat man dort den 21. December und
den kürzesten den 21. Junius. Die etwaigen Abwei=
chungen in der Wärme und Kälte werden durch Süm=
pfe, Berge, auslaufende Thäler, viel oder wenig Wald,
oder eine andere Beschaffenheit des Bodens bestimmt

Die Fischotter. (Mustela Lutra.)

Die Fischotter erreicht bis zur Schwanzspitze eine Länge von 3 Fuß und ihre Höhe beträgt 1 Fuß.

Ihr Kopf ist platt; die Schnauze ist breit und an den Seiten mit steifen Barthaaren besetzt; die Ohren sind kurz und die Augen klein; der Hals ist kurz und dick; die Zehen der kurzen Füße sind mit einer Schwimmhaut verbunden und der Schwanz ist mehr platt gedrückt als rund.

Theils mit einem schönen, kurzen, seidenweichen, theils mit einem längeren, stärkeren Haare ist das starke und feste Fell besetzt. Die Haare haben oben eine schön glänzende, kaffeebraune, an den untern Theilen aber eine grauliche Farbe.

Die Elektricität des Felles ist so groß, daß sie noch die des Katzenfelles übertrifft, und daß die Fischotter des Nachts, wenn sie auf dem Wasser schwimmt, zuweilen leuchtende Funken von sich giebt.

Die Fischottern sind fast über ganz Europa, das nördliche Asien und Nordamerika verbreitet, wo sie sich an den Ufern der Flüsse, und besonders der Forellenbäche aufhalten. Hier erweitern sie sich vom Wasser ausgeschwemmte Löcher unter den Flußufern und Baumwurzeln, oder wählen auch leere Dachs= und Fuchshöhlen zu ihrem Aufenthalte.

Ihre Nahrung besteht vorzüglich in Fischen und Krebsen, doch sollen sie auch Frösche, Wassermäuse ec. nicht verachten. Bei ihrem Fischfange schwimmen sie stromaufwärts und stecken dabei von Zeit zu Zeit den Kopf in die Höhe. Die kleineren Fische verzehren sie sogleich, die größeren tragen sie aber erst an das Land, um sie hier mit größerer Bequemlichkeit verzehren zu können. An bewohnten Orten gehen sie nur des Nachts auf Beute aus, an unbewohnten aber thun sie es auch am Tage. Im Winter fischen sie unter dem Eise und sie suchen daher die aufgehackten Löcher in Flüssen und Teichen auf, um unter dasselbe kommen zu können.

Sie laufen ziemlich schnell; mit noch größerer Fertigkeit schwimmen und tauchen sie aber, nur können sie es unter dem Wasser nicht lange aushalten, da sie über dem Wasser athmen müssen.

Die Fischottern sind von Natur sehr scheu, so daß sie, sobald sie durch ihren feinen Geruch oder ihr scharfes Gesicht einen Menschen spüren, sich schnell in ihre Schlupfwinkel zurückziehen. Werden sie aber dennoch überrascht und vielleicht von einem Hunde oder anderm Feinde plötzlich angegriffen, so vertheidigen sie sich auch mit der größten Wuth und beißen dann so wild um sich, daß sie ihren Gegnern oft die gefährlichsten Wunden beibringen.

Trotz dieser Unbändigkeit lassen sich die jungen Fischottern aber doch sehr leicht zähmen. Sie spielen und scherzen dann, lassen sich schmeicheln, kommen, wenn man sie lockt, und sogar zum Fischfangen und zum Bewachen der Hausgeräthe lassen sie sich dann abrichten.

Den größten Nutzen verschaffen sie uns durch ihr Pelzwerk, das sehr gut und dauerhaft ist. Das Fleisch wird zwar gegessen, ist aber, wenn es nicht ganz jung ist, thranig, zäh und schwer zu verdauen. An manchen Orten wird es statt der Fische als Fastenspeise gegessen. Die kurzen, feinen und weichen Haare werden von dem Hutmacher benutzt und die Schwanzhaare geben gute Pinsel.

W o c h e.

Am 28. December 1751 starb in Berlin Graf Friedrich Rudolph von Rothenburg, Einer der ersten Gesellschafter des Königs Friedrich II. von Preußen; er studirte in Frankfurt an der Oder, stand zuerst in französischen Kriegsdiensten, ging dann in spanische, und darauf, nach des Königs Friedrich Thronbesteigung, in preußische Dienste. Er zeigte Talente als Kabinetsvermittler und vollbrachte manche rühmliche That in den Feldzügen der beiden ersten schlesischen Kriege.

Am 29. December 1757 wurde Liegnitz, in Folge des Sieges bei Leuthen, den Preußen durch Kapitulation eingeräumt, jedoch erlangte die Besatzung von 3500 Mann freien Abzug.

Am 30. December 1812 schloß der preußische General York mit den Russen einen Vertrag, vermöge dessen die den Nachtrab des französischen Heeres bildenden Preußen sich von den Franzosen trennten und die Neutralität erklärten, wodurch, obgleich der König diesen Schritt mißbilligte, das am Ende zum Kriege führende Mißverständniß des Königs und des Kaisers Napoleon entstand.

Am 31. December 1762 begannen die Friedenskonferenzen zu Hubertsburg, der am 15. Februar folgenden Jahres zum Frieden zwischen Preußen an einer und Oesterreich und Sachsen an der andern Seite führte.

In der Nacht auf den 1. Januar 1814 gingen die Alliirten zwischen Bonn und Koblenz über den Rhein.

Am 2. Januar 1804 fand die feierliche Eröffnung und Einweihung der Bürgerschule in Leipzig Statt. Ihr erster Direktor war der noch jetzt als Emeritus in Breslau lebende Herr F. L. G. E. Gedike, welcher derselben bis zum Jahre 1832 vorstand. Die Anstalt selbst besteht fortwährend, in ihrem Inneren, wie in ihrem Aeußern, ein bleibendes, großartiges Denkmal des ehrenwerthen Sinnes und einmüthigen Strebens der Behörde und Bürgerschaft der Stadt Leipzig.

Am 3. Januar 1795 starb der berühmte englische Chemiker und Steingutfabrikant Josiah Wedgewood (spr. Wedschwud). Sein großes Etablissement Etruria, in der Grafschaft Stafford, versieht noch jetzt die ganze civilisirte Welt mit dem unter seinem Namen bekannten Steingute, welches sich eben so sehr durch seine mannigfaltige Farbe und seine Festigkeit, als durch seinen Geschmack in der Wahl der Formen der Geschirre auszeichnet.

Verlag von Bossange Vater in Leipzig.
Unter Verantwortlichkeit der Verlagshandlung.

Das Pfennig-Magazin

der

Gesellschaft zur Verbreitung gemeinnütziger Kenntnisse.

36.]   Erscheint jeden Sonnabend.   **[Januar 4, 1834.**

Die schiefen Thürme von Bologna.

Anstaunen des Seltsamen und Unerklärlichen liegt dem Kindersinne der Menschen im Allgemeinen näher, als Einsicht des Vollendeten, Schönen und Wahren. — Ein schlagendes Beispiel hierzu liefern die in Bologna fast die Mitte der Stadt einnehmenden Thürme degli Asinelli und Carisenda (auch Torre mozza, abgestumpfter, verstümmelter Thurm) genannt. Beide aus den Zeiten der freien Republiken Italiens (jener 1109 von Gherardo Asinelli, dieser, wie es heißt, aus Eifersucht über den Erstern, von einem gewissen Carisenda oder Garisendi errichtet), in welchen einzelne große Familien ihre Häuser und Paläste auf alle Weise verschanzten, um sich dem Grimme und der Verfolgung ihrer Feinde zu entziehen, oder von der Höhe solcher Thürme die Gegend überschauend, lauernde Gegner und das oft unerwartete Anrücken der damals umherziehenden Condottieribanden zu erspähen, wurden dieselben gewiß nur als Nothbehelf mit möglichster Eile verfertigt, um sie im vorkommenden Falle einstweiligen Zwecke gemäß zu benutzen. — Dieser Behauptung entspricht nicht allein das zu ihrem Aufbau verwandte schlechte Material (Backstein), sondern auch ihre gänzliche Kunst= und Zierlosigkeit, und die durch Verwahrlosung aus dem Lothe gewichene Stellung. — Wer aber das Glück hat, führt die Braut heim! — Denn — sollte man es glauben? — gerade dieser Verkrüppelung und jene Karikaturen der Kunst ihren Ruhm und Namen. — Es giebt sogar geschmackvollere Thürme, z. B. zu Pisa, Ravenna, Mantua, Venedig, zu Chesterfield und Bridgenorth in England u. s. w., welche ihre Neigung einem ähnlichen Mißgriffe oder Schicksale danken, aber keinem wurde es so gut, der Carisenda gleich, vom größten Dichter der Zeit, Dante, erwähnt zu werden. (Hölle. Gesang 31. B. 135). Bologna selbst seiner Gestalt wegen einem Schiffe vergleichend, nannte man sogar den Asinelli=Thurm dessen Mast. Aber höhere Ehre widerfuhr diesen traurigen Produkten des Handwerks, indem man, ihre augenscheinliche Senkung der tiefen Ueberlegtheit und Meisterschaft ihrer Erbauer zuschreibend, sie für Wunder untergegangener oder schwer zu begreifender Kunstfertigkeit hielt. — Längst haben Kenner diesen Irrthum erkannt und belächelt; da es aber wohl noch Einen und den Andern giebt, der, solchem Köhlerglauben fröhnend, seine Vorurtheile um Alles in der Welt nicht fahren ließe, so wird es, denke ich, dem Leser nicht unangenehm seyn, wenn ich die so eben aufgestellte Meinung über den Bestand jener Bauwerke noch mit einigen Notizen und Beweisgründen unterstütze, welche hinreichen werden, deren Unumstößlichkeit zu begründen. — Die Form beider sich gegeneinander neigenden Thürme ist, wie aus vorstehender Darstellung hervorgeht, viereckig. Zwei pyramidalen Schornsteinen oder Feueressen ähnlich, steigen sie, sich nach oben verjüngend, — der Asinellithurm, bei der geringen Breite von 20′, bis zu einer Höhe von ungefähr 370 Fuß, Carisenda aber, fast eben so schmal, 130 — 40′ in die Luft. — Bei diesem beträgt die Abweichung von der Lothlinie 7 bis 8′, bei jenem 3½′. Uebrigens sind ihre Flächen schmucklos und kahl, und nur abwechselnd mit Mauerlöchern versehen, welche entweder bei vorkommender Ausbesserung zum Hineinstecken der Rüsthölzer, oder zu spärlicher Erleuchtung der hölzernen, zur Spitze führenden Treppe dienen. — Diese besteht im Asinellithurme aus 464 Stufen, von denen 449 bis zum Umgange, die übrigen 15 aber zu den Glocken hinanführen. — Sonst ist dieser Thurm unterhalb zwischen elenden Kramläden eingeklemmt, und man gelangt, drollig genug, zu dessen Eingang erst durch die daran stoßende Bude eines Schuhmachers. Die Aussicht von der Höhe der mit Schießscharten umsäumten Platform auf die ringsherliegende Stadt, auf Cento, Imola, Butrio, Modena, und sogar auf das entlegene Ferrara, ist reizend. — Es seyn, erzählt die Sage, von hier aus hundert und fünf Städte (cento e cinque città) zu sehen; jedoch beruhet dieses nur auf einem Wortspiele, da mit Cento ein bei Bologna liegendes Oertchen (die Vaterstadt des Malers Guercino), nicht aber die Zahl Hundert gemeint ist. Der Carisendathurm wird seiner Unzugänglichkeit halber selten oder nie mehr besucht, da er zu niedrig, baufällig und oberhalb bedeckt und vermauert ist. Die schiefe Stellung der obenerwähnten Thürme war, wie gesagt, den Meisten darum lange ein Räthsel, weil man nicht begriff, wie zwei solche Steinklötze sich, ohne zu fallen, in dieser Lage aufrecht halten konnten. Daher gerieth man, theils verlockt durch die übliche Ruhmredigkeit oder Unwissenheit der Italiener selbst, theils aus geringer Einsicht auf den abgeschmackten Gedanken, sie seyen vorsätzlich so und nicht anders errichtet. — Glaubbar wäre dieß allenfalls bei horizontaler Richtung der übereinander ruhenden Steinreihen, und zwar unter der Bedingung, daß der Schwerpunkt (d. h. derjenige Punkt in jedem schweren Körper, welcher unterstützt seyn muß, wenn der Körper nicht fallen soll, — und der bei Körpern von gleichartiger Dichtigkeit, wie z. B. bei einem Thurme, im Mittelpunkte desselben liegt) in seiner Lothlinie auf die Basis (den Unterbau) nicht außerhalb derselben fiele. Folgendes Beispiel wird das Gesagte erläutern:

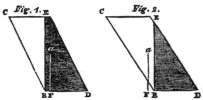

Fig. 1.   Fig. 2.

Gesetzt, $CEBD$ (Fig. 1 und Fig. 2.) seyen zwei Thürme. Ihr Unterbau (Basis) sey BD, — ihr Schwerpunkt aber liege in a. So lange nun die Lothlinie aF (Fig. 1.) innerhalb des Unterbaues BD fällt, wird der Thurm $CEBD$, wenn er sonst in sich fest verbunden ist, nicht zusammensinken. Fiele indeß der Perpendikel aF (Fig. 2.) des Schwerpunktes a über den Unterbau BD des Thurmes $CEBD$ hinaus, so wäre dessen Einsturz über kurz oder lang gewiß. Dieser mathematischen Wahrheit gemäß wird, wenn sonst kein Erdstoß oder sonstiger Unfall ihn trifft und dessen Gemäuer durch die Zeit nicht verwittert, der Asinellithurm noch lange stehen, da seine Neigung im Verhältnisse zum Unterbaue zu gering ist, als daß er durch sein Uebergewicht umfiele. — Aus demselben Grunde aber ist das Oberstück der Carisenda zerstört, oder, um Unglück zu verhüten, abgetragen.

Da der Mörtel nun einmal die sämmtlichen Steine dermaßen verband, daß sie mit ihm zu einem Ganzen verwachsen, und die Senkung der Thürme erst nach dieser innigen Verbindung von Statten ging, so ist es natürlich, daß selbst bei der abschüssigen Lage der Steinreihen kein Glitschen und Abtrennen derselben mehr möglich war. — Was aber die Hypothese vom ursprünglich in dieser Art aufgeführten Baue betrifft, so ist sie von so vielen Seiten ein Unsinn, oder wäre mit so unendlichen Schwierigkeiten verbunden (wenn sonst der Neigungswinkel bedeutend wäre), daß nur außerordentliche Zwecke ein solches Vorhaben erklären und entschuldigen könnten. —

Noch ein Beweis für meine Behauptung, daß diese bolognesischen Thürme nicht absichtlich schief gebauet wurden, ist auch der, daß im Innern derselben wenigstens die Treppen und das übrige Holzwerk im Lothe stehen müßten, welches nicht der Fall ist, indem alles der Richtung des Thurmes nachsank. —

Das Oberhaus, oder das Haus der Pairs im britischen Parlamente.
(Beschluß.)

Das Oberhaus fängt seine gewöhnliche Sitzung um 4 Uhr Nachmittags an, aber früher in Appellations= und andern gerichtlichen Geschäften. Das Oberhaus ist zur Berathung hinreichend besetzt, wenn auch nur 3 Pairs anwesend sind; und ehe ein weltliches Geschäft vorgenommen wird, liest ein Bischof bei verschlossenen Thüren die gewöhnlichen Gebete ab.

Uebrigens haben beide Häuser bei ihren Berathungen gleiche Förmlichkeiten des Geschäftsganges, nur bedarf ein Pair, um eine Bill im Oberhause einzubringen, keine vorgängige Genehmigung seiner Kollegen, wie im Hause der Gemeinen erforderlich ist. Obgleich der Großkanzler das Recht hat, in jeder Periode der Verhandlung das Wort zu nehmen, so verläßt er doch, sobald er einen Vortrag macht, seinen Wollsack und spricht von einem andern Sitze aus.

Wenn die Mehrheit der beiden Häuser am Schlusse ihrer Berathung über eine Bill eine mehr oder weniger abweichende Meinung ausgesprochen hat, so ernennen beide Häuser eine Kommission vorzüglich sachkundiger Geschäftsmänner, um gemeinschaftlich zu berathen, wie man etwa diese verschiedene Meinung durch gegenseitige Nachgiebigkeit ausgleichen könne, was auch bisweilen gelingt. Drei Pairs können eine gerichtliche Entscheidung aussprechen, aber der Lord Kanzler muß in dieser Zahl begriffen seyn, der zweite ist gemeiniglich ein königlicher Minister und der dritte der Vorstand der Untersuchungskommission.

Selten ertheilt der König persönlich seine Zustimmung zu einer in beiden Häusern durchgegangenen Bill, sondern beauftragt dazu Kommissarien unter dem großen Siegel. Diese Kommissarien sind stets hohe Staatsbeamte oder Pairs, welche zugleich geheime Räthe sind.

Nachdem diese Kommissarien in ihrer festlichen Amtskleidung und mit den Hüten auf dem Kopfe auf einer Bank vor dem Throne Sitz genommen haben, wird das Haus der Gemeinen zur Erscheinung im Oberhause berufen und werden den beiden erschienenen Häusern erst die königliche Kommission und dann die Titel der Akten vorgelesen: der Schreiber der Krone verkündigt darauf im normännisch = französischen Kanzleistyle den königlichen Beschluß, der sich jedoch nach der Natur der Bills richtet. Auf eine angenommene Privatbill lautet solcher: „Nach dem Wunsche bewilligt." Auf eine die öffentlichen Interessen betreffende Bill: „der König will Solches ebenfalls." Auf eine Geldbewilligung ist die Antwort länger und bezeugt ein höfliches Wohlgefallen: „Der König dankt seinen guten Unterthanen, nimmt ihr Wohlwollen an und will es auch." Das Abschlagen einer von beiden Häusern beschlossenen Bill ist nicht mehr königlicher Gebrauch des jetzigen Regentenhauses, wurde aber desto häufiger unter den Tudors und Stuarts geübt, in der die abschlägige Antwort mildernden Redensart: „der König wird die Bill weiter überlegen."

Die Pairs des Reichs genießen manche große Vorrechte, sie können in keinem Civilprocesse jemals verhaftet werden und in Kriminalprocessen erkennen sie keine andern Richter als die Pairs, welche nicht eidlich, sondern auf ihre Ehre, ihre gerichtliche Entscheidung aussprechen. Alle Anklagen wider hohe Staatsbeamte wegen Hochverraths oder untreuer Verwaltung sind ein Vorrecht des Hauses der Gemeinen, aber der Proceß wird vor dem Oberhause geführt und vor solchem entschieden. Bei solchen Gelegenheiten sitzt das Oberhaus nicht in seinem gewöhnlichen Versammlungssaale, sondern in der sogenannten Westminster=Halle.

Man stimmt im Oberhause mit den Worten: zufrieden oder nicht zufrieden, und kann auch durch Mandatare oder Stellvertretung (by-proxy) in diesem Hause seine Stimme abgeben.

Vormals war in ganz Großbritannien die allgemeine Volksmeinung, daß das Oberhaus sehr patriotisch die Freiheiten der ganzen Nation in allen Ständen aufrecht zu erhalten beflissen sey; allein in den letzten Jahren wandte sich die Volksgunst bei der sichtbaren Abneigung der Lords, Mißbräuche abzustellen, von denen die Lordsfamilien Nutzen zogen, von dem Oberhause in manchen Fällen ab.

Das Wallroß. (Trichechus Rosmarus.)

Das Wallroß unterscheidet sich von den übrigen Robben besonders durch 2 lange, starke, walzenförmige, etwas gekrümmte, weit hervorstehende Eckzähne. Die ungeheuern Zahnhöhlen, zur Aufnahme dieser oft 2 Fuß langen Hauer, treiben den obern Theil der Schnauze gewöhnlich so auf, daß dieselbe ganz dick und stumpf erscheint und die Nasenlöcher ganz oben stehen. Um das Maul herum stehen dicke, durchsichtige, spannenlange Borsten. Die Augen sind glänzend, die Zunge ist gespalten und die Ohrmuscheln fehlen.

Die Füße sind kurz, und alle mit fünf kurzen Nägeln versehen.

Das Wallroß ist an Hals und Brust am dicksten und wird nach hinten zu immer dünner. Die Haut ist dick, runzelig, schwärzlich und nur spärlich mit Haaren bedeckt.

Die Länge des Wallrosses beträgt 18 bis 20 Fuß, und sein Aufenthalt sind besonders die Küsten des Eismeeres. Hundert und mehr solcher Thiere findet man daselbst gesellig beisammen. Wollen sie auf das Trockene gehen, so halten sie sich an den Eisschollen u. s. w. mit den Vorderfüßen und den großen Hauern an, und ziehen dann die Hinterbeine nach. Sie wärmen sich gern auf dem Eise oder dem festen Lande an der Sonne und schlafen auch daselbst.

Ihre Nahrung besteht in Schaalthieren und Seepflanzen.

Ihre Stimme ist dem Gebrülle der Ochsen zu vergleichen.

Obgleich sie den Menschen scheuen und fliehen, so sind sie doch auch wild und beherzt im Kampfe, besonders im Wasser. Die durch Harpunen, Wurfspieße oder Keulen verwundeten Wallrosse greifen oft mit der wildesten Wuth die Boote an, hauen mit ihren Hauzähnen Löcher hinein, oder suchen sie umzuwerfen, und holen auch andere Gefährten zu Hülfe. Oft kämpfen sie aber auch mit einander selbst oder mit den Eisbären u. s. w. und gebrauchen dabei jene Zähne als die beste, dem Feinde höchst gefährliche Waffe.

Gewöhnlich sucht man sie im Schlafe zu überfallen und erschlägt sie dann mit Keulen.

Das Weibchen bringt ein oder zwei Junge zur Welt, die es zärtlich liebt, sorgfältig vor Gefahren schützt und muthig vertheidigt.

Die Völker, die im Norden wohnen, ziehen einen großen Nutzen von diesen Thieren. Sie essen ihr Fleisch, überziehen mit ihrer Haut Hütten und Kähne, oder machen Gurte und Riemen davon, und aus dem Fette ziehen sie Thran. Die Hauzähne, die bis zur Hälfte, von der Zahnwurzel an, hohl sind, gegen die Spitze zu aber dicht und fest werden, verarbeitet man zu Kunstwerken.

Das Gewicht des ganzen Thiers beträgt übrigens oft 1400 bis 2000 Pfund.

Das Wallroß.

Der Starrsinn.

Der Starrsinn ist gewöhnlich der Fehler derjenigen, welche allzusehr auf sich selbst vertrauen und unwissend sind. Er ist jedem Alter verderblich, besonders aber der Jugend; in ihr ist es sehr widrig und ein sehr bedeutendes Hinderniß für ihr Fortschreiten im Lernen und für ihr künftiges Fortkommen in der menschlichen Gesellschaft. Vergebens sorgen die zärtlichen und liebevollen Eltern, ihren starrsinnigen Kindern die geschicktesten Lehrer zu verschaffen; vergebens bestreben sich die größten Geister der Zeit, solche Menschen zu belehren: vor ihnen bleiben die Kenntnisse wie vor einer verschlossenen, eisernen Thüre; denn der Starrsinn empört sich gegen Belehrung und macht, daß die Unwissenheit selbst auf ihre Fehler stolz ist und selbige fortwährend an sich behält. Mit jedem Jahre wird dieser Fehler festere Wurzel fassen, bis endlich derjenige, der ihm dient, bei allen, die ihn kennen, zum gehässigen Sprichworte wird.

Jedes Blatt der heiligen Schrift giebt Lehren oder Beispiele, welche uns diesen Fehler als feindlich betrachten lassen, eben so sehr der Religion, als den guten Sitten. Im geselligen Leben ist der Starrsinn

für diejenigen, welche ihm ergeben sind und für die mit solchen unglücklicher Weise in Verbindung Stehenden eine unerschöpfliche Quelle der Widerwärtigkeit und des Elends.

Manche Menschen sind so vom Starrsinne geblendet und eingenommen, daß sie es sich zur Ehre anrechnen, niemals Etwas, das sie einmal gesagt haben, zu widerrufen, oder Etwas, das sie gethan haben, zu verbessern oder zu vernichten, sogar wenn man ihnen noch so klar beweiset, daß das Gesprochene oder Gethane unrecht und unüberlegt von ihnen geschehen ist. Solche Menschen sind kaum zu bemitleiden, wie groß auch ihre Leiden durch ihren widerspenstigen Starrsinn seyn mögen.

Der Starrsinn hat auch gewöhnlich einen Theil sogenannten falschen Stolzes mit sich. Durch diesen wird der Starrsinnige bewogen, es für eine Schande zu halten, wenn er seinen Irrthum gestehen, und sich zu entwürdigen, wenn er sein gethanes Unrecht verbessern soll; als wenn Aufrichtigkeit ein Fehler und Ehrlichkeit ein Verbrechen wäre!

Von allen Fehlern ist daher kaum Einer mehr, als dieser zu fürchten; wer von ihm befangen ist, ist niemals glücklich und kann es auch nimmer werden, so lange er ihm ergeben ist. Die vielen von dem Starrsinne herrührenden Uebel sind aber um so fürchterlicher, da er nicht blos die Ruhe einzelner Personen vernichtet, sondern oft ganze Familien und Völker.

Von den Alten wurde der Starrsinn oder die Hartnäckigkeit in der Figur eines Frauenzimmers mit Eselsohren vorgestellt, und zwar schwarz gekleidet, mit einem Stück Blei auf dem Kopfe und in Gesellschaft eines Maulesels an einem dunkeln Orte. Sie ist schwarz gekleidet, weil, wie diese Farbe keine andere annimmt, auch der Starrsinnige weder für das Recht der Vernunft, noch für die Kraft des Beweises empfänglich ist. Das Blei auf ihrem Kopfe bedeutet Unwissenheit, von welcher der Starrsinnige untergedrückt und gereizt wird. Der Maulesel ist ein Sinnbild solcher Menschen und wegen seiner allbekannten Störrigkeit bereits zum Sprichworte geworden. Die Dunkelheit endlich, in welcher sie sich befindet, deutet auf den in Dunkel gehüllten Geist des Starrsinnigen.

Aphorismen.

Das Gedächtniß ist die Versorgerin des Verstandes, die Kraft, welche solche Bilder vor den Geist bringt, wodurch die Einsicht geübt wird, und welche die vergangenen Entschließungen als Regeln der künftigen Handlungen oder Gründe der gefolgerten Schlüsse aufhäuft.

Jeder Mensch hat ein ganzes Reich in sich: der Verstand, als der Fürst, wohnt in dem obersten und sichersten Theile; die Sinne bilden die Hofleute, ohne deren Hülfe man nicht zu dem Fürsten gelangen kann; die obern Fähigkeiten, als der Wille, das Gedächtniß u. s. w. sind die Senatoren; die untern Fähigkeiten sind die Volksvertreter; die heftigsten Leidenschaften sind Aufwiegler, welche den allgemeinen Frieden stören.

Eine menschliche Seele ohne Erziehung ist gleich dem Marmor im Steinbruche, welcher nichts von den ihm eigenthümlichen Schönheiten zeigt, bis die Geschicklichkeit des Polirers die Farben hervorlockt, die Oberfläche glänzend macht, und jede Ader, jedes zierende Wölkchen, und Fleckchen zum Vorscheine bringt.

Grundlage des Brougham'schen Werkes:
Resultate des Maschinenwesens
oder:
„Ueber den mächtigen Einfluß, welchen die Maschinen auf den Wohlstand der Menschen ausüben"*).

Brougham

Großkanzler von England; geboren 1779.

Wir haben es schon bei einer andern Gelegenheit, namentlich in der Vorrede zu der deutschen Uebersetzung des erwähnten Werkes, ausgesprochen, daß die Frage: ob das Maschinenwesen den allgemeinen Wohlstand wesentlich verbessert hat, und noch verbessern wird, nicht als ein in den Bereich des Naturrechtes oder der Moral gehöriges Thema behandelt werden müsse, in welche Gebiete sich allerdings der Faden dieser Untersuchung unwillkürlich schon am Eingange der Gedankenentwickelung verliert; — allein nicht etwa wegen der Verschiedenartigkeit der von verschiedenen Rechtslehrern und Moralisten aufgestellten Grundsätze, sondern wegen des Umstandes, daß durch die Lösung der Frage ein praktischer Nutzen erzielt werden soll, müssen wir Geschichte und Erfahrung dabei als feste Anhaltpunkte wählen. Wie nämlich jeder Staatswirthschaftslehrer, dessen Aufgabe es ist, die Grundsätze aufzustellen, nach welchen sich die äußere Einrichtung des Gesellschaftslebens zur Begründung der allgemeinen Wohlfahrt gestalten soll, nicht ein gleichsam hoch über der Erde schwebendes Vorbild oder Ideal vor Augen hat, sondern seine Lehren der einmal vorhandenen Gestaltung der Dinge anpassen muß; eben so wenig kann der die Maschinenfrage Behandelnde die gegenwärtigen Einrichtungen außer Augen lassen. — Er würde eine Thorheit begehen, wollte er dem Gesetzgeber Gesetze vorschreiben, welche eine radikale Veränderung des gegenwärtigen geselligen Zustandes, eine Umformung der häuslichen und bürger

*) Eine von diesem Werke erschienene, eine Lebensbeschreibung und ein Bildniß des Verfassers enthaltende und elegant ausgestattete deutsche Uebersetzung ist für den äußerst billigen Preis von 16 Gr. im Verlage von Bossange Vater in Leipzig zu haben.

lichen Verhältnisse aussprächen; seine Feder würde ein unfruchtbares Feld pflügen, und der Erfolg seiner Bemühungen wäre höchstens von Seiten Anderer eine Beistimmung ohne praktische Wirksamkeit. Dürfen wir also den herrschenden Sittenzustand nicht erst gegen ein höheres Vorbild in die zarte Wage der Moral legen, ist der Sittenzustand sogar Richtschnur der Gesetzgebung, so dürfen wir auch bei Erörterung der vorliegenden Frage nicht einen Unterschied zwischen wahrem Glücke, wirklicher Wohlfahrt und scheinbarem, trügerischem Glücke und einer auf conventionellen Ansichten beruhenden Wohlfahrt machen; sonst werden wir unpraktisch, greifen nicht in's wirkliche Leben ein, und verlieren uns mit dem Faden unserer Entwickelung in die Pflichten- und Schönheitslehre. Herrschte in der Gesellschaft nicht der Sinn für Neuheit, Schönheit, Eleganz, so würde ein industrieller Unternehmer sich hüten, auf Erzeugnisse hinzuarbeiten, für welche sich keine Abnehmer fänden; der Wunsch, neue Stoffe, neue und elegante Gebrauchs- oder Prachtartikel zu besitzen, braucht sich nicht nothwendiger Weise unmittelbar auszusprechen, wenn ihm von Seiten des arbeitenden Theiles des Volkes Befriedigung werden soll. Die Gesellschaft würde sich natürlich über alles vernünftige Nachdenken, über ihr eigenes Interesse hinwegsetzen, wollte sie den erwähnten Neigungen zur Eleganz, Neuheit ꝛc. mehr Raum geben, als es die Mittel des Austausches gestatteten, wollte sie sogar unbekümmert darum seyn, ob vielleicht gar die Quelle des Erwerbs und Nationalreichthums versiegte. In solchen Fällen muß sich dann freilich der Staat ins Mittel schlagen, und sich gegen den Untergang durch weise Gesetze retten. Ziehen wir nun aber bei der Frage: ob denn seit der Periode der unermeßlichen Fortschritte des Maschinenwesens ein Staat wirklich in der Befürchtung lebt, seine Finanzquellen durch Gleichstellung mit andern Staaten hinsichtlich der Aneignung aller nur erfinnlichen Erzeugnisse der Maschinen nach und nach eingehen zu sehen, die Erfahrung zu Rathe, so müssen wir sie entschieden mit „Nein" beantworten. Die Ursachen dieses zunehmenden Wohlstandes, ungeachtet der Vermehrung unserer Bedürfnisse, ungeachtet der unbegrenzten Anwachses aller Arten von Gebrauchs- und Luxusartikel bei der beständigen Ausdehnung des Maschinenwesens, entwickelt der Verfasser der „Resultate des Maschinenwesens" mit Strenge und Genauigkeit, mit unausgesetzter Berücksichtigung der wirklichen Verhältnisse, mit geschichtlichen Vergleichsanstellungen der Vor- und Jetztzeit; er ist dabei unerschöpflich an Beispielen, und weiß, da sein Werk zunächst für die arbeitende Klasse bestimmt ist, stets die Grenzen des populären Vortrags im Auge zu behalten. Dabei muß das Werk aber auch für den Staatskundigen wegen seines großen Reichthums an Material zur Erörterung der Lebensfrage des Maschinenwesens von großem Interesse seyn. Der Verfasser des benannten Werkes (ohne allen Zweifel der Großkanzler Brougham) stellt an die Spitze der Ursachen des immer steigenden Wohlstandes mit Recht die durch die Maschinen herbeigeführte Wohlfeilheit aller Kunsterzeugnisse; er zeigt uns, welch' ein unermeßliches Uebergewicht uns der kluge Haushalt mit den Naturkräften über unsere Vorfahren giebt; er zeigt uns, welche Wechselwirkung zwischen der verschönerten Gestaltung unsers äußern Lebens und der fortschreitenden Civilisation Statt findet, und zugleich stellt er uns das Bild der Barbarei vor Augen, in welche ein Staat unausbleiblich versinken muß, wenn der Machtspruch eines Willkürherrschers plötzlich der Maschinenthätigkeit Still-

stand gebōte, und lāßt es nicht an geschichtlichen Bei=
spielen zum Belege dafür fehlen. Es bedarf wohl kaum
der Erwähnung, daß er auch zugiebt, daß manche In=
teressen durch Einführung einer neuen Produktionsme=
thode empfindlich berührt werden, daß eine neue Ma=
schine Tausende broblos machen kann. Wo aber hat
sich denn wirklich bestātigt, daß das Elend von langer
Dauer war? Die durch den Maschinenbetrieb producirten
Artikel bekamen wegen ihrer Wohlfeilheit mehr Käufer;
der Aermere und Unbemittelte konnte einem wirklich
gefühlten Bedürfnisse Abhilfe thun; das Gebiet des
Verkehrs mit den neuen Maschinenerzeugnissen erweiterte
sich, es wurde ein lebhafterer Absatz gemacht, als früher,
der Fabrikunternehmer wurde veranlaßt, seinem Etablis=
sement eine grōßere Ausdehnung zu geben, nahm in
dasselbe die frühern Handarbeiter auf, und gab ihnen
eine viel sicherere Stellung, als diejenige war, da sie noch
für eigene Rechnung arbeiteten, und wo ein Hausvater
der alleinige Arbeiter war, während jetzt sämmtliche
Familienglieder zum Erwerbe des Lebensunterhaltes mit=
wirken kōnnen. Als Arkwright 1769 seine Spinn=
maschine in's Leben treten ließ, glaubten die damals
sich mit Handspinnen beschäftigenden 50,000 Personen
der Verzweiflung Preis gegeben zu seyn. Es währte
aber nicht lange, so hatte man das Uebel verschmerzt,
und kein Fluch belastete mehr jene denkwürdige Erfin=
dung, welche die Bahn eines erhōhtern civilisirten Lebens
brach. Baumwollenwaaren rechnete man damals zu
den Luxusartikeln, nur Reichere und Wohlhabendere
waren im Stande, die Kunsterzeugnisse Indiens zu
bezahlen. Ungeheure Summen Geldes wanderten von
Europa nach Indien hinüber; Asien stand in der in=
dustriellen Kultur fast über Europa. Arkwright hatte
zwei Millionen Individuen in Thätigkeit gesetzt; die
Spinnmaschine hatte die Verbesserung des Webstuhls
im Gefolge, und Indiens Kunsterzeugnisse wurden durch
Europa vom Weltmarkte verdrängt. Jetzt setzt allein
England jährlich für 36 Millionen Pfund Sterling
Baumwollenwaaren ab. Wäre nun Indien der alleinige
Fabrikstaat für Baumwollenwaaren geblieben, so hätte
es den Nachfragen nicht Genüge leisten können, wenn
der Bedarf sich in dem Grade vermehrt hätte, wie er
es wirklich gethan hat; oder wir hätten auf den Vor=
theil Verzicht leisten müssen, uns die der Gesundheit
so zuträglichen Baumwollenstoffe mit Leichtigkeit anzu=
eignen. Wenn wir also von der einen Seite es für
bedauerlich halten, daß neue Maschinen, Entdeckungen,
Erfindungen für Einzelne ein augenblickliches Uebel her=
beiführen, so können wir es doch keinesweges in Abrede
stellen, daß das Maschinenwesen für das große Ganze
des geselligen Lebens in so fern eine Wohlthat genannt
zu werden verdient, als die Erzeugnisse der Kunst, früher
ein fast ausschließliches Eigenthum der Reichern und
Wohlhabendern, jetzt ein Gemeingut aller Volksklassen
geworden sind. Auch ist es wohl nicht schwer zu be=
weisen, daß, wenn Jemand aus eigenthümlichen oder
individuellen Lebensansichten nicht geneigt seyn sollte,
die durch Wohlfeilheit verursachte Leichtigkeit der An=
schaffung erwärmender und Gesundheit befördernder
Kleidungsstoffe für eine reelle Wohlthat anzuerkennen,
er gleichwohl durch moralische Gründe dazu genöthigt
wird. Was von den Kleidungsstoffen gilt, erleidet auf
alle übrigen Bedürfnißartikel Anwendung.

Vor der Erfindung der Presse lebten auch viele Men=
schen vom Bücherabschreiben, die Buchdruckerpresse setzte
sie in Unthätigkeit; jetzt aber leben hundert Mal mehr
Menschen vom Bücherdrucken als damals vom Kopiren,
und höchstens möchten herrschsüchtige Verehrer der gei=

stigen Finsterniß die Segnungen dieser Erfindung nicht
anerkennen wollen.

So ungereimt es nun ist, in der durch den
Schutz der Gesetze dem Fabrikbetriebe gesicherten Frei=
heit die Verletzung der Menschenrechte zu finden, eben
so einseitig ist der dem Wunsche eines industriellen Still=
standes gewöhnlich zum Grunde liegende Begriff von
einer Maschine. Entweder müßte ein solcher Stillstand
ganz allgemein oder universell, in politischer Hinsicht
alle Staaten, in industrieller Hinsicht alle Maschinen
umfassen, oder er müßte theilweise seyn, und nur ein=
zelne Formen von Maschinen ausschließen. Das Erstere
würde offenbar einen Rückgang in die Barbarei zur
Folge haben, das Letztere würde in ein solches Labyrinth
von Folgewidrigkeiten führen, daß die Maschinenfrage,
statt sich einer friedlichen Lösung zu erfreuen, eine un=
endliche Streitfrage bliebe. Als nach Brougham's
Erzählung die Zerstōrer landwirthschaftlicher Maschinen
ein von Pferden in Thätigkeit gesetztes Butterfaß ver=
schonten, hatten sie einen ganz besondern Begriff von
einer Maschine. Wäre zufällig Räderwerk an gewe=
sen, so hätten sie unbedenklich die Hand der Zerstörung
an dasselbe gelegt. Das Räderwerk, eine zusammen=
gesetzte specielle Hebelform, macht eine Maschine nicht
allein zu einer Maschine. Jeder Apparat, welcher die
Produktion vermehrt, oder die Arbeit vermindert, ist
eine Maschine. Die auf die Erzeugung von Gebrauchs=
artikeln angewendeten chemischen Apparate, wie wenig
sie nach dem gewöhnlichen einseitigen Begriffe das An=
sehen einer Maschine haben, sind gleichwohl darunter
zu zählen. Ja, die Consequenz, mit welcher man
gegen das Maschinenwesen die Partei ergriffe, müßte
nicht allein die Chemie, sondern die gewaltigen Natur=
kräfte, den Wind, das Wasser und den Dampf als
furchtbare Concurrenz der physischen Menschenkraft
ansehen. Hieße es nicht das Maß von Thorheit und
Unverstand überfüllen, wenn Jemand alle Verrichtun=
gen auf Menschenkräfte zurückführen wollte? Treffend
zeigt uns der Verfasser der Resultate des Ma=
schinenwesens durch sinnige, dem Leben entnom=
mene Beispiele, deren Darstellung der große unsterbliche
Staatsmann Englands durch angemessenen, damit ver=
webten Humor anziehend zu machen weiß, daß ein
Volk, welches aus Trägheit, Unwissenheit oder irrigen
Ansichten von Menschenrechten sich blos auf Hand=
arbeiten beschränken wollte, und sich der Einführung
künstlicher Mittel zur Hervorbringung von Kunsterzeug=
nissen oder zur Veredlung von Naturprodukten widersetzte,
sich entweder der allmähligen Verarmung Preis gäbe,
oder tief unter dem Civilisationszustande anderer Staaten
stehen bleiben würde. Wäre nun die Herbeiführung
eines industriellen Stillstandes oder Rückganges der
Wohlfahrt der arbeitenden Klasse angemessen, so würde
unstreitig Brougham als der kräftigste Verfechter des
Volksinteressens aufgetreten seyn. Sein Charakter in
dieser Hinsicht ist zu bekannt, als daß wir erst nöthig
haben sollten, die Leser der deutschen Uebersetzung seines
Werkes auf die derselben vorausgehende Lebensbeschrei=
bung hinzuweisen. Die Natur selbst hat der Ausdeh=
nung des Maschinenwesens ganz bestimmte Grenzen
vorgezeichnet; es giebt Verrichtungen, welche stets eine
unmittelbare Handarbeit bleiben werden, dagegen giebt
es andere, von denen man mit Wahrscheinlichkeit be=
stimmen kann, daß sie von der Muskelkraft zur Na=
turkraft, von dem Mechanismus des Arms auf den
Mechanismus des Eisens oder Holzes übergehen; dieses
hat für den Betheiligten eine empfindliche Krisis zur
Folge. Dieß war der Eckstein, an welchen bei Er=

örterung der Maschinenfrage die meisten Fürsprecher
der arbeitenden Klasse stießen und in der unbedingt
gestatteten industriellen Betriebsfreiheit eine Verletzung
der allgemeinen Menschenrechte sahen. Wäre nun
Brougham nicht als Berather für die Vermeidung einer solchen empfindlichen Krisis aufgetreten, so würde
er wegen Mangels dieser praktischen Hauptseite den
Forderungen der Zeit nicht Genüge leisten. Seine von
ihm gegebenen Vorschläge, um auch dem harten
Schlage eines augenblicklichen Uebels vorzubeugen, sind
eben so einfach und natürlich, als für jedes Individuum zur praktischen Anwendung geeignet. Weit entfernt, den Regierungen die Pflicht der Vermittelung
vorzuschreiben, oder zu erkünstelten Vorkehrungsmitteln
zu rathen, verweiset er den Arbeiter auf seine eigene
Kraft, und nimmt somit dem Maschinenwesen seine
letzte Schattenseite.

Bergwerks-Produkte.

Es ist um so interessanter, von Zeit zu Zeit einen Blick auf die unterirdischen Reichthümer unsers
Erdkörpers, und besonders auf denjenigen Theil derselben zu werfen, welchen der menschliche Fleiß und
Kunstsinn zur Benutzung zu Tage fördert, als diese
Schätze sich nicht, wie z. B. die Produkte des Pflanzenreichs, alljährlich erneuern, sondern nur durch ferneres
und fleißigeres Aufsuchen und Auffinden für den Zweck unseres Geschlechts beziehungsweise vermehrt werden können.

Nachstehende Notizen gewähren eine solche Uebersicht der Bergwerks-Produkte einiger deutschen Staaten, welche nach und nach auch von andern Ländern
gegeben werden soll.

1) Die jährliche Produktion des Bergbaues und
Hüttenwesens im preußischen Staate ist in der neuern
Zeit in runden Summen ungefähr folgende gewesen:

Gold: Nichts.

Es kommt zwar in Schlesien vor, auch ist früher,
namentlich im 13. Jahrhundert, Bergbau darauf betrieben worden, neuere Versuche haben jedoch das Resultat
ergeben, daß ein solcher jetzt nicht lohnend seyn würde.

Silber wird hauptsächlich im Mansfeldischen,
demnächst aber auch in den Rheinischen Provinzen und
in Schlesien gewonnen:............... 20,000 Mark.
Oder nach dem Geldwerth, die Mark zu 14 Rthlr.
Cour. gerechnet............... 280,000 Thlr.

Kupfer, desgleichen......... 17 — 18,000 Zntr.
Den Zentner im Durchschnitt nur zu dem
niedrigsten jetzigen Verkaufspreise von 30
Thlr. gerechnet, macht:.. 540,000 Thlr.

Blei: In den Rheinischen Provinzen und in
Schlesien............... 15 — 16,000 Zntr.

Glätte: desgleichen......... 8 — 10,000 Zntr.

Glasur-Erz (Alquifoux) 28 — 30,000 Zntr.

Zink: hauptsächlich in Schlesien
.... 100 — 130,000 Zntr.
(Im Jahre 1827 das Doppelte.)

Messing: hauptsächlich in den Rheinischen
und andern Provinzen............... 15 — 16,000 Zntr.

Eisen: Wird fast in allen Provinzen, in den
größten Quantitäten aber in Schlesien und den Rheinprovinzen gewonnen:

Roheisen, mindestens............... 900,000 Zntr.
Gußwaaren............... 300 — 350,000 Zntr.
Geschmiedetes Eisen........... 700 — 750,000 Zntr.
Eisenbleche............... 40 — 50,000 Zntr.
Stahl (Roh-, Zement- und Guß-Stahl)
.... 55 — 60,000 Zntr.

Kobalt. (Blaue Farbe.)...... 7 — 8,000 Zntr.
Arsenik. In Schlesien....... 2 — 3,000 Zntr.
Antimon. In den Rheinprovinzen: 200 Zntr.
Schwefel. In Schlesien........ 700 Zntr.
Steinkohlen. In mehrern Provinzen, haupt-
sächlich in den Westphälischen, Rheinischen und in
Schlesien; nach Tonnen à 12,288 Cub.-Zoll = 7½
Cub.-Zoll rheinl. oder 4 Scheffel preußisches Gemäß
mindestens :............... 7,000,000 Tonnen.

Braunkohlen. In den niedersächsisch-thüringi-
schen und rheinischen Provinzen.... 3,000,000 Tonnen.

Anmerk. Rechnet man im Durchschnitte 5 Tonnen Steinkohlen oder 15 Tonnen Braunkohlen
in der Wirkung 1 Klafter Scheitholz à 108
Cub.-Fuß gleich, so sind vorstehende 7,000,000
Tonnen Steinkohlen = 1,400,000 Klafter Brennholz und 3,000,000 Tonnen Braunkohlen =
200,000 Klaftern Brennholz; der Kaufpreis
aber von 1 Klafter Holz in Braunkohlen beträgt noch nicht 2 Thlr.

Salz. Hauptsächlich in den niedersächsisch-thü-
ringischen Provinzen:............... 40 — 45,000 Lasten.

Die Last wird zu 10 Tonnen à 400 Pfd. oder
zu 4000 Pfd. gerechnet.

Alaun. In mehrern Provinzen, am meisten
in den Rheinischen............... 30 — 38,000 Zntr.

Vitriol. Besonders in Schlesien:
.... 20 — 22,000 Zntr.

Der Geldwerth dieser gesammten jährlichen
Produktion kann, mit Hinzurechnung derjenigen einiger Stein- und Schiefer-Brüche und Torfgräbereien zu
circa 13 Millionen Thlr. veranschlagt werden, wobei
jedoch das Salz größtentheils nur mit einem dem ausländischen Verkaufs-Preise entsprechenden Werthe im
Durchschnitte von 40 Thlr. pr. Last angenommen
ist, während dessen Absatz-Preis für das Inland weit
bedeutender ist. Die Zahl der bei der Erzeugung dieser Bergwerks-Produkte beschäftigten und ernährten
Berg-, Hütten- und Salinen-Arbeiter beträgt .... 34 — 35,000 Menschen.

2) Die jährliche berg- und hüttenmännische Produktion des Königreichs Sachsen kann nach den
Resultaten der letzten Jahre in runden Summen angenommen werden, wie folgt:

Silber. Hauptsächlich aus dem Freiberger
Revier .... 65,000 Mark.

Die Mark zu 10 Spez.-Thlr. oder 14 Thlr.
Preuß. Cour. .... 910,000 Thlr.

Kupfer............... 500 Zntr.
Zinn. Besonders im Altenberger Revier: 3000 Zntr.
Blei............... 1,200 Zntr.
Glätte............... 1800 — 2000 Zntr.
Eisen. Gußwaaren............... 16,000 Zntr.
Geschmiedetes Eisen.... 48 — 50,000 Zntr.
Eisenbleche............... 2,800 — 3000 Zntr.
Kobalt (Blaue Farbe.)............... 10,000 Zntr.
Arsenik............... 3,500 Zntr.
Schwefel............... 6 Zntr.
Wismuth............... 70 — 80 Zntr.
Braunstein............... 6 — 700 Zntr.
Alaun............... 20 — 30 Zntr.
Vitriol............... 1800 — 2000 Zntr.

3) Die jährliche Produktion des Harzes ist an
Silber der des Königreichs Sachsen ungefähr gleich,
an Kupfer und Blei, besonders aber an Eisen
bedeutender, wogegen demselben das Zinn ganz fehlt.

4) Spanien liefert dagegen das meiste Blei,
und es können allein in dem Bezirke der Sierra be

Gabor (Alpujarras), wo dieser Bergbau erst im Jahre 1823 begonnen, bald aber eine so bedeutende Ausdehnung gewonnen hat, daß derselbe im Jahre 1826 schon mehr, als 3000 Schächte und über 20,000 Arbeiter zählte, 3 Millionen Arrobas, à 25 Pfd., oder 6—700,000 Zntr. Blei jährlich produzirt und verkauft werden.

Der Dickfuß, oder der große Regenpfeifer.
(Charadrius Oedicnemus.)

In die Ordnung der Stelzvögel (Sumpfvögel) gehören auch die Regenpfeifer. Sie haben einen mittelmäßigen, zusammengedrückten, am Ende aufgetriebenen Schnabel und einen dicken Kopf mit hoher Stirn und großen Augen. Zwischen den Zehen ist eine kurze Haut. Die Daumenzehe fehlt.

Die Regenpfeifer sind Zugvögel, leben auf Wiesen und Brachfeldern in der Nähe des Wassers und nähren sich von Würmern, die sie in feuchter Erde aufsuchen, halten sich aber auch zum Theil an trockenen steinigen Orten auf. Ihren Namen haben sie von ihrer Stimme, die ein starkes Pfeifen ist, das sie, besonders wenn es regnet, hören lassen.

Der große Regenpfeifer wird 18 Zoll lang. Seine Hauptfarbe ist lerchengrau; die zwei ersten schwarzen Schwungfedern sind in der Mitte weiß; die Mitte jeder Feder ist braun geflammt; der Bauch ist weiß, und unter dem Auge weg läuft ein brauner Streif. Der Schnabel und die Beine sind gelb, ersterer an der Spitze schwarz. Unter dem Knie sind die Beine sehr dick.

Dieser Vogel wohnt mehr in trockenen Gegenden und besucht nur das Wasser, um zu trinken und zu baden. Er lebt fast in der ganzen alten Welt, ist sehr scheu, läuft schnell, hält aber immer inne, um zu hören und zu sehen, ob ein Feind sich nahet.

Seine Stimme ist hell und kreischend, erschallt des Abends sehr weit und wird auch des Nachts gehört, wenn es regnen will.

Sein Nest, das blos eine kleine Aushöhlung auf der Erde ist, macht er zu Ende des Aprils und legt 2 bis 3 aschfarbige, olivenfarbig gefleckte Eier hinein. In südlichen Gegenden brütet er zwei Mal.

Das Fleisch der Jungen soll ein sehr zartes, wohlschmeckendes Wildpret seyn. Auch durch Vertilgung vieler schädlicher Würmer, und sogar der Feldmäuse, die sie mit dem Schnabel tödten und dann verschlucken, werden sie nützlich.

Anekdoten.

Der berühmte englische Dichter Milton, welcher blind war, hatte eine zänkische Frau. Der Herzog von Buckingham nannte sie einst eine Rose. „Ich verstehe mich nicht auf Farben, sagte Milton; allein ich muß gestehen, daß ich täglich ihre Dornen fühle."

„Benjamin — sagte eines Tages ein zürnender Vater zu seinem Sohne — jetzt bin ich beschäftigt, aber so bald ich Zeit habe, will ich Dich derb durchprügeln." — „Beeilen Sie sich nicht, Väterchen, sagte der geduldige Junge, ich kann warten."

Als der französische Gesandte den berühmten Bacon in seiner Krankheit besuchte, fand er ihn im Bette hinter Vorhängen und machte ihm demnach folgendes Kompliment: „Sie gleichen ja den Engeln, von welchen man so viel hört und spricht, aber Niemand hat das Vergnügen, sie zu sehen." — Die Antwort des Lords war eines Philosophen und Christen würdig; er sagte nämlich: „Wenn die Höflichkeit Anderer mich mit einem Engel vergleicht, so sagt mir meine Krankheit nur allzu laut, daß ich ein Mensch bin."

Woche.

Am 4. Januar 106 Jahre vor Christi Geburt (nach Andern am 3. Jan.) wurde der größte Redner, Staatsmann und Philosoph der Römer, Marcus Tullius Cicero, zu Arpinum in Italien geboren.

Am 5. Januar 1757 versuchte Damiens, den König von Frankreich Ludwig XV. meuchlings zu ermorden. Der Versuch mißlang und brachte dem melancholischen Thäter einen schmählichen, martervollen Tod.

Am 6. Januar 1698 wurde der berühmte italienische Dichter und Verfasser so vieler Opernterte, Metastasio, geboren. Er war Meister in der musikalischen Poesie. Er erreichte ein hohes Alter und starb in Wien den 12. April im Jahre 1782.

Am 7. Januar 1785 machte Blanchard seine erste Luftfahrt von Dover nach Calais über den Kanal. Ein kühner Engländer, Dr. Jefferies, begleitete ihn bei diesem gefahrvollen Unternehmen, welches vollkommen gelang.

Am 8. Januar 1641 starb Galileo Galilei, der größte Astronom und Physiker seiner Zeit.

Am 9. Januar 1806 hatte in London das feierliche Leichenbegängniß des Lord Nelson Statt, welcher als Sieger bei Trafalgar den 21. Oktober 1805 seinen Tod gefunden hatte.

Der 10. Januar 1778 ist der Todestag des unsern Lesern bereits bekannten großen Naturforschers Linné.

Verlag von Bossange Vater in Leipzig.
Unter Verantwortlichkeit der Verlagshandlung.

Das Pfennig-Magazin

der
Gesellschaft zur Verbreitung gemeinnütziger Kenntnisse.

37.]   Erscheint jeden Sonnabend.   [Januar **11, 1834.**

Das britische Unterhaus.

Der Sitzungssaal der britischen Volksrepräsentation, oder des sogenannten Unterhauses, war ursprünglich eine vom Könige Stephan dem heil. Stephanus gewidmete Kapelle. König Eduard III. gab ihr eine etwas veränderte Gestalt und verwandelte solche in eine Kollegiatkirche mit einem Dekan und zwölf Weltpriestern. König Heinrich VI. ließ sich solche abtreten und räumte sie zur Versammlung des Hauses der Gemeinden ein.

Nach der Vereinigung Irlands mit Großbritannien war der noch jetzt sehr enge Saal der Versammlung offenbar zu klein, daher wurden, bis auf die Pfeiler, welche das alte Gewölbe trugen, die Seitenwände gänzlich abgebrochen. Die neuen Mauern wurden hinter den Pfeilern wieder aufgeführt. Der jetzige Versammlungssaal ist zwar für die zahlreiche Berathung zu klein, jedoch in einem edlen einfachen Baustyle ausgeschmückt. Längs dem westlichen Ende läuft an der nördlichen und südlichen Seite eine Reihe schlanker eiserner Pfeiler mit vergoldeten korinthischen Kapitälern hin. Die Wände sind getäfelt, und die Parlamentsglieder sitzen auf Kissen, welche mit Leder überzogen sind.

Die Kapelle unter dem Versammlungssaale ist wohl unterhalten und die Decke der einen Seite eines Säulenganges eben so schön, als die Deckenverzierung in der Kapelle Heinrich's VII. Die übrigen Gebäude des schmalen Hofes des Palastes bilden einen Theil der Wohnung des Sprechers. Aus dieser tritt er in die Versammlung der Gemeinden, indem ihm der Scepter vorgetragen wird und ihm ein Schleppenträger u. s. w. folgt.

Der reichvergoldete Stuhl des Sprechers steht etwas höher, als der Sitz der Parlamentsglieder in einiger Entfernung von der Wand und über ihm hängt das königl. Wappen. Vor diesem Stuhle steht der mit grünem Tuche überzogene Tisch, an dem die Sekretäre sitzen, welche die Verhandlungen niederschreiben, die Titel der Bills, und was sonst nöthig ist, vorlesen. An der rechten Seite des Sprechers sitzen gewöhnlich die Staatsbeamten, sie heißt daher die Schatzkammerbank, und gegenüber an der linken Seite sind die wichtigsten Männer von der Opposition, also die Gegner der Minister.

Die Loge, dem Stuhle des Sprechers gegenüber, ist für das Publikum bestimmt, und kann etwa zweihundert Personen fassen, von denen die Hälfte Geschwindschreiber für die Zeitungen seyn mögen. Die

Zuhörer müssen sich ruhig verhalten, sich sofort setzen, dürfen weder lesen, noch laut reden oder lachen. Jedes Mitglied spricht nach Belieben, aber stets mit Anstand, von seinem Sitze aus. Mancher Redner sagt zwar dem Gegner die bittersten Sachen, jedoch wird er sich immer mit Achtung vor der Persönlichkeit ausdrücken.

Gewöhnlich beginnen die Sitzungen des Unterhauses um 4 Uhr Nachmittags. Einige Minuten vorher erscheint der Sprecher und stellt sich oben an der Tafel rechts an der Schatzkammerbank. Der zur linken Seite des Sprechers oben an der Tafel sitzende Kaplan des Hauses der Gemeinden liest vor dem Anfange der Berathung die herkömmlichen Gebete vor. Stehend vor seinem Stuhle zählt der Sprecher die Zahl der Anwesenden, ob etwa weniger als 40 Mitglieder anwesend sind, weil nur vor 40 Mitgliedern die Geschäfte vorgenommen werden können; wenn diese Zahl nicht anwesend ist, verschiebt man die Sitzung bis zum nächsten Tage.

Der jetzige Sprecher ist Herr Charles Manners Sutton. Nach der Einführung der Reform besteht das Haus der Gemeinden aus folgenden Abgeordneten:

A. Aus England.

26 Grafschaften, senden jede 4	104.
7　—　—　—　—　3	21.
6　—　—　—　—　2	12.
Die große Grafschaft York	6.
Die Insel Wight	1.
133 Städte und Flecken, jede 2	266.
33 Flecken, jeder 1	33.
Die Stadt London	4.
Die Universitäten Orford und Cambridge, jede 2	4.

B. Aus Wales.

3 Grafschaften, jede 2	6.
3 Grafschaften, jede 3	9.
14 Flecken Distrikte, jeder 1	14.

C. Aus Schottland.

33 Grafschaften	28.
Edinburgh und Glasgow, jedes 2	4.
18 Flecken Distrikte, jeder 1	18.

D. Aus Irland.

32 Grafschaften, jede 2	64.
6 Städte, jede 2	12.
27 Flecken, jeder 1	27.
Die Universität Dublin	2.
	635.

Das Unterhaus hält selten Sonnabends Sitzungen und verhandelt selten am Mittwoch wichtige Angelegenheiten.

Jedes Mitglied, welches die Berathung eines gewissen Gegenstandes zum allgemeinen Besten (public bill) wünscht, erklärt diese Absicht mündlich, und der Antragende muß von einem zweiten Mitgliede unterstützt werden. Zur Kenntnißnahme aller Mitglieder wird dieser Vorschlag in das Sitzungsprotokoll eingetragen. An dem zur Motion, d. h. der ersten Prüfung, des Antrags anberaumten Tage entwickelt der Antragende kurz die Grundsätze und den Zweck des Antrages und bittet um Erlaubniß, die Bill einbringen zu dürfen, welches das Haus entweder bewilligt oder abschlägt. Wenn die Bill, d. h. der Entwurf eines Gesetzes, wirklich eingeliefert worden ist, so wird von den Gegnern alles Mögliche vorgebracht, um ihre Verwerfung im Ganzen zu erlangen. Haben aber die Gegner diesen Zweck nicht erreicht, so bitten die Einbringer um die erste Vorlesung. Nachdem sie bewil-

ligt worden und stattgefunden hat, erfolgt der Befehl, daß sie gedruckt werden soll, und der Tag zur zweiten Vorlesung wird bestimmt.

Bei der zweiten Vorlesung wird wieder zuerst darüber berathen, ob die Bill im Ganzen und in Erwägung des Entzwecks und der Absichten angenommen werden kann? Da dieß eine Hauptfrage ist, so muß in dieser Vorlesung die Bill angenommen oder verworfen werden. Passirt die Bill bei der zweiten Vorlesung, so wird beschlossen, an welchem Tage sie von dem ganzen Hause im allgemeinen Ausschusse oder von einer dazu erwählten Kommission genau erwogen werden soll. Nach der zweiten Vorlesung wird die Bill auf Pergament in's Reine geschrieben.

Hierauf verwandelt sich das Haus in einen allgemeinen Ausschuß: der Sprecher verläßt seinen Stuhl, und der Vorstand des Ausschusses wird Vorsitzer, nimmt aber nicht den Platz des Sprechers ein, sondern setzt sich an die Tafel, wo gewöhnlich der erste Sekretair sitzt. Dann schreitet das Haus zur Prüfung der einzelnen Artikel, entweder wie sie in der Bill nach einander folgen, oder in einer andern natürlicher befundenen Folge. Wenn die Zeit zu kurz ist, um alle Punkte der Bill in einer Sitzung zu berathen; so nimmt der Sprecher wieder seinen Sitz ein, und der Vorsitzer des Ausschusses trägt vor, wie weit die Berathung gelangt ist, und bittet um die Fortsetzung der Berathung.

Die späteren Zusätze der Bill (Amendments) bei der dritten Vorlesung werden auf besondern Pergamentblättern angehängt. Es müssen jedoch diese Verbesserungen nicht das Wesentliche der Bill abändern.

Wenn die Bill im Unterhause passirt und nicht vorher im Oberhause berathen worden ist, so wird sie an die Lords geschickt, und haben diese sie angenommen, so bedarf sie, um Gesetz zu werden, nur noch der Zustimmung des Königs.

Die Bills betreffen entweder das sogenannte allgemeine Wohl (public bills) oder Privatsachen (private bills) oder Geldbewilligungen (money bills); letztere gehen immer zuerst vom Hause der Gemeinden aus. Verwirft der König eine Bill oder bestätigt er solche, so geschieht beides im franz. alt=normännischen Kanzleistyle.

Der Grund der sogenannten Privatbills ist immer die Bittschrift eines Supplikanten, der um die Ertheilung einer Bill ansucht. Diese Bittschrift muß von einem Mitgliede des Hauses der Gemeinden übergeben werden. Gerade diese Berathungen enthalten für andre Völker und die britische selbst oft mehr Lehrreiches, als die Debatten der allgemeinen Bills, wo so Vieles berührt wird, was Jedermann dafür und dawider längst kannte. Vielleicht hat kein anderes civilisirtes Volk eine mangelhaftere allgemeine Gesetzgebung, als die so häufig von Unkundigen gepriesene englische ist; deshalb sucht auch dort oft ein kluger Supplikant durch Erwirkung eines besondern Gesetzes wegen eines gewissen Privatinteresses einem kostbaren Prozesse auszuweichen.

Wenn sich bei der Berathung über die Bill der mindeste Widerspruch zeigt, so wird die Prüfung derselben an eine ausgewählte Kommission verwiesen; und fällt der Bericht der Kommission günstig aus, so wird die Privatbill zum ersten Male verlesen und das nachherige Verfahren ist demjenigen der öffentlichen Bills gleich.

(Der Beschluß folgt.)

Aus dem Leben König Friedrich August's von Sachsen.

Wie bekannt, war Friedrich August ein sehr gerechter, weiser und billiger Fürst; Härte war ihm fremd; vor seinen Augen waren alle seine Unterthanen gleich; sollte er aber wählen und bestimmen, so galt ihm der ehrliche Mann mehr, als der mit der höchsten Klugheit begabte. Die Wahrheit der nun folgenden kleinen Geschichten kann der Einsender verbürgen, und sie scheinen vorzüglich deshalb der Aufbewahrung werth, weil sie eben beweisen, wie gerecht er war, und wie auch das, was man von so vielen Menschen hinsichtlich der Eigenheiten seines Privat=Lebens tadeln hörte, doch bei ihm auf richtige Ansichten gegründet war.

Was die erste Anekdote betrifft, so gab es einstmals folgende Scene in des (damaligen) Kurfürsten Zimmer. Einem Kapitän seiner Garde hatte man in Hinsicht der Beförderung Unrecht gethan, und er büßte dadurch auf mehrere Jahre die Einkünfte der ihm entgangenen Kompagnie ein. Er bat dringend um eine persönliche Erscheinung bei Sr. Durchlaucht; diese ward bewilligt, der Vortrag des Offiziers ruhig angehört, und sofort ihm folgende Antwort ertheilt: „Sie haben Recht, Herr Hauptmann, Sie sollen entschädigt werden; aber bedenken Sie wohl, daß durch begangene Fehler der Minister auch Fürsten zu Irrthümern können verleitet werden."

So entließ er ihn, und schon den vierten Tag hernach erhielt der Kapitän aus der Privatkasse Friedrich August's eine genügende Entschädigung.

In Bezug auf die oben erwähnte pünktliche, genaue Ordnungs=Liebe Friedrich August's, so wie sein nach der sogenannten Etikette geregeltes Leben verdient hier folgende Bemerkung ihren Platz: Niemanden ziemt es besser, seine Zeit zu nützen und streng einzutheilen, als eben einem Fürsten; dann werden nicht ganze Tage — wie an manchen Höfen gebräuchlich ist — mit vergeblichem Warten hingebracht. Was nun dieses Fürsten Anhänglichkeit an bestimmte Gebräuche und Hof=Ordnung betrifft, so hielt er zwar darauf; aber er betrachtete es als ein nothwendiges Uebel, und machte sogar seine Scherze darüber; z. B. als er eines Tages mit seiner Gemahlin sich in den Wagen setzte, um auszufahren, bemerkte diese, daß der Himmel trübe sey und sagte: „Ach, es wird gewiß regnen!" — „Man muß es," erwiederte ihr Gemahl, „im Hof=Marschall=Amte befehlen, daß es nicht regnet."

Ein dritter und ausgezeichneter Zug im Leben dieses edlen Fürsten aber, in welchem man besonders die Weisheit und Rechtlichkeit des Regenten erkennt, ist folgender: — Einer der vornehmsten Herren des Hofes hatte nämlich einen Sohn, welcher ein großer Wüstling war, ein ausschweifendes Leben führte und besonders auch an dem Spieltische viel Zeit verbrachte. Ohngeachtet die Aufsicht in Dresden damals sehr streng war, hatte sich doch ein Spieler von Profession einzuschleichen gewußt und in seinen Schlupfwinkel Leute gelockt, denen er in dem Wagen Pharao das Geld abnahm; auch jener junge Herr von * fand sich ein, spielte und verlor schon in wenig Tagen erst alle seine Baarschaft, dann auf Kredit gegen 6000 Rthlr., stellte Wechsel darüber aus, dachte aber in seinem Herzen darauf, wie er den Spieler doch würde zwingen können, auf das Geld Verzicht zu leisten. Zu dem Ende wendete er sich also an seinen Vater, der es dem Regenten klagen und darauf antragen sollte, daß die Schuld, als ein unerlaubter Gewinn, einem — vielleicht sogar falschen Spieler — nicht

ausgezahlt zu werden brauchte; da sagte Friedrich August: „Daß der Spieler hier geduldet worden ist, bleibt ein Versehen der Polizei, und dieses werde ich zu bestrafen wissen; daß Ihr Sohn aber spielt, ist sein Fehler, — deßhalb muß er zahlen; — denn, mein Lieber, würden Sie mir das Alles auch gesagt haben, wenn Ihr Sohn gewonnen hätte?"

Hans Joachim von Ziethen,
Königl. Preuß. General der Kavallerie.

Hans Joachim von Ziethen wurde am 18. Mai 1699 auf dem Landgute seines Vaters Wustrau, in der Grafschaft Ruppin, sieben Meilen von Berlin, geboren. — Seine Erziehung blieb bis in's dreizehnte Jahr seiner Mutter überlassen; dann kam er in die Hände eines Hofmeisters, von dem er indessen auch nicht viel lernte. Sein Charakter war früh schon fest und rechtlich; als er daher zufällig bemerkte, daß sein Erzieher einen unmoralischen Lebenswandel führe, verlor dieser alle Achtung in den Augen des Schülers. Erzürnt darüber, wollte der Lehrer ihn einst thätlich bestrafen; das ließ sich aber der dreizehnjährige Hans Joachim nicht gefallen, er wehrte sich, ging zu seinem Vater, stellte diesem vor, daß er vor einem liederlichen Erzieher keine Achtung haben könne, und die Folge dieses offenen rechtlichen Benehmens war, daß der Vater den Lehrer mit Schimpf und Schande fortjagte. —

Schon im neunten Jahre zeigte sich Hans Joachim's Vorliebe für den Soldatenstand. In dieser Zeit nämlich kamen öfters Beurlaubte auf das Land; diese flößten ihm eine solche Neigung für Soldaten ein, daß er alle Sonnabende nach dem vier Meilen entlegenen Städtchen Ruppin ging, wo die nächste Garnison lag, und sich dort einen militärischen Haarzopf von den Soldaten drehen ließ; denn der militärische Haarzopf wurde damals zur Auszeichnung vor allen andern gepudert getragen.

Als er 14 Jahr alt wurde, gab der Vater den inständigen Bitten des Sohnes nach, und ließ ihn als Fahnenjunker in das damalige Infanterie=Regiment von Schwendy eintreten, welches in Spandau, Frankfurt, Kottbus, Treuenbrietzen und Belitz in Garnison stand. Mit dem Seegen seines Vaters verließ er Wustrau, und begab sich in die Garnison, wo der Chef des Regiments, General v. Schwendy, wohnte, und stellte sich steif gebügelt und geschniegelt seinem neuen Beschützer vor. Als er in die Thür trat, lag der General eben im Fenster; kehrte sich aber auf das ehrerbietige Räuspern Ziethen's um und sagte:

„Was will Er?"

Ich bin gekommen, um dem Herrn General meine gehorsamste Aufwartung zu machen, antwortete Ziethen.

„So! Na, so thu' er das!" rief der General kalt und mit einem geringschätzenden Seitenblicke auf die unansehnliche Figur des neuen Fahnenjunkers, dann kehrte er sich gleichgültig um, und legte sich wieder in das Fenster, während Ziethen niedergedonnert von einem solchen Empfange, hocherglühend von Beschämung und Aerger an der Thür stehen blieb.

Noch im höchsten Alter hat Ziethen oft dieses Vorfalls mit Unwillen gedacht, und er giebt in der That ein leider ziemlich treues Bild der vornehmen Sitte jener Zeit.

Im Jahre 1710 wurde er wirklicher Fähnrich und blieb es, bis der Graf v. Schwerin das Infanterie=Regiment von Schwendy erhielt. Dieser General hatte früher in meklenburgschen Diensten gestanden, und brachte von dort her viele vornehme und reiche Bekannte mit, die sämmtlich bei'm Regimente angestellt und zum Nachtheile der schon dienenden Offiziere befördert wurden. Auch Ziethen, dessen kleiner Wuchs und damals noch schwache Stimme ihm in der Meinung seines neuen Chefs Schaden that, wurde zurückgesetzt. In seiner Kränkung verlangte er den Abschied und erhielt ihn auch sogleich.

Unterdessen war sein Vater gestorben, und Ziethen begab sich daher auf das ererbte Gut, um ganz der Landwirthschaft zu leben; denn sein erster Versuch bei'm Militär hatte ihm eben keine Lust gemacht, sein Glück weiter zu versuchen. — Doch vermochte er dem lebhaften Wunsche, Soldat zu seyn, bald nicht mehr zu widerstehen, und er machte deshalb eine Reise nach Berlin, wo er bei der Parade im Lustgarten von Sr. Majestät dem Könige Friedrich Wilhelm I. bemerkt, und, in Folge einer Unterredung, bei'm Dragoner=Regimente von Wuthenow, welches damals in Preußen garnisonirte, als Premier=Lieutenant angestellt wurde. —

Hans Joachim von Ziethen.

Dieß war im Jahre 1726. Das genannte Dragoner=Regiment wurde zu jener Zeit von fünf auf zehn Schwadronen vermehrt, und Ziethen wurde dazu bestimmt, die Ergänzungs=Pferde von Berlin aus nach Tilsit, in Preuß. Lithauen, zu führen. Auf der Reise dahin rettete seine Geistesgegenwart und Kaltblütigkeit die ganze Remonte, welche bei dem Uebergange über die Weichsel in Gefahr war, in den Wellen des mit Eise treibenden Stromes unterzugehen. Der für Ziethen neue Dienst bei einem Kavallerie=Regimente beschäftigte den stürmischen und thatendurstigen jungen Offizier auf das Angenehmste, und er würde in seiner neuen Stellung sich ganz glücklich gefühlt haben, wenn ihm die Feindschaft seines Stabsrittmeisters viel Verdruß zugezogen hätte.

Die Feindschaft dieses Offiziers aber schrieb sich von folgendem Vorfalle her: Die Leibschwadron, bei welcher Ziethen stand, war eines Tages, wie gewöhnlich,

zur Kirchenparade versammelt, und wartete auf den Rittmeister; da dieser aber nicht kam, so riß, nach ⅔stündigem Warten, den versammelten Offizieren die Geduld aus, und sie drangen in Ziethen, als Premier=Lieutenant, die Schwadron antreten zu lassen. — Ziethen gab endlich, wiewohl ungern, dem Verlangen nach, und hatte eben antreten lassen, als der Rittmeister erschien. Dieser war äußerst aufgebracht darüber, gab Ziethen einen sehr harten Verweis, und versetzte sich durch das Gefühl, selbst einen groben Fehler begangen zu haben, so in Wuth, daß er alle Schranken übersprang, und sich so weit vergaß, ihm laut zuzurufen: „Herr Lieutenant! nur keine Männerchen gemacht, das verbitte ich mir.“ Das war ein Ausdruck, den ein Offizier nicht auf sich sitzen lassen konnte. Als die Kirche beendet war, trat Z. zu dem Rittmeister und verlangte Genugthuung; dieser aber machte Ausflüchte, sagte, er habe nur gescherzt, und wollte sich durchaus auf ein Duell nicht einlassen. Als Ziethen aber männlich und entschlossen in ihn drang, entfloh der Rittmeister, eilte zum General und zeigte den ganzen Vorfall an. Die Folge davon war, daß Ziethen augenblicklich verhaftet und später durch einen Urtheilsspruch des Königs, dem die ganze Sache höchst partheiisch vorgetragen worden war, zu einjähriger Festungsstrafe in der Citadelle Friedrichsburg bei Königsberg verurtheilt wurde.

Nachdem Ziethen mit geduldiger Ergebung in sein hartes und unverdientes Schicksal ein Jahr in jener Citadelle zugebracht hatte, kehrte er zurück, und mußte die traurige Erfahrung machen, daß der Haß des Stabsrittmeisters sich noch vermehrt hatte, und die Verfolgungen von Neuem begannen; sowohl in, als außer dem Dienste versäumte er keine Gelegenheit, Ziethen zu kränken und zu verletzen, um so mehr, als sämmtliche Offiziere, die sein zweideutiges Benehmen bei der Herausforderung Ziethen's verachteten, ihn offenbar vermieden und nicht mit ihm umgehen wollten. Dieß brachte den Stabsrittmeister endlich ganz außer aller Fassung, und er beschloß, sich ein= für allemal auf eine in die Augen fallende Weise zu rächen. Zu diesem Ende fiel er eines Tages bei hellem Mittage mit gezogenem Degen über Ziethen her, der eben von einem Besuche kam, und würde ihn wahrscheinlich meuchlings ermordet haben, wenn Ziethen nicht rasch den Degen gezogen hätte. Unglücklicher Weise brach aber die Klinge unter den wüthenden Schlägen seines Gegners, und der Angefallene hatte gerade nur noch so viel Zeit, dem Rittmeister das schwere Degengefäß in's Gesicht zu werfen, wodurch dieser betäubt zurücktaumelte. Ziethen sah sich jetzt nach einer andern Waffe um, und ergriff eine große Baumstange, mit welcher er die erneuerten Angriffe des Rittmeisters, welcher sich bald wieder erholt hatte, abwehrte. Endlich kam ein anderer Offizier dazu, der sich sogleich mit gezogenem Degen zwischen Beide warf, sie trennte, in Verhaft nahm und Beide in die Wache bringen ließ.

Abermals war es bei diesem Vorfalle das Schicksal Ziethen's, den Kürzeren zu ziehen. Ein höchst partheiischer Bericht ging nach Berlin, und ein Urtheil kam zurück, durch welches der Rittmeister zu einer dreimonatlichen Festungsstrafe verurtheilt, Ziethen aber kassirt wurde.

Höchst niedergeschlagen, aber getröstet durch sein Bewußtseyn, kehrte Ziethen auf sein Gut zurück, und in dieser Periode seines Lebens ist es, wo er sich unstreitig am Edelsten zeigte. Oft wurde ihm nämlich angeboten, in fremde Dienste zu treten, aber er hörte nicht auf die Stimme seiner gekränkten Ehre, sondern nur auf den Ruf der Vaterlandsliebe und des wahren Patriotismus. Er kam häufig nach Berlin und hatte hier das Glück, dem General=Feldmarschall von Buddenbrock und dem General=Lieutenant von Flanz persönlich bekannt zu werden, welche Männer bald erkannten, wie Unrecht dem verdienstvollen Ziethen geschehen sey, und Alles anzuwenden versprachen, den König wieder gnädig für ihn zu stimmen, was aber nicht leicht war. Indessen kam ein glücklicher Zufall dem Wohlwollen dieser Biedermänner zu Hülfe.

Im Jahre 1729 hatte nämlich der König bei seiner Tochter, der Markgräfin von Bayreuth, einen Besuch abgestattet und an dem Hofe derselben ein kleines Korps Husaren gesehen, welches eigentlich nur dazu bestimmt war, zum Staate dem Markgräflichen Wagen vorzureiten. — Die Uniform war auffallend zierlich; — und das Benehmen und der militärische Anstand dieses kleinen Korps gefiel dem Könige außerordentlich. — Er beschloß daher augenblicklich, ein ähnliches Korps in der Armee zu errichten, zu welchem Zwecke der Markgraf Sr. Majestät gleich eine bedeutende Anzahl auserlesener Leute schickte, welche als der Stamm betrachtet werden können, aus dem das später so berühmt gewordene Ziethensche Husaren=Regiment entstanden ist. — Den ganzen Winter war die Organisation dieses neuen Husarenkorps das Lieblingsgeschäft Sr. Majestät, und der General von Buddenbrock erhielt den Befehl, geeignete Männer zur Besetzung der Offizierstellen vorzuschlagen. Hier war nun Gelegenheit vorhanden, das gegebene Wort zu lösen und es geschah. Trotz dem, daß der König bei der bloßen Nennung von Ziethen's Namen schon in Zorn gerieth, gelang es den anhaltenden Vorstellungen der Gönner unsers Ziethen doch, ihm ein Lieutenants=Patent bei der neuerrichteten Husaren=Kompagnie zu verschaffen. — Im 32sten Jahre seines Alters trat Ziethen sein neues Dienstverhältniß in Berlin, wo die Husaren garnisonnirten, an, hatte aber bald die traurige Bemerkung gemacht, daß er hier eben so wie bei dem Schwendinschen und bei dem Dragoner=Regimente unendliche Händel und Unannehmlichkeiten zu gewärtigen haben würde. Sein Chef nämlich, der Rittmeister von Benekendorff, behandelte ihn auffallend streng, wozu wahrscheinlich die Aeußerung des Königs: „Ich hoffe, er wird sich künftig bessern und ruhiger verhalten, und ich will, daß sein Chef ein wachsames Auge auf ihn hat!“ Veranlassung gegeben hatte.

Diese Worte hatte der Rittmeister sich nur zu genau gemerkt, und dehnte seine Aufsicht weit über die Schranken des Dienstverhältnisses aus. — Ziethen aber hatte es durch die bittern Erfahrungen seiner frühern Laufbahn gelernt, sich zu beherrschen, und ertrug gelassen die oft erniedrigende Behandlung, die er sich von seinem Vorgesetzten mußte gefallen lassen, um so mehr, als der König ihm wieder seine ganze Gnade zugewendet hatte und ihn zur Anerkennung seines Eifers und seiner Diensttreue im Jahre 1731 zum Rittmeister bei der neuerrichteten zweiten Husaren=Kompagnie beförderte.

Um diese Zeit brach der Krieg zwischen Frankreich und Oesterreich über die polnische Thronfolge aus, in welchen auch das deutsche Reich wegen der Wegnahme von Kehl verwickelt wurde.

Der König, dem es nicht allein darum zu thun war, schön aussehende Soldaten zu haben, sondern hauptsächlich ihre Fähigkeiten für den Krieg ausbilden wollte, führte 10,000 Mann an den Rhein, wo aber die Unthätigkeit des schon altgewordenen Prinzen Eugen als österreichischen Feldherrn ihm bald den Aufenthalt verleidete. Der König ging daher nach Berlin zurück.

(Der Beschluß folgt.)

Das ostindische Nashorn.
(Rhinoceros indicus.)

Das ostindische Nashorn hat oben und unten zwei starke Vorderzähne und zwei kleinere zwischen den untern, und zwei noch kleinere außerhalb der obern. Auf der Nase befindet sich ein kegelförmiges, nach hinten gebogenes Horn, das bei ausgewachsenen Thieren 1 Fuß lang und noch darüber wird. Die Oberlippe hängt über die untere herab und hat in der Mitte einen dünnen Auswuchs, den das Thier verlängern und fingerartig bewegen kann, in dem ferner der feinste Sitz des Gefühles sich befindet und mit dessen Hülfe es Zweige von den Bäumen abbricht. Beide Lippen sind mit einer harten Kruste bedeckt.

Die dunkelbraune, hier und da röthliche Haut ist mit kleinen und größern Erhöhungen versehen und an mehrern Orten in große breite Falten neben= und übereinander gelegt. In der Tiefe oder in den Weichen der übereinander liegenden Schilde und Falten der schorfigen Haut ist diese weich und von fleischrother Farbe. Das ganze Thier scheint gepanzert oder mit dicken Decken behangen zu seyn.

Obgleich das Thier plump gebauet ist, so kann es dennoch schnell laufen. Es erreicht eine Höhe von 7 Fuß und eine Länge von 12 Fuß, lebt in Ostindien, besonders jenseits des Ganges, liebt die Einsamkeit und sucht daher dichte schattige Wälder in der Nähe von Sümpfen und Flüssen auf und nährt sich vorzüglich von Bäumen, deren Blätter und saftige Zweige es zermalmt und verzehrt.

Es fällt keinen Menschen ungereizt an, ist aber sehr wild und gefährlich, wenn es angegriffen und zur Wuth gereizt wird. Das Horn ist dann seine fürchterliche Waffe und die dicke Haut ist ihm die beste Rüstung.

Man fängt dieses Thier theils in Schlingen, oder in verdeckten Gruben, in welchen spitzige Pfähle aufgerichtet sind, theils wird es von Jägern, die auf Pferden sitzen, gejagt.

Obgleich sein Fleisch grob ist, so wird es doch gegessen. Das Horn wird zu Griffen, Bechern rc. verarbeitet und die Haut giebt das stärkste Lederwerk zu Panzern, Schildern, Kutschenriemen rc.

Die alten Römer hatten ein= und zweihörnige Nashörner bei ihren Kampfspielen; nach den Römerzeiten hat man aber nur einhörnige Nashörner nach Europa gebracht und zwar das erste 1513 nach Portugal, das zweite 1685 und das dritte 1736 nach England. Ein viertes Nashorn kam 1741 nach Am=

sterdam und später, 1746, nach Leipzig, wo man noch nie ein solches Thier gesehen hatte und wo es dem frommen Gellert die Veranlassung zu dem schönen Gedichte „der arme Greis" gegeben hat. Ferner kam 1770 ein Nashorn nach Paris, 1800 eines nach London und endlich 1819 eines nach Deutschland, das auch auf der Leipziger Messe gezeigt wurde, und also das zweite und letzte war, das man bis jetzt daselbst gesehen hat.

Wasserstoffgas zur Erleuchtung.

Obgleich sich diese Art der Erleuchtung immer allgemeiner verbreitet, so ist doch die Art der Bereitung dieses Gases wenig bekannt. Man bedient sich, um dieses Gas zu erlangen, eines Destillirgefäßes, in der Form eines länglichen, eisernen, viereckigen Kastens, welcher an einem Ende durch einen Schieber mit einer Schraube verschlossen ist. Nachdem man in diesen Kasten die nöthigen Steinkohlen geschüttet hat, werden dadurch nicht ganz versperrte Zugänge der Luft mit Töpferthon verschmiert.

Das Destillirgefäß wird in einen Back= oder andern Ofen gesetzt, in welchem man ein so starkes Feuer anzündet, daß das eiserne Destillirgefäß sich röthet, und die Steinkohlen destillirt werden. Das flüchtige Gas steigt durch eine Röhre von Eisen in ein eisernes Kühlfaß, worin sich der destillirte Theer und das Oel verdicken und im flüssigen Zustande in einer besondern Röhre niederschlagen. Dagegen steigt das leichte Gas in eine höhere Röhre und dann in eine dichtverschlossene Vorlage (Recipienten) voll Wasser. Das Gas sammelt sich oben in dieser Vorlage und drückt das Wasser wieder bis unter die kleinen Löcher unten an der Vorlage und entweicht in Blasen durch das Wasser in den Behälter, worin der Gasbehälter eintaucht, in dem sich das Wasserstoffgas anhäuft.

Der Gasbehälter ist gewöhnlich ein großer, fast immer walzenförmiger Kasten von Eisen oder Zinkblech, dessen Theile so dicht verbunden sind, daß das Gas nicht entweichen kann. Der untere im Wasser eingetauchte Theil ist offen und ebenfalls voll Wasser, so wie aber das Gas eindringt, verdrängt es das Wasser und hebt den Gasbehälter, welcher an Stricken hängt, welche über Rollen laufen und durch Gegengewichte gespannt erhalten werden.

Dieser Gasbehälter leitet die Ausströmung des Gases in den Erleuchtungskolben; denn das Destillationsgefäß liefert nicht immer in gleicher Maße das Gas, während der Destillirung der Steinkohlen. Wenn sich viel Gas aus dem Destillirungsgefäße erhebt, so steigt der Gasbehälter höher. Der Druck, welchen er auf das Gas ausübt, um dasselbe in die Leitungsröhren nach dem Erleuchtungskolben zu drängen, ist sich stets gleich, weil der Druck des Gases stärker ist, als derjenige des Gegengewichts.

Ehe das Gas in den Behälter eindringt, muß es durch eine beträchtliche Menge Kalkwasser strömen, welches ihm allen Pech= und Schwefelgeruch entzieht. Da, wo man diese Vorsicht gar nicht oder nicht im gehörigen Umfange anwendet, entzündet sich das Gas im Erleuchtungskolben entweder gar nicht oder verbreitet durch die Seitenströmung aus den nicht hinlänglich dichten Leitungsröhren einen widerlichen Gestank.

Die Erleuchtungskolben, worin das Gas verbrennt, haben die Form einer Röhre mit einer oder mehrern Mündungen, oder eines hohlen Ringes, welchem das Gas zugeleitet wird, und dieser Ring eine Zahl kleiner Löcher, aus welchen das Gas in der Form einer Krone hervordringt. Dieß ist die gewöhnlichste und zweckmäßigste Einrichtung; denn da der Sauerstoff der Luft bis zur Mitte der Flamme reicht und solche gleichsam umschließt, so ist die Verbrennung des Gases vollständiger und folglich die Flamme heller. Bringt man einen brennenden Körper an dieses Gas, so dauert die Verbrennung so lange fort, als die Leitungsröhren dem Erleuchtungskolben Gas zuführten.

Ein Gasbehälter von 3 Fuß Durchmesser und 4 Fuß Höhe würde etwa hinreichen, um für 40 Stunden das nöthige Licht einer guten argandschen Lampe zu liefern, oder um in fünf Stunden acht Flammen zu unterhalten, deren Helle 160 Flammen unserer Laternen mit Lichtwerfern gleicht, wozu etwa 18 Pfund gute Steinkohlen genügen.

Das, was von den Steinkohlen nach der Destillirung übrig bleibt, nennt man abgeschwefelte Steinkohlen (Cokes), deren Werth einen großen Theil der Erleuchtungskosten bestreitet.

Wenn man auf eine ähnliche Art Oel destillirt, so liefert das Oelgas eine viel hellere Flamme als die Steinkohlen. Obgleich jedoch die Steinkohlen in England häufiger und wohlfeiler sind als in Frankreich; so wendet man doch nur in England das Pflanzen=Oel, dessen Samen meistens aus der Fremde bezieht, zur Erleuchtung an, indem die jede Erfindung immer vervollkommnenden Engländer entdeckten, daß man zu einer gleichen Masse Licht weniger Oel=Gas als Steinkohlengas verbraucht. Zugleich erklärt uns dieß, warum Holstein, das seinen Rapsbau jährlich schon so erweitert hat, daß es mehr Raps als Weizen erbauet, für solchen gegen hohen Zoll auf stete Einfuhr in England rechnen kann und warum bei fortgehender Gaserleuchtung das innere Deutschland mit Recht den Anbau der Oelsaaten vermehrt.

Von dem Worte Pfennig.

Mancher hat wohl den Einfall gehabt, zu sagen, das Pfennig=Magazin müsse wohl ein gemeines Ding seyn, weil man es mit einem so gemeinen Namen benannt habe, und hat hernach sein Wort umgekehrt und gesagt, es sey zu gut, um mit einem so gemeinen Dinge, als ein Pfennig sey, verglichen und darnach benannt zu werden. Ein solcher bedenkt nicht, was das Wort Pfennig eigentlich bedeutet, und es ist nöthig, daß es hier beiläufig erklärt werde. Pfennig, eigentlich Pfenning, ist ein uraltes, deutsches Wort, das vor tausend Jahren Pfantinc geschrieben wurde und so viel heißt als Geld überhaupt; seiner eigentlichen Bedeutung nach ist es der Name eines jeden Stückes Metall, das rund wie eine Pfanne geschlagen und zum gemeinen Gebrauche bereitet ist. Ein Pfennig ist also nicht blos die kleine Kupfermünze, sondern es giebt auch Schaupfennige, Pathenpfennige, Gnadenpfennige und Denkpfennige von Gold und Silber, die wir billig um so mehr in Ehren halten, als sie anfangen selten zu werden. Auch weiß Jedermann daß ein Sparpfennig ein köstliches Gut ist, das schon Manchem aus der Noth geholfen hat, was nicht wohl geschehen könnte, wenn es nur ein einziger Kupferpfennig wäre. Wie manches Kind freut sich der blanken Mutterpfennige, die es im Sparbüchslein hat! Wie mancher unbemittelte Mann hat schon einem armen Reisenden ein Zehrpfennig gegeben und ein „Gott lohn' es!" dafür bekommen! Welch' ein wichtiges Ding ist bei verschiedenen Verträgen im gemei-

nen Leben der Haf..,,ennig und der Miethpfen-
nig, und wie mancher Mensch hat schon bei Gelegenheit des Beichtpfenniges Rath, Trost und
Ruhe gefunden! Hieraus geht hervor, daß ein Pfennig auch viel mehr seyn kann, als nur ein Kupferpfennig der blos zwei Heller werth ist. Damit will
man aber auch den Kupferpfennig nicht verachten; der
geneigte Leser erinnert sich wohl des Sprichworts:
Wer den Pfennig nicht ehrt, ist des Thalers nicht
werth! Der Pfennig ist also allerdings hoch zu achten; es ist nicht gut, wenn in einem Lande der Pfennig nichts gilt, d. h. wenn man kein Brötchen um
einen Pfennig kaufen kann, sondern das sind die wohlfeilsten Länder, wo es am meisten Pfennige und kleines Geld giebt. Für die Hoffart läßt sich freilich um
einen Pfennig nichts kaufen, darum bringt auch die
Hoffart manche Familie an den Bettelstab, deren Aeltern reich waren, weil die Großältern die Pfennige
zusammengespart hatten. Sonach wird wohl Niemand
im Ernste einen Pfennig als ein ganz unbedeutendes
und verächtliches Ding ansehen, besonders wenn er
weiß, daß unsre Vorfahren viel darauf gehalten und
manches Sprichwort darüber gehabt haben. So hatten sie die folgenden Reime:

> Freundschaft gehet für alle Ding.
> Das straf ich, sagt der Pfenning,
> Denn wo ich kehr und wende,
> Hat alle Freundschaft ein Ende.
>
> Iß und trink und hab fürgut,
> Denn zitlich Verderben wehe thut.
> Du magst ein Pfennig gesparen als schier,
> Als gewinnen, soltu glauben mir.

Sie sagten auch: Pfenning ist Pfennings Bruder, d. h. mein Pfennig ist deines Pfennigs Bruder;
oder: weil ich habe, sollst du auch haben. Ferner:
Wer einen Pfennig nicht eben so lieb hat, als einen
Gulden, der wird nicht leicht Gulden wechseln; aber
auch: Es ist ein guter Gulden, der hundert, und
ein guter Pfennig, der einen Gulden erspart. Dergleichen Sprichwörter giebt es noch mehrere; ich will nur
noch diese beiden ganz alten hersetzen:

> Wer der Pfening nit en hat, der gang an der toren rat.
> Wer zu drien Halbling (Heller) ist geboren, der kan
> zu zwo Pfening niemer komen.

Und nun will ich noch kurz sagen, warum diese
Schrift das Pfennig-Magazin genannt worden ist.
Ein Magazin heißt sie deswegen, weil, wie man in
einem Magazine keine Modewaaren, die schnell vergehen, sondern nur dauerhafte gute Waaren niederlegt,
so auch in diese Schrift kein leichtes loses Geschwätz
aufgenommen wird, sondern nur solche Sachen darin
beschrieben, erklärt und abgebildet werden, die Jedermann zu wissen nützlich sind und es immer seyn werden; und Pfennig-Magazin deswegen, weil dieses
Werk nicht für Fürsten ausgefertigt wird, um sich
von denselben ehren zu lassen, noch für Reiche, um
sich von ihnen theuer bezahlen zu lassen, noch überhaupt um großen Gewinnes willen, sondern zu Nutz
und Frommen Aller, besonders aber derjenigen Stände,
welchen sonst dergleichen nicht geboten wird, und welchen neben den Thalern und Groschen auch Pfennige
durch die Hände gehen; denn wer sein Vaterland und
Volk lieb hat, der sucht sich ihm nützlich zu machen,
und nimmt mit kleinem Verdienste vorlieb: wer aber
nur schafft, um reich zu werden, der hat seinen Lohn dahin.

Beschäftigung eines Studenten im 16. Jahrhunderte.

Heinrich Demesmes, der Sohn eines Professors der Rechte zu Toulouse und ersten Präsidenten
des Parlaments der Normandie, welcher, 16 Jahre alt,
die dortige Universität besuchte, sich durch seine Gelehrsamkeit auszeichnete, später viele hohe Staatsämter bekleidete und als Kanzler von Frankreich im J. 1596
starb, sagt von seinem Universitätsleben Folgendes:
Wir standen um 4 Uhr auf, und nachdem wir unser
Gebet verrichtet hatten, gingen wir um 5 Uhr in's
Collegium, trugen unsere großen Bücher unter dem
Arme und Schreibmaterialien und einen Leuchter in der
Hand. Ununterbrochen hörten wir bis 10 Uhr Vorlesungen, dann ging es zum Mittagsessen; vorher aber
brachten wir eine halbe Stunde damit zu, das Vorgetragene durchzusehen. Nach dem Essen lasen wir zur
Erholung den Sophokles, Aristophanes oder Euripides,
und oftmals Demosthenes, Cicero, Virgil oder Horaz.
Um 1 Uhr ging es abermals ins Collegium, um 5
Uhr auf die Studirstube, wo wir das Vorgetragene
nochmals durchgingen, und um 6 Uhr hielten wir
unser Abendessen, dann lasen wir griechische oder römische Klassiker. An Festtagen wohnten wir der Messe
oder der Vesper bei; verbrachten die übrige Zeit des
Tages mit Musik oder Spaziergang; zuweilen waren
wir bei unsern väterlichen Freunden zu Mittag, und
die übrige Zeit brachten wir bei den Büchern zu.

Der Baobab. (Adansonia digitata.)

Das Vaterland dieses prächtigen Baumes ist das
heiße Afrika, und vorzüglich gedeihet er im westlichen
Afrika zwischen dem Senegal und dem Gambia.
Dort hält man ihn für das größte und erhabenste
Erzeugniß des Pflanzenreichs, und wegen seines
ungewöhnlich großen Umfanges und edlen Ansehens
verdient er mit Recht den Namen: König der
Bäume. Sein Stamm ist wohl nicht höher, als
15 Fuß gefunden worden und hat oftmals nicht weniger, als 80 Fuß im Umfange; die untern mit
Büscheln von Blättern gezierten Aeste erstrecken sich in
großer Weite hin, und bilden eine Masse von Grün,
das ihm einen eben so erstaunenswerthen Umfang, als
ein schönes Ansehen giebt. Der Umfang eines vollkommen ausgewachsenen Baumes bildet an den Spitzen
der Aeste einen Kreis von 450 Fuß, so daß dieser
Haufen von Holz und Blättern mehr das Ansehen eines ganzen Waldes, als eines einzelnen Baumes hat.
In dem anmuthigen Schatten seiner ausgebreiteten
Zweige ist es wo der müde Neger, von der brennenden Sonne und der schwülen Luft durchglüht, sich
niederwirft, und sein schützendes Obdach ist es, unter
welchem der vom Sturme überraschte oder bedrohte
Wanderer seine Zuflucht sucht.

Die Blüthen sind so riesenmäßig wie der Baum,
welcher sie trägt; sie sind 4 Zoll lang und haben im
Durchmesser fast 6 Zoll und zeigen sich im Juli. Die
Früchte reifen in der zweiten Hälfte des Oktobers oder in
der Mitte des Novembers. Die Frucht ist in Form sehr
verschieden, zuweilen ist sie länglich und an den Enden
zugespitzt, oftmals vollkommen rund, und bisweilen hält
sie die Mitte zwischen beiden Formen, und eben so
verschieden ist sie an Größe. Sie ist 18 Zoll lang und mit
einer grünen Schale oder Hülse versehen, die getrocknet
eine dunkelfalbe und oftmals eine dunkelbraune Farbe annimmt. Sie ist mit sehr schönen Streifen geziert
und hängt an einem fast 2 Fuß langen Stiele oder

Stiele. Inwendig ist sie eine sehr saftige, schwammige Substanz von einer blassen Chokolatenfarbe; die Saamenkörner sind braun und gleichen an Form den Schminkbohnen. Die Rinde des Baumes ist beinahe einen Zoll dick, aschgrau, fettig anzufühlen und sehr weich; auswendig hat sie eine Art Firniß, die innere Seite ist glänzend grün und schön gefleckt mit glänzendem Roth. Das Holz des Baumes ist weiß, sehr weich und läßt sich gut bearbeiten; auch soll es manchen besondern Nutzen haben, den die Neger sehr hoch schätzen.

Der Baobab.

Das Alter dieses Baumes ist nicht weniger merkwürdig; aus den Namen und Jahreszahlen, die von Europäern in solche Bäume eingeschnitten worden, kann man abnehmen, daß ihre Dauer auf 5 bis 6 Jahrhunderte hinausgeht. Ja, Einige haben es aus den Holzringen auf 5 bis 6000 Jahre berechnet. Die Blätter sind in dem jugendlichen Alter des Baumes von einer länglich runden Form, 4 bis 5 Zoll lang und mit mannigfachen Adern versehen, die von der mittelsten Rippe in ein schönes und glänzendes Grün auslaufen; bei fortgeschrittenem Wuchse des Baumes und bei seinem Zunehmen an Höhe und Umfang verändert sich die Form der Blätter und sie theilen sich in 3 Theile; später, wenn er sein vollkommenes Wachsthum erreicht und umfangreich wird, theilen sich diese drei Theile in fünf, und das Blatt nimmt eine Form an, die einer Menschenhand nicht unähnlich ist.

Die Neger am Senegal trocknen die Rinde und die Blätter im Schatten, und bereiten daraus ein feines Pulver, welches von grüner Farbe ist und in leinenen oder baumwollenen Beuteln aufbewahrt wird. Sie gebrauchen dieses Pulver zu ihren Speisen, wie wir den Pfeffer und das Salz, nicht um der Speise einen guten Geschmack zu geben, sondern um ihrer Gesundheit willen, die Ausdünstung vollkommen beizubehalten und die Hitze ihres Blutes zu mäßigen, also zu Zwecken, die sehr wohl berechnet sind. In den Monaten September und Oktober, wenn der Regen plötzlich aufhört, dunstet, in Folge der Sonnenhitze, das stehende Gewässer aus und die Luft füllt sich mit schädlichen Dünsten, wodurch ansteckende Krankheiten entstehen. In dieser gefährlichen Jahreszeit nun wird ein leichtes Dekoft aus den im vergangenen Jahre gesammelten und sorgfältig im Schatten getrockneten Blättern des Baobab für ein großes Hülfsmittel gehalten.

Auch die Frucht ist nicht minder werthvoll, als die Rinde und die Blätter; das Fleisch derselben, in welchem die Saamenkörner enthalten sind, giebt eine angenehme und kühlende Nahrung von säuerlichem Geschmacke, und dient oftmals den Eingebornen zu einem Mahle; die Wohlhabenden mischen Zucker darunter, um die Säuren zu mäßigen. Die holzige Schale der Frucht, auch die verdorbene Frucht selbst, ist für den Neger eine sehr gute Zuthat zur Bereitung der Seife.

In Habesch hauen die wilden Bienen in dem Stamme des Baobab ihre Wohnungen, und der in ihm zubereitete Honig soll einen ganz eigenthümlichen köstlichen Wohlgeruch und einen sehr angenehmen Geschmack haben, weshalb dieser auch höher geschätzt und mehr als andere Sorten gesucht wird.

Die hohlen Stämme der abgestorbenen Bäume dienen zu Grabstätten für Dichter, Musiker oder Gaukler. Personen dieser Art stehen bei den Negern in großer Achtung; sie legen ihnen irriger Weise höhere Talente bei, als ihren andern Mitbrüdern, welche besondere Gaben für von einer Gemeinschaft mit Schicksalsgöttern, Zauberern und bösen Geistern erhalten sollen; sie werden daher, so lange sie leben, von ihren Stämmen sehr geachtet, und man macht ihnen den Hof. Aber nach dem Tode wird der Körper eines solchen Menschen mit so großem Abscheu betrachtet, daß man ihn nicht einmal der Feierlichkeiten der Verbrennung würdigt, noch in der Erde bestattet, noch in das Meer oder in einen Fluß wirft, und das aus der abergläubischen Furcht, daß das so entehrte Wasser den Fischen die Nahrung versagen und die Erde unfruchtbar werden würde. Um also die Körper auf irgend eine Art los zu werden, ohne die Erde oder das Wasser zu entwürdigen, steckt man sie in die hohlen Bäume, wo sie nicht in Fäulniß gerathen und mit der Zeit ganz trocken und dürr werden; sie bilden auf diese Art, ohne einbalsamirt geworden zu seyn, eigentliche Mumien.

Woche.

Am 11. Januar 1698 kam Peter der Große, Czar von Rußland, nach England, und arbeitete als Schiffszimmermann auf den Werften zu Deptford, um auch die Kenntnisse und Vortheile der englischen Schiffbauer nach Rußland verpflanzen zu können.

Der 12. Januar 1807 brachte ein großes und schweres Unglück über die Stadt Leyden in Holland. An diesem Tage sprang nämlich ein französisches, mit Schießpulver beladenes Fahrzeug in einem der Kanäle, welche die Stadt durchschneiden, in die Luft und zerstörte eine große Anzahl der nahe gelegenen Häuser. Einhundert und acht und zwanzig Menschen fanden dabei ihren Tod; und mehr als zwei Tausend wurden verwundet aus den Trümmern der Gebäude herausgezogen.

Am 13. Januar 1790 sprach der National=Convent in Frankreich die Aufhebung der Klöster aus.

Am 14., nach Andern am 26. Januar 1742 starb der berühmte englische Astronom, Edmund Halley, von welchem der Komet, dessen Wiederkehr in der zweiten Hälfte des Jahres 1835 erwartet wird, seinen Namen hat, weil er ihn zuerst beobachtet und seine Bahn berechnet hat.

Der 15. Januar 1559 war der Krönungstag der Königin Elisabeth von England, welche bis zum Jahre 1603 regierte, und die Schöpferin der englischen Seemacht genannt werden kann.

Am 16. Januar (nach andern Angaben am 17., nach noch andern schon am 1.) 1556 legte Kaiser Karl V., König von Spanien, die spanische Krone nieder zu Gunsten seines Sohnes Philipp II., und zog sich in das spanische Kloster St. Just in die Einsamkeit zurück, wo er zwei Jahre später, am 21. September 1558, starb.

Der 17. Januar 1756 ist der Geburtstag des größten deutschen Komponisten, des unsterblichen Mozart's.

Verlag von Bossange Vater in Leipzig.
Unter Verantwortlichkeit der Verlagshandlung.

Das Pfennig-Magazin

der

Gesellschaft zur Verbreitung gemeinnütziger Kenntnisse.

38.]   Erscheint jeden Sonnabend.   [Januar **18, 1834.**

Die neapolitanischen Maccaroniesser.

Der Maccaroniverkäufer zu Neapel.

Schimpfen, dieser erste Erguß einer gekränkten Seele, dies klassische Vorspiel der Kämpfe und des Prügelns, diese naive, oftmals von Zorn, Schelsucht, Bosheit und der ganzen Schaar niedriger Anlagen im Menschen vergifteten Waffe gereizter Empfindlichkeit, ist gegenwärtig bei keinem Volke (es müßten denn die Dänen seyn, welche darüber, wenn ich nicht irre, ein eigenes Wörterbuch besitzen) so ausgebildet und an der Tagesordnung, als bei den Italienern. Wie Einzelne, suchen Dörfer, Flecken, Städte und ganze Provinzen sich das Schlechteste nachzusagen, oder ihre lächerlichen Seiten dermaßen an's Licht zu stellen, daß im steten Ringen nach so erhabenem Ziele sie es hierin vielleicht sogar den alten Hebräern und

Griechen zuvorthun. — Den kleinen Gebietern Italiens blieb, im Grunde genommen, bei augenscheinlicher Ohnmacht nichts anderes übrig, — und so beschossen sie sich denn Jahrhunderte lang mit denselben Pfeilen, bis zuletzt die gegenseitig ertheilten Spottnamen zur stehenden Bezeichnung wurden, deren man sich in vorkommenden Fällen mit vieler Gewandtheit bediente. — Schimpfen z. B. auch die Neapolitaner die Mailänder lupi lombardi (lombardische Wölfe, Fresser), die Genueser Figoni (Feigenfresser) u. s. w., so bekommen sie sicherlich von ihnen die Ehrentitel ciuccie (Esel, Lastthiere) und Mangia-maccaroni (Maccaronifresser) zurück. — Bezeichnend sind jene Namen ohne Unterschied, aber dem letzteren muß man hierin den Preis zuerkennen; — denn im neapolitanischen Magenleben spielen die Maccaroni die erste Rolle. Nächst der Seligkeit, dem süßen Nichtsthun zu fröhnen, kennt der Neapolitaner keine höhere, als nach vollbrachtem Geschäfte so viel fidelini (Fädchen), gnocchi (Kötchen), lasagne (Bänder), vermicelli (Würmchen), Strangola-prevete (Pfaffenwürger) und andre Maccaronisorten in unglaublicher Menge zu verschlingen, als möglich. Tausendgestaltig, ein wahrer Proteus, erscheint diese Ambrosia wöchentlich wenigstens zwei Mal auf den Tafeln der Begüterten und Reichen, wo es als Voressen und erster Gang die Suppe vertritt. Aermlicher zubereitet, genießt es freilich der geringe Mann (z. B. der Lazzarone) entweder aus Wasser und Salz, wie man zu sagen pflegt, — etwas in Butter oder Schweinefett gewälzt und mit magerm Büffelkäse (caccia-cavallo) bestreut; — oder wenn es hoch kommt, in Fleischbrühe gekocht (maccheroni con o zughillo), wobei er sich so glücklich fühlt, daß er in der Wonne des Gefühls dem heiligen Januarius (San Gennaro) Etwas davon anbieten könnte. In Neapel, diesem Wespenneste der Menschheit, werden fast alle Gewerbe bei offenen Thüren oder auf freier Straße getrieben, daher man denn, wie die übrigen, auch die Maccaronitrödler an den Ecken, in den Winkeln, auf der Höhe, in der Tiefe, längs den Palästen, unter Bogengängen, in Kellern und freistehend, mit dem dazu gehörigen Kochapparate aufgeschlagen findet. Von fern schon erblickt man in Unzialschrift auf den daran ausgesteckten, mit Lorbeerkränzen (entweder laurus nobilis, oder laurocerasus, letztern aber am meisten) geschmückten Fahnen das Losungswort: Maccaroni! Evvivano i maccheroni (es leben die Maccaroni) und das die Käufer beruhigende „qui si mangia bene e si paga poco" (hier wird gut gegessen und wenig bezahlt) liest man an Säulen und Mauern. — Damit aber der Himmel den Wirth und den Gästen gnädig bleibe, und Jeder vor oder nach der Mahlzeit sein stilles Dankgebet verrichten könne, prangt der Madonna bekränztes Bild in der Bude selbst oder an deren äußerer Wand. — Gleich einem Wunderthäter oder Quacksalber, steht mit gespreizten Beinen, die linke Hand in die Seite gestemmt, mit der rechten aber an einem Holze die endlosen Fäden der Götterspeise aus der Tiefe des siedenden Kessels heraufziehend, der Garkoch, und verkündet laut rufend, als ginge es zur Schlacht, den vorübereilenden Schaaren der Bettler die Vortrefflichkeit seiner Waare. — Dem Gelüste zu widerstehen, ist unmöglich, Jeder, und sollte er den letzten Heller daran setzen, drängt sich herzu, verschlingt mit den Augen die leckere Kost, und kann die Zeit kaum erwarten, bis der Magen gefüllt und die Tasche geleert ist. — Schon der Hitze halber sind die Südvölker zur

Mäßigkeit gezwungen. Fleisch ißt man im Allgemeinen sehr wenig, — aber auch Maccaroni sind bei der Uebervölkerung der Stadt und dem geringen Verdienste den untersten Klassen zu theuer, so daß sie oft, aus der Noth eine Tugend machend, sich Wochen und Monate lang mit schwerem, unverdaulichem Maisbrode, grüner Suppe (minestra verde, sie besteht aus Kräutern, die, in Wasser gekocht, mit etwas dazu gegossenem Schmeer oder Speck gewürzt werden), einigen Zwiebeln und Knoblauch behelfen müssen. — Wie die Lazzaroni und ihre Sippschaft es treiben, gäbe ohne Zweifel Stoff genug zur Unterhaltung. — Da aber hier eigentlich nicht von der Masse des Volks, sondern der Maccaroni die Rede seyn sollte, so ist es wohl Zeit, daß ich abbreche, und von jener wieder zu dieser übergehe. — Sie besteht aus dem feinsten Mehle des in der Krimm wachsenden sogenannten russischen Weizens, der zu Napoli unter dem Namen grano duro (hartes Korn), oder grano del mar nero (Korn vom schwarzen Meere) bekannt, früher ausschließlich von Odessa und Taganrok zu Schiffe hierher kam. — Der große Verbrauch mochte die Einfuhr desselben dem Staate fühlbar machen; — genug man beschloß, die gewaltige Importe zu verhindern, ohne dem an jenen Teig gewöhnten Volke dafür einen hinlänglichen Ersatz zu geben. — Empört über diese Maßregel, erklärten sämmtliche Fabrikanten sich dagegen, indem sie behaupteten, daß, ohne die nöthigen Zuthaten, nicht allein die Güte der Waare leide, sondern auch der bana getriebene Handel in Stocken gerathe. — Tyrannisch, wie bei uns der Kaffee, beherrschten die Maccaroni das Land und dessen Hauptstadt, so daß, um Unruhen zu verhüten, man gezwungen war, das übereilte Verbot zurückzunehmen, und lieber den Anbau des grano duro in der Heimath zu versuchen. — Mit Vortheil kultivirt man seitdem die vorgenannte Kornart auch in Apulien, und schifft sie zu Manfredonia, Barletta, Bari und in andern Häfen des adriatischen Meeres ein, — von wo aus sie nach Napoli gebracht und unter dem Namen ihres jedesmaligen Stapelplatzes verkauft wird. Gleichwohl behält das russische Produkt den Vorzug, und wird nach wie benutzt, — da überdem der Ertrag des vaterländischen Bodens nicht hinreicht, um die unermeßliche Fabrikation der pasta fina zu bestreiten. — Diese ist eigentlich höchst einfach und gewährt oft das drolligste Schauspiel. Der Teig an sich besteht nämlich nur aus Weizenmehle (fiore di grano duro) und Wasser, welche beide so lange in einem Troge oder auf einem großen glatten Steine durcheinander geknetet werden, bis daraus jene zähe Masse entsteht, welche in verschiedenen Formen gepreßt unter uns als Maccaroni bekannt ist. — Menschenhände würden wohl nimmermehr hinreichen, dem Teige jene Dichtigkeit zu geben, welche ihn zur weitern Verarbeitung tauglich macht. Deshalb bedient man sich dazu eines unterhalb zugeschärften Balkens, der, mit dem einen Ende an einem beweglichen eisernen Bande in der Wand befestigt, sich horizontal drehen und lothrecht heben läßt. — Auf dem langen Ende des Balkens (der hier als Hebel wirkt) sitzen nun vier bis sechs braungelbe, der Hitze halber über dreiviertel entkleidete Kerle, und hüpfen singend, ohne Unterlaß den Balken hebend und niederdrückend, rückwärts und vorwärts, bis die Masse zu einer Zähheit gedieh, daß der schärfste Büchsenschuß nicht hindurch ginge. Hierauf wird sie gewaltsam durch Schraubenkraft und ein damit in Verbindung gesetztes, durch Menschen gedrehtes Steigrad in eine starke und große metallene Röhre gezwängt, an deren entgegengesetztem Ende sich die mit dem jedesmaligen Maccaronimuster durchbrochene Metallplatte befindet, aus deren Oeffnungen der Teig hervordringt, der nun von dem danebensitzenden Manne mit einem halbkreisförmigen, an der innern Seite geschärften Messer, welches sich um einen festen Punkt bewegt, in stetem Drehen abgeschnitten wird. — Freuen soll es mich, wenn, was ich bezweifle, meine Beschreibung des an sich einfachen Verfahrens auch ohne Zeichnung verständlich ist; doch sehe ich wohl ein, daß jene ohne diese nicht ganz frei von Dunkelheiten bleibt. — Auch zu Genua und in andern Theilen Italiens werden Maccaroni gemacht, aber der pasta della costa (Teig am Ufer), welche man längs dem Meeresstrande zu Torre del Greco, und Torre dell' Annunziata u. s. w. verfertigt, kommen jene nicht bei. — Am wunderlichsten erscheinen bei der Fabrikation die auf dem Kneteballken sitzenden, hin- und herhüpfenden, versengten und haarigen Neapolitaner, deren unbegrenzte Geschwätzigkeit und fratzenhaftes Mienenspiel das mühsame Geschäft zur drolligsten Posse verwandelt. — Nacktheit mit Schönheit verbunden, ist ein hoher Genuß! — aber dieß dürre, nußbraune, behaarte Affengeschlecht, dessen sinnlicher Uebermuth eine fortlaufende Zote zur Welt bringt, mit allem natürlichen Witze doch eine so seltsame Erscheinung, daß man, in die Urtheile der übrigen Provinzen Italiens einstimmend, nicht umhin kann zu gestehen, die Neapolitaner seyen ihrer vorherrschenden Neigungen wegen mit Recht ciuccie! — und mangia-maccaroni genannt. —

Kurze Geschichte der Erfindung des Dampfwagens; nebst Beschreibung eines nach einem ganz neuen Prinzipe gebauten Fuhrwerkes dieser Gattung.

Schon im Jahre 1759 wurde Watt, der berühmte Verbesserer der Dampfmaschine, durch seinen Freund Robinson auf die Idee gebracht, die Dampfkraft auf Fortschaffungsmittel, und namentlich auf Wagen anzuwenden. In einer zu Dr. Robinson's Mechanik von Watt hinzugefügten Note spricht sich Letzterer darüber so aus: „Im Jahre 1759 wurde auf Veranlassung meines Freundes Robinson, der damals Student in Glasgow und ungefähr in meinem Alter war, zuerst meine Aufmerksamkeit auf Dampfmaschinen gerichtet. Er entwarf schon damals einen Plan, wie man Dampfkraft nicht allein auf Wagen, sondern auch zu vielen andern Dingen anwenden könnte. Unsere gegenseitige Trennung brach jedoch die weitere Verfolgung dieser Idee ab." Wie nun gewöhnlich die ersten Versuche neuer mechanischer Kompositionen den beabsichtigten Leistungen nicht entsprechen und noch Unvollkommenheiten enthalten, so genügte auch Watt's erster Versuch der Anwendung des Dampfes auf Wagen nicht; er ging daher von seinem Vorhaben ab. Eine allgemein gefaßte Beschreibung der Einrichtung seines Dampfwagenmechanismus enthält die vierte Artikel seines ersten Patents von 1769; eine specificirtere ist dem Patente von 1784 beigegeben. So lange jedoch von den beiden Bewegungen des Stämpels, nämlich der auf- und der abgehenden, nur eine durch die Spannkraft des Dampfes, die andere jedoch durch Gegengewichte oder Luftdruck erzeugt wurde, mußte ein auf das Fortbewegen eines Wagens eingerichteter Mechanismus jenen entweder sehr unansehnlich machen, so daß es schwer hielt, ihm eine elegante Form zu geben, oder es könnte, wenn man diesen Mangel beseitigte, die Wirkung der Kraft nicht sehr beträchtlich seyn. Erst die Erfindung der Hachdruck-Maschine, d. h. derjenigen mechanischen Einrichtung, bei welcher der Dampf abwechselnd von beiden Seiten wirkt, hatte die Einführung der Dampfwagen in ihrem Gefolge. Die Herren Trevithick und Vivian, denen man jene Erfindung verdankt, erhielten im März 1802 ein Patent auf die Anwendung der Dampfkraft auf Wagen, welche in Schienenwegen laufen. Der erste von ihnen in Thätigkeit gebrachte Dampfwagen lief auf der Merthyn Tydwil-Eisenbahn in Südwales. Er legte in einer Stunde 5 englische Meilen zurück, und war zum Transport des Stangeneisens, von welchem er 200, auf verschiedenen Wagen vertheilte, englische Centner zog, bestimmt. Der allgemeinen Einführung dieses Maschinensystems war, wie von Trevithick und Vivian selbst bemerkt wird, sein Mangel an Anhalt (hold or adhesion) hinderlich. Sie machten zwar den Vorschlag, den Umfang der Räder mit hervorstehenden Unebenheiten, als Nägeln rc., zu versehen, jedoch könnte die Abhülfe des Uebels auf diese Art nur ein anderes, die Zerstörung der Eisenschienen, zur Folge haben. So blieb die Sache bis 1811, wo Blenkinsop auf einen Dampfwagen ein Patent erhielt, welcher die merkwürdige Einrichtung hatte, daß zwei gezahnte, auf einer gezahnten Eisenbahn laufende Räder die Bewegung auf die andern Räder übertrugen; so hatte die Maschine eigentlich 6 Wagenräder; der übertragende, aus 3 Rädern bestehende Mechanismus war unterhalb der Maschine. Sie hatte 2 Cylinder, in deren jedem eine Kurbelstange arbeitete. Zwischen den Cylindern war die ableitende Dampfröhre; die Esse bildete die Fronte des Wagens. Es war durch dieses System in so fern ein Fortschritt gemacht, als der Wagen (was bei Vivian nicht der Fall gewesen war) Anhöhen hinanrollen konnte. Nachdem der Mechanismus des Dampfwagens durch William und Edward Chapman eine Verbesserung durch Anwendung des „unendlichen Bandes" erhalten hatte, konstruirte Brunten eine ganz eigenthümliche Einrichtung, durch welche der ganze Dampfwagen, der bis auf die Cylinder, die Dampfaustrittsröhre und das gezahnte Räderwerk ganz die Form der Blankinsopschen hatte, von Hebeln gleichsam fortgeschoben wurde. Sie wirkte mit einer 6 Pferdekräften gleichkommenden Kraft. Im Verlaufe der nachfolgenden Jahre wurden mehrere Mechaniker, als Blackett, Wylam, Stephenson u. m. a. für besondere Principien des Dampfwagenmechanismus patentirt. Durch den von den Direktoren der Eisenbahn zwischen Liverpool und Manchester ausgesetzten Preis von 550 Pfund Sterling auf die Verfertigung eines, nicht mehr als 120 Centner wiegenden, und in einer Stunde 10 engl. Meilen zurücklegenden Wagens wurde der Erfindungsgeist für diesen Zweig der Mechanik vorzüglich angeregt; es traten vier talentvolle Mechaniker auf den Turnplatz des Wetteifers: Stephenson, Braithwaite und Hackworth. Der Wagen Braithwaite's durchlief mit einer Last von 225 Centnern $4\frac{1}{2}$ deutsche Meile, und ohne Last 6 deutsche Meilen in einer Stunde; er hatte jedoch bei dem Wettlaufe das Unglück, schadhaft zu werden, und Braithwaite zog sich von der Konkurrenz zurück. Stephenson, dessen Wagen in einer Stunde 4 deutsche Meilen ($18\frac{4}{5}$ engl. Mln.) zurücklegte, wurde die Prämie zuerkannt. Auch der gegen-

wärtig auf der Eisenbahn zwischen Liverpool und Manchester verkehrende Dampfwagen ist von Stephenson
erbaut. Er legt in 2 Minuten 45 Sekunden eine
englische Meile, und folglich in einer Stunde $21\frac{9}{11}$
engl. Meilen (welches beinahe $4\frac{3}{5}$ deutsche Meilen beträgt) zurück.

Der Einführung des Dampfwagens auf gewöhnlichen Landstraßen hatten sich mancherlei Hindernisse in
den Weg gestellt: zuvörderst mußte, wenn die Wirkung derselben den Dampfwagen auf Eisenbahnen gleichkommen sollte, eine zehn Mal größere Dampfkraft
aufgeboten werden, indem die Reibung auf den Eisenbahnen zehn Mal geringer ist, als die auf den
Landstraßen. Ferner konnte die Bestimmung derselben
sich nur auf Passagiertransporte beschränken, indem
eine Reihe dem Dampfwagen auf einer gewöhnlichen
Landstraße angeschlossenen Wagen keine Ablenkungen
von dem geraden Straßenzuge ohne Gefahr erlaubt
haben würden. Auch war man besorgt, daß die
Pferde durch eine so ungewöhnliche Erscheinung scheu
gemacht werden würden. Die Hauptbedenklichkeiten,
also die physischen Hindernisse, entmuthigten jedoch den
Erfindungsgeist, dem es vorbehalten war, alle Schwierigkeiten zu besiegen, keineswegs, und man hat sogar
auf Mittel gedacht, eine Reihe Wagen mit der Dampfmaschine ohne Gefahr zu verbinden.

Die gelungenste Arbeit dieser Art wird uns von
einem Augenzeugen des ersten mit ihr angestellten
Versuches beschrieben:

„Die Mechanik feiert einen neuen Triumph; ich
selbst bin Zeuge davon, indem ich in einer Dampfkutsche auf der hügeligen und ungeraden Landstraße
von Orford nach Birmingham reiste. Ich kann Ihnen in diesem Augenblicke nur einen flüchtigen Bericht unserer Fahrt und eine kurze Beschreibung der
staunenerregenden Maschine geben. Ihre Erfindung
rührt vom Seekapitän Ogle und seinem Geschäftstheil-
nehmer Summer her, und ist die erste, welche eine
so große Fahrt auf einer Straße ohne Eisenschienen
und von so ungleicher Beschaffenheit zurückgelegt hat.
Der mittlere Belauf ihrer Geschwindigkeit ist in einer Stunde 12 engl Meilen; und bergabwärts
würde sie deren 50, ja 100 machen, wenn man das
Hemmwerk nicht gebrauchte; ein Umstand, welcher für
das Lenken der Dampfkutsche eine unverwandte Aufsicht erforderlich macht.

Die Fahrt von Orford aus gewährte mir ein
herrliches Schauspiel; da sie gerade am heiligen Aegi-
diustage vor sich ging, so waren die Straßen mit einer großen Volksmasse aus der Stadt und den umliegenden Dörfern gefüllt, welcher Anblick mir das
Gewühl einer großen Volksmenge in Juggernauth in's
Gedächtniß zurück rief; denn es war, als ob die schwere
Maschine, gleich dem Wagen jenes Götzenbildes, seine
Bewunderer zermalmen sollte. Doch hatte man Sorge
getragen, das Publikum auf die Gefahr, welcher es
sich aussetzen könnte, aufmerksam zu machen, und als
man eine freie Passage gebildet hatte, bewegte sich das
Fuhrwerk innerhalb der Mauern der schönen Stadt
mit einer Schnelligkeit von 10 (engl.) Meilen und
außerhalb derselben von 14 Meilen in einer Stunde.
Schon einige Tage früher hatte man den beabsichtigten ersten Reiseversuch öffentlich bekannt gemacht. Jedoch hatte man nicht eher irgend eine Unterstützung dieses
großartigen Unternehmens in Anspruch nehmen wollen,
als bis Birmingham wirklich erreicht worden wäre,

welches ihm denn auch in eben so vollem Maße, als
der verdiente allgemeine Beifall zu Theil wurde.''

Abbildung des neuen, für gewöhnliche
Landstraßen bestimmten Dampfwagens von
Ogle und Summer.

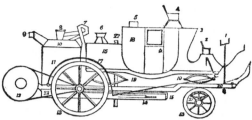

1) Handgriff zum Lenken des Steuers. 2) Sitz für den
Conducteur. 3) Vordersitze für vier Personen. 4) Plätze
für außerhalb sitzende Passagiere. 5) Kasten für Geräthschaften. 6) Sitz des Heizers. 7) Röhre für den überflüssigen Dampf. 8) Oeffnung, durch welche der Heerd
gespeist wird. 9) Die Esse. 10) Der Kessel. 11) Der
Heerd oder Ofen. 12) Gebläse, welches durch einen mit
der Radare verbundenen Riemen in Thätigkeit gesetzt wird.
13) Die Räder, welche sehr solid und breit sind. 14) Der
Stämpel. 15) Die horizontalliegenden Cylinder der Maschine. 16) Der Wasserbehälter. 17) Das von dem Conducteur geleitete Hemmwerk. 18) Die Kutsche mit acht
Sitzen für Reisende. 19) Die elastischen Federn. 20) Das
Gestell. 21) Die Springfedern auf den Aren, auf denen
der Wagen ruht. 22) Pumpe. 23) Der Schlackenbehälter
durch welchen ein Luftstrom von dem Gebläse aus geht.

Das Krokodil im Kampfe mit einer Schlange.

Die Krokodile sind als furchtbare Thiere, die
Menschen und Thieren gefährlich werden, längst bekannt. Ihr Kopf und Leib ist flach, der Schwanz
von der Seite zusammengedrückt, und das ganze Thier
ist mit starken, gewölbten Schuppen oder Platten bedeckt. Auf dem Schwanze steht ein hoher knochiger
Kamm. Die Zehen sind mehr oder weniger durch
Schwimmhäute verbunden. Die Zunge ist fleischig,
dick und unbeweglich, und die Kiefern haben eine
Reihe eingekeilter spitzkonischer Zähne.

Sie leben nur in süßen Gewässern, in welchen
sie sich mit vieler Schnelligkeit bewegen können. Langsam und ungelenkig aber sind sie auf dem festen Lande;
besonders hindern sie die Seitenfortsätze ihrer Hals-
wirbel, sich seitwärts zu wenden.

Ihre Größe, ihre Stärke und die scharfen Zähne
im weiten Rachen machen sie furchtbar.

Ihre hartschaligen Eier gleichen an Größe den
Gänseeiern.

Ihr Alter bringen sie sehr hoch.

Man theilt sie gewöhnlich in 3 Gattungen.

1) Die eigentlichen Krokodile, unter die
das bekannte Nilkrokodil gehört, haben ganze Schwimmhäute an den Hinterfüßen und der Oberkiefer ist vorn
an der Seite zur Aufnahme des vierten Unterkieferzah-
nes ausgeschnitten.

2) Die Gavial's haben eine sehr verlängerte walzige Schnauze und mehr Zähne, als die andern beiden Gattungen.

3) Die Kaiman's oder Alligator's haben an den Hinterfüßen eine halbe Schwimmhaut, im Rande des Oberkiefers ist nicht ein Ausschnitt, sondern eine Grube, in die der vierte Unterkieferzahn eingreift und die Schnauze ist breit und stumpf. Die Kaiman's leben nur in Amerika.

Diese kurze Charakteristik hielten wir für nöthig,

Das Krokodil im Kampfe mit einer Schlange.

der Beschreibung des beigegebenen Bildes vorauszuschicken. Für die Zukunft werden wir vielleicht eine ausführliche Darstellung, besonders der Lebensart dieser Thiere, diesen Blättern übergeben; jetzt wollen wir aber nur eines einzigen Zuges aus ihrem Leben gedenken.

Mehrere Reisende behaupten, besonders vom nordamerikanischen Alligator und vom Krokodil des Orinoko, daß das Weibchen sich ein förmliches Nest für seine Eier bereite. Es wähle nämlich etwa 50 — 60 Schritte vom Wasser in einem dichten Gesträuche oder im Schilfrohre einen Ort, wohin es Blätter, Stöcke, moderige Gegenstände u. s. w. im Rachen trage. Auf diese lege es ungefähr zehn Eier und bedecke sie mit denselben Materialien. Die ganze Stelle werde dann mit langen Gräsern überflochten, so daß es schwer halte, durchzubrechen. So lege es mehrere ähnliche Nester an, bis es 50 — 60 oder mehr Eier gelegt habe. Das Weibchen bewache die Stelle, sey äußerst scheu und grimmig, und gehe blos der Nahrung wegen von Zeit zu Zeit in's Wasser. Da es nun aber immer denselben Weg gehe und dadurch wegen des schweren Körpers einen ordentlichen Pfad bilde, so sey das Nest leicht aufzufinden. Die Eier, erzählen sie ferner, würden durch die Gährung der faulenden Stoffe, nicht durch die Sonne allein ausgebrütet, und die Jungen arbeiteten, nachdem sie aus dem Eie gekommen, sich sehr bald durch das Nest und seyen sehr lebhaft. Das Weibchen führe sie nach dem Wasser, am häufigsten in kleine abgesonderte Gewässer,

weil das Männchen sie jetzt verfolge und zu Hunderten verschlinge.

So zeigte denn also auch dieses furchtbare Thier mütterliche Liebe, wenn man jenen Reisenden glauben darf, unter denen wir besonders Audubon und von Humboldt nennen. Unsre Abbildung führt uns einen Akt dieser Mutterliebe vor. Sie führt uns an das Nest eines Krokodils, und zwar zu einem Zeitpunkte, wo das mütterliche Krokodil einen seiner größten Feinde, eine große Wasserschlange, für den Diebstahl, den sie an den Eiern begehen wollte, fürchterlich bestraft. Ob die großen Schlangen wirklich zuweilen Appetit nach jenen Eiern zeigen, das wagen wir nicht mit Gewißheit zu behaupten; doch unsere Abbildung scheint darauf hinzudeuten; denn der Kopf der Schlange befindet sich noch über dem Eie.

Fürchterlich ist der Kampf der Krokodile mit allen großen Schlangen. Die Schlange sucht dem gewaltigen Rachen ihres Feindes auszuweichen und umschlingt den Körper mit Blitzesschnelle, wird im Kampfe oft losgeschüttelt, kehrt aber augenblicklich wieder zurück und drückt endlich ihren Gegner todt, wenn es diesem nicht gelingt, sie zwischen seine Zähne zu fassen, in welchem Falle die Schlange bald verloren ist. Das Letztere ist auf unserm Bilde der Fall; die Schlange, zu schnell vielleicht von dem seine Eier in Gefahr sehenden Krokodile überfallen, konnte dem weiten Rachen des wüthenden Thiers nicht entgehen, und mußte so, trotz ihren mannigfaltigen Windungen, ihren Tod finden. Schlüßlich müssen wir noch auf das kleine Krokodil aufmerksam machen, das so eben auskriecht, und mit so gierigem Blicke und so schnellem Schritte aus dem Sie hervorkommt, daß es scheint, als ob es seiner Mutter, die muthig für seine noch im Sie verschlossenen Brüder kämpft, zu Hülfe eilen wollte.

Das britische Unterhaus
(Beschluß.)

Eine Motion kann in drei verschiedenen Formen verworfen werden: erstens durch eine direkte Verwerfung; zweitens durch Aussetzung des Beschlusses, oder durch Vertagung; drittens durch die angenommene Vorfrage im Parlamente, ob die Entscheidung bewilligt oder ausgesetzt werden soll. Wenn nämlich die Frage gestellt wird, ob eine Bill zum zweiten Male verlesen werden soll, so können deren Gegner nach der ersten Methode ihr Nein erklären. Es ist aber gewöhnlicher, daß die zweite Vorlesung über 3 oder 6 Monate ausgesetzt wird. In solchem Falle wird dem Hause die Frage vorgelegt, ob die vorgeschlagenen Worte eingerückt oder ausgelassen werden sollen. Die dritte Methode ist besonders bei den verlangten Rückerstattungen im Parlamente herkömmlich. Es klingt milder, wenn eine Resolution nicht deutlich die Bill verwirft, sondern sich begnügt, daß die Frage der Annahme in einer gewissen Frist nicht gestellt werden soll.

Wenn eine Bill, ehe sie an das Haus der Gemeinden gelangt, bereits im Hause der Lords durchgegangen ist, so ist aus Achtung vor dem Hause der Lords keine Motion über die Frage, ob sie zum ersten Male vorgelesen werden darf, nöthig. Eben so hält es das Oberhaus, wenn die Bill bereits im Hause der Gemeinden passirt ist.

Uebrigens kann eine Bill in jedem Stande der Berathung über solche verworfen und in den sogenannten Kommissionen jeder Artikel, jede Linie und jedes Wort streng geprüft werden. Ein Mitglied des Hauses der Gemeinden kann während jedes Schrittes der Berathung auf die Vertagung der Berathung einen Antrag richten und solchen so oft wiederholen, als ihm beliebt, und in den Kommissionen jedes Mitglied statt des Antrags auf Vertagung das Verschieben der weiteren Berathung verlangen, was freilich zum nämlichen Ziele führt.

So lange der Sprecher auf seinem Stuhle sitzt, kann ein Mitglied nur ein Mal seine Meinung vortragen, es sey, daß er Einiges näher erläutern will, was andern Mitgliedern dunkel schien. Nur hat der Steller eines Antrags dem Gegner zu repliciren, d. h. ihn zu widerlegen. Jedoch kann jedes in einer allgemeinen oder besondern Kommission redende Mitglied das Wort, sowohl über die Hauptfrage, als über jede specielle, während der Debatten aufgeworfene Frage ergreifen.

Die Rechte des Unterhauses sind sehr groß. Bis zum Jahre 1706 umfaßte es blos England und seine Kolonieen, seit dem Jahre 1706 noch Schottland und seit dem Jahre 1800 auch Irland, indem Schottland und Irland eben so, wie England, in's Haus der Gemeinden Deputirte schicken. Kein Gesetz kann beschlossen werden, ohne Zustimmung des Königs, der amtlichen oder erblichen Volksvertretung des Hauses der Lords und der Wahlrepräsentation des Hauses der Gemeinden. Was alle drei beschlossen haben, heißt eine Akte des Parlaments. Die beiden Häuser beschützen die Form der Regierung, ordnen die Auflagen und bewilligen die zu den Staatsbedürfnissen ge-hörige Geldhülfe. Sie haben die Pflicht, die Verletzer der Freiheit der Nation, mit Einschluß der Minister, vor sich zu fordern, wobei das Haus der Gemeinden anklagt und dasjenige der Lords richtet.

Im Oberhause hält der König die Rede, womit er das Parlament eröffnet, zu welcher Handlung auch das Haus der Gemeinden berufen wird.

Das Parlament beider Häuser kann vom Könige vertagt (adjournirt), auf längere Zeit entlassen (prorogirt) und gänzlich aufgelöst werden. Nach einer Prorogation beginnen alle Verhandlungen von Neuem. Kein Parlament darf länger als 7 Jahre bestehen und länger als 3 Jahre prorogirt oder aufgelöst bleiben. Der Tod des Königs löst es von selbst auf. Das Parlament kann sich selbst auf einige Tage adjourniren. Jedes Haus führt seine Verhandlungen für sich, bis es zum Schlusse in seiner Mehrheit gelangt ist. Kein Mitglied beider Häuser kann für sich, seine Bedienten, Güter und Grundstücke während der Parlamentszeit mit Arrest belegt werden.

Bei'm Eröffnen des Parlaments wird der Sprecher gewählt, welcher das Wort und die Verhandlungen des Unterhauses leitet, und die Ausschüsse beschäftigen sich mit den Privilegien des Hauses, mit den streitigen Wahlen, mit den Beschwerden des Volks, mit dem Handelswesen u. dergl. m., auch mit der Dankadresse an den König für die gehaltene Anrede. Zu jedem Parlamente werden neue Wahlen vorgenommen, welche jedoch die alten Mitglieder wieder treffen können. Die Abgeordneten sind nicht an die Vorschriften ihrer Wähler gebunden.

Die Mitglieder stimmen bei der Zählung der Meinungen mit für und wider.

Wanderung der Vögel.

Auch die Vögel haben ein Vaterland, wo sie die schönste Zeit ihres Lebens zubringen, ihre Jungen erziehen und mit ihrem Gesange die horchende Welt erfreuen. Doch die ganze Familie erhebt sich, und Eltern und Kinder verlassen ihren Geburtsort und reisen in's Ausland. So ist ihre Zeit beinahe in zwei Hälften getheilt: die eine wird in der Heimath zugebracht und die andere in der Fremde. Alle Vögel, mit Ausnahme derjenigen, deren Gewohnheiten durch einen langen Aufenthalt in der Stadt verändert worden, haben in einem höhern oder niedern Grade dieses zeitbestimmte Verlangen, die Welt zu sehen. Der angeborne Trieb entsteht plötzlich und ist unvorbedacht; beinahe alle Vögel sind heute hier, und morgen ist nicht Einer zu sehen. In der Gefangenschaft bemerkt man an ihnen eine plötzliche Unruhe; da haben sie, wie gewöhnlich, zu Abende ihre Schlafstelle besetzt, und schlummernd raffen sie sich auf, flattern und stürzen mit Besorgniß und Angst herab. Diese unruhige Bewegung währt mehrere Tage. Ein Theil quält sich zur Tageszeit, der größte Theil unter dem schützenden Schatten der Nacht, und andere auch zu beiden Zeiten. Auf dem Zuge über Land machen sie des Futters wegen Halt; aber selten schlafen sie, bevor sie ihren Bestimmungsort erreicht haben. Sie fliegen gewöhnlich in einer so großen Höhe, daß sie öfter gehört als gesehen werden, und immer fliegen sie gegen den Wind.

Der Zweck ihrer Wanderung ist die Befriedigung ihres Nahrungstriebes. Die nördlichen Gegenden der Erde sind von jeher der Aufenthalt unzähliger

Millionen Wasservögel gewesen, wo in weitgedehnten, sumpfigen Strecken von unvergänglichem Schnee begrenzt, niemals ein anderer Ton, als ihr trauriges Gekreisch das schaudervolle Echo geweckt hat. In Sicherheit erziehen sie dort ihre Jungen, und so lange der Sommer dauert, gewährt ihnen die erstaunliche Menge Insekten ein niemals fehlendes Mahl. Aber sobald die belebende Sonne sich zurückzieht, der frostige Wind und der schwere dicke Nebel ihre Herrschaft beginnen, fühlen sie die Vorboten des todten Winters und ein ahnender Naturtrieb sagt ihnen, daß der Mangel kommt zeigt ihnen ein Land der Fülle und bestimmt sie, ihre Reise anzutreten. Sehenswerth ist dann das Schauspiel, wie unter der Leitung des Schöpfers unzählige Schaaren in der Luft schweben, jede Art von einem Anführer mit der größten Regelmäßigkeit angeführt, mit der unglaublichen Schnelligkeit von 20 Meilen in einer Stunde in südliche Länder sich begeben.

Noch ist hier zu bemerken:

1) Ihre Menge. Die Vögel ziehen in Parthien von größerer oder kleinerer Anzahl, je nachdem die Art ist; aber in jedem Falle sind sie sehr zahlreich. Ein Seefahrer sah auf seiner Fahrt nach Australien einen dichten Zug Sturmvögel, der von 150 bis 240 Fuß tief und 900 Fuß und darüber breit war, und ununterbrochen mit der Schnelligkeit einer Taube volle anderthalb Stunden währte. Nimmt man nun an, daß sich diese Säule 130 Fuß dick und 900 Fuß breit 6 Meilen in einer Stunde bewegte, und giebt man jedem Vogel 9 Kubikzoll Raum, so war wohl die Anzahl derselben 151,500,000.

Die Wandertauben in den vereinigten Staaten ziehen in einer noch erstaunenswerthern Menge; denn nach der Berechnung eines dortigen Naturforschers soll ein Zug, der vier Stunden währte, wenigstens aus 2,230,272,000 Tauben bestanden haben.

2) Ihre Schnelligkeit. Um über das Meer zu ziehen, haben die Vögel natürlich eine ungemeine Schnelligkeit nöthig, wenn sie nicht vor Hunger und Mattigkeit umkommen sollen; aber daß sie auch wirklich die nöthige Flugkraft besitzen, wird man aus folgenden Angaben ersehen:

Die Mauerschwalbe fliegt im Durchschnitte 100 Meilen und hat noch gemächlich Zeit, Nahrung zu sich zu nehmen, Materialien zu ihrem Neste zu sammeln u. s. w., der Goldadler durchschneidet die Luft 8 Meilen — in einer Stunde.

Im Jahre 1830 wurden 110 Tauben von Brüssel nach London gebracht, und den 19. Juli d. J., Vormittags um $\frac{3}{4}$ auf 9 Uhr von dort wieder losgelassen; eine erreichte Antwerpen, 186 engl. Meilen von London, um 2 Uhr 18 Minuten Nachmittags, oder in $5\frac{1}{2}$ Stunden; fünf kamen 8 Minuten später dahin; dreizehn andere brauchten 8 Stunden zu dieser Reise. Eine andere Taube flog von London nach Mastricht, 260 engl. Meilen, in $6\frac{1}{4}$ Stunden.

3) Ihre Figur im Fluge. Die Vögel bilden auf ihrem Zuge eine bestimmte Figur, die ihrer Gestalt, Kraft, Bestimmung, ihrem Fluge ꝛc. angemessen ist. Die merkwürdigsten Figuren bilden die Züge wilder Gänse; denn ihr hoher und geordneter Zug ist keilförmig; jeder einzelne Vogel schneidet die Luft mit einer geringern Anstrengung, und die Abwechselung der Figuren V, A, L oder einer geraden Linie wird wohl von dem Zugführer verursacht, der seinen Posten an der Spitze des Winkels aus Mattig-

keit verläßt, sich in den Nachtrab stürzt und seine Stelle einem Andern überläßt.

Ein sonnenklarer Tag entlockt der ziehenden Ringeltaube ein Girren, der Amsel und Lerche einen sanft rührenden Gesang.

Eselsmilch.

Der König Franz I. von Frankreich fühlte in Folge seiner Kriegszüge, und freilich auch seiner Ausschweifungen mit dem andern Geschlechte, eine solche zunehmende Schwäche mit Engbrüstigkeit, daß er und seine Aerzte, welche kein Heilmittel mehr kannten, seine Herstellung zu bezweifeln anfingen, als Einer der Höflinge berichtete, daß Einer seiner Bekannten, der auch in ähnlicher Schwäche sich befunden hatte, durch einen jüdischen Arzt in Konstantinopel glücklich geheilt worden, befahl der König seinem Botschafter am Hofe des Sultans, den israelitischen Arzt, es koste, was es wolle, zu bewegen, daß er nach Paris die Reise mache, um den König zu heilen. Der Arzt ließ sich diesen Antrag gefallen, kam, sah den König und heilte ihn, ohne andere Arzenei, als durch den täglichen Genuß von Eselsmilch, was seine Höflinge beiderlei Geschlechts als eine leichte Kur nachahmten. Als aber Se. Majestät nach ihrer Genesung ihre früheren Ausschweifungen wieder erneuerte, vermochte der Leibarzt aus der Levante den im Lebensgenusse ausschweifenden König nicht wieder herzustellen, welcher 1547 starb.

Chassé.

David Heinrich Baron Chassé (sprich Schaffee), königlich niederländischer General der Infanterie, geboren zu Thiel in der Provinz Geldern den 18. März 1765, hat sich in der neuesten Zeit durch die bekannte tapfere Vertheidigung der Citadelle von Antwerpen so berühmt gemacht, daß die bedeutendsten Umstände aus seinem Leben verdienen erzählt zu werden. — Schon im zehnten Jahre seines Alters trat Chassé in den Soldatenstand; im Jahre 1787, als die Empörung in Holland ausbrach, war er Kapitain und Gegner der sogenannten oranischen Parthei, wobei nur zu bemerken ist, daß die sieben vereinigten Provinzen Hollands damals von einem — mit beschränkter königlicher Macht — regierenden Fürsten, unter dem Titel: Erbstatthalter, aus dem alten fürstlich-oranischen Hause stammend, beherrscht wurden. Diese Unruhen, von dem damaligen Könige von Preußen, Friedrich Wilhelm II., (er war der Bruder der Gemahlin des Erbstatthalters) durch die Macht der Waffen unterdrückt, — nöthigten viele Gegner der oranischen Parthei, nach Frankreich zu flüchten; so auch Chassé, der aber, als zu Ende 1794 und zu Anfange 1795 der französische General Pichegru Holland eroberte, unter dessen Fahnen als Obrist-Lieutenant in sein Vaterland zurückkehrte. — In den Feldzügen von 1799 bis 1806 focht nun Chassé stets in den Reihen seiner Landsleute, welche damals Verbündete Frankreichs waren, zeichnete sich durch Muth und Entschlossenheit überall aus, machte als Brigade-General den Krieg in Spanien mit, und ward wegen seines tapfern Benehmens in den Gefechten bei Oeanna zum Baron und Kommandanten des Union-Ordens ernannt. Während der letzten Kampf-Tage des Kaisers Napoleon gegen die Alliirten war es Chassé welcher sich vorzüglich bei Bar sur Aube hervorthat, und diese vom weitern Vordringen mit seiner Brigade abhielt.

Chassé.

Als Holland im Jahre 1814 als selbstständiger Staat wieder in die Reihe der europäischen Mächte eintrat, erhielt Chassé das Kommando des 4ten Armeekorps in Antwerpen; nachdem aber die im Jahre 1830 ausgebrochene belgische Revolution zur europäischen Angelegenheit geworden, die Trennung Hollands und Belgiens von den hohen vermittelnden Mächten ausgesprochen war, glaubte doch Chassé ganz in dem Sinne seines, jene Maßregeln nicht anerkennenden Königs zu handeln, wenn er, wenigstens die Citadelle von Antwerpen — da er die Stadt nicht behaupten konnte — vertheidigte; das geschah auch, als von Seiten Frankreichs, welches die Truppen, und Englands, welches seine Zustimmung gab, die förmliche Belagerung im Spätjahre 1832 begann. Drei Wochen dauerte dieselbe, und nur nachdem die Citadelle kaum mehr als ein Steinhaufen, alle Munition der Belagerten verschossen, die größere Anzahl der letzten gefallen war, übergab der alte tapfere Kommandant das, was noch verblieb, an die Franzosen, welche ihn nach Frankreich abführten, wo man bis zum Jahre 1833 ihn behielt, dann aber nach Holland zurückschickte, wo er mit allen Ehrenbezeigungen empfangen ward. Seitdem lebt er ohne weitere Anstellung in seinem Vaterlande, geachtet und geliebt von seinem Könige, wie von seinen Landsleuten.

Woche.

Am 18. Januar 1595 ließ Mahomed III., türkischer Sultan, ein und zwanzig seiner Brüder, nebst zehn Frauen derselben erdrosseln.

Am 19. Januar 1576 starb der Dichter Hans Sachs, 82 Jahre alt, in seiner Vaterstadt Nürnberg. Sein eigentlicher Beruf war das Schuhmacher-Handwerk, in welchem er die gehörigen Lehr- und Wanderjahre überstanden und dann sich in seiner Heimath niedergelassen hatte. — Er war ein Zeitgenosse Lu-

ther's, ein großer Verehrer dieses Mannes, so wie auch seiner Lehren, zu denen er sich öffentlich und unverholen bekannte. — Als Dichter sagten ihm auch die neuen deutschen Kirchen-Gesänge, vorzüglich die von Luther selbst gefertigten, sehr zu, und Letztern nannte er deshalb die Wittenbergische Nachtigall; von ihm selbst ist das Lied: „Warum betrübst du dich, mein Herz?'' Im Ganzen herrscht freilich in Hans Sachs's Schriften noch der damals gebräuchliche rauhe Ton; allein es ist diesem einfachen Manne, der sich ganz allein durch sein Streben ausgebildet hatte, sowohl Witz, als Gemüthlichkeit, Naivetät und geistreiche Erfindung nicht abzusprechen; es sind seit seinem Tode bis 1791 mehrere Ausgaben seiner schriftstellerischen Werke erschienen, welche in Gedichten, allegorischen (bildlich-andeutenden) Erzählungen und sogenannten Schwänken bestehen.

Am 20. Januar 1790 starb zu Cherson in der Krimm John Howard, ein höchst edler Mann, der von seinem 20sten Jahre an in seinem Vaterlande — England — nichts that, als sich um die Verbesserung und Hülfsleistung der untern Stände zu bekümmern. Zu diesem Behufe bereiste er die Anstalten aller Art, die darauf abzweckten, als Armen- und Zuchthäuser — Spitäler — Lazarethe und Gefängnisse, und durchzog deshalb beinahe ganz Europa, gab nützliche Schriften darüber heraus, that persönlich außerordentlich viel Gutes, und ward endlich selbst ein Opfer eines epidemischen Fiebers im 65sten Jahre seines Alters.

Am 21. Januar 1793 ward Ludwig XVI., König von Frankreich, — nachdem er von jener Versammlung von Männern, welche unter dem Namen National-Konvent die Regierung an sich gerissen hatten, zum Tode verurtheilt worden war — in Paris früh halb 11 Uhr durch die Guillotine hingerichtet, nachdem er fast 39 Jahre gelebt und 18 Jahre regiert hatte.

Am 22. Januar 1732 übernahm der Reichstag zu Regensburg die sogenannte pragmatische Sanktion, oder das politische Testament Kaiser Karl's VI. zur Aufrechthaltung. Dieses für die Ruhe Deutschlands wichtige Dokument garantirten gleichfalls mehrere Mächte; es ward aber späterhin nicht beachtet, und daher entstand der sogenannte österreichische Erbfolgekrieg, den der Aachener Friede 1748 endete. Auch der siebenjährige Krieg war noch eine Folge dieses, durch viele hunderttausend Bajonette bestrittenen Erb-Recesses.

Am 23. Januar 1809 war die Schlacht bei Corunna in Spanien, zwischen dem englischen Feldherrn Moore und dem französischen Marschall Soult. Der Tod jenes zog allgemeine Verwirrung unter den Engländern herbei, und sie wurden zur Flucht und zur Einschiffung genöthigt.

Am 24. Januar 1743 ward der berühmte italienische Dichter, Graf Alfieri, im Piemontesischen geboren. Hohe wissenschaftliche Bildung, welche sich sogar auf das Studium der deutschen Literatur während seines Aufenthaltes in Göttingen, erstreckte, — eine sehr lebendige rege Einbildungskraft, verbunden mit der Gabe, mit Leichtigkeit in jeder Versart dichten zu können, schuf ihm einen großen Namen, und noch jetzt werden, vorzüglich seine Trauerspiele, unter die besten italienischen Dichtungen gezählt. Er starb 1803,

Verlag von Bossange Vater in Leipzig.
Unter Verantwortlichkeit der Verlagshandlung.

Das Pfennig-Magazin

der

Gesellschaft für Verbreitung gemeinnütziger Kenntnisse.

39.]   Erscheint jeden Sonnabend.   [Januar 25, 1834.

Der Dom zu Ulm.

Der geringen Anzahl der Bewohner Ulms und ihren frühern ärmlichen Verhältnissen gemäß, lag sonst auf dem Friedhofe vor dem Frauenthore daselbst die einzige Metropolitane der Stadt, zu Allerheiligen oder der lieben Frauen genannt. Jeder Bürger, der nicht die Klosterkirchen innerhalb der Ringmauern besuchen wollte, mußte, um seine Andacht zu verrichten, dorthin, welches bei einfallendem schlechten Wetter nicht allein unbequem, sondern in jenen Zeiten des Unfriedens und der Fehden, wo Wegelagerer und trotzige Ritter, die auf Unkosten der arbeitenden Klasse wie Beduinen und kalabrische Banditen vom Sattel lebten, den ruhigen Bürger brandschatzten oder gar ermordeten, höchst gefährlich war. Ulm gehörte damals zum Großbunde der Städte, welche ihre Reichsunmittelbarkeit selbst gegen deren Oberhaupt zu vertheidigen wagten. Karl der Vierte, erbittert, daß sie seinen bereits zum römischen Könige erwählten Sohn,

Wenzel den Vierten, als solchen nicht anerkennen wollten, zog deshalb im Gefolge mehrerer Bischöfe, des Burggrafen von Nürnberg, der Grafen von Würtemberg und Hohenlohe, des Herzogs Friedrich von Teck, und mehrerer Ritter und Knechte vor die Stadt, und lagerte sich bei Elchingen, von wo aus er ihr vielen Schaden zufügte. Mit Hülfe von Memmingen und andern Städten thaten sie dem Kaiser indeß solche Gegenwehr, daß er unverrichteter Sache am 7ten Tage mit Roß und Reisigen wieder abziehen mußte. — Eine Kraftäußerung erzeugt aber bald die andere! Denn kaum war er fort, als Jung und Alt herbeieilte, die vor dem Frauenthore liegende Kirche niederriß, die besten Statuen, Fragmente und Bilder in Sicherheit brachte, und man allgemein den Beschluß faßte, den gegenwärtigen Münster (den Dom) zu erbauen. — Gesagt, gethan! Man erkaufte zu dem Ende ein in der Mitte der Stadt gelegenes Nonnenkloster nebst einigen andern Häusern, und trug sie ab, um das Werk an deren Stelle alsbald zu beginnen. — Hierbei war der Eifer so groß, daß Leute aus allen Ständen selbst auf ihren Schultern das dazu nöthige Material herbeischafften, und ausdrücklich verboten wurde, andere Fürsten zur Beisteuer aufzufordern, oder gar, wie es bei Errichtung des Straßburger Münsters der Fall war, vom Papste Ablaßbriefe zu erbitten, an den Marienfesten in allen Kirchen eine Büchse aufzustellen und die Leute zu reichlicher Beisteuer zu ermahnen. — Unter Gesang und Musik legten, am letzten Tage des Junius 1377 in Begleitung der vornehmsten Einwohner der Stadt, der Bürgermeister Ludwig Kraft, der Stadthauptmann Conrad Besserer und Herr Johann Echinger, genannt Habvezt (welcher sich 1376 bei der Belagerung Ulms bedeutend hervorthat) den Grundstein des Doms. — Bei dieser Gelegenheit gaben die Anwesenden eine so reichliche Beisteuer, daß unverzüglich der Bau begonnen werden konnte. Religiöser und patriotischer Eifer, diese mächtigen Hebel alles Guten und Großen, thaten Anfangs Wunder; allein im Verlaufe von 130 Jahren, innerhalb welcher das Heiligthum bis zu seiner gegenwärtigen Gestalt gedieh, erkaltete allmählig die frühere Gluth; mit dem Handel ging der Reichthum verloren, und mit diesem der Plan, den Ulmer Münster prachtvoller, seinen Thurm aber noch kolossaler und schöner, als den Straßburger, aufzuführen. — Diese geschichtliche Skizze seines Entstehens und Werdens möge hinreichen, und ich gehe nun zum Gebäude selbst über, welches unter den Denkmälern altdeutscher Kunst eine der ersten Stellen einnimmt. — Um Jemandem einen Begriff von der Größe und Ausdehnung eines Dinges beizubringen, sind gewiß Zahlen ein sehr unvollkommner Behelf; allein da selbst Zeichnungen in verjüngtem Maßstabe eben so wenig einzig und allein zum Verständnisse hinreichen, so mögen beide vereint den vorgesetzten Zweck wohl am besten erreichen. Was die Kirche betrifft, so darf man behaupten, daß sie den Straßburger Münster und die St. Stephanskirche in Wien bei weitem an Größe übertreffe. — Ihre äußere Länge beträgt nämlich 485', die innere, vom Haupteingange unter dem Thurme auf der westlichen Seite bis zum Chore 316' 4'', und mit Einschluß des letztern 416' 4''; bei der Straßburger Kathedrale 355' und bei der St. Stephanskirche 342'. Die Höhe des Mittelgewölbes ist 141'; die des Chors 90' und die der Seitengewölbe 70½'. — Die innere Breite des ganzen Gebäudes hält 166' 4'', die äußere aber 200'. Von diesen kommen auf das Mittelge-

wölbe 52', auf jedes Seitengewölbe 50' und auf die zu beiden Seiten des Mittelgewölbes stehenden Pfeiler 14'. — Sechs hohe und breite Eingänge, je zwei und zwei auf der Süd-, West- und Nord-Seite, führen in das Innere des Gotteshauses. Vier derselben, auf der süd- und nördlichen Seite, sind mit Bildern geziert, die aus der alten Pfarrkirche hierher gebracht wurden. Zwei und funfzig Fenster mit Spitzbogen und zierlich gehauenen steinernen Stäben sollten die ganze Kathedrale, neun aber deren Chor erhalten. — Sieben und zwanzig Fenster, jedes 27' hoch und 13' 4' breit, sind im Mittelgewölbe, zwölf auf jeder Seite und drei gegen Abend. In den Seitengewölben befinden sich 25 Fenster, 13 darunter, eines gegen Abend, hat das nördliche und 12 das südliche. — Sie sind 50' hoch und 9' breit. Nach dem ersten Plane sollte die Kirche aus drei in einander geschlossenen hellen Gewölben bestehen, doch so, daß das mittlere, welches bis zum Thurm fortläuft, die doppelte Höhe der 70½' hohen Seitengewölbe, also 141' bekäme. Der Chor sollte in gleicher Breite an das Mittelgewölbe anstoßen, nicht so hoch wie dieses, aber doch höher als jenes, und 90' hoch seyn. — Die reichen und frommen Ulmer ermangelten nicht, ihre Kirche so auszuschmücken, daß das Innere dem Aeußern vollkommen entspräche. Durch die am Ende des 15. Jahrhunderts lebenden geschickten Glasmaler, Hans Wild und Crämer in Ulm, so wie von den beiden Bildhauern Jery Sürlin (Vater und Sohn) wurden zu dem Ende die Fenster, die in ihrer Art vielleicht nirgends so schönen Chorstühle, die herrliche Kanzel und der Taufstein verfertigt. Früher besaß dies Gotteshaus wohl 52 Altäre, welche alle reich begabt und geschmückt waren. Als aber zur Zeit der Reformation die erhitzten Gemüther ihren Zorn an Etwas abkühlen wollten, warfen sie dieselben hinaus und rissen sogar mit Pferden die Orgel herab. Wie denn Parteienwuth keine Grenzen kennt, und im Wahnsinne auch wohl das Beste vernichtet, zertrümmerte man damals gewiß größtentheils die in den hohen Fenstern befindlichen Glasmalereien (die noch vorhandenen des Chors ausgenommen) und entkleidete das Innere des Tempels dermaßen von allem Schmuck, daß es, seines ehemaligen Glanzes beraubt, nichts darbot, als hohe Gewölbe, kahle Wände und helle Scheiben, deren nüchternes Licht bis auf den heutigen Tag den Farbenzauber der ältern nicht ersetzt. Aehnlich jenem in der Lorenzerkirche zu Nürnberg, von Adam Kraft, steht hier an der rechten Wand vor dem Chore ein wohl 90' hohes Sakramenthäuschen aus Gußstein (?), welches, über alle Begriffe zierlich gearbeitet, ein Menschenleben erfordert zu haben scheint. — Dieses, wie alles Uebrige, genauer zu beschreiben, würde zu weit führen und den Thurm gänzlich in Vergessenheit bringen. Er sollte das Meisterstück des Baues werden und dem Ganzen die Krone aufsetzen. — Wie des Christen Herz sich nach dem Jenseits sehnt, so sollte des Thurmes Fuß die Erde, seine Spitze den Himmel berühren. Allein weil alles Menschliche vor der Gottheit in den Staub sinkt, gelang es dem Matthäus Ensinger (?), dessen Baumeister, nicht, ihn bis über die Höhe von 237' heraufzuführen, und eine alte Sage erzählt, der Künstler habe deshalb sich aus Verdruß von dort herabgestürzt. Ohne die Wahrheit dieser Erzählung näher zu untersuchen, ist es ausgemacht, daß eines Tages (1493), während des Mittagsgottesdienstes, einige große Steine aus dem Thurmgewölbe herabstürzten, und erschreckt deshalb alle Anwesenden die Kirche verließen. Bald berief man daher (im J. 1494) den Erbauer von St. Afra zu Augsburg, Burghard Engelberg, nach Ulm, der zur Zufriedenheit Aller, um fernere Gefahr zu verhüten, den Thurm mit einer Mauer unterfuhr und dadurch jeder weitern Senkung desselben zuvorkam. — Furchtsam gemacht, theilte man damals auch die beiden Seitengewölbe, jedes in zwei kleinere, die man mit runden, nicht im Style der übrigen verfertigten Pfeiler unterstützte, — so daß jetzt die früher dreischiffige in eine fünfschiffige Kirche verwandelt wurde. — In unsern Tagen hat man das Innere derselben wieder aufgefrischt, ihm einen neuen Anstrich gegeben, die Fenster gereinigt und Alles nach Kräften gesäubert und polirt; — jedoch kehrte, troß aller darauf verwendeten Sorgfalt, die sonstige Herrlichkeit nicht zurück, obgleich Jeder gestehen muß, daß in den Hallen und Thürmen auch dieses deutschen Domes der Geist unserer Väter sich ein dauerndes Denkmal setzte.

Die besten Mittel, sich Kenntnisse zu erwerben.

A. Welche Mittel sind wohl die besten, um sich Kenntnisse zu erwerben?

B. Demjenigen, welcher wahrhaftig und eifrig besorgt ist, seinen Geist kenntnißreich zu machen, gewährt jede Minute Zeit und jeder Umstand Gelegenheit dazu. Die volkreiche Stadt giebt ihm eben so, wie das einsame Landhaus, reichlichen Stoff zur Beobachtung, Auseinandersetzung und Vergleichung, und der prächtige Palast ist eben so, wie die mit Lilien umgebene Hütte, an moralischer und wissenschaftlicher Belehrung gehaltreich. Jedoch giebt es zwei Hauptmittel, nämlich Lesen und Unterhaltung.

A. Welches von diesen ist wohl nüßlicher?

B. Einen allgemeinen Nußen gewährt das Lesen, da es den großen Vortheil vor der Unterhaltung hat, daß wir dadurch mit den Weisen der frühern Zeit vertraut werden und uns die Thaten der längst vergangenen Generationen bekannt machen, und so erhalten wir zu gleicher Zeit Belehrung und Beispiel. Die Unterhaltung hat jedoch den Vortheil, daß wir über Sachen belehrt werden, die in den Schriften nicht deutlich und klar genug gegeben sind, oder ihrer Neuheit wegen gar nicht darin gefunden werden.

A. Da nun jedes seine besondern Vortheile hat, welches ist wohl empfehlenswerther, Lesen oder Unterhaltung?

B. Wenn jedes seinen wirklichen Nußen gewähren soll, so muß man sich beider befleißigen.

A. Fleißiges Lesen mag wohl wünschenswerth seyn, aber der Unterhaltung befleißigt sich ein Jeder.

B. Das ist ein großer Irrthum, denn es sind sehr Wenige, die sich gut zu unterhalten verstehen; ja, um sich gut zu unterhalten, muß man sich erst eine Menge Kenntnisse erworben haben, was nur durch Emsigkeit, Beharrlichkeit und Aufmerksamkeit erlangt werden kann.

A. Ihre Meinung überrascht mich sehr.

B. Es mag Sie noch so sehr überraschen, ich glaube, diese Meinung ist nicht falsch. Wie viele unterhalten sich über Nichtigkeiten, über Zoten! Sieht man nicht täglich Menschen, die durch ein eigenliebiges, ärgerliches und niedriges Geschwäß sogar die Aufmerksamkeit einer Gesellschaft auf sich zu ziehen suchen? Sind etwa solche Schwäßer fleißig und lehrreich in der Unterhaltung? Im Gegentheile, sie wollen Geräusch machen und vergeuden die Zeit.

A. Aber das sind auch schlecht erzogene Menschen, welche die Aufmerksamkeit auf sich zu ziehen suchen und Andere ihre Meinung zu sagen abhalten.

B. Und doch, es thut mir leid, dieß sagen zu müssen, giebt es Viele, die in jeder andern Beziehung sehr wohl erzogen sind und dennoch allzu sehr diese höchst unfeine Gewohnheit an sich haben.

A. Wie soll man sich denn nüßlich unterhalten?

B. Daß man einen richtigen Verstand zeige, sich anständig betrage und begierig sey, Belehrung zu erhalten. Der gesunde Verstand wird Sie verhindern, Nichtigkeiten und Lächerlichkeiten in's Gespräch zu bringen; der Anstand läßt Sie alles das vermeiden, was Andern Verdruß oder Schmerz machen könnte, und die Lernbegierde wird Sie aufmerksam zuhören lassen und Keinen unterbrechen. Die Lernbegierde ist sehr wohl mit der geduldigen Aufmerksamkeit verträglich; denn wenn Sie einen Menschen nach einem Wege oder Orte, wohin Sie gehen wollen, fragen, quälen Sie ihn da mit Hererzählung Ihrer häuslichen Umstände oder körperlichen Leiden?

A. Das wäre ja lächerlich.

B. Ja, so und noch weit unnüßer ist das tägliche Geschwäß von zwei Dritteln unserer Nebenmenschen. In welche Gesellschaft Sie gerathen, leiten Sie Ihr Gespräch darauf, womit Ihr Gesellschafter bekannt ist, und Sie werden sich ihm gefällig und sich selbst nüßlich machen. Besuchen Sie wohlgesittete Gesellschaft, Ihre Frage sey bescheiden, hören Sie aufmerksam zu, behalten Sie das Gehörte, vermeiden Sie jedes unnüße Geschwäß, und Sie werden einen solchen Schaß von Kenntnissen erlangen, daß Sie in spätern Jahren der Lehrer Anderer seyn können.

Der Backstein=Thee.

In den Theefabriken China's, die sich größtentheils in der Statthalterschaft Fo=Kien befinden, werden bei der Zubereitung jeder Art Thee die verwelkten, unreinen und verdorbenen Blätter und Stengel des Theebaumes weggeworfen; klebrige Massen darunter gemischt, dann in längliche Formen gedrückt und in Defen getrocknet. Die kleinen viereckigen Balken nennen die Russen wegen ihrer Gestalt Backstein=Thee. Die Chinesen treiben damit einen bedeutenden Handel, trinken ihn aber niemals selbst. Die Mongolen und der größte Theil der Völker, die als Nomaden in der ganzen Ausdehnung Mittelastens herumziehen, gebrauchen ihn gewöhnlich zum Tranke und zur Speise. Die Mongolen, Buräten und übrigen Bewohner der Gegend Sibiriens am Baikal, eben so auch die Kalmücken nehmen zur Zubereitung desselben ein kleines Stück eines Theebacksteins, stoßen es in einem besondern kleinen, hölzernen Mörser, schütten den feingestoßenen Theestaub in eine Schaale von Gußeisen, die über dem Feuer mit heißem Wasser steht, wobei sie zugleich etwas Salz und Milch hinein thun. Zuweilen mischen sie auf Butter geröstetes Mehl darunter; dergleichen Thee oder Bouillon ist unter der besondern Benennung Saturán bekannt. Er ist selbst für einen Europäer ziemlich schmackhaft, schweißtreibend und nahrhaft. Alles hängt von der Geschicklichkeit und Reinlichkeit des Kochs ab. Dieser balkenförmigen Stücke des Backstein=Thees bedient man sich auch bei jenen Völkern, so wie in Daurien, im Handelsverkehre statt gangbarer Münze. In Sibirien trinkt man ihn sehr häufig, oft drei Mal des Tages; dann ist er aber der Gesundheit nachtheilig.

Das Ei des Columbus.

Der vorstehende Holzschnitt nach einem Stiche des berühmten englischen Zerrbildners Hogarth giebt einen Auftritt aus Columbus Leben, der neben einem scharfen, gebührenden Verweise auch zugleich eine beherzigungswerthe Wahrheit versinnlicht. Bei einem Gastmahle nämlich, das der Großkardinal von Spanien, Pedro Gonzalez de Mendoza, dem fürstlich geachteten Entdecker der neuen Welt zu Ehren mit damals bräuchlicher Feierlichkeit gab, fragte diesen ein neidischer, kleingeistiger Höfling keck und vorlaut: ob er denn meine, Niemand außer ihm wäre im Stande gewesen, diese Entdeckung zu machen? Statt aller Antwort ersuchte Columbus die ihn umgebende Tischgesellschaft, ein Ei, das er aus der aufgetragenen Schüssel nahm, auf den Kopf oder die Spitze zu stellen. Alle versuchten es, aber vergebens. Da stieß Columbus es so auf den Tisch, daß die Spitze des Eies zerschellt und flach wurde, das Ei mithin auf dieser so gewonnenen Fläche stand. Gewiß die bündigste Antwort, welche thatsächlich aussprach, daß, wo Muth und Genius vorangegangen, nachzugehen gar leicht sey. Der dummdreiste Trotz des Fragers, die Verblüfftheit, die tändelnden Versuche, das Gefoderte zu leisten, die Erboßung, auf so etwas Natürliches, Kinderleichtes, wie Columbus ganz gemächlich es ihnen vormachte, nicht gefallen zu seyn, sind recht ergötzlich dargestellt. Ist es doch, als sollte der den Tisch anspringende, sein Bravo bellende Hund die edlen Herren alle beschämen. So bestätigt sich auch zugleich das Dichterwort, daß der Genius mit der Natur so in ewigem Bunde stehe, daß, was der Eine zusage, die Andere gewiß leiste; daß aber die That des Genius eine göttliche Eingebung sey, welche nur anerkannt, nicht splitterrichterlich getadelt, noch kleingeistig abgeleitet und erklärt zu werden fodere und verdiene.

Die Cochenille. (Coccus Cacti.)

Wie in den ältesten Zeiten die Purpurschnecke durch die prächtige Farbe, die sie lieferte, berühmt geworden war, so ist auch die Cochenille aus gleichem Grunde in den neuesten Zeiten berühmt geworden. Sie liefert die schöne rothe Farbe, die man Karmin nennt, wird von den Färbern zum Färben der Zeuge gebraucht, ist deßhalb Einer der wichtigsten Handelsartikel unserer Zeit und verdient daher auch mit Recht eine genaue Betrachtung.

Die Cochenille gehört in die Gattung der Schildläuse. Die Männchen sind sehr klein, hellroth und mit zwei zarten milchweißen Flügeln versehen, die sie in der Ruhe auf dem Rücken über einander legen. Von dem hintern Ende des Körpers laufen zwei lange weiße Fäden. — Die Weibchen sind verhältnißmäßig größer, ihr Körper ist fast eirund, dunkelroth und durch Einkerbungen in Ringe getheilt und zwischen dem ersten Fußpaare ist ein Saugrüssel, mit welchem sie die Pflanzen anbohren und ihren Saft aussaugen. Im natürlichen Zustande sind sie auch mit einer weißen, baumwollenartigen Substanz überzogen.

Nach der Begattung stirbt das Männchen sogleich, das Weibchen lebt aber etwa noch einen Monat, bis es die Jungen hervorbringt, wobei es auf einer Stelle sitzen bleibt, je mehr es Junge hervorgebracht hat, desto dünner wird, und endlich ganz zu einer Kruste vertrocknet, unter der die Jungen, wie unter einem Schilde, noch einige Zeit lang wohnen.

Die Jungen sind im Anfange noch so klein, wie eine Nadelspitze, und Männchen und Weibchen unterscheiden sich dann nur durch die Größe, indem die Weibchen stets viel größer sind. Beide erscheinen als blutrothe Punkte, aus deren Oberfläche lange weiße Härchen kommen, die endlich einen dichten Ueberzug bilden, der sie vor dem Einflusse der Witterung und der ihnen schädlichen Insekten sichert. Die Männchen wechseln nun öfters die Haut, die sich endlich mit den weißen Härchen, welche klebrig sind, zu einem Säckchen gestaltet und so die Puppen= oder Nymphenhülle bildet, aus der das vollkommene Insekt endlich hervorkommt. Die Weibchen ändern ihre Gestalt gar nicht; sie wachsen nur, bis sie endlich die Größe einer Erbse erreicht haben.

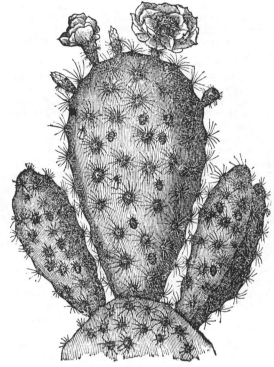

Die Cochenille.

Die Cochenillen leben auf der Cochenill=Feige (Cactus coccinellifer), vornehmlich in Mexiko, in der ehemaligen Intendantschaft Oaxaka, wo die Cochenill=Feigen Nopal genannt und so häufig gebaut werden, daß es Pflanzungen von 50 — 60,000 Stück giebt. Die Cochenill=Feige gehört unter die Cactusarten (Fackeldisteln) und ist nicht mit der gemeinen Feigendistel (Cactus Opuntia L.) mit gelben Blüthen zu verwechseln, auf der die Cochenillen ebenfalls leben können. Die Cochenill=Feige hat größere, rundere und dickere Blüthen und weniger Stacheln, als die eben genannte, wird 5 — 6 Fuß hoch, und ihre Blumenkronen sind blutroth, nicht sehr groß und haben Staubfäden, welche länger als die Kronenblätter sind. Sie kommt auch in andern Theilen Südamerika's, z. B. in Peru, Brasilien und auch auf Jamaika vor. Die Indianer, welche sie bauen, werden Nopalero's genannt.

Unsere Abbildung zeigt eine solche Cochenill=Feige mit mehreren Cochenillen, von denen wir die geflügel-

ten Männchen leicht von den ungeflügelten Weibchen unterscheiden können.

Bei dem Einsammeln der Cochenillen haben die Indianer stumpfe Messer, mit denen man sie von der Pflanze, ohne diese zu verletzen, ablöst und in ein Gefäß fallen läßt. Man sammelt sie gewöhnlich, wenn sie am dicksten sind, und tödtet sie so schnell als möglich, da sie auch von der Pflanze entfernt Junge absetzen und dadurch von ihrem herrlichen Farbenstoffe verlieren. Einige tödten sie, indem sie dieselben in Körben in siedendes Wasser tauchen, worauf sie an der Sonne wieder getrocknet werden; Andere aber bringen sie in einen heißen Ofen oder auf erhitzte Platten, und tödten und trocknen sie so zugleich.

Die im Wasser getödteten verlieren von ihrem weißen Ueberzuge, erscheinen rothbraun und werden Renagrida genannt. Die auf heißen Platten getrockneten erscheinen ganz kahl und von schwarzer Farbe und heißen Negra. Die endlich, welche in Oefen getrocknet werden, behalten ihren weißen Ueberzug ganz und werden Jarpeada genannt. Die auf die letztere Art getrockneten Cochenillen liebt man am meisten, weil sie nicht so leicht verfälscht werden können; der Farbenstoff aller drei Arten soll aber gleich gut seyn.

Man kann die Cochenillen wohl Jahrhunderte in hölzernen Kisten aufbewahren, ohne daß sie von ihren guten Eigenschaften verlieren.

Man versendet sie in Fässern von 200 Pfd., und v. Humboldt giebt den Werth der jährlich aus Südamerika ausgeführten Cochenillen zu 540,000 Pfd. Sterling an. Der Preis des Pfundes von der feinsten Cochenille ist etwa 6 Fl. C. M. Sie erscheinen im Handel als kleine Körner von unregelmäßiger Gestalt, die oben etwas gewölbt, unten hohl sind, und mehr oder weniger Runzeln oder Einkerbungen haben.

Man färbt mit dem Farbenstoffe dieser Thiere die Wolle scharlach=, karmoisin= und purpurroth, violett, gelb und zimmetbraun, Leinwand und Baumwolle aber nur karmoisinroth und ponceau. Auch die prächtige rothe Malerfarbe, die man Karmin nennt, wird, wie schon oben bemerkt worden ist, aus der Cochenille gewonnen.

Auch in Deutschland hat man versucht, die Cochenillen zu erziehen; da dieses aber nur in Gewächshäusern geschehen kann, so ist der Gewinn dabei nicht groß.

Hans Joachim von Ziethen,
Königl. Preuß. General der Kavallerie.
(Beschluß.)

Während seines Aufenthaltes im österreichischen Lager hatte Friedrich Wilhelm den berühmten österreichischen Partheigänger, General Baroniega, kennen gelernt und ihn gebeten, seine neugebildeten Husaren etwas in die Schule zu nehmen, da sie noch vor keinem Feinde gewesen wären. Gern gab Prinz Eugen seine Erlaubniß dazu, und Ziethen wurde vom Könige auserlesen, 60 Husaren von der ersten und 60 Husaren von der zweiten Kompagnie an den Rhein zu führen, und unter dem Oberbefehle und der besondern Leitung des Generals Baronag den Feldzug mit zu machen. Den 12. Mai kam Ziethen bei den kaiserlichen Truppen an und erhielt sein Kantonnirungs-Quartier in der Gegend von Mainz angewiesen. Der General Baronag lernte den dienstseifrigen Ziethen bald schätzen und lieben. Immer mußte er um ihn seyn, und dadurch bekam er Gelegenheit, sich bei vielen kleinen Scharmützeln mit dem Feinde zu messen. Seine Husaren hielten sich brav, erwarben bald die Achtung und das Vertrauen ihrer österreichischen Waffenbrüder. Indessen genügten dem Feuergeiste Ziethen's diese Scharmützel nicht; er bat seinen Lehrer Baronag, ihm doch bald Gelegenheit zu einem größern Unternehmen zu geben. Baronag war so erfreut darüber, daß er dem rüstigen preußischen Husaren-Rittmeister zu seinen 120 preußischen Husaren noch 200 österreichische Husaren gab, und mit diesen ihm anheimstellte, zu thun, was er wollte.

Es würde die Grenzen einer kurzen Lebensbeschreibung überschreiten, wenn hier eine ausführliche Schilderung dessen erfolgte, was Ziethen ausgeführt hat. Genug, er erwarb sich die ganze Zufriedenheit seines Lehrers und die Gnade seines Königs, welcher ihn im Jahre 1736 zum Major ernannte und zwar, wie es in dem diesfallsigen Patente ausdrücklich heißt:

„Daß solches in Consideration seiner guten Qualitäten, erworbenen Kriegs-Experience und in vorjähriger Campagne am Ober-Rhein rühmlichst bezeugten Vigilance und Tapferkeit geschehe."

So kam also Ziethen als Husaren-Major nach Berlin zurück, und fand einen neuen Kommandeur in der Person des Obrist-Lieutenants von Wurm, der früher nur bei der Infanterie gestanden, aber seiner auffallend großen und schönen Figur wegen das Kommando der Leibhusaren erhalten hatte. Mit diesem gab es nun wieder Händel und Zänkerei; da der Obrist-Lieutenant nur zu bald fühlte, wie sehr er in militärischen Kenntnissen und Talenten hinter dem kriegserfahrnen Ziethen zurückstehe. Indessen hatte Ziethen gelernt, an sich zu halten, um so mehr, da er bald nach seiner Zurückkunft sich verheirathet hatte und in einer sehr glücklichen Ehe mit Judith von Jurgas lebte. Endlich aber gab es eine Gelegenheit zum offenen Bruche, die der Obrist-Lieutenant herbeigeführt hatte und auch benutzte. Es waren nämlich Remontepferde für die Husaren-Kompagnie angekommen und sollten nach dem damals in der preußischen Armee geltenden Gebrauche unter den einzelnen Kompagnie verloost werden; aber der Obrist-Lieutenant wählte, ohne zu fragen, die besten Pferde für seine Kompagnie aus, und ließ dem Major von Ziethen das leere Nachsehen. Dieser stellte den Obrist-Lieutenant darüber zur Rede, und zwar in seinem Zimmer; die Folge davon war, daß der Obrist-Lieutenant die Thüre zuschloß, den Säbel zog und nach Ziethen eindrang, indem er sich darauf verließ, schon als Student einer der besten Schläger und Raufbolde gewesen zu seyn. — An Ziethen hatte er aber seinen Mann gefunden, mit großer Kaltblütigkeit wehrte sich dieser und zeichnete den 6 Fuß hohen Obrist-Lieutenant dermaßen über Schulter und Kopf, daß er vor Wuth schäumte, den Säbel wegwarf und nach der Wand sprang, um eine geladene Pistole dort herunter zu nehmen; Ziethen aber, der auch verwundet worden war, sagte mit kalter Gelassenheit, daß er hoffe, der Herr Obrist-Lieutenant hätten genug, und wenn er einen Finger nach der Pistole ausstrecke, so würde er ihn augenblicklich niederhauen. Das wirkte. — Beschämt ließ der wüthende Obrist-Lieutenant ab, und die Pferde wurden nach Ziethen's Willen verloost. —

Im Jahre 1740 verlor Ziethen seinen königlichen Beschützer, der ihm namentlich in den letzten Jahren seiner Regierung die schmeichelhaftesten Beweise seiner Gnade gegeben hatte, durch den Tod, und Friedrich II. kam zur Regierung. Dieser bemerkte den stillen, bescheidenen Ziethen im Anfange nicht, und ahnte damals gewiß nicht, daß der Name des Kriegshelden einst an seiner Seite in den Jahrbüchern der preußischen Geschichte glänzen würde.

Bei'm Ausbruche des ersten schlesischen Krieges rückte auch unser Ziethen, unter dem Kommando des ihn hassenden Obrist-Lieutenants von Wurm, mit 3 Schwadronen Leibhusaren in das Feld. Die Unfähigkeit des Kommandeurs aber, und die damals noch unbekannte Waffengattung der Husaren machte, daß sie den Feind fast gar nicht zu Gesicht bekamen, und als es geschah, wirkte die Unerfahrenheit v. Wurm's so nachtheilig, daß es fast für immer um die Brauchbarkeit der Husaren geschehen gewesen wäre. Der Lieutenant von Müllwitz wurde nämlich mit 24 Husaren von dem österreichischen Dragoner-Regimente von Lichtenstein in Stücke gehauen, und das war das einzige Mal, wo preußische Husaren während des ersten schlesischen Krieges in's Feuer kamen.

Bei Eröffnung des zweiten schlesischen Krieges machte der König aber einen ernsthaften Gebrauch von den Husaren, und sie zeigten sich dieses Vertrauens würdig. Unter andern hatte Ziethen das Glück, seine militärischen Fähigkeiten zu zeigen und gleichzeitig die Feigheit seines Kommandeurs zu entlarven; — worauf ihn der König zum Obrist-Lieutenant machte. Als er aber wenige Tage darauf in der Affaire bei Rothschloß sich besonders auszeichnete, verfügte der König seine Beförderung zum Obersten und Chef des nunmehr formirten Husaren-Regiments und verlieh ihm den Verdienstorden.

Eine so schnelle Beförderung, wie die unsers Ziethen, war in der preußischen Armee ein seltenes Beispiel, aber selbst der Neid mußte dem Verdienste den gerechten Lohn zuerkennen. Von nun an konnte Ziethen selbstständig handeln und that es ehrlich und redlich zur Ehre seines Königs und zum Ruhme seines Vaterlandes. In demselben Feldzuge kam er mit seinem Regimente bis vor die Thore Wiens, zum Schrecken der Oesterreicher, die damals vor den preußischen Husaren einen eben solchen Respekt hatten, als vielleicht im letzten Kriege die Franzosen vor den Kosaken. — Kurz, Ziethen gewann während der beiden ersten schlesischen Feldzüge unverwelkliche Lorbeeren, und zog als Chef eines Regiments von 10 Schwadronen wieder in Berlin ein, das er als Major und Chef einer Schwadron verlassen hatte.

In der nun folgenden Friedenszeit arbeitete Ziethen auf das Eifrigste an der Vervollkommnung seines Regiments, und hatte in der That die Freude, dasselbe Ausgezeichnetes leisten zu sehen. Auch hatte er die Genugthuung, einen seiner Feinde, jenen Staabs-Rittmeister der Dragoner, dessen Verfolgungen das Vaterland bald um die nützlichen Dienste Ziethen's gebracht hätten, in Armuth und Elend um Almosen und Verzeihung bei sich betteln zu sehen. Seine Feigheit und Bosheit war die Ursache gewesen, daß er mit Schimpf und Schande von seinem Regimente fortgejagt worden war und nun im wohlverdienten Elende schmachtete. Ziethen verzieh dem Reuigen nicht allein, sondern wurde, seinem edlen Charakter getreu, dessen einziger Beschützer und Wohlthäter.

Bei'm Ausbruche des zweiten schlesischen Krieges traf die Marschordre unsern Helden auf dem Krankenbette; der Gedanke aber, zurückbleiben zu müssen, war ihm so unerträglich, daß er sich, trotz der augenscheinlichen Lebensgefahr, zu Pferde setzte und mit dem

Regimente auszog. Gleich im Anfange des Krieges thaten die Ziethenschen Husaren Wunder der Tapferkeit, und es war besonders ein anscheinend geringfügiger Umstand, der den Ruf des Regiments so außerordentlich erhöhete. — Der Zufall hatte es nämlich gewollt, daß Ziethen häufig mit seinem Regimente dem österreichischen Husaren-Regimente Esterhazy gegenüber stand und mit ihm angebunden hatte. — Da dieses Regiment eine überaus reiche Uniform trug und besonders kostbar gestickte Säbeltaschen führte, so kam es, daß die preußischen Husaren, wenn sie einen solchen Esterhazy'schen Husaren gefangen genommen oder heruntergehauen hatten, seine Säbeltasche als gute Beute nahmen und als ein Siegeszeichen trugen. — Anfangs war dieß nur ein Scherz; — als aber die andern Husaren, die keine dergleichen erbeutet hatten, eifersüchtig auf diese Zierrath wurden, waren die Soldaten gar nicht mehr zu halten, wenn es auf den Feind ging, und die Folge davon war, daß am Ende der größte Theil des Regiments von Ziethen Esterhazy'sche Säbeltaschen trug. Der Oberst selbst wußte diesen Zufall so zu benutzen, daß die Oesterreicher einen großen Respekt vor seinem Regimente bekamen.

Der Lohn seiner Heldenthaten blieb auch nicht aus, denn der König ernannte ihn zum General-Major und datirte aus besonderer Gnade und Anerkennung das Patent 8 Monate zurück, also bis zum Ausbruche des Krieges.

Eine der bedeutendsten Affairen des zweiten schlesischen Krieges, bei Moldau-Tein, entschied Ziethen ganz allein, an der Spitze zweier Regimenter Kavallerie und einiger Bataillons Infanterie; ebenso gelang ihm das Meisterstück, sein Regiment, welches indessen eine neue Uniform erhalten hatte, unerkannt mitten durch die österreichische Armee zu führen und dem Markgrafen Karl bei Jägerndorf einen Befehl des Königs zu bringen, ein Unternehmen, welches unter die merkwürdigsten kriegerischen Vorfälle jener ereignißreichen Zeit gehört.

Die Friedensjahre zwischen dem zweiten schlesischen und dem Ausbruche des siebenjährigen Krieges 1756 waren schwere Leidensjahre für Ziethen. Obgleich er alles Mögliche that, um sein schönes Regiment zu einem wahren Muster der ganzen Armee zu machen, so machte er doch die traurige Erfahrung, daß er einen mächtigen Feind in der nächsten Umgebung des großen Königs habe, der ihm in dessen Meinung so sehr schadete, daß Ziethen viel unverdienten Kummer und manche Erniedrigung ertragen mußte. So z. B. gelang es den Einflüsterungen jenes Feindes, daß ein geborner Ungar, Hr. von Nadyschtzander, das Kommando des Ziethenschen Husaren-Regiments erhielt, und alles Mögliche that, um den ehrlichen, verdienstvollen Ziethen vergessen zu machen. Der König setzte ihn zurück, behandelte ihn selbst vor der Fronte seines Regiments kurz und zurücksetzend, und sagte sogar einmal am ersten Tage eines großen Manövers bei Spandau: „Geh' er mir aus den Augen!" worauf Ziethen augenblicklich seinen Säbel einsteckte und sein Regiment ganz ruhig nach Berlin zurückführte, obgleich demselben für alle folgende Tage des Manövers noch viele wichtige Plätze angewiesen waren.

Diese unverdienten Verfolgungen konnte und wollte Ziethen auf die Länge nicht mehr ertragen, er meldete sich daher kurz vor dem Ausbruche des siebenjährigen Krieges krank und äußerte, daß er seinen Abschied nehmen würde. Kaum wurde dieser Entschluß Ziethen's

aber bekannt, als der König sich auch aller Dienste wieder erinnerte, die ihm die Tüchtigkeit seines Ziethen schon geleistet hatte. Da er aber wohl wußte, daß Ziethen's Charakter ihm nicht erlauben würde, seinen Entschluß so rasch wieder zu ändern, so entschloß er sich, einen außerordentlichen Schritt zu thun, und besuchte den kranken Ziethen selbst. Im Anfange widerstand Ziethen den Aufforderungen des Königs, als dieser aber endlich sagte:

„Ein so treuer General kann unmöglich bei'm Ausbruche eines gefährlichen Krieges seinen König und sein Vaterland verlassen; beide haben auf ihn, als den redlichsten Patrioten, ihr ganzes Vertrauen gesetzt."

Da wurde Ziethen's Herz getroffen, er sank seinem Könige zu Füßen, dieser aber hob ihn auf, umarmte und drückte ihn an sein Herz, und von diesem Augenblicke an war Ziethen wieder ganz der Alte. — Gleich darauf brach der gefürchtete siebenjährige Krieg wirklich aus, und Ziethen wurde unterm 12. August 1756 zum General-Lieutenant ernannt. Was er in diesem Kriege geleistet, steht mit unauslöschlichen Zügen in den Annalen der preußischen Geschichte, und man müßte die Geschichte des siebenjährigen Krieges schreiben, wenn man Ziethen's Thaten in demselben schildern wollte.

Es sey daher genug zu erwähnen, daß Ziethen zum General der Kavallerie ernannt wurde, bis in's späteste Alter das unbedingte Vertrauen des Königs genoß, und geehrt und geliebt am 27. Januar 1786 im 87. Jahre seines Alters in Berlin starb. —

Das schönste Denkmal wurde dem unvergeßlichen preußischen Helden im Jahre 1794 vom Könige Friedrich Wilhelm II. gesetzt. Der berühmte Bildhauer Schadow hat es kunstvoll in Stein gehauen, und es giebt ein treffendes Bild der Persönlichkeit Ziethen's.

Auf einer Löwenhaut am Vordertheile befindet sich die Inschrift:

Hans Joachim von Ziethen,
General der Kavallerie,
diente v. 1714 — 1786
unter
Friedrich Wilhelm I. u. Friedrich II.
Ihm errichtet
von
Friedrich Wilhelm II.

Der Obelisk in München.

Bekanntlich zeichnet sich der König Ludwig von Baiern durch eine große Kunstliebe aus und seine Residenzstadt, das hübsche München, wird besonders durch architektonische Werke verziert; ein solches ist auch der, nach mitfolgender Abbildung errichtete, eherne Obelisk zum Andenken der vielen, in dem russischen Feldzuge des Jahres 1812 gebliebenen baierschen Krieger, deren Mehrzahl, als sie noch im Sommer jenes Jahres tapfer kämpften, beschlossen hatte, ihrem so eben bei Polozk gefallenen Anführer, dem General Deroi, ein Monument zu setzen und zu diesem Behufe auch Sammlungen veranstaltete; aber noch ehe dieß ausgeführt werden konnte, raffte fast Alle der Tod hin und es sahen nur sehr Wenige ihr Vaterland wieder, wo aber später der Gedanke selbst nicht aufgegeben, sondern schon vom Könige Ludwig als Kronprinz rege erhalten, jetzt aber zur Ausführung gebracht worden ist. Die bereits dazu eingesammelten Gelder überließ man dem Militär=Unterstützungsfonds, und der König übernahm alle Kosten des Monuments. Nach des Ober=Bauraths von Klenze Entwurfe und unter Leitung Stieglemeyer's ward der Obelisk gegossen, und eine Masse von 450 Centnern Metall (aus eroberten Kanonen) dazu verwendet; die Höhe beträgt im Ganzen 100 Fuß baiersches Maß; der Unterbau ist von Marmor und

Der Obelisk in München.

auf den vier Seiten des Sattels stehen folgende vom Könige selbst gefertigte Inschriften:

1) Denen 30,000 Baiern, welche im russischen Kriege den Tod fanden.

2) Errichtet von Ludwig I., Könige von Baiern.

3) Vollendet den 18. Oktober 1833.

4) Auch sie starben für die Befreiung des Vaterlandes.

So ziert nun dieser schöne Obelisk den Karolinen=Platz in München, einer Stadt, welche schon im dreißigjährigen Kriege dem Schweden=Könige Gustav Adolph so gefiel, daß er sagte: „Ich möchte das München wohl auf Räder setzen und nach Schweden verfahren können!" — Zwei Straßen, benannt nach französischen Orten, bei denen große Gefechte 1814, siegreich auch durch die Baiern, geliefert wurden (Bar und Brienne), führen nach diesem Platze hin.

Aufmerksamkeit der Londoner Gemüsepolizei.

Man hat in diesem heißen Sommer in London wahrgenommen, daß grünes Gemüse in großen Haufen, wie z. B. Erbsen in ihren Schalen auf einander geschichtet, sich leicht beim Transport erhitzen, dann ihr schönes Grün mit einem blasseren vertauschen und gekocht ihren feinen Geschmack verlieren, auch wenn sie früher eine nahrhafte Speise waren, Blähungen ver-

anlassen. Selbst in Stücken zusammengeschichtet, erhitzen sich die Erbsen und verlieren den süßen Geschmack frischer Erbsen. Sogar Rüben, die in großen Karren aufgehäuft zu Markte gebracht wurden, dampften in Folge der Erhitzung. Die Londoner Polizei hat den Debit aller auf solche Art in Erwärmung gerathenen verdorbenen Gemüse verboten, und räth an, solche Gemüse in großen irdenen Gefäßen oder Körben nach der Stadt auf Wagen oder Kanälen zu schaffen.

Woche.

Am 25. Januar 1785 starb der, noch aus dem siebenjährigen Kriege her berühmte preußische Husaren=General Paul von Werner. Als geborner Ungar hatte er bereits 20 Jahre unter österreichischer Fahne gedient, glaubte sich aber als Protestant zurückgesetzt, bot dem großen Friedrich seine Dienste an, und zeichnete sich noch 35 Jahre als tapferer Soldat aus.

Am 26. Januar 1797 ward in Petersburg die letzte Uebereinkunft der Kabinette von Rußland, Oesterreich und Preußen wegen der Theilung von Polen unterzeichnet, nach welcher diese vollzogen und dem abgesetzten Könige von Polen ein Jahrgehalt von 200,000 Dukaten ausgesetzt ward.

Am 27. Januar 1801 trat der sehr mächtige Minister des Kaisers Franz, Baron Thugut, aus dessen Diensten, weil er, ein geschworner Feind Frankreichs, von keinem Frieden mit dieser Republik hören wollte.

Am 28. Januar 1794 starb ein, um das Technische der Buchdruckerkunst sehr verdienter Mann in Leipzig, Johann Gottlob Immanuel Breitkopf. Er betrieb mit allem Eifer für Verbesserung und nach mathematischen Studien diese Kunst, widerstrebte der damals herrschenden Neigung, die lateinischen Lettern statt der deutschen einzuführen, schrieb mehrere sehr nützliche Abhandlungen über diesen seinen Beruf, und hinterließ, als er mit Tode abging, mehrere Verbesserungen an seiner großen Buchdruckerei und Schriftgießerei.

Am 29. Januar 1799 ward die Festung Ehrenbreitenstein an die sie blockirende französische Armee übergeben, nachdem die Garnison alle Lebensmittel aufgezehrt hatte und kein Ersatz zu hoffen war, da die höchste Spannung zwischen Oesterreich und Frankreich einen neuen Krieg — der auch im März dieses Jahres wirklich ausbrach — befürchten ließ. — Jetzt haben die Preußen diesen Ort stark befestigt, um Deutschland schützen zu helfen.

Am 30. Januar 1649 ward der König von England, Karl I., seit Jahr und Tag Gefangener seiner Unterthanen, welche sich in religiöser Beziehung in zwei ungleiche protestantische Partheien theilten, nachdem er von einem niedergesetzten Gerichtshofe zum Tode verurtheilt worden war, (49 Jahre alt) in London enthauptet.

Am 31. Januar 1814 war allgemeines Vorrükken sämmtlicher gegen Napoleon kämpfenden Heere, mit dem rechten Flügel von Laon, mit dem linken von Brienne aus, gegen Paris, worauf den 2. Februar die Schlacht bei Brienne und der Rückzug der Franzosen erfolgte.

Verlag von Bossange Vater in Leipzig.
Unter Verantwortlichkeit der Verlagshandlung.

Druck von Breitkopf und Härtel in Leipzig.

Das Pfennig-Magazin

der

Gesellschaft zur Verbreitung gemeinnütziger Kenntnisse.

40.]   Erscheint jeden Sonnabend.   [Februar **1, 1834.**

Der schiefe Thurm von Pisa.

Der Domplatz zu Pisa gewährt in der That einen überraschenden Anblick, denn auf seiner mäßiggroßen Ebene prangen nebeneinander die schönsten architektonischen Denkmäler früherer republikanischer Herrlichkeit und Macht, — der Dom, die Taufkirche (il battisterio), der mit geweiheter, von Jerusalem herbeigeführter Erde gefüllte Friedhof (il Campo Santo) und das siebente Wunder Italiens, der vom Meister Wilhelm (einem Deutschen, vielleicht aus Inspruck?) und Buono Buonanni 1174 (wie die an der Thür befindliche Inschrift darthut) errichtete schiefe Thurm (il campanile storto). Ueberhängend zwar, gleich den beiden bolognesischen degli asinelli und Carisenda, ist er gleichwohl nicht so kunstleer, als diese, und in seiner Art ein kleiner Babelgedanke in mittelalterlich=antikem Style. — Das ganze Gebäude ernst, überstark und schwer, wie die Zeit, die es gebar, besteht aus einem äußerlich durch acht Kranzgesimse in eben so viel Stockwerke getheilten Cylinder (Walze) von 187 bis 188 Fuß Höhe, innerhalb welcher, von einer dicken wohlgefügten Mauer umschlossen, die 355 Stufen haltende Wendeltreppe liegt, vermöge welcher man zu den verschiedenen Abtheilungen und zur Platform gelangt. — Alle jene Stockwerke sind im Grunde nur Wiederholungen des ersten, oder vielmehr des zweiten, wo, wie bei den übrigen, durch den Abstand der ringsherlaufenden, unter sich durch kleine Bogen verbundenen Säulen sich Galerien bilden, auf denen man ohne Gefahr den Thurm umgehen kann. Die Zahl der sämmtlichen, in den Etagen vertheilten Säulen beträgt 207. Viele, ja die meisten derselben sollen antik seyn, jedoch spricht die rohe Ausführung der Kapitale dagegen, obgleich in der Zeit des Verfalles wohl Schlechteres an's Licht trat. — Daß der Baumeister etwas in seiner Art Originelles für die Ewigkeit hinstellen wollte, sieht man dem Gebäude an; denn das dazu verwendete Material (Marmor und Granit) ist nicht allein ausgezeichnet, sondern auch tadellos bearbeitet, verbunden und gefügt; bei allen diesen Vorzügen ist dessen Grund dennoch gewichen und er hat sich nach einer Seite 14 bis 15 Fuß gesenkt. Leute, welche Künstelei für Kunst halten, den Gedanken der Grille unterordnen und Mirakel da suchen, wo sie am wenigsten zu finden sind, haben, ihrer Unwissenheit den Schleier der Gelehrsamkeit überwerfend, behaupten wollen, der Thurm sey absichtlich so schief errichtet. Ja, — ungeachtet des den Italienern nicht abzusprechenden Scharfsinns hat neulich erst (im Jahre 1832) ein die Prachtgebäude seines Vaterlandes erläuternder Pisaner es dennoch gewagt, den längst verjährten Irrthum wieder aufzuwärmen, — und der von Lord Baltimore in Pisa's Vorstadt gefundenen lateinischen Inschrift zufolge, sollte der Meister sogar, seinen eigenen krummen Rücken kopirend, diesen zum Vorbilde des obgedachten Kunstwerks genommen haben. Hängende Thürme giebt es, wie ich schon bei denen zu Bologna erwähnte, mehrere, nicht allein in Italien, sondern auch in den übrigen Ländern Europa's, nur daß sie meistens nicht zur Berühmtheit des pisanischen gelangten und es auch weniger verdienen, da, aller Einförmigkeit ungeachtet, dieser doch immer zu den besten Monumenten des Mittelalters gehört, und ihm der Vorzug technischer Vollendung nicht abzusprechen ist. Ob jene Senkung allmählig oder augenblicklich geschah, wäre, da die gleichzeitigen Annalen darüber schweigen, wohl auf historischem Wege schwer zu ermitteln. Allein ich stimme unbedingt für das Erstere, da der Boden in und um Pisa, das sonst dem

Meere näher lag, als jetzt, ein angeschlemmter, und mithin bei scheinbarer Festigkeit dem Ausweichen so lange ausgesetzt ist, als die darüber stehende Last ihn nicht gänzlich zusammendrückte. — Daß dieß nicht gleichförmig geschah, lag vielleicht an versandeten Vegetabilien, ungleichen Erdschichten u. s. w., welche der Architekt in dieser Tiefe nicht vermuthete. Ein plötzlicher Stoß oder Fall hätte aber schon, vermöge der Flugkraft, theilweise seine Zerstörung bewirkt. Auf den Wandgemälden des Antonio Venepiano (den Tod des heiligen Renier vorstellend) im Kreuzgange des Friedhofes zu Pisa, welche fast 200 Jahre nach Errichtung des Thurms verfertigt wurden, erscheint derselbe neben dem Dome und dem Kloster St. Veit, noch in perpendikulärer Stellung, so daß es wahrscheinlich ist, er habe sich erst später verrückt. Wäre er schon in der Anlage schief gewesen, so liefen im Innern ohne Zweifel die Fußböden der Stockwerke sammt der Treppe und dem untern Sockel mit dem Horizonte nicht unter einem Winkel gegeneinander. Diesen der Zeit trotzenden Steinblock hielten bis jetzt nicht allein der gute Verband, die Plumpheit und Dicke, sondern auch die im Verhältnisse seines Durchmessers nicht zu bedeutende Neigung aufrecht. — Ein Mehreres darüber zu sagen, würde dem Rahmen meiner Beschreibung überschreiten, und ich begnüge mich nur hinzuzufügen, daß man von der Platform dieses pisanischen Wunderkindes die schönste Aussicht auf das Meer, die naheliegenden berühmten Bäder und die aus tausend Bogen bestehende, von Cosmo von Medici angefangene und von Ferdinand dem Ersten beendigte Wasserleitung genießt, welche die Stadt mit trinkbarem Wasser versieht.

Das Salz.

Wenn auch das Mineralreich dem menschlichen Geschlechte nur wenige unmittelbare Lebensbedürfnisse liefert, welche nicht zu den entbehrlichern gerechnet werden könnten, so ist doch vor allen eins, das Kochsalz (chemisch: salzsaures Natrum), durch langjährigen und allgemeinen Gebrauch ein unentbehrliches geworden und sowohl für den Einzelnen, als wegen seiner weit verbreiteten Anwendung für die Gesammtheit wichtig, da dasselbe in sehr großer Quantität verbraucht wird.

Nimmt man, wie es gewöhnlich geschieht, das Salzbedürfniß, mit Einschluß der Vieh= und Landwirthschaft, pro Kopf im Durchschnitte zu 12 Pfund jährlich an, so ergibt sich für Deutschland bei einer Bevölkerung von mindestens 30 Millionen Seelen ein Salzquantum von mehr als 30 Millionen Zentner, und für Europa, dessen Einwohnerzahl zu einer Summe zu 200 Millionen angenommen, von circa 20 Millionen Zentner jährlich, welches noch bedeutend größer erscheint, wenn man berücksichtigt, daß, außer dem häuslichen und wirthschaftlichen Bedarfe, auch bei'm Betriebe der Künste und Gewerbe, so wie in der Arzneikunde, eine bedeutende Menge Salz verbraucht wird.

Die Quantität des alljährlich producirten Salzes muß daher gleichmäßig sehr groß seyn, und es wird dieses Produkt des Mineralreichs der Natur auf verschiedene Weise abgewonnen und für unsern Zweck brauchbar gemacht, was hier etwas näher beleuchtet werden soll.

1) Natürliches Steinsalz, Bergsalz, findet sich in derben Massen und bedeutenden Lagern in den Gebirgen vieler Länder, gehört indessen immer nur den jüngern Erd=Bildungen, den sogenannten Flözgebirgen, und zwar hier wieder vorzugsweise den Gyps=, Kalk= und Thon=Gebirgen an, welche dasselbe einschließen. So fast in allen Welttheilen, namentlich im südlichen Deutschland, in den österreichischen Staaten, in Baiern, Spanien, England, und in einer ganz besonders mächtigen Ablagerung im südlichen Polen, Galizien, bei Wieliczka, unweit Krakau, wo ein sehr großartiger Bergbau auf Steinsalz betrieben wird.

Es ist dieß meist von weißer, grauer, auch von gelblicher, röthlicher und bläulicher Farbe, mehr oder weniger durchsichtig, sehr scharf von Geschmack, doppelt so schwer als Wasser, leicht auflöslich und zerfließbar, wird in großen reinen Stücken gewonnen und in den Handel gebracht, welche zum Gebrauche blos zerstoßen zu werden brauchen.

Das berühmte Bergwerk bei Wieliczka, welches schon seit der Mitte des 13ten Jahrhunderts und bis zu einer Tiefe von 7 bis 800 Fuß betrieben wird, liefert allein jährlich im Durchschnitte 1½ Million Zentner Steinsalz; es ist sehr ausgedehnt, und enthält mehrere unterirdische Merkwürdigkeiten, einen See, eine Kapelle u. dgl. m.

2) Noch häufiger und in Deutschland am gewöhnlichsten wird das Salz auf den Salinen aus Soole in eisernen Pfannen gesotten, und zwar ist diese Soole entweder auf künstliche oder natürliche Weise entstanden.

Erstere erzeugt man dadurch, daß dasjenige Steinsalzgebirge, welches für sich nicht bauwürdig ist und nur einzelne Salztheile enthält, durch gewöhnliches, in die Gruben geleitetes Wasser ausgelaugt und letzteres auf diese Weise zu Salzsoole umgewandelt wird.

Bei der natürlichen oder Quell=Soole hat dieß die Natur selbst auf unsichtbare Weise bewirkt, und jene fließt entweder zu Tage aus, oder sie wird durch Bohrlöcher und Schächte, zum Theil von bedeutender Tiefe, auf die Oberfläche gehoben.

Dieß ist bei den mehrsten Salinen des nördlichen und mittlern Deutschlands der Fall, und so ist z. B. die Soolquelle der bedeutendsten Saline Thüringens, zu Dürrenberg an der Saale, in einer Tiefe von 688 par. Fuß und 321 Fuß unter der Meeresfläche, mit einem eben so tiefen Schachte erschroten worden, durch welchen dieselbe ziemlich bis zu Tage empor steigt.

Bei dieser Art der Salzerzeugung ist noch zu bemerken, daß die Soole entweder reich genug an Salzgehalt ist, um sogleich versotten zu werden, wie dieß zwar seltener, jedoch z. B. auf den Salinen zu Halle, Lüneburg und andern der Fall ist, wo der Salzgehalt der natürlichen Soole 20 bis 25 pro Cent beträgt; aber dieselbe ist ärmer, enthält nur 4, 8, 12 pro Cent, und wird dann durch wiederholtes tropfenweises Fallen über hohe Dornen=Wände zuvor gradirt, wobei viel wässerige Theile verdunsten und der Salzgehalt dadurch mehr konzentrirt, die Soole also reicher, bis auf 20 pro Cent und höher gebracht, zugleich aber auch gereinigt wird, indem an den Dornen sich viel erdige Bestandtheile absetzen, was außerdem erst in den Siedepfannen geschieht. In China fördert man natürliche Soole durch Bohrlöcher von 1500 bis 2000 Fuß Tiefe zu Tage, und dampft dieselben gleich mit dem brennbaren Gase ab, welches aus denselben Bohrlöchern ausströmt.

3) In einigen Gegenden wird auch Salz aus dem Meerwasser durch natürliche Verdunstung gewonnen, und zwar setzen viele Landseen im südlichen Theile des asiatischen Rußlands, besonders im Orenburgischen, in der Krimm, bei trockner Witterung auf dem Grunde und an ihren flachen Ufern natürliches Seesalz in festen Lagen von einigen Zollen Stärke von selbst ab, welches die Bewohner jener Gegenden einsammeln, reinigen, benutzen und weiter verführen. Dieß ist der Fall bei den Seen Inderst, Massassir, Sah, Kale, Mahomedi und mehrern andern, in der Nähe des Caspischen Meeres, aus denen in jedem Sommer an 160,000 Pud (à 40 Pfund) dergleichen Salz gewonnen wird, aber wohl noch 400,000 Pud mehr gewonnen werden könnten.

Anderer Seits wird auch der allgemeine Salzgehalt des Meerwassers, welcher in allen Regionen der Erde und in allen Tiefen des Oceans bis jetzt ziemlich gleich gefunden worden ist, mit Ausnahme der Nord= und Ostsee, des mittelländischen Meeres u. s. w. und 2 bis 3 pro Cent beträgt, benutzt, um durch Verdunstung an der Luft und Sonne Salz daraus zu gewinnen, zu welchem Behufe das hierzu bestimmte Meerwasser in besondere Behälter oder Bassins abgeschlagen wird.

Diese Art der Salzfabrikation wird namentlich an den nördlichen Küsten des mittelländischen Meeres, z. B. in der Bai von Cadix betrieben; sie geht sehr langsam von Statten und liefert ein unansehnliches, schmutziges, grobkörniges und bitterlich=schmeckendes Salz, welches dem an das weiße, reinliche Produkt der deutschen Salinen Gewöhnten nicht behagen würde, so wie das letztere denn auch bei'm häuslichen Gebrauche den Vorzug vor dem natürlichen Steinsalze verdient.

Die Pyramiden.

Dieses Bild führt uns in das alte Wunderland Aegypten, dessen noch vorhandene Riesenbauten den Beweis geben, daß die Bewohner dieses Landes schon in dem frühesten Alterthume eine sehr hohe Stufe der Kultur erstiegen hatten. Viele Jahrhunderte sind vergangen, spätere Bauwerke sind längst in Trümmer zerfallen, aber auf diese Riesenwerke haben Zeit und Wetter wenig Einfluß ausgeübt; viele Menschengeschlechter haben staunend vor ihnen gestanden, und — sind spurlos von der Erde verschwunden, sie aber erheben heute noch ihr stolzes Haupt in die Wolken und mahnen den Beschauer zu ernsten und wehmüthigen Betrachtungen. Nur in einem Lande, in welchem Einer Herr, alle Andern aber Sklaven sind, war es möglich, solche Riesenbauwerke aufzuführen. Wer möchte jene Zeit, in welcher solche Werke aufgeführt wurden, eine großartige nennen und sie zurückwünschen, wenn er bedenkt, daß viele Tausende ihr Leben in Sklavenarbeit aufopferten, um für einen Despoten ein Gebäude zu errichten, in welchem dessen Gebeine sicher ruhen konnten! — Bewundern aber müssen wir das Volk, das schon in so früher Zeit in seinem Bau= und Maschinenwesen solche Fortschritte gemacht hatte, daß es solche Bauwerke aufführen konnte. — Wir haben nur wenige schriftliche Denkmäler über die früheste Geschichte Aegyptens, aber diese Werke sprechen beredt genug über den Sinn und Geist, über das Wollen und Streben der untergegangenen Geschlechter. Nur einige, zum Theil noch erhaltene Bauwerke Indiens können einigermaßen den Obelisken, Sphinxen, Pyramiden, Pylonen, Götterstatüen und Tempeln, deren

Ruinen jetzt noch ungeheuer sind, an die Seite ge= stellt werden, doch entbehren jene der geheimnißvollen Hieroglyphen=Schrift der Aegypter.

Die Form der Pyramiden läßt sich leicht aus dem nachstehenden Bilde erkennen. Es sind ungeheure, viereckige Gebäude, welche theils aus großen Kalk-

Die Pyramiden.

steinblöcken, theils aus gebrannten Steinen verfertigt und von außen mit Granitblöcken oder mit Marmor belegt sind. Sie laufen von ihrer Grundfläche nach oben in treppenartigen Abstufungen spitz zu. Ihre Höhe beträgt 200 bis gegen 450 Fuß (die größte der Cheops ist 448 Fuß und 2 Zoll hoch) und ihr Umfang 1000 bis 1500 Fuß. Die vier Seiten, von denen meisten= theils zwei länger, als die andern sind, sind gewöhn= lich nach den Himmelsgegenden zu gerichtet. Die

Zahl der Pyramiden beläuft sich auf 40, welche in 5 Gruppen vertheilt sind; die größten derselben befin= den sich bei Gizeh in Mittelägypten, in der Nähe des alten Memphis.

Alle Reisende stimmen darin überein, daß die Pyramiden, aus der Ferne betrachtet, einen Eindruck machen, der mehr an Furcht und Schauer grenzt, in der Nähe aber ihre Größe verlieren, zumal wenn man sie in Gedanken neben die von der Natur aufgethürm=

ten Felsengebirge stellt, denn man vergißt leicht, daß es Werke von Menschenhänden aufgeführt sind. Sobald man aber — sagt der Reisende Denon — diese Riesenwerke der Kunst nach einem bekannten Maßstabe zu messen versucht, so gewinnen sie ihre Größe wieder. In der That schienen mir hundert Personen, welche an dem Eingange in die große Pyramide standen, so klein, daß ich sie kaum noch für Menschen halten konnte. — Man ist lange Zeit hindurch über Zweck und Bestimmung der Pyramiden in Ungewißheit gewesen. Einige hielten sie für eine Art Sonnenzeiger, Andere für Kornmagazine; noch Andere hielten sie nur für Denkmäler des königlichen Despotismus, Einige hingegen behaupteten, sie seyen zur Feier von Mysterien bestimmt gewesen. Allein die Nachrichten eines alten griechischen Schriftstellers, so wie die Erfahrungen, die man bei der Eröffnung einiger Pyramiden gemacht hat, stimmen darin überein, daß es Begräbnisse der Könige gewesen sind. Herodot sagt: „die Aegypter halten den Zeitraum des hiesigen Lebens für geringfügig, schätzen aber um so mehr ein ruhiges Leben nach dem Tode. Sie nennen daher die Wohnungen der Lebendigen nur Herbergen, die Grabmäler der Verstorbenen heißen ihnen dagegen ewige Wohnungen. Daher wenden sie auch auf die Erbauung der Häuser wenig Mühe, auf ihre Grabmale aber unglaubliche Kosten und Sorgfalt.“ Diese Pyramiden waren also nichts anderes, als Grabmale der Könige, so wie der heiligen Thiere, des Apis, des Ibis, der Katze, des Hundes u. s. w. Welche Menschenkräfte zur Erbauung solcher Riesenwerke erforderlich waren, erfahren wir ebenfalls von Herodot, welcher sagt, daß zur Erbauung der großen Pyramide bei Gizeh, welche dem Cheops zugeschrieben wird, 100,000 Menschen zwanzig Jahre hindurch beschäftigt gewesen seyen und daß der König sich wegen der drückenden Abgaben, welche zur Erhaltung der Arbeiter nothwendig waren, den Haß des Volkes zugezogen habe.

Einige dieser Pyramiden sind von Europäern, z. B. von Belzoni, Cavaglia u. A., geöffnet worden. Dieß war aber mit sehr großen Schwierigkeiten verbunden; denn der Eingang, der sich gemeiniglich 60 bis 100 Fuß über der Basis befindet, ist nicht nur zugemauert, sondern auch, wie die ganze Pyramide, mit Granitblöcken verdeckt. War man endlich, nach vielen vergeblichen Versuchen, so glücklich gewesen, den wahren Eingang zu finden, so war das Eindringen in das Innere nicht minder beschwerlich; denn die Gänge und Corridors, die im Innern fast senkrecht auf- und abwärts führen, ehe man in die eigentlichen Gemächer oder Todtenkammern kommt, sind entweder durch vorgeschobene Felsblöcke ganz unzugänglich gemacht, oder durch herabgefallenes Gestein so verengt, daß man oft genöthigt ist auf Händen und Füßen vorwärts zu dringen. In dem Innern derselben fand man mehrere Todtenkammern, von denen die größte die Königskammer genannt wird. In diesen Gemächern, deren Wände gewöhnlich mit Hieroglyphenschrift bedeckt sind, befand sich ein Sarkophag (Sarg) aus Marmor oder anderm Steine, von ungewöhnlicher Größe, angefüllt mit einigen Knochen von Menschen oder heiligen Thieren. Uebrigens befinden sich diese Gemächer nicht gerade in der Mitte der Pyramiden, wahrscheinlich, damit man sie nicht sobald entdecken und die Ruhe der Verstorbenen stören möchte. Die Hunderttausende der Unterthanen wurden also nur darum aufgeopfert, um den Pharaonen einen Ort zu bauen, wo sie — verwesen konnten! — Die Aussicht von den Pyramiden herab ist keineswegs

so schön, als man glauben möchte; denn nur im Osten weilt das Auge mit Vergnügen auf dem schönen Nilthale, welches sich nach dem mittelländischen Meere hinunterzieht; auf den übrigen Seiten erblickt das Auge nichts, als kahle Felsen, oder öde Sandwüsten, über sich aber einen ewig klaren, ungetrübten Himmel.

In der Nähe dieser Pyramiden erblicken wir auf unserm Bilde eine Sphinx, d. i. eine aus einem einzigen Felsstücke gehauene Figur mit einem Jungfrauenkopfe, übrigens wie ein Löwe gelagert. Die Sphinx ist 148 Fuß lang, 62 Fuß hoch, sie ragt aber nur 27 Fuß aus dem Sande hervor. Ueber die Bedeutung derselben ist nichts bekannt. Man nimmt gewöhnlich an, daß sie bestimmt gewesen sey, das Austreten des Nils zu bestimmen. Sie war höchst wahrscheinlich die Schutzgottheit des Todtenfeldes.

Im Schatten dieser Pyramiden lagert eine Karavane, geführt von den Beduinen, den Kindern der Wüste. Diese Karavanen kommen entweder aus Sudan und bringen Sklaven auf den Markt von Kairo und Alexandrien, oder sie kommen aus dem Innern Afrika's mit Naturprodukten.

Nicolaus Copernicus.

Ein großer Mann, dessen Name mit Ehrfurcht und Bewunderung genannt werden wird, so lange Menschen auf diesem Erdenrunde wohnen, und von Jedermann, der nur einigen Anspruch auf Bildung macht, gekannt zu werden verdient.

Er wurde am 19. Februar 1473 zu Thorn in Westpreußen, wo sein Vater Wundarzt war, geboren. Früh widmete er sich mit großer Vorliebe den Wissenschaften, besuchte die Schule seiner Vaterstadt und dann die Universität zu Krakau, um Medicin zu studiren, in der er auch Doktor wurde. Dabei aber fühlte er sich auch noch besonders zur Mathematik hingezogen, und hörte mit großem Eifer mathematische und astronomische Vorlesungen. Um es in diesen Wissenschaften noch weiter zu bringen, machte er in seinem 23sten

Jahre eine Reise nach Italien; hier hielt er sich zuerst in Bologna bei dem damals berühmten Astronomen Dominicus Moria Navarra auf, dessen Unterricht er nicht nur genoß, sondern von dem er auch als Freund und Gehülfe bei seinen Beobachtungen behandelt wurde. Von Bologna ging Copernicus nach Rom, wo man ihn bald so hoch schätzen lernte, daß man ihm eine Lehrstelle der Mathematik übertrug, in welcher er durch seine Vorträge großen Beifall einerntete. Nach einigen Jahren in sein Vaterland zurückgekehrt, erhielt er von seinem Oheim, dem Bischof von Ermeland, ein Canonicat am Dome zu Frauenburg in Westpreußen, durch dessen Einkünfte er in den Stand gesetzt wurde, ohne auf Broderwerb denken zu dürfen, sich ganz den Wissenschaften hinzugeben, an welchen er mit so großer Liebe hing, daß er kein anderes Vergnügen kannte, als das sie gewähren. Doch trat er nicht ganz aus dem geschäftigen Leben zurück, sondern besorgte mit Eifer und Klugheit manche wichtige Angelegenheit seines Domstifts, wozu er von den andern Domherrn, seinen Kollegen, mit großem Vertrauen in seinen durchdringenden Verstand aufgefordert wurde.

Was nun diesen Mann so besonders merkwürdig macht, sind seine ganz neuen, großen Entdeckungen in der Einrichtung des Weltgebäudes. So lange die Welt steht, hatte man geglaubt, daß die Erde still stehe, und Sonne, Mond und Sterne täglich um selbige von Morgen nach Abend herumgehen, wie es uns vorkommt, und woher denn auch die Ausdrücke: die Sonne, der Mond geht auf, geht unter, entstanden sind. Seit 2000 Jahren hatten aufmerksame Beobachter des Himmels, Gelehrte in ihrer Art, dasselbe angenommen. Es war nichts Geringes, und es gehörte ein außerordentlicher Geist dazu, theils diese in allen Köpfen eingewurzelte Idee nur in Zweifel zu ziehen, theils aber auch eine richtigere zu finden, sie auf feste Gründe zu bauen, vollends mit ihr öffentlich hervorzutreten und die längst verjährte Meinung, für welche der sinnliche Schein so deutlich zu sprechen schien, anzufechten. Copernicus unternahm das Wagestück, der ganzen Welt zu widersprechen; mit welchen Schwierigkeiten dieß aber verbunden war, das haben wir zum Theil bereits in No. 20. des Pfennig-Magazins bei Galileo Galilei, einem Anhänger des erstern, gesehen.

Ein Grieche, Ptolemäus, welcher im zweiten Jahrhundert nach Christo blühete, hatte über die Bewegung der Himmelskörper ein künstliches Lehrgebäude erdacht, welches bis zu Copernicus Zeit in allgemeinem Ansehen stand, und in welchem der Grundsatz festgestellt war, die Erde stehe still, und die Sonne gehe täglich um sie herum. Aber dieses Lehrgebäude fand in Copernicus hellem Verstande großen Anstoß. Um manche Stellungen und Bewegungen der Sonne und der Planeten zu erklären, hatte Ptolemäus zu sehr gekünstelten Annahmen seine Zuflucht nehmen müssen, und demungeachtet wurden dadurch viele Erscheinungen am Himmel nur unvollkommen und gezwungen erklärt. So verwickelt, dachte Copernicus, als die Ptolemäische Lehre sie angiebt, können die Bewegungen der Himmelskörper unmöglich seyn. Einfachheit ist der große Charakter der ganzen Natur, und sie ist gewiß im Großen sowohl, als im Kleinen nach einfachen und einfacheren Gesetzen eingerichtet, als Ptolemäus behauptet. Er durchlas die Schriften der Alten, und fand, daß schon früher einige wenige griechische Philosophen auf den Gedanken gerathen waren, die Erde bewege sich um die Sonne, daß aber ihre Vermu-

thungen unbeachtet geblieben waren. Bei weiterem Nachdenken ward ihm dieß nun immer wahrscheinlicher, und immer mehr Gründe für diese Ansicht wurden ihm klar, so daß er bald zu der Entdeckung kam, die Erde sey eben sowohl ein Planet, als die übrigen fünf damals bekannten, und bewege sich eben sowohl als diese um die Sonne, welche letztere aber still stehe. Daneben drang sich ihm ein zweiter Lehrsatz auf, nämlich der: die Erde läuft nicht blos binnen Jahresfrist einmal um die Sonne herum, sondern drehet sich auch binnen 24 Stunden einmal um sich selbst, sie hat also eine doppelte Bewegung, und zwar beide in der Richtung von Abend nach Morgen; durch die erste entstehen die Jahres-, durch die andre die Tageszeiten. Je mehr er nun die verschiedenen Stellungen der Sonne und der Planeten beobachtete, desto mehr ward er von der Wahrheit dieser gewonnenen Ansicht überzeugt, alle wurden dadurch auf die natürlichste und einfachste Weise erklärt, es paßte alles dazu, was er am Himmel sah, er kam zu der Gewißheit, es kann nicht anders seyn.

Er stellte nun folgendes ganz neue Lehrgebäude auf: die Sonne steht still; zunächst umwandelt sie der Planet Mercur im kleinsten Kreise in ohngefähr 80 Tagen, dann in einem größern Kreise Venus in 224 Tagen, ferner in einem noch größern die Erde mit ihrem Begleiter, dem Monde, in einem Jahre, und sodann nach einander in immer größern Kreisen und immer längern Zeiten die Planeten Mars, Jupiter, Saturn.

Man muß, um einzusehen, wie schwierig diese Entdeckungen für ihn waren, hierbei nicht vergessen, daß es zu seiner Zeit noch keine Ferngläser gab, sondern daß er sich mit sehr schlechten Beobachtungs-Instrumenten behelfen mußte.

Copernicus war aber weit entfernt davon, mit diesen neuen Lehrsätzen sogleich öffentlich hervorzutreten, wie jetzt so Mancher, dem eine neue Idee durch den Kopf fährt, die aber auch eben sobald wieder vergessen wird, als sie hervorgebrochen ist, sondern er prüfte seine Ansichten die größte Hälfte seines 70jährigen Lebens hindurch, und verglich sie immerfort von Neuem mit dem Himmel, fand sie aber auch dadurch immer mehr bestätigt. Seinen Freunden gab er zuerst davon Nachricht, welche dann nach und nach immer mehr in ihn drangen, sein neues Lehrgebäude öffentlich und vollständig bekannt zu machen. Endlich, nicht lange vor seinem Ende, welches in seinem 71. Jahre, den 24. Mai 1543, erfolgte, ließ er sich bewegen, sein längst im Schreibpulte fertig liegendes Werk einem Freunde zu übergeben, worauf es denn in Nürnberg gedruckt wurde.

Sein Charakter war unerschütterliche Rechtschaffenheit, Beharrlichkeit, Freundlichkeit, Wohlwollen gegen alle Menschen, besonders gegen seine Freunde, Bescheidenheit, kluge Vorsicht, männlicher Muth und eine ernste Lebensansicht, die ihm jedes zweck- und gehaltlose Geschwätz unangenehm machte. Die Ausübung der praktischen Heilkunde machte er zwar nicht zu seinem eigentlichen Geschäfte, verrichtete aber dennoch manche glückliche Kur, und versagte keinem Armen seinen ärztlichen Beistand; dieß hatte er sich zum unverbrüchlichen Gesetze gemacht, woneben er ihnen die Medikamente, welche er selbst verfertigte, noch umsonst gab.

Im Dom zu Frauenburg, vor dem Altare, wo er Messe las, liegt er begraben; in Thorn, seinem Geburtsorte, befindet sich die oben dargestellte Bildsäule.

Die Spinne und ihr Gewebe.

Ein Beitrag zur Naturgeschichte dieses Thieres.

Wenn man tiefer in die Naturlehre eindringt, so hat man im Allgemeinen bei dem, was die Thiere verrichten, immer den allgemeinen Ausdruck: Instinkt, als Bezeichnung der einfachen Geistesthätigkeit jener, gebraucht. Bleibt man bei dem gewöhnlichen Begriffe stehen, daß das Thier ohne Vernunftschlüsse, nur einem Triebe, z. B. zu seiner Fortpflanzung, so wie zu seiner Erhaltung und Ernährung folge, so mag dieß gelten; betrachten wir aber die geschickten unter ihnen, namentlich den Biber, die Biene, die Spinne, welche bei dem Baue ihrer Wohnplätze oft mit Schwierigkeiten zu kämpfen haben, so ist man doch genöthigt, dann, wenn man sieht, daß diese gehoben und also der Reflexion (dem Nachdenken) unterworfen wurden, mehr als einen, gleichsam ungedachten, Instinkt zuzugeben.

Dieses zu erforschen, waren unsere Naturforscher bemüht, Proben anzustellen, um zu sehen, wie sich in vorkommenden schwierigen Lagen ein solches Thier wohl benehmen würde, und einer der eifrigsten Männer dieses Faches, der erst kürzlich verstorbene Professor Cuvier (spr. Küvier), führt Folgendes in seiner hinterlassenen reichhaltigen Sammlung von Entdeckungen auf dem Wege des naturforschenden Bemühens an.

Vorzüglich leitete ihn eben die vielfältige Erscheinung der Spinnen-Gewebe auf die Art und Weise dieser Thiere; denn bald sehen wir ihre Geschicklichkeit auf den flachen Gras-Wiesen zur Herbstzeit, von wo aus sie hernach als sogenannter alter Weiber-Sommer sich sogar in den Luft-Räumen der Städte zeigen, bald ist das großartig gefertigte, mit mathematischer Genauigkeit abgemessene Gewebe der Kellerspinne ein Gegenstand unserer Beobachtung, bald endlich fragen wir uns auf der Wanderung durch einen Garten, wie machen sich die Fäden von einem Aste zum andern; — und da hat man denn ganz kurz gemeint, — nur die Spinne befestigt an einem Zweige diesen Faden, läßt sich oder läuft, den Faden verlängernd, am Stamme hinunter, geht quer über den Weg an dem zweiten Baume wieder hinauf, und knüpft den Faden in gleicher Höhe an. Diese einfache, aber unwahrscheinliche Vorrichtung schien aber Cuvier trügend, weil der Faden doch wieder verkürzt werden müßte; er machte also folgendes Experiment: in eine große Schüssel mit Wasser legte er einen Klumpen Erde, so daß es eine ganz vom Wasser umgebene Insel war; auf den breiten Rand der Schüssel legte er einen Kranz von Lehm, in welchen er rund herum einige hölzerne Pflöckchen steckte. Nun setzte er eine Spinne auf die Insel und überließ sie ihrem Schicksale; den andern Tag war die Gefangene fort, aber von jenem Erdhaufen herüber hing, wie ein Seil, ein Spinne-Faden an einem der Pflöckchen klebend. Auf diesem Faden also war das Thier entwischt. Um diese Procedur kennen zu lernen, fing er eine zweite und setzte sie eines Abends auf den Erdhaufen, persönlich verharrend und beobachtend. So lange es Tag war, saß die Spinne ruhig, so wie aber die Nacht anbrach, lief sie nun, trotz dem, daß er mit dem Lichte dabei blieb, ängstlich und jede Annäherung an das Wasser meidend, längst dem Rande immer hin und her. Nach langem Suchen fing sie endlich an, sich sehr aufzublähen, die Anstrengung war sichtbar, und ein Faden entquoll ihrem Leibe, aus dem zugleich etwas Wind zu dringen schien, so daß jener in eine flatternde Bewegung gerieth, die bei der großen Leichtigkeit dieser Art von Weberei noch durch die Stubenluft vermehrt ward, so daß der Faden wie herausgeblasen immer mehr von der Spinne ab nach dem Rande der Schüssel sich hinbewegte, endlich an einem solchen Pflöckchen hängen blieb. Sobald die Spinne das gewahr ward, hielt sie ein mit Blasen und Drücken, ließ aus ihrem Körper etwas schleimige Materie bringen, mit welcher sie das Ende des Fadens, den sie noch bei sich hatte, an die Erde anklebte, dann schnell ausriß, und wie ein geschickter Seiltänzer über das Wasser, vermittelst des Fadens, hinüber spazierte.

Haben sich nun diese Spinnen hier erst auf diese Art geholfen, so setzt es ein recht gutes, von Ueberlegung zeugendes, geistiges Vermögen voraus; ist aber dieses Verfahren an sich schon diesen Thieren von der Natur gegeben, so wenden sie es ohnstreitig eben so bei denjenigen Fäden an, welche sie, wie oben erwähnt, quer über die Wege spannen; aber sollte auch letzteres zu demjenigen thierischen Vermögen, welches man Instinkt (Trieb ohne Reflexion) nennt, gerechnet werden, so war es doch immer schon Klugheit, daß diese Spinnen hier in diesem, ihnen gewiß noch nicht vorgekommenen Falle sich jenes Mittels zu bedienen wußten, wobei immer etwas von dem ihre Seelenthätigkeit in Bewegung setzen mußte, was, bei dem starren Begriffe von Instinkt, nicht gedacht werden könnte und also nicht hinlänglich seyn würde, die Gränzen des psychischen Vermögens der Thiere zu bestimmen.

Der neuholländische Kasuar.
(Casuarius Novae Hollandiae. Lath.)

Der neuholländische Kasuar wird auch zuweilen, wie der gemeine oder ostindische Kasuar, Emu genannt; denn Kasuar (Cassuwaris) ist der malaische Name dieser Vogelgattung, und Emu (Eme, Emeu) der Name derselben auf Banda. Viele nennen ihn auch den neuholländischen Strauß.

Die Höhe dieses Vogels ist gegen 7 Fuß. Sein Schnabel ist von oben platt gedrückt und der Kopf ist ohne die helmartige Zierde des ostindischen Kasuars; auch ist er am Kopfe und Halse fast ganz befiedert, indem das Weibchen nur in der Ohrgegend und das Männchen eben daselbst und an den Seiten des Halses eine kahle blaue Stelle hat. Die Beine sind nicht sehr lang und die dicken, stumpfen Nägel sind schwarz. Die Federn haben etwas mehr Bart und sind weicher, als bei dem ostindischen Kasuar, kommen aber ebenfalls je zwei und zwei aus einer Kielwurzel. Diese Federn stehen sehr dicht und hängen an der Brust, den Seiten und über dem Bürzel sehr lang herab. Der Schwanz fehlt, und statt der Flügel haben sie nur kleine herabhängende Lappen mit einem schwachgekrümmten Stachel. Sie können daher, wie alle straußartigen Vögel, nur laufen; ihr Lauf ist aber so schnell, daß sie kaum die flüchtigsten Hunde, mit denen sie gejagt werden, einholen können. Die Hals- und Brustfedern sind hell graubraun, die übrigen Federn aber dunkelbraun. Die Jungen sind weiß und gelbbraun gestreift.

Die neuholländischen Kasuare leben in kleinen Trupps fast in ganz Neuholland und nähren sich von Blättern, Beeren, Früchten u. s. w.

Das Weibchen legt 6 — 7 smaragdgrüne Eier.

die fast so groß wie Straußeneier sind und von dem Männchen ausgebrütet werden.

Das Fleisch gleicht an Ansehen und Geschmack dem Rindfleische, das der Jungen soll aber außerordentlich zart seyn. Zu gewissen Zeiten sind die neuholländischen Kasuare um den Rumpf von ungeheuern Klumpen Fett umgeben, das geschmolzen und sehr geschätzt wird. Aus der harten Schale der Eier macht man Trinkgeschirre, und der Dotter und das Eiweiß giebt vortreffliche Eierkuchen. In der Brütezeit leben die Eingebornen fast ganz von diesen Eiern, und daher nimmt die Zahl dieser Thiere auch immer mehr ab.

Der neuholländische Kasuar.

Bei der Jagd schlägt dieser Vogel so heftig mit dem Fuße aus, daß er einen Hund weit wegschleudert und ihn oft schwer verwundet oder gar tödtet. Daher suchen die gut dressirten Hunde von vorne an ihn zu kommen, und gelingt ihnen dieß, so springen sie ihm nach dem Halse und packen ihn daselbst, wodurch der Vogel sehr bald getödtet wird. Die Hunde genießen aber nur selten etwas von ihnen, da ihr Fleisch den Thieren oft Uebelkeit verursacht.

Herr van Aken brachte im Jahre 1832 in seiner großen Menagerie auch ein Männchen und ein Weibchen dieser Vögel nach Leipzig, und das Weibchen legte daselbst Eier, die aber nicht ausgebrütet wurden. Auf der Pachterei der zoologischen Gesellschaft bei Kingston bekam aber ein dort befindliches Paar vor einiger Zeit 5 Junge, von denen wir einige hier im Bilde vor uns haben.

Die Henne legte zu verschiedenen Zeiten 5 Eier in dem Hühnerhause, in dem sie eingesperrt war. Diese wurden von dem Hahne auf einem Punkte zusammengebracht, indem er sie sanft und sorgfältig mit dem Schnabel fortrollte. Er setzte sich dann darauf und brütete neun Wochen lang, während welcher Zeit er sie nie verließ und die Henne nie seine Stelle einnahm. Als die Jungen ausgebrütet waren, trug er allein Sorge für sie und die Henne schien sich nicht im Geringsten um sie zu bekümmern. Eine dem Herzoge von Devonshire zugehörige Emuhenne zu Chiswick legte aber vor Kurzem auch Eier, und da dort kein männlicher Emu war, so sammelte sie die Eier selbst und brütete sie aus. Es fehlt demnach den Hennen nicht an natürlicher Zuneigung für ihre Nachkommenschaft.

Woche.

Am 1. Februar 1733 starb zu Warschau jener verschwenderische — prachtliebende, doch auch manche königliche Eigenschaft besitzende Friedrich August II., König von Polen und Churfürst von Sachsen, — auch der Starke genannt. — Während seiner Regierung erfuhr er Glück und Unglück, denn der einige Zeit mit großem Erfolge als siegreicher König damals auftretende Karl XII. von Schweden setzte auch jenen Friedrich August als König von Polen ab; als aber Karl's Glücksstern nach einigen Jahren unterging, bestieg Friedrich August wieder den polnischen Thron, lebte herrlich und in Freuden, belastete Sachsen mit Schulden, förderte aber mit königlichem Sinne Künste und Wissenschaften.

Am 2. Februar 1300 führte der Papst Bonifaz VIII. die Feier der Jubeljahre in der katholischen Kirche ein.

Am 3. Februar 1634 ließ Herzog Bernhard von Weimar, schwedischer Heerführer, das bei Regensburg feste Schloß, Donaustauf, welches von den Schweden längere Zeit belagert worden war, in die Luft sprengen.

Am 4. Februar 1790 erklärte der unglückliche König von Frankreich, Ludwig XVI., in der National-Versammlung seinen ernstlichen Willen, daß er die Absicht habe, mit den Stellvertretern des Volkes die konstitutionelle Freiheit zu schützen: doch bald nach diesem Ereignisse schien der König eine wieder schwankende Handlungsweise anzunehmen, indem die hohe Geistlichkeit, der Hof-Adel, und wahrscheinlich auch die Königin, die Folgen jenes gethanen Schrittes fürchtend, — Alles zu hintertreiben suchten.

Am 5. Februar 1783 brach in dem Königreiche Neapel, und vorzüglich in der Provinz Kalabrien, ein furchtbares Erdbeben aus. Sehr viele Gebäude stürzten ein, über 300 Menschen wurden getödtet und verwundet; auch ward diese Erderschütterung auf mancherlei Art bis in sehr ferne Gegenden bemerkt; so blieb z. B. der Sprudel in Karlsbad mehrere Stunden (in der nämlichen Zeit) aus.

Am 6. Februar 1740 starb zu Rom der Papst Clemens XII., dessen Familienname Lorenz Corsini und der zu Florenz den 7. April 1652 geboren war. Um die vatikanische Bibliothek hat er sich große Verdienste erworben und Rom hat er vorzüglich durch prächtige Gebäude verschönert, indem das Bauen Eine seiner Lieblingsneigungen war.

Am 7. Februar 1551 suchte der vom Kaiser Karl V. zu Augsburg gefangen gehaltene Landgraf Philipp von Hessen zu entfliehen; das Unternehmen selbst gelang aber nicht.

Verlag von Bossange Vater in Leipzig.
Unter Verantwortlichkeit der Verlagshandlung.

Das Pfennig-Magazin

der
Gesellschaft zur Verbreitung gemeinnütziger Kenntnisse.

41.] Erscheint jeden Sonnabend. [Februar 8, 1854.

Moses.

Er wurde um 1550 vor Chr. unter dem in Aegyptenland wohnenden und von den Pharaonen hart gedrückten Volke der Israeliten geboren. Von seiner Geburt an waltete über ihm besonders die göttliche Fürsehung; von Tausenden wurde er gerettet, damit er der Retter von Tausenden werden sollte! — Unter Joseph waren bekanntlich die Israeliten in Aegyptenland eingewandert und lebten hier als ein verachtetes Hirtenvolk im Lande Gosen; als aber die Anzahl derselben zu groß wurde und die mißtrauischen Aegypter für ihre eigene Sicherheit zu fürchten begannen, gab ein Pharao den grausamen Befehl, alle neugeborenen Knaben zu tödten. Die mütterliche Liebe rettete Moses und wurde dadurch reichlich belohnt, daß ihr auch die erste Pflege des geretteten Kindes von der Königstochter übertragen wurde. Am Hofe des Pharao wurde er in den Künsten und Wissenschaften ägyptischer Weisheit unterrichtet und in die Mysterien der Priester eingeweiht. — Welche weise Fügung! Eine Israelitin giebt ihm die erste Nahrung und Erziehung, und pflanzt ihm Liebe zu dem Volke ein, dem er eigentlich angehört. Daher erstickt auch das Hofleben und die Gunst, in welcher er bei dem Pharao stand, keineswegs die Liebe zu seinem Volke. Dieß beweist sein erstes Auftreten. Sein Eifer verleitete ihn zu einer Uebelthat: er erschlug den Aegypter, der einen Israeliten mißhandelte; er flieht in die Wüste und wird ein Hirt, was seine Väter gewesen waren. Feurige Liebe zu seinem Volke ist ein Hauptzug in dem Charakter Mosis, und sie mußte recht lebendig in ihm seyn, wenn er nicht zurückschrecken wollte vor den Schwierigkeiten, die sich vor ihm aufthürmten, als ihm am Berge Horeb der göttliche Auftrag zu Theil wurde: „so gehe nun hin, ich will Dich zum Pharao senden, daß Du mein Volk, die Kinder Israels aus Aegypten führest!" — Er, der vom Hofe geflohen war, sollte jetzt hingehen und das Volk zurückfordern! Dürfen wir uns wundern, wenn er alle Gegengründe aufsucht, diesen schweren Auftrag von sich abzulehnen, und endlich in die Worte ausbricht: „Mein Herr, sende, welchen Du senden willst!" — Der Herr aber ruft ihm zu: „Ich will mit Dir seyn!" — und dieses Wort, welches ihn und sein Werk unter den unmittelbaren Schutz Jehova's stellt, überwindet jede Furcht, daß er muthig vor das Volk und vor den Pharao hintritt und sich nicht erschüttern läßt, als dieser ihn hart anredete. Als Diener Jehova's handelt er fortan. Nach manchen Schwierigkeiten wird endlich das Volk aus dem Sklavenlande geführt und athmet frei in Arabiens weiten Ebenen. Aber welche neue Schwierigkeiten stellen sich ihm ferner entgegen, auf welche harte Proben wird sein Muth und sein Gottvertrauen gestellt! Er ist Führer eines Volks, bei welchem die Erkenntniß Jehova's untergegangen war und welches, durch eine lange Sklaverei leiblich und geistig entnervt, sich lieber in die Sklaverei zurücksehnte, als die Beschwerden einer langen Reise ertragen mochte. Vor Allem war es also nothwendig, dem Volke Jehova kennen zu lehren, der es zu seinem Eigenthume erwählt und seiner besondern Fürsorge gewürdigt hatte.

Einer der wichtigsten Momente in der Menschengeschichte ist erschienen. Das Volk lagert am Fuße des Berges Sinai, und Moses besteigt muthig und voll Vertrauen auf den, der ihm den Auftrag gegeben und ihn bisher geleitet hat, den heiligen Gipfel des Berges, um die Gebote zu empfangen, nach denen das Volk leben sollte. Er hatte gehofft, den „Ich bin, Ich war, Ich werde seyn!" in seiner ganzen Herrlichkeit zu sehen. Das Mark seiner Gebeine mußte erzittern, als er hinaufstieg auf den Berg, den keines Menschen Fuß betreten durfte, und hier, statt den Unsichtbaren zu sehen, nur die Kraft seiner Allmacht in dem weithin rollenden Donner und in den auf= und abfahrenden Blitzen sah! „Ein Donnern und Blitzen erhob sich und eine dicke Wolke auf dem Berge, und ein Ton einer sehr starken Posaune; das ganze Volk aber, das im Lager war, erschrak. Der ganze Berg Sinai aber rauchte, darum, daß der Herr herabfuhr auf den Berg mit Feuer. — Moses redete und Gott antwortete ihm laut." —

Auf diese zehn Gebote, die Moses hier empfing, bauete er nun im Namen Jehova's alle weitern polizeilichen Verordnungen und Ceremonien, die dem Volke seine Selbstständigkeit sicherten. — Unter vielen Mühseligkeiten und Beschwerden führt er das Volk weiter und ernennt, nachdem er dem Volke eine feste Verfassung gegeben hatte, Josua zu seinem Nachfolger; er selbst durfte wegen eines einzigen Zweifels, den er sich gegen Gott hatte zu Schulden kommen lassen, das verheißene Land nicht betreten. Angekommen in der Nähe desselben nahm er Abschied vom Volke, bestieg einen hohen Berg, von welchem er das gelobte Land überschauen konnte und beschloß sein mühevolles Leben im 120sten Jahre.

Die Statue von Moses, von welcher wir hier eine Abbildung geben, ist als das beste Werk von Michel Angelo und als eines der schönsten der Bildhauerkunst überhaupt zu betrachten. Der von Gott begeisterte Gesetzgeber der Juden ist sitzend dargestellt und scheint dem Volke wegen seiner Abgötterei ernste Vorwürfe zu machen. Diese Gesichtsbildung, in welcher eine mit Strenge verbundene Würde gepaart ist, beurkundet ganz den kräftigen Geist und stimmt genau mit dem Charakter überein, wie ihn die heilige Schrift bezeichnet. Außerdem ist die Erhabenheit in seinen Mienen und seiner Stellung auch in anatomischer Hinsicht von jeher ein Gegenstand des Lobes und der Bewunderung gewesen.

Die zwei Strahlen, welche sich auf einigen Gemälden von Moses befinden und als Lichtstrahlen dargestellt sind, erscheinen in dieser und einigen andern Abbildungen von dem Propheten wie Hörner.. Dieser Irrthum findet ohne Zweifel seinen Grund in der lateinischen Uebersetzung der Bibel (Vulgata genannt). In der Stelle 2 Mos. 34, 29. wird gesagt, daß das Gesicht Moses glänzte, als er vom Berge Sinai herabkam. Das hebräische Wort, welches glänzen, oder Strahlen aussenden bedeutet, bezeichnet auch Hörner haben, und der alte Uebersetzer nahm das Wort in der letzten, obwohl sicherlich nicht gemeinten Bedeutung. Daher ist es gekommen, daß christliche Maler Moses oft als mit Hörnern versehen dargestellt haben.

Michel Angelo Buonarotti, ausgezeichnet als Maler, Bildhauer und Baukünstler, war in Toskana im Jahre 1474 geboren und stammte aus einer adelichen Familie ab. Eingeladen an den Hof des Papstes Julius des Zweiten, eines frühzeitigen und warmen Bewunderers seiner Talente, empfing er von diesem den unbeschränkten Auftrag, ein Mausoleum zu bauen. Sobald der Plan fertig war, ging er in die St. Peterskirche in Rom, um zu sehen, wohin das Werk bequem gestellt werden könnte; allein da die Kirche alt und für ein so ausgezeichnetes Mausoleum wenig passend war, so beschloß der Papst, die Kirche zu St. Peter wieder aufzubauen. Dieß ist der Ursprung von dem prächtigen Gebäude, dessen Vollendung 150 Jahre erfordert hat und welches jetzt einen großartigen Beweis architektonischen Glanzes giebt.

Nach dem Tode Julius des Zweiten begann Michel Angelo, in Folge eines erhaltenen Auftrags, zum Andenken seines ehemaligen Beschützers ein Mausoleum zu bauen, aber er wurde in seiner Arbeit sehr oft durch seine großen Patrone, die nachfolgenden Päpste, unterbrochen, deren Verehrung mit einer für den Künstler sehr oft verdrießlichen Laune und Eifersucht gemischt war. Nach vielen Unterhandlungen, und nachdem er seine Zeichnung drei Mal geändert hatte, durfte er endlich sein Werk vollenden und aufstellen, aber nicht, wie es Anfangs bestimmt war, in der großen und berühmten St. Peterskirche, sondern in der alten und merkwürdigen Kirche von St. Peter in Ketten. Das Denkmal von Julius dem Zweiten ist an sich selbst sehr mittelmäßig, aber es wird geadelt durch die Figur von Moses, welche, wenn auch kein anderes meisterhaftes Kunstwerk in der Malerei, Bildhauerkunst und Baukunst von Michel Angelo vorhanden wäre, hinreichend seyn würde, seinen Ruhm als Eines außerordentlichen Geistes der Nachwelt zu überliefern. Er starb im 90. Jahre in Rom 1564.

K.

Eine Reise von Stockholm nach St. Petersburg

ist im Winter eine der gefährlichsten. Die gewöhnliche Art, im Sommer von Stockholm nach St. Petersburg zu reisen, ist, daß man zu Wasser über den bothnischen Meerbusen bis nach Abo in Finnland geht, und die Insel Aland auf dem Wege berührt. Im Winter nimmt man dieselbe Richtung, wenn die See hart genug gefroren ist, um Schlitten von einer Insel zur andern auf dem Eise fortziehen zu lassen. Die größte Strecke des Weges, die man auf diese Weise zurücklegt, ohne Land zu berühren, beträgt gegen dreißig Meilen. Aber selbst unter den günstigsten Umständen ist die Fahrt doch Eine der beschwerlichsten. Je weiter man sich von dem Auslaufplatze entfernt, desto mehr steigt das Erstaunen. Anfangs ist die See glatt und ruhig, doch bald rauh und uneben. Sie nimmt ein wellenförmiges Ansehen an, gleich den Wogen, die sie beunruhigt hatten. Am Ende trifft man auf Massen von Eis, die, übereinander gehäuft, in der Luft zu schweben scheinen, während andere sich pyramidenförmig erheben. Im Ganzen geben sie ein Bild der wildesten Verwirrung, welches das Auge durch die Neuheit des Anblicks überrascht. Es ist ein unermeßliches Chaos eisiger Ruinen, dem Gesichte unter jeder möglichen Form dargestellt und verschönert durch herrliche Stalaktiten von blau-grüner Farbe.

Ueber diese rauhe Oberfläche und zwischen den gebrochenen Wogen von Eis werden die Reisenden in Schlitten gezogen. Die Hauptgefahr besteht aber darin, daß die Schlitten öfters emporstoßen und die Pferde scheu werden und davon rennen.

Dieß ist die Art und Weise, von Stockholm nach St. Petersburg im harten Winter zu reisen. Ist dieser aber nicht streng, so läßt sich dieser Weg weder auf dem Wasser, noch zu Eise machen, und im letzteren Falle gebraucht man 300 Meilen über spurlosen Schnee in schwach bevölkerten Gegenden, die Reise um den Meerbusen nach Petersburg zu machen.

D. B.

Der alte arme Richard,
oder
Mittel reich zu werden
(Von Franklin.)

In einem Kreise von Menschen, die über die schlechten drückenden Zeiten klagten, hub, befragt, was er davon dächte, der arme Richard an:

Lieben Freunde und gute Nachbarn! Allerdings sind die Abgaben schwer; aber, wenn wir sonst keine, als an die Obrigkeit zu zahlen hätten, so wollten wir schon fertig werden. Da haben wir denn aber noch ganz andere, die uns viel mehr drücken. Unsere Faulheit zum Beispiel nimmt uns zwei Mal mehr ab, als die Obrigkeit, unsere Eitelkeit drei Mal und unsere Thorheit vier Mal mehr. Von diesen Abgaben kann uns nun noch dazu kein Abgeordneter weder ganz noch halb befreien. Indeß ist darum noch nicht Alles verloren, wenn wir nur gutem Rathe folgen wollen; denn Gott hilft denen, die sich selbst helfen.

Ueber eine Regierung, die das Volk den zehnten Theil seiner Zeit zu fröhnen zwänge, würde Jedermann schreien; aber weit mehr noch nimmt den Meisten unter uns die Faulheit weg. Rechnet einmal die Zeit, die ihr in gänzlichem Müßiggange, d. h. mit Nichtsthun oder in Zerstreuungen, die eben auch nicht weiter führen, zubringt, und ihr werdet finden, daß ich Recht habe.

W.

(Wird fortgesetzt.)

Der ägyptische Brüt-Ofen.

Zum Brüten ist eine gleichmäßige Wärme von 32° Reaumur nothwendig erforderlich, und nach diesem Grundsatze gelingt es dem Menschen, das Ausbrüten der Eier ohne Beihülfe eines Vogels zu vollbringen. In Aegypten besonders wird diese Kunst seit den ältesten Zeiten mit vielem Glücke ausgeübt.

Die neuern Reisenden sind zwar in ihren Nachrichten über diese daselbst ausgeübte Kunst sehr mangelhaft; aber das muß uns um desto weniger wundern, da der Pater Sicard uns belehrt, daß diese Kunst sogar in Aegypten für ein Geheimniß gilt, und nur den Einwohnern des Dorfes Bermé im Delta bekannt ist, welche sie ihren Kindern als Erbstück nachlassen und ihnen verbieten, sie Fremden mitzutheilen. Bei'm Herannahen des Herbstes, als der günstigsten Zeit zum Brüten, zerstreuen sich die Bewohner dieses Dorfes im Lande und übernehmen das Ausbrüten der Eier.

Nach den besten Nachrichten ist ein ägyptischer Brüt-Ofen von Backsteinen erbauet und ohngefähr neun Fuß hoch. Der mittlere Theil besteht aus einer Galerie von etwa drei Fuß Breite und acht Fuß Höhe, welche sich von einem Ende des Gebäudes bis zum andern erstreckt. Diese Galerie bildet den Eingang zum Ofen, und da sie dessen ganze Ausdehnung beherrscht, so erleichtert sie das mannigfaltige Verfahren, die Eier in dem erforderlichen Grade der Wärme zu erhalten. An jeder Seite dieser Galerie ist eine doppelte Reihe Gemächer oder Kammern, so daß über einer jeden Kammer im Erdgeschosse eine andere von derselben Größe befindlich ist, nämlich drei Fuß hoch, vier bis fünf Fuß breit und zwölf bis funfzehn Fuß lang. Ein jeder Raum hat eine runde Oeffnung von etwa 1½ Fuß im Durchmesser, wodurch ein Mensch gemächlich hineinkriechen kann, und in jeden Raum werden vier bis fünf Tausend Eier hineingethan. In einem Ofen befinden sich drei bis zwölf solche Kammern, und es können demnach daselbst vierzig bis achtzig Tausend Eier ausgebrütet werden, welche nicht auf dem kahlen Boden des Ofens liegen, sondern auf einer Matte, auf einem Bette von Flachs oder einem andern wärmenden Stoffe.

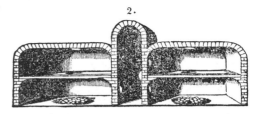

2.

Es wird angenommen, daß in ganz Aegypten an 386 solcher Oefen sich befinden, und diese Anzahl kann nicht vergrößert werden, da über jeden Ofen ein Beamter die Aufsicht haben muß und es Keinem erlaubt ist, seine Kunst ohne einen Erlaubnißschein vom Aga des Dorfes auszuüben, welcher zehn Kronenthaler für jeden Schein erhält. Wenn man nun annimmt, daß jährlich in jedem Ofen fünf oder sechs Brüten Statt finden und jedes Mal diese Anzahl bis vierzig bis achtzig Tausend Eiern, so steigt die Anzahl der jedes Jahr in Aegypten künstlich ausgebrüteten Küchlein auf hundert Millionen. Bei der Berechnung wird angenommen, daß ein Drittheil der in den Ofen gebrachten Eier verloren geht, und wirklich ist der Beamter nur für zwei Drittheile der ihm anvertrauten Eier verantwortlich, so daß er für fünf und vierzig Tausend Eier nur dreißig Tausend Küchlein abzugeben braucht. Hat er bei'm Ausbrüten Glück, so ist der Ueberschuß sein erworbenes Gut, das er zu den dreißig bis vierzig Kronenthalern hinzuthut, welche ihm außer der Kost für seine sechsmonatliche Bemühung gezahlt wird.

1.

3.

Der Löwe am Kap.

Die Ufer der Flüsse am Vorgebirge der guten Hoffnung sind von großen Heerden wilder Thiere bevölkert, die den Menschen zur Nahrung dienen. Rehe, Springböcke, Gnu's, Zebra u. s. w. tummeln sich auf diesen Ebenen herum. Aber auch Schakals, Hyänen, Panther und Löwen lauern auf ihre Beute, und namentlich wird der letztere sehr häufig gefunden. Wenn der Reisende oder der Bewohner einer einsam liegenden Meierei sich zur Ruhe niedergelegt hat, bringt oft das Gebrüll eines solchen zu seinen Ohren, und er glaubt, den Donner des Himmels rollen zu hören. Es ist keine Uebertreibung bei diesem Ausdrucke. Der Löwe legt sich gern auf die Erde hin, so daß sein Kopf auf den Vordertatzen ruht und seine Stimme gleichsam auf dem Boden hinrollt. Stehen ihm nun etwa Felsen und Klippen entgegen, so wird durch das Echo die Täuschung noch größer. Wer sich von einem Thiere den richtigsten Begriff machen will, muß

In jeder der obern Kammern befindet sich ein Heerd, um die untere Kammer zu erwärmen, wohin die Wärme durch die im Heerde befindliche Oeffnung hineindringt. Da Holz oder Kohlen ein zu lebhaftes Feuer geben würden, so brennt man den mit Stroh vermischten und getrockneten Mist vom Rindvieh oder Kameel. Durch die Thüre der Galerie wird auch der Rauch hinausgeleitet. Nach Einigen wird das Feuer auf dem Heerde blos eine Stunde des Morgens und eine Stunde des Abends unterhalten, das nennt man das Mittag= und Abendessen der Küchlein; nach Andern wird vier Mal des Tages Feuer gemacht; wahrscheinlich kommt es auf die Witterung an. Wenn der Rauch nachgelassen hat, so werden die in der Galerie befindlichen Oeffnungen der Kammern sorgfältig mit grobem Werg festgemacht.

Hat man, je nachdem die Witterung ist, acht, zehn oder zwölf Tage nach einander Feuer angemacht, so hört man damit auf, weil nun der Ofen so viel Wärme enthält, daß die Eier ausgebrütet werden können, wozu überhaupt einundzwanzig Tage erforderlich sind, in welcher Zeit auch die Henne ihre Eier ausbrütet. Um die Mitte dieser Periode wird ein Theil der Eier aus der untern Kammer in die obere gelegt, um den Embryonen den Ausgang aus der Schale zu erleichtern, was unten, weil sie aufgehäuft liegen, nicht so leicht von Statten gehen würde.

es in seiner Freiheit, nicht von der Kette belastet, nicht durch die Kunst gezähmt, entnervt, entartet sehen. Ganz anders erscheint der Löwe in Afrika's Wüste, als der in Menagerien oder auf den Messen. Nur von jenem läßt sich begreifen, warum ihn die Alten in ihren Bildern den König der Thiere nannten. Die Hitze der unermeßlichen Wüsten Nordafrika's scheint ihm eine Wuth zu leihen, die durch den Hunger, den er selten vollkommen stillen kann, nur noch erhöhet wird. Von ihm befeuert, kennt er keine Gefahr. Er greift den Menschen, wie die Thiere an, und selbst eine Karavane vermag sich nicht sicher zu stellen, wenn sie ihm nicht ein Kameel oder Maulthier opfert. Wenn es dunkle Nacht ist, dann wird die Stille der Wüste nach und nach durch das Geschrei der Wölfe, der Schakals, der Hyänen auf eine widrige, schauerliche Art belebt, aber endlich brüllt auch der heißhungrige Löwe, und sein Geheul läßt Alles verstummen. Zwischen den Bergen und Schluchten, die die Wüste begränzen und durchschneiden, hallt es schrecklich wieder, und ist allen Geschöpfen die Losung, zu fliehen, zu schweigen, ihr Daseyn nicht dem grimmigen Tyrannen durch ihre Stimme zu verrathen.

Durch Flintenschüsse, durch tüchtige Feuer wird der wilde Feind meist glücklich verscheucht. Quält ihn aber der Hunger, so lauert er in seiner Höhle am Tage dem Reisenden auf und fällt über ihn oder sein Roß oder seine Hunde so fort her. Oft gehen der Löwe und die Löwin gemeinschaftlich auf die Jagd und fallen ein Pferd an, das ihnen eine willkommenere Beute zu seyn pflegt, als ein Ochse oder anderes Thier. Es giebt wenig Bewohner am Vorgebirge, die nicht ein oder das andere Abentheuer mit dem Löwen dort bestanden hätten. Die Gutsbesitzer werden gewöhnlich durch den Verlust eines Thieres aufmerksam und vereinigen sich, um neuen Verlust zu meiden, den grimmi-

Der Löwe am Kap.

gen Feind aufzusuchen. Es gehört Muth und Besonnenheit dazu. Wir wollen ein Paar solcher Kreuzzüge ausheben. Dem Gutsbesitzer Georg Rennie, einem jungen Manne, war kaum ein Pferd abhanden gekommen, als er auch aus den Spuren im Sande bei'm Nachsuchen entdeckte, daß es die Beute eines Löwens geworden seyn müsse. Seine Hottentotten ermittelten bald die Fährte und den Aufenthalt des Löwens, der noch ruhig neben seiner Beute lag und dann nach einigem Verweilen in das Dickicht eines Hohlweges ging. Die Jäger stellten sich behutsam auf der Höhe hin und gaben mehrere tüchtige Salven nach dem Gehölze, ohne daß sie den Löwen trafen, der weder herauskam, noch davon floh. Endlich wagte sich Rennie nach dem Gebüsche selbst. Ein kühner Jagdkämpe that dasselbe. Sie warfen eine Menge Steine hinein, und ehe sie es sich versahen, stürzte die Bestie heraus. Rennie wäre ihr Opfer gewesen, allein sein Hund sprang dem Löwen entgegen und — büßte für solche Kühnheit mit dem Leben. Ein Schlag von des Löwens Tatze streckte ihn darnieder. Rennie hatte so einige Schritte seitwärts springen können. Seine Freunde eröffneten ein tüchtiges Feuer und mehrere Kugeln trafen den gefährlichen Feind, der zu Boden sank.

Merkwürdig ist der Kampf eines Bauers Gert mit einem Löwen. Gert ging nach einer im Gebüsche versteckten Quelle, um Wasser zu holen. Er hatte die Flinte einem Gefährten gegeben. In dem Augenblicke, wo er sich durch's Gebüsch drängen will, springt ein ungeheurer Löwe vor und packt ihn an dem linken Arme. Der Bauer ist zwar erschrocken, aber ruhig genug, sich nicht zu rühren, da der Tod dann gleich die Folge hätte seyn müssen; er sieht ihn nur fest und unverwandt an. Die Bestie kann solchen Blick nicht vertragen. Ohne derb zu beißen, hält sie nur immer den Arm mit den Klauen und Zähnen. Gert hatte Besinnung genug, dem Kameraden zu winken, daß er den schrecklichen Augenblick benutzt, das Ungeheuer niederzuschießen. Doch dieser flieht auf die feigste Weise. Noch immer ist der Löwe ruhig und nicht im Stande, den Blick des Bauers zu erwiedern. Vielleicht hätte er am Ende seine Beute ganz fahren lassen. Doch Gert verliert die Geduld in der schrecklichen Lage. Er zieht mit der freien Hand ein Messer aus der Scheide, das jeder Kapbauer zu tragen pflegt, und stößt es dem Thiere in die Brust. Die Wunde ist tödtlich, aber der kurze Kampf, den sie verursacht, hat eine solche Zerfleischung des Mannes zur Folge, daß er drei Tage darauf starb.

Auch der genannte Georg Rennie war nahe daran, ein ähnliches Schicksal zu haben. Er entging ihm durch ein halbes Wunder. Einem Freunde von ihm war in der Nacht das ganze in einem Gehege eingeschlossene Rindvieh scheu geworden. Alle Kühe hatten sich mit mächtigen Sätzen den Weg in's Freie gebahnt. Er war sogleich mit geladenen Flinten nachgeeilt, aber so hell auch der Mond schien, nichts zu entdecken im Stande gewesen. Am Morgen nachher fand man jedoch die Fährte eines Löwen und ein Paar fehlende Schafe waren vermuthlich seine Beute geworden. Die Fährte leitete in die Berge, wo man ihn nicht gut finden konnte. Allein schon in der nächsten Nacht holte er kaum hundert Schritte von der Wohnung ein Reitpferd weg, und nun machte man allgemeine Jagd auf ihn, welcher Georg Rennie als Nachbar und muthiger Mann beiwohnte. Der Löwe war nicht feig. Er stürzte sich kühn seinen Feinden entgegen. Georg Rennie sank unter seinen Streichen. Doch das Thier zerriß ihn nicht. Es schaute, die Tatze auf ihn legend, majestätisch umher und musterte gleichsam die Menge seiner Angreifer. Es waren ihrer siebenzehn, Alle zauderten ebenfalls unentschlossen. Da entfernte sich endlich das Thier und Georg Rennie trug, außer der Todesangst, nur die Spur von den Klauen, welche durch die Kleidung gedrungen waren. Jetzt verfolgten ihn alle, eine Kuppel tüchtiger Hunde voran, die ihn unter einer großen Mimose so lange beschäftigten, bis einige gutgezielte Schüsse seinem Leben ein Ende machten. Eine gewisse Ruhe und Schonung, wie sie Georg Rennie erfuhr, ist dem Thiere überhaupt eigen. Noch ein Beispiel davon. Eine Partie Bauern machten Jagd auf einen Löwen, der ihnen einige Stücke Rindvieh getödtet hatte. Sie schickten ihm eine ganze Menge Hunde auf den Hals. Er blieb ruhig im Dickicht liegen. Nur manchmal schlug er einen Hund darnieder, der sich zu nahe wagte. Endlich trafen ihn einige Streifschüsse; nun wurde er wild und brach hervor in die Ebene, daß alle Bauern spornstreichs auseinander stäubten. Nur ein Hottentot hatte sich versäumt. In der Todesangst wirft er sich platt auf die Erde und stellt sich todt. Der Löwe beroch ihn, tappte mit der Tatze auf ihm herum und setzte sich ruhig auf seinen Feind, bis er endlich gelassen nach den Bergen ging. Der Hottentot war glücklich davon gekommen. Wird der Löwe nicht vom Hunger geplagt, so wird er nicht leicht einen Angriff thun, falls man ihn nicht reizt. Der Gouverneur Thomson ritt einmal mit einem

Freunde aus und stieß auf zwei zur Seite des Weges ruhende Löwen. Flucht diente hier zu nichts. In zwei Sätzen wären sie da gewesen. Er ritt daher mit dem ihm nachfolgenden Gefährten, der vor Müdigkeit auf dem Pferde schlief, ruhig vorüber, und sah sie fest an, während ihre feurigen Augen auf ihm weilten. Wahrscheinlich hatten sie keinen Hunger, und waren daher großmüthig genug, zwei Menschen und zwei Pferde vorüber ziehen zu lassen. Hat aber der Löwe erst einmal Menschenfleisch genossen, so geht er keiner andern Beute gern mehr nach. Dann ist ihm nur dieser Genuß willkommen. Jedoch dasselbe sagt man auch von andern großen Raubthieren. Selbst Wölfe wurden 1813 nach dem Feldzuge in Polen und Rußland viel gefährlicher. Aber so richtig die Sache seyn mag, so wenig scheint man den Grund errathen zu haben. Das Thier hat die ihm anhängende Scheu vor dem Könige der Schöpfung verloren. Er wagt sich also an ihn, wie gegen jeden andern Feind; und mit jedem neuen Siege erwächst ihm, vorkommenden Falles, neuer Muth. Der Wolf z. B., der, wenn er die Wahl hat, außerdem eher ein Pferd, als einen Menschen angreift, wird aus der Ursache den letztern eben so unbedenklich anfallen.

Ungemein stark und schnell ist der Kaplöwe. Er schleppt den größten Ochsen, ein Pferd, eine Antilope, über die Schulter geworfen, stundenweit fort. Kurz, so wenig der Stier im Joche des Landmanns mit dem feurigen andalusischen im Madrider Stiergefechte, so wenig das arme Postpferd mit dem wilden Hengste in der tatarischen Steppe verglichen werden kann, so wenig ist der Löwe in seinem Eisengitter auf der Messe dem furchtbaren in Afrika gleich. Ruhig liegt er am Tage in seiner Höhle, schweigend sinnt er auf Raub. Aber in der Mitternacht rollt seine Stimme wie Donner, dumpf und anhaltend, und weder List noch Nachstellung bedürfend, kündigt er sich gleichsam als Herr der Wildniß an und fordert die starken Bestien zum Kampfe heraus. Sie fliehen alle, wenn sie ihn hören, sie sind betäubt, versteinert vor Schrecken, wenn sie seine sträubende Mähne, seinen funkensprühenden Blick gewahr werden. Der wilde Eber vergißt, daß er furchtbare Zähne hat; der Stier scheint den Gebrauch der Hörner zu verlieren; das muthige, flüchtige Roß scheint wie angewurzelt. Mit der scharfen Klaue wirft sie der Löwe zu Boden und öffnet ihnen mit einem zweiten Schlage den Leib und verzehrt das rauchende Eingeweide und läßt den Rest den andern zur Beute. Unser Bild stellt ihn dar, wie er den Angriff auf einen Leoparden macht. Es ist dieß aber noch von Keinem gesehen und betrachtet worden. Der Fall möchte an sich selten seyn, da solche Raubthiere zu gute Witterung und die Schwächern vor den Stärkern zu viel Furcht haben, sich einander zu nahern. Meidet doch schon unsre Katze den Hund. Warum der Künstler gerade diese Idee auffaßte, wissen wir nicht. So Etwas sah man nur zur Zeit, wo noch „des Colliseums Herrlichkeit den Staunenden umfing."

D. B.

Wie verhalten sich in verschiedenen Ländern die vom Ackerbau lebenden Einwohner zu denen, welche Gewerbe treiben?

Gegen hundert mit dem Ackerbau im weitesten Sinne beschäftigte Personen beschäftigen sich mit den Gewerben in Italien 31, in Frankreich 50, in England 200.

R.

Widerwärtigkeiten eines Ausgewanderten.

Hermitage, am Flusse Shannon, auf Van-Diemensland, d. 30. Sept. 1823.

Zu Anfange Novembers gelangten wir an das Vorgebirge der guten Hoffnung. Als wir in die Bai einliefen, zeigte sich uns der Tafelberg mit den auf ihm ruhenden und ihn umhüllenden Wolken, gleich einem Tischtuche, was einen wahrhaft erhabenen Anblick gewährte. Wir bestiegen ihn mit großer Mühe, und die Aussicht von seinen wirklich hohen Hügeln ist nicht allenthalben so schön, wie die Ansicht unter ihm. Die Kapstadt ist von hohen romantischen Hügeln von einem dürren und unfruchtbaren Aussehen umgeben; die Einwohner derselben sind ein Gemisch von Holländern, Engländern, Malaien und Negersklaven. Die Stadt ist nach holländischer Art gebaut und hat einige schöne Straßen und Häuser; aber das Klima ist sehr stürmisch, und Staubwolken wirbeln fortwährend. Keinem Sklaven ist es erlaubt, nachdem es dunkel geworden, ohne Laterne auszugehen, was bei der Parade um 8 Uhr, wann das Musikcorps der Kompagnie spielt, einen seltsamen Effekt hervorbringt. Die Malaien sind gleich den Franzosen sehr aufmerksam in der Verzierung ihrer Kirchhöfe, in welchen sie stets Gärtnerarbeiten haben, welche die gehässige und traurige Grabstätte in einen dem Religionsunterrichte geweihten anmuthigen Platz verwandeln. Der tägliche Markt findet nach Tagesanbruch Statt, da die Landleute alle ihre Erzeugnisse zum Verkaufe bringen. Es machte mir Vergnügen, die Fuhren mit Löwen- und Tigerhäuten, Aloe, Wallnüssen, Orangen u. s. w. beladen zu sehen. Diese Wagen sind leicht gebaut, und ein solcher wird von 12 oder 20 Ochsen und bisweilen von Pferden gezogen. Der hiesige Hammel hat nur am Schweife sein Fett, und oftmals an 25 Pfund desselben. Konstantia, zehn engl. Meilen von der Stadt, ist an Schönheit der Gegend und üppigem Baumwuchse großer Anblick; aber ich hatte keine Zeit, ihn zu besuchen.

Ungefähr sechs Wochen nach der Abreise vom Kap entdeckten wir Land. Als wir uns dem Ufer näherten, war jedes Auge in Bewegung und jedes Glas wurde in Anspruch genommen, um die Lieblingsstelle unserer Wahl zu untersuchen. Anfangs ist die Ansicht steil und wild, gewährt dem Auge wenig mehr als Hügel an Hügel mit Bäumen von dunkelbrauner Farbe, und die nackten weißen Stämme geben ihnen kein anmuthiges Aussehen; aber die Fahrt auf dem Flusse Derwent nach Hobart-Town ist sehr schön, da das Schiff vom Lande eingeschlossen ist und schöne Einfahrten und Buchten in Menge anzutreffen sind. Bäume von verschiedener Größe, von schöner Form und mit einem dunklern Grün wechseln in der Landschaft ab; sie stehen von einander entfernt, der Boden ist eben und mit einem Grase bedeckt, das, obgleich in's Braune fallend, uns zum Ausruhen und Spazierengehen einladet; Seevögel spielen um uns und Haufen von Braunfischen taumeln um das Schiff; hier und da entdeckt man auch kleine Meierhöfe und Flecken der Kultur. Es ist unmöglich, Ihnen das Vergnügen zu beschreiben, welches mein Herz fühlte, als mein Auge, müde der See und des Himmels auf einer so langen Fahrt, längs diesen Ufern streifte. In der Hitze meiner Einbildung übersah ich die Beschwerlichkeiten des Anbaues und schuf mir in der Nähe einen schönen Bau ein geschmackvolles Landhaus, einen Garten und Meierhof, die baldige Gabe eines glücklichen Fleißes. Meine Lebensgeister waren fröhlich geworden; ich betrat das Verdeck, als das Schiff auf dem Flusse gleitete, mit einem raschern und leichtern Tritte und entwarf mir die Zukunft ohne

einen Makel oder Flecken; ich erlaubte mir nicht, die Zeit und die Arbeit in Betracht zu ziehen; ich suchte dem Entwurfe einer ländlichen Glückseligkeit und der Verwirklichung derselben nothwendiger Weise Statt finden; ich berechnete nicht, daß Jahre hingehen müssen, bevor der Boden zum Unterhalte meiner Familie genügsam beitragen konnte, und daß ich sie diese Zeit durch mit sehr schweren Kosten erhalten muß. Dieß Alles habe ich nun ausfindig gemacht und will Ihnen mein Verfahren erzählen.

Mit Freude stiegen wir an's Land. Auf dem Wege, dem Ufer entlang nach der Stadt, untersuchte ich mit Begierde den Boden, indem ich dachte, auch in der Erde eines so eben entdeckten und entfernten Welttheils ein ausgezeichnetes Merkmal zu finden; aber im Allgemeinen ist die Natur allenthalben dieselbe, und ob ich gleich nicht ein einziges einheimisches Gewächs oder Thier denen in England ähnlich fand, so erinnerte es mich doch genug, daß ich ein Bewohner desselben Erdballs sey. Hobart-Town liegt in einer Ecke des Derwent, am Fuße eines Tafelberges, der ¾ Meile hoch ist. Von diesem strömt ein kleiner Fluß, der die Stadt mit Wasser versieht, und auf seinem Wege einige Mehlmühlen treibt; jedoch ist der benachbarte Boden steil und läßt keine Pachtverrichtungen zu, und erst zwei oder drei Meilen weiter sind einige schöne Landhäuser und Meierhöfe, und New-Town hat bereits das Aussehen eines engländischen Kirchspiels. Hobart-Town dehnt sich auf einer großen Fläche aus, weil ursprünglich einem jeden Gebäude ein Viertel Morgen Landes beigefügt worden ist; es hat schöne Häuser, und ich erstaunte, daß man in so kurzer Zeit so viel gethan hatte; die Straßen, obgleich nach der Linie angelegt, sind an vielen Stellen kaum geformt, und die daselbst überall gepflanzten Bäume tragen das Gepräge der Neuheit. Mit vieler Schwierigkeit mietheten wir ein Landhaus, das, mit Schindeln oder mit Holzstücken in Form von Dachschiefer-gedeckt, nur einen schwachen Schutz vor der schneidenden Morgenluft gewährte, wodurch wir, wenn auch im Sommer, zuweilen zitternd aus dem Bette stiegen. Lebensmittel und jede Art Arbeit waren sehr kostbar; und da ich wünschte, meine Familie so bald als möglich an's Land zu bringen, so verlor ich keine Zeit, dem Gouverneur-Lieutenant meine Aufwartung zu machen, der mich sehr höflich aufnahm, und ich fand meine Empfehlungsbriefe von sehr großem Nutzen. Der Gouverneur ist ein feingebildeter und leutseliger Mann und gilt für einen großen Gelehrten; aus seiner Unterhaltung sieht man sogleich, wie sehr ihm das Wohl der Kolonie am Herzen liegt, und wirklich scheint es auch, daß das Gedeihen derselben sein einziges und beständiges Studium sey. Der gewöhnliche Gang ist, sobald man sich eine Stelle zum Anbau gewählt hat, daß unverzüglich dem Landmesser der Befehl ertheilt wird, das Einem zukommende Land auszumessen, worauf man ein Verzeichniß des an's Land zu bringenden Eigenthums einreicht.

Vier von uns machten sich mit einem Führer auf, um sich nach Land umzusehen. Von Hobart-Town ist nur ein Weg, auf dem einige Meilen weit ein beträchtlicher Verkehr Statt findet. In der Stadt sind beinahe alle Bäume umgehauen und zur Feuerung verbraucht; bei'm Vorwärtsgehen wird jedoch die Landschaft holzreicher, und überall zeigen sich dem Auge Hügel an Hügel gereiht. Der hier am häufigsten wachsende Baum ist eine Art Eucalyptus, den die Gefangenen den bleichen Gummibaum nannten, weil die Rinde desselben eine Todtenfarbe hat; er sieht nicht malerisch aus, da er blos am Gipfel belaubt ist, untere Zweige ihm gänzlich fehlen, und sein Stamm und seine Sprossen ein liederliches und trauriges Aussehen haben. Jedoch findet man an einigen Stellen eine lebhaftere und gefälligere Aussicht, wo nämlich ein anderer Baum desselben Geschlechtes gleichfalls in Menge anzutreffen ist; er heißt der blaue oder schwarze Gummibaum, gleicht sehr der engländischen Ulme, ausgenommen, daß seine Blätter weniger grün sind und er, wie alle Bäume dieser Insel, immergrün ist. Wenn also das Auge an den Gipfeln dieser Bäume umherschweift, so hat man eine reiche und anmuthige Aussicht; so viel nämlich schöne Waldung und abdachende Hügel ohne Kultur gewähren können. Die Eingebornen haben die Gewohnheit, in der trockenen Jahreszeit die Holzung anzuzünden, um Kangaru's, Beutelratten und andere zu ihrem Unterhalte nöthigen Thiere zu jagen. Durch dieses Verfahren sind die Wälder licht und das Gestripp gänzlich ausgerottet worden, und weil es den Bäumen die schönen, herabhängenden, breiten Zweige geraubt hat, ist auch der ganze Boden der Insel mit Gras und Weide bedeckt. Die Eingebornen sind wandernd, und wo sie Wild finden, streifen sie die Rinde der größten und höchsten Bäume ab und machen sich daraus Hütten; dieses tödtet die Bäume, welche ein baldiges Feuer niederbrennt. Ist das Wild in der Gegend erschöpft, so verbrennen sie ihre Hütten und lagern sich auf einer andern Stelle, wo sie eben so verfahren. So können Sie sich im Allgemeinen eine Idee von der Gestalt des Landes machen, das allenthalben mit verdorrtem und verwelktem Grase bedeckt ist, und bei jedem Schritte Stämme und Zweige von Bäumen darstellt, die entweder todt oder halb verzehrt, oder, wenn sie noch leben, ihres Unterlaubes beraubt und zum Theil verbrannt sind; doch in den Gegenden, wo die Thäler und Ebenen frei von Holz sind, ist die Landschaft sehr schön, und der Geist kann sich nicht eine Zeit lang mit der Idee versöhnen, daß sie noch niemals der angebaute Aufenthalt eines Menschen geworden. Neun Meilen von Hobart-Town setzten wir in einer Fähre über den Derwent und nahmen die Straße nach Launceston. Der kleine Fluß Jordan windet und schlängelt sich durch Thäler und versieht auf seinem Laufe viele schöne Meiereien mit Wasser. Einem unbekannten Triebe folgend, verfolgte ich meinen Weg nach dem Flusse Clyde, der, obgleich vier Mal so groß, wie der Jordan, keinesweges meiner Vorliebe zum Wasser genügte. Ich drang also vorwärts nach einem größern Flusse, zehn Meilen weiter, über jeden Anbauer hinaus, und entschloß mich endlich, den Rest meiner Tage an seinen Ufern zuzubringen. Dieser Fluß hieß Shannon, und sein Ufer wird als der klassische Boden von Van-Diemensland betrachtet, weil er vor mehrern Jahren der Versammlungsort aller Buschklepper war, und ungefähr eine Meile von meinem Hause ist auch die Stelle, wo ihr Führer, Michael Howe, umkam. Auf der Karte glaubte ich den schönen Landstrich der Vermessung eben und fruchtbar; aber mein Land ist sehr uneben und besteht ganz aus Hügeln und Thälern. Der Shannon ist ein Gebirgsstrom, und zwar ein heftiger; wo er sanft fließt, ist er ungefähr so breit, wie die Themse, oberhalb Windsor; an andern Orten rauscht er mit Ungestüm über Felsen und bildet sehr romantische Wasserfälle und Strömungen. Er soll aus einem großen See im Innern des Landes entstehen; sein Wasser ist so rein, daß man allenthalben auf seinen Grund sehen, und so weich, daß es zum Waschen ohne Seife gebraucht werden kann. Ich habe mein Land dicht an seinem Ufer, am Eingange eines schönen Thals; das entgegengesetzte Ufer ist hoch und fel-

sig und bildet eine Art Verschanzung. Eine halbe Meile von meiner westlichen Grenze fließt ein anderer Fluß, so breit wie der Shannon, und heißt Ouse, so daß ich mich auf einer Halbinsel befinde; denn diese Flüsse kommen drei oder vier Meilen unterhalb zusammen, und wenn die Muthmaßung, daß beide Flüsse aus demselben großen See entstehen, richtig ist, so wohne ich auf einer wirklichen Insel von etwa dreißig englischen Meilen Länge und zwei bis fünf Meilen Breite.

(Der Beschluß folgt.)

Woche.

Am 8. Februar 1807 war die große Schlacht bei Eylau, in Ostpreußen, zwischen der französischen Armee unter Kaiser Napoleon's persönlicher Anführung und dem russisch-preußischen Heere, unter Lestock und Benningsen. Beide Theile hatten gleich großen Verlust an Mannschaft erlitten, wer aber Sieger war, blieb nicht unentschieden, da den Tag darauf (den 9. Febr.) sich die russisch-preußische Armee nach Königsberg zurückzog.

Am 9. Februar 1801 fand der Friedensschluß zu Lüneville, einer Mittelstadt in Lothringen, zwischen Oesterreich und Frankreich Statt, wodurch der im Frühjahre 1799 zwischen beiden Mächten wieder ausgebrochene Krieg geendet, und in demselben, zum Glücke Oesterreichs, das sehr bedrängt war, fast ganz die Bedingungen von Campo-Formio wieder festgesetzt wurden.

Am 10. Februar 1763 wurde der Friede zwischen Großbritannien und Frankreich, Spanien und Portugal zu Paris geschlossen. An demselben Tage 1817 starb der als Schriftsteller rühmlich bekannte Reichsfreiherr von Dalberg, im Jahre 1802 Churfürst und Erzkanzler des heil. römischen Reichs und späterhin Großherzog von Frankfurt.

Am 11. Februar 1814 schlug Kaiser Napoleon bei Montmirail die von den Generalen Sacken und York angeführten russisch-preußischen Armeen.

Am 12. Februar 1798 starb der letzte König von Polen, Stanislaus der Zweite (Graf von Poniatowsky) in St. Petersburg. Er war Einer der gebildetsten und liebenswürdigsten Männer seiner Zeit, der aber aus Mangel an Regenten-Tugenden seinen Thron verlor.

Am 13. Februar 1713 fand eins der heftigsten und zugleich sonderbarsten Gefechte in der Türkei Statt! In dieses Land nämlich hatte der König von Schweden, Karl XII., sich nach der unglücklichen Schlacht bei Pultawa (den 27. Juni 1709) vor den ihn verfolgenden Russen geflüchtet; als ihm nun der Sultan den Aufenthalt nicht länger gestattete, Jener aber nicht weichen wollte, fiel zwischen dem kleinen bewaffneten Haufen des Königs, unter dem persönlichen Kommando, und einem Trupp Janitscharen, dieses Gefecht vor, in welchem König Karl überwunden und als Gefangener in die türkische Festung Bender abgeführt ward.

Am 14. Februar 1650 ward auf dem Reichstage zu Nürnberg der Beschluß gefaßt, daß zur Ergänzung der durch den dreißigjährigen Krieg und durch Seuchen umgekommenen vielen Menschen jedem Manne gestattet werden solle, zwei Weiber zu ehelichen.   D.

Verlag von Bossange Vater in Leipzig.
Unter Verantwortlichkeit der Verlagshandlung.

Das Pfennig-Magazin

der
Gesellschaft zur Verbreitung gemeinnütziger Kenntnisse.

42.] Erscheint jeden Sonnabend. [Februar 15, 1834.

An die verehrlichen Leser des Pfennig-Magazins.

Die Anzeigen einiger resp. Konkurrenten nöthigen uns zu der Bemerkung, daß schon seit längerer Zeit das Pfennig-Magazin in seinen meisten — namentlich auch in den zu den Vignetten gehörigen Artikeln — keineswegs nur Uebersetzungen aus den englischen und französischen Magazinen gleichen Zweckes, sondern Original-Arbeiten seiner Mitarbeiter, unter denen es die achtbarsten Gelehrten in den meisten deutschen Ländern nennen könnte, seinen Lesern geboten hat; weil die Redaktion keinen andern Wunsch hegt, als das deutsche Pfennig-Magazin den Bedürfnissen des deutschen Volkes eben so eng anzu= passen, als dies besonders mit dem englischen Unternehmen und seinen Beziehungen auf das englische Volk der Fall ist. Um dieses auch dem geehrten Publikum zu beweisen, werden hinfort die nicht übersetzten, sondern frei bearbeiteten Artikel mit den Chiffern der Mitarbeiter, die neuen, von den vorzüglichsten Künstlern in Berlin und Paris zunächst für unser Blatt gearbeiteten Abbildungen aber mit * — bezeichnet werden.

Bossange Père.

Das Rathhaus zu Paris.

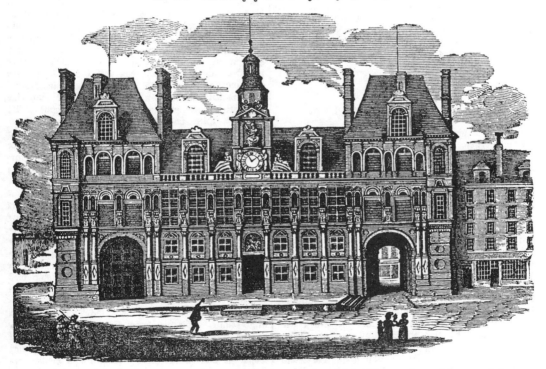

Die Veranlassung zur Gründung der Rathhäuser, oder, wie sie in Frankreich heißen, der Stadthäuser (Hôtels de Ville) oder Gemeinde=Häuser (Hôtels des Communes), gaben wahrscheinlich die den freien Bewohnern der Städte oder Bürgerschaften ertheilten Vorrechte, und die Zeit der Gründung solcher Häuser fällt wohl in den Anfang des zwölften Jahrhunderts.

Der Ursprung der Gemeinde=Rechte der Stadt Paris ist sehr dunkel; die französischen Geschichtsfor= scher lassen sie in den Zeiten der Römer entstehen. — Gegenwärtig besteht der Rath der Stadt Paris aus einer Körperschaft von 37 Personen, nämlich aus dem Präfekten des Departements, 12 Maires, 2 Syndicis und 22 andern Mitgliedern. — Das hier vorgestellte Gebäude ist nach dem Plane eines italienischen Bau= meisters, Dominico Boccadora aus Crotona, erbaut; der Grund dazu wurde im Jahre 1533 gelegt und das Ganze 1606 beendigt. Vor der Revolution war über dem Eingange die Statue Heinrich's IV. zu Pferde in erhabener Arbeit aus Bronze auf schwarzem Marmor, welche ein Patriot, Namens Franz Miron, Prévôt des marchands (Handelsvorsteher), dem die Stadt noch andere nützliche Einrichtungen verdankt, errichten ließ. Sie wurde aber in der Revolution vernichtet, und ist jetzt durch halb erhabene Arbeit aus Gyps ersetzt. Eben so wurde das Innere des Gebäudes alles dessen beraubt, was an das Königthum erinnerte, und es blieb daselbst wenig, was der Aufmerksamkeit werth wäre, es denn eine bronzene Statue Ludwig's XV., die man mehr als Kunstwerk betrachtete. Viele Uebelthaten sind in diesem Hause begangen worden, und eine Aufzählung der dort stattgefundenen Auftritte würde eben so viel Trauriges als Merkwürdiges bekannt machen. — Es mag hier nur erwähnt werden, daß in diesem Rathhause der jetzige König der Franzosen, Ludwig Philipp, im Jahre 1830 aus den Händen der Volksvertreter, deren Präsident Lafayette war, die französische Krone empfing.

Der offene Raum vor dem Gebäude heißt der Greve-Platz, wo seit 1789 viele Jahre lang die Guillotine in Bewegung war und gar viel unschuldiges Blut vergossen wurde. — In frühern Zeiten fand hier eine sonderbare Feierlichkeit statt. In der Mitte des Platzes nämlich pflegte jährlich ein Scheiterhaufen errichtet zu werden, den der König mit seinem ganzen Hofstaate unter vielen Feierlichkeiten anzündete. Die erste Nachricht davon findet man vom Jahre 1471, als Ludwig XI. die Ceremonie verrichtete. Diese Feierlichkeit fand noch im 18. Jahrhunderte Statt; sie hieß Feu de la Saint Jean (Feuer des Johannis-Festes), und wurde mit großem Pompe und vielen Kosten vollzogen.

Benjamin Franklin.

Eine sich verjüngende Zeit, wie die unsere, entwickelt nothwendig aus ihrem Schooße mit dem Wahren und Guten auch das Falsche und Schlechte. Zu Letzterm aber unter anderm die Maßlosigkeit und Ueberschwänklichkeit, die künstelnde Zeitigung und fast frevelhafte Absichtlichkeit und Berechnung zu zählen, dürfte auch nur ein Blick auf unsere heutige Erziehung berechtigen, wie sie sich in ihren Früchten, dem Weltverkehre und der Geselligkeit kund giebt, indem sie weniger aus den natürlichen Anlagen entwickelt und herausstellt, als einzulehren, abzurichten und willkührlich zuzuschneiden bemüht ist. Statt nun darüber fruchtlose Klagen zu erheben, oder zionswächterlich Buße und Besserung auszurufen, ist es vielleicht dienlicher, das leuchtende Beispiel eines Gegensatzes aufzustellen, eine gesunde, kräftige, einfältige Selbstentwickelung zu einem äußerlichen, bequemen, gemeinnützigen und ehrbaren Leben; um so mehr, da dieß Beispiel fast auf der Gränze unserer und der vorhergegangenen weltgeschichtlichen Periode steht. Ein solches Beispiel ist unstreitig der Mann, welcher die Befreiung der nordamerikanischen Pflanzungen von dem übermächtigen englischen Mutterlande förderte und vertrat, der in den mannichfaltigsten, mißlichsten Verflechtungen des Lebens stets gleich schlicht, wie besonnen, gleich muthig, wie folgerecht, leicht, heiter und bequem die Mitte zwischen Unglauben und Frommsüchtelei hielt, ein Muster des Fleißes, der Sparsamkeit, der Prunklosigkeit war — wir meinen den, dessen Name über diesem Beitrage steht,

aus dessen Schriften wir Manches mitzutheilen gedenken, was ihn bezeichnen soll, und was bei aller Einfalt doch eben in unserer Zeit am ersten beherzigt zu werden verdient. Zuvor jedoch wollen wir flüchtig sein Leben nach den äußern Umständen überschauen.

Benjamin Franklin, Sohn eines Färbers, und späterhin Lichtgießers, war am 17. Jan. 1706 geboren zu Boston in Neu-England. Wiewohl zum Dienste der Kirche bestimmt, eine kurze Zeit dazu vorbereitet und fähig, mußte er doch bald, da sein Vater unbegütert war und die wenige Aufmunterung, die dieser Stand fand, erwog, ihm in seinem Gewerbe zur Hand gehen. Es behagte dem muntern, schon früh Spuren eines Hanges zum öffentlichen Leben verrathenden, und immer am Wasser, an welchem seine Familie wohnte, verkehrenden Knaben so wenig, als das des Messerschmieds, dem er ebenfalls bald entnommen ward. Seine Leselust dagegen veranlaßte endlich den Vater, ihn Buchdrucker werden zu lassen, um so mehr, da sich ein Bruder, der diese Kunst erlernt hatte, in Boston niederließ. Hier versuchte und übte er sich in gebundener und ungebundener Rede; was er las, drang mit Macht in sein Leben und Thun ein, wie er denn z. B. sich an einfache Pflanzenkost vorzüglich gewöhnte. Zwist mit seinem, den Meister doch nur zu sehr spielenden Bruder, dessen Geschäft ohnedieß durch eine monatliche Gefangenschaft zurückkam, bestimmte Benjamin, heimlich nach New-York zu fliehen. Er fand, nach einigen Hindernissen, einen mittelmäßigen, eifersüchtigen Buchdruckerherrn, und in dem Statthalter der Provinz, William Keith, einen vielgefälligen, leichtsinnig seine unwirksame, erfolglose Gönnerschaft aufdringenden Mann, der ihn mit vielen Versprechungen und Hoffnungen nach London zu gehen veranlaßte. Hier entdeckte sich aber bald, daß jene Gönnerschaft eine sehr windige war, und Benjamin trat in Kondition des Buchdruckerherrn Palmer, wo er auch eine Flugschrift schrieb und manchen Freund gewann, z. B. Watts. Hier überredete ihn ein Freund, Denham, als Geheimschreiber mit ihm nach Philadelphia zu gehen. Während der Vorbereitungen jedoch zu dieser Reise kam er auf den Einfall, eine Schwimmschule anzulegen, der aber durch die Abreise im Jahre 1726 auch wieder verwehte. In Philadelphia angelangt, legten sie ihre Waaren aus und hofften recht friedlich zu leben, als bald darauf Beide erkrankten, Denham starb, und Franklin durch Noth und ein gutes Gehaltgebot wieder zu seinem ersten Buchdruckerherrn, Keimer, kam. Er richtete ihm die Buchdruckerei besser ein, bildete die rohen und wohlfeilen Arbeiter aus, schnitt Formen, goß Matrizen in Blei und war Alles in Allem. Indeß drohete auch dieß Verhältniß schon sich wieder zu lösen, als Keimer den Auftrag bekam, für New-Jersey Papiergeld zu drucken, was er ohne Franklin's Stöcke und Schriften nicht konnte. Sie versöhnten sich also wieder und gingen nach Burlington an ihr Geschäft, wo Franklin in drei Monaten viel Freunde gewann. In Philadelphia, wohin sie nun zurückkehrten, langten aus London bestellte neue Schriften an, und Franklin verließ Keimer, um sich selbst mit einem Freunde Meredith als Buchdrucker einzurichten. Hier hatte er bereits einen Verein für wechselseitige Bildung gestiftet und Junto genannt, welcher für ihn ein Reiz, wie eine Schule für ein werkthätiges Leben wurde, worein ihn Kopf, Anlagen, Fleiß und erweiterte Verhältnisse allmälig fast unvermerkt versetzten. Dazu übernahm er ein von Keimer unternommenes, aber wenig schwunghaftes

Blatt, brachte es in Aufnahme durch eigene Aufsätze und ward endlich durch Vertrag mit seinem bisherigen Mitunternehmer alleiniger Geschäftsinhaber.

Ein Aufsatz über Wesen und Nothwendigkeit des Papiergeldes empfahl ihn zum Drucke des Newcastler Papiergeldes, der Gesetze und Stimmengebungen in der Statthalterschaft. Er legte einen Papierladen an mit Handlungsbüchern, Zetteln u. s. w., war fleißig und betriebsam, so daß er seine noch auf dem Geschäfte lastende Schuld abtragen konnte. Drei Drucknebenbuhler waren so gestürzt und heruntergekommen. Im Jahre 1730 heirathete er eine früher geliebte, nachher verlassene Geliebte, Miß Read, und gedieh immer mehr durch ihre Anstelligkeit und Sparsamkeit.

Von nun an gewann er durch seine werkthätigen Vorschläge und Einrichtungen, wie eine Bibliothek auf Unterschrift, immer mehr Freunde und Ansehen. Er arbeitete redlich an seiner sittlichen und geistigen Ausbildung. Der Junto erzeugte neue ähnliche Gesellschaften, welche immer mehr Einfluß auf die öffentliche Meinung gewannen. Im Jahre 1736 ward Franklin Schreiber der allgemeinen Versammlung mit Gehalt; 1737 Oberpostmeister und nützte diese Verbindungen zu seinem Druck-, Handels- und Schriftstellergeschäfte, durch welches letztere er wieder auf das öffentliche Leben zurückwirkte, wie auf Stadtwaarwacht, Feueranstalten, Gotteshaus, Schulhaus, Landwehr in Pennsylvanien, Sparöfen und Feuerstellen, Universität. So ward er allmählig Mitglied des Friedensausschusses, Gemeinderather, Alderman und Wahlvertreter, Botschafter mit Norris an die Indianer in Carlisle. 1751 wirkte er mit Th. Bond zu Stiftung eines Siechhauses und eines großen Versammlungshauses. Straßenpflaster und Reinigung ließ er sich angelegen seyn. 1753 ward er Generalpostmeister, Magister der freien Künste in Connecticut und Cambridge. Denn schon hatten seine Entdeckungen in der Elektricitätslehre, wovon nachher Einiges erwähnt werden soll, ihn auch als Naturforscher berühmt gemacht. Nun entwarf er einen Plan zur Vereinigung aller Pflanzstädte unter Einer Regierung, der jedoch zu seinem Verdrusse in seiner Abwesenheit verworfen wurde.

Da nun Franklin's Wirksamkeit immer mehr und mehr die eines Staatsmannes wird und hier der Ort nicht ist, in die Einzelheiten derselben näher einzugehen, so bemerken wir nur im Allgemeinen, daß in dem Maße, worin sich Amerika auf diesem Wege immer mehr vergliederte, festigte und hob, auch Argwohn, Neid und Gewinnsucht der britischen Regierung geweckt und dieß so methodisch und ränkesüchtig betrieben ward, daß Amerika immer mehr gedrückt, beschränkt und abhängig wurde. Der Druck wirkte Gegendruck und Franklin wurde nun Unterhändler der Tagsatzungen in London, wo er am 27. Juli 1757 ankam und gegen Statthalter und Handelsgenossenschaft zu kämpfen hatte für die Rechte Pennsylvaniens, die auf dem großen britischen Freibriefe beruhten. Verläumdung, List und alle ungesetzliche Waffen machte er durch seinen Muth, seine Klugheit und Gewandtheit, wie unerschütterliche Rechtschaffenheit zu Schanden. Freimüthig donnerte er gegen alle von je an den Pflanzstädten verübte Ungerechtigkeiten der Verwaltung, bis sie endlich 1776 sich für frei und unabhängig erklärten. Diese Verhältnisse forderten in ihrem Verlaufe auch Franklin's Unterhandlungen und Gegenwart am französischen Hofe, wo er sich gleich ehrenvoll, würdig und klug benahm. Am 12. Juli

1785 endlich beurlaubte er sich nach acht und einem halbjährigen Aufenthalte vom Hofe und trat seine Heimreise an. Seine Reise und sein Einzug in Philadelphia am 15. Septbr. waren ein Siegeszug. Er ward noch Mitglied der Obervollstreckungsbehörde, kurz nachher Staatsobwalt von Pennsylvanien auf drei Jahre. Nach einer heilsamen Wirksamkeit aber zog er sich endlich mit zunehmender Schwäche, Ruhe wünschend, im Oktober 1788 von allen Staatsgeschäften zurück.

Fast lebenslänglich hatte Franklin in musterhafter Mäßigkeit eine beinahe ununterbrochene Gesundheit genossen. Im Alter bekam er Gichtanfälle und Nierenkolik mit Steinbeschwerden. Doch beugte dieß seine Geisteskraft und Munterkeit nicht; er lernte noch im 70sten Jahre französisch sprechen. Im April 1790 überfiel ihn ein Brustfieber, woran er am 17. April d. I. sanft verschied, in Europa wie in Amerika viel beklagt und verehrt.

Hier noch Etwas von den obenerwähnten Entdeckungen Franklin's über Elektricität. Die ersten unvollkommenen, ihm aber neuen Versuche hatte er 1746 von Spence in Boston gesehen, die er später geschickt in Philadelphia wiederholte und mit neuen englischen vermehrte, als Collinson der Lesegesellschaft daselbst eine Glasröhre schenkte, womit Franklin einen geistreichen Nachbar Kinnersly Versuche für Geld zu zeigen veranlaßte, ihm auch zwei Vorlesungen dazu schrieb, Collinson aber Bericht über die Erfolge abstattete. Trotz dem Lächeln der Zünftler und Gildemeister wurden diese Briefe gedruckt und in's Französische übersetzt. In diesen Briefen hatte er zuerst die bisher unbeobachtete Kraft metallener Spitzen aufmerksam gemacht, die sogenannte elektrische Materie anzuziehen und auszuströmen, hatte den Ueberschuß dieser Materie in den Körpern im Verhältnisse zu dem natürlichen Zustande derselben die positive, die ihm entzogene die negative Elektricität genannt, Gewitter und Nordlichter daraus, Blitz und Elektricität für Eins erklärt, ja mittelst spitziger, in die Wolken erhobener Eisenstangen den Blitz erdwärts zu leiten gesucht. 1752 fertigte er aus zwei kreuzweis gelegten Stäben, die er an ein seidenes Tuch befestigte, einen Drachen. Am aufrechtstehenden Stabe war eine eiserne Spitze angebracht, am Ende der hanfenen Schnur ein Schlüssel. Am obern Ende war der Hanffaden von Seide. Bei einem heranziehenden Gewitter ließ er auf freiem Felde den Drachen steigen. Eine Donnerwolke ging spurlos darüber, außer daß sich die losen Fasern der Schnur nach einer bestimmten Richtung hin aufrichteten. Als er jetzt den Fingerknöchel an den Schlüssel hielt, bekam er einen starken Funken. Er lockte nun mehrere Funken aus dem Schlüssel, lud eine Flasche, bekam einen Schlag und machte alle gewöhnlichen elektrischen Versuche. Diese philadelphischen Versuche wurden von den europäischen Naturforschern vielfältig wiederholt und bestanden jede Prüfung.

Demnach wird Franklin ein Muster eines werkthätigen gemeinnützigen Mannes bleiben, der klar, besonnen und ruhig das Leben erfassen, zweckmäßig bearbeiten und genießen lehrt durch Benutzung und Ersparung von Zeit, Geld und Gesundheit. Dieser sein Sinn waltete durch alle seine Bestrebungen und Richtungen, mochten sie Privatleben, Staat oder Kenntnisse betreffen. Ueberall leuchtet eine liebevolle Theilnahme an allem menschlich Guten, Wahren und Schönen hervor, das er in seiner freisinnigen Milde und kindlichen Gutartigkeit allen Menschen gönnte und zu fördern suchte. Er war ein tüchtiger, rüstiger Mann für das Leben und bearbeitete es nach so vielen Seiten hin, wie nur Wenigen gestattet wird, Wenige befähigt werden. Ist dagegen nun gleich unserer Mitwelt ein kühneres Versenken und Walten in den Tiefen des Geistes, wie der Natur vorbehalten, so kann doch, bei den sichtbaren Beispielen von Ueberschwänklichkeit, unruhiger Verwirrung und Zerstörungslust ohne aufbauende, schaffende Kraft, ein Leben von solcher Fassung, Haltung und Baulust gewiß mindestens als Gegenbild und Gegengewicht dienen. Maß und Durchdringung des Nächsten, vor den Füßen Liegenden ist eben so menschlich bescheiden, als fördernd, und darum noch nicht Flachheit oder Seichtigkeit. Gut Ding will Weile, sagt das Sprüchwort.

Mögen daher die Auszüge, die wir in dieser Hinsicht aus seinen kleinern Schriften von Zeit zu Zeit mittheilen wollen, den Mann ruhig zu würdigen und besonnen nachzuahmen dienen! W.

Benjamin Franklin.

Der Eissturm in Nordamerika.

Im Monat März 1833 schrieb man aus Pennsylvanien Folgendes: Des Morgens den 8. dieses trat nach einem Thauwetter ein heftiger Regen ein und nahm den ganzen Tag und die Nacht durch an Heftigkeit zu; dann entstand ein eben so sonderbares als erhabenes Phänomen, welches sich weit in diesen und den benachbarten Staat erstreckte. Sogleich nach dem Regen nämlich fror es so sehr, daß die Bäume und die Erde mit einer dicken durchsichtigen Eises bedeckt und das Gehen beschwerlich wurde.

Vom 9. deff. M. Es hat sich an den Bäumen so viel Eis angehäuft, daß es ein eben so schönes als außerordentliches Schauspiel abgiebt. Das Unterholz oder Gesträuch ist zur Erde gebogen, und die edelsten Baumstämme beugen sich abwärts unter der ungeheuern Last des Eises, womit ihre Zweige eingehüllt sind. Das dicke Laub der Schierlingstanne ist buchstäblich eingeschlossen, oder bildet vielmehr eine feste Eismasse; der kleinste Schößling oder das kleinste Gräschen ist von mehr als einem Zoll dickem Eise umgeben, und gleicht den Pflanzen, die man oftmals im Krystall findet. — Den ganzen Tag und einen Theil der folgenden Nacht fiel der Regen in Strömen, bis der Boden mit vier Zoll klarem Eise bedeckt wurde. Das veränderte Aussehen der gewöhnlichen Wälder war auffallend. Die Gebüsche und kleinern Bäume bis auf 50 Fuß Höhe gewährten einen solchen Anblick, wie ein vom Sturme niedergeschlagenes Kornfeld. An den dünnen Bäumen waren die Gipfel gebogen und in stetem Schwingen; ihre Aeste flimmerten, als ob sie von Krystall gemacht wären, und, vom Winde an einander geschlagen, ließen sie Eisrollen fallen. In der Nacht vom 8. und den folgenden Morgen fingen die Blätter an, einer so ungewöhnlichen Last nachzugeben; überall hörte und sah man das Brechen der höchsten Zweige, die mit einem Tone zerbrechenden Glases zur Erde fielen und so laut, daß die Wälder wiederhallten; im Verlaufe des Tages fielen nicht nur Zweige, sondern ganze Bäume nieder, und während der 24 Stunden gewährte das Ganze ein so erhabenes Schauspiel, wie man sich nur denken kann. Es war kein merklicher Wind, und doch schien der ganze Wald in Bewegung zu seyn, indem sich die Aeste stückweise ablösten, niederfielen und zerbröckelten. Krachen folgte auf Krachen, und zuletzt so schnell auf einander, daß man ein fortdauerndes Gewehrfeuer zu hören glaubte, und zwar so steigernd, wie von dem unregelmäßigen unterbrochenen Schießen der Vorposten bis zu einem ununterbrochenen Getöse einer schweren Kanonade. Fichten von 150 bis 180 Fuß Höhe stürzten donnernd auf die Erde nieder; ganze Haine von Schierlingstannen waren wie Reiser gebogen, und ausgebreitete Eichen und gethürmte Zucker-Ahern wurden wie Halme entwurzelt und oftmals ohne einen Augenblick zu widerstehen. Dieses Schauspiel war im Allgemeinen unbeschreiblich erhaben. B.

Ein Kirchhof in Palermo.

In der Vorstadt von Palermo findet sich in einem Kapuzinerkloster ein unterirdisches, luftiges, reinliches, in Galerien getheiltes Gewölbe; längs den Galerien laufen zahllose Nischen hin und diese sind bestimmt, Leichname aufzunehmen, wenn sie erst in einer gewissen Art dazu vorbereitet wurden.

Bevor man in diese sonderbare Wohnung des Todes hinabsteigt, wird die Aufmerksamkeit durch zwei Bilder gefesselt, welche auf beiden Seiten der hineinführenden Thüre befindlich sind. Das eine stellt den Tod des Frommen, das andere das des Sünders dar. Letztern quält die Furcht vor den künftigen Schicksalen. Zwischen beiden Bildern ist ein Sonnet auf die Hinfälligkeit des Menschen, so daß die Gefühle des Beschauers in hohem Grade rege gemacht werden und er darauf vorbereitet ist, ein feierliches, ernstes Schauspiel zu sehen.

Kommt er jedoch hinein, so ist der Widerwille, mit welchem er wahrnimmt, wie die menschliche Gestalt hier so herabgewürdigt und zu Karrikaturen verzerrt ist, nicht zu beschreiben. Nach allen Seiten hin sieht er Gerippe und vertrocknete Leichen. Sie hängen am Halse oder den Schultern und durch's Austrocknen haben sie so sonderbare Gesichtszüge und Verrenkungen bekommen, daß sie das wunderlichste und empörendste Chaos gewähren. Statt ernste Betrachtung und Schauder hervorzubringen, machen die Paar Tausend Leichen, welche man hier sieht, nur Lachen und Spott rege. Es finden sich hier vier Galerien vor, deren Nischen so besetzt sind; der Grad der Verwesung ist natürlich verschieden. Auch mehrere prachtvoll verzierte Särge mit hohen Personen sieht man, und namentlich zeigt man einen, worin der 1620 gestorbene Dey von Tunis liegt. Am Ende des großen Corridors, welcher durch das Ganze leitet, steht ein Altar, mit Schädeln, Zähnen, Knochen in Mosaikart aufgeputzt, und jede Galerie hat ein Seitengemach, worin die Leichname zum Aufstellen vorbereitet werden, was aber nicht ohne einen unerträglichen, mit der Fäulniß verbundenen Geruch abgeht.

Ein Kirchhof in Palermo.

Winterkleidungsstücke in Sibirien.

Ist bei uns der Winter vor der Thüre, so werden Pelze und Mäntel hervorgesucht, sich gegen diesen harten Mann zu schützen. Doch was ist der Winter in Deutschland gegen den in Sibirien! Da würden die luftigen Carbonari und andere Mäntel wenig gegen die grimmige Kälte schützen, und das Elennthier, das Rennthier, der Hermelin und Fuchs u. s. w. scheinen allein dazu geschaffen zu seyn, den Menschen gegen das Erfrieren zu bewahren. Die Kleidungsstücke, welche aus dem Felle dieser schönen Thiere verarbeitet werden, zu beschreiben, möchte daher nicht ganz ohne Interesse seyn.

Der Oberrock wird von der Rennthierhaut gemacht und mit der Wamme des Elennthiers besetzt. Die Mützen bestehen aus rothem Fuchs oder weißem Hermelin, mit gutem blauen Fuchspelze besetzt. Zu den Handschuhen werden die Füße des Fuchses genommen, und mit tatarischem Hasenfelle aufgeputzt. Der Frack wird aus geflecktem Rennthierfelle gemacht; die Besetzung ist dieselbe, wie bei dem Oberrocke. Die Stiefeln und die Socken sind ebenfalls aus einem Rennthierfelle gearbeitet. — Daß ein solcher Anzug in Sibirien nothwendig ist, wird Niemand bezweifeln, aber daß er nicht unter 150 Rubel herzustellen ist, würde unwahrscheinlich klingen, wenn wir nicht der Wahrheitsliebe des Reisenden John Ledyard's trauen dürften *).

Von der Guillotine (sprich Killiottin) und ihrer Einführung.

Alles hat seine Geschichte in dem unbegreiflichen Laufe der Zeiten: — das Wohlthätige wie das Unheilbringende, — das Schreckliche wie das Herzerfreuende kann historisch aufgefaßt und zur nützlichen Beachtung angewendet werden, und im Gegensatze eines alten Schriftstellers des Mittelalters, der ein Buch, 700 Seiten stark, „über die wohlthätigen Folgen‟ schrieb, welche die Anpflanzung der ersten Weinstöcke unter dem Kaiser Probus in Deutschland gehabt, will ich einige Zeilen über jene Kopfmaschine (die wir vielleicht auch einst noch einführen und Fall-Beil nennen werden) zu Papiere bringen. — Möchte es indessen dahin kommen, daß man keine dergleichen Vorrichtungen mehr bedürfe!

Schauder erregend und geschichtlich gegründet ist ein Umstand, daß vor der Revolution in Frankreich die grausamsten Todesstrafen bei gewissen außerordentlichen Verbrechen Statt fanden: so ward zum Beispiel derjenige, welcher durch öffentlich ausgesprochene Hohn- und Frevel-Reden über den König oder die Geistlichkeit sich vergangen hatte, an einen Pfahl gebunden, eine Keule neben ihn hingelegt, und nun jedem Mordknechte gestattet, dem Verbrecher einen Schlag auf seinen Körper zu geben; eine Gelegenheit, bei welcher gemeiniglich Fanatiker für den Thron oder die Kirche ihre Marterlust aussprechen und den Delinquenten — nach Belieben — den schmerzvollsten Tod erdulden lassen konnten. Eben so fanden Verstümmelungen vor

der Enthauptung Statt, namentlich bei Vater- oder Mutter-Mördern, denen erst die rechte Hand abgehauen ward. Schauderhaft über alle Vorstellung war die im Jahre 1767 vollzogene Hinrichtung eines gewissen Damiens (sprich Damieng), der einen Mord-Versuch gegen den damaligen König, Ludwig XV., gemacht hatte. Das grausame Urtheil über diese allerdings nicht abzuläugnende That lautete auf Zerreißung des Delinquenten durch Pferde. Und dieses ward wirklich vollzogen: auf dem Richtplatze ausgestreckt, wurden vom dicksten Leder Handschellen an die Füße und Arme des Delinquenten gelegt, und an jedes Glied 2 Pferde gespannt. Das ungleiche Antreiben derselben vermehrte und verlängerte die Marter; nach einer halben Stunde ohngefähr — war der Mensch — zerrissen. Viele Tausende sahen zu, und man vernahm sogar ein Beifall-Rufen. —

Ein großer Gedanke war es daher, daß die National-Versammlung in jener ersten Periode der französischen Revolution (in welcher so viel Gutes gehofft ward, wovon aber bis jetzt so wenig realisirt worden ist —), schon den Vorschlag zur Verhandlung brachte, daß die Todesstrafe durchaus abgeschafft werden sollte. Dieses ward indeß nicht durchgesetzt; allein im Jahr 1790 ward die einfachste, kürzeste und sicherste Art der Hinrichtung für immer ausgesprochen, die Enthauptung durch eine Maschine eingeführt und eine Aufforderung erlassen, Vorschläge und Modelle für eine solche Prozedur einzureichen. Unter mehreren Entwürfen ward der von einem Arzte, mit Namen Guillotin, eingereichte am zweckmäßigsten befunden. Schnell und sicher, und ohne daß die vielleicht zitternde Hand des Nachrichters hätte die Qual verlängern können, trennte ein Beil das Haupt vom Rumpfe. Der Erfinder starb aus Kummer über den Mißbrauch seiner Erfindung.   D.

Widerwärtigkeiten eines Ausgewanderten.

(Beschluß.)

Nachdem ich meine kleine Niederlassung geordnet hatte, unternahm ich eine Forschungsreise auf der Insel, und in Gesellschaft des Herrn Scott, dem Landvermesser, war ich ohngefähr dreißig Meilen von meiner Wohnung auf dem höchsten Punkte derselben. Da Ihnen eine umständliche Erzählung unserer Reise Vergnügen machen könnte, so will ich sie Ihnen in der Kürze mittheilen. Herr Scott hatte einen zusammengerollten schottischen Mantel auf seinem Rücken und ich eine Decke, von 20 bis 30 Kängurufellen zusammengenäht. Hier werden Sie mir erlauben, Ihnen als Zwischensatz eine kurze Beschreibung dieses interessanten Thieres, des Känguru's, zu geben; denn ich habe jetzt ein zahmes Thier, welches Thee aus der Schaale leckt und an einem Knochen wie ein Affe nagt. Ein solches Thier ist von der Größe eines Schafes; sein Kopf und die Schultern sind klein; seine Ohren sind wie die eines Hasen oder Kaninchens in beständiger Bewegung; die Vorderfüße sind kurz, die Pfoten haben fünf Zehen und werden von ihm wie Hände gebraucht, denn es bedient sich derselben niemals zum Gehen; die Hinterfüße haben große Klauen. Vermittelst der Hinterbeine, die so lang wie der Körper sind und dem Schweife hüpft das Thier so schnell vorwärts, daß es gewöhnlich Jagdhunde übertrifft; auch steht es, ausgenommen beim Grasen, immer aufrecht.

---

*) Leben des J. Ledyard. Aus dem Englischen von Dr. E. F. Michaelis. Leipzig, 1829.

Dieses Thier hat in seiner Art zu hüpfen und zu stehen etwas so Behendes und Bewegliches, daß ich es für ein sehr schönes Geschöpf halte. Sein Fleisch ist nicht fett, allein sehr saftig und leicht zu verdauen. Diese Thiere sind hier sehr zahlreich, und ihre Spur ist bei'm Reisen durch die Wälder von großer Hülfe. Das Weibchen hat, wie auch andere Thiere dieses Erdtheils, einen Beutel, worin es seine Jungen trägt und die Euter und Zitzen sich befinden. Ich beschäftige mich jetzt damit, vor meinem Hause einen Platz von ohngefähr zwei Morgen Landes einzuhegen, wo ich einige dieser interessanten Thiere halten will.

Als wir unsere Reise antraten, nahmen wir zwei Bedienten und einige Hunde mit; ein Mensch trug Zwieback und der andere eine Flasche Rum, Fleisch, Thee, Zucker und Theegeschirr. Gleich hinter meinem Hause erhebt sich allmählig ein Hügel zu einer Höhe von 5 bis 600 Fuß und ist, wie die ganze Gegend, mit Bäumen und Gras bekleidet. Man erlaubte den Eigenthümern von Heerden, in den noch nicht zuerkannten Gegenden dieselben weiden zu lassen, welche sie, wenn ein Anbauer sie in Besitz nahm, verlassen mußten. Diese Heerden wurden gewöhnlich einem oder zwei Menschen anvertraut, während der Eigenthümer derselben in Hobart-Town lebte; die Folge davon war, daß man das Vieh überall umherstreifen ließ und dasselbe gänzlich wild wurde. Dieß war auch der Fall, als ich mich anbaute, und obgleich die Hirten sich wegbegaben, so ist doch das Vieh noch jetzt auf meinem Grundstücke und die Ursache eines meiner größten Leiden, mit welchen ein Anbauer zu kämpfen hat. Denn kaum hatte ich mein Grundstück in Besitz genommen, als meine Arbeitsochsen in eine Heerde geriethen, bei welcher sie sich noch bis heute befinden. Dieses hat mir meinen Landbau-Plan ganz und gar zerstört, und ich bin gezwungen, das durch Handarbeit zu verrichten, was das Vieh für mich gethan hätte. Aber ich schweife wiederum an und langweile Sie mit meinen Unglücksfällen, anstatt daß ich Sie von unserer Reise benachrichtigen soll. Als wir uns dem Flusse Ouse näherten, fanden wir seine Ufer so eben von den Eingebornen abgebrannt. Nach langem Suchen machten wir eine Stelle ausfindig, wo wir durchkommen konnten. Zuweilen tödteten unsere Hunde ein Känguru, und da wir keine Zeit dazu hatten, Gebrauch davon zu machen, so fielen Haufen von Raben über den todten Körper her. Diese Raben befinden sich hier in unglaublicher Menge, mit denen in Europa von einerlei Geschlecht, aber von einer verschiedenen Art; sie sind sehr groß, zeichnen sich durch einen weißen Ring um das Auge aus, und sind sogar listiger, als ihre Brüder in der alten Welt. Auf der andern Seite des Flusses sind die Ufer noch steiler, als auf dieser Seite. Wir gingen auf dem verbrannten Boden und unter ungeheuern Bäumen einige Meilen vorwärts, als wir eine Viehwächterhütte antrafen, wo wir acht Menschen fanden, die einige Tage zuvor hergeschickt waren, um eine Hütte und ein Pfahlwerk für das Vieh zu bauen. Sie hatten sich in einem schönen Thale an einer Quelle gelagert, und da gerade ein großes Feuer angemacht war, so bereiteten wir uns ein Känguruessen; nachher setzten wir unsere Reise fort und kamen bei Sonnenuntergang an einen schönen See. Er schien sieben Meilen lang und verhältnißmäßig breit zu seyn, und hatte zwei stattliche Inseln in der Mitte; sein Wasser war sehr weich und klar, nicht sehr tief und das Bett bestand

aus feinem Sande. Hier lagerten wir uns und machten drei große Feuer an, um uns zu wärmen und Thee zu bereiten. Einer von uns feuerte über dem See ein Gewehr ab; der Entladung folgte ein langwährendes Getöse, gleich einem Donner, was einen erhabenen Effekt hervorbrachte, wir gaben daher dieser Wassermasse den Namen Lake Echo (Echo-See). Wir waren jetzt auf einem sehr hohen Boden und übersahen alle Berge um uns herum. Den Morgen darauf nahmen wir mit Tagesanbruche von diesem bezaubernden Orte Abschied, nachdem wir ihn in seiner ganzen Schönheit bei'm Untergange und Aufgange der Sonne bewundert hatten, und die ruhige Spiegelfläche des Sees, die Schatten seiner Ufer und Inseln gaben der Landschaft eine sanfte Heiterkeit. Ein schönes offenes Thal führte uns abwärts zum Flusse, über den wir nur mit Mühe gelangten. Wir gingen vor mehreren neuen Lagern der Eingebornen vorüber; unser Hund jagte ein Känguru auf und wir bereiteten uns ein Essen. Nach der erfreulichen Mahlzeit setzten wir unsere Reise fort, passirten mehrere Lager der Eingebornen und kamen bald über den Shannon. Hier betraten wir eine ausgedehnte Fläche, die aber so holperig und mit Binsen bewachsen war, daß wir nur mit großer Mühe fortkommen konnten. Unsere Lebensmittel waren nun zu Ende, und wir mußten uns an einem schönen Wasserfalle blos mit Thee erquicken. In diesen hohen Gegenden fanden wir Ahornbäume, aus deren Rinde ein öliger Saft schwitzte. Sie können sich schwerlich den schönen Himmel vorstellen, wie seine Wölbung unserm Auge erschien, als wir im Grase auf der Kängurudecke an einem großen Feuer ruheten, dessen Flamme die Bäume und die schönen Krümmungen des Flusses beleuchteten, der sich vor uns dahinschlängelte und die Silberstrahlen des Mondes zurückspiegelte. Den Morgen darauf gingen wir noch einige Meilen, bereiteten uns zum Frühstücke ein Känguru und so erfrischt setzten wir unsere Reise nach Hause fort.

Wir haben auf dieser Reise eine Gegend ausgeforscht, die kein Europäer vor uns gesehen hatte, und einen der höchsten Punkte der Insel erstiegen. Meine Wohnung kann ich 2000 Fuß über dem Meere annehmen, und ich glaube, daß wir noch um mehr als so viel höher waren. Sie können sich vorstellen, welche romantische Strömungen und Wasserfälle in dem Laufe eines Flusses anzutreffen sind, der von jener Höhe einen Weg von 30 Meilen herabfällt. Unmittelbar vor meiner Thüre habe ich einen breiten, ruhigen Strom, der einem See gleicht, über welchen ich vermittelst eines Taues und des Kastens von dem Pianoforte meiner Frau eine fliegende Brücke gemacht habe, die dem Zwecke so gut entspricht, daß ich den Tag darauf 700 Schaafe zu 20 auf einmal hinüberbrachte. Und so bin ich hier ein vollkommener Herr; denn wenn Jemand zu mir kommen will, so muß von der andern Seite gerufen werden, damit ich das Tau schlaff mache und ihm erlaube, die Fähre hinüberzuziehen. — In diesen Flüssen haben wir keine Fische, sondern nur einige Bachkrebse, einige Aale und ein kleines Thier, das zu fangen nicht der Mühe lohnt. Zuweilen schießen wir eine wilde Ente oder einen Rothhals, welche groß und gut sind. Wir haben auch eine Art Taube, die sehr wohlschmeckend ist, und viele andere kleine Vögel; überdieß sind hier sehr viele Kakadu's und schöne Papagaien. Aber der Vogel, welcher am meisten den Hain belebt, ist eine Art Elster; diese singt nämlich zwei regelmäßige Stücke mit einer so klaren und süßen Melodie　wie Sie sich kaum vorstellen können.

Die Känguru's.

Als ich von dem mir zugetheilten Grundstücke Besitz nahm, war mein Plan, eine rohe Hütte für meine Dienstboten zu bauen, welche ich so lange bewohnen könnte, bis ich für mich ein Haus aufführen würde; aber der Verlust meiner Ochsen nöthigte mich, diese meine Wohnung für längere Dauer einzurichten. Sie besteht ganz aus Materialien dieses Grundstückes, ausgenommen die Nägel, die aus England gekommen, und die Fenster, die in Hobart=Town gemacht worden sind. Die Wände bestehen aus Planken, ohngefähr einen Fuß breit und ein Paar Zoll dick, welche zwei Fuß in der Erde und am Dache an einem Balken mit Nägeln befestigt sind, dann mit einer Mischung aus Sand, Thon und klein geschnittenem Grase beworfen. Das Dach besteht aus Schindeln, die wie Schiefer aussehen. Noch bin ich nicht im Stande gewesen, Dielen zu machen, und wir gehen also auf der kahlen Erde. Da ich es nicht erschwingen kann, ein anderes Gespann Ochsen zu kaufen (denn sie kosten 67 Pfd. Sterl., ohngefähr 450 Thaler,) so muß ich, leider, warten, bis wilde Heerden hergeschafft werden. Dieses verursacht mir natürlicher Weise große Schwierigkeiten; jedoch besitze ich auch, außer 100 Schafen, ein Paar Kühe, einige Kälber, eine Ziege, ein Schwein und acht Hühner. Diese Letztern gedeihen zum Erstaunen, was hauptsächlich von den Heuschrecken, von welchen sie sich nähren, herrührt.

Eben hörte ich, daß Gelegenheit zur Absendung eines Briefes da ist, und ich eile demnach, ihn zu schließen. Es ist sonderbar, wenn ich bedenke, daß ein Unbestand des Lebens mich zur Trennung von meinen Freunden veranlaßt hat, ihre Gesellschaft mit einer gewagten und schwärmerischen Auswanderung zu vertauschen. So sehr ich jedoch die Entbehrung derselben fühle, so bedauere ich dennoch nicht, hierher gekommen zu seyn. Wenn ich erwäge, daß die Leute um mich meistens der abscheulichsten Verbrechen in England überwiesen worden sind, so freue ich mich der Furchtlosigkeit, mit welcher ich lebe. Ich weiß, daß es Sie freuen wird zu hören, daß wir uns wohl befinden und daß ich, wenn auch noch so entfernt, stets durch das Band der Freundschaft mit Ihnen verbunden bin.

Woche.

Am 15. Februar 1763 ward zu Hubertusburg, in Sachsen, der Friede abgeschlossen, welcher den siebenjährigen Krieg endete, in welchem Friedrich der Große, wegen des Besitzes von Schlesien, gegen Oesterreich und dessen Verbündete gekämpft hatte.

Am 16. Februar 1726 war der nachher so bekannt gewordene Friedrich Freiherr von der Trenk in Königsberg in Preußen geboren. Als er einige Jahre in preußischen Kriegsdiensten gestanden hatte, auch bereits in dem Generalstabe Friedrich's des Großen angestellt war, ergaben sich bedeutende Beschuldigungen, daß er einen verrätherischen Brief=Wechsel mit seinem Oheime, dem in kaiserlichen Diensten stehenden berüchtigten Panduren=Obristen Franz von der Trenk, geführt haben solle. Er entwich — glaubte sich in der damals polnischen Stadt Danzig sicher, ward aber auf König Friedrich's drohendes Verlangen an die Preußen ausgeliefert, in Magdeburgs Citadelle von 1752 bis 1763 streng gefangen gehalten, dann in Freiheit gesetzt. Im Jahre 1791 führte ihn der Drang, Frankreichs Revolution in der Nähe zu beschauen, nach Paris, wo er aber, trotz seinen Schmähungen auf die Könige, doch als sogenannter Partei=Mann den 25. Jul. im Jahre 1794 durch die Guillotine hingerichtet ward.

Am 17. Februar 1713 ward König Karl XII. von Schweden, nachdem er bereits 5 Jahre in der Türkei als Flüchtling gelebt hatte, von den Türken genöthigt, das Land zu verlassen; aber er wollte nicht, kämpfte mit 300 Mann gegen 12,000 von jenen, ward überwunden und an dem genannten Tage als Gefangener nach Adrianopel geführt.

Am 18. Februar 1677 ward der nachmals als Gelehrter, vorzüglich in der Physik und Astronomie so berühmte Jakob Cassini in Paris geboren. Sein hauptsächlichstes Werk: „Ueber die Größe und Gestalt der Erde", machte viel Aufsehen in der gelehrten Welt, welche in jener Zeit in der Erd= und Himmelskunde noch weit zurück war.

Am 19. Februar 1793 hob die russische Kaiserin, Katharina II., erbittert über das Benehmen des damals durch den Schrecken über Frankreich herrschenden Convents, alle Verbindungen mit diesem Lande auf, und nöthigte die in Rußland lebenden Franzosen, die sogenannten Jacobinischen Grundsätze abzuschwören oder ihr Reich zu verlassen.

Am 20. Februar 1798 ward auf Befehl der französischen Regierung — Direktorium genannt — der Papst Pius VI. von Rom nach Pisa, später nach Valence, abgeführt, wo er den 29. Aug. 1799 starb.

Am 21. Februar 1823 wurden, auf Befehl des kaiserlich österreichischen Hofes die Gebeine des bekannten tapfern Vertheidigers von Tyrol, Andreas Hofer's, welchen der Kaiser Napoleon den 20. Febr. 1810 hatte in Mantua erschießen lassen, dort weg nach Inspruck gebracht, und in der Kirche zum h. Kreuze feierlich bestattet.

D.

Verlag von Bossange Vater in Leipzig.
Unter Verantwortlichkeit der Verlagshandlung.

Das Pfennig-Magazin

der
Gesellschaft zur Verbreitung gemeinnütziger Kenntniffe.

43.]   Erfcheint jeden Sonnabend.   [Februar **22, 1834.**

Der Königstein,
Königl. Sächf. Landes-Feftung. *

Der geehrte Lefer fieht hier zwei der fchönften Punkte des königl. fächf. Elbhochlandes oder Sandfteingebirges, welches wegen feiner großartigen Naturfchönheiten den Namen der

Sächfifchen Schweiz

erhielt und unter diefem Namen weltbekannt ift.

Diefes Hochland beginnt eigentlich im Königreiche Böhmen, oberhalb Tetzfchen, und erftreckt fich auf der einen Seite (dem rechten Elbufer) über Herns-Kretfchen, auf der andern (am linken Elbufer) über Niedergrund längft der Elbe und ihren Seitenthälern in Sachfen fort. Als Schlußpunkt kann man Pirna und den Borsberg bei Pillnitz annehmen.

Die böhmifche Schweiz hat wunderhervlihe Punkte, das Prebifchthor, den Prebifchgrund u. a., aber auch die fächfifche befitzt Felfenparthien und Felfengründe, welche, wahrhaft großartig, der nie zu erfchöpfende Gegenftand der Bewunderung des Auslandes find und durch die vielen Fremdenbefuche eine recht ergiebige Nahrungsquelle für diefe Gegenden eröffneten. Unter den Berghöhen des Hochlandes ift

der Königftein

eine der fchönften, merkwürdigften und großartigften. Er liegt in der Mitte des Hochlandes.

In früherer Vorzeit hieß er der Stein; auf feiner Höhe erhob fich eine Fefte der Burggrafen, Grafen Donin (Dohna), welche zu den mächtigften Rittern Böhmens und des Meißnerlandes gehörten. Nach dem Falle der Donin's kam fie in Befitz ihrer Sieger, der regierenden Markgrafen von Meißen, welche die Burg erhielten und noch mehr befeftigten. Erft im Jahre 1559 aber erkannte man die Wichtigkeit ihrer Lage.

Unter Churfürft Chriftian dem Erften begann der Bau, wurde aber erft 1731 gänzlich vollendet. Diefe Landesfefte erhielt den Namen Königftein.

Der Fels, auf dem fie fteht, erhebt fich am linken Elb-Ufer, 2 Stunden oberhalb Pirna, $1\frac{1}{2}$ Stunde unterhalb Schandau, unmittelbar über dem recht freundlichen Städtchen Königftein. Er ift 705 Fuß über dem Elb-Spiegel erhaben, und enthält $\frac{3}{4}$ Stunden in feinem Umfange. Auf dem Plateau befindet fich Gartenland, wo Gartenfrüchte und Getreide erbauet werden können. Ein Theil deffelben ift mit Holz beftanden. Ueberdieß hat die Feftung einen, vom Churfürften Auguft 1553 angelegten, 586 Ellen tiefen Felfenbrunnen, deffen Waffer fehr rein und gut ift, und durch ein Rad aufgezogen wird. Man arbeitete 40 Jahre daran. Alles, was eine Feftung nach der neuern Kriegskunde nur bedarf, vereint fich hier. Kommandantenhaus, Kirche, Magazin, Zeughaus, Kaferne, bombenfefte Kafematten find nament-

lich nach dem letzten partiellen Brande musterhaft an=
gelegt und wieder hergestellt, und die Staatsgefäng=
nisse verstatten keine Flucht. — Bis in die neueste
Zeit waren hier merkwürdige Personen inhaftirt. Un=
ter die der Vorzeit gehört der berühmte Goldmacher
Klettenberg, der unglückliche Kanzler Krell und der
Sekretär Menzel, deffen Verrath den siebenjährigen
Krieg verursachte.

Eine besondere Merkwürdigkeit bietet die Kelle=
rei dar, hier befindet sich das große Weinfaß, wel=
ches 3009 Dresdner Eimer enthielt und zu König
August's des Starken Zeit mit dem köstlichsten Land=
weine guter Jahrgänge gefüllt war. Dies große Faß
ist 1818 seiner Baufälligkeit wegen auseinander ge=
nommen worden.

Das sogenannte Pagenbette ist ein Felsenvor=
sprung. Hier entschlummerte einst von süßem Weine
trunken ein Edelknabe (Page) König August's des Starken.
Der König bemerkte ihn in seiner gefährlichen Lage,
ließ ihn mit Strängen umwinden, und als er vor
dem Sturze gesichert war, durch Trompetenschall er=
wecken. — Welch' ein Erwachen! — als er unter
sich den tiefen Abgrund und in ihm des gewissen To=
des Schrecken sahe!

Die Festung enthält dermalen gegen 700 Einwohner
mit der Garnison, die aus Infanterie, Artillerie und
Ingenieurs besteht. Unter den bürgerlichen Einwoh=
nern befinden sich die nöthigsten Handwerker. Die
Festung selbst beherrscht die Elbe und kann weder un=
terminirt, noch ausgehungert, noch von den gegen=
überstehenden Höhen beschossen werden.

Sie hat nur einen einzigen Eingang.

Ihr Besuch ist Fremden nur auf Allerhöchste Er=
laubniß nach vorheriger Meldung an den Komman=
danten gestattet.

Auf ihrer Höhe befinden sich die genußreichsten
Aussichts=Punkte. Wir übersehen das Elb=Panorama
und östlich des Hochlandes schönste Parthien: den Li=
lienstein, Schandau, die Bastei, den Brand, den
Winterberg, die Schrammsteine — und auf der an=
dern Seite die romantischen Höhen des westlichen Elb=
Hochlandes. Seine schönsten Felsenparthien eröffnen
sich hier unserm Blicken. Näher stehen der Quirl,
der Zirkel, der Pfaffenstein, der Nonnenstein, der Bä=
renstein, und der Bernhardsstein bei Hermsdorf in wei=
terer Entfernung.

———

Das Städtlein Königstein, der Sitz eines kö=
nigl. Floßamtes und des vorzüglichsten Sandsteinhan=
dels, liegt im Felsenthale, und ist nach seinem letzten
großen Brand=Unglücke 1810 recht massiv und stattlich
aufgebauet; es erhebt sich unmittelbar am gewerbreichen
Elb=Ufer und bietet in seinen sehr wohl eingerichte=
ten, durch musterhafte Bewirthung sich selbst empfeh=
lenden Gasthöfen zum blauen Stern, der sächsischen
Schweiz, wozu sich in neuerer Zeit noch der „zur Stadt
Tharand" gesellt, einen genußreichen Ruhepunkt für
Hochlands=Reisende, die hier immer Führer erhalten
können, dar. Von Königstein aus, wo sich auch ein
Mineralbad befindet, deffen Gehalt dem des Schan=
dauer ähnlich ist, lassen sich die Reisen in's ganze
Hochland sehr schön ordnen. Zu den vorzüglichsten
Parthien gehört die Schweizer=Mühle im Bühler
Grunde, von wo aus man den Weg nach Aussig
und Teplitz fortsetzen kann. Auch hier in Königstein
ist immer Gelegenheit elb=auf= und abwärts; es
liegt im Bezirke des Amts Pirna, 2 Stunden von
Pirna und 6 Stunden von Dresden entfernt, und ist

in technischer Hinsicht durch eine Papiermühle be=
kannt. Sein Hauptnahrungszweig ist Holz=, Sand=
steinhandel und Elbschifffahrt.

Der Lilienstein erhebt sich wahrhaft majestä=
tisch am rechten Elb=Ufer, 1½ Stunde unterhalb
Schandau, 1 Stunde oberhalb der Bastei. Um ihn
bildet die Elbe die schönsten ihrer Krümmungen.

Er steht, durch die Elbe getrennt, ½ Stunde von
Königstein und überragt diesen noch, indem er nach
Odeleben 1306 Fuß über die Meeresfläche sich
erhebt.

Seine Gestalt ist wahrhaft malerisch, bildet
von jeder Seite die schönsten Ansichten und ist die
Riesenpyramide des Hochlandes. Seine Aussichten
aber sind beschränkter, als die des Königsteins und
bieten keinen allgemeinen Ueberblick; denn drei Punkte
muß man wählen und die Aussicht eines Jeden ist
durch Buschwerk erschwert.

Auf der höchsten Kuppe steht eine Pyramide Au=
gust's des Starken.

Am Fuße des Liliensteins wurde zu Anfange des
siebenjährigen Krieges die sächsische Armee von Friedrich
dem Großen gefangen, nachdem sie der Hunger auf's
Aeußerste gebracht hatte.

Um auf den Lilienstein zu kommen, bedarf man
Führer; sie sind sowohl in Königstein, als auch im
Dorfe Ebenheit und Prossen, zwei naheliegenden Dör=
fern, zu bekommen.

Am Fuße des Berges befinden sich vorzügliche
Sandstein=Brüche.

Mehreres hierüber siehe in den Darstellungen der
sächsischen Schweiz, unter welchen die von Nicolai,
L. Götzinger, Lindau, D. Dietrich, Reichel und von
Reinold hiermit genannt seyn mögen. Die schönsten
Situations=Karten der Gegenden sind die des Baron
v. Odeleben; auch die vom Hrn. Domherrn Kreibich
in Leitmeritz gezeichnete und von Siegismund nach
Reinold's Angabe in Leitmeritz nachgestochene und mit
den Erinnerungen in der Medau'schen Buch= und
Kunsthandlung zu Leitmeritz erschienene Special=Karte
der sächsischen Schweiz empfiehlt sich eben so, wie die
in dem Arnold'schen, Dillrischen und Gödsche'schen Ver=
lage befindlichen durch Akkuratesse und Bestimmtheit
der Angebung der Wegtouren.

Vorzüglich schöne, durch Kupfer= und Steindruck
vervielfältigte Zeichnungen sind in den Dresdner und
Leipziger Kunsthandlungen erschienen und auch bei den
obenbenannten Führ=Büchern enthalten.

Welcher Reisende diese Gegenden, von welchen
späterhin auch hier noch einige Darstellungen erfolgen
werden, besuchen wird — er wird hier immer in Be=
wunderung der Größe der Natur und ihrer Schöpfung
Herz und Geist erhoben und zur Andacht entflammt
fühlen.

Noch sey hier bemerkt, daß die Ansicht des Bil=
des von der von Pirna herführenden Straße genom=
men ist. Hier verdeckt der Berg, auf welchem die Festung
sich erhebt, die Ansicht der Stadt, welche sich mit
ihrer neuerbauten Kirche recht stattlich darstellt; diese
Ansicht mußte aber genommen werden, um den Li=
lienstein mit auf ein und dasselbe Bild zu bringen.

D.

———

Kenntniß der Verfertigung, der Güte, Sorten und Fabriken der Spitzen.

Dieser Manufaktur=Artikel wird vorzüglich in
Frankreich, dem vormaligen Brabant und Flandern,

in England, Italien und Deutschland, in dem sächsischen und böhmischen Erzgebirge, und im Herzogthume Holstein verfertigt. Die gewirkten Spitzen werden fast in allen Ländern von den Posamentirern auf dem Bortenwirkerstuhle gearbeitet. Es ist eine Art weißer, zwirnener, auch schwarzseidener dichter Spitzen, sowohl glatt, als gemustert, mit und ohne Bogen. In Harlem werden viele gemacht und bestehen in Stücken von 12 Ellen, von allerlei Breiten, und zwar die mit Bogen geklöppelten in 37 Nummern von 3 bis 40, die glatten aber in 40 Nummern; eine gleiche Art kommt unter dem Namen pommersche und altenburgsche Spitzen in den Handel. Kordelspitzen ist eine Gattung schwarzer, breiter Spitzen, deren erhabene Blumen oder Figuren von solchen Schnüren gewirkt werden, die man Kordein nennt. Die geklöppelten Spitzen sind die, in welchen der Faden nach dem verzeichneten Muster mit der Hand auf eine mühsame und künstliche Art durch einander geschlungen wird, deren Zeichnung eine Mannigfaltigkeit von Blumen und Ranken enthalten, und nach dem Grunde verschiedene Benennungen führen. Ihre Güte wird nach der Feinheit des Zwirns und nach dem Fleiße und der Festigkeit der Arbeit beurtheilt. Die genäheten Spitzen sind die, deren Grund gewöhnlich gewebet und die Figuren aus freier Hand mit der Nadel eingetragen sind. Sie führen in Frankreich verschiedene Namen, als: Points à la reine, à la Dauphinée, de Genes. Englisch: points, or needle work. Diese Spitzen werden vorzüglich in Italien und Mailand, Genua, Venedig, in den Klöstern, in Frankreich und Belgien verfertigt.

Gorlspitzen sind die, wovon die Blumen mit einer Art rundgedreheten starken Fadens, dessen man sich bei Nähereien unter dem Namen Gorl bedient, statt eines Spitzenbändchens belegt, und inwendig mit unterschiedenen Spitzenstichen ausgefüllt sind.

Die Spitzen (Dentelles) werden auf Kissen mit Klöppeln gearbeitet, die Kanten oder Points aber sind mit der Nadel gemacht, wie zum Beweise die Points de France, d' Argentau, von Alençon, Brüssel, Venedig. — Die Breite der Spitzen und die Feinheit des dazu verarbeiteten Zwirns machen nicht allein den Unterschied im Preise, und in der Güte der Stücke; sondern auch die Art des Grundes, die Zäckchen, die Desseins, die fein- oder starkfadigen Muster geben andere Unterscheidungen, die alle ihre besondern Namen haben; außerdem, daß man sie in breite, mittlere und schmale, ein- und ausgebogte, in dichte und klare abtheilt, unterscheiden sie sich auch noch in Spitzen mit Reseau, oder netzartigem Grunde, Fondbride, Riegelgrund, Fondelair, Ringelgrund, Fondmosaïque, Mosaikgrund, mit egalen Blumen, mit starkfadigen Blumen, mit großen und kleinen Blumen.

Zäckchen ist eine Art sehr schmaler Zwirnspitzen, welche mit Klöppeln und Nadeln auf dem Klöppelkissen gemacht und an die Spitzen angenähet werden.

In Frankreich sind die Spitzen von Valenciennes sehr geschätzt, stehen aber in der Feinheit, dem Geschmacke und dem Fleiße der Arbeit den Brabantern sehr nach. Die Zahl der Arbeiterinnen beläuft sich zu Valenciennes auf 3600, deren Arbeiten auf 400,000 Livr. steigt. Diejenigen Spitzen, die Fausses Valenciennes genannt werden, werden eigentlich in Gent verfertigt. Zu Alençon (points d' Alençon) und an mehrern Orten des nördlichen Frankreichs werden die Spitzen auf Brüsseler Art gearbeitet, stehen aber denselben in der Gleichheit, dem Glanze, der Zeichnung und in den feinen Nüancen nach. Eine geringere Art französischer Spitzen

von weißem Zwirn, deren man grobe, mittlere und feine Sorten hat, kommen unter dem Namen Bisette in den Handel. Von den Mignonetten, einer Art sehr feiner, klarer und leichter Spitzen, werden viele in Frankreich gemacht, welche blos dazu dienen, andere von gleicher Art und Arbeit zu erhöhen.

Puntas de mosquito ist eine Art Spitzen mit kleinen Flecken, die in Holland verfertigt und sonst stark nach Amerika ausgeführt wurden. Man schickte sie in Sortiments nach Cadix, davon jedes aus 20 Stücken besteht, deren eine Hälfte 3 bis 10, und die andere von einem andern Muster 4 bis 10 Finger breit ist. Eine andere Art holländischer Spitzen führt den Namen Transillas, und diese wurden sonst von Holland über Spanien nach Amerika verschickt.

Die englischen Spitzen werden vorzüglich in Dorset, Buckingham, Northhampton, Salisbury, Leith, Hamilton, Renfrew verfertigt und oft für Brüsseler verkauft.

Die schönsten Spitzen kommen aus den vormals vereinigten Königreichen der Niederlande und Belgien und werden vorzüglich in Brüssel, Antwerpen, Mecheln (durchgehends unter dem Namen Brabanter Kanten), zu Gent, Ryssel, Valenciennes, Alençon (unter dem Namen Points d' Alençon) verfertigt, und diese behaupten den Vorzug vor allen übrigen, wegen der Feinheit des Fadens und des Fleißes in den Zeichnungen, und wegen der Festigkeit, indem sie sich nicht verschieben. Die Brüsseler haben in der Feinheit, dem Geschmacke, der Zeichnung, der Weiße und dem Glanze die oberste Stelle, und beschäftigen in und um Brüssel allein an 20,000 Menschen: auf diese folgen die Mechler, ihr Vorzug besteht in der Stärke und Dauerhaftigkeit; die feinsten nennt man Speldewerkskanten. Antwerpen und Brüssel liefern aber auch viele Sorten Spitzen nach Mechler Art, die ebenfalls unter dem Namen Points de Malines verkauft werden. Der Reseau-Grund ist durchgängig beliebter, und stärker in der Mode, als Fondbride; der Mechlergrund mit Schuppen, mit und ohne Augen, unter dem Namen ouvrage de mode, wird vortrefflich verfertigt; die Blumen der Brüsseler Kanten sind alle mit einer Art Kordonetfaden eingefaßt. Die Spitzen, welche Mecheln liefert, folgen im Range und in der Schönheit zunächst auf die Brüsseler, und sind etwas dauerhafter. Ihr Charakter liegt in dem platten Faden, welcher den Bort für alles Blumenwerk abgiebt, weshalb man diese Kanten in Frankreich molines brodées nennt. Die Spitzen von Valenciennes sind von einem Faden und einfach geringelt, dauerhafter, als die Mechler, haben aber keine schöne Weiße. Unechte Valenciennes sind minder dicht, das Dessein ist mit weniger Fleiß gearbeitet, und der Grund der Blumen ist loser. Die Spitzen, welche man uneigentlich Points d'Angleterre nennt, sind in Ansehung des Desseins eine Nachahmung der Brüsseler Waare. Der Flachs zu dem feinen Zwirne wird in Flandern um Cortryk, theils in der niederländ. Provinz Geldern, um Xeremond gebaut, ungesponnen in Gent und Harlem gebleicht und in Mecheln und Antwerpen gezwirnt.

In Spanien werden zu Caltedas viele Spitzen für Amerika gefertigt. Auch im Canton Basel sind die Weiber sehr geschickte Spitzenmacherinnen.

Die Spitzen-Manufaktur im sächsischen Erzgebirge hat schon seit Jahrhunderten ihren Hauptsitz im Kreisamte Schwarzenberg, und in einigen Oertern der angrenzenden Aemter Grünhain und Weißenberg und der Schönburgschen Grafschaft Hartenstein; in dem halben

Theile des Amtes Wolkenstein, und an einigen Orten des Kreisamtes Freiberg, und in dem ganzen Amte Altenberg. Die Spitzen unterscheiden sich in Zwirnspitzen, und in schwarz- oder weißseidene, oder Blonden. Jede dieser verschiedenen Sorten hat ihren besondern Hauptsitz in einer gewissen Gegend; in und um Schnee-

berg und Annaberg und Weißenberg verfertigt man die besten blonden, und im übrigen Theile des Kreisamtes Schwarzenberg und im Amte Grünhain werden die schönsten weißen Zwirnspitzen verfertigt.

Alle Weibspersonen, ohne Unterschied des Standes, welche klöppeln, erhalten den Namen eines Klöp-

Das Spitzenklöppeln.   *

pelmädchens, und erhält von ihrem Verleger (Spitzenherrn) Zwirn oder Seide, das Muster und den Brief (ein Stückchen Pergament), in welchem Löcher für die Nadeln gestochen und die Gestalt der Blumen mit Farben gezeichnet sind. Die sogenannten Spitzenherren senden ihre Waaren nach Italien, Frankreich, die Schweiz, Polen, Liefland, Rußland, Dänemark, Böhmen und in alle Gegenden und auf alle Messen Deutschlands ab.

Man rechnet, daß im ganzen Erzgebirge sich gegen 30,000 Personen mit dem Spitzenklöppeln beschäftigen. Die Schneeberger und Annaberger weißen Zwirnspitzen sind so schön, daß sie zum Theil den Brabantischen wenig oder gar nichts nachgeben.

In dem böhmischen Erzgebirge haben die Zwirn- und seidenen Spitzen, desgleichen die sogenannten Korten- oder Wirthschafts-Spitzen, ihren eigentlichen Sitz bei Neudeck, Joachimsthal, Graßlitz, Platten, Weipert, Wiesenthal, Kupferberg, Gottesgab, Sebastiansberg und Preißlitz. Der Werth der gefertigten Spitzen belief sich schon im Jahre 1792 auf 540,000 Gulden, davon 441,536 im Lande blieben, und für 98,446 Gulden außer Land abgesetzt wurden.

Zu Tondern, in der nördlichen Hälfte des Herzogthums Schleswig, beschäftigten sich zu Anfange dieses Jahrhunderts gegen 12000 Mädchen mit Verfertigung der Spitzen. Auf der dänischen Insel Röm besorgen die Weiber den Feldbau, und wenn sie den Pflug verlassen, verfertigen sie die schönsten und saubersten Spitzen. Das geschickteste Spitzenmädchen ist im Stande, jährlich 50 Speciesthaler zu verdienen.   L.

Die Sieben und das Menschenleben.

Sage Einer nur, die Sieben sey eine gleichgültige Zahl! Mit der Sieben steigen und fallen wir. Im siebenten Jahre sehen wir die zweiten Zähne kommen. Mit zwei Mal sieben Jahren (im 14ten) ist die Mannbarkeit erschienen. Mit drei Mal sieben (21 Jahren) ist die volle Körpergröße, und mit vier Mal sieben (28 Jahren) die volle Körperkraft vorhanden. Wenn fünf Mal sieben Jahre verflossen sind, ist Geist und Körper in der vollen Reife. Doch ach! mit sechs Mal sieben (42 Jahren) beginnt die Unvollkommenheit, sich hier und da zu melden, und mit der bösen Sieben mal Sieben (49 Jahre) tritt sie in vollem Maße ein. Acht Mal sieben ist 56, und da sagt doch wohl Jeder, er fühle, daß er älter sey. Kommt er bis zum neun Mal siebenten Jahre, dann giebt er es gewiß vollends zu. Bei der nächsten Sieben werden Wenige etwas Anderes zu erinnern haben, als daß sie der Schatten von der 3ten und 4ten sey.   B.

Londoner Postwesen.

An Briefen, welche nur das Inland betreffen, gehen täglich 35,000 ein und 40,000 werden versandt, dieß macht jährlich 23,475,000, und dabei ist weder die Masse der für das Ausland bestimmten, noch derjenigen, die durch die Zweipennypost (1 Penny kostet 8 bis 9 Pfennig sächsisch befördert werden, gerechnet. Die Anzahl der Zeitungsblätter, welche täglich durch die Post befördert werden, schwankt zwischen 25,000 u. 60,000 (Sonnabends 40,000 und Montags 50,000), und ein Theil derselben, welcher sich auf 20,000 Blätter beläuft, wird 10 Minuten vor 6 Uhr ausgegeben. 240,000 Stück erscheinen Jahr aus Jahr ein von 6 bis ¾ 7 Uhr, und sowohl von diesen, als von allen, welche nach obengenannter Zeit herauskommen, kostet das Blatt einen halben Penny, was jährlich eine Summe von 500 Pf. St. einbringt. Für die frühzeitigere Ueberlieferung derselben erhält man ein jährliches Einkommen von 4000 Pf. St. Die Briefe, deren jeder einen Penny kostet, und welche von Leuten mit Klingeln eingesammelt werden, bringen in Einem Jahre 3000 Pf. St. ein, wenn man 720,000, oder täglich gegen 2000 rechnet.

London hat demnach eine Einnahme von 6000 Pf. St. die Woche, und von 300,000 Pf. St. das Jahr, und dennoch sind von dieser ungeheuren Summe, innerhalb 25 Jahren, nur etwa 200 Pf. St. durch Veruntreuung verloren gegangen. Frankirte Briefe steigen in einem Morgen von 4000 bis auf 5000 und darüber. — Die Zeitungen, die in das Ausland gehen, können nur bis zu der ersten Poststation frankirt werden; von da an wird ihr Preis nach ihrem Gewichte bestimmt, so daß ein Blatt, das in England täglich erscheint, in St. Petersburg jährlich 40 Pf. St. kostet.

F.

Der Sekretär. (Falco Serpentarius.)

Das Wasser schafft, so wie in Asien, auch in Südafrika die dürren Steppen zu den schönsten Fluren um, bis endlich in der dürren Jahreszeit Alles vertrocknet und selbst die Flüsse ihres Wassers beraubt werden. Unser Bild führt uns zur fruchtbaren Jahreszeit an das Vorgebirge der guten Hoffnung. Eine weite, dürre Ebene öffnet sich unserm Blicke; nur in weiter Ferne thürmt sich ein hohes, felsiges Gebirge auf, und auch hier zeigt das Buschwerk, das sich am Fuße des Gebirges hinzieht, ferner ein prächtiger palmenartiger Baum, der aus ihm hervorragt, und endlich der Vordergrund, der mit den schönsten Blumen ausgeschmückt ist, daß die dürren Steppen Südafrika's nicht immer von den Kindern Flora's entblößt sind.

Wenn das Bild schon durch jene Blumenflur im Vordergrunde belebt wird, so geben jene majestätischen Vögel, die in drei verschiedenen Stellungen sich unserm Auge darstellen, ihm ein noch weit regeres Leben. Vorsichtig blickt der eine in die Ferne, um zu erspähen, ob sich ein Feind ihm nahet; mit wilder Raubgier führt ein anderer mit der Schnelle des Blitzes seinen Schnabel nach einer Schildkröte, um sie am Kopfe zu verwunden, sie so zu tödten und dann das Fleisch aus der harten Schale zu lösen; dort in den Lüften entführt endlich ein dritter eine Schlange, um vielleicht seinen Jungen eine leckere Speise zu bringen.

Aber in welche Ordnung sollen wir nun diese Vögel bringen? Deuten nicht ihre langen Stelzenbeine auf die Ordnung der Sumpfvögel? Gleichen sie nicht den Kranichen? — Betrachten wir sie genauer, so werden wir diese Fragen bald beantworten können. Ihre langen Beine sind weit befiedert, ihr Schnabel ist weit gespalten, krumm und scharf, ihre Augenbrauen springen weit hervor, und so werden wir ihnen mit Cuvier gewiß den Platz unter den Raubvögeln anweisen, wenn wir auch nicht wie er und andere Naturforscher sogar die Aehnlichkeit des innern Baues mit dem der Raubvögel vergleichen konnten.

Dieser Vogel hat den Namen Sekretär wegen

der langen steifen Federn seines Hinterhauptes erhalten, die eine Art Mähne bilden.

Seine Höhe ist über 3 Fuß. Sein starker Schnabel ist an der Wurzel mit einer etwas gewölbten Wachshaut bedeckt, die, wie sein nackter Augenkreis und die Beine, orangegelb ist. Die langen Flügel sind mit stumpfen, knochenartigen Vorsprüngen an den Gelenken versehen, aus dem Schwanze ragen die zwei mittlern, schmälern Federn wegen ihrer Länge bedeutend hervor, und die langen, dünnen Beine endigen sich mit kurzen Zehen. Seine Schwungfedern sind schwarz, die Kehle und Mittelbrust ist weiß, die untern Deckfedern des Schwanzes sind hellrostfarbig, der Unterleib ist schwarz und weißlich gebändert, und die schwarzen Schenkel sind matt braun gebändert. Die Federn des Schwanzes sind schwarz, in's Graue übergehend und mit weißen Spitzen sich endigend. Die beiden l a n g e n Federn des Schwanzes aber sind graublau, gegen die Spitze braun gewölkt, mit einem schwarzen Flecke und weißem Ende. Die übrigen Federn des Vogels sind blaugrau. Die paarweise neben und unter einander stehenden Federn jener Mähne des Hinterkopfes und Halses sind am Ende breiter, als am Anfange. Das Weibchen ist reiner grau, seine Mähne und die mittlern Schwanzfedern sind kürzer, seine Schenkel sind braun und weiß gebändert und sein Unterleib ist weiß.

Man findet diesen Vogel in den offenen, dürren Gegenden Südafrika's, vornehmlich vom Vorgebirge der guten Hoffnung bis zum Lande der Kaffern. Er lebt von Insekten, kleinen Schildkröten, Eidechsen, vorzüglich aber von Schlangen, und sein Kampf mit den letztern Thieren ist, besonders wenn sie für ihn gefährlich zu seyn scheinen, sehr interessant. Le Vaillant hatte Gelegenheit, einen solchen Kampf zu beobachten. Er stieg einen Berg hinunter und sah unter sich einen solchen Vogel, der bald in die Höhe flog, bald wieder schnell herunterschoß und mancherlei sonderbare Bewegungen machte. Le Vaillant schlich sich, unter dem Schutze einiger Felsen, ungesehen hinan, und bemerkte, daß es einer Schlange galt. Diese suchte in ihre Höhle zu fliehen; der Vogel aber stellte sich ihr durch einen Sprung gerade in den Weg. Ueberall, wohin sie fliehen wollte, stellte er sich ihr entgegen. — Jetzt nahm die Schlange ihre ganze Kraft und Kunst zusammen; sie richtete sich in die Höhe, zischte ihn schrecklich an, streckte ihm den weiten, mit spitzigen Zähnen besetzten Rachen entgegen und die Augen funkelten ihr vor Zorn. Dieser Widerstand unterbrach zwar von Zeit zu Zeit den Vogel in seinem Angriffe; allein er erneuerte denselben immer wieder und sprang auf die Schlange los, indem er zugleich einen Flügel wie ein Schild vorhielt, und mit dem knöchernen Vorsprunge des andern Flügels der Schlange tüchtige Schläge gab, denen sie nicht gut ausweichen konnte. Endlich wurde sie matt, wankte und fiel, und durch einen mächtigen Schlag mit dem starken Schnabel auf den Kopf tödtete er sie endlich.

Wird er überrascht und verfolgt, so fliegt er zwar auf, nie erhebt er sich jedoch sehr hoch in die Lüfte und gewöhnlich bald setzt er seine Flucht lieber im schnellen Laufe fort. Ueberhaupt läuft er lieber, und daher sind auch seine Krallen abgestumpft und die langen Federn des Schwanzes abgestutzt.

Im Juli bauet sich das Weibchen in hohem Gebüsche ein plattes, 3 Fuß im Durchmesser haltendes Nest, füttert es mit weichen Federn aus, und legt 3 bis 4 weiße, rostfarbig punktirte Eier von der Größe der Gänseeier hinein. Die Jungen sind lange unbehülflich und ihre Füße sehr schwach. Erst nach drei Monaten erhalten sie ihre Gewandtheit im Laufen.

Da der Sekretär keinen Schaden bringt, durch das Wegfangen vieler schädlicher Thiere aber sehr nützlich ist, so tödtet man ihn nur sehr selten. Jung eingefangen, wird er gezähmt und zum Vergnügen, aber auch zur Vertilgung schädlicher Thiere von den Bewohnern des Kaps auf den Höfen gehalten. Hier lebt er bei hinlänglichem Futter mit dem Hausgeflügel in Eintracht, und stellt sogar, wenn dieses unter einander kämpft, unter den Streitenden den Frieden wieder her. Nur wenn er sehr hungert, wird er den Hühnern und Enten gefährlich. Seine gewöhnliche Speise in der Gefangenschaft sind Fische, rohes oder gekochtes Fleisch, kleine Vögel u. s. w.

Man hat neuerlich versucht, ihn auf Martinique zu vermehren, wo er durch Vernichtung der Lanzenvipern, die an Gefährlichkeit den Klapperschlangen gleichen, den größten Nutzen stiften könnte.　　R.

Die Mäßigkeit.

Ein großer Vorzug der Mäßigkeit im Essen und Trinken besteht darin, daß die Verdauungs=Werkzeuge nur schwach gereizt werden, weshalb der Magen, da er nicht zu sehr angestrengt wird, weniger lebhaft und störend auf Blutumlauf, Herz und Gehirn wirkt, so daß diese wichtigen Organe die erforderliche Thätigkeit behalten, wenn nicht andere Umstände hindernd einwirken.

Wenn daher die Mäßigkeit im Allgemeinen wohl nicht genug empfohlen werden kann und bereits vielfach empfohlen worden ist, so sind bei der nähern Beurtheilung derselben doch die obwaltenden Verhältnisse zu berücksichtigen, um dem Standpunkte gemäß zu leben, auf welchem jeder Einzelne sich befindet. So steht z. B. der Deutsche bei vielen andern Völkern in dem Rufe, und hat besonders in früherer Zeit darin gestanden, daß er ein starker Esser und Trinker sey, und viel auf die Freuden der Tafel halte; auch mag es nicht an Beispielen für diese Behauptung fehlen. Reisende wollen selbst in fremden Welttheilen die Bemerkung gemacht haben, daß, während eine von Engländern gegründete Kolonie in der Regel sich frühzeitig durch militärische Befestigung, eine spanische oder italienische aber durch Klöster und Kirchen auszeichne, eine französische dagegen zunächst nach einem Theater, und eine holländische nach einer Börse trachte, eine deutsche Ansiedelung sich meist durch gute Wirthshäuser empfehle. Ohne nun der in vielen Fällen zu hoch gesteigerten Eß= und Trinklust unserer Vorfahren und Zeitgenossen das Wort reden zu wollen, ist hierbei doch zu berücksichtigen, wie außer den klimatischen Verhältnissen, in welchen der Deutsche lebt, auf die Fruchtbarkeit und Ergiebigkeit seines Landes an vielfachen Lebensgenüssen, so wie seine Arbeitsamkeit, sein Fleiß und seine Lebensweise ganz dazu geeignet sind, jene Neigungen zu erwecken und zu nähren; indem namentlich die letztere in früheren Zeiten mehr auf Jagd, Krieg und andere dergleichen starke körperliche Bewegungen, demnächst auf Feldbau und Viehzucht, und erst in neuerer Zeit, wenigstens theilweise, auf die minder anstrengenden Gewerbe und Künste berechnet gewesen ist. — Diese und andere Verhältnisse machen es sehr erklärlich, wenn wir gewohnt sind, unsere arbeitsamen Landsleute bei derber Kost, bei Mehlspeisen, Hülsenfrüchten, geräuchertem Fleische, Käse u. dgl. m. und bei einem Kruge Bier oder Glase Branntwein zu erblicken, während der Franzose aus einer Artischocke, der Spanier aus einer Feige und der Italiener aus einer Wasser=Melone eine Mahlzeit macht, und diese noch mit einem Glase Cyder (Apfelwein) oder einem ähnlichen wässerigen Getränke verdünnt.

Auch trifft die Beschuldigung der Ueberfüllung der Tafel in den höhern Ständen keineswegs die Deutschen allein, und jeden Falls sind diese von den Römern hierin übertroffen worden, wo wir in der Geschichte eines Lucull, Antonius und Anderer, Beispiele finden, daß Küche, Vorrathskammer und Keller stets so reichlich gefüllt waren, daß ein Gastmahl von mehrern 1000 Thlrn an Werth binnen wenigen Stunden hergestellt werden konnte, und daß bei einem solchen festlichen Mahle mehrere Braten von einer und derselben Gattung zu verschiedenen Zeiten an den Spieß gesteckt werden mußten, um zu jeder beliebigen Stunde einen solchen frisch auftragen zu können.

Die französische Kochkunst ist wegen ihrer Feinheit bekannt, auch die englischen Tafeln sind nichts weniger als mager besetzt; selbst der Lappländer liebt seine Delikatessen in Rennthierfleisch und gefrorner Milch; und wenn der Nordamerikaner alle Gerichte zu gleicher Zeit auf den Tisch bringt, wenn er gekochtes und gebratenes Fleisch, Geflügel, Fische, Mehlspeisen, Früchte, Gemüse, Eier, Kuchen, Kaffee, Thee, Alles neben einander stellt und nun die Gäste nach Belieben zulangen läßt, so verräth dieß auch keinen Mangel an Eßlust, wohl aber an Neigung, diese zu befriedigen, und unterscheidet den civilisirten Bewohner jenes Welttheils von dem Deutschen nur durch eine andere, weniger methodische Einrichtung seiner deshalb nicht minder reichlichen Mahlzeiten.

Wegen der Trunkliebe in Nord=Amerika vergleiche man übrigens Nr. 2. des Pfennig=Magazins.

Der Europäer, und vorzugsweise der Deutsche, hat übrigens alle Ursache, in diesen Genüssen vorsichtig zu seyn und sich der Mäßigkeit zu befleißigen, wenn er seine Heimath wechselt und dieselbe mit einem wärmern Klima vertauscht, in welchem er nur zu leicht ein Opfer der Unmäßigkeit wird.

Denn da zu reichliche oder zu reizende Nahrung vieles und dickes Blut und andere Säfte erzeugt und eine angestrengtere Thätigkeit der Verdauung erfordert, so ist leicht begreiflich, welche nachtheiligen Folgen deren Genuß in heißen Himmelsstrichen haben muß, wo jene Organe ohnehin sehr reizbar sind.

Die Mäßigkeit im Essen und Trinken ist daher auch weit mehr bei den Völkern der südlichern Länder, als bei den Bewohnern der nördlichern Zonen einheimisch, und solche Beispiele geben uns, nächst den berühmten Spartanern, die besonders ihre Kinder frühzeitig zur Mäßigkeit gewöhnten, unter andern noch jetzt die Araber, welche nicht blos nach Maßgabe der Produkte ihres theilweis armen Landes, sondern auch aus Grundsatz, Lebensklugheit und Gewohnheit sehr mäßig sind, und diese löbliche Eigenschaft selbst auf die Behandlung ihrer Thiere, der Kameele und Pferde, ausdehnen, während diese dabei doch bekanntlich den Ruf vorzüglicher Brauchbarkeit und Ausdauer haben.

Ganz besonders findet dieß bei denjenigen Arabern Anwendung, die in Aegypten, Persien und Syrien den Dienst der Kouriere (Tartari), aber auch den der Reitknechte (Says) verrichten, welche letztern ihren reitenden Herren zu Fuße folgen und bei gehöriger Uebung nicht selten in einem Tage 2 Pferde müde laufen können.

Diese angestrengten Dienstleistungen erfordern, außer einer guten Gesundheit im Allgemeinen, eine besondere Vorbereitung und Mäßigkeit, namentlich auch im Trinken, deren Ueberschreitung in jenen heißen Gegenden, wo die Hitze zur Mittagszeit zuweilen 45 bis 50 Grad erreicht, Müdigkeit, starken Schweiß, Beklemmung, Nasenbluten, selbst Erbrechen, Blutspeien und andere Uebel zur Folge hat.

Ein solcher Kurier oder Fußbote lebt daher, bei übrigens magerer Körper=Beschaffenheit, täglich von wenigen kleinen, gerösteten, auch wohl nur an der Sonne getrockten Mehlklößen von der Größe einer Nuß, oder von einem Stücke Brot oder Zwieback, einem Paar Feigen und einem Glase Wasser, wobei er 18 bis 20 Stunden Weges in der Wüste zurücklegt und den Genuß einer Tasse Kaffee ohne Zucker und einer Pfeife Tabak sich nur Abends am Ruhepunkte erlaubt, unterwegs aber zur Erquickung zuweilen blos einige Stückchen Gummi arabicum in den Mund nimmt.

Eben so mäßig hält der reitende Kurier sein Dromedar und sich selbst, um mit diesem Morgens und Abends 30 bis 40 Stunden Weges durch die Wüste traben zu können, und die eigentliche Mahlzeit wird auf die Nacht verschoben. (Vergl. Nr. 7 des Pfennig=Magazins.)

Was würde ein deutscher Reisender, Bote oder Fuhrmann zu einer solchen Lebensweise sagen? welcher ohne drei gute Mahlzeiten, die auch in Nord=Amerika täglich gehalten werden, nicht glaubt leben zu können. *) —

Es kann hier die bereits in Nr. 13. des Pfennig=Magazins erwähnte Lebens=Regel, namentlich auch für geistig thätige Menschen nur als eine goldene wiederholt werden:

„Selten, vielleicht nie, wird es uns gereuen, zu wenig genossen zu haben; oft aber wird das Gegentheil Statt finden."   P.

Wellington.

Der englische Feldmarschall Arthur Wellesley, Herzog von Wellington, ist der vierte Sohn des Grafen von Mornington, aus der Familie Wellesley, deren Namen er bis zu der Zeit seiner höchsten Beförderung führte. Geboren am 1. Mai 1769, brachte er seine Knabenjahre auf der Schule zu Eton hin, dann kam er in eine militärische Erziehungs=Anstalt nach Angers in Frankreich. Im Jahre 1787 nahm er Militärdienste, war bald bei der Kavallerie, bald bei der Infanterie. Mit dem Jahre 1794 begann seine Thätigkeit im Kriege selbst, und zwar in den Niederlanden bei den verfehlten Unternehmungen des Herzogs von York, der sich zu Ende dieses Jahres genöthigt sah, den Rückzug anzutreten und wieder nach England überzuschiffen. Wellesley rückte bis 1797 zum Obrist=Lieutenant vor, und segelte mit seinem Regimente jetzt nach Ost=Indien ab. Hier ward sein Bruder Civil=Gouverneur, und hernach der Krieg der Britten mit dem indischen Sultan Tippo Saib begonnen. Der englische General Harris war oberster Befehlshaber, Wellesley führte die Vorhut, der Angriff auf Tippo's Hauptstadt, Seringapatnam,

---

*) Zu den verschiedenen bekannten Beispielen, wo mit außerordentlichen Leistungen einzelner Personen zugleich große Mäßigkeit gepaart ist, gehört unter andern auch der in den neuern Kriegen Spaniens als Anführer berühmt gewordene Pfarrer Merino, welcher keinen Wein trinkt, nicht raucht, sehr wenig ißt, nur wenig schläft, und dabei dennoch als ein gefürchteter, grausamer Feind unermüdlich thätig ist.

gelang, und den 4. Mai 1799 verlor der Sultan Thron, Land und Leben. Bis zum Jahre 1805 hatte der zum General-Major beförderte Wellesley Gelegenheit, in den fortdauernden Kämpfen mit den andern indischen Fürsten seine Feldherrn-Talente auszubilden; das genannte Jahr endete diesen Krieg. Wellesley kehrte nach England mit großem Ruhme zurück, erhielt Belohnungen und Lobsprüche und ward in's Parlament gerufen.

Wellington. *

Als 1808 die spanischen Angelegenheiten Englands Theilnahme erregten, zog man unter Wellesley's Befehl ein Heer zusammen, mit welchem er im August desselben Jahres auf spanischem Boden landete. Mehrere Gefechte fanden Statt, in welchen er meistens als Sieger sich auszeichnete, und das merkwürdigste war die Schlacht bei Vimiera; allein hier traten Mißverständnisse und Mißbilligungen zwischen dem englischen Kabinette und der Generalität ein; Wellesley ging nach England zurück, aber dieser Mann hatte schon so viel Verdienstliches gethan, daß man ihn 1809 im April wieder nach Lissabon schickte, um die vereinigte englisch-spanisch-portugiesische Armee anzuführen. Bald lieferte er die siegreiche Schlacht bei Talavera; jetzt erhielt er den Titel und Namen: Burggraf Wellington von Talavera. Fortdauernd war der Kampf gegen Frankreichs Uebermacht. Nach der Bataille bei Salamanka im Jahre 1812 ward er zum spanischen Herzoge ernannt, und nachdem er einen ausgezeichneten Sieg den 21. Juni 1813 erfochten hatte, rückte er Frankreichs Gränzen immer näher; endlich 1814, die Pyrenäen überschreitend, in die Gegend von Toulouse, wo den 10. April des genannten Jahres für jetzt der letzte siegreiche Kampf für ihn vorfiel.

Der erste Pariser Friede endete alle Fehde und der Herzog ward zum englischen Gesandten bei Ludwig dem Achtzehnten ernannt; im Jahre 1815 nahm er als englischer Minister an den Verhandlungen in Wien Theil, sobald aber Napoleon's Rückkehr nach Frankreich erfolgt war, eilte Wellington, sich an die Spitze der englisch-niederländischen Armee bei Brüssel zu stellen, um den letzten Kampf mit jenem außerordentlichen Manne zu kämpfen, und dieses geschah in den Tagen des 18. und 19. Juni. Die Franzosen wurden besiegt, der zweite Pariser Friede geschlossen, ein 150,000 Mann starkes Bundesheer in Frankreich aufgestellt und Wellington's Kommando übergeben. Als später friedliche Zeiten eintraten, entlastete man 1818 Frankreich von jener Besatzung, und Wellington kam in's Ministerium seines Vaterlandes; aber dieser Wirkungskreis sagte seinen Gesinnungen nicht zu, er verließ es daher wieder, übernahm dagegen politische Sendungen an mehrere Höfe.

Jetzt lebt er als Privatmann, glücklich durch Erinnerungen, reich durch ungeheure Geschenke, nur seiner Familie und seinen Freunden.   E. D.

Woche.

Am 22. Februar 1582 ward auf ergangenen Befehl des Papstes, Gregor des Dreizehnten, der sogenannte Julianische Kalender in allen katholischen Ländern abgeschafft, und der Gregorianische eingeführt, den auch seit dem Jahre 1700 die Protestanten als Zeit-Rechnung angenommen haben.

Am 23. Februar 1802 schloß Frankreich einen sehr nachtheiligen Frieden mit dem afrikanischen Raubstaate Tunis, vermöge welches zwar jenes Land seine Unterthanen, die in der Sklaverei waren, zurückhielt, aber nach wie vor alljährlich seinen Geld-Tribut entrichten mußte.

Am 24. Februar 1768 ward Lazare Hoche (spr. Hosch) zu Versailles geboren. Als Einer der vorzüglichsten Generale der französischen Republik stellt ihn die Geschichte in den neunziger Jahren auf, zu welcher Zeit er bald in der Vendée, bald am Rhein und an der Mosel eben so tapfer als menschlich gegen die Ueberwundenen focht.

Unter seiner Leitung sollte 1796 in das empörte Irland eine französische Armee geschickt werden, aber die schlechte Beschaffenheit der Schiffe und die Seestürme vernichteten die ganze Unternehmung. Hoche, als General der Mosel-Armee wieder angestellt, starb in Wetzlar den 19. September 1797, wie man sagt, an Gift, das ihm von einem Kameraden aus Neid beigebracht worden sey.

Am 25. Februar 1634 wurde der Graf von Wallenstein, Herzog von Friedland und österreichischer Generalissimus, zu Eger in seinem Zimmer von dem Ritter Deveroux ermordet. Jetzt hält man ihn des Verbrechens des Hochverraths für ganz unschuldig und seine Ehre soll von dem Kaiser von Oesterreich Franz I. wieder hergestellt werden.

Am 26. Februar 1623 erhielt Herzog Maximilian von Baiern (von der damaligen katholischen Partei der Große genannt) für den Beistand, den er in jenem beginnenden Religionskriege dem Kaiser Ferdinand dem Zweiten leistete, die Pfalz, nachdem dessen Churfürst Friedrich besiegt war.

Am 27. Februar 1815 zeigte sich der von der Insel Elba entflohene Kaiser Napoleon mit seinem kleinen Geschwader, auf welchem sich nur 1500 Mann Soldaten befanden, an den Küsten Frankreichs, um dessen Thron wieder zu erkämpfen.

Am 28. Februar 1804 ward der tapfere General Pichegrü (spr. Pischegrü) in Paris wegen angeschuldigter Verschwörung gegen die Konsular-Regierung verhaftet. — Am 6. April fand man ihn erdrosselt in seinem Bette.   D.

Verlag von Bossange Vater in Leipzig.
Unter Verantwortlichkeit der Verlagshandlung.

Das Pfennig-Magazin

der

Gesellschaft für Verbreitung gemeinnütziger Kenntnisse.

44.]   Erscheint jeden Sonnabend.   [März 1, 1834.

Tilly.

Johann Tzerklas Graf v. Tilly, der in dem dreißigjährigen Kriege sich durch sein Feldherrntalent und durch das Glück auszeichnete, welches in 33 Schlachten seinen Fahnen folgte, wurde im Jahre 1559 im Lüttichschen auf dem Schlosse der Herrschaft Tilly geboren. Er wurde streng erzogen, von fanatischen Lehrern unterrichtet, und war in seiner Jugend Jesuit; bald zeigte sich aber seine entschiedene Neigung zum Soldatenstande, und er trat in spanische Kriegsdienste. In den Niederlanden, der damaligen Kriegsschule, bildete er sich zuerst aus in dem Heere des Herzogs von Alba, und unter der Leitung dieses Mannes konnte es nicht anders kommen, als daß er in seinen frühern Meinungen bestärkt und ganz zu dem fanatischen, gefühllosen Gegner der Protestanten gebildet wurde, als den er sich in seinem spätern Leben stets zeigte; dann versuchte er sein Glück in Ungarn, und diente unter dem Herzoge Philipp Emanuel von Lothringen=Merconur, wo er bis zu dem Generalsrange sich emporschwang. Kurz vor Ausbruch des 30jährigen Krieges ernannte ihn der Herzog Maximilian von Baiern zum Feldmarschall und bald darauf zum Oberfeldherrn des ligistischen (die protestantischen Fürsten hatten zur Aufrechthaltung ihrer Freiheiten ein Bündniß geschlossen unter dem Namen der Union; ihnen zum Trotze verbanden sich die mächtigsten katholischen Fürsten zu einem weit festern Bunde, den sie Liga nannten und dessen Oberhaupt Maximilian von Baiern war) Heeres, damit er das in Verfall gerathene baiersche Kriegswesen wieder herstellen sollte, was ihm auch trefflich gelang; er befestigte die baierschen Grenzplätze, legte Zeughäuser an, und übte das baiersche Militär so, daß es damals unter seiner Leitung für das beste in Europa galt.

Zu der berühmten Schlacht bei Prag, am 8. Novbr. 1620, hatte Tilly gerathen, als der kaiserl. Feldherr Boucquoi die Winterquartiere zu beziehen vorschlug. Im Jahre 1621 vertrieb er den Grafen Ernst von Mansfeld, der sich aus eigenem Triebe zur Geißel des Kaisers und der Liga und zum Rächer der bedrohten Protestanten aufgeworfen hatte, aus Franken, wo derselbe Bamberg und Würzburg mit Kontributionen gedrückt hatte, und verfolgte ihn bis nach Mainz und Speier; blieb aber, als sich Mansfeld in das schöne, blühende Elsaß warf, in der Pfalz, um seine schönen Winterquartiere nicht im Stiche zu lassen. Hierauf erhob sich der Markgraf Georg Friedrich von Baden=Durlach, um sich mit Mansfeld zu vereinigen. Tilly zog sich nach Heilbronn zurück; als aber die beiden Feldherren sich veruneinigten und trennten, und der Markgraf sich gegen Wimpfen wandte, eilte ihm Tilly entgegen und vernichtete dort am 6. Mai 1622 sein ganzes Heer. Auch den Herzog Christian, Administrator des Bisthums Halberstadt, den Bruder des regierenden Herzogs von Braunschweig, der nach dem Falle des Markgrafen ein Heer von 20,000 Mann unter seinen Fahnen gesammelt hatte, griff Tilly bei Höchst am 19. Juni d. J. mit solchem Erfolge an, daß er sein ganzes Fußvolk einbüßte. Hierauf faßte Herzog Christian den Plan, sich vor Prag mit Bethlen Gabor zu vereinigen und den Pfalzgrafen Friedrich wieder auf den Thron zu setzen. Während aber Bethlen wirklich bis an die mährische Grenze vordrang, wurde Christian, der von Sachsen den freien Durchzug nicht hatte erlangen können und deshalb nach Westphalen gezogen war, um sich mit Mansfeld zu vereinigen, bei Stadt=Lcon von Tilly, der im Hessischen überwintert hatte, am 6. August 1623 erreicht, und nach einer dreitägigen blutigen Schlacht völlig geschlagen. Für diesen Sieg wurde Tilly von dem Kaiser in den Reichsgrafenstand erhoben. Jetzt war kein Feind mehr in Deutschland; allein Tilly blieb mit seinen räuberischen Schaaren auf dem Kampfplatze, um die Länder am Rhein, Main und an der Fulda auf das Grausamste zu brandschatzen. Dadurch erbittert, entschlossen sich die Protestanten zu ernsthafter Rüstung.

König Jacob I. von England schickte ihnen Subsidiengelder, und der König Christian IV. von Dänemark stellte sich an ihre Spitze. Er rückte nach Hameln am 21. Juli 1625 vor, mußte sich aber bald wieder zurückziehen wegen eines Sturzes mit dem Pferde von dem Walle herab, was Tilly sogleich benutzte, um in Hameln einzurücken. Lange hatte er den Rüstungen der Niederländer zugesehen, und es ihnen vergeblich untersagt; jetzt glaubte er sich rächen zu müssen, und verheerte die Ufer der Weser auf das Fürchterlichste. Im Herbste 1625 erschien auch Wallenstein auf dem Kriegsschauplatze; Tilly verlangte von ihm ein Hülfskorps, allein Wallenstein forderte, als Generalissimus des Kaisers, von ihm Subordination, und da er zu stolz war, sich zu unterwerfen, so blieben sie Beide auf immer von einander getrennt, nachdem sie in Goslar eine fruchtlose Unterredung mit einander gehalten hatten.

Während Wallenstein sich nun nach Schlesien wandte, verjagte Tilly den König Christian VI. aus Osnabrück, und schlug ihn bei Lutter am Barenberge im Hannoverschen am 24. August 1626.

Am 12. Mai 1629 wurde zu Lübeck von Tilly und Wallenstein dem Könige von Dänemark ein Friede bewilligt, kraft dessen er angeloben mußte, sich mit Niemanden wieder gegen den Kaiser zu verbinden. Nachdem der Kaiser auf dem Fürstentage zu Regensburg im Junius 1630 durch die Klagen und Bitten der Fürsten genöthigt worden war, Wallenstein seines Kommando's zu entsetzen, wurde Tilly Generalissimus. Seine bedeutendste Unternehmung, die aber immer auf seinen Namen die häßlichsten Flecken werfen wird, war die Zerstörung Magdeburgs am 20. (nach dem alten Kalender am 10.) Mai 1631. Nachdem der schwedische Kommandant Falkenberg gefallen und die Stadt in Sturm erobert worden war, begann die fürchterlichste Plünderung. Einigen menschenfreundlichen Offizieren, die ihn, dem Plündern Einhalt zu thun, baten, erwiederte er: laßt ihnen immer noch eine Stunde Zeit, der Soldat muß für seine Mühe und Gefahren auch Etwas haben.

Die Zahl der Ermordeten bei dieser scheußlichen Zerstörung wird auf 30,000 angegeben.

Am 25. Mai hielt Tilly seinen feierlichen Einzug und ergötzte sich an den fürchterlichen Denkmälern seiner Macht; auch schrieb er, höchst zufrieden mit sich, an den Kaiser: „seit Troja's und Jerusalems Zerstörung ist keine solche Victoria wiedergesehen worden." Allein sein dunkles Verhängniß sollte ihn bald erreichen; Gottes Zorngericht strafte den Frevel, und von Magdeburgs Zerstörung an gelang ihm keine Unternehmung mehr. Am 7. September kam es bei den Dörfern Breitenfeld, Podelwitz, Seehausen u. s. w. Groß- und Klein-Wiederitzsch, zur Schlacht zwischen ihm und dem Könige von Schweden, Gustav Adolph, in der sein Heer völlig geschlagen und er selbst verwundet wurde. Erst am folgenden Tage fand er sich mit Pappenheim in Halle mit einem unbedeutenden Haufen, dem ganzen Reste seines starken Heeres, auf der Flucht wieder zusammen. Diese Schlacht, die erste, die er verlor, machte einen so tiefen Eindruck auf ihn, daß er seit der Zeit nie wieder froh wurde. Nach der Schlacht ging er nach Halberstadt, und es dauerte lange Zeit, ehe er wieder zum Vorschein kam. Im März 1632 wurde er von dem Churfürsten Maximilian von Baiern, der den Einbruch der Schweden fürchtete, aus Nord-Deutschland zurückgerufen, allein Gustav verfolgte ihn und griff ihn in seinem festen Lager bei Rain am Lech an. In der Schlacht (am 5. April) wurde er durch eine Stückkugel tödtlich verwundet und starb 25 Tage nach der Schlacht (den 30. April 1632), nachdem er unsägliche Schmerzen unter den Händen der Wundärzte hatte erdulden müssen, zu Ingolstadt, wohin man ihn gebracht hatte, im 73sten Lebensjahre in den Armen des Churfürsten, der an ihm seine festeste Stütze verlor.

Er war von mittler Größe, kräftig gebaut, aber mager, hatte eine breite, runzelvolle Stirn, kurzes, borstiges Haar, finstern Blick, lange Nase, eingefallene Backen, kurz eine höchst abschreckende Gesichtsbildung. Vor der Schlacht bei Leipzig rühmte er sich dreier Dinge: nie eine Schlacht verloren, nie ein Weib berührt zu haben und nie berauscht gewesen zu seyn.

Er war sehr enthaltsam, haßte Aufwand und Ehrenbezeugungen und hinterließ daher ein nur geringes Vermögen. Als der Kaiser ihn mit dem Fürstenthume Kalemberg belohnen wollte, schlug er es aus.

Armuth zu ertragen.

Daß eine gründliche, religiöse und sittliche Erziehung die beste Sicherheit gegen Ungemach, Unglück und Armuth ist, wird allgemein geglaubt und anerkannt, und wir fügen die feste Ueberzeugung bei, daß, wenn die Armuth den Wohlunterrichteten, Thätigen und Vorsichtigen überfällt, wie es sich oft ereignet, eine weise Erziehung am mächtigsten ist, solche Menschen fähig zu machen, Uebel zu ertragen, denen man nicht allemal vorbauen kann. Ein Geist voller Gottesfurcht und Kenntniß ist immer reich, und gewährt stets einen Antheil von Glückseligkeit.

Neulich sahen wir bei einem Besuche in dem Armenhause zu N.... einen merkwürdigen Beweis von der Wahrheit dieses Satzes. Die Frau C.... ward als Kind eine Waise; sie wurde von einem Onkel und einer Tante erzogen. Beide hatten bereits die Mitteljahre ihres Lebens erreicht, und machten mit den Ihrigen eine thätige, wohleingerichtete und muntere Familie aus. Der Onkel war ein Mann von gründlicher Beurtheilungskraft, von unbefangener Gesinnung und großen Kenntnissen des menschlichen Herzens; das zeigte er bei der Erziehung der seiner Sorgfalt anvertrauten Jugend. Er erlaubte den jungen Leuten nicht, ihre Zeit zu vergeuden; jeder Augenblick mußte, um Etwas zu lernen oder zu thun, angewendet werden. Er beförderte die Unterhaltung, den lebendigen Styl des Umganges; allein er duldete nicht, sich über Personen, Familien, Kleidung und Verpflichtungen auszulassen; er pflegte zu sagen, daß Eltern nicht ahnen, wie solche Gegenstände die Gemüther der jungen Leute verderben, und welche gefährliche Angewohnheiten sie dadurch annehmen.

In dieser Familie war der Sonntag ein glücklicher Tag, denn er war der Unterweisung in der Religion gewidmet, ohne daß dem Frohsinne der Jugend ein unnatürlicher Zwang angethan wurde. Die Bibel war das Hauptbuch, die darin erwähnten Oerter waren auf Karten vorgestellt, es wurden die Sitten und Gebräuche der verschiedenen Völker erklärt, die merkwürdigen Erscheinungen der Natur in jenen Gegenden begreiflich gemacht; mit einem Worte, es wurde Alles gethan, um den Geist der Demuth und doch ernster Forschung lieb zu gewinnen. In dieser Familie blieb C., bis sie heirathete. Im Laufe von funfzehn Jahren verlor sie ihren Onkel, ihre Tante und ihren Mann. Sie war nun hülflos, aber sie half sich gemächlich durch eigene Anstrengung, und besaß die Achtung und Bewunderung eines großen Kreises von Freunden. So lebte sie in Frohsinn und Ehre zehn Jahre, als in einer Nacht ihre bescheidene Wohnung von den Flammen eines benachbarten Hauses ergriffen wurde und sie durch ein Fenster ihres Zimmers hinausspringen mußte. In Folge des Falles mußte ihr der rechte Arm abgenommen werden, und auch ihr rechtes Bein wurde gänzlich unbrauchbar. Wohl erwiesen ihr ihre Freunde sehr viele Güte und Aufmerksamkeit, und eine kurze Zeit willigte sie ein, von deren Güte zu leben; aber wohl wissend, daß die Ansprüche auf die Wohlthaten einzelner Personen sehr zahlreich sind, entschloß sie sich, mit der echten Freimüthigkeit einer starken Seele, sich der allgemeinen Fürsorge zu überlassen. Der Gedanke, in's

Armenhaus zu treten, hatte für sie nichts Abschrek=
kendes oder Entbehrendes, denn sie hatte gelernt, daß
nur Aufführung das Richtmaß der Achtung ist.
Sie ist nun dort mit einem für den Geber aller Dinge
dankerfüllten Herzen; sie ist geduldig, fromm und
noch eben so munter wie zuvor. Sie belehrt die Ju=
gend, ermuthigt das Alter, und durch ihre mancher=
lei Kenntnisse und ihren unterhaltenden Umgang macht
sie sich bei Allen beliebt. Ihr Charakter verleiht ihrem
Zustande eine Würde, und die Besuchenden der An=
stalt verlassen sie mit einem Gefühle von Ehrfurcht
und Bewunderung.

Der Zucker.

Unter den verschiedenen in der Natur vorkommen=
den Zuckerrohrarten hat man nur zwei als ganz vor=
züglich zum Anbau und zur Verarbeitung zu unserm
Zucker geeignet befunden; es ist das saccharum spi-
catum (ährenähnliche, Büschel tragende Zuckerrohr),
dessen Vaterland Ostindien ist, und das saccharum
officinale, oder das gemeine Zuckerrohr Westindiens.
Ob und wie weit die Alten dieses süße Gewürz kann=
ten, ist bis hierher nicht ermittelt worden. Die erste
Bekanntschaft der Europäer mit dem Zucker fällt in
die Zeit der Kreuzzüge, zu welcher die Sarazenen an=
fangen, mit diesem Artikel nach Europa Handel zu
treiben. Um dieselbe Periode verpflanzte man den
Zucker mit Erfolg auf die Insel Cypern, auch ge=
schieht einer im Jahre 1166 in Sicilien befindlichen
Zuckerrohr = Stampfmühle Erwähnung. Im Jahre
1420 wurde der Zucker auf der Insel Madeira, und
einige Jahre später auf den kanarischen Inseln an=
gebaut. Das Verdienst, den Zucker nach Ame=
rika, und namentlich zuerst auf die Insel Cuba ver=
pflanzt zu haben, erwarb sich C. Columbus auf seiner
zweiten Seereise nach Amerika. Es hat sich jedoch er=
wiesen, das das wilde Zuckerrohr in Südamerika, West=
indien und den Südseeinseln einheimisch ist; die Urbe=
wohner, mit einer künstlichen Zubereitung des Zuckers
gänzlich unbekannt, bedienten sich des Zuckerrohrs zur
Fütterung der Hausthiere. Das saftreichste Zuckerrohr
ist das otaheitische, das Kapitän Bligh 1789 nach
Westindien brachte und das ein Drittheil mehr Zucker=
saft enthält, als das gewöhnliche Zuckerrohr.

Bau des Zuckerrohrs und Bereitung des Rohzuckers oder der Moskowade.

Zur Anpflanzung des Zuckerrohrs bedarf der Bo=
den einer ganz besondern Bearbeitung, welches für die
in den Zuckerplantagen als Sklaven dienenden Neger
ein überaus lästiges und mühsames Geschäft ist, bei
welchem ihnen in den schwülen Mittagsstunden billiger=
weise Erholung und Erfrischungen vergönnt werden sollten.

Diese Sklaven müssen in den Boden quadratför=
mige, regelmäßig gereihte, vier Quadratfuß große Lö=
cher graben, deren Raum zuvor von Negerknaben,
welche darin eine besondere Unterweisung erhalten, mit
möglichster Genauigkeit abgesteckt wird, zu welchem
Zwecke sie sich gewöhnlich einer Kette bedienen, um
die Löcher in eine gleichlaufende Lage zu bringen. Auf
die erhöhten Theile solcher Zuckerfelder, welche gleich=
sam die Einfassung der Vertiefungen ausmachen,
pflanzt man gemeiniglich Yams oder Pataten; in die
Vertiefungen selbst pflegt man zuweilen Mais oder
türkischen Waizen zu säen. Nachdem man die Aehren
eingeerntet hat, behackt man den Boden, und schau=

felt auf den Einfassungen der Fachwerke lockere Erde;
alsdann düngt man die Vertiefungen und läßt das
Feld in diesem Zustande bis zur Zeit des Pflanzens.

Man pflanzt den Zucker vermittelst von der Spitze
des Zuckerrohrs genommener Setzlinge fort, welche
man etwa 18 Zoll unter dem äußersten Ende dessel=
ben abschneidet. Nachdem man diese Setzlinge zu 12
Zoll Länge verkürzt hat, legt man sie vor ihrer Ein=
pflanzung 24 Stunden in Wasser. Die dadurch ein=
gesogenen Nahrungssäfte entlocken der jungen Pflanze
frühzeitig Schößlinge. Sollte jedoch, nachdem man
den Setzlingen die Spitzen genommen, der Erdboden
noch nicht feucht genug seyn, so bindet man sie zu
kleinen Bündeln zusammen, stellt sie auf ihre Enden,
bedeckt sie mit trockenem Zuckerrohrlaube, und zu ih=
rer Erhaltung wässert man sie täglich drei bis vier
Mal. Zum schnellen Wachsen trägt der Regen ganz
vorzüglich bei; scheint das Wetter jedoch anhaltend
trocken zu bleiben, so übergiebt man die Schößlinge
dem Erdboden nicht, weil sich dann gewöhnlich ein
ungünstiger Erfolg zeigt. Sobald aber Regenwetter
eintritt, trägt man (gewöhnlich werden Negerknaben
zu diesem Geschäfte genommen) die zusammengebündelten
Setzlinge auf das Zuckerrohrfeld, im Beiseyn eines
erfahrnen, die Einlegefurchen ziehenden Arbeiters, legt
jeden Schößling flach in eine Furche, achtet darauf,
daß die Knospen oberhalb zu liegen kommen, und be=
deckt dieses Ganze mit Erde.

Nach Verlauf von elf bis zwölf Monaten hat
das Zuckerrohr die zum Abschneiden erforderliche Reife
erreicht. Um zu untersuchen, ob der Zuckersaft den
zur Zubereitung nothwendigen Grad der Reife erlangt
habe, drückt man aus einem gut aussehenden Rohre
den Saft, und setzt ihn zur Verdunstung des damit
verbundenen Wassers der Sonnenhitze aus; verwandelt
sich nun der Saft in feste krystallinische Formen, so
ist das Zuckerrohr zur Ernte reif. Die Neger bilden
alsdann, mit Beilen versehen, vor der Plantage eine
lange Reihe, und verfahren auf folgende Weise: zu=
vörderst schneiden sie die obern Theile, welche zu
neuen Setzlingen bestimmt sind, ab; nachdem die
Rohrspitzen bei Seite gebracht sind, zerhauen sie
den übrigbleibenden Theil zu Stücken von etwa drei
Fuß Länge, und binden dieselben mit grünen, von
der Spitze des Rohrs geschälten Blättern zu Wellen
zusammen, deren jede 20 bis 30 Rohrstücke enthält.
Nachdem die Arbeiter das Rohr von dem Laube be=
freit haben, reichen sie es einander bis zu einer Ent=
fernung von 20 Fuß seitwärts zu, wo es sich zu ei=
nem Haufen ansammelt. Man beobachtet dabei aus
dem Grunde eine taktmäßige Ordnung, damit bei ei=
nem ungeregelten Herantragen der Rohrstücke, welche
Kindern zum Zusammenbinden übergeben werden, die
Personen sich gegenseitig nicht belästigen. Das trockene
Laubwerk wird gesammelt und zur Feuerung benutzt;
das grüne hingegen dient dem Mastviehe zur Nahrung;
die Zuckerrohrstücke ladet man alsdann auf einen Kar=
ren, und schichtet sie bei der Mühle so nahe als nur
möglich auf; letzteres Geschäft verrichten gewöhnlich
Negermädchen, welche die Bündel auf ihrem Kopfe
vor die Thür der Mühle bringen, und das Blattband
ablösen.

Der untere Theil des Mühlmechanismus besteht
gewöhnlich aus drei nahe beisammen liegenden, durch
ein Kammrad umgedrehten Cylindern, welche mit ih=
ren Seiten die Röhre zermalmen; ein Neger versieht
dabei das Geschäft, fortwährend Material herbei zu
tragen, bei einem starken Winde jedoch drehen sich die

Walzen mit einer so gewaltigen Schnelligkeit, daß zwei Männer mit Herbeischaffung von Zuckerrohr hinreichend zu thun haben.

Unterhalb der Cylinder nehmen Rinnen von Blei den ausgepreßten Saft auf und leiten ihn in einen Behälter. Von hier aus läßt man ihn durch ein Paar

hölzerne Durchschläge laufen, um ihn von den darin befindlichen Rohrtheilchen zu befreien. Alsdann leitet man ihn vermittelst Metallröhren in das Siedhaus. Das, durch die Cylinder gegangene, ausgedrückte Rohr gleitet durch eine Höhlung an einer geneigten Ebene bis in das Gemäuer hinunter, aus welchem es Wei-

Bearbeitung des Bodens zum Anpflanzen des Zuckerrohrs.

Das Fällen des Zuckerrohrs.

ber und altersschwache Neger herausziehen, auf große Rahmen ausbreiten und es der Sonne zum Trocknen aussetzen, wonach man es als Brennmaterial anwendet. Der durch die Metallröhren in das Siedhaus geleitete Zuckersaft wird von großen Kesseln aufgenommen, deren einer 600 Gallonen (etwa 36 Leipz. Eimer) enthält. In diesen großen Gefäßen bringt man den Zuckersaft in Wallung, ohne ihn jedoch den Grad der Siedhitze erreichen zu lassen, mischt, um die Auflösung zu fördern, Kalk dazu und nimmt die auf der Oberfläche schwimmenden Unreinigkeiten weg. Dann läßt man den Zuckersaft unter dem Schaume, womit er bedeckt ist, in einen andern großen Behälter abfließen, welcher den Namen Klärkessel hat; man schäumt ihn nun ferner so lange fort, bis er hell wird, jedoch darf er noch nicht bis zum Sieden kom-

men. In diesem Zustande leitet man ihn vermittelst einer Röhre oder Rinne in den größten der Abdunstungskessel, deren man in den Raffinerien gewöhnlich vier hat; hier wird der Saft zum Sieden gebracht, und der sich aufsetzende Schaum wird sogleich mit Schaumlöffeln so lange abgenommen, bis er fein und dickblasig wird. Indem man den Zuckersaft langsam in einen andern Kessel einlaufen läßt, fährt man mit dem Abschäumen beständig fort; er hat alsdann die Farbe und das Ansehen des Madeiraweines. Das Abdunsten und Schäumen wird im zweiten Kessel wiederholt, und wenn der Saft nicht die erwartete Reinheit annimmt, so mischt man Kalkwasser darunter. Nun läßt man wieder allmählig so viel ab, als der dritte Kessel aufnehmen kann, wobei das Abdampfen und Schäumen unablässig fortgesetzt wird, welches auch bei dem vierten und letzten Keffel, in welchen der Saft laufen muß, der Fall ift.

Die flachen Kühlbottiche, deren in einer Raffinerie gemeiniglich fechs find, haben etwa 11 Zoll Tiefe, 7 Fuß Länge und 5 bis 6 Fuß Breite. Ein Kühlbottich von diefer Größe faßt ein Orhoft Zuckerfaft.

Hier körnt fich, wie man fich auszudrücken pflegt, der Zucker, d. h. er gerinnt durch die Abkühlung zu einer körnigen, unförmlichen, aus unvollkommenen

Die Auspreßmühle.

Das Innere eines Siedhaufes.

Kryftallen beftehenden, feften Maffe, und fcheidet fich von dem Syrup ab.

In diefem Zuftande läßt man den Zucker eine Nacht hindurch ftehen; am folgenden Morgen nimmt man ihn aus den Kühlgefäßen und trägt ihn in Eimern in große Fäffer, welche fich in befonders dazu eingerichteten Häufern befinden. Der Boden diefer Fäffer hat mehrere, mit Rohr befteckte Oeffnungen, durch welche der noch am Zucker hängende, unter dem Namen Melaffe bekannte Saft in Cifternen, die fich unterhalb der Fäffer befinden, abtröpfelt, nachdem man ihn während eines Zeitraumes von 5 bis 6 Wochen hat anfammeln laffen. Hört das Faß auf zu tröpfeln, fo fetzt der Böttcher, nachdem er den Seihboden herausgenommen, einen ordentlichen Faßboden ein, und der Zucker kann verfendet werden.

Das Sieden des Zuckers muß unmittelbar auf das Auspreffen folgen, weil der Saft fchon nach einer halben Stunde in der heißen Luft des indifchen Klima's zu gähren und fauer zu werden anfängt.

Das Raffiniren oder Läutern des Zuckers in Europa.

Der zu raffinirende Zucker wird nach feiner Feinheit und Helligkeit ausgewählt, und unter allen Sorten giebt man denen in's Graulche fallenden den Vorzug; nicht einmal der feinkörnige gelbe, obwohl von Farbe weißer, eignet fich fo gut zum Läutern, als jener, woher es rührt, daß Zuckerforten von einigen Ländern, als von Oftindien und der Infel Barbados, wegen ihrer fich nicht dazu eignenden Befchaffenheit nie zum Raffiniren genommen werden; fie erreichen nämlich den vollkommenen Zuftand der Kryftallifation nicht, und haben diefe Eigenfchaft mit dem Weinbeerenzucker gemein.

In die Raffinirpfannen, welche denen in Weft=

indien gleichen, füllt man ein Gemisch von Kalkwasser und Ochsenblut, alsdann wird der Zucker hinzugethan, welches eine ganze Nacht zum Auflösen braucht. Diese Verbindung von Kalkwasser und Ochsenblut befördert sowohl die Zersetzung, als auch die Abscheidung der festen Theile von den flüssigen, indem die im Rohzucker enthaltene Säure ausgeschieden wird. Am andern Morgen wird die Masse gekocht und zum Sieden gebracht; das im Ochsenblute befindliche Albumen oder der Eiweißstoff gerinnt und setzt sich auf die Oberfläche des Wassers; er hat die merkwürdige Eigenschaft, alle fremdartigen, nicht aufgelösten Theile einer erwärmten Flüssigkeit auf die Oberfläche derselben zu führen. Man schöpft die Unreinigkeiten mit einem Schaumlöffel ab, unterhält das Sieden und fährt mit dem Abschäumen so lange fort, bis eine, mit einem Metalllöffel herausgenommene Quantität Saft ein völlig klares Ansehen hat, welches etwa nach 4 bis 5 Stunden der Fall ist.

Diese Verrichtung, welche nur dazu dient, den Zucker von fremdartigen Theilen zu befreien, trägt zur Weiße desselben nicht nur gar Nichts bei, sondern die Hitze macht ihn im Gegentheile eher noch dunkelfarbiger, als er vor dem Raffiniren war. In diesem Zustande läßt man den Saft in eine große Cisterne abfließen. Man bringt alsdann die Raffinirpfannen auf die Hälfte ihrer Größe zurück, indem man die Vorderseite davon abnimmt, und füllt wiederum in jede eine geringe Quantität flüssiger Masse. Der Zucker wird nun so schnell als möglich durch ein stärkeres Feuer zum Sieden gebracht, welches so lange unterhalten wird, bis der mit dem Daumen herausgelangte Saft vermittelst des Zeigefingers zu Fäden ausgedehnt werden kann. Kein Zeitpunkt, sondern nur die Praxis kann bestimmen, wann das Sieden unterbrochen werden muß; läßt man den Zucker zu lange kochen, so geht der nicht krystallisirbare Syrup mit dem reinen Safte wiederum eine Verbindung ein; unterbricht man das Sieden zu zeitig, so läuft ein Theil des Saftes in einer Afterverbindung oder mechanischen Mischung mit ab. Sobald aber der richtige Zeitpunkt auf die obererwähnte Weise gefunden worden ist, wird das Feuer schnell gedämpft und der Zucker in die Kühlgefäße gelassen; in die ausgeleerten Raffinirpfannen pumpt man nun aus den Cisternen wiederum Zuckersaft zum Abdampfen, und verfährt damit auf gleiche Weise. In den Kühlgefäßen wird der Zucker mit hölzernen Stöcken so lange umgerührt, bis er sich verdickt und körnt und mit dem Finger nicht mehr zu Fäden ausgezogen werden kann. Dieses Umrühren giebt dem Zucker seine Weiße und Feinheit. Der auf diese Weise gekörnte feste Zucker, vermischt mit dem unkrystallisirbaren Syrup, wird endlich in irdene, unten spitz zulaufende und in ein kleines Loch ausgehende Formen gefüllt, welche die Nacht zuvor in Wasser eingeweicht worden sind. In diesen Formen wird die Masse abermals mit Stöcken gerührt, welches zum Zwecke hat, Luftblasen zu erzeugen, welche sich ohne diese Verrichtung an die Außenseite setzen und den Zucker höckerig und uneben machen würden. Ist der Zucker gehörig erkaltet, so wird er in ein oberes Stockwerk der Raffinerie hinaufgezogen; man zieht nunmehr die das Loch der Formen verschließenden Papierstöpsel aus, und läßt den flüssigen unkrystallisirbaren Satz in Töpfe auslaufen, durch welche Scheidung der Zucker die weiße Farbe erhält. Diese Selbstklärung wird durch eine hohe Temperatur sehr unterstützt. Um den Zucker endlich ganz von den letzten Resten und der Farbe des Syrups zu befreien, bedeckt man die flache Seite des Brotes mit breiweichem Thone bis zur Dicke eines Zolles, das Wasser desselben filtrirt alsdann durch den Zucker und reinigt ihn gänzlich. Man bedient sich dabei aus dem Grunde des Thones, weil dieser das Wasser langsam genug abläßt, um den Zucker bei fester Konsistenz zu erhalten, und ihn nicht aufzulösen; ein mit Wasser getränkter Schwamm würde die nämlichen Dienste verrichten. Der Zucker bedarf nach seiner eigenthümlichen Beschaffenheit oder nach der Länge seiner Siedezeit eines mehrmaligen Auftragens von frischem Thon. Man läßt die Brote wegen des von dem Thone noch in ihnen befindlichen Wassers einige Zeit stehen, kehrt sie alsdann um und läßt die noch in den Spitzen befindlichen sehr geringen Qualitäten sich gleichmäßig in dem Zucker verbreiten; in einer Stube werden sie endlich bei einer hohen Temperatur völlig ausgetrocknet.

Die Chemie, nach ihrem Begriffe, ihrem Hauptgrundsatze und dem Gegenstande ihrer Bestrebungen.

(Für nicht gelehrte Leser.)

Ehe wir eine Erklärung des Begriffes der Chemie aufstellen können, müssen wir zuvor einen leider sehr allgemein gewordenen Irrthum berichtigen; es ist der Begriff „Element."

Die alten Griechen hatten versucht, die Grundstoffe der Welt nachzuweisen, und da es noch keine, durch Experimente und Größenlehre begründete Naturlehre gab, so verlor man sich in die Irrgänge der mit Phantasie ausgeschmückten und mit Trugschlüssen ergänzten Folgerungen aus den Gebieten der Erscheinungen. So war es denn natürlich, daß eine Annahme, wie die, daß es 4 Elemente giebt, entstehen konnte; denn die Leichtigkeit der Erklärung aller Dinge sprach für diese Vorstellung; und so hören wir denn die 4 Elemente von dem Katheder eines Professors nur noch als einen seit langer Zeit anerkannten Irrthum; von dem Schullehrer auf Dorfschulen dieses Bruchstücks der Philosophie, welches er mit völligem Ernste seinem Auditorium als Wahrheit bietet, Erwähnung thun. Wir bevorworten daher, daß wir unter Element etwas Anderes verstehen, als Luft, Feuer, Wasser und Erde, wiewohl unser Begriff von Element insofern zwar auch mit dem veralteten zusammentrifft, als darunter ein Körper verstanden wird, welcher keine Theilung in verschiedenartige Körper mehr zuläßt. Die alten Griechen meinten, die verschiedenartigen Mischungen der 4 Elemente bringen die vielen verschiedenartigen Erscheinungen der Körperwelt hervor; wir aber meinen und können es durch Experimente beweisen, daß Luft, Wasser, Erde selbst wieder in Bestandtheile zerlegt werden können; nämlich unsere uns umgebende reine Luft, obwohl unsichtbar und farblos, zwei (wo fremdartige Beimischungen, als Kohlensäure und Wasserdämpfe gar nicht in Rechnung kommen); das Wasser wiederum in zwei; die Erde (wenn wir darunter Alles verstehen, was die übrigen 3 Elemente ausschließt) gar in mehr als 50. Alle diese einfachen, untheilbaren Bestandtheile haben eigenthümliche Eigenschaften und sind von verschiedenartiger Schwere; das leichteste Element ist 14 Mal leichter, als unsere Luft; das schwerste (das neu entdeckte gediegene Iridium, ein Metall) ist über 23 Mal schwerer als Wasser. Es giebt jedoch auch Elemente oder Materien, deren Gewicht bis dahin nicht ausgemittelt worden ist; sie heißen unwägbare Stoffe oder Imponderabilien. Auch sind die Chemiker darüber noch nicht einmal einig, ob man sie zu den Stoffen rechnen dürfe. Sie sind: der Wärmestoff, die elektrische Materie, die galvanische Materie; Einige rechnen noch die magnetische Materie oder das magnetische Fluidum dazu. Die Gestalten, unter welchen die Elemente sich zeigen, sind die der Luftförmigkeit, Flüssigkeit und Festigkeit. Die Aufgabe der Chemie ist es nun, zusammengesetzte Körper in ihre Grundbestandtheile zu zerlegen, und umgekehrt, aus den Grundbestandtheilen Verbindungen zu bilden. Jedoch kann die letztere Aufgabe nur in einem viel beschränktern Sinne gelöst werden. Man kann z. B. den Zucker in seine Bestandtheile zerlegen, man kann genau die Gewichtsmassen nachweisen, in welchen die Elemente des Zuckers mit einander verbunden sind, aber aus diesen Grundbestandtheilen wiederum Zucker machen, ist bis dahin noch nicht gelungen. Bei vielen andern Körpern hat man jedoch dieses vermocht. So hat man das Wasser in seine zwei luftförmigen Elemente, Sauerstoff und Wasserstoff, zerlegt; aber auch umgekehrt, aus diesen Stoffen Wasser hergestellt. Einen Körper in seine Grundbestandtheile zerlegen, heißt ihn analysiren, das Geschäft selbst die chemische Analyse. Da man nun durch Zergliederung der Körper des so unendlich großen Gebietes des Naturreiches immer auf Elemente stößt, welche sich in andern Gegenständen wieder finden, welche Unähnlichkeit unter einander sie auch für die Art der Wahrnehmung durch die Sinne des Auges, Gefühls, Geschmacks und Geruches haben mögen, so wird man zu der Folgerung genöthigt, daß die Chemie auf richtigem Wege seyn müsse, wenigstens würde jeder Zweifel hieran grundlos seyn. In der Fähigkeit der Körper, Verbindungen mit einander einzugehen, liegt die Ursache des Entstehens einer so großen Mannigfaltigkeit von Körpern. Lägen die Elemente blos nebeneinander, so würden sie ein Gemisch bilden; so aber durchdringen sie einander, und bilden insofern neue Körper, als dieselben, mit dem Vergrößerungsglase betrachtet, theils eine durchaus gleichförmige Oberfläche zeigen, theils in dem Zustande des Verbundenseyns Wirkungen hervorbringen, die unter gleichen Umständen jedes einzelne Element derselben nicht äußern würde.

Die Eigenschaft eines Elementes, mit einem andern eine chemische Verbindung einzugehen, nennt man Attraktion oder Affinität, auch Verwandtschaft; unter vielen Elementen findet sie gar nicht Statt. Es kann ein Körper zu zwei andern verschiedenen Stoffen Attraktion haben, jedoch wird er den Einen unter ihnen mit einem größern Grade von Stärke anziehen und mit ihm eine chemische Verbindung eingehen. Wir wollen dieses durch ein einfaches Beispiel zu erläutern suchen: die Schwefelsäure geht mit der Talkerde eine chemische Verbindung ein (Magnesiasulphat). Hat nun ein anderer Körper einen stärkern Grad von Anziehungskraft zu einem von den beiden, die Verbindung bildenden Körpern, so trennt er ihn von demselben und vereinigt ihn mit sich. Dieß würde z. B. Ammoniak thun. Es übt also Ammoniak eine größere Anziehungskraft auf Schwefelsäure aus, als diese auf

Talkerde, und bildet einen zusammengesetzten Körper unter dem Namen Ammoniaksulphat. Diese Eigenschaft der Schwefelsäure unter zwei Körpern, Einen zur Verbindung gleichsam herauszuwählen, nennt man Wahlverwandtschaft. Einige Chemiker, als Berthollet, leugnen jedoch die Allgemeinheit einer solchen Wahlverwandtschaft. In dem aufgestellten Beispiele waren nur 3 Körper und 2 Affinitäten im Spiele. Es giebt auch Fälle, wo 4 verschiedene Verwandtschaften in Wirksamkeit kommen. So bildet Kohlensäure mit Ammoniak das Ammoniakkarbonat, Salzsäure bildet mit Kalkerde Kalkmuriat.

Kohlensäure ——————⏜—————— Ammoniak. (Ammoniakkarbonat.)

Salzsäure ——————⏝—————— Kalkerde (Kalkmuriat.)

Bringt man nun aber Kalkmuriat und Ammoniakkarbonat mit einander in Verbindung, so werden sich Kohlensäure und Kalkerde, so wie Ammoniak und Salzsäure einander anziehen. In diesem Falle nennt man die sich kreuzende Affinität ,,doppelte Wahlverwandtschaft''. Wiewohl man nun auch gegen die Annahme dieser mit Gründen aufgetreten ist, so zeigt gleichwohl das vorliegende Beispiel, in welcher Weise sich Körper im Wesentlichen mit einander verbinden. Es beruht hierauf folgendes Hauptgeschäft des Chemikers: soll ein Element, der Körper A, das sich mit einem andern B im Zustande des Verbundenseyns befindet, frei und isolirt dargestellt werden, so muß man auf den damit verbundenen ein Element C wirken lassen, welches eine größere Anziehungskraft auf B übt, als es A auf B thut.

In manchen Fällen ist jedoch die Hervorbringung einer Trennung oder Analyse durch bloße unmittelbare Berührung nicht möglich, und es sind Vermittelungen, z. B. durch Feuer oder Galvanismus (einer besondern Elektricität) erforderlich; das Merkwürdigste bei allen chemischen Verbindungen ist das bestimmte Gewichtsverhältniß, unter welchem Körper eine Vereinigung eingehen. Man nennt diese Gewichtsverhältnisse Atome. So verhalten sich die Gewichtstheile des Wasserstoffs und des Sauerstoffes, deren Verbindung Wasser giebt, wie 1 zu 8; d. h. zu 1 Loth oder 1 Quentchen Wasserstoff würden 8 Loth oder 8 Quentchen Sauerstoff erforderlich seyn; wäre weniger Sauerstoff vorhanden, so käme gar keine Verbindung zu Stande; wollte man statt 8 gar 9 Loth nehmen, so würde ein Loth vom Sauerstoffe ausgeschlossen bleiben. Man sagt alsdann 1 Atom Wasserstoff und 1 Atom Sauerstoff geben Wasser. Um nun den Begriff eines Atoms in seiner umfassenden Bedeutung zu erklären, wollen wir annehmen, daß z. B. Sauerstoff, mit 2 andern Elementen, eine chemische Verbindung einginge; z. B. Schwefel und Sauerstoff verbinden sich in Gewichtsantheilen von 32 und 8 = 40. Eisen und Sauerstoff in Verhältnissen von 21 zu 8 = 36. Die durch erstere Verbindung entstehende Materie heißt Schwefelsäure; die letztere Eisenprotoxyd; wollte man nun wiederum Eisenprotoxyd und Schwefelsäure in eine Verbindung bringen, so könnte es nur in Gewichtsantheilen von 40 zu 36 geschehen, d. h. nähme man 40 Gran Schwefelsäure und 36 Gran Eisenprotoxyd, so würden diese Gewichtsverhältnisse eine chemische Verbindung möglich machen; wollte man jedoch statt 36 etwa 34 Gran nehmen, so würde keine Verbindung zu Stande kommen.

Wir können nicht umhin, noch einer höchst merkwürdigen Naturerscheinung bei den Verhältnissen, in welchen sich Körper verbinden, Erwähnung zu thun. Es ist nämlich der Fall, daß 2 Elemente bei verschiedenen Gewichtsverhältnissen verschiedene Gegenstände hervorbringen; der Sauerstoff bildet mit dem Schwefel 4 verschiedene Verbindungen; bei allen diesen sind aber die Gewichtsantheile Multipla (d. h. durch Multiplikation entstandene vielfache Größen) des Atoms.

1) Unterschweflige Säure, 16 Theile Schwefel und 8 Theile Sauerstoff.

2) Schweflichte Säure, 16 Theile Schwefel und 16 Theile Sauerstoff.

3) Schwefelsäure, 16 Theile Schwefel und 24 Theile Sauerstoff.

4) Unterschwefelsäure, 32 Theile Schwefel und 40 Theile Sauerstoff.

Die Marktschreier in alten Zeiten.

Die Arzeneikunst war sonst, bis vor 60 bis 70 Jahren, in manchem Betrachte eine freie Kunst. Viele ihrer Zweige, gerade die allerschwierigsten, wurden von Jedem geübt, der Frechheit genug besaß, sich zum Meister darin aufzuwerfen, und vom Glücke begünstigt genug war, nicht alle Opfer, die ihm in die Hände fielen, zu tödten. Die Operation des Steinschnitts, des Bruchschnitts, des Staars, war fast ganz in solchen Händen. Wo und wie sich dergleichen Leute die Fertigkeit dazu erworben hätten, darnach fragte selten eine Obrigkeit. Gewöhnlich stellten sich solche Leute auf den Messen und Jahrmärkten ein, und lockten den vornehmen Pöbel, wie den gemeinen, durch den tollsten Unsinn, die gemeinsten Fratzen an. Wie sie hierbei zu Werke gingen, werden sich nur sehr Wenige aus ihrer ersten Jugend her erinnern können, und selbst da dürften diese Patrone es nicht so arg gemacht haben, wie zu Ende des 17. Jahrhunderts noch geschah. Zu jener Zeit rückten sie gewöhnlich mit einem Rüstwagen zur Messenszeit ein. Der Wagen war mit blauem oder rothem Tuche überzogen und auf allen Seiten mit fürstlichen Wappen geschmückt. Andere Wagen oder Gerüste standen um denselben her und zeigten eine Menge Bilder. Auf dem einen prangte der Berg Sinai, auf dem andern der St. Markusplatz in Venedig; hier war der Marktschreier als Staarstecher, dort als Krebs= oder Bruchoperateur abgebildet, hier zapfte er einen Wassersüchtigen wie eine Biertonne ab, und dort trieb er Würmer und Kröten aus. Hatte sich um das bunte Gerüste viel Volkes versammelt, so erschien — Hanswurst entweder allein, oder mit einigen Andern, und gab eine schmutzige Posse zum Besten, daß Alles herbeiströmte, was früher noch nicht gekommen war. Endlich trat der große Meister selbst auf. Meistens trabte er auf einem schön geputzten Pferde herbei, und ein Paar Diener, unter denen selten ein Mohr fehlte, folgten ihm. Er bestieg nun die Bühne, von Hanswurst und Konsorten ehrerbietigst empfangen. War er ein Paar Mal auf= und abgegangen und hatte

er mit dem Hanswurste ein Paar Worte gewechselt, so trat er endlich vor und verkündete „dem gläubig überzeugten Volke" — daß er der privilegirte Staarstecher, Stein=, Bruch= und anderer Schneider, privilegirter Materialist, weltberühmter Leib= und Wundarzt, hochbefreiter, gewaltiger Potentaten Leibmedikus N. N. sey. Hatte er sich endlich heiser geschrien, so langte er eine Büchse mit angeblich echtem venetianischen Theriak herbei, und gab ringsherum davon zu kosten. Aber er selbst versprach noch in Gegenwart Aller einen viel kostbareren Theriak zu machen, was auch geschah, ehe eine Viertelstunde verging. Wohl 60 Büchsen mußten den Inhalt dazu hergeben. Nun ging das Verkaufen los. Bei'm Theriak blieb es nicht. Es gab auch Wundbalsam, der jede Wunde heilte, und wenn sie Lunge und Magen getroffen hatte, Ringe aus Elensklauen, gegen alle Krämpfe ein Specificum, und hundert andere solche Dinge mehr, um welche sich die Leute öfters zu schlagen pflegten. Die vornehmern Kranken trugen kein Bedenken, dem Windbeutel ihre Leiden unter vier Augen zu klagen, wie auch noch jetzt geschieht, wenn sie — zum Schmidte oder Hirten auf's nahe Dorf hinaus fahren.

Woche.

Am 1. März 1814 wurde der berühmte Vertrag zu Chaumont abgeschlossen, in dem sich Oesterreich, Rußland, Preußen und Großbritannien verbindlich machten, wenn Frankreich die vorgeschlagenen Bedingungen (die Grenzen Alt = Frankreichs) nicht annähme, den Krieg so lange fortzusetzen, bis sie einen allgemeinen Frieden erkämpft hätten.

Am 2. März 1312 hob Papst Clemens der Fünfte durch eine Bulle den Orden der Tempelherrn auf. Dieses fand indessen nur in Frankreich Statt, indem dieser Orden in Deutschland noch über ein Jahrhundert fort bestand, bis er in sich selbst zerfiel.

Am 3. März 1519 schrieb Dr. Luther seinen ersten Brief an den Papst und erklärte, daß er zwar seine öffentlich bekannt gemachten Religions = Meinungen nicht widerrufe, aber sich nicht von der katholischen Kirche trennen werde.

Am 4. März 1791 befahl ein Dekret der französischen National = Versammlung, daß die Genoveva-Kirche in Paris den Namen Pantheon erhalte, und künftig die Begräbniß = Stätte der großen Männer des Vaterlandes seyn solle.

Am 5. März 1799 drangen siegend die Franzosen, in Folge des wieder ausgebrochenen Krieges zwischen dem deutschen Kaiser und Frankreich, bei Sargans über den Rhein und besetzten den sogenannten Luzern=Steig (Schweizer Land).

Am 6. März 1521 ließ Kaiser Karl der Fünfte an den Dr. Luther die Einladung ergehen, daß er sich nach Worms zum Reichstage begeben solle. — Ein Geleitsbrief für seine persönliche Sicherheit ward diesem beigefügt.

Am 7. März (eigentlich am 27. März) 1764 ward der älteste Sohn der Kaiserin Maria Theresia, Erzherzog Joseph, zum römischen König gewählt.

Verlag von Bossange Vater in Leipzig.
Unter Verantwortlichkeit der Verlagshandlung.

Druck von Breitkopf und Härtel in Leipzig.

Das Pfennig-Magazin

der

Gesellschaft zur Verbreitung gemeinnütziger Kenntnisse

45.]   Erscheint jeden Sonnabend.   [März 8, 1834.

Die Araber in Afrika.

Die Araber sind meistens sehr magere Gestalten, doch haben sie ausdrucksvolle, oft schöne Züge, große Heftigkeit in ihren Bewegungen und gewaltige Muskelthätigkeit. Da sie stets lärmen und schreien, so scheint ihre gewöhnliche Unterhaltung ein beständiger Zank und Streit; auf der andern Seite sind sie brav, beredt und haben ein tiefes Ehrgefühl. Ein gemeiner Araber enthielt sich einst einige Tage alles Essens, weil sein Gewehr in einem Gefechte versagte. „Mein Herz thut mir weh!‟ sagte er, „meine Flinte log und beschämte mich vor den Leuten!‟

Die Liebe der Araber für die durch Sagen überlieferten Großthaten ihrer Vorfahren ist sprichwörtlich. Jeder Vornehme hat in seinem Gefolge einen Geschichtserzähler; seine Freunde versammeln sich vor seinem Zelte, oder auf seinem platten Dache und horchen dort, Nacht für Nacht, einer Geschichte, wenn sie auch 60, ja 100 Nächte fortgesetzt wird. Es ist ein großes Talent und eine besondere Gabe, die bei ihnen sehr geschätzt wird. Sie haben eine Schnelligkeit und Klarheit der Darstellung, und die Worte stehen ihnen so zu Gebote, daß ein Europäer sich überrascht fühlt. Ihre Schilderungen sind ganz poetisch, ihre Erzählungen voll Bilder und Metaphern; ihre Lieder aus dem Stegreife sind voll Feuer, und man bewundert die schönen und glücklichen Gleichnisse. Manche Stämme sind wegen ihrer Fertigkeit, unvorbereitet zu sprechen und zu singen, berühmt. Die Häuptlinge bilden diese Anlage bei ihren Kindern aus, und oft findet man dieß Talent in hohem Grade bei Leuten, die weder lesen noch schreiben können.

Arabische Gesänge gehen zu Herzen und erregen die Leidenschaften. Die Zuhörer lachen oft in einem Augenblicke laut auf, und zerfließen gleich darauf in Thränen und klatschen voll Trauer und Mitgefühl in die Hände. Diese Kinder der Wüste besitzen viel Klugheit und Gefühl; dabei haben sie einen heroischen Muth und verachten jede andere Art, ihren Unterhalt zu gewinnen, als durch das Schwert und die Flinte. Sein höchstes Lob sucht ein Araber in der Geschicklichkeit, die Waffen zu führen, im Reiten, und in der Gastfreundschaft. Diese letzte Tugend war ihnen immer eigen, und noch jetzt ist Ungastlichkeit der größte Vorwurf, den man einem arabischen Stamme machen kann.

Feigheit wird bei den Arabern auf's Schimpflichste bestraft: ein Feiger wird oft gebunden und durch alle Wohnungen des ganzen Stammes herumgeführt,

wobei man ihm die Eingeweide eines Ochsen oder ei=
nes andern Thieres um den Kopf windet; kein Ara=
ber würde einen Feigen durch Verheirathung mit seiner
Tochter in seine Familie eintreten lassen.

Die Vaterlandsliebe, die selbst der wildeste Be=
wohner des unfruchtbarsten Felsens fühlt, kennt der
wandernde Araber und der Maure nicht. Er zieht
von Weide zu Weide, von einem Distrikte zum an=
dern, ohne Anhänglichkeit für den Ort, und seine ein=
zige Freude ist ein unstätes, unregelmäßiges, aber krie=
gerisches Leben.

Von den Alten werden die Araber wegen der
Treue in der Freundschaft gepriesen; und sie halten
noch stets ihr Wort und achten die Verwandtschaft.
Allgemein berühmt sind sie wegen der Gabe, schnell
Etwas zu fassen und zu durchschauen und wegen ihres
lebhaften Witzes. Fehler und Laster haben sie indeß
auch: sie lieben Krieg und Blutvergießen und sind
grausam, und ein ihnen zugefügtes Unrecht vergessen
sie nie.

Durch ihre Räubereien, die sie an Kaufleuten und
Reisenden verübt haben, ist ihr Name in Europa be=
rüchtigt; unter einander aber sind sie ehrlich und gast=
frei. Haben sie Jemanden in ihr Lager aufgenom=
men, so steht ihm Alles offen und nie wird ihm Et=
was entwendet. Wem er die Hand gedrückt hat, den
vertheidigt er bis auf's Aeußerste; und hat man Salz
und Brot mit ihm gegessen, so ist das Band der
Freundschaft unauflöslich.

Sie haben selbst in dem Gebiete des Pascha von
Tripolis ihre Freiheit und Unabhängigkeit zu behaup=
ten gewußt. — Ihre Wohnplätze sind die Oasen, d.
i. Plätze, auf denen sich eine spärliche Vegetation fin=
det. Obgleich sie trauriger sind, als die wildesten
Oeden in Europa, so erfreuen sie doch den ermatte=
ten Wanderer, der nach einem höchst beschwerlichen
Zuge durch die unabsehbare Sandwüste auf ihnen ei=
nen Ruhepunkt findet. Aufgethürmter Sand versperrt
oft den Weg zu diesen Oasen; nichts erblickt das
Auge, wenn es die weite Fläche überschaut, als höch=
stens eine Kette schwarzer, öder Berge, welche die
Wüste unterbricht. Kein kühlender Wind erfrischt die
Luft; die Sonne geht glühend unter; der Wind ver=
sengt, wenn er wehet und führt Wellen von Sand
mit, die erstickend sind, und ganze Karavanen zu ver=
nichten drohen.　　　　　　　　　　　　　　　　K.

Zum Leben des Columbus.

Der früher in diesen Blättern kurz mitgetheilten
Lebensbeschreibung dieses weltgeschichtlich merkwürdigen
Mannes erlauben wir uns einige Einzelheiten nach=
zutragen, die unsern Lesern gewiß von Zeit zu Zeit
willkommen sind.

1.

Columbus kühner, entschiedener und beharrlicher
Geist sprach sich schon früh aus. Als König René
von Neapel ihn nach Tunis sandte, um die Galeasse
Ferdinandine zu nehmen, erfuhr C. unfern der Insel
San Pietro bei Sardinien, daß bei dieser Galeere noch
zwei Schiffe und ein großes Lastschiff befindlich seyn.
Da wurde das Schiffsvolk so verzagt und schwierig,
daß es erst wieder nach Marseille zurück begehrte, um
sich dort mit einem Schiffe und Mannschaft zu ver=
stärken. Zwang war nicht anwendbar. Columbus wil=
ligte also scheinbar ein, änderte den Kompaß und zog
alle Segel auf. Es war Abend; Morgens darauf

waren sie am Vorgebirge von Karthagena, aber fest
überzeugt, daß sie nach Marseille segelten.

2.

Wie eine große Feuersbrunst aus einem kleinen
Funken, ein majestätischer Baum aus einem kleinen
Keime entsteht, so kündigen sich auch große weltge=
schichtliche Ideen und Unternehmungen nur allmälich
in einzelnen, oft schwachen, der Menge unbemerkba=
ren oder unbeachteten Schimmern und Blitzen an, be=
vor sie zu voller Erscheinung und Reife gelangen;
denn Alles hienieden will seine Zeit zur Entwickelung
haben. Kurz vor Columbus waren die atlantischen
Küsten von Afrika der Schauplatz von Seezügen und
Unternehmungen. Die lange im Nebel verschwundenen
kanarischen Inseln, von den Alten die glücklichen ge=
nannt und mit den Hesperidengärten geschmückt, wa=
ren im vierzehnten Jahrhunderte erst wieder entdeckt
worden. Prinz Heinrich von Portugal, Johann des
Ersten Sohn, bei der Einnahme von Ceuta durch
maurische Erzählungen von der Küste von Guinea auf=
geregt, hatte durch beharrliche Studien der erdkundi=
gen Alten gefunden, daß Afrika umschiffbar, und längs
seiner Küsten mithin ein Weg nach Indien auffindbar
seyn müsse. Diesen Gedanken verfolgte er, um auf
einem graden und leichten Wege den mühsam und
kostspielig vermittelten östlichen Handel zu erleichtern
und sein Land mit dessen Schätzen zu bereichern. Er
stiftete, Aberglauben und Unkunde zu bekämpfen, in
Sagres eine Seeakademie, und von hier aus gingen
vom Papste genehmigte und geschützte Entdeckungen,
wie vom Vorgebirge Bojador, von den Tropenländern,
einem großen Theile der afrikanischen Küste, vom weißen
bis zum grünen Vorgebirge und zu den azorischen Inseln.
Heinrich starb am 13. Novbr. 1463. Wiewohl er
zu früh abgerufen war, wirkte doch sein gegebener An=
stoß mächtig fort und zog die kühnsten, wißbegierigsten
Geister aus allen Gegenden herbei nach Lissabon; un=
ter diesen auch Columbus. Er forschte und sammelte
fleißig und besonnen für Erd= und Himmelskunde und
schloß aus mehrern, früher von uns angegebenen Ge=
dankenverbindungen, daß westwärts Asiens Endgränze
— er nannte es Indien — zu finden seyn müsse.
Höchst merkwürdig war seine Zuversicht auf diese le=
bendigsten Anschauungen seines Geistes. Er sprach
nicht im mindesten zweifelhaft oder bedenklich davon,
sondern wie von einem gelobten Lande, das er mit
Augen gesehen; begeistert sah er sich für das in der
Hand der Vorsehung stehende Werkzeug dieser, in der
heiligen Schrift voraus verkündeten und im geheimen
Dunkel von den Propheten angedeuteten Entdeckungen.
Die äußersten Erdenden sollten einander befreundet, alle
Völker, Zungen und Sprachen unter dem Banner des
Erlösers vereint werden. Dieser religiöse Aufschwung
gab auch seiner ganzen Haltung eine unbeschreibliche
Hoheit und Würde.

Diese, in ihren tiefsten Gründen unbegreifliche,
wie durch göttliche Eingebung und Bevorrechtung be=
wirkte, obwohl zugleich aus Erfüllung und Vollen=
dung des in der Zeit Angedeuteten hervorgerufene Ho=
heit des Genius tritt noch mehr heraus an dem Ge=
gensatze kleiner Geister in der Zeit, wie wir bereits
an der Eieranekdote sahen. Aber auch hier wollte sich
die Kleingeistigkeit Alles zurecht legen, mundrecht und
faßlich machen, wie das übrige ihr zusagende und ver=
wandte Gemeine des Weltlaufs. So mußte Colum=
bus, als nun seine Ahnungen und Schlüsse sich that=
sächlich bewährten und gegenständlich wurden, die ganze

Kunde von einem unbekannten Lande im Westen durch einen, von widrigen Winden dahin verschlagenen, und in seinem Hause gestorbenen Seemanne und seine ihm vermachten schriftlichen Aufsätze bekommen haben, wiewohl dieß nur ein Mährchen, oder höchstens eine dunkle Ahnung des Gedankens war. So beruhte auch die Behauptung, daß Columbus nur nach einer, von einem zufällig nach Südamerika verschlagenen Seemanne, Martin Behem, entworfenen Charte seine Reise gemacht habe, auf einem Mißverstande; denn Behem hatte die afrikanische Küste jenseits des Glei-

chers befahren; sein entworfener Globus wurde 1492 vollendet, als Columbus auf seiner ersten Reise begriffen war, enthält aber übrigens nicht eine Spur von der neuen Welt.

Ein solches, freilich allgewöhnliches, aber darum gemeines Verfahren mit dem Genius wäre lächerlich genug, wenn es nicht zugleich Versündigung an ihm und Hemmung wäre, welche letztere wir jedoch in der Zeit eben so von einer freundlichen Vorsicht beseitigt und überwunden, wie vielleicht nur als Folie unterlegt sehen.   W.

Von den Stellungen des Mondes.

(Als Nachtrag zu Nr. 3 dieses Jahrganges.)

In beiden Figuren 1 u. 2 ist E. die Erde, deren tägliche Bewegung wir jetzt unbeachtet lassen; die kleinern Kreise stellen den Mond vor, von dem beständig nur Eine Hälfte gegen die Erde gewendet ist;

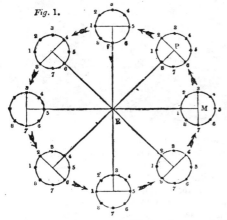

Fig. 1.   Fig. 2.

der fliegende Pfeil zeigt die Richtung dieser Hälfte zu der Erde; an des Mondes Aequator (Gleicher) sind 8 Flecken mit 1, 2, 3 u. s. w. bezeichnet. In Fig. 1 wird vorausgesetzt, daß der Mond sich gar nicht um seine Axe bewege, und in Fig. 2 stellt er sich immer so dar, wie er sich dem Beobachter zeigt.

Wenn der Mond sich gar nicht um seine Axe

bewegt und wir seine Stellung M annehmen, so ist er mit der Seite 3 2 1 8 7 zur Erde gewendet; da dann 3 der östliche und 7 der westliche Punkt ist. Folgen wir dem Pfeile und kommen zu seiner nächsten Stellung, so ist der Flecken 3 nach oben an der Figur, aber 2 6 ist nun die Grenze der zur Erde gewendeten Seite, und der Punkt 7, der zuerst blos sichtbar war, ist nun beträchtlich nach Osten vorgeschritten, während 8 anstatt 1 gegen den Beobachter gewendet ist. Folgen wir dem Monde nach allen seinen Stellungen, so sehen wir, daß jeder Flecken nach und nach gegen das Gesicht des Beobachters gewendet ist, und daraus folgt, daß er auch eine Bewegung um seine Axe hat. Jetzt kommen wir zu der Erklärung seiner eigentlichen Erscheinung, nämlich daß der Mond immer eine und dieselbe Seite dem Beobachter zuwendet. Dieses wird in Fig. 2 vorgestellt, wo der Flecken 1 immer gegen den Beobachter gewendet und 3 7 immer die Grenze des von dem Beobachter gesehenen Theiles ist. Hat sich nun der Mond von M nach P um den achten Theil seines Umlaufes bewegt, so hat die Linie 3 7 gleichfalls den achten Theil ihres Umlaufes gemacht, nämlich der ganze Mond, und zwar um eine auf dem Papiere senkrecht stehende Axe. Dieser Umlauf ist in derselben Richtung, wie die der Scheibenbewegung; denn während M sich nach P bewegt, bewegt sich der Punkt 5 nach der Stelle, welche in der zweiten Stellung der Fig. 1 mit 4 bezeichnet ist. Dasselbe ergibt sich aus den folgenden Stellungen,

woher wir schließen, daß, wenn der Mond sich um die Erde einfach bewegt, die fortwährende derselben Seite zur Erde beweiset, daß er sich um eine Axe in derselben Richtung bewegt, wie die ist, in welcher er seine Bewegung um die Erde und in derselben Zeit vollbringt.

Die eben beschriebenen Schwankungen beweisen die Irrthümer der vorigen Voraussetzungen, und die Kleinheit der Schwankungen beweiset auch die Kleinheit jener Irrthümer. Der Mond bewegt sich aber nicht einfach um die Erde, sondern ist in seiner Scheibenbewegung wie in seinem Abstande von der Erde mannigfach, und diese Bewegung ist am größten, wenn sein Abstand am kleinsten ist, und so umgekehrt. Es sey M der Punkt, wo sein Abstand von der Erde am kleinsten ist, oder seine Bewegung am größten, und er bewege sich so einförmig um seine Axe wie zuvor, so bewegt er sich nun um seine Axe zu langsam für eine Scheibenbewegung, d. h. der Mond=Tag wird in dem Monate nicht zu Ende seyn. Die hieraus entstehenden Erscheinungen sind einigermaßen dieselben, wie in Fig. 1 gezeigt worden ist, d. h. es zeigt sich ein Wenig von dem westlichen Rande, was zuvor nicht Statt fand; diese Abänderung heißt die Schwankung der Länge. Da nun die Axe des Mondes nicht genau auf der Fläche der Scheibe senkrecht ist, indem sie um einen Grad abweicht und ohngefähr von der Wirkung ist, welche die Stellung der Erde gegen die Sonne unsere Jahreszeiten hervorbringt, so ist

während der einen Hälfte des Mondes der Nordpol sichtbar und während der andern Hälfte der Südpol. Diese Abänderung von Norden oder Süden heißt die **Schwankung der Breite.** Nun ist aber der Be= obachter auf der Erde, wegen ihrer täglichen Bewe= gung nicht genau im Mittelpunkte E, und bemerkt in 24 Stunden, ein Wenig von dem östlichen oder west= lichen Rande, was die **tägliche Schwankung** heißt.
        G.

Der Krater des Vesuv's.

    Folgende Erzählung einer Gesellschaft Reisender, die mit großer Wagniß in den Krater des Vesuvs hinabstiegen, ist wohl nicht uninteressant.

    Es war Mitternacht, und geleitet von den ge= wöhnlichen neapolitanischen Führern ritten sie auf Maul= thieren den gewöhnlichen Pfad des Berges hinauf. Die dicke Finsterniß und die Menge Führer mit bren= nenden Fackeln gaben dem ganzen Zuge ein feierliches und geheimnißvolles Ansehen, was mit dem übrigens muntern und fröhlichen Sinne der Gesellschaft einen sehr seltsamen Gegensatz bildete. Um die Mitte des Weges sah man sich der Steilheit wegen genöthigt abzusitzen und die Reise zu Fuß fortzusetzen. Da die ganze obere Hälfte des Berges mit Lava, Kohlen und Asche bedeckt ist, so hat man hier wirklich viel Mühe, und Beschwerlichkeit auszustehen. Als nun die Reisen= den um halb drei Uhr des Morgens den Rand des Kraters erreichten, fühlten sie sich ganz ermattet und erschöpft. Ihren Versuchen, sich mehr der geheimniß= vollen Stelle des Berges zu nähern, stellen sich nun unübersteigliche Hindernisse entgegen; da die innere Seite des Schlundes über 5,700 Fuß im Umfange, eine senkrechte Tiefe von 200 Fuß hat und einen Kra= ter oder Becher bildet, worin Haufen glühender Asche und Schlacken mit feuerigem Dampfe bunt durch ein= ander zerstreut liegen. Während sie sich so berath= schlagen, wie sie da hinabsteigen sollen, rollen von dem höhern Rande des Kraters viele Steine und ver= ursachen eine allgemeine Bewegung der ihnen im Wege liegenden Massen, so daß der Boden dröhnte und Ei= ner der Gesellschaft seine Stelle wechseln muß. Kaum hatte er einen andern aus der Gesellschaft ihm zu fol= gen gerufen, als dieser ganze Theil des Kraters hin= untersank und verschwand. Bald erlitten auch größere Massen dieselbe Veränderung, indem das Ganze der hier und da hervorragenden Erhöhungen nach und nach

einfiel, so daß binnen einer halben Stunde Alles, was den Gipfel des Kraters zu bilden schien, mit schrecklichem Getöse auf den Boden des Kraters hin= unterstürzte.

    Niedergeschlagen über die unerwarteten Hinder= nisse, die sich dem Ziele der Reisenden so unübersteig= lich entgegensetzten, befriedigte man blos dadurch seine Neugierde, daß man um den Krater herumging. Aber zum Glücke entdeckten sie eine lange Abdachung oder vielmehr einen weniger abschüssigen Theil des Kraters, welcher gerade zu dem eigentlichen Heerde des Vul= kans führte. Ohne Anstand nimmt nun ein Herr Debeer einen Lazaroni mit und geht diesen Weg voraus. Durch die Asche gleitend bis zur Hälfte des Weges gekommen, finden sie sich am Rande eines Abhanges von etwa 12 Fuß Tiefe. Der Lazaroni steht hier bestürzt und weigert sich, vorwärts zu gehen; doch bald schlägt er sich ein Kreuz, ruft die Madonna und den heiligen Antonius an und eilt mit neuem Muthe nebst dem Hrn. D. auf den Boden des Abgrundes. Sie treffen noch einen Abhang an, über den sie aber leichter hinwegkommen. Durch Fluthen von Lava, Asche und Steine, die unaufhörlich herabstürzen, kom= men sie endlich auf den Boden des Kraters. Mit Freudenruf und ausgebreiteten Armen suchen sie nun die obenstehenden furchtsamen Gefährten herabzurufen, von welchen auch bald noch sieben Personen mit Ue= berwindung derselben Hindernisse und Gefahren dort unten ankommen.

    Der Boden des Kraters, von welchem man sich oben keine richtige Vorstellung machen kann, bildet ein weites Feld von schroffen Unebenheiten, die aus Hau= fen Lava bestehen, welche zum Theil hart und fest, und zum Theil nachgiebig und unsicher ist, und be= sonders nahe am eigentlichen Heerde. Ueber Alles aber gewährt den interessantesten Anblick die Menge kleiner

Mündungen oder Luftlöcher, die sich sowohl auf dem eigentlichen Boden des Kraters, als auch an den innern Seiten desselben befinden und ohne Unterbrechung feuerige Dämpfe hervorstoßen.

Als die Reisenden genugsam beobachtet hatten, mußten sie auf den Rückweg denken, und das Hinaufsteigen war weit beschwerlicher, als das Hinabsteigen. Es ist wohl nicht leicht, Anhöhen zu erklimmen, wo jeder Fußtritt ausgleitet, überdieß, wo man einzeln hinaufsteigen muß, ist es unerläßlich nothwendig, daß Einer hinter dem Andern entfernt bleibe, wenn nicht die Nachfolgenden unter einer herabrollenden vulkanischen Masse begraben werden sollen; da jeder Tritt einen Haufen Asche von 30 Fuß Höhe löset.

Mit großer Beschwerlichkeit erklimmten sie endlich den Rand des Kraters. Die sechs Andern der Gesellschaft, welche nicht in den Vulkan hinabgestiegen waren, empfingen ihre abgematteten und mit Rauch bedeckten Freunde freudenvoll und reichten ihnen die so nöthigen Erfrischungen.

Der Telegraph.

Obgleich der Telegraph nur erst seit 40 Jahren im Gebrauche ist, so darf man ihn doch keineswegs für eine Erfindung der neuesten Zeit halten. Denn daß man sich irgend einer Art desselben schon zu der Zeit der Zerstörung von Troja bedient haben müsse, geht daraus hervor, daß dieses wichtige Ereigniß in Griechenland bekannt war, ehe die Nachricht durch einen Boten angelangt seyn konnte. Eine Szene in einem griechischen Schauspiele scheint dieß anzudeuten, wo ein Wächter von einem Thurme in Griechenland herabsteigt und jene Begebenheit mit den Worten hinterbringt: „— zehn Jahre hindurch habe ich gelauert, um zu sehen, wenn es glücken würde, und diese Nacht ist es geschehen.'' —

Die früheste Art der Verbreitung von Nachrichten mag wohl in dieser Hinsicht durch brennende Holzstöße gewesen seyn, die auf den höchsten Gegenden angezündet wurden. Doch kann diese Methode nicht anders, als höchst mangelhaft gewesen seyn, da sie natürlich durch ein verabredetes Zeichen nur die Nachricht von irgend etwas Erwartetem geben konnte, nie aber die geringste Kenntniß von unvorhergesehenen Ereignissen und von Nebenumständen. — Zu verschiedenen Zeiten wurden verschiedene Versuche gemacht, jedoch erhielt man, so geistreich auch mehrere Arten erfunden waren, durch keine eine völlig genaue Bestimmtheit der Nachrichten, bis zu der Zeit der französischen Revolution, im Jahre 1793. — Da trat ein Mann, Namens Chappe, auf, der einen Telegraphen in folgender Weise erfand: es ward auf

dem Dache des Louvre zu Paris, wo die erste Station war, ein Balken errichtet. Auf dessen Spitze nun waren zwei Arme in schräger Richtung, denen man durch einen einfachen Mechanismus mit der größten Schnelligkeit eine Richtung, welche man nur immer wollte, geben konnte. Der Erfinder bestimmte nun eine Anzahl von Stellungen dieser Arme, welche die Buchstaben des Alphabets bezeichnen sollten; jedoch beschränkte er sie auf sechzehn, indem er einige nicht nothwendige derselben überging. So genau war aber der Mechanismus, daß die Maschine kein Haar breit von der Richtung eines bestimmten Zeichens abweichen konnte.

Hatte nun Chappe auf dem Louvre irgend eine Nachricht, welche verbreitet werden sollte, erhalten, so gab er erst der nächsten Station auf dem Montmartre ein bekanntes Zeichen, sich bereit zu halten, diese wieder dasselbe der nächsten, und so fort, daß in kurzer Zeit die ganze Linie bereit war, die Nachricht zu empfangen und weiter zu befördern. Nun erhielt der Wärter, der sich mit seinem Teleskop auf dem Montmartre befand, die Nachricht Wort für Wort, Buchstaben für Buchstaben, und wiederholte sie mit seinem Telegraphen dem Nächsten, so daß sie mit unglaublicher Schnelligkeit bis zur letzten Station zu Lisle gelangte.

In Frankfurt wurden 2 Modelle von diesem Telegraphen gefertigt und dem Herzoge von York geschickt; auf diese Art kam Plan und Alphabet der Maschine nach England. Nach mehreren Versuchen, die in diesem Lande damit angestellt wurden, kam endlich ein Telegraph vom Sitze der Admiralität aus bis an die Seeküste zu Stande.

Auch im preußischen Staate hat man seit dem vergangenen Jahre die Errichtung von Telegraphenlinien, vorläufig indeß nur die eine, von Berlin aus bis an den Rhein bei Koblenz, begonnen. Der erste Telegraph in Berlin, auf dem stattlichen Thurme der ehemaligen Sternwarte auf der Dorotheenstraße angebracht, begann seine Bewegungen schon seit Anfange dieses Jahres spielen zu lassen. — Uebrigens nähern sich die preußischen Telegraphen in ihrer Einrichtung mehr den englischen Küstentelegraphen, als den französischen und haben vor letzteren den Vorzug, daß sie in kleineren Zwischenräumen aufgestellt sind, also bei trübem Wetter nicht so leicht den Dienst versagen. Wie überall sind auch hier vorzüglich hervorragende Hügel oder Thurmspitzen zu den Telegraphen benutzt.

R. F.

Das Weltgebäude.

Unter dem Ausdrucke Welt oder Weltall versteht man den Inbegriff alles dessen, was ist, nämlich den unermeßlichen Raum (Himmel) mit den in ihm sich bewegenden Körpern.

Diese unzähligen Weltkörper, die im unbegrenzten Himmelsraume schwebend kreisen und einen Schein oder Glanz von sich geben, werden Sterne genannt; sie sind entweder Firsterne, Kometen oder Planeten, und bilden ein so bewunderungswürdiges wie erstaunenerregendes Weltgebäude.

Die Firsterne unterscheiden sich von den andern Sternen dadurch, daß sie eine fast unveränderliche Stellung gegen einander und ein ihnen eigenes funkelndes Licht haben; ein solcher Firstern heißt auch eine Sonne. Man kennt bereits über 12 Millionen solcher Sonnen oder Firsterne; um sie besser von einander zu unterscheiden, hat man sie nach ihrer scheinbaren Größe in Klassen eingetheilt, und es giebt Firsterne erster, zweiter, dritter ꝛc. Größe. Auch haben sie eine Eintheilung nach ihrem Stande am Himmel, mehrere zusammen bilden Gestirne oder Sternbilder; so z. B. besteht ein nördliches Sternbild, der große Bär genannt, aus 85 Sternen, ein südliches Sternbild, der Orion, aus 78 Sternen, u. s. f.

Die Kometen, auch Haarsterne oder Schweifsterne genannt, haben ein blasses, haariges, nebliches Aussehen, und nach der von der Sonne abgewendeten Seite einen Schweif.

Die Planeten, welche auch Wandelsterne heißen, haben ein weniger helles Licht, als die vorigen, bewegen sich um einen Firstern und verändern ihre Stelle am Himmel. Am bekanntesten sind uns die, welche um unsere Sonne laufen.

Das Sonnensystem.

Unter dem Worte System versteht man ein aus mehreren Theilen geordnetes Ganzes. Da nun die Sonne mit ihren Planeten in einer nahen und einflußreichen Verbindung steht und sie alle ein festes und wohlgeordnetes Ganze bilden, so hat man ihnen sehr passend den Namen Sonnensystem beigelegt.

Dieses System besteht: 1) aus der Sonne; 2) aus 11 Hauptplaneten die sich nämlich unmittelbar um die Sonne schwingen, und 3) aus 18 Nebenplaneten, auch Monde oder Trabanten genannt, weil sie um ihre Hauptplaneten laufen. So wie die Sonne haben auch die mehrsten zu ihr gehörigen Weltkörper besondere Namen und Zeichen. Nämlich:

Die Sonne wird, als Mittelpunkt des Systems, mit einem Kreise und einem Punkte in der Mitte bezeichnet (☉).

1. Der Merkur wird durch einen Heroldsstab dargestellt (☿).

2. Die Venus durch einen Spiegel mit einer Handhabe (♀).

3. Die Erde durch eine Kugel mit einem Kreuz (♁), ihr Mond durch (☽).

4. Der Mars hat einen Schild mit einem Pfeile zum Zeichen (♂).

5. Die Vesta einen Altar mit Feuer (⚶).

6. Die Juno einen Szepter mit einem Sterne (⚵).

7. Die Ceres eine Sichel (⚳).

8. Die Pallas einen Speer (⚴).

9. Der Jupiter ein Z mit einem senkrechten Durchschnitte (♃).

10. Der Saturn eine Sense, das Sinnbild der Zeit (♄).

11. Der Uranus einen Kreis mit einem Punkte in der Mitte und einen senkrechten Pfeil darüber (♅).

Die Planeten Merkur, Venus, Mars, Jupiter und Saturn waren den Menschen bereits seit vielen Jahrhunderten bekannt; von den andern entdeckte Herschel 1781 den Uranus, Piazzi 1801 die Ceres, Olbers 1802 die Pallas, Harding 1804 die Juno und Olbers 1807 die Vesta. Von den 18 Nebenplaneten hat

a) die Erde einen, den Mond;

b) Jupiter vier Trabanten oder Monde;

c) Saturn sieben, und

d) Uranus sechs.

Der letzte Hauptplanet heißt bei den Engländern auch Herschel. Alle bewegen sich in der angezeigten Ordnung in einem bestimmten Raume, der das Sonnengebiet ausmacht und einen Durchmesser von mehr als tausend Millionen Meilen hat. Die besondere Erläuterung aller Körper des Sonnensystems soll nach und nach auf einander folgen.

Dieses System heißt auch das Copernicanische, weil der Domherr Copernicus, der von 1473 bis 1543 lebte, dasselbe zuerst erklärt hat. Denn zuvor haben andere Gelehrte die Bewegung und den Lauf der Weltkörper auf mancherlei andere Art erklärt.

Ptolemäus, ein ägyptischer Astronom, der um das Jahr 138 vor Christo lebte, nahm die Erde als unbeweglichen Mittelpunkt an, und daß alle übrigen Himmelskörper sich um dieselbe in 24 Stunden in folgender Ordnung bewegen: zuerst der Mond, dann die Venus, die Sonne, Mars, Jupiter, Saturn und die Firsterne, und über diese hinaus sollte nach seiner Meinung der erste Krystall-Himmel, dann der zweite Krystall-Himmel und zuletzt das Primum Mobile (die Urbewegungskraft) kommen.

Tycho de Brahe, der von 1546 bis 1601 lebte, sah den Ungrund dieses Systems ein und stellte ein anderes auf. Nach seiner Meinung soll die Erde gleichfalls im Mittelpunkte ruhen; aber die Sonne mit allen Planeten und Firsternen sich um dieselbe in 24 Stunden bewegen.

Copernicus endlich und nach ihm Newton (1642—1727) erklärten die Bewegung und den Lauf aller Himmelskörper nach den der Natur angemessenen Gesetzen, nämlich, daß die Sonne sich im Mittelpunkte befinde, und alle Planeten sich um dieselbe in elliptischen Bahnen in bestimmten Umlaufszeiten bewegen.

René Descartes, geboren 1596, gest. 1650, nahm das ganze Weltall als ein Wirbelsystem an. Er behauptete nämlich, daß alle Weltkörper, jeder besonders, wie alle insgesammt, von einer luftigen Materie wirbelförmig bewegt werden. Aber aus den Gesetzen der Bewegung geht unbestreitbar hervor, daß solche unregelmäßige Bewegungen der Planeten nicht Statt finden können; überdieß ist die Annahme einer luftigen Materie, die solche Wirkungen hervorbringen soll, in jedem Betrachte grundlos.

Shakspeare.

William Shakspeare (sprich Schekspir), Englands größter dramatischer Dichter, wurde den 23. April 1564 zu Stratford am Avon in der engl. Grafschaft Warwick geboren. Ueber seine frühere Jugend haben wir, trotz den Anstrengungen und Forschungen seiner Biographen, wenige zuverlässige Nachrichten. Er war der älteste Sohn und hatte viele Geschwister. Sein Sohn, John Shakspeare, war früher Handschuhmacher, dann Schlächter, und endlich Wollhändler; auch hatte er in Stratford ein obrigkeitliches Amt bekleidet. Seine früheste Bildung erhielt Shakspeare in einer Elementarschule, wo das Latein nach einer von Heinrich V. verfertigten Sprachlehre gelehrt und eine in lateinischen Versen verfaßte Lobrede auf die damalige Königin von England, Elisabeth, gelesen wurde. In seinem 18ten Jahre heirathete er Anna Hatway, welche, um acht Jahre älter, als er, die Tochter eines Landmanns war und ihm drei Kinder schenkte. Einen besondern Einfluß auf die Schicksale des Dichters hatte seine Ehe nicht. Nach den Versicherungen mehrerer Schriftsteller war er voll Gutmüthigkeit, Witz und Kühnheit. Um der Rache eines Barons zu entgehen, in dessen Forsten er zur Nachtzeit gejagt, und dessen Person in einem Gedichte lächerlich gemacht, flüchtete er 1586 nach London. Doch scheinen seine überhand nehmende Melancholie, die peinigende Langeweile in dem Hause seines Vaters, der des Sohnes poetische Aufsätze zerriß, seine nicht glückliche Ehe und die seinem innern Berufe nicht entsprechenden Arbeiten, denen er sich unterziehen mußte, die Hauptursachen zur Vertauschung seines Wohnorts gewesen zu seyn. In London war er, wie es heißt, Anfangs genöthigt, an den Thüren der Theater während der Vorstellungen die Pferde der Vornehmen zu halten. Einige Jahre später trat er als Schauspieler auf, wo er besonders als Geist im Hamlet ausgezeichnet war, und ist nicht mit seinem Bruder zu vergleichen, der gleichfalls Schauspieler war. Seine erste Beschäftigung als dramatischer Dichter (1589) war die Verbesserung älterer Schauspiele.

Auf diese Weise an London gefesselt, machte er nur von Zeit zu Zeit kurze Ausflüge nach Stratford und lieferte jährlich zwei bis drei Theaterstücke. Sein erstes war: „Perikles" vom Jahre 1590. Da ihm seine Arbeiten schlecht bezahlt wurden, so befand er sich fast stets in bedrängten Umständen. Ehe er sich der dramatischen Dichtkunst zugewendet, hatte er schon eine ziemliche Anzahl Sonnette und andere größere Gedichte geliefert, als: „Venus und Adonis" — „Lucretia", Arbeiten, welche im italienischen Geschmacke, wie er im 16. Jahrhunderte in Europa herrschend war, sich durch Reichthum gewählter Bilder, durch Witz und einen etwas gedrechselten Styl auszeichneten. Seine Sonnette sind voll Anmuth und verliebter Schwärmerei. Die Zeit, in welcher der Dichter für das Theater schrieb, war eine für dasselbe äußerst glückliche, indem England unter Elisabeth's Regierung von den langwierigen und blutigen Bürgerkriegen ausruhte, und die Königin selbst die Lust an Vergnügungen und Schauspielen weckte. Shakspeare trat auf und begann die Geschichte seines Vaterlandes auf der Bühne darzustellen; er konnte es, Elisabeth's despotischer Regierung ohngeachtet, wagen, seine Schöpfungen ohne Scheu zu gestalten, und rücksichtslos Hof und Adel zu zeichnen. Mit den grellsten Farben malte er die Tyrannei und Verschwendung Heinrich's VIII., des eignen Vaters der Königin. So ward Shakspeare der Dichter des Volks, der Liebling seiner Zeitgenossen. Die Anzahl der von ihm verfaßten Dramen beläuft sich ohngefähr auf 36 und sie sind zwischen 1589 und 1613 oder 1614 gedichtet worden. Er ist gleich vorzüglich in dem Ernste des Trauerspiels und in dem ausgelassenen Humor des Lustspiels. Seinem durchdringenden Geiste entgeht Nichts, was auf irgend eine Art das Interesse einer Situation vermehren könnte. Kein anderer Dichter versteht es so, wie er, eine Anzahl Charaktere so scharf zu zeichnen und sie bis an's Ende so meisterhaft durchzuführen. Daher kommt es auch, daß er nicht nur Englands Nationaldichter, sondern daß er der Dichter aller civilisirten Nationen geworden ist. Jene Wahrheit und Kraft, jene zahlreichen, kunstreich eingewebten Anspielungen, jene Anmuth und Treue, mit der er die Sitten, Partheiungen und bürgerlichen Kriege vergangener Zeiten zu malen weiß, machen uns seinen Richard III., Heinrich VI., Heinrich VII. und Heinrich VIII. u. s. w. so anziehend und genußreich. Gleich groß und originell erscheint er uns in der Zeichnung weiblicher Charaktere und in seinen sämmtlichen Lustspielen, z. B.: „Timon von Athen," „die Irrungen," „die Gevatterinnen von Windsor," „der Sommernachtstraum" u. s. w.

Fehler, die etwa an seinen Meisterwerken sich auffinden lassen, sind die seines Zeitalters. England besitzt eine ungemein große Anzahl von Ausgaben seiner Dichtungen. Die erste englische Gesammtausgabe erschien 1623. In Deutschland haben sich als Uebersetzer und Erklärer Shakspeare's besonders ausgezeichnet: Wieland, Eschenburg, Schlegel, Tieck, Voß, Franz Horn.

Um 1614 verließ Shakspeare, in einem Alter von kaum 50 Jahren, London und zog sich in seine Vaterstadt zurück, wo er nach zwei Jahren, die er zurückgezogen im Genusse eines mäßigen Vermögens, verlebt hatte, an seinem 53. Geburtstage 1616, also mit dem spanischen Dichter Cervantes an einem Tage starb. An welcher Krankheit er gestorben, weiß man nicht. Sein vom 25. März 1616 datirtes Testament enthält nichts Erwähnungswerthes, außer etwa, daß er seiner Frau nur Eines seiner Betten als Legat vermacht hatte. Er wurde in der Kirche zu Stratford begraben, und 1623 von seinem Schwiegersohne ihm ein Denkmal gesetzt, das man noch jetzt daselbst zeigt.

In einer Nische erblickt man seine Statue in Lebensgröße. Er sitzt, hat ein Kissen vor sich und hält eine Feder in der Hand. Dem Geschmacke jener Zeit gemäß, war die Statue ursprünglich bemalt, hatte hellbraune Augen, dunkeln Bart, scharlachenes Wamms und schwarzen Mantel, allein im Jahre 1793 gerieth Malone, Einer von des Dichters Erklärern, auf den unglücklichen Einfall, jene Farben mit einem Hellgrau vertauschen zu lassen, um ihr so das Ansehen einer antiken Statue zu geben. Eine darunter angebrachte Steinplatte enthält folgende, wie man sagt, von ihm selbst verfaßte Grabschrift:

„Freund, um Jesu Willen, wage es nicht, meinen Staub zu durchwühlen. Gesegnet sey, wer dieses Grabmals schont; verflucht, wer meine Gebeine dieser Stätte entführt!"

Noch jetzt ist Shakspeare's Grab das Ziel unzähliger Wallfahrten in England, auch zollte man lange Zeit einem von dem Dichter 1609 gepflanzten Maulbeerbaume, unter dem er auszuruhen pflegte, gleiche Verehrung, als ein gewisser Castrell, ein Landprediger, Shakspeare's Haus, Newplace genannt, das der Dichter sich einst gekauft, als er ein Geschenk von 1000 Pf. Sterl. erhalten hatte, käuflich an sich brachte, und, um dem steten Herzuströmen von Neugierigen nicht ferner ausgesetzt zu seyn, ohne alle Rücksicht im Jahre 1656 den Baum umhauen ließ. Ein Uhrmacher zu Stratford verfertigte aus dem Holze desselben Dosen, Zahnstocher-Etuis u. dergl. und gewann viel Geld damit.

Jener Castrell aber trieb seine rohe Nichtachtung des unsterblichen Dichters so weit, daß er dessen Haus, um nicht die auf dasselbe gelegte Fenstertaxe bezahlen zu müssen, niederreißen und die Baumaterialen verkaufen ließ. Das Haus aber, in welchem Shakspeare geboren, steht noch heute und man zeigt es den nach Stratford kommenden Fremden, deren Neugierde dadurch gemißbraucht wird, daß man ihnen Geräthschaften verkauft, deren sich der Dichter angeblich bedient haben soll.　　　　　R. F.

Shakspeare.

Woche.

Am 8. März 1702 bestieg Anna, Tochter des vertriebenen Königs von England, Jakob's II., den englischen Thron, nachdem ihr Schwager, König Wilhelm, gestorben war.

Am 9. März 1741, früh 2 Uhr, eroberte durch Sturm ein kleines preußisches Armeekorps die Festung Glogau, unter dem Oberbefehle des Fürsten Leopold von Dessau.

Am 10. März 1814, nach zweitägigem hartem Kampfe zwischen den Heeren des Kaisers Napoleon und des Feldmarschalls Blücher, ward Ersterer genöthigt, die Gegend von Laon zu verlassen.

Am 11. März 1544 ward der berühmte epische Dichter Italiens, Torquato Tasso, zu Sorrento im Neapolitanischen geboren. Sein Helden-Gedicht: „das befreite Jerusalem" ist bis auf unsere Zeiten in hohem Werthe geblieben. So viel Ehren-Bezeigungen ihm aber auch während seines Lebens widerfuhren, so wurden ihm doch auch viel Kränkungen zugefügt, so daß man seinen schon im 52. Jahre, den 25. April 1595, erfolgten Tod als eine Folge davon annehmen kann.

Am 12. März 1703 eroberte durch einen kühnen und unerwarteten Angriff der französische Marschall Villars die wegen ihrer Lage sehr wichtige Festung Kehl (Straßburg gegenüber).

Am 13. März 1794 beschloß der französische National-Konvent, Volks-Kommissionen zu errichten, um die in den Gefängnissen sich befindenden Feinde der Republik schnell zu verurtheilen. Als aber die Häuptlinge der Regierung sahen, daß sie selbst dadurch würden Gefahr laufen, blieb es bei dem bereits organisirten Revolutions-Tribunale, von welchem man annahm, daß es im Durchschnitte von 12 Angeklagten 10 zum Tode verurtheilte.

Am 14. März (eigentlich am 24. März) 1794 begann unter des braven und edlen Kosciusko's Leitung der Aufstand in Polen, um sich den vorrückenden Preußen zu widersetzen, und ein gelungener Ueberfall über preußische Husaren war die erste That in einem Kampfe, der aber doch mit Polens Untergange endete.　　　　D.

Verlag von Bossange Vater in Leipzig.
Unter Verantwortlichkeit der Verlagshandlung.

Das Pfennig-Magazin

der
Gesellschaft zur Verbreitung gemeinnütziger Kenntnisse.

46.] Erscheint jeden Sonnabend. [März **15, 1834.**

Niobe.

Niobe war die Tochter des Tantalus, Königs in Phrygien (Kleinasien) und der Dione und kam mit Pelops aus Lydien nach dem Peloponnes, wo sie den König der Thebaner, Amphion, heirathete, mit dem sie 12 Kinder, 6 Söhne und 6 Töchter, zeugte. Als nun der Latonadienst in Theben eingeführt wurde, wagte sie die Frage aufzuwerfen, warum man der Latona, der Mutter des Apollo und der Diana vom Jupiter, und nicht ihr göttliche Ehre erweise, da sie doch 12 Kinder und Latona nur 2 Kinder geboren habe. Dieß nahm diese sehr übel und strafte die Vermessene dadurch, daß sie mit Hülfe ihrer Kinder alle Kinder der Niobe tödtete und sie selbst in einen Stein verwandelte. Dieser Fabel giebt man gewöhnlich eine natürliche Erklärung und läßt alle Kinder der Niobe plötzlich an einer gefährlichen Krankheit sterben; im Alterthume schrieb man gewöhnlich alle schnellen Todesfälle des männlichen Geschlechtes dem Apollo und jene des weiblichen der Diana und ihren Pfeilen zu. Der Geschichtschreiber Pausanias, der im zweiten Jahrhunderte nach Chr. Geb. lebte, erzählt, er habe auf dem Sipylus, einem Berge Kleinasiens, diese Niobe von Stein gesehen. „Wenn man nahe dabei ist, sagt er, so ist es nichts, als ein schroffer Stein, der durchaus keine Aehnlichkeit mit einem Frauenzimmer, noch weniger mit einem Weinenden hat. Befindet man sich aber in einiger Entfernung, so glaubt man die Gestalt eines Frauenzimmers zu erblicken, welches weint und in großer Noth ist."

Die Fabel von der Niobe wurde ein Lieblingsgegenstand für Bildhauer und es ist nicht unwahrscheinlich, daß es einst verschiedene Gruppen gegeben, welche die Mutter und ihre Kinder vorstellten. Plinius erzählt, „daß zu seiner Zeit eine solche in einem Apollotempel zu Rom gewesen sey; jedoch sey es zweifelhaft, ob der Bildhauer Scopas oder Praxiteles die sterbende Niobe und ihre Kinder verfertigt habe."

Zu Florenz ist jetzt noch die berühmte Gruppe: — Niobe und ihre Kinder in der sogenannten Tribune aufgestellt, welche die Bewunderung aller Besucher auf sich zieht, indem sie unter die berühmtesten Ueberreste des Alterthums gehört. Wahrscheinlich bildete die Mutter, die man in der Abbildung erblickt, mit Einer ihrer Töchter, die sich unter ihrem Gewande zu verbergen sucht, den Mittelpunkt der Gruppe, um die her ihre Kinder standen. Man ist der Meinung, das Ganze habe im Giebelfelde eines Tempels gestanden, wie die großen Gestalten des Theseus, Ilissus u. s. w. am Minerventempel zu Athen.

Auf diese berühmte Gruppe, welche jetzt noch aus dem Alterthume übrig ist, findet man mehrere größere und kleinere Gedichte. Ovid in den Metamorphosen singt:

Sechs nun sanken dem Tod', an verschiedener Wunde verblutend;

Nur die letzte noch blieb, die ganz mit dem Leibe die Mutter,

Ganz im Gewand umhüllt': und die Einzige laß mir, die Kleinste!

Von so Vielen die Kleinste verlang' ich nur, rief sie, und eine!

Während sie fleht, sinkt auch die Erflehete!

Der Niger.

Afrika ist das Land der Wunder, wie schon die Alten behaupteten, und sein Inneres ist so gut als gar nicht bekannt. Seit Jahrtausenden haben zwei seiner Flüsse, der Nil und der Niger, die Neuund Wißbegierde erregt, und die Quellen des Ersten sind noch eben so unbekannt, als vor drittehalbtausend Jahren. Den Lauf und die Mündung des Letztern haben wir erst in unsern Tagen kennen gelernt, und wie viele Männer haben ihr Leben dieser Entdeckung zum Opfer gebracht!

Mungo Park und der Major Laing wurden von den Eingebornen umgebracht; die Kapitäne Clapperton und Pearce und den Dr. Morrisson raffte die Ungesundheit des Himmelsstrichs hinweg. Alle diese Männer bereicherten die Erdkunde mit anziehenden Entdeckungen; aber den beiden Brüdern, Richard und John Lander, war die Lösung der Aufgabe vorbehalten; sie entdeckten den Lauf und die Mündung des Nigers. Aus den Entdeckungen ihrer Vorgänger wußte man, daß dieser Fluß seine Quellen in derselben Gebirgskette hat, in welcher der Senegal entspringt (nach Laing heißt der Niger an seiner

Quelle Tempie und entsteht unter dem 9° 15′ N. B. und 9° 36′ W. L. auf dem Berge Loma, der den Anfang einer Bergkette bildet); daß er anfänglich bis zur Stadt Tombuktu gegen Osten läuft und von da aus seine Richtung gegen Süden nimmt. Mungo Park war ihn bis Boussa gefahren, wo er seinen Tod fand. Von hier aus geht der Niger wiederum östlich, um sich in den See Tsadd zu verlieren, oder läuft er durch denselben hindurch und fällt in den Meerbusen von Guinea? Dieß war die Aufgabe, welche noch zu lösen war. Der Kapitän Clapperton sollte sich bei seiner zweiten Reise zu Boussa einschiffen und den Niger bis zu seiner Mündung hinabfahren, aber er starb zu Sakatu, ohne sein Unternehmen ausgeführt zu haben, und Richard Lander, der Einzige von seinen Reisegefährten, der ihn überlebte, kehrte auf dem Landwege, auf welchem er nach Sakatu gekommen war, mit Clapperton's Papieren zurück, um seine Rückreise nach England anzutreten.

Gegen das Ende des Jahres 1829 faßte die engl. Regierung den Entschluß, Richard Lander's Anerbieten zu benutzen, die Reise auszuführen, welche Clapperton nicht hatte vollenden können. Seine Verhaltungsbefehle gingen dahin, sich nach Badagry auf der Küste von Guinea zu begeben; von hier aus sollte er zu Lande nach Boussa reisen; dann dem Niger oder Quorra bis nach Funda folgen, indem man annahm, dieser Fluß fließe daselbst vorbei, und darauf sich versichern, ob dieser Fluß seine Richtung nach Osten nehme und sich im See Tsadd verliere, oder ob er seinen Lauf gegen Süden fortsetze und sich in's Meer ergieße. Zufolge dieser Verhaltungsbefehle ging Richard Lander den 1. Januar 1830 in Begleitung seines Bruders, John, von Plymouth, unter Segel und traf den 22. Februar zu Coast Castle, dem englischen Hauptkomptoir auf der Goldküste, ein. Wenige Tage darauf verfügte er sich nach Badagry, dem Seehafen von Guinea, wo er seine Zubereitungen zu seiner zu unternehmenden Reise machen wollte. Nicht ohne Mühe verschaffte er sich hier Leute, welche er zur Fortschaffung seines Gepäcks nöthig hatte. Den 13. März verließ er endlich Badagry und verfolgte wenigstens zum Theil den Weg, den er schon mit dem Kapitän Clapperton durch die Reiche Yamba und Borgou gemacht hatte. Zwei Monate brauchte er bis zur Stadt Boussa am Niger oder Quorra, in deren Nachbarschaft Mungo Park sein Leben eingebüßt hatte. Von Boussa ging er bis nach Yaurie, den Fluß hinauf, und entdeckte in diesen beiden Städten verschiedene Sachen und Bücher, welche diesem unglücklichen Reisenden gehört hatten, aber alle seine Bemühungen, seine Papiere ausfindig zu machen, waren vergebens. Bei seiner Zurückkunft nach Boussa, zu Anfange des Augusts, beschäftigte er sich mit Herbeischaffung der Mittel, den Niger hinabzufahren; allein die Eingebornen legten ihm so viele Schwierigkeiten in den Weg, daß beinahe zwei Monate vergingen, ehe er hierzu ein Canot erhalten konnte. Endlich schiffte er sich den 20. September ein, entschlossen, dem Laufe des Flusses bis in's Meer zu folgen. Die Mannschaft bestand aus Negern, auf deren Treue er sich nicht verlassen konnte, doch hatte er im Ganzen keine Ursache, mit den Eingebornen unzufrieden zu seyn, ob man ihm schon auf jeder Station sagte, er werde wilde Horden antreffen, gegen die er sich nur mit Mühe vertheidigen werde. Diese Voraussagungen gingen erst dann in Erfüllung, als er beinahe zwei Drittheile seiner Reise zurückgelegt hatte. Von mehrern Kriegskanots angegriffen, denen er Widerstand zu leisten sich außer Stande sah, raubte man ihm Alles das Seine und behielt ihn in der Stadt Eboe als Gefangenen. Da er die Nachricht erhielt, im Flusse Nun, Einem der Arme des Nigers oder Quorra, liege, in geringer Entfernung von Eboe, eine englische Brigg vor Anker, so erhielt er von dem Oberhaupte, in dessen Händen er sich befand, die Erlaubniß, sich an Bord dieser Brigg zu begeben, indem er versprach, sich von dem Kapitän derselben die Lösung geben zu lassen, welche man von ihm verlangte; allein der englische Kapitän schlug ihm sein Gesuch rein ab. Das Einzige, was er von ihm bekommen konnte, war das Versprechen, ihn nach der Insel Fernando Po zu schaffen, wo die Engländer seit 1827 einen Posten zur Unterdrückung des Sklavenhandels hatten. Den 1. December langte er daselbst an, reisete den 23. Januar 1831 nach Rio Janeiro ab, von wo er den 10. Juni wieder in Plymouth eintraf.

Die Entdecker der Niger=Mündung sind also die Gebrüder Lander, und das Ergebniß ihrer Reise ist folgendes: von Boussa, wo sich die Nachrichten endigten, die man bisher über den Lauf des Niger oder Quorra hatte, läuft dieser Fluß eine Strecke von ohngefähr 25 Stunden gerade gegen Süden; hierauf wendet er sich nach Südosten, welche Richtung er bis zum 8° N. B. beibehält. Von da an fließt er nach Südwesten und fällt in mehrern Mündungen unter dem 4° N. B. und zwischen dem 3 und 4° O. L. in's Meer. Auf seinem langen Laufe geht er im Ganzen durch ziemlich fruchtbare Gegenden, welche leidlich bevölkert sind. Die Einwohner sind zwar nicht sehr civilisirt, haben aber doch keine wilden Sitten. Sie scheinen mit Völkerschaften Verbindungen zu haben, welche mit den Europäern im Handelsverkehre stehen. Wenigstens schloß dieß Lander aus den Zeichen, die er, aus portugiesischen Manufakturen herrührend, ansah.

In der Mitte des Jahres 1832 unternahm Lander eine dritte Expedition mit eisernen Dampfbooten, um von der Mündung des Nigers aus diesen Fluß zu befahren; im Oktober war er schon im Nun angelangt und wollte nach Eboe weiter gehen. Er hatte die größte Hoffnung, daß sein Unternehmen gelingen werde. Wozu nutzen solche Unternehmungen? Sie verbinden entfernte Nationen mit einander, befördern den Handel, breiten Bildung und Kenntnisse aus und führen Menschen und Völker ihrer Bestimmung näher. Zum Verkehre mit einander sind diese bestimmt und derselbe verbreitet Wohlstand und Aufklärung. Daher ist es von großem Vortheile für die Menschheit, keinen Punkt der Erde unerforscht zu lassen und Menschen auf allen Stufen der Bildung und in allen Verhältnissen kennen zu lernen. Und die Nation macht sich um die Menschheit sehr verdient, welche das Dunkel in der Erd= und Völkerkunde verscheucht. B.

Die Verarbeitung der Baumwolle in England.

Der Einkaufspreis der in England jährlich verarbeiteten Baumwolle wird auf 6,000,000 Pfd. Sterl. geschätzt; der Arbeitslohn in solchen Manufakturen beschäftigten 833,000 Menschen steigt auf 20,000,000 Pfd. Sterl., und der Gewinn der Manufakturisten ist wenigstens 6,000,000 Pfd. Sterl.

Die Brücke über die Elbe in Dresden.

Die Stadt Dresden mit 63,835 Einwohnern (im Jahre 1831) hat Eine der schönsten Lagen, und ein Theil derselben, die Neustadt auf dem rechten Elbufer, wird mit einem andern, der Altstadt auf dem linken, durch eine Brücke verbunden, die sehr alt ist, mancherlei Schicksale erfahren hat und zu den herrlichsten Bauwerken dieser Art in Europa gehört. Anfangs ging hier über die Elbe eine hölzerne Brücke, allein da sie oft von den großen Gewässern beschädigt wurde, so bauete man von 1260 bis 1270 eine steinerne, welches von dem Baumeister Mathäus Fotius, auf Befehl Heinrich's des Erlauchten, geschah. Sie hatte 24 Pfeiler, allein bei den Eisfahrten verlor sie von Zeit zu Zeit Einen und den Andern, weil es ihnen an der nöthigen Festigkeit gebrach. In den Jahren 1311 und 1343 fiel die Brücke fast ganz zusammen; man bauete daher im Jahre 1344 eine neue, deren Pfeiler aus lauter Quadersteinen und Grundstücken bestanden; die Brücke hatte jetzt 23 Bogen und eine Länge von 300 Schritten. Sie reichte bis an's Schloß, mit dem sie durch eine Zugbrücke in Verbindung stand, allein bei großen Eisfahrten verlor sie bald einen, bald mehrere Pfeiler.

Zur Erweiterung der Festungswerke von Dresden ließ der Churfürst Moritz von 5 Pfeilern die Bogen abbrechen und überschütten, wodurch er die Elbe zurückdrängte, die hier die größte Spannung hatte. Die Brücke behielt nur 18 Bogen (19 Pfeiler) und eine Länge von 630 Schritten. Im Jahre 1737 ließ der König und Churfürst August II. noch zwei Pfeiler überschütten (wodurch sie blos 17 Pfeiler behielt), um Platz für die katholische Kirche zu bekommen. Ungeachtet dieser Verschüttung von 7 Pfeilern bemerkt man doch kaum, daß sie auf der Seite der Altstadt an Ebenmaß verloren hat.

Ihre jetzige Gestalt und größere Festigkeit, die sie durch tiefer gepflasterten Grund, Gegenbogen unter dem Wasser und höhere Spannung erhalten hat, verdankt sie dem Oberlandbaumeister Pöpelmann, dem August I. diese Arbeit von 1727 — 1731 auftrug. Gegenwärtig hat sie 17 Pfeiler, die vorne rund und hinten spitzig sind, und 16 Bogen bilden; sie besteht ganz aus Quadern, die mit eisernen Klammern fest verbunden sind, erreicht ihre höchste Spannung in dem sogenannten Krucifirpfeiler, der sonst der mittelste war, ist über 550 Ellen lang, $13\frac{1}{2}$ Elle breit, und hat zu beiden Seiten erhöhete, $2\frac{1}{2}$ Elle breite, mit Steinplatten belegte Auftritte für die Fußgänger, welche zur Vermeidung des Ausweichens auf der rechten Seite von der Altstadt nach der Neustadt und auf der linken von dieser nach jener gehen dürfen. Die Trottoirs wurden 1825 — 1826 mit Granitplatten aus der Gegend von Bischofswerda belegt, die nicht sobald ausgelaufen werden. Die halben Rundungen der Pfeiler, mit Ausnahme jenes des Krucifixes, haben steinerne Bänke, auf denen über 700 Menschen sitzen können; die ganze Brücke ziert auf beiden Seiten ein $1\frac{1}{4}$ Elle hohes eisernes Geländer. Nur der höchste und größte Pfeiler, der fünfte vom Schlosse her, oder ursprünglich der mittelste, hat steinerne Brustwehren, und auf der höchsten Halbrundung desselben standen sonst zwei allegorische Statuen, Polen und Sachsen darstellend, an deren Stelle man seit 1813 blos noch das Wappen in Stein gehauen sieht. Der künstliche Sandsteinfelsen ist 12 Ellen hoch und auf ihm steht ein 33 Centner schweres, metalle=

nes und vergoldetes Krucifir, links von der Altstadt aus, das mit fünf Centnern Blei eingegossen ist. Unter demselben liegt eine vergoldete Weltkugel, um die sich eine Schlange windet. Eine lateinische Inschrift am Felsen des Krucifires lautete sonst folgendermaßen: Joan. Georg. II. Elector aere fudit. Frieder. August. Rex ornavit et Lapide substruxit.

Als die Russen und Preußen im Jahre 1813 aus Schlesien durch die Lausitz vordrangen und in Dresden über die Elbbrücke gehen wollten, ließ der französische Marschall Davoust den vierten Pfeiler von der Altstadt her mit einer Mine versehen, die man am 19. März sprengen ließ, wodurch der dritte und vierte Bogen zerstört ward. Aus Vorsicht hatte man das Kreuz vorher entfernt, welches das russische Gouvernement am 24. Decbr. 1813 wieder aufrichten ließ. Ueber der ältern Aufschrift verkündigte nunmehr eine Marmortafel: Galli dejecerunt die XIX. Mart. MDCCCXIII. Alexander I. Restituit die

natali XXIV. Dec. MDCCCXIII. Nach der Schlacht von Lützen (den 2. Mai 1813) traf der Kaiser der Franzosen, Napoleon, den 8. Mai Abends in Dresden ein und ließ sogleich über die gesprengte Kluft eine hölzerne Brücke legen, unter welcher er den Pfeiler wieder aufmauern ließ. Das russische Gouvernement ließ darauf eine feste hölzerne Brücke errichten. Im Sommer 1814 ersetzte man sie durch steinerne Bogen, welche im September vollendet waren.

An dem Krucifirpfeiler ist seit 1776 auf der Schloßseite ein Elbmesser von schwarzem Eisenbleche mit weißem Grunde und schwarzem Firnisse angebracht, 10 Dresdner Ellen bis zu Zollen über die Null und $2\frac{1}{3}$ Elle unter dieser, welche das volle schiffbare Wasser anzeigt.

Man sieht hier die Brücke in ihrer ganzen Länge; die Abbildung ist jedoch in der Umgebung nicht ganz getreu zu nennen.　　　　　　　　　　B.

Die Brücke über die Elbe in Dresden.

Der Talipot auf Ceylon.

Wenige Gegenstände des Pflanzenreichs sind merkwürdiger, schöner und für den Menschen nützlicher, als der Talipot, welcher Baum zu dem Geschlechte der Palmen gehört und besonders auf der Insel Ceylon und an der Küste von Malabar zu Hause ist, jedoch soll er auch auf den Marquesas- und Freundschafts-Inseln gefunden werden. Er erreicht eine Höhe von 100 Fuß und ist an der Erde an 5 Fuß im Umfange; der Stamm ist vollkommen gerade und wird allmählig bis zum Gipfel immer dünner, jedoch ist er stark genug, um den heftigsten Winden zu widerstehen. Er hat keine Zweige, und die Blätter kommen blos in der Nähe des Gipfels aus dem Stamme hervor und sind so groß, daß sie 10 bis 15 auf einem Haufen beisammen stehende Menschen bedachen können. Die über den Blättern hervorsprossende Blüthe ist Anfangs eine glänzende gelbe Traube, die ungewöhnlich schön aussieht und einen scharfen, beißenden Geruch hat. Vor der Entwickelung ist die Blüthe in einer harten Schale eingeschlossen, welche bei der Entfaltung der Blume mit einem Knalle auseinander platzt. Diese Blüthe schießt pyramidenförmig in einer großen Höhe hervor, so daß der Baum oftmals um 30 Fuß höher wird. Aus der Blüthe entsteht die Frucht oder die Saamenkörner, die sehr zahlreich, so groß wie unsere Kirschen und nicht eßbar sind; sie können blos als Saame zur Fortpflanzung und Vermehrung des Baumes gebraucht werden. Es scheint, daß die Eingebornen sie nicht säen, sondern dieses Verfahren gänzlich der Natur überlassen. Dieser Baum blüht und trägt nur ein einziges Mal, was in seinem höchsten Alter Statt findet, welches er auf 100 Jahre bringen soll, nach Andern nur auf 30 Jahre. Sobald als die Frucht oder der Saame reif ist, vertrocknet der Baum und stirbt so schnell ab, daß er nach einem Paar Wochen auf der Erde hingestreckt und verfault liegt. Man behauptet jedoch, daß, wenn man den Baum fällt, bevor er in Saamen schießt, das im Stamme reichlich enthaltene Mark nahrhaft und gesund sey, und daß die Eingebornen aus diesem ein Mehl bereiten und daraus Kuchen backen, die beinahe wie Weizenbrod schmecken und auch oftmals die Stelle des gewöhnlichen Kornbrodes vertreten. Auch wird daraus der Sago bereitet.

Der Stamm des Talipot ist, wie die meisten andern Palmbäume, von außen ungewöhnlich hart, aber inwendig weich und schwammig, und der größte Theil der Dicke ist eine weiche, braune, zellartige Substanz. Jedoch besteht der größte Nutzen des Bau= mes in den Blättern welche an dem Baume befind= lich und ausgebreitet von einer schönen dunkelgrünen Farbe sind; aber die, welche vornehmlich zum Gebrauche be= stimmt werden, werden vor dem Entfalten abgeschnit= ten und behalten für immer eine blasse, braungelbe

Der Talipot auf Ceylon.

Farbe, die dem Pergamente nicht unähnlich ist. Ihre Zubereitung zum Gebrauche ist sehr einfach; man reibt sie mit einem harten und glatten Holze, damit alle Feuchtigkeit ausgedrückt wird und sie biegsamer wer= den, wie sie es auch schon von Natur in großem Maße sind. Die Form des Blattes kann man aus der Abbildung sehen; es ist genau wie ein Fächer ge= staltet, kann wie ein solcher auseinander= und zusam= mengelegt werden, es wird auch wirklich von den Eingebornen zu einem Fächer gebraucht, und ist zu= gleich ihr Regen= und Sonnenschirm. Auch machen sie aus diesen Blättern ihre Zelte, wenn sie im Felde sind, und, in Streifen geschnitten, vertreten sie bei hinen die Stelle des Schreibepapiers.

Das Blatt ist so leicht, daß man es leicht mit einer Hand tragen kann, allein der Bequemlichkeit wegen schneidet man es in Stücke, die so leichter zum Schutze wider die sengenden Sonnenstrahlen und den Regen dienen. Es ist dazu kein besonderer Stiel nö= thig, sondern wer sich dessen bedient, der hält es an beiden Seiten. Auf solche Art hat die weise Vorsehung für dieses arme und nackte Volk in dem regnigten und heißen Lande gesorgt; denn die Wärme ist auf Ceylon gewöhnlich 81° Fahr. und die Hitze sehr anhaltend und unausstehlich. Wie sehr es auch auf ein solches Blatt reg= nen mag, so saugt es doch nicht ein, sondern bleibt immer trocken und leicht wie zuvor. In den Jahren 1817 und 1818 haben die britischen Truppen in dem Kriege mit den Eingalesen auf ihre Kosten erfahren, welch' ein vortreffliches Schutzmittel ein solches Blatt gegen Feuchtigkeit und Nebel sey. Jeder Krieger der Eingebornen war nämlich mit einem solchen Blatte versehen, weshalb sein Gewehr und sein Pulver gar nicht naß wurden und gegen die angreifenden Englän= der gebraucht werden konnten; während die Flinten der Letztern sehr oft durch einen starken Regen und durch die Nässe der Bäume unbrauchbar wurden und sie folglich auf die Eingebornen nicht feuern konnten. In Betreff der Zelte, so genügen zu einem solchen Ob= dache zwei bis drei Blätter, und da sie so leicht und tragbar sind, weil jedes Blatt in der Größe eines Menschenarms zusammengefaltet werden kann, so sind sie dazu sehr anwendbar. Die Anführer besonders ha= ben regelmäßige, daraus verfertigte, viereckige Zelte; bei diesen sind die Blätter nett zusammengenäht und über ein leichtes Rahmenwerk gespannt, da denn das Ganze leicht ist und zusammengelegt einen kleinen Raum einnimmt.

Sollen die Blätter als Papier gebraucht wer= den, so schneidet man sie in Streifen von 15 Zoll Länge und 3 Zoll Breite, weicht sie eine kurze Zeit in heißem Wasser, reibt sie mit einem glatten Holze um sie recht biegsam zu machen, und trocknet sie zu= letzt. Der Eingalese schreibt oder gräbt darauf seine Buchstaben mit einem spitzigen, stählernen Instrumente und reibt darauf eine dunkelfarbige Substanz, die blos in den Vertiefungen fest bleibt, die Buchstaben hervorhebt und sie leichter lesbar macht. Diese farbige Materie wird mit Kokosnuß-Oel flüssig gemacht und ist getrocknet nicht leicht verlöschbar. Zum gewöhnlichen Schreiben werden die Blätter einer andern Palmart gebraucht, und die des Talipot blos zu Gerichtsschriften, wichtigen Urkunden und Büchern. (Man sehe № 14. d. Pfenn.-Magaz.). Viele der in Europa für Papyrus geltende Schriften sind nichts anderes, als Blätter des Talipot. Will sich ein Cingalese von dem Alter einer Schrift überzeugen, so bericht er selbige oder beißt davon ein Stück ab. Das zum Schreiben angewendete Oel hat einen starken Geruch, der die Schrift vor Insekten sichert, welcher jedoch mit der Zeit vergehet. Auch hat der Talipot von Natur die Eigenschaft, die Insekten abzuhalten und ein solches Buch auch ohne das Oel in gutem Zustande zu erhalten. Es muß hier bemerkt werden, daß der Cingalese, welcher die feierlichste Handlung, wie z. B. die Gründung eines Tempels, Vermächtnisse u. dgl. auf dünnen Kupferplatten aufzeichnet, die gewöhnlich sehr niedlich mit Silber eingefaßt sind, immer diese Platten von solcher Form macht, wie die Talipot-Streifen zum Schreiben.

Außerdem werden diese Blätter allgemein zum Bedachen der Häuser gebraucht; auch werden daraus Hüte verfertigt, und zwar mit so breiten Rändern, daß sie wie aufgeschlagene Regenschirme aussehen und vornehmlich von Säugenden getragen werden, um sich und ihre Kinder vor der Hitze zu schützen.

Uebrigens ist dieser Baum nicht sehr häufig, und die, welche blos die Küsten besuchen und nicht in's Innere der Insel dringen, bekommen ihn selten zu sehen.

Zum Leben des Columbus.
(Fortsetzung.)
3.

Dem begeisterten Vertrauen des Genius, weniger auf sich selbst, als vielmehr auf die Idee, die ihn ergriffen und der er sich ganz hingegeben, ist Stolz, so lange er nicht persönlich ist, wo nicht geziemend, doch verzeihlich. Columbus Leben bietet manche Scenen dieser Art. Er, der vom Bischof Cazadilla von Ceuta und Johann dem Zweiten von Portugal hintergangen, in Spanien am Kloster La Rabida in Andalusien den Pförtner um Brot und Wasser für sein Kind bat, den Prior und dessen Freunde gewann, vor einer, auf Ferdinand's und Isabellen's Befehl berufenen Versammlung frommsüchtiger, mehr oder minder vorurtheilsvoller Gottesgelehrten fest und begeistert seine Sache führte, besonnen und bescheiden Glaubenslehren und Kirchenväteransehen schonte, unbekümmert, sich einen träumenden Spekulanten und tollen Schwärmgeist nennen ließ, foderte, als er, auch durch fortdauernde Kriege, sieben Jahre hingehalten, seine Unterhandlungen mit dem Hofe, auf Verwendung jenes Priors, wieder anknüpfte, nur fürstliche Bedingungen: Titel und Vorrechte eines Admirals und Unterkönigs über die zu entdeckenden Länder, mit einem Zehntel von allem Handels- oder Eroberungsgewinne. Ja, als man bemerkte, daß er freilich nichts zu verlieren, wohl aber eine Befehlshaberstelle zu gewinnen habe, erbot er sich schnell, gegen ein zugesichertes Achtel vom Gewinne die Kosten zum achten Theile zu tragen; ließ auch davon nichts nach, als auf Anrathen seines

übermüthigen Gegners, des Prälaten Fernando von Talavera ihm mäßigere Bedingungen vorgeschlagen wurden. Gleichwohl hatte er in achtzehn seinen Plan mit sich herumgetragen, umsonst darüber mit Höfen unterhandelt, Armuth, Vernachlässigung, Spott, Schmach und Mißerfolg verschmerzt.

Diese Festigkeit gewann ihm in Luis de St. Angel, dem Einnehmer der Kircheneinkünfte Aragoniens, einen so warmen und eifrigen Vertreter bei der Königin, daß sie auf eigene Rechnung für Kastilien das Unternehmen wagte und Columbus durch einen Eilboten, der den trotzig Abreisenden zwei Meilen von Granada einholte, zurückberufen und ihm, was er verlangt hatte, selbst mit Zustimmung des für ihn gewonnenen Königs, bewilligt ward. Jetzt sprach er auch seine begeisterte Hoffnung aus, den christlichen Glauben zu verbreiten und mit dem unermeßlichen Ertrage seiner Entdeckungen das heilige Grab in Jerusalem den Ungläubigen zu entreißen.   W.

Amerikanische Bergwerke.

In Amerika, dem Lande, in welchem, vielleicht mit alleiniger Ausnahme der Bevölkerung *), die Natur meist in großartigen Gestalten auftritt, welches bei einer Bodenfläche von beinahe 800,000 Q.-Meilen wenigstens 60 Mal größer ist, als Deutschland, wo die Schneegipfel des Chimborazo, Sorata und Illimani in einer Höhe von 20 bis 21,000 Fuß über unermeßliche Ebenen und unabsehbare Urwälder hinwegblicken, deren undurchdringlicher Schatten von meilenbreiten Strömen, wie der Maranon oder Amazonenfluß, durchschnitten wird, welcher eine Länge von 800 deutschen Meilen und an der Mündung eine Breite von 15 deutschen Meilen erreicht, wo der riesenhafte Condor-Vogel sich auf Fittigen von Manneslänge wiegt; da erscheint auch die Unterwelt nach europäischem Maßstabe in außergewöhnlicher Größe und überrascht uns durch ihre Reichthümer.

Wenn nun den unterirdischen Räume, welche durch den Bergbau bei der Gewinnung von Gold und Silber entstehen, von der Masse der Erze abhängig sind, worauf dieser betrieben wird, so zeigt uns die nachstehende Abbildung einer amerikanischen Silbergrube, in welchen großen Weitungen und hohen Felsenhallen der Bergmann sich dort bewegt, während derselbe in den Bergwerken Deutschlands größtentheils in engen Strecken, in den Mansfeldschen und andern Gruben sogar liegend arbeiten muß, und unterirdische Räume von solchem Umfange nur da kennt, wo das Gestein seiner Festigkeit wegen durch Feuersätzen gewonnen wird, wie in den Stockwerksbauen bei Goslar am Harz und zu Altenberg im Erzgebirge.

Demungeachtet ist das Loos des Bergmanns auch in Amerika kein glänzendes und beneidenswerthes; denn die dortigen Gruben liegen zum Theil in öden, unwirth-

---

*) In den verschiedenen nordamerikanischen Provinzen ist die Bevölkerung von 13 bis 1300 Einwohner auf die Q.M. verschieden; in Süd-Amerika rechnet man im Durchschnitt nicht mehr als 50 bis 60 auf eine Q.M., während Deutschland auf einem gleichgroßen Flächenraume durchschnittlich 2500 und in einzelnen Provinzen (Westphalen, Hessen, Sachsen, Würtemberg), 3 bis 4000 und 6 bis 8000 Einwohner (Rheinprovinzen) zählt.

baren Wüsten, zum Theil, wie die Silbergruben von Potosi, Pasco und Chota in Peru, in sehr großer, unbewohnbarer Höhe, nahe an der Grenze des ewigen Schnees, gegen 15,000 Fuß, d. i. etwa vier Mal so hoch, als der Brocken im Harzgebirge über dem Meere, wo das Wasser das ganze Jahr hindurch gefriert, wo kein Baum wächst, und die erforderlichen Nahrungsmittel und andere Materialien mit großer Mühe weit herbeigeschafft werden müssen.

Uebrigens darf man die Schätze der amerikanischen Bergwerke sich auch nicht als goldene oder silberne Berge im eigentlichen Sinne des Wortes denken; denn es ist nicht sowohl der reiche Metallgehalt der Erze, als vielmehr die Quantität derselben, welche den dortigen Bergbau so ergiebig macht, und deren Benutzung bleibt daher immer die schwierige Aufgabe des Berg= und Hüttenmannes, deren Lösung besonders auch dem schnellern Gedeihen und Erfolge der jetzt bestehenden europäisch=amerikanischen Bergwerksgesellschaften mehrfache Hindernisse entgegenstellt.

Es fehlt zwar nicht an Beispielen, daß dort Parthien von gediegenem Golde bis zu der Größe von 5, 10 und 25 Pfund, so wie von gediegenem Silber bis zu 200 Kilogrammen, oder ohngefähr 400 Pfund (in Mexiko und Peru) gefunden worden sind; allein es wird doch das erstere Metall in Amerika, namentlich in Brasilien, weniger durch den Bergbau gewonnen, als in feinen Körnern und Blättchen im Sande gefunden, und durch sogenannte Seifenwerke ausgewaschen; letzteres aber, das Silber, kommt dort in gleichartigen Erzen, wie in Europa, vor, die jedoch zum größern Theile nicht reicher, vielmehr oft ärmer sind, als hier, indem z. B. der Silbergehalt aller in Mexiko gewonnenen Erze im Durchschnitte $\frac{1}{10}$ bis $\frac{1}{4}$ Procent beträgt, so daß 100 Pfund Erze nur 3 bis 4 Unzen, oder 6 bis 8 Loth Silber enthalten, und zu den 3 Millionen Mark Silber, welche das ehemalige Königreich Neuspanien unter günstigen Umständen jährlich produciren kann, das bedeutende Quantum von 10,000,000 Centner roher Erze erforderlich ist.

Der Silbergehalt der Erze in Peru ist im Allgemeinen nicht viel höher; in Potosi wird derselbe durchschnittlich zu $\frac{1}{2}$ Procent angenommen.

Um ein specielleres Bild von der Großartigkeit der amerikanischen Silbergruben zu geben, mag das Beispiel dienen, daß diejenigen bei Guanaxuato in Mexiko, welche zugleich die reichsten der bekannten Welt sind, seit länger als 200 Jahren in einer Längenerstreckung von mehr als 12,000 Metres, oder 36 bis 40,000 Fuß, und bis zu der Tiefe von 500 Metres, oder mindestens 1500 Fuß, auf einem Silbererz=Gange im Thonschiefergebirge bauen, welcher die außerordentliche Mächtigkeit oder Breite von 80 Fuß und mehr erreicht, und in dem Zeitraume von 1786 bis 1803 jährlich 556,000 Mark, oder 2780 Centner Silber, in den 38 Jahren von 1766 — 1803 aber 18,783,537 Mark (circa 90,000 Centner) Silber und 43,000 Mark Gold geliefert hat.

Die bedeutendste dieser Gruben führt den Namen Valenciana, und hat mitunter in einem Jahre mehr Silber geliefert, als das ganze Königreich Peru; eine Vergleichung derselben mit der reichsten Grube des Erzgebirges, dem Himmelsfürsten bei Freiberg, welche in den 50 Jahren von 1768 — 1818 gegen $1\frac{1}{2}$ Millionen Thaler Ausbeute (baaren Ueberschuß) gegeben hat, gewährt folgende Uebersicht eines Betriebsjahres zu Ende des 18. Jahrhunderts:

	Valenciana.	Himmelsfürst.
Zahl der Arbeiter....	3100 Mann.....	700 Mann.
Gelieferte Erze......	720,000 Centner..	14000 Centn.
Silbergehalt pro Cnt. Erz....	8 Loth......	12—14 Loth.
Jährl. Silberproduction	360000 Mark....	10000 Mark.
Jährlicher Ertrag.....	750000 Thlr....	22500 Thlr.

Die Silberproduktion von Guanaxuato hat übrigens im jetzigen Jahrhunderte fortwährend abgenommen, und zwar von 755,000 Mark (1804) bis zu 155,000 Mark (1818) jährlich.

Die übrigen bedeutendsten Gruben in Mexiko, die von Catorce und Zacatecas, haben ebenfalls eine jede bis zu 400,000 Mark Silber jährlich geliefert, und die hier namhaft gemachten drei wichtigsten Gruben tragen zu der auf $2\frac{1}{2}$ Millionen Mark geschätzten jährlichen Silber=Ausfuhr von Mexiko nach Europa und Asien, welche $\frac{2}{5}$ der gesammten Silberproduktion unsers Erdkörpers beträgt, die größere Hälfte bei.

Der einzige Erzgang von Guanaxuato aber liefert fast den vierten Theil alles mexikanischen und den sechsten Theil alles amerikanischen Silbers, während man die Zahl der einzelnen Gruben in dem ehemaligen Königreiche Neu=Spanien überhaupt zu beinahe 3000, und deren gesammte Silberproduktion jährlich zehn Mal so groß, als die ganze europäische annehmen kann. Diese Gruben werden sämmtlich von Privatunternehmern gegen bestimmte Abgabe betrieben, wohin hauptsächlich der Quint oder der Fünfte von der Produktion gehört.

Zu den Schwierigkeiten jenes Bergbaues gehört übrigens auch das wegen der Theuerung der Lebensbedürfnisse meist sehr hohe Lohn der überdieß ganz freien Grubenarbeiter, welches oft zu $1\frac{1}{4}$ bis $1\frac{1}{2}$ Thaler täglich, also ungefähr so hoch veranschlagt werden muß, wie das wöchentliche Lohn eines Bergmanns in Deutschland. Jene müssen dagegen, bei den vorhandenen unvollkommenen Vorrichtungen zum Transport in der Grube, auch Erzlasten von 250 bis 350 Pfund in Säcken auf dem Rücken aus der Tiefe herauf tragen, wie dieß das vorstehende Bild zeigt; in einigen Gruben bedient man sich auch der Maulthiere zu unterirdischen Arbeiten. Eben so wurden früher die Gruben=Wasser größtentheils auf eine sehr unvollkommene Weise in ledernen Säcken zu Tage gefördert.

Die reichsten Silberbergwerke Südamerika's, von Potosi la Paz und andere, befinden sich ohngefähr in derselben Entfernung von 20 — 25 Grad südlicher Breite vom Aequator, wie die mexikanischen nördlich von diesem. Zu jenen gehören außerdem auch die Gruben von Pasco, Chota und Huantajava; erstere liegen in einer Höhe von mehr als 12,000 Fuß über dem Meere, werden seit dem Jahre 1630 ohne Unterbrechung, im Kalkgebirge, nur in geringer Teufe unter Tage, betrieben, und haben jährlich 2 bis 300,000 Mark, in einer Reihe von 20 Jahren mehr als 5,000,000 Mark, oder 25,000 Centner, die Gruben von Chota aber in dem Zeitraume von 1774 bis 1802, also in 29 Jahren, über 2,000,000 Mk. oder 10,000 Centner, und die von Huantajava jährlich 70 bis 80,000 Mark Silber geliefert, zum Theil in gediegenen Massen von mehreren Centnern an Gewicht.

Der Bergbau zu Potosi in dem jetzigen Staate Bolivia wurde im Jahre 1545, also 20 Jahre nach des Eroberers Pizarro Erscheinen in Südamerika, begonnen; damals enthielten die nahe am Tage liegenden Erze nicht selten 50, ja 80 bis 90 Mark Silber im Centner; mit der zunehmenden Tiefe sind dieselben jedoch bedeutend ärmer geworden, so daß ihr mittlerer

Silbergehalt im Jahre 1607 nur zu 3 Loth im Centner angegeben wird, und jetzt nur noch $\frac{1}{2}$ bis $\frac{3}{4}$ Procent beträgt, dessen ungeachtet ist das Metallausbrin-

Amerikanische Bergwerke.

gen wegen der großen Menge von Erzen sehr bedeutend und kann beinahe zu $\frac{1}{2}$ Million Mark Silber jährlich angenommen werden; in einem Zeitraume von 233 Jahren, nämlich von 1556 bis 1789, hat dasselbe in runder Summe 100 Millionen Mark, oder 500,000 Centner Silber betragen. Zu Ende des 16. Jahrhunderts arbeiteten 15,000 Indianer in den Berg- und Hüttenwerken von Potosi, jetzt rechnet man etwa 2000 Bergleute; aber 15,000 Lamas und eben so viele Esel dienen zum Transport der Erze von dem Gebirge nach den Schmelzhütten.

Die ersten europäischen Reisenden, welche die Cordilleras besuchten, fanden auf den Bergen von Potosi gegen 6000 kleine tragbare Schmelzöfen von Thon im Gange, wie solche schon vor der Eroberung des Landes von den Eingebornen angewendet worden waren.

Da übrigens bei weitem der größte Theil des Silbers in Amerika jetzt und schon seit längerer Zeit (in Mexiko seit 1557, in Peru seit 1571) nicht mehr durch den gewöhnlichen Schmelzproceß, sondern durch die Amalgamation der Erze mit Quecksilber dargestellt wird, und da dieses Metall in großen Quantitäten aus Europa (aus Spanien und den österreichischen Staaten) herbeigeholt werden muß, so ist die Silberproduktion jenes Landes im Allgemeinen nicht willkührlich, und nicht blos von der Menge und dem Gehalte der vorhandenen Erze, sondern zugleich auch von der Möglichkeit abhängig, das erforderliche Quecksilber, und zwar zu angemessenen Preisen, herbeizuschaf-

fen, dessen Bedarf für den mexikanischen Bergbau allein zu 16,000 Centner, und mit Hinzurechnung des peruanischen und übrigen südamerikanischen, zu 25,000 Cntnr. jährlich anzunehmen ist.

Zu Anfange des 19. Jahrhunderts wurde die jährliche Gold- und Silber-Produktion Amerika's in folgender Art berechnet:

Königreich Neuspanien:
7000 Mark Gold, 2,338,000 Mark Silber Goldwerth 23,000,000 Piaster (span. Thlr.)

Königreich Peru:
3400 Mark Gold, 611,000 Mark Silber Goldwerth, 6,240,000 Piaster.

Königreich Chili:
12,200 Mark Gold, 29,700 Mark Silber Goldwerth, 2,060,000 Piaster.

Königreich Brasilien: *)
16,100 Mark Gold, ——— 2,344,000 Piaster.

Uebriges Südamerika:
22,700 Mark Gold, 482,000 Mark Silber Goldwerth, 7,840,000 Piaster.

Summa: 61,400 Mark Gold, 3,460,700 Mark Silber Goldwerth 41,484,000 Piaster.

Der Werth des Goldes und Silbers, welches die amerikanischen Bergwerke in dem Zeitraume von 1492 bis 1803, also etwa in drei Jahrhunderten, geliefert haben, ist dagegen

zu 1,350,000,000 Piastern in Gold, und
= 4,350,000,000 = = = in Silber.

Summa: 5,700,000,000 Piastern berechnet worden welche Summe bei weitem zum größten Theile nach Europa geflossen ist. ——— P.

Woche.

Am 15. März 1805 ward auf des Kaisers Napoleon Befehl das Herzogthum Cleve in Besitz genommen, und, mit dem Berg'schen Gebiete vereinigt, zu einem Großherzogthume Berg ernannt und dem Prinzen Mürat, des Kaisers Schwager, übergeben.

Am 16. März 1792 wurde Gustav III., König von Schweden, auf einem Maskenballe durch Ankarström tödtlich verwundet, starb aber erst am 29. dess. Mon. nach vielen Leiden.

Am 17. März (?) 180 nach Chr. Geb. starb der durch seine philosophische Bildung ausgezeichnete römische Kaiser Marc Aurel.

Am 18. März 1768 starb der als Verfasser von Yorik's empfindsamer Reise, des Tristram Shandy u. m. a. Schriften, auch in Deutschland wohlbekannte englische Schriftsteller Lorenz Sterne.

Am 19. März des Jahres 720 vor Chr. Geb. soll die erste Sonnenfinsterniß, von welcher die Geschichte Kunde giebt, beobachtet worden seyn.

Am 20. März 1731 zerstörte ein furchtbares Erdbeben den größten Theil der Stadt Foggia im Königreiche Neapel; gegen 2000 Menschen verloren dabei ihr Leben.

Am 21. März 1804 wurde der unglückliche Herzog von Enghien auf Buonaparte's Befehl in dem festen Schlosse Vincennes erschossen. D.

*) Brasilien hatte die stärkste Goldproduktion in den Jahren 1752 bis 1762.

Verlag von Bossange Vater in Leipzig.
Unter Verantwortlichkeit der Verlagshandlung.

Druck von Breitkopf und Härtel in Leipzig.

Das Pfennig-Magazin

der
Gesellschaft zur Verbreitung gemeinnütziger Kenntnisse.

47.]   Erscheint jeden Sonnabend.   **[März 22, 1834.**

Der Mais oder türkische Weizen.
(Zea Mais L.)

Der Mais ist unter den dem Verbrauche der Menschen und Thiere Mehl und Brod liefernden Früchten, als Kartoffeln, Getreide u. dgl., wohl am weitesten auf der Erde verbreitet und der jetzige Anbau vieler Abarten nicht blos auf die Tropenländer eingeschränkt, sondern allerdings geeignet, wenigstens in zwei kleineren Hauptarten, Nahrung für die Norddeutschen, und in allen drei Hauptarten Nahrung für die landwirthschaftlichen Thiere bis zu den deutschen Nord- und Ostseeküsten zu liefern.

Columbus führte den Mais zuerst aus Mittelamerika in Europa ein, wo er sich schnell im Süden verbreitete und nun immer nördlicher in die Pflege der Garten- und Feldwirthschaft aufgenommen wird. Der Anbau in Oesterreich und Schwaben, so wie am Rhein, ist bereits ansehnlich. Versuche haben uns gelehrt, daß er auch in Norddeutschland in den kleineren, unter B und C beschriebenen Arten geräth, und wir wünschen, ihm durch unser gemeinnütziges Magazin die verdiente Aufmerksamkeit der Landleute zuzuwenden; denn kein anderes Getreide ist so ergiebig, als der Mais. Der starke Halm ist mit langen und breiten Blättern besetzt und leidet kein Unkraut in der Nähe. Die erste Reinigung muß mit der Hand und die fernere kann mit dem Schaufelpfluge geschehen.

Der Mais ist eine jährige, gegen Nachtfröste empfindliche Pflanze, deren verschiedene Arten selbst in Deutschland bis 8 Fuß Höhe erreichen und im Verhältniß zur Wärme des Klima's zuckerreich sind. Er darf daher erst gelegt oder aus den Mistbeeten verpflanzt werden, wenn die Nachtfröste nicht mehr zu besorgen sind, und bedarf der nämlichen Pflege, als der Taback, welcher mit ihm ein gemeinschaftliches Vaterland hat. Wann der Wallnußbaum Blätter hat, ist der richtige Zeitpunkt des Verpflanzens oder des Legens der Saat. Weicht man solche vorher in etwas salzigem Wasser, so hat man den Vortheil, nur ganz gesunde Körner zu legen; indem die leichteren oben schwimmenden zum Viehfutter verbrauchen werden. Der Mais geräth auch auf Anschwemmungsboden, aber sicherer auf tiefem, gut gedüngtem Sand- und lehmigem Sandboden, liebt auch den Mergel, besonders in etwas kälterem Grunde. Er trägt männliche und weibliche Blüthen grünlich weißer, in's Röthliche spielender Farbe in getrennten Aehren. Die männlichen Blüthen erscheinen als Rispen, wie ein Federstutz an der Spitze des Halms, die weiblichen kommen an der Seite aus einer Scheide hervor. Die Griffel bilden einen herabhängenden Büschel seidenähnlicher Fasern. Nach der Befruchtung vertrocknet die männliche Blüthe und in der Scheide der weiblichen Blüthe erzeugt sich der

Saamenkolben, worin die Körner in langen Reihen festsitzen. Jeder Halm trägt zwei bis drei solcher Kolben. Die vielen pergamentartigen Deckblätter schützen die Körner gegen die Witterung und Insekten, aber freilich nicht gegen den Vogelfraß. — Die Farben der Körner sind sehr verschieden und gleicher Währung für das Mehl; nur glauben die nördlichen Amerikaner, daß das Gebäck aus Mais mit weißen Körnern wohlschmeckender sey.

Fig. 1.   Fig. 3.   Fig. 4.   Fig. 2.

Der Mais oder türkische Weizen.

Wenn wir ihn mehr als bisher im Norden einführen, so werden wir ohne Zweifel neue Arten gewinnen, die uns mehr, als die bisher bekannten, leisten werden. Auch in Frankreich will man bemerkt haben, daß die weißen Körner etwas früher reifen und daß sie sich für einen Anschwemmungsboden besonders eignen.

A.

Die größere Art kann mit Vortheil nur in Süddeutschland gebauet werden und mißräth, weil sie 6 Monate vegetirt, gemeiniglich schon in Mitteldeutschland, besonders sobald sie Gartenschutz entbehrt. Ist gleich diese Art am ergiebigsten in der Quantität, so verlangt sie doch auch den besten Boden. Die vorstehende erste Figur liefert verkleinert die allgemeine Ansicht des Mais im Zustande der höchsten Entwickelung; die zweite das reife Maiskorn in Kolben; die dritte die Ansicht des Mais 14 Tage nach dem Legen; die vierte die Ansicht des Maiskorns. Dieses Korn ist bei den größern Arten kleiner und bei den andern kleiner, als die Abbildung.

Die zweite Darstellung liefert den großen Mais in seiner völligen Entwickelung; a die Geschwulst der Krankheit des Mutterkorns, welches sich bald an den Körnern, bald an den Stengeln des Mais zeigt und durch den Stich einer borstigen Fliege, die ihre Eier auch dem Fleische mitzutheilen strebt, veranlaßt zu werden scheint. Solche Krankheit wird gefördert durch einen zu reichen Boden und durch einen zu dichten Stand, der dem Winde und der Sonne keinen freien Zugang gestattet. Der Staub des Mutterkorns entsteht im Innern und verbreitet sich nach Außen in den verschiedensten Formen. In Columbia herrscht der Glaube, daß das Mutterkorn vor seiner Reife am giftigsten sey, daß den Menschen, die solches genießen, die Haare und bisweilen sogar die Zähne ausfallen. Gleiches trifft die solches genießenden Schweine, deren Hintertheile dadurch gelähmt werden; die Maulthiere sollen darnach Entzündungsgeschwülste an den Füßen erhalten und die Hühner häufig zu frühe Eier legen ohne Schale. Der Columbier bewacht den gesunden Mais, um ihn vor jedem Thierfraße zu schützen, aber keineswegs, wenn er wegen seiner Krankheit werthlos geworden ist. Genießen die wilden Thiere solche kranke Körner, so befallen sie die nämlichen an den landwirthschaftlichen Thiere wahrgenommenen Zufälle. b. zeigt die Figur des angesteckten Fruchtkolbens.

Der sogenannte Staubbrand befällt nur die männlichen Blüthen in feuchter Witterung, verwandelt diese in kleine, mit schwarzem Staube angefüllte Geschwulste und verhindert die Befruchtung und Reife.

Die zweite Figur stellt den großen Mais in Kolben dar; die dritte das Korn des großen Mais und d. den horizontalen Durchschnitt des Fruchtkolbens.

Der als Landverständiger berühmte, österreichische Gubernialrath Burger untersuchte die in Italien und Illyrien bekannteste große Maisart in ihren Bestandtheilen sowohl nach der Ernte, als 10 Monate später, da der Mais erst allmählig alle Wassertheile ausdünstet. Er fand darin keinen Kleber, Andere aber doch etwas, wenn auch weit weniger, als in dem Weizen, welcher daran so reich ist.

	Nach der Ernte.	10 Monate später.
Flüchtige Theile	0,268.	0,130.
Keim	0,074.	0,078.
Schleim- u. Zuckerstoff	0,080.	0,098.
Eiweiß	0,010.	0,012.
Stärke	0,173.	0,211.
Harzsubstanz	0,293.	0,358.
Erde	0,022.	0,026.

Der Wiener Scheffel von 3537 Kubikzoll wog 7 Monate nach der Ernte gegen 86 Pfund, ein Jahr alt 88 Pfund; bei 80 Grad Reaumur gedörret 69 — 97 Pfund.

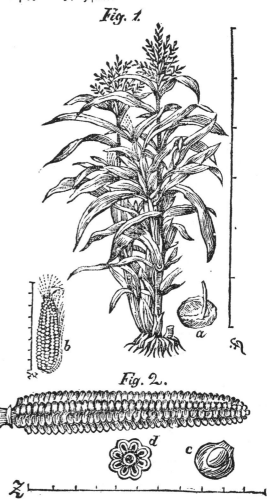

Fig. 1.

Fig. 2.

Die Saamenhandlung J. G. Booth in Hamburg verkauft das Pfund großer, gelber Maiskörner zu 10 Schillinge, 6 Ggr. preuß.; großen blaßgelben à 12 Schillinge; großen rothen 12 Schillinge. Da diese Handlung nie schlechten Saamen verkauft, so ist es doch vorsichtig, wenn man den Maisbau versuchen will, den Saamen von einer Handlung zu nehmen, der man keine Lieferung andrer Körner, als bestellt würden, nachsagen kann.

B.

Die frühe kleine gelbe Art des Mais (Zea praecox, dwarf corn.) hat Aehnlichkeit mit der italischen Art Anarantino, die zwar bei uns nicht so schnell reift, als in Italien, aber auch im nördlichsten Deutschland bei dem schlechtesten Sommer zur völligen Reife gelangt.

Das Korn ist klein und die Schale zart. Das Mehl dieser Art hat einen angenehmen Geruch und eine schöne gelbe Farbe. Der Stengel wird selten über vier Fuß. Das sogenannte Cobbet-Korn ist eine Abart dieses frühreifen Mais, welches Fig. 1. der nachstehenden Tafel abgebildet ist; a. ist ein einzelnes

Korn in natürlicher Größe; Fig. 2. ein Kolben mit Maßstab; d. der Kolben im horizontalen Durchschnitte. Das Pfund kostet in der Boothschen Saamenhandlung in Hamburg 16 Schill. — 12 Silbergroschen.

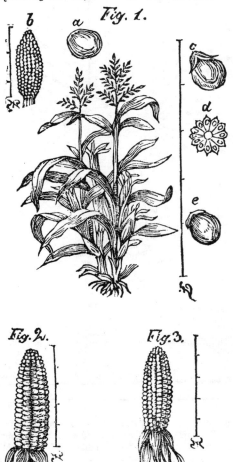

Fig. 1.

Fig. 2.   Fig. 3.

C.

Der frühe, ganz kleine Perl-Mais hat gleiche Eigenschaft der Vorzüglichkeit des Mehls und frühen Reife vor dem Eintreten der Nachtfröste im nördlichen Deutschland. Von solchem ist der ägyptische oder Hühnermais eine Abart. Es ist möglich, daß er im wärmsten Theile Süddeutschlands nach der Reife des Winterrübsens, aber schwerlich des Rapses reif werden kann. Er ist abgebildet Fig. 3 und b. in zwei etwas in der Größe von einander abweichenden Arten. Da er noch bei uns sehr selten ist, obgleich seine Verbreitung sehr wünschenswerth ist; so gilt das Pfund in der Hamburger Boothschen Saamenhandlung 1 Rthlr. preußisch. Solche hohe Preise werden nach der allgemeinen Verbreitung des Maisbaus bald wegfallen, und er wird dann auf ⅓ des Werthes des Weizens sinken.

In allen Klimaten und Abarten ist stillstehendes Wasser eine Pest für den Mais; starke Regengüsse sind ihm am nachtheiligsten auf einem thonigen Boden, in welchen die zahlreichen, harten, faserigen, weißen und dünnen Wurzeln nicht leicht eindringen. Eine ihm eben nachtheilige lange Dürre sucht ihn besonders im nördlichen Deutschland nicht leicht heim.

Wenn man den Mais zur Saatgewinnung auf sandigen, schwachgedüngten Feldern erzieht, da sich diese am besten dazu eignen, so muß er in Reihen gepflanzt werden, um viel Sonne und Luft zu haben; je kleiner die Art ist, desto näher kann man die Reihen rücken; bei den größten Maisarten bedarf jede Reihe, die behackt und behäufelt werden muß, wenigstens 27 Zoll Breite. Die beiden andern, in Norddeutschland nur allein empfehlungswürdigen Arten erhalten 18 Zoll wenigstens von einander entfernte Reihen und die Pflanzen selbst stehen 12 Zoll von einander. Die Burgersche, von Burger selbst beschriebene Säemaschine ist die beste, aber die Handlegung und noch mehr die Verpflanzung sind vorzuziehen. Jede Wässerung ist ihm in der Dürre sehr willkommen, wenn sie Statt finden kann, und die öftere Behackung, welche die Oberfläche wechselt, erleichtert dem Thaue das Eindringen bis zur Wurzel.

Wenn etwa eine frühe Herbstkälte den Blättern des Mais eine weißliche Farbe mittheilt, so wird der Mais seine Reife niemals erlangen, und man mähet ihn dann ab, um frisch oder als Heu den Mais zu benutzen.

An Plätzen, die rauhen Winden besonders ausgesetzt sind, darf man keinen Mais bauen. Wirft aber ein Sturm einige Maispflanzen um, so muß er bald möglichst wieder aufgerichtet und die Erde niedergetreten, auch angeworfen werden, damit er seine gerade Richtung, die allen Pflanzen zu ihrem Gedeihen so nöthig ist, wieder erlangt.

Den Pflanzen von 8 bis 10 Zoll Höhe räumt man alle überflüssigen Nebenschüsse ab und giebt sie, wie später nach der Befruchtung die abgeschnittenen männlichen Blüthen, den Thieren des Landhaushalts zum Futter. Das Abschneiden dieser Blüthen befördert in den kälteren Gegenden die frühe Reife der Kolben; man muß aber stets die Deckblätter der Kolben schonen.

In jedem Waldboden gedeihen alle Maisarten, denn sie lieben einen tiefen Humus und lagern sich nicht leicht, wo sie diese Tiefe finden. In einigen Gegenden Frankreichs wechselt man stets Getreide und Mais, in andern sind Kartoffeln dessen Vorfrucht. Nach dem wohl bestandenen Mais gedeihen Taback, Gerste, Hanf, Dinkel und Puffbohnen, wenn sonst nur den Boden für solche eignet. Man pflegt schon im Herbste den Mais zu düngen, den man im Frühjahre darauf pflanzt oder legt. Doch ist dieß nicht unumgänglich nothwendig. Alle Düngerarten, auch Fische, Asche, Kalk und Ruß sind dem Mais willkommen. In den Linien des Mais kann man Krupbohnen, Kürbise, Gurken erbauen, da diese eher weggenommen werden können, als der Mais reif ist.

Als grünes Viehfutter nützt das südliche Frankreich den Mais und erneuert dessen breitwürfige Saat zu diesem Behufe oft alle Monate, um damit Milch- oder Mastvieh zu ernähren. Er bedarf dann keiner Jätung und Häufelung, man mähet aber das Futter ein Paar Stunden vor dem Aufgange oder Niedergange der Sonne. Diese Anwendung empfiehlt sich in unsern Winter-Getreidestoppeln. Ein preuß. Morgen liefert, wenn der Mais nicht zu früh gemähet wird, 50 Centner Heu.

Die geernteten Kolben des Mais hängt man an der Decke auf oder läßt ihn auf dem Boden trocknen, wendet ihn jedoch oft um, oder bringt ihn nach der zweckmäßigen Weise der Ungarn in einen mit Latten versehenen Verschlag, der oben bedeckt ist und von der Luft Zugang hat.

Man körnt den Mais aus den Kolben, mit der Hand durch Reibung, mit einer Sichel, mit einer Art von Karren, mit dem Dreschflegel auf einem eisernen Stabe, über einem Maas, mit einem Zieheisen, oder mit einer Maschine aus Gußeisen hier von der Seite dargestellt. Das folgende Bild A. bezeichnet die Kurbel; B. die Welle, durch welche die Bewegung fortgepflanzt wird; C. C. L. die Büchse, in welcher die Zapfen der Wellen sich bewegen; D. das Verbindungsstück der beiden Seitenstützen; E. den Regulator; F. den sich hin und her bewegenden Stecken; G. die Welle des großen vertikalen Rades; H. das kleine Rad, welches in ein größeres Sternrad eingreift; I. das große Sternrad; K. K. die hölzerne Sohle der Maschine; L. das mit eisernen Reibezähnen besetzte Rad; S. S. Schrauben, um die Maschine auf ihrer Sohle festzuhalten.

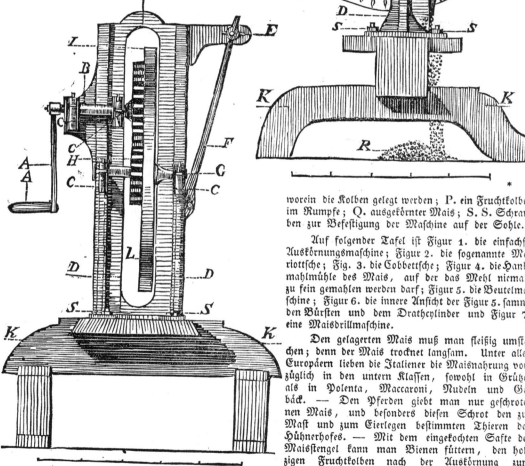

Die nämliche Maschine von vorne betrachtet.

B. die Welle; C. das Zapfenlager oder die Büchse; D. Verbindungsstück der beiden Seitenstützen der Maschine; E. der Regulator; K. K. die hölzerne Sohle der Maschine; L. Rad mit Reibeisenzähnen; M. Rumpf,

worein die Kolben gelegt werden; P. ein Fruchtkolben im Rumpfe; Q. ausgekörnter Mais; S. S. Schrauben zur Befestigung der Maschine auf der Sohle.

Auf folgender Tafel ist Figur 1. die einfachste Auskörnungsmaschine; Figur 2. die sogenannte Mariottsche; Fig. 3. die Cobbettsche; Figur 4. die Handmahlmühle des Mais, auf der das Mehl niemals zu fein gemahlen werden darf; Figur 5. die Beutelmaschine; Figur 6. die innere Ansicht der Figur 5. sammt den Bürsten und dem Drathcylinder und Figur 7. eine Maisdrillmaschine.

Den gelagerten Mais muß man fleißig umstechen; denn der Mais trocknet langsam. Unter allen Europäern lieben die Italiener die Maisnahrung vorzüglich in den untern Klassen, sowohl in Grütze, als in Polenta, Maccaroni, Nudeln und Gebäck. — Den Pferden giebt man nur geschroteten Mais, und besonders diesen Schrot den zur Mast und zum Eierlegen bestimmten Thieren des Hühnerhofes. — Mit dem eingekochten Safte der Maisstengel kann man Bienen füttern, den holzigen Fruchtkolben nach der Auskörnung zum Thierfutter mahlen. Der Maisbrei soll ein Heilmittel der fallenden Sucht seyn. Da er keine Gährungsstoffe besitzt, so nährt der Mais Kranke und saugende Personen, und schon das Alterthum behauptete, daß die vom Mais sich nährenden Völker länger lebten, als die Völker, deren Hauptnahrung Getreide ist. Das vom Mais gebackene Brod ist

spröde, wenn das Maismehl nicht mit anderm Ge=
treide gemischt ist. Man ißt die jungen Körner wie
Erbsen und eben so die unreifen gekochten Mais=
kolben. R.

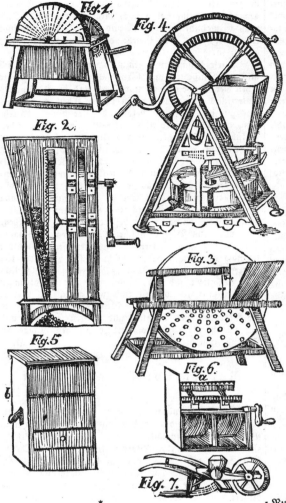

Fig. 1.
Fig. 4.
Fig. 2.
Fig. 3.
Fig. 5.
Fig. 6.
a.
Fig. 7.

*

Einige merkwürdige Rechnungs=Resultate.

In welchen enormen Verhältnissen ein Kapital
wächst, wenn man zu demselben fortwährend die jähr=
lichen Zinsen schlägt, davon mögen folgende Beispiele
einen Beweis geben.

Ein Pfennig wird um Christi Geburt auf Zin=
sen ausgethan; die Zinsen werden wiederum dem Ka=
pitale hinzugefügt, und beide als ein neues Kapital
ausgeliehen. Es fragt sich nun, bis zu welcher
Summe wird jetzt der Pfennig angewachsen seyn?
Sollte Jemand, ohne mit der Art des Anwachses ver=
traut zu seyn, diese Summe rathen, er würde vielleicht
höchstens ein Paar Tausend Thaler annehmen. Ein
solches Sümmchen verschwindet jedoch gegen die unge=
heure Geldmasse, welche jener Pfennig hervorgebracht
hat, wie ein Sandkorn gegen die Erde; die Zinses=Zinsen
eines Pfennigs würde man nicht mit den reichen Dia=
mantgruben Ostindiens und Brasiliens erkaufen kön=
nen, ja, ihre bisherige Ausbeute würde nicht den bil=

lionsten Theil von dem Werthe jener Summe be=
tragen. In einer runden Zahl ausgedrückt, würde
die Anzahl der Pfennige sich auf 400,000,000 Quin=
tillionen belaufen, eine Zahl, welche, wenn wir sie
ausschreiben wollten, 38 Nullen enthalten würde.
Um nun die Größe dieses Resultates anschaulich
zu machen, wollen wir den Werth dieser ungeheu=
ren Summe gegen einen Goldklumpen berechnen.
Allein die Größe unserer Erde verschwindet wieder=
um wie ein Nichts gegen den aus einem Pfennig
gewordenen Goldklumpen; denn um Zinses=Zinsen
des Pfennigs einzuwechseln, bedürfte es über 70
Millionen goldener Erdkugeln.

Setzen wir nun die Sonne 1½ Millionen
Mal größer, als unsere Erde, so wäre diese An=
zahl von Erdkugeln 48 massiv goldenen Sonnen
gleichzusetzen. Für diejenigen, welche mit der Be=
rechnung von Zinses=Zinsen, mit Hülfe gewisser
künstlicher, arithmetischer Mittel, nämlich der Lo=
garithmen, nicht vertraut seyn sollten, mag noch
hinzugefügt werden, daß die auf eine solche Be=
rechnung verwendete Zeit mit der ungeheuern Größe
der Summe in gar keinem Verhältnisse steht,
sondern daß man Aufgaben der Art in einer Vier=
telstunde lösen kann.

Ein Rechnenlehrer in Straßburg hinterließ
ein Testament folgenden Inhalts:

„Mein vielgeehrter Großvater, Prosperus,
unterrichtete mich im Schreiben und Rechnen.
Als ich kaum 8 Jahre alt, bewies er mir einst,
daß, wenn man die 5procentigen Interessen jähr=
lich zum Kapital schlage, sich dasselbe in hun=
dert Jahren 131 Mal vermehren müsse. Die Auf=
merksamkeit, mit welcher ich ihm zuhörte, schien
dem alten Manne zu gefallen; er zog plötzlich 24
Livres aus seiner Tasche, und sagte mit einer
Begeisterung, welche mir noch jetzt vor Augen
schwebt: Mein Kind, erinnere dich, so lange du
lebst, daß mit Oekonomie und Rechnenkunst dem
Menschen Nichts auf der Welt unmöglich ist.
Hier schenke ich dir 24 Livres, trage sie zu ei=
nem Kaufmanne, meinem Freunde, der sie aus
Gefälligkeit für mich in seinen Handel nehmen
wird. Jährlich sollst du die Interessen dazu schla=
gen, und dann einst bei deinem Tode für die
Ruhe deiner und meiner Seele eine fromme Stiftung
davon gründen.‟

„Seinem Befehle habe ich Folge geleistet. Aus
den 24 Livres sind seit jener Zeit von etwas über 62
Jahren 500 Livres geworden, die ich, Kraft dieses
in 5 gleiche Theile dividire, und verordne, daß sie,
gleich der Stammsumme meines Großvaters, immer=
fort zu Zinses=Zinsen ausgethan bleiben, jedoch so,
daß alle 100 Jahre nur Ein Fünftheil gehoben und
angewendet werde.‟

„Das erste Fünftheil wird in 100 Jahren so
viel betragen, daß dafür ein Morast, der neben mei=
nem Geburtsorte liegt, urbar gemacht werden kann.‟

„Vom zweiten Fünftheil, 100 Jahre später, sollen
80 Preise zur Aufmunterung der Wissenschaften, des
Ackerbaues u. s. w. gestiftet werden.‟

„Vom dritten Fünftheil, 100 Jahre später, sollen
im ganzen Reiche 100 patriotische Leihhäuser angelegt wer=
den, welche jedem fleißigen und redlichen Bürger, ohne In=
teressen, Vorschüsse machen. Ferner soll man in den vor=
nehmsten Städten 12 Kunstsammlungen und 12 öffentliche
Bibliotheken gründen, jede derselben soll 100,000 Li=

vres jährliche Renten haben, um 40 verdienstvolle Gelehrte zu unterhalten."

„Vom vierten Fünftheil, 100 Jahre später, sollen hundert neue Städte gebaut und jede mit 150,000 Menschen bevölkert werden. Man könnte einwenden, daß in ganz Europa nicht so viel baares Geld vorhanden sey; aber ich überlasse den Exekutoren meines Testaments, das Geld nach Belieben in Immobilia zu verwandeln."

„Endlich vom letzten Fünftheile, nach Ablauf von 590 Jahren, sollen zuerst unsere eigenen Staatsschulden und dann, wenn es zureicht, die Schulden der Engländer bezahlt werden, aus Dankbarkeit für Newton's schönes Werk, die Universalrechenkunst betitelt. Die Exekutoren des Testamentes, sechs an der Zahl, sollen aus den redlichsten Männern gewählt werden, und jeder soll sterbend seinen Nachfolger ernennen. Für ihre Bemühung mögen sie, bei Hebung des vierten Fünftheils, einen kleinen Bruch von 32 Millionen unter sich theilen."

Der 1791 in Glogau verstorbene Justizrath Sack hatte ein auf 256,253 Rthlr. sich belaufendes Vermögen in einer Familienstiftung zu Beneficien und Stipendien bestimmt. Da jedoch den Verfügungen des Erblassers gemäß immer nur ein bestimmter Theil der Zinsen zu jenen Zwecken verwendet, der andere jedoch zur Kapitalmasse geschlagen wurden, so fand sich 10 Jahre nach dieser Stiftung schon ein Zuwachs von 102,580 Rthlr.

Bei vierprocentigen Interessen würde das Vermögen nach 200 Jahren auf 1,083,168,426 Rthlr. angewachsen seyn, bis endlich alles Geld der Erde in diese Stiftung geflossen wäre.

Es wurde daher durch eine Kabinetsverordnung festgesetzt, daß das Kapital die Summe von 330,000 Rthlr. nicht übersteigen und der jährliche Ueberschuß an Zinsen zu wohlthätigen Zwecken verwendet werden solle.

Um eine Billion zu zählen, braucht man 190,000 Jahre, wenn man Tag und Nacht fortzählt.

Die 32 Figuren auf dem Schachbrette gestatten 1124 Quatuordezillionen verschiedener Stellungen, eine Zahl, welche mit 88 Nullen geschrieben wird.

Dr. R.

Wie bessert man Verbrecher?

Menschen zu bessern, ist eine schwere Aufgabe, und doch soll es geschehen; noch schwieriger ist die Besserung der Verbrecher, und gleichwohl ist sie dem Staate heilige Pflicht. Was muß dieser nun thun, um das zu erfüllen, was er nicht von sich abweisen darf? Die Besserung besteht in der Umänderung der Grundsätze, die Jemand bisher gehabt, der Maximen, die er befolgt und den ganzen Thuns und Treibens, dem er bis jetzt gehuldigt hat. Wie erreicht man nun diesen Zweck und wie macht man aus einem verdorbenen, sittlich bösen Menschen einen ordentlichen und guten? Die Besserung muß von der Lebensweise beginnen, zu den Einsichten und den Maximen fortgehen und die Gewohnheit der Tugend das Ende krönen.

Gewöhnlich fehlt es den meisten Verbrechern an Liebe zur Ordnung, Arbeit und Reinlichkeit. Ihre Strafe im Gefängnisse muß damit anfangen, daß sie sich stets reinlich halten, Alles zur gehörigen Zeit und in der erforderlichen Ordnung thun, die Arbeit liebgewinnen und ihr Leben nach Regeln einrichten. Dieß muß Gewohnheit werden, und aus dieser entspringt ein Leben, das dem Gesetze der Vernunft (Legalität) gemäß ist.

Diese Umänderung muß dauerhaft seyn und sich also auf Einsichten und Grundsätze stützen. Der größte Theil der Verbrecher ist unwissend und in Hinsicht des Unterrichts verwahrloset; ein kleiner Theil weiß zwar, was gut ist, aber er befolgt dasselbe nicht. Belehrung ist daher erforderlich, wie Bildung des sittlichen Gefühles. Sittlichkeit und Religion muß das Werk der Einsicht werden, und wenn die Lust zu beiden lebendig worden ist, so wird sich der Geist gegen alles Widerrechtliche und Unsittliche empört fühlen. Weiß der Mensch, was er ist und was er thun soll, so hat er einen großen Schritt zum Guten gethan; die Liebe vermittelt Beides und es ist ihm Herzensbedürfniß, ein anderer, ein besserer Mensch zu werden.

Wer das Böse verabscheuet, wer den furchtbaren Richter in seinem Innern — das Gewissen — immer lebendig vor Augen hat, der hütet sich vor jeder Uebertretung; er arbeitet fleißig, thut eifrig seine Pflicht und entschließt sich fest, nicht von den Forderungen der Vernunft zu weichen und nie gegen die Gebote der Gottheit zu handeln. Sein Wille hat sich an die Maximen des Rechten und Guten gewöhnt und mit Muth und Glück wandelt er auf dem Pfade der Tugend unverdrossen fort.
Dr. Vgk.

Naturhistorisches Allerlei.

1.

In Senegambien sieht man jedes Rind der zahlreichen, dort weidenden Heerden von einem schwarzen Vogel, Khod genannt, bedeckt. Aus welcher Ursache thut es der Vogel? Warum leidet es der Ochse? Ein Insekt nistet in Menge auf dem Rücken des letztern. Der Khod hat seine liebste Nahrung davon. Das Rind fühlt kaum den befiederten Helfer, als das Insekt und der Schmerz schwindet, den es verursacht. Die Natur sorgte so für beide Geschöpfe, für den Ochsen und den „Ochsenhacker," wie man auch den Khod nennt, auf Kosten eines Schmarotzerlebens.

2.

Der Mensch thut sich viel darauf zu Gute, daß er Dome, Tempelpalläste, Obelisken, Pyramiden baute, die durch ihre Größe, Stärke, Dauer, Höhe, Jahrhunderte lang Alles mit Staunen und Bewunderung füllen. Es giebt Insekten, welche ihm darin gleichen, ja ihn unendlich übertreffen. Die rothe Ameise bauet Städte, welche im Verhältniß so volkreich und von so großem Umfange sind, als die des Menschen; die Termiten oder weißen Ameisen der Tropenländer aber bauen Pyramiden von 52 Fuß Höhe, folglich Denkmäler, die unsere Pyramiden und Münster 500 Mal übertreffen, wenn wir die Größe des Menschen und der weißen Ameise mit einander vergleichen; denn dieses Thier hat nur einen Viertelzoll Größe.

3.

Es giebt doch auch Gegenden, wo das Salz ein großer Luxusartikel ist. Im Innern Afrika's finbet es sich zum Theil sehr sparsam und nicht rein genug vor. Einem Europäer würde es sonderbar scheinen, wenn er ein Kind an einem Stückchen Steinsalz so begierig saugen sähe, wie wenn es ein Zuckerstengel wäre. „Dieß aber habe ich oft gesehen, sagt Mungo Park. Die armen Leute in diesen Gegenden haben so selten Salz, daß sie einen reichen Nachbar nicht anders, als einen Mann bezeichnen, der zu seiner Speise Salz essen kann. Wer Salz lange entbehren muß, empfindet, sagt Mungo Park, recht einen unbeschreiblichen Trieb darnach. Auch in Kamtschatka ist das Salz sehr rar. Da hat man die kostbaren Lachse im Ueberfluß, aber nicht einmal Salz dazu. Auf diese Weise hat ja wohl der Himmel für solche Gegenden sehr schlecht, sehr stiefväterlich gesorgt? O nicht doch! Erstlich ist hier der Boden noch lange nicht untersucht genug, um zu wissen, ob es hier Salzquellen oder Salzlager giebt, oder nicht. Zweitens wollen wir annehmen, daß sie wirklich fehlten? Gut; so sind Dinge da, um sie dafür einzutauschen. Mit der steigenden Kultur steigt die Verbindung und der Verkehr. Die Hälfte der Lachse, welche Kamtschatka den Hunden geben muß, gegen Salz vertauscht, wird die andere Hälfte mit Salz genießen lassen.

D. B.

Zum Leben des Columbus.
Fortsetzung.
4.

Im April 1493 traf Columbus von seiner ersten Entdeckungsreise wieder in Barcelona ein. Es war ein sonnenheller Augenblick seines Lebens, vielleicht nur dem zu vergleichen, wo er auf langer ungewisser Fahrt nach manchem zerronnenen Trugbilde seiner erhitzten Phantasie, unter schwierigem Schiffsvolke, in der Nacht zuerst ein fernes Lichtlein flackern sah und somit Land entdeckte. Alles war zu seinem prachtvollen und feierlichen Empfange vorbereitet. Ein schöner, heiterer Frühlingstag unter so günstigem Himmelsstriche erhöhte die Feier. Die jüngsten Höflinge und Vornehmsten des Adels zogen ihm, unter ungeheurem Volkszulaufe, entgegen, um ihn zu bewillkommnen. Sein Einzug in die Stadt war wie ein Siegesaufzug. Voraus zogen Indianer, die er aus ihrer Heimath mitgenommen, um der Seltenheit und Stammverschiedenheit willen seinen Herrschern vorzustellen; sie waren nach ihrem Wildenbrauche gemalt und mit ihren volkseigenen goldenen Zierrathen ausgeschmückt. Hinter ihnen wurden mehrere lebendige Papagoien verschiedener Art, ausgestopfte Vögel und Thiere von unbekannten Gattungen, seltene Pflanzen von angeblich köstlichen Eigenschaften getragen; dabei wurden sorgfältigst indianische Krönchen, Armbänder und anderer Schmuck von Gold zur Schau getragen, um eine Vorstellung von dem Reichthume der neuentdeckten Länder zu geben. Hierauf folgte Columbus zu Pferde, umgeben von einem glänzenden spanischen Reitergefolge. Die Straßen waren fast ungangbar wegen der zahllosen Menge; Fenster und Austritte waren voller Schönen, ja selbst die Dächer mit Zuschauern gefüllt. Es war, als könnte man sich an den Trophäen dieser unbekannten Welt nicht satt sehen, oder nicht satt sehen an dem merkwürdigen Manne, der sie entdeckt hatte. Der ganze Auftritt hatte etwas Erhabenes durch die mit Feierlichkeit gemischte Freude des Volks. Man betrachtete ihn als eine ausgezeichnete reiche Spende

der Vorsehung, zum Lohne fürstlicher Frömmigkeit; und das majestätische, ehrwürdige Aussehen des Entdeckers selbst, so ganz verschieden von der Jugend und Beweglichkeit, die man sonst von schwärmerischen Unternehmungen erwartet, schien der Größe und Würde seines vollendeten Werks zu entsprechen.

Ihn mit gehörigem Gepränge und Auszeichnung zu empfangen, hatten Ferdinand und Isabella ihren Thron in einem großen glänzenden Saale unter einem reichen Thronhimmel von Gold und Goldstoff öffentlich aufrichten lassen. Hier erwarteten sie ihn in Staatstracht, den Prinzen Juan neben sich, umgeben von den Großwürdenträgern ihres Hofes und dem vornehmsten Adel von Castilien, Valentia, Catalonien und Aragonien, Alle ungeduldig, den Mann zu sehen, der der Nation eine so unberechenbare Wohlthat erzeigt hatte. Endlich trat Columbus in den Saal, umgeben von einer glänzenden Menge Ritter, unter welchen er sich durch seine stattliche und gebieterische Person auszeichnete, welche nebst seinem ehrwürdig greisen Haare ihm das Ansehen eines römischen Senators gab; ein bescheidenes Lächeln leuchtete über seine Züge und zeigte, wie er an dem Ruhme und der Pracht, in welcher er einhertrat, sich weidete. Und allerdings konnte nichts rührender seyn für ein von edlem Ehrgeize entflammtes und verdiente sich bewußtes Gemüth, als solche Beweise der Bewunderung und des Dankes einer Nation, oder vielmehr einer Welt. Als Columbus nahte, standen die Monarchen auf, als empfingen sie eine Person vom höchsten Range. Er beugte seine Kniee und bat um Handkuß; sie aber standen etwas an, diese Huldigung der Lehnsmannschaft anzunehmen. Auf die huldreichste Weise ihn aufhebend, luden sie ihn zu sitzen ein; an diesem stolzen und ängstlich anständigen Hofe eine seltene Ehre.

Auf Befehl der Majestäten gab nun Columbus Kunde von den auffallendsten Begebenheiten seiner Reise und eine Beschreibung der Inseln, die er entdeckt. Er legte die Exemplare unbekannter Vögel und anderer Thiere, die er mitgebracht, vor; seltene Pflanzen von heilsamen und würzigen Eigenschaften; gewaschenes Gold als Staub, in rohen Massen, oder zu seltsamem Wildenschmuck verarbeitet; vor Allen aber die Landeseingebornen von unerschöpflicher Merkwürdigkeit; denn Nichts ist doch dem Menschen so anziehend, als die Spielarten seiner Gattung. Dieß Alles erklärte er nur für Vorboten größerer noch zu machender Entdeckungen, welche die Besitzungen der Majestäten mit unberechenbar reichen Königthümern und den wahren Glauben mit ganzen Völkern von Proselyten mehren würden.

Mit tiefer Bewegung lauschten die Fürsten Columbus Worten. Als er geendet, sanken sie auf ihre Kniee und erhoben ihre gefalteten Hände zum Himmel, Freuden- und Dankesthränen stürzten aus ihren Augen, Lob und Dank für so große göttliche Gnade strömte von ihrem Munde; alle Anwesende folgten ihrem Beispiele, eine tiefe, feierliche Begeisterung durchdrang die ganze Versammlung und wehrte allem gemeinen Freudenjubel. Das vom Chor der königlichen Kapelle gesungene Te deum laudamus mit den melodischen Gegenstimmen der Sänger erhob sich mitten aus voller heiliger Harmonie, welche gleichsam die Gefühle und Gedanken der Zuhörer himmelan trug, so daß sie in diesem Augenblicke Himmelswonne zu genießen schienen. So fromm und festlich feierte der glänzende spanische Hof dieses große Ereigniß, Gott für die Entdeckung einer neuen Welt Lob=, Dank= und Ehrenmelodien steuernd.

Als Columbus den Hof verließ, begleiteten ihn Alle unter lautem Jauchzen des Volkes nach Hause, und mehrere Tage nach einander war er der Gegenstand allgemeiner Neugier; wo er sich nur sehen ließ, da umringte ihn die bewundernde Menge.

5.

Als im Jahre 1492 Columbus die von ihm entdeckte Insel Hispaniola durchstrich und in einem Hafen still liegen mußte, besuchte ihn ein junger Cazike von Bedeutung dem Ansehen nach. Er wurde von vier Männern in einer Art von Sänfte getragen; zweihundert seiner Unterthanen waren sein Gefolge. Da der Admiral eben bei Tische saß, als er ankam, so befahl der junge Cazike seinem Gefolge, draußen zu bleiben, ging in die Kajüte, setzte sich neben Columbus und verbat sich alle Umstände. Nur zwei alte Männer traten mit ihm ein, die seine Räthe zu seyn schienen und sich zu seinen Füßen setzten. Ward ihm Etwas zu essen oder zu trinken gegeben, so kostete er es blos und sendete es seinem Gefolge, alles mit viel Würde und Anstand. Er sprach nur wenig; denn seine beiden Räthe hingen an seinem Munde, nahmen seine Gedanken auf und theilten sie mit. Nach Tische überreichte er dem Admiral einen Gürtel von seltsamer Arbeit und zwei Stücken Goldes. Columbus gab ihm ein Stück Zeug, etliche Ambrakügelchen, bunte Schuhe und eine Flasche Orangewasser; zeigte ihm eine spanische Münze mit den Bildnissen des Königs und der Königin und suchte diesem Fürsten begreiflich zu machen; auch rollte er die königlichen Banner und die Kreuzesfahne auf. Umsonst versuchte er, dem Caziken einen Begriff von diesen Symbolen beizubringen; der Cazike ließ sich gar nicht überzeugen, daß es eine Gegend auf Erden gebe, welche diese wunderbaren Leute und Dinge hervorbrachte; er hegte die durchgängige Vorstellung, die Spanier wären mehr als Sterbliche, und das Land und die Herrscher, von welchen sie sprachen, müßten irgendwo am Himmel vorhanden seyn. Abends wurde er mit großer Feierlichkeit in dem Nachen zurückgeleitet und ihm zu Ehren eine Salve abgefeuert. Er zog ab, wie er gekommen war, auf einem Tragsessel, mit großem Zulaufe seiner Unterthanen; unfern hinter ihm ward sein Sohn auf gleiche Weise getragen und geleitet, sein Bruder zu Fuß, geführt von zwei Dienern. Die Geschenke, die er vom Admiral empfangen hatte, wurden mit großer Feierlichkeit vor ihm her getragen.

6.

Auf seiner zweiten Reise 1493 kam Columbus auch auf eine Insel, welche die Indianer Turuqueira, er aber Guadeloupe nannte. Hier fand er Häuser aus Baumstämmen mit Rohr und Aesten dazwischen und mit Palmblättern gedeckt, wie auf Cuba und Hispaniola, über den Eingängen leidlich aus Holz geschnitzte Schlangenbilder, viel Baumwolle, Bogen und scharfe Pfeile, Gänse, Papagoien, Ananas u. dergl.; aber auch Menschenknochen, zu Gefäßen im Hausrathe aufgehängte Menschenschädel, woraus sich dann ergab, daß dieß eine Cannibalen= oder Caraibeninsel sey. So hieß ein Stamm wilder, unbarmherziger Krieger, welche das Schrecken dieser Seen waren, auf hundert und funfzig Seemeilen weit Dörfer plünderten, die jüngsten und schönsten Frauen als Sklavinnen entführten, die Männer aber schlachteten und aßen. Kna-

ben zogen sie auf, mästeten sie zu ihren Gelagen und entmannten sie, um sie leckerer zu machen. Diese Umstände waren wohl geeignet, Columbus verlegen zu machen, als er Abends den Kapitän einer Caravelle, Diego Marque, mit acht Mann vermißte und sie auch Tags darauf vergebens suchen und durch Kanonen= wie Flintenschüsse ihnen ein Zeichen seiner Nähe geben ließ. Da erbot sich Alonzo de Ojeda, ein kühner, starker und gewandter Jüngling, mit vierzig Mann in das Innere des Landes zu dringen und alle Wälder zu durchsuchen. Sein Anerbieten ward angenommen. Alles Rufen und Schießen war vergeblich. Die Nachsuchung war in den dichten üppigen Wäldern nur um so mühseliger, da auch manche Ströme zu durchwaten waren. Schon gab Columbus die Streifzügler auf und wollte absegeln, als ein Zeichen auf der Küste gegeben ward. Sie kamen an, aber abgemagert und erschöpft. Unkundig der Oertlichkeit waren sie tiefer und tiefer in die Insel eingedrungen, spurlos in einem dichten Walde mehrere Tage umhergeirrt, hatten Felsen erklimmt, Flüsse durchwatet, in Dornen und Dickicht sich verwirrt. Beinahe verzweifelnd, waren sie an das Seegestade gekommen und hatten endlich die Flotte ruhig vor Anker liegen sehen. Sie brachten einige Weiber und Knaben mit. Männer hatten sie glücklicher Weise nicht getroffen, da sie auf einem Zuge begriffen waren. Trotz ihren ausgestandenen Mühseligkeiten und seiner Freude über ihre Wiederkehr strafte Columbus doch die Verletzung der Dienstzucht, ließ also den Kapitän verhaften und der Mannschaft einen Theil ihres Speisemaßes entziehen. W.

Woche.

Am 22. März 1665 brach in London die Pest aus, welche in diesem Jahre in England und Schottland furchtbare Verwüstungen anrichtete.

Am 22. März 1826 starb in London Carl Maria von Weber, Einer der genialsten und gefeiertesten deutschen Tonsetzer, der Komponist des „Freischützen," des „Oberon," der „Preciosa" und vieler andern Meisterwerke. Er war königl. sächs. Kapellmeister, und hatte sich nur zur Aufführung seines „Oberon" nach London begeben, wo ihn der Tod ereilte.

Der 24. März 1603 war der Todestag der Königin Elisabeth von England, Tochter Heinrich's VIII. und der Anna Boleyn, Eine der größten Frauen, welche je auf Thronen gesessen haben. Sie war es, die den eigentlichen Grund zu England's Größe legte.

Am 25. März 1827 trat Kapitän Parry die vierte Entdeckungsreise nach den nördlichen Polargegenden an.

Durch ein Edikt vom 26. März 1622 wurde den Jesuiten ein längerer Aufenthalt in Holland verboten.

Am 27. März 1802 wurde der Friede zwischen England auf der einen Seite, und Frankreich, Holland und Spanien auf der andern Seite zu Amiens unterzeichnet. Bekanntlich war er nur von kurzer Dauer.

Am 28. März 1802 wurde die „Pallas," ein neuer Planet zwischen Mars und Jupiter, von dem deutschen Arzte und Astronomen Dr. Olbers in Bremen entdeckt. D.

Verlag von Bossange Vater in Leipzig.
Unter Verantwortlichkeit der Verlagshandlung.

Druck von Breitkopf und Härtel in Leipzig.

Das Pfennig-Magazin

der
Gesellschaft für Verbreitung gemeinnütziger Kenntnisse.

48.]   Erscheint jeden Sonnabend.   [März 29, 1834.

Jerusalem.

Diese, gewiß jedem Christen theuere Stadt ward, der Sage nach, im Jahre der Welt 2023 von dem Hohen-Priester Melchisedech gegründet, und Salem, das heißt Friede, genannt; funfzig Jahre nach ihrer Gründung ward sie von den Kananitern besetzt, welche auf dem naheliegenden Berge Zion eine Burg gleichen Namens anlegten; die Stadt selbst aber Jerusalem, das heißt Gesicht des Friedens, nannten. Was später unter dem jüdischen Volke Jerusalem war, ist aus der Bibel bekannt, so wie auch, daß sie, als der Heiland hier lebte und starb, wie ganz Palästina unter der Herrschaft der Römer stand, welche 38 Jahre nach Christus Stadt und Tempel zerstörten.

Als Kaiser Konstantin mit den Seinigen sich dem Christenthume zugewandt hatte, um's J. 333 n. Chr., suchte vorzüglich seine Mutter Helena alle Spuren in dieser Stadt auf, welche auf den Erlöser hindeuteten, und das von ihr aufgefundene Kreuz, an welchem er gestorben war, schuf den noch in unsern Kalendern bezeichneten Tag des Mai's, der Kreuz-Erfindung, so wie den Tag im September als Kreuz-Erhöhung, an welchem diese Reliquie von der heiligen Helena in einem Tempel bei Jerusalem aufgestellt ward.

Bei dem Verfalle des Römer-Reiches kam, ohngefähr im Jahre 636, Jerusalem in die Gewalt der Araber, welche sie bis zum 11ten Jahrhunderte besaßen, bis die Zeit der Kreuzzüge begann, wodurch allerdings um diese Stadt der Hauptkampf erfolgen mußte; und so ward sie den 5. Juli 1099 von Gottfried von Bouillon mit Sturm erobert, und nur blieb sie, so lange dieser Krieg dauerte, meistens in den Händen der Kreuz-Ritter, und war die Hauptstadt des christlichen Königsreichs gleichen Namens; als aber dieser Kampf vorüber war, fiel sie wieder in die Hände der Araber und Turkomannen. Seit jener Zeit werden die Christen dort nur geduldet, der Ort selbst gehört dem türkischen Kaiser und steht jetzt, so wie ganz Syrien, unter dem Vicekönige von Aegypten, Mehemed-Ali. So viel von Jerusalem's Geschichte! — Die Lage betreffend, so ist diese nicht reizend, an einem Basalt-Felsen und in einer öden und gebirgigen Gegend; der Umfang beträgt ohngefähr eine Stunde; die Bauart ist unregelmäßig, mit düstern engen Gassen, von einer hohen Mauer umschlossen, in welcher sechs Thore sich noch aus alter Zeit befinden, welche hebräische Namen führen, z. B. das Thor David's. Die Zahl ihrer Einwohner giebt man auf 16 — 20,000 an, theils Mohamedaner, theils Christen (ohngefähr 5000), theils Juden. Unter den Gebäuden ist die Kirche zum heiligen Grabe das merkwürdigste, worin eine Kapelle wieder besonders den Ort, wo Christus gelegen haben soll, umschließt. Im Jahre 1808 verzehrte das Feuer diese Gebäude, welche schöner jetzt wieder aufgebauet sind, doch ohne Regelmäßigkeit; aber die frommen Pilger, deren Zahl um die Osterzeit oft bis auf 5000 steigt, verrichten ihre Andacht an jedem der heiligen Oerter, welche immerwährend mit 20 bis 40 Lampen erleuchtet werden, und wo Jahr aus Jahr ein die Priester der lateinischen, der griechischen und der armenischen Kirche den Altardienst verrichten. Für alle diese Duldung von Seiten der Türken mußten von den Christen Tribute aller Art an den Hof zu Konstantinopel gezahlt werden, welche jedoch jetzt fast ganz aufgehoben sind. Die beträchtlichste Quelle, um diese Abgaben zu erschwingen, ist der Reliquien-Handel und die Einnahme von vielen tausend hier jährlich gelesenen Messen. — Merkwürdig in anderer Hinsicht bleibt Jerusalem wegen ihrer alterthümlichen und besondern Verschiedenheiten; denn hier findet man Ruinen altjüdischer, so wie römischer Baukunst — Trümmern der arabischen Architektur — zerstörte Schlösser, welche die Kreuz-Ritter anlegten. Hier betet jetzt der Türke in seiner Moschee, der Jude freuet sich des noch stehenden Thores David's, die morgenländische Kirche, die abendländische Kirche der Christen, die Glieder der koptischen, der abyssinischen und der armenischen Sekte haben hier ihren Vereinigungs-Punkt, und man sieht nach Maßgabe ihres Kultus ihre Prozessionen auf den Oelberg und auf Golgatha ziehen, und Jahr aus Jahr ein ertönen christliche Gesänge an den heiligen Orten der düstern, alten Stadt Jerusalem.

Die neapolitanische Kalesche.

Sehr paradox ist es, wenn Sismondi in der Einleitung zu seiner Geschichte der italienischen Republiken behauptet: „alle Völker der Welt habe die Gottheit gleichmäßig ausgestattet, und ihr Charakter sey nicht sowohl vom Klima und von der besondern Race abhängig, als dem Resultate der Art und Weise, wie sie regiert werden."

Sonach ließen sich aus den Samojeden noch Athenienser erziehen, — die Feuerländer lieferten bald ihren Schiller und Goethe, und über kurz oder lang würde unter den Cretinen des Chamounithals eine zweite Catalani geboren!

Doch Scherz bei Seite! — Da diese Vermuthungen Etwas in's Unglaubliche gehen, und eine genauere Bekanntschaft mit jenen entfernten Stämmen voraussetzen, welche Schreiber dieses nicht einmal darthun kann, so komme ich auf uns selbst zurück, die wir uns genugsam kennen, um augenblicklich einzusehen, was an der Sache wahr sey oder nicht. —

Müßte der gemüthliche Ernst des Deutschen sich bei dem gegründeten Vertrauen auf die Rechtlichkeit und den Biedersinn seiner Fürsten, — bei der vorzüglichen Verwaltung der Finanzen und der Justiz, der großen Duldung der protestantischen Kirche und ausgezeichneten Pflege der Schulen und öffentlichen Anstalten, nicht zu einer unbegrenzten Heiterkeit gestalten, deren Grund aus der Sicherheit des Besitzes, der humanen Entwickelung aller Fähigkeiten und dem daraus erwachsenden Glücke hervorginge? — Und dennoch bleibt der Deutsche wie vorher, geht bedächtig den gewohnten Schritt und genießt selbst die Freude nur so mäßig, als gehöre sie, wie früher bei den Anachoreten, zur ausgemachtesten Sünde. —

Jenseits der Alpen aber, im gepriesenen Italien, wo seit längerer Zeit die Wohlthat der Civilisation kaum merkbar ist, nur in einzelnen Provinzen des Landes nicht unterging; dort, wo sollte es vermuthen, gerade dort, scheint es, habe man mühelos den Stein der Weisen gefunden. — Denn nirgends wird mehr gefahren, gelaufen, geritten, getanzt, gezecht und geliebelt, — als eben dort. — Die Kirche selbst giebt hiezu den Ton an und verkündet die Feste, welche dermaßen in's Unendliche gehen, daß man est fragen möchte, wie die wenigen Werktage, die ihnen beigegeben, Faullenzer ernähren können. —

Nächst dem heiligen (der Kirche) und profanen Theater gehört der Corso zur Hauptbelustigung jedes nur einigermaßen wohlhabenden Orts. — In Oberitalien, das so oft von Franzosen und Deutschen unterjocht, bald dieser, bald jener Sitte zugethan war, verlor sich allmählig die Originalität. — Charakterlosigkeit vertrat augenblicklich ihre Stelle, und so entstand neuerlich, z. B. in Mailand, eine überwiegende

Neigung zum englischen Stutzerthum (Dandyism), vermöge dessen die dortigen Giugnis!! (die rohern besspornten Stellvertreter der frühern Cicisbeos), welche in der Klasse der Principin's, Marchesin's, Contin's und andrer vornehmen Faullenzer ihre eifrigsten Anshänger finden, wie mit Pferden, Wagen, Hunden und Bedienten (denen sie der großen Affinität halber ihre ganze Freundschaft schenken), nach Maßgabe ihrer gesringern Einkünfte den überseeischen Damenhelden auf alle Weise beizukommen suchen. —

Die Hauptstadt der Lombardei wurde begreiflichersweise das Muster der Uebrigen, so daß da nach dem Fuße der Apenninen, — doch, was sage ich? — ganz Toscana mit eingerechnet, alle Großen, Reischen und Vornehmen, sammt ihren Fuhrwerken und übrigen Anhängseln minder und mehr den englischen Zuschnitt annahmen. —

Das antike Rom ist allen Fremden nicht sonderslich gewogen, — und obgleich die Engländer wie Wansderameisen das ganze Land durchziehen und sich schaarenweise auf längere Zeit an den Ufern der Tiber niesderlassen, finden sie doch nur unter den Muttersöhnschen guter Häuser ihre unbezweifelten Anbeter, — indeß der ernste Römer in seinem altväterischen, besstäubten Familienwagen nach wie vor den Corso aufs und abrollt. Die dazu gehörige Dienerschaft ist zuweilen ein wahrer Asinus in pelle leonis (Esel in der Löwenhaut); denn ihre Livreen sind zwar oft galsonnirt, aber meist auf Zuwachs gemacht, welches aber bei dem gravitätischärmlichen Anstande und den gesenkten verhungerten Physiognomien der Kutscher und Lakaien mehr als ein Mal an den Don Ranudo de Colibrados erinnert. —

Gewiß sind weder die Regierungen, noch die Gesetze schuld an dem rohen, thierischen Phlegma der Mailänder und Lodigianer, an der wüthenden Rachsucht, Geschwätzigkeit und Mordlust der Brescianer, Bergasmasken und Bologneser, — an dem weibischgesprächisgen Charakter der Venetianer (ihrer ehemaligen aristoskratischen Verfassung gemäß müßten sie Tiger und Katzen seyn) — der verbissenen Wuth und Bosheit der Romagnolen und Römer (welche der frommen Tendenz der Kirche zufolge den Engeln gleichen müßsten) — der anerkannten Falschheit der Genueser und Littoralen (ligurische Treue war schon den Römern verdächtig) und der unbegrenzten Beweglichkeit und Lesbenslust der Neapolitaner. —

In Toscana allein mögen die Verfassung und der Kunstsinn der Medizeer und ihrer Nachkommen viel zur Erziehung des Volkes beigetragen haben; — aber dennoch liegt in ihm von Natur schon eine größere Bildsamkeit; — und Gesetze, sind nicht aufgedrungen (wie bei uns die römischen, welche oft mehr für die Juristen, als die Völker da zu seyn scheisnen), gehen doch am Ende zuerst aus den Sitten hervor, die mit der Lebensart und dem Klima in der engsten Verbindung stehen. —

Dies Thema zu erschöpfen, war indeß gar nicht mein Wille, und der Leser wird sich wundern, wie ich mit der neapolitanischen Kalesche so viel verbotene Waare über die Grenze führe. Aber diese Leute aus allen Ständen, Fremde und Einsgeborne, Schlechte und Gute auf ihren Rädern dashin trägt, so wagte ich es auf gut Glück, das nationelle Karriol zum Vehikel meiner Gedanken zu maschen. — Da einmal von dem Leben der Neapolitaner die Rede seyn sollte (wozu das Spazierengehen so gut, als das Maccaroniessen gehören), so ließ ich gelegents

lich, um dessen Eigenthümlichkeit desto mehr hervorszuheben, das der andern Provinzen Italiens vorher gehen, und komme nun auf das moderne Parthenope selbst. — Wollte ich das Leben der drei Städte, Flosrenz, Rom und Neapel, auf musikalisches Tempo zurückführen, so wäre das Erstere ein Andante grazioso, das Andere ein Largo maestoso, das Dritte ein Allegro con brio! — Auch die Brescianer sind des Teufels, und hitzig bis zum Exzeß, — aber die neaspolitanische Lebendigkeit ist noch eine andere, und von weit gutmüthigerer Art. — Neapel ist das wahre Schlaraffenland der Halbinsel; denn hier scheint Alles verwandt und verschwägert. Alles, ohne Unterschied des Standes und der Geburt, genießt wie und wo es kann. — Allerwärts sind, wie ich schon oben ersswähnte, Equipagen in Italien nicht selten; aber hier übersteigt deren Zahl jeden denkbaren Begriff. —

Auch dem Geringsten ist Fahren Bedürfniß, und wer je einem Feste, z. B. la festa di pie di grotta, beiwohnte, findet die Stadt nicht blos auf der Straße, sondern, wie man behaupten möchte, großentheils zu Wagen. — Denn von der 1300 Schritt langen Straße Toledo bis über St. Lucia nach der 2000 Schritt langen Chiaja rollen ein Calesso und Carricello, eine Canestra, Carrettella und Carrozza hinter der andern. Daß hierdurch die Menschenmenge bei weitem nicht verschlungen werde (indem die Mehrzahl der Bewohner von Torre del Greco, Torre dell' Annunziata, Pörstici u. s. w. noch dazu kommt) kann Jeder sich vorstellen. —

Ohne Unterschied sind zwar sämmtliche Straßen mit großen Lavastücken gepflastert, aber, die Chiaja ausgenommen, meist abschüssig und eng, so daß man im Gewühle sich mit Mühe hindurch winden muß. — Doch wer beschreibt das Geschnatter, Gekrächze und Gewinsel, — das Schreien, Rufen, Heulen und Brüllen der untern Klassen, das wie auf Milton's höllischem Reichstage aus allen Winkeln, Kellern und Buden, von den Dächern, Altanen und Höhen hersauf, herab und herüber dröhnt? — Wer sieht in diessen Stentoren, welche durch ihr heilloses Tutti im niedrigsten, widerwärtigsten Dialekte Italiens die ganze übrige Schöpfung zum Schweigen bringen könnten, die Nachkommen der Pergolese, Durante, Janelli und Anderer? —

Um das Melodram zu vollenden, tritt hiezu ein konvulsivischer Gestus, der, seiner lebendigen Bedeutsamkeit halber, die Sprache bei weitem überbietet, deren Worte nicht selten in Thaten verwandelt, — und dasdurch ein solches Charivari erzeugt, daß man so eilig, als möglich, sich dem Gedränge zu entziehen sucht, um mit darin unterzugehen. — Damit ist jedoch der Wirrwarr noch nicht beendet.

Im Paß oder Fleischertrab fahren in andern Städten, wie zu Wien, Mailand u. s. w. die Wasgen hintereinander her; aber so zahm und bescheiden ist man hier nicht. — Die feurigen Berberpferde, welche mit Blumen und bunten Federn hinter dem Ohre *) gesschmückt sind, stolz auf den Schmuck, als ob die mit leuchtenden Farben bemalte Carretta von selbst nicht aus dem Trabe und kurzem Galopp herauskäme, wersden noch obenein von dem auf der Deichsel sitzenden

---

*) Auch die Bauern und Bäuerinnen tragen Blumen hinster dem Ohre, und nach einer Stelle in Saccontala „es stecken die Mädchen syrische Blüthen hinter's Ohr" scheint diese Sitte ganz orientalisch.

Kutscher unablässig mit Hieben und Worten ermuntert. Die Miethwagen (Carrozze d'affitto) sind, wie überhaupt alle, — des ein= oder zweisitzigen (den Kutscher und Bedienten abgerechnet) Corcello nicht zu gedenken; gewöhnlich mit Menschen überfüllt, — so daß man bei dem steten Carrierefahren auf den schlechtgefügten Lavaplatten und dem rücksichtslosen Durchschneiden der Menge erstaunen muß, daß verhältnißmäßig sehr wenig Unglück geschieht. —

An einem Festtage (und auch wohl außerdem) sind viele Kaleschen mit Orangen=, Myrten= und Lorbeerzweigen bekränzt. In denselben sitzen ganze Familien, die Kinder selbst, bis zum Kleinsten nicht ausgenommen, — und sogar der Herr Pfarrer (prevete, abbate) in vollem Ornate. — Da wird gescherzt, gejubelt, gewitzelt, gesungen und geschmaust, bis in die Nacht hinein, ohne daß Einer dem Andern hierüber den mindesten Vorwurf zu machen wüßte. Leben und leben lassen ist hier allgemeiner Wahlspruch, und arm oder reich, gedrückt oder frei, ergötzt sich Jeder so gut er kann.

Das Bild noch weiter auszuführen, könnte möglicherweise ermüden. Deßhalb breche ich hier ab und frage, nach Ancillon, „was zur Vermittlung der Extreme in diesem Falle wohl das Beste sey?" Hier wird zu wenig, dort zu viel geschwelgt und gefahren; — bei uns ist mar zu still, — in Neapel zu laut. — Dort herrscht die Sinnlichkeit vor, — hier führt das Szepter die Sitte. Philosophisch genommen ist die Letztere der Erstern wohl vorzuziehen, — aber Alles zu seiner Zeit! — Eine Welt voller Philosophen wäre eben so gut ein Tollhaus zu nennen, als Bedlam selbst.　S.

Die neapolitanische Kalesche.

Die Deputirten=Kammer zu Paris.

Dieser Palast gehörte früher den Prinzen des Hauses Condé, die ihn mit allem dem ihnen durch Wohlstand zu Gebote stehenden Glanz und Pracht ausstatteten. Er war demnach früh eine willkommene Beute der wüthenden Revolutionärs; er wurde aller seiner Kostbarkeiten beraubt und blieb bis 1798 unbewohnt, als ihn der Rath der Fünfhundert in Besitz nahm und in dieser fürstlichen Wohnung seine rohen republikanischen Versammlungen hielt.

Gegründet wurde dieses Gebäude von Louise Franzisca verwittwete Herzogin von Bourbon im Jahre 1722, und nach und nach bis 1807 in seinen jetzigen vollkommenen Zustand gebracht, da es nach dem Plane des Baumeisters Poyet die herrliche griechische Umsäulung bekam. Es mißt an 100 Fuß in der Vorderseite, die 12 korinthische Säulen tragen, welche einen Frontispice stützen, dessen Trommel Statuen zieren. Der Eingang ist auf einer, aus 29 Stufen bestehenden Treppe; am Fuße derselben sind die kolossalen Statuen der Gerechtigkeit und der Weisheit, deren Piedestale 18 Fuß hoch sind, und in der Fronte des Gebäudes sind die sitzenden Figuren von Sülly, Colbert, L'Hopital und D'Aguesseau. Diese Façade kostet 1,759,000 Francs. Der Versammlungssaal hat die Form eines Halbkreises, wo der Stuhl des Präsidenten und die Schreibepulte der Sekretäre seine Basis einnehmen. In der Fronte des Pultes des Präsidenten ist die Tribune, welche mit halberhabenen Arbeiten, die Geschichte und die Fama vorstellend, geziert sind. Noch sind hier andere schöne Statuen, als: Lykurg, Solon, Demosthenes, Brutus und Cicero. Für das Publikum, die Pairs und fremden Gesandten sind besondere Galerien angebracht. ☉

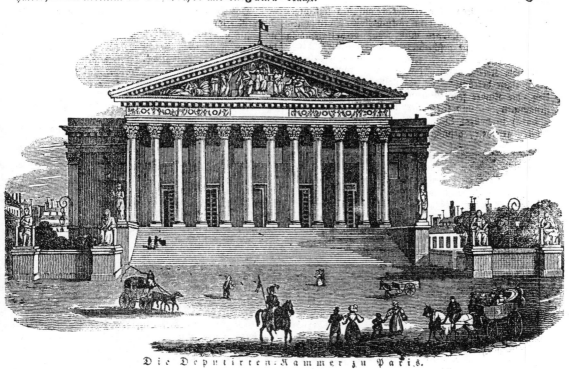

Die Deputirten-Kammer zu Paris.

Die Leipziger Messe.

Sie ist im ausländischen Verkehre die wichtigste unter den deutschen Messen, indem diejenigen von Frankfurt am Main und Braunschweig von geringerer Bedeutung sind und alle übrigen fast nur einen provinciellen Umsatz haben.

Leipzig hat keinen Strom, der ihm Waaren zuführt, und hatte rund umher bis zu Ende des vorigen Jahrhunderts nicht einmal tüchtige Kunststraßen, welche es jetzt freilich in allen Richtungen besitzt. Ebenfalls entbehrt dieser Platz Kanäle und Eisenbahnen, womit sich jede Stadt in Großbritannien, Frankreich und Nordamerika zu umgeben strebt. Dagegen besitzt es seit Jahrhunderten eine Zahl wohlhabender und reicher kaufmännischer Häuser, ohne in den Messen ausländische auszuschließen, eine große Zahl kundige Mäkler, eine große Zahl Gasthöfe, in den gelegensten Gassen viele Packräume, eine durch mäßige Transit und Meßabgaben wenig beschränkte Handelsfreiheit, ein den jetzigen Ansichten über Meßverkehr sehr angemessenes, im Jahre 1830 verbessertes Wechselgesetz, und ein auch im Auslande angesehenes Handelsgericht. Da die Wohnung und das Leben in einer so stark bevölkerten Stadt mit einem so engen Umkreise für die Markthelfer sehr theuer seyn muß, so wohnt eine große Zahl derselben und der arbeitenden Handwerker-Klasse in den nahen Dörfern und verläßt täglich nach vollendeter Tagesarbeit die Stadt. Daher hat nicht leicht eine Handelsstadt gleicher Größe so wenig Pöbel, und selbst die ungüterte Klasse mehr, als anderswo äußere Bildung, Gewandtheit und im Ganzen mehr Nüchternheit und Sparsamkeit. Leipzig hat niemals viele Fabriken gehabt, außer der uralten Gärberei und Wachstuchfabrikatur, besitzt aber einen, obgleich nur zu wenig ausgedehnten, musterhaften Gemüsebau in den sogenannten Kohlgärten. Diese drei Gewerbszweige vermehren sich sogar, aber die Gewinne der Unternehmer und ihrer Gehülfen mögen freilich abgenommen haben, indeß das jüngste blühende Gewerbe, die Spinnerei der Kammwolle, sich noch mehr auszudehnen scheint. Die vormals so viele Personen, und selbst acht- und zehnjährige Kinder, ernährende Wollsortirung ist jetzt unbedeutend; aber selbst das große Hamburg hat manche Jahrhunderte hindurch einträgliche Nahrungen seiner Bürger fallen lassen müssen.

Die Handels- und Betriebsabgaben waren besonders nach dem Freiheitskriege lange Zeit hindurch nicht geringe, aber höher in der den Handel weniger fördernden Nachbarschaft. Den vormals ansehnlichen Kramhandel verlor Leipzig nach jener Periode theils durch die Mediatisirung mancher Nachbarstaaten, theils durch die Theilung des Königreichs Sachsen, theils endlich durch einige bekannte Fehlgriffe. Für Fremde mit einigem Kapital und irgend einer neuen Industrie ist es in unserer Welthandelsstadt niemals sehr schwer gewesen, das Bürgerrecht zu erlangen. Die Gegend umher ist nur von mäßiger Fruchtbarkeit, und manche sehr nahe liegende Mittel, solche zu vergrößern, sind unbenutzt geblieben. Einen wichtigen Nahrungszweig hat allerdings die Stadt von der Universität und vom Buchhandel, der hier seinen Hauptmarkt in Deutschland hat. Leipzig ist besonders ein alter Sitz der

Studien der Philologie und erst sehr spät der polytechnischen Schulen geworden. Letztere schaffen eine neue gelehrte, mehr in's thätige Leben eingreifende Klasse der Geschäftsmänner, Mechaniker, Künstler. Ueber die Verbindung dieser und der Polytechnik mit der Ostermesse und der Nahrung Leipzigs liefern wir nächstens eine besondere Abhandlung.

Die Pflege der schönen Künste ist wohl eine Liebhaberei der Begüterten, aber kein bedeutender Nahrungszweig der Bürger. Des bloßen Vergnügens halber leben hier einige Fremde, auch kann nur ein etwas partheiischer Patriot die flache, in keiner hohen Vegetation fruchtbare Gegend schön nennen. Religions- und Denkfreiheit herrscht hier seit einem Jahrhunderte und eine milde Censur, auch eine seltene Entfreiung der Vorurtheile in den wichtigen Fragen, welche hier, wie überall, die Köpfe bewegen, daher hier politische Gährungen nicht leicht festen Fuß fassen. Der Staatseffektenhandel stieg hier nie zu der allgemeinen Theilnahme, wie an manchen andern Plätzen. Doch mag auch hier der Mittelstand, theils in Folge des Krieges, theils wegen der gesunkenen Gewerbsamkeit und der erhöheten Vergnügungssucht im Wohlstande gesunken seyn, wodurch denn freilich die Zahl der Armen wuchs.

Otto der Reiche, Markgraf von Meißen, gab Leipzig im eilften Jahrhunderte Mauern und Gräben, auch die Märkte zu Jubilate und Michaelis und Bannrecht, welche sich später durch günstige geschichtliche Begebenheiten zu Messen erhoben, aber dabei sehr langsam vorwärts schritten. Friedrich der Sanftmüthige fügte den Neujahrsmarkt hinzu, und Kaiser Friedrich III. begabte huldreich diese Märkte mit Meßvorrechten, welchen Kaiser Max I. im Jahre 1507 das Stapel- und Niederlagsrecht hinzufügte. Große Einwanderungen fremder Kaufherren, welche hier bei Erschütterungen in ihrem Vaterlande Zuflucht suchten, fanden niemals Statt. Jüdische Familien waren hier nie zahlreich, doch besitzt die Stadt einige jüdische und griechische eingewanderte Banquiers. Die Zahl der Großhändler Leipzigs ist über 200 und diejenige der Krämer über 300.

Die Zahl der Verkäufer und der kaufenden Fremden ist stets in der Ostermesse am größten, und die Zahl der erstern in allen Stadien des Debits steigt wohl über 40,000. Die unbedeutendste ist die Neujahrsmesse.

Das Meßgeschäft umfaßt besonders einen ansehnlichen Waarenumsatz aus dem Norden, Osten und Westen Europa's und weniger aus dem Süden. Der Verkehr der Griechen und Orientalen nimmt zu, dagegen der vormals sehr bedeutende Einkauf der Russen und Polen ab. Die Waaren schafft hier die Wagenfracht her, wenn sie auch aus Seehäfen herkommen. Der Meßhandel wuchs nicht so sehr durch Begünstigungen der Regierung, als durch Benutzung der auswärts begangenen Fehler, den Handel zu sehr zu beschweren, als z. B. König Friedrich II. von Preußen im Jahre 1772 sein Accisesystem in der Messe zu Frankfurt an der Oder einführte, wodurch sich hier der polnische Handel sehr vergrößerte. Auch die Assekuranzgeschäfte aller erlaubten Verkehrsarten unterstützen im Meßhandel neben den vielen hier feilgebotenen Artikeln der sächsischen National-Industrie. Nachdem die Spedition außer den Messen hier sehr abgenommen hatte, fielen auch die Kommissionsgeschäfte. Die Massen der Waaren können in einer Handelsstadt des Binnen-Landes niemals die kubische Größe derjenigen in großen Seehäfen erreichen, aber werthvolle Waaren, die keinen zu großen Raum einnehmen, fehlen

in den Messen niemals und der meiste Verkehr, welchen nicht alte Bekannte mit einander schließen, ist baar. Freilich hat aber der Gebrauch mancher Kaufherren, viele Waaren durch ihre Handels-Commis auf Reisen zu verkaufen, den Einkäufen in den Messen Abbruch gethan.

Ein großer Verkehr in den mannigfaltigsten Seidenwaaren, besonders französischen, ist hier uralt. Jedoch wird die Anschließung an den preußischen Handelsverband solchen bedeutend verringern, da jetzt mehrere preußische Fabriken, unterstützt durch den hohen Einfuhrzoll, auf die Seidenwaaren aus Frankreich den letzteren eine lebhafte Konkurrenz anbieten.

Die Zahl der Großhändler in seidenen Waaren auf diesem Platze hat sehr abgenommen, da die Konkurrenz den Gewinn darauf ungemein vermindert hat und der Verlust auf solche, die die Mode aufgab, beträchtlich ist.

Die hiesige Messe ist ferner der Sitz des Pelzhandels aus allen Welttheilen, so wie vieler rohen Wolle, Haare und gegärbten Leders, aber die Waarenmasse dieser Art ist weit mehr amerikanischen, als russischen Ursprungs. Diesen Handel irgend genau zu schätzen, ist nur den Mäklern in diesem Fache möglich, welche jedoch aus guten Gründen ihre Kenntniß nicht verbreiten, und bisher war es eine rühmliche Seite unsrer Handelsgesetzgebung, daß der Staat den Umfang des Verkehrs nicht zu erforschen strebte.

Erst in unserm Jahrhunderte wurde die Baumwolle mit ihren Garnen und Geweben ein sehr wichtiger Artikel des Meßhandels. Letztere schafften Frankfurt, Belgien, die Schweiz, Großbritannien, Preußen und andere Bundesstaaten hieher. Sogar versuchten dieß vor ein Paar Jahren moskauer Fabrikanten, jedoch mit einem so nichtigen Erfolge, daß sie solchen nicht erneuerten.

Die Umsätze in allen Waaren, langer und kurzer Wolle, woran außer Sachsen mehrere der industriereichsten Kaufleute der deutschen Bundesstaaten, Großbritannien, Frankreich, Belgien u. s. w. Theil nehmen, haben auch Absatz bis zum fernsten Asien und Amerika in unsern Messen.

Der Kolonialwaarenhandel betrifft jetzt fast nur noch den inländischen Absatz, besonders da nach dem Beitritte Sachsens zum preußischen Zollverbande die Gränzschmuggelei weniger, als vormals, an sich zieht. Ist freilich noch immer der Handel in deutschen Linnen, besonders in den Seestädten, nach Spanien, Portugal, Italien und Amerika sehr ansehnlich, so ist er doch bei aller Sorgfalt der Linnen-Fabriken, ihrer Waare mehr äußere Schönheit zu verleihen, kein so großer Verkehr mehr als vormals, weil man den Verbrauch des wohlfeileren baumwollenen Gewebes vorzog, ungeachtet alle Flachs- und Hanfgewebe viel dauerhafter sind.

Talg, Honig, Wachs, Federn vermehren den Meßhandel wenig, desto mehr aber die deutschen, französischen, englischen Quincaillerie-, Glas- und Uhrenwaaren mit allem, was die Mode bedarf, oder man ihr aufdringt, in Metallen, Werkzeugen, Geweben, kraft der Industrie des In- und Auslandes. Sehr wichtig sind die Einkäufer des Orients, theils wegen der Summen, welche sie mitbringen, theils wegen ihrer Tendenz, wo möglich neue Luxus- oder Bedürfnißartikel ihrem sehr stationairen Vaterlande allmählig annehmlich zu machen.

Der Meßverkehr beträgt jährlich über 400,000 Centner, und wie man annehmen darf, nach Berechmungen, die sich wahrscheinlich darstellen, einen Werth von mehr als 60 Million. Rthlr., außer dem buchhändlerischen, aller seiner Zweige, der schon jetzt 5 Millionen Rthlr. beträgt. Bei der zunehmenden Lese- und musikalischen Neigung des Publikums der untern Klassen, auch Liebhaberei für bildliche Darstellungen in Holzschnitten, wird der buchhändlerische Verkehr ungemein wachsen. Im vorigen Jahrzehend betrug die Zahlung eines einzigen Wechselhauses in der Ostermesse 4,800,000 Rthlr. und wie viele fremde Wechselhäuser konkurriren in der Messe mit den hiesigen? Der Umsatz ist keinesweges in der neuesten Zeit kleiner geworden, wohl aber sicher der Gewinn der Verkäufer und der Lohn, der solchen dienenden Gehülfen bis zu den untersten Klassen herab.

Man hat den deutschen Fabrikanten anrathen wollen, Kommanditen in den nordamerikanischen Häfen anzulegen, aber schwerlich werden sich unsere Fabrikherren in solche gefahrvolle Operationen einlassen. Der Spekulant mag solche in den Messen oder außer solchen bestellen, wenn er die Möglichkeit des Absatzes kennt. Selbst die von hier ausgewanderten böhmischen Glashändler haben selten mehr, als die Subsistenz dort gewonnen.

Betrachtet man die hamburger, altonaer und bremer Einfuhrlisten, ohne alle Rücksicht auf Stettin, Triest, Lübeck, Rostock, Wismar, Emden u. s. w., mit denen der Ausfuhr zur See; so scheint deren statistische Buchhaltung zu ergeben, daß Deutschland weit mehr ein-, als ausführt, aber Vieles, was jene Haupthäfen aus der Fremde empfingen, geht zu den drei deutschen Hauptmessen und von dort auf offenen oder verbotenen Wegen in's Ausland. Wie viel dieses beträgt, ist unmöglich, in einem so freien Handelsstaate, als Sachsen glücklicherweise ist, in Zahlen zu bestimmen, und da, wo der Handel unfrei ist, scheinen die Staaten in den numerischen Tabellen ihrer Zollbuchhaltungen ungeheuer im Plus der Ausfuhr, ohne darum reicher zu werden. Manche den Staat oder wenige Privaten in aller Stille bereichernde Betriebe entziehen sich, der Klugheit gemäß, der Kenntniß des Publikums, sogar bis zur Existenz, z. B. die Schmelzhäuser gewisser ausländischer Münzen, Raffinirer der Metalle u. s. w.

Zu berechnen, wie viele kleine Krambuden in den Messen die Straßen oder gewisse Plätze besetzen, wie viel sie der Gemeindekasse einbringen, wie viel die ein- und verkaufenden Meßfremden aller Nationen hieselbst in und außer den Wirthshäusern verzehren oder verspielen, oder andern Vergnügungen opfern, ist etwas Unbestimmtes, oder zu Geringfügiges, obgleich, besonders englische und französische Statistiker in's Blaue greifend, sich hierüber gerne in festen Zahlen aussprechen; desto gewisser ist, daß ohne seine Messen und deren wachsenden Flor die Handelsstadt Leipzig bald zur Unbedeutsamkeit von Lübeck oder Erfurt herabsinken würde.

Viele, besonders baumwollene Webewaaren schickt Großbritannien nach Hamburg, und die englischen Zollämter berechnen dafür ungeheure Summen, in diesen Sendungen steckt viele Waare, die des Rückzolls halber durch allerhand Künste sehr theuer angegeben wird, obgleich solche, um sie nur los zu werden, für die schlechtesten Preise an die Agenten der Ausländer verschleudert worden ist. Dieser Ausfuhrhandel baumwollener englischer Waaren ist im Großen fast ganz in der Hand einer mäßigen Zahl jüdischer oder jüdisch gewesener Häuser, und drückt freilich bei deren wohl-

feilem Verkaufe die Preise der deutschen baumwollenen Waaren, ungeachtet aller hohen Abgaben des neuen Zollverbandes, nieder, was wenigstens bis zum Beitritte Sachsens zum preußischen Zollverbande, zur Warnung der sächsischen Gebirgsbewohner, sehr beiträgt, so mäßig sie auch leben, aber in solchem Grade, als die englischen Berichte es vermuthen lassen, schadet dieser Handel Deutschland doch nicht. Wäre die deutsche Ausfuhr so sehr im geringern Werthe gegen die Einfuhr in Beziehung auf England, so müßte Deutschland sich längst ohne alles edle Metall befinden. Aber warum sinkt denn der englische Wechselkurs gegen Hamburg und Bremen schnell bis zur nothwendigen Ausfuhr von Gold und Silber, wenn Deutschland in zwei oder drei Monaten eine halbe oder ganze Million Tonnen Getreide nach England zollfrei einführen kann, oder wenn nordische Höfe eine beträchtliche englische Anleihe negocirt haben, oder wenn die deutsche Wollausfuhr nach England Etwas über das Gewöhnliche steigt?

(Der Beschluß folgt.)

Der gemeine Flamingo.
(Phoenicopterus ruber.)

Mit Recht verdient wohl ein Vogel eine nähere Betrachtung, der durch die Farbenpracht seiner Federn, durch den wunderbaren Bau und durch so manche Sonderbarkeiten in seiner Lebensweise so sehr die Bewunderung der Menschen auf sich zieht.

Der lange schlanke Hals und die hohen dünnen Beine stehen in einem ungewöhnlichen Verhältnisse mit der Länge des Körpers dieses Sumpfvogels; denn indem die Höhe von den Füßen bis zu dem Schnabel 6 Fuß beträgt, ist die Länge des Körpers kaum die einer Gans.

Doch auch der wunderbar gebauete Schnabel verdient die aufmerksame Betrachtung. Er ist länger, als der Kopf und in der Mitte ist der Oberkiefer plötzlich so herabgebogen, daß er einen förmlichen Winkel bildet. Uebrigens sind die Ränder des Oberkiefers mit sehr feinen, kleinen Querplättchen besetzt, die in die Kerben des Unterschnabels einpassen. Das Gesicht des Vogels ist kahl.

In den ersten Jahren sind die Farben der Federn noch wenig oder gar nicht schön zu nennen; denn bei den ganz jungen Flamingo's sind sie graulichweiß mit braunen Flecken, im zweiten Jahre aber wird der Flamingo fleischfarbig, oben an den Flügeln scharlachroth und die Schwungfedern sind schwarz, im dritten und vierten Jahre endlich färbt er sich immer dunkler, bis er endlich ganz purpurroth wird. Ob jener gänzlich purpurrothe Flamingo Amerika's von dem jetzt beschriebenen specifisch verschieden ist, müssen wir für sehr zweifelhaft halten.

Die rothen Beine haben drei mit einer Schwimmhaut verbundene Zehen, die vorwärts gerichtet sind, und eine wenig auftretende Daumenzehe. Der gelbe Schnabel ist an der Spitze schwarz.

Der gemeine Flamingo lebt fast in ganz Afrika besonders an den Küsten des mittelländischen Meeres, und kommt zuweilen selbst bis an den Rhein.

Die Nahrung dieser Vögel besteht in Insekten, Fischlaich u. s. w., besonders aber in Fischen und Muscheln, die sie vermittelst ihres langen Halses fischen, und wobei sie vermöge des Baues ihres Schnabels den Kopf verkehrt halten müssen, um dabei mit Vortheil den Oberkiefer gebrauchen zu können. (S. die Abbildung).

Sie leben, wie die Kraniche und Gänse, in großen Gesellschaften, sind nicht Zug-, sondern Strichvögel und fliegen sehr gut. Durch ihre Gestalt und Farbe haben sie zu mancherlei Irrungen Veranlassung gegeben. Da sie im Fluge ein sehr deutliches Kreuz bilden, indem die langen Beine und der lange Hals weit hervorragen, so mag dieß wohl in den frühern Zeiten den Grund zu der Sage gegeben haben, man habe wunderbare Zeichen in Form von Kreuzen am Himmel gesehen. — Eine nicht minder wunderbare Täuschung verursachten einst eine Reihe Flamingo's während des französischen Revolutionskrieges, als man eine Landung der Engländer auf St. Domingo fürchtete. Rennie in seiner „Baukunst der Vögel" berichtet darüber: „Ein Neger bemerkte in einer Entfernung von einigen englischen Meilen, nach der See zu, eine lange Reihe Flamingo's, welche ihre Flügel putzten; er machte sie sogleich zu einer Armee englischer Soldaten; ihre langen Hälse sah er für geschulterte Musketen an, und ihr rothes Gefieder hatte ihn auf die Idee von militärischen Uniformen gebracht. Der arme Teufel brach daher sogleich nach Gonaives auf, rannte durch die Straßen und verkündigte mit lauter Stimme, daß die Engländer gekommen wären. Durch diesen Alarm bewogen, ließ der Kommandant der Besatzung sogleich die Lärmglocke ertönen, verdoppelte die Wachen und sendete eine Abtheilung Truppen aus, um die Angreifer zu recognosciren; aber bald entdeckte man, mit Hülfe eines Fernglases, daß die vermeintliche Armee nichts weiter, als blos eine Heerde Flamingo's war, und die auf Beobachtung ausgeschickte Mannschaft kehrte froh und voller Scherze über ihre blutige Expedition zur Garnison zurück."

Wenn wir uns bei Betrachtung dieses Vogels schon über manche sonderbare Erscheinung in dem Baue, wie in der Lebensart desselben verwundern mußten, so werden wir dieß noch weit mehr, wenn wir sein Nest und seine ungewöhnliche Art zu brüten betrachten. Die Flamingo's bauen nämlich ihr Nest in Morästen und Teichen, wo sie Schlamm in Menge finden, diesen häufen sie mit den Krallen an und bilden so pyramidenförmige Hügelchen, die anderthalb Fuß über das Wasser ragen. Sie laufen allmählig nach ein schmäler zu und oben auf der Spitze befindet sich eine kleine Aushöhlung zur Aufnahme der Eier. Wenn die Flamingo's nun legen oder brüten, so stehen sie aufrecht, ziemlich nahe über der Spitze, mit den Füßen auf dem Boden oder im Wasser und mit dem Schwanze das Nest bedeckend. Catesby vergleicht den so brütenden Flamingo mit einem Menschen, der mit herabhängenden Beinen auf einem Comtoirschemel sitzt. Weise hat die Natur den Vogel auf diese Art sein Nest zu bauen gelehrt, da er, ohne die Eier und jungen Vögel zu verletzen, seine langen Beine nicht in einem gewöhnlichen Neste haben und auch den ganzen Körper nicht gehörig stützen könnte.

Die Zunge und das Gehirn der Flamingo's galt bei den alten Römern und Griechen für einen Leckerbissen.

Woche.

Am 29. März 1807 entdeckte Dr. Olbers in Bremen den vierten kleinen Planeten zwischen Mars und Jupiter, und nannte ihn Vesta.

Am 30. März 1282 wurden, auf das verabredete Zeichen des Geläutes zur Vesper (Abend-Gottesdienst), alle Franzosen in Sicilien, gegen 8000 an der Zahl, ermordet, und die Herrschaft Karl's von Anjou, des Todfeindes der Hohenstaufen und Mörder des letzten Sprößlings derselben, des edlen Konradin von Schwaben — für immer auf dieser Insel zerstört. Das Blutbad wird unter dem Namen der „sicilianischen Vesper" in der Geschichte aufgeführt.

Am 31. März 1547 starb Franz I., König von Frankreich, Zeitgenosse und Nebenbuhler Karls V.

Am 1. April 1810 wurde die Vermählung Napoleon's mit Maria Louise, Erzherzogin von Oesterreich, in St. Cloud gefeiert.

Am 2. April 1791 starb Mirabeau, Einer der talentvollsten Redner der franz. Revolution.

Am 3. April 1518 brach in Freiberg, im sächs. Erzgebirge, ein Aufruhr des Bergvolkes gegen die Geistlichkeit aus, der bis zum Jahre 1521 fortdauerte.

Am 4. April 1774 starb Oliver Goldsmith, der berühmte englische Verfasser des in fast alle lebende Sprachen übersetzten Romans: der Landprediger von Wakefield.

Verlag von Bossange Vater in Leipzig.
Unter Verantwortlichkeit der Verlagshandlung.

Druck von Breitkopf und Härtel in Leipzig.

Das Pfennig-Magazin

der

Gesellschaft zur Verbreitung gemeinnütziger Kenntnisse.

49.]   Erscheint jeden Sonnabend.   [April 5, 1834.

Der Teich Bethesda.

Das jüdische Land, nicht reichlich mit Brunnen-Wasser versehen, hat doch in seiner Geschichte das Andenken an eine Heilquelle erhalten, von welcher der Evangelist Johannes im 5ten Kapitel im 2ten Verse sagt: „Es war aber zu Jerusalem bei dem Schaafhause ein Teich, der heißt auf hebräisch: Bethesda, und hat fünf Hallen, in welchen viele Kranke, Blinde, Lahme und Dürre, die warteten, wann sich das Wasser bewegte, denn ein Engel fuhr herab zu seiner Zeit und bewegte das Wasser. Welcher nun der Erste, nachdem das Wasser bewegt war, hineinstieg, der ward gesund, mit welcher Seuche er behaftet war." — — Hier war es, wo Christus einen seit 38 Jahren Kranken heilte, und die Worte sagte: „Stehe auf, nimm Dein Bette und gehe heim!" Ueber die Beschaffenheit dieses ehemaligen Teiches sagen zwei mit der Alterthumskunde des jüdischen Landes sich beschäftigende Schriftsteller Folgendes: „man findet, — so berichtet der Eine, ein Franzose, Herr v. Chateaubriand, der selbst dort gewesen ist, — diesen Teich noch vor dem Stephans-Thore: vor Zeiten begränzte er den Tempel gegen Norden; es ist ein Wasserbehälter von 50 Fuß Länge und 40 Fuß Breite."

„Die Aushöhlung wird durch Mauern erhalten und diese sind auf eine sehr künstliche Weise zusammengesetzt. Gegenwärtig ist er ausgetrocknet und halb verschüttet, Granat-Bäume und eine Art wilder Tamarinthen, deren Laub ganz bläulich ist, wachsen jetzt auf dem trocknen Boden; die westliche Ecke ist mit Nopalsträu-chen angefüllt. — Der jüdische Geschichtschreiber Josephus nennt diesen Teich Stagnum Salomonis, das Evangelium nennt ihn aber Prüfungs-Teich, weil man darin die zum Opfer bestimmten Schaafe reinigte." — So weit der Franzose, in dessen Evangelium etwas Anderes stehen muß, als bei uns. Herr Dr. Röht, Generalsuperint. zu Weimar, sagt in seiner historisch-geographischen Beschreibung des jüdischen Landes zur Zeit Jesu (Beiz 1816), bei Erwähnung der Gesundbrunnen Palästina's, daß Einer sein Wasser in dem sogenannten Teiche Bethesda, am Schaafthore der Stadt Jerusalem, in einem großen ausgemauerten Wasser-Behälter ergossen hätte; an der einen Seite desselben waren fünf Säulengänge (Hallen) angebauet, wo sich die Kranken, die sich des Wassers bedienen wollten, aufhielten. Das Wasser scheint von dem bei eisenhaltigen Flüssigkeiten ansetzenden Ocker röthlich trübe gewesen zu seyn und sich nur von Zeit zu Zeit mit heftigerm Sprudel ergossen zu haben (ein Engel bewegte es, nach der heiligen Schrift), dann aber auch wieder durch zuströmendes Regenwasser in seiner Heilkraft Etwas geschwächt worden zu seyn, daher die Meinung, daß es nur während jenes stärkern Aufwallens hinreichende Heilkraft besitze. Vielleicht hätte aber ein anhaltender Gebrauch desselben, und einige Sorge für die Abwehr des einströmenden wilden Wassers nicht minder wohlthätige Wirkung hervorgebracht. Dieser Teich Bethesda ist jetzt noch vorhanden, aber leer von Wasser; nur dann und wann soll an der nördlichen Seite desselben etwas hervordringen. — Bethesda hieß er mit seinen Hallen, d. i. Haus der Menschen=Liebe — Wohlthätigkeits= Anstalt.   D.

Der Münster zu Straßburg.

Könnte irgend ein Tadel uns zur Last fallen, so wäre es, daß wir zwar in der Wissenschaft und Tech= nik bedeutende Fortschritte machten, in den Künsten aber, vorzüglich in der ältesten vor allen, der Archi= tektur, gleich einem Krebse die Leiche der Vorwelt be= nagend, trotz aller Sättigung dennoch nie das Gebiet einer großen Vergangenheit zu überschreiten wagten. — So Manches wird täglich geboren, doch läßt dessen amphibischer Ursprung sich nachweisen; denn das Bes= sere daran ist nur das Einzelne, welches, seinem frü= hern Zusammenhange entrissen, blos wie die Pfauenfeder den häßlichen Raben verziert. Richtungslos irren wir bald im Wuste abgebrauchter Systeme der Italiener und Franzosen umher, äffen mechanisch die Style der Aegypter, Indier und Altdeutschen nach, oder ver= senken, unserer Schwäche uns bewußt, uns in die klassi= schen Ueberreste der Griechen und Römer, deren For= men wir tändelnd modifiziren, oder in möglichster Reinheit bis zum Ekel wiederholen. Alle diese Rich= tungen sind fast gleich armselig und zwecklos, jedoch möchte ich der letztern den Vorzug so lange einräumen, als nun einmal nichts Neues entsteht, und der Weg des Heils auf immer versperrt scheint. — Ist der Feuereifer nun einmal erloschen, der träumend und wachend die Tempel der Gottesstadt in den Wolken erblickte, ist der schöne Enthusiasmus dahin, auf dessen Schwingen der Geist, das Zeitliche vergessend, sich nach dem Himmelreiche sehnte, so mögen wir Ae= risten so lange hinanschauen an die Gebilde der Vä= ter, bis die Nacht durchblitzend ein ewiger Gedanke sich von Neuem in unserer Seele verkörpert. — Wie das Christenthum, die Pforten des Paradieses öffnend, alle frühere Religionen durch seinen Glanz verdunkelte, so übertrafen auch die seinem Kultus geweihten Hei= ligthümer alle andern bei weitem an Pracht und tiefer Bedeutung. — Und, o Wunder, mehr als zwölfhun= dert Jahre nach dem Erscheinen des Heilands auf Er= den, nicht etwa, wo er gelebt und gelehrt, in fernem Lande, an den Ufern des Rheins, ersann, begeistert, ein deutscher Mann den vollendetsten christlichen Dom.

Erwin von Steinbach, einem Flecken im Badischen, war es, der mit auf Geheiß der Gottheit dazu bestimmt, — den Drang der Zeit in diesem Ur= bilde verewigte. — Des Lobes bedarf Unsterbliches nicht; denn alles Erhabene und Große verkündet sich selbst. Aber wer auch den Münster zu Straßburg sah, muß, erstaunt über den kühnen Bau, gestehen, daß die Tempel Indiens und Aegyptens ihm an Würde und Vollendung nicht gleichkommen. Selbst Griechenland und Rom haben in ihrer Art nichts Bes= seres aufzuweisen, so daß wir Deutsche mit Recht in die Reihe der Völker eintreten, deren Ruhm für alle Zeiten begründet ist. — Unerdenklich reicht die Ge= schichte des Münsters bis zum grauen Alterthume hin= auf; denn an geweihter Stelle brachte hier der celti= sche Stamm der Triboker (Drei=Bucher?) in heiligem Haine seinem Kriegsgotte Esus bereits die üblichen Opfer. Wohin die Römer in Gallien und Deutsch= land vordrangen, hieben sie, um den Kultus jener Völker mit der Wurzel zu vertilgen, und den ihrigen

desto rascher auszubreiten, jene Haine nieder; errichte= ten aber aus Politik daselbst Tempel, die sie mit rö= mischen Götterbildern schmückten, — und ihnen die nöthige Priesterschaft zuordnend, Alles thaten, um auf diese Weise ihre Siege für immer zu befestigen. Doch gelang es weder ihnen, noch später dem heiligen Maternus, den Götzendienst auszurotten. Im Jahre 349, kurz nach seiner Ankunft zu Argentora= tum (das damalige Straßburg), ließ indeß der heilige Amandus, erster Bischof der Triboker, den Tempel des Kruzmann (Kriegsgott) niederreißen, und an dem= selben Orte einen christlichen errichten, welcher um 406 bis 407 bei'm Einfalle der Barbaren fast gänz= lich zerstört wurde. — Im J. 449 verheerte Attila das Land, so daß die Ueberreste des Gotteshauses ver= schwanden oder unbeachtet der Vergessenheit anheimfie= len. Im J. 496 schlug Chlodwig der Franke bei Zül= lich (Tolbiacum) die Alemannen, — und da dieser König, auf Anrathen seiner Gemahlin Clotilde, zum Christenthume übertrat, so ließ er es sich angelegen seyn, alle Heidentempel im Elsaß zu Kirchen umzu= wandeln. Bei dieser Gelegenheit wurde auch der hie= sige von Neuem gebauet, doch nur aus Holz und mit Stroh gedeckt. — Unter den Merovingern thaten vor= züglich die Nachfolger Chlodwig's, Dagobert der Erste und Zweite, viel für die Kirche, und beschenkten sie, vorzüglich der Letztere, mit reichen Gütern. — Unter Pipin dem Kurzen drohete demselbe von Neuem den Einsturz, und weil er im Sinne hatte, sie schöner und dauerhafter, als je, aufzuführen, so wurde damit bei'm hohen Chore der Anfang gemacht. — Durch den unerwarteten Tod Pipin's kam jedoch dies Unter= nehmen in Stocken, und erst Karl der Große ließ den oberwähnten Chor aus gehauenen Steinen verfertigen, wie er noch heute zu sehen ist. — Auch Ludwig der Fromme (le débonnaire) that Manches zum Be= sten des Doms und seiner Priester. — Im J. 873, unter Bischof Ratald, brannte derselbe ab, muß aber später wieder in Stand gesetzt worden seyn, da Her= mann der Zweite, Herzog von Elsaß und Schwaben, im Kriege mit Heinrich, Herzog von Baiern, 1002 die Stadt mit Sturm eroberte, und durch die Kriegs= völker das hölzerne, aus den Zeiten Chlodwig's her= rührende Münster plündern und anzünden ließ. Wern= her, Graf von Habsburg und damaliger Bischof von Straßburg, wurde indeß auf Befehl Heinrich's, als dieser zur Kaiserwürde gelangte, durch Hermann von Schwaben für diesen Verlust vollkommen entschädigt. Schon hatte der fromme Bischof Alles aufgeboten, um das durch den Brand Vernichtete wieder herzustellen; als unerwartet am Johannistage, den 24. Junius 1007, der Blitz in die Kirche schlug, zündete, und die Flammen so um sich griffen, daß dieselbe, den von Karl errichteten Chor ausgenommen, von Grund aus abbrannte. — Gebeugt von zwiefachem Weh suchte Wernher den erlittenen Schaden auf alle Weise zu ersetzen. — 1019 kam Kaiser Heinrich sogar in Per= son nach Straßburg, besichtigte den neuen Bau, und ließ es an Beisteuer und Geschenken nicht fehlen. Frü= her schoß auch die Geistlichkeit bedeutende Summen her, und es wurden beredte Prediger in's Land ge= schickt, um die Gemeinden zur Mitwirkung aufzu= fordern. Als Wernher die nöthigen Kapitale in Hän= den hatte, berief er die geschicktesten Baumeister seiner Zeit, und ließ durch Frohnfuhren aus dem Krenthale zwischen Wasselnheim und Marlenheim (Waslonne et Marly) die daselbst gebrochenen Quadern (rothbrau= ner, feinkörniger, harter Vogesensandstein, près des

Vosges) herbeischaffen, welche zu Straßburg behauen und zugerichtet wurden. — Zwölf bis zwanzig Meilen im Umkreise arbeiteten Freie und Fröhner umsonst, Gott und der heiligen Jungfrau zu Ehren, — und man betrieb seit 1015 den Fortgang des Werkes so eifrig, daß dreizehn Jahre hindurch 100,000 Menschen dabei beschäftigt waren, welche bis 1028 das jetzige Münster glücklich bis=unter's Dach hinanführten. Der alte Grund war, wie natürlich, dem neuen Gebäude nicht angemessen und mußte deshalb tiefer, mehr an 30′ gelegt werden, wobei man unter dem ersten Steinlager kurze gespaltene Erlenpfähle*) (keinen Rost, wie Viele behaupten) in den Boden schlug, deren Zwischenweiten mit einem Kitte von ungelöschtem Kalk, zerstoßenen Ziegelsteinen ausgefüllt, verbunden und abgeebnet wurden. Leider sah Wernher seine Schöpfungen nicht beendet, denn er starb 1028 unerwartet zu Konstantinopel**). Unbekümmert, talentlos, zu arm, oder in weltliche Händel verwickelt, bekümmerten dessen Nachfolger sich wenig um den Fortgang des Werkes, so daß erst 1275 die Kirche beendet wurde. — Endlich erschien wieder ein Mann seines großen Vorgängers würdig. Der Bischof Conrad von Lichtenberg war es, welcher 1276 den Grund zum Thurme graben ließ, und ein Jahr darauf, den 25. Mai, hiezu den ersten Stein legte.

Durch unzählige Ablaßbriefe erhob man von Neuem große Summen, und es eilten aus Oesterreich und andern fernen Landen Fuhrleute herbei, welche um Gottes Willen Steine aus dem Kronthale und Material aller Art herbeiführten. — Der Baumeister, dem dies Riesenwerk übertragen wurde, war der früher kaum gekannte Erwin, dem zwar der Münster selbst ein unsterbliches Denkmal wurde, dessen Name aber gewiß so gut als der vieler Andern im Strome der Zeit untergegangen wäre, hätte eine sonst über der Hauptthüre befindliche lateinische Inschrift ihn nicht genannt***), und der Forschergeist endlich auf dem Höfchen der alten St. Johanniskapelle, am zweiten Chorpfeiler auswärts zu ebener Erde seinen Denkstein entdeckt †). Im Jahre 1316 bauete Erwin noch die jetzt nicht mehr vorhandene Kapelle der heiligen Jungfrau neben dem Chore ††), starb aber 1318 und über-

*) Johann Georg Heckler, Werkmeister des Doms, berichtet, daß diese Pfähle keinen Rost bildeten, sondern nur zur Befestigung des unter dem Münster befindlichen Thonlagers dienten. (?)

**) Er wurde im Münster am Altare der Jungfrau beigesetzt. —

***) Sie hieß, Anno Domini MCCLXXVII in die beati Urbani hoc gloriosum opus inchoavit M. Erwinus de Steinbach. —

†) Erwin ruht hier mit seinem frühverstorbenen Weibe Huse, und seinem ältesten Sohne Johann. Die Grabschrift lautet folgendermaßen: „Anno Domini MCCCXVI. XI. Kal. Augusti obiit Domina Husa, uxor magistri Erwini.“ „Anno Domini MCCCXVIII. Kal. Februarii obiit Magister Erwinus gubernator fabricae ecclesiae Argentinensis.“ „Anno Domini MCCCXXXVIIII. XV. Kal. Aprilis obiit Magister Johannis filius Erwini Magistri operis hujus ecclesiae.

††) Man las im Kranzgesims die Inschrift: „MCCCXVI aedificavit hoc opus Magister Erwinus.“

ließ seinem ältesten Sohne Johann*) die Fortsetzung des begonnenen Baues. — Wie weit unter der Leitung Erwin's und seines Sohnes Johann der Bau gedieh, ist ungewiß. — Eine Geschichte der Schicksale des Münsters würde zu weit führen, denn die Wetterschäden und andere Unfälle, so wie Brände, Erdbeben u. s. w. hörten nicht auf. — 1289 erschütterte z. B. ein Erdbeben die Pfeiler der Kirche so stark, daß sie von allen Seiten den Einsturz drohete. 1298 aber, während des dreimonatlichen Aufenthaltes Kaiser Albrecht's zu Straßburg, brach durch die Unvorsichtigkeit eines Reiters im bischöflichen Palaste daselbst eine Feuersbrunst aus, welche 355 den Münster umstehende Gebäude niederbrannte. Mit Windeseile liefen die Flammen an einem Krachseile zum Dache der Kirche hinauf, verzehrten alles Holzwerk, sprengten Steine und Gewölbe und verbreiteten eine solche Glut, daß das Blei stromweise vom Dache hinab in die Breusch floß. — Noch im Jahre 1833 traf der Blitz den Thurm, ohne ihn jedoch sehr zu beschädigen. — Erwin (Johann) hatte mehrere Nachfolger, unter denen Johann Hülz von Köln (der Geschickteste von Allen) mit Hülfe zweier Junker von Prag (?) die vier freistehenden Schneckenstiegen und den Thurm zu Ende brachte, worauf er in Kurzem, seiner Grabschrift zu Folge, starb**). — Ihm folgte Jodocus Dotzinger, der jedoch, nur mit der Ausbesserung des Chors beschäftigt, den noch vorhandenen Taufstein hinterließ. Um 1486 errichtete man nach dem Risse des Hans Hammerer, Werkmeisters des Münsters, die große Kanzel, von welcher herab der berühmte Prediger, Johann Geiler von Kaisersberg, die Verderbtheit der römischen Kirche und ihrer Priester, so wie die allgemeine Sittenlosigkeit der Zeit mit den Donnerkeilen der Beredtsamkeit angriff. — 1494 wird der Erbauer der Lorenzkapelle (auf der Nordseite) Johann von Landshut als Werkmeister der Kathedrale genannt. — Ihm folgten Hans Hammerer, Bernhard Neumenmacher, Bernhard von Heidelberg, Konrad Vogt, Hans Jakob Winter, Hans Heckler (von Dreckendorf im Würtembergischen), Johann Georg Heckler (1654 — 82) und Joseph Lautenschläger 1683 — 1702 als Werkmeister des Münsters. — Aber alle diese Herren bis auf die neueste Zeit fast sämmtlich ohne Bedeutung. — Wer die historische Grammatik altdeutscher Baukunst und deren Harmonielehre vom 9ten bis 15ten Jahrhundert kennen lernen will, thut wohl, den Straßburger Dom fleißig zu untersuchen. — Aus jedem Zeitalter seines Wachsthums sind Reste geblieben, die, obgleich sie in der Masse verschwinden, im Einzelnen dennoch zum Vorschein kommen. Bei den zahllosen Einstürzen und Bränden, wo bald dieser, bald jener Theil zu Grunde ging, wurde, wie natürlich, Vieles geändert. Anderes bildete sich Anderm an, nach dem jedesmaligen Talente der Künstler. Plumpes und Unbeholfenes wurde dem Leichten und Luftigen vermählt, — und das scheinbar Fremdartigste mit einander verbunden, so daß im strengsten Sinne des Worts von Einheit des Styls bei diesem Gigantenwerke nur in so fern die Rede seyn kann, als sich theilweise die männlichen ernsten Züge des Urahns im kindlichen Antlitze des spätesten Enkels wiederfinden. —

*) Erwin hatte einen zweiten Sohn, Winhing, der die Kirche zu Heffelbach im Elsaß, und die Platform zu Bern erbauet haben soll.

**) Er starb 1449. (?)

So naher, und doch so ferner Verwandtschaft halber, läßt das Ganze sich immer als zu einer Familie gehörig und aus einem Gusse bestehend ansehen. — Wollte man indeß die Sache näher analysiren, so bliebe der alte, aus den Zeiten Pipin's und Karl's her= rührende Chor, die unterirdische Kapelle sammt einem Theile des Querbaues, mit ihren Rundbogen und Würfelknäufen, das ziemlich einfache Schiff der Kirche, deren reiches Portal, und die noch verziertere Spitze des Thurms, — jedes, — abgesondert für sich. — Die

Der Münster zu Straßburg.

geschichtliche Uebersicht des Münsters ist hier zu Ende und ich komme nun zu seiner Beschreibung. — Ein großer Vorzug unsers Jahrhunderts ist es allerdings, sich encyklopädisch durch Karten, Pläne, Bücher, Modelle und Bilderwerke über die Welt und ihre Wunder unterrichten zu können. Jedoch reichen alle jene Silhouetten nicht hin, um sich einen Begriff von der Größe und dem Eindrucke der Dinge zu machen. Die Masse kann zwar den Geist nicht bannen, aber der Tschimborasso in der Größe eines Straßenkiesels und ein Ozean in Duodez würden den erhabenen Eindruck sicher verfehlen. — Daher muß der Leser sich über die kleine Titelvignette zu trösten suchen, wie er kann, und die Zahlen zu Hülfe nehmen, welche in folgender Tabelle die Höhen des Münsterthurms und seine Theile angeben:

	Fuß	Zolle	Französ. Maß.
Von dem gepflasterten äußern Vorplatze bis und mit der Brüstung der ersten Gallerie..................	72	4	
Von da bis und mit der Brüstung des zweiten Umganges................	56	2	
Von da bis und mit der Brüstung der Platform des Thurms...........	77	4	
	203	10	
Abzug der Brüstung des alten und niedern Thurms, wie viel dieselbe höher ist, als die eigentliche Platform des Mittelbaues und neuen Thurms	2	4	
Höhe bis auf die Platform.......			205′ 6″
Von der Platform bis und mit der Brüstung der vier Wendeltreppen......	113	4	
Von da bis auf den Boden der Pyramide....................	4	9	
Von da bis auf den Boden der Laterne....................	82	2	
Von da bis und mit dem obern Knopfe des Kranzes...............	34	6	
Höhe des obern Thurms.............			234′ 9″
Ganze Thurmhöhe in französischem Maaße........................			438′ 3″

Die Stufen der verschiedenen Thurmtreppen bis zur Krone belaufen sich bis auf 635, und sind so bequem angelegt, daß man sie ohne alle Gefahr ersteigt. An den Portalen altdeutscher Kirchen waren gewöhnlich eine ganze Biblia pauperum und ein Heiligenspiegel, das alte und neue Testament, sammt der Kirchenhistorie und das Martyrologium dargestellt. So sind die drei an der Vorderseite des Münsters mit Gruppen und Figuren dieser Art übersäet, welche sowohl die Gewände, als die in Spitzbogen zulaufenden Hohlkehlen der Thüren bevölkern. — Das mittlere Portal zeichnet sich hierin besonders aus. Die Schöpfungsgeschichte nimmt hier, wie natürlich, den ersten Platz ein und schließt mit Kain's Flucht, dem Gott sein Verbrechen vorhält. Die Geschichte der Erzväter ist in der zweiten Reihe weiter fortgeführt. Man sieht Noah's Arche, den Spott seines Sohnes, Abraham mit den Engeln, Isaak's Opfer und Jakob's Traum. Hierauf folgen Hauptbegebenheiten aus der Geschichte Moses, der Richter u. s. w. Sodann kommt der Märtyrertod des heiligen Andreas und Paulus; — in der vierten Reihe aber sieht man die vier Evangelisten und die acht ersten Kirchenlehrer. In der fünften endlich erscheinen die hauptsächlichsten Wunder

des Heilands und bilden den Uebergang zu den Hauptvorstellungen in den vier Giebelfeldern des Bogens, welche Szenen aus dem Leben und Leiden Jesu bis zu seiner Himmelfahrt enthalten. Das in zwei Dreiecken über dem Portal sich erhebende Giebelfeld enthält lothrecht über der Thür zu oberst das kolossale Haupt Gottes, darunter die gekrönte Maria mit dem Kinde, deren Thron von zwei aufrechtstehenden Löwen, deren sich zu beiden Seiten abwärts auf treppenähnlichen Absätzen noch zwölf andere befinden, gehalten wird. — Dem Thürbogen zunächst sieht man die Statue des Königs Salomo in sitzender Stellung, indeß auf Kranzsteinen eilf musicirende Engel die Seiten des obigen Triangels umstehen. Reich genug ist, denke ich, dieser Eingang verziert, und gleichwohl giebt es daran noch Manches zu sehen; — denn wo Figuren nicht mehr Platz finden, in den Winkeln und Ecken, sitzen oder kriechen noch Thiergestalten und Fratzen die Menge, welche in der Masse verschwinden. — Der Erzthüren nicht zu gedenken, welche während der französischen Revolution eingeschmolzen wurden, sieht man an den Gewänden und in den Hohlkehlen der beiden Seitenportale noch Figuren in allen Größen, und so mannigfaltige Darstellungen, daß es über alle Begriffe hinausgeht. — Ueberdem sind die Giebel jener Portale und das darüber liegende Wendestück bis zur Rose (ich meine das große mittlere Radfenster) mit Stäbchen, Thürmchen, Säulchen und Spitzbogen so geschmackvoll umbaut, daß man den darauf verwendeten Fleiß bewundern muß.

Ausgezeichnet schön erscheint das fast die ganze Höhe des zweiten Stocks einnehmende Radfenster, dessen äußerer Durchmesser 48′, der innere aber 45′ beträgt. Beständen die darin angebrachten Scheiben nicht blos aus farbigem Glase, und wären sie dem prachtvollen Aeußern entsprechend mit so vorzüglichen Malereien geschmückt, als die der Lorenzkirche zu Nürnberg, so verdiente jenes Fenster allein eine Wallfahrt. — Unmittelbar über der Rose, im dritten Stocke des Thurms (daß ich mich so ausdrücke) saß noch alles voller Figuren; — aber die Revolutionäre, die den Straßburger Dom in einen Tempel der Vernunft umschaffen wollten, begingen den Unsinn, allerwärts die Standbilder von den Kirchsteinen und aus den Nischen zu werfen, um auf diese unvernünftige Weise ihren fantastischen Zweck bald möglichst zu erreichen. — An großen und schweren Glocken*) fehlt es im Münster nicht; allein ich übergehe sie sammt der Orgel und Uhr, da solche Nebendinge zum Wesen des Ganzen wenig oder nichts beitragen. — Der Vorderseite und dem Thurme gebührte, wie natürlich, in der Beschreibung der erste Rang; aber fast hätte ich hierüber das bedeutend ältere Portal der Südseite vergessen, in dessen Bildwerken Sabina, die einzige Tochter Erwin's, sich verewigte. — Sie sind nicht allein die besten am ganzen Gebäude, sondern auch für jene Zeit sehr vollendet zu nennen. Unter ihnen war ein Johannes vortrefflich gearbeitet, der aber in Gesellschaft der übrigen hier aufgestellten Apostel von den Franzosen zertrümmert wurde. — Zu bedauern ist es, daß das Innere der Münsterkirche dem Aeußern nicht gleichkommt. Alle Verhältnisse sind hier plumper, gedrückter und zierloser, als dort. — Die Glasmalereien der Fenster, von Johann von Kirch-

---

*) Medard von Landau und Hans Eckstein (zwei Zimmergesellen) verfertigten 1521 den großen Glockenstuhl.

heim (1348) können mit denen anderer Dome nicht wetteifern. — Die schon früher erwähnte Kanzel vom Werkmeister Joh. Hammerer für den Prediger Geiler von Kaisersberg bestimmt, hat viel Schönes, das zu beschreiben aber hier nicht der Ort ist. — Der mo= derne Deckel derselben von Konrad Cullin und Die= terlin (traurigen Andenkens) ist indeß abgeschmackt, und paßt nicht zum Uebrigen. Von dem ältesten Theile der Kirche, der unterirdischen Kapelle, läßt sich weiter nichts sagen, als daß 25 Stufen in zwei Ab= theilungen herabführen. Sie bildet ein Mittelschiff mit zwei Abseiten und läuft unter dem Chore fort. — An Grabmälern ist der Dom nicht arm, doch sind sie in künstlerischer Hinsicht von so geringer Wichtigkeit, daß ich nur das Conrad's von Lichtenberg her= vorhebe, welcher seinem Schwager, dem Grafen Egon von Freiburg, zu Hülfe eilend, sich zu weit in's Vor= dertreffen wagte, und bei dieser Gelegenheit von einem Metzger erschlagen wurde. Man begrub ihn in der St. Johanniskapelle (sonst begrub man hier die Bi= schöfe und Kanoniker, später aber wurde sie zur Sa= kristei verwandelt), wo er in einer Vertiefung der rech= ten Seitenwand gegen das Fenster beigesetzt wurde. Sein Steinbild, das jedoch nicht gleichzeitig und im Gedränge des Thurmbaues von einem ältern Denk= male abgehoben zu sein scheint, zeigt ihn in vollem Ornate auf einem Löwen, dem Sinnbilde der Stärke, ruhen. Die an der Wand befindliche lateinische In= schrift preißt und erhebt seine guten Eigenschaften, wel= ches vielleicht auch, ohne sie zu besitzen, ihm wie vie= len Andern widerfahren wäre. Am ersten Pfeiler des Querbaues gegen die südliche Abseite sieht man auch die lateinische Grabschrift Geiler von Kaiserbergs. — Die auf achtzehn starken Pfeilern ruhende dreischiffige Kirche ist bei weitem nicht so groß, als die zu Ulm. Ihre Hauptverhältnisse sind folgende:

Straßburger Maß.

	Fuß.	Zoll.	Linien.
Länge des Chors ohne die Mauer	111	—	6
Breite	67	—	—
Länge des Hauptschiffs	244	—	—
Breite des Hauptschiffs, die Sei= tenschiffe mit begriffen	132	—	—
Von der Sakristei bis zu den Thüren	313	4	6
Höhe des Hauptgewölbes vom Boden	71	10	3

Aeußerst beschwerlich mag es seyn, eine bedeutend große Kirche, welche, von Menschen wimmelnd, zu allen Stunden des Tages offen steht, in Ordnung zu halten. — Die Engländer, ja selbst die Italiener (welche sonst schmutzig genug sind) thun es uns jedoch in diesem Betrachte zuvor. Zu wünschen wäre es da= her, daß (sollten in der neueren Zeit hierin keine Aen= derungen vorgefallen seyn) bei dem Münster mehr auf Reinlichkeit gesehen würde, — indem dieß doch we= nigstens dieses vor den Menschen in seinem Hause voraushaben sollte. — Von der nördlichen Lorenzka= pelle (erbauet 1494 von Johann von Landshut) ließe sich noch Manches sagen. Aber damit des Guten nicht zu viel werde, will ich hier schließen. —

St. Peter's Erleuchtung zu Rom gewährt einen herrlichen Anblick; — aber die des Münsters zu Straß= burg, stände er so frei als jener, und wallten bei'm Geläute der Glocken durch die festlichbekränzten Pfor= ten Tausende von Christen hinein in das Heiligthum,

hörte man dazu den Gesang der gläubigen Menge; wer fiele nicht nieder an den Stufen dieses Tempels, in dessen Formen, obgleich von Menschenhänden ge= bildet, sich der Allmächtige wie durch jedes andere Werk seiner Größe offenbart?   S.

Zum Leben des Columbus.
(Fortsetzung.)

7.

Als Columbus auf seiner zweiten Reise sich an= zusiedeln zehn Wegstunden von Monte Christi einen schicklichen Platz fand und nun die erste christliche Pflanzstadt anlegte, die er Isabella nannte, auch mit der Kunde, welche Don Alonso de Ojeda, dazu ent= sendet, von den nahen ergiebigen Goldbergen des Cibaobereiches, höchst zufrieden war, meldete er dies seinen Monarchen, die er ohnedies um mancherlei Vorräthe, welche nun ausgegangen waren, zu bitten hatte. Unter vielen gesunden und förderlichen Ent= würfen zum Gedeihen der Macht Spaniens in der neuen Welt war auch ein Anschlag, der jene falsch= klügelnde Selbsttäuschung verräth, welcher auch die geradsinnigsten Männer unterliegen. In dem Wahne nämlich, daß, jemehr cannibalische Heiden auf gut katholischen spanischen Boden versetzt, desto mehr Seelen gerettet würden, schlug er einen Austausch der= selben als Sklaven gegen Naturalien vor, welche Kaufleute der Niederlassung liefern sollten. Die Schiffe, welche dergleichen Lebensmittel brächten, sollten nur auf der Insel Isabella landen, wo die gefangenen Cariben zur Auslieferung vorhanden wären. Von jedem Sklaven sollte zum Besten des königlichen Schatzes eine Auflage erhoben werden. So würde die Nieder= lassung alle Arten von Lebensmitteln kostenfrei be= ziehen. Die friedlichen Inselbewohner würden kriege= rische und unmenschliche Nachbarn los; der königliche Schatz würde bereichert, und eine Menge Seelen, dem ewigen Verderben entrissen, wie mit Gewalt dem Himmel wieder gegeben. Columbus besorgte nämlich, daß seine Fürsten mit dem Ertrage seiner Unterneh= mungen nicht ganz zufrieden sein möchten, und sann daher auf Mittel, den Aufwand zu erleichtern, bis sich ihm ein ergiebigerer Quell aufthäte. Bekehrung der Ungläubigen mit guten oder schlechten Mitteln, mit Ueberredung oder Gewalt, war damals eine Glau= benslehre; und Columbus wähnte, wenn er die Ca= riben zu Sklaven zu machen empfahl, nur seinem Ge= wissen zu folgen, da er doch in der That nur auf die Eingebungen des Eigennutzes lauschte. Zum Glück hörte ihm seine Fürsten nicht bei, sondern befah= len, die Cariben sollten wie die übrigen Inselbewoh= ner bekehrt werden — ein Befehl, der aus Isabellens Barmherzigkeit hervorging, die sich immer als wohl= wollende Beschützerin der Indianer bewährte.

8.

Große Mäßigung bewies Columbus bei einem entdeckten Verrathe, den ein Rechnungsführer Bernal Diaz de Pisa, und ein querköpfiger, starrer Metall= prüfer und Reiniger, Fermin Cado, gegen ihn aus= gesonnen und den Unzufriedenen eingeredet hatten, nämlich mit einigen oder allen fünf Schiffen heimlich nach Spanien zurückzusegeln, und des Admirals Red= lichkeit, wie den Erfolg seiner Unternehmung dort zu verdächtigen. Columbus ließ die Rädelsführer verhaften.

Bei angestellten Untersuchungen fand sich allerdings in einer Schiffswahrtonne eine Eingabe gegen ihn, voller Verläumdungen und Entstellungen von Bernal Diaz eigner Hand. Columbus schiffte ihn nebst der angestellten Untersuchung seines Verbrechers und der aufrührischen Eingabe nach Spanien ein, ihm dort den Proceß zu machen. Mehrere der Meuter von geringerem Stande wurden nach Maaßgabe ihrer Schuld, doch nicht mit verdienter Strenge bestraft. Um ähnlichen Versuchen vorzubeugen, wurden alle Kanonen und Schiffsvorräthe von vier Schiffen auf das Hauptschiff gebracht und dies zuverlässigen Personen überwiesen.

9.

Der Verlauf der Ansiedelung des Columbus giebt zu mancherlei Betrachtungen Anlaß, besonders über das Menschliche und sein Verhängniß. Hatte ihn ein unbezwinglicher Trieb nach dem Fernen, Ungekannten verlockt, hatte seine entzündete Phantasie dies Ferne ihm in der glühendsten Farbenpracht und im blendendsten Lichte dargestellt, so daß es, selbst ihm näher gerückt, ihm nur Andeutung und Vorbote eines Herrlichern, Größern schien, und er das Gegenwärtige, Gegenständliche nicht unbefangen und rein auffaßte; so hatte er, um sich und seine Erwartungen, wie die ihnen gemäß gegebenen Verheißungen zu behaupten und zu verwirklichen, den Widerspruch der Andersgesinnten, ja ihre nicht minder überzeugunggemäßen, aber oft meuterischen Gegenhandlungen zu bekämpfen, zunächst unter seiner Mannschaft. Diese, zum Theil von den neuen Umgebungen verlockt, übermüthig und frech geworden, empörten nun die friedlichen, arglosen Bewohner der neuen Welt erst zu heimlichen einzelnen Gewaltthaten, dann zu meuterischen Verbindungen. Diese zwangen Columbus zu offenem Trutz und Fehde, die natürlich im Wahne der rechtmäßigen Aufrechthaltung der Ordnung, im Bewußtseyn der Ueberlegenheit an Hülfsmitteln des Kriegs nur um so grausamer wurden. Was vermochte auch eine überlegene Zahl nackter, kriegungeübter, bloß mit Keulen und Bogen bewaffneter Streiter zu Fuß gegen die mit Armbrüsten, Schwertern, Lanzen, Spießen, schwerem Geschütz, Stahlrüstungen und Schildern kriegeübten Männer auf Rossen, die schon durch ihre ungewohnte Größe und Abrichtung schreckten, nicht minder als die Bluthunde, die gegen sie losgelassen wurden, sie ansprangen, faßten, niederrissen, zerfleischten? So wurde denn Columbus immer mehr und mehr Eroberer, übte sein vermeintes Recht als solcher und überlegte, wie er nur den meisten Vortheil von seinen Eroberungen ziehen könnte. Seine Hauptsorge war, seine Fürsten durch die reichsten Gegengeschenke für den Aufwand zu entschädigen, die aufgeregten Erwartungen des Volks zu befriedigen und die Verläumdungen derer, die wieder heimgesegelt waren, zu widerlegen. So suchte er denn die Insel durch hohe, den Provinzen auferlegte Steuern an Gold, Goldstaub und Baumwolle höchst einträglich zu machen. Diese einzutreiben, erforderte mehrere Vesten, die angelegt werden mußten.

(Fortsetzung folgt.)

Schweineborsten.

Aus Rußland und Preußen bezog Englands Handel im Jahre 1828: 1,748,921 Pfund Borsten, und jede Borste wiegt doch wenigstens zwei Gran. Freilich wurden wenigstens 13,431,713,280 Borsten in jenen Staaten eingeführt. Nur der Rücken der Schweine trägt Borsten und gewiß lieferte kein Schwein mehr, als 7680 Borsten = 1 Pfund. Wie viele Schweine mußten also ihre Borsten blos zur Gemächlichkeit Englands liefern? Doch führt dieses auch viele Borsten verarbeitet in andere Welttheile aus.　　　R.

Die Leipziger Messe.

(Beschluß.)

Durch die Anschließung Sachsens an den preußischen Zollverein stieg die Miethe der Komtoire und Packräume in Leipzigs Straßen in der Meßlage bedeutend. Ob er bleibend seyn wird und seyn kann, und welche andere Wendung der Waarenzug künftig nehmen wird, wenn Deutschland durch Eisenbahnen durchzogen seyn wird; wird die Zukunft ergeben.

Allerdings wird der große preußische Zollverband die Einfuhr englisch baumwollener oder mit Baumwolle gemischter Stoffe, und eben so der englischen Metallwaaren in Eisen, so wie mancher langwolliger Zweige englischen Ursprungs bedeutend vermindern, jedoch gewiß nicht in dem Grade, als man sich die Werthe anschlägt, aber die engl. Regierung und ihr Handelsstand grollen hartnäckig jeder Regierung, welche nicht der Industrie der Britten Thüre und Thore öffnet, weil durch die übertriebene Förderung der Fabrikatur selbst in fremden Stoffen, so wie des Handels, und wegen der geringen Vertheilung des Grundes und Bodens und unterlassener Urbarmachung der Haiden und Moore, auch der Zehent= und Armenabgaben, der Landbau, welcher überall die erste Fabrik jedes Staats seyn sollte, zu wenige Menschen ernährt. Jede übertriebene Fabrikatur fremder Stoffe verzehrt am Ende, wie Saturnus, ihre eigenen Kinder, wenn nicht ihre Subsistenz durch einen sorgfältig gepflegten, und gartenmäßig bestellten, bei'm Hause belegenen Garten mit oder ohne Wiese und Feld unterstützt wird. Wie illiberal behandeln jetzt die volksthümlichsten englischen Zeitblätter Rußlands Regierung und deren Erweiterungsplane im Levantehandel? Deutschlands verwundbarste Seite im Verkehre mit England ist die starke Einfuhr deutscher feiner Tuchwolle nach England. Wie wenig selbst die trefflichsten Maßregeln der Regierung dem Handel seine Richtung zu geben vermögen, beweiset die von Oesterreich gewünschte Ausfuhr der Wolle nach England über Triest, und wie wenig geht auf diesem anscheinend natürlichen Wege dahin und dagegen fast sämmtlich über Hamburg? Die Herrin Australiens mit mehr als einer halben Million in der Veredlung fortrückenden Schafen in einem nicht zu heißen und daher dem Wollwuchse günstigen Klima, welche zugleich aus Südrußland eine jährlich größere Masse mittelfeiner Wolle bezieht, bietet alle Macht ihrer Maschinenkunst auf, durch die wohlfeilste mittelfeine Wolle möglichst wenig der allerfeinsten Merinowolle zu bedürfen; dagegen vermehren Oesterreich, Preußen, die übrigen Bundesstaaten und Frankreich die Wollfeinheit ihrer Heerden.

Das zufällige Interesse der vielen Landgüter durch Pachter benutzenden Grundherren, im österreichischen Italien die Zucht der Maulbeerbäume, und daher auch der Seide auf's Höchste zu fördern, vermehrte zwar fast bis zum Unglaublichen die Masse der Seide, veranlaßte aber durch zu große Vermehrung der weitwurzelnden und beschattenden Maulbeerbäume hier und da eine Verminderung anderer Produkte des überaus fruchtbaren Bodens in Niedermailand. Diese

Gefahr der Uebertreibung bietet freilich noch nicht die Veredlung der Merinowolle an, aber bald dürfte der Handel in der Wolle ganz vorzüglicher Schafe nach Rußland u. s. w. aufhören, und vielleicht nach Spanien und Portugal beginnen; aber so arme Länder können nur, so lange das Wandern der Schafe auf nomadischen Weiden im Winter in den Ebenen, im Sommer in den Gebirgen fortdauert, wollreiche Heerden haben, und jetzt wohl keine bleibende Konkurrenz mit den kälteren Klimaten aushalten, wo alle Thiere mehr Haar und Wolle, als in den wärmeren, tragen.　　　R.

Woche.

Am 5. April 1811 starb in einem Alter von 76 Jahren Robert Raikes, der erste Gründer von Sonntagsschulen in England, welche seitdem so sehr viel Gutes gestiftet haben.

Der 6. April 1528 ist der Todestag des berühmten deutschen Malers, Kupferstechers und Holzschneiders, Albrecht Dürer, den die dankbare und gerechte Nachwelt oft den „deutschen Raphael" genannt hat. Er war zu Nürnberg im Jahre 1471 geboren, und ein Schüler von Mich. Wohlgemuth, den er jedoch bald übertraf.

Am 7. April (nach Andern am 6.) 1199 starb Richard Löwenherz, König von England, bei der Belagerung eines kleinen festen Schlosses in Frankreich, an den Folgen einer empfangenen Wunde.

Am 8. April 1492 starb Lorenzo von Medici, dessen Bereitwilligkeit und Freigebigkeit in Förderung alles Guten, Großen und Schönen ihm den Zunamen des „Prächtigen" erworben hatte. Durch ihn und seinen Großvater Cosmo ward Florenz ein neues Athen, d. h. ein Sammelplatz aller ausgezeichneten Männer der Zeit.

Am 9. April 1626 starb der englische Kanzler Lord Baco von Verulam, im 66. Jahre seines Alters, Einer der größten Philosophen und Denker aller Zeiten. Sein berühmtestes Werk ist sein „Organon."

Der 10. April 1814 ist der Jahrestag der Schlacht bei Toulouse, in welcher die franz. Armee unter Marschall Soult von dem Herzoge von Wellington geschlagen wurde.

Am 11. April 1713 wurde der Friede zu Utrecht, welcher dem zwölfjährigen spanischen Erbfolgekriege ein Ende machte, unterzeichnet.　　　D.

* Der Marktplatz zu Leipzig.

Verlag von Bossange Vater in Leipzig.
Unter Verantwortlichkeit der Verlagshandlung.

Das Pfennig-Magazin

der

Gesellschaft zur Verbreitung gemeinnütziger Kenntnisse.

50.]   Erscheint jeden Sonnabend.   [April **12, 1834.**

Die Feueranbeter in Persien.

Eine der ältesten Religionsformen ist die in mehrern Ländern Asiens, besonders in Persien weit verbreitete Verehrung des höchsten Wesens unter dem Bilde des Feuers. Die Anhänger dieser Naturreligion werden in Indien Parsis, von den Muhamedanern aber Gebern, Guebern oder Gauern, d. i. Ungläubige genannt, weil sie den Glauben und die Sitten der Muhamedaner verabscheuen; sie selbst nennen sich Behendi, d. i. Anhänger des wahren Glaubens, weil sie der Urreligion ihrer Stammväter treu geblieben sind. Erst seit dem Ende des vorigen Jahrhunderts sind sichere Nachrichten über die Feueranbeter zu uns gekommen, seitdem der Franzose Anquetil du Perron das Religionsbuch der Parsen auffand und in einer französischen Uebersetzung bekannt machte. Dieses Religionsbuch heißt Zend-Avesta, d. i. lebendiges Wort, und soll dem Zoroaster oder Zerduscht, welcher wahrscheinlich um 550 v. Chr. lebte und der Reformator der alten Volksreligion in Medien und Persien wurde, von dem höchsten Wesen selbst mitgetheilt worden seyn.

Außer einem einzigen höhern Wesen, welches Yerd, d. i. der ewige Geist, heißt, verehren die Parsen noch zwei Wesen, Ormuzd und Ahriman. Jenes ist das höchste gute Lichtwesen, der Urquell alles Guten in der Welt; dieses das böse Wesen, der Fürst der Finsterniß, der Quell aller Uebel. Sonne, Mond und Sterne sind von verständigen Wesen beseelt; eine große Anzahl höherer und niederer Geister dienen jenen beiden Göttern, die einen fortwährenden Krieg gegen einander führen, bis endlich nach mehrern tausend Jahren Ormuzd den Sieg davon trägt und das Reich des Ahriman vernichtet wird. — Wer verkennt hierin die Ueberzeugung von dem Kampfe, den das Gute mit dem Bösen auf Erden zu bestehen hat und die Hoffnung des endlichen Siegs des Guten? —

Die sittlichen Vorschriften des Zoroaster's empfehlen besonders Reinigkeit des Körpers und des Geistes, Eintracht in den Familien, gegenseitige Hülfeleistung; Förderung des Ackerbaues und Anpflanzung nützlicher Bäume, Vertilgung des Ungeziefers, fromme Erziehung der Kinder, Verehrung des Königs, dem sich Niemand ohne Geschenke nahen darf, und der als der Stellvertreter des höchsten Wesens göttlich verehrt werden muß; Liebe zum Vaterlande, und besonders Verehrung und Anbetung des höchsten Wesens unter dem Bilde des Feuers. Die Priester, welche, gleich den Vestalinnen im alten Rom, in den Tempeln das heilige Feuer zu unterhalten haben, heißen Magier.

Der Ursprung dieser Feuerverehrung ist an den Naphthaquellen am kaspischen Meere, und besonders bei der Stadt Baku ebendaselbst am Fuße des Kaukasus zu suchen. Denn hier waren schon in den frühesten Zeiten Feuertempel errichtet, von denen mehrere jetzt noch vorhanden sind. In diesen Tempeln, welche auf einem von Naphtha durchdrungenen Boden erbaut sind, geht nahe bei dem Altare eine zwei Fuß hohe Röhre aus der Erde hervor, aus welcher, sobald man sich ihr mit einer brennenden Kohle nähert, eine schöne mit Roth vermischte Flamme aufsteigt. In der Nähe halten sich fromme Priester und sorgen dafür, daß dieses Feuer nicht durch einen Zufall auslösche. Zu diesem ewigen Feuer, welches Zoroaster angezündet haben soll, wallfahrten fromme Parsen selbst aus dem fernsten Indien. —

Strenge in Ausübung der religiösen Gebräuche ist ein Hauptzug in dem Charakter der Parsen. Mit dem Ausdrucke der größten Frömmigkeit, mit andächtig gefalteten Händen in heiliger Verzückung stehen, kauern oder knieen sie vor den mit brennender Naphtha gefüllten Opferschalen, dem Symbole der durch Licht und Wärme überall hin Segen verbreitenden Gottheit. Dazu bringen sie als Opfer ihres Dankes die Erzeugnisse ihres Fleißes, Blumen und Früchte. Ihre Gebete verrichten sie gewöhnlich vor und nach dem Untergange der Sonne. Ihre Verehrung des Feuers geht so weit, daß sie selbst diejenigen Handwerke, welche in Feuer arbeiten, verabscheuen.

Eine religiöse Eigenheit der Gebern ist, daß sie die Hähne als Verkündiger des Sonnenaufgangs in Ehren halten. Auch stehen Hunde und Kühe in sehr hoher Achtung. — Ihre Todten begraben sie nicht in die Erde, sondern legen dieselben auf ein zehn Fuß hohes, einen engen Raum einschließendes Gemäuer, und überlassen den Leichnam den Vögeln, wobei sie genau Acht geben, welche Theile des Körpers zuerst gefressen werden, indem sie hieraus auf das Schicksal der Verstorbenen schließen. Die Knochen der Leichname fallen dann von selbst in die Höhlung des Gemäuers. —   K.

Wer legt am nützlichsten für das Publikum Eisenbahnen an?

Jetzt, da deutsche Regierungen so zahlreich sich dem preußischen Zollvereine angeschlossen haben, ist es eine wichtige staatswirthschaftliche Frage geworden: ist es rathsamer, daß die Eisenbahnen zwischen den Städten des wichtigsten Verkehrs vom Staate oder von Privatvereinen ausgehen? Ich erkläre mich ohne Bedenken für die Uebernahme des Staats, aus folgenden wichtigen Gründen, selbst in constitutionellen Staaten:

A. Wenn der Staat die Anlage übernimmt, wie er möglichst gerne sich die Direktion der Posten verschaffte, so hat er eine angenehme Aussicht, eine Zahl Anstellungen zu vergeben und dadurch Bürger zu belohnen, deren Talent oder Treue dieß verdient, und eins der Mittel mehr, der eigenthumlosen Klasse Brot zu verschaffen, da in den hochbevölkerten Ländern das Netz der Eisenbahnen sich ungemein verbreiten wird. Neben solchen werden sich kleine Landstellen, Fabriken u. s. w. in Menge bilden, sie werden beitragen durch herbeigeschaffte fremde Erd- und Düngungsarten, den im Boden nicht genug gemischten Gärten, Feldern und Wiesen zur Vermehrung der Vegetation zu verhelfen, vielleicht die Bewegung des Schleichhandels von der Gränze bis zum Innern zu bewachen. Das alles geschieht nützlicher für's Allgemeine und für die Nachkommenschaft durch den Staat, als durch die Privaten.

B. Nichts ist dem Patrioten unter den Staatsbürgern widerlicher, als das Vergeuden der Staatskräfte der Gesellschaften, die sich einander aus Nebenbuhlerei ruiniren. In England ist das schon oft bei Kanälen der Fall gewesen, und wir haben Ursache, dieß bei den Eisenbahnen zu vermeiden. Eine zu hohe Taxe werden die constitutionellen Landstände der Staatspostamte nicht einräumen, wenn etwa solches die Eisenbahnen dirigirt, und auch in den absolut regierten Staaten wird eine weise Politik die Minister abhalten, die Volksgunst nicht durch eine zu

hohe Portotaxe zu verscherzen. Durch die Eisenbahnen wird aber künftig die Post Personen und Briefe fortschaffen. Daher gebührt ihr auch die Ausspannung des Netzes der Eisenbahnen.

C. Gewiß werden in allen bevölkerten Ländern die Eisenbahnen, die nicht gar zu idealisch angelegt werden, einen ansehnlichen Gewinn den Unternehmern abwerfen, und es giebt den Agioteuren ein neues Feld, durch Spekulationen ohne Arbeit und Gefahr sich zu bereichern, sobald sie mehr Zinsen versprechen, oder im Steigen der Aktien erwarten lassen, als die Staatspapiere. Monopole werden die Unternehmer auf Jahre suchen und erlangen, und durch deren Bewilligung wird die Unzufriedenheit wider Bevorrechtete noch mehr wachsen. Wenigstens verfüge der Staat, daß die concessionirten Eisenbahnen nach gewissen Jahren zur Verfügung des Staats gelangen.

D. Will aber der Staat aus einer Idee der Nützlichkeit für das allgemeine Beste der Spekulationswuth der Privaten diese neue Erfindung Preis geben, so mache er es doch wenigstens wie die Nordamerikaner mit ihren Banken des Gesammtstaats und der einzelnen Staaten, und behalte sich die Interessentschaft einer beträchtlichen Zahl Aktien vor. Ich erinnere hiebei, daß die einzelnen Freistaaten einen guten Theil dieser Staatsaktien dem Schulwesen, ihren Universitäten und niederen Bildungsinstituten widmeten, was vielleicht auch bei uns Nachahmung verdiente.

Allzuschnell gaben die nur zu oft über ihre finanziellen Kräfte großmüthigen Kaiser des heiligen römischen Reichs dem Hause Thurn und Taxis das Postmonopol; das Haus Oesterreich war in seinen deutschen Erblanden eben so gnädig im Concessioniren gegen das Haus Paar, hat aber das Postregal zurückgekauft; im Hause Holstein bemächtigte sich das Haus Wedderkop in Descendentschaft eines vormaligen Staatsministers dieses Vorrechts, mußte sich aber hernach mit einem mäßigen Kapital abfinden lassen; gleiches Schicksal und gleiche Gunst erfuhr das gräfliche Haus Platen in Hannover, das für die Abhandlung drei große Güter in Holstein kaufte. Das Haus Thurn und Taxis selbst gab sich eine Geißel durch einige Erbpostämter an begünstigte Familien. In Hamburg besitzt noch eine Familie Runge mit ihren Nachkommen, kraft Herkommens und früherer magistratischer Benevolenz, das wichtige Postamt zwischen Hamburg und Amsterdam. Belehrt durch derartige Erfahrungen hüte man sich bei der Gründung der Eisenbahnen vor dem Fehler, ein offenbar bald sehr einträgliches Regal dem Wucher der Spekulation Preis zu geben. Männer, wie die Herren von Nagler und Hüttner, werden ihre Regierungen vor solchem Fehlschritte warnen und eine der wichtigsten finanziellen Entdeckungen unsers Zeitalters nicht der Spekulation Preis geben, sondern für den Staat und das allgemeine Beste benutzen. Daß die Postminister solches nicht so fiskalisch, als die Brief-, Fuhr- und Personen-Transporte ausbeuten werden, dieß wird die Volksmeinung und das Beispiel der constitutionellen Staaten schon hintertreiben.   R.

Nachricht über eine noch wenig verbreitete, aber sehr zu empfehlende Kunst.

Eine der Hauptzierden des Naturalienkabinets in Bern sind Nachbildungen von romantischen Gegenden der Schweiz in ganz erhabener und freistehender Arbeit (haut-relief) von Gyps, mit allen den Formen und Farben, welche Berg und Thal, Bäche und Seen, Städte und Dörfer, Wiesen und Wälder bei'm schönsten Sonnenlichte in der Natur darbieten. Man findet dort Gegenden von sechs Stunden im Durchmesser auf einem drei Fuß breiten Tische aufgestellt. Tritt man hinan, so glaubt man die ganze Landschaft in der Natur, aber aus einer ungeheuren Höhe zu erblicken. Eben dieser äußerst verjüngte Maßstab ist vortheilhaft, indem durch ihn der Charakter der Kleinlichkeit in der Ausführung vermieden wird: so sind z. B. bei Wäldern und Gebüschen die Wipfel der Bäume im Bilde deutlich unterschieden, allein man kann nicht unter den Kronen hindurch auf den Boden der Wälder sehn.

Dagegen lassen sich, eben dieser geringern Ausführlichkeit wegen, selbst einzeln stehende Bäume, Hütten und Brunnen in die Darstellung mit aufnehmen. Die Seen, wie alle Gewässer im Thale, sind von Spiegelglas; die durch Felsenritze stürzenden Bäche von Silberlahn; alles Uebrige ist von Gyps. Auf den erwähnten Naturbildern in Bern, den einzigen, welche ich gesehen habe, bieten die Wiesen, weil sie nur eintönig grün und ohne allen Glanz gefärbt sind, ein äußerst weiches Ansehn, und stechen gegen den Glanz der sie durchschlängelnden Bäche, gegen die Spiegelfläche des Sees und gegen die rothen Dächer der Städte und Dörfer lieblich ab. Mit Wohlgefallen steigt das Auge von dem üppigen Grün des Thalgrundes an den mit dunkeln Waldgruppen bestreuten Bergen empor, sieht die Vegetation sich vermindern, je höher man hinauf kommt und streift dann an der Reihe der kahlen Felsen hin, welche die Gipfel der vordern Berge bilden, und welche aus violettem Blau ihre Häupter in ein lilafarbenes Licht erheben. Amphitheatralisch umschließt das Bild als Hintergrund mit vielgestaltigen, scharfkantigen Flächen, ohne allen gemalten Schatten, die Kette der Schneegebirge, die wie Greise mit langen weißen Talaren im Halbkreise beisammen sitzend die Gegend bewachen.

Bei aller Erhabenheit des Dargestellten müssen diese Bilder doch immer den Charakter des Lieblichen haben. Wildnisse dürfen nur einen kleinen Raum derselben einnehmen und nur darauf berechnet seyn, die Freundlichkeit der übrigen Gegend zu erhöhn; denn schrecken kann ja die Natur in einem solchen Miniaturbilde nicht. Am meisten gefallen grüne Thäler mit Seen und Inseln.

Zur Ausführung dieser Kunst wird nichts erfordert, als daß man in Thon zu modelliren, von dem Modell einen Gypsabdruck zu machen und diesen zu bemalen verstehe. Die Seen und Gewässer im Thale werden gebildet, indem man von unten herauf Spiegelglas einlegt; die Inseln werden auf das Spiegelglas gesetzt. Der Silberlahn für die stürzenden Bäche und Quellen läßt sich sehr leicht in die ihm bestimmten Falzen bringen. Das Bemalen des Gypsbildes geschieht mit Wasserfarben; glänzen dürfen diese nicht.

Man kann diese Bilder sowohl nach der Natur, als nach Zeichnungen und Gemälden entwerfen und ausführen; auch nach recht deutlichen topographischen Karten; ja selbst ganze Länder und Globus lassen sich nach guten Land= und Weltkarten in haut-relief darstellen; um die Zerbrechlichkeit zu vermeiden, würde man die Modelle des Globus nicht in Gyps, sondern in papier mâché abdrucken. Da nun blos solche Darstellungen in bemaltem haut-relief ein anschauliches Bild von der Erdoberfläche zu geben vermögen, so sollten sie in allen Schulen eingeführt werden. Sie

haben überdieß den Vorzug, daß mittelst ihrer auch der Blinde sich einen richtigen Begriff von der Gestalt der Erdoberfläche machen kann; ja man muß sie ganz besonders schätzen, wenn man bedenkt, daß sie dem Blinden mittels des Befühlens nicht nur von der Gestalt der einzelnen Bestandtheile einer schönen Gegend, als Berg, Thal, Waldgruppen, schlängelnder Wasserlauf u. s. w., sondern auch von der Ordnung, in welcher die einzelnen Bestandtheile in ein Ganzes zusammengesetzt sind, mithin von allen Merkmalen der Schönheit einer Gegend, die Farbe ausgenommen, eine ganz richtige und vollständige Vorstellung gewähren; da es ihm ein Leichtes ist, die im Bilde gefundenen Verhältnisse mittelst Verstand und Einbildung bis zu ihrer natürlichen Größe auszudehnen.

Sogar für den Sehenden haben diese Bilder Vorzüge vor den Gemälden; denn sie geben nicht nur von Vorgrund und Hintergrund des ganzen Bildes und von der Vertiefung aller einzelnen Gegenstände von vorn nach hinten eine sinnliche Anschauung, während das Gemälde hiervon blos eine Vorstellung in der Phantasie giebt, sondern — sie lassen auch sehn, was hinter dem Wäldchen, was hinter dem Hügel ist. Daher kann die Erinnerung an alle Punkte einer geliebten Gegend in ihrer natürlichen Zusammenstellung, nur durch einer Nachbildung in haut-relief, nicht aber durch ein Gemälde, stets neu erweckt werden. Wenn deshalb ein Modellirer vielbesuchte Gegenden, z. B. berühmte Bäder, welche meistens eine romantische Lage haben, in haut-relief nachbilden wollte, so könnte er davon gewiß zahlreiche Abdrücke in Gyps oder papier mâché absetzen. Ein in jeder Hinsicht lohnendes Unternehmen würde es aber für ihn seyn, die Darstellung in haut-relief von einer Auswahl der schönsten Gegenden der Welt, z. B. vom Panorama des Thuner Sees, wovon man so vielseitige Ansichten lithographirt hat, in sorgfältig bemalten Gypsabdrücken zu vervielfältigen.

Diese Kunst ist geeignet, in kurzer Zeit ein nützlicher Zuwachs der deutschen Betriebsamkeit zu werden.

H.

Höchste Meeresfluth.

Während die von umherliegenden, nicht zu fernen Küsten umgebenen Meere, wie das Mittel=, das schwarze und das baltische Meer, fast keine Ebbe und Fluth haben, trifft man die Wechsel der Ebbe und Fluth von etwa 6 Stunden zu 6 Stunden, denn die Höhe und die Dauer sind bedeutender, als bei abnehmendem Monde, in der deutschen Nordsee überall an.

Die höchste ordentliche Fluth in der Nordsee hat der Hafen Granville in der nördlichen Bai Cancale, welche die Grenze bildet zwischen den franz. Departements de la Manche. Ille und Vilaine in der ehemaligen Normandie. Die Oberfläche jener Bai ist etwa 6 deutsche Quadratmeilen Sandgrund. An dem äußersten Ende dieses Wasserbaues, was zwei Mal täglich sich füllt und wiederum leert, liegt die kleine Festung Mont Saint Michel. Im Norden erstrecken sich bis zum Vorgebirge La Hogue in dieser Bai eine Reihe von Sandbänken, Felsrücken und zahlreichen Inseln. Wenn daher die Fluth in Cherbourg bis 21 Fuß und in Brest bis 24 Fuß steigt, so steigt sie wegen jener sonderbaren Lage im Hafen Granville 45 Fuß. In der höchsten Ebbe ist Mont Saint Michel $1\frac{1}{2}$ deutsche Meile vom angebauten Strande entfernt und in der Fluth von allen Seiten vom Meere umgeben. Die Schnelligkeit der Fluth ist so groß, daß in den hohen Fluthen um die Zeit der Tag= und Nachtgleiche das schnellste Pferd in diesem Flugsande von der Fluth eingeholt werden würde. Desto ruhiger nimmt man den Weg über diesen nassen Sandgrund während der Ebbe, um Muscheln zum Kalkbrennen zu sammeln, oder fischt dort mit Netzen, indem man bis zum halben Leibe sich in die mit Wasser bedeckten Baljen wagt, allerhand Meerfische in Körben oder in Netzen fängt, die nach der Jahreszeit bald von einer oder von der andern Art häufig sind.   R.

Widerwille gegen Personen ohne Ursache.

Da ein solcher grundloser Widerwille sogar zu einer Feindschaft ausarten kann, so können wir uns dadurch schaden und große Unbilligkeiten zu Schulden kommen lassen.

Ein französischer Akademiker hatte unter seinen Kollegen einen Mann, dessen Gesicht und Manieren ihm stets zuwider waren, so daß Jener sich alle Mühe geben mußte, die Aeußerung dieses Widerwillens zu unterdrücken, damit die Person, welche der Widerwille traf, diese Stimmung nicht wahrnehmen möge. Dieß war um so nöthiger, da der Letztere gerade die Zuneigung des dadurch Verletzten ämsig zu suchen schien.

Plötzlich fiel es dem, welcher den Widerwillen hegte, ein, dem Andern einen kleinen Dienst zu erweisen, welches diesen veranlaßte, Jenem seinen Dank zu bezeugen. Dieß that er auf eine dem Andern so gefallende Art, daß seitdem der Wille verschwand und Beide später Freunde wurden.   R.

Der Bison. Bos Bison.
(Bonasus.)

Dieses gewaltige Thier, welches den gemeinen Ochsen an Größe bei weitem übertrifft, und, wenn es völlig ausgewachsen ist, dem Auerochsen der alten Welt, — welche nach Cäsar's Berichten in Deutschland lebten, — an Größe ziemlich gleichkommt, bewohnt die großen Wiesen im Westen des Mississippi in Nordamerika, wo sie in unzählbaren Heerden, bisweilen von 10,000 Stück, frei umherschweifen. Früher waren sie auch in den alten Provinzen der vereinigten Staaten unter dem allgemeinen Namen Büffel einheimisch, allein sie wurden immer weiter zurückgedrängt, je weiter sich die weiße Bevölkerung ausbreitete.

Obiges Bild ist so wohl gelungen, daß wir uns einer weitern Auseinandersetzung der Gestalt des Bisons leicht überheben können. Das Naturell dieser Thiere ist wild und unbändig und ihre Zähmung bis jetzt noch nicht völlig gelungen; dennoch pflanzen sie sich in der Gefangenschaft fort, und es ist nicht unwahrscheinlich, daß sie nach mehrern Generationen völlig gezähmt werden könnten.

Der Nutzen dieser Thiere ist sehr bedeutend: aus den Hörnern werden verschiedene Kunstsachen gefertigt; aus den Häuten machten die Indianer ehemals starke Schilder, und jetzt bearbeitet man daraus vortreffliches Leder, oder, mit den Haaren gegerbt, gute Decken. Die Haare und Wolle werden zu Tuch, Handschuhen, Strümpfen u. s. w. verarbeitet. Das Fleisch, besonders der jüngern und der Kühe, schmeckt sehr gut; auch der Talg ist vortrefflich, und ein junger Stier giebt oft über 150 Pfund. Die Felle machen in Nordamerika einen ziemlich bedeutenden Handelsartikel aus.

Obgleich die Bullen und Kühe den größten Theil des Jahres in getrennten Heerden leben, so befinden sich doch gewöhnlich bei jeder Heerde Kühe einige starke Bullen, welche die Heerde bei ihrem Weiterziehen anführen. Während des Weidens sind sie gewöhnlich auf einer großen Ebene zerstreut, sammeln sich aber und dringen in dicht gedrängten Kolonnen vorwärts, wenn sie entweder aus Furcht vor den Jägern, oder um neue Weideplätze zu suchen, ihre alten Wohnplätze verlassen. Hat sich einmal der Zug geordnet, dann dringt er unaufhaltsam vorwärts und läßt sich selbst durch breite Ströme von der geraden Richtung, die er einmal eingeschlagen hat, nicht abbringen. Den anführenden Bullen würde es auch wegen des gewaltigen Dranges der Nachhut unmöglich seyn, den Zug zu hemmen oder ihm eine andere Richtung zu geben. So stürzen sie sich ohne Furcht und Zögern durch dichtes Rohricht in die tiefsten Ströme, sollte es ihnen auch den Untergang bringen.

Die Jagd der Bisons.

Die Jagd dieser Thiere war ehemals das größte Vergnügen für die Indianer. Der Jäger reitet auf das fetteste Thier der Heerde los und zielt nach den Schultern, damit es sogleich niederstürze, da eine Verwundung sie für den Jäger gefährlich macht. Denn so scheu und furchtsam auch der Bison ist, sobald er einen Jäger in der Nähe wittert, was ihm bei seinem scharfen Geruche leicht möglich wird, so muthig geht er auf denselben los, sobald er durch eine leichte Verwundung gereizt wird. Ein Schotte fuhr einst in einem Boote den Laskakcheiran hinab, und als er Abends sein Zelt aufgeschlagen hatte, ging er an's Ufer, um in der Dämmerung noch einiges Wild aufzuspüren. Es war schon ziemlich dunkel, als er auf einen Bisonstier feuerte, der über einen kleinen Hügel ging. Er wollte nachsehen, ob er den Stier getroffen habe, aber das verwundete Thier fiel ihn sogleich wüthend an. Der Schotte hatte Geistesgegenwart genug, den Stier, der ihn mit den Hörnern in die Seite stieß, an den langen Haupthaaren zu fassen, und da er ein ungewöhnlich großer und starker Mann war, so erfolgte nun ein Kampf, der so lange dauerte, bis er sich das Handgelenk verrenkte. Da der Schotte hierdurch kraftlos geworden war, stürzte er nieder, und blieb, nachdem er noch einige Stöße erhalten hatte, ohnmächtig liegen. Bald nachher fanden ihn seine Genossen im Blute gebadet und an verschiedenen Stellen verwundet. Der Bison hatte sich nahe daneben niedergelegt und wartete augenscheinlich, ob er noch ein Zeichen des Lebens von sich gebe, um den Anfall zu erneuern. Der arme Jäger wurde zwar scheinbar wieder hergestellt, starb aber einige Monate darnach. — Die Amerikaner jagen den Bison am liebsten zu Pferde mit Pfeilen. Wenn viele Jäger auf diese Weise auf einer großen Fläche beschäftigt sind, so giebt dieß einen malerischen Anblick, und Jünglinge haben dabei eine treffliche Gelegenheit, ihre Kunst und Behendigkeit zu zeigen. Die Pferde scheinen dabei so viel Geschick, als ihre Reiter zu haben, und wissen mit vieler Gewandtheit den Stößen auszuweichen. Das

Eine andere Art, die Bisons in Menge zu tödten.

beste Mittel, den Bison zu schießen, besteht darin, daß man gegen den Wind auf ihn losgeht. Auch fängt man ihn häufig in Gruben. Bei dem Laufen rennt der Bison abwechselnd bald auf die eine, bald auf die andere Seite. Vorstehendes Bild zeigt uns noch eine andere Art, deren sich die Indianer zuweilen bedienen, um Bisons in großer Menge zu tödten. Haben nämlich die Indianer beschlossen, Jagd auf eine Bisonheerde zu machen, so hüllt sich ein rüstiger Indianer in eine Bisonhaut und sucht Haltung und Bewegung möglichst täuschend nachzuahmen. Darauf nimmt derselbe seine Stellung zwischen der Heerde und einem der schroffen Felsenabhänge, welche sich oft Meilenweit längs den Flüssen hinziehen. Die Indianer umzingeln nun die Heerde so nahe als möglich und stürzen auf ein gegebenes Zeichen unter lautem Geschrei auf ihre zukünftige Beute los. Da die in Schrecken gesetzten Thiere keinen andern Ausweg sehen, als den, wo der vermummte Indianer Posto gefaßt hat, so stürzen sie nach dieser Richtung hin. Der Indianer eilt vorwärts dem Abhange zu, verbirgt sich aber schnell in einer schon vorher gesuchten Spalte. Bald langen die armen Stiere an, die vordersten stutzen zwar bei'm Anblicke der gefährlichen Tiefe, gedrängt aber von den nachfolgenden Stieren, deren Schrecken von den nacheilenden Jägern unterhalten wird, wagen sie den Sprung, der ihnen das Leben kostet. Ihnen folgen die andern.

Würden dergleichen Jagden oft angestellt, so wäre dieß freilich das sicherste Mittel, diese so nützlichen Thiere bald ganz und gar auszurotten.

Ein Bison=Paar, welches in der Pariser Menagerie war, gab zu manchen interessanten Bemerkungen über das Naturell dieser Thiere Gelegenheit. Der Stier war ganz jung eingefangen worden und kam unter der Führung eines Negers nach Europa. Diesem seinem ersten Führer allein gehorchte er, jedoch nur unter Mithülfe eines Ringes, der durch den Nasenknorpel gezogen war. Jede andere sich ihm nähernde Person reizte seinen Zorn so, daß er sich auf sie zu stürzen suchte, besonders wenn sie ihm den Rücken zukehrte. Seine Wuth war nicht ganz blind, da er sich erinnerte, daß er tüchtig Schläge bekam, wenn er zu stoßen versuchte; daher suchte er nur von hinten anzugreifen; sah man ihn dagegen scharf an, so scheute er den Angriff. War er mit dem Kopfe fest gebunden, so schlug er hinten aus. Ein solches Festhalten aber war ihm sehr peinlich, dennoch ging seine Klugheit nicht so weit, dem Fallstricke auszuweichen, den man ihm legte, indem man ihm den Nasenring anlegte. Er ließ sich nähern und bemerkte erst, daß er gefangen war, wenn es zu spät war. Doch unterschied er sehr gut, ob ein Mensch bewaffnet sey, um sich gegen ihn zu vertheidigen. Er war noch jung und nicht ganz ausgewachsen, aber seine plumpe Form, seine dichte, lange Mähne, seine kleinen und lebhaften Augen, die Höhe des Widerristes, die dunkle Farbe des Körpers gaben ihm ein so wildes und furchtbares Ansehen, daß Jedermann begierig war, ihn zu sehen.

Gegen den Wolf und den Bär, ihre ärgsten Feinde, sollen sich die Bisons sehr tapfer vertheidigen, indem sich die Stiere in einen Kreis stellen und ihren Feinden allenthalben die Hörner darbieten, während die Kühe in der Mitte der Truppe sind.　　　K.

Zeitkunde, Kalender.

Die Zeitkunde oder Chronologie handelt von den verschiedenen Zeitangaben der Thaten und Begebenheiten. Mit Recht wird diese Wissenschaft das Auge der Geschichte genannt, weil die letztere ohne die erstere wenig oder gar keinen Werth hat. Erst seit Ptolomäus Philadelphos, König von Aegypten, um das Jahr 250 vor Christi Geburt, hat man die Zeitkunde als eine besondere Wissenschaft zu behandeln angefangen.

Man theilt die Zeit in kleinere und größere Abtheilungen. Zu den erstern gehören gewöhnlich das Jahr, der Monat, die Woche, der Tag, die Stunde, Minute und Sekunde; zu den letztern der Cyklus, das Jahrhundert, die Perioden. Das Jahr ist entweder ein natürliches (astronomisches) oder künstliches (bürgerliches); das natürliche ist wiederum entweder ein Sonnenjahr oder ein Mondjahr.

Das Sonnenjahr, welches die Zeit des scheinbaren Umlaufes der Sonne um die Erde ausmacht, ist entweder ein tropisches oder ein Sideral-Jahr; ersteres ist die Zeit, welche die Sonne nöthig hat, denselben Sonnenwende-Punkt zu erreichen, es enthält 365 Tage 5 Stunden 48 Minuten 49 Sekunden; das andere ist die Zeit, welche die Sonne nöthig hat, um zu demselben Firsterne zu gelangen, es enthält 365 Tage 6 Stunden 9 Minuten $14\frac{1}{2}$ Sekunden.

Das Mondjahr, welches die Zeit von 12 Monden-Umläufen um die Erde ausmacht, enthält 354 Tage 8 Stunden 48 Minuten 36 Sekunden.

Das bürgerliche Sonnenjahr enthält gewöhnlich 365 Tage und als Schaltjahr 366 Tage. Das bürgerliche Mondjahr besteht aus 354 Tagen, und die Völker, welche sich dieser Zeitrechnung bedienen, schalten jedes vierte Jahr einen Monat ein, um dem Sonnenjahre gleichzukommen.

Der Kalender ist eine Schrift, worin die Unterabtheilungen des Jahres, die wesentlichen und zufälligen Ereignisse für das bestimmte Jahr u. s. w. angegeben sind. Der erste Kalender wurde 1474 von einem Professor Regiomantanus zu Königsberg herausgegeben. Der Name dieser Schrift rührt von den Römern her; bei ihnen war Calendarium ein Verzeichniß ihrer Monate und deren Tage.

Der römische Kalender.

Der römische Kalender wurde von Romulus, dem Gründer Roms (754 J. v. Chr.) eingeführt, welcher das Jahr in 10 Monate theilte. Der erste Monat des Jahres hieß Martius, den Kriegsgott Mars betreffend, und hatte 31 Tage. Dann kam Aprilis, der Oeffnende, weil in jener Gegend zu dieser Zeit die Erde sich gleichsam öffnet, 30 Tage; Majus, der Aeltere, zu Ehren der Senatoren, 31 Tage; Junius, der Jüngere, zu Ehren des Volks, 30 Tage; Quintilis, der Fünfte, 31 Tage; Sextilis, der Sechste, 30 Tage; September, der Siebente, 30 Tage; October, der Achte, 31 Tage; November, der Neunte, 30 Tage, und December, der Zehnte, 30 Tage. Sein Nachfolger, der zweite König von Rom, Numa Pompilius, (669) fügte zwei Monate hinzu, den Januarius, nach einem frühern lateinischen Könige, Janus, nachmaligem Gott des Friedens, und den Februarius, den Sühne-Monat; den ersten zu 31 und den andern zu 29 Tagen. Er bestimmte nun, das Jahr mit dem Januar zu beginnen, welches demnach aus 354 Tagen bestand und blos ein bürgerliches Mondjahr war.

Die aus dieser Eintheilung des Jahres entstandene Unregelmäßigkeit, in Beziehung auf das eigentliche Mond= oder Sonnenjahr, war so groß, daß Julius Cäsar nach der Schlacht bei Pharsalia (48 v. Chr.) eine Ausgleichung für nöthig fand. Auf seinen Befehl ordnete der Alexandrinische Astronom, Sofigenes, das Jahr nach dem Laufe der Sonne und machte es aus 365¼ Tagen, und jedes vierte Jahr ein Schaltjahr, indem er die vier Mal 6 Stunden zusammen nahm und dem Februarius einen Tag beifügte. Die Verschiedenheit der Zeit bei dieser Umgestaltung des Jahres betrug nicht weniger als 90 Tage, das nächste Jahr (das 45. v. Chr.) mußte also aus 15 Monaten und 444 Tagen bestehen, und wurde Annus confusionis (das Jahr der Verwirrung) genannt. Zu Ehren Julius Cäsar's wurde der Monat Quintilis von jener Zeit an Julius genannt, und nach wenigen Jahren bekam auch der Monat Sextilis zu Ehren des ersten römischen Kaisers Octavianus Augustus den Namen Augustus.

Wenn die Römer das Jahr einer Begebenheit anzeigten, so zählten sie von Erbauung Roms, und gewöhnlich fügten sie auch die Namen der Consuln für dieses Jahr bei.

Sie hatten eine eigenthümlicher Art, die Tage ihrer Monate zu zählen; sie hatten keine Wochen=Eintheilung, sondern jeder neunte Tag war in Rom ein Markttag, der Nundinae hieß, und das Landvolk hatte 7 Zwischentage zum Arbeiten. Der erste Tag eines jeden Monats hieß Calendae; in den Monaten März, Mai, Juli und Oktober hieß der 7te Tag Nonae und der 15te Tag Idus, in den übrigen Monaten hieß der 5te Tag Nonae und der 13te Tag Idus.

Dieser römische (Julianische) Kalender wurde auch von den Christen angenommen. Da aber die 11 Minuten des Sonnenjahres in 130 Jahren einen ganzen Tag betragen, so verordnete im 16. Jahrhunderte der Papst Gregor XIII. durch die römisch=katholische Christenheit, daß im Jahre 1582 zehn Tage, und zwar im Oktober, wegfallen sollten, so daß dieser Monat anstatt 31 Tage diesmal nur 21 Tage hatte. Vom 4. Oktober, welcher ein Donnerstag war, sprang man nämlich auf den 15. über, welcher eigentlich ein Montag gewesen wäre, nun aber zum Freitage wurde. Jedoch rechnet man auch noch jetzt in einigen christlichen Staaten nach dem alten Kalender; und der Unterschied zwischen dem alten und neuen Style, oder dem Julianischen und Gregorianischen Kalender, beträgt jetzt 12 Tage.

Noch sind hier zu merken:

1) Der Sonnen=Zirkel, eine Reihe von 28 Jahren, nach deren Verlauf alle Wochentage wieder auf dieselben Monatstage fallen. Nach der christlichen Zeitrechnung ist das Jahr 9 vor Christi Geburt der Anfang eines Sonnen=Zirkels gewesen. Will man nun für ein gewisses Jahr wissen, das wievielste es im Sonnen=Zirkel ist, so braucht man nur 9 zu der Jahreszahl zu addiren und dann die Summe durch 28 zu dividiren; aus dem Quotienten ersieht man, wie viel Sonnen=Zirkel seit dem Jahre 9 v. Chr. verflossen sind, und aus dem Reste, das wievielste Jahr es in dem gegenwärtigen Sonnen=Zirkel ist. Z. B. 1834 + 9 = 1843, dieses durch 28 dividirt, giebt 65 zum Quotienten und 23 Rest; seit dem Jahre 9 v. Chr.

sind also 65 Sonnen=Zirkel verflossen und 1834 ist das 23. des 66. Sonnen=Zirkels.

Um die Bestimmung der Sonntage in dem Kalender zu erleichtern, hat man die sogenannten Sonntags=Buchstaben eingeführt. Bezeichnet man nämlich den 1. Januar mit A, den 2. mit B, den 3. mit C u. s. f., so zeigt der erste Sonntagsbuchstabe zugleich alle Sonntage des Jahres an. Für das 1834 z. B. ist der Sonntagsbuchstabe E, denn der erste Sonntag fällt auf den 5. Januar, und so weiß man nun durch das ganze Jahr, welche Monatstage Sonntage sind. In einem Schaltjahre aber zeigt der Kalender zwei Sonntagsbuchstaben an, weil der Schalttag (der 24. Februar) weder den Namen eines Heiligen noch Buchstaben hat. Nach einem gewöhnlichen Jahre weicht der Sonntagsbuchstabe um einen zurück, aus G wird F, aus F wird E u. s. f., nach einem Schaltjahre aber um zwei.

2) Der Mond=Zirkel ist eine Reihe von 19 Jahren, nach welchen die Neu= und Vollmonde wieder auf eben dieselben Monatstage fallen. Nach der christlichen Zeitrechnung ist das Jahr 2 vor Christi Geburt der Anfang eines Mond=Zirkels gewesen. Will man nun für ein gewisses Jahr wissen, das wievielste es im Mond=Zirkel ist, so verfährt man wie oben, und diese Zahl heißt die goldene Zahl.

Wenn auch die Neu= und Vollmonde nach 19 Jahren wieder auf dieselben Tage fallen, so stimmen sie doch nicht mit demselben Jahreszeit überein, sondern kommen fast um 1½ Stunde früher; dieses macht nach einer Reihe von 312 Jahren einen ganzen Tag aus. Dadurch wurde der Papst Gregor bewogen, die Angaben der goldenen Zahl zu berichtigen und statt derselben die sogenannten Epakten (Mondzeiger) anzuwenden. Diese Epakten sind der Ueberschuß des bürgerlichen Sonnenjahres über ein wahres Mondjahr, sie betragen also für 1 Jahr 11 Tage, für 2 Jahre 22 und für 3 Jahre 33 Tage. Da aber 30 Tage einen Monat machen, so werden diese im dritten Jahre weggeworfen und anstatt 33 z. B. nur 3 gezählt. Die Epakten geben zugleich an, wie viel Tage vor dem 1. Januar der letzte Neumond fiel, oder wie alt der Mond am Neujahrstage war. — Man gebraucht die goldene Zahl und die Epakten zur Bestimmung des Osterfestes. Es wurde nämlich auf der Nicäischen Kirchen=Versammlung (325 n. Chr.) vorgeschrieben, daß man das Osterfest immer den ersten Sonntag nach dem Frühlings=Vollmonde feiern solle. Dieser Frühlings=Vollmond ist der erste nach der Frühlings=Nachtgleiche, oder nach dem Eintritte der Sonne in 0° des Widders. Die frühesten Ostern können also am 21. März fallen, wenn nämlich das Jahr ein Schaltjahr ist; die spätesten aber am 25. April; diese zwei Tage sind die Ostergrenzen.

3) Die Indiktions= oder Römer=Zinszahl ist eine Reihe von 15 Jahren, und hat ihren Ursprung in dem Staats=Haushalte der Römer. Nach der christlichen Zeitrechnung ist das dritte Jahr vor Christi Geburt der Anfang einer Indiktion gewesen. Will man für ein gewisses Jahr die Indiktions=Zahl wissen, so verfährt man wie bei der Aufsuchung der Zahl des Sonnen= oder Mond=Zirkels.

4) Aus der Multiplikation der obigen drei Cyklen= oder Zirkel=Zahlen ergiebt sich die Julianische Peride, nämlich 28 × 19 × 15 = 7980. Nach Joseph Scaliger (geb. 1540 und gest. 1603) sollen nämlich nach einer Periode von 7980 Jahren alle drei Zirkel mit dem 1. Januar anfangen. Der

Anfang dieses Zeitraums bringt uns 710 oder 706 Jahre vor dem gewöhnlich angenommenen Schöpfungsjahre zurück. Das Jahr 1834 ist das 6548ste dieser Periode.   G.

Eine lappländische Reise.

Der obige Holzschnitt stellt einen reisenden Lappländer vor in seinem Schlitten, von einem Rennthiere gezogen.

Der Reichthum der Lappländer besteht in der Anzahl ihrer Rennthiere und in der Ausdehnung des Weidelandes für dieselben. Arme Leute haben 50 bis 200 solcher Thiere; die zur Mittelklasse gehören, haben 300 bis 700, und die Reichen besitzen mehr als 1000. Eine Huthung erstreckt sich von drei bis fünf schwedische Meilen. Sehr oft trifft es sich, daß diejenigen, welche zahlreiche Heerden haben, ihre Rennthiere nach Willkühr gehen lassen, welche sie gewöhnlich im nächsten Sommer wieder auffinden und zu ihren alten Gefährten treiben. Dieses Thier nährt sich fast gänzlich vom Rennthier-Moose, welches daselbst in erstaunlicher Menge wächst, so daß weite Strecken davon weiß aussehen; wenn bereits im Herbste Schneemängel ist, so friert diese Pflanze plötzlich ab, und in diesem Falle ist es für das arme Thier sehr schlimm, denn es frißt kein Heu und man muß es mit dem faserigen Leberkraute füttern. Es frißt auch Frösche, Schnecken, und sogar Bergratten, welche letztern es oftmals so weit verfolgt, daß es sich verirrt und den Rückweg verliert.

Die Heerden werden gewöhnlich des Abends und des Morgens, um gemolken zu werden, nach Hause getrieben; eine Magd und ein Hund treiben eine große Heerde, und wenn das Rennthier sich widerspenstig zeigt, so macht es der Hund wieder gehorsam. Jedoch sind sie im Allgemeinen so sehr zahm und lenkbar, daß der Lappländer sie wie Pferde, Kühe, Schaafe und Ziegen benutzt, und ohne diese Thiere würde das Land unbewohnbar seyn. Im Winter spannt er sie an Schlitten und fährt mit bewunderungswürdiger Schnelligkeit. Der Schlitten ist von Birkenrinde, ohngefähr 6 Fuß lang und 4 Fuß breit. An ein solches Fuhrwerk spannt man gewöhnlich zwei Rennthiere, an deren Hörner die Leitseile befestigt werden und fährt mit ihnen an 21 deutsche Meilen in einem Tage.

Das Aufsteigen des Saftes in den Pflanzen.

Alle flüssige Säfte streben, sich von ihrer Einengung zu befreien; dieses Streben setzt das Aufsteigen der Säfte in den Pflanzen in Bewegung, worauf das Wachsen derselben erfolgt.

Die feinen Haarwurzeln saugen jeden ihnen gedeihlichen, oft aber auch ungedeihlichen Saft, und besonders Thau und Regen mit aufgelösetem Salz, Oel und andern im Humus befindlichen Nahrungstheilen in sich. Aus den die Wurzeln umgebenden Theilen steigt die Nahrung der Pflanzen in den Stamm, aus diesem in die Zweige, zwischen dem Holze und der Rinde und durch die Macht der Sonne und andrer Reizmittel, warme Winde u. s. w. in die Saftbehälter der Blätter, welche letztere viele wässerige Theile durch Ausdünstung in der Atmosphäre verbreiten, indessen die gröberen und erdigeren Theile des Safts den Körper der Pflanzen vergrößern. Der freie Raum, der durch das Ausdünsten der Blätter entsteht, fördert das Aufsteigen des Safts von den Wurzeln bis zu den Blättern, welches die Wirkung der Wärme der Luft auf die Säfte befördert. Das Aufsteigen der Säfte steht stille in den kühlen Nächten, in welchen die Ausdünstung der Blätter aufhört. Der nächtliche Thau warmer Abende bereitet das Aufsteigen des Saftes vor, das mit der Ausdünstung der Blätter gleichen Schritt geht. In der Dürre erlangen die Haarwurzeln aus ihrer Umgebung wenig Saft und können daher auch nur wenig Flüssigkeit den Blättern zuschicken.

Gesunde Pflanzen haben einen Naturtrieb, ihre Wurzeln zu begießen. Alle Pflanzen mit wenigen Zweigen und Blättern schmachten in der Dürre, nehmen wenig zu und sterben ab, wenn die Dürre den höchsten Grad erreicht. Bedecken andere Pflanzen oder Gestein die Wurzeln, so wachsen die Pflanzen jedoch mehr in der Länge, als in der Breite, und mehr der Stamm, als die der Atmosphäre ausgesetzteren Kronen. Alle freistehende Pflanzen sind gesunder und dauern länger.   R.

Woche.

Am 12. April 1204 wurde Konstantinopel, die Hauptstadt des griechischen Kaiserreichs, von den Kreuzfahrern erobert, und das „lateinische Kaiserreich," welches jedoch nur 58 Jahre bestanden hat, gegründet.

Am 13. April 1598 unterzeichnete Heinrich IV. von Frankreich jenes freisinnige Edikt von Nantes, durch welches den Protestanten seines Landes Schutz und Gewissensfreiheit zugesichert wurde. Ludwig XIV. widerrief es, jedoch zum großen Nachtheile seines Landes, 1638.

Der 14. April 1759 ist der Todestag unseres großen Componisten und Musikers, Georg Friedrich Händel, geboren zu Halle a. d. Saale im J. 1684. Den größten Theil seines Lebens brachte er in England zu.

Am 15. April 1558 ließ Wilhelm von Grumbach, ein fränkischer Ritter, den Bischof von Würzburg ermorden, und wurde dafür geächtet.

Am 16. April 1746 wurde die Schlacht bei Culloden geliefert, in welcher der letzte Versuch des Hauses Stuart, wieder auf den englischen Thron zu gelangen, vereitelt wurde.

Am 17. April 1790 starb in Philadelphia der unsern Lesern bereits bekannte Franklin in einem Alter von 84 Jahren.

Am 18. April 1506 wurde der Grundstein zum Bau der prächtigen St. Peterskirche in Rom gelegt, durch Papst Julius II.

Verlag von Bossange Vater in Leipzig.
Unter Verantwortlichkeit der Verlagshandlung.

Druck von Breitkopf und Härtel in Leipzig.

Das Pfennig-Magazin

der
Gesellschaft zur Verbreitung gemeinnütziger Kenntnisse.

51.]   Erscheint jeden Sonnabend.   **[April 19, 1834.**

Das Denkmal der bei St. Jakob 1444 gefallenen Schweizer. *

Die Schweiz hat von jeher ihre Helden und um das Vaterland verdiente Männer durch öffentliche Denkmäler zu ehren gesucht. So lebt Wilhelm Tell's Name in Uri, am Vierwaldstättersee und in den hohlen Gassen zu Küsnacht, denn überall steht da eine Kapelle zu seinem Andenken. In Steinen, wo Werner Stauffacher lebte, hat eine solche den nämlichen Zweck. Die Gefallenen bei Morgarten ehrt eine dergleichen; bei Näfels bezeichnen eilf Steine den Sieg, welchen daselbst die Glarner erkämpften. Und so giebt es außer dem sonst weltberühmten Weinhause bei Murten noch gar manche ähnliche Zeichen der Erinnerung. Eines aber entstand erst in neuester Zeit; das, welches wir hier treu nachgebildet sehen. Es ist an sich und auch darum merkwürdig, weil es an eine Zeit erinnert, wo die Schweiz schon nicht mehr in ihrem Schooße selbst einig war. „Alle Bande brüderlicher Liebe begannen zu erschlaffen,“ und an die Stelle traten Eigennutz, Eitelkeit eidgenössischen Sinnes und Selbstsucht,“ heißt es in der bereits vor zehn Jahren erschienenen Schilderung dieses Denkmals *). Am meisten haderten Zürich und Schwyz mit einander, weil beide auf die Erbschaft des Grafen von Toggenburg (gestorben 1436) Anspruch machten, und da Zürich im Kampfe den Kürzern gezogen hatte, suchte es Hülfe bei'm Kaiser Friedrich. Dadurch wurden die übrigen Kantone gereizt und eine große Zahl ihrer Krieger belagerten zehn Wochen lang die Veste Zürich. Zugleich nahmen sie das Schloß Greifensee, nachdem es sich mannhaft vertheidigt hatte, und auf's Grausamste wurden die wehrlosen Belagerten hingerichtet. Die Züricher sahen darin nur das Vorspiel ihres eignen Schicksals und wehrten sich um so muthiger; Einer ihrer Anhänger, Baldecker auf Farnsburg, rächte die Gemordeten von Greifensee, indem er das Städtlein Brugg mit List und Gewalt wegnahm und niederbrannte. Es stimmte diese That die Gemüther der Eidgenossen noch mehr zur Rache, und so sandte nun auch Basel, im treuen Bunde mit Bern, dem die Einäscherung von Brugg zunächst galt, seine Reisigen und Geschütze, um mit denen von Bern, Luzern und Solothurn die stolze Farnsburg der Baldecker zu belagern, indem auch noch 600 aus dem Belagerungsheere vor Zürich dazu berufen wurden. Die trotzige Veste würde wohl bald haben fallen müssen, allein Frankreichs König hatte eine Menge müßiger, wilder Kriegsschaaren, welche ihm im eigenen Lande durch ihre unbändigen Ausschweifungen zur Last fielen, und er nahm die Boten von Zürich, von Farnsburg, die ihn um Hülfe gegen die Eidgenossen ansprachen, sehr gern auf. Unvermuthet erschienen, vom Dauphin Ludwig geführt, 40,000 seiner wilden Gesellen an der Schweizergränze, und die Stadt Basel war ihrer Wuth zuerst preisgegeben. Sie rüsteten sich gegen eine hartnäckige Belagerung, während sie bei'm französischen Heerführer zugleich durch Verhandlungen das Ungewitter zu beschwören suchte und dem Belagerungsheere vor Farnsburg, wie vor Zürich, die drohende Gefahr melden ließ. Doch statt daß beide letztere die so lang geführte Belagerung aufgegeben hätten und mit aller Kraft den französischen Kriegsvölkern entgegen gegangen wären, wie der Basler Hauptmann Hemman Seevogel als nothwendig darthat, entsendeten sie nur 1050 dahin aus dem

*) Die Schlacht bei St. Jakob ꝛc. von Marc. Lutz, Basel 1824, S. 6.

Lager vor Farnsburg (25. Aug. 1444), mit welchen 150 Basler Krieger unter dem genannten Seevogel waren. Um Mitternacht gelangten sie nach Liestal und vernahmen, daß die französische Vorhut nahe bei Prattele stehe. Statt ob solcher Nachricht aber zu erschrecken, beschlossen sie, sich mitten durch die Feinde nach Basel den Weg zu bahnen, denn „wo nicht, so übergeben wir Gott unsere Seelen und dem Feinde unsere Leiber!“ sprachen sie.

Die Hauptleute aber mahnten von solchem ungleichen Kampfe so lange vergeblich ab, bis sie vom Ungestüm ihrer unerschrockenen Schaaren mit fortgerissen wurden. Anton Ruß aus Luzern, Heinrich Matter von Bern und Hemman Seevogel aus Basel führten die Tapfern; sie schlugen ihnen zuerst entgegenstehenden französischen Reiterhaufen und nahmen dann die Schanzen des Feindes bei Muttenz. Hier wollten die wackern Hauptleute so lange weilen, bis die Waffenbrüder von Farnsburg her mit ihnen vereint wären; aber die siegende Menge duldete keine Rast, und so stieß diese bei einer kleinen Häusergruppe, St. Jakob genannt, eine Viertelstunde vor Basel, mit der französischen Heeresmacht zusammen, die in drei Haufen getheilt war. Ein kleiner Bach, die Birs, lief zwischen den Kämpfenden, und mit Lust und Ungestüm stürzten sich, weil die Brücke vernichtet war, die Eidgenossen in seine rauschende Fluth, die gegenüberstehenden Feinde anzugreifen. Aber viele fanden schon im Wasser, vom feindlichen Geschütze ereilt, ihren Tod und die Hinübergekommenen wurden von allen Seiten umringt, von den feindlichen Geschossen niedergestreckt; ob sie schon wie Löwen stritten und sich nach allen Seiten Bahn machten, so unterlagen sie doch endlich der zu großen Ueberzahl. Die Stadt Basel, für deren Rettung sie ihr Leben hingaben, hatte umsonst versucht, ihnen mit 3000 herzhaften Bürgern vom vielerfahrnen Bürgermeister Hans Roth geführt, Luft zu machen und im Rücken des französischen Heeres zu würgen; denn vom Dauphin war darauf Rücksicht genommen und schon ein Hinterhalt gelegt worden, die Ausfallenden abzuschneiden und sich der Thore zu bemächtigen. Die Eidgenossen wurden nicht wenig bestürzt, als sie den Ausgang des Kampfes bei St. Jakob erfuhren. Sie hoben die Belagerung von Zürich und Farnsburg mit Verlust ihres Geschützes auf, und schlossen mit Zürich Frieden auf billige Bedingungen. Basel zitterte, vor Furcht, der ganzen Macht des Dauphins preisgegeben zu seyn; allein dieser ehrte die schweizerische Tapferkeit; er bedauerte seinen selbst erlittenen großen Verlust, aber auch „den Untergang des Feindes,“ und gestattete die ehrenvolle Beerdigung der Gefallenen, welche mit Achttausenden ihrer Gegend die Erde düngten. Da in Basel das aus Pavia und Constanz dahin versetzte Concilium, ja der Papst Felix V. selbst, sich der geängsteten Stadt annahm, so wurde bald ein billiger Friede geschlossen (d. 28. Oktbr. 1444), die Schweizer aber kamen von der Zeit an in genaueres Bündniß mit Frankreich.

Der unglückliche Ausgang des Kampfes bei St. Jakob mochte wohl Ursache seyn, daß Niemand daran dachte, den tapfern Streitern ein Denkmal zu setzen, bis endlich 1813 einige Basler Bürger zuerst davon sprachen und ihr Wunsch in Erfüllung ging, als eine kleine Kapelle auf dem Schlachtfelde, welche schon Jahrhunderte vor dem Kampfe gestanden haben mochte, zusammenstürzte. Freiwillige Beiträge zu solchem Denkmale gewährten die Summe von 10,000 Franken, und so entstand es denn in der gegenwärtigen Art mit der Inschrift auf einer Seite:

Den bei St. Jakob
im Jahre MCCCCXLV.
gefallenen Schweizern,
die
Bürger von Basel
MDCCCXXIII.

Die Wappen der Kantone Bern, Luzern u. s. w. schmücken die übrigen Seitenflächen.

Am 26. August 1823 wurde der Grundstein gelegt; die Höhe des Ganzen ist, ohne Fußgestell, 36 Fuß; der Stein feinkörnig und rosenroth. Statt aller übrigen Beschreibung diene die schöne Abbildung desselben.   **D. B...r.**

Das Perpetuum mobile.

Es haben sich von jeher Menschen damit beschäftigt, eine Maschine zu erfinden, die ohne weitere Beihülfe in steter Bewegung fortdauern soll, welche Maschine man ein Perpetuum mobile nennen wollte. Männer, die das Ausfertigen der Patente zu besorgen haben, können von vielen Planen sagen, die ihnen von den ungeduldigen Erfindern vorgelegt werden, welche ängstlich sind, daß ihre Maschine noch vervollkommnet und sie des erwarteten Gewinnstes verlustig werden können.

Besonders werden dazu zwei Klassen von Leuten verleitet. In die erste Klasse gehört der Erfinder, gewöhnlich ein Mann, der das Werkzeug handhaben kann und ein wenig Erfindungskraft besitzt, welches Vermögen keineswegs selten ist, aber von geringem Nutzen, wenn ein solcher Mann nicht mit der Geschichte dessen bekannt ist, was bereits Andere seines Berufes geleistet haben; wenn er nicht mit den Gesetzen der Mechanik bekannt ist, nämlich mit den allgemeinen Wahrheiten, die durch wissenschaftlich gebildete Männer in frühern Zeiten festgesetzt worden, und die jetzt von allen denen zugegeben werden, welche in die Forschung einzugehen sich bemühen. In die zweite Klasse gehört der, welcher das Geld hergibt. Der Erfinder, welcher vielleicht sein eigenes Vermögen erschöpft hat, theilt seinen Plan einem Manne mit, der im Stande ist, etwas Geld zu missen, und blendet ihn mit der Aussicht auf einen baldigen und glänzenden Gewinn; nach und nach jedoch wird er in Kosten hineingezogen, die vielleicht Keiner von Beiden vorausgesehen hat. Es erfolgt ein Fehlschlag nach dem andern; allein zuletzt muß Alles Recht seyn: aus Furcht, sich lächerlich zu machen, und durch die Nothwendigkeit, daß der Eine zu seinem Zwecke und der Andere zu seinem Gelde kommen soll, fahren sie so lange fort, bis der Untergang Beider ihrer Thorheit ein Ende macht.

Indessen finden sich noch immer Unternehmer dieser Art, die sich durch das Schicksal ihrer Vorgänger nicht belehren lassen, und doch sollte man glauben, daß eine kurze Erwägung dieses Gegenstandes das Thörichte eines solchen Unternehmens zur Genüge zeigen könne. Was soll es bezwecken, eine Maschine zu machen, welche, einmal in Bewegung gesetzt, ununterbrochen, bis sie abgenutzt ist, gehen soll? Es ist jedoch nichts leichter, als eine solche Maschine zu machen. Auf dem Rheine, Mainz gegenüber, sind jetzt an zwanzig dergleichen Maschinen im Gange. Es sind Schiffsmühlen, die vor Anker liegen, und da sie

beständig Wasser zur Genüge haben, so werden sie, die ganz einfach in ihrer Bauart sind, so lange fortgehen, bis sie abgenutzt sind. Man wird vielleicht einwenden, daß eine solche Maschine noch nicht das Rechte ist; die Maschine muß so seyn, daß sie, einmal in Bewegung gesetzt, ohne Anwendung irgend einer äußern Kraft, so lange sie dauert, fortgehen muß. Es braucht aber nur wenig Kenntniß der Mechanik, um einzusehen, daß die Hervorbringung einer solchen Maschine nicht möglich ist. Eine Maschine, die von selbst fortwährend gehen soll, muß auch von selbst ihren Anfang nehmen. Es kann keine Maschine gemacht werden, bei der nicht einige Reibung Statt finden soll, welche, wenn auch noch so gering, doch mit der Zeit die Kraft, durch welche die Maschine in Bewegung gehalten wird, aufhebt. Aber eine Maschine, zu welcher Bestimmung sie auch seyn, soll nicht blos selbst in Bewegung erhalten, sondern sie muß auch Kraftertheilen, und ist darum um so mehr eines äußern Antriebes bedürftig.

Könnte der Mensch eine Maschine hervorbringen, welche die Kraft, wodurch sie bewegt wird, von selbst erzeugen könnte, so müßte er ja ein Schöpfer seyn.

Durch diese Bemerkungen wird vielleicht mancher Planmacher von derartigen Unternehmungen abstehen, und sein Nachdenken, seine Zeit und sein Geld nützlicher anwenden.

In dem Corischen Museum zu London befindet sich eine von Johann Ferguson im Jahre 1774 erfundene, mit einem Barometer versehene Uhr, deren Räder durch das Steigen und Fallen des Quecksilbers bewegt und im Gange erhalten werden, und welche auf gewöhnlich als ein Perpetuum nobile gezeigt wird.

Die Bienenjäger in Amerika.

Wenn es wahr ist, was einige Gelehrte behauptet haben, daß Amerika ursprünglich keine Bienen gehabt habe und daß die jetzt vorhandenen wilden Bienen Abkömmlinge der Schwärme sind, welche die Europäer zu den östlichen Küsten gebracht haben; so muß man sich wundern, wie schnell sich diese nützlichen Thiere über einen großen Theil Amerika's verbreitet haben und wie schnell sie verwildert sind. Diese wilden Bienen, welche in der prachtvollen amerikanischen Flora reichliche Nahrung finden, pflegen ihre Kolonien gewöhnlich in hohlen Bäumen anzulegen. Sie genießen hier aber eben so wenig, wie in ihrem Mutterlande Europa, die Früchte ihrer mühsamen Arbeit. Die Indianer verstehen noch besser, als die Weißen, die Kunst, in den dichtesten Wäldern die Kolonien der Bienen aufzusuchen. Ihr Verfahren dabei ist folgendes:

Auf einem von Bäumen freien Orte zünden sie ein kleines Feuer an und legen Honigscheiben darauf, so daß das Wachs in Rauch aufgeht, ohne von der Flamme verzehrt zu werden. Der starke Honiggeruch, welcher sich nun verbreitet, zieht eine Menge Insekten und auch Bienen an. Die Jäger achten nun genau darauf, wohin die Bienen, nachdem sie sich von einem in der Nähe befindlichen Stück Honig gehörig beladen haben, ihren Flug nehmen. Diese Richtung verfolgen sie und wiederholen, einige hundert Schritte von dem vorigen Platze entfernt, dasselbe Verfahren. Die Bienen lassen nicht lange auf sich warten und verrathen dem Menschen ihre stille Behausung. Glauben die Jäger, daß die Bienen noch nicht genug Honig eingetragen haben, so berauben sie dieselben noch nicht, machen aber in den Baum einige Einschnitte, was allgemein für eine unverletzliche Besitzergreifung gilt. Im Herbste aber versäumen sie nicht, ihres Fundes sich zu bemächtigen. K.

Wilhelm Penn und seine Kolonie.

Als die Entdeckung von Süd=Amerika die Lust erweckt hatte, noch mehr Land aufzufinden, da schifften denn auch die Britten in das nördliche=atlantische Meer, um ein ähnliches Unternehmen zu beginnen, und Sebastian Cabot war der Mann, welcher im Jahre 1497 an derjenigen Küste landete, welche jetzt mit dem Namen Neufundland in der Geographie bezeichnet ist; allein was jene Spanier und Portugiesen in Süden zugleich mit entdeckt hatten, — Gold, Silber und Diamanten, — war in dem nördlichen Theile dieses, von einem Pole zum andern sich erstreckenden Festlandes nicht zu finden; eben so war auch das Klima viel rauher, und daher vergingen noch sechzig Jahre, ehe eine Kolonie in diesen, mit dichten Waldungen oder ungeheuren Sümpfen bedeckten Gegenden sich ansiedelte, wozu auch noch der unvermeidliche Kampf mit den wilden Ur=Einwohnern kam, welche aber doch den Europäern endlich weichen und einen großen Strich Landes den Engländern, als den zahlreichsten Ankömmlingen, überlassen mußten, welche zuerst im Ganzen mit dem Namen Florida bezeichnet ward; ein Theil davon wurden unter der Regierung der Königin Elisabeth von England zu Ehren derselben Virginien genannt, indem letztere sich als Jungfrau (lateinisch Virgo) bezeichnet wissen wollte. Allein erst unter König Jakob I. von England entstand eine, von der Regierung begünstigte, auf sichernden Einrichtungen gegründete Kolonie, und nun fanden sich wenigstens männliche Personen genug welche, unzufrieden mit ihrer Heimath, in dem neuen Staate sich anbauten, — allein wenig von dem weiblichen Geschlechte zeigten Neigung, in das ferne unbekannte Land zu ziehen, so daß die bereits in London bestehende west=indische Gesellschaft von Kaufleuten im Jahre 1618 neunzig Mädchen aus der ärmern Klasse für die ame=

rikanischen Kolonisten anwarb, dahin abschickte und den heirathlustigen Männern für 100 bis 200 Pfund Tabak — pro Person überließ. Noch bedeutender wurden diese Auswanderungen, als die kirchlichen Streitigkeiten in Großbritannien, zur Zeit der Stuarte immer mehr zunahmen und eine Menge Sekten dadurch entstanden, nämlich, um nur die bedeutendsten anzuführen, außer den Katholiken und denen zur englisch=bischöflichen Kirche gehörenden, Presbyterianer, Puritaner, Methodisten, Wiedertäufer und Quäker. Sobald nun durch die Wechselwirkung des Kampfes eine oder die andere Parthei unterdrückt ward, wanderten die Bedrängten aus; und so kam im Jahre 1681 eine Anzahl von mehr als 200 Quäkern, durch Unterstützung eines gewissen Wilhelm Penn, in Amerika an, welcher, selbst zu dieser Sekte gehörend, hier eine weitere Erwähnung verdient. W. Penn war 1644 in London geboren; sein Vater, englischer Admiral, ließ ihm eine gute Erziehung geben und auf der Universität Orford studiren; mit Eifer widmete sich nun zwar der Jüngling den Studien, aber sein Hang zur Einsamkeit zog ihn bald zu jener Sekte hin, welche damals bereits in England und Holland viele Anhänger zählte, und die man eigentlich spottweise — Quäker — d. h. Zitterer nannte. Ihr Stifter hieß Fox, war ein Schuhmacher=Geselle und ein religiöser Schwärmer — dessen Glaube vorzüglich auf einer vorsehenden, unmittelbaren, göttlichen Einwirkung (besonders für das Predigen und Lehren) gegründet und die Basis ihres Cultus war, indem diese Quäker zugleich alle Messias=Begriffe, so wie auch die christlichen Sakramente nur für symbolische (bildlich andeutende) Vorstellung hielten, und sie nicht ausübten, ihren Gottesdienst ohne Sang und Klang feierten, indem bei größter Stille den innern Betrachtungen sich überlassend — Jeder abwartete, bis der Geist über ihn käme, der ihn zu predigen und zu lehren befahl: geschah das nun von einem Mitgliede — Mann oder Weib — so entledigte es sich zitternd — oft in große Verzückung gerathend — des göttlichen Auftrages. Priester haben sie daher auch nicht, — alle Menschen reden sie mit Du an, vor Niemand — selbst vor einem gekrönten Haupte nicht — nehmen sie den Hut ab, und als vor einigen Jahren ein Quäker in Rom war, den aus Neugierde der heilige Vater gern sehen wollte, der Quäker aber mit bedecktem Haupte vor Se. Heiligkeit erscheinen wollte, so ließ jener sich es gefallen, daß ihm in dem päpstlichen Vorzimmer der wachhabende Offizier den Hut abnahm; nun trat er ein — und als er wieder in jenes zurückkehrte, setzte man ihm den Hut wieder auf. „Wer kann gegen Gewalt?" sprach, sich dadurch beruhigend, der Mann jener Sekte — welche jedoch manches Gute hat; denn ihre Mitglieder sind friedlich, fleißig, ihrer Zusage treu, daher sie auch niemals Kriegsdienste thun und keinen Eid leisten. Dieser Gesellschaft also widmete sich W. Penn gänzlich, und um seine nach Amerika gesendeten „Freunde" gehörig ansiedeln zu lassen, vermochte er die englische Regierung, ihm, statt einer Schuld derselben an seinem eben (1670) verstorbenen Vater, einen großen Strich Land am Delaware=Flusse, mit vollem Rechte des Eigenthums, gänzlich und auf immer zu überlassen, und nun folgte mit seiner bedeutenden übrigen Erbschaft, seine Kolonisten kamen bald nach, und wir sehen um 1682 den Mann in dem ihm so werthen Berufe mit Menschlichkeit in Bezug auf die Wilden, mit Umsicht in Bezug auf seine Kolonisten, umgeben von den Häuptlingen jener und den Hausvätern dieser letztern, wie er seine Kisten öffnet, im freien Felde unter eini= gen uralten Ulmen=Bäumen, dreißig Meilen von dem Meeres=Ufer, das Pergament entwickelt, auf welchem die Verfassungs=Urkunde des kleinen Staates geschrie= ben war, seine Gelder hervorlangend, mit welchen er den Indianern den ferner nöthigen Grund und Boden abkaufen will, — wie er erklärt, durch welche Ord= nung der Dinge Alles künftig eingerichtet, auf dem Platze selbst aber die künftige Hauptstadt (Philadelphia, gegründet werden soll d. h. Bruderliebe. Zu Ehren

Wilhem Penn's Kolonie.

alles dessen, was er, der später nach England wieder zu seiner Familie zurückkehrte, — gethan, ward dieser ganze Strich Pennsylvanien — bis auf den heutigen Tag, genannt, und ist noch eine der größten Provinzen Nord-Amerika's, 1,347,672 Bewohner enthaltend, mit Einschluß jener Hauptstadt Philadelphia. Zur Geschichte dieser vereinigten Staaten gehört noch Folgendes: Bis zum Jahre 1774 bildeten 13 Provinzen die Gesammtheit jener, unter Englands Oberherrschaft stehenden Kolonien, welche zwar größtentheils von Engländern, Schottländern und Irländern bevölkert waren, aber auch viele Deutsche, Franzosen, Schweden u. s. w. sich gesellt hatten; als aber fast alle Bewohner des englischen Druckes müde waren, begann in obengenanntem Jahre ein allgemeiner Aufstand; es bildete sich ein Kongreß der angesehensten Männer und man unterhandelte mit der britischen Regierung länger als ein Jahr; allein die Hartnäckigkeit dieser und der von Frankreich aus unterstützte Freiheits-Sinn brachte einen offenen Krieg zu Wege, in welchem französische und nordamerikanische Truppen — letztere unter Anführung des berühmten Washington (Sohn eines reichen Pflanzers in Virginien) vom 19. April 1775 an, sieben Jahre so tapfer kämpften, daß England in dem am 3. September 1783 zu Paris geschlossenen Frieden genöthigt war, die nordamerikanischen Provinzen als einen selbstständigen Staat anzuerkennen; und seit dieser Zeit rückt mit schnellen Schritten und ungemeiner Kraft dieser auf eine Konstitution, deren Grundzüge schon in Penn's Verfassungs-Urkunde lagen, begründete Verein immer mehr vor; die Freiheit des kirchlichen Wesens und Wirkens aber ist hier so groß, daß nach dem neuesten amerikanischen Almanach (1833) 27 verschiedene Religions-Verwandte sich daselbst ungehindert in ihrem Cultus befinden. Die Regierung, deren Sitz in Washington, mit 189,000 Einwohnern, ist, besteht aus einem wählbaren Präsidenten, vier Ministern, einem Senate von 18 Mitgliedern und dem Hause der Repräsentanten; — das Wahlgesetz ist noch sehr unvollkommen und wird oft geändert. Die Gesammtbevölkerung beträgt 12,863,358 Menschen, darunter leider über 2 Millionen Sklaven! Die Staats-Einnahme ist 34,014,952 Dollars, der Dollar zu 1 Rthlr. 4 Gr. sächs. gerechnet. Die Zahl der Bundesstaaten, — deren Vermehrung durch Fortschreiten der stark zunehmenden Bevölkerung immer steigernd ist, beträgt gegenwärtig sieben und zwanzig Provinzen. Eine adelige Aristokratie kennt man dort nicht, aber eine Geld-Aristokratie greift, oft hemmend, jetzt sehr um sich. Der innere Betrieb ist ungemein groß und der Wohlstand bedeutend.   D.

Die Akropolis in Athen.

So wie Griechenland überhaupt, so ist namentlich Athen für jeden Gebildeten von dem höchsten Interesse; denn an diesen Namen knüpfen sich die Erinnerungen an Alles, was Wissenschaft und Kunst Großes und Herrliches geleistet hat. Von Griechenland, und besonders von Athen aus verbreitete sich das Licht der Künste und Wissenschaften, und hat segnend und heilbringend gewirkt bis auf unsere Tage. — Große Schmach und Bedrückung hat dieses Land unter dem eisernen Scepter roher Barbaren erfahren, doch war der Geist der Vorältern nicht ganz erloschen. Griechenland hat sich erhoben, die Sklavenkette ist zerbrochen. Ein freies, selbstständiges Volk steht es jetzt da unter einem eigenen freigewählten Könige, dessen bisherige Verordnungen und Einrichtungen den ernsten, kräftigen Willen beurkunden, das Volk, welches ihn zum Herrscher gewählt hat, auf die Stufe zu erheben, welche es in politischer, merkantilischer, wie in wissenschaftlicher Hinsicht in früherer Zeit inne hatte. Die Blicke von ganz Europa sind jetzt auf dieses Land und besonders auf das Aufblühen derjenigen Städte gerichtet, welche in frühester Zeit Hauptstädte des Landes waren. Athen, schon in hohen Alterthume im Besitz der Hegemonie über ganz Griechenland, soll auch jetzt wieder Haupt- und Residenzstadt des Königs Otto I. werden. — Darum fürchten wir nicht, etwas Unangemessenes zu thun, wenn wir der speciellen Beschreibung der Akropolis, zu welcher uns nachstehendes Bild Veranlassung giebt, einige allgemeine Bemerkungen über Athen vorausschicken.

Um das Jahr 1400 v. Chr. führte Cecrops eine Kolonie aus Sais, einer Landschaft im nördlichen Theile Egyptens an der Mündung des Nil, nach Griechenland und gründete hier eine Burg, welche ihm zu Ehren Cecropia genannt wurde. Hiermit war der Grund zu der nachher so berühmten Stadt Athen gelegt. Unter einem spätern Könige siedelten sich dann die Bewohner des platten Landes um die Burg herum an, und bildeten eine Stadt, welche eine und eine halbe deutsche Meile im Umfange haben mochte. Cecrops pflanzte auch den Oelbaum und weihete ihn der Minerva (griechisch Athene), welche zur Schutzgöttin des Landes erhoben wurde und der Stadt den Namen Athen gab. Da die Anzahl der Einwohner sehr schnell wuchs, so sahe sich die Stadt genöthigt, Kolonien auszusenden, wodurch sie den Grund zu ihrem spätern Reichthume legte. Nachdem sich Cedrus, der letzte König der Athener, um's Jahr 1100 in einem Kampfe mit den Spartanern für sein Vaterland aufgeopfert hatte, beschloß das Volk, die königliche Verfassung aufzuheben. Athen wurde eine Republik, und erhielt erst durch Drako, dann durch den weisen Solon bestimmte Gesetze.

Ungeachtet Athen von nun an bald mit innern, bald mit auswärtigen Feinden in gefährliche Kriege verwickelt wurde, so erwuchs es doch durch den Unternehmungsgeist eines Miltiades, Themistokles, Perikles und anderer Helden, deren Namen mit unauslöschlichen Zügen in dem Buche der Geschichte eingeschrieben sind, zu der ersten Stadt Griechenlands, bekämpfte nach blutigem Streite die Nebenbuhlerin Sparta, und wurde bei allen seinen Unternehmungen von den übrigen Städten mit Geld, Truppen und Schiffen unterstützt. Mehr als einmal den Feinden Preis gegeben und zerstört, erstand es jedesmal schöner und reicher an Kunst- und Prachtwerken. Und nicht nur unter der Herrschaft der Macedonier, welche ganz Griechenland in Unterwürfigkeit erhielten, sondern sogar unter den Römern, den Verächtern griechischer Kunst, blieb Athen, wenn auch nicht Haupthandelsstadt, doch Mittelpunkt der Künste und Wissenschaften. Dieß ist sie, beschützt von einigen spätern Kaisern, Jahrhunderte lang geblieben, bis sie endlich von dem wilden Gothen-Könige Alarich bis auf wenige Gebäude zerstört worden ist. Diese Gebäude haben sich größtentheils bis auf unsere Zeiten erhalten. Nachdem im Jahre 1453 die Türken Konstantinopel erobert hatten, fiel ihnen auch Athen im J. 1456 in die Hände und blieb bis zum Aufstande der Griechen 1821 in ihrer Gewalt. Zwar sind die jetzigen Bewohner Attika's nicht direkte Abkömmlinge von den alten Athenern und Eleusinern — diese haben größtentheils nach und nach den Arnauten Platz gemacht, aber dennoch herrschen noch die Sitten, die Denkungsart und die Sprache der alten Griechen vor und haben allen Einflüssen fremder Herrschaft widerstanden.

Athen war ehemals die Hauptstadt der ganzen civilisirten Welt, reich an den prächtigsten Palästen, deren Ruinen jetzt noch die Kunstkenner mit hoher Achtung erfüllen, und zählte 20,000 Einwohner; jetzt ist es ein Haufen Ruinen, zwischen denen die Bewohner, 10 bis 12,000 an der Zahl, in elenden Hütten wohnen. Das alte Athen lag beinahe in der Mitte der Landschaft Attika, 5000 Schritte vom saronischen Meerbusen entfernt. Die Häfen Piräus, Munychia und Phalerus dienten den Athenern zum wichtigsten Seehandel; daher waren sie schon in frühester Zeit sehr stark befestigt und besonders durch zwei lange Mauern mit der Stadt vereinigt, wodurch es den Athenern im Falle eines Angriffs von der Landseite her möglich wurde, sich auf die Schiffe zu retten. Diese Hafen bildeten durch ihre Befestigungen besondere Städte. Zu Phalerus stand auch der Altar, dessen in der Apostelgeschichte Erwähnung geschieht, welcher die Inschrift trug: Dem unbekannten Gott! Hier opferten die Fremden ihren Göttern, deren Verehrung in Athen nicht gewöhnlich war. Diese Häfen sind jetzt völlig versandet und nur für kleinere Schiffe fahrbar.

Das Innere des heutigen Athens entspricht wenig den Erwartungen, die eine so berühmte Stadt anregt, außerhalb desselben findet sich die Wißbegierde des Reisenden satt befriedigt. Die Akropolis allein würde eine Reise nach Athen verdienen, sowohl um ihrer Denkmäler willen, als wegen ihres hohen Alterthums, und ihrer geschichtlichen, zum Theil fabelhaften Erinnerungen. Diese Akropolis, welche gleichsam der Kern war welchen das alte Athen einschloß, liegt außerhalb der jetzigen Stadt auf einem hohen Kalkfelsen. Sie war eine Veste und zugleich ein Sitz des Götterdienstes, von wo aus Geist und Körper der Athener beherrscht wurden. Ein geheiligter Olivenbaum, eine salzige Quelle und ein altes, die Minerva, wenigstens angeblich, vorstellendes Götzenbild waren die geweihten Gegenstände, die unter Perikles zur Errichtung eines der schönsten Denkmäler des Alterthums Veranlassung gaben. Cecrops und Erechteus hatten daselbst ihre Grabstätten. Als die Perser die Akropolis erstürmten brannten sie den alten Minerventempel nieder und schlugen den geweihten Oelbaum um. Eine Grotte unter der Citadelle wird allgemein für diejenige gehalten, in welcher die Opferaltäre des Pan und Apollo standen. Noch zeigt man auf der nackten Felsenfläche den Ort wo die Volksversammlungen gehalten wurden, und wo das leicht bewegliche Volk über die verdientesten Staatsmänner durch den Ostracismus sein Verdammungsurtheil aussprach. In der Nähe sind einige unterirdische Klüfte, welche man für die furchtbaren Kerker des Areopags hält.

Ausgezeichnet war übrigens diese Akropolis durch die prächtigen Tempel und Paläste, welche hier standen. Perikles ließ hier in Folge der Verwüstungen durch die Perser die prächtigen Propyläen erbauen. Dieß war eine Treppe mit einem Eingange zum Schlosse empor, wozu aus der Staatskasse 2,800,000 Rthlr. verwendet worden waren. Hier stand das Parthenon, der majestätische Tempel der Minerva, welche hier als heilige Jungfrau (Parthenos) und als Schutzgöttin Athens verehrt wurde. Es lag auf dem höchsten Punkte der Burg, hoch über alle andern Heiligthümer der Akropolis emporragend. Im Innern stand der Göttin Bild, welche Phidias aus Gold und Elfenbein gefertigt hatte, 40 Fuß hoch und fast die Tempels Decke mit dem Helmbusche berührend. Der Werth des Goldes soll über 700,000 Rthlr. betragen haben. Von außen umgaben prachtvolle Säulen im edelsten Style, herrliche Reliefs und Sculpturen den Tempel. Die schönsten Ueberreste, jene bewundernswürdigen Basreliefs, welche den Giebel und die Friese zierten, sind — leider! von dem Engländer Lord Elgin ausgebrochen und nach England geführt worden, wo sie — durch die gelehrtesten Archäologen zu den vollendetsten Mustern der antiken Sculptur gezählt — als erkauftes Staatseigenthum im britischen Museum aufgestellt sind. Der Raub dieser Bruchstücke hat jeden entrüstet, der die Meinung theilt, das Werk des Phidias hätte nie von den schönen Ueberresten des Parthenons getrennt werden sollen, und sollte nirgend anders gesehen werden, als in der Citadelle des Cecrops. „Nie — sagt Lord Byron — haben die neuern Griechen ihre hülflose Lage schmerzlicher empfinden können, als da sie sich zu schwach sahen, diesem Kunstraube zu steuern!‟

„Erinnert man sich dagegen, daß schon bei der Belagerung der Venetianer (1687) ein Theil des Parthenons durch das Auffliegen eines Pulvermagazins zu Grunde ging, und daß in der jüngsten Belagerung der Citadelle (1824) diese Ruinen in Gefahr standen, gänzlich zerstört zu werden, so muß man sich freuen, daß die Basreliefs des Parthenons, gegen dergleichen Ueberfälle in Schutz genommen in Mitte des civilisirten Europa's das Genie des Künstlers begeistern und ihre getreuen Nachbildungen diese Begeisterung allen Völkern, welche die Kunst pflegen, mittheilen. Die Kommission, welche nach Auftrag des englischen Unterhauses den Werth der Elginschen Marmorstücke untersuchte, erwähnt in ihrem Berichte: es wäre dem Lord zuverläßlich bekannt geworden, daß die Franzosen im Sinne hatten, dieselben Stücke wegzuführen.‟

Das Innere des Tempels empfing beinahe gar kein Licht von Außen, und ward blos mittelst eines großen goldenen Candelabers, eines Meisterstücks des Kallimachus, erleuchtet, der jährlich nur einmal mit Oel versehen werden durfte. Der Docht war Asbest, folglich unverbrennbar. Diese stille Leuchte warf ein geheimnißvolles Licht über das alte, aus Olivenholz geschnitzte Idol der Pallas, welches mit dem Antlitz gegen Osten gekehrt war. Eine Merkurgestalt, von Myrthenreisern umgeben, und die heilige Schlange, der Wächter des Tempels, hatten auch einen Theil an der öffentlichen Verehrung.

Zu den Merkwürdigkeiten, die noch in dieser Stadt vorhanden sind, gehört der Thurm der Winde, welches in neuern Zeiten die Derwische inne hatten. Dieser achteckige, von Marmor erbaute Thurm empfing seinen Namen daher, daß der Erbauer Andronikus Kyrrhestus auf jeder seiner acht Seitenflächen die Figur eines der Hauptwinde angebracht hatte, während auf der Spitze des Gebäudes ein Triton von Erz, sich in Angeln drehend, die Windfahne vorstellte. Jede Seitenwand hatte außerdem eine Sonnenuhr. — Die Derwische waren auch sonst im Besitze der Laterne des Demosthenes, eines ebenfalls alten, auch aus weißem Marmor aufgerichteten Gebäudes; sie mußten es aber räumen, als der Kapuzinerprior einen Kaufpreis dafür bezahlte. Dieser Wechsel soll mit einem förmlichen Aufstande des athenischen Pöbels begleitet

gewesen seyn, der in jenem Prior einen verkappten | früherer Zeit führt den Namen Laterne des
Derwisch vermuthete. Ein anderes Denkmal aus | Diogenes.

Die Akropolis in Athen.

Wir erwähnen zum Schlusse nur noch eines Denkmals aus früherer Zeit, welches sich in dem untern Theile der Stadt befindet. Es ist dieß der Tempel des Jupiter Olympius, der eigentlich nie vollendet worden ist. Bei der Eroberung durch Sylla (86 v. Chr.) wurde er seiner Säulen und seines Schmuckes beraubt. Erst unter dem Kaiser Hadrian wurde dieser Tempel wieder aufgebauet. Noch stehen achtzehn dieser gewaltigen, aus pentelischem Marmor in korinthischem Style aufgeführten Säulen, die, hundert und zwanzig an der Zahl, in einer Höhe von mehr als sechzig Fuß, den Tempel umgaben. Sie zeugen noch jetzt von der Erhabenheit und dem Großartigen dieses Baues, welcher unter allen Gebäuden und Tempeln Athens als der größte geschildert wird, da seine Länge ·354 und seine Breite 171 Fuß betrug. Nicht minder herrlich war das Innere des Tempels. Hier prangte vor Allem das kolossale Bild des olympischen Zeus, nach dem Muster des von Phidias zu Olympia errichteten Bildes von Gold und Elfenbein zusammengefügt. In den verheerenden Zügen nordischer Barbaren ward auch dieser Tempel zerstört und seines Schmuckes beraubt.

K.

Woche.

Am 19. April 1689 starb zu Rom Christina, ehemalige Königin von Schweden, einzige Tochter Gustav Adolph's, nachdem sie im J. 1654 ihre Krone freiwillig niedergelegt hatte und zur römisch-katholischen Kirche übergetreten war.

Am 20. April 1792 erklärte die franz. Nationalversammlung dem deutschen Reiche de Krieg.

Am 21. April 754 vor Chr. Eb. wurde Rom gegründet, der Sage nach von Romus und Remus, den Söhnen des Mars und der Rha Silvia.

Der 22. April 1794 ist der Todestag des edeln Malherbes, des freimüthigen Vertheidigers Ludwig's XVI., und ausgezeichneten Gelehrten. Er fiel, ein Opfer der Revolutionswuth, unter dem Beil der Guillotine.

Am 23. April des Jahrs 1616 starben zwei der größten Dichter alter Zeiten: Shakspeare in England (geb. 1564) und Cervantes in Spanien, der berühmte Verfasser des Don Quirte.

Am 24. April 1685 starb Moritz von Nassau, Prinz von Oranien, Statthalter der vereinigten Niederlande, Sohn Willem's I.

Der 25. April 1595 ist der Todestag des großen italienischen Dichters, Torquat Tasso, dessen Heldengedicht „das befreite Jerusalem" fast in alle Sprachen übersetzt worden ist.

R.

Verlag von Bossange Vater in Leipzig.
Unter Verantwortlichke der Verlagshandlung
Druck von Breitkop und Härtel in Leipzig.

Das Pfennig-Magazin

der
Gesellschaft zur Verbreitung gemeinnütziger Kenntnisse.

52.]   Erscheint jeden Sonnabend.   **[April 26, 1834.**

Der Römer in Frankfurt am Main. *

Während der Zeiten des Mittelalters und besonders während der Zerrüttungen, welche den Uebergangspunkt aus der mittlern in die neue Zeit bezeichnen, hatten mehrere Städte des deutschen Reichs Landeshoheit in ihren eignen Gebieten, so wie Sitz und Stimme auf den Reichstagen theils erkämpft, theils erkauft, oder die deutschen Kaiser hatten ihnen diese besondern Vorrechte in Berücksichtigung früherer Verdienste aus freiem Antriebe zuerkannt. Diese Städte, welche unmittelbar unter dem Schutze des deutschen Reichs standen, nannte man freie Reichsstädte. Ihre Zahl war nach und nach bis auf 51 gestiegen. Bis in's 18te Jahrhundert herab behaupteten sie die ihnen zu Theil gewordenen Vorrechte, wurden aber — außer Hamburg, Nürnberg, Augsburg, Bremen, Lübeck und Frankfurt am Main — im Jahre 1803 unter die Landeshoheit mehrerer Reichsstände vertheilt. Als im Jahre 1810 Napoleon's eisernes Scepter auf Deutschland lastete, als alte Reiche gewaltsam zertrümmert wurden und neue Reiche entstanden, da konnten auch die genannten Städte dem Willen des Gewaltigen nicht widerstehen; ihre Rechte wurden ihnen entrissen, ihre Selbstständigkeit wurde aufgelöst. Als endlich im Jahre 1813 in Deutschland eine neue Ordnung der Dinge begann, wurden auch die Städte Hamburg, Bremen, Lübeck und Frankfurt a. M. als freie Städte anerkannt und in den deutschen Bund aufgenommen. Besonders hat Frankfurt für alle Deutsche dadurch Wichtigkeit erhalten,

daß diese Stadt 1816 zum Sitze des deutschen Bundestages erwählt wurde.

Frankfurt am Main, welches in seinem Gebiete zwei Marktflecken und einige Dörfer mit 56,000 Einwohnern umfaßt, gehört zu den ältesten reichsfreien Städten; denn ihrer geschieht schon in der Mitte des 12ten Jahrhunderts als solcher Erwähnung. Obgleich auch hier der bessere Geschmack der neuern Zeit mancherlei Veränderungen hervorgebracht hat, indem jetzt schöne Gartenanlagen in englischem Geschmacke die nächste Umgebung der Stadt bilden, wo früher hohe Wälle und tiefe Graben waren, so erinnert doch noch die alterthümliche Bauart der meisten Häuser an das hohe Alter der Stadt, und mehrere große Paläste sind redende Zeugen, daß einst Frankfurt in der Geschichte des deutschen Reichs eine Hauptstelle einnahm.

Unter den öffentlichen Gebäuden Frankfurts, welche welthistorische Merkwürdigkeit haben, verdient vor allen das Rathhaus, der Römer, genannt zu werden. Das Gebäude hat unstreitig seinen Namen davon, daß im Mittelalter die italienischen Kaufleute hier ihre Waaren niederzulegen pflegten. Alle Reisende stimmen darin überein, daß weder die altfränkischen Giebel, mit denen das Gebäude fast überladen ist, noch die Unregelmäßigkeit der innern Einrichtung den Beschauer befriedigt, welcher die Erinnerungen an die historische Wichtigkeit, die dieses Gebäude hat, in sich trägt. Die Mischung der verschiedenen Bauarten beweist, daß die ersten Erbauer keineswegs daran dachten, daß hier einst die deutschen Kaiser gewählt wer= den sollten. In diesem Gebäude nämlich zeigt man jetzt noch dem Fremden das mit kaiserlichen und chur= fürstlichen Wappen künstlich geschmückte Wahlzimmer, in welchem sich die Churfürsten oder deren Abgeord= nete zur Wahl des deutschen Kaisers versammelten. An der von Colomba gemachten Decke befindet sich das Wappen des Kaisers, in dem Fußboden aber bezeich= nen die mit Holz eingelegten Wappen der Kurfürsten die Ordnung, in welcher sie bei der Wahl saßen. Jetzt dient dieses, übrigens unregelmäßige Zimmer, zu den Versammlungen des Senats. Daneben befindet sich der sogenannte Kaisersaal, in welchen der neu= gekrönte Kaiser geführt wurde, um sich dem auf dem Römerberge, dem freien Platze vor dem Römer, versammelten Volke zu zeigen. Hier speiste auch der Kaiser, bedient von Reichsgrafen, während die Erz= beamten des Reichs ihre Dienste verrichteten. An den Wänden des Saals befinden sich Nischen, welche mit den Standbildern der Kaiser von Conrad I. (911—918) an geschmückt sind. Hier war es auch, wo bis zum Anfange unsers Jahrhunderts, während der Herbst= messe, das alte Pfeifergericht gehalten wurde. Dieses Gericht bestand darin, daß die Abgeordneten mehrerer Städte, welche vom Meßzolle befreit waren, unter Vortreten einiger Pfeifer in feierlichem Aufzuge dem Schultheißen Pfeffer, Handschuhe, hölzerne Be= cher, einen Goldgulden und Räderalbus — eine ehe= mals gewöhnliche Münze — zum Geschenke überbrach= ten und um Bestätigung ihrer Freiheiten anhielten.

Nicht minder merkwürdig in der Geschichte des deutschen Kaiserreichs ist der Römerberg, wo das Volk den neugewählten Kaiser begrüßte, wenn er, mit Krone und Scepter geschmückt, in feierlichem Zuge aus der Domkirche, wo die Salbung vollzogen wor= den war, zurückkehrte, oder sich an den Fenstern des Kaisersaals zeigte. Hier stand die Küche, in welcher ein ganzer Ochse gebraten wurde, von welchem der Erbtruchseß dem Kaiser ein Stück überbrachte; hier war der große doppelte Springbrunnen, aus welchem rother und weißer Wein sprang, von welchem der Erb= schenke dem Kaiser einen Becher voll überreichte. Bei= des aber wurde dann dem Volke Preis gegeben. Hier war auch ein großer Haufe Hafer aufgeschüttet, von welchem der Erbmarschall sein silbernes Maas füllte, und hier streute der Erbschatzmeister zu Pferde goldene und silberne Schaumünzen unter das Volk.

Eine ausführliche Beschreibung aller der Feierlich= keiten, welche bei einer Kaiserwahl gewöhnlich waren, liefert Goethe, der bekanntlich am 28. August 1749 in Frankfurt am Main geboren ist, in seinem Werke: Aus meinem Leben. Dichtung und Wahrheit. Er= ster Theil.   K.

Warum sucht einen Theil Deutschlands so häufig der Hagel heim?

Weil wir noch so viele Sümpfe, unangebautes Land und Wälder, auch abzapfbare Seen mit hoher Wasserstauung besitzen, so müssen wir viele Hagelwet= ter haben. Je mehr urbares, also aufgerissenes Erd= reich, ein Land hat, desto mehr Befruchtungstheile zieht die Atmosphäre an sich, kann aber auch um so mehr mittheilen, was sehr wichtig ist, indem die wohl= bestellten Felder und Gärten immer mehr an Vegeta= tionskraft zu=, und dagegen die Besitzungen nachlässi= ger Landwirthe im Ertrage abnehmen. Je weniger

die Oberfläche eines Staats urbar gemachtes Land hat, desto weniger entleeren sich die Sümpfe und die un= angebauten Strecken des Frostes und des Eises im Frühjahre, und weil dieß so langsam stattfindet, so sammelt sich häufig in der niedern Atmosphäre Hagel. Noch sind besonders in Altbaiern viele Flüsse und Seen von breiten Sümpfen begleitet. Meklenburg= Strelitz leidet oft durch Hagel, weil seine Sümpfe und Seen noch viel zu wenig abgezapft und trocken gelegt sind. Unter allen Wissenschaften unserer Staats= männer sollte wohl der Feld= und Gartenbau den er= sten Platz einnehmen und durch Urbarmachungen möchte sich am würdigsten die Ueberzeugung der Regierungen von der größten Wichtigkeit des Ackerbaues für das Gemeinwesen darlegen. Auch sind wir den vielen Süm= pfen die leichte Verbreitung mancher ansteckenden Krank= heiten schuldig. Wenn man nicht allgemein das alte Uebel durch gute und weise Staatsgesetze und ihr sorgfältig vollziehende Verwaltung, z. B. durch rich= tige Abwässerungen, heilt, so wird hier und da die Sache besser durch Anstrengung der Privaten, aber dafür anderswo desto schlimmer; also kann erst das Uebel verschwinden, wenn eine weise Regierung selbst eintritt und die alten Uebel rasch verbannt. Solche gemeinnützige Einrichtungen verschaffen allen Ständen Vortheile, welche sie früher entbehrten. Diesen ver= mehrten Urbarmachungen der Moore und den hier und da vollbrachten Entsumpfungen, obgleich hierin nur ein kleiner Anfang gemacht ist, verdankt z. B. das Großherzogthum Oldenburg an der Weser, daß es jetzt seltener, als in dem vorigen Jahrhunderte von Hagelschäden heimgesucht wird.   R.

Das goldene Zeitalter der Dichter.

In solchem erfreute im Phantasiegebilde die Menschen ein ewiger Frühling, die Erde trug ihre Früchte ohne Bearbeitung, die Bäume lieferten Schat= ten und Wohlgeruch, die Thiere Milch, die Bäche frisches Wasser; wenn dieses Traumbild je Wirklich= keit gewesen wäre, so wären wir nackt und un= wissend geblieben, und die Reichthümer der Erde und unsere Kenntnisse hätten sich nicht vermehrt. Uns würde der Genuß der selbst von den Menschen geschaffenen Reich= thümer und aller Schätze eines gebildeten Verstandes gemangelt haben. Wir würden nicht der Erscheinung ge= nießen, daß mit jedem Zeitalter sich uns die Kenntniß unserer Erde, der fernen Welten und der Naturkräfte, die so gebieterisch auf uns wirken und so verständig von uns benutzt werden können, immer vollständiger und richtiger entwickelt hätte.

Das Alles verdanken wir ursprünglich unserer Ar= beit, welche mit dem Spalten der Furchen durch Pflug= schaar und Hacken beginnt. Wie tief sind wir jetzt schon in's Innere der Erde eingedrungen, um daselbst nützliche Metalle aufzusuchen? Wie steigt jährlich durch sorgfältige Beobachter unsere Himmelskenntniß, unser Wissen über das Entstehen, Wachsen und Absterben der Thiere und der Pflanzen? Vielleicht sogar über das Entstehen der am Horizont schwebenden Wolken und deren Untergang. Wie gehorsam ist schon jetzt die Thierwelt dem Gebote der Menschen, und wie viel tragen die Thiere bei, unsere bescheidenen und unbe= scheidenen Wünsche und Gemächlichkeiten zu befriedi= gen? Wie so ganz ist die Oberfläche der Erde der civilisirten Menschen nach dem Bedürfnisse der Be= wohner fruchtbringend und umgestaltet? Versteht der

Mensch nicht schon den Blitz zu leiten, das Alter der Bergschichten zu berechnen, die Gase zu benutzen und von seinem Willen abhängig zu machen?

Verdankt der Mensch nicht alle diese wundervollen Erscheinungen zuerst seiner Arbeitsamkeit, und wie viel höher steht jetzt der civilisirte Mensch über dem Wilden an den Polen und unter dem Gleicher?

R.

Die längere Lebensdauer des weiblichen Geschlechts vor dem männlichen.

Die Buchhalter der Lebensversicherungs-Gesellschaften in England hatten diese Wahrnehmung lange gemacht, jedoch hatte bis zum Schlusse des vorigen Jahres keine dieser Gesellschaften einen besondern Tarif den Versichererinnen gegeben, welche überdem bisher stets nur selten mit den Gesellschaften Kontrakte eingingen.

Erst jetzt machten die Times vom 28. December v. J. bekannt, daß die Adlerversicherungs-Gesellschaft, welche seit 1807 besteht, künftig folgenden jährlichen Beitrags-Tarif den Versicherern setze für versicherte Personen beider Geschlechter:

Alter: 20 Jahr bei'm männl. Geschlechte auf 7 Jahre 1 L. 6 Sh. 3 D., auf Lebenszeit 2 L. 2 Sh. 6 D. — bei'm weibl. Geschlechte auf 7 Jahre 1 L. 5 Sh. 0 D., auf Lebenszeit 1 L. 15 Sh. 1 D.

Alter: 30 Jahr bei'm männl. Geschlechte auf 7 Jahre 1 L. 6 Sh. 3 D., auf Lebenszeit 2 L. 2 Sh. 6 D. — bei'm weibl. Geschlechte auf 7 Jahre 1 L. 8 Sh. 9 D., auf Lebenszeit 2 L. 3 Sh. 2 D.

Alter: 40 Jahr bei'm männl. Geschlechte auf 7 Jahre 1 L. 17 Sh. 4 D., auf Lebenszeit 3 L. 9 Sh. 4 D. — bei'm weibl. Geschlechte auf 7 Jahre 1 L. 13 Sh. 9 D., auf Lebenszeit 2 L. 15 Sh. 0 D.

Alter: 50 Jahr bei'm männl. Geschlechte auf 7 Jahre 2 L. 12 Sh. 3 D., auf Lebenszeit 4 L. 12 Sh. 4 D. — bei'm weibl. Geschlechte auf 7 Jahre 1 L. 17 Sh. 3 D., auf Lebenszeit 3 L. 15 Sh.

Alter: 60 Jahr bei'm männl. Geschlechte auf 7 Jahre 4 L. 7 Sh. 11 D., auf Lebenszeit 6 L. 8 Sh. 2 D. — bei'm weibl. Geschlechte auf 7 Jahre 3 L. 7 Sh. 0 D., auf Lebenszeit 5 L. 14 Sh. 7 D.

Es werden nun die andern englischen und auswärtigen Versicherungs-Gesellschaften entweder gleichen Tarif annehmen, oder die Unrichtigkeit desselben aus ihren Buchhaltungen nachweisen müssen.

Sehr wahrscheinlich ist aber die Wahrnehmung gegründet, obgleich manche weibliche Personen theils im Wochenbette, theils in der gefährlichen Periode um ihr funfzigstes Lebensjahr sterben; dagegen herrscht in der Regel in der Gewerbsweise oder Beschäftigung häuslicher Pflichten der Frauenzimmer mehr Regelmäßigkeit und Mäßigkeit ihrer Lebensordnung. Die Reizbarkeit ihres Temperaments nimmt mit den Jahren ab. Ihr Lebenswandel ist in der Regel der Erhaltung der Gesundheit förderlicher. Vergleichen wir aus den genealogischen voigtläischen Tabellen unserer regierenden und mediatisirten Fürstenhäuser die Lebensdauer beider Geschlechter, so ist die längere Lebensdauer der Frauen auffallend.

Uebrigens können die Versicherungs-Gesellschaften in Staaten, wo ein höherer Zinsfuß auch bei sichern Geldbelegungen üblich ist, als in Großbritannien, in welchem man nicht leicht über $3\frac{1}{2}$ Procent bei hypothekarischer oder sicherer Wechselbenutzung die Vorrathsgelder nützen kann, allerdings ihre Prämien bei großem Geschäftsbetriebe etwas niedriger, als die Briten stellen, welche überdem nach gewissen Jahren 80 Procent des Gewinns den Versicherern vergüten.

Je schlechter übrigens die Hypothekengesetze z. B. in England sind, desto nöthiger sind in einem Lande die Lebensversicherungs-Anstalten und die Sicherheitsbanken für diejenigen, welche kleine Summen zu belegen haben, in einem wohl eingerichteten civilisirten Staate.

Unsere meistens stark verschuldeten Staaten könnten solche ausgedehnte Lebensversicherungen in ihrer schwebenden Staatsschuld benutzen, indeß that bisher nur der dänische Staat, welcher solche übernommene Verpflichtungen gegen Auszahlung von Kapitalien und jährlichen Beiträgen richtig erfüllt hat.

R.

Die Klapperschlange.

In dem nordamerikanischen Staate Carolina hat man viele Schlangen und Vipern beobachtet. Der wesentliche Unterschied zwischen Schlangen und Vipern ist, daß erstere Eier legen und von der Sonne ausbrüten lassen, letztere aber lebendige Junge zur Welt bringen. Auch hat die Viper lange gekrümmte Hundezähne, die mit einer Oeffnung gegen ihre Spitze zu versehen sind, woraus sie ihr Gift in die Wunde spritzt, die sie durch den Biß verursacht hat; sie ist kürzer, als die Schlange, am Halse dünn, dick am Leibe, hat einen breiten Kopf, starke, rauhe Schuppen, und erregt durch ihren tückischen, Verderben drohenden Blick Schauder und Entsetzen. Diese wälzt sich langsam und träge fort; die Schlange hingegen ist weit länger, rundköpfig, entweder ganz glatt, oder doch nur zartgeschuppt und sehr geschickt, ihren schlanken Leib schnell fortzubewegen.

Die Klapperschlange ist die häßlichste, furchtbarste und entsetzlichste von allen Vipern in Caorlina; sie ist 9 Fuß lang, und auch wohl die giftreichste, weil sie die größte ist, die stärksten Zähne hat, mit welchen sie die tiefsten Wunden schlägt und am meisten Gift aus dem in ihrem Giftzahne befindlichen Behältnisse ausspritzen kann. Sie beschleicht und überfällt Thiere aller Art; einen Menschen aber sucht sie nur dann zu verwunden, wenn sie angegriffen wird oder der Zufall sie ihm nahe bringt. Sie warnt gleichsam selbst, vor ihr bei Zeiten zu fliehen, indem sie mit den an ihrem Schwanze befindlichen Schalen ein lautes Getöse erhebt.

In den Wohnungen der Menschen schleicht sich dieses Ungethüm, um die daselbst befindlichen Hausthiere zu erwürgen. Allein schon ihr Annähern erregt allgemeinen Aufstand unter allen ihr zur Beute bestimmten Geschöpfen. Diese geben ihren Abscheu schon zu erkennen, ehe noch der Mensch die Schreckliche gewahr wird. Das zahme Geflügel schreiet drohend, hebt zürnend den Kamm und die Federn; Hunde, Katzen und Schweine gerathen in die äußerste Bestürzung, sträuben ihr Haar und lärmen gewaltig. Sie umringen alle in einiger Entfernung den Ort, wo das Thier sich entweder schon zur Lauer hingelegt hat, oder noch im Fortkriechen und Annähern begriffen ist, und so wird der gefährliche Gast verrathen. Jedes Thier scheint zum Kampfe bereit, und doch hat keines Muth genug zum Angriffe. Die Viper indessen achtet diese Drohung nicht, sondern wälzt sich langsam oder bleibt ruhig liegen.

Höchst schrecklich sind die Wirkungen des Bisses der Klapperschlange und es scheint, daß, wenn Mittel anschlagen, dieses mehr der gesunden Leibesbeschaffenheit des Gebissenen und der minder tiefen Verletzung an einem nicht sehr fleischigen Theile des Körpers zuzuschreiben sey; denn, wenn die Wunde bedeutend ist, so folgt der Tod augenblicklich, oder höchstens nach 2 Minuten. Die Indianer halten das Aussaugen der Wunde für das beste Mittel; jedoch hilft es nicht zuverlässig, und nur in solchen Fällen, wo die Wunde

nicht tief ist und das Aussaugen sogleich geschieht. Aber selbst denen, die geheilt werden, bleibt ein Andenken zurück, indem alljährlich um die Zeit, wo der Biß geschah, eine schmerzhafte Empfindung wiederkehrt. Auch haben sie allerlei Wurzeln gegen diesen Schlangenbiß, und ist die Wunde in einem fleischigen Theile und nicht sehr tief, so eilt man mit großer Besonnenheit, das ganze Stück vom Körper abzuschneiden, um die Verbreitung des Giftes zu verhindern.

Die Klapperschlange hat einen braunen Kopf und rothe Augen, und der ganze Leib ist abwechselnd mit braungelben und schwarzen Schuppenstreifen besetzt. Am Schwanze befinden sich hornartige Kapseln so gestaltet, daß die erste sich in die zweite etwas einschließt,

Die Klapperschlange.

und die zweite in die dritte u. s. f. bis sich die letzte und kleinste pyramidenförmig zuspitzt. Da nun auf diese Art die einzelnen Kapseln beweglich bleiben, so entsteht daraus das bedeutungsvolle Klappern dieser Schlange, wenn sie ihren Schwanz mit Kraft erhebt.

Alljährlich verliert sie ihre Haut und bekommt eine neue. Sie wird auch in Asien häufig gefunden. Die Indianer essen ihr Fleisch und wissen aus der starken schuppenreichen Haut mancherlei für ihren Gebrauch nützliche Dinge zu bereiten.

Floßholz.

Unsere größeren Städte würden unfähig seyn, sich mit Holzfeuerung und Bauholz hinlänglich zu versehen, wenn sie nicht einen Theil desselben durch Flöße empfingen, die man allmählig immer mehr vervollkommnete. Freilich verliert geflößtes Nadelholz viel Harz, und um so mehr, je länger es im Wasser liegt und je kleiner die Stücken sind, theils durch's Wasser, theils durch die Sonne. Zur Heizung der Backöfen der Bäcker und Gastwirthe eignet sich das Floßholz; aber mehr Zimmerwärme liefern die Oefen, welche man mit trocknem, aber ungeschwemmtem Holze heizet.

R.

Der Tempel auf der Insel Elephanta.

Anfangs wohnten sicher die Menschen in Höhlen. Der Instinkt trieb sie, sich darin gegen Hitze und Kälte, gegen Sturm und Regen zu schützen. Allmählig lernten sie Hütten, Häuser, Paläste bauen; aber die Höhlen blieben ihnen doch noch theuer und werth; sie benutzten sie, um darin die Ueberreste der theuern Freunde zu bewahren, oder ihren Göttern eine Stätte zu bereiten. Solche große Grabeshöhlen findet man unter dem griechischen Namen Katakomben in Syrien, Aegypten, Griechenland, Italien, auf den kanarischen Inseln u. s. f.; und was die Höhlen betrifft, welche den Göttern bestimmt waren, so ist besonders der uns bekannteste älteste Sitz der menschlichen Kultur Indien deshalb berühmt. Das schauer-liche Dunkel, die Möglichkeit, in einer großen Höhle sehr viele Gläubige zu gleicher Zeit aufzunehmen, mag zuerst die Wahl bestimmt haben; späterhin, als dieß durch's Alter geheiligte Sitte war, kam die Kunst nur zu Hülfe, die Höhlen zu erweitern, in architektonische Verhältnisse zu bringen und ihnen den Ausdruck des Geheimnißvollen, Großen, Erhabenen zu verleihen. Einer der berühmtesten, noch vorhande-nen Tempel der Art findet sich auf einer reizenden In-sel, der Bucht von Bombay, welche ihren Namen von einem Elephanten hat, der aus einer schwärzlichen Felsenmasse gehauen war; aber seit dem Jahre 1814 zusammengestürzt ist, so daß man nur noch die Trüm-mern davon sieht. In mannigfachen Krümmungen mit trefflichen Aussichten auf das Meer, führt ein enges Thal auf eine kleine Ebene, welche vor dem Haupteingange des Höhlentempels liegt; der Eingang

Der Tempel auf der Insel Elephanta.

aber selbst besteht aus einer ansehnlichen Fronte, die von zwei Säulen und zwei Pilastern getragen wird, und so drei Pforten gleichsam darstellt. Der die Decke bildende Felsen ist mit Gebüsch und Bäumen be-wachsen. Gleich jede dieser Pforten läßt die großen Säulenreihen sehen, welche das flache Deckengewölbe tragen und deren Kapitäler von der auf ihnen ruhen-den Last gleichsam zusammengedrückt erscheinen. Fin-ster ist es in diesen Räumen und die riesenartig an den Wänden sich hinziehenden Gestalten der Gotthei-ten machen einen seltsamen Eindruck. So wie der Eingang in drei Pforten zerfällt, so bildet auch das Meer drei abgesonderte Räume, von denen der mittlere am größten ist; man könnte sagen: es seyn drei Tempel hier, die jeder für sich bestehen, aber auch gegenseitige Verbindung haben, die alle drei ein Kreuz mit vier kurzen, gleichförmigen Armen bilden. Die ganze Länge beträgt von Morgen nach Abend 133 Fuß und eben so viel die Tiefe bis zum fernsten Punkte des Mitteltempels vom Eingange an gerechnet. Ein Paar kleine Räume zur Seite des südlichen Armes dieser Kreuzform scheinen zur Aufnahme von Tempel-geräthen bestimmt gewesen zu seyn. Die Höhe des Gewölbes hat 15 bis 17½ Fuß, die Zahl der zart gearbeiteten Säulen ist 26, ungerechnet 16, in der Felsenwand gehauene Pilaster, von denen nur noch 8 vollkommen erhalten sind; die Säulen bilden regel-mäßige Reihen und 4 namentlich von Osten her einen kleinen abgesonderten Tempel.

Ein dreiköpfiges Götzenbild, mit mancherlei Em-blemen und Zierrathen, ist der in diesem Höhlentem-pel die Aufmerksamkeit besonders fesselnde Gegenstand, und steht in einer 13 Fuß tief im Felsen ausgehaue-nen Nische, welche unmittelbar dem Mittelpunkte des Haupteinganges gegenüber ist; es stellt den Schiwa vor, dem der ganze Tempel geweiht gewesen seyn mag, und eben so laufen längs den Mauern eine Menge Bilderwerke hin, welche die Vereinigung dieses Gottes mit seiner Gemahlin Parvati versinnlichen, aber da der Boden des Tempels zur Regenzeit mit Wasser bedeckt ist, so hat er durch die Verdünstung desselben, vielleicht auch durch absichtliche Verstümmelung im Laufe der Zeit viel gelitten. Eine solche Gruppe zeigt beide Gottheiten mit vier Armen, deren einer auf dem heiligen Stier Nundi ruht; die weibliche Fi-gur ist durch Haar und Haarschmuck sehr gut ange-deutet; der andere Arm hält eine Brillenschlange in der Hand, auf der rechten Schulter hat Schiwa eine kleine Figur des Brama mit drei Köpfen und vier Händen auf einem Cocusblumenstengel sitzend, den fünf Gänse tragen. In der einen Hand hat er eben-falls einen Cocusstengel und in der andern einen Was-serkrug; letzterer deutet auf die heiligen Abwaschungen. Zwischen Brama und Schiwa erscheint der Indra, der Herr des Sternenhimmels, auf dem Elephanten Ai-rawati reitend und in der linken Hand einen Blitz führend. Zur Linken der Hauptfigur sieht man eine Dienerin mit dem Fliegenwedel und unten die Zwerge

Peisaches oder bösen Geister, denn der Gott ist Herr derselben. Noch eine Dienerin steht mit Spiegel und Schmuckkästchen neben der ersteren und die Göttin Parvati betrachtet sich im Spiegel mit Wohlgefallen. Oben über dem Ganzen sieht man die Gottheit Wischnu, indem sie eine Schlange zu verzehren scheint.

D. B.

Der alte arme Richard,
oder
Mittel reich zu werden.
(Von Franklin.)
(Fortsetzung.)

Müßiggang verkürzt nothwendig unser Leben, weil er uns schwächlich macht. Müßiggang ist ein Rost, der weit mehr angreift, als Arbeit. Der Schlüssel, den man oft braucht, ist immer blank, sagt der arme Richard. Liebst du aber das Leben, so verderbe die Zeit nicht, sagt der arme Richard weiter; denn sie ist das Zeug, woraus das Leben gemacht ist. Wie viel verlieren wir nicht allein damit, daß wir länger, als nöthig, schlafen, ohne zu bedenken, daß der schlafende Fuchs kein Huhn fängt, und daß wir im Grabe lange genug schlafen werden. Ist die Zeit das Kostbarste unter allen Dingen, so ist Zeitverschwendung die größte aller Verschwendungen: denn, wie der arme Richard sagt, verlorne Zeit läßt sich nicht wieder finden, und was wir Zeit genug nennen, reicht am Ende selten zu. Wohlan dann! laßt uns die Hände regen, so lange wir noch Kräfte haben. Faulheit macht Alles schwer, Fleiß Alles leicht. Wer spät aufsteht, wird nie fertig; ehe er recht an die Arbeit kommt, ist schon wieder die Nacht da. Trägheit schleicht so langsam, daß Armuth bald sie einholt. Treibe dein Geschäft, damit es nicht dich treibe! Zeitig zu Bette, zeitig heraus, macht den Menschen gesund, reich und klug — sagt der arme Richard.

Was hilft es, bessere Zeiten nur zu wünschen und zu hoffen? Aendert nur zuvörderst euch selbst, so werden sich auch die Zeiten ändern. Fleiß hat nicht nöthig zu wünschen — sagt der arme Richard. Wer sich mit Hoffnungen speiset, sehe zu, daß er nicht Hungers sterbe. Ohne Mühe hat man nichts. Ich helfe mir mit meinen Händen fort, weil ich kein Land habe, und wenn ich dergleichen habe, so greife ich selbst mit an, weil schwere Abgaben darauf liegen. Wer ein Amt hat, hat ein Kapital, und wer Kopf hat, ein einträgliches Ehrenamt. Aber man brauche auch nur seinen Kopf, man treibe auch nur sein Handwerk, sonst reicht Vermögen und Amt nicht hin, die Abgaben zu bezahlen. Wer arbeiten will, findet immer Brod. Dem fleißigen Manne mag der Hunger wohl in's Haus guken, aber hinein darf er nicht. Auch die Schergen kommen über seine Schwelle nicht; denn Emsigkeit zahlt Schulden ab, Muthlosigkeit vermehrt sie. Hast du auch keinen Schatz gefunden, hat kein reicher Vetter dich zum Erben eingesetzt: desto besser! Fleiß ist Glückes Vater, und Fleißigem schenkt Gott Alles. Bestelle dein Feld, wenn der Faule schläft, so wirst du Korn zum Verkaufe und Aufschütten haben. Heut arbeite, denn du kannst nicht wissen, was morgen dich abhält. Ein Heute ist mehr werth, als zwei Morgen, sagt der arme Richard; eben so: verschiebe nie auf morgen, was du heute thun kannst! Wenn du bei einem guten Herrn dientest, würdest du dich nicht schämen, wenn er dich müßig träfe? Nun, bist du ja aber dein eigener Herr; also schäme dich vor dir selbst, müßig zu gehen, da es so viel zu thun giebt für dich, für dein Haus, für das Vaterland, für den Fürsten. Greif rüstig zu und bedenke, wie der arme Richard sagt, daß eine Katze in Handschuhen keine Mäuse fängt. Freilich wohl giebt's viel zu thun, und vielleicht hast du von Natur zarte Hände; aber nur muthig zum ersten Versuche, es geht mit jedem Tage besser. Dringt doch der Regen endlich selbst in Marmor. Nagt eine Maus nicht mit Fleiß und Geduld ein Schiffstau entzwei? Fällt nicht unter wiederholten Streichen die Eiche?

Mich dünkt, ich höre Einige von euch sagen: so soll man sich gar keinen guten Tag machen? — Ich antworte, wie der arme Richard: wende deine Zeit wohl an, so du Ruhe verdienen willst, und verliere keine Stunde, da du ja keiner Minute sicher bist! — Muße heißt eine Zeit, wo man etwas Nützliches verrichten kann. Der Fleißige findet diese Muße gewiß, der Träge nie. Denn, sagt der arme Richard, ein Leben voll guter Muße und ein müßiges Leben sind ganz verschiedene Dinge. Mancher möchte, ohne zu arbeiten, gern von seinem Kopfe leben; er kommt aber selten weit damit. Arbeit hingegen schafft Bequemlichkeit, Ueberfluß und Achtung. Fliehe die Ergötzungen und sie werden dich verfolgen. Die fleißige Spinne hat ein großes Netz, und seitdem ich eine Kuh und ein Paar Schafe habe, wünscht mir Jeder einen guten Morgen.

Aber Fleiß allein thut's auch nicht; wir müssen auch stetig, nicht fahrlässig, nicht unschlüssig seyn, müssen selbst ein Auge auf unsere Sachen haben, uns nicht zu viel auf Andere verlassen. Denn, sagt der arme Richard, ein Baum, der oft umgesetzt wird, eine Familie, die oft umzieht, gedeihen weniger, als die, so auf ihrer Stelle bleiben. Drei Mal ausziehen, ist so schlimm, als ein Mal abbrennen. Verlaß deine Werkstatt nicht, so verläßt sie dich nicht. Willst du eine Sache gut ausgerichtet haben, so gehe selbst; wo nicht, so schicke nur darnach. Wer durch den Pflug reich werden will, muß ihn selbst anfassen oder antreiben. Des Herren Auge fördert mehr, als seine beiden Hände. Mangel an Sorgfalt schadet mehr, als Mangel an Einsicht. Wer nicht über seine Taglöhner wacht, läßt ihnen den Beutel offen. Zu viel Vertrauen zu Andere hat Manchen unglücklich gemacht. Mißtrauen täuscht weniger in dieser bösen Welt, als Zutrauen. Für sich selbst sorgen, hat Keinen gereuet; denn, sagt der arme Richard, willst du einen treuen und angenehmen Diener haben, so diene dir selbst. Eine kleine Verwahrlosung kann großes Unheil stiften. Weil ein Nagel fehlte, ging ein Huf verloren, aus Mangel des Hufs das Pferd; aus Mangel des Pferdes der Reiter; der Feind holte ihn ein und brachte ihn um, was nicht geschehen wäre, hätte der Mann nach den Nägeln am Hufe gesehen.

So viel, lieben Freunde! vom Fleiße und der Aufmerksamkeit auf unsere Geschäfte. Zu beiden muß noch Mäßigkeit kommen. Wer nicht eben so gut zu sparen, als zu verdienen weiß, der kann sich zu Tode arbeiten, ohne einen Pfennig zu hinterlassen. Eine fette Küche macht ein mageres Testament — sagt der arme Richard. Wie gewonnen, so zerronnen, heißt es von manchem schönen Thaler, seitdem unsere Weiber über dem Thee das Nähen und Stricken, und wir Männer über dem Punsch den Spaden und Hammer vergessen haben.

Schränkt euren thörichten Luxus ein, so dürft ihr nicht über schwere Zeiten, drückende Abgaben und großen Aufwand im Hause klagen; denn Wein und Weiber, Spiel und Betrug schmelzen das Vermögen und mehren die Bedürfnisse. Ein einziges Laster kostet mehr, als zwei Kinder zu erhalten. Ihr meint vielleicht, eine Tasse Thee, ein Gläschen Punsch, ein Leckerbissen, etwas feinere Kleider, dann und wann ein Lustgelag haben so viel nicht auf sich; aber viele Wenig, sagt der arme Richard, machen ein Viel. Nehmt euch vor kleinen Ausgaben in Acht. Ein kleiner Leck versenkt ein großes Schiff. Ein leckerer Gaumen führt zum Bettelstabe. Narren bezahlen die Schüsseln, kluge Leute verzehren sie. **W.**

(Fortsetzung folgt.)

Resignation.

So schreckliche und unzählige Jammerscenen vom Uebergange der Beresina im Jahre 1812 bekannt geworden sind, so weiß doch jeder der wenigen Zeugen, die dabei waren, immer noch unbekannte davon mitzutheilen. In „L. v. Roos ein Jahr aus meinem Leben, Petersburg 1832" findet sich S. 349 so eine Scene, die wohl Jedem, der einiges Gefühl hat, auf's Aeußerste ergreifen wird: „Die schöne fünf und zwanzigjährige Frau eines französischen Obristen hatte ihren Mann ein Paar Tage vorher in einem Gefechte verloren und hielt ohnweit der Brücke an der Beresina. Gleichgültig gegen Alles, was um sie herum tobte, hatte sie nur Aufmerksamkeit für ihre Tochter von 4 Jahren, welche sie vor sich auf dem Pferde hielt. Alle Versuche, die Brücke zu erreichen, waren vergebens. Die Verzweiflung schien ihr ganzes Wesen zu erfüllen. Sie weinte nicht; starr waren ihre Augen, bald zum Himmel, bald auf ihre Tochter gerichtet. Einmal sprach sie: „o Gott, wie bin ich so gränzenlos elend, daß ich nicht einmal beten kann!" Gleich darauf stürzte ihr Pferd von einer Kugel getroffen. Eine andere Kugel zerschmetterte ihr den Schenkel über dem Kniee. Mit der Ruhe stiller Verzweiflung nahm sie ihr weinendes Kind, küßte es öfters, löste das blutige Strumpfband vom zerschmetterten Beine und erwürgte dasselbe. Hierauf schloß sie das gemordete Kind in die Arme, drückte es fest an sich, legte sich neben ihr gefallenes Pferd und erwartete, ohne einen Laut hören zu lassen, das Ende. Es dauerte nicht lange, so war sie von den Hufen der andrängenden Rosse zertreten."

Maximen.

Sprachen sind dem Menschen von jedem Stande nützlich, und sie öffnen ihm den Eingang sowohl zu der schwersten, wie zu der leichtesten und angenehmsten Gelehrsamkeit.

Wie jeder Goldfaden schätzenswerth ist, so ist jede Minute schätzenswerth; und da es eine große Thorheit wäre, den Pferden goldene Hufeisen anzulegen, so ist es eine nicht kleinere, die Zeit mit Nichtigkeiten zuzubringen.

Wenn Etwas die Eitelkeit heilen kann, so ist es die Erfahrung.

Wir verlieren mehr Freunde, wenn wir sie um Etwas bitten, als wenn wir Ihnen Etwas abschlagen.

Ein guter Wundarzt muß das Auge eines Adlers, das Herz eines Löwen und die Hand einer Dame haben.

Das Glück giebt vielen zu viel, aber keinem genug.

Man kann den Meister nach dem beurtheilen, wie er sich über seinen Lehrling beschwert.

Freundschaft hat eine weite Bedeutung: man versteht darunter die größte Liebe und den größten Nutzen, die offenherzigste Mittheilung und das edelste Mitleiden, die musterhafteste Treue und die strengste Wahrheit.

Ein Genie kommt trotz der Hindernisse fort.

Kein Mensch ist für sich selbst geboren, sondern ein Theil von ihm gehört dem Vaterlande, ein zweiter Theil den Eltern, und der dritte Theil seinen Freunden.

Wenn wir heute kleine Fehler ohne Gewissenszweifel begehen, so werden wir morgen größere ohne Schaam begehen. **G.**

Der Elephanten-Springbrunnen in Paris.

Unter die Kunstwerke, welche der Hauptstadt Frankreichs vor vielen andern Hauptstädten einen besondern Vorzug geben, gehören die dortigen zahlreichen Springbrunnen. Im Jahre 1825 zählte man deren daselbst 127 öffentliche. Viele derselben sind von einer sehr schönen Bauart, und wirklich werden sie als Denkmale der Baukunst für so wichtig gehalten, daß man eine Sammlung von schönen Abbildungen nebst Beschreibung derselben veranstaltet hat. Der nachstehend ausgeführte Holzschnitt zeigt den Elephanten-Springbrunnen, welcher bereits vor vielen Jahren entworfen, aber noch nicht ausgeführt wurde. Auch er gehört zu Napoleon's vielen Planen zur Verschönerung der Hauptstadt Frankreichs. Dieser Springbrunnen sollte in der Mitte des länglich-viereckigen Platzes errichtet werden, wo ehemals die Bastille war, zwischen dem Kanal St. Martin und dem Zeughause. Er konnte als das Haupt der vielen Verbesserungen angesehen werden, welche diesen Stadttheil von Paris zu dem prächtigsten gemacht hätten. Das Decret zur Erbauung dieses Springbrunnens erging den 9. Februar 1810, und dieser sollte den 2. December 1811 vollendet werden. Der Grund wurde auch demnach im Jahre 1810 gelegt; aber die Ausführung dieses herrlichen Entwurfes ist bis auf den heutigen Tag noch nicht erfolgt. Jedoch ist das Modell aus Stuck gearbeitet vorhanden, und auch daraus kann man ersehen, welch' einen schönen Effekt dieses Kunstwerk gemacht hätte. Dieses Modell befindet sich unter einem großen Schuppen, ganz nahe bei dem Platze, wo der Springbrunnen erbauet werden sollte. Es wird auch Fremden gezeigt, und die ungeheuere Größe und das schöne Verhältniß wird die Neugierde des Besuchers hinlänglich belohnen.

Auf einem massiven, steinernen Fußgestelle sollte ein kolossaler bronzener Elephant mit einem Thurme, in Allem 80 Fuß hoch, aufgestellt werden. Jeder Fuß des Elephanten sollte $6\frac{1}{2}$ Fuß Dicke haben, und in einem Fuße sollte eine verborgene Treppe bis auf den

Thurm angebracht werden. Die Bronze zu diesem Kolosse sollte aus den in Spanien erbeuteten Kanonen genommen werden. Vier und zwanzig Basreliefs in Marmor, die Künste und Wissenschaften vorstellend, sollten dem ganzen Springbrunnen zur besondern Zierde gereichen.

Der Elephanten=Springbrunnen.

Woche.

Am 26. April 1521 wurde Ferdinand Magellan, der erste Weltumsegler, im Dienste Kaiser Karl's V., in einem Gefechte mit den Eingebornen der Insel Matan, einer der Philippinen, erschlagen.

Am 27. April 1785 ertrank der edle Prinz Leopold von Braunschweig, ein Opfer seiner christlichen Menschenliebe, in der Oder bei Frankfurt. Ein Denkstein bezeichnet noch jetzt die Stelle am Ufer, den Nachkommen zu ermunternder Erinnerung.

Am 28. April 1825 starb der berühmte Alter=thumsforscher, Kunstkenner und Sammler, der Baron Denon in Paris. Er hatte Napoleon auf allen seinen Feldzügen, namentlich auch nach Aegypten begleitet.

Am 29. April 1774 wurde die „menschen=freundliche Gesellschaft" zu London gestiftet. Ihr Zweck ist im Wasser, oder sonst wo verunglückten Personen möglichst schleunige Hülfe zukommen zu lassen, und diejenigen zu belohnen, welche derartig Verunglückte retten. Bis zum Jahre 1823 waren mehr als 5000 Menschen in London und dessen nächsten Umgebungen durch sie gerettet worden.

Am 30. April 1524 blieb der bekannte Bayard, der „Ritter ohne Furcht und Tadel," von welchem sich selbst sein König, Franz I. von Frankreich, die Ehre des Ritterschlages erbeten hatte.

Am 1. Mai 1707 wurde die Vereinigung der Königreiche England und Schottland, welche seitdem den Namen Großbritannien führen, vollzogen.

Am 2. Mai 1519 starb der berühmte italieni=sche Maler Leonardo da Vinci. Für sein größtes Werk wird das „Abendmahl" gehalten, welches von Raphael Morghen so meisterhaft in Kupfer gestochen worden ist.   r.

Verlag von Bossange Bater in Leipzig.
Unter Berantwortlichkeit der Verlagshandlung.